neiro, wird jede Stunde eine Fläche Regenwald von der Größe eines Fußballfeldes abgeholzt. Behielte man dieses Tempo bei, so würde dort in 30 Jahren kein Baum mehr stehen. **WENIGER NAHRUNGSMITTEL:** Statistiken der Welternährungsorganisation (FAO) zeigen, daß 1991 weltweit die Getreideproduktion um 4,8 Prozent auf 1876 Mio. t zurückging. Bei Weizen war die Entwicklung noch dramatischer: Hier betrug der Rückgang sogar 8,6 Prozent. Als Folge der Dürre wurde 1991 im südlichen Afrika 60 Prozent weniger Getreide, insgesamt nur 9,6 Mio. t, geerntet. Die internationale Nahrungshilfe konnte das Defizit nicht decken: In zahlreichen Staaten des südlichen Afrika wird gehungert. **ÖKOKATASTROPHE INDIEN:** Das Land ist nach China (1,1 Mrd. Einwohner) mit 871 Mio. Menschen das bevölkerungsreichste der Erde. Nur etwa die Hälfte von ihnen kann schreiben und lesen. Innerhalb von zwei Jahrzehnten wurde durch Raubbau die Waldfläche Indiens von 30 auf 11 Prozent dezimiert. Von den 169

DES »RAUMSCHIFFS ERDE«

Mio. ha Ackerfläche müssen bereits 40 Prozent bewässert werden, was zu einem immer stärkeren Absinken des Grundwasserspiegels führt. **DAS UNGLEICHGEWICHT:** Die reichen Industrienationen auf dem Erdball stellen zwar nur 25 Prozent der Weltbevölkerung. Sie verbrauchen jedoch 85 Prozent des Holzes, 75 Prozent der Metalle, 70 Prozent der Energie und konsumieren 60 Prozent aller Nahrungsmittel. Der reiche Anteil der Weltbevölkerung, rund 20 Prozent, verdient mindestens 150mal so viel wie die Ärmsten dieses Planeten. **WAS IST ZU TUN?:** Die Industrienationen geben gerade 0,19 Prozent ihres Bruttosozialprodukts für Entwicklungshilfe aus. Das ist – meint die UN – viel zu wenig. Ihre Forderung: wenigstens 0,7 Prozent. Die weltweiten Rüstungsausgaben könnten sinnvoll für die Dritte Welt angezapft erden: Reduzierte man sie bis zum Jahr 2000 hrlich um nur 3 Prozent, so würden insgeamt 2,8 Billionen DM frei werden, die er Entwicklungshilfe zukommen önnten.

DAS NEUE GUINNESS BUCH DER REKORDE 1993

»GUINNESS BOOK OF RECORDS«

DEUTSCHE AUSGABE

ULLSTEIN

INHALT

Olympische Spiele 1992

Welt des Sports 25

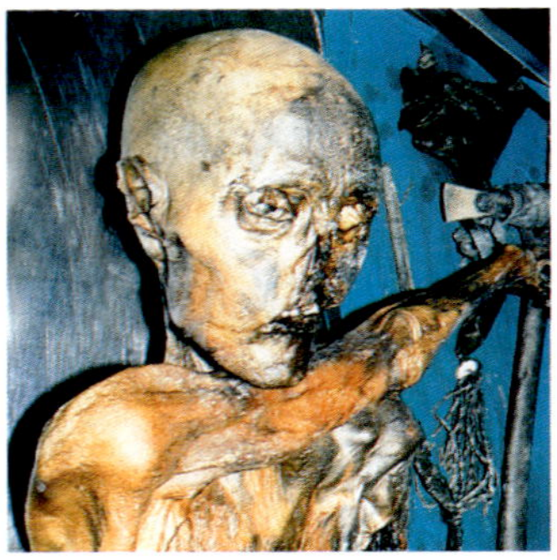

Der Mensch 82

Das Tierreich 98

Die Pflanzenwelt 129

Weltall und Erde 142

Naturwissenschaft und Technik 167

Welt des Verkehrs 216

Kunst, Medien, Unterhaltung 269

Topleistungen, Spaßrekorde 324

Stichwortregister 360

Bautechnik 194

Welt der Wirtschaft 251

Gemeinschaft, Gesellschaft 305

IN LETZTER MINUTE

Riesen-Spende: Schüler des GRG 19 in Wien (Österreich) sammelten in den Jahren 1991/92 Zehngroschenstücke für ein Entwicklungshilfeprojekt in Burkina Faso (früher Obervolta). Am 19. Mai 1992 wurde die stolze Summe von 88 958 öS (889 580 Zehngroschenstücke) zu einer Münzkette ausgelegt, die eine Länge von 17 140 m erreichte. Durch die Beteiligung von Passanten mit Scheinen und Münzen wuchs die Spende auf 139 053,50 öS (ca. 20 000 DM) an. Die neu hinzugekommenen Geldstücke wurden später neben der Groschen- zu einer weiteren Geldkette ausgelegt.

Die älteste Frau Deutschlands dürfte wohl Paula Baumgärtner (* 16. August 1881) aus Weinheim sein. Mit ihren 111 Jahren gehört sie zu den ältesten Menschen der Welt zwischen 110 und 116 Jahren, deren Geburtstag urkundlich nachweisbar ist.

Für die überragenden Leistungen in der Leichtathletik nach den Olympischen Spielen in Barcelona sorgte der für Barcelona nicht qualifizierte Moses Kiptanui (Kenia), der innerhalb von vier Tagen zwei Weltrekorde aufstellte, zuerst am 16. August 1992 in Köln über 3000 m in 7:28,96 Min. und am 19. August 1992 in Zürich über 3000-m-Hindernis in 8:02,08 Min.

Der früheste Weltmeister in der Formel 1 ist der Brite Nigel Mansell. Durch seinen zweiten Platz am 16. August 1992 auf dem Hungaro-Ring bei Budapest sicherte er sich bereits fünf Rennen vor Ende der WM-Saison den Titel. Das hatte vor dem 39jährigen *Williams-Renault*-Piloten noch niemand in der Grand-Prix-Geschichte geschafft. Beim gleichen Rennen in Ungarn feierte der italienische Rennstall Ferrari ein Jubiläum. Er bestritt seinen 500. Grand Prix.

Ärmelkanal-Überquerung: Gleich um 44 Min. blieben fünf polnische Schwimmerinnen unter dem bisherigen Weltrekord. Das Quintett legte die 33,5-km-Distanz von Dover (GB) nach Kap Gris-Nez (Frankreich) am 11. August 1992 in 9:48 Std. zurück.

500-m-Verfolgung: Der Engländer Chris Boardman hat auf seinem futuristischen *Lotus*-Rennrad den Weltrekord für Amateure über 5 km auf Freiluftbahn in Leicester (GB) am 22. August 1992 auf die sensationelle Zeit von 5:38,083 Min. verbessert.

Einen Riesenpurzelbaum schlugen 868 Jugendliche am 24. Mai 1992 auf dem Sportgelände der Stadt Güglingen (Baden-Württemberg). Alle Teilnehmer des 17. Württembergischen Jungenschaftstages hielten sich an den Händen, vollzogen auf ein Kommando gleichzeitig eine Rolle vorwärts, ohne einander loszulassen, standen wieder auf und hatten einen neuen Rekord geschafft.

Wieder einen Zentimeter höher. Beim Leichtathletik-Sportfest am 30. August 1992 im italienischen Padua verbesserte der Ukrainer

Sergej Bubka den Stabhochsprung-Weltrekord im Freien von 6,11 auf 6,12 m. Das war sein Weltrekord Nummer 31. Am 21. Februar gleichen Jahres in Berlin hatte er in der Halle 6,13 m überquert.

Erster Sieg. Seine bislang nur einjährige Bilderbuchkarriere in der Formel 1 krönte Michael Schumacher, der 23jährige Kerpener Automobilrennfahrer, mit einem unerwarteten Triumph beim Großen Preis von Belgien am 30. August 1992 in Spa-Fancorchamps. Auf seinem *Benetton-Ford* bezwang er Weltmeister Nigel Mansell und Riccardo Patrese. Als dritter Deutscher nach Wolfgang Graf Berghe von Trips (1961) und Jochen Mass (1975) gewann er einen WM-Lauf.

100-km-Flossenschwimmen. 25 Chemnitzer Flossen-Schwimmer verbesserten den acht Jahre alten Rekord gleich um 1:42:54 Std. und schwammen mit 14:12:47 Std. in der Schwimmhalle Bernsdorf am 20. April 1992 neue Rekordzeit. Die schnellste Zeit schwamm der ehemalige Silbermedaillengewinner (1988, Staffel) Thomas Flemming mit 22,06 Sek.

Nonstop-Wasserski an einer Seilbahn lief der angehende Einzelhandelskaufmann Dirk Huntemann (* 1970) am 24. Juni 1992 auf der Wasserskianlage in Hooksiel (Wangerland). Mit 13:22:58 Std. erreichte er eine neue Bestleistung.

Neuer Rekord im Dauerjassen! Auf 134 Std. schraubten die vier Schweizer Roman Burkart, Spiros Kouskouvatas, Hansruedi Rohner und Christian Sutter vom 3. bis 8. Juli 1992 den Jass-Rekord. Unterstützt durch einen ausgeklügelten Ernährungsplan und von vielen Zuschauern, die mit Rat und Tat zur Seite standen, erreichten die vier Spieler ihr Ziel im Restaurant s'Danny in St. Gallen (Schweiz) – einziges Dopingmittel: Lindenblütentee!

Neuer Eisenbahnrekord: Um 133 km überbot Sascha von Ahlen (* 1974) aus Seesen-Engelade (Niedersachsen) den 24-Stunden-Eisenbahnrekord. Am 23./24. Juli 1992 fuhr er mit einem ICE Tramper-Monats-Ticket 3279 km auf dem Netz der Deutschen Bundesbahn in exakt 23:47 Std.

Gedächtnisleistung: Fehlerfrei kann Rufus Pfützner (* 1986) aus Berlin zu 1310 Fahr- und Flugzeugen die jeweilige Spitzengeschwindigkeit zuordnen. Dabei handelt es sich in der Hauptsache um Autos (ca. 90 Prozent). Nun gehen ihm die Autoquartette, von denen er die Spitzenwerte lernt, langsam aus, deshalb hat er sein Wissensgebiet um Eisenbahnen, Flugzeuge und andere Geschwindigkeiten erweitert.

Die weltweit erste Bischöfin der Evangelisch-Lutherischen Kirche wurde am 30. August 1992 in Hamburg von ihrem Vorgänger Bischof Peter Krusche in einem feierlichen Gottesdienst in ihr Amt eingeführt. Maria Jepsen (47) war 18 Jahre lang Pastorin in Schleswig-Holstein und wurde 1990 erste Pröpstin der Nordelbischen Evangelisch-Lutherischen Kirche. Sie war damit Vorgesetzte von mehr als 40 Pastoren. Maria Jepsen versteht sich als feministische Theologin, die die Einbeziehung der Frauen in die biblische Geschichte fördern will. Die Nordelbische Kirche, dazu zählen Hamburg und Schleswig-Holstein, hat insgesamt 2,6 Mio. Mitglieder.

Mit dem kleinsten Einrad fährt der angehende Polizeibeamte Stefan Brink (* 1969) aus Hüllhorst-Tengern (Nordrhein-Westfalen). Der Rekord eines Amerikaners ließ ihm keine Ruhe, also tüftelte er so lange, bis es ihm gelang, ein noch kleineres Einrad mit nur 35 cm Höhe und einem Raddurchmesser von 6,5 cm (Gewicht: 1150 g) zu bauen. Nach einigem Training klappte auch das Fahren: für 11 m brauchte er 42 Sek. Die örtliche Presse jubelte: »Tengern besiegte Las Vegas!«

Den Rekord im Bauen des höchsten Bierkistenturms holte sich das eingespielte Team der Bergrettung und Feuerwehr von Sand in Taufers (Südtirol) um den Kaufmann Sieghard Pircher (* 1963) zurück. Nachdem ihr Rekord von 1990 im Jahr 1991 überboten wurde, machten sie sich am 14. Juni 1992 in der Sendung *ZDF Fernsehgarten* erneut an die Arbeit. Der Rekordturm (130 Kästen der Brauerei FORST) mit einer Höhe von 35,1 m stand 4 Sek. ohne Halterungen, bis er in sich zusammenstürzte.

Streichholz-Stapelei. Im Fürstentum Liechtenstein ging ein Hochstapler ans Werk: 1584 Streichhölzer wurden – selbstverständlich unverklebt – in 108 Schichten auf dem Hals einer Bierflasche gestapelt und erreichten eine Höhe von 27,5 cm. Die ruhigen Hände für dieses Kunststück hatte der Schüler Sven D. Kitzinger (* 1976) aus Mauren am 21. Juni 1992.

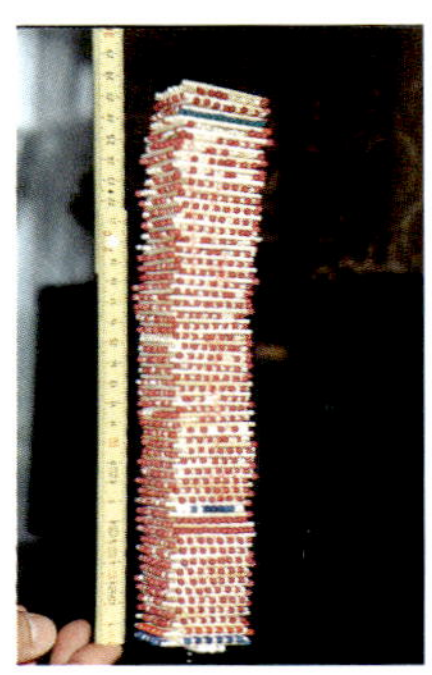

AN DEN LESER

Dies ist die 39. Ausgabe des *Guinness Book of Records*. Regelmäßige Leser werden einige inhaltliche Veränderungen bemerken. Der Text wurde gründlich überarbeitet und durch Tausende von Veränderungen verbessert.
Da ich mein ganzes Arbeitsleben mit dem Unternehmen Guinness und die Hälfte dieser Zeit mit Guinness Publishing verbunden bin, war es für mich eine besondere Ehre, als man mir anbot, von dieser Ausgabe an die Herausgeberschaft dieses Buches zu übernehmen. Ich war zehn Jahre alt, als das *Guinness Book of Records* zum erstenmal erschien. Die klare Präsentation faktischer Informationen machte damals großen Eindruck auf mich, und ich bin seither ein begeisterter Leser des *Guinness Book of Records* geblieben.
Ich fühle mich geehrt, in eine Reihe mit den hervorragenden Herausgebern treten zu dürfen, die vor mir das *Guinness Book of Records* betreuten. Ich bin ihnen allen für ihre Unterstützung und Ermutigung zu großem Dank verpflichtet. Meine unmittelbaren Vorgänger Alan Russell und Donald McFarlan konnten auf dem von den ersten Herausgebern, Norris und Ross McWhirter, geschaffenen Standard aufbauen und setzten deren Tradition fort. Besonderen Dank schulde ich Norris McWhirter für den Rückhalt, den er mir über viele Jahre als Mentor und Freund geboten hat. Ich bin froh, daß er meinem Verlagsteam in Enfield auch weiterhin mit seinem Rat und seinem Wissen zur Verfügung steht.
Das *Guinness Book of Records* verzeichnet sowohl die größten menschlichen Leistungen als auch die Superlative der Welt, die uns umgibt. Viele Eintragungen verstehen sich von selbst; bei anderen war unser Urteilsvermögen gefragt, um zu entscheiden, welche der vielen Rekorde, die uns mitgeteilt worden waren oder die wir und unsere fachlichen Berater entdeckt hatten, in das Buch aufgenommen werden sollten und welche nicht.
Das Ausmaß der jährlichen Veränderungen ist häufig erstaunlich. Ein Rekord fordert förmlich dazu heraus, angegriffen zu werden, und so bleiben nur wenige für längere Zeit bestehen. In anderen Fällen werden Rekorde, die für unumstößlich gehalten wurden, von neuen Ergebnissen wissenschaftlicher Forschung über den Haufen geworfen. Der erste Rekord in der ersten Ausgabe dieses Buches, zum Beispiel, betraf die von der Erde am weitesten entfernten Himmelskörper. 1955 wurde eine Entfernung von 1 Mrd. Lichtjahren angegeben; heute dagegen wissen wir von Galaxien, die 13–14 Mrd. Lichtjahre von uns entfernt sind. Darin spiegelt sich zum einen der enorme Fortschritt der Wissenschaft und zum anderen der ständige Wandel der Welt der Rekorde wider.

Peter Matthews
Herausgeber *Guinness Book of Records*

DIE GESCHICHTE HINTER DEM GUINNESS BUCH

Das *Guinness Book of Records* wurde ursprünglich zusammengestellt, um ein Mittel zur Hand zu haben, mit dem Streitigkeiten über feststehende Tatsachen geschlichtet werden können.
Die Idee entstand 1951, als Sir Hugh Beaver (1890–1967), der Geschäftsführer von Guinness, auf dem North Slob am Slaney, einem Fluß in der Grafschaft Wexford im Südosten von Irland, auf der Jagd war. Die Jäger verfehlten einige Regenpfeifer, und Sir Hugh entdeckte später, daß in den Nachschlagewerken in der Bibliothek seines Gastgebers im Castlebridge House kein Hinweis darauf zu finden war, ob der Regenpfeifer der schnellste europäische Jagdvogel ist oder nicht.
Dieses Erlebnis brachte Sir Hugh auf den Gedanken, daß es zahllose solcher Fragen geben mußte, die in den 81 400 Pubs in Großbritannien und Irland, in denen Guinness-Bier verkauft wurde, Abend für Abend Anlaß zum Streit boten. Am 12. September 1954 wurden Norris und Ross McWhirter, denen damals eine statistische Agentur in London gehörte, in die Guinness-Brauerei in Park Royal im Nordwesten von London eingeladen, um ihre Meinung zu der Idee, eine Sammlung von Rekorden zu veröffentlichen, abzugeben. Der Guinness-Aufsichtsrat war von ihren Ausführungen so beeindruckt, daß sie auf der Stelle den Auftrag erhielten, das Projekt weiter zu verfolgen.
Daraufhin wurde in der Fleet Street 107 ein Büro eingerichtet, und die Arbeit begann. Ein knappes Jahr später kam die erste, 198 Seiten umfassende Ausgabe heraus. Das erste Exemplar wurde am 27. August 1955 gebunden. Noch vor Weihnachten hatte das *Guinness Buch* die Spitzenposition der Bestsellerliste erobert, und seither ist jede neue Ausgabe auf diesen Platz vorgestoßen.
Die erste US-Ausgabe erschien 1956 in New York. Es folgten Ausgaben in Französisch (1962) und Deutsch (1963). 1967 erschienen die ersten Ausgaben in Dänemark, Japan, Norwegen und Spanien. Im darauffolgenden Jahr wurden finnische, italienische und schwedische Ausgaben herausgebracht. In den 70er Jahren kamen hebräische, holländische, isländische, portugiesische, serbokroatische und tschechische Ausgaben hinzu. In den 80er Jahren folgten Ausgaben in Arabisch, Chinesisch, Griechisch, Hindi, Indonesisch, Malaiisch, Türkisch und Ungarisch. Seit Anfang der 90er Jahre wird das *Guinness Buch der Rekorde* auch in Bulgarisch, Koreanisch, Mazedonisch, Polnisch, Rumänisch und Russisch veröffentlicht.
Unsere Hoffnung bleibt dieselbe wie diejenige, die im Vorwort zur ersten Ausgabe geäußert wurde: daß auch diese neue Ausgabe dazu beitragen möge, Auseinandersetzungen über bestimmte Fakten beizulegen und die Hitze des Streits durch das Licht des Wissens zu ersetzen.

VORWORT ZUR DEUTSCHEN AUSGABE

Seit 1980 sind jetzt dreizehn deutschsprachige Ausgaben des *Guinness Buch der Rekorde* im Ullstein Verlag erschienen. Mit dem Dank an Sie, unsere Leser, für die langjährige Zusammenarbeit und für Ihre Anregungen, Hinweise, auch Ihre Kritik wie Ermunterung haben wir diese neue Ausgabe von Rekorden zusammengetragen. Vieles ist hinzugekommen, manches verändert, umgestellt, ergänzt, neu geschrieben worden. Manche Meldungen sind dabei zum Teil ersatzlos entfallen, ausgetauscht worden oder erscheinen nicht in dieser Ausgabe. Angesichts der Fülle von Nachrichten und Rekordleistungen auf allen Gebieten mußten wir viele alte Rekorde, die wir Ausgabe für Ausgabe gebracht haben, streichen.
Die Palette deutschsprachiger Rekorde ist mit dem wiedervereinten Deutschland farbiger geworden. Manches ist dabei immer noch nicht abgesichert, hält bisher keinem exakten Vergleich statt. So haben wir manche Einzeldaten und Ihnen vielleicht vertraute Einträge zurückgestellt und noch nicht wieder aufgenommen. Maßband, Stoppuhr und Waage sind nun einmal Voraussetzung zur Anerkennung einer Höchstleistung, auf Urkunden, Augenzeugen und Presseberichte kann die Redaktion des *Guinness Buch der Rekorde* nicht verzichten.
Wenn Sie einen Rekord aufstellen möchten, sollten Sie sich rechtzeitig nach den Bedingungen erkundigen. Die Redaktion gibt Auskunft über aktuelle Rekorde, die uns nach Redaktionsschluß dieser Ausgabe erreichten. Es ist schade, wenn wir einen Rekord ablehnen müssen, nur weil Sie zuvor nicht bei uns angefragt oder aber nicht mit uns Ihren Rekordversuch abgestimmt und dann bei Ihrem Versuch sich nicht an die *Guinness*-Richtlinien und -Regeln gehalten haben.
Für die Anmeldung eines Rekordes benutzen Sie bitte das Anmeldeformular auf Seite 23/24 dieses Buches. Rekorde sind nur Leistungen, die meß- und vergleichbar sind. Bloße Einmaligkeiten oder interessante Eigenschaften von Personen und Dingen sind kein Rekord im Sinne dieses Buches. Bei Dauerleistungen sind die Pausenregeln zu beachten. Es muß ein von unabhängigen Dritten geführtes und bestätigtes Protokoll über den Rekordversuch eingesandt werden. Auch Zeitungsartikel oder sonstige Veröffentlichungen sind als Nachweis des Rekordes nützlich. Rekordbrecher werden gebeten, der Rekordanmeldung Aktionsfotos (in Farbe) von sich und/oder dem Rekordversuch beizulegen.
Die Redaktion behält sich in jedem Fall die Entscheidung vor, ob ein Rekord in die nächste Ausgabe aufgenommen wird.

Hans-Heinrich Kümmel
Chefredakteur *Guinness Buch der Rekorde*

OLYMPISCHE SPIELE 1992

Am Ziel ihrer Wünsche: Heike Drechsler gewann mit 7,14 m olympisches Gold im Weitsprung

OLYMPISCHE SPIELE 1992

Ursprünge: Die früheste Veranstaltung der alten Olympischen Spiele, über die es eine gesicherte Aufzeichnung gibt, ist die vom Juli 776 v. Chr., als Coroibos, ein Koch aus Elis, einen Stadionlauf gewann. Die frühen Spiele fanden 393 n. Chr. zum letzten Mal statt und wurden ein Jahr später von Theodosius dem Großen (346–395), dem Kaiser von Rom, verboten. Auf Anregung von Baron Pierre de Coubertin (1863–1937) wurden die Olympischen Spiele der modernen Ära in Athen am 6. April 1896 wieder eingeführt.

Nur fünf Länder nahmen an allen Sommerspielen teil: Australien, Frankreich, Griechenland, Großbritannien und die Schweiz. Von diesen Nationen war Großbritannien auch stets bei Winterspielen am Start.

Noch nie starteten so viele Sportler bei Olympia wie in Barcelona, nämlich 10 517 aus 172 Nationen. Die größte Mannschaft stellte das amerikanische NOK mit 591 Teilnehmern. An zweiter Stelle folgte das GUS-Team (498) vor Deutschland (487), Spanien (462), Großbritannien (403), Frankreich (356), Italien (322), Kanada (306), Australien (292) und Japan (263). Auf Rang elf steht China mit 251 Startern. Als einzige Nation war das Reich der Mitte mit mehr Frauen (133) als Männern (118) vertreten.

Den ersten Platz in der Nationenwertung nahm die erst- und letztmalig startende GUS-Mannschaft ein. Sie kam auf 45 Gold-, 38 Silber- und 29 Bronzemedaillen. Auf dem zweiten Rang landeten die USA (37-34-37) vor Deutschland (33-21-28) und China (16-22-16).

Die erste Goldmedaille der Spiele erkämpfte sich die Koreanerin Kab-Soon Yeo im Luftgewehrschießen mit 498,2 Ringen. Sie hatte etwas eher ihren Wettbewerb beendet als der deutsche Rad-Straßenvierer Bernd Dittert, Christian Meyer, Uwe Peschel, Michael Rich, der im 100-km-Rennen für Deutschland den ersten Olympiasieg holte.

Die letzte Medaille gewann der Überraschungs-Dritte Stephan Freigang aus Cottbus im Marathonlauf in 2:14:00 Std. hinter dem Südkoreaner Young-Cho Hwang (2:13:23) und dem Japaner Koichi Morishata (2:13:45).

Immer mehr ausgeweitet wird das olympische Programm. Diesmal kamen Badminton, Baseball und Judo für Frauen hinzu, so daß in insgesamt 25 Sportarten und 257 Wettbewerben um den Sieg gekämpft wurde. Außerdem gab es drei Vorführsportarten, Rollhockey, Pelota, ein baskisches Spiel, das dem Squash ähnelt, und Taekwondo, eine koreanische Kampfsportart.

Carl Lewis nun schon Sechster

Einen Sprung in die Top-Ten-Liste der erfolgreichsten Teilnehmer aller Sommerspiele machte Amerikas Sprint- und Weitsprung-Star Carl Lewis, der es bei seinen Teilnahmen 1984, 1988 und 1992 auf insgesamt acht Gold- und eine Silbermedaille brachte. In Barcelona siegte er im Weitsprung und mit der Sprint-Staffel. Nach wie vor an erster Stelle steht die Turnerin Larissa Latynina (UdSSR) mit neun Gold-, fünf Silber- und vier Bronzemedaillen. An zweiter Stelle folgt der finnische Langstreckenläufer Paavo Nurmi (9-3-0) vor dem amerikanischen Schwimmer Mark Spitz (9-1-1), dem japanischen Turner Sawao Kato (8-3-1), dem US-Schwimmer Matt Biondi (8-2-1) und Carl Lewis.

Für das größte Aufsehen sorgte das amerikanische Dream-Team mit den NBA-Stars Michael Jordan, Magic Johnson und Co., das die Basketball-Konkurrenz praktisch zu Statisten degradierte. Die Profis waren mit einem Privatjet angereist, hatten zum Teil ihre Ehefrauen und Kinder dabei, außerdem 20 Leibwächter und wohnten nicht wie alle übrigen Sportler im olympischen Dorf, sondern in einem First Class Hotel. Auf dem Schwarzmarkt wurden Finalkarten bis zu 4500 DM feilgeboten.

Für die schlimmste Entgleisung sorgte der Gewichtheber Ibragim Samadow (GUS). Bei der Siegerehrung in der 82,5-kg-Klasse warf er in einem Wutanfall seine Bronzemedaille zu Boden, trampelte auf ihr herum und verließ das Siegerpodest. Er hatte sich darüber geärgert, daß ihn das Kampfgericht trotz gleicher Leistung (370 kg) mit den Gold- und Silbermedaillen-Gewinnern nur auf den dritten Platz setzte, was allerdings den Regeln nach völlig korrekt war, weil er das höchste Körpergewicht des Trios aufwies. Der internationale Verband sperrte Samadow auf Lebenszeit und erkannte ihm die Bronzemedaille ab.

Der erfolgreichste Athlet war der Turner Vitali Chtcherbo (GUS), der sechs Goldmedaillen holte, je eine im Mehrkampf mit der Mannschaft und im Kür-Sechskampf sowie vier an den Geräten Barren, Ringe, Seitpferd und Pferdsprung.

Die erfolgreichste Athletin war die Ungarin Krisztina Egerszegi, die im Schwimmen dreimal siegte, und zwar über 100 m und 200 m Rücken sowie 400-m-Lagen.

Die meisten Medaillen bei den Männern errangen mit sechs die GUS-Turner Vitali Chtcherbo (6-0-0) und mit fünf Grigori Misioutine (2-3-0). An dritter Stelle folgt der GUS-Schwimmer Alexander Popow (2-2-0).

Die meisten Medaillen bei den Frauen gewannen mit fünf die amerikanische Turnerin Shannon Miller (0-2-3) sowie mit vier die GUS-Turnerin Tatjana Gutsu (2-1-1), die rumänische Turnerin Lavinia Milosovici (2-1-1) und die deutsche Schwimmerin Franziska van Almsick (0-2-2).

Die meisten Medaillen innerhalb der deutschen Mannschaft errang die erst 14jährige Berliner Schwimmerin Franziska van Almsick, die je zweimal Silber (200-m-Freistil, 4×100-m-Lagen) und Bronze (100-m-Freistil, 4×100-m-Freistil) holte.

Für die Sensation der Spiele sorgte Paraskevi Patoulidou, die als erste griechische Leichtathletin überhaupt eine Goldmedaille gewann. Sie siegte im 100-m-Hürden-Sprint in 12,65 Sek. Bislang hatten nur zwei Männer aus Hellas Leichtathletik-Gold gewonnen, 1896 der Marathonläufer Spiridon Louis und 1912 Konstantin Tsiklitiras im Stand-Weitsprung.

Den größten Flop leistete sich der 30malige Stabhochsprung-Weltrekordler Sergej Bubka (GUS). Er scheiterte an der von ihm gewählten Anfangshöhe von 5,70 m bzw. 5,75 m und ging somit leer aus. Seine Bestleistung: 6,13 m.

Freuen sich über ihre Bronzemedaille, Antje Frank, Gabriele Mehl, Birte Siech und Anette Hohn im Vierer ohne Steuerfrau.

Cobi – das offizielle Maskottchen der Olympischen Spiele vom 25. Juli bis 9. August 1992 in Barcelona.

Akrobat schön – Andreas Wecker imponierte mit großartigen Darbietungen.

Begeisterte alle, das amerikanische Dream-Team, das auch überlegen Basketball-Olympiasieger wurde.

Deutschlands erfolgreichste Schwimmerin kam aus Berlin, Franziska van Almsick.

Schadenfreude
Ausgerechnet die Rebellen Anja Fichtel und Arnd Schmitt retteten die Ehre der deutschen Fechter, die eine, die kurz zuvor Mutter geworden war und nicht am Einzelwettbewerb teilnehmen durfte, weil sie nicht genügend Ranglistenpunkte besaß, führte das Florett-Team zu Silber, der andere die Degenmannschaft zu Gold. Und das, obwohl Schmitt mit dem Chef-Bundestrainer Emil Beck wegen angeblicher Absprachen bei Gefechten prozessiert.

Für die meisten Schlagzeilen sorgten, obwohl nicht in Barcelona anwesend, die Neubrandenburger Sprinterinnen Katrin Krabbe, Grit Breuer und Manuela Derr sowie ihr Trainer Thomas Springstein, die zugaben, das verbotene Medikament Clenbuterol seit dem 16. April 1992 eingenommen zu haben.

Für den einzigen Weltrekord bei den Leichtathleten in einer Einzeldisziplin sorgte der Amerikaner Kevin Young, der über 400-m-Hürden sagenhafte 46,78 Sek. erreichte und die alte Marke seines Landsmannes Edwin Moses (47,02) klar unterbot. Außerdem stellten zwei amerikanische Staffeln Weltrekorde auf, das 4 × 100-m-Quartett mit Carl Lewis als Schlußmann (37,40 Sek.) und die 4 × 400-m-Läufer (2:55,74).

Die erste farbige Olympiasiegerin in der Leichtathletik kommt aus Äthiopien. Derartu Tulu gewann das 10 000-m-Rennen in 31:06,02 Min. vor der Südafrikanerin Elena Meyer, die anschließend sagte: »Wir sind zu zweit für Afrika gelaufen.«

Ein paddelndes Phänomen ist die Potsdamerin Birgit Schmidt, die nach ihren 16 Weltmeisterschaften und drei Olympiasiegen nun noch eine vierte Goldmedaille errang, und zwar im Kajak-Einer über 500 m. Außerdem wurde sie mit dem deutschen Vierer noch Silbermedaillen-Gewinnerin. Und das, nachdem sie drei Jahre lang pausiert und erst Anfang 1992 mit dem Training wieder begonnen hatte.

Inoffizielle Weltbestzeit fuhr der deutsche Kajak-Vierer in der Besetzung Thomas Reineck, Oliver Kegel, Mario von Appen und André Wohllebe mit 2:52,17 Min. beim 1000-m-Vorlauf.

Erst Pech, dann Triumph. Der Reitersmann Ludger Beerbaum (Buchloe) mußte beim Mannschafts-Wettbewerb zu Fuß den Parcours verlassen, weil das Zaumzeug bei seinem Pferd gerissen war. Im Einzelwettbewerb triumphierte er dann auf seiner Stute *Classic Touch* als einziger mit einem Null-Fehler-Ritt. Er setzte damit die deutsche Tradition fort. 1936 siegte Kurt Hasse, 1956 Hans Günter Winkler und Alwin Schockemöhle 1976.

Einen Traumritt legte im Grand Prix die Dressur-Weltmeisterin Nicole Uphoff aus Duisburg auf ihrem Wallach *Rembrandt* hin. Die fünf Juroren gaben für die makellos ausgeführten 34 Lektionen die bisher noch nie erreichte Zahl von 1768 Punkten, was einen neuen Weltrekord bedeutete.

Einen totalen Triumph feierten die deutschen Dressurreiter, die nicht nur die Mannschafts-Wertung gewannen, sondern auch in

Gute Idee der Veranstalter, überall auf Barcelona hinzuweisen – selbst wenn es beim Pferdsprung ist.

Stemmte gewaltige Lasten in die Höhe und wurde Olympiasieger in der Klasse bis 110 kg, Ronny Weller

der Einzelkonkurrenz die ersten drei Plätze belegten. Es siegte Nicole Uphoff auf *Rembrandt* vor Isabell Werth auf *Gigolo* und Klaus Balkenhol auf dem Polizeipferd *Goldstern*.

Um ein weiteres Kapitel wurde die Geschichte der hockeyspielenden Kellers aus Berlin erweitert. Nach Großvater Erwin (1936 Silber), Vater Carsten (1972 Gold) ist Andreas nun sogar der erfolgreichste. Zu Silber 1984 und 1988 kam 1992 Gold.

Die beste Boxnation war mit Abstand Kuba, die sieben von zwölf möglichen Goldmedaillen holte. An zweiter Stelle folgte Deutschland mit den beiden Olympiasiegen durch den Schweriner Andreas Tews (Federgewicht) und Weltmeister Torsten May (Frankfurt/Oder) im Halbschwergewicht. Die drei übrigen Siege teilten sich die USA, Irland und Nordkorea.

Die stärksten Ringer stellte das GUS-Team, das zu sechs Gold-, fünf Silber- und fünf Bronzemedaillen kam. Mit klarem Abstand folgten die USA (3-3-2) vor Südkorea (2-1-1).

Das 50. Ruder-Gold für Deutschland holte Thomas Lange (Halle), der den Einer-Wettbewerb mit einer Länge Vorsprung für sich entschied.

Nur fünf Dopingfälle

Bis zum Schlußtag der Spiele verzeichnete Barcelona so wenige Dopingfälle wie zuletzt Mexico City 1968 und Moskau 1980. Nur fünf Athleten wurden erwischt, der Hammerwerfer Jud Logan, die Kugelstoßerin Bonnie Dasse (beide USA), die Volleyballerin Wu Dan (China), die Marathonläuferin Madina Biktagirowa (Bulgarien) und die litauische Weitspringerin Nijole Medwedewa, die mit 6,76 m sogar Vierte geworden war. Bereits 1994 bei den Winterspielen in Lillehammer sollen, so erklärte der Vorsitzende der Medizinischen Kommission, der Belgier Prinz Alexander de Merode, Bluttests vorgenommen werden.

Für eine Null-Nummer sorgten Deutschlands hochgewettete Segler, die medaillenlos ausgingen. Den besten Platz belegte noch die Berliner Soling-Crew Schümann/Flach/Jäkel, die allerdings im Match-Race nur Vierte wurde.

Erstmals gewann eine Frau das Skeetschießen. Die 24jährige Chinesin Shang Zhang brach völlig unerwartet in die bisher männliche Domäne ein und holte sich mit 223 Scheiben den Sieg vor dem Peruaner Juan Jorge Giha Yakur (222).

Der jüngste Schieß-Olympiasieger aller Zeiten ist der Weißrusse Konstantini Loukatschik, der mit 16 Jahren den Wettbewerb Freie Pistole mit 658 Treffern gewann. Der Drittplazierte, der Schwede Ragnar Skanaker, war immerhin 42 Jahre älter.

Bereits seine neunten Olympischen Spiele erlebte der österreichische Segler Hubert Raudaschl. Damit egalisierte er den Rekord des

Freute sich wie ein kleines Kind über den Gewinn der Goldmedaille, Amerikas Basketballstar Magic Johnson.

Herr der Ringe – Vitali Chtcherbo war der erfolgreichste Turner mit sechs Goldmedaillen.

vierfachen dänischen Goldmedaillen-Gewinners Paul Elvström, der ebenfalls Segler war.

Einen Fabelweltrekord stellte im Schwimmen über 1500-m-Freistil der Australier Kieren Perkins mit 14:43,48 Min. auf. Diese Leistung ist in etwa vergleichbar mit den 8,90 m des Weitspringers Bob Beamon im Jahre 1968 in Mexico City.

Einen ungewöhnlichen Beschluß faßte das Exekutivkomitee des IOC zwei Tage vor Beginn der Spiele. Trotz des von den Vereinten Nationen verhängten Sportboykotts gegen Jugoslawien durften in Barcelona Serben und Montenegriner starten, allerdings nur in den Einzelwettbewerben. So mußten die bereits qualifizierten Handballer, Basketballer und Wasserballer zu Hause bleiben. Außerdem war es den Rest-Jugoslawen untersagt, an der Eröffnungs- und Schlußfeier teilzunehmen.

Ein olympisches Comeback feierten Südafrikas Sportler, die nach 1964 in Tokio zum ersten Mal wieder teilnehmen durften. Die Mannschaft bestand aus 96 Aktiven und 24 Offiziellen.

Für ein Kuriosum sorgte Afghanistan. Das Nationale Olympische Komitee war nur durch seinen Präsidenten, nicht aber durch Sportler vertreten, die wegen der Kriegssituation im Lande keine Möglichkeit zur Vorbereitung auf die Spiele gehabt hatten.

Spitzenreiter in Sachen Prämien war Italien, das eine Goldmedaille mit 75 Mio. Lire oder umgerechnet fast 100 000 DM honorierte. In Frankreich kassierten Olympiasieger immerhin noch 74 000 DM. In Deutschland gab es 15 000 DM. Die ČSFR entlohnte ihre erfolgreichen Sportler in »Naturalien«. Für Gold, Silber und Bronze wurde ein Auto der Marke *Skoda* zur Verfügung gestellt – mit unterschiedlicher Ausstattung. Die NOK in den USA und Großbritannien zahlten hingegen überhaupt nichts.

Rückkehr nach 20 Jahren: Wildwasserkanu stand erstmals 1972 in München/Augsburg auf dem Programm, verschwand dann von der Bildfläche, ehe die Spanier dieser Sportart zu einem Comeback verhalfen.

Die jüngste freiwillige Helferin war die elfjährige Mirentxu Figueres, die anläßlich der Flaggenhissung bei der Begrüßung der Mannschaften das Nationalitätenschild trug. Das Mädchen beherrschte im übrigen die vier offiziellen Olympiasprachen, Katalanisch, Spanisch, Englisch und Französisch. Der älteste Volunteer war der 83jährige Xurriguera.

Die längste Anreise hatte der 58jährige rumänische Zuschauer Ian Nelescu, der für den 3300 km langen Fußmarsch von Bukarest nach Barcelona genau 95 Tage brauchte.

Alle Rekorde schlug das Fernsehen. Insgesamt mußten für die Übertragungen aus Barcelona 635 Mio. Dollar aufgebracht werden, wobei der amerikanische TV-Gigant NBC allein 401 Mio. Dollar, die Europäische Fernsehunion 90 Mio., der japanische Sender HHK 62,5 Mio. und der australische Sender Channel 7 noch 33,75 Mio. Dollar beisteuerten. 1960 in Rom »kosteten« die Spiele nur 395 000 Dollar.

Sicherheit wurde groß geschrieben während der Spiele. 47 000 Polizisten und Armeeangehörige, 400 Kampfhunde, 112 Hubschrauber, 25 Kriegsschiffe, vier Mini-U-Boote und ein Zeppelin standen für den Notfall bereit.

Immer größer wird auch die Zahl der akkreditierten Journalisten. 11 386 kamen nach Barcelona, so viele wie noch nie. Die Printmedien waren durch 4501, die elektronischen Medien durch 6885 Berichterstatter, Redakteure und Reporter vertreten.

Die meisten Medaillen gab es in der Leichtathletik, nämlich 129 in insgesamt 43 Wettbewerben, die wenigsten im Fußball und Baseball mit je einer Gold-, Silber- und Bronzemedaille.

Der Medaillenspiegel von Barcelona

(Endstand nach 257 Entscheidungen)

		Gold	Silber	Bronze
1.	GUS	45	37	29
2.	USA	37	34	37
3.	Deutschland	33	21	28
4.	China	16	22	16
5.	Spanien	13	7	2
6.	Kuba	13	6	11
7.	Südkorea	12	5	12
8.	Ungarn	11	12	7
9.	Frankreich	8	5	16
10.	Australien	7	9	11
11.	Italien	6	5	8
12.	Kanada	6	5	7
13.	Großbritannien	5	3	12
14.	Rumänien	4	6	8
15.	ČSFR	4	2	2
16.	Nordkorea	4	0	5
17.	Japan	3	8	11
18.	Bulgarien	3	7	6
19.	Polen	3	6	9
20.	Niederlande	2	6	6
21.	Kenia	2	4	2
22.	Norwegen	2	4	1
23.	Türkei	2	2	2
24.	Indonesien	2	2	1
25.	Brasilien	2	1	0
26.	Griechenland	2	0	0
27.	Schweden	1	7	4
28.	Neuseeland	1	4	5
29.	Finnland	1	2	2
30.	Dänemark	1	1	4
31.	Marokko	1	1	1
32.	Irland	1	1	0
33.	Äthiopien	1	0	2
34.	Estland	1	0	1
	Litauen	1	0	1
	Algerien	1	0	1
37.	Schweiz	1	0	0
38.	Jamaika	0	3	1
	Nigeria	0	3	1
40.	Lettland	0	2	1
41.	Österreich	0	2	0
	Namibia	0	2	0
	Südafrika	0	2	0
44.	Serbien/ Montenegro	0	1	2
	Belgien	0	1	2
	Iran	0	1	2
	Kroatien	0	1	2
48.	Israel	0	1	1
49.	Peru	0	1	0
	Taiwan	0	1	0
	Mexiko	0	1	0

So grüßen die Dressur-Olympiasieger: Klaus Balkenhol, Nicole Uphoff, Isabell Werth und Monika Theodorescu.

Freude und Wut

Nach ihrem sensationellen Sieg über 400-m-Freistil in 4:07,18 Min. vor der amerikanischen Favoritin Jane Evans rechnete die Magdeburgerin Dagmar Hase im Fernsehen mit den West-Funktionären ab, die ihre Magdeburger Klubkameradin Astrid Strauß wegen angeblichen Dopings nicht zu den Olympischen Spielen fahren ließen. Bei der TV-Diskussion sahen Millionen Zuschauer statt einer strahlenden Siegerin eine verweinte und total frustrierte Schwimmerin.

Die meisten Goldmedaillen bei allen Olympischen Spielen mit je neun gewannen die Turnerin Larissa Latynina (* 1934, UdSSR), der Langstreckenläufer Paavo Nurmi (1897–1973, Finnland) und der Schwimmer Mark Spitz (* 1950, USA), davon allein sieben – einschließlich dreier Staffelwettbewerbe – 1972 in München, ein absoluter Rekord.

Die meisten Goldmedaillen als Einzelwettkämpfer bei einer Veranstaltung kommen auf das Konto von Eric Heiden (* 1958, USA), der bei den Winterspielen 1980 in Lake Placid (USA) alle fünf Eisschnellauf-Konkurrenzen für sich entschied.

Die meisten Medaillen überhaupt gewann mit 18 Larissa Latynina (UdSSR). Sie kam zwischen 1956 und 1964 auf neun Siege, fünf zweite und vier dritte Plätze. Auf je 13 Medaillen brachten es die sowjetischen Turner Nikolai Andrianow (8–3–2) und Boris Schachlin (7–4–2), der japanische Turner Takashi Ono (5–4–4) sowie der italienische Fechter Edoardo Mangiarotti (6–5–2).

Die meisten Medaillen bei einer Veranstaltung erkämpfte der sowjetische Turner Alexander Ditiatin mit acht (3–4–1) 1980 in Moskau.

Die meisten Medaillen für die Bundesrepublik Deutschland gewann der Dressurreiter Dr. Reiner Klimke (* 1936), der es auf sechs Gold- und zwei Bronzemedaillen brachte. Er löste damit den Springreiter Hans Günter Winkler (5–1–1) ab.
Auf den nächsten Plätzen folgen der Schwimmer Michael Groß (3–2–1) sowie der Dressurreiter Dr. Josef Neckermann (2–2–2) und Liselotte Linsenhof (2–2–1).

Landete weich, aber sicher im Sprungkissen, die Hochsprung-Olympiasiegerin Heike Henkel.

Schlußmann der siegreichen und Weltrekord laufenden amerikanischen Sprintstaffel, Carl Lewis.

Ein harmonisches Quartett, das gut aufeinander abgestimmt war, der deutsche Bahnrad-Vierer.

Vier Männer – ein großer Erfolg. Quincy Watts, Andrew Valmon, Steve Lewis und Michael Johnson liefen Weltrekord über 4 × 400 m.

Vor dem 2. Weltkrieg waren für Deutschland erfolgreich: Carl Schuhmann mit viermal Gold im Turnen und Ringen 1896, Herbert Weingärtner mit dreimal Gold, zweimal Silber, einmal Bronze im Turnen 1896, Konrad Frey mit dreimal Gold, einmal Silber, zweimal Bronze im Turnen 1936, Alfred Schwarzmann mit dreimal Gold und zweimal Bronze im Turnen 1936, dazu noch einmal Silber 1952 im Turnen, sowie Alfred Flatow mit dreimal Gold und einmal Silber im Turnen 1896.

Die meisten Goldmedaillen für die DDR errang die Schwimmerin Kristin Otto (* 1965), die in Seoul 1988 sechsmal siegte, über 50-m- und 100-m-Freistil, 100-m-Rücken und 100-m-Schmetterling sowie mit der 4×100-m-Freistilstaffel und 4×100-m-Lagenstaffel.

Die meisten Medaillen der Schweiz gewann der Turner Georges Miez, der zwischen 1924 und 1936 vier goldene, drei silberne und eine bronzene Medaille holte.

Die meisten Medaillen für Österreich erhielt Anton »Toni« Sailer mit dreimal Gold im alpinen Skisport 1956.

Die jüngste Goldmedaillengewinnerin aller Zeiten ist Marjorie Gestring (* 1922, USA), die 1936 im Alter von 13 Jahren und 268 Tagen beim Kunstspringen in Berlin siegte.

Der jüngste Goldmedaillengewinner und zugleich jüngste Teilnehmer war ein Franzose, dessen Name nicht festgehalten ist und der am 26. August 1900 in Paris den niederländischen Zweier (Rudern) steuerte. Der Junge war nicht älter als zehn, möglicherweise sogar erst sieben Jahre alt.

Der älteste Goldmedaillengewinner und zugleich älteste Teilnehmer war Oscar Gomer Swahn (1847–1927, Schweden). Mit 64 Jahren und 258 Tagen wurde er 1912 in Stockholm mit der Mannschaft Olympiasieger im Schießen auf den Laufenden Hirsch, mit 72 Jahren und 280 Tagen ging er 1920 in Antwerpen noch einmal an den Start und erkämpfte Silber. Sogar für 1924 in Paris hatte sich Swahn qualifiziert, sagte aber wegen Krankheit ab.

Die älteste Goldmedaillengewinnerin ist Liselott Linsenhoff (* 1927, Deutschland), die mit 45 Jahren und 13 Tagen bei den Sommerspielen 1972 in München in der siegreichen Dressur-Equipe ritt.

Älteste Medaillengewinnerin aller Olympischen Spiele ist die Dressurreiterin Maud von Rosen (* 1925, Schweden), die 1972 in München Bronze mit der Mannschaft gewann und dabei 46 Jahre und 258 Tage alt war.

Die älteste Teilnehmerin war Lorna Johnstone (* 1902, GB), die mit 70 Jahren und fünf Tagen bei den Spielen 1972 in München noch Zwölfte in der Dressur-Einzelwertung wurde.

Die längste Karriere vorzuweisen haben mit einer 40jährigen Teilnahme Dr. Ivan Osiier (1888–1965, Dänemark), der 1908–32 und 1948

Ungewöhnlicher Zuruf

Als Boris Becker in seinem ersten olympischen Tennis-Match gegen den Norweger Christian Ruud, die Nummer 312 der Weltrangliste, überhaupt nicht den Rhythmus fand, rief ein Fan von der Tribüne: »Hör doch auf zu plärren und spiel endlich vernünftiges Tennis.« Das tat er zwar in seinen Einzeln nur bedingt und scheiterte im Achtelfinale. Dafür steigerte er sich im Doppel und gewann mit Michael Stich Gold.

Überraschungssieger im 100-m-Rennen, der Brite Linford Christie.

Jubelt über seine Goldmedaille im Radsprint, Jens Fiedler aus Berlin.

Lief ein tolles Rennen und holte sensationell Gold über 5000 m, Dieter Baumann.

Im Einzel vorzeitig gescheitert, im Doppel Gold geholt, Deutschlands Tennisstars Boris Becker und Michael Stich.

Start zum 100 m-Rückenschwimmen – immer wieder eine faszinierende Angelegenheit.

Fliegendes Feuer

Für den größten Aha-Effekt sorgte bei der Eröffnungsfeier im Olympiastadion von Barcelona ein Bogenschütze, der das Feuer in der Stadionschale mit einem brennenden Pfeil entzündete. 65 000 Menschen vor Ort und 3,5 Mrd. vor den Bildschirmen waren Augenzeugen dieser tollen Leistung.

als Fechter dabei war, Magnus Konow (1887–1972, Norwegen) als Segler 1908–20 und 1936–48, Paul B. Elvström (* 1928, Dänemark) als Segler 1948–60, 1968–72 und 1984–88 sowie Durward Knowles (* 1917, Bahamas), als Segler 1948–72, 1988.

Der einzige Teilnehmer, der viermal nacheinander die Goldmedaille im gleichen Wettbewerb gewann, war der Diskuswerfer Alfred A. Oerter (* 1936, USA) in den Jahren 1956–68. Zu vier Siegen in Serie brachte es auch der dänische Segler Paul B. Elvström, der 1948 in der Leuchtkäferklasse, 1952 in der Olympiajolle sowie 1956 und 1960 im Finn-Dinghy erfolgreich war.

Der vielseitigste Athlet, der sowohl bei den Winterspielen als auch bei den Sommerspielen eine Goldmedaille holte, war Edward F. Eagan (1896–1967, USA). 1920 stand er als Boxer (Halbschwergewicht) auf dem Siegertreppchen, 1932 saß er im erfolgreichen Viererbob der USA.

Die vielseitigste Athletin ist Christa Luding-Rothenburger (* 1959, DDR), die innerhalb eines Jahres zwei olympische Medaillen bei Winter- und Sommerspielen gewann. In Calgary 1988 wurde sie Siegerin im 1000-m-Eisschnelllaufen, und wenige Monate später in Seoul gewann sie Silber im Radsprint auf der Bahn.

The Times: »Dies waren die entspannten Spiele, die freundlichen Spiele, und vor allem die fairen Spiele, wo trotz aller Kommerzialisierung und Doping die Welt sah, daß guter Sport Vergnügen sein kann.«

La Stampa: »Für Spanien sind dies Tage, in denen sich die Nation gern im Spiegel betrachtet. Das Land ist etwas einiger, reicher und vor allem mit mehr Selbstwertgefühl versehen als zuvor. International ist seine Bedeutung gewachsen.«

Washington-Post: »Sie begannen als das strahlendste Sportspektakel der Geschichte. Sie endeten in Dunkelheit mit einem Überbleibsel an Athleten in der Nacht des Olympiastadions. Olympia 1992 war vieles: Nicht kalkulierbar, oft kontrovers, total professionell, selbst manchmal unpolitisch.«

Mehr Wintersport

Das Exekutivkomitee des IOC beschloß in Barcelona, das Programm künftiger Olympischer Winterspiele auszuweiten. Für 1994 in Lillehammer kommen im Shorttrack die 500 m Männer und 1000 m der Frauen sowie im Trickski das Springen für Männer und Frauen hinzu. Außerdem soll es ab 1998 auch Curling und Frauen-Eishockey geben.

Die Medaillengewinner von Barcelona

BADMINTON

Männer, Einzel

G Allen Kusuma (Indonesien)
S Ardy Wiranta (Indonesien)
B Hermawan Susanto (Indonesien) und Thomas Stuer Lauridsen (Dänemark)

Doppel

G Hak-Kyun Kim/Joo-Bong Park (Südkorea)
S Eddy Hartono/Rudy Gunawan (Indonesien)
B Rashid und Razif Sidek (Malaysia) und Yongbo Li/Bingyi Tian (China)

Frauen, Einzel

G Susi Susanti (Indonesien)
S Soo Hyun Bang (Südkorea)
B Hua Huang (China) und Jiuhong Tang (China)

Doppel

G Hye Young Hwang/So-Young Chung (Südkorea)
S Weizhen Guan/Quinhua Nong (China)
B Young-As Gil/Eun-Jung Shim (Südkorea)

BASEBALL

Männer

G Kuba
S Taiwan
B Japan

BASKETBALL

Männer

G USA
S Kroatien
B Litauen

Frauen

G GUS
S China
B USA

BOGENSCHIESSEN

Männer, Einzel

G Sebastien Flute (Frankreich)
S Jae-Hun Chung (Südkorea)
B Simon Terry (Großbritannien)

Mannschaft

G Spanien
S Finnland
B Großbritannien

Frauen, Einzel

G Youn-Jeong Cho (Südkorea)
S Soo-Nyung Kim (Südkorea)
B Natalia Walejewa (GUS)

Mannschaft

G Südkorea
S China
B GUS

BOXEN

Halbfliegengewicht

G Rogelio Marcelo (Kuba)
S Daniel Bojinow (Bulgarien)
B Jan Quast (Deutschland) und Roel Velasco (Philippinen)

Fliegengewicht

G Chol Choi (Nordkorea)
S Raul Gonzalez (Kuba)
B Timothy Austin (USA) und Istvan Kovacs (Ungarn)

Bantamgewicht

G Joel Casamayor (Kuba)
S Wayne McCollough (Irland)
B Li Gwang Sik (Nordkorea) und Mohamed Achik (Marokko)

Federgewicht

G Andreas Tews (Deutschland)
S Faustino Reyes (Spanien)
B Hocine Soltani (Algerien) und Ramazi Paliani (GUS)

Leichtgewicht

G Oscar de la Hoya (USA)
S Marco Rudolph (Deutschland)
B Namjil Bajarsaichan (Mongolei) und Sung Sik Hong (Südkorea)

Halbweltergewicht

G Hector Vinent (Kuba)
S Mark Leduc (Kanada)
B Jyri Kjäll (Finnland) und Leonard Doroftei (Rumänien)

Weltergewicht

G Michael Carruth (Irland)
S Juan Hernandez (Kuba)
B Arkom Chenglai (Thailand) und Anibal Acevedo (Puerto Rico)

Halbmittelgewicht

G Juan Lemus (Kuba)
S Orhan Delibas (Niederlande)
B György Mizsei (Ungarn) und Robin Reid (Großbritannien)

Mittelgewicht

G Ariel Hernandez (Kuba)
S Chris Byrd (USA)
B Chris Johnson (Kanada) und Seung Bae Lee (Südkorea)

Halbschwergewicht

G Torsten May (Deutschland)
S Rostislaw Saulitschny (GUS)
B Zoltan Beres (Ungarn) und Wojciech Bartnik (Polen)

Schwergewicht

G Felix Savon (Kuba)
S David Izonritei (Nigeria)
B David Tua (Neuseeland) und Arnold Vanderlijde (Niederlande)

Superschwergewicht

G Roberto Balado (Kuba)
S Richard Igbeneghu (Nigeria)
B Brian Nielsen (Dänemark) und Swilen Rusinow (Bulgarien)

FECHTEN

Männer

Florett, Einzel

G Philippe Omnes (Frankreich)
S Sergej Golubitski (GUS)
B Elvis Gil (Kuba)

Florett, Mannschaft

G Deutschland
S Kuba
B Polen

Degen, Einzel

G Eric Srecki (Frankreich)
S Pawel Kolobkowski (GUS)
B Jean-Michel Henry (Frankreich)

Degen, Mannschaft

G Deutschland
S Ungarn
B GUS

Säbel, Einzel

G Bence Szabo (Ungarn)
S Marco Marin (Italien)
B Jean-Francois Lamour (Frankreich)

Säbel, Mannschaft

G GUS
S Ungarn
B Frankreich

Frauen

Florett, Einzel

G Giovanna Trillini (Italien)
S Tatjana Sadowskaja (GUS)
B Huifeng Wang (China)

Florett, Mannschaft

G Italien
S Deutschland
B Rumänien

FUSSBALL

Männer

G Spanien
S Polen
B Ghana

GEWICHTHEBEN

Fliegengewicht

G Iwan Iwanow (Bulgarien) 265,0
S Qischeng Lin (China) 262,5
B Trajan Ciharean (Rumänien) 252,5

Bantamgewicht

G Byung-Kwan Chun (Südkorea) 287,5
S Shoubin Liu (China) 277,5
B Jianming Luo (China) 277,5

Federgewicht

G Naim Süleymanoglu (Türkei) 320,0
S Nikolai Peschalow (Bulgarien) 305,0
B Yingqiang He (China) 295,0

Leichtgewicht

G Israil Milotissian (GUS) 337,5
S Joto Jotow (Bulgarien) 327,5
B Andreas Brehm (Deutschland) 320,0

Mittelgewicht

G Fedor Kassapu (GUS) 357,5
S Pablo Lara (Kuba) 357,5
B Myong Nam Kim (Nordkorea) 352,5

Leichtschwergewicht

G Pyrros Dimas (Griechenland) 370,0
S Krzsztof Siemion (Polen) 370,0
B nicht verteilt

Mittelschwergewicht

G Kachi Kachiaschwili (GUS) 412,5
S Sergej Syrtsow (GUS) 412,5
B Sergiusz Wolczaniecki (Polen) 392,5

1. Schwergewicht

G Viktor Trebugow (GUS) 410,0
S Timur Taimasow (GUS) 402,5
B Waldemar Malak (Polen) 400,0

2. Schwergewicht

G Ronny Weller (Deutschland) 432,5
S Artur Akojew (GUS) 430,0
B Stefan Botew (Bulgarien) 417,5

Superschwergewicht

G Alexander Kurlowitsch (GUS) 450,0
S Leonid Taranenko (GUS) 430,0
B Manfred Nerlinger (Deutschland) 417,5

HANDBALL

Männer

G GUS
S Schweden
B Frankreich

Frauen

G Südkorea
S Norwegen
B GUS

HOCKEY

Herren

G Deutschland
S Australien
B Pakistan

Damen

G Spanien
S Deutschland
B Großbritannien

JUDO

Männer

Extraleichtgewicht

G Nazim Gusseinow (GUS)
S Hyun Yoon (Südkorea)
B Richard Trautmann (Deutschland) und Tadanori Koshino (Japan)

Halbleichtgewicht

G Rogerio Sampaio (Brasilien)
S Joszef Csak (Ungarn)
B Udo Quellmalz (Deutschland) und Israel Hernandez (Kuba)

Leichtgewicht

G Toshihiko Koga (Japan)
S Bertalan Hajtos (Ungarn)
B Hoon Chung (Südkorea) und Oren Smagda (Israel)

Halbmittelgewicht

G Hidehiko Yoshida (Japan)
S Jason Morris (USA))
B Byung-Yoo Kim (Südkorea) und Bertrand Damaisin (Frankreich)

Mittelgewicht

G Waldemar Legien (Polen)
S Pascal Tayot (Frankreich)
B Hirotaka Okada (Japan) und Nicolas Gill (Kanada)

Halbschwergewicht

G Antal Kovacs (Ungarn)
S Raymond Steven (Großbritannien)
B Dimitri Sergejew (GUS) und Theo Maijer (Niederlande)

Schwergewicht

G David Schaschaleschwili (GUS)
S Naoya Ogawa (Japan)
B David Douillet (Frankreich) und Imre Csosz (Ungarn)

Frauen

Superleichtgewicht

G Cecile Nowak (Frankreich)
S Ryoko Tamura (Japan)
B Hulya Senyurt (Türkei) und Amarilis Savon (Kuba)

Halbleichtgewicht

G Almudena Munoz (Spanien)
S Noriko Mozigushi (Japan)
B Zhongyun Li (China) und Susan Rendle (Großbritannien)

Leichtgewicht

G Miriam Blasco (Spanien)
S Nicole Fairbrother (Großbritannien)
B Drialis Gonzales (Kuba) und Chiyori Tateno (Japan)

Halbmittelgewicht

G Catherine Fleury (Frankreich)
S Yael Arad (Israel)
B Elena Petrowa (GUS) und Di Zhang (China)

Mittelgewicht

G Odalis Reve (Kuba)
S Emanuela Pierantozzi (Italien)
B Kate Howey (Großbritannien) und Heidi Rakels (Belgien)

Halbschwergewicht

G Mi Jung Kim (Südkorea)
S Yoko Tanabe (Japan)
B Irene de Kok (Niederlande) Laetitia Meignan (Frankreich)

Schwergewicht

G Xiaoyan Zhuang (China)
S Estela Rodriguez (Kuba)
B Natalia Lupino (Frankreich) und Yoko Sakane (Japan)

KANU

Männer

Rennsport – Kajak-Einer, 500 m

G Mikko Kolehmainen (Finnland) 1:40,24
S Zsolt Gyulay (Ungarn) 1:40,64
B Knut Holmann (Norwegen) 1:40,71

Kajak-Zweier, 500 m

G Deutschland (Bluhm/Gutsche) 1:28,27
S Polen 1:29,84
B Italien 1:30,00

Kajak-Einer, 1000 m

G Clint Robinson (Australien) 3:37,26
S Knut Holmann (Norwegen) 3:37,50
B Greg Barton (USA) 3:37,90

Kajak-Zweier, 1000 m

G Deutschland (Bluhm/Gutsche) 3:16,10
S Schweden 3:17,70
B Polen 3:18,86

Die Medaillengewinner von Barcelona

Kajak-Vierer, 1000 m
G Deutschland 2:54,18
S Ungarn 2:54,82
B Australien 2:56,97

Canadier-Einer, 500 m
G Nikolai Buchalow (Bulgarien) 1:51,15
S Michail Sliwinski (GUS) 1:51,40
B Olaf Heukrodt (Deutschland) 1:53,00

Canadier-Zweier, 500 m
G GUS 1:41,54
S Deutschland (Papke/Spelly) 1:41,68
B Bulgarien 1:41,94

Canadier-Einer, 1000 m
G Nikolai Buchalow (Bulgarien) 4:05,92
S Ivans Klementjews (Lettland) 4:06,60
B György Zala (Ungarn) 4:07,35

Canadier-Zweier, 1000 m
G Deutschland (Papke/Spelly) 3:37,42
S Dänemark 3:39,26
B Frankreich 3:39,51

Wildwasser
Kajak-Einer
G Pierpaolo Ferrazzi (Italien) 106,89
S Sylvain Curinier (Frankreich) 107,06
B Jochen Lettmann (Deutschland) 108,52

Canadier-Einer
G Lukas Pollert (ČSFR) 113,69
S Gareth Marriott (Großbritannien) 116,48
B Jacky Avril (Frankreich) 117,18

Canadier-Zweier
G Scott Strausbaugh/Joe Jacobi (USA) 122,41
S Miroslav Simek/Jiri Rohan (ČSFR) 124,25
B Franck Adisson/Wilfrid Forgues (Frankreich) 124,38

Frauen
Rennsport – Kajak-Einer, 500 m
G Birgit Schmidt (Deutschland) 1:51,60
S Rita Koban (Ungarn) 1:51,95
B Isabella Dylewska (Polen) 1:52,42

Kajak-Zweier, 500 m
G Deutschland (Portwich/von Seck) 1:40,29
S Schweden 1:40,41
B Ungarn 1:40,81

Kajak-Vierer, 500 m
G Ungarn 1:38,32
S Deutschland 1:38,47
B Schweden 1:39,79

Wildwasser
Kajak-Einer
G Elisabeth Micheler (Deutschland) 126,41
S Danielle Woodward (Australien) 128,27
B Dana Chladek (USA) 131,75

LEICHTATHLETIK
Männer, 100 m
G Linford Christie (Großbritannien) 9,92
S Franck Fredericks (Namibia) 10,02
B Dennis Mitchell (USA) 10,04

200 m
G Mike Marsh (USA) 20,01
S Franck Fredericks (Namibia) 20,13
B Michael Bates (USA) 20,38

400 m
G Quincy Watts (USA) 43,50
S Steve Lewis (USA) 44,21
B Samson Kitur (Kenia) 44,24

800 m
G William Tanui (Kenia) 1:43,66
S Nixon Kiprotich (Kenia) 1:43,70
B Johnny Gray (USA) 1:43,97

1500 m
G Fermin Cacho (Spanien) 3:40,12
S Rachid El-Basir (Marokko) 3:40,62
B Mohamed Sulaiman (Katar) 3:40,69

5000 m
G Dieter Baumann (Deutschland) 13:12,52
S Paul Bitok (Kenia) 13:12,71
B Fita Bayisa (Äthiopien) 13:13,03

10000 m
G Khalid Skah (Marokko) 27:46,70
S Richard Chelimo (Kenia) 27:47,72
B Addis Abbebe (Äthiopien) 28:00,07

Marathon
G Hwang Young-Cho (Südkorea) 2:13:23
S Koichi Morishita (Japan) 2:13:45
B Stephan Freigang (Deutschland) 2:14:00

4 × 100 m
G USA 37,40 WR
S Nigeria 37,98
B Kuba 38,00

4 × 400 m
G USA 2:55,74 WR
S Kuba 2:59,51
B Großbritannien 2:59,73

110-m-Hürden
G Mark McKoy (Kanada) 13,12
S Tony Dees (USA) 13,24
B Jack Pierce (USA) 13,26

400-m-Hürden
G Kevin Young (USA) 46,78 WR
S Winthrop Graham (Jamaika) 47,76
B Kriss Akabusi (Großbritannien) 47,82

3000-m-Hindernis
G Matthew Birir (Kenia) 8:08,84
S Patrick Sang (Kenia) 8:09,55
B William Mutwol (Kenia) 8:10,74

20-km-Gehen
G Daniel Plaza (Spanien) 1:21:45
S Guillaume Leblanc (Frankreich) 1:22:25
B Giovanni de Benedictis (Italien) 1:23:11

50-km-Gehen
G Andrej Perlow (GUS) 3:50:13
S Carlos Mercenario (Mexiko) 3:52,09
B Ronald Weigel (Deutschland) 3:53:45

Hochsprung
G Javier Sotomayor (Kuba) 2,34
S Patrik Sjöberg (Schweden) 2,34
B Artur Partyka (Polen) 2,34 Timothy Forsythe (Australien) 2,34, Hollis Conway (USA) 2,34

Stabhochsprung
G Maxim Tarasow (GUS) 5,80
S Igor Trandenkow (GUS) 5,80
B Javier Garcia (Spanien) 5,75

Weitsprung
G Carl Lewis (USA) 8,67
S Mike Powell (USA) 8,64
B Joe Greene (USA) 8,34

Dreisprung
G Mike Conley (USA) 18,17
S Charlie Simpkins (USA) 17,60
B Frank Rutherford (Bahamas) 17,36

Kugelstoßen
G Michael Stulce (USA) 21,70
S James Doehring (USA) 20,96
B Wjatscheslaw Lycho (GUS) 20,94

Diskuswerfen
G Romas Ubartas (Litauen) 65,12
S Jürgen Schult (Deutschland) 64,94
B Roberto Moya (Kuba) 64,12

Hammerwerfen
G Andrej Abduwaljew (GUS) 82,54
S Igor Astapkowitsch (GUS) 81,96
B Igor Nikulin (GUS) 81,38

Speerwerfen
G Jan Zelezny (ČSFR) 89,66
S Seppo Räty (Finnland) 86,60
B Steve Backley (Großbritannien) 83,38

Zehnkampf
G Robert Zmelik (ČSFR) 8611
S Antonio Penalver (Spanien) 8412
B Dave Johnson (USA) 8309

Frauen
100 m
G Gail Devers (USA) 10,82
S Juliet Cuthbert (Jamaika) 10,83
B Irina Priwalowa (GUS) 10,84

200 m
G Gwen Torrence (USA) 21,81
S Juliet Cuthbert (Jamaika) 22,02
B Merlene Ottey (Jamaika) 22,09

400 m
G Marie-Josee Perec (Frankreich) 48,83
S Olga Brysgina (GUS) 49,05
B Ximena Restrepo (Kolumbien) 49,64

800 m
G Ellen van Langen (Niederlande) 1:55,54
S Lilia Nurutdinowa (GUS) 1:55,99
B Ana Fidelia Quirot (Kuba) 1:56,80

1500 m
G Hassiba Boulmerka (Algerien) 3:55,30
S Ludmilla Rogaschewa (GUS) 3:56,91
B Yunxia Qu (China) 3:57,08

3000 m
G Elena Romanowa (GUS) 8:46,04
S Tatjana Dorowskitsch (GUS) 8:46,85
B Angela Chalmers (Kanada) 8:47,22

10000 m
G Derartu Tulu (Äthiopien) 31:06,02
S Elana Meyer (Südafrika) 31:11,75
B Lynn Jennings (USA) 31:19,89

Marathon
G Walentina Jegorowa (GUS) 2:32:41
S Yuko Arimori (Japan) 2:32:49
B Lorraine Moller (Neuseeland) 2:32:59

4 × 100 m
G USA 42,11
S GUS 42,16
B Nigeria 42,81

4 × 400 m
G GUS 3:20,10
S USA 3:20,92
B Großbritannien 3:24,23

100-m-Hürden
G Paraskevi Patoulidou (Griechenland) 12,64
S LaVonna Martin (USA) 12,69
B Jordanka Donkowa (Bulgarien) 12,70

400-m-Hürden
G Sally Gunnell (Großbritannien) 53,23
S Sandra Farmer-Patrick (USA) 53,69
B Janeene Vickers (USA) 54,31

10-km-Gehen
G Yueling Chen (China) 44:32
S Elena Nikolajewa (GUS) 44:33
B Chunxiu Li (China) 44:41

Hochsprung
G Heike Henkel (Deutschland) 2,02
S Galina Astafei (Rumänien) 2,00
B Joanet Quintero (Kuba) 1,97

Weitsprung
G Heike Drechsler (Deutschland) 7,14
S Inessa Krawets (GUS) 7,12
B Jackie Joyner-Kersee (USA) 7,07

Kugelstoßen
G Swetlana Kriwelewa (GUS) 21,06
S Zhihong Huang (China) 20,47
B Kathrin Neimke (Deutschland) 19,78

Diskuswerfen
G Maritza Marten (Kuba) 70,06
S Zwetanka Christowa (Bulgarien) 67,78
B Daniela Costian (Australien) 66,24

Speerwerfen
G Silke Renk (Deutschland) 68,34
S Natalia Schikolenko (GUS) 68,26
B Karen Forkel (Halle) 66,86

Siebenkampf
G Jackie Joyner-Kersee (USA) 7044
S Irina Bjelowa (GUS) 6845
B Sabine Braun (Deutschland) 6649

KUNSTTURNEN
Männer
Mehrkampf, Einzel
G Vitali Chtcherbo (GUS) 59,025
S Grigori Misioutine (GUS) 58,925
B Waleri Belenki (GUS) 58,625

Mannschaft
G GUS 585,450
S China 580,375
B Japan 578,250

Boden
G Xiasoahuang Li (China) 9,925
S Grigori Misioutine (GUS) und Yukio Iketani (Japan 9,787

Seitpferd
G Vitali Chtcherbo (GUS) und Gil-Su Pae (Nordkorea) 9,925
B Andreas Wecker (Deutschland) 9,887

Ringe
G Vitali Chtcherbo (GUS) 9,937
S Jing Li (China) 9,875
B Andreas Wecker (Deutschland) und Xiaosahuang Li (China) 9,862

Pferdsprung
G Vitali Chtcherbo (GUS) 9,856
S Grigori Misioutine (GUS) 9,781
B Ok Ryul Yoo (Südkorea) 9,762

Barren
G Vitali Chtcherbo (GUS) 9,900
S Jing Li (China) 9,812
B Linyao Guo (China), Igor Korobtschinski (GUS) und Masayuki Matsunaga (Japan) 9,800

Reck
G Trent Dimas (USA) 9,875
S Andreas Wecker (Deutschland) und Grigori Misioutine (GUS) 9,837

Die Medaillengewinner von Barcelona

Frauen
Mehrkampf, Einzel
G Tatjana Gutsu (GUS) 39,737
S Shannon Miller (USA) 39,725
B Lavinia Milosovici (Rumänien) 39,687

Mannschaft
G GUS 395,666
S Rumänien 395,079
B USA 394,704

Pferdsprung
G Henrietta Onodi (Rumänien) und Lavinia Milosovici (Rumänien) 9,925
B Tatjana Lissenko (GUS) 9,912

Stufenbarren
G Li Lu (China) 10,000
S Tatjana Gutsu (GUS) 9,975
B Shannon Miller (USA) 9,962

Schwebebalken
G Tatjana Lissenko (GUS) 9,975
S Li Lu (China) und Shannon Miller (USA) 9,912

Boden
G Lavinia Milosovici (Rumänien) 10,000
S Henrietta Onodi (Rumänien) 9,950
B Tatjana Gutsu (GUS), Cristina Bontas (Rumänien) und Shannon Miller (USA) 9,912

MODERNER FÜNFKAMPF
Einzel
G Arkad Skrzypaszek (Polen) 5559
S Attila Mizser (Ungarn) 5446
B Eduard Zenowka (GUS) 5361

Mannschaft
G Polen 16018
S GUS 15924
B Italien 15760

RADSPORT
Männer
Straße, Einzel
G Fabio Casartelli (Italien) 4:35,21
S Erik Dekker (Niederlande) 0:01 zurück
B Dainis Ozols (Lettland) 0:03 zurück

Mannschaft
G Deutschland 2:01,39
S Italien 2:02,39
B Frankreich 2:05,25

Bahn, Sprint
G Jens Fiedler (Deutschland)
S Gary Neiwand (Australien)
B Curt Harnett (Kanada)

1000-m-Zeitfahren
G Jose Moreno (Spanien) 1:03,342
S Shane Kelly (Australien) 1:04,288
B Erin Hartwell (USA) 1:04,753

Einzelverfolgung
G Chris Boardman (Großbritannien)
S Jens Lehmann (Deutschland)
B Gary Anderson (Australien)

Mannschaft
G Deutschland 4:08,790
S Australien 4:10,218
B Dänemark 4:15,860

Punktefahren
G Giovanni Lombardi (Italien) 44
S Leon van Bon (Niederlande) 43
B Cedric Mathy (Belgien) 41

Frauen
Straße, Einzel
G Kathryn Watt (Australien) 2:04:42
S Jeannie Longo (Frankreich) 0:20 zurück
B Monique Knol (Niederlande) 0:21 zurück

Bahn, Sprint
G Elika Salumiae (Estland)
S Annett Neumann (Deutschland)
B Ingrid Haringa (Niederlande)

Einzelverfolgung
G Petra Roßner (Deutschland) 3:41,753
S Kathryn Watt (Australien) 3:43,438
B Rebecca Twigg (USA)

REITEN
Springen, Einzel
G Ludger Beerbaum (Deutschland) 0
S Piet Raymakers (Niederlande) 0,25
B Norman Dello Joio (USA) 4,75

Springen, Mannschaft
G Niederlande 12,00
S Österreich 16,75
B Frankreich 24,75

Dressur, Einzel
G Nicole Uphoff (Deutschland) 1626
S Isabel Werth (Deutschland) 1551
B Klaus Balkenhol (Deutschland) 1515

Dressur, Mannschaft
G Deutschland 5224
S Niederlande 4742
B USA 4643

Military, Einzel
G Matthew Ryan (Australien) 70,0
S Herbert Blöcker (Deutschland) 81,3
B Blyth Tait (Neuseeland) 87,6

Mannschaft
G Australien 288,6
S Neuseeland 290,8
B Deutschland 300,3

RINGEN
Klassisch
Halbfliegengewicht
G Oleg Kutscherenko (GUS)
S Vincenzo Maenza (Italien)
B Wilber Sanchez (Kuba)

Fliegengewicht
G Jon Rönningen (Norwegen)
S Alfred Ter-Mrktychian (GUS)
B Kyung-Kab Min (Südkorea)

Bantamgewicht
G Han-Bong An (Südkorea)
S Rifat Yildiz (Deutschland)
B Zetian Sheng (China)

Federgewicht
G Akif Pirim (Türkei)
S Sergej Martynow (GUS)
B Juan Marin (Kuba)

Leichtgewicht
G Attila Repka (Ungarn)
S Islam Dugutschiew (GUS)
B Rodney Smith (USA)

Weltergewicht
G Mnatsakan Iskandarian (GUS)
S Jozef Tracz (Polen)
B Torbjörn Kornbakk (Norwegen)

Mittelgewicht
G Peter Farkas (Ungarn)
S Piotr Stepien (Polen)
B Daulet Turlichanow (GUS)

Halbschwergewicht
G Maik Bullmann (Deutschland)
S Hakki Basar (Türkei)
B Gogui Koguaschwili (GUS)

Schwergewicht
G Hector Milian (Kuba)
S Dennis Koslowski (USA)
B Sergej Demiaschkiewitsch (GUS)

Superschwergewicht
G Alexander Karelin (GUS)
S Tomas Johansson (Schweden)
B Ioan Grigoras (Rumänien)

Freistil
Halbfliegengewicht
G Il Kim (Nordkorea)
S Jong-Shin Kim (Südkorea)
B Wugar Orudjow (GUS)

Fliegengewicht
G Hak-Son Li (Nordkorea)
S Larry Lee Jones (USA)
B Walentin Jordanow (Bulgarien)

Bantamgewicht
G Alejandro Puerto (Kuba)
S Sergej Smal (GUS)
B Yong-Sik Kim (Nordkorea)

Federgewicht
G John Smith (USA)
S Asgari Mohammedian (Iran)
B Lazaro Reinoso (Kuba)

Leichtgewicht
G Arsen Fadschajew (GUS)
S Walentin Getsow (Bulgarien)
B Kosei Akaishi (Japan)

Weltergewicht
G Jang-Soon Park (Südkorea)
S Kenneth Monday (USA)
B Amir Khadem (Iran)

Mittelgewicht
G Kevin Jackson (USA)
S Elemadi Dschabrailow (GUS)
B Rasul Khadem (Iran)

Halbschwergewicht
G Maharbeg Hadartzew (GUS)
S Kenan Simsek (Türkei)
B Christopher Campbell (USA)

Schwergewicht
G Leri Habelow (GUS)
S Heiko Balz (Deutschland)
B Ali Kayali (Türkei)

Superschwergewicht
G Bruce Baumgartner (USA)
S Jeff Thue (Kanada)
B David Gobedischwili (GUS)

RHYTHMISCHE SPORTGYMNASTIK
Einzel
G Alexandra Timoschenko (GUS) 59,037
S Carolina Pascual (Spanien) 58,100
B Oksana Skaldina (GUS) 57,912

RUDERN
Männer
Einer
G Thomas Lange (Deutschland) 6:51,40
S Vaclav Chalupa (ČSFR) 6:52,93
B Kajetan Broniewski (Polen) 6:56,87

Zweier ohne
G Großbritannien 6:27,72
S Deutschland (Höltzenbein/von Ettingshausen) 6:32,68
B Slowenien 6:33,43

Zweier mit
G Großbritannien 6:49,83
S Italien 6:50,98
B Rumänien 6:51:58

Doppel-Zweier
G Australien 6:17,32
S Österreich 6:18,42
B Niederlande 6:22,82

Vierer ohne
G Australien 5:55,04
S USA 5:56,86
B Slowenien 5:58,24

Vierer mit
G Rumänien 5:59,37
S Deutschland 6:00,34
B Polen 6:03,27

Doppel-Vierer
G Deutschland 5:45,17
S Norwegen 5:47,09
B Italien 5:47,33

Achter
G Kanada 5:29,53
S Rumänien 5:29,67
B Deutschland 5:31,00

Frauen
Einer
G Elisabeta Lipa (Rumänien) 7:25,54
S Annelies Bredael (Belgien) 7:26,64
B Silken Laumann (Kanada) 7:28,85

Zweier ohne
G Kanada 7:06,22
S Deutschland (Werremeier/Schwerzmann) 7:07,96
B USA 7:08,11

Doppel-Zweier
G Deutschland (Köppen/Boron) 6:49,00
S Rumänien 6:51,47
B China 6:55,16

Vierer ohne
G Kanada 6:30,85
S USA 6:31,86
B Deutschland 6:32,34

Doppel-Vierer
G Deutschland 6:20,18
S Rumänien 6:24,34
B GUS 6:25,07

Achter
G Kanada 6:02,62
S Rumänien 6:06,26
B Deutschland 6:25,07

SCHIESSEN
Männer
Luftgewehr
G Juri Fedkin (GUS) 695,3
S Franck Badiou (Frankreich) 691,9
B Hans Riederer (Deutschland) 691,7

KK-Dreistellung
G Gratschia Petikian (GUS) 1267,4
S Robert Foth (USA) 1266,6
B Ryohei Koba (Japan) 1265,9

KK-liegend
G Eun-Chul Lee (Südkorea) 702,5
S Harald Stenvaag (Norwegen) 701,4
B Stevan Pletikosic (Serbien/Montenegro) 701,1

Freie Pistole
G Konstantin Lukaschik (GUS) 658,0
S Yifu Wang (China) 657,0
B Ragnar Skanaker (Schweden) 657,0

Luftpistole
G Yifu Wang (China) 684,8
S Sergej Pyschanow (GUS) 684,1
B Sorin Babii (Rumänien) 684,1

Schnellfeuerpistole
G Ralf Schumann (Deutschland) 885
S Afanasis Kusmin (Lettland) 882
B Wladimir Wochmianin (GUS) 882

Laufende Scheibe
G Michael Jakosits (Deutschland) 673,0
S Anatoli Asrabajew (GUS) 672,0
B Lubos Racansky (ČSFR) 670,0

Frauen
Luftgewehr
G Yeo Kab-Soon (Südkorea) 498,2
S Wessela Letschewa (Bulgarien) 495,3
B Aranka Binder (Serbien/Montenegro) 495,1

Standardgewehr
G Launi Meili (USA) 684,3
S Nonka Matowa (Bulgarien) 682,7
B Malgorzata Ksiazkiewicz (Polen) 681,5

Sportpistole
G Marina Logwinenko (GUS) 684,0

Die Medaillengewinner von Barcelona

S Duihong Li (China) 680,0
B Dorzhsuren Munkhbayar (Mongolei) 679,0

Luftpistole
G Marina Logwinenko (GUS) 486,4
S Jasna Sekaric (Serbien/Montenegro) 486,4
B Maria Grusdewa (Bulgarien) 481,6

Offen
Trap
G Petr Hrdlicka (ČSFR) 219
S Kazumi Watanabe (Japan) 219
B Marco Venturini (Italien) 218

Skeet
G Shan Zhang (China) 223
S Juan Giha (Peru) 222
B Bruno Rossetti (Italien) 222

SCHWIMMEN
Männer
50-m-Freistil
G Alexander Popow (GUS) 21,91
S Matt Biondi (USA) 22,09
B Tom Jager (USA) 22,30

100-m-Freistil
G Alexander Popow (GUS) 49,02
S Gustavo Borges (Brasilien) 49,43
B Stephan Caron (Frankreich) 49,50

200-m-Freistil
G Jewgeni Sadowyi (GUS) 1:46,70
S Anders Holmertz (Schweden) 1:46,86
B Antti Kasvio (Finnland) 1:47,63

400-m-Freistil
G Jewgeni Sadowyi (GUS) 3:45,00 WR
S Kieren Perkins (Australien) 3:45,16
B Antti Kasvio (Finnland) 3:46,77

1500-m-Freistil
G Kieren Perkins (Australien) 14:43,48 WR
S Glen Housman (Australien) 14:55,29
B Jörg Hoffmann (Deutschland) 15:02,29

100-m-Brust
G Nelson Diebel (USA) 1:01,50
S Norbert Rozsa (Ungarn) 1:01,68
B Philip Rogers (Australien) 1:01,76

200-m-Brust
G Mike Barrowman (USA) 2:10,16 WR
S Norbert Rozsa (Ungarn) 2:11,23
B Nick Gillingham (Großbritannien) 2:11,29

100-m-Schmetterling
G Pablo Morales (USA) 53,32
S Rafal Szukala (Polen) 53,35
B Anthony Nesty (Surinam) 53,41

200-m-Schmetterling
G Melvin Stewart (USA) 1:56,26
S Danyon Loader (Neuseeland) 1:57,93
B Franck Esposito (Frankreich) 1:58,51

100-m-Rücken
G Mark Tewksbury (Kanada) 53,98
S Jeff Rouse (USA) 54,04
B David Berkoff (USA) 54,78

200-m-Rücken
G Martin Lopez-Zubero (Spanien) 1:58,47
S Wladimir Selkow (GUS) 1:58,87
B Stefano Battistelli (Italien) 1:59, 40

200-m-Lagen
G Tamas Darnyi (Ungarn) 2:00,76
S Greg Burgess (USA) 2:00,97
B Attila Szene (Ungarn) 2:01,00

400-m-Lagen
G Tamas Darnyi (Ungarn) 4:14,23
S Eric Namesnik (USA) 4:15,57
B Luca Sacchi (Italien) 4:16,34

4 × 100-m-Freistil
G USA 3:16,74
S GUS 3:17,56
B Deutschland 3:17,90

4 × 200-m-Freistil
G GUS 7:11,95 WR
S Schweden 7:15,51
B USA 7:16,23

4 × 100-m-Lagen
G USA 3:36,93 WR
S GUS 3:38,56
B Kanada 3:39,66

Frauen
50-m-Freistil
G Wenyi Yang (China) 24,79
S Yong Zhuang (China) 25,08
B Angel Martino (USA) 25,23

100-m-Freistil
G Yong Zhuang (China) 54,64
S Jenny Thompson (USA) 54,84
B Franziska van Almsick (Deutschland) 54,94

200-m-Freistil
G Nicole Haislett (USA) 1:57,90
S Franziska van Almsick (Deutschland) 1:58,00
B Kerstin Kielgaß (Deutschland) 1:59,67

400-m-Freistil
G Dagmar Hase (Deutschland) 4:07,18
S Janet Evans (USA) 4:07,37
B Hayley Lewis (Australien) 4:11,22

800-m-Freistil
G Janet Evans (USA) 8:25,52
S Hayley Lewis (USA) 8:30,34
B Jana Henke (Deutschland) 8:30,99

100-m-Brust
G Elena Rudkowskaja (GUS) 1:08,00
S Anita Nall (USA) 1:08,17
B Samantha Riley (Australien) 1:09,25

200-m-Brust
G Kyoko Iwasaki (Japan) 2:26,65
S Li Lin (China) 2:26,85
B Anita Nall (USA) 2:26,88

100-m-Schmetterling
G Hong Qian (China) 58,62
S Christine Ahmann-Leighton (USA) 58,74
B Catherine Plewinski (Frankreich) 59,01

200-m-Schmetterling
G Summer Sanders (USA) 2:08,67
S Xiaohong Wang (China) 2:09,01
B Susan O'Neill (Australien) 2:09,03

100-m-Rücken
G Krisztina Egerszegi (Ungarn) 1:00,68
S Tunde Szabo (Ungarn) 1:01,14
B Lea Loveless (USA) 1:01,43

200-m-Rücken
G Krisztina Egerszegi (Ungarn) 2:07,06
S Dagmar Hase (Deutschland) 2:09,46
B Nicole Stevenson (Australien) 2:10,20

200-m-Lagen
G Li Lin (China) 2:11,65 WR
S Summer Sanders (USA) 2:11,91
B Daniela Hunger (Deutschland) 2:13,97

400-m-Lagen
G Krisztina Egerszegi (Ungarn) 4:36,54
S Li Lin (China) 4:36,73
B Summer Sanders (USA) 4:37,58

4 × 100-m-Freistil
G USA 3:39,46 WR
S China 3:40,12
B Deutschland 3:41,60

4 × 100-m-Lagen
G USA 4:02,54 WR
S Deutschland 4:05,19
B GUS 4:06,44

SEGELN
Männer
Finn-Dinghy
G Jose van der Ploeg (Spanien) 33,4
S Brian Ledbetter (USA) 54,7
B Craik Monk (Neuseeland) 64,7

470er
G Spanien (Calafat/Sanchez) 50,0
S USA (Reeser/Burnham) 66,7
B Estland (Toniste/Toniste) 68,7

Lechner A 390
G Franck David (Frankreich) 70,7
S Mike Gebhardt (USA) 71,1
B Lars Kleppich (Australien) 98,7

Frauen
Lechner A 390
G Barbara Kendall (Neuseeland) 47,8
S Xiaodong Zhang (China) 65,8
B Dorien de Vries (Niederlande) 68,7

470er
G Spanien (Zabell/Guerra) 30,7
S Neuseeland (Egnot(Shearer) 39,7
B USA (Isler/Healy) 42,4

Europe
G Linda Andersen (Norwegen) 48,7
S Natalia via Dufresne (Spanien) 57,4
B Julia Trotman (USA) 62,7

Offen
Tornado
G Frankreich (Loday/Henard) 40,4
S USA (Smyth/Notary) 42,0
B Australien (Booth/Forbes) 44,4

Starboot
G USA (Reynolds/Haenel) 31,4
S Neuseeland (Davis/Cowie) 58,4
B Kanada (MacDonald/Jespersen) 62,7

Flying Dutchman
G Spanien (Doreste/Manrique) 29,7
S USA (Foerster/Bourdow) 32,7
B Dänemark (Bojsen/Bojsen) 37,7

Soling
G Jesper Bank (Dänemark)
S Kevin Mahaney (USA)
B Lawrie Smith (Großbritannien)

SYNCHRONSCHWIMMEN
Solo
G Kristen Babb-Sprague (USA) 191,848
S Sylvie Frechette (Kanada) 191,717
B Fumiko Okuno (Japan) 187,056

Duett
G Karen und Sarah Josephson (USA) 192,175
S Penny und Vicky Vilagos (Kanada) 189,394
B Fumiko Okuno/Aki Takayama (Japan) 186,868

TENNIS
Herren, Einzel
G Marc Rosset (Schweiz
S Jordi Arrese (Spanien)
B Goran Ivanisevic (Kroatien) und Andrej Tscherkasow (GUS)

Doppel
G Boris Becker/Michael Stich (Deutschland)
S Wayne Ferreira/Piet Norval (Südafrika)
B Goran Ivanisevic/Goran Prpic (Kroatien) und Javier Frana/Christian Miniussi (Argentinien)

Damen, Einzel
G Jennifer Capriati (USA)
S Steffi Graf (Deutschland)
B Arantxa Sanchez (Spanien) und Mary Joe Fernandez (USA)

Doppel
G Mary Joe Fernandez/Gigi Fernandez (USA)
S Arantxa Sanchez/Conchita Martinez (Spanien)
B Rachel McQuillan/Nicole Provis (Australien) und Natalia Zwerewa/Leila Meschki (GUS)

TISCHTENNIS
Männer, Einzel
G Jan-Ove Waldner (Schweden)
S Jean-Philippe Gatien (Frankreich)
B Kim Taek Soo (Südkorea) und Ma Wenge (China)

Doppel
G Lu Lin/Wang Tao (China)
S Jörg Roßkopf/Steffen Fetzner (Deutschland)
B Kang Hee Chan/Lee Chul Seung (Südkorea) und Kim Taek Soo/Yoo Nam Kyu (Südkorea)

Frauen, Einzel
G Deng Yaping (China)
S Qiao Hong (China)
B Hyun Jung Hwa (Südkorea) und Li Bun Hui (Nordkorea)

Doppel
G Deng Yaping/Qiao Hong (China)
S Chen Zihe/Gao Jun (China)
B Li Bun Hui/Yu Sun Bok (Nordkorea) und Hong Cha Ok/Hyun Jung Hwa (Südkorea)

VOLLEYBALL
Männer
G Brasilien
S Niederlande
B USA

Frauen
G Kuba
S GUS
B USA

WASSERBALL
Männer
G Italien
S Spanien
B GUS

WASSERSPRINGEN
Männer
3-m-Brett
G Mark Lenzi (USA) 676,530
S Liangde Tan (China) 645,570
B Dimitri Sautin (GUS) 627,80

Turm
G Shuwei Sun (China) 677,31
S Scott Donie (USA) 663,63
B Ni Xiong (China) 600,15

Frauen
3-m-Brett
G Min Gao (China) 572,40
S Irina Laschko (GUS) 514,14
B Brita Baldus (Deutschland) 503,07

Turm
G Mingxia Fu (China) 461,43
S Elena Miroschina (GUS) 411,63
B Mary Clark (USA) 401, 91

OLYMPISCHE SPIELE 1992

Stürmt kraftvoll und dennoch elegant über das Eis, Gunda Niemann, die bei den Olympischen Spielen in Albertville zwei Gold- und eine Silbermedaille errang

Die Medaillengewinner von Albertville

Biathlon

Männer
10 km
Gold: Mark Kirchner (Deutschland) 26:02,3
Silber: Ricco Groß (Deutschland) 26:18,0
Bronze: Harri Eloranta (Finnland) 26:26,6

20 km
Gold: Jewgeni Redkin (GUS) 57:34,4
Silber: Mark Kirchner (Deutschland) 57:40,8
Bronze: Mikael Lofgren (Schweden) 57:59,4

4×7,5 km
Gold: Deutschland 1:24:43,5
Silber: GUS 1:25:06,3
Bronze: Schweden 1:25:38,2

Frauen
7,5 km
Gold: Anfissa Reszowa (GUS) 24:29,7
Silber: Antje Misersky (Deutschland) 24:45,1
Bronze: Jelena Bjelowa (GUS) 24:50,8

15 km
Gold: Antje Misersky (Deutschland) 51:47,2
Silber: Swetlana Petscherskaja (GUS) 51:58,5
Bronze: Myriam Bedard (Kanada) 52:15,0

3×7,5 km
Gold: Frankreich 1:15:55,6
Silber: Deutschland 1:16:18,4
Bronze: GUS 1:16:54,6

Bob

Zweier
Gold: Weder/Acklin (Schweiz I) 4:03,26
Silber: Lochner/Zimmermann (Deutschland I) 4:03,55
Bronze: Langen/Eder (Deutschland II) 4:03,63

Vierer
Gold: Österreich I 3:53,90
Silber: Deutschland I 3:53,92
Bronze: Schweiz I 3:54,13

Eishockey

Gold: GUS
Silber: Kanada
Bronze: ČSFR

Eiskunstlauf

Männer
Gold: Viktor Petrenko (GUS) 1,5 Punkte
Silber: Paul Wylie (USA) 3,5
Bronze: Petr Barna (ČSFR) 4,0

Frauen
Gold: Kristi Yamaguchi (USA) 1,5
Silber: Midori Ito (Japan) 4,0
Bronze: Nancy Kerrigan (USA) 4,0

Paarlauf
Gold: Mischkutionok/Dimitrijew (GUS) 1,5
Silber: Beschke/Petrow (GUS) 3,0
Bronze: Brasseur/Eisler (Kanada) 4,5

Eistanz
Gold: Klimowa/Ponomarenko (GUS) 2,0
Silber: Geschwister Duchesnay (Frankr.) 4,4
Bronze: Usowa/Schulin (GUS) 5,6

Eisschnellauf

Männer
500 m
Gold: Uwe-Jens Mey (Deutschland) 37,14
Silber: Toshiyuki Kuroiwa (Japan) 37,18
Bronze: Junichi Inoue (Japan) 37,26

1000 m
Gold: Olaf Zinke (Deutschland) 1:14,85
Silber: Yoon-Man Kim (Südkorea) 1:14,86
Bronze: Yukimori Miyabe (Japan) 1:14,92

1500 m
Gold: Johann Olav Koss (Norwegen) 1:54,81
Silber: Adne Soendral (Norwegen) 1:54,85
Bronze: Leo Visser (Niederlande) 1:54,90

5000 m
Gold: Geir Karlstad (Norwegen) 6:59,97
Silber: Falko Zandstra (Niederlande) 7:02,28
Bronze: Leo Visser (Niederlande) 7:04,96

10000 m
Gold: Bart Veldkamp (Niederlande) 14:12,12
Silber: Johann Olav Koss (Norw.) 14:14,58
Bronze: Geir Karlstad (Norwegen) 14:18,13

Frauen
500 m
Gold: Bonnie Blair (USA) 40,33
Silber: Qiaobo Ye (China) 40,51
Bronze: Christa Luding (Deutschland) 40,57

1000 m
Gold: Bonnie Blair (USA) 1:21,90
Silber: Qiaobo Ye (China) 1:21,92
Bronze: Monique Garbrecht (Deutschl.) 1:22,10

1500 m
Gold: Jacqueline Börner (Deutschl.) 2:05,87
Silber: Gunda Niemann (Deutschland) 2:05,92
Bronze: Seiko Hashimoto (Japan) 2:06,88

3000 m
Gold: Gunda Niemann (Deutschland) 4:19,90
Silber: Heike Warnicke (Deutschland) 4:22,88
Bronze: Emese Hunyady (Österreich) 4:24,64

5000 m
Gold: Gunda Niemann (Deutschland) 7:31,57
Silber: Heike Warnicke (Deutschland) 7:37,59
Bronze: Claudia Pechstein (Deutschl.) 7:39,80

Freestyle

Männer
Buckelpiste
Gold: Edgard Grospiron (Frankr.) 25,81 Punkte
Silber: Olivier Allamand (Frankreich) 24,87
Bronze: Nelson Carmichael (USA) 24,82

Frauen
Buckelpiste
Gold: Donna Weinbrecht (USA) 23,69
Silber: Elisabeta Kojewnikowa (GUS) 23,50
Bronze: Stine Lise Hattestad (Norw.) 23,04

Rodeln

Männer
Gold: Georg Hackl (Deutschland) 3:02,363
Silber: Markus Prock (Österreich) 3:02,669
Bronze: Markus Schmidt (Österreich) 3:02,942

Frauen
Gold: Doris Neuner (Österreich) 3:06,696
Silber: Angelika Neuner (Österreich) 3:06,769
Bronze: Susi Erdmann (Deutschland) 3:07,115

Doppelsitzer
Gold: Krauße/Behrendt (Deutschl.) 1:32,053
Silber: Mankel/Rudolph (Deutschl.) 1:32,239
Bronze: Raffl/Hubert (Italien) 1:32,298

Short Track

Männer
1000 m
Gold: Ki-Hoon Kim (Südkorea) 1:30,76
Silber: Frederic Blackburn (Kanada) 1:31,11
Bronze: Joon-Ho Lee (Südkorea) 1:31,16

5000-m-Staffel
Gold: Südkorea 7:14,02
Silber: Kanada 7:14,05
Bronze: Japan 7:18,18

Frauen
500 m
Gold: Cathy Turner (USA) 47,04
Silber: Yan Li (China) 47,08
Bronze: Hwang Ok-Sil (Nordkorea) 47,23

3000-m-Staffel
Gold: Kanada 4:36,62
Silber: USA 4:37,85
Bronze: GUS 4:42,69

Ski alpin

Männer
Slalom
Gold: Finn Christian Jagge (Norw.) 1:44,39
Silber: Alberto Tomba (Italien) 1:44,67
Bronze: Michael Tritscher (Österr.) 1:44,85

Riesenslalom
Gold: Alberto Tomba (Italien) 2:06,98
Silber: Marc Girardelli (Luxemburg) 2:07,30
Bronze: Kjetil Andre Aamodt (Norw.) 2:07,82

Super-G
Gold: Kjetil Andre Aamodt (Norw.) 1:13,04
Silber: Marc Girardelli (Luxemburg) 1:13,77
Bronze: Jan Einar Thorsen (Norw.) 1:13,83

Abfahrt
Gold: Patrick Ortlieb (Österreich) 1:50,37
Silber: Franck Piccard (Österreich) 1:50,42
Bronze: Günter Mader (Österreich) 1:50,47

Kombination
Gold: Josef Polig (Italien) 14,58 Punkte
Silber: Gianfranco Martin (Italien) 14,90
Bronze: Steve Locher (Schweiz) 18,16

Frauen
Slalom
Gold: Petra Kronberger (Österreich) 1:32,68
Silber: Annelise Coberger (Neuseel.) 1:33,10
Bronze: Blanca Fernandez-Ochoa (Spanien) 1:33,35

Riesenslalom
Gold: Pernilla Wiberg (Schweden) 2:12,74
Silber: Diann Roffe (USA) und Anita Wachter (Österreich) 2:13,71
Bronze: nicht vergeben

Die Medaillengewinner von Albertville

Super-G
Gold: Deborah Compagnoni (Italien) 1:21,22
Silber: Carole Merle (Frankreich) 1:22,63
Bronze: Katja Seizinger (Deutschland) 1:23,19

Abfahrt
Gold: Kerrin Lee-Gartner (Kanada) 1:52,55
Silber: Hilary Lindh (USA) 1:52,61
Bronze: Veronika Wallinger (Österr.) 1:52,64

Kombination
Gold: Petra Kronberger (Österr.) 2,55 Punkte
Silber: Anita Wachter (Österreich) 19,39
Bronze: Florence Masnada (Frankreich) 21,38

Ski nordisch

Männer, Langlauf
10 km klassisch
Gold: Vegard Ulvang (Norwegen) 27:36,0
Silber: Marco Albarello (Italien) 27:55,2
Bronze: Christer Majbäck (Schweden) 27:56,4

Kombination
(10 km klassisch/15 km freier Stil)
Gold: Björn Daehlie (Norwegen) 38:01,9
Silber: Vegard Ulvang (Norwegen) –53,4 Sek. zurück
Bronze: Giorgio Vanzetta (Italien) –54,3 Sek. zurück

30 km klassisch
Gold: Vegard Ulvang (Norwegen) 1:22:27,8
Silber: Björn Daehlie (Norwegen) 1:23:14,0
Bronze: Terje Langli (Norwegen) 1:23:42,5

50 km freier Stil
Gold: Björn Daehlie (Norwegen) 2:03:41,5
Silber: Maurilio de Zolt (Italien) 2:04:39,1
Bronze: Giorgio Vanzetta (Italien) 2:06:42,1

4×10 km mixed
Gold: Norwegen 1:39:26,0
Silber: Italien 1:40:52,7
Bronze: Finnland 1:41:22,9

Frauen
5 km klassisch
Gold: Marjut Lukkarinen (Finnland) 14:13,8
Silber: Ljubow Jegorowa (GUS) 14:14,7
Bronze: Jelena Wjalbe (GUS) 14:22,7

Kombination (5 km klassisch/10 km freier Stil)
Gold: Ljubow Jegorowa (GUS) 25:53,7
Silber: Stefania Belmondo (Italien) –24,1 Sek. zurück
Bronze: Jelena Wjalbe (GUS) –44,0 Sek. zurück

15 km klassisch
Gold: Ljubow Jegorowa (GUS) 42:20,8
Silber: Marjut Lukkarinen (Finnland) 43:29,9
Bronze: Jelena Wjalbe (GUS) 43:42,3

30 km freier Stil
Gold: Stefania Belmondo (Italien) 1:22:30,1
Silber: Ljubow Jegorowa (GUS) 1:22:52,0
Bronze: Jelena Wjalbe (GUS) 1:24:13,9

4×5 km mixed
Gold: GUS 59:34,8
Silber: Norwegen 59:56,4
Bronze: Italien 1:00:25,9

Skispringen

Normalschanze (90 m)
Gold: Ernst Vettori (Österreich) 222,8 Punkte
Silber: Martin Höllwarth (Österreich) 218,1
Bronze: Toni Nieminen (Finnland) 217,0

Großschanze (120 m)
Gold: Toni Nieminen (Finnland) 239,9
Silber: Martin Höllwarth (Österreich) 227,3
Bronze: Heinz Kuttin (Österreich) 214,8

Mannschaft
Gold: Finnland 644,4
Silber: Österreich 642,9
Bronze: ČSFR 620,1

Nordische Kombination

Einzel
Gold: Fabrice Guy (Frankreich)
Silber: Sylvain Guillaume (Frankreich) –48,4 Sek. zurück
Bronze: Klaus Sulzenbacher (Österreich) –1:06,3 Min. zurück

Mannschaft
Gold: Japan
Silber: Norwegen –1:26,4 Min. zurück
Bronze: Österreich –1:40,1 Min. zurück

Olympischer Wintersport-Rekord. Offiziell nahmen 2196 Sportler aus 64 Ländern an den Spielen in Albertville teil. Damit wurde die Marke von Calgary 1988 klar übertroffen, als 1759 Athleten aus 57 Verbänden um die Medaillen kämpften. Die USA stellten diesmal mit 182 Männern und Frauen das größte Kontingent.

Die erfolgreichste Nation war Deutschland mit je zehn Gold- und Silber- sowie sechs Bronzemedaillen. An zweiter Stelle folgte das GUS-Team (9-6-8) vor den erstaunlich starken Norwegern (9-6-5), die vom 12. bis 27. Februar 1994 der nächste Ausrichter der Olympischen Winterspiele sind, Österreich (6-7-8), USA (5-4-2) und Italien (4-6-4).

Die 26 deutschen Medaillen gingen in der Hauptsache auf das Konto der Eisschnelläufer (elf) und Biathleten (sieben). Mit Abstand folgten dann die Rodler (vier) und die Bobfahrer (drei), die allerdings auch weniger Konkurrenzen hatten, und die alpinen Skiläufer (eine).

Die erfolgreichste Athletin kam aus St. Petersburg und startete für das GUS-Team: Ljubow Jegorowa gewann fünf Medaillen in der Skiloipe, dreimal Gold über 15 km klassisch, die Kombination (5 km klassisch/10 km freier Stil) und mit der 4×5-km-Staffel sowie zweimal Silber über 5 km klassisch und 30 km freier Stil. Ebenfalls fünf Medaillen errang die GUS-Skiläuferin Jelena Wialbe, allerdings nur eine goldene und dafür vier bronzene.

Die erfolgreichsten Athleten waren in der finnischen Mannschaft zu Hause. Björn Daehlie und Vegard Ulvang holten sich im Skilanglauf je drei Gold- und eine Silbermedaille. Daehlie siegte in der Kombination (10 km klassisch/15 km freier Stil) vor Ulvang, über 50 km freier Stil und mit der 4×10-km-Staffel; Ulvang gewann 10 km klassisch, 30 km klassisch vor Daehlie und ebenfalls mit der Staffel.

Der jüngste Wintersport-Olympiasieger aller Zeiten ist Toni Nieminen, der im Alter vom 16 Jahren und 259 Tagen den Finnen zum Gewinn der Goldmedaille im Mannschafts-Skispringen verhalf. Außerdem wurde der »König der Lüfte« aus Lahti bei den Einzelwettbewerben von der Großschanze Erster und von der Kleinschanze Dritter.
Nieminen war einen Tag jünger als der Amerikaner Bill Filske, der 1928 in St. Moritz im siegreichen Viererbob saß.

Jüngste Olympiasiegerin aller Zeiten ist nach wie vor Sonja Henie. Die norwegische Eiskunstläuferin war 1928 bei ihrem ersten – von drei – Goldmedaillengewinnen 15 Jahre.

Der älteste Medaillengewinner von Albertville war im Skilanglauf der Italiener Maurilio de Zolt, der mit 41 Jahren die Silbermedaille im 50-km-Marathon errang. Am 25. Juli 1992 wurde er 42 Jahre alt.

Jüngste Teilnehmerin in Albertville war die erst 13jährige ungarische Eiskunstläuferin Krisztina Czako, die mit einer Sondergenehmigung des IOC starten durfte. Das Mindestalter bei Olympia beträgt normalerweise 14 Jahre.

Olympische Premiere feierten zwei Sportarten: Short-Track sowie das Buckelpistenfahren, das zur Rubrik Trickski gehört. Außerdem standen erstmals Biathlon-Konkurrenzen für Frauen auf dem Programm.

Die größte Überraschung vollbrachten ein Eisschnelläufer und eine Eisschnelläuferin aus Berlin. Olaf Zinke gewann das 1000-m-Rennen mit einer Hundertstelsekunde Vorsprung, eine genaue Auswertung ergab sogar nur sechs Tausendstel, in 1:14,85 Min. vor dem Koreaner Yoon-Man Kim (1:14,86) und dem Japaner Yukinori Miyabe (1:14,92). Jacqueline Börner schlug über 1500 m in 2:05,87 Min. knapp die hohe Favoritin Gunda Niemann (2:05,92) und die Japanerin Seiko Hashimoto (2:06,88).

Die größte Enttäuschung mußte die niederländische Eisschnelläuferin Yvonne van Gennip hinnehmen, die 1988 in Calgary als Königin auf Schlittschuhen über die langen Strecken gefeiert wurde und dreimal gewann. 1992 in Albertville ging sie völlig leer aus, wurde über 3000 m Sechste und stürzte sowohl im 1500-m-als auch im 5000-m-Rennen.

Gleich zwei Rekorde brach die Skiläuferin Raissa Smetanina (GUS), die am 29. Februar 1992 ihren 40. Geburtstag beging. Nach ihrem Triumph in der 4×5-km-Staffel geht sie als älteste Olympiasiegerin des Wintersports in die Geschichte ein und kann sich außerdem als die erfolgreichste Medaillen-Sammlerin feiern lassen – viermal Gold, fünfmal Silber, einmal Bronze bei fünf Winterspielen zwischen 1976 und 1992. Schwedens ungekrönter Skikönig Sixten Jernberg (4-3-2) wurde somit auf Rang zwei verdrängt.

Außenseiter-Siege bestimmten weitgehend die Szene im alpinen Skilauf der Männer. Mit dem Österreicher Patrick Ortlieb (Abfahrt) sowie den beiden Norwegern Kjetel Andre Aamondt (Super-G) und Christian Jagge (Slalom) hatten nur die wenigsten gerechnet. Auch bei den Frauen gab es faustdicke Überraschungen durch Kerrin Lee-Gartner aus Kanada im Abfahrtsrennen und Pernilla Wiberg aus Schweden im Riesenslalom.

Frustrierend das Abschneiden der hochgewetteten Schweizer, die in zehn alpinen Disziplinen eine Bronzemedaille in der Kombination errangen.

Erstmals gewann ein Franzose die nordische Ski-Kombination: Fabrice Guy. Geradezu sensationell aber war der Sieg in der Mannschaftswertung durch die Japaner, die nicht nur im Springen von der Schanze, sondern auch beim Lauf in der Loipe Außergewöhnliches vollbrachten.

Immer knapper werden die Entscheidungen. Beim Bobfahren, Rodeln, Eisschnellaufen und alpinen Skisport gaben nicht selten Hundertstelsekunden den Ausschlag über Gold und Silber, Medaille und Nicht-Medaille. Im Riesenslalom der Frauen kamen hinter der Schwedin Pernilla Wiberg (2:12,74) sowohl die Österreicherin Antia Wachter als auch Diann Roffe (USA) auf genau die gleiche Zeit von 2:13,71 Min. und wurden gemeinsam Zweite – obwohl immerhin zwei Läufe zu absolvieren waren. So gab es in diesem Wettbewerb zwei Silber-, aber keine Bronzemedaille.

Zwei Weltrekorde fielen beim Speed-Skiing, dem Demonstrationswettbewerb der Hochgeschwindigkeitsfahrer. Der Franzose Michael Prüfer erreichte auf einer 100 m langen Meßstrecke mit einem Gefälle von 59 Prozent einen Schnitt von 229,299 km/h und verbesserte seinen alten Rekord (223,731) klar. Gleiches gelang der Finnin Marja Mulari, die auf 219,245 km/h (bisher 214,413) kam.

Die großartige Erfolgsserie der sowjetischen Eishockeyspieler, die siebenmal (1956, 1964, 1968, 1972, 1976, 1984, 1988) Olympiasieger wurden, setzte das GUS-Team fort. Im Finale gab es einen 3:1-Sieg über Kanada.

Eine Besonderheit gab es in Albertville: Die drei Erstplazierten eines jeden Wettbewerbs erhielten keine Medaillen aus Edelmetall, sondern Plaketten aus Kristallglas, die mit einem Gold-, Silber- und Bronzerand eingefaßt waren. Der Clou des Lalique-Schliffs war, daß das Motiv eines verschneiten Bergmassivs mit den fünf olympischen Ringen dreidimensional wirkte.

Ihr olympisches Wintersport-Debüt feierten die Bermudas. Der einzige Teilnehmer, der 27jährige Rennschlittensportler Simon Payne, kam im Rodeln nach vier Durchgängen mit 8,81 Sek. Rückstand auf den Sieger Georg Hackl (Deutschland) auf den 30. Platz.

Am besten bezahlt wurden die Siege der Franzosen. Fabrice Guy, Goldmedaillengewinner in der nordischen Skikombination, fand auf seinem Kontoauszug 72 000 DM wieder. Vergleichsweise bescheiden dagegen die Prämien der deutschen Olympiasieger. Sie erhielten von der Sporthilfe 15 000 DM. Übrigens: Gänzlich leer gingen Kanadas Athleten aus.

Ihre fünften Olympischen Spiele bestritt in Albertville Christa Luding-Rothenburger (Dresden). Sie zog damit gleich mit der Eisschnelläuferin Monika Holzner, die als erste deutsche Athletin das geschafft hatte. Christa

Knapp an Medaille vorbei, Markus Wasmeier.

Luding startete allerdings viermal im Winter als Eissprinterin (zweimal Gold, je einmal Silber und Bronze) sowie einmal im Sommer als Radfahrerin auf der Bahn (Silber), 1988 in Seoul.

Die besten deutschen Teilnehmer in Albertville waren mit zwei Gold- und einer Silbermedaille die Eisschnelläuferin Gunda Niemann und der Biathlet Mark Kirchner. Die Erfurterin gewann die 3000 und 5000 m, wurde Zweite über 1500 m, der Oberhofer triumphierte im 10-km-Sprint und mit der Staffel, wurde Zweiter im 20-km-Rennen. Zu drei Medaillen kam auch Antje Misersky, die im Biathlon einmal Gold und zweimal Silber holte.

Die deutsche Medaillenausbeute bei allen 16 bisherigen Olympischen Winterspielen: 75 mal Gold, 73 mal Silber und 64 mal Bronze. Den größten Teil steuerte dabei die ehemalige DDR (43-39-36) bei. Vor dem Zweiten Weltkrieg er-

Eisprinzessin aus USA, Kristi Yamaguchi.

kämpften deutsche Athleten je vier erste und zwei zweite Plätze sowie drei dritte Ränge.

Mit einem wahren Hofstaat reiste Amerikas Eissprintkönigin Bonnie Blair an. Die Doppelolympiasiegerin über 500 und 1000 m hatte es so arrangiert, daß sie von 42 Verwandten und Freunden nach Albertville begleitet wurde.

Erfreuliche Feststellung der Medizinischen Kommission des IOC: Alle Dopingtests verliefen negativ, so daß es keinerlei Grund zur Beanstandung gab.

Überschattet wurden die Spiele von einem Todesfall. Beim Training für die Hochgeschwindigkeits-Skirennen in Les Arcs raste der Schweizer Nicolas Bochatay gegen eine Pistenraupe und erlag noch am Unfallort seinen schweren Verletzungen.

Was ist Short-Track?

Das jüngste Kind des olympischen Eisschnellaufens findet auf einer nur 111,12 m langen und 3 m breiten Rundbahn statt, deren Markierungen auf ein Eishockeyfeld passen. Die Kurzbahnläufer unterscheiden sich von ihren »klassischen« Kollegen schon durch ihr Äußeres, indem sie Sturzhelme, Knie- und Ellenbogenschützer tragen. Außerdem sind die Schlittschuhe viel kürzer. Besonders populär ist diese Sportart in Nord- und Südkorea, Australien, USA, Kanada, China, Italien und Großbritannien. In Albertville gab es in ausverkaufter Halle Vorläufe, Viertel- und Halbfinals sowie einen Endlauf mit je vier Teilnehmern. Um Medaillen ging es über 500 m (Frauen) und 1000 m (Männer) sowie zwei Staffelkonkurrenzen über 3000 bzw. 5000 m.

Erfolgs-Duo, Björn Daehlie und Vegard Ulvang.

Gut geschossen, schnell gelaufen, Mark Kirchner.

Neuer Olympia-Wettbewerb, Short-Track.

Weltrekord im Speed-Skiing, Michael Prüfer.

Fakten und Zahlen aus Albertville

1 Person benötigte keine Akkreditierung und auch keine Eintrittskarte: Frankreichs Staatspräsident Francois Mitterand.

3 Demonstrationssportarten gab es bei den Winterspielen in Albertville: Trickski (Ballett und Springen), Speed-Skiing und Curling.

6,8 Prozent war die Arbeitslosenrate in der Region Savoyen. In ganz Frankreich sind durchschnittlich 9,4 Prozent der Bevölkerung ohne Job.

13 Olympia-Orte gab es: Neben den zehn Sportstätten Albertville, Les Saisies, La Plagne, Les Arcs, Val d'Isere, Courchevel, Tignes, Pralognan, Meribel und Les Menuires waren dies Brides-les-Bains (Olympisches Dorf), La Lechere (Pressezentrum) und Moutiers (Fernseh- und Hörfunkzentrum).

23 automatische Wetterstationen sorgten ständig für neue Daten und Prognosen.

43 Schneeräumfahrzeuge zusätzlich zu den ohnehin schon vorhandenen 95.

57 offizielle Wettbewerbe (elf sind diesmal neu hinzugekommen).

70 Prozent der Hotels in den Olympiaorten waren ausgebucht, 95 Prozent der privat vermieteten Wohnungen.

116 Sportler umfaßte die deutsche Mannschaft.

146 Straßenkilometer wurden für Olympia gebaut.

380 Stunden berichtete der Privatsender Eurosport von den Winterspielen.

1000 t Papier wurden für Eintrittskarten, die Programme und Plakate benötigt.

1570 Journalisten wurden akkreditiert.

2196 Athleten aus 64 Ländern nahmen an den Spielen teil.

5000 km wurde die olympische Flamme seit dem 14. Dezember 1991 auf einer »Tour de France« durch 60 Departements getragen.

8300 freiwillige Helfer, 8500 Sicherheitskräfte (2650 Gendarmen, 2350 Soldaten, 1270 Feuerwehrleute) waren im Einsatz.

36 000 Kondome wurden kostenlos an die Athleten verteilt.

941 650 Eintrittskarten wurden abgesetzt.

1 000 000 Zuschauer besuchten die Spiele.

30 Mio. Francs (10 Mio. DM) wurden für verschiedene Versicherungen ausgegeben.

243 Mio. Francs (81 Mio. DM) bezahlte der amerikanische Fernsehsender CBS für die exklusiven Übertragungsrechte.

2 000 000 000 Fernsehzuschauer verfolgten die Spiele.

3 947 000 000 Francs (1,3 Mrd. DM) kosteten die Spiele in Albertville.

6 200 000 000 Francs (1,71 Mrd. DM) investierten der Staat und die Region für die Ausrüstung in den Savoyen.

11 800 000 000 Francs (3,93 Mrd. DM) kostete das Unternehmen Olympische Winterspiele in Albertville insgesamt.

Gold im 500-m-Sprint, Uwe-Jens Mey.

REKORD ANMELDUNG

Der Rekord wurde aufgestellt von

Name: ______________________________

Beruf: ______________________________

Geburtsdatum: ______________________________

Adresse: ______________________________

____

Telefon: ______________________________

Zeugen

1. Zeuge

Name: ______________________________

Anschrift: ______________________________

Unterschrift: ______________________________

2. Zeuge

Name: ______________________________

Anschrift: ______________________________

Unterschrift: ______________________________

3. Zeuge

Name: ______________________________

Anschrift: ______________________________

Unterschrift: ______________________________

Der Rekordhalter ist bei Anerkennung und Aufnahme seines Rekordes in das GUINNESS BUCH DER REKORDE damit einverstanden, daß sein Rekord und die beigefügten Privatfotos wie auch Fotos, die aus Anlaß des Rekordes gemacht wurden, von der Verlag Ullstein GmbH zu werblichen Zwecken in allen Medien ohne Honoraranspruch verwendet werden dürfen.

GUINNESS BUCH DER REKORDE

Verlag Ullstein GmbH
Lindenstraße 76

1000 Berlin 61

Art des Rekordes:

____

____

____

____

____

____

____

____

____

Daten/Fakten/Maße usw. ______________________________

____

____

aufgestellt in: ______________________________

am ______________________________

um ______________ Uhr ______________________________

Anzahl der beigefügten Unterlagen/Fotos: ______________________________

____

Der Rekord schlägt den auf Seite ______ angegebenen ______________________________

Der Rekord betrifft ein bisher nicht genanntes Gebiet, nämlich ______________________________

____

Ort/Datum: ______________________________

Unterschrift: ______________________________

WELT DES SPORTS

Schwung, Anmut und Eleganz, Weltmeisterin Swetlana Boginskaja demonstriert das in Vollendung

ALLGEMEIN

Die jüngste Olympiasiegerin war Marjorie Gestring (*1922, USA), die im Alter von 13 Jahren, 9 Monaten bei den Sommerspielen 1936 in Berlin das Kunstspringen gewann.

Die jüngste Weltmeisterin ist Fu Mingxia (*1968, China), die mit zwölf Jahren das Turmspringen bei der Schwimm-WM in Perth (Australien) am 4. Januar 1991 gewann.

Der schwerste Sportler aller Zeiten war der Profiringer William J. Cobb aus Georgia (USA), bekannt als Happy Humphrey. Er brachte 363 kg auf die Waage.

Die jüngste Weltrekordbrecherin ist Gertrude Caroline Ederle (*1906, USA), die im Alter von 12 Jahren und 298 Tagen am 17. August 1919 in Indianapolis den Weltrekord im 880-Yard-Freistilschwimmen (804,32 m) auf 13:19,0 Min. verbesserte.

Der älteste Weltrekordbrecher ist der in Irland geborene John Flanagan (1868–1938, USA), der seinen letzten Hammerwurf-Weltrekord mit 56,18 m am 24. Juli 1909 im Alter von 41 Jahren und 196 Tagen aufstellte.

Die meisten Weltrekorde stellte der Gewichtheber Wassili Alexejew (*1942, UdSSR) mit insgesamt 80 zwischen dem 24. Januar 1970 und dem 1. November 1977 auf.

Die vielseitigste Sportlerin, die es international zu großen Erfolgen brachte, ist Charlotte Dod (1871–1960, GB), die zwischen 1887 und 1893 fünfmal das Wimbledon-Einzel im Tennis gewann und 1904 die britische Damenmeisterschaft im Golf holte. Außerdem spielte sie 1899 für England Hockey und gewann 1908 eine olympische Silbermedaille im Bogenschießen. Sie war auch eine ausgezeichnete Eisschnelläuferin und Rodlerin.
Nichts nach stand ihr Mildred Zaharia, geborene Didrikson (1914–56, USA), die 1932 olympisches Gold über 80 m Hürden und im Speerwerfen sowie Silber im Hochsprung errang. Außerdem hielt sie den Weltrekord im Baseballwerfen mit 90,22 m, war dreimal amerikanische Basketballspielerin des Jahres und gewann viermal die US Women's Open im Golf (1946, 1948, 1950, 1954).

Der vielseitigste Sportler ist ebenfalls ein Engländer. Charles Burgess Fry (1872–1956) stellte 1893 mit 7,17 m den Weltrekord im Weitsprung ein, spielte 1909 in der englischen Fußball-Nationalelf gegen Irland, war ein erstklassiger Rugbyspieler und 1912 Kapitän des englischen Kricket-Teams. Außerdem brachte er es im Angeln und Tennis zu überdurchschnittlichen Leistungen.

Die größte Summe, die je ein Sportler verdiente, sind 69 Mio. Dollar, die Muhammad Ali (*1942, USA) zwischen 1960 und 1981 zusammenboxte.

Die meisten Teilnehmer wurden 1988 beim Bay to Breakers-Rennen über 7,6 Meilen (12,23 km) in San Franzisko (USA) gezählt. 110 000 Läufer gingen bei der 77. Auflage dieses alljährlichen Ereignisses an den Start.

Die größte Souvenir-Tauschbörse findet jeweils am zweiten Januar-Wochenende in Leipzig statt. 100 000 Exponate wie Anstecknadeln, Sportbriefmarken, Autogramme, Aufnäher, Bücher, Fotos, Zeitschriften, Wimpel, Gläser und Programme werden feilgeboten.

Die schwerste Sportkatastrophe in der jüngeren Geschichte ereignete sich, als 604 Menschen am 26. Februar 1918 getötet wurden. Tribünen auf dem Rennplatz des Hongkong Jockey Clubs stürzten ein und fingen Feuer.

AMERICAN FOOTBALL

Super Bowl, eingeführt 1967, ist das größte Ereignis auf dem amerikanischen Kontinent. Je viermal gewannen die Pittsburgh Steelers (1975, 76, 1979, 80) und die San Francisco 49ers (1982, 1985, 1989, 90) den Wettbewerb.

Der höchste Sieg gelang am 28. Januar 1990 in New Orleans, Louisiana, den San Francisco 49ers mit 55:10 über die Denver Broncos.

Den knappsten Sieg gab es am 27. Januar 1991 in Tampa, Florida (USA), als die New York Giants mit 20:19 gegen die Buffalo Bills gewannen.

Die meisten Punkte in einer Karriere schaffte mit 2002 George Blanda (*1927), der von 1949 bis 1975 bei den Chicago Bears, Baltimore Colts, Houston Oilers und Oakland Raiders als Quaterback und Kicker spielte.

Die meisten Touchdowns in einer Karriere erreichte mit 126 (davon 106 in der regulären und 20 in der Post-Saison) zwischen 1957 und 1965 Jim Brown (*1936), der bei den Cleveland Boys spielte.

Die meisten Yards in einer Karriere erreichte mit 21 803 Walter Payton, der von 1975 bis 1987 bei den Chicago Bears spielte.

Die höchste Zuschauerzahl, die je in Deutschland registriert wurde, gab es mit 66 876 beim Bowl-Spiel der amerikanischen Profiteams San Francisco 49ers gegen die Chicago Bears am 3. August 1991 im Berliner Olympiastadion.

Der höchstdotierte Vertrag, der je geschlossen wurde, beläuft sich auf 3640 Mio. Dollar. So viel Geld müssen – nach den Verhandlungen vom März 1990 – die fünf größten TV-Gesellschaften ABC, NBC, CBS, ESPN und TBS in einem Zeitraum von vier Jahren der amerikanischen National Football League zahlen. Jedes Liga-Team erhält für die erste Saison eine Rate von 26,1 Mio. Dollar zugeteilt, die sich bis zum vierten Jahr auf 39,1 Mio. Dollar steigert.

Europameisterschaften, eingeführt 1983: Zweimal gewann Italien (1983, 1987), je einmal Finnland (1985) und Großbritannien (1989).

Eurobowl, eingeführt 1986: Den Europapokal für Vereinsmannschaften gewannen bisher zwei finnische Teams, TAFT Vantaa (1987) und Helsinki Roosters (1988), Legnano Frogs/Italien (1989), Manchester Spartans/GB (1990) und Amsterdam Crusaders (1991). Die beste deutsche Plazierung erreichten die Berlin Adler mit dem zweiten Rang 1991.

Deutsche Meisterschaften: Die meisten Titel gewannen mit vier die Berlin Adler (1987, 1989–91). Zu drei Siegen kamen die Düsseldorf Panther (1983, 84, 1986), die allerdings 1980 und 1981 auch die AFV-Meisterschaft (Nord) gewannen. Die Ansbach Grizzlies waren zweimal (1982, 1985) erfolgreich, dazu kommt noch ein Sieg (1981) in der AFBD-Meisterschaft (Süd).

Den höchsten Erfolg im German Super Bowl erzielten am 20. Oktober 1990 die Berlin Adler mit 50:38 gegen die Cologne Crocodiles.

BADMINTON

Weltmeisterschaften, eingeführt 1977: Drei Chinesen gelang es bisher, je zwei Einzeltitel zu gewinnen, bei den Männern Yang Yang (1987, 1989) sowie bei den Frauen Li Lingwei (1983, 1989) und Han Aiping (1985, 1987).
Erfolgreichster Spieler insgesamt ist Park Joobong (Südkorea), der es auf fünf Titel brachte, zwei im Männer-Doppel (1985, 1991) und drei im Mixed (1985, 1989, 1991).

Thomas Cup, eingeführt 1948: Die Internationale Mannschafts-Meisterschaft der Männer wurde achtmal von Indonesien (1958, 1961, 1964, 1970, 1973, 1976, 1979 und 1984) gewonnen.

Uber Cup, eingeführt 1956: Die Internationale Mannschafts-Meisterschaft der Frauen wurde je fünfmal von Japan (1966, 1969, 1972, 1978, 1981) sowie China (1984, 1986, 1988, 1990, 1992) gewonnen.

All England Championships, eingeführt 1899: Die meisten Titel bei den inoffiziellen Weltmeisterschaften gewann mit 21 (Einzel und Doppel) George Alan Thomas (1881–1972, GB) zwischen 1903 und 1928. Er wurde später geadelt (Sir Thomas). Rudy Hartono Kurniawan (*1948, Indonesien) siegte in acht Einzelwettbewerben 1968–74 und 1976.
Bei den Frauen liegen Meriel Lucas (England) und Judy Hashman (*1935, USA) mit je 17 Titeln an der Spitze.

Den Europacup, eingeführt 1971, holte sich sechsmal der Dänische Meister Gentofte BK.

Deutsche Meisterschaften: Erfolgreichste Spieler sind Wolfgang Bochow mit acht Titelgewinnen (1963, 64, 1966–68, 1970, 1972 und 1975) und Irmgard Gerlatzka-Latz mit neun Titelgewinnen (1961–66, 1968, 1971 und 1973).

Den Mannschaftstitel holte sich der 1. BV Mülheim zwölfmal in Reihenfolge, zwischen 1968 und 1979.

BAHNENGOLF

Weltmeisterschaften, eingeführt 1991: Die ersten Titel gewannen in Oslo die Schweizer Miranda Graf und Raffael Noesberger sowie bei den Mannschaften Deutschland (Frauen) und die Schweiz (Männer).

MINIGOLF

Europameisterschaften, eingeführt 1959: Die meisten Titel mit je drei holten der Öster-

reicher Fritz Knotzer (1969, 70, 1974) und die Deutsche Andrea Barschdorf (1963–65). Bei den Mannschaften war Deutschland elfmal bei den Frauen sowie achtmal bei den Männern erfolgreich.

Die offiziellen Europarekorde halten über drei Runden mit 79 (Schnitt 26,3) und über sechs Runden mit 165 (Schnitt 27,5) der Italiener Claudio Maiolo, aufgestellt bei der Europameisterschaft 1978 in Landshut, sowie über neun Runden mit 261 (29,0) der Münchener Helmut Landl, erreicht bei den Deutschen Meisterschaften 1979 in Herford.

Bei den Frauen führt die Österreicherin Christa Wichmann die Rekordliste an – drei Runden 86 (28,7), sechs Runden 175 (29,2) und neun Runden 268 (29,8), jeweils bei den Europameisterschaften 1979 in Salzburg gespielt.

Europapokal, eingeführt 1966: Sechsmal siegten die Männer des MC Siegen (1975–78, 1980, 1983) und je dreimal die Frauen des MGC Bad Salzuflen (1975–77), MGC Bad Vösendorf/Österreich (1980–82) sowie BSV80 Steinen (1983–85).

Deutsche Meisterschaften, eingeführt 1956: Die erfolgreichsten Spieler sind mit fünf Titeln Marlies Funke (Berlin) 1966, 1968, 1970, 1974, 75 sowie bei den Männern mit je drei Titeln der Mainzer Lothar Lieder (1983–85) und der Bochumer Fritz Barschdorf (1962, 1965, 1967).

Die meisten Titel bei den Mannschaften holten sich mit sechs die Männer des MC Siegen (1974, 75, 1979, 80, 1983, 84) sowie mit fünf bei den Frauen MGC Bad Salzuflen (1963, 1974, 1976, 1979, 80).

MINIATURGOLF

Europameisterschaften, eingeführt 1962: Beste Spielerin ist die Schwedin Kristina Nohren-Sjöberg, die sechsmal (1972, 73, 1975, 76, 1981, 82) erfolgreich war. Bei den Männern kamen fünf Deutsche zu je zwei Titeln, Klaus Tafel (1964, 65), Hans-Jürgen Witzel (1966, 67), Egon Schacke (1970, 71), Jürgen Daub (1972, 1974) und Rainer Kunst (1975, 1977).

Im Mannschaftswettbewerb siegten die deutschen Männer 18mal und die deutschen Frauen 16mal.

Den Europarekord über drei Runden schraubte Claude Hermes (Luxemburg) bei den Europameisterschaften am 25. August 1990 in Luxemburg-Stadt auf phantastische und nicht mehr zu unterbietende 54 Schläge. Er schaffte also alle Bahnen mit dem ersten Schlag.

Die eindrucksvollste Serie schaffte der Wetzlarer Hans-Dirk Czerwek am 20./21. Mai 1989 in Jügesheim. Bei einem Ranglistenturnier über zehn Runden kam er auf das Traumergebnis von 194 Punkten (Schnitt 19,4) und spielte dabei folgende Serie: 21 – 20 – 19 – 18 – 20 – 20 – 19 – 19 – 19 – 19.

Deutsche Meisterschaften, eingeführt 1956: Die meisten Titel errangen mit drei der Berliner Detlef Weidenhammer (1974, 75, 1979) sowie bei den Frauen mit vier Elfriede Daub (Schriesheim) 1975, 1977, 1984, 1986.

Rekordmannschaftsmeister sind bei den Männern mit sechs Erfolgen der Tempelhofer MV 65 Berlin (1974, 75, 1977, 1979, 80, 1984) sowie bei den Frauen mit sechs Siegen SG Arheilgen (1981, 82, 1986–89).

Die deutschen Rekorde: zwei Runden Axel Bockelmann (Mönchengladbach) und fünf weitere Spieler 36 Punkte (Schnitt 18,0), vier Runden Walter Erlbruch (Köln) 74 (Schnitt 18,5) und sechs Runden Burkhard Kritsch 116 (Schnitt 19,33).

Die Bestleistungen bei den Frauen halten: vier Runden Gaby Rahmlow (Hamburg) 75 (Schnitt 18,75), sechs Runden Gaby Weiß (Steinen) 122 (Schnitt 20,33).

Kampfsportart für harte Männer; American Football ist ein faszinierendes Spiel.

BASKETBALL

Olympische Spiele: Die meisten Siege errangen die USA. Zwischen 1936 und 1968 gewannen sie alle sieben Turniere, ohne dabei auch nur ein einziges Spiel verloren zu haben. Erst 1972 in München wurde die glanzvolle Serie (63 Siege nacheinander) durchbrochen. Im Finale gab es gegen die UdSSR eine umstrittene 50:51-Niederlage. Bei den Spielen 1976 und 1984 holten die USA dann ihre achte sowie neunte Goldmedaille. Zu je zwei Erfolgen bei den Frauen kamen die UdSSR (1976, 1980) und die USA (1984, 1988).

Weltmeisterschaften, eingeführt 1950: Die meisten Titel gewannen bei den Männern mit je drei die UdSSR (1967, 1974, 1982) und Jugoslawien (1970, 1978, 1990). Bei den Frauen siegte die Sowjetunion sogar siebenmal (1959, 1964, 1967, 1971, 1975, 1983, 1991).

Europameisterschaften: Die meisten Titel gewann die UdSSR bei den Männern mit 14 und bei den Frauen mit 21.

Europapokal, eingeführt 1957: Die meisten Titel bei den Frauen gewann Daugawa Riga (UdSSR) mit 19 zwischen 1960 und 1990. Bei den Männern siegte im Landesmeister-Wettbewerb siebenmal Real Madrid (1964, 65, 1967, 68, 1974, 1978, 1980) und war außerdem dreimal bei den Pokalsiegern (1984, 1989, 1992) und einmal im Korac-Cup (1988) erfolgreich.

Den höchsten Sieg in einem internationalen Männer-Spiel feierte der Irak. Er schlug in einem Treffen um die Asien-Meisterschaft mit 251:33 den Jemen am 11. November 1982 in Neu-Delhi.

Amerikanische Profiliga: Am häufigsten Sieger der seit 1947 bestehenden National Basketball Association (NBA) wurden mit 16 Titeln die Boston Celtics zwischen 1957 und 1986.

Das höchste Ergebnis gab es am 13. Dezember 1983 in Denver, als die Detroit Pistons gegen die Seattle Nuggets mit 186:184 gewannen. Nach regulärer Spielzeit hatte es 145:145 gestanden, dann folgte die notwendige Verlängerung. Das höchste Ergebnis in der normalen Spielzeit lautete 163:155, als am 11. Januar 1984 in Denver die Denver Nuggets gegen die San Antonio Spurs siegten.

Die meisten Punkte in einer Laufbahn erzielte Kareem Abdul Jabbar, der sich ursprünglich Lewis Ferdinand Alcindor (*1947) nannte. Er kam in 1560 NBA-Spielen für die Milwaukee Bucks (1969–75) und Los Angeles Lakers (1975–89) auf insgesamt 38 887 Punkte, darunter 15 837 aus dem Feldspiel heraus, ehe er nach 20jähriger Tätigkeit im Alter von 42 Jahren und 59 Tagen im Frühjahr 1989 aufhörte. Total stand er in seiner Karriere 57 446 Minuten auf dem Platz.

Die meisten Punkte in einem NBA-Spiel erzielte mit genau 100 Norman Chamberlain (*1936, USA), als am 2. März 1962 in Hershey, Pennsylvania, seine Mannschaft Philadelphia gegen New York gewann. Insgesamt kam er auf 31 419 Punkte für Philadelphia, San Franzisko und Los Angeles und erreichte einen Schnitt von 30,1 pro Spiel.

Den besten Durchschnitt pro Spiel erreichte mit 32,6 Punkten Michael Jordan (*1963, USA), der für die Chicago Bulls zwischen 1980 und 1991 in 509 Begegnungen 16 596 Punkte schaffte. Außerdem erzielte er im gleichen Zeitraum in 70 Play-Offs 2425 Punkte, was einem Schnitt von 34,6 pro Spiel entspricht.

Die meisten Punkte in einem College-Spiel schaffte Clarence »Bevo« Francis von der Rio Grande School Ohio mit 113 gegen Hillsdale and Jackson Ohio am 2. Februar 1954.

Den Rekord bei den Frauen hält mit 156 Punkten Marie Boyd-Eichler von der Central High School Lonaconing, Maryland (USA), beim 163:3 gegen Ursaline Academy Cumberland am 25. Februar 1924.

Der größte Spieler aller Zeiten soll Suleiman Ali Nashnush (*1943) gewesen sein, als er 1962 für das libysche Team spielte und 2,45 m gemessen haben soll. Die größte Spielerin ist Juliana Semenowa (*1952, UdSSR) mit 2,18 m.

Der genaueste Korbwerfer ist Ted St. Martin aus Jacksonville, Florida (USA), der am 25. Juni 1977 2036 aufeinanderfolgende Freiwürfe verwandelte.

Den 10-Min.-Rekord hält Jeff Liles (USA), der 224mal bei 237 Versuchen in der Southern Nazarene Universität in Bethany (Oklahoma, USA) am 14. Dezember 1990 traf. Die Leistung wurde mit einem Ball und einem Rebounder erzielt.

Den Treffer aus der weitesten Entfernung erzielte der Amerikaner Bruce Morris. Für das Team der Marshall-Universität warf er am 8. Februar 1985 im Spiel gegen die Appalachian-State- Universität aus Huntington den Ball aus 28,17 m Entfernung in den Korb.

Rekordgage: Der NBA-Klub Boston Celtic zahlte Topstar Larry Bird für zwei Jahre (1990, 91) das Höchstgehalt von 12 Mio. DM pro Saison.

Die größte Zuschauerzahl wurde mit 80 000 am 4. April 1988 im Olympiastadion von Athen registriert, als sich im Europacup-Finale AEK Athen und Slavia Prag (89:82) gegenüberstanden.

Deutsche Meisterschaften: Die erfolgreichste Männermannschaft ist mit zehn Titeln Bayer Leverkusen (1970–72, 1976, 1979, 1985, 86, 1990–92).

Bei den Frauen errang Agon Düsseldorf sogar zwölfmal den Titel (1975, 1980–88, 1990, 91). Siebenmal wurde auch der deutsche Pokal (1980, 81, 1983–86, 1988) erkämpft. Das Superteam blieb vom 1. November 1980 bis zum 15. November 1986 in 136 Meisterschaftsspielen ungeschlagen.

Deutsches Spitzenteam, Rekordmeister Bayer Leverkusen. Hier erzielt Harnisch einen Korb.

Der große Meister im Spiel mit den kleinen Billardkugeln, der Belgier Raymond Ceulemans.

Am häufigsten den Pokal bei den Männern holte sich Bayer Leverkusen mit acht Siegen (1970, 71, 1974, 1976, 1986, 87, 1990, 91).

BILLARD

Spielvarianten: Im gesamten deutschsprachigen Raum sind alle Arten vertreten: Freie Partie, Cadre 47/2, Cadre 47/1, Cadre 71/2, Einband, Dreiband, Fünfkampf, Kunststoß, Poolbillard, Snooker und Kegelbillard.

Erfolgreichster Spieler aller Zeiten ist Raymond Ceulemans (*1935, Belgien), der insgesamt 136 offizielle Titel erkämpfte, 33mal Weltmeister wurde, davon 23mal im Dreiband (1963–73, 1975–80, 1983, 1985, 1987, 1990–92). Außerdem erkämpfte er sich 42 Europameisterschaften, davon 23mal im Dreiband, und wurde dreimal Weltcupsieger.

Der erfolgreichste deutsche Spieler ist der Berliner Dieter Müller (*1943), der viermal Weltmeister (zweimal im Fünfkampf 1976, 77 und zweimal im Cadre 71/2, 1978, 79), siebenmal Europameister und 32mal Deutscher Meister wurde. August Tiedtke (1913–72) wurde Weltmeister im Fünfkampf (1936) und Kunststoß (1937), dreimal Vizeweltmeister, zehnmal Vizeeuropameister und 33mal Deutscher Meister.

Mannschafts-Europameisterschaften: Je fünfmal gewannen die Niederlande und Belgien.

Bundesliga: Je sechs Titel erkämpften – seit 1967 – die Düsseldorfer Billard-Freunde und der DBC Bochum. Mit fünf Siegen folgt BSV Velbert. Den Pokal gewann die Düsseldorfer Mannschaft elfmal.

Poolbillard: Das Spiel mit numerierten Bällen wurde gegen 1890 standardisiert.

Die längste durchgehende Runde, die je in einem fortlaufenden Poolspiel erzielt wurde, fand am 2. Februar 1960 durch Michael Eufermia mit 625 Bällen in Logan's Billard Academy, Brooklyn (USA), statt.

Jüngster Snooker-Weltmeister aller Zeiten bei den Profis ist der Schotte Stephen Hendry, der im Mai 1990 mit 21 Jahren und drei Monaten den Titel in Sheffield (GB) gewann. Jüngster Sieger bei den 1963 erstmals ausgetragenen Amateur-Weltmeisterschaften wurde im November 1990 in Sri Lanka der Ire Stephen O'Connor im Alter von 18 Jahren und 40 Tagen.

Rekord-Weltmeister im Snooker ist Joe Davis (GB) mit 15 Titeln (1927–40, 1946). An zweiter Stelle folgt sein Bruder Fred Davis mit acht Siegen.

BOB- UND SCHLITTENSPORT

Die erste künstlich vereiste Bahn wurde 1969 in Königssee bei Berchtesgaden (Bayern) in den Dienst gestellt.

Der größte Spieler der amerikanischen Liga: Manute Bol aus dem Sudan mit 2,317 m Länge.

24-STUNDEN-REKORDE

Bahnengolf (Miniaturgolf): 144 Runden und 9247 Schläge vom Terzett Andreas Gropp, Annabel Hartmann und Gunther Wegner in Bad Oldesloe (Schleswig-Holstein), 30. Juni/1. Juli 1990
Basketball: 20 371 von 22 049 Freiwürfen (92,39 Prozent) brachte Fred Newman (USA) in den Korb in Caltech (Pasadena, USA), 29./30. September 1990.
Bogenschießen: 76 158 Ringe von Simon Tarplee und David Hathaway (GB) in Evesham (GB) am 1. April 1991.
18 965 Ringe vom Trio der Schützengesellschaft Schüsselhausen (Johann Fleck, Adolf und Herbert Westermaier) aus Mainburg, 14. August 1982.
Bowling: 202 015 Pins vom Sechser-Team aus Verdes Tropicana in West Palm Beach (Florida, USA), 24./25. August 1990. Dabei kam Mike Cernobyl auf die Rekordeinzelleistung von 44 695 Pins.
Eisschnellaufen: 546,650 km von Martinus Kuiper (Niederlande) in Alkmaar, 12./13. Dezember 1988.
Gewichtheben (Bankdrücken): 720 000 kg von Horst Kempke mit einer 60-kg-Hantel (12 000 Wiederholungen) in Burgdorf (Niedersachsen), 23./24. März 1989.
Golf: 201 Löcher von Dieter Cabus und Maximilian Weiss (Ulm), 3. Juli 1983.
Kanu: 252,900 km von Zdzislaw Szubski (Polen) im Einerkajak auf dem Wistrula-Fluß, 11./12. September 1987.
220,69 km von Marinda Hartzenberg (Südafrika) im Einerkajak in der Logan-Bucht, Bloemfontain, Südafrika, 31. Dezember 1990/1. Januar 1991.
Kegeln (Bohle): 186 155 Holz von acht Spielern des Weser-Teams Bremen (Frank Borchers, Ralf Bräuer, Ronald Hegerding, Karl-Heinz Radisch, Walter Sänger, Ralph und Martin Sickfeld, Wolfgang Wachtendorf) auf zwei Doppelbahnen, 1./2. Oktober 1983.
97 841 Holz vom Quartett Hilchenbach-Müsen (Werner Binner , Dietmar Guschall, Karl-Günter Klein, Helmut Moll) auf einer Doppelbahn, 27./28. Mai 1987.
Kegeln (Schere): 37 818 Holz bei 4950 Würfen von Hans-Jürgen Agunte (Kerpen) im Keglerheim Rommerskirchen, Kerpen am 29./30. Juni 1989.
141 987 Holz bei 20 498 Würfen vom Monheimer Achter-Team (Günter Bruckmann, Fred Lahmeyer, Alexander Nikisch, Josef Pelzer, Bernd und Thomas Prumbaum, Uwe Steinkrauss, Kuno Zachau) im Baumberger Kegel-Center, 12./13. Mai 1990.
Leichtathletik (Laufen): 286,463 km von Yiannis Kouros (Griechenland) in New York am 28./29. September 1985 und 240,169 km von Eleanor Adam (GB) in Melbourne am 19./20. August 1989.
Leichtathletik (Gehen): 228,930 km von Jesse Castafieda (USA) in New Mexico, 18./19. September 1976.
220,300 km von Annie van der Meer (Niederlande) in Rouen (Frankreich), 30. April/1. Mai 1984.
Poolbillard: 11 700 Bälle von Gary Mounsey (Neuseeland) in Hamilton (Neuseeland) am 30. Juni/1. Juli 1979.
Rad (Straße): 827,400 km von Franz Jansen (Kevelaer) zwischen Schravelen und Kervenheim (Kreis Kleve), 23. August 1986.
Rad (Bahn): 830,790 km von Michael L. Secrest (USA) in Montreal (Kanada), 13./14. März 1985.
Rollschuhlaufen: 365,17 km von Dieter Rheim (Bensheim) in der Rollsporthalle Heppenheim, 9./10. September 1988.
Rudern: 233 km vom Vierer mit Steuermann der Renngemeinschaft Neuss, Köln, Lingen, Koblenz (Michael Stoffels, Rolf Vomrath, Thomas Büsse, Hartmut Heinen, Rolf Schäfer) auf dem Dortmund-Ems- und Mittelland-Kanal, 25./26. Juni 1988.
Schießen (Tontauben): 2215 von 3176 möglichen, Joseph Kreckman (USA) in Cresno, Pennsylvania, 28. August 1983.
Schießen (Luftpistole): 176 140 Ringe, stehend freihändig, 10-m-Distanz vom Junioren-Sextett des Schützenvereins Moers-Vinn (Jost Geske, Thomas Hubers, Bernd Hülsen, Andreas Költgen, Holger Lübke, Anke Schmidt), 28./29. Dezember 1987.
Schießen (Luftgewehr): 204 750 Ringe , stehend freihändig, 10-m-Distanz vom Sextett des Bürgerlichen Schützenvereins Bergrheinfeld (Willi Brach, Ralf Füßer, Peter Herdel, Peter Ripperger, Norbert Rudolff, Reiner Stark), 28./29. April 1984.
Schwimmen (50-m-Pool): 96,700 km von Evan Barry (Australien) in Brisbane, 19./20. Dezember 1987.
72,200 km von Hans-Jürgen Vienerbl (Stuttgart) am 13./14. September 1986 – deutscher Rekord.
82,100 km von Irene van der Laan (Niederlande) in Amersfoort, 20./21. September 1985.
61,500 km von Ute Klaus (Siegen) in Siegen, 17./18. Oktober 1986 – deutscher Rekord.
Schwimmen (Unterwasser): 78,920 km von Paul Cryne (GB) und Amir Sawanal Awami (Katar), 21./22. Februar 1987.
Streckentauchen: 50,900 km von Andreas Schmidt aus Ludwigsau-Friedlos (Hessen) im Hallenbad Bad Hersfeld, mit Preßluftgerät, am 12./13. Oktober 1991.
Segeln: 936 km vom Trimaran *Fleury-Michon VIII* (Skipper Philippe Poupon) während einer Tans-Atlantik-Überquerung, 17./18. Juni 1987.
Ski (nordisch): 415,500 km von Seppo- Juhani Savolainen (Finnland) in Saariselkä, 8./9. April 1988.
330 000 km von Sisko Kainulaisen (Finnland) in Jyväskylä, 23./24. März 1985.

BOBFAHREN

Olympische Spiele: Die meisten Siege erkämpften zwei DDR-Fahrer: Bernhard Germeshausen (*1951) und Meinhard Nehmer (*1941) mit je drei – gemeinsam 1976 im Zweier und Vierer sowie 1980 im Vierer. Dazu kommen noch einmal Silber im Zweier für Germeshausen und einmal Bronze im Zweier für Nehmer 1980.

Die meisten Vierer-Wettbewerbe, eingeführt 1924, gewann mit fünf die Schweiz (1924, 1936, 1956, 1972 und 1988).

Die meisten Zweier-Wettbewerbe, eingeführt 1932, gewann mit drei die Schweiz (1980, 1988, 1992). Je zweimal erfolgreich waren die USA (1932, 1936), Italien (1956, 1968), die Bundesrepublik Deutschland (1952, 1972) und die DDR (1976, 1984).

Der jüngste Olympiasieger war der Amerikaner William L. Fiske bei den II. Winterspielen 1928 in St. Moritz, Schweiz, mit 16 Jahren und 8 Monaten.

Der älteste Olympiasieger war der Schweizer Franz Kapus 1956 in Cortina d'Ampezzo mit 46 Jahren und 10 Monaten.

Weltmeisterschaften, eingeführt 1924: Die meisten Vierer-Titel gewann mit 19 die Schweiz (1924, 1936, 1939, 1947, 1954–57, 1971–73, 1975, 1982, 83, 1986–90).

Die meisten Zweier-Titel holte sich mit 14 Italien (1954, 1956–63, 1966, 1968, 69, 1971, 1975).

Der erfolgreichste Fahrer aller Zeiten ist Eugenio Monti (*1928, Italien) mit insgesamt zwölf gewonnenen Weltmeisterschaften, neun im Zweierbob 1957–63, 1966 und 1968 sowie drei im Viererbob 1960, 61 und 1968. Dazu kommen noch sechs olympische Medaillen, zweimal Gold 1968, zweimal Silber 1956 und zweimal Bronze 1964.

Die meisten deutschen Titel gewann mit neun Stefan Gaisreiter, davon fünf im Zweierschlitten und vier im Viererschlitten.

RODELN

Das heutige Rennrodeln (der Fahrer liegt mit dem Rücken auf dem Gefährt) begann 1881 in Klosters (Schweiz), wo auch das erste internationale Rennen 1883 stattfand. Die ersten Europameisterschaften wurden 1914 in Reichenberg (Böhmen) ausgetragen, die ersten Weltmeisterschaften 1953 in Oslo. Der internationale Verband wurde 1957 gegründet.

Olympische Spiele: Die erfolgreichsten Teilnehmer sind Thomas Köhler (*1940, DDR), der 1964 und 1968 zu zwei Gold- und einer Silbermedaille kam, sowie Hans Rinn (* 1953, DDR), der 1976 und 1980 zweimal Gold und einmal Bronze gewann. Köhler war insgesamt sechsmal Weltmeister.
Die erste Frau, die zweimal Olympiasiegerin wurde, ist Steffi Walter, geborene Martin (*1962, DDR), die 1984 in Sarajevo und 1988 in Calgary gewann.

Der einzige Athlet, der bei drei Olympischen Spielen Medaillen gewann, ist Klaus Bonsack (*1941, DDR) – 1964 Silber im Einsitzer, 1968 Gold im Doppel- und Bronze im Einsitzer sowie 1972 Bronze im Doppel.

Weltmeisterschaften, eingeführt 1962: Sechs Titel bei den Männern gewann Thomas Köhler, 1962, 1964 (olympisch), 1967 im Einsitzer und 1965, 1967, 68 (olympisch) im Doppelsitzer. Bei den Frauen kam Margit Schumann (*1952, DDR) zu fünf Siegen – 1973–75, 76 (olympisch) und 77.

Weltcup: Norbert Huber (*1964, Italien) gewann insgesamt achtmal, davon fünfmal im Doppelsitzer (1983, 1985, 86, 1989, 90) und dreimal im Einsitzer (1985–87). Rekord!

Die höchste Geschwindigkeit erreichte mit 144,7 km/h Georg Hackl (*1966, BR Deutschland), Olympiazweiter 1988, Olympiasieger 1992, Weltmeister 1989 und 90, am 3. Februar 1989 auf der Bahn in Winterberg.

BOGENSCHIESSEN

Olympische Spiele: Die meisten Goldmedaillen gewann mit sechs zwischen 1900 und 1920 Hubert van Innis (1866–1961, Belgien), der

Gehören seit Jahr und Tag zu den Weltbesten in der Eisrinne, die Bobfahrer aus der Schweiz.

Krönte seine erfolgreiche Laufbahn mit dem Olympiasieg in Albertville, Georg Hackl.

Mit dem Pfeil, dem Bogen ... Immer mehr Anhänger findet diese schöne Sportart in der Welt.

außerdem noch dreimal Silber holte. Seine erfolgreichsten Spiele waren 1920 in Antwerpen mit vier Siegen und zwei zweiten Plätzen.

Weltmeisterschaften, eingeführt 1931: Die meisten Titel gewann mit sieben Janina Spychajowa-Kurkowska (*1901, Polen) 1931–34, 1936, 1939, 1947.

Erfolgreichster Mann war Hans Deutgen (1917–89, Schweden), der zwischen 1947 und 1950 viermal in Serie Weltmeister wurde. Oscar Kessels (1904–68, Belgien) nahm an 21 Weltmeisterschaften teil.

Die Weltrekorde bei zwei FITA-Runden (möglich sind 2880 Ringe) halten Darrell Pace (*1956, USA) und Richard McKinney (*1963, USA) mit je 2617 Ringen seit dem 21./22. Oktober 1983 in Long Beach (Kalifornien, USA) sowie bei den Frauen Kim Su Nyong (*1971, Südkorea) mit 2683 Ringen seit dem 27. bis 30. September 1988 in Seoul.

Weltrekordler bei einer FITA-Runde (möglich 1440 Ringe) sind Wladimir Eschejew (UdSSR) mit 1352 Ringen, erreicht 1990, und bei den Frauen Lee Eun Kyong (Südkorea) mit 1370 Ringen, geschossen 1990. Die Distanzen bei den Männern betragen 90 m, 70 m, 50 m, 30 m und bei den Frauen 70 m, 60 m, 50 m, 30 m.

Deutsche Rekordhalter bei einer FITA-Runde sind Detlef Kahlert mit 1324 Ringen, erreicht 1989, und Marion Wagner mit 1325 Ringen, erzielt 1991.

BOWLING

Weltmeisterschaften wurden 1954 (Männer) beziehungsweise 1963 (Frauen) von der Fédération Internationale des Quilleurs eingeführt.

Das beste Resultat in einem Einzelwettkampf während einer WM erzielte mit 5963 Pins in 28 Spielen Ed Luther (USA) am 28. August 1971 in Milwaukee, Wisconsin. Das entspricht einem Durchschnitt von fast 213 Pins.
Die derzeitige WM findet nur über 24 Spiele (2 × 6 im Einzel, 1 × 6 im Doppel, 1 × 6 im Fünferteam) statt. Hier halten der Amerikaner Rick Steelsmith mit 5261 Pins (Schnitt 219,2) und die Amerikanerin Sandra Jo Shiery mit 4894 Pins (Schnitt 203,9) die Rekorde, aufgestellt bei der WM im Juni 1987 in Helsinki.

Das höchste Ergebnis in einem offiziellen Wettkampf (drei Spiele) erreichte Thomas Jordan (*1966, USA) mit 899 Pins am 7. März 1989 in Union, New Jersey (USA).
Beste bei den Frauen ist Jeanne Maiden (*1957, USA), die am 23. November 1986 in Solon, Ohio, auf 864 Punkte (300 – 300 – 264) kam.

Das Maximum von 900 Pins in einer Dreier-Serie schaffte Glen Allison (*1930, USA) in der La Habra Bowl von Los Angeles am 1. Juli

1982, doch der Wettkampf wurde von dem American Bowling Congress (ABC) nicht anerkannt, weil es sich um geölte Bahnen gehandelt hatte. Ebenfalls auf 900 Punkte kamen – allerdings in nicht-offiziellen Wettbewerben – noch fünf weitere Spieler: Leo Bentley am 26. März 1931 in Lorain, Ohio (USA); Joe Sargent 1934 in Rochester, New York State (USA); Jim Margie am 4. Februar 1937 in Philadelphia, Pennsylvania (USA); Bob Brown am 12. April 1980 in Roseville Bowl, Kalifornien (USA), und John Strausbaugh am 11. Juli 1987 in New York, Pennsylvania (USA). Solche Serien müssen aus 36 aufeinanderfolgenden Strikes bestehen (das heißt, alle Pins müssen jeweils mit dem ersten Wurf zu Fall gebracht werden).

Die meisten Strikes in Serie erreichte mit 33 in einem offiziellen Turnier John Pezzin (*1930) am 4. März 1976 in Toledo, Ohio (USA).

Die meisten 300er Spiele schafften mit 33 bis Januar 1990 James Johnson jr. (*1960, USA) und Robert Learn jr. (*1962, USA). Bei den Frauen hält Jeanne Maiden (USA) mit 17 den Rekord.

Die Weltrekorde (sie können nur bei Weltmeisterschaften aufgestellt werden) halten bei den Männern über ein Spiel Rick Steelsmith (USA) mit 300 Pins, über drei Spiele Lars Öagar (Finnland) mit 774, sechs Spiele Rich Wondres (USA) mit 1411 sowie 24 Spiele Rick Steelsmith mit 5261 und bei den Frauen über ein Spiel Dorette Boelens (Niederlande) mit 289, drei Spiele Delia Milne (Singapur) mit 700, sechs Spiele Cora Fiebig (USA) mit 1330 sowie 24 Spiele Sandra Jo Shiery (USA) mit 4894.

Das meiste Geld in der amerikanischen Profi-Tour verdiente mit 1 429 756 Dollar Marshall Holman (*1954, USA). Den Rekord für eine Saison hält Mike Aulby (*1960, USA) mit 298 237 Dollar im Jahr 1989.

Die erfolgreichsten Teilnehmer bei Deutschen Einzel-Meisterschaften waren Daniela Gruber mit fünf Titeln (1971, 1974, 1977–79) sowie mit je vier Siegen Karl Hartmann (1935–37, 1958) und Fritz Blum (1964, 1966–68).

Deutsche Mannschaftsmeisterschaften: Bei den Männern war der ASC Berlin-Spandau achtmal und bei den Frauen NSF Berlin sogar zehnmal erfolgreich.

Deutsche Rekorde. Männer: Ein Spiel 300 Pins Manfred Raich, Till Götz; drei Spiele 758 Jürgen Pelz; sechs Spiele 1529 Utz Dehler. Frauen: Ein Spiel 290 Heidi Scholtheis; drei Spiele 742 Kathy Roos; sechs Spiele 1299 Ute Voht.

BOXEN

PROFIS

Der längste Kampf mit Handschuhen fand am 6./7. April 1893 in New Orleans (USA) zwischen Andy Bowen und Jack Burke statt. Der Kampf dauerte 110 Runden oder (mit Pausen) insgesamt 7:29 Std., und zwar von 21 Uhr 15 bis 4 Uhr 43. Beide Männer waren schließlich unfähig weiterzukämpfen, so daß der Wettkampf nicht anerkannt und später zu einem Unentschieden erklärt wurde.

Der längste Kampf ohne Handschuhe dauerte 6:15 Std., zwischen James Kelly und Jack Smith in Dalesford (Australien) am 3. Dezember 1855.

Der kürzeste WM-Kampf fand am 7. April 1914 statt. Mittelgewichtler Al McCoy schlug in 45 Sek. George Chip in New York k. o. Die gleiche Zeit brauchte Lloyd Honeyghan, um Gene Hatcher im Kampf um die Krone im Weltergewicht (nach IBF-Version) am 30. August 1987 in Marbella (Spanien) zu bezwingen.

Der längste WM-Kampf (unter Queensberry-Regeln) war der zwischen den Leichtgewichtlern Joe Gans (1847–1910) und Oscar Matthew Nelson (1882–1954) am 3. September 1906 in Goldfield (USA). Er wurde in der 42. Runde beendet, als Gans aufgrund eines Fouls, das sein Gegner begangen hatte, zum Gewinner erklärt wurde.

Die größten Berufsboxer waren Gogea Mitu (*1914, Rumänien), Jim Culley und John Rankin (beide USA), die jeweils 2,23 m maßen.

Der kleinste Berufsboxer, der je einen Weltmeistertitel gewann, heißt Netrnoi Vorasingh (*1959, Thailand), der von Mai bis September 1978 den WBC-Titel im Halbfliegengewicht innehatte. Seine Körpergröße betrug 1,50 m.

Der älteste Weltmeister war Archie Moore (*1913 oder 1916, USA), dem am 10. Februar 1962 der Titel des Halbschwergewichts-Weltmeisters aberkannt wurde. Er war zu diesem Zeitpunkt 48 beziehungsweise 45 Jahre.

Der jüngste Weltmeister war mit 17 Jahren und 176 Tagen Wilfredo Benitez (*1958, Puerto Rico), der am 6. März 1976 in San Juan (Puerto Rico) den WBA-Titel im Junior-Weltergewicht durch einen Punktsieg über Antonio Cervantes (Kolumbien) erkämpfte.

Die meisten WM-Titel in einer Gewichtsklasse erkämpfte mit fünf Sugar Ray Robinson (1920–89, USA), der am 25. März 1958 in Chikago Carmen Basilio (USA) schlug, um den Weltmeisterschaftstitel im Mittelgewicht zum vierten Male zurückzugewinnen.

Die meisten WM-Titel in verschiedenen Klassen erkämpften sich mit je fünf Thomas Hearns (*1958, USA) im Welter-, Superwelter-, Mittel-, Supermittel- und Halbschwergewicht zwischen 1980 und 1988 sowie Ray Leonhard (*1956, USA) im Welter-, Superleicht-, Mittel-, Supermittel- und Leichtschwergewicht zwischen 1979 und 1988. Die beiden Amerikaner profitierten aber von der Gewichtsklassen-Inflation und den inzwischen bestehenden und rivalisierenden vier Verbänden: World Boxing Association (WBA), World Boxing Council (WBC), International Boxing Federation (IBF) und World Boxing Organisation (WBO).

Der einzige Boxer, der gleichzeitig Weltmeister in drei verschiedenen Gewichtsklassen war, ist Henry »Homicide Hank« Armstrong (1912–88, USA). Vom August bis zum Dezember 1938 besaß er die Titel im Feder-, Leicht- und Weltergewicht.

Die kürzeste Regentschaft eines Weltmeisters dauerte 33 Tage. Tony Canzoneri (1908–59, USA) war nur vom 21. Mai bis 23. Juni 1933 der Champion im Junior-Mittelgewicht.

Die meisten Knockouts erzielte mit 145 (davon 129 in Profikämpfen) Archie Moore, der von 1936 bis 1963 boxte. Den Rekord mit den meisten aufeinanderfolgenden K. o. hält mit 44 Lamar Clarke (*1934, USA) zwischen 1958 und dem 11. Januar 1960. Er erzielte am 1. Dezember 1958 sechs vorzeitige Siege an einem Abend (fünf in der ersten Runde) in Bingham, Utah (USA).

Die meisten Niederschläge in einem WM-Kampf verzeichnete der Bantamgewichtler Vic Toweel (*1929, Südafrika), der am 2. Dezember 1950 in Johannesburg seinen Gegner Danny O'Sullivan (GB) 14mal in zehn Runden am Boden hatte, ehe der Engländer schließlich aufgab.

Die längste Karriere im Ring mit jeweils 31 Jahren haben die Weltmeister Bob Fitzsimmons zwischen 1883 und 1914 sowie Jack Johnson (1878–1946, USA) zwischen 1897 und 1928 aufzuweisen.

Wurde dreimal Weltmeister im Schwergewicht, der Kubaner Félix Savon, 1986, 1989, 1991.

Gut gewischt ist halb gewonnen. Beim Curling wird deshalb auch mit dem Besen gearbeitet.

Die meisten Kämpfe ohne Niederlage, nämlich 178, bestritt Edward Henry Greb (1894–1926, USA) zwischen 1916 und 1923. Allerdings endeten davon 117 Begegnungen unentschieden.

SCHWERGEWICHT

Der erste Weltmeisterschaftskampf mit Handschuhen und Drei-Minuten-Runden fand am 7. September 1892 in New Orleans (Louisiana, USA) statt. James John Corbett (1866–1933, USA) gewann gegen John Lawrence Sullivan (1858–1918, USA) nach 21 Runden.

Die größte Börse wurde mit 35,8 Mio. Dollar am 27. Juni 1988 im Convention Center von Atlantic City, New Jersey (USA), ausgeboxt. Titelverteidiger Mike Tyson (*1966, USA) bekam bei seinem K.o.-Sieg in der ersten Runde über Michael Spinks (*1956, USA) 22 Mio. Dollar, sein Gegner 13,8 Mio. Dollar. Der Kampf um die Schwergewichtskrone dauerte nur 91 Sek. und war der viertkürzeste in der WM-Geschichte.

Das meiste Gewicht mit insgesamt 317 kg brachten beim Kampf am 1. Juni 1971 in Oklahoma City (USA) die beiden Amerikaner Claude McBride (154 kg) und Jimmy Black (163 kg) in den Ring. McBride gewann durch K.o. in der dritten Runde.

Zuschauer-Rekorde: 120 757 Besucher waren beim WM-Kampf zwischen Gene Tunney und Jack Dempsey am 23. September 1926 im Sesquicentennial-Stadion, Philadelphia (USA), dabei (Sieger nach Punkten Tunney). Der Hallenrekord wurde mit 63 350 Zuschauern beim Kampf Muhammad Ali gegen Leon Spinks am 15. September 1978 im Superdome, New Orleans (USA), registriert. Beim Kampf zwischen Tony Zale und Billy Pryor am 16. August 1941 im Juneau Park von Milwaukee (USA) wurden sogar 135 132 Fans gezählt; allerdings wurde kein Eintritt verlangt.

Die geringste Zuschauerzahl bei einem WM-Fight war 2434, als Cassius Clay am 25. Mai 1965 in Lewiston, Maine (USA), Sonny Liston bezwang.

Die längste Regentschaft eines Weltmeisters dauerte elf Jahre und 252 Tage durch Joe Louis (1914–81, USA). Am 27. Juni 1937 schlug er James Braddock (durch K. o. in der achten Runde) in Chikago, stellte einen Rekord mit 25 erfolgreichen Titelverteidigungen nacheinander auf und erklärte am 1. März 1949 seinen Rücktritt.

Die kürzeste Regentschaft eines Weltmeisters dauerte nur 64 Tage. So lange konnte sich Tony Tucker (*1958, USA) seines IBF-Titels erfreuen, und zwar vom 30. Mai bis 2. August 1987.

Der einzige Boxer, der die Weltmeisterschaft zweimal wiedererlangte, ist Muhammad Ali (*1942, USA). Ali, der früher Cassius Clay hieß, gewann den Titel erstmals am 25. Februar 1964, als er Sonny Liston in Miami Beach (USA) durch technischen K. o. in der siebenten Runde schlug. Nachdem ihm am 28. April 1967 der Titel wegen Wehrdienstverweigerung durch die amerikanischen Boxbehörden aberkannt wurde, feierte er am 30. Oktober 1974 in Kinshasa ein Comeback und bezwang George Foreman durch K.o. in der achten Runde. Noch einmal, am 15. September 1978 in Las Vegas, holte er sich die WBA-Krone zurück mit einem Punktsieg über Leon Spinks, gegen den er zuvor am 15. Februar des gleichen Jahres den Titel verloren hatte.

Der einzige unbesiegte Weltmeister, der während seiner gesamten Laufbahn (1947–55) niemals verlor, war Rocky Marciano (1923–69, USA). Er gewann alle 49 Kämpfe, davon 43 durch K.o. oder vorzeitige Aufgabe seines Gegners. Ihm dicht auf den Fersen folgt Larry Holmes (USA), der 48mal, davon 33mal vorzeitig, siegte und 19mal seinen Schwergewichts-Titel verteidigte, ehe er erstmals verlor.

Der jüngste Weltmeister aller Zeiten ist Mike Tyson (*1966, USA), der sich mit 20 Jahren und 144 Tagen die Krone (nach WBC-Version) holte. Am 22. November 1986 gewann er in Las Vegas gegen den kanadischen Titelverteidiger Trevor Berbick durch K.o. in der zweiten Runde. Von drei Verbänden wurde Tyson anerkannt, als er am 2. August 1987 Tony Tucker bezwang.

Der älteste Weltmeister war Jersey Joe Walcott (*1914, USA), der sich mit 37 Jahren und 168 Tagen den Titel am 18. Juli 1951 in Pittsburgh, Pennsylvania, mit einem K.-o.-Sieg über Ezzard Charles holte. Mit 38 Jahren und 236 Tagen verlor er seine WM-Krone am 23. September 1952 an Rocky Marciano.

Der schwerste Weltmeister war Primo Carnera (1906–67, Italien), der am 29. Juni 1933 in New York City den Titel in sechs Runden gegen Jack Sharkey gewann. Er wog bei diesem Kampf 118 kg. Sogar 122,6 kg brachte er bei seiner erfolgreichen Titelverteidigung am 1. März 1934 gegen Tommy Loughran (USA) auf die Waage.

Der leichteste Weltmeister war Robert Fitzsimmons (1863–1917, GB), der mit 75 kg am 17. März 1897 in Carson City, Nevada (USA), den Titel gewann, als er James Corbett in der 14. Runde k.o. schlug.

Der größte Weltmeister war mit 1,98 m Ernest Terrell (*1939, USA), der den WBA-Titel zwischen 1965 und 1967 innehatte. Primo Carnera maß – nach neuesten Erkenntnissen der Harvard-Universität – 1,966 m und Jess Willard (1881–1968, USA), der 1915 den Titel errang, 1,96 m.

Der kleinste Weltmeister mit nur 1,70 m war der Kanadier Tommy Burns, der die Championswürde zwischen dem 23. Februar 1906 und dem 26. Dezember 1908 trug. Sein Kampfgewicht lag zwischen 70 und 81 kg.

Der älteste Weltmeister war Jack Dempsey (1895–1983, USA), der im Alter von 87 Jahren und 341 Tagen starb. Er besaß den Titel zwischen 1919 und 1928. Er gewann 60 von 80 Kämpfen.

Der kürzeste Weltmeisterschaftskampf dauerte 55 Sek., als James J. Jeffries (1875–1953) am 6. April 1900 in Detroit (USA) seinen Gegner Jack Finnegan durch K.o. bezwang.

Die längste Laufbahn dauerte 39 Jahre, von 1875 bis 1914. Diesen Rekord erreichte Bobby Dobbs (1858–1930, USA).

Der erfolgreichste deutsche Berufsboxer ist Max Schmeling (*1905), der 1926 Deutscher Halbschwergewichtsmeister, 1927 Europameister, 1928 Deutscher Schwergewichtsmeister, 1930 Weltmeister (Disqualifikationssieg über Jack Sharkey in New York – 12. Juni), 1939 Europameister im Schwergewicht wurde. In einem Nicht-Titelkampf schlug er 1936 in New York nach zwölf Runden durch K.o. Joe Louis.

Ebenfalls Weltmeister wurden zwei Berliner. Zuerst – nach WBC-Version – Eckhard Dagge (*1948) im Jahr 1976 und dann – nach IBF-Version – Graciano Rocchigiani (*1963), der am 12. März 1988 in Düsseldorf im Supermittelgewicht den Amerikaner Vincent Boulware besiegte. Danach verteidigte er seinen Titel mit Erfolg gegen die beiden Amerikaner Nicky Walker und Chris Read sowie Thulane Malinga (Südafrika).

Nahm nach 320 Länderspielen Abschied aus der deutschen Nationalmannschaft, Udo Kießling.

AMATEURE

Olympische Spiele: Für einen einmaligen Triumph sorgten Amerikas Boxer 1984 in Los Angeles. Sie erreichten in zehn von zwölf Gewichtsklassen das Finale und kamen zu neun Goldmedaillen.

Die einzigen Kämpfer, die drei Goldmedaillen gewannen, sind Laszlo Papp (*1926, Ungarn), der 1948 (Mittelgewicht), 1952 und 1956 (Halbmittelgewicht) siegte, sowie Teofilo Stevenson (*1952, Kuba), der 1972, 1976 und 1980 im Schwergewicht erfolgreich war.
Papp wechselte 1957 – als erster Sportler eines Ostblockstaates – ins Profilager über und wurde fünf Jahre später Europameister im Mittelgewicht. Diesen Titel verteidigte er dann sechsmal erfolgreich.

Für eine Einmaligkeit sorgte Oliver L. Kirk (USA) 1904 in St. Louis (USA), als er zwei Goldmedaillen bei einer Olympiade erkämpfte, im Bantam- und Federgewicht. Er brauchte jedoch nur jeweils einen einzigen Kampf zu bestreiten.

Der älteste Goldmedaillengewinner war Richard Kenneth Gunn (1871–1961, GB), der 1908 in London mit 37 Jahren und 254 Tagen die Federgewichtsklasse gewann.

Weltmeisterschaften, eingeführt 1974: Nur drei Kämpfern gelang es, drei Titel zu gewinnen: Teofilo Stevenson (Kuba) im Schwergewicht 1974 und 1978 sowie im Superschwergewicht 1986, Adolfo Horta (*1957, Kuba) im Bantam- 1978, Feder- 1982 sowie Leichtgewicht 1986 und Félix Savon (Kuba) im Schwergewicht 1986, 1989, 1991.

CURLING

Weltmeisterschaften, eingeführt 1959: Die meisten Titel gewannen Kanadas Männer, die insgesamt 20mal erfolgreich waren, 1959–64, 1966, 1968–72, 1980, 1982, 83, 1985-87, 1989, 90.
Bei den Frauen, erst seit 1979, war Kanada mit sechs Titeln (1980, 1984–87, 1989) erfolgreich.

Europameisterschaften, eingeführt 1975: Bei den Männern siegte sechsmal die Schweiz (1976, 1978, 1981, 1983, 84, 1986) vor den fünfmal erfolgreichen Schotten (1979, 80, 1982, 83, 1989). Sogar auf sieben Titel bei den Frauen brachte es Schweden (1977–1980, 1982, 83, 1988) vor Deutschland mit fünf Siegen (1984, 1986, 87, 1989, 1991).

Deutsche Meisterschaften: Die meisten Titel erkämpften sich mit jeweils sechs bei den Männern der EC Bad Tölz (1968, 69, 1973, 1975–77) sowie der CC Schwenningen (1980 –85) vor dem EC Oberstdorf mit fünf (1970–72, 1974, 1987). Sogar siebenmal erfolgreich war bei den Frauen der SC Riessersee (1983, 1985–89, 1991).

Der größte Mannschaftswettbewerb der Welt ist das Manitoba Bonspiel im kanadischen Winnipeg. Beim Turnier von 1988 beteiligten sich 1424 Teams mit je vier Spielern.

Den weitesten Wurf schaffte mit 175,66 m der Kanadier Eddie Kulbacki in Neepawa, Manitoba (Kanada), am 29. Januar 1989.

EISHOCKEY

Olympische Spiele: Die meisten Turniere gewann die UdSSR, die siebenmal als Sieger (1956, 1964, 1968, 1972, 1976, 1984, 1988) hervorging. Die Serie setzte die GUS 1992 fort. Kanada brachte es auf fünf Erfolge (1924, 1928, 1932, 1948, 1952).

Die meisten Goldmedaillen, nämlich drei, gewannen mit einer sowjetischen Nationalmannschaft Witali Dawydow, Anatoli Firsow, Viktor Kuskin, Alexander Ragulin (1964, 1968, 1972) sowie Torwart Wladislaw Tretjak (1972, 1976, 1984), der darüber hinaus noch einmal Silber (1980) holte.

Die längste olympische Karriere hatte Richard Torriani (1911–88, Schweiz) aufzuweisen, der zwischen 1928 und 1948 an vier Turnieren teilnahm.

Weltmeisterschaften, eingeführt 1920: Die meisten Titel gewann zwischen 1954 und 1990 die UdSSR mit 22. An zweiter Stelle folgt Kanada (19).

Das beste Abschneiden einer deutschen Mannschaft bei Weltmeisterschaften waren jeweils die zweiten Plätze 1930 in Chamonix und 1953 in Zürich/Basel. Zur Europameisterschaft reichte es 1930 in Berlin und 1934 in Mailand. Olympische Bronzemedaillen gab es 1932 in Lake Placid und 1976 in Innsbruck.

Die meisten Tore, die je bei einem Weltmeisterschaftsspiel geschossen wurden, erzielte am 15. März 1987 bei der D-WM in Perth (Australien) die australische Nationalmannschaft beim 58:0-Sieg über Neuseeland. Den alten Rekord vom 12. Februar 1949 hielt Kanada mit 47:0 gegen Dänemark in Stockholm.

Die nordamerikanische Profiliga (NHL), gegründet 1917, spielt die inoffizielle Weltmeisterschaft für Klubmannschaften aus. Zur Zeit nehmen 21 Teams aus Kanada und den USA in vier verschiedenen Staffeln an dem Wettbewerb teil.

Stanley-Cup, eingeführt 1893. Die besten NHL-Teams ermitteln jährlich in einer Play-Off-Runde den Sieger. Rekordgewinner sind die Montreal Canadiens mit 23 Erfolgen (1916, 1924, 1930, 31, 1944, 1946, 1953, 1956–60, 1965, 66, 1968, 69, 1971, 1973, 1976–79, 1986).

Die meisten Spiele bestritt Gordon Howe (*1928, Kanada) mit 1767 in der NHL (plus 157 in der Play-Off-Runde), und zwar von 1946 bis 1971 für die Detroit Red Wings und 1979/80 für die Hartford Whalers. Während dieser Zeit erzielte er 1071 Tore (davon 801 in der NHL = Rekord). Außerdem kam er noch auf 419 Begegnungen (plus 78 in der Play-Off-Runde) für die Houston Aeros und New England Whalers zwischen 1973 und 1979 in der World Hockey Association, so daß er insgesamt 2412 Spiele in der obersten Klasse bestritt.

Der erfolgreichste Spieler ist Wayne Gretzky (*1961, Kanada), der von 1979 bis 1988 für die Edmonton Oilers tätig war und dann zu den Los Angeles Kings wechselte. In der Saison 1981/82 erzielte er die absolute Topmarke von 92 Toren, 1985/86 verbesserte er den Scorer-Rekord (Tore und Vorlagen, die zu Treffern führen) auf 215. Sein Assits-Rekord lautet 2569 (2263 NHL + 306 Stanley-Cup), seine Trefferquote 844 (749 + 95) bei insgesamt 1154 Spielen.

Der erfolgreichste Torhüter ist Terrance Gordon Sawchuck (1929–70), der einen Rekord von 971 Spielen aufweist und in 103 Begegnungen

Alleiniger Weltrekordler
Der deutsche Eishockey-Nationalverteidiger Udo Kießling ist der alleinige Weltrekordler, was den Einsatz in Länderspielen anbelangt. In der Partie gegen Olympiasieger Rußland am 19. April 1992 in Garmisch-Partenkirchen zog der Abwehrrecke vom Kölner EC zum 320. Mal das Nationaltrikot über.
Die Weltrangliste lautet jetzt: 1. Udo Kießling 320 Spiele, 2. Jiri Holi (ČSFR) 319, 3. Alexander Malzew (UdSSR) 316, 4. Dietmar Peters (DDR) und Sergej Makarow 315, 6. Wjatscheslaw Fetisow (beide UdSSR) 309.

Erster Streik
Das hat es noch nie gegeben: Die Play-Off-Runde in der nordamerikanischen Eishockey-Profiliga (NHL) wurde im April 1992 für mehrere Tage gestoppt, weil die Klubeigner und die Spielergewerkschaft keine Einigung über Spielertransfers und eine bessere Bezahlung beim Kampf um den Stanley-Cup erreicht hatten. Nach zähen Verhandlungen und elf Tagen Streik konnte ein Kompromiß herbeigeführt werden.

keinen Treffer zuließ. Er spielte zwischen 1950 und 1967 bei den Detroit Red Wings, Boston Bruins, Toronto Maple Leafs, Los Angeles Kings und New York Rangers.

Das schnellste Tor fiel nach fünf Sek. Es erzielten Doug Smail von den Winnipeg Jets gegen St. Louis Blues am 20. Dezember 1981 in Winnipeg und Bryan John Trottier von den New York Islanders gegen die Boston Bruins am 22. März 1984 in Boston.

Zwei Tore in zwei Sek.: Diesen Rekord gab es zwischen den Boston Bruins und St. Louis Blues am 19. Dezember 1987 in Boston. Zuerst erzielte Linseman von den Bruins nach 59:50 Min. den Anschlußtreffer zum 5:6, nach 59:52 Min. lag seine Mannschaft jedoch wieder mit 5:7 im Rückstand, nachdem Gilmour für die Blues erfolgreich gewesen war.

Den kürzesten Hattrick schaffte der Kanadier Bill Mosienko von den Chicago Black Hawks gegen die New York Rangers. Er schoß drei Tore innerhalb von 21 Sek. am 23. März 1952.

Europacup: Rekordsieger ist ZSKA Moskau mit 20 Erfolgen (1969–74, 1977–90). Dreimal gewann ZKL Brünn (1966–68), zweimal Djugarden Stockholm (1991, 92) sowie je einmal Krilija Moskau (1975) und Poldi Kladno aus der ČSFR (1976).

Deutsche Meisterschaften: Die erfolgreichste Vereinsmannschaft ist der Berliner Schlittschuh-Club mit 19 Meisterschaften (1912–14, 1920, 21, 1923–26, 1928–33, 1936, 37, 1974, 1976). Danach folgt der EV Füssen mit 16 Titeln (1949, 1953–59, 1961, 1963–65, 1968, 69, 1971, 1973).

Am häufigsten DDR-Meister wurde mit 22 Titeln Dynamo Weißwasser, 1954–72, also 19mal in Serie, 1981, 1989, 90.

Rekord-Torschütze in der Bundesliga ist mit 725 Treffern Erich Kühnhackl (*1950). Dazu kommen noch 724 sogenannte Beihilfen in insgesamt 774 Spielen, die er zwischen 1968 und 1989 bestritt. Sowohl bei der WM 1978 in Prag als auch beim olympischen Turnier 1984 in Sarajewo war er Scorer-König.

Torflut: Alle 58 Sek. fiel – im Durchschnitt – ein Treffer. Nach 60 effektiven Spielminuten hatte die dritte Mannschaft des EHC Hamburg in einer Begegnung der Landesliga Hamburg/Schleswig-Holstein am 7. Januar 1988 mit 0:62 gegen ETC Timmendorf verloren. Die einzelnen Drittel lauteten 0:17, 0:25, 0:20.

Weltmeisterschaften der Frauen, eingeführt 1990: Kanada holte sich den ersten Titel vor den USA und Finnland. Auch 1992 gewannen die Kanadierinnen.

Europameisterschaften der Frauen, eingeführt 1989: Finnland gewann den ersten Titel und siegte auch 1991.

Deutsche Meisterschaften der Frauen, eingeführt 1983: Viermal gewannen die Düsseldorfer Eisbären (1985–87, 1989), dreimal der Mannheimer ERC (1988, 1990, 1992), je einmal IGES Reutlingen (1984) und die OSC Ladies aus Berlin (1991).

EISLAUF

EISKUNSTLAUF

Olympische Spiele: Die meisten Goldmedaillen mit je drei holten sich in den Einzelwettbewerben Gillis Grafström (1893–1938, Schweden) 1920, 1924 und 1928, außerdem gewann er 1932 Silber, und Sonja Henie (1912–69, Norwegen) 1928, 1932 und 1936 sowie die Paarläuferin Irina Rodnina (*1949, UdSSR), die 1972 mit Alexej Ulanow, 1976 und 1980 mit Alexander Saizew gewann.

Weltmeisterschaften, eingeführt 1896: Die meisten Einzeltitel errang mit zehn Ulrich Salchow (1877–1949, Schweden) 1901–05 und 1907–11.
Auf die gleiche Anzahl kam bei den Frauen (eingeführt 1906) Sonja »Häseken« Henie zwischen 1927 und 1936.

Die meisten Paarlauf-Titel, eingeführt 1908, gewann mit zehn Irina Rodnina, vier mit Alexej Ulanow (*1947) 1969–72 und sechs mit ihrem Mann Alexander Saizew (*1952) 1973–78.

Die meisten Eistanz-Titel, eingeführt erst 1950, gewannen mit sechs Alexander Gorschkow (*1946, UdSSR) und Ludmilla Pachomowa (1946–1986, UdSSR) 1970–74 und 1976. Sie wurden 1976 auch die ersten Olympiasieger in diesem Wettbewerb.

Star auf dem Eis, Katarina Witt. Sie wurde zweimal Olympiasiegerin, 1984 und 1988.

EISSCHNELLAUF – WELTREKORDE

Sportart	Leistung	Name/Land	Datum
Männer			
500 m	36,41	Dan Jansen (USA)	1992
1 000 m	1:12,05	Nick Thometz (USA)	1987
1 500 m	1:52,06	André Hoffmann (DDR)	1988
3 000 m	3:57,52	Johann Olav Koss (Norwegen)	1990
5 000 m	6:41,73	Johann Olav Koss (Norwegen)	1991
10 000 m	13:43,54	Johann Olav Koss (Norwegen)	1991
Großer Vierkampf	157,150 Pkt.	Roberto Sighel (Italien)	1992
Kleiner Vierkampf	160,454 Pkt.	Gerard Kemkers (Niederlande)	1990
Sprint-Vierkampf	145,945 Pkt.	Igor Schelesowski (UdSSR)	1989
Frauen			
500 m	39,10	Bonnie Blair (USA)	1988
1 000 m	1:17,65	Christa Rothenburger (DDR)	1988
1 500 m	1:59,30	Karin Kania (DDR)	1986
3 000 m	4:10,80	Gunda Kleemann (Deutschland)	1990
5 000 m	7:14,13	Yvonne van Gennip (Niederlande)	1988
Großer Vierkampf	168,271 Pkt.	Karin Kania (DDR)	1986
Kleiner Vierkampf	166,682 Pkt.	Natalia Petrusewa (UdSSR)	1987
Sprint-Vierkampf	159,435 Pkt.	Bonnie Blair (USA)	1989

EISSCHNELLAUF – DIE BESTEN DEUTSCHEN LEISTUNGEN

Sportart	Leistung	Name	Datum
Männer			
500 m	36,43	Uwe-Jens Mey	1992
1 000 m	1:13,11	Uwe-Jens Mey	1988
1 500 m	1:52,06	André Hoffmann	1988
3 000 m	4:03,31	André Hoffmann	1985
5 000 m	6:51,42	Roland Freier	1988
10 000 m	14:19,16	Roland Freier	1986
Großer Vierkampf	163,042 Pkt.	Peter Adeberg	1991
Kleiner Vierkampf	161,158 Pkt.	André Hoffmann	1985
Sprint-Vierkampf	146,770 Pkt.	Uwe-Jens Mey	1989
Frauen			
500 m	39,12	Christa Rothenburger	1988
1 000 m	1:17,65	Christa Rothenburger	1988
1 500 m	1:59,30	Karin Kania	1986
3 000 m	4:10,80	Gunda Kleemann	1990
5 000 m	7:17,12	Andrea Ehrig	1988
Großer Vierkampf	168,271 Pkt.	Karin Kania	1986
Kleiner Vierkampf	168,271 Pkt.	Karin Kania	1982
Sprint-Vierkampf	159,600 Pkt.	Christa Luding	1989

Erfolgreichste deutsche Läuferin ist Katarina Witt (*1965), die es zu zwei olympischen Goldmedaillen (1984, 1988), vier Welt- (1984, 85, 1987, 88) und sechs Europameisterschaften (1983–88) brachte.

Die erfolgreichsten deutschen Paare sind Maxi Herber (*1920) und Ernst Baier (*1905), die einmal Olympia-Gold 1936, vier Weltmeisterschaften zwischen 1936 und 1939 sowie fünf Europameisterschaften zwischen 1935 und 1939 holten, sowie Ria und Paul Falk (1922– 1986/ *1921), die einmal Olympiasieger 1952, zweimal Welt- und Europameister 1951, 52 wurden.

Höchste Punktzahlen: Den (inoffiziellen) Weltrekord halten die Eistänzer Jayne Torvill (*1954, GB) und Christopher Dean (*1958, GB), die bei der Weltmeisterschaft vom 22. bis 24. März 1984 in Ottawa (Kanada) insgesamt 29mal die Traumnote 6,0 erhielten, siebenmal in den Pflichttänzen, neunmal im Spurenbildtanz und 13mal in der Kür. In ihrer gesamten Karriere bekamen sie 136 Sechsen.
Siebenmal die 6,0 erhielten im Einzelwettbewerb Donald Jackson (*1940, Kanada) bei der WM 1962 in Prag und Midori Ito (*1969, Japan) bei der WM 1989 in Paris.

Den ersten Vierfachsprung bei einer Weltmeisterschaft stand am 25. März 1988 in Budapest Kurt Browning (*1966, Kanada), der einen Toe-Loop einwandfrei auf das Eis brachte. Das gleiche Kunststück vollbrachte drei Jahre später, am 16. März 1991, bei der WM in München auch eine Frau: Surya Bonaly (*1971, Frankreich).

EISSCHNELLAUF

Olympische Spiele: Die meisten Goldmedaillen gewann mit sechs Lydia Skoblikowa (*1939, UdSSR), zwei 1960 und alle vier möglichen 1964. Eric Heiden (*1958, USA) schaffte 1980 in Lake Placid das gleiche Kunststück und erkämpfte sich alle fünf Goldmedaillen, die bei den Männern zu vergeben waren.

Die meisten Medaillen erkämpfte mit sieben Clas Thunberg (1893–1973, Finnland), der 1924 und 1928 zu fünfmal Gold sowie je einmal Silber und Bronze kam.

Weltmeisterschaften, eingeführt 1893: Die meisten Titel im Großen Vierkampf gewannen mit je fünf Oscar Mathisen (1888–1954, Norwegen) 1908, 09, 1912–14 sowie Clas Thunberg 1923, 1925, 1928, 29, 1931.

Die meisten Titel im Sprint gewann mit fünf Igor Schelesowski (UdSSR/GUS) 1985, 86, 1989, 1991, 92. Zu vier Erfolgen kam Eric Heiden (USA) 1977–80.

Erfolgreichste Frau der Welt ist Karin Kania-Enke (*1961, DDR). Sie errang elf WM-Titel, fünf im Großen Vierkampf (1982, 1984, 1986–88) und sechs im Sprint (1980, 81, 1983, 84, 1986, 87) sowie drei olympische Gold-, vier Silber- und eine Bronzemedaille.

Erfolgreichster Mann ist Eric Heiden, der außer seinen fünf Goldmedaillen bei den Olympischen Spielen von Lake Placid noch drei WM-Titel im Großen Vierkampf (1977–79) und vier Sprint-Weltmeisterschaften (1977–80) errang.

Zelebrierten Eiskunstlauf in Vollendung, die Olympiasieger Mischkutionok/Dimitrijew (GUS).

Den Ein-Std.-Weltrekord hält Robert Vunderink (*1961, Niederlande), der am 29. November 1988 in der Heerenveener Halle 39 986,59 m schaffte und dabei 99 Runden auf der 400-m-Bahn zurücklegte. Nur um 13,41 m verfehlte er die Traumgrenze von 40 km.

Die deutsche Bestleistung hält Olaf Kotva (Berlin), der am 11. November 1990 in Berlin auf 38 010,40 m kam.

Short Track, eingeführt 1978: Die meisten Weltmeisterschaften gewann mit vier Titeln Sylvia Daigle (*1962, Kanada) 1979, 1983, 1989, 1990.

Die ersten Olympiasieger wurden 1992 in Albertville bei den Frauen über 500 m Cathy Turner (USA) in 47,08 Sek. und bei den Männern über 1000 m Ki-Hoon Kim (Südkorea) in der Weltrekordzeit von 1:30,76 Min.

Einen Staffelrekord über 1000 × 400 m stellten am 17./18. März 1991 die Läufer des Olympischen Eisschnellauf-Clubs Frankfurt/Main mit 17:07:54 Std. in Frankfurt auf.

EISSTOCKSCHIESSEN

Weltmeisterschaften, eingeführt 1983: Das Mannschaftsspiel bei den Frauen gewann Deutschland zweimal (1983, 1990), während sich bei den Männern Italien (1983), Österreich (1987) und Deutschland (1990) die Titel teilten.

Die Nationenwertung im Zielschießen holte sich Deutschland bei den Männern dreimal (1983, 1987, 1990), während bei den Frauen je einmal Italien (1983), Deutschland (1987) und Österreich (1990) erfolgreich waren.

Europameisterschaften, eingeführt 1951: Das Mannschaftsspiel ging bei den Männern 24mal und bei den Frauen (erst seit 1965) 22mal an Deutschland. Im Zielschießen (seit 1982) gewannen sechsmal die Frauen und fünfmal die Männer für Deutschland.

Deutsche Meisterschaften, eingeführt 1926: Am häufigsten den Titel im Mannschaftsspiel holte sich bei den Männern mit sieben der EHC Straubing und bei den Frauen mit fünf der EHC Passau-Neustift.

Die Weltbestleistungen im Zielschießen halten Robert Stummer (Deutschland) mit 174 und Christina Holzegger (Österreich) mit 166 Punkten.

Den Weltrekord im Weitschießen hält Manfred Zieglgruber (*1947, Deutschland) mit 566,53 m, aufgestellt am 8. Dezember 1989 auf dem Seeoner See.

FECHTEN

Olympische Spiele: Die meisten Goldmedaillen errang der Säbelfechter Aladar Gerevich (1910–91, Ungarn) mit sieben, davon allerdings sechs in den Mannschafts-Wettbewerben, zwischen 1932 und 1960. Gerevich, der sich zeitweise auch Gerey nannte, wurde insgesamt 16mal Weltmeister, Einzel und Mannschaft.

Je dreimal Einzelsieger wurden Roman Fonst (1893–1959, Kuba) 1900 und 1904 (zweimal) sowie Nedo Nadi (1894–1952, Italien) 1912 und 1920 (zweimal). Nadi gewann 1920 außerdem noch drei Goldmedaillen mit der Degen-, Florett- und Säbel-Mannschaft und kam somit zu fünf Siegen während der Olympiade, was einen Rekord für den Fechtsport bedeutet.

Die meisten Medaillen holte sich Edoardo Mangiarotti (*1919, Italien), der zwischen 1936 und 1960 insgesamt 13mal auf Degen und Florett erfolgreich war, sechsmal Gold, fünfmal Silber, zweimal Bronze.

Die meisten Goldmedaillen bei den Frauen gewann mit vier Elena Nowikowa-Belowa (*1947, UdSSR) 1968–76, drei mit der Mannschaft, eine im Einzelwettbewerb (1968).

Die meisten Medaillen bei den Frauen erkämpfte Ildiko Retjö (Ujlaki-Retjö, Sagine-Retjö, *1937, Ungarn) mit sieben Medaillen (zweimal Gold, dreimal Silber, zweimal Bronze) zwischen 1960 und 1976.

Weltmeisterschaften: Die meisten Einzel-Titel gewann der Florett-Spezialist Christian d'Oriola (*1928, Frankreich) mit sechs, davon erkämpfte er sich zwei bei den Olympischen Spielen 1952 und 1956. Die übrigen Titel holte er sich 1947, 1949, 1953, 54. Alexander Romankow (*1953, UdSSR) erkämpfte sich mit dem Florett fünf Titel (1974, 1977, 1979, 1982, 83). Bei den Frauen war Ilona Elek-Schacherer (*1907, Ungarn) ebenfalls fünfmal erfolgreich – 1934, 35, 36 (Olympia), 1948 (Olympia) und 1951.

Je drei Titel gewannen Helene Mayer (1910-53, Deutschland) 1929, 1931, 1937, Ellen Müller-Preis (*1912, Österreich) 1947, 1949, 50, Cornelia Hanisch (*1952, BR Deutschland) 1979, 1981, 1985 und Anja Fichtel (*1968, BR Deutschland) 1986, 1988, 1990.

Europacup für Klubmannschaften, eingeführt 1961: Die meisten Siege feierten auf Flo-

Schnell auf dem Eis und auf dem Rad, Christa Luding, die an fünf Olympischen Spielen teilnahm.

Verstand meisterhaft, mit dem Degen umzugehen, Alexander Pusch, der beste deutsche Fechter.

rett ZSKA Moskau mit sieben, auf Degen der FC Tauberbischofsheim mit neun, auf Säbel ZSKA Moskau mit 15, bei den Frauen auf Florett Dynamo Moskau, Steaua Bukarest und Tauberbischofsheim mit je sechs.

Erfolgreichste deutsche Fechterinnen sind Cornelia Hanisch und Anja Fichtel, die jeweils fünf Goldmedaillen bei internationalen Großereignissen mit dem Florett erkämpften. Cornelia Hanisch gewann bei der WM drei Einzelwettbewerbe (1979, 1981, 1985), dazu mit der Mannschaft 1985 und bei Olympia 1984. Anja Fichtel holte sich den Einzeltitel bei der WM 1986 und 1990, siegte mit der Mannschaft 1989 und wurde bei den Olympischen Spielen 1988 in Seoul Doppelsiegerin. Auf ihr Konto kommen auch noch drei Weltcupgewinne.

Erfolgreichster deutscher Fechter ist Alexander Pusch (*1955), der dreimal auf Degen Weltmeister wurde – 1975, 76 (Olympia) und 1978. Darüber hinaus verhalf er der deutschen Mannschaft dreimal zur Goldmedaille (1984–86) sowie siebenmal zur Silbermedaille (1974–76, 1979, 1983, 1987, 88). Außerdem wurde er 1983 Europameister, viermal Weltcup-Gewinner (1975, 76, 1978, 1986) sowie achtmal Deutscher Einzelmeister.

Deutsche Meisterschaften: Je acht Titel errangen Erwin Casmir und Jürgen Nolte auf Säbel sowie Alexander Pusch auf Degen.

FUSSBALL

Das erste Länderspiel der Welt wurde am 30. November 1872 in Glasgow zwischen Schottland und England (0:0) ausgetragen.

Das erste Länderspiel Deutschlands fand am 5. April 1908 in Basel gegen die Schweiz statt. Deutschland verlor mit 3:5 Toren.

WELTMEISTERSCHAFTEN

Die Premiere fand im Juli 1930 statt. Sieger wurde Gastgeber Uruguay.

Zu je drei Titeln kamen bislang Italien (1934, 1938, 1982), Deutschland (1954, 1974, 1990) und Brasilien (1958, 1962, 1970).

Erfolgreichste Nation ist Deutschland, denn zu den drei Titeln kamen noch drei Vizeweltmeisterschaften und zwei dritte Plätze. Gleichauf dahinter folgen Brasilien (3-1-1) und Italien (3-1-1).

Einen einsamen Weltrekord hält Deutschland. Bei zwölf Teilnahmen erreichten die Mannschaften elfmal das Viertel-, neunmal das Halbfinale und sechsmal das Endspiel. Nur 1938 war das Team bereits im Achtelfinale vorzeitig an der Schweiz gescheitert.

Die meisten Endrundenspiele bestritt mit 68 Deutschland und setzte sich damit vor dem bisherigen Spitzenreiter Brasilien (jetzt 66), Italien (54), Argentinien (48) und England (41) an die erste Stelle.

Die torreichste WM war 1982 in Spanien, als erstmals an der Endrunde 24 Länder teilnahmen. Es fielen 146 Treffer, was einem Schnitt von 2,81 entspricht.

Die torärmste WM gab es 1990 in Italien. In 52 Begegnungen wurden lediglich 115 Treffer erzielt, was einem Schnitt von 2,21 entspricht.

Den Rekord von 21 WM-Spielen halten gemeinsam der Hamburger Uwe Seeler (*1936) zwischen 1958 und 1970 sowie der Pole Wladyslaw Zmuda (*1954) zwischen 1974 und 1986.

Der einzige Spieler, der an fünf Weltmeisterschaften teilnahm, ist Antonio Carbajal (*1923, Mexiko). Er stand 1950, 1954, 1958, 1962 und 1966 im Tor, kam aber nur zu elf Einsätzen.

Der einzige Spieler, der drei WM-Titel mitgewinnen half, ist Pele, der 1958, 1962 und 1970 im brasilianischen Team stand.

Schlägt eine brillante Klinge und reihte einen Erfolg an den anderen, Anja Fichtel.

Rekordbeteiligung
Noch nie wollten so viele Länder Fußball-Weltmeister werden. Für die 22 freien Plätze des WM-Endrundenturniers vom 17. Juni bis 17. Juli 1994 in den Vereinigten Staaten bewerben sich 141 Nationen. Titelverteidiger Deutschland und das Gastgeberland USA sind automatisch dabei. Aus Europa nehmen 38 Mannschaften, darunter erstmals die baltischen Staaten Estland, Litauen und Lettland sowie Israel, teil, die in sechs verschiedene Qualifikationsgruppen aufgeteilt wurden. Die vielbeachtete Auslosung hatte am 8. Dezember 1991 im Madison Square Garden von New York stattgefunden.

In der ewigen Torschützen-Liste führt weiter Gerd Müller (*1945, Deutschland), der 1970 und 1974 insgesamt 14 Tore erzielte, vor dem Franzosen Just Fontaine, der bei nur einer einzigen WM-Teilnahme (1958) auf 13 Treffer kam. Dahinter folgen der Brasilianer Pele mit 12, der Ungar Sandor Kocsis mit 11 sowie der Deutsche Helmut Rahn, der Peruaner Teofilo Cubillas und der Pole Grzegorz Lato mit je 10.

Das erste zweistellige Ergebnis schaffte am 15. Juni 1982 Ungarn mit dem 10:1 über El Salvador in der Vorrunde in Elche (Spanien). Das bedeutete zugleich den höchsten Sieg. Den bisherigen Rekord hatten jeweils mit 9:0 Ungarn –Südkorea (1954) und Jugoslawien–Zaïre (1974) gehalten.

Die torreichste Begegnung bleibt nach wie vor mit zwölf Treffern die Partie Österreich–Schweiz (7:5) aus dem Jahr 1954.

Die beste Abwehr bei einem WM-Gewinn hatte England 1966. In sechs Spielen brauchten nur drei Gegentreffer hingenommen zu werden, davon zwei im Finale gegen Deutschland.

Das höchste Ergebnis bei einem Qualifikationsspiel erreichte am 15. August 1981 in Auckland die Mannschaft Neuseelands mit 13:0 gegen die Fidschiinseln.

Der jüngste WM-Spieler ist Norman Whiteside, der am 17. Juni 1982 mit 17 Jahren und 42 Tagen für Nordirland gegen Jugoslawien in Spanien stürmte.

POKAL WETTBEWERBE

Weltpokal: Dieser Cup für Vereinsmannschaften wird seit 1960 zwischen den Gewinnern des Europapokals im Landesmeister-Wettbewerb und der Copa Libertatores in Südamerika ausgespielt. Je dreimal hieß der Sieger Penarol Montevideo/Uruguay (1961, 1966, 1982), Nacional Montevideo/Uruguay (1971, 1980, 1988) sowie AC Mailand (1969, 1989, 90).

Europapokal der Landesmeister, eingeführt am 8. Mai 1955 von der Union of European Football Associations (UEFA): Real Madrid gewann insgesamt sechsmal, davon fünfmal nacheinander, 1956–60 und 1966. Außerdem wurden die Spanier zweimal Sieger im UEFA-Pokal, 1985 und 86. Je viermal holten sich den Meister-Cup der FC Liverpool (1977, 78, 1981, 1984) und AC Mailand (1963, 1969, 1989, 90). Ajax Amsterdam (1971–73) und Bayern München (1974–76) siegten dreimal in Reihenfolge.

Der Traum eines Fußballers – das Leder so im gegnerischen Netz zappeln zu sehen.

Weltmeister als Spieler und als Trainer der deutschen Nationalmannschaft, Franz Beckenbauer.

Europapokal der Pokalsieger: Dieses Turnier für die Landespokalsieger begann in den Jahren 1960/61 mit zehn Bewerbern. Am erfolgreichsten ist der FC Barcelona mit drei Siegen (1979, 1982, 1989).
Die erste deutsche Mannschaft, die den Europacup gewann, war Borussia Dortmund, die am 5. Mai 1966 in Glasgow nach Verlängerung den FC Liverpool 2:1 schlug.

UEFA-Pokal: Dieser Vereins-Wettbewerb, aus dem Messestädte-Cup hervorgegangen, begann 1955 und findet seit 1971/72 unter der Oberaufsicht der UEFA statt. Erfolgreichste Mannschaft ist der FC Barcelona mit drei Siegen (1958, 1960, 1966).

Die erste deutsche Mannschaft, die diese Trophäe errang, war Borussia Mönchengladbach, als sie 1975 gegen Twente Enschede im Finale 0:0 und 5:1 spielte.

Europacup-Novum: Erstmals in der Geschichte der europäischen Klubwettbewerbe

Die Historie

Schwere Geburt: Nur 17 der 31 der UEFA angeschlossenen Verbände beteiligten sich bei der Premiere im Jahr 1958. Große Fußball-Nationen wie England, Italien und Deutschland ignorierten den Wettbewerb ebenso wie Schottland, die Niederlande, Belgien und die Schweiz.

So feierten Fans ihre Mannschaften.

Nur 17 966 Zuschauer sahen das Finale am 10. Juli **1960** in Paris, das die Sowjetunion mit einem 2:1-Sieg nach Verlängerung gegen Jugoslawien für sich entschied.

Interesse steigt: Vier Jahre später beteiligten sich schon 29 Verbände an dieser kontinentalen Meisterschaft, die nach dem Europacup-Modus (K.o.-System mit Hin- und Rückspiel) ausgetragen wurde. Der Deutsche Fußball-Bund war aber noch nicht dabei. Das Endspiel am 21. Juni **1964** in Madrid entschied das Gastgeberland Spanien mit 2:1 gegen die UdSSR – vor der großen Kulisse von 79 115 Zuschauern im Bernabeu-Stadion.

DIE ERSTPLAZIERTEN DER BISHERIGEN EM-ENDRUNDEN

	Erster	Zweiter	Dritter
1960 in Frankreich:	UdSSR	Jugoslawien	ČSSR
1964 in Spanien:	Spanien	UdSSR	Ungarn
1968 in Italien:	Italien	Jugoslawien	England
1972 in Belgien:	BR Deutschland	UdSSR	Belgien
1976 in Jugoslawien:	ČSSR	BR Deutschland	Niederlande
1980 in Italien:	BR Deutschland	Belgien	ČSSR
1984 in Frankreich:	Frankreich	Spanien	Dänemark, Portugal
1988 in Deutschland:	Niederlande	UdSSR	BR Deutschland, Italien
1992 in Schweden:	Dänemark	Deutschland	Schweden, Niederlande

Zwei Endspiele: Bei der dritten Auflage der EM ist endlich der DFB dabei, aber die Mannschaft scheiterte schon in den Gruppenspielen, weil in Albanien nur ein torloses Unentschieden erreicht wurde. Das Finale am 6. Juni **1968** in Rom endete zwischen Italien und Jugoslawien 1:1, so daß es vier Tage später an gleicher Stelle zu einer Wiederholung kam. Hier siegte Italien 2:0.

Erstmals Deutschland: Beckenbauer, Netzer, Breitner, Gerd Müller und Co. zeigten am 18. Juni **1972** im Brüsseler Heysel-Stadion Traumfußball und schlugen im Finale hochverdient mit 3:0 die UdSSR, nachdem zuvor im Halbfinale Gastgeber Belgien mit 2:1 bezwungen wurde.

Das Elfmeter-Drama: Zwei Jahre nach dem Gewinn des WM-Titels schickte sich die deutsche Mannschaft an, erneut Europameister zu werden. Sie erreichte auch das Finale am 20. Juni **1976** in Belgrad gegen die ČSSR. Nach Verlängerung endete die Partie 2:2, so daß ein Elfmeterschießen die Entscheidung bringen mußte. Uli Hoeneß vergab die Chance – und die Tschechoslowakei war am Ende mit 5:3 erfolgreich.

Wieder auf dem Gipfel: Zum ersten Mal wurde im Juni **1980** in Italien die Endrunde mit acht Mannschaften ausgetragen. Das deutsche Team schlug am 22. Juni in Rom die Belgier mit 2:1, wobei die Entscheidung durch ein Tor von Hrubesch erst zwei Minuten vor dem Abpfiff fiel.

Ende mit Verdruß: Als Titelverteidiger reiste die deutsche Mannschaft **1984** nach Frankreich – und am Ende stand die erste vorzeitige Trainer-Trennung in der DFB-Geschichte. Die Mannschaft unterlag in ihrem letzten Gruppenspiel mit 0:1 gegen Spanien – und damit war das Schicksal von Jupp Derwall besiegelt. Den Titel holte sich Frankreich am 27. Juni in Paris mit einem 2:0-Endspielerfolg gegen Spanien.

Erstmals in Deutschland: Mit Franz Beckenbauer als Teamchef erreichte die deutsche Mannschaft zwar das Halbfinale, verlor aber am 21. Juni **1988** im Hamburger Volkspark-Stadion gegen den Erzrivalen Niederlande mit 1:2. Die „Oranjehemden" waren die beste Mannschaft des Turniers und kamen vier Tage später im Münchener Olympiastadion zu einem 2:0-Sieg über die Sowjetunion.

Mit der größten Überraschung, die es je bei Fußball-Europameisterschaften gab, endete die neunte Auflage in Schweden. Der krasse Außenseiter Dänemark schlug am 26. Juni **1992** in Göteborg im Finale den hohen Favoriten und amtierenden Weltmeister Deutschland mit 2:0 und schrieb sich erstmals in die Siegerliste ein.

Als einziges Land konnte bisher nur Deutschland zweimal den Titel gewinnen, und zwar 1972 in Brüssel und 1980 in Rom. Je einmal erfolgreich waren die Sowjetunion (1960), Spanien (1964), Italien (1968), die Tschechoslowakei (1976), Frankreich (1984), Niederlande (1988) und Dänemark (1992).

Bester Spieler der EM: Thomas Häßler

Das erste Tor bei der EURO '92 fiel beim Auftaktspiel in Stockholm, als Jan Eriksson in der 24. Min. das 1:0 für das Gastgeberland Schweden gegen Frankreich erzielte. Endstand der Begegnung 1:1.

Erzielte insgesamt drei Treffer: Riedle.

Das letzte Tor fiel in der 78. Min. des Finales, als Kim Vilfort das 2:0 für Dänemark gegen Deutschland markierte.

Die besten Torschützen des Turniers waren mit je drei Treffern Karlheinz Riedle (Deutschland), Tomas Brolin (Schweden), Dennis Bergkamp (Niederlande) und Henrik Larsen (Dänemark). Damit blieben sie aber nicht nur klar hinter dem '88er Torschützenkönig, dem Niederländer Marco van Basten (fünf), zurück, sondern auch hinter dem absoluten Rekordhalter, dem Franzosen Michel Platini, der 1984 neunmal erfolgreich war.

Spitzenreiter bei den Verwarnungen war Deutschland mit insgesamt elf Gelben Karten. Jeweils siebenmal wurden Spieler von Dänemark, Frankreich und Schweden verwarnt. Die fairste Mannschaft war die Niederlande mit vier „kleinen Sünder". Insgesamt 48mal zogen die

Presse-Echo

L'Equipe (Frankreich): Die Überraschung der letzten 100 Jahre. Dänemarks Sieg ist historisch.

Kronenzeitung (Österreich): Der Europameister, der aus dem Liegestuhl kam.

La Vanguardia (Spanien): Dänemark sprengte alle Prognosen und versenkte den Weltmeister.

Politiken (Dänemark): Die Einzelkritik ist sehr einfach. Alle waren Weltklasse.

Göteborg Posten (Schweden): Größte Sensation in der Fußballgeschichte. Alle Menschen vor den Bildschirmen und im Stadion werden sich noch lange an diesen Tag erinnern.

Daily Mail (England): Märchenhaftes Finale. Torwart Schmeichel war der Held, als die Dänen ausschwärmten, um Deutschland einzunehmen.

Gazzetta dello Sport (Italien): Tanze Aschenbrödel! Dänemark einfach märchenhaft.

Het Laatste Nieuws (Belgien): Die Ersatzmannschaft errang die EM-Krone und sorgte für die größte Überraschung der Geschichte.

Politika (Jugoslawien): Super-Sensation in Göteborg. Dänen besiegten den Super-Favoriten.

Algemeen Dagblad (Niederlande): Was für ein Wunder. Einfach nicht zu beschreiben.

Der Pokal

Die Idee der Fußball-Europameisterschaft stammt von Henry Delaunay (1883–1955), dem ersten Generalsekretär der 1954 in Zürich gegründeten UEFA. Der Pokal, in Form einer griechischen Amphore, ist aus Silber, wiegt 8 kg und steht auf einem graugrünen Marmorsockel. Geschaffen wurde die Trophäe von dem Franzosen Arthus Bertrand. Jede siegreiche Mannschaft erhält allerdings nur eine kleine Replik des 50 cm hohen Cups.

Schiedsrichter Gelb, aber erfreulicherweise nicht ein einziges Mal Rot.

Die bestbesuchten Spiele waren im Ullevi-Stadion von Göteborg das Vorrundentreffen Niederlande–Deutschland sowie das Finale Deutschland–Dänemark mit je 37 725 Zuschauern. Insgesamt sahen die 15 Begegnungen in Schweden 431 001 Besucher.

Mit dem „Goldenen Ball" für den besten Spieler bei der Europameisterschaft wurde der Deutsche Thomas Häßler ausgezeichnet. Er bekam 1438 Stimmen und verwies den Dänen Brian Laudrup (472), den Schweden Tomas Brolin (412) und den Dänen Henrik Larsen (350) auf die Plätze.

Nur Vize-Europameister, die deutschen Spieler.

Ihr 587. Länderspiel seit dem Beginn im Jahr 1908 bestitt eine deutsche Fußball-Nationalmannschaft im Finale gegen Dänemark. Die Bilanz ist deutlich positiv: 332 Siege, 111 Unentschieden und 144 Niederlagen bei einem Torverhältnis von 1 323:755.

Einen schweren Ausfall hatte die deutsche Mannschaft bei der EURO '92 bereits im ersten Vorrundenspiel gegen die GUS zu verkraften. Zur Halbzeit blieb Kapitän Rudi Völler mit einem Armbruch in der Kabine und mußte vorzeitig nach Hause reisen, um sich operieren zu lassen. Schon vorher hatte Bundestrainer Berti Vogts ein Handicap zu verkraften, denn wegen einer Knieoperation konnte Lothar Matthäus gar nicht erst mitreisen.

Erstmals wurde eine Nation kurz vor einer Europameisterschaft vom Wettbewerb ausgeschlossen: Jugoslawien wegen der anhaltenden kriegerischen Auseinandersetzungen im eigenen Land. Dafür rückte als Zweitplazierter der Qualifikationsgruppe vier Dänemark nach.

Dänen-Jubel beim Finale in Göteborg.

Nicht dabei waren aber auch andere große Fußball-Länder, die sich vorher in den sieben Qualifikations-Staffeln nicht behaupten konnten, so Italien, Spanien, Rumänien, Belgien und Portugal.

Einen neuen TV-Jahresrekord gab es beim Finale Deutschland–Dänemark. 20,9 Mio. Zuschauer saßen in den alten Bundesländern vor dem Bildschirm, was nach den Berechnungen der Nürnberger Gesellschaft für Kommunikationsforschung eine Quote von 51 Prozent ergab.

In das „All-Time-Team" sämtlicher Europameisterschaften seit 1960 wurden auch vier Deutsche gewählt. Nach Ansicht von 130 Fachjournalisten sieht die Super-Elf so aus: Jaschin (UdSSR), Vogts (Deutschland), Baresi (Italien), Beckenbauer (Deutschland), Facchetti (Italien), Matthäus (Deutschland), Platini (Frankreich), Charlton (GB), Netzer (Deutschland), van Basten (Niederlande), Cruyff (Niederlande).

EM der Legionäre: 53 der 160 Endrunden-Spieler bei der EURO '92 verdienten ihr Geld im Ausland. An der Spitze standen die GUS und Schweden mit je elf Gastarbeitern, dann folgte Deutschland an dritter Stelle mit acht vor Dänemark mit sieben und die Niederlande mit sechs.

Zum zehnten Mal stand eine DFB-Auswahl in einem Finale eines großen Wettbewerbs. Siege gab es bei der WM 1954, EM 1972, WM 1974, EM 1980 und WM 1990, Niederlagen bei der WM 1966, EM 1976, WM 1982, WM 1986 und EM 1992.

Schönes Geld gab es für die Teilnehmer an der EURO '92. Jedem Team waren für die drei Vorrundenspiele insgesamt 4,7 Mio. DM als Anteil garantiert. Die Halbfinalisten erhielten 5,7 Mio. DM und die beiden Endspielgegner, Dänemark und Deutschland, gar 7 Mio. DM.

Die größte Party, die es je gab, feierte Dänemark nach dem Gewinn der EM. Zum Empfang der siegreichen Mannschaft fanden sich auf dem Rathausplatz in Kopenhagen mehr als 100 000 Fans ein.

Überschattet wurde das Turnier wieder einmal von schweren Ausschreitungen. Die Polizei in Schweden nahm insgesamt 450 Personen fest, darunter 200 Schweden, 175 Briten und 75 Deutsche.

Verschwörung vor dem Anpfiff: Frankreich.

DIE EM IN ZAHLEN

GRUPPE 1

Schweden–Frankreich 1:1
Tore: 1:0 J. Eriksson (25.), 1:1 Papin (59.)

Dänemark–England 0:0

Frankreich–England 0:0

Schweden–Dänemark 1:0
Tor: 1:0 Brolin (59.)

Schweden–England 2:1
Tore: 0:1 Platt (4.), 1:1 J. Eriksson (52.), 2:1 Brolin (83.)

Frankreich–Dänemark 1:2
Tore: 0:1 Larsen (7.), 1:1 Papin (61.), 1:2 Elstrup (78.)

Tabelle

1. Schweden	3	2	1	0	4:2	5:1
2. Dänemark	3	1	1	1	2:2	3:3
3. Frankreich	3	0	2	1	2:3	2:4
4. England	3	0	2	1	1:2	2:4

GRUPPE 2

Niederlande–Schottland 1:0
Tor: 1:0 Berkamp (77.)

GUS–Deutschland 1:1
Tore: 1:0 Dobrowolski (63., Foulelfmeter), 1:1 Häßler (90.)

Schottland–Deutschland 0:2
Tore: 0:1 Riedle (33.), 0:2 Effenberg (47.)

Niederlande–GUS 0:0

Niederlande–Deutschland 3:1
Tore: 1:0 Rijkaard (4.), 2:0 Witschge (15.), 2:1 Klinsmann (54.), 3:1 Bergkamp (72.)

Schottland–GUS 3:0
Tore: 1:0 McStay (7.), 2:0 McClair (16.), 3:0 McAllister (84., Foulelfmeter)

Tabelle

1. Niederlande	3	2	1	0	4:1	5:1
2. Deutschland	3	1	1	1	4:4	3:3
3. Schottland	3	1	0	2	3:3	2:4
4. GUS	3	0	2	1	1:4	2:4

Halbfinale

Schweden–Deutschland 2:3
Tore: 0:1 Häßler (11.), 0:2 Riedle (59.), 1:2 Brolin (65., Foulelfmeter), 1:3 Riedle (88.), 2:3 K. Andersson (89.)

Dänemark–Niederlande 2:2 n. V., Elfmeterschießen 5:4 für Dänemark
Tore: 1:0 Larsen (6.), 1:1 Bergkamp (24.), 2:1 Larsen (33.), 2:2 Rijkaard (86.)
Elfmeterschießen: Für Dänemark trafen Larsen, Povlsen, Elstrup, Vilfort, Christofte – für die Niederlande Koeman, Bergkamp, Rijkaard, Witschge; van Basten scheiterte an Schmeichel

Finale

Deutschland–Dänemark 0:2
Tore: 0:1 Jensen (19.), 0:2 Vilfort (78.)

gingen in der Saison 1989/90 alle drei Trophäen in ein Land, nach Italien. Der AC Mailand gewann den Meister-Cup, Sampdoria Genua holte sich den Pokal der Pokalsieger, und Juventus Turin war im UEFA-Cup erfolgreich.

Die höchste Prämie, die es je im Europacup gab, setzte der SSC Neapel für den Sieg im UEFA-Pokal 1989 aus. Für den Gewinn gegen den VfB Stuttgart wurden an jeden Spieler 205 500 DM ausgeschüttet.

Als erstem Trainer gelang es Udo Lattek, drei verschiedene Europacup-Siege zu erringen – mit Bayern München den Meisterpokal, mit FC Barcelona den Pokalsieger-Cup und mit Borussia Mönchengladbach den UEFA-Cup.

Die meisten internationalen Einsätze hat mit 150 Hector Chumpitaz (*1943, Peru) aufzuweisen; darin enthalten sind aber nicht nur Länderspiele, sondern auch Begegnungen der Nationalmannschaft gegen Vereinsteams.
In der reinen Länderspiel-Statistik führt Peter Shilton (England) mit 125 vor Pat Jennings (Nordirland) mit 119, Björn Nordquist (Schweden) mit 115, Dino Zoff (Italien) mit 112 und Heinz Hermann (Schweiz) mit 110.

Die meisten Länderspiele für die Bundesrepublik Deutschland bestritt Franz Beckenbauer (*1945) mit 103 in den Jahren 1965–77. Es folgen Berti Vogts (96), Sepp Maier und Karl-Heinz Rummenigge (je 95), Lothar Matthäus (93), Wolfgang Overath und Karlheinz Förster (je 81).

Die meisten Länderspiele für die DDR absolvierte mit 102 Joachim Streich (*1951). An zweiter Stelle folgt Hans-Jürgen Dörner mit 100.

Die meisten Tore in einem Länderspiel schafften mit je zehn Sofus Nielsen (1888–1963) für Dänemark beim 17:1 gegen Frankreich im olympischen Turnier 1908 und Gottfried Fuchs (1889–1972) für Deutschland beim 16:0 gegen Rußland während der Olympischen Spiele 1912.

Bei der EM verletzt, aber dennoch auf dem Weg zum 100. Länderspiel, Lothar Matthäus.

Der Mann, der so vortrefflich mit dem Ball umzugehen versteht, Paul Sahli bei seinem Jonglier-Rekord auf der gen Himmel ragenden Feuerleiter.

Die meisten Länderspieltore für die BR Deutschland schoß Gerd Müller mit 68 in 62 Begegnungen von 1966 bis 1974.

Erfolgreichster Torschütze ist der Brasilianer Artur Friedenreich (1892–1969). In seiner 43 Jahre dauernden Erst-Liga-Karriere erzielte er 1329 Treffer.

Auf 1281 Tore in 1363 Spielen vom 7. September 1956 bis 1. Oktober 1977 brachte es Pelé, der mit bürgerlichem Namen Edson Arantes do Nascimento (*1940, Brasilien) heißt.

Franz »Bimbo« Binder (*1911), der zwischen 1930 und 1950 für Österreich und Deutschland spielte, schoß 1006 Tore. Und das in nur 756 Spielen!

Die meisten Tore in einem Erst-Liga-Spiel erzielte mit 16 Stephan Stanis (Stanikowski, *1913, Polen) für seinen Klub Racing Club de Lens in einem Spiel um den französischen Pokal gegen Aubry-Asturies am 13. Dezember 1942 in Lens.

Das schnellste Tor fiel beim Spiel FC Altenmuhr – FC Langfurth (B-Klasse des Fußballkreises Frankenhöhe) am 22. April 1979. Nach nur zwei Sek. traf in Muhr am See Erich Starzinger (*1952) aus 40 m Entfernung zum 1:0 für den FC Langfurth. Pfiff – Anstoß – Tor! Die Langfurther verloren dann allerdings 2:4.

Den Rekord in der Bundesliga hält Dirk Zander vom FC St. Pauli, der nach exakt zwölf Sek. am 12. April 1991 gegen den Karlsruher SC (Endstand 2:0) das Führungstor erzielte.

Das schnellste Eigentor fiel nach nur 5 Sek. Peter Johnson von Chesham United unterlief das Mißgeschick gegen Wycombe Wanderers am 21. Februar 1976 und John Smythe von Vernon Carus gegen Duke Williams im März 1986. Dabei handelte es sich um Spiele in GB.

Blieb in 1142 Min. bei Länderspielen unbezwungen, der Italiener Dino Zoff.

Die höchste Tordifferenz in einem Länderspiel ist 17. Diese Quote erzielte England beim 17:0 gegen Australien am 30. Juni 1951 in Sydney.

Als Rekordergebnis gilt der 49:0-Sieg, den in einem Spiel der Daventry-and-District-Sonntagsliga die Mannschaft von Drayton Grange Colts gegen die Eldon Sports Reserves am 13. November 1988 in Grange Estate, Northamptonshire (GB), errang.

Die längste Zeit ohne Gegentor bei Länderspielen blieb der Italiener Dino Zoff mit 1142 Min. zwischen September 1972 und Juni 1974. Sogar auf 1275 Min. brachte es in der spanischen Liga Torwart Abel Resino von Atletico Madrid in der Saison 1990/91. Das heißt, er blieb in 14 aufeinanderfolgenden Spielen ohne Gegentreffer.

Die meisten Landesmeisterschaften in ununterbrochener Folge errang mit zehn Dynamo Berlin (DDR) 1979–88. Auf neun Titel in Serie kamen Celtic Glasgow (Schottland) 1966–74, ZSKA Sofia (Bulgarien) 1954–62 und MTK Budapest (Ungarn) 1917–25.

Der erste Deutsche Fußballmeister wurde 1903 ermittelt: VfB Leipzig schlug DFC Prag 7:2.

Deutscher Rekordmeister mit zwölf Titeln ist der FC Bayern München, errungen 1932, 1969, 1972–74, 1980, 81, 1985–87, 1989, 90, vor dem 1. FC Nürnberg (neun), Schalke 04 (sieben), Hamburger SV (sechs) und Borussia Mönchengladbach (fünf). Einmal (1922) wurde der Titel nicht vergeben, als sich der Hamburger SV und der 1. FC Nürnberg zweimal unentschieden, 1:1 und 2:2, trennten. Der DFB erklärte den HSV zum Sieger, doch der verzichtete.

Am häufigsten DDR-Meister wurde mit zehn Titeln Dynamo Berlin zwischen 1979 und 1988. Es folgen Dynamo Dresden (sieben), Vorwärts Berlin (sechs) sowie 1. FC Magdeburg, Carl Zeiss Jena, Wismut Aue und Karl-Marx-Stadt (je drei).

Am häufigsten den deutschen Vereinspokal gewann Bayern München, und zwar achtmal, 1957, 1965, 66, 1969, 1971, 1982, 1984 und 1986. Der 1. FC Köln (1968, 1977, 78, 1983) und Eintracht Frankfurt (1974, 75, 1981, 1988) waren je viermal erfolgreich, der Hamburger SV (1963, 1976, 1987) und der 1. FC Nürnberg (1935, 1939, 1962) siegten je dreimal.

Am häufigsten DDR-Pokalsieger wurden mit je sieben Erfolgen Dynamo Dresden (1952, 1971, 1977, 1982, 1984, 85, 1990) und der 1. FC Magdeburg (1964, 65, 1969, 1973, 1978, 79, 1983). Der 1. FC Lokomotive Leipzig gewann viermal (1976, 1981, 1986, 87).

Bundesliga-Rekordspieler ist Karl-Heinz Körbel, der bis Ende der Saison 1990/91 insgesamt 602mal das Trikot von Eintracht Frankfurt überstreifte. Die weitere Rangfolge: 581 Spiele Manfred Kaltz (Hamburger SV), 552 Klaus Fichtel (Schalke 04, Werder Bremen), 535 Klaus Fischer (VfL Bochum, 1. FC Köln, Schalke 04, 1860 München), 520 Willi Neuberger (Eintracht Frankfurt), 518 Michael Lameck (VfL Bochum), 495 Bernard Dietz (Schalke 04, MSV Duisburg), 493 Ditmar Jakobs (Hamburger SV), 485 Reiner Geye (1. FC Kaiserslautern, Fortuna Düsseldorf), 478 Dieter Burdenski (Werder Bremen, Arminia Bielefeld, Schalke 04).

Die meisten Bundesligaspiele ohne Unterbrechung bestritt mit 442 Torwart Sepp Maier (Bayern München). Insgesamt stand er 473mal zwischen den Pfosten.

Die meisten Tore in einer Bundesligasaison erzielte 1972 Gerd Müller mit 40 Toren. Er wurde auch Torschützenkönig 1967, 1969, 70, 1973, 74 und 1978.

Die beste Startserie in einer Bundesligasaison hatte die Mannschaft von Bayern München in der Saison 1988/89 mit 23 Spielen ohne Niederlage. Der Hamburger SV blieb vom 30. Januar 1982 bis zum 28. Januar 1983 in insgesamt 36 Punktspielen ungeschlagen, davon jeweils 18mal in der Saison 1981/82 und 1982/83.

Zehn Siege in Serie (20:0 Punkte) schaffte Borussia Mönchengladbach in der Saison 1986/87 und übertraf damit den alten Rekord von 18:0, den sich der 1. FC Köln (1963/64) und der Hamburger SV (1982/83) teilten.

Das höchste Ergebnis in der Bundesliga erzielte am 29. April 1978 Borussia Mönchengladbach gegen Borussia Dortmund mit 12:0.

Den höchsten Sieg in der Endrunde um die Deutsche Meisterschaft (bis 1963, danach Bundesliga) erzielte der 1. FC Kaiserslautern 1957 beim 14:1 über Hertha BSC Berlin.

Negativ-Rekord: Seit Bestehen der Bundesliga (1963) gab es 186 Trainer-Entlassungen. Allein in der Saison 1991/92 mußten bei Bayern München erst Jupp Heynckes und dann Sören Lerby ihren Hut nehmen, ehe Erich Ribbeck kam.

Das höchste Ergebnis in einem Spiel der obersten deutschen Spielklasse erzielte der

Gewannen viermal den deutschen Pokal, die Frauen vom TSV Siegen, und zwar von 1986–89.

1. FC Kaiserslautern gegen Trier in der Saison 1946/47 mit einem 20:0-Sieg.

Einen Hat-Trick (drei Tore nacheinander von einem Spieler in einer Halbzeit) schaffte in 1:50 Min. Maglioni von Independiente gegen Gimnasia y Escrima de La Plata in Argentinien am 18. März 1973.

Die meisten Trainer-Stationen kommen auf das Konto von Rudi Gutendorf (*1927, Deutschland), der bei 50 verschiedenen Klubs bzw. Verbänden arbeitete. Er begann seine Laufbahn 1955 in Zürich, betreute beim Bundesliga-Start 1963 den MSV Duisburg-Meiderich, mit dem er auch deutscher Vizemeister wurde. Sein letztes Arrangement war Nationalcoach in China.

Europas Fußballer des Jahres wurde dreimal nacheinander der Franzose Michel Platini (1983–85). Ebenfalls dreimal fiel die Wahl auf den Niederländer Johan Cruyff (1971, 1973, 74), je zweimal auf die Deutschen Franz Beckenbauer (1972, 1976), Karl-Heinz Rummenigge (1980, 81), den Engländer Kevin Keegan (1978, 79) und den Niederländer Marco van Basten (1988, 89).

Die Wahl zum deutschen Fußballer des Jahres fiel viermal auf Franz Beckenbauer (*1945), 1966, 1968, 1974, 1976. Uwe Seeler (*1936) und Sepp Maier (*1944) erhielten den Titel je dreimal.

Die meisten Olympiasiege errang mit drei Ungarn 1952, 1964, 1968. Zu zwei Goldmedaillen kamen Großbritannien (1908, 1912) und die UdSSR (1956, 1988).

Das höchste Ergebnis gab es 1908 beim 17:1-Sieg von Dänemark über Frankreich.

DAMEN-FUSSBALL

Weltmeisterschaften, eingeführt 1991: Den ersten Titel errangen die USA mit 2:1 gegen Norwegen. Dritter wurde Schweden.

Europameisterschaften, eingeführt 1982: Am erfolgreichsten war bisher Deutschland mit den Siegen 1989 und 1991. Je einmal gewannen Schweden (1984) und Norwegen (1987).

Das erste Länderspiel einer deutschen Mannschaft fand am 10. November 1982 in Koblenz statt. Gegen die Schweiz gab es einen 5:1-Sieg.

Die meisten Länderspiele für Deutschland bestritten mit 61 Silvia Neid sowie mit je 58 Sigrid Raith und Marion Isbert (alle vom Rekordmeister TSV Siegen).

Deutsche Meisterschaften, eingeführt 1974: Die meisten Titel gewann mit neun die SSG Bergisch-Gladbach (1977, 1979–84, 1988, 89), die darüber hinaus auch noch dreimal den Pokal (1981, 82, 1984) holte und damit das begehrte Double schaffte.

Deutscher Pokal: Rekordsieger mit vier Erfolgen ist der TSV Siegen (1986–89) vor SSG Bergisch-Gladbach und FSV Frankfurt, die es auf je drei Gewinne brachten.

JONGLIEREN

Weltrekord: Huh Nam Jin (Südkorea) gelang es am 24. Mai 1991 in Seoul, den Ball 17:10:57 Std. mit dem Fuß, Bein und Kopf zu bewegen, ohne daß es eine Bodenberührung gab.

Eine Strecke von 30 km legte der Pole Janusz Chomontek in 8:25:20 Std. am 19. September 1987 in Danzig zurück, ohne daß der Ball auf den Boden fiel.

Den Sprintrekord hält der Schweizer Paul Sahli (*1948), der am 17. Oktober 1987 in der Sportschule Magglingen (Schweiz) die 100 m in 18,55 Sek. bewältigte, ohne daß der Ball zu Boden fiel.

Seinen Feuerwehrleiterrekord, wobei er rückwärts mit einem FIFA-Ball jonglierend Sprosse um Sprosse nimmt, schraubte Paul Sahli auf nunmehr 85 Stufen, umgerechnet 27 m, am 19. Mai 1991 in Ahrensburg (Hamburg).

Der Schweizer Kurt Rothenfluh (*1959) aus Biel schaffte an der Eidgenössischen Sportschule von Magglingen 105 400 Ballberührungen in 6:40 Std. ohne jede Pause und ohne daß der Ball den Boden oder die Hände berührte.
Zu einem Massen-Jonglieren traten 540 Schweizer Junioren zwischen 7 und 19 Jahren am 2. Juni 1990 in St. Gallen an. Nach einer Stunde beendeten fünf noch übriggebliebene Spieler den Wettbewerb durch ein Stechen.

GEWICHTHEBEN

Olympische Spiele: Die meisten Medaillen gewann mit vier Norbert Schemansky (*1924, USA): Gold 1952 im Halbschwergewicht, Silber 1948 im Schwergewicht, Bronze 1960 und 1964 im Schwergewicht.

Weltmeisterschaften: Die meisten Titel, einschließlich Olympischer Spiele, gewannen mit je acht John Davis (1921–84, USA) 1938, 1946–52, Tommy Kono (*1930, USA) 1952–59 sowie Wassili Alexejew (*1942, UdSSR) 1970–77.

Der jüngste Weltrekordler aller Zeiten ist Naim Suleimanov (*1967, Bulgarien), der sich später auf Geheiß der Behörden in Sofia Naum Schalamanov nennen mußte. Bei einem Wettkampf in Allentown (USA) am 26. März 1983 war er gerade erst 15 Jahre und 123 Tage alt, als er im Zweikampf des Bantamgewichts 285 kg erreichte. Während einer Australien-Reise 1986 setzte sich der Weltrekordler, der in Bulgarien der türkischen Minderheit angehörte, von seinem Team ab und fand in der Türkei eine neue Heimat. Er heißt jetzt Naim Suleymanoglu, wurde 1988 Olympiasieger, 1989 und 1991 Weltmeister für die Türkei.

Der schwerste Gewichtheber der Welt ist Ernesto Aguero (*1969, Kuba), der bei der Junioren-WM am 29. Mai 1989 in Fort Lauderdale (USA) 173,51 kg wog. Mit einer Zweikampfleistung von 375 kg gewann er die Bronzemedaille.

Die ersten Frauen-Weltmeisterschaften fanden im Oktober 1987 in Daytona Beach (USA) statt.

Die Zweikampf-Weltrekorde der Frauen: Bis 44 kg Guan Hong (China) 175 kg; bis 48 kg Huang Xiaoyu (China) 172,5 kg; bis 52 kg Peng Liping (China) 187,5 kg; bis 56 kg Sun Caiyun (China) 195 kg; bis 60 kg Ma Na (China) 207,5 kg; bis 67,5 kg Guo Qiuxiang (China) 220 kg; bis 75 kg Zhang Xiaoli (China) 242,5 kg; bis 82,5 kg Lia Hongling (China) 240 kg; über 82,5 kg Li Yajuan (China) 255 kg.

Die erfolgreichsten Deutschen sind Rolf Milser (*1951), der 1984 Olympiasieger, 1978 Weltmeister und 1979 Europameister im Zweikampf wurde – er stellte insgesamt 114 deutsche Rekorde zwischen 1972 und 1983 auf –, sowie Joachim Kunz (*1959), der 1988 Olympiagold holte und 1980 Olympiazweiter wurde. Außerdem kam er zu je fünf WM- und EM-Titeln.

Eine besondere Leistung vollbrachte der deutsche Goldmedaillengewinner der Olympischen Spiele von 1984 im Mittelgewicht, Karl-Heinz Radschinsky (*1953). Er hob am 5. November 1980 nacheinander 1000mal 100 kg und benötigte dafür 7:22 Std.

Haben Gefallen am Gewichtheben gefunden, die Frauen, hier die Bulgarin Camelia Georgieva.

KRAFTDREIKAMPF

Weltmeisterschaften wurden 1973 (Männer) bzw. 1980 (Frauen) eingeführt.

Die meisten Titel errang mit 16 in der 52-kg-Klasse Hideaki Inaba (Japan) 1974–83, 1985–89, 1991. Die erfolgreichste Frau mit insgesamt sechs Siegen in der 75- und 82,5-kg-Klasse ist Beverly Francis (*1955, Australien) 1980–85.

Die größten Lasten brachten bei den Männern in der Klasse über 125 kg Bill Kazmaier (USA) mit 1100 kg und bei den Frauen in der Klasse über 90 kg Lorraine Constanzo (USA) mit 622,5 kg zur Hochstrecke.

BANKDRÜCKEN

Bei dieser Disziplin liegt der Athlet mit dem Rücken auf einer Bank und drückt eine Gewichthantel über der Brust hoch.

Weltmeisterschaften, eingeführt 1990: Zu je zwei Titeln kamen in der 52-kg-Klasse Andrzej Stanszek (Polen), in der 67,5-kg-Klasse Kurt Rooch (Deutschland), in der 100/110-kg-Klasse Arno Meiser (Deutschland) sowie bei den Frauen in der 48-kg-Klasse Tuula Saari (Finnland) und in der 67,5 kg-Klasse Irmgard Wohlhöfler (Deutschland).

Die absoluten Höchstleistungen brachten bei den Männern Bill Kazmaier (USA) mit 300 kg und bei den Frauen Beverly Francis (Australien) mit 150 kg zur Hochstrecke. Beide Rekorde wurden 1981 aufgestellt.

30-Min.-Rekord: Wolfgang Beck (*1952, Deutschland) wuchtete die 50-kg-Hantel am 4. April 1991 in Rottenburg (Neckar) 1067mal in die Höhe und kam auf ein Gesamtgewicht von 53 350 kg.

Zehnmal 150 kg: Karl-Heinz Otto (*1954) aus Arnsberg wuchtete am 29. Januar 1988 in Unna die Hantel zehnmal in nur 7,1 Sek. hoch. Für 50mal 100 kg brauchte er 38,9 Sek.

GOLF

Der längste Platz der Welt befindet sich beim International GC in Bolton, Massachusetts (USA), mit 7612 m. Er hat Par 77.

Floyd Satterly Rood benutzte die Vereinigten Staaten als Golfplatz, als er vom 14. September 1963 bis zum 3. Oktober 1964 in 114737 Schlägen von der Brandung des Pazifiks bis zur Brandung des Atlantiks spielte. Er verlor auf seiner 5468-km-Strecke 3511 Bälle.

Der höchste Platz der Welt liegt in Morococha (Peru) mit 4369 m und gehört dem Tuctu-Golf-Club. In Tibet wurde sogar schon in 4875 m Höhe gespielt.

Der niedrigste Platz der Welt war die – jetzt geschlossene – Anlage von Sodom und Gomorrha am Toten Meer mit 380 m unter dem Meeresspiegel. Der Platz in Death Valley, Kalifornien (USA), hält jetzt den

GEWICHTHEBEN – WELTREKORDE

Klasse	Leistung	Name/Land	Datum
Fliegengewicht (bis 52 kg)			
Zweikampf	272,5 kg	Ivan Ivanow (Bulgarien)	1989
Reißen	120,5 kg	Zhang Zairong (China)	1991
Stoßen	155,5 kg	Ivan Ivanow (Bulgarien)	1991
Bantamgewicht (bis 56 kg)			
Zweikampf	300,0 kg	Naim Suleimanov (Bulgarien)	1984
Reißen	135,0 kg	Shoubin Liu (China)	1991
Stoßen	171,0 kg	Neno Terziski (Bulgarien)	1987
Federgewicht (bis 60 kg)			
Zweikampf	342,5 kg	Naim Suleimanoglu (Türkei)	1988
Reißen	152,5 kg	Naim Suleimanoglu (Türkei)	1988
Stoßen	190,0 kg	Naim Suleimanoglu (Türkei)	1988
Leichtgewicht (bis 67,5 kg)			
Zweikampf	355,0 kg	Mihail Petrov (Bulgarien)	1987
Reißen	160,0 kg	Israel Militosjan (UdSSR)	1989
Stoßen	200,5 kg	Mihail Petrov (Bulgarien)	1987
Mittelgewicht (bis 75 kg)			
Zweikampf	382,5 kg	Alexander Varbanov (Bulgarien)	1988
Reißen	170,0 kg	Angel Genchev (Bulgarien)	1987
Stoßen	215,5 kg	Alexander Varbanov (Bulgarien)	1987
Leichtschwergewicht (bis 82,5 kg)			
Zweikampf	405,0 kg	Yuri Wardanian (UdSSR)	1984
Reißen	183,0 kg	Asen Slatev (Bulgarien)	1986
Stoßen	228,0 kg	Yuri Wardanian (UdSSR)	1984
Mittelschwergewicht (bis 90 kg)			
Zweikampf	422,5 kg	Viktor Solodow (UdSSR)	1984
Reißen	195,5 kg	Blagoi Blagoev (Bulgarien)	1983
Stoßen	235,0 kg	Anatoli Chrapaty (UdSSR)	1988
1. Schwergewicht (bis 100 kg)			
Zweikampf	440,0 kg	Yuri Zacharewich (UdSSR)	1983
Reißen	200,5 kg	Nicu Vlad (Rumänien)	1986
Stoßen	242,5 kg	Alexander Popow (UdSSR)	1988
2. Schwergewicht (bis 110 kg)			
Zweikampf	455,0 kg	Yuri Zacharewich (UdSSR)	1988
Reißen	210,0 kg	Yuri Zacharewich (UdSSR)	1988
Stoßen	250,5 kg	Yuri Zacharewich (UdSSR)	1988
Superschwergewicht (über 110 kg)			
Zweikampf	478,0 kg	Leonid Taranenko (UdSSR)	1988
Reißen	216,0 kg	Antonio Krastev (Bulgarien)	1987
Stoßen	266,0 kg	Leonid Taranenko (UdSSR)	1988

GEWICHTHEBEN – DIE BESTEN DEUTSCHEN LEISTUNGEN

Klasse	Leistung	Name	Datum
Fliegengewicht (bis 52 kg)			
Zweikampf	235,0 kg	Volker Gdanietz (Berlin)	1992
Reißen	100,0 kg	Volker Gdanietz (Berlin)	1992
Stoßen	135,0 kg	Volker Gdanietz (Berlin)	1992
Bantamgewicht (bis 56 kg)			
Zweikampf	237,5 kg	Bernhard Piekorz (Wolfsburg)	1990
Reißen	107,5 kg	Bernhard Piekorz (Wolfsburg)	1990
Stoßen	131,0 kg	Bernhard Piekorz (Wolfsburg)	1992
Federgewicht (bis 60 kg)			
Zweikampf	277,5 kg	Marco Spanehl (Berlin)	1992
Reißen	120,0 kg	Andreas Kuhles (Frankfurt/O.)	1991
Stoßen	160,0 kg	Marco Spanehl (Berlin)	1992
Leichtgewicht (bis 67,5 kg)			
Zweikampf	327,5 kg	Andreas Behm (Stralsund)	1991
Reißen	142,5 kg	Andreas Behm (Stralsund)	1991
Stoßen	185,0 kg	Andreas Behm (Stralsund)	1991
Mittelgewicht (bis 75 kg)			
Zweikampf	342,5 kg	Ingo Steinhöfel (Chemnitz)	1992
Reißen	155,0 kg	Ingo Steinhöfel (Chemnitz)	1992
Stoßen	187,5 kg	Ingo Steinhöfel (Chemnitz)	1990
Leichtschwergewicht (bis 82,5 kg)			
Zweikampf	355,0 kg	Marc Huster (Meißen)	1991
Reißen	160,0 kg	Eckehard Scholz (Berlin)	1990
Stoßen	192,5 kg	Marc Huster (Meißen)	1991
Mittelschwergewicht (bis 90 kg)			
Zweikampf	370,0 kg	Mario Schult (Stralsund)	1990
Reißen	167,5 kg	Mario Schult (Stralsund)	1990
Stoßen	202,5 kg	Mario Schult (Stralsund)	1990
1. Schwergewicht (bis 100 kg)			
Zweikampf	382,5 kg	Udo Guse (Stralsund)	1990
Reißen	172,5 kg	Udo Guse (Stralsund)	1990
Stoßen	212,5 kg	Udo Guse (Stralsund)	1991
2. Schwergewicht (bis 110 kg)			
Zweikampf	415,0 kg	Ronny Weller (Frankfurt/O.)	1991
Reißen	190,0 kg	Ronny Weller (Frankfurt/O.)	1991
Stoßen	225,0 kg	Ronny Weller (Frankfurt/O.)	1991
Superschwergewicht (über 110 kg)			
Zweikampf	425,0 kg	Manfred Nerlinger (Neuaubing)	1991
Reißen	192,5 kg	Manfred Nerlinger (Neuaubing)	1991
Stoßen	240,0 kg	Manfred Nerlinger (Neuaubing)	1991

Bringt mit Schwung den Ball aus dem Sandbunker heraus, Bernhard Langer, der Deutsche Meister.

Tiefenrekord mit 67 m unter dem Meeresspiegel.

Das längste Loch der Welt ist mit 831 m das 7. auf dem Sano-Platz in Satsuki (Japan).

Das größte Grün der Welt ist wahrscheinlich das auf der fünften Bahn des International G. C. Bolton, Massachusetts (USA), mit einem Gebiet von mehr als 2600 m^2.

Der größte Sandbunker der Welt ist Hell's Half Acre mit 535 m am 7. Loch des Pine-Valley-Platzes in Clementon, New Jersey (USA), der 1912 gebaut wurde und als die schwierigste Anlage der Welt gilt.

Den weitesten Schlag auf einem normalen Platz führte mit 471 m Michael Hoke Austin (*1910, USA) bei den US National Seniors Open Championships am 25. September 1974 in Las Vegas, Nevada (USA), aus.

Den absoluten Weitenrekord hält mit 626 m Kerry Murray (*1957, Kanada), der diese Leistung auf der Flughafenrollbahn im kanadischen Fairmont Hot Springs am 24. September 1990 schaffte.

Den längsten Put bei einem großen Turnier schaffte mit 26 m am 13. Grün in Augusta, Georgia (USA), Cary Middlecoff (*1921, USA). Dabei handelte es sich um das Masters 1955.

Das längste gradlinige Loch, das jemals mit einem Schlag geschafft wurde, ist das zehnte (408 m) im Miracle Hills Golf-Club Omaha, Nebraska (USA). Robert Mitera (*1944) gelang das Kunststück am 7. Oktober 1965.

Den Rekord bei den Frauen hält mit 359 m am ersten Loch im Furnace Brook GC in Wollaston, Massachusetts (USA), Marie Robie, erreicht am 4. September 1949.

Das größte Turnier der Welt sind die offenen Amateurmeisterschaften von Großbritannien. 1984 beteiligten sich 321 778 Golf-Fans (206 820 Männer, 114 958 Frauen).

Erfolgreichster Spieler aller Zeiten ist Jack Nicklaus (*1940, USA), der als einziger Golfer die fünf bedeutendsten Turniere der Welt (The Open, US Open, US-Masters, PGA Championships und British Open) mindestens zweimal gewann.

Die beste Spielerin aller Zeiten ist Kathy Whitworth (*1939, USA), die zwischen 1957 und 1986 an insgesamt 717 Turnieren teilnahm. Davon gewann sie 88 – Weltrekord. Dreimal wurde sie in Amerika zur Sportlerin des Jahres und achtmal zur Golferin des Jahres gewählt.

Die meisten Professionals-Turniere bei den Männern gewann Sam Snead (*1912, USA) mit 134 zwischen 1934 und 1989, davon 84 bei der offiziellen US PGA-Tour. Den Jahresrekord mit 18 Erfolgen hält John Byron Nelson (*1912, USA), erreicht 1945.

Bestverdienender Spieler aller Zeiten ist Tom Kite (*1949, USA), der es bis Ende 1991 auf 6 655 474 Dollar brachte.

Das meiste Geld bei den Frauen verdiente Pat Bradley (*1951, USA) mit 3 629 130 Dollar bis Juni 1991. Den Saisonrekord hält 1990 mit 863 578 Dollar Beth Daniel (USA).

Der höchste Siegespreis betrug eine Mio. Dollar und wurde erstmals von Ian Woosnam (*1958, Wales) bei einem Einladungsturnier Anfang Dezember 1987 in Sun City (Südafrika) gewonnen.

Die erste Profi-Weltmeisterschaft, eingeführt 1991, gewann in Montego Bay (Jamaika) Fred Couples (USA) mit 281 Schlägen vor Bernhard Langer (Deutschland) mit 285 und Paul Azinger (USA) mit 286.

Die meisten Mannschafts-Weltmeisterschaften (eingeführt 1953, früher Kanada-Cup) gewannen mit 22 die USA zwischen 1955 und 1991. Je sechsmal dabei waren Arnold Palmer (*1929) in den Jahren 1960, 1962–64, 1966, 67 sowie Jack Nicklaus in den Jahren 1963, 64, 1966, 67, 1971 und 1973. Nicklaus holte sich als einziger dreimal den Einzeltitel 1963, 64 und 1971.

US-Masters in Augusta, Georgia (USA), eingeführt 1934: Sechsmal und damit am häufigsten gewann Jack Nicklaus (USA) diesen Wettbewerb, 1963, 1965, 66, 1972, 1975 und 1986. Gleichzeitig halten er (67, 71, 64, 69) in 1965 und Raymond Floyd (65, 66, 70, 70) in 1976 mit 271 Schlägen den Platzrekord.
Die beste Einzelrunde spielte mit 63 Raymond Leige Price (1986).

The Open in Prestwick, Strathclyde (USA), eingeführt 1860: Rekordinhaber mit 268 Schlägen ist Thomas Watson (68, 70, 65, 65) in 1977.
Die beste Einzelrunde spielten mit 63 Stephen Hayes (1977), Isao Aoki (1980), Gregory John (1986), Paul Broadhurst (1990) und Joseph Mudd (1991).

Der jüngste Open-Champion war Tom Morris jun. (1851–75, USA), der 1868 im Alter von 17 Jahren, 249 Tagen gewann.

Der älteste Open-Champion war »Old Tom« Morris sen. (1821–1908, USA), der 1867 mit 46 Jahren, 99 Tagen siegte.

US Open, wechselnde Schauplätze, eingeführt 1895: Rekordinhaber ist mit 272 Schlägen Jack Nicklaus (63, 71, 70, 68) in 1980.
Die beste Einzelrunde spielten mit 63 Johnny Miller (1973), Jack Nicklaus und Tom Weiskopf (1980).

Die größte Anzahl von »hole-in-one« (»Asse«) in einer Laufbahn erzielte mit 68 Harry Lee Bonner zwischen 1967 und 1985.
Es gibt mindestens 16 Fälle von »Assen«, die auf zwei aufeinanderfolgenden Löchern erzielt wurden, das größte war der »Doppel-Albatros« auf dem 7. (310 m) und 8. Loch (265 m) des G. C. Course in Saugus (Kalifornien) am 2. September 1964 durch Norman L. Manley. Die meisten Asse innerhalb eines Jahres schaffte mit 28 Scott Palmer zwischen dem 5. Juni 1983 und 31. Mai 1984.

Für das ungewöhnlichste Ereignis sorgte Pete Brown (USA), der Mitte Juni 1991 zwei Hole-in-one innerhalb von fünf Tagen auf ein und derselben Bahn (Par 4) in Ridgetown/Ontario (USA) schaffte. Es handelte sich um die zwölfte, 230 m lange Bahn einer öffentlichen Anlage.

Der älteste Spieler, der je ein As schaffte, ist der Schweizer Otto Bucher. Mit 99 Jahren und 244 Tagen traf er am 13. Januar 1985 mit einem einzigen Schlag aus 120 m Entfernung das zwölfte Loch auf dem Platz in La Manga (Spanien).

Der jüngste Golfer, dem ein As gelang, war der fünfjährige Amerikaner Coby Orr. Er traf 1975 auf dem Platz von San Antonio, Texas (USA), das fünfte Loch aus 94 m Entfernung.

Dollar-Weltrekord

Bei den ersten World Championships der Profi-Golfer am 23. Dezember 1991 in Montego Bay auf Jamaika kam der Deutsche Bernhard Langer (285 Schläge) auf den zweiten Platz hinter dem Amerikaner Fred Couples (281) und mit seiner Prämie von 295 000 Dollar als erster Golfer der Welt beim Jahresverdienst über die Zwei-Millionen-Grenze. Die genaue Summe lautete 2 185 358 Dollar, darin inbegriffen war der Eine-Million-Siegespreis beim Einladungsturnier in Sun City (Südafrika).

Findet seit Jahren immer mehr Anhänger auch in Deutschland, das Golfspiel.

Der älteste Spieler, der sich zu einer Golfpartie aufmachte, war C. Arthur Thompson (1869–1975, British-Columbia), der 1973 mit 103 Jahren den 5682 m langen Uplands Kurs bewältigte und dafür kurioserweise 103 Schläge benötigte.

Höhenrekord: Joachim Roth (*1949) aus Idar-Oberstein schlug am 8. Januar 1991 auf dem Berg Chimborazo (Equador), 6310 m über dem Meeresspiegel gelegen, einen Golfball.

Häufigste Gewinner der Deutschen Amateur-Meisterschaften waren Marietta Gütermann (1958, 59, 1963, 1965, 1973–76, 1978) sowie Erik Sellschopp (1950–53, 1955, 56, 1971).

Die meisten Titel bei den Mannschaften erkämpfte sich mit 17 der GC Hamburg-Falkenstein (1958–61, 1967, 1969, 1972, 1977–84, 1988, 1990).

Rekord-Nationalspieler sind Marion Thannhäuser mit 69 und Hans Lampert mit 62 Einsätzen.

Deutschlands erfolgreichster Profi ist Bernhard Langer (*1957), der 1985 sein bestes Jahr hatte. Er wurde Sieger bei den Australian Open, dem US-Masters, den Südafrikanischen Meisterschaften und den European Open. Insgesamt gewann er zwölfmal die nationalen Deutschen Meisterschaften (1975, 1977, 1979, 1984–92).

Einen ungewöhnlichen Rekord halten sieben deutsche Amateurgolfer. Sie spielten am 19. Juli 1988 an einem Tag auf vier verschiedenen Kontinenten (Asien, Afrika, Europa, Nordamerika). Der Zeitplan: 3 Uhr 46 Caesarea (Israel), 9 Uhr 04 Alexandria (Ägypten), 15 Uhr 41 London (GB) und 18 Uhr 52 New York (USA). Bei den angegebenen Anfangszeiten handelte es sich jeweils um die Ortszeit.

HANDBALL

Das erste Länderspiel auf dem Feld bestritten am 13. September 1925 in Halle/Saale Deutschland und Österreich (3:6).

Die erste Begegnung in der Halle fand am 8. März 1935 in Kopenhagen zwischen Dänemark und Schweden (18:12) statt.

Olympische Spiele: Feldhandball stand nur einmal (1936) auf dem Programm; damals gewann Deutschland vor Österreich und der Schweiz.
Seit 1972 kämpfen die Männer, seit 1976 die Frauen in der Halle um Medaillen. Zu je zwei Goldmedaillen kamen bisher bei den Männern Jugoslawien (1972, 1984) und die Sowjetunion (1976, 1988) sowie bei den Frauen die Sowjetunion (1976, 1980).

Das torreichste Spiel gab es 1984 in der Vorrundenbegegnung Bundesrepublik Deutschland – Südkorea (37:25). In jeder der 60 Min. fiel also mindestens ein Treffer.

Weltmeisterschaften: Die meisten Titel auf dem Feld gewannen deutsche Mannschaften: 1938 (Deutschland), 1952 und 1955 (Bundesrepublik), 1959 (gesamtdeutsche Auswahl), 1963 (DDR) und – zum letzten Mal – 1966 (Bundesrepublik).

Die meisten Titel in der Halle errang mit vier Rumänien (1961, 1964, 1970, 1974) vor Schweden mit drei (1954, 1958, 1990) und Deutschland mit zwei (1938, 1978).
Bei den Frauen siegten je dreimal die DDR (1971, 1975, 1978) und die UdSSR (1982, 1986, 1990).

Der höchste Sieg gelang am 27. Februar 1958 in Berlin (Ost) der gesamtdeutschen Mannschaft mit 46:4 über Luxemburg.

Das höchste Ergebnis in einer internationalen Begegnung war der 86:2-Sieg der UdSSR über Afghanistan beim Turnier der Militärischen Streitkräfte im August 1981 in Miskolč (Ungarn).

Die erfolgreichste Vereinsmannschaft der Welt ist der VfL Gummersbach, der 1967, 1970, 71, 1974 und 1983 den Europapokal der Landesmeister, 1978 und 1979 den Europacup der Pokalsieger sowie 1982 den neugeschaffenen IHF-Pokal errang. Insgesamt 139 Europacup-Spiele bestritt der Klub.
13mal wurden die Frauen von Spartak Kiew zwischen 1970 und 1988 Europacup-Sieger der Landesmeister.

Deutscher Rekordmeister in der Halle ist der VfL Gummersbach, der es auf zwölf Titel (1966, 67, 1969, 1973–76, 1982, 83, 1985, 1988, 1991) brachte. An zweiter Stelle folgt mit neun Meisterschaften Frisch Auf Göppingen (1954, 55, 1958–61, 1965, 1970, 1972); dazu kommen noch zwei Erfolge im Feldhandball (1954, 1957). Der TV Großwallstadt siegte siebenmal (1973, 1978–81, 1984, 1989).
Bei den Frauen ist Bayer Leverkusen Rekordmeister mit elf Titeln (1965, 66, 1974, 1979, 80, 1982–87).
In der DDR kamen bei den Männern SC Empor Rostock (vormals Motor) und SC Magdeburg zu

Beherrschte über viele Jahre die Szene im deutschen Handball, der VfL Gummersbach.

je zehn Titeln, bei den Frauen der SC Leipzig (vormals SC Lok) sogar zu 14.

Am häufigsten deutscher Pokalsieger wurde der VfL Gummersbach. Er gewann fünfmal (1977, 78, 1982, 83, 1985) vor dem TV Großwallstadt, der viermal (1980, 1984, 1987, 1989) erfolgreich war.

Bei den Frauen holte sich Bayer Leverkusen siebenmal den Pokal (1980, 1982–85, 1987, 1991). In der DDR wurden die Männer von Empor Rostock und die Frauen des TSC Berlin je siebenmal Pokalsieger.

Den höchsten Sieg in Deutschland feierte am 11. Oktober 1986 in Rheda-Wiedenbrück beim Spiel um die Nordrhein-Westfälische Landesmeisterschaft der Bielefelder Gehörlosen-Sportverein von 1912 mit 72:1 Toren gegen Türk. Düsseldorf.

HOCKEY

Das erste Länderspiel fand am 26. Januar 1895 in Rhyl zwischen Wales und Irland (0:3) statt. Deutschland bestritt das erste offizielle Spiel am 21. Mai 1910 in Frankfurt/M. gegen England und verlor 0:4.

Olympische Spiele: Die meisten Goldmedaillen errang mit acht Indien (1928–56, 1964, 1980).
Deutschland kam bisher zu sechs Medaillen bei den Herren: Gold 1972, Silber 1936, 1984 und 1988, Bronze 1928 und 1956. Bei den Damen gewannen seit 1980 drei verschiedene Nationen die Goldmedaille: Zimbabwe (1980), Niederlande (1984) und Australien (1988).

Die erfolgreichsten Spieler waren zwei Inder: Leslie Walter Claudius (*1927), der dreimal Gold (1948, 1952, 1956) und einmal Silber (1960) errang, sowie Udham Singh (*1928), der ebenfalls zu dreimal Gold (1952, 1956, 1964) und einmal Silber (1960) kam.

Stets gefährlich und von Gegnern nur schwer zu bremsen, Rekordnationalspieler Heiner Dopp.

Der bedeutendste Torhüter war Richard James Allen (*1902, Indien). Er ließ bei dem olympischen Turnier 1928 nicht einen einzigen Treffer durch und insgesamt nur drei bei den folgenden Olympischen Spielen von 1932 und 1936. Dem gegenüber stehen 102 Tore, die die Inder in dieser Zeit schossen.

Familien-Tradition: Großvater Erwin Keller gewann 1936 mit der deutschen Nationalmannschaft die olympische Silbermedaille. Vater Carsten Keller wurde 1972 Olympiasieger, und Sohn Andreas Keller kam zu zweimal Silber (1984, 1988). Alle drei waren oder sind noch Mitglieder des Berliner Hockey Clubs.

Weltmeisterschaften, eingeführt 1971: Am häufigsten den Titel bei den Herren gewann mit drei Pakistan, und zwar 1971, 1978 und 1982. Bei den Damen (seit 1974) siegten die Niederlande sogar fünfmal, 1974, 1978, 1983, 1986 und 1990. Zweimal war Deutschland (1976, 1981) erfolgreich.

Europameisterschaften (Feld): Dreimal gewann bei den Herren Deutschland den Titel (1970, 1978, 1991). Bei den Damen waren die Niederlande zweimal erfolgreich (1984, 1987).

Europameisterschaften (Halle): Alle sechs möglichen Titel holte sich bei den Herren Deutschland (1974, 1976, 1980, 1984, 1988, 1991). Die deutschen Damen kamen ebenfalls zu sechs Titeln (1975, 1977, 1981, 1985, 1987, 1990).

Champions Trophy, eingeführt 1978: Das Turnier der weltbesten Teams, das fest zum internationalen Terminkalender gehört, gewannen bei den Herren fünfmal Australien (1983–85, 1989, 90) und Deutschland (1986–88, 1991, 92). Bei den Damen siegten 1987 bei der Premiere die Niederlande, 1989 Südkorea und 1991 Australien.

Den höchsten Sieg bei den Herren erreichte Indien beim olympischen Turnier 1932 in Los Angeles mit 24:1 über die USA.

Den höchsten Sieg bei den Damen feierte England am 3. Februar 1923 in Merton (London) mit 23:0 über Frankreich.

Das schnellste Länderspiel-Tor gelang dem Engländer John French. Er erzielte es am 25. April 1971 in Nottingham gegen die Bundesrepublik Deutschland schon nach sieben Sek. Das 1:0 war auch der spätere Endstand.

Das längste internationale Spiel dauerte 145 Min. (bis in die sechste Verlängerung), als die Niederlande am 25. Oktober 1968 beim Olympiaturnier in Mexico City mit 1:0 gegen Spanien gewannen.

Die meisten Tore bei internationalen Vergleichen schoß Paul Litjens (*1947, Niederlande), der in 177 Begegnungen 267mal erfolgreich war. Für Deutschland erzielte Wolfgang Strödter 153 Treffer in 176 Länderspielen.

Die meisten Länderspiele bestritt mit 286 (255 auf dem Feld, 31 in der Halle) zwischen 1975 und 1989 Heiner Dopp (*1956, BR Deutschland), der mit der Mannschaft 1984 und 1988 Olympiazweiter, 1978 Feldeuropameister sowie 1980 und 1984 Halleneuropameister wurde.
Bei den Damen kam Gaby Appel (*1958) auf 209 Länderspiele (181 auf dem Feld, 28 in der Halle) für Deutschland. Sie wurde 1976 und 1981 mit der Mannschaft Weltmeisterin, 1986 Vizeweltmeisterin und dreimal Halleneuropameisterin.

Eine phantastische Serie in der Halle hat die deutsche Herren-Nationalmannschaft aufzuweisen. Seit 1957 blieb sie in allen 84 Länderspielen ungeschlagen und kam auf ein Torverhältnis von 1090:306. Nur Frankreich gelang bei der EM 1988 in Wien mit dem 7:7-Unentschieden ein Teilerfolg. Die deutschen Damen verloren von ihren 43 Länderspielen nur eins – 1985 mit 5:6 gegen Kanada.

Europacup (Feld): Die meisten Titel bei den Herren erkämpften sich im Landesmeisterwettbewerb mit je fünf der SC 1880 Frankfurt (1971–75) und Uhlenhorst Mülheim (1988–92). Bei den Damen brachte es AHBC Amsterdam gar auf zwölf Erfolge zwischen 1975 und 1992.

Europacup (Halle): Zu je zwei Titeln kamen die Herren von Rot-Weiß Köln (1990, 91) und die Damen des RK Rüsselsheim (1991, 92).

Deutsche Meisterschaften: Erfolgreichster Verein bei den Herren ist mit 14 Titeln (13 auf dem Feld, einem in der Halle) Uhlenhorst Mülheim. Bei den Damen war Harvestehude Hamburg ebenfalls 14mal erfolgreich, allerdings nur auf dem Feld.
Feld: Uhlenhorst Mülheim gewann 13mal bei den Herren, Harvestehude 14mal bei den Damen.
Halle: TG Frankenthal siegte bei den Herren sechsmal, Rot-Weiß Stuttgart gewann bei den Damen siebenmal.

DDR-Meisterschaften: Erfolgreichster Klub war die BSG Traktor Osternienburg, die bei den Herren 34 Titel (15 Feld, 19 Halle) und bei den Damen 23 Titel (11 Feld, 12 Halle) errang.

JUDO

Olympische Spiele: Nur drei Kämpfern gelang es bisher, zwei Goldmedaillen zu gewinnen: Wilhelm Ruska (*1940, Niederlande) bei-

Keine Balgerei auf der Matte, sondern Judo der absoluten Spitzenklasse.

de 1972, Peter Seisenbacher (*1960, Österreich) 1984, 1988 und Hitoshi Saito (*1961, Japan) 1984, 1988.

Den größten bundesdeutschen Erfolg erreichte der Wolfsburger Frank Wieneke, der 1984 in Los Angeles die Gold- und 1988 in Seoul die Silbermedaille im Halbmittelgewicht erkämpfte.

Auf die gleiche Anzahl kam in der DDR der für Hoppegarten startende Dietmar Lorenz (*1950), der 1980 in Moskau in der Offenen Klasse siegte und im Halbschwergewicht Zweiter wurde.

Weltmeisterschaften, eingeführt 1956: Je vier Titel errangen Shozo Fujii (*1950, Japan) 1971, 1973, 1975, 1979, Yashiro Yamashita (*1957, Japan) 1979, 1981 (zwei), 1983 und Naoya Ogawa (Japan) 1987, 1989 (zwei), 1991. Darüber hinaus wurde Yamashita 1984 Olympiasieger in der Allkategorie und blieb von Oktober 1977 bis zu seinem Rücktritt 1985 in 203 Kämpfen ungeschlagen.

Die erfolgreichste Frau ist Ingrid Berghmans (*1961, Belgien) mit neun WM-Medaillen: Sechsmal Gold in der Offenen Klasse 1980, 1982, 1984, 1986 und in der Klasse bis 72 kg 1984, 1989. Dazu kommen noch dreimal Silber und einmal Bronze. Außerdem gewann sie 1988 in der 72-Kilo-Klasse das olympische Demonstrationsturnier.

Europacup: Am häufigsten Sieger bei den Mannschaften wurde mit fünf Erfolgen US Orleans (1985–87, 1989, 90). Zu drei Erfolgen in Serie kam auch der VfL Wolfsburg (1979–81).

Deutsche Meisterschaften: Zu neun Einzeltiteln kam Günter Neureuther (München-Großhadern) zwischen 1974 und 1984 im Halbschwergewicht.
Auch bei den Frauen kam Regina Philipps (Abensberg) bis 1992 zu neun Siegen.

Missis Kanu. Keine andere Frau war bisher so erfolgreich wie Birgit Schmidt-Fischer.

DDR-Meisterschaften: Am erfolgreichsten mit je elf Einzeltiteln waren Henry Stöhr (Hoppegarten) und Petra Sonntag (Schmalkalden), jeweils erreicht im Schwergewicht und der Allkategorie.
Bei den Mannschaften war Dynamo Hoppegarten zwölfmal erfolgreich.

Deutscher Rekordmeister bei den Mannschaften ist der VfL Wolfsburg mit elf Titeln.

KANU

Olympische Spiele: Die meisten Goldmedaillen gewann der Kajakfahrer Gert Fredriksson (*1919, Schweden) mit sechs in den Jahren 1948, 1952, 1956 und 1960. Dazu kommen noch je einmal Silber und Bronze.

Zu je drei Siegen bei einer Olympiade kamen 1980 in Moskau Vladimir Parfenowich (*1958, UdSSR) und 1984 in Los Angeles Jan Ferguson (*1952, Neuseeland), der 1988 auch noch im Zweier-Kajak gewann.

Die meisten von einer Frau gewonnenen Goldmedaillen sind drei durch Ludmilla Pinajewa (*1936, UdSSR) in den Jahren 1964, 1968 und 1972 sowie durch Birgit Schmidt-Fischer (*1962, DDR), die 1980 einmal und 1988 zweimal erfolgreich war.

Weltmeisterschaften: Die meisten Titel bei den Kajakfahrern holte sich Rüdiger Helm (*1956, DDR), der zwischen 1976 und 1983 insgesamt 13mal gewann, einschließlich dreier olympischer Goldmedaillen 1976 und 1980. Genauso erfolgreich waren Gert Fredriksson zwischen 1948 und 1960 sowie Ivan Patzaichin (*1949, Rumänien) zwischen 1968 und 1984.
Bei den Frauen liegt Birgit Schmidt-Fischer (DDR) sogar mit 16 Titeln vorn. Sie siegte 1979 einmal, 1981–83, 1985 und 1987 je dreimal.

Weltbestzeit über 1000 m fuhr mit 2:54,33 Min. der deutsche Vierer-Kajak der Männer bei der vorolympischen Regatta vom 29. August bis 1. September 1991 in Barcelona, was einer Durchschnittsgeschwindigkeit von 20,65 km/h entspricht.

Deutsche Meisterschaften: Die meisten Titel holten sich mit 41 Erfolgen Ulrich Eicke sowie Barbara Schüttpelz (*1956), die 34mal gewann.

Den Einzelrekord für eine Ärmelkanalüberquerung hält mit 3:33:47 Std. Andrew Samuel (*1937, GB); von Dover (GB) nach Wissant (Frankreich) am 5. September 1976.

Die längste Distanz überhaupt legte Heinz Rodinger (*1941, Österreich) zurück, der es auf 126 371 Kilometer zwischen 1956 und 1989 brachte.

Das längste Rennen der Welt führte über 5283 km von Alberta, Rocky Mountains (Kanada), zur Expo nach Montreal. Zehn Kanus repräsentierten die kanadischen Provinzen. Sieger der Wettfahrt vom 24. Mai bis 4. September 1967 wurde das Boot von Manitoba.

Rheintour. Die schnellste Zeit für die 1149 km lange Strecke von Chur (Schweiz) nach Willemstad (Niederlande) erreichte Frank Palmer mit zehn Tagen, 12:09 Std. vom 15. bis 25. Mai 1988.

Marathon-Weltmeisterschaften, eingeführt 1988: Bei der Premiere in Nottingham (GB) siegten im Einerkajak John Jacoby und Jane Hall (beide Australien) sowie im Einercanadier der Ungar Peter Peetervaari.

Eskimorollen: Ray Hudspith (*1960, Australien) schaffte am 20. März 1987 in Elswick Pool, Newcastle-upon-Tyne, 1000 Rollen in 34:43 Min.

Wildwasser-Rennsport: Erfolgreichste Fahrerin bei den alle zwei Jahre stattfindenden Weltmeisterschaften (eingeführt 1959) ist die Berlinerin Gisela Grothaus mit insgesamt sieben Titeln, drei in der Einzelwertung (1973, 1975, 1977) und vier im Mannschaftsklassement (1973, 1977, 1981, 1983). Außerdem wurde sie 1972 bei den Sommerspielen im olympischen Kanuslalom im Eiskanal von Augsburg Zweite.

Bei den Männern siegte im Einerkajak viermal der Belgier Jean-Pierre Burny (1969, 1973, 1975, 1979). Ebenfalls viermal erfolgreich, dazu noch in Folge, war im Einercanadier der Franzose Gilles Zok (1981, 1983, 1985, 1987).

Kanu-Slalom: Der Brite Richard Fox gewann den Titel im Einerkajak viermal nacheinander, 1981, 1983, 1985, 1987.

KARATE

Die fünf Hauptstile des Karate in Japan sind: *Shotokan, Wadoryun, Goju-ryu, Shito-ryu* und *Shutokai.* Die militärische Form *Taekwondo* mit neun *dan* ist ein koreanisches Gegenstück zu Karate. *Wu shu* ist ein umfassender Begriff, der alle chinesischen Kriegskünste einbezieht. *Kung fu* ist ein Aspekt dieser Künste, der vor allem durch den Film bekanntgemacht wurde. In der Bundesrepublik gibt es rund 80 000 organisierte Karatesportler, die sich in zwei Wettkampfformen gegenüberstehen: Kata (Kür) und Kumite (Kampf).

Kata: Je drei WM-Titel erkämpften sich Tsuguo Sakumoto (Japan) 1984, 1986, 1988 und Mie Nakayama (Japan) 1982, 1984, 1986.

Kumite: Die meisten WM-Titel im Mannschaftswettbewerb (seit 1970) gewann mit sechs Großbritannien (1975, 1982, 1984, 1986, 1988, 1990).

Die meisten WM-Einzelsiege feierte Takeshi Oishi (Japan). Er gewann bisher als einziger dreimal (1969–71). Je zweimal erfolgreich waren der Brite Pat McKay (1982, 1984) sowie die Franzosen Thierry Masci (1986, 1988) und Emmanuel Pinda (1984, 1988).

Bei den Frauen kam Guus van Mourik (Niederlande) zu vier Siegen (1982, 1984, 1986, 1988).

Erfolgreichste deutsche Kämpferin ist Birgit Schweiberer, die im Kata-Wettbewerb fünf Europameisterschaften und vier Deutsche Meisterschaften zwischen 1980 und 1984 gewann. Vier EM-Titel holte sich in der gleichen Technik und im gleichen Zeitraum Marijan Glad. Bester Kumite-Akteur ist Toni Dietl mit zwei Europameisterschaften und elf Deutschen Meisterschaften (1981–88).

LEICHTATHLETIK – WELTREKORDE

Männer

Sportart	Rekord	Name/Land	Jahr
100 m	9,86 Sek.	Carl Lewis (USA)	1991
200 m	19,72 Sek.	Pietro Mennea (Italien)	1979
400 m	43,29 Sek.	Harry Reynolds (USA)	1988
800 m	1:41,73 Min.	Sebastian Coe (GB)	1981
1 500 m	3:29,46 Min.	Said Aouita (Marokko)	1985
5 000 m	12:58,39 Min.	Said Aouita (Marokko)	1987
10 000 m	27:08,23 Min.	Arturo Barrios (Mexiko)	1989
110-m-Hürden	12,92 Sek.	Roger Kingdom (USA)	1989
400-m-Hürden	47,02 Sek.	Edwin Moses (USA)	1983
3 000-m-Hindernis	8:05,36 Min.	Peter Koech (Kenia)	1989
4 x 100 m	37,50 Sek.	USA-Nationalstaffel	1991
4 x 400 m	2:56,16 Min.	USA-Nationalstaffel	1968
Hochsprung	2,44 m	Javier Sotomayor (Kuba)	1989
Weitsprung	8,95 m	Mike Powell (USA)	1991
Stabhochsprung	6,11 m	Sergej Bubka (Ukraine)	1992
Dreisprung	17,97 m	Willi Banks (USA)	1985
Kugelstoßen	23,12 m	Randy Barnes (USA)	1990
Diskuswerfen	74,08 m	Jügen Schult (DDR)	1986
Hammerwerfen	86,74 m	Juri Sedych (UdSSR)	1987
Speerwerfen	94,74 m	Jan Zelezny (ČSFR)	1992
Zehnkampf	8847 Pkt.	Daley Thompson (GB)	1984

Frauen

Sportart	Rekord	Name/Land	Jahr
100 m	10,49 Sek.	Florence Griffith-Joyner (USA)	1988
200 m	21,34 Sek.	Florence Griffith-Joyner (USA)	1988
400 m	47,60 Sek.	Marita Koch (DDR)	1985
800 m	1:53,28 Min.	Jarmila Kratochvilova (ČSFR)	1983
1 500 m	3:52,47 Min.	Tatjana Kasankina (UdSSR)	1980
3 000 m	8:22,62 Min.	Tatjana Kasankina (UdSSR)	1984
5 000 m	14:37,33 Min.	Ingrid Kristiansen (Norwegen)	1986
10 000 m	30:13,74 Min.	Ingrid Kristiansen (Norwegen)	1986
110-m-Hürden	12,21 Sek.	Jolanka Donkova (Bulgarien)	1988
400-m-Hürden	52,94 Sek.	Marina Stepanova (UdSSR)	1986
4 x 100 m	41,37 Sek.	DDR-Nationalstaffel	1985
4 x 400 m	3:15,17 Min.	UdSSR-Nationalstaffel	1988
Hochsprung	2,09 m	Stefka Kostadinova (Bulgarien)	1987
Weitsprung	7,52 m	Galina Tschistjakova (UdSSR)	1988
Dreisprung	14,95 m	Inessa Krawetts (UdSSR)	1991
Kugelstoßen	22,63 m	Natalia Lissowskaja (UdSSR)	1987
Diskuswerfen	76,80 m	Gabriele Reinsch (DDR)	1988
Speerwerfen	80,00 m	Petra Felke (DDR)	1988
Siebenkampf	7291 Pkt.	Jackie Joyner (USA)	1988

LEICHTATHLETIK – DIE BESTEN DEUTSCHEN LEISTUNGEN

Männer

Sportart		Name	Jahr
100 m	10,06 Sek.	Frank Emmelmann	1985
200 m	20,23 Sek.	Frank Emmelmann	1985
400 m	44,33 Sek.	Thomas Schönlebe	1987
800 m	1:43,65 Min.	Willi Wülbeck	1983
1 500 m	3:31,58 Min.	Thomas Wessinghage	1980
5 000 m	13:09,03 Min.	Dieter Baumann	1992
10 000 m	27:24,95 Min.	Werner Schildhauer	1983
110-m-Hürden	13,13 Sek.	Florian Schwarthoff	1992
400-m-Hürden	47,48 Sek.	Harald Schmid	1982
3 000-m-Hindernis	8:10,32 Min.	Hagen Melzer	1987
4 x 100 m	38,90 Sek.	TV Wattenscheid	1976
4 x 400 m	3:03,91 Min.	Bayer Leverkusen	1979
Hochsprung	2,37 m	Carlo Thränhardt	1987
Weitsprung	8,54 m	Lutz Dombrowski	1980
Stabhochsprung	5,70 m	Wladyslaw Kozakiewicz	1986
Dreisprung	17,66 m	Ralf Jaros	1991
Kugelstoßen	23,06 m	Ulf Timmermann	1988
Diskuswerfen	74,08 m	Jügen Schult	1986
Hammerwerfen	83,40 m	Ralf Haber	1988
Speerwerfen	90,84 m	Raimond Hecht	1991
Zehnkampf	8832 Pkt.	Jürgen Hingsen	1984

Frauen

Sportart	Rekord	Name	Jahr
100 m	10,81 Sek.	Marlies Göhr	1981
200 m	21,71 Sek.	Marita Koch	1984
		Heike Drechsler	1986
400 m	47,60 Sek.	Marita Koch	1985
800 m	1:55,26 Min.	Sigrun Wodars	1987
1 500 m	3:57,71 Min.	Christiane Wartenberg	1980
3 000 m	8:35,11 Min.	Brigitte Kraus	1983
5 000 m	14:58,71 Min.	Kathrin Ullrich	1991
10 000 m	31:03,62 Min.	Kathrin Ullrich	1991
110-m-Hürden	12,42 Sek.	Bettine Jahn	1983
400-m-Hürden	53,24 Sek.	Sabine Busch	1987
4 x 100 m	42,20 Sek.	SC Motor Jena	1984
4 x 400 m	3:25,84 Min.	SC Turbine Erfurt	1985
Hochsprung	2,05 m	Heike Henkel	1991
Weitsprung	7,48 m	Heike Drechsler	1988
Dreisprung	13,83 m	Helga Radtke	1991
Kugelstoßen	22,45 m	Ilona Slupianek	1980
Diskuswerfen	76,80 m	Gabriele Reinsch	1988
Speerwerfen	80,00 m	Petra Felke	1988
Siebenkampf	6946 Pkt.	Sabine Paetz	1984

KEGELN

Die Weltrekorde auf einer Scherenbahn halten der Luxemburger Jeannot Peter mit 1458 Holz (200 Kugeln) sowie Elisabeth Weber (BR Deutschland) mit 675 Holz (100 Kugeln).

Die Weltrekorde auf einer Asphaltbahn halten Zdenko Pavlic (Jugoslawien) mit 1023 Holz (200 Kugeln) und die Ungarin Gabriella Balintne mit 486 Holz (100 Kugeln).

Deutsche Bestleistungen: 1096 Holz von Dieter Zieher und 505 Holz von Cornelia Budy.

Die Weltrekorde auf einer Bohlenbahn halten die Deutschen Karl-Ulrich Tietje mit 1612 Holz (200 Kugeln) sowie Rita Mesterharm und Christa Grobe mit je 759 (100 Kugeln).

Die Weltrekorde im Dreibahnen-Spiel halten die Deutschen Dietmar Knörenschild mit 2234 Holz (300 Kugeln) sowie Rita Mesterharm und Birgit Schulz mit je 1049 Holz (150 Kugeln).

Die erfolgreichsten deutschen Kegler sind der Berliner Gerd Lehne (*1929), der zweimal Europameister auf der Scherenbahn wurde und insgesamt 41 Deutsche Meisterschaften in der Einzel- und Mannschaftswertung errang, sowie die Braunschweigerin Ingrid Reimann (*1925), die auf 48 nationale Titel kam.

Der Eppelheimer Dieter Zieher (*1936) wurde fünfmal Weltmeister, je einmal im Einzel- und Mannschaftskampf sowie dreimal im Paarkampf. Außerdem holte er je viermal WM-Silber und WM-Bronze und errang 38 nationale Titel.

LEICHTATHLETIK

Olympische Spiele: Die meisten Medaillen bei den Männern errang mit zwölf der Langstreckenstar Paavo Nurmi (1897–1973, Finnland), der zwischen 1920 und 1928 neunmal siegte und dreimal Zweiter wurde. An zweiter Stelle folgt Ray C. Ewry (1874–1937, USA), der achtmal Gold (Hochsprung, Weitsprung und Dreisprung aus dem Stand) zwischen 1900 und 1908 holte.

Die meisten Medaillen bei den Frauen gewann mit sieben Shirley de la Hunty, geb. Strickland (*1925, Australien), mit dreimal Gold, einmal Silber und dreimal Bronze bei den Spielen von 1948, 1952 und 1956. Ein kürzlich entdecktes Zielbild zeigt, daß sie beim 200-m-Lauf von 1948 als Dritte und nicht als Vierte durchs Ziel ging, so daß sich ihre Medaillenzahl inoffiziell auf acht erhöht. Irena Szewinska, geb. Kirszenstein (*1946, Polen), gewann bei den Spielen von 1964, 1968, 1972 und 1976 drei Gold-, zwei Silber- und zwei Bronzemedaillen und ist die einzige Athletin, die bei vier Spielen nacheinander eine Medaille holte.

Die meisten Goldmedaillen bei den Frauen gewannen mit vier folgende drei Athletinnen: Francina E. Blankers-Koen (*1918, Niederlande) über 100, 200 m, 4 × 100-m-Staffel und 80-m-Hürden 1948 in London, Betty Cuthbert (*1938, Australien) über 100, 200 m, 4 × 100-m-Staffel 1956 und 400 m 1964 sowie Bärbel Wöckel-Eckert (*1955, DDR) jeweils über 200 m und 4 × 100 m 1976 und 1980. Blankers-Koen wurde darüber hinaus noch fünfmal Europameisterin (1946, 1950).

Schraubte in Karlsruhe den Hallen-Weltrekord im Hochsprung auf 2,07 m, Heike Henkel.

Die meisten Goldmedaillen bei nur einer Olympiade gewann mit fünf Paavo Nurmi 1924 in Paris, und zwar über 1500 m, 5000 m, 10 000-m-Geländelauf (Einzel und Mannschaft) sowie im 3000-m-Mannschaftslaufen für Finnland. Die meisten Einzelmedaillen mit vier gewann Alvin C. Kraenzlein (1876–1928, USA) im Jahr 1900 über 60 m, 110-m-Hürden, 200-m-Hürden und im Weitsprung.

Der älteste Olympiasieger war der aus Irland stammende Patrick J. McDonald (1878 –1954, USA), der mit 42 Jahren und 26 Tagen am 21. August 1920 in Antwerpen (Belgien) das 25,4-kg-Gewichtwerfen für sich entschied.

Die älteste Olympiasiegerin war Lia Manoliu (*1932, Rumänien), die mit 36 Jahren und 176 Tagen am 18. Oktober 1968 in Mexico City das Diskuswerfen mit 58,28 m gewann.

Die jüngste Olympiasiegerin war Barbara-Pearl Jones (*1937, USA), die im Alter von 15 Jahren und 123 Tagen am 27. Juli 1952 in Helsinki zur Siegerstaffel über 4x100 m gehörte.

Der jüngste Olympiasieger war Robert »Bob« Mathias (*1930, USA), der im Alter von 17 Jahren und 263 Tagen am 5./6. August 1948 in London den Zehnkampf gewann und diesen Erfolg vier Jahre später in Helsinki wiederholte.

Weltmeisterschaften, eingeführt 1983: Erfolgreichster Mann ist Carl Lewis (*1961, USA) mit acht Siegen. Er holte sich 1983 die Titel über 100 m, im Weitsprung und mit der 4x100-m-Staffel. Vier Jahre später in Rom gewann er im Weitsprung und mit der Staffel; außerdem errang er Silber über 100 m. Da der Kanadier Ben Johnson nachträglich wegen Dopings disqualifiziert wurde, sprach der Internationale Verband später Lewis den Sieg zu. 1991 in Tokio gewann »Carl der Große« die 100 m, mit der Staffel und wurde Zweiter im Weitsprung.

Die erste Hallen-WM fand 1987 statt. Einzige Doppelsiegerin in Indianapolis (USA) war Heike Drechsler (DDR) mit ihren Erfolgen über 200 m und im Weitsprung.

Die sensationellste Weltrekordserie gelang Jesse Owens (1913–80, USA), der am 25. Mai 1935 in Ann Arbor, Michigan (USA), innerhalb von nur 100 Min. gleich sechs (!) neue Höchstleistungen aufstellte – über 100 Yard (91,44 m) in 9,4 Sek., im Weitsprung mit 8,13 m, über 220 Yard (201,17 m) in 20,3 und über 220-Yard-Hürden in 22,6 Sek. Die beiden 220-Yard-Weltrekorde hatten gleichzeitig Gültigkeit auf den in Europa üblichen 200-m-Strecken. Ein Jahr später holte sich Owens bei den Olympischen Spielen in Berlin vier Goldmedaillen, über 100 m, 200 m, in der 4x100-m-Staffel und im Weitsprung.

Die meisten Weltrekord-Verbesserungen kommen mit 30 auf das Konto des Stabhochspringers Sergej Bubka (*1963, UdSSR), der 14mal im Freien und 16mal in der Halle die bestehenden Bestleistungen übertraf. Dann folgen der finnische Langstreckler Paavo Nurmi (29) sowie zwei weitere Läufer, Emil Zatopek (*1922, ČSFR) mit 18 und Ron Clarke (*1937, Australien) mit 17.

Bei den Frauen schaffte die Hochspringerin Jolanda Balas (*1936, Rumänien) in ein und demselben Wettbewerb 14 Rekordverbesserungen, von 1,57 m (1956) bis 1,91 m (1961). Ihre letzte Marke hatte zehn Jahre und 50 Tage Bestand.

Die größte Sensation schaffte Bob Beamon (*1946, USA) bei den Olympischen Spielen in Mexico City 1968, als er im Weitsprung den Weltrekord gleich um 55 cm auf sagenhafte 8,90 m verbesserte. Er profitierte allerdings von der Höhenluft der Stadt (2400 m hoch gelegen). Inzwischen wurde er von zwei Athleten übertroffen. Bei der WM 1991 in Tokio kamen Mike Powell (USA) auf 8,95 m und Carl Lewis auf 8,91 m.

Die älteste Weltrekordbrecherin ist Marina Stepanowa (*1950, UdSSR), die mit 36 Jahren und 139 Tagen die 400 m Hürden in 52,94 Sek. lief. Sie erreichte diese Zeit am 17. September 1986 in Taschkent (UdSSR).

Die jüngste Weltrekordbrecherin ist Wang Yang (*1971, China), die mit 14 Jahren und 334 Tagen im 3000-m-Gehen 21:33,8 Min. erreichte. Sie schaffte diese Zeit am 9. März 1986 in Jian (China).

Der schnellste 100-m-Läufer der Welt ist – nach der Disqualifikation des gedopten Kanadiers Ben Johnson bei den Olympischen Spielen in Seoul (9,79 Sek.) – Carl Lewis, der bei der WM 1991 in Tokio die kurze Sprintstrecke in 9,86 Sek. lief, was einem Schnitt von 36,51 km/h entspricht.

Den absoluten Geschwindigkeitsrekord hält Carl Lewis, der beim Olympiasieg der amerikanischen 4x100-m-Staffel (37,83 Sek.) am 11. August 1984 in Los Angeles sein Teilstück mit fliegendem Start in 8,90 Sek. zurücklegte und dabei auf 40,45 km/h kam.

Die schnellste Frau der Welt ist Florence Griffith-Joyner (*1959, USA), die am 16. Juli 1988 in Indianapolis den 100-m-Weltrekord auf beinahe unglaubliche 10,49 Sek. pulverisierte und dabei eine Durchschnittsgeschwindigkeit von 34,32 km/h erreichte.

Die schnellste Zeit über 100 m rückwärts lief mit 14,4 Sek. der Neuseeländer Paul Wilson. Er stellte seinen kuriosen Rekord am 22. September 1979 in Tokio auf. Fredie Adoboe (Ghana) erreichte am 28. Juli 1983 in Amherst, Massachusetts (USA), über 100 Yards 12,8 Sek., was einer 100-m-Zeit von 13,6 Sek. entspricht.

Der schnellste blinde Sprinter ist Graham Henry Salomon (*1952, GB), der am 2. September 1978 in Grangemouth, Schottland, die 100 m in 11,4 Sek. zurücklegte.

Die längste Karriere: Duncan McLean (1884 bis 1980, Schottland) lief im August 1977 mit 92 Jahren die 100 m in 21,7 Sek.; 73 Jahre zuvor hatte er im Februar 1904 in Südafrika über 100 Yards (91,44 m) 9,9 Sek. erreicht.

Die längste Siegesserie hält die Hochspringerin Jolanda Balas (*1936, Rumänien), die zwischen 1956 und 1967 in 140 Wettkämpfen ungeschlagen blieb. Der 400-m-Hürdenläufer Edwin Moses (*1955, USA) kam ihr mit 122 Siegen, darunter 107 Finals zwischen 1977 und 1987, sehr nahe.

Die Weltbestleistung über 100 km hält bei den Frauen Birgit Lennartz (*1966, BR Deutschland), die 7:18,57 Std. am 28. April 1990 in Rodenbach lief. Bei den Männern kam Don Ritchie (GB) auf 6:10,20 Std., erreicht am 28. Oktober 1978 in London.

Ausdauerrekord: Egon Krämer (*1935) aus Berlin bewältigte als erster Deutscher 100x100 km, und zwar im Laufen und Gehen. Seinen ersten »Einhunderter« schaffte er am 21. März 1981, den hundertsten am 2. März 1987.

Die größte Höhe über den eigenen Kopf sprang mit 59 cm Franklin Jacobs (*1957, USA), der am 28. Januar 1978 in New York auf 2,32 m kam. Er ist nur 1,73 m groß.

Bei den Frauen übersprang Jolanda Henry (*1964, USA) ihre eigene Körpergröße um 32 cm. Die 1,68 m große Athletin steigerte sich am 30. Mai 1990 in Sevilla auf 2,00 m.

Bester Hochspringer aus dem Stand ist Rune Almen (*1952, Schweden). Er überquerte am 3. Mai 1980 in Karlsbad 1,90 m.

Beste Hochspringerin aus dem Stand ist Andrea Arens (*1967, BR Deutschland) mit 1,45 m, erreicht am 20. Januar 1990 in Hohenlimburg.

Bester Weitspringer aus dem Stand ist der Norweger Johan Christian Evandt, der am 11. März 1962 in Rejkjavik 3,65 m erreichte.

Die Bestleistung im beidhändigen Kugelstoßen hält mit 37,05 m Al Feuerbach (*1948, USA). Am 24. August 1974 brachte er es in Stockholm mit der rechten Hand auf 21,38 m und mit der linken auf 15,67 m.

Deutsche Meisterschaften: Die meisten Titel gewann mit 36 Harald Norpoth (*1942) zwischen 1962 und 1973, davon 29 im Freien, drei über 1500 m, acht (in Reihenfolge) über 5000 m, sieben im Crosslaufen, jeweils drei über 3 × 1000 m, 4 × 1500 m und fünf über 3 × 1500 m.

Die meisten Titel bei den Frauen holte sich Brigitte Kraus (*1956) mit insgesamt 44 zwischen 1973 und 1988, davon 20 im Freien, 16 in der Halle und acht beim Cross. Dahinter folgen mit 31 Siegen Ellen Wessinghage (*1948) sowie mit je 27 Heide Rosendahl (*1947) und Annegret Richter (*1950).

Eine einmalige Leistung vollbrachte Willi Wülbeck (*1954), der von 1974 bis 1983 zehnmal in ununterbrochener Folge Deutscher 800-m-Meister wurde. Das war vorher noch keinem anderen Athleten geglückt.

MARATHON

Aufgrund der wechselnden Schwierigkeitsgrade auf der 42,195 km langen Strecke gibt es keine offiziellen Rekorde.

Schnellster Mann bei den Weltmeisterschaften 1991 in Tokio, Carl Lewis, Amerikas Sprintkönig.

Seit Öffnung der Mauer führt der Berlin-Marathon durch das Brandenburger Tor. Das Rennen ist das drittgrößte nach New York und London.

Die schnellsten Läufer aller Zeiten sind Belayneh Demsimo (*1965, Äthiopien) mit 2:06:50 Std., erreicht am 17. April 1988 in Rotterdam, Ahmed Salah (Djibuti) mit 2:07:07 Std., Carlos Lopez (Portugal) mit 2:07:12 Std., Steve Jones (GB) mit 2:07:13 Std. und Teisuke Kodama (Japan) mit 2:07:35 Std.

Die Rangliste bei den Frauen führt Ingrid Kristiansen (*1956, Norwegen) an, die am 21. April 1985 in London auf 2:21:06 Std. kam.

Die besten deutschen Läufer sind Jörg Peter mit 2:08:47 Std. und Katrin Dörre mit 2:25:24 Std.

Die meisten Rennen bestritt mit 524 Sy Mah (1926–88, Kanada) zwischen 1967 und 1988. Im Durchschnitt brauchte er für jedes Rennen 3:30 Std.

Die ältesten Teilnehmer, die ein Rennen durchstanden, sind der 98jährige Grieche Dimitrion Yordanis in 7:33 Std., gelaufen am 10. Oktober 1976 in Athen, sowie die 82jährige Neuseeländerin Thelma Pitt-Turner mit 7:58 Std., erreicht im August 1985 in Hastings.

Rückwärtslaufend bewältigte Albert Freese (*1946, USA) die Strecke beim Long-Beach-Rennen am 18. Februar 1985 in 3:59:07 Std.

Einen ungewöhnlichen Rekord stellte Raymond Hubbard (*1953, GB) zwischen dem 16. und 18. April 1988 auf. Innerhalb von drei Tagen ging er dreimal an den Start. In Belfast lief er 2:45:55 Std., dann in London 2:48:45 Std. und schließlich – nach einem Flug mit der überschnellen *Concorde* – in Boston 2:47:51 Std.

Für die größte Aufmerksamkeit sorgte Kjell Schärer (*1935, Norwegen), der mit einem zweiten Herzen lief und das Rennen 1985 in London in 6 Std. durchstand. Anderthalb Jahre zuvor war ihm das Herz einer 17jährigen Niederländerin eingepflanzt worden.

Die höchstgelegene Strecke ist die des Mount-Everest-Rennens. Der Start in Gorak Shep befindet sich bei 5212 m, das Ziel bei 3444 m. Die schnellsten Zeiten erreichten 1989, bei der dritten Austragung dieses Wettbewerbs, Jack Maitland mit 3:59:04 Std. und bei den Frauen Dawn Kenwright mit 5:44:32 Std..

Die meisten Teilnehmer wurden mit 26 900 am 3. November 1991 in New York registriert. Das Ziel erreichten 25 797 Läufer und Läuferinnen.

STAFFEL-REKORDE

Über 100 × 100 m erreichte das belgische Team von Merksen bei Antwerpen 19:14,19 Min. am 23. September 1989.

Über 1000 × 100 m unterbot der TV 1860 Immenstadt am 13. Juli 1986 in Immenstadt (Allgäu) mit 4:15:50 Std. die alte Bestleistung des TSV 1860 Rosenheim um 11:51 Min.

Über 100 × 400 m lief mit 1:29:11,8 Std. (Durchschnitt: 53,5 Sek.) das Sportinstitut der Universität Loewen (Belgien) am 19. April 1978 die beste Zeit.

Über 1000 × 400 m erreichte die Kombination Wirtemberg-Gymnasium/Turnerbund Stuttgart Untertürkheim am 5. September 1987 eine Zeit von 16:22:24 Std., was einem Schnitt von 58,64 Sek. pro Teilnehmer entspricht.

Über 1000 × 1000 m kam eine gemischte Mannschaft (Frauen und Männer) des Großraums Göttingen Hannoversch Münden, Duderstadt, Osterode vom 1. bis 3. Juni 1989 in Duderstadt (Niedersachsen) auf 52:48:59 Std., was einer Durchschnittszeit von 3:10,14 Min. entspricht.

Über 1000 × 1 Meile (1609,343 m) kam eine gemischte Staffel des Wiener Marathon-Lauftreffs vom 12. bis 16. September 1989 im Wiener Prater auf eine Zeit von 99:18:06 Std., was einem Durchschnitt von 5:57,5 Min. je Starter entspricht.

GEHEN

Olympische Spiele: Erfolgreichster Teilnehmer mit drei Goldmedaillen war Ugo Frigerio (1901–68, Italien), der 1920 die 3000 m und 10 000 m sowie 1924 die 10 000 m gewann. 1932 holte er Bronze über 50 km. Auf vier Medaillen kam auch Wladimir Golubnitschi (*1936, UdSSR), und zwar über 20 km in den Jahren 1960 und 1968 (Gold), 1972 (Silber) und 1964 (Bronze).

Der längste Wettbewerb findet zwischen Paris und Colmar (bis 1980 Straßburg–Paris) statt. Die neue Streckenlänge beträgt 524 km. Die

Bestzeit auf dem alten Kurs – 507 km – hält der Belgier Robert Pietquin (*1938) mit 60:10:10 Std. (nach Abzug von 4 Std. Pause). Das entspricht einer Durchschnittsgeschwindigkeit von 8,45 km/h.

Schnellste Frau ist Annie van der Meer (*1947, Niederlande), die 1983 als Zehntplazierte im Männerfeld 82:10 Std. brauchte.
552/1/1993

Häufigster Sieger war Roger Quemener (Frankreich), der siebenmal gewann, 1979, 1983, 1985–89.

CROSS-COUNTRY

Die meisten Weltmeisterschaften, offiziell 1973 eingeführt, gewann John Ngugi (*1963, Kenia), der fünfmal (1986–89, 1992) erfolgreich war. Auf je vier Siege kamen – allerdings bei inoffiziellen Titelkämpfen – John Holden (*1907, GB) 1933–35, 1939, Alain Mimoun (*1921, Frankreich) 1949, 1952, 1954, 1956 und Gaston Roelants (*1937, Belgien) 1962, 1967, 1969, 1972. Bei den Frauen siegte siebenmal Grete Waitz-Andersen (*1953, Norwegen), die 1976–81 und 1983 erfolgreich war.

Den knappsten Sieg feierte Jean-Claude Fayolle (Frankreich) am 20. März 1965 in Ostende (Belgien) mit kaum sichtbarem Vorsprung vor Richard Batty (GB).

Den klarsten Sieg errang mit 56 Sek. Vorsprung John Thomas Holden am 24. März 1934 auf dem Ayr Racecourse (Schottland).

Die größte Überlegenheit einer Mannschaft gab es bei der WM 1988 in Auckland (Neuseeland), als Kenia acht Läufer unter die neun Besten brachte.

Das größte Teilnehmerfeld ging beim Lidingöloppet in der Nähe Stockholms am 3. Oktober 1982 an den Start. 11763 machten sich auf die 30 km lange Strecke, 10810 kamen an.

Eine ruhige Hand und ein gutes Auge sind Voraussetzungen für den Erfolg: Sabine Krapf.

MODERNER FÜNFKAMPF

Olympische Spiele: Die meisten Goldmedaillen gewann mit drei Andras Balczo (*1938), Mitglied der ungarischen Siegermannschaft 1960 und 1968 und als Einzelsieger 1972. Lars Hall (*1927, Schweden) hat als einziger zwei Einzel-Olympiasiege (1952 und 1956) errungen. Einziger deutscher Goldmedaillengewinner ist Gotthard Handrick (*1908) mit seinem Triumph 1936 in Berlin.

Die meisten Medaillen gewann mit sieben Pavel Lednew (*1943, UdSSR), der je zweimal Gold und Silber sowie dreimal Bronze zwischen 1968 und 1980 erkämpfte.

Erfolgreichste Mannschaften waren die Sowjetunion und Ungarn mit je vier Siegen.

Weltmeisterschaften der Männer, eingeführt 1949: Erfolgreichster Athlet ist der Ungar Andras Balczo, der 13 Titel errang, sechs in der Einzelwertung (1963, 1965–67, 1969, 1972) und sieben mit der Mannschaft zwischen 1960 und 1970.
Erfolgreichstes Team ist die UdSSR mit 14 Titeln vor Ungarn (zehn).

Die größten Erfolge deutscher Athleten sind zweite Plätze in der Mannschaftswertung bei der WM der Senioren 1973 und 1978. Christian Sandow (*1959) wurde 1979 Junioren-Weltmeister.

Weltmeisterschaften der Frauen, eingeführt 1981: Einzige Doppelsiegerinnen im Einzelklassement sind Irina Kisseljewa (*1958, UdSSR), 1986, 87 und Eva Fjellerup (Dänemark) 1990, 91. Zu fünf Mannschaftstiteln brachte es Polen (1985, 1988–91).

Die meisten Medaillen, nämlich zehn, errang Sabine Krapf (BR Deutschland). Sie wurde zwischen 1981 und 1990 fünfmal Zweite, davon viermal mit der Mannschaft, und fünfmal Dritte, davon zweimal mit der Mannschaft.

Deutsche Meisterschaften: Am häufigsten wurden Elmar Frings (1965, 1968, 1970, 71) und Christian Sandow (1979, 1981, 1983, 84) Sieger, nämlich viermal. Bei den Frauen gewann sechsmal Sabine Krapf (1983, 1985, 1987, 1989–91).

Herzschlag-Finale
Die 76. Auflage der 500 Meilen von Indianapolis endete mit dem knappsten Sieg in der Geschichte dieses berühmt-berüchtigten Autorennens. Am 24. Mai 1992 hatte der Sieger Al Unser jr. auf einem *Galmer Chevrolet* nach 3:43:49 Std. genau 4 Hundertstelsek., oder anders ausgedrückt eine Radlänge, Vorsprung vor dem Kanadier Scott Goodyear. Der Amerikaner machte den Familien-Triumph perfekt, denn sein Vater »Big Al« Unser hatte viermal (1970, 71, 1979, 1987), sein Onkel Bobby Unser dreimal (1968, 1975, 1981) gewonnen.

MOTORSPORT

AUTOMOBILRENNEN

Der härteste Formel-1-Grand Prix ist zugleich der langsamste. Der Große Preis von Monaco (erstes Rennen am 14. April 1929) führt durch die Straßen und den Hafen Monte Carlos. Die Strecke ist 3,312 km lang und hat elf scharfe Kurven und mehrere starke Gefälle. Das Rennen geht über 76 Runden (215,7 km) und erfordert über 1600 Gangwechsel. Die schnellste Zeit fuhr am 23. Mai 1982 Riccardo Patrese (*1954, Italien) auf einem *Brabham-Ford* mit 1:54:11 Std., was einem Schnitt von 132,30 km/h entspricht. Den Rundenrekord hält ebenfalls Patrese mit 1:26,35 Min. (entspricht 138,073 km/h), erreicht beim gleichen Rennen.

Le Mans: Die größte Distanz beim 24-Stunden-Rennen (Premiere am 26./27. Mai 1923) auf dem alten Sarthe-Ring schafften mit 5335,724 km Dr. Helmut Marko (*1943, Österreich) und Jonkheer Gijs van Lennep (*1942, Niederlande). Sie fuhren einen *4907-cm^3-12-Zyl.-Porsche-917-K-Gruppe-5-Sportwagen* am 12./13. Juni 1971. Den Rekord für den heutigen Ring hält mit 5332 km (Durchschnitt 221,63 km/h) das niederländisch-britische Trio Jan Lammers, Johnny Dumfries, Andy Wallace in einem *Jaguar XJR 9*, gefahren am 11./12. Juni 1988.

Der Rekord für eine Runde (13,535 km) steht bei 3:21,27 Min. (Durchschnitt 242,092 km/h), erreicht von Alain Ferte (Frankreich) in einem *Jaguar XRJ-9* am 10. Juni 1989.

Die meisten Siege errangen mit zwölf die *Porsche*wagen, die 1970, 71, 1976, 77, 1979, 1981–87 erfolgreich waren. Die meisten Siege eines einzelnen Fahrers sind sechs von Jackie Ickx (*1945, Belgien), herausgefahren 1969, 1975–77, 1981, 82.

Indianapolis: Das 500-Meilen-Rennen (805 km, 200 Runden) wurde in den USA am 30. Mai 1911 eingeführt. Die erfolgreichsten Fahrer mit je vier Siegen sind Anthony Joseph »A. J.« Foyt jr. (*1935, USA), der 1961, 1964, 1967, 1977 gewann, Al Unser sen. (*1939, USA), der 1970, 71, 1978, 1987 triumphierte, und Rick Mears (*1952, USA), der 1979, 1984, 1988, 1991 als Erster über den Zielstrich fuhr.

Das schnellste Rennen fuhr mit 2:41:18,24 Std. (Schnitt 299,248 km/h) Arie Luyendyk (Niederlande) auf *Lola-Chevrolet* am 27. Mai 1990.

Die schnellste Runde erreichte Al Unser jr. mit 367,728 km/h am 11. Mai 1990. Im Training kam der Kolumbianer Roberto Guerrero auf 374,352 km/h am 10. Mai 1992.

Das höchste Preisgeld, das je ein Fahrer erhielt, sind 1 244 184 Dollar für Al Unser jr., den Sieger von 1992. Insgesamt schütteten die Veranstalter für die 33 Fahrer 7 527 450 Dollar aus.

FORMEL 1

Der erfolgreichste Fahrer in der Weltmeisterschaft, eingeführt 1950, ist Juan Manuel Fangio y Cia (*1911, Argentinien), der fünfmal den Titel 1951, 1954–57 gewann. Er trat 1958 mit 24 Grand-Prix-Siegen in 51 Rennen zurück. Auf jeweils drei WM-Titel brachten es Jack Brabham (1959, 1960, 1966), Jackie Stewart (1969, 1971, 1973), Niki Lauda (1975, 1977, 1984), Nelson Piquet (1981, 1983, 1987), Alain Prost (1985, 86, 1989) und Ayrton Senna (1988, 1990, 91).

Der jüngste Weltmeister war Emerson Fittipaldi (*1946, Brasilien), der sich seinen ersten Titel 1972 mit 25 Jahren und 273 Tagen holte.

Der älteste Weltmeister war Juan Manuel Fangio, der seinen letzten Titel (von fünf) mit 46 Jahren und 41 Tagen errang.

Der jüngste Fahrer war Michael Christopher Thackwell (*1961, Neuseeland), der bei seiner Teilnahme am kanadischen Grand Prix am 28. September 1980 erst 19 Jahre und 182 Tage alt war.

Der älteste Fahrer war Louis Alexandre Chiron (1899–1979, Monaco), der bei seinem sechsten Platz beim Grand Prix in Monaco am 22. Mai 1955 genau 55 Jahre und 292 Tage alt war.

Der erfolgreichste deutsche Autorennfahrer war Rudolf Caracciola (1901–59), der 15 Grand-Prix-Siege feierte und außerdem vier große Sportwagenrennen und 13 große internationale Rennen gewann. 1930–32 wurde er Berg-Europameister, 1935–38 Europameister, 1935, 1937 und 1939 Deutscher Meister.

Die meisten Grand-Prix-Siege errang mit 44 – bei 183 Rennen zwischen 1980 und 1991 – der Franzose Alain Prost (*1955). Auf den nächsten Plätzen folgen Ayrton Senna (Brasilien) mit 33 vor Jackie Stewart (GB) mit 27, Jim Clark (GB) und Niki Lauda (Österreich) mit je 25 sowie Juan Manuel Fangio mit 24.

Die meisten Grand-Prix-Siege in einem Jahr feierte 1988 mit acht Ayrton Senna (*1960, Brasilien).

Sogar zu zehn Doppelerfolgen kam das *McLaren-Honda*-Team 1988 durch seine beiden Fahrer Ayrton Senna und Alain Prost.

Die größte Dominanz bewies in der Saison 1988 das *McLaren-Honda*-Team, das 15 von 16 Grand-Prix-Rennen gewann. Senna siegte achtmal, wurde zweimal Dritter, Alain Prost triumphierte siebenmal, wurde viermal Zweiter.

Die knappste Entscheidung gab es am 13. April 1986 beim Spanien-Grand-Prix auf dem Jerez-de-la-Frontera-Kurs. Ayrton Senna in einem *McLaren* schlug um 0,014 Sek. Nigel Mansell (GB) in einem *Williams*.

Die meisten Grand-Prix-Rennen bestritt bis Ende 1991 mit 224 Riccardo Patrese (*1954, Italien). Der dienstälteste Pilot konnte aber nur drei Siege feiern. An zweiter Stelle folgt Nelson Piquet (Brasilien) mit 204 Starts vor Alain Prost mit 183, Graham Hill (GB) mit 176, Jacques Laffite (Frankreich) mit 175 sowie Niki Lauda mit 171.

Die meisten Poleposition, also den besten Startplatz nach dem Abschlußtraining, nahm mit 60 Ayrton Senna ein. Auf den nächsten Plätzen folgen Jim Clark (33), Juan Manuel Fangio (28), Niki Lauda und Nelson Piquet (je 24).

Die meisten Grand-Prix-Punkte errang mit 699,5 Alain Prost.

Das erfolgreichste Markenteam ist der italienische Rennstall *Ferrari* mit acht Weltmeisterschaften (1961, 1964, 1975–77, 1979, 1982, 83). Außerdem kam er bis Ende 1991 zu 103 Grand-Prix-Siegen vor *McLaren* (94), *Lotus* (79), *Williams* (51), *Brabham* (35) und *Tyrrell* (23).

Gewann schon viermal die riesige Silbertrophäe für einen Sieg in Indianapolis, Rick Mears.

Die meisten Einsätze hatte bis Ende 1991 das *Ferrari*-Team mit 488 Rennen vor *Lotus* (442), *Brabham* (391), *McLaren* (352), *Tyrrell* (304) und *Williams* (281).

Der schnellste Grand Prix fand am 16. August 1987 im österreichischen Zeltweg statt. Das 308,984 km lange Rennen gewann Nigel Mansell (GB) auf einem *Williams-Honda* mit der Durchschnittsgeschwindigkeit von 235,421 km/h.

Für ein Novum sorgte Nigel Mansell, der 1992 die ersten fünf Rennen der Saison gewann. Das hatte zuvor noch niemand geschafft.

RALLYE

Das längste Rennen der Welt war die London-Sydney-Rallye der *Singapore Airlines* über 31 107 km; sie startete von Covent Garden, London, am 14. August 1977 und führte durch 17 Länder zum Sydney Opera House. Andrew Cowan, Colin Malkin und Michael Broad gewannen sie am 28. September 1977 in einem *Mercedes 280 E*.

Die längste jährlich stattfindende Konkurrenz ist Paris–Dakar, die bis zu 15 000 km lang sein konnte und die 1986 zum drittenmal von Rene Metge auf *Porsche* gewonnen wurde. Vom 25. Dezember 1991 bis zum 22. Januar 1992 hieß die Strecke Paris–Kapstadt (Südafrika) und führte über 12 700 km.

Weltmeisterschaften, eingeführt 1973: Die erfolgreichsten Fahrer sind die Finnen Juha Kankkunen/Juha Piironen, die sich dreimal den Titel holten, 1986 auf *Peugeot 205 Turbo*, 1987 auf *Lancia Delta 4 WD* und 1991 auf *Lancia Integrale*. Zu je zwei Siegen brachten es die Deutschen Walter Röhrl/Christian Geistdörfer 1980, 1982 und die Italiener Massimo Biason/Tiziano Siviere 1988, 89.

In der Marken-WM führt *Lancia* mit neun Erfolgen vor *Fiat* (drei), *Audi* und *Peugeot* (je zwei).

Fünf Siege in den ersten fünf Rennen der Formel 1-Saison 1992 feierte Nigel Mansell.

Senkrechtstarter in der Formel 1, der Deutsche Michael Schumacher. Die Fachwelt staunte.

Kurvenakrobaten. Die Piloten müssen absolut ihre Maschinen beherrschen, um nicht zu stürzen.

Die meisten Siege errangen mit 19 die finnischen Piloten Markku Alen und Hannu Mikkola.

Die meisten Monte-Carlo-Siege (erstes Rennen 1911) feierten mit jeweils vier Munari/Manucci (Italien) 1972, 1975–77 auf *Lancia Fulvia* bzw. *Lancia Stratos* sowie die Deutschen Röhrl/Geistdörfer 1980, 1982–84, allerdings stets auf einem anderen Fabrikat: *Fiat 131 Abarth, Opel Ascona, Lancia Rally* und *Audi quattro.*

Der kleinste Wagen, der die Rallye-Monte-Carlo gewann, war ein *851-cm³-Saab 96,* gesteuert von dem Schweden Erik Carlsson 1962 und 1963.

Die erste Frauen-Weltmeisterschaft, eingeführt 1990, gewann Louise Aitken-Walker (GB).

MOTORRADRENNEN

Die höchste Durchschnittsgeschwindigkeit, die je auf einem geschlossenen Kurs erreicht wurde, schaffte mit 257,958 km/h Yvon du Hamel (*1941, Kanada) im März 1973 beim Dayton International Speedway, Florida (USA), auf einer umgebauten *903-cm³-Vierzylinder-Kawasaki Z 1.* Die Rundenzeit betrug 56,149 Sek. auf der 4,02 km langen Bahn.

Die schnellste Rundenzeit, die je auf einem Straßenkurs gefahren wurde, erreichte Andreas Hofmann (Schweiz), der am 14. September 1986 beim Rennen um die Deutsche Superbike-Meisterschaft auf der Berliner Avus (8,1 km) mit seiner *Jung-Kawasaki* 2:08:56 Min. schaffte, was einem Schnitt von 227,100 km/h entspricht.

Das längste Rennen sind die 24 Stunden von Spa-Franchorchamps. Die beiden Franzosen Jean Claude Schemarin und Christian Leon schafften am 14./15. August 1976 auf einer *941–cm³-Vierzylinder-Honda* 4444,8 km, was einem Schnitt von 185,20 km/h entspricht.

Der längste Kurs sind die 60,72 km auf der Insel Man (GB), wo seit 1911 Rennen gefahren werden. Die Strecke verfügt über insgesamt 264 Kurven.

Die schnellste Runde mit 198,72 km/h fuhr Steve Hislop (*1962, Schottland) auf seiner *750er Honda* am 1. Juli 1991. Am gleichen Tag gewann er auch das Rennen in der Rekordzeit von 1:52:10 Std., was einem Schnitt von 194,87 km/h entspricht.

Die meisten Weltmeistertitel, eingeführt 1949, gewann mit 15 Giacomo Agostini (*1942, Italien), und zwar sieben in der 350-cm³-Klasse (1968–74) und acht in der 500-cm³-Klasse (1966–72, 1975). Er ist der einzige Fahrer, der in fünf aufeinanderfolgenden Jahren (1968–72) zwei verschiedene Klassen gewann.

Ein Spektakel, das hohe Anforderungen an Mensch und Maschine stellt, die Rallye Paris–Dakar.

An zweiter Stelle folgt der Spanier Angel Nieto mit 13 Titeln, sieben in der 125-cm^3-Klasse (Rekord) und sechs in der 50-cm^3-Klasse (Rekord), vor dem Engländer Mike Hailwood sowie dem Italiener Carlo Ubbiali (je 9).

Der erfolgreichste Fahrer aller Zeiten ist mit 122 Grand-Prix-Siegen Giacomo Agostini, der zwischen dem 24. April 1965 und dem 25. September 1977 insgesamt 68mal in der 500er und 54mal in der 350er-Klasse gewann. Sein Rekordjahr war 1970 mit 19 Siegen. Auf die gleiche Zahl kam 1966 Mike Hailwood. Auf den Plätzen folgen in der Gesamtwertung Angel Nieto (Spanien) mit 90 sowie die beiden Briten Mike Hailwood mit 76 und Phil Read mit 52 Siegen. Bester Deutscher auf Rang sieben ist Anton Mang (*1949), der es auf 42 Erfolge und fünf WM-Titel brachte.

Erfolgreichster Gespannfahrer ist Klaus Enders (*1937, Deutschland) mit sechs Titeln (1967, 1969, 70, 1972–74).

Der jüngste Weltmeister ist Loris Capirossi (*1973, Italien). Mit 17 Jahren und 165 Tagen holte der Fahrer sich 1990 den Titel in der 125er-Klasse.

Der älteste Weltmeister war Hermann-Peter Müller (1909–76, Deutschland), der 1955 in der 250-cm^3-Klasse mit 46 Jahren gewann.

Die beste Firma ist das japanische Unternehmen *Yamaha*, das 44 Weltmeisterschaften in den verschiedenen Klassen zwischen 1964 und 1991 feierte.

MOTO-CROSS

Erfolgreichster Fahrer ist Joël Robert (*1943, Belgien). Er wurde in der 250-cm^3-Klasse sechsmal Weltmeister (1964, 1968–72). Einmalig sind auch seine 50 Grand-Prix-Siege zwischen 1964 und 1972.

Der einzige Fahrer, der in allen drei Kategorien den WM-Titel gewann, ist Eric Geboers (Belgien) – 1983 die 125 cm^3, 1987 die 250 cm^3 und 1988 die 500 cm^3.

Der jüngste Weltmeister war mit 18 Jahren und 296 Tagen Dave Strijbos (*1968, Niederlande), der am 31. August 1986 den Titel in der 125-cm^3-Klasse gewann.

Erfolgreichster deutscher Fahrer ist Roland Diepold (*1961), der es in der 125-, 250-, 500-cm^3-Klasse auf insgesamt 15 Titel zwischen 1982 und 1990 brachte.

SPEEDWAY

Weltmeisterschaften, eingeführt 1936: Die meisten Titel errang Ivan Gerald Mauger (*1939, Neuseeland). Er gewann sechsmal 1968–70, 1972, 1977, 1979. Sein Landsmann Barry Briggs (*1934), der viermal Weltmeister (1957, 58, 1964, 1966) wurde, stellte mit 18 Final-Teilnahmen zwischen 1954 und 1972 einen besonderen Rekord auf. Zu fünf Titeln kam der Schwede Ove Fundin (1956, 1960, 61, 1963, 1967), der es außerdem noch zu einem Paar- und sechs Mannschaftserfolgen brachte.
Der Däne Erik Gundersen (*1959) wurde 1985 als erster Fahrer gleichzeitig Weltmeister im Einzel-, Paar- und Teamwettbewerb sowie auf der langen Strecke.

Erfolgreichste Nation bei Mannschafts-Weltmeisterschaften (seit 1960) sind mit je neun Titeln Großbritannien/England (1968, 1971–73, 1974, 75, 1977, 1980, 1989) und Dänemark (1978, 1981, 1983–88, 1991).
In der Paar-Meisterschaft (seit 1968) liegt mit acht Erfolgen Dänemark (1979, 1985–91) vor Großbritannien/England mit sieben (1972, 1976–78, 1980, 1983, 84) in Führung.

TRIALS

Erfolgreichster Fahrer mit vier WM-Titeln ist Jordi Tarres (Spanien), der 1987, 1989–91 gewann. Je dreimal siegten Yrjö Vesterinen (Finnland) 1976–78, Eddie Lejeune (Belgien) 1982–84 und Thierry Michaud (Frankreich) 1985, 86, 1988.

EISSPEEDWAY

Das sind Motorradrennen auf dem Eis, wobei die Reifen der Vorder- und Hinterräder mit Spikes bestückt sind. Weltmeisterschaften (eingeführt 1966) finden auf einer 400-m-Rundbahn in einem Stadion statt.

Der erfolgreichste Fahrer der Welt ist Gabtrachman Kadyrow (UdSSR), der sechsmal (1966, 1968, 69, 1971–73) den Titel errang. Viermal in Reihenfolge (1975–78) siegte sein Landsmann Sergej Tarabanko.

Die Team-Weltmeisterschaft (seit 1979) wurde elfmal von der UdSSR (1979–82, 1984, 1986–91) gewonnen. Sechsmal gehörte Juri Iwanow dem siegreichen Team an.

MOTORBOOT-RENNEN

Die erfolgreichsten Fahrer der Bundesrepublik Deutschland sind Kurt Mischke (*1937), der zweimal Weltmeister, siebenmal Europameister und zwölfmal Deutscher Meister in den Klassen von 175–500 cm^3 zwischen 1958 und 1976 wurde, sowie Dieter König (1931–91), der zweimal Weltmeister, neunmal Europameister und einmal Deutscher Meister zwischen 1955 und 1969 wurde.

Die meisten Weltmeisterschaften für die BR Deutschland holte Jörg Steinwascher mit vier. Danach folgen fünf Fahrer mit je drei Titeln, Karl Bartel, Hans-Georg Krage, Volker Steinwascher, Michael Werner und Manfred Loth, der außerdem noch fünfmal Europameister und elfmal Deutscher Meister wurde.

PFERDESPORT

GALOPPRENNEN

Das erste Rennen auf deutschem Boden fand am 17. Oktober 1810 auf der Münchner Theresienwiese statt. Die erste deutsche Rennbahn entstand 1822 in Bad Doberan, im gleichen Jahr wurde auch der erste Rennverein gegründet, der Doberaner RV.

Die größte Rennbahn der Welt ist die von Newmarket in England (1636 angelegt). Der längste Kurs führte über 6,8 km, wird jetzt jedoch nicht mehr für Rennen benutzt.

Die kleinste Rennbahn der Welt ist die 2125 m hoch gelegene Lebong-Rennbahn, Darjeeling, Westbengalen (Indien), deren Gesamtrunde nur 439 m lang ist. Sie wurde 1885 angelegt.

Das teuerste Pferd ist der Hengst *Shareef Dancer* (gefohlt 1980), der im August 1983 für 40 Mio. Dollar von dem Syndikat Sheikh Maktoum al Maktoum (40 Anteile zu je 1 Mio. Dollar) erworben wurde.

Das meiste Geld für ein einjähriges Pferd bezahlte mit 13,1 Mio. Dollar ein von Robert Sangster angeführtes Syndikat am 23. Juli 1985. Dabei handelte es sich um ein Fohlen des Elternpaares *Nijinski II* und *My Charmer* in Keeneland, Lexington (USA).

Das Pferd mit der längsten Siegesserie war *Camarero* (gefohlt 1951): Es blieb vom 19. April 1953 bis 17. August 1955 in 56 Rennen ungeschlagen. *Camarero* gehörte Don José Coll Vidal aus Puerto Rico, es starb am 26. August 1956 an einer Kolik – einen Tag nach seinem 73. Sieg in 77 Rennen. Eine ähnliche Erfolgsserie hatte die ungarische Stute *Kincsem* (gefohlt 1874) schon in den Jahren 1876–79 hingelegt. Sie blieb 54mal nacheinander ungeschlagen.

Die meisten Siege errang *Galgo Jr.* (gefohlt 1928) mit 137 bei 159 Starts in Puerto Rico zwischen 1930 und 1936. Das Pferd hält auch den Jahresrekord von 30 Erfolgen, erreicht 1931.

Oft eine staubige Angelegenheit, doch die Motocrossfahrer haben viel Spaß an ihrem Sport.

Die höchste Geschwindigkeit erreichte mit 69,62 km/h *Big Racket*, der die Viertelmeile (409,26 m) in 20,8 Sek. am 5. Februar 1945 in Mexico City zurücklegte.

Das gewinnreichste Pferd aller Zeiten ist der amerikanische Hengst *Alysheba* (gefohlt 1984), der zwischen 1986 und 1988 für seine Besitzer 6 679 242 Dollar zusammenlief. Die beste Stute ist *Lady's Secret* (gefohlt 1982) mit einer Gewinnsumme von 3 021 325 Dollar zwischen 1984 und 1987.

Die Rekordsumme für ein Rennen sind 2,6 Mio. Dollar, die *Spend A Buck* (gefohlt 1982) als Sieger des Jersey Derbys im Garden State Parc New Jersey (USA) am 27. Mai 1985 gewann. Darin eingeschlossen war ein 2-Mio.-Dollar-Bonus für vorangegangene Erfolge im Kentucky Derby und in zwei weiteren Vorbereitungsrennen im Garden State Parc.

Die höchste Summe in einem Jahr verdiente *Sunday Silence* (gefohlt 1986) mit 4 578 454 Dollar in 1989. Darin eingeschlossen waren 1,35 Mio. für den Breeder's Cup Classic und 1 Mio. Dollar als Bonus für den Rekord in der dreifachen Krone, Kentucky Derby, Preakness Stakes und Belmont Stakes.

Deutschlands gewinnreichstes Pferd ist der Hengst *Mondrian* (gefohlt 1987), der bis Ende 1990 insgesamt 1 888 225 DM zusammenlief

Deutschlands bislang gewinnreichster Galopper, der Hengst *Mondrian* mit Manfred Hofer.

und mit dieser Summe den bisherigen Rekordhalter *Acatenango* (1744451 DM) von der Spitze verdrängte.

Das höchstdotierte Rennen ist das Breeders' Cup Classic, bei dem es alljährlich um 3 Mio. Dollar auf einer Bahn der USA geht.

Erfolgreichster Jockey aller Zeiten ist William Lee »Bill« Shoemaker (*1931, USA), der zwischen dem 19. März 1949 und 3. Februar 1990 insgesamt 8833 Rennen bei 40350 Starts gewann. Shoemaker ist 1,50 m klein und 43 kg leicht. Bei seiner Geburt hatte er nur 1,133 kg gewogen.

Das meiste Geld verdiente mit 165452089 Dollar Laffitt Pincay jr. (*1946, Panama City), der zwischen 1964 und Mai 1992 mehr als 8000 Siege feierte. Shoemaker kam auf 123375524 Dollar.

Der größte Jahresverdienst geht auf das Konto von Yutaka Take (*1969, Japan) mit 16250000 Dollar in 1990.

Die meisten Siege in einem Jahr schaffte Kent Desormeaux (*1970, USA), der 1989 bei 2312 Ritten 598mal erfolgreich war.

Die meisten Siege an einem Tag errang mit neun Chris Wiley Antley (*1966, USA) am 31. Oktober 1987, davon vier am Nachmittag in Aqueduct (New York) und fünf am Abend in Meadowlands (New Jersey).

Erfolgreichster Trainer aller Zeiten ist Dale Baird (*1935, USA), der es zwischen 1962 und 1991 auf 5750 Siege brachte.

Den höchsten Jahresverdienst bei den Trainern erreichte Darrell Wayne Lukas (*1935, USA) mit 17842358 Dollar in 1988.

Erfolgreichste Besitzerin aller Zeiten ist mit 4775 Siegen Marion H. van Berg (1895–1971, USA), erreicht in 35 Jahren.

Den größten Jahresgewinn verbuchte Ogden Phipps (USA) mit 5858168 Dollar in 1988.

Die meisten Siege in einem Jahr verbuchte mit 494 Dan R. Lasater (USA) in 1974.

Der erfolgreichste deutsche Jockey war Otto Schmidt (1896–1964), der siebenmal das Deutsche Derby (1916, 1918, 1923, 1942, 1944, 1950, 51) gewann sowie 14 Championate und 2216 Siege in seiner Laufbahn von 1915 bis 1952 errang. Inzwischen kam Peter Alafi, der in Deutschland tätig, aber ungarischer Staatsbürger ist, auf 2218 Siege.

Deutschlands erfolgreichster Trainer ist Heinz Jentzsch (*1920). Er konnte 29 Championate feiern, zwischen 1966 und 1987 sogar in ununterbrochener Folge.

TRABRENNEN

Die beste Zeit über eine Meile (1609 m) erreichte mit 1:52,2 Min. der Traber *Mack Lobell*, gefahren von John Campbell am 21. August 1987 in Springfield (USA). Noch schneller war der Pacer *Matt's Scooter*, der mit Michael Lachance eine Zeit von 1:48,4 Min. am 23. August 1988 in Lexington (USA) schaffte.

Der teuerste Traber war *Mack Lobell*, den 1988 der Schwede John Erik Magnusson für 6 Mio. Dollar erwarb. Für den Paßgänger *Nihilator* wurden 1984 von einem amerikanischen Syndikat sogar 19,2 Mio. Dollar gezahlt.

Der erfolgreichste Sulkyfahrer der Welt ist Herve Filion (*1940, Kanada), der bis Ende 1991 auf 13318 Siege, einschließlich eines Saisonrekords von 814 im Jahr 1989, bei Trabern und Pacern kam.

Die größte Gewinnsumme geht auf das Konto von John D. Campbell (*1955, USA), der bis Ende 1991 auf 100860819 Dollar kam und es dabei auf 4742 Siege brachte. Den höchsten Jahresverdienst schaffte der Amerikaner 1990 mit 11620878 Dollar

Der höchste Geldpreis mit 2161000 Dollar wurde am 16. August 1984 im Woodrow-Wilson-Zweijährigenrennen über eine Meile in Meadowlands (New Jersey/USA) ausgeschüttet. Für den Sieger *Nihilator*, gefahren von William O'Donnell, gab es die Rekordsumme von 1080500 Dollar.

Das gewinnreichste Pferd ist der französische Hengst *Ourasi* der umgerechnet 6382388 DM bis Ende 1990 zusammentrabte und 32 Rennen gewann. An zweiter Stelle folgt dicht dahinter als beste Stute die in schwedischem Besitz befindliche *Peace Corps*, mit 6302908 DM. Bester Paßgänger (die Pferde benutzen gleichzeitig die Vorder- und Hinterbeine) ist *Nihilator* mit 3225653 Dollar. Er gewann 1984/85 insgesamt 35 von 38 Rennen.

Den Jahresrekord bei den Trabern halten *Mack Lobell* mit 1878798 Dollar in 1987 und bei den Pacern *Beach Towell* mit 2091860 Dollar in 1990.

Das erfolgreichste deutsche Pferd ist der Hengst *Every Way* (gefohlt 1984), der mit sei-

Die Herzen der Trabrennfreunde schlagen höher, wenn *Mack Lobell* förmlich um die Bahn fliegt.

nem Fahrer Wilhelm Paal 1986 in 17 Rennen zu 15 Siegen kam und dabei 802 800 DM verdiente. Seine Gesamt-Rekordsumme hat er inzwischen auf 1 573 940 DM geschraubt.

Den Jahresweltrekord bei den Amateuren hält seit der Saison 1984 Edelbert Ohmer (*1939, Deutschland) mit 217 Siegen.

Den Monatsweltrekord bei den Amateuren schraubte Gerd Petrik (*1943, Berlin) auf 36 Siege, erreicht zwischen dem 1. und 31. Oktober 1990. Die alte Bestleistung hatte Jürgen Haver mit 33 Erfolgen gehalten.

Erfolgreichster deutscher Fahrer ist Hans Frömming (*1910), der elfmal das Deutsche Derby (wie Robert Großmann) und außerdem viermal das Österreichische Derby gewann, dreimal Weltmeister, 15mal Deutscher Champion wurde, dreimal im Prix d'Amérique vorn endete und insgesamt 5582 Siege feierte.

Im Deutschen Derby kamen Hans Frömming und Robert Großmann zu je elf Siegen vor Charlie Mills (9), Walter Heitmann und Heinz Wewering (je 5).

SPRINGREITEN

Olympische Spiele: Erfolgreichster Teilnehmer ist Hans Günter Winkler (*1926, Deutschland). Auf seiner Wunderstute *Halla* holte er sich 1956 in Stockholm die Goldmedaille in der Einzel- und Mannschaftskonkurrenz und verhalf darüber hinaus der bundesdeutschen Equipe 1960, 1964, 1972 zum Sieg, 1976 zu Silber und1968 zu Bronze. Insgesamt startete Winkler 107mal für Deutschland.

Der einzige Doppel-Olympiasieger im Einzelwettbewerb ist Pierre Jonqueres d'Oriola (*1920, Frankreich), der 1952 und 1964 gewann.

Die einzigen fehlerfreien Ritte gelangen Frantisek Ventura (1895–1969, Tschechoslowakei) in Amsterdam 1928 auf *Eliot*, dem Franzosen Jonqueres d'Oriola in Helsinki 1952 auf *Ali Baba* und Alwin Schockemöhle (*1937, Deutschland) in Montreal 1976 auf *Warwick Rex*.

9000. Sieg
Auf der Trabrennbahn in Gelsenkirchen fuhr am 5. April 1992 der 15malige Deutsche Champion Heinz Wewering seinen 9000. Sieg nach Hause. Er saß im Sulky von *Laurel und Hardy*, einem vierjährigen Hengst, der in 1:15,3 Min. für den Kilometer gewann. Der Kanadier Herve Filion brachte es zwar schon auf 13 405 Siege, aber er spannt sowohl Traber als auch Pacer an.

Spitzenpaar im Springparcours, der britische Weltcupsieger John Whitaker auf *Milton*.

Erfolgreichste Equipe war die deutsche, die sechsmal Gold holte, 1936, 1956, 1960, 1964, 1972 und 1988.

Weltmeisterschaften, eingeführt 1953: Die meisten Titel, nämlich zwei, gewannen Hans Günter Winkler 1954, 55 und Raimondo d'Inzeo (Italien) 1956 und 1960.

Präsidenten-Cup, 1965 eingeführte inoffizielle Mannschafts-Weltmeisterschaft: Großbritannien gewann 14mal (1965, 1967, 1970, 1972–74, 1977–79, 1983, 1985, 86, 1989, 1991). Die Bundesrepublik Deutschland folgt mit sieben Siegen (1969, 1971, 1975, 76, 1981, 82, 1984). Der Wettbewerb heißt jetzt HCS-Trophy.

Weltcup, eingeführt 1979: Drei Reiter siegten bisher zweimal, Conrad Homfeld (*1951, USA) 1980, 1985, Ian Millar (*1947, Kanada) 1988, 89 und John Whitaker (*1955, GB) 1990, 91.

Den Weltrekord in Grand-Prix-Siegen hält mit 36 der von Hugo Simon gerittene *Gladstone*.

Gewinnreichstes Springpferd der Welt ist John Whitakers (GB) Schimmel *Milton*, der es bis Ende März 1992 auf 2,5 Mio. DM brachte.

Deutsche Meisterschaften: Erfolgreichster Teilnehmer ist Paul Schockemöhle mit sechs Titeln (1974, 1980, 1982, 83, 1986, 87). Bei den Frauen siegten je fünfmal Lene Nissen (1971, 1973, 1977, 78, 1980) und Iris Bayer (1979, 1981, 82, 1985, 86).

Der Hochsprungrekord steht bei 2,47 m. *Huasò*, geritten von Capt. Alberto Larraguibel Morales (Chile), erreichte ihn am 5. Februar 1949 in Vina del Mar. Dabei handelte es sich jedoch um kein offizielles Turnier.

Den deutschen Rekord hält Franke Sloothaaks Wallach *Leonardo*, der 2,40 m beim Turnier in Chaudfontaine (Belgien) am 8. Juni 1991 überquerte.

Der Weitsprungrekord über einen Wassergraben beträgt 8,40 m durch *Something*, geritten vom Südafrikaner André Ferreira am 26. April 1975 in Johannesburg.

DRESSURREITEN

Olympische Spiele: Erfolgreichster Teilnehmer ist Dr. Reiner Klimke (*1936, Deutschland) mit insgesamt sechs Gold- und zwei Bronzemedaillen. Er schaffte 1984 – wie 1952 und 1956

Schrieb Dressur-Geschichte, Dr. Reiner Klimke, hier auf seinem Spitzenpferd *Ahlerich.*

der Schwede Henri St. Cyr – das Double, den Einzel- sowie Mannschaftssieg.
Erfolgreichste Equipe war die deutsche, die siebenmal bei Olympia siegte: 1928, 1936, 1964, 1968, 1976, 1984 und 1988.

Weltmeisterschaften, eingeführt 1966: Bundesdeutsche Equipen hatten ein Abonnement auf den Mannschaftstitel, den sie – ausgenommen 1970 – stets gewannen, 1966, 1974, 1978, 1982, 1986 und 1990. Zweimal Einzelsieger wurde Dr. Reiner Klimke, 1974 auf *Mehmed* und 1982 auf *Ahlerich.*

Europameisterschaften, eingeführt 1963: Bei den Titelkämpfen 1989 im luxemburgischen Mondorf kam das Team der BR Deutschland zum 13. Sieg in Serie.

Weltcup, eingeführt 1986: Einzige Doppelsiegerin wurde bisher die Schweizerin Christine Stückelberger auf *Gauguin de Lully* (1987, 88). Den ersten deutschen Sieg gab es 1990 durch Sven Rothenberger.

Deutsche Meisterschaften: Erfolgreichster Teilnehmer ist mit neun Titeln Dr. Reiner Klimke (1967, 1975, 1978, 1981, 1983–86, 1988) sowie bei den Frauen mit sechs Erfolgen Gabriela Grillo (1977, 1979–83).

MILITARY

Olympische Spiele: Die einzigen Doppel-Olympiasieger in der Einzelwertung sind Charles Pahud de Mortanges (1896–1971, Niederlande), der 1928 in Amsterdam und 1932 in Los Angeles erfolgreich war, sowie Mark Todd (*1956, Neuseeland), der 1984 und 1988 gewann. Außerdem gewann de Mortanges 1924 und 1928 mit der Mannschaft und wurde 1932 mit ihr Zweiter.

Weltmeisterschaften, eingeführt 1966: Der einzige Reiter, der zweimal den Titel errang, ist Bruce Davidson (*1949, USA), der 1974 auf *Irish Cap* und 1978 auf *Might Tango* siegte.

Deutsche Meisterschaften: Erfolgreichster Teilnehmer ist mit fünf Titeln Horst Karsten (1963, 1965, 1973, 1977, 1981).

POLO

Ursprünge: Allgemein wird Polo für ein persisches Spiel gehalten, das ca. 525 v. Chr. als *Pulu* gespielt wurde. Auch Tibet und die T'angdynastie aus dem Jahr 250 n. Chr. erheben Anspruch darauf. Das Spielfeld ist das größte aller Ballsportarten mit einer Länge von 274,32 m und einer Breite von 182,88 m.

Olympische Spiele: Fünfmal stand das Spiel auf dem Programm: 1900, 1908, 1920, 1924 und 1936. Die ersten drei Male siegte Großbritannien, die anderen beiden Male Argentinien.

Weltmeisterschaften, eingeführt 1988: Den ersten Titel holte sich Argentinien, den zweiten 1989 die USA.

RADSPORT

Olympische Spiele: Die meisten Goldmedaillen errangen mit je drei die Franzosen Paul Masson (1874–1945) 1896, Robert Charpentier (1916–66) 1936 und Daniel Morelon (*1944), der zwei 1968 sowie eine 1972 gewann und darüber hinaus noch Silber 1976 und Bronze 1964 holte. Beim inoffiziellen Programm von 1904 gewann Marcus Hurley (1884–1950, USA) alle vier Wettkämpfe.

Weltmeisterschaften: Die meisten Titel auf der Bahn bei den Profis, eingeführt 1895, gewann mit zehn der Sprinter Koichi Nakano (*1955, Japan), der zwischen 1977 und 1986 siegte.
Bei den Amateuren, eingeführt 1893, kamen zwei Fahrer auf je sieben Titel: der französische Sprinter Daniel Morelon 1966, 67, 1969–71, 1973, 1975 sowie der britische Steher Leon Meredith (1882–1930) 1904, 05, 1907–09, 1911, 1913.

Zu acht Erfolgen bei den Frauen brachte es Jeannie Longo (*1958, Frankreich) zwischen 1986 und 1990 auf der Bahn und der Straße.

Tour de France, eingeführt 1903: Die größte Zahl von Gesamtsiegen gelang mit fünf den beiden Franzosen Jacques Anquetil (1934–87) 1957, 1961–64 und Bernard Hinault (*1954) 1978, 79, 1981, 82, 1985 sowie dem Belgier Eddy Merckx (*1945) 1969–72, 1974, der insgesamt 34 Etappen gewann und damit einsamer Spitzenreiter ist. Die beste deutsche Plazierung im Gesamtklassement war ein zweiter Rang von Kurt Stöpel (*1908) im Jahr 1932.

Die knappste Entscheidung gab es 1989, als nach 3267 km und 87:38:35 Std. Greg Lemond (*1960, USA) mit nur acht Sek. Vorsprung vor dem Franzosen Laurent Fignon gewann.

Die höchste Durchschnittsgeschwindigkeit erreichte Pedro Delgado (*1960, Spanien) 1988 mit 39,142 km/h.

Ballspiel zu Pferde – beim Polo müssen Reiter und Pferd eine harmonische Einheit bilden.

RADFAHREN (AMATEURE) – WELTREKORDE

Sportart	Leistung	Name/Land	Ort	Datum
Freiluftbahnen				
Fliegender Start ohne Schrittmacher				
200 m	10,099	Wladimir Adamaschwili (UdSSR)	Moskau	6. August 1990
500 m	26,325	Rory O'Reilly (USA)	La Paz	29. Dezember 1985
1 000 m	58,510	Rory O'Reilly (USA)	La Paz	29. Dezember 1985
Stehender Start ohne Schrittmacher				
1 km	1:02,091	Maic Malchow (DDR)	Colorado Springs	28. August 1986
4 km	4:31,160	Gintautas Umaras (UdSSR)	Seoul	18. September 1987
5 km	5:50,680	Hans-Hendrik Oersted (Dänemark)	Mexiko	31. Oktober 1979
10 km	11:54,906	Hans-Hendrik Oersted (Dänemark)	Mexiko	31. Oktober 1979
100 km	2:15:44,340	Igno Minelli (Italien)	Mexiko	25. Dezember 1985
1 Stunde	48,200 km	Hans-Hendrik Oersted (Dänemark)	Mexiko	1. November 1979
Mit motorisiertem Schrittmacher				
50 km	35:21,108	Alexander Romanow (UdSSR)	Tiflis	6. Mai 1987
100 km	1:10:54,94	Alexander Romanow (UdSSR)	Tiflis	6. Mai 1987
1 Stunde	84,710 km	Alexander Romanow (UdSSR)	Tiflis	6. Mai 1987
Hallenbahnen				
Fliegender Start ohne Schrittmacher				
200 m	10,021	Lutz Heßlich (DDR)	Moskau	22. August 1984
500 m	26,479	Michael Hübner (DDR)	Moskau	19. August 1984
1000 m	57,224	Alexander Kiritschenko (UdSSR)	Moskau	31. Mai 1990
Stehender Start ohne Schrittmacher				
1 km	1:02,840	Martin Vinnicombe (Australien)	Launceston	20. März 1989
4 km	4:25,530	Gintautas Umaras (UdSSR)	Moskau	27. August 1988
5 km	5:38,294	Jens Lehmann (DDR)	Frankfurt/O.	3. August 1990
10 km	11:51,493	Wjatscheslaw Jekimow (UdSSR)	Moskau	27. Oktober 1986
1 Stunde	49,672 km	Wjatscheslaw Jekimow (UdSSR)	Moskau	27. Oktober 1986
Mit motorisiertem Schrittmacher				
50 km	32:56,746	Alexander Romanow (UdSSR)	Moskau	21. Februar 1987
100 km	1:05:58,031	Alexander Romanow (UdSSR)	Moskau	21. Februar 1987
1 Stunde	91,134 km	Alexander Romanow (UdSSR)	Moskau	21. Februar 1987

RADFAHREN (PROFIS) – WELTREKORDE

Freiluftbahnen				
Fliegender Start ohne Schrittmacher				
200 m	10,800	Antonio Maspes (Italien)	Rom	21. Juli 1960
500 m	28,705	Roger Dill-Bundi (Schweiz)	Zürich	11. August 1982
1 000 m	1:00,329	Roger Dill-Bundi (Schweiz)	Zürich	11. August 1982
Stehender Start ohne Schrittmacher				
1 km	1:06,091	Urs Freuler (Schweiz)	Zürich	10. August 1983
5 km	5:40,617	Francis Moreau (Frankreich)	Stuttgart	17. August 1991
10 km	11:39,750	Francesco Moser (Italien)	Mexiko	19. Januar 1984
20 km	23:21,592	Francesco Moser (Italien)	Mexiko	23. Januar 1984
100 km	2:14:02,51	Ole Ritter (Dänemark)	Mexiko	18. November 1971
1 Stunde	51,151 km	Francesco Moser (Italien)	Mexiko	23. Januar 1984
Mit motorisiertem Schrittmacher				
100 km	1:03:40,0	Walter Lohmann (BR Deutschland)	Wuppertal	24. Oktober 1955
1 Stunde	94,015 km	Walter Lohmann (BR Deutschland)	Wuppertal	24. Oktober 1955
Hallenbahnen				
Fliegender Start ohne Schrittmacher				
200 m	10,450	Stephen Pate (Australien)	Launceston	20. März 1989
500 m	27,350	Michael Hübner (Deutschland)	Stuttgart	18. Januar 1992
1 000 m	59,903	Stephen Pate (Australien)	Perth	18. März 1990
Stehender Start ohne Schrittmacher				
1 km	1:04,140	Stephen Pate (Australien)	Launceston	20. März 1989
5 km	5:39,316	Wjatscheslaw Jekimow (UdSSR)	Moskau	25. April 1990
10 km	11:50,350	Francesco Moser (Italien)	Stuttgart	12. Mai 1988
1 Stunde	50,645 km	Francesco Moser (Italien)	Stuttgart	21. Mai 1988
Mit motorisiertem Schrittmacher				
1 Stunde	74,540 km	Franz Dögl (Österreich)	Wien	9. November 1978

Beherrschte sein Metier wie kein anderer, der fünfmalige Tour-Sieger Eddy Merckx.

Hält insgesamt zehn Weltrekorde auf der Bahn und auf der Straße, die Französin Jeannie Longo.

Trat kräftig in die Pedale, der Franzose Francis Moreau bei seinem 5000 m-Weltrekord.

Auf die meisten Teilnahmen kam der Niederländer Joop Zoetemelk. 1986 – als 39jähriger – startete er zum 16. Mal und übertraf damit Lucien van Impe (Belgien), der 15mal dabeigewesen war. Zoetemelks Erfolge: 1980 gewann er die Tour, sechsmal war er Zweiter.

Das erste Frauenrennen bei der Tour de France fand 1984 statt. Es siegte nach 1059 km die Amerikanerin Marianne Marten mit 3:17 Min. Vorsprung vor 35 Konkurrentinnen. Viermal gewann Jeannie Longo (1986–89).

Das Double, den Sieg im Giro d'Italia und anschließend in der Tour, schafften bislang nur fünf Fahrer, der Italiener Fausto Coppi (1949, 1952), Eddy Merckx (1970, 1972, 1974), Jacques Anquetil (1964), Bernard Hinault (1982, 1985) sowie der Ire Stephen Roche (1988), der im gleichen Jahr auch noch Weltmeister wurde. Dieser dreifache Triumph gelang außerdem nur noch Merckx 1974.

Das längste klassische Ein-Tages-Rennen auf der Straße ist Bordeaux–Paris (551–620 km). Die höchste Durchschnittsgeschwindigkeit schaffte Herman van Springel (*1943, Belgien) 1981 mit 47,186 km/h. Er brauchte für die 584,5 km genau 13:35:18 Std.

Die Höchstgeschwindigkeit auf einem Fahrrad erreichte mit 245,077 km/h John Howard (USA) hinter einem mit Windschutz versehenen Auto am 20. Juli 1985 auf einem ausgetrockneten Salzsee in Bonneville, Utah (USA).

Ohne Schrittmacher, aber auf einem stromlinienförmigen Rad schaffte Fred Marham am 11. Mai 1986 auf dem Highway 120 in Kalifornien die 200-m-Strecke in 6,832 Sek. Das entspricht einem Schnitt von 105,386 km/h.

Die längste Strecke in einer Stunde legte mit 122,771 km Leon Vanderstuyft (1890–1964, Belgien) auf dem Montlhery-Automobilring (Frankreich) am 30. September 1928 mit einem Motorrad als Schrittmacher zurück.

Erfolgreichste Rekordlerin auf der Bahn ist die Französin Jeannie Longo, die insgesamt zehn Bestleistungen hält, je fünf im Freien und in der Halle über 3000 m (3:38,190 – 3:41,290 Min.), 5000 m (6:14,135 – 6:17,608 Min.), 10 000 m (12:59,435 – 12:54,260 Min.), 20 000 m (25:59,883 – 26:51,222 Min.) und eine Stunde (46,352 – 45,016 km).

Spanischer Triumph

Das muß den italienischen Radsportfans spanisch vorgekommen sein. Erstmals in der 75jährigen Geschichte des Giro d'Italia gewann mit Miguel Indurain am 14. Juni 1992 ein Fahrer von der Iberischen Halbinsel das zweitwichtigste Profirennen der Welt. Nach 22 Etappen und 3820 km hatte der Baske einen Vorsprung von 5:12 Min. in der Gesamtwertung auf den Italiener Claudio Chiappucci.

MOLTENI
RALEIGH

CREDIT LYONNAIS
CREDIT LYONNAIS

Time
TONTON TAPIS
GB
CORONA
GIOS
6

Klassiker-Erfolg
In der ewigen Rangliste der Eintages-Rennen im Radsport führt mit 19 Siegen der Belgier Eddy Merckx vor seinem Landsmann Roger Devlaeminck (11). Auf den dritten Platz – neben dem Italiener Fausto Coppi (9) – schob sich der Ire Sean Kelly vor, der am 22. März 1992 den Klassiker Mailand–San Remo gewann.

Absoluter König unter den Sechstage-Fahrern ist Patrick Sercu (*1944, Belgien). Zwischen 1965 und 1983 erreichte er 88 Siege. An zweiter Stelle folgt der Niederländer Rene Pijnen (72) vor dem Australier Danny Clark (65).

QUERFELDEINRENNEN

Weltmeisterschaften, eingeführt 1950: Erfolgreichster Teilnehmer ist Eric de Vlaeminck (*1945, Belgien) mit einem Titel bei den Amateuren 1966 und sechs bei den Profis (1968–73).

Fünfmal Profi-Weltmeister wurde der Schweizer Albert Zweifel (1976–79, 1986). Auf vier Erfolge brachte es der Belgier Roland Liboton (1980, 1982–84).

Amateure: Fünfmal holte sich der Belgier Robert Vermeire den WM-Titel (1970, 71, 1974, 75, 1977).

Der erfolgreichste deutsche Fahrer ist Rolf Wolfshohl (*1938), der Weltmeister 1960, 61 und 1963, fünfmal Vizeweltmeister und viermal WM-Dritter wurde; 14mal hat er die Deutsche Meisterschaft bei den Profis und Amateuren gewonnen.
Klaus-Peter Thaler (*1949) brachte es sogar zu vier WM-Titeln, je zwei bei den Amateuren (1973, 1976) und den Profis (1985, 1987). Dazu kommen noch zwölf Deutsche Meisterschaften.

RINGEN

Olympische Spiele: Die meisten Goldmedaillen, nämlich je drei, gewannen: Carl Westergren (1895–1958, Schweden) 1920, 1924 und 1932, Ivar Johansson (1903–79, Schweden) 1932 (zwei) und 1936 sowie Alexander Medved (*1937, UdSSR) 1964, 1968 und 1972.

Die meisten Medaillen erkämpften mit vier Eino Leino (*1891, Finnland) mit einmal Gold, einmal Silber und zweimal Bronze sowie Imre Polyak (*1932, Ungarn) mit drei silbernen (1952, 1956, 1960) und einer goldenen (1964).

Weltmeisterschaften: Die meisten Titel gewann mit zehn der Freistilspezialist Alexander Medved (*1937, UdSSR) im Halbschwergewicht 1962, 63, 64 (olympisch) und 1966, im Schwergewicht 1967, 68 (olympisch) und im Superschwergewicht 1969–71, 72 (olympisch). Der einzige Ringer, der den Titel in sieben aufeinanderfolgenden Jahren erkämpfte, ist Valeri Resanzew (*1947, UdSSR). Er gewann jeweils im Halbschwergewicht des griechisch-römischen Stils zwischen 1970 und 1976, einschließlich der Olympischen Spiele 1972 und 1976.

Erfolgreichster deutscher Ringer ist Wilfried Dietrich (1933–92), der fünfmal (1956–72) an Olympischen Spielen teilnahm. Er gewann Gold im Freistil 1960, Silber im griechisch-römischen Stil 1956 und 1960, Bronze im griechisch-römischen Stil 1964 und Freistil 1968, war Weltmeister 1961 und Europameister 1967 im Schwergewicht, Sieger bei 30 Deutschen Meisterschaften zwischen 1955 und 1973.

Kraft und Geschicklichkeit – das brauchen Ringer, um ihren Gegner zu bezwingen.

Sumo-Sensation
Der jüngste Turniersieger aller Zeiten im Sumo-Ringen, Japans Nationalsportart der schweren Männer, wurde mit 19 Jahren und fünf Monaten Takahanada, der das Finale des traditionellen Neujahrs-Turniers am 27. Januar 1992 in Tokio gegen Misugisato gewann. Takahanada, 136 kg schwer und 1,86 m groß, durfte aber nicht den Sake (Reiswein) aus dem Siegerpokal trinken, da er nach japanischem Recht noch nicht volljährig war.

Die meisten Siege bei internationalen Wettkämpfen errang Osamu Watanabe (*1940, Japan), der Freistil-Olympiasieger im Federgewicht von 1964. Er blieb 189 Wettkämpfe nacheinander ungeschlagen.

Der längste Kampf mit Zeitmessung dauerte 11:40 Std. zwischen Martin Klein (1885–1947, Estland für Rußland) und Alfred Asikäinen (1888–1942, Finnland) im Kampf um die Silbermedaille im Mittelgewicht des griechisch-römischen Stils bei den Olympischen Spielen von 1912 in Stockholm. Sie wurde von Klein gewonnen.

Der schwerste Ringer war Chris Taylor (1950–79, USA). Der Bronzemedaillengewinner im Superschwergewicht wog bei den Olympischen Sommerspielen 1972 in München 191 kg bei einer Größe von 1,96 m.

Deutsche Mannschafts-Meisterschaften, eingeführt 1922: Heros Dortmund gewann zehn Titel vor KSV Witten und VfK Schifferstadt (je sieben), Siegfried Ludwigshafen, ESV Neuaubing und Bavaria Goldbach (je vier).

ROLLSCHUHLAUF

SCHNELLAUF

Weltmeisterschaften: Die meisten Titel errangen mit je 18 zwei Frauen: Die Italienerin Alberta Vianello siegte achtmal auf der Bahn und zehnmal auf der Straße zwischen 1953 und 1965, während die Belgierin Annie Lambrechts einmal auf der Bahn und 17mal auf der Straße zwischen 1964 und 1981 erfolgreich war.

Die höchste Geschwindigkeit, die bisher auf der Straße erreicht wurde, beträgt bei den Männern 43,205 km/h. Luca Antoniel (*1968, Italien) legte bei der EM 1988 in Gujan-Mestras (Frankreich) die 300 m in 24,997 Sek. zurück. Die Bestzeit bei den Frauen über die gleiche Distanz hält Marisa Canafoglia (*1965, Italien) mit 26,799 Sek., gelaufen am 27. August 1987 in Grenoble (Frankreich). Das entspricht einem Schnitt von 40,30 km/h.

Die größte Entfernung in einer Stunde auf der Bahn schaffte mit 37,230 km Alberto Civolani (*1933, Italien) am 28. September 1968 in Inzell (Bayern). Bei den Frauen kam die Belgierin Annie Lambrechts auf 37,097 km am 1. Juli 1985 in Louvain (Belgien).

KUNSTLAUF

Weltmeisterschaften: Die meisten Titel holten sich Rollschuh-Asse aus der Bundesrepublik Deutschland. Karlheinz Losch (*1942) wurde fünfmal Weltmeister (1958, 59, 1961, 62, 1966). Bei den Frauen siegte Astrid Bader (*1941) viermal in Serie (1965–68). Dieter Fingerle (*1944) und Uta Keller (*1948) holten sich zwischen 1965 und 1967 dreimal den Titel im Paarlaufen. Fingerle war 1959 schon einmal mit seiner Partnerin Susanne Schneider Weltmeister geworden. Auf vier Titel kamen auch John Arishita/Tammy Jeru (USA) 1983-86.
Seit 1980 werden im Einzellauf jeweils drei Titel (Pflicht, Kür, Allround) vergeben. Michael Butzke (*1960) wurde zwischen 1979 und 1982 insgesamt siebenmal Weltmeister, Claudia Bruppacher (*1964) kam von 1982 bis 1984 zu fünf Erfolgen.

ROLLHOCKEY

Weltmeisterschaften: Die meisten Titel seit 1936 gewann Portugal mit 13 Erfolgen. Es folgen Spanien (10), Italien (4), England und Argentinien (je 2).

Europameisterschaften; Am häufigsten Sieger seit 1926 wurde Portugal (17) vor England (12), Spanien (8) und Italien (1).

Deutsche Meisterschaften: Rekordsieger ist RESG Walsum (Duisburg) mit 13 Titeln (1949, 1952–54, 1971–75, 1981, 1985, 1987, 1989) vor der Spvgg. Herten mit neun Siegen (1951, 1955–57, 1961, 1964, 65, 1970, 1979).

Deutscher Rekord-Internationaler ist Wolfgang Jex (Remscheid) mit 259 Länderspielen vor Harro Stucksberg (Herten) 250, Manfred Kipp (Iserlohn) 240 und Gerd Gillessen (Mönchengladbach) 233.

Europapokal: Rekordsieger ist der FC Barcelona mit neun Erfolgen (1973, 74, 1978-84).

RUDERN

Olympische Spiele, seit 1900: Zu je drei Goldmedaillen kamen John B. Kelly (1889–1960, USA), Vater der tödlich verunglückten Fürstin Gracia von Monaco, im Skullboot (1920) und Doppelzweier (1920 und 1924); sein Cousin Paul Costello (*1899, USA) im Doppelzweier (1920, 1924 und 1928); Jack Beresford (1899–1977, GB) im Skullboot (1924), Vierer ohne Steuermann (1932) und Doppelzweier (1936); Wjatscheslaw Iwanow (*1938, UdSSR) im Skullboot (1956, 1960 und 1964); Siegfried Brietzke (*1952, DDR) im Zweier ohne Steuermann (1972) und Vierer ohne Steuermann (1976 und 1980) sowie Pertti Karppinen (*1953, Finnland) im Skullboot (1976, 1980 und 1984). Beresford gewann außerdem noch zwei Silbermedaillen, 1920 im Einer und 1928 im Achter.

Weltmeisterschaften, eingeführt 1962: Die meisten Titel mit sieben gewannen die italienischen Brüder Giuseppe (*1959) und Carmine (*1962) Abbagnale, die den gesteuerten Zweier 1981, 82, 1985, 1987, 1989–91 für sich entschieden. Außerdem holten sie olympisches Gold 1984 und 1988.

Die meisten Titel im Einer errangen mit fünf Peter-Michael Kolbe (*1953, BR Deutschland) 1975, 1978, 1981, 1983, 1986 sowie Pertti Karppinen 1979, 1985 und dreimal bei Olympia (1976, 1980, 1984). Bei den Frauen kam Christine Hahn-Scheiblich (*1954, DDR) auf die gleiche Zahl, 1974, 75, 1977, 78 und Olympia 1976).

Erfolgreichste Frau ist Jutta Behrendt-Hampe (*1960, DDR). Sie kam zu fünf Goldmedaillen im Einer (1983, 1986) sowie im Doppelvierer (1985, 1987, 1989). Außerdem wurde sie Einer-Olympiasiegerin 1988. Die gleiche Bilanz hat Jana Sorgers (*1967, DDR) vorzuweisen. Weltmeisterin im Doppelvierer 1986, 87, 1990, 91 und im Doppelzweier 1989. Dazu Olympiasiegerin 1988 im Doppelvierer.

Der erfolgreichste deutsche Ruderer ist Peter-Michael Kolbe, der im Einer fünfmal Weltmeister, dreimal Olympia-Zweiter (1976, 1984, 1988), einmal Europameister (1973) und zehnmal Deutscher Meister (1973, 74, 1978–80, 1984–88) wurde und erstmals 1987 die Diamond Sculls bei der Henley-Regatta in London gewann.

Die schnellste Zeit auf der 2000-m-Strecke erreichte mit 5:25,62 Min. (Durchschnittsgeschwindigkeit 22,044 km/h) der Deutschland-Achter bei der WM auf dem Lake Barrington in Tasmanien (Australien) am 4. November 1990.

Die traditionsreichste Regatta der Welt (seit 10. Juni 1829) ist das Bootsrennen zwischen den Universitäts-Achtern von Oxford und Cambridge, das alljährlich auf der Londoner Themse zwischen Putney und Mortlake über 6,779 km entschieden wird. Von den 138 Rennen gewann Cambridge 69 und Oxford 68. Am 22. März 1877 gab es ein Unentschieden.

Die längste Regatta findet jährlich auf dem Genfer See (Schweiz) statt. Die schnellste Zeit mit 12:30:31 Std. für die 160-km-Strecke erreichte der gesteuerte Vierer der Renngemeinschaft Bonner RV, Schüler RV Bonn, WSP Düsseldorf (Oliver und Thomas Schoenijahn, Thorsten Jonischkeit, Thomas Kühl und Volker Walz) am 29. September 1990.

Bei den Frauen kam eine Bonn/Köln/Düsseldorfer Kombination (Margret Engelhard, Doris Himmelsbach, Susanne Huygen-Kleinmeyer, Monika Rycken, Elke Kürten) am gleichen Tag auf 15:26:56 Std.

Die Rekordzeit für eine Ärmelkanalüberquerung erreichte mit 3:35:01 Std. der Skuller Ivor Lloyd (GB) am 4. Mai 1983.

RUGBY

Olympische Spiele: Nur viermal stand diese Sportart auf dem Programm. Es siegten Frankreich (1900), Australien (1908) und die Vereinigten Staaten (1920, 1924).
Vier US-Spieler, Charles Doe, John O'Neil, John Patrick und Rudolph Scholz, standen sowohl 1920 als auch 1924 im Gold-Team.

Weltmeisterschaften, eingeführt 1987: Den ersten Titel sicherte sich Neuseeland mit einem 29:9-Sieg über Frankreich in Auckland. 1991 in Twickenham (GB) gewann Australien mit 12:6 gegen England.

Den höchsten Sieg in einem Länderspiel schaffte am 1. November 1987 Neuseeland mit 106:4 gegen Japan in Tokio. Frankreich schlug am 28. Juni 1988 in Asuncion (Paraguay) mit 106:12 Paraguay. Bei einem Freundschaftsspiel am 30. Mai 1962 in Quirindi (Australien) gewann Neuseeland sogar mit 125:0 gegen Nord-Neusüdwales (Australien). Ein noch höheres Ergebnis, allerdings von Vereinsmannschaften, gab es in Dänemark: Comet schlug am 17. November 1973 Lindo mit 194:0.

Die meisten Zuschauer bei einem Länderspiel wurden am 1. März 1975 im schottischen

Ein Meister seines Fachs, Peter-Michael Kolbe. Nur der Olympia-Sieg fehlte ihm.

Edinburgh gezählt: 104 000 sahen Schottlands 12:10-Sieg über Wales.

Länderspiele: Deutschland bestritt 191 Begegnungen, gewann 82 und verlor 102. Siebenmal gab es ein Unentschieden. Der höchste Sieg wurde am 29. Oktober 1961 mit 52:3 über Belgien errungen, die höchste Niederlage am 20. Februar 1983 mit 0:84 gegen Frankreich erlitten.

Deutscher Rekord-Internationaler ist Horst Kemmling (49 Spiele) vor Robert Twele (36), Peter Heller (35) und Klaus Wesch (32).

Deutsche Meisterschaften (seit 1909): Am häufigsten gewann mit 17 Victoria Hannover-Linden (1929, 1948, 1951–56, 1958, 1962, 1965, 1969, 1972, 1975, 1987, 1989, 1992). Den DRV-Pokal (seit 1962) holte sich neunmal der DSV 1878 Hannover.

Den weitesten Kick schaffte Gerald Hamilton Brand (*1906, Südafrika). Er beförderte am 2. Januar 1932 in Twickenham gegen England den Rugby-Ball aus 82 m Entfernung direkt ins Tor.

SCHIESSEN

Olympische Spiele: Die meisten Medaillen, nämlich elf, gewann Carl Osburn (1884–1966, USA) 1912, 1920 und 1924: fünfmal Gold, viermal Silber, zweimal Bronze. Fünf weitere Schützen haben ebenfalls fünf Goldmedaillen gewonnen: Lee Willis (1920), Alfred Lane (1912–20) und Morris Fisher (1920–24), alle USA, sowie die Schweizer Konrad Stäheli (1900) und Louis Richardet (1900).

Seit 1984 gibt es Extra-Wettbewerbe für die Frauen bei Olympischen Spielen.

Als erste Frau gewann am 20. August 1988 in München-Hochbrück Sylvia Sperber (*1965) die Deutsche Meisterschaft im Dreistellungskampf mit der Freien Waffe und bezwang die gesamte männliche Konkurrenz. Die spätere Olympiasiegerin kam auf 1278,8 Ringe, die zugleich Finalrekord bedeuteten.

Weltmeisterschaften: Die meisten Titel im Tontaubenschießen, nämlich sechs, holte Susan Nattrass (*1950, Kanada). Sie gewann 1974, 75, 1977–79 und 1981. Bei den Männern siegte Michel Carrega (*1934, Frankreich) viermal: 1970, 71, 1974 und 1979.

Die meisten Treffer in einer Stunde schaffte mit 3172 Tauben Dan Carlisle (USA) in Norco, Kalifornien (USA), am 20. Mai 1990.

1000-Tauben-Turnier (Skeet): Auf dem Eduard-Hünnecke-Stand des JSC Ratzeburg kam am 5. Oktober 1985 das Quartett Thomas Jensen (Dänemark/932 Treffer), Detlef Harten (Deutschland/863), Claudia Gräfin von Kanitz (Deutschland/836) als beste Frau sowie Ebbe Kofoed (Dänemark/828) auf insgesamt 3459 von 4000 möglichen Abschüssen. Die 40 Runden zu 25 Tauben wurden in der Zeit von 7:57 Std. bewältigt. Etwa alle sieben Sek. fiel ein Schuß.

SCHIESSEN – WELTREKORDE

Disziplin	Entfernung	Schüsse	Treffer	Name/Land	Jahr
Kleinkaliber, Freie Waffe	50 m	3 x 40	1276,7 (1179+97,7)	Rajmond Debevec (Jugoslawien)	1990
Kleinkaliber, liegend	50 m	60	703,5 (599+104,5)	Jens Harskov (Dänemark)	1991
Luftgewehr	10 m	60	699,5 (596+103,5)	Rajmond Debevec (Jugoslawien)	1990
Freie Pistole	50 m	60	674 (580+94)	Spas Koprinkov (Bulgarien)	1992
Schnellfeuer-Pistole	25 m	60	891 (594+297)	Ralf Schumann (Deutschland)	1989
Luftpistole	10 m	60	695,1 (593+102,1)	Sergej Pyshianow (UdSSR)	1989
Laufende Scheibe	50 m	60	679 (582+97)	Lubos Racansky (ČSFR)	1991
Wurftauben, Trap			224 (200+24)	Jörg Damme (Deutschland)	1990
Wurftauben, Skeet			225 (200+25)	Axel Wegner (Deutschland)	1991
			225 (200+25)	Hennie Dompeling (Niederlande)	1991

SCHIESSEN – DEUTSCHE REKORDE

Disziplin	Entfernung	Schüsse	Treffer	Name	Jahr
Kleinkaliber, Freie Waffe	50 m	3 x 40	1262,8 (1170+92,8)	Peter Heinz	1990
Kleinkaliber, liegend	50 m	60	701,2 (598+103,2)	Sven Martini	1991
Luftgewehr	10 m	60	701,6 (598+103,6)	Hans Riederer	1992
Freie Pistole	50 m	60	666 (570+96)	Uwe Potteck	1988
Schnellfeuer-Pistole	25 m	60	891 (594+297)	Ralf Schumann	1989
Luftpistole	10 m	60	689,6 (587+102,6)	Uwe Potteck	1990
Laufende Scheibe	50 m	60	677 (579+98)	Michael Jakosits	1991
Wurftauben, Trap			224 (200+24)	Jörg Damme	1990
Wurftauben, Skeet			225 (200+25)	Axel Wegner	1991

SCHIESSEN – FRAUEN WELTREKORDE

Disziplin	Entfernung	Schüsse	Treffer	Name/Land	Jahr
KK Standardgewehr	50 m	3 x 20	684,4 (589+95,4)	Vessela Letcheva (Bulgarien)	1991
Luftgewehr	10 m	40	500,8 (399+101,8)	Valentina Tscherkassowa (UdSSR)	1991
Sportpistole	25 m	60	693 (593+100)	Nina Salukwadse (UdSSR)	1989
Luftpistole	10 m	40	492,4 (392+100,4)	Liselotte Breker (Deutschland)	1989

SCHIESSEN – FRAUEN DEUTSCHE REKORDE

Disziplin	Entfernung	Schüsse	Treffer	Name	Jahr
KK Standardgewehr	50 m	3 x 20	680,4 (582+98,4)	Carmen Giese	1990
Luftgewehr	10 m	40	501,7 (398+103,7)	Birgit Weiskopf	1992
Sportpistole	25 m	60	682 (585+97)	Liselotte Breker	1990
Luftpistole	10 m	40	492,4 (392+100,4)	Liselotte Breker	1989

SCHWIMMEN

Olympische Spiele: Die meisten Goldmedaillen gewann mit neun Mark A. Spitz (*1950, USA): 1968 über 4 × 100- und 4 × 200-m-Freistil, dann 1972 über 100-, 200-m-Freistil, über 100-, 200-m-Schmetterling, über 4 × 100- und 4 × 200-m-Freistil sowie über 4 × 100-m-Lagen. Außerdem holte er sich 1968 noch eine Silber- und eine Bronzemedaille (100-m-Schmetterling und 100-m-Freistil). Alle diese Leistungen mit Ausnahme der 4 × 200-m-Freistil von 1968 waren gleichzeitig neue Weltrekorde.

Die meisten Goldmedaillen bei den Frauen gewann mit sechs Kristin Otto (*1965, DDR), die 1988 in Seoul die 50-m- und 100-m-Freistil, 100-m-Rücken und 100-m-Schmetterling für sich entschied und der 4 × 100-m-Freistil- und 4 × 100-m-Lagenstaffel zum Erfolg verhalf. Schon vorher war die Leipzigerin je siebenmal Welt- und Europameisterin gewesen.

Die meisten Medaillen bei den Frauen errangen mit jeweils acht Dawn Fraser (*1937, Australien) 1956, 1960 und 1964, Kornelia Ender (*1958, DDR) 1972 und 1976 sowie Shirley Babashoff (*1957, USA) 1972 und 1976.

Die meisten Goldmedaillen in Einzelwettbewerben holten sich mit je vier Roland Matthes (*1950, DDR) über 100 und 200 m Rücken 1968, 1972 sowie Mark Spitz und Kristin Otto.

Jüngste Medaillengewinnerin ist Kornelia Ender, die als 13jährige 1972 in München Silber

Olympiasieger in Seoul und Weltrekordler im Skeetschießen, der Leipziger Axel Wegner.

über 200-m-Lagen sowie in der 4×100-m-Freistil- und Lagen-Staffel gewann.

Die einzige Frau, die dreimal nacheinander (1956, 1960, 1964) den gleichen Wettbewerb, die 100-m-Freistil, gewann, ist Dawn Fraser.

Der knappste Sieg ereignete sich am 30. August 1972 in München beim 400-m-Lagen-Finale, als Gunnar Larsson (*1951, Schweden) mit einer Differenz von zwei Tausendstelsek. – das ist ein Vorsprung von drei Millimetern – gegen Tim McKee (*1953, USA) gewann. 4:31,981 zu 4:31,983 lauteten die Zeiten.

Das veranlaßte den internationalen Verband zu der Regeländerung, keine Tausendstelsek. mehr heranzuziehen. So kamen in Los Angeles 1984 die beiden Amerikanerinnen Nancy Hogshead (*1962) und Carry Steinseifer (*1968) mit ihren 55,92 Sek. über 100-m-Freistil gemeinsam zur Goldmedaille.

Die tragischste Figur bei den Sommerspielen 1984 in Los Angeles war der Deutsche Thomas Fahrner. Er erreichte über 400-m-Freistil mit 3:50,91 Min. (olympischer Rekord) zwar die schnellste Zeit aller Konkurrenten und erhielt dennoch keine Medaille. Er wurde nur Neunter, denn er hatte in seinem Vorlauf zu sehr gebummelt, das Finale knapp verpaßt und durfte nur im Trostrennen starten. Hier kam er auf ein besseres Ergebnis als Amerikas Olympiasieger George Dicarlo (3:51,23).

Weltmeisterschaften, eingeführt 1973: Die meisten Medaillen mit 13 gewann zwischen 1982 und 1990 Michael Groß (*1964, BR Deutschland), je fünfmal Gold und Silber, dreimal Bronze.
Bei den Frauen kam Kornelia Ender 1973 und 1975 zu insgesamt zehn Medaillen, achtmal Gold und zweimal Silber.

Erfolgreichster deutscher Schwimmer aller Zeiten ist Michael Groß (*1964). Er errang je zwei Titel bei der WM 1982 in Guayaquil (Ecuador) und 1986 in Madrid sowie einen 1991 in Perth (Australien). Seine olympische Ausbeute sind zweimal Gold (100-m-Schmetterling, 200-m-Freistil) und zweimal Silber (200-m-Schmetterling, 4×200-m-Freistil) 1984 in Los Angeles sowie einmal Gold (200-m-Schmetterling) und einmal Silber (4×200-m-Freistil) 1988 in Seoul. Außerdem wurde er 13mal Europameister (1981–87), stellte 13 Welt-, 23 Europa- und 67 deutsche Rekorde auf.

Die meisten Weltrekorde bei den Männern erzielte mit 32 Arne Borg (1901–87, Schweden) in den Jahren 1921–29; bei den Frauen Ragnhild Hveger (*1920, Dänemark) mit 42 in den Jahren 1936–42.

Die meisten Rekorde unter modernen Bedingungen (nur metrische Distanzen auf einer 50-m-Bahn) stellte mit 26 Mark Spitz (USA) zwischen 1967 und 1972 sowie mit 23 Kornelia Ender (DDR) zwischen 1973 und 1976 auf.

Der schnellste Mann im Wasser ist Tom Jager (*1964, USA), der am 24. März 1990 in Nashville, Tennessee (USA), die 50-m-Freistil in einem 50-m-Becken in 21,81 Sek. zurücklegte, was einer Durchschnittsgeschwindigkeit von 8,25 km/h entspricht. Bei den Frauen kam am 11. April 1988 in Guangzhou (China) Wenyi Yang (*1972, China) auf 24,98 Sek., was einem Schnitt von 7,21 km/h entspricht.

100×100 m: Eine Freistil-Staffel des Darmstädter Schwimm- und Wassersport-Clubs 1912 erreichte am 12. Juli 1991 die Rekordzeit von 1:42:28,6 Std.
100×400 m: Eine Staffel der Startgemeinschaft Menden (Sauerland) verbesserte am 28. Oktober 1989 im Mendener Hallenbad den Weltrekord auf 9:18:34,8 Std.
100×1000 m: Eine Staffel des SV Mannheim erreichte am 18. September 1983 in einem offenen Gewässer 30:53:37 Std.
1000×50 m: Eine Staffel des SC Einheit Dresden kam am 13. Juli 1988 in Dresden auf die Weltbestzeit von 7:31:45 Std.
1000×100 m: Eine Staffel aus Magdeburg erreichte am 14./15. März 1992 die Zeit von 23:15:06 Std.

Die längste Strecke in einem Stück schaffte Ricardo Hoffmann (*1941, Argentinien). Er schwamm im Paraná-Fluß von Corrientes nach Santa Elena 481,5 km in 84:37 Std., und zwar vom 3. bis 6. März 1981.

Den Stundenweltrekord halten bei den Männern mit 5515 m Rainer Henkel (BR Deutschland), aufgestellt am 21. September 1985 in Wuppertal, und bei den Frauen mit 4950 m Petra Zindler (BR Deutschland), erreicht am 11. November 1985 in Arnsberg.

Kanalschwimmen: Der erste Mensch, der den Ärmelkanal (ohne Schwimmweste) überquerte, war 1875 der Kapitän der englischen Handelsmarine Matthew Webb (1848–83); von Dover (GB) brauchte er im Bruststil 21:45 Std. nach Calais (Frankreich). Er war vom 24. August 12 Uhr 56 bis zum 25. August 10 Uhr 41 unterwegs.

Den offiziellen Rekord der Channel Swimming Association (gegründet 1927) hält von England nach Frankreich mit 7:40 Std. Penny

Erhielt den schmückenden Beinamen der Albatros, der deutsche Schwimmer Michael Groß.

Dean (*1955, USA), aufgestellt am 29. Juli 1978 von Dover nach Cap Gris Nez.

Die erste Überquerung von Frankreich nach England unternahm Enrico Tiraboschi, ein in Argentinien lebender Italiener. Er brauchte am 12. August 1923 genau 16:33 Std. Die schnellste Zeit auf dieser Strecke hält Richard Davey (*1965) mit 8:05 Std. im Jahr 1988.

Die erste Frau, der die Überquerung gelang, war Gertrude C. Ederle (*1906, USA); sie schwamm am 6. August 1926 von Cap Griz Nez (Frankreich) nach Deal (GB) 14:39 Std. Die erste Frau, die von England nach Frankreich schwamm, war Florence Chadwick (*1918, USA) am 11. September 1951 in 16:19 Std.

Die ältesten erfolgreichen Teilnehmer waren Bertram Clifford Batt (*1919, Australien), der mit 67 Jahren und 241 Tagen auf 18:37 Std. kam, sowie Stella Ada Rosina Taylor (*1929, GB), die mit 45 Jahren und 250 Tagen 18:15 Std. erreichte.

Die jüngsten erfolgreichen Teilnehmer sind Thomas Gregory (*1976, GB), der mit 11 Jahren und 333 Tagen auf 11:54 Std. kam, sowie Samantha Claire Druce (*1971, GB), die mit 12 Jahren und 119 Tagen 15:27 Std. schaffte.

Die meisten Überquerungen gehen auf das Konto von Michael Read (GB), der zwischen dem 24. August 1969 und dem 19. August 1984 insgesamt 31mal die Strecke zurücklegte, einschließlich sechs in einem Jahr. Bei den Frauen kam Cindy Nicholas (*1957, Kanada) zwischen dem 29. Juli 1975 und dem 14. September 1982 auf 19 Überquerungen.

Die erste Unterwasser-Durchquerung des Ärmelkanals von Frankreich nach England gelang am 10./11. Juli 1962 Fred Baldasare (*1924, USA). Er benötigte für die 67,5 km lange Distanz 18:01 Std.

WASSERSPRINGEN

Olympische Spiele: Die meisten Medaillen gewann Klaus Dibiasi (*1947, Italien) mit fünf (drei Gold, zwei Silber) bei vier Olympischen Spielen zwischen 1964 und 1976. Er ist auch der einzige Springer, der denselben Wettkampf (Turm) bei drei Spielen nacheinander (1968, 1972, 1976) gewann.

Ebenfalls zu fünf Medaillen (viermal Gold, einmal Silber) kam Greg Louganis (*1960, USA), der zwischen 1976 und 1988 der alles überragende Mann in diesem Metier war.

Weltmeisterschaften: Die meisten Titel erkämpfte sich Greg Louganis, der fünfmal siegte, 1978 vom Turm, 1982 und 1986 jeweils vom Drei-Meter-Brett und vom Turm. Außerdem gewann der Amerikaner beide Wettbewerbe bei den Olympischen Spielen 1984 und 1988, ebenso auch Patricia McCormick (*1930, USA), die 1952 und 1956 einen Doppeltriumph feierte.

Erfolgreichste Frau bei Weltmeisterschaften ist Irina Kalinina (*1959, UdSSR). Sie wurde 1973, 1975 und 1978 dreimal Siegerin, einmal Zweite und einmal Dritte.

Die höchsten Punktzahlen bei Olympischen Spielen erhielt 1984 in Los Angeles Greg Louganis mit 754,41 vom Drei-Meter-Brett und 710,91 vom Zehn-Meter-Turm. Bei den Weltmeisterschaften 1982 in Guayaquil (Ecuador) gaben ihm alle Kampfrichter die Höchstnote 10,0 für einen perfekten Sprung.

WASSERBALL

Olympische Spiele: Die meisten Turniere gewann Ungarn mit sechs: 1932, 1936, 1952, 1956, 1964 und 1976. Deutschland wurde 1928 Sieger, 1932 und 1936 Zweiter sowie 1984 Dritter.

SCHWIMMEN – DIE BESTEN DEUTSCHEN LEISTUNGEN

Sportart		Name	Jahr
Männer			
50-m-Freistil	22,33	Nils Rudolph	1991
100-m-Freistil	49,52	Nils Rudolph	1991
200-m-Freistil	1:47,44	Michael Groß	1984
400-m-Freistil	3:46,95	Uwe Daßler	1988
1 500-m-Freistil	14:50,36	Jörg Hoffmann	1991
50-m-Brust	28,32	Ralf Eggers	1989
100-m-Brust	1:02,54	Christian Poswiat	1991
200-m-Brust	2:16,30	Ralph Färber	1991
50-m-Schmetterling	24,39	Nils Rudolph	1990
100-m-Schmetterling	53,08	Michael Groß	1984
200-m-Schmetterling	1:56,24	Michael Groß	1986
50-m-Rücken	25,74	Dirk Richter	1987
100-m-Rücken	55,35	Dirk Richter	1984
200-m-Rücken	1:59,60	Frank Baltrusch	1988
200-m-Lagen	2:01,62	Patrick Kühl	1988
400-m-Lagen	4:16,08	Patrick Kühl	1988
4 x 100-m-Freistil	3:21,89	EOSC Offenbach	1988
4 x 200-m-Freistil	7:18,36	Dynamo Berlin	1988
4 x 100-m-Lagen	3:45,61	SG Essen	1992
Frauen			
50-m-Freistil	25,46	Simone Osygus	1992
100-m-Freistil	54,73	Kristin Otto	1986
200-m-Freistil	1:57,55	Heike Friedrich	1986
400-m-Freistil	4:05,84	Anke Möhring	1989
800-m-Freistil	8:19,53	Anke Möhring	1987
1 500-m-Freistil	16:13,55	Astrid Strauß	1984
50-m-Brust	31,58	Silke Hörner	1988
100-m-Brust	1:07,91	Silke Hörner	1987
200-m-Brust	2:26,71	Silke Hörner	1988
50-m-Schmetterling	27,37	Kornelia Greßler	1985
100-m-Schmetterling	59,00	Kristin Otto	1988
200-m-Schmetterling	2:07,82	Cornelia Polit	1983
50-m-Rücken	29,12	Kristin Otto	1988
100-m-Rücken	1:00,59	Ina Kleber	1984
200-m-Rücken	2:09,91	Cornelia Sirch	1982
200-m-Lagen	2:11,73	Ute Geweniger	1981
400-m-Lagen	4:36,10	Petra Schneider	1982
4 x 100-m-Freistil	3:43,24	Dynamo Berlin	1989
4 x 200-m-Freistil	8:17,98	SC Berlin	1991
4 x 100-m-Lagen	4:08,64	SC Karl-Marx-Stadt	1984

SCHWIMMEN – WELTREKORDE

Sportart	Leistung	Name/Land	Jahr
Männer			
50-m-Freistil	21,81	Tom Jager (USA)	1990
100-m-Freistil	48,42	Matt Biondi (USA)	1988
200-m-Freistil	1:46,69	Giorgio Lamberti (Italien)	1989
400-m-Freistil	3:46,47	Kieren Perkins (Australien)	1992
1 500-m-Freistil	14:48,40	Kieren Perkins (Australien)	1992
50-m-Brust	28,05	Dimitri Wolkow (UdSSR)	1989
100-m-Brust	1:01,29	Norbert Rozsa (Ungarn)	1991
200-m-Brust	2:10,60	Mike Barrowman (USA)	1991
50-m-Schmetterling	24,33	Jan Karlsson (Schweden)	1992
100-m-Schmetterling	52,84	Pablo Morales (USA)	1986
200-m-Schmetterling	1:55,69	Melvin Stewart (USA)	1991
50-m-Rücken	25,23	David Berkoff (USA)	1988
100-m-Rücken	53,93	Jeff Rouse (USA)	1991
200-m-Rücken	1:56,57	Martin Lopez-Zubero (Spanien)	1991
200-m-Lagen	1:59,36	Tamas Darnyi (Ungarn)	1991
400-m-Lagen	4:12,36	Tamas Darnyi (Ungarn)	1991
4 x 100-m-Freistil	3:16,53	USA-Staffel	1988
4 x 200-m-Freistil	7:12,51	USA-Staffel	1988
4 x 100-m-Lagen	3:36,93	USA-Staffel	1988
Frauen			
50-m-Freistil	24,98	Wenyi Yang (China)	1988
100-m-Freistil	54,48	Jenny Thompson (USA)	1992
200-m-Freistil	1:57,55	Heike Friedrich (DDR)	1986
400-m-Freistil	4:03,85	Janet Evans (USA)	1988
800-m-Freistil	8:16,22	Janet Evans (USA)	1989
1 500-m-Freistil	15:52,10	Janet Evans (USA)	1988
50-m-Brust	31,58	Silke Hörner (DDR)	1988
100-m-Brust	1:07,91	Silke Hörner (DDR)	1987
200-m-Brust	2:25,35	Anita Nall (USA)	1992
50-m-Schmetterling	27,30	Hong Quian (China)	1991
100-m-Schmetterling	57,93	Mary T. Meagher (USA)	1981
200-m-Schmetterling	2:05,96	Mary T. Meagher (USA)	1981
50-m-Rücken	29,06	Yang Wenyi (China)	1989
100-m-Rücken	1:00,31	Krisztina Egerszegi (Ungarn)	1991
200-m-Rücken	2:06,62	Krisztina Egerszegi (Ungarn)	1991
200-m-Lagen	2:11,73	Ute Geweniger (DDR)	1981
400-m-Lagen	4:36,10	Petra Schneider (DDR)	1982
4 x 100-m-Freistil	3:40,57	DDR-Staffel	1986
4 x 200-m-Freistil	7:55,47	DDR-Staffel	1987
4 x 100-m-Lagen	4:03,69	DDR-Staffel	1984

Schnellste Frau im Wasser, Jenny Thompson, die Weltrekordlerin im 100 m-Freistil-Schwimmen.

Die meisten Goldmedaillen, nämlich drei, teilen sich fünf Spieler: die drei Briten George Wilkinson (1879–1946) 1900, 1908, 1912; Paulo Radmilovic (1886–1968) und Charles Sidney Smith (1878–1951) 1908, 1912, 1920 sowie die beiden Ungarn Deszo Gyarmati (*1927) und György Kárpáti (*1935) 1952, 1956 und 1964. Gyarmatis Frau und Tochter gewannen jeweils Gold- und Silbermedaillen im Schwimmen. Paulo Radmilovic gewann 1908 ebenfalls eine Goldmedaille in der 4 × 200-m-Freistilstaffel.

Weltmeisterschaften, eingeführt 1973: Je zweimal gewannen den Titel die UdSSR (1975, 1982) und Jugoslawien (1986, 1991), je einmal erfolgreich waren Ungarn (1973) und Italien (1978). Die erste Frauen-Weltmeisterschaft fand 1986 statt und wurde von Australien gewonnen. 1991 siegten die Niederlande.

Ein Jahrhundert-Finale war das WM-Endspiel von Madrid 1986. Nach viermaliger Verlängerung und einer effektiven Spielzeit von 2:13 Std. gewann Jugoslawien gegen Italien 12:11 (7:7 – 9:9, 9:9, 10:10). Das entscheidende Tor fiel drei Zehntelsek. vor Schluß.

Europacup: Am häufigsten den Landesmeister-Wettbewerb gewannen mit je sechs Siegen Partizan Belgrad (1963, 1965, 66, 1970, 1974, 75) und Mladost Zagreb (1967–69, 1971, 1989, 90). Die Wasserfreunde Spandau 04 aus Berlin kamen zu vier Siegen (1982, 1985, 86, 1988).

Die meisten Länderspiele bestritt Alexey Barkalow (*1946, UdSSR), der zwischen 1965 und 1980 insgesamt 412mal in die Landesauswahl berufen wurde.

Die meisten Tore in einem Länderspiel warf beim 16:10-Sieg über Kanada mit 13 der Australier Debbie Handley während der WM 1982 in Guayaquil (Ecuador).

Deutscher Rekordnationalspieler – und damit zugleich auch die Nummer eins in der Welt – ist Frank Otto (Spandau 04 Berlin, Camoglia, Cannstatt) mit 437 Einsätzen bis Ende März 1992. Danach folgen Peter Röhle (400), Rainer Osselmann (312), Hagen Stamm (287), Günter Kilian (254), Dirk Theismann (246), Roland Freund (238) und Thomas Loebb (236).
Bei den Frauen führt Anke Hocks (Hohenlimburg) mit 93 Länderspielen vor Birgit Kempen (86), Rebecca Grund (85), Sabine Florschütz (84) und Sabine Kleine (76).

Deutsche Meisterschaften: Der erfolgreichste Verein sind die Wasserfreunde Spandau 04 aus Berlin, die 14mal in Serie (1979–92) den Titel holten. Außerdem kamen die Spandauer noch zu 13 deutschen Pokalsiegen.
Sie gewannen 1982 erstmals alle 30 Bundesliga-Spiele und blieben zwischen dem 10. September 1980 und dem 12. Juli 1983 insgesamt 101mal ungeschlagen. Außerdem holten sie sich 13mal (1979–87, 1989, 1990–92) den deutschen Pokal, wurden viermal Europacup-Sieger der Landesmeister sowie 1985 und 1986 europäischer Supercup-Gewinner.

Toller Bursche
Als jüngster Pilot der Welt hat Sascha Albrecht (*1975) als St. Wendel das Goldene Segelflugabzeichen mit zwei Diamanten geschafft. Die verlangten Anforderungen im Strecken- und Zielstreckenflug erreichte er mit 512,5 km am 19. Dezember 1990 in Australien.

SEGELFLUG

Weltmeisterschaften, eingeführt 1948: Die meisten Einzeltitel gewann der Australier Ingo Renner mit vier, 1976 (Standardklasse), 1983, 1985, 1987 (Offene Klasse).

Dreiecksflüge: Die Einsitzer-Weltrekorde halten über 100 km Ingo Renner (Australien) mit 195,3 km/h, über 300 km Jean-Paul Castel (Frankreich) mit 169,49 km/h, über 500 km Beat Bunzli (Schweiz) mit 170,06 km/h, über 750 km Hans-Werner Grosse (Deutschland) mit 158,40 km/h, über 1000 km Grosse mit 145,32 km/h und über 1250 km Grosse mit 133,24 km/h.

Langstreckenflug: Hans-Werner Grosse schaffte 1460,8 km in seiner *ASW-12* von Lübeck nach Biarritz (Frankreich) am 25. April 1972.

Der erfolgreichste Pilot der Welt ist Hans-Werner Grosse (*1922, Deutschland), der insgesamt 46 Weltrekorde aufstellte. Die letzten erreichte er im Januar 1991 und 1992 über der nordaustralischen Küste mit seiner Frau Karin in einer Doppelsitzer-Maschine *ASH-25-T* im Dreiecksflug über 300 km mit einer Durchschnittsgeschwindigkeit von 165 km/h, über 750 km mit einer Durchschnittsgeschwindigkeit von 156 km/h und über 1000 km mit einer Durchschnittsgeschwindigkeit von 144,49 km/h.

Motorsegler-Weltrekorde: Klaus Holinghaus (Deutschland) kam mit seiner Hochleistungsmaschine *Nimbus-4 M* im Januar 1992 in Südafrika im Zielrückkehrflug auf 1132 km und schaffte im Dreiecksflug 1162 km.

SEGELN

Olympische Spiele: Der erste Sportler, der viermal nacheinander die Goldmedaille gewann, war Paul B. Elvström (*1928, Dänemark) in der 5,5-m-Klasse 1948, Finn-Klasse 1952, 1956, 1960; dazu kamen 13 Welt- und acht Europameisterschaften in insgesamt acht verschiedenen Klassen.
Erfolgreichster deutscher Teilnehmer ist Jochen Schümann (*1954, DDR), der 1976 im Finn und 1988 im Soling siegte. 1992 wurde er auch Weltmeister.

Die Höchstgeschwindigkeit erreichte mit 36,04 Knoten (66,78 km/h) die 22,4 m lange *Crossbow II*, die diesen Rekord am 17. November 1980 auf dem 500-m-Kurs in Portland Harbour (GB) aufstellte. Die Yacht mit einer Segelfläche von 130,06 m² wurde von Rod McAlpine-Downie entworfen und von ihrem Besitzer Timothy Colman gesteuert.

Die meisten Regattateilnehmer, die je zu einem einzigen Rennen starteten, waren 2072 Segelboote bei »Rund um Seeland« (Dänemark) am 21. Juni 1984 über eine Strecke von 475 km.

Der America's Cup (seit 1851) ist der älteste und bedeutendste Hochseesegel-Wettbewerb der Welt. Bis auf das Jahr 1983, als vor Newport (USA) die *Australia II* mit Skipper John Bertrand gewann, gab es stets Siege amerikanischer Yachten, insgesamt 27 – davon 16 gegen Großbritannien, sieben gegen Australien, zwei gegen Kanada und einen – wegen ungleicher Boote allerdings umstrittenen und erst durch Gerichtsbeschluß sanktionierten – gegen Neuseeland sowie 1992 gegen Italien.

Bei diesem Cup geht es um eine von der Königin Victoria gestiftete silberne Kanne. Ursprünglich wurde sie als Direktpreis vom Schoner *America* am 22. August 1851 in Cowes gewonnen, später aber als Herausforderungs-Trophäe ausgesegelt.

Zu je drei Erfolgen kamen als Kapitän Charlie Barr (1899, 1901, 1903), Harold S. Vanderbilt (1930, 1934, 1937) und Dennis Walter Conner (1980, 1987, 88), der insgesamt viermal am Finale teilnahm und 1983 einmal verlor. Bereits 1974 war er Steuermann beim Skipper Ted Hood.

Der Admiral's Cup (seit 1957) ist die Regatta mit den meisten Teilnehmernationen, wobei jedes Land drei Boote stellen darf. Sie wird alle zwei Jahre vom Royal Ocean Racing Club im Ärmelkanal veranstaltet.

Eine Rekordzahl von 19 Nationen beteiligte sich 1975, 1977 und 1979. Großbritannien gewann den Admiral's Cup neunmal. Die Bundesrepublik Deutschland siegte dreimal (1973, 1983, 1985), die USA zweimal, Australien und Neuseeland je einmal.

Von London nach Sydney: Die kürzeste Zeit benötigte die *Great Britain II,* eine 23,5-m-Ketsch, bemannt mit einer britischen Crew aus mehreren Abteilungen der Streitkräfte. Sie segelte vom 31. August bis 7. November 1975 in 67 Tagen, 5:19:49 Std. von der Themsemündung nach Sydney (Australien) und unterbot damit den früheren Rekord des Clippers *Patriarch* von 1870 um nahezu zwei Tage. Die Rückreise nach Dover (GB) dauerte nur 66 Tage, 22:31:35 Std. Die gesamte Weltumseglung von 42 280 km wurde in einer Rekordzeit von 134 Tagen, 3:51:24 Std. ausgeführt.
In einem Rekord von 35,5 Tagen überquerte 1931 der Deutsche Ludwig Schlimbach (1876–1949) den Atlantik von Hamburg nach New York.

Das längste Rennen ist das Vendee Globe Challenge, das über 41 652 km führt und von Einhandseglern in 15 bis 18 m langen Booten ohne Zwischenstop bestritten wird. Bei der Premiere (26. November 1989–19. März 1990) mit Start und Ziel in Les Sables (Frankreich) siegte Titouan Lamazu (*1955, Frankreich) in seiner Schaluppe *Ecureuil d'Aquitaine* nach 109 Tagen, acht Stunden, 48:50 Min.

Rund um die Welt, eingeführt 1973: Die Distanz mit Start und Ziel in Southampton (GB) betrug 1989–90 immerhin 59 239 km. Zwischenstationen waren Punta del Este (Uruguay), Freemantle (Australien), Auckland (Neuseeland), Punta del Este und Fort Lauderdale (Florida, USA).

Kieler Woche: Aus Anlaß des 100jährigen Bestehens des Kieler Yacht-Clubs nahmen 1987 mehr als 4000 Segler aus 43 Nationen mit 1854 Booten teil. Ein absoluter Rekord für ein maritimes Ereignis.

Rekordsieger ist der Berliner Dr. Wolfgang Hunger (*1960), der siebenmal die 470er Klasse gewann, 1983–87 mit seinem Bruder Joachim und 1988, 1991 mit Rolf Schmidt.

SKISPORT

Ursprünge: Der älteste existierende Ski wurde gut erhalten in einem Torfmoor bei Hoting (Schweden) gefunden und datiert von etwa 2500 v. Chr. Eine Felsschnitzerei von einem Ski in Bessowsjsledki (UdSSR) datiert von 6000 v. Chr. Skilaufen als militärische Übung fand bereits 1199 in Norwegen Erwähnung.
Das sportliche Skilaufen entwickelte sich erst 1843 in Tromsö (Norwegen). Der 1861 in Norwegen gegründete Trysil Schieß- und Skiclub macht geltend, daß er der älteste der Welt sei. Skilaufen wurde in den Alpen 1883 eingeführt, obwohl es im Carniola-Distrikt einige Hinweise auf einen früheren Gebrauch gibt.

Der erste Abfahrtslauf fand 1870 in Telemarken (Norwegen) statt, die erste Slalomveranstaltung am 19. März 1905 am Muckenkogel in der Steiermark. Der österreichische Ski-Pionier Matthias Zdarsky hatte einen Kurs mit 85 Toren gesteckt. Der Internationale Skiverband (FIS) wurde am 2. Februar 1924 gegründet. Olympische Wettbewerbe gibt es seit 1924.
Außer Slalom, Riesenslalom und Abfahrt wurde 1985 auch der Super-G (Super-Riesenslalom) ins alpine Programm aufgenommen.

Die ältesten deutschen Vereine, gegründet 1892, sind der Skiclub Todtnau (Schwarzwald) und der Wintersportverein Braunlage (Harz). Der Deutsche Skiverband wurde 1905 in München, der Österreichische Skiverband 1905 in Innsbruck und der Schweizer Skiverband 1904 in Bern aus der Taufe gehoben.

Den längsten Ski fuhren 46 Skilehrer der Region Dachstein-West am 26. Januar 1986. Mit den 40 m langen und 500 kg schweren »Brettln« gelang es ihnen, auf einem Hang in Gosau eine Abfahrtsstrecke von gut 400 m zurückzulegen.

ALPINE WETTBEWERBE

Olympische Spiele: Die meisten Goldmedaillen mit je drei gewannen Anton »Toni« Seiler (*1935, Österreich) 1956, Jean Claude Killy (*1943, Frankreich) 1968, die jeweils die Abfahrt, den Slalom und Riesenslalom für sich entschieden, und Alberto Tomba (Italien), der 1988 den Slalom und Riesenslalom sowie 1992 den Riesenslalom gewann. Außerdem gewann er 1992 Silber im Slalom.
Bei den Frauen kamen sechs Läuferinnen zu je zwei Siegen, Andrea Mead-Lawrence (*1932, USA) 1952, Marielle Goitschel (*1945, Frankreich) 1968, Marie-Therese Nadig (*1954, Schweiz) 1972, Rosi Mittermaier (*1950, BR Deutschland) 1976, Hanni Wenzel (*1956, Liechtenstein) 1980, Vreni Schneider (*1964, Schweiz) 1988 und Petra Kronberger (*1969, Österreich) 1992. Hanni Wenzel gewann außerdem 1976 eine Silber- und 1980 eine Bronzemedaille und ist damit erfolgreichste Athletin.

Fasziniert die Segler in aller Welt, der America's Cup. Sieger wurde 1992 der Amerikaner Bill Koch.

Fünfmal Weltmeister, viermal Olympiasieger und viermal Weltcup-Gewinner, Matti Nykänen.

Weltmeisterschaften, eingeführt 1931: Die meisten Titel gewann Christel Cranz (*1914, Deutschland) mit insgesamt zwölf, davon vier im Slalom (1934, 1937–39), drei in der Abfahrt (1935, 1937, 1939) und fünf in der Kombination (1934, 35, 1937–39). Außerdem holte sie sich die Goldmedaille in der Kombination bei den Olympischen Spielen 1936.

Die meisten Titel bei den Männern errang mit sieben Anton (Toni) Sailer, der 1956 bei den Olympischen Winterspielen alle vier Wettbewerbe (Riesenslalom, Slalom, Abfahrtslauf, nichtolympische alpine Kombination) sowie 1958 den Abfahrtslauf, den Riesenslalom und die Kombination gewann.

Weltcup, eingeführt 1967: Die meisten Titel gewannen mit je vier Gustavo Thöni (*1951, Italien) 1971–73, 1975, Pirmin Zurbriggen (*1966, Schweiz) 1984, 1987, 88, 1990 und Marc Girardelli (*1963, Österreich/Luxemburg) 1985, 86, 1989, 1991. Noch besser war Annemarie Moser-Pröll (*1953, Österreich) mit sechs Siegen 1971–75, 1979. Alle vier möglichen Einzelwettbewerbe (Abfahrt, Slalom, Riesenslalom und Gesamtwertung) gewann 1967 Jean Claude Killy.

Erfolgreichster Läufer ist Ingemar Stenmark (*1956, Schweden), der am 19. Februar 1989 seinen 86. und zugleich letzten Triumph (46 Siege im Riesenslalom, 40 im Slalom) feierte. Annemarie Moser-Pröll brachte es auf 62 Siege.

Die meisten Siege in einer Saison feierte Vreni Schneider, die 1988/89 insgesamt 14mal erfolgreich war, siebenmal im Slalom, sechsmal im Riesenslalom und einmal in der Kombination. Ingemar Stenmark brachte es in der Saison 1978/79 auf 13 Siege.

Unübertroffen sind die 25 Weltcup-Abfahrtssiege von Franz Klammer (*1953, Österreich) zwischen 1974 und 1984.

Deutsche Meisterschaften: Die meisten Titel gewann mit 16 Ludwig Leitner (*1940), der 1964 Weltmeister in der Kombination wurde. Christian Neureuther wurde zwölfmal Sieger.
Die meisten Titel bei den Frauen, nämlich 24, gewann Christel Cranz mit neun in der Kombination, neun im Slalom und sechs in der Abfahrt. Rosi Mittermaier (*1950) errang 18 Titel, gewann 1976 zwei olympische Goldmedaillen und eine Silbermedaille sowie den Weltcup.

Die erfolgreichste österreichische Läuferin ist Annemarie Moser-Pröll mit zwölf Landesmeisterschaften und 62 Weltcupsiegen, darunter waren vom Dezember 1972 bis Januar 1974 elf Abfahrtsrennen in Serie. Gesamtgewinnerin 1971–75 und 1979. Außerdem 1972 Weltmeisterin in der Kombination, 1974 Weltmeisterin in der Abfahrt, 1978 Weltmeisterin in der Abfahrt und Kombination. 1980 olympische Goldmedaille in der Abfahrt, 1972 Silber in der Abfahrt und im Riesenslalom.

Die meisten österreichischen Meistertitel bei den Männern gewann Karl Schranz (*1938) mit zwölf.

Das längste Abfahrtsrennen ist das »Inferno«-Rennen in der Schweiz. Vom Gipfel des Schilthorns geht es 15,8 km hinunter nach Lauterbrunnen. 1986 beteiligten sich 1400 Skiläufer an dem Rennen. Den Streckenrekord hält der Schweizer Ueli Grossniklaus mit 15:26,44 Min. seit 1987.

Die Geschwindigkeits-Weltrekorde halten mit 229,299 km/h Michael Prüfer (Frankreich) und mit 219,245 km/h die Finnin Tarja Mulari. Beide Leistungen wurden am 22. Februar 1992 bei den olympischen Demonstrationswettbewerben im französischen Les Arcs, Savoyen, aufgestellt. Die offizielle Meßstrecke betrug 100 m bei einem Gefälle von 59 Prozent.

Die höchste Geschwindigkeit bei einem Weltcup-Abfahrtsrennen erreichte mit 107,82 km/h Harti Weirather (*1958, Österreich) auf der Streiff in Kitzbühel (Österreich) am 15. Januar 1982.

NORDISCHE WETTBEWERBE

Olympische Spiele: Zu je vier Goldmedaillen kamen im Skilanglauf Sixten Jernberg (*1929, Schweden) 1956, 1960, 1964, Gunde Svan (*1962, Schweden) 1984, 1988, Thomas Wassberg (*1956, Schweden) 1984, 1988, Galina Kulikowa (*1942, UdSSR) 1972, 1976 und Raisa Smetanina (*1952, UdSSR) 1976, 1980, 1992 sowie der Skispringer Matti Nykänen (*1963, Finnland) 1984, 1988. Raisa Smetanina gewann außerdem noch fünf Silber- und eine Bronzemedaille zwischen 1976 und 1992. Jernberg brachte es zu insgesamt neun Medaillen, neben vier goldenen noch zu drei silbernen und zwei bronzenen.

Erst Freizeitvergnügen, dann Ausgleichssport und jetzt ein eigener Wettbewerb, Rollski.

Den knappsten Sieg gab es 1980 in Lake Placid (USA), als Thomas Wassberg den 15-km-Langlauf in 41:57,63 Min. mit einer Hundertstelsek. Vorsprung (das entspricht etwa 6 cm) vor dem Finnen Juha Mieto gewann.

Erfolgreichster Langläufer der Welt ist Gunde Svan, der zwischen 1985 und 1991 elf Titel gewann. Zu den vier Olympiasiegen, je einer über 15 km (1985) und 50 km (1988) sowie zwei mit der 4 × 10-km-Staffel (1984, 1988), kommen noch sieben WM-Erfolge über 15 km (1989), 30 km (1985, 1991) und 50 km (1985, 1989) sowie mit der Staffel (1987, 1989). Sein Landsmann Sixten Jernberg brachte es zwischen 1956 und 1964 zu vier Olympiasiegen und vier Weltmeisterschaften.

Erfolgreichste Langläuferin der Welt ist Raisa Smetanina, die zu ihren zehn Olympiamedaillen noch weitere 13 bei Weltmeisterschaften gewann. Insgesamt kam sie aber nur zu sieben Siegen.

Weltmeisterschaften: Auf sechs Einzeltitel kam Johan Grottumsbraaten (1899–1942, Norwegen), der zwischen 1926 und 1932 zweimal die 18 km und viermal die nordische Kombination gewann.

Als erster Frau gelang es der Finnin Marjo Matikainen im Februar 1989 in Lahti (Finnland), fünf Medaillen bei einer WM zu holen. Ihre Ausbeute waren zwei goldene, eine silberne und zwei bronzene Medaillen.

Weltpokal der Langläufer, eingeführt 1971: Fünfmal gewann der Schwede Gunde Svan (1984–86, 1988, 89). Bei den Frauen siegte dreimal die Finnin Marjo Matikainen (1986–88).

Deutsche Meisterschaften im Langlauf: Am häufigsten gewann Walter Demel (*1935) mit insgesamt 40 Titeln über die Strecken 15, 30 und 50 km. Erfolgreichste Frau ist mit 28 Titeln Karin Jäger.

DDR-Meisterschaften: Kuno Werner (*1925) siegte zwischen 1952 und 1962 insgesamt 26mal.

Das größte Skirennen ist der »Vasa Loppet«. Er gedenkt des Ereignisses von 1521, bei dem Gustav Vasa (1496–1560), später König Gustav Erikson, auf dem Schlitten die 85,8 km von Mora nach Sälen (Schweden) zurücklegte, während die beiden dalekarischen Bauern Lars und Engelbrekt auf Skiern liefen. Die Wiederholung dieser Reise in umgekehrter Richtung ist ein jährliches Festival. Am 60. Rennen am 6. März 1983 nahmen 10934 Läufer teil. Der Schwede Bengt Hassis gewann am 2. März 1986 in neuer Streckenrekordzeit von 3:48:55 Std.

Das schnellste Rennen lief auf einer völlig ebenen Strecke Billy Koch (*1943, USA), der die 50 km (10 Runden zu 5 km) in 1:59:47 Std. am 26. März 1981 in Marlborough Pont, Vermont (USA), zurücklegte, was einem Schnitt von 25,045 km/h entspricht.

Der erfolgreichste Athlet in der Nordischen Kombination (Skispringen und 15-km-Langlauf) ist Ulrich Wehling (*1952, DDR), der zwischen 1972 und 1980 dreimal in Serie Olympiasieger und viermal Weltmeister wurde.

Deutsche Meisterschaften in der Nordischen Kombination: Am häufigsten gewann mit neun Titeln Georg Thoma (*1937) 1958–66. Er wurde 1960 Olympiasieger und 1964 Olympia-Dritter, Weltmeister 1966 und dreimal Deutscher Meister im Skispringen 1960, 61 und 1963.

Erfolgreichster Skispringer mit fünf Weltmeisterschaften, vier olympischen Gold- und einer Silbermedaille ist Matti Nykänen. Ihm nur wenig nach steht Birger Ruud (*1911, Norwegen), der zweimal Olympiasieger (1932 und 1936) und dreimal Weltmeister wurde. Er ist übrigens der einzige, der sowohl im nordischen als auch im alpinen Skisport (1936 Abfahrtslauf) olympisches Gold gewann.

Weltcup der Skispringer: Matti Nykänen gewann viermal (1983, 1985, 86, 1988) und ist damit absoluter Rekordmann.

Skifliegen: Den offiziellen Weltrekord hält der Pole Pjotr Fijas mit 194 m, aufgestellt beim Weltcup am 14./15. März 1987 im jugoslawischen Planica.
André Kiesewetter (Deutschland) kam am 23. März 1991 in Planica sogar auf 196 m, mußte aber dabei in den Schnee greifen.

Die größte Weite einer Frau auf einer Normalschanze sind 110 m, erreicht von Tiina Lehtola (*1962, Finnland) am 29. März 1981 in Ruka.

ROLLSKI

Die Weltrekorde über 1 km halten Johnny Binelli (Italien) mit 1:44 Min. und Monika Rigoni (Italien) mit 2:14 Min., über 50 km Guido

Mit dem Gewehr auf dem Rücken durch die Skiloipen – das ist der Kampf der Biathleten.

Masiero (Italien) mit 1:40:34 Std. und Dorothea Dziadkowiec (Polen) mit 2:06:46 Std. Einzige deutsche Weltrekordlerin ist Angelika Völk-Lang, die in 12 Std. 220,720 km zurücklegte.

BIATHLON

Olympische Spiele: Erfolgreichster Teilnehmer ist Alexander Tichonow (*1947, UdSSR), der zwischen 1968 und 1980 viermal Gold mit der Staffel über 4 × 7,5 km holte und 1968 Zweiter über 20 km wurde.

Die meisten Einzel-Goldmedaillen gewannen mit je zwei Magnar Solberg (*1937, Norwegen) 1968 und 1972 sowie Frank-Peter Roetsch (*1964, DDR) 1988.

Eine einmalige Serie schaffte die Sowjetunion, die zwischen 1968 und 1988 jeweils die Goldmedaille über 4 × 7,5 km gewann.

Weltmeisterschaften: Die meisten Einzel-Titel, nämlich sechs, gehen auf das Konto von Frank Ullrich (*1958, DDR), der viermal die 10 km (1978–81) und zweimal die 20 km (1982, 83) gewann. Außerdem verhalf er viermal der Staffel (1978, 79, 1981, 82) zum Erfolg.

Sogar auf 14 Titel, davon zehn mit der Mannschaft, kam Alexander Tichonow zwischen 1968 und 1980.

Alle drei Titel bei einer WM gewannen 1986 in Oslo Valerie Medwedzew (UdSSR), 1987 in Lake Placid (USA) Frank-Peter Roetsch (DDR) und 1991 in Lahti (Finnland) Mark Kirchner (Deutschland). Sie siegten jeweils über 10, 20 km und mit der 4 × 7,5-km-Staffel.

Weltcup, eingeführt 1979: Dreimal gewannen Frank Ullrich (DDR) 1980–82 sowie Frank-Peter Roetsch (DDR) 1984, 85 und 1987.

Weltmeister aus Österreich 1992 im Slalom, der Skibobfahrer Markus Moser.

SKIBOB

Weltmeisterschaften: Die meisten Titel in den Disziplinen Abfahrt, Riesenslalom und Kombination errang zwischen 1987 und 1991 mit 14 Petra Wlezcek-Tschach (Österreich). Bei den Männern kam Walter Kroneisl (Österreich) zwischen 1983 und 1990 zu acht Erfolgen.

Die höchste Geschwindigkeit erreichte mit 166 km/h Erich Brenter (*1940, Österreich) im italienischen Cervinia 1964.

Den weitesten Sprung schaffte mit 45,5 m der Österreicher Gerfried Seeber am 5. März 1992 auf der großen Schanze in Oberwiesenthal.

GRASSKI

Weltmeisterschaften: Die meisten Titel gewannen bei den Frauen Ingrid Hirschhofer (Österreich) mit zehn zwischen 1979 und 1989 sowie bei den Männern Erwin Gansner (Schweiz) mit sieben zwischen 1981 und 1987.

Europameisterschaften: Für ein Novum sorgte 1988 in Gutenstein (Österreich) Rainer Großmann (*1966, BR Deutschland), der alle vier möglichen Titel – Slalom, Riesenslalom, Super G, Kombination – errang. 1979 hatte Vincent Riewe (Deutschland) ebenfalls alle Titel gewonnen, aber damals stand der Super G noch nicht auf dem Programm.

Je fünf Siege schafften Ingrid Hirschhofer zwischen 1980 und 1990 sowie Rainer Großmann von 1988 bis 1990.

Europacup, eingeführt 1971: Zehnmal siegte die Österreicherin Ingrid Hirschhofer, sechsmal der Schweizer Erwin Gansner.

Deutsche Meisterschaften: Erfolgreichste Teilnehmer sind Rainer Großmann mit 17 und Katja Krey mit neun Titeln.

Die höchste Geschwindigkeit erreichte mit 92,07 km/h Klaus Spinka (Österreich), der diese Leistung am 24. September 1989 in Waldsassen (Deutschland) schaffte.

Versteht meisterhaft das Spiel mit dem kleinen Ball, Susan Devoy, die viermalige Weltmeisterin.

Die höchste Geschwindigkeit erreichte mit 82,71 km/h Thierry Bielak (Frankreich) auf einem 500-m-Kurs in Saint Maries de-la-Mer, Camarque (Frankreich), am 18. April 1991. Den Rekord bei den Frauen hält mit 73,53 km/h Babette Coquelle (Frankreich), aufgestellt vor Tarifa (Spanien) am 16. Juli 1991.

Die schnellste Überquerung des Ärmelkanals gelang Ansgar Hengst (*1961, BR Deutschland) in 1:02 Std. am 5. Oktober 1988 von Dover nach Cap Gris Nez. In umgekehrter Folge brauchte Arnaud de Rosnay (Frankreich) 1:04,33 Std. am 4. Juli 1982.

Eine Überquerung des Atlantischen Ozeans in Ost-West-Richtung gelang erstmals den beiden Franzosen Stephane Peyron und Alain Pichavant, die am 2. Januar 1986 in Dakar zu ihrer Tour aufgebrochen waren. Die zwei erreichten nach 24 Tagen und 12 Std. die Antillen-Insel Guadeloupe. Sie benutzten ein 9,5 m langes und 1,18 m breites Tandembrett.

Die erste Alleinüberquerung schaffte der Franzose Stephane Peyron zwischen dem 10. Juni und 27. Juli 1987. Er startete in New York und landete nach 48 Tagen auf seinem 7,5 m langen und 1,3 m breiten Surfbrett in La Rochelle (Frankreich). Nach kurzem Aufenthalt steuerte er dann noch seine 150 km entfernte Heimatstadt La Baule an.

FREESTYLE

Olympische Spiele: Die ersten Sieger im Buckelpistenfahren wurden 1992 in Albertville Donna Weinbrecht (USA) und Edgar Grospiron (Frankreich).

Weltmeisterschaften, eingeführt 1986: Zu je zwei Titeln kamen bisher im Kunstspringen Lloyd Langlois (Kanada) 1986, 1989, im Ballett Jan Buchner (USA) 1986, 1989 und im Buckelpistenfahren Edgar Grospiron 1989, 1991.

Europameisterschaften gibt es seit 1985. Vorher wurden die Sieger aus den Resultaten des europäischen Cups ermittelt. Ernst Garhammer (BR Deutschland) kam zu fünf Titeln im Skiballett und in der Kombination, Christine Rossi (Frankreich) sogar zu sieben Erfolgen.

Deutsche Meisterschaften, eingeführt 1979: Es gewannen am häufigsten Hedi Garhammer mit neun Titeln sowie Michael Fleischmann und Thomas Wacht mit je vier.

SQUASH

Weltmeisterschaften, eingeführt 1976: Die meisten Titel gewann mit sechs Jahangir Khan (*1963, Pakistan) 1981–85, 1988. Zwischen dem 10. April 1981 und dem 11. November 1986 blieb er ungeschlagen. Außerdem holte er sich dreimal den ISRF-Titel (früher Amateur-WM) 1979, 1983, 1985.

Geoffrey B. Hunt (*1947, Australien) wurde viermal Profi-Weltmeister (1976, 77, 1979, 80) und dreimal Amateur-Weltmeister (1967, 1969, 1971).

Die meisten Titel bei den Frauen holte mit vier Susan Devoy (*1964, Neuseeland) 1985, 1987, 1990, 91.

Erfolgreichste Nationen bei Mannschafts-Weltmeisterschaften sind bei den Herren mit sechs Titeln Australien (1967, 1969, 1971, 1973, 1989, 1991) sowie bei den Damen mit je vier England (1985, 1987, 1989, 90). Außerdem siegte Großbritannien 1979.

British Open: Die meisten Titel gewann bei den Damen Heather Pamela McKay (*1941, Australien), die 16mal zwischen 1961 und 1976 erfolgreich war. Bei den Herren kam Jahangir Khan zu zehn Erfolgen zwischen 1982 und 1991. Darüber hinaus gewann McKay zwei WM-Titel (1976, 1979). Noch bemerkenswerter: In ihrer Karriere von 1959 bis 1980 verlor sie nur zwei Spiele, je eines 1960 und 1962.

Das längste Spiel mit 2:46 Std. bestritten Jahangir Khan und der Ägypter Gamal Awad (9:10, 9:5, 9:7, 9:2) am 30. März 1983 beim Finale des internationalen Patrick-Festivals im englischen Chichester, West Sussex. Dabei dauerte der erste Satz allein 1:11 Std.

Das kürzeste Spiel dauerte nur 6:37 Min. In dieser Zeitspanne bezwang Philip Kenyon mit 9:0, 9:0, 9:0 den Ägypter Salah Nadi bei den British Open in London am 9. April 1992.

Deutsche Meisterschaften: Rekordgewinner mit sechs Titeln ist Carol Martini, der 1980–83, 1985 und 1987 siegte. Bei den Damen brachte es Sabine Schöne zu fünf Erfolgen (1988–92).

SURFEN

Der Sport wurde 1909 auf Waikiki neu belebt, hohle Bretter wurden 1929 eingeführt und 1956 der leichte Plastik-Typ.

Olympische Spiele: Die erste Goldmedaille erkämpfte sich 1984 in der Windglyder-Klasse Stephan van den Berg (*1962, Niederlande).

Die meisten Amateur-Weltmeistertitel, eingeführt 1973, gewann mit fünf Stephan van den Berg (Niederlande) 1979–83.

Die meisten Profi-Weltmeistertitel bei den Funboards errang der als Wunderkind eingestufte Robby Naish (*1961, Hawaii), der zwischen 1974 – damals gerade 13 Jahre alt – und 1988 jeweils siegte.

TENNIS

Olympische Spiele: Wettbewerbe fanden zwischen 1896 und 1920 sowie ab 1988 statt. Die meisten Medaillen gewann Max Decugis (1882–1978, Frankreich) mit viermal Gold sowie je einmal Silber und Bronze zwischen 1900 und 1920. Bei den Damen kam Kitty McKane (*1897, GB) zu einem Sieg sowie je zwei zweiten und dritten Plätzen 1920 und 1924.

Der Grand Slam ist die Krone des Tennissports. Um diesen so seltenen Erfolg zu erkämpfen, bedarf es der Turniersiege bei den Internationalen Meisterschaften von Australien (Melbourne), Frankreich (Paris), Großbritannien (Wimbledon) und den USA (Flushing Meadow, früher Forest Hills) innerhalb von zwölf Monaten. Früher galten sogar die – verschärften – Regeln, daß solch ein Triumph innerhalb eines Kalenderjahres erreicht werden mußte.
Der erste Spieler, dem dieses Kunststück gelang, war John Donald Budge (*1915, USA) 1938. Sogar zweimal holte sich Rodney George Laver (*1938, Australien) den großen Wurf, zuerst 1962 als Amateur und dann 1969, als die Turniere auch für Profis offen waren.
Auch vier Damen gewannen den Grand Slam: Maureen Catherine Connolly-Brinker (1934 bis 69, USA) 1953, Margaret Jean Court-Smith (*1942, Australien) 1970 sowie – nach neuer Version – Martina Navratilova (*1956, ČSFR/USA) 1983/84. Und schließlich war 1988 auch Steffi Graf (*1969, BR Deutschland) erfolgreich, die sich darüber hinaus in Seoul noch den Olympiasieg holte, so daß man von einem noch nie erreichten Golden Slam sprach.

Der erste Spieler, der alle vier Turniere gewann, war Frederick John Perry (*1909, GB), der

Surfkönigin
Ein Traum ging in Erfüllung. Am 10. November 1991 auf Mauri (Hawaii) gewann erstmals eine deutsche Frau die Profi-Weltmeisterschaft im Surfen, Jutta Müller (*1968) aus dem pfälzischen Roxheim. Mit 5,7 Punkten verdrängte sie die spanische Titelverteidigerin Britt Dunkerbeck (6,7) und die Australierin Jessica Crisp (11,0) auf die Plätze, gewann außerdem den Titel im Kursrennen, wurde Zweite im Slalom und Dritte im Wellenreiten. Schließlich verhalf sie dem Team Germany (Nathalie Siebel, Bernd Flessner und Robby Seeger) zur Mannschafts-Weltmeisterschaft.

1934–36 in Wimbledon, 1933, 34, 1936 in den USA, 1934 in Australien und 1935 in Paris siegte.

Die meisten Grand-Slam-Erfolge erreichte mit 24 Margaret Court, die zwischen 1960 und 1973 elfmal Melbourne, je fünfmal die US-Open und Paris sowie dreimal Wimbledon gewann. Bei den Herren kam Roy Emerson (*1930, Australien) auf zwölf Erfolge in einem Zeitraum von sieben Jahren (1961–67) – sechsmal in Australien, je zweimal in Frankreich, USA und Wimbledon.

Die meisten Siege im Doppel verbuchten mit je 20 Althea Louise Brough/Margaret Evelyn Du Pont zwischen 1942 und 1957 sowie Martina Navratilova/Pam Shriver zwischen 1981 und 1989.

Das meiste Geld verdiente bis Ende 1991 Ivan Lendl mit 17 576 061 Dollar. Bei den Damen kam Martina Navratilova auf 17 386 343 Dollar.

Auf den höchsten Jahresverdienst kamen Monica Seles (Jugoslawien) 1991 mit 2 457 758 Dollar bei den Damen und Ivan Lendl 1989 mit 2 344 367 Dollar bei den Herren.

Das längste Match dauerte 6:39 Std. So lange standen sich beim Davis-Cup am 25. Juli 1987 im amerikanischen Hartford (Connecticut) John McEnroe (USA) und Boris Becker gegenüber. Die Begegnung endete mit 4:6, 15:13, 8:10, 6:2, 6:2 für den Deutschen.

Die längste Begegnung bei den Damen dauerte 6:22 Std., als beim Turnier im September 1984 in Richmond (USA) Vicky Nelson mit 6:4, 7:6 (13:11) ihre amerikanische Rivalin Jean Hepner bezwang.

Das kürzeste Match bei einem Grand Prix dauerte 30:44 Min. Nur so lange benötigte Steffi Graf, um am 2. Mai 1986 in der dritten Runde des Turniers von Indianapolis die Südafrikanerin Yvonne Vermaak mit 6:0, 6:2 zu schlagen.

Den Tiebreak-Rekord mit 26:24 gab es im vierten Satz der ersten Doppelrunde beim Wimbledon-Turnier am 1. Juli 1985. Jan Gunnarsson/Michael Mortensen (Schweden/Dänemark) gewannen das Match gegen John Frawley/Viktor Pecci (Australien/Paraguay) 6:3, 6:4, 3:6, 7:6.

WIMBLEDON

Die meisten Titel erreichte mit insgesamt 20 Billie-Jean King-Moffitt (* 1943, USA), die zwischen 1961 und 1979 sechs Einzel, zehn Doppel und vier Mixed gewann. Elizabeth Montague-Ryan (1892–1979, USA) kam auf 19 (Doppel-)Erfolge, zwölf bei den Damen, sieben im Mixed, zwischen 1914 und 1934.

Die meisten Titel bei den Herren errang mit 13 Hugh Laurence Doherty (1875–1919, GB), fünf im Einzel in den Jahren 1902–06 und einen Rekord von acht im Doppel mit seinem Bruder Reginald Frank (1872–1910) in den Jahren 1897–1901, 1903–05.

Die meisten Titel im Einzel: Martina Navratilova gewann neunmal (1978, 79, 1982–87, 1990), William Charles Renshaw (1861–1904, GB) siebenmal (1881–86, 1889), als der Titelverteidiger noch automatisch für das nächste Finale qualifiziert war. Nach Abschaffung der Herausforderungsrunde schaffte Björn Borg (*1956, Schweden) fünf Triumphe, noch dazu in Serie (1976–80).

Die meisten Titel im Doppel: Elizabeth Montague-Ryan gewann zwölfmal, Hugh Laurence Doherty war achtmal erfolgreich wie auch sein Bruder Reginald Frank.

Die meisten Titel im Mixed: Elias Victor Seixas (*1923, USA) 1953–56, Kenneth Norman Fletcher (*1940, Australien) 1963, 1965, 66, 1968, Owen Keir Davidson (*1943, Australien) 1967, 1971, 1973, 74 gewannen je viermal, Elizabeth Montague-Ryan sogar siebenmal zwischen 1919 und 1932.

Die jüngste Siegerin ist Charlotte Dod (1871–1960, GB), die erst 15 Jahre und 285 Tage alt war, als sie 1887 das Turnier gewann.

Der jüngste Sieger ist Boris Becker (*1967, BR Deutschland), der mit 17 Jahren und 227 Tagen das Turnier gewann und ein Jahr später, als Zweitjüngster, seinen Triumph wiederholte. Außerdem war Becker der erste Deutsche und erste Ungesetzte, der hier erfolgreich war.

Sein größter Triumph: Michael Stich gewann 1991 das Wimbledon-Finale gegen Boris Becker.

Der älteste Sieger ist Arthur Gore (1868–1928, GB). Er gewann 1909 im Alter von 41 Jahren und 182 Tagen.

Die älteste Siegerin ist Margaret Evelyn du Pont-Osborne (*1918, USA), die sich 1962 mit 44 Jahren und 125 Tagen den Mixed-Titel mit dem Australier Neale Fraser holte.

Das längste Finale dauerte 4:16 Std. Jimmy Connors (USA) siegte 1982 gegen John McEnroe (USA) mit 3:6, 6:3, 6:7, 7:6, 6:4.

Das kürzeste Finale dauerte nur ganze 37 Min. William Renshaw schlug 1881 seinen hoffnungslos unterlegenen Gegner John T. Hartley 6:0, 6:1, 6:1.

Ohne Satzverlust zum Titel kamen nur vier Spieler: Donald Budge (USA/1938), Tony Trabert (USA/1955), Charles McKinley (USA/1963) und Björn Borg (Schweden/1976).

Ein historisches Wochenende gab es aus deutscher Sicht am 6./7. Juli 1991. Erstmals standen sich mit Michael Stich und Boris Becker (6:4, 7:6, 6:4) zwei deutsche Herren in einem Finale gegenüber. Außerdem konnten noch zwei weitere deutsche Erfolge gefeiert werden. Steffi Graf holte sich nach 1988 und 89 zum dritten Mal den Titel, und bei den Juniorinnen siegte Barbara Rittner.

Am häufigsten dabei war Arthur Gore. Er nahm zwischen 1888 und 1927 insgesamt 36mal teil. Jean Borotra (*1898, Frankreich) spielte zwischen 1922 und 1964 insgesamt 35mal in Wimbledon. 1977 machte er sogar noch einmal im Veteranen-Doppel mit.

US-OPEN

Den absoluten Rekord hält Margaret Evelyn du Pont-Osborne mit 25 Titelgewinnen zwischen 1941 und 1960, davon drei im Einzel, 13 im Doppel (zwölf mit Althea Louise Brough) und neun im Mixed. Bei den Herren brachte es William Tatem Tilden auf 16 Erfolge, darunter sieben im Einzel, 1920–25, 1929.
Je sieben Einzeltitel holten sich auch Richard Dudley Sears (1861–1943) zwischen 1881–87 und William A. Larned (1872–1926) 1901, 02, 1907–11 sowie bei den Damen Molla Mallory Bjurstedl (1892–1959) 1915, 16, 1918, 1920–22, 1926 und Helen Wills-Moody (*1905, USA) 1923–25, 1927–29, 1931.

Der jüngste Sieger heißt Pete Sampras (*1971, USA), der mit 19 Jahren und 28 Tagen den Titel 1990 errang. Die jüngste Siegerin war Tracy Ann Austin (*1962, USA), die mit 16 Jahren und 271 Tagen den Titel 1979 gewann.

Der älteste Sieger war William Larned 1911 mit 38 Jahren und 242 Tagen.

Rekorddotierung: 7,25 Mio. Dollar schütteten die Veranstalter vom 26. August bis 8. September 1991 aus. Die Einzelsieger von Flushing Meadow erhielten je 400 000 Dollar, die Erstrunden-Teilnahme brachte noch 6000 Dollar ein.

FRENCH OPEN

Am häufigsten siegte Margaret Court-Smith (Australien), die es auf 13 Titel zwischen 1962 und 1973 brachte, davon fünf im Einzel, je vier im Doppel und Mixed. Siebenmal im Einzel war Chris Evert (1974, 75, 1979, 80, 1983, 1985, 86) erfolgreich. Bei den Herren gewann Henri Cochet (1901–87, Frankreich) neunmal zwischen 1926 und 1930, vier Einzel, drei Doppel und zwei Mixed. Sechsmal war Björn Borg zwischen 1974 und 1981 im Einzel erfolgreich.

Der jüngste Sieger von Paris und eines Grand-Slam-Turniers überhaupt ist Michael Chang (*1972), der 1989 sensationell das Finale mit 6:1, 3:6, 4:6, 6:4, 6:2 gegen Stefan Edberg (Schweden) gewann. Der Sohn chinesischer Einwanderer in die USA war bei seinem Triumph 17 Jahre und 109 Tage alt.

Die jüngste Siegerin ist Monica Seles (*1973, Jugoslawien), die 1990 bei ihrem 7:6, 6:4-Triumph über Steffi Graf 16 Jahre und 169 Tage alt war.

Der älteste Sieger war Andreas Gimeno (*1937, Spanien), der 1972 mit 34 Jahren und 301 Tagen gewann.

AUSTRALIAN OPEN

Erfolgreichste Spielerin war Margaret Court-Smith, die es im Einzel zu elf Titeln (1960–66, 1969–71, 1973) brachte und außerdem acht Doppel und zwei Mixed gewann.

Siegerin der Australien Open und French Open 1992, aber wenige Wochen später im Wimbledon-Finale unterlag sie Steffi Graf, die Jugoslawin Monica Seles.

Errang seinen größten Triumph mit dem Gewinn der Tischtennis-Europameisterschaft, Jörg Roßkopf.

Bei den Herren kam Roy Emerson zu sechs Einzelsiegen (1961, 1963–67). Adrian Karl Quist holte sich zehn Doppel- und drei Einzeltitel zwischen 1936 und 1950.

Der jüngste Sieger war Rodney W. Heath (Australien), der mit 17 Jahren 1905 gewann.

Die jüngste Siegerin ist Monica Seles, die 1991 bei ihrem ersten Triumph 17 Jahre und 55 Tage alt war.

GRAND PRIX-MASTERS

Den Rekord dieses 1970 in Tokio eingeführten und jährlich ausgetragenen Wettbewerbs der erfolgreichsten Spieler der Saison hält Ivan Lendl mit fünf Siegen (1982, 83, Januar und Dezember 1986, 87). Neunmal (1980–88) erreichte er das Finale. Auf sieben Doppeltitel kamen John McEnroe (*1959) und sein Partner Peter Fleming (*1955, beide USA) von 1978 bis 1984.

Der jüngste Sieger ist Pete Sampras, der mit 20 Jahren und 104 Tagen das Turnier von Frankfurt/Main 1991 gewann. Im Finale bezwang er Jim Courier (USA) 3:6, 7:6, 6:3, 6:4.

Am häufigsten bei den Damen gewann mit sechs Titeln Martina Navratilova zwischen 1978 und 1986. Außerdem kam sie zu neun Doppelerfolgen, zu einem mit Billie-Jean King (1980) und zu acht mit Pam Shriver (bis 1991).

DAVIS-CUP

Die meisten Siege der 1900 eingeführten Weltmeisterschaft für Herren-Teams errangen mit 29 die USA vor Australien (26), Großbritannien (9) und Frankreich (7). Deutschland kam zu zwei Erfolgen (1988, 89).

Den Rekord von 163 Einsätzen hält Nicola Pietrangeli (*1933, Italien) zwischen 1954 und 1972. Er gewann 78 von 109 Einzeln und 42 von 54 Doppeln.

Am häufigsten in einem siegreichen Team stand Roy Emerson (*1936), der mit Australien achtmal (1959–62, 1964–67) erfolgreich war. Bill Tilden gewann mit den USA siebenmal, 1920–26.

Weltrekord
Ihren ersten Turniersieg feierte Martina Navratilova 1973 in Pilsen, ihren 159. am 30. März 1992 in San Antonio. Damit löschte sie die alte Marke von Chris Evert aus, die auf 157 Erfolge gekommen war. Das beste Jahr war 1983, als Martina 16 von 17 Turnieren sowie 86 von 87 Einzeln gewann, was jeweils einen bis heute bestehenden Rekord bedeutet. Inzwischen hat die in der Tschechoslowakei geborene Amerikanerin mehr als 1300 Siege errungen, 18 Einzel-, 31 Doppel- und fünf Mixed-Titel bei Grand-Slam-Veranstaltungen sowie sechs Mastertitel in ihrer langen Karriere (1979, 1981, 1984, 85, März und November 1986) gewonnen.

Alle Einzelspiele, nämlich 33, gewann Björn Borg, der von 1973 bis 80 Schwedens Mannschaft angehörte.

Am häufigsten für Deutschland spielten Wilhelm Bungert (43), Gottfried von Cramm (37), Christian Kuhnke (32), Ingo Buding (27), Jürgen Faßbender (23), Boris Becker (19), Hans-Jürgen Pohmann und Eric Jelen (je 14).

FEDERATIONS-CUP

Die meisten Siege der 1963 eingeführten Damen-WM für Mannschaften feierten die USA mit 14 Erfolgen vor Australien (7) und der Tschechoslowakei (5). Deutschland gewann 1987 und 1992 den Wettbewerb.

Auf einen Rekord von 56 Einzel- und 44 Doppel-Matches kam Virginia Wade, die 17 Jahre lang, von 1967 bis 1983, stets dem britischen Team angehörte und dabei auf insgesamt 66 Siege (36 Einzel, 30 Doppel) kam.

Die beste Ausbeute hat Chris Evert (USA) aufzuweisen, die zwischen 1977 und 1986 auf 40 Einzelsiege bei 42 Spielen und 16 Doppelsiege bei 18 Begegnungen kam.

TISCHTENNIS

Olympische Spiele: Zu einem Festival der Asiaten wurde 1988 die Premiere in Seoul. Mit zweimal Gold, zweimal Silber und einmal Bronze war China erwartungsgemäß das erfolgreichste Land. Südkorea kam zu zwei Siegen, je einem zweiten und dritten Platz.

Weltmeisterschaften: Die meisten Titel errang Viktor Barna (1911–72, Ungarn, nach dem Krieg GB) mit insgesamt 15 – fünf im Einzel (1930, 1932–35), acht im Doppel (1929–35, 1939) sowie zwei im Mixed (1932, 1934). Noch erfolgreicher war mit 19 Titeln Maria Mednyanszki (1901–79, Ungarn). Sie gewann sieben Doppel (1928, 1930–35), sieben Mixed (1927, 28, 1930–34) sowie fünf Einzel (1927–31) und wurde hierbei nur von der jetzt in Israel lebenden Rumänin Angelica Rozeanu (*1921) übertroffen, die zwischen 1950 und 1955 sechsmal im Einzel siegte.
Barna war außerdem an sieben ungarischen Mannschaftssiegen beteiligt.

Die meisten Mannschaftstitel holten bei den Herren (Swaythling-Cup) Ungarn mit insgesamt zwölf (1927–31, 1933–35, 1938, 1949, 1952,1979) vor China mit zehn sowie bei den Damen (Corbillon-Cup) China mit neun (1965, 1975–89 im Zwei-Jahres-Rhythmus) vor Japan mit acht.

Rekordgewinner im Europapokal der Landesmeister sind bei den Damen (eingeführt 1964) Statisztika Budapest mit 18 Titeln (1970–74, 1976–86, 1989, 90) sowie bei den Herren (eingeführt 1961) mit je fünf Siegen CSM Cluj aus Rumänien (1961, 1964–67) und Spartacus Budapest (1970, 71, 1979–81).
Zu drei Siegen brachte es Borussia Düsseldorf (1989, 1991, 92) bei den Herren und zu zwei Außenhandel (Ost-) Berlin (1968, 69) bei den Damen.

Der erfolgreichste deutsche Spieler ist Eberhard Schöler (*1940). Er wurde zweimal WM-Zweiter 1969 im Einzel und mit der Mannschaft, dreimal WM-Dritter 1965 und 1967 im Einzel sowie 1971 im Mixed, einmal EM-Zweiter 1962 im Mixed, viermal EM-Dritter, 1962 und 1964 im Einzel sowie 1961 und 1972 im Herren-Doppel.
Insgesamt gewann er 25 nationale Titel, neun im Einzel (1962–69, 1971), einen im Doppel (1964), drei im Mixed (1967, 68, 1973) sowie zwölf mit der Mannschaft von TuSA und Borussia Düsseldorf. Dazu kommen noch sechs internationale Meisterschaften.
Auf neun nationale Einzel-Titel brachte es auch Conny Freundorfer (1936–88) in den Jahren 1953–61.

Die erfolgreichste deutsche Spielerin ist die in Ungarn geborene Agnes Simon (*1935). Sie wurde einmal Weltmeisterin im Doppel 1957, dreimal Europameisterin, 1962 im Einzel sowie 1962 und 1968 mit der Mannschaft. Dazu kommen noch vier zweite EM-Plätze und ein dritter EM-Rang.

Bei den nationalen Deutschen Meisterschaften gewann sie drei Einzel (1967, 1969, 1976), sechs Doppel (1967–69, 1971, 72, 1974) und zwei Mixed (1968, 1972). Schließlich stand sie noch 18mal in der siegreichen Mannschaft des DTC/DSC Kaiserberg.

Deutsche Meisterschaften: Die meisten Titel (ohne Mannschaftswertung) errang Wilfried Lieck mit 16 (5 Einzel, 6 Doppel, 5 Mixed) vor Eberhard Schöler mit 13 (9–1–3) und Conny Freundorfer mit 12 (9–2–1).

Bei den Damen führt Ursula Kamizuru-Hirschmüller mit 15 (5–7–3) vor Trude Pritzi mit 14 (7–3–4) die Rangliste an.

Am häufigsten für die Bundesrepublik Deutschland spielten bei den Herren Eberhard Schöler (155), Wilfried Lieck (148), Jörg Roßkopf (123), Peter Stellwag (121), Jochen Leiß (116), Conny Freundorfer, Ralf Wosik (beide 102) und Georg-Zsolt Böhm (100), bei den Damen Ursula Kamizuru-Hirschmüller (110), Hanne Schlaf, Agnes Simon und Kirsten Krüger (alle 93) sowie Wiebke Hendriksen (89).

Die Deutschen Mannschafts-Rekordmeister sind bei den Damen der DSC Kaiserberg (18 Titel) und bei den Herren Borussia Düsseldorf (16 Titel); dabei siegte die Mannschaft zwischen 1978 und 1982 fünfmal und stellte den Serien-Rekord des MTV München (1947–51) ein. Außerdem holten sich die Düsseldorfer elfmal den deutschen Pokal.

TRIATHLON

Kurzdistanz-Weltmeisterschaften (1,5 km Schwimmen, 40 km Radfahren, 10 km Laufen), eingeführt 1989: Die ersten Titel holten sich Erin Baker (Neuseeland) und Mark Allen (USA). 1991 siegten Miles Stewart (Australien) in 1:48:20 Std. und Joanne Ritchie (Kanada) in 2:02:04 Std.

Mitteldistanz-Weltmeisterschaften (3,2 km Schwimmen, 120 km Radfahren, 32 km Laufen), eingeführt 1982 in Nizza: Acht Titel gewann Mark Allen, 1982–86, 1989–91. Dreimal siegte Paula Newby-Fraser (Zimbabwe) 1989–91.

Die Streckenrekorde halten Mark Allen mit 5:46:10 Std., aufgestellt 1986, und Erin Baker mit 6:27:06 Std., erreicht 1988.

Ironman (3,8 km Schwimmen, 180 km Radfahren, 42,195 km Laufen), eingeführt 1978: Den Hawaii-Wettbewerb gewann Dave Scott (USA) sechsmal, 1980, 1982–84, 1986, 87.

Die Streckenrekorde halten Mark Allen mit 8:09:14 Std. und Paula Newby-Fraser mit 9:00:56 Std., erreicht am 14. Oktober 1989.

Die Weltbestzeiten halten Dave Scott (USA) mit 8:01:32 Std., aufgestellt am 30. Juli 1989 am Lake Biwa (Japan), und Paula Newby-Fraser mit 8:55:00 Std., erreicht am 11. Juli 1992 in Roth (Deutschland).

Deutsche Meisterschaften: Die meisten Titel holten sich mit vier Simone Mortier sowie mit drei Jürgen Zäck.

TURNEN

FAUSTBALL

Weltmeisterschaften, eingeführt 1968: Alle sieben bisherigen Turniere gewann die Bundesrepublik Deutschland (1968, 1972, 1976, 1979, 1982, 1986, 1990).

Europameisterschaften, eingeführt 1965: Siebenmal gewann die Bundesrepublik Deutschland (1965, 1970, 1974, 1978, 1981, 1988, 1991) und einmal Österreich (1984).

Weltcup, eingeführt 1986: Erster Sieger wurde in Porto Alegre (Brasilien) Bayer 04 Leverkusen. 1988 siegte an gleicher Stelle Sogipa Porto Alegre, 1990 der TSV Hagen.

Europacup, eingeführt 1963: Erster Gewinner war die ISG Hirschfelde (DDR). Am häufigsten siegte der TSV Pfungstadt (Bundesrepublik Deutschland), und zwar fünfmal, 1970, 1976, 1978, 1982, 1984. In der Halle gewannen je zweimal TSV Pfungstadt (1985, 86) und RW Koblenz (1987, 88).

Deutsche Meisterschaften: Je zehnmal den Titel auf dem Feld holten sich bei den Männern der TV Licht-Luftbad Frankfurt und TSV Pfungstadt, der außerdem noch sechsmal in der Halle erfolgreich war. Ebenfalls zehnmal siegten die Frauen der TSG Düsseldorf-Benrath auf dem Feld; dazu kommen acht Erfolge in der Halle.

Deutscher Rekord-Nationalspieler ist Dieter Thomas mit 141 Länderspielen.

KUNSTTURNEN

Olympische Spiele: Die erfolgreichste Teilnehmerin ist Larissa Latynina (*1934, UdSSR),

Der „eiserne Mann": Mark Allan, der den Streckenrekord beim berühmten Hawaii-Ironman hält.

die zwischen 1956 und 1964 neun Gold-, fünf Silber- und vier Bronzemedaillen im Einzel- und Mannschaftskampf gewann und damit den absoluten olympischen Rekord hält. Außerdem war sie zehnmal Einzel-Weltmeisterin.

Der erfolgreichste Teilnehmer ist Nikolai Andrianow (*1952, UdSSR) mit 15 Medaillen, sieben goldenen, fünf silbernen und drei bronzenen, zwischen 1972 und 1980. Sein Mannschaftskamerad Alexander Ditiatin (*1957) errang bei den Spielen 1980 in Moskau in allen acht Wettbewerben (Mannschafts- und Einzel-Zwölfkampf sowie sechs Geräte) eine Medaille – dreimal Gold, viermal Silber, einmal Bronze.

Die meisten Goldmedaillen bei den Männern holte Sawao Kato (*1946, Japan) mit acht zwischen 1968 und 1976, davon fünf in der Einzel- und drei in der Mannschaftswertung. Außerdem gewann er dreimal Silber und einmal Bronze.

Die meisten Einzel-Goldmedaillen errang Vera Caslavska-Odlozil (*1942, ČSFR) mit sieben, drei 1964 und vier 1968. Bei den Männern kam Boris Schaklin (*1932, UdSSR) auf sechs, eine 1956, vier 1960 und eine 1964.

Am häufigsten Mannschafts-Sieger wurden bei den Männern Japan mit fünf Erfolgen (1960–76) sowie bei den Frauen die UdSSR mit neun Triumphen (1952–80, 1988).

Die besten Deutschen waren – 1936 in Berlin – Konrad Frey (1909–74), der drei Gold-, eine Silber- und zwei Bronzemedaillen holte, sowie Alfred Schwarzmann (*1912), der drei Gold- und zwei Bronzemedaillen erkämpfte und 1952 – als 40jähriger! – Zweiter am Reck wurde.

Die erfolgreichste deutsche Frau ist Karin Janz (*1952) mit zwei Gold-, zwei Silber- und zwei Bronzemedaillen bei den Olympischen Spielen 1968 und 1972. Außerdem wurde sie Weltmeisterin 1970 am Stufenbarren.

Weltmeisterschaften: Die größten Erfolge bei den Männern feierte Boris Schaklin (*1932, UdSSR) zwischen 1954 und 1964 mit zehn Einzel- und drei Mannschaftstiteln. Den Rekord bei den Frauen hält mit zehn Einzel- und fünf Mannschaftstiteln Larissa Latynina zwischen 1956 und 1964.

Der jüngste Weltmeister ist Dimitri Bilosertschew (*1966, UdSSR), der 1983 bei seinem Sieg in Budapest 16 Jahre und 315 Tage alt war.

Die jüngste Weltmeisterin ist Aurelia Dobre (*1972, Rumänien), die 1987 im Alter von 14 Jahren und 352 Tagen den Titel gewann.

Den Mannschaftstitel bei den Männern gewann achtmal die Sowjetunion (1954, 1958, 1979, 1981, 1985, 1987, 1989, 1991). Bei den Frauen siegte die UdSSR sogar elfmal (1954, 1958, 1962, 1970, 1974, 1978, 1981, 1983, 1985, 1989, 1991).

Weltcup, eingeführt 1975: Zu je zwei Erfolgen kamen Nikolai Andrianow, Alexander Ditiatin (beide UdSSR) sowie Li Ning (China) und bei den Frauen Maria Filatowa (UdSSR).

RHÖNRADTURNEN

Deutsche Meisterschaften: Am häufigsten Sieger im Mehrkampf wurde bei den Männern mit sieben Titeln Wolfgang Bientzle (1985–91). Bei den Frauen waren je fünfmal Anneliese Faber (1966–70) und Jobina Pinkenburg (1982–86) erfolgreich.

Gut aufeinander eingestellt müssen die Gymnastinnen beim Mannschafts-Wettbewerb sein.

RHYTHMISCHE SPORTGYMNASTIK

Olympische Spiele: Die Premiere 1984 in Los Angeles gewann die Kanadierin Lori Fung.

Für die absolut beste Leistung sorgte 1988 in Seoul Marina Lobatsch (*1970, UdSSR), die ohne jeglichen Punktabzug die Goldmedaille gewann. Für alle ihre Übungen erhielt sie die Höchstnote zehn.

Weltmeisterschaften: Die meisten Titel im Vierkampf (eingeführt 1963) gewann die Bulgarin Maria Gigova mit drei Siegen 1969, 1971, 1973.

Auf insgesamt zehn Titel, einschließlich der Erfolge an den Einzelgeräten (Reifen, Ball, Keule, Band oder Seil), kam Alexandra Timoschenko (UdSSR), die 1991 in Athen fünfmal erfolgreich war.

Das Nonplusultra schaffte Bianka Panova (*1960, Bulgarien) bei der WM 1987 in Varna. Sie gewann nicht nur den Vierkampf und alle vier Geräte-Finals, sondern bekam achtmal, je viermal im Vor- und Endkampf, die Höchstnote zehn. Außerdem gehörte sie auch noch der siegreichen Mannschaft an.

Verkörpert absolute Weltspitze, Oksana Skaldina (Ukraine), 1992 dreifache EM-Siegerin.

Die meisten Mannschaftstitel erkämpften sich die Bulgarinnen, die insgesamt siebenmal (1969, 1971, 1981, 1983, 1985, 1987, 1989) erfolgreich waren.

Weltcup, eingeführt 1983: Lilia Ignatova (Bulgarien) gewann bei der Premiere sowie 1986 und ist damit am erfolgreichsten.

Deutsche Rekordmeisterin ist mit 33 Titeln Regina Weber.

VOLLEYBALL

Olympische Spiele: Die meisten Goldmedaillen gewann die UdSSR mit drei bei den Männern (1964, 1968, 1980) und vier bei den Frauen (1968, 1972, 1980, 1988).

Erfolgreichste Spielerin mit vier Medaillen ist Inna Ryskal (*1944, UdSSR), die 1964 und 1976 Silber sowie 1968 und 1972 Gold gewann. Den Rekord bei den Männern halten mit drei Medaillen Jurij Pojarkow (*1937, UdSSR), der 1964 und 1968 Gold sowie 1972 Bronze erkämpfte, und Katsutoshi Nekoda (*1944, Japan), der 1972 zu Gold, 1968 zu Silber und 1964 zu Bronze kam.

Weltmeisterschaften, eingeführt 1949: Die meisten Titel gewann mit sechs das Männer-Team der UdSSR (1949, 1952, 1960, 1962, 1978, 1982). Bei den Frauen siegte die Sowjetunion fünfmal (1952, 1956, 1960, 1970, 1990).

Europameisterschaften: Die meisten Titel sicherte sich die UdSSR, die sowohl bei den Frauen als auch bei den Männern elfmal erfolgreich war.

Europapokal der Landesmeister, eingeführt 1960: Am häufigsten gewann bei den Männern ZSKA Moskau und bei den Frauen Dynamo Moskau. Beide Klubs waren insgesamt je elfmal erfolgreich.

Deutsche Meisterschaften: Die meisten Titel errangen bei den Frauen der 1. VC Hannover (18) und bei den Männern USC Münster (8).

Deutsche Rekord-Nationalspielerin ist Renate Riek, die nach 512 Einsätzen Mitte April 1992 ihre Karriere beendete. In keiner anderen Sportart hat ein Aktiver so viele Einsätze vorzuweisen.

WASSERSKI

Das sportliche Wasserskilaufen kennt fünf Wettkampf-Sparten: Wasserski-Boot, Wasserski-Seilbahn und Barfuß-Wasserski jeweils mit Slalom, Tricks und Springen sowie Wasserski-Racing mit verschiedenen Klassen. Neu hinzugekommen ist das Kneeboarding.

WASSERSKI-BOOT

Weltmeisterschaften in der Kombination, eingeführt 1949: Die meisten Titel gewannen bei den Männern mit vier Sammy Duvall (USA) 1981, 1983, 1985, 1987 sowie bei den Frauen mit je drei Willa McGuire-Worthington (USA) 1949, 50, 1955 und Elizabeth Allan-Shetter (USA) 1965, 1969, 1975, die zu acht Einzelerfolgen kam und 1969 in Kopenhagen den Slalom, das Figurenlaufen, das Springen und die Kombination für sich entschied.
Am häufigsten den Mannschaftstitel gewannen mit 17 die USA zwischen 1957 und 1989.

Den Weltrekord im Slalom mit drei Bojen an einer 10,25-m-Leine hält Andy Mapple (GB). Bei den Frauen schafften Deena Mapple (USA) und Susi Graham (Kanada) eine Boje an einer 10,75-m-Leine.

Deutsche Rekordhalter: Bernd Jung vier Bojen (11,25-m-Leine) und Susanne Cornaz viereinhalb Bojen (13-m-Leine).

Den Weltrekord im Figurenlauf (Tricks) halten mit 11 030 Punkten Tory Baggiano (USA) so-

Schmettern und abblocken – das sind zwei ganz wichtige Voraussetzungen beim Volleyball.

Ein Spektakel, das nur ganz wenige in Vollendung beherrschen: Könner beim Wasserski.

wie bei den Frauen mit 8460 Punkten Tawn Larsen (USA).

Deutsche Rekordhalter: Bernd Jung mit 7260 und Nicole Treusch mit 4880 Punkten.

Den weitesten Sprung schafften mit 62,40 m Sammy Duvall (USA) und bei den Frauen mit 47,50 m Deena Mapple (USA).

Deutsche Rekordhalter: Steffen Wild mit 56,30 m und Petra Trautmann mit 35,20 m.

Den ersten Sprung auf Wasserskiern machte Ralph Samuelson 1925 von einer eingefetteten Rampe am Lake Pepin (USA).

Deutsche Meisterschaften, eingeführt 1958: Die meisten Titel im Slalom, Figurenlauf, Springen und in der Kombination gewannen mit 36 Karl-Heinz Benzinger und mit 20 Petra Trautmann.

Die schnellste Überquerung des Ärmelkanals von New Rommey nach Boulogne schaffte in 57:57 Min. Steve Butterworth (GB) am 19. September 1988. Für die Hin- und Rücktour brauchte er 1:55:08 Std.

Die höchste Geschwindigkeit schaffte mit 230,26 km/h der Australier Christopher Michael Massey auf dem Hawkesbury-Fluß in Neusüdwales (Australien) am 6. März 1983. Schnellste Frau ist Donna Patterson Brice (*1953) mit 178,81 km/h, erreicht am 21. August 1977 in Long Beach (USA).

Die größte Distanz mit 2126,14 km legte Steve Fontaine (USA) vom 24.–26. Oktober 1988 in Jupiter Hill, Florida (USA), zurück.

BARFUSS-WASSERSKI

Weltmeisterschaften: eingeführt 1978: Die meisten Titel gewannen die Australierin Kim Lampard (1980, 1982, 1984, 1986) und bei den Männern der Australier Brett Wing (1978, 1980, 1982).

Den Weltrekord im Slalom halten (nach neuesten Bewertungen) mit je 19,0 Punkten Brett Sands (Australien) und Brian Fuchs (USA) sowie bei den Frauen mit 15,5 Punkten Jennifer Calleri (USA).

Deutsche Rekordhalter: Patrick Wehner (15,0) und Stefanie Herrmann (9,0).

Den Weltrekord im Figurenlauf halten mit 6770 Punkten Rick Powell und bei den Frauen mit 2630 Punkten Jennifer Calleri (USA).

Deutsche Rekordhalter: Patrick Wehner (2850)und Stefanie Herrmann (1620).

Den weitesten Sprung schafften mit 23,30 m Mike Seipel (USA) und mit 16,50 m Debbie Pugh (Australien).

Deutsche Rekordhalter: Mario Moser mit 18,90 m und Adriane Mansdorfer mit 12,10 m.

Die höchste Geschwindigkeit schaffte mit 218,44 km/h Scott Michael Pellaton (*1956, USA) über eine Viertelmeile in Chandler, Kalifornien (USA), im November 1989. Schnellste Frau ist Karin Toms (Australien) mit 118,56 km/h, erreicht auf dem Hawkesbury-Fluß in Neusüdwales am 31. März 1984.

Die längste Zeit auf dem Wasser hielt sich mit 2:42:39 St. Billy Nichols (*1964, USA) am 19. November 1978 auf dem Weir-See in Florida.

WASSERSKI-SEILBAHN

Weltrekorde werden noch nicht geführt.

Den Europarekord im Slalom halten Michael Mäder (Deutschland) mit einer Boje/10,75-m-Leine und Sabine Häberle (Deutschland) mit vier Bojen/12-m-Leine.

Den Europarekord im Figurenlaufen halten Oleg Nadin (UdSSR) mit 6880 Punkten und Julia Gromyko (UdSSR) mit 6660 Punkten.

Deutsche Rekordhalter: Michael Mäder (6150) und Sabine Häberle (3390).

Der weiteste Sprung in Europa gelang dem Österreicher Christian Swoboda mit 51,70 m und Magda Slot (Holland) mit 35,00 m.

Deutsche Rekordhalter: Markus Siemensmeyer kam auf 49,10 m, und Maria Asam erreichte 34,20 m.

Die Bestleistung im Dauerfahren halten Michail Golzarandi und Stefan Hillesheim, die am 30./31. August 1991 in Langenfeld (Rheinland) auf 13:01:08 Std. kamen.

WASSERSKI-RACING

Die Weltrekorde halten bei den Männern: 1 km Nico Bertels (Belgien) 167,57 km/h, 10 km Nico Bertels 156,06 km/h, 50 km Alberto Todeschini (Italien) 137,35 km/h, 100 km Helmut Winkler (Südafrika) 112,57 km/h. Bei den Frauen: 1 km Sandra Vandergrift (Niederlande) 146,48 km/h, 10 km Sandra Vandergrift 133,32 km/h, 50 km Liz Hobbs (GB) 82,629 km/h, 100 km Liz Hobbs 81,959 km/h. ■

DER MENSCH

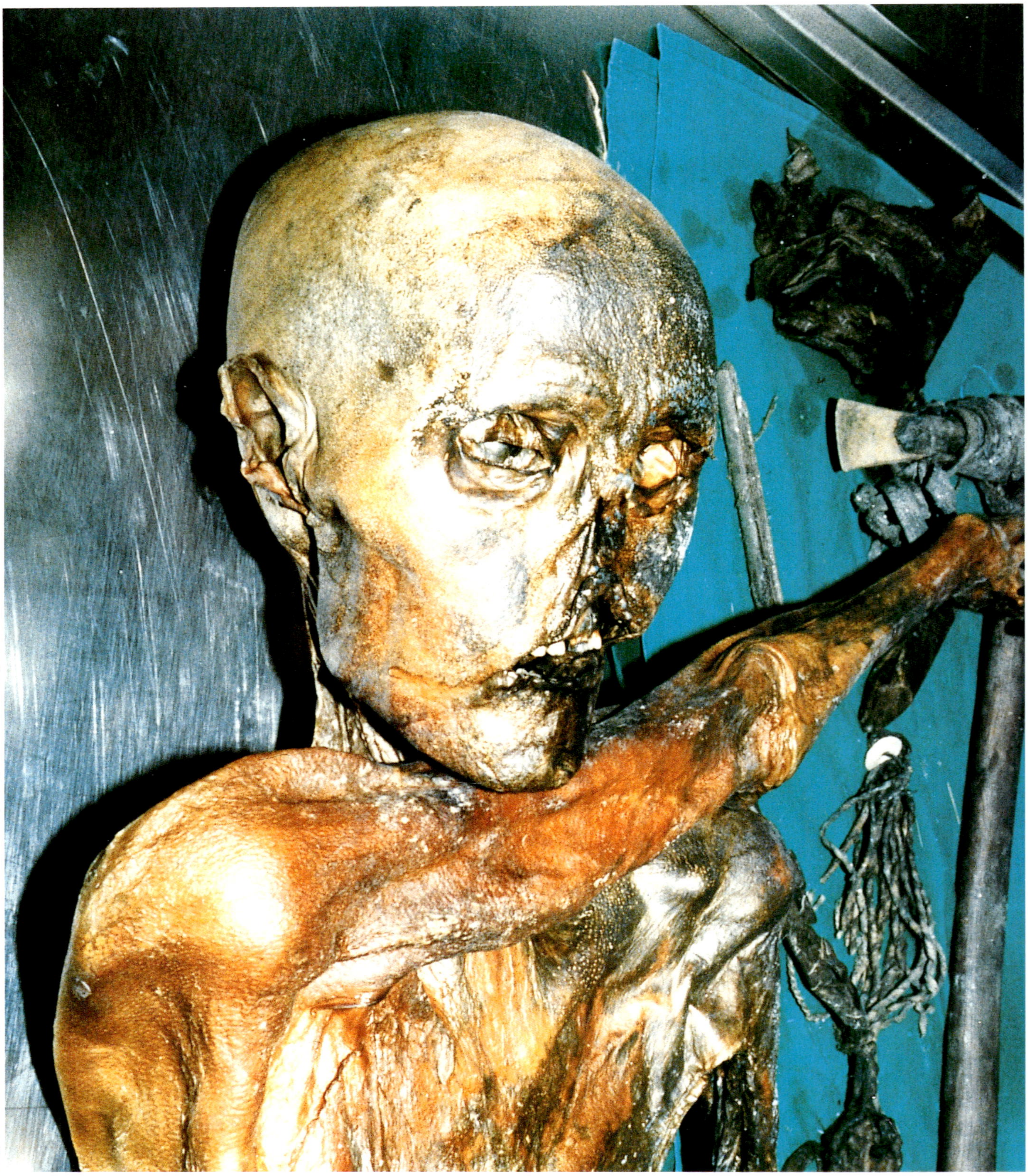

Der Gletschermann vom Similaun ist 5300 Jahre alt.
Er gilt als die archäologische Sensation des Jahrhunderts, die größte Entdeckung seit Tutenchamun

HERKUNFT

DIE ERSTEN MENSCHEN

Wenn man das Alter des Erde-Mond-Systems (laut neuester Schätzung mindestens 4500 ±70 Mio. Jahre) als ein einziges Jahr annimmt, dann erschienen die ersten Hominiden am 31. Dezember um 16 Uhr 15, die ersten Einwohner Deutschlands um ca. 23 Uhr 10; die christliche Zeitrechnung fing etwa 14 Sek. vor Mitternacht an, und die Lebensspanne eines 120jährigen Menschen entspräche 0,45 Sek.

Nach den neuesten Berechnungen wächst die Wärme der Sonne derart, daß sie in ca. 5500 Mio. Jahren zu einem »Roten Riesen« wird, der Leben auf der Erde unerträglich macht. Doch die Wissenschaftler trösten uns: In dieser Zeitspanne kann es möglicherweise kältere Epizyklen (Zwischenzeiträume) geben.

Der Mensch *(Homo sapiens)* ist eine Gattung der Unterfamilie *Homininae* der Familie *Hominidae,* die zur Superfamilie *Hominoidea,* einer Unterordnung der *Simiae* (oder *Anthropoidea*) aus der Ordnung der Primaten zur Infraklasse *Eutheria,* gehört, wie auch zur Unterklasse *Theria* der Klasse der Säugetiere des *Sub-Phylum* der Wirbeltiere *(Craniata)* und zum *Phylum Chordata* des Unterreiches *Metazoen* des Tierreiches. Alles klar? Klingt doch wirklich sehr einfach!

DIE EINZELNEN ENTWICKLUNGSSTUFEN

Primaten: Die ersten Primaten tauchten im Paläozän vor etwa 69 Mio. Jahren auf. Als die Unterfamilie der *Anthropoiden* (Menschenaffen) im frühen Oligozän, vor 30–34 Mio. Jahren, in Afrika und Südamerika in Erscheinung trat, hatte der Tier-Mensch die Trennung in *Platyrrhini* und *Catarrhini* (Neue und Alte Welt) bereits vollzogen. Neue Funde aus Fayum in Ägypten stammen nach den bisherigen Untersuchungen aus dem frühen Oligozän und repräsentieren möglicherweise Primaten, die vor etwa 37 Mio. Jahren gelebt haben.

Hominoiden: Das älteste Fossil eines Hominoiden ist ein Kieferknochen mit drei Molarzähnen. Martin Pickford (*1943) vom Pariser Nationalmuseum für Naturgeschichte hat die Versteinerung am 4. Juni 1991 in den Otavi-Bergen von Namibia entdeckt. Der Hominoiden-Fund, der nach ersten Untersuchungen 10-15 Mio. und nach späterer Auffassung 12-13 Mio. Jahre alt ist, erhielt den Namen *Otavipithecus namibiensis.*

Hominiden (Menschenartige): Die für die Hominiden typischen Merkmale wie großes Gehirn und Fortbewegung auf zwei Füßen entwickelten sich erst sehr spät. Die zweifellos ältesten Überreste eines Hominiden wurden im Februar 1984 bei Kiptalam Chepboi unweit des Baringo-Sees (Kenia) entdeckt: ein Kieferknochen und zwei Backenzähne eines Urmenschen *(Australopithecus).* Nach Vergleichen mit anderen Fossilienfunden sind die Hominiden-Spuren aus Kenia 4 Mio. Jahre alt, nach chemischen Gesteinsuntersuchungen (Kalium-Argon-Methode) sogar 5,4–5,6 Mio. Jahre.

Das zu größten Teilen erhaltene Skelett eines frühen Hominiden ist das von "Lucy" (zu 40 Prozent vollständig), das Dr. Donald C. Johanson und T. Gray am 30. November 1974 in der Nähe des Flusses Awash bei Hadar in der äthiopischen Region Afar entdeckt haben. Das Skelett ist etwa 3 Mio. Jahre alt. »Lucy« war 106 cm groß und schätzungsweise 40 Jahre alt, als sie starb. Neue Zeugnisse »menschlichen« Lebens, die 1989 in Südwestchina gefunden wurden, sollen bis zu 500 000 Jahre älter als die afrikanischen Hominiden sein. Bis jetzt fehlen allerdings weitere Angaben, die diese Vermutung erhärten. In Vulkanasche konserviert wurden 24 m lange Parallelspuren von Fußabdrücken, die Hominiden vor 3,6 Mio. Jahren in Laetoli (Tansania) hinterlassen hatten. Sie wurden 1978 von Paul Abell und Dr. Mary Leakey entdeckt. Die Spuren stammen wahrscheinlich von drei Geschöpfen, das kleinste war schätzungsweise 120 cm groß.

Genus Homo (Echtmensch): Erster Vertreter des Genus Homo ist der *Homo habilis* oder *Handy Man* (Geschickter Mensch), wie der Echtmensch aus der Olduvai-Schlucht in Tansania 1964 von Louis Leakey, Philip Tobias und John Napier auf Vorschlag von Professor Raymond Arthur Dart (1893–1988) genannt wurde. Als ältestes Fossil dieser Menschengattung gilt der im Nationalmuseum von Kenia aufbewahrte Schädel »1470«, den Bernard Ngeneo 1972 bei Koobi Fora am See Turkana (Nordkenia) entdeckt hat. Der Schädel hat vor rund 1,9 Mio. Jahren einem Echtmenschen gehört und wurde von Dr. Meave Leakey rekonstruiert.

Homo erectus (Frühmensch): Den ältesten Vertreter des *Homo erectus,* direkter Vorfahre des *Homo sapiens,* hat Bernard Ngeneo bei Koobi Fora (Nordkenia) ausfindig gemacht. Er hat vor ungefähr 1,6 Mio. Jahren gelebt. Sein Schädel ist gleichzeitig der besterhaltene eines Frühmenschen.

Der älteste Europäer wurde im März 1980 in der Arago-Höhle bei Perpignan (Frankreich) entdeckt. Formen seines Schädels wie auch die Abnutzung seiner Zähne verrieten den Wissenschaftlern, daß der Mann 18–25 Jahre alt gewesen sein muß. Arago XXI muß vor etwa 450 000 Jahren gelebt haben.

Der Mann aus dem Eis

Einen direkten Blick in die Vorzeit bietet der am 19. September 1991 im Eis des Similaun-Gletschers im oberen Ötztal zufällig von Bergwanderern entdeckte mumifizierte Körper eines Jungsteinzeit-Menschen. *Ötzi,* wie der Similaun-Mann inzwischen genannt wird, um 3300 v.Chr. ums Leben gekommen, ist älter als alle jemals gefundenen ägyptischen Mumien. Der 158 cm große Bergwanderer war wahrscheinlich ein Hirte, hatte langes dunkles Haar und trug ein kupfernes Beil, einen Eibenholzbogen und 14 Pfeile im Lederköcher mit sich, als er in gut 3000 m Höhe auf italienischem Alpenboden gefunden wurde. Inzwischen ruht der etwa 30jährige Gletschermann wie ein Heiligtum bei –6° C und 98 Prozent Luftfeuchtigkeit in einer Einzelkühlzelle des Anatomischen Instituts der Universität Innsbruck. Mehr als 80 Expertenteams aus aller Welt sind mit den Untersuchungen betraut. Per Computer-Tomographie wollen die Wissenschaftler auch Ötzis Körper rekonstruieren, um davon ein originalgetreues Abbild herzustellen.

Ein *Homo-erectus*-Schädel, der bei Bilzingsleben (Sachsen-Anhalt) gefunden wurde, ist laut Uran-Bestimmung mindestens 350 000 Jahre alt. Möglicherweise hat der Frühmensch sogar vor mehr als 400 000 Jahren gelebt.

Der früheste Hominiden-Fund in Deutschland: 1907 wurde in Mauer bei Heidelberg der Unterkiefer eines *Pithecanthropus* gefunden. Diese Kinnlade des *Homo heidelbergensis* dürfte aus der Zeit um 500 000 v. Chr. stammen – also zwischen den ersten zwei Eiszeiten. Der berühmte Neandertaler-Mensch ist viel jünger – »nur« etwa 100 000 Jahre alt.

Älteste Mumie: Mumifizierung (vom persischen Wort *mūm* Wachs abgeleitet) ist seit 2600 v. Chr. oder der 4. Dynastie der ägyptischen Pharaonen nachweisbar. Älteste Mumie ist, soweit bekannt, die einer jungen Frau von hoher Stellung, die ungefähr 2600 v. Chr. auf einem Plateau bei der Cheopspyramide von Gizeh bestattet wurde. Ihre Überreste wurden am 17. März 1989 in einer 1,83 m tiefen Höhle entdeckt, doch nur ihr Schädel war noch unversehrt. Denn bei der jungen Frau, die wahrscheinlich im untergegangenen Königreich Ankh Ptah gelebt hat, war offenbar einer der allerersten Mumifizierungsversuche vorgenommen worden.

Die am besten erhaltene Mumie aus der Antike ist die von Wati, einem Hofmusiker, der etwa 2400 v. Chr. im Grabgewölbe des Nefer in Sakkara (Ägypten) bestattet worden war. Seine Mumie wurde 1944 entdeckt.

KÖRPERMASSE

DIE GRÖSSTEN MÄNNER

Die menschlichen Riesen schießen durch Übertreibung oder aus kommerziellen Gründen oft in eine unwahrscheinliche Höhe. Glaubwürdig sind allein die Größenmaße, die in den letzten 100 Jahren unter objektiver ärztlicher Kontrolle ermittelt wurden. Leider aber sind sogar Medizinautoren nicht schuldlos daran, daß wider besseres Wissen phantastische Angaben verbreitet werden.

Das Körperwachstum wird von Wachstumshormonen bestimmt. Produziert wird das Wachstumshormon in der Hypophyse, der Hirnanhangsdrüse. Überproduktion in der Kindheit hat abnormales Wachstum und echten Riesenwuchs zur Folge.

Der nachweislich größte Mann in der Medizingeschichte war Robert Pershing Wadlow, der am 22. Februar 1918 um 6 Uhr 30 in Alton, Illinois (USA), geboren wurde. Am 27. Juni 1940 haben ihn Dr. C. M. Charles, Anatomie-Professor an der Washington-Universität von St. Louis (Missouri) und Dr. Cyril MacBryde gemessen. Da war Wadlow 272 cm groß und hatte eine Armspannweite von 288 cm. 18 Tage später, am 15. Juli 1940 um 1 Uhr 30, starb er in einem Hotel in Manistee (Michigan) an den Folgen einer Zellgewebsentzündung am rechten Knöchel, die durch einen schlecht sitzenden Stützverband hervorgerufen worden war. Wadlow wuchs noch während seiner letzten Krankheit, und hätte er ein weiteres Jahr gelebt, wäre er vermutlich 274 cm groß geworden. Als er starb, wog er 199 kg, sein Rekordgewicht hatte er mit 222,7 kg an seinem 21. Geburtstag erreicht. Seine

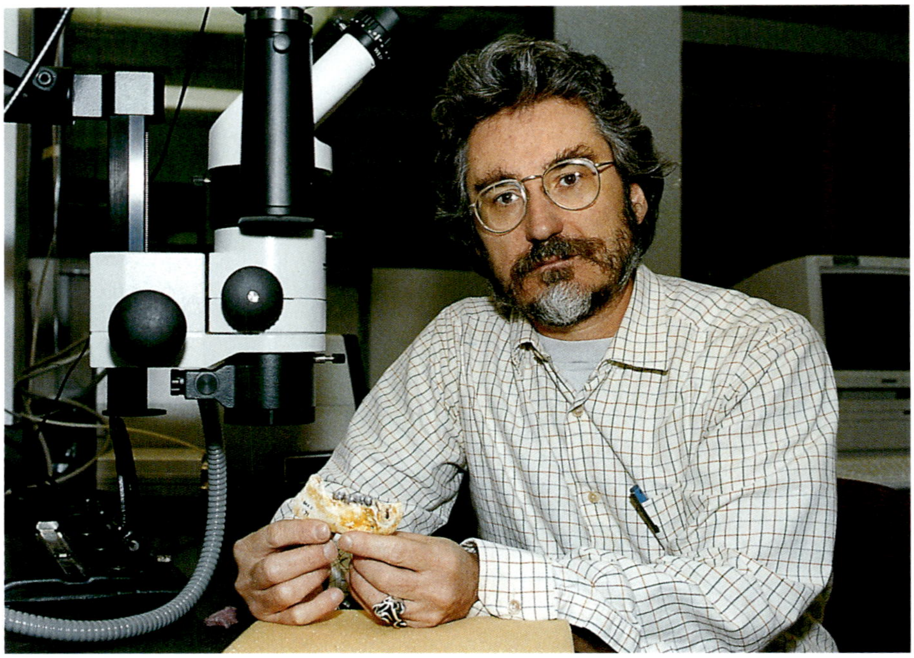

Glenn Conroy, Anthropologe von der Washington University Medical School in St. Louis, Missouri (USA), ist überzeugt, mit dem Fossil des ca. 13 Mio. Jahre alten Unterkiefers einen bisher unbekannten Vertreter in der Ahnenreihe der Mensch-Affen-Vorfahren entdeckt zu haben.

Schuhe waren 47 cm lang, und seine Hände maßen vom Handgelenk bis zur Spitze des Mittelfingers 32,4 cm.

Der größte deutsche Mann war Christoffel Münster (1632–76) aus Varlosen (Landkreis Göttingen). Durch seine Größe von 248 cm (4 Ellen, 6 Zoll) wurde der Gänsehirt weit und breit bekannt. Herzog Christian Ludwig von Hannover ernannte ihn zu seinem Leibwächter.

Der größte lebende Deutsche ist Konstantin Gerhard Klein (* 15. März 1957 in Hainburg [Hessen]). Er ist 223 cm groß und wiegt 130 kg. In seiner Familie gab es vor ihm keine Riesen. Seine Schuhgröße: 54.

Der Österreicher, der »Dörfler Riese« Viktor Prenner (1930–82) aus Steinberg-Dörfl (Burgenland), soll als 20jähriger in Prag 234 cm groß gewesen sein. Als der Müller im Alter von 52 Jahren starb, maß er nur noch 218 cm.

Der größte lebende Mensch zu sein – dies ist ein Rekord, den sich derzeit zwei Männer und eine Frau streitig machen können. Haji Mohammad Alam Channa (*1953) aus Bachal Channa, Sehwan Sharif (Pakistan), der am 24. April 1992 in der Londoner Show *Guinness World of Records* gemessen wurde, der Basketballspieler Manute Bol (*16. Oktober 1962) aus dem Sudan (s. Basketball) und die größte lebende Frau der Welt, Sandy Allen (*18. Juni 1955) aus den USA (s.a. Größte Frauen), bringen es alle auf 231,7 cm.

Der größte Österreicher heute ist Peter Zankl (* 20. März 1964) aus Kötschach-Mauthen (Kärnten). Der Basketballspieler mißt inzwischen 219 cm und wiegt 115 kg. Er hat Schuhgröße 55.

Der größte Schweizer heißt Robert Ulrich (* 1. Mai 1938 in Sattel/Kanton Schwyz). Er erreicht eine Körpergröße von 213 cm und bringt 165 kg auf die Waage.

Die größten (eineiigen) Zwillinge sind die Brüder Michael und James Lanier (* 27. November 1969) aus Troy, Michigan (USA), die jeweils 223 cm messen. Schon mit 14 Jahren waren sie 216 cm groß. Ihre Schwester Jennifer bringt es gerade auf 157 cm.

DIE GRÖSSTEN FRAUEN

Größte Frau in der Geschichte war Zeng Jin-Lian (* 26. Juni 1964) aus Yujiang in der zentralchinesischen Provinz Hunan. Bei ihrem Tod am 13. Februar 1982 maß sie 247 cm. Ihr abnormes Wachstum hatte schon im Alter von 4 Monaten eingesetzt, vor ihrem 4. Geburtstag war sie bereits 156 cm groß und 217 cm mit 13 Jahren. Zeng Jin-Lians Hände waren 25,5 cm und ihre Füße 35,5 cm lang. Sie hat sowohl an *Skoliose* als auch an *Diabetes* gelitten. Ihre Eltern sind nur 163 cm und 156 cm groß, ihr Bruder brachte es mit 18 Jahren auf 158 cm.

Die Riesin Ella Ewing (1875–1913) aus Gorin, Missouri (USA), soll 249 cm groß gewesen sein, doch diese Angabe war zu hoch gegriffen. Im Alter von 23 Jahren maß sie 224 cm, und sie war vermutlich nie größer als 228,6 cm.

Die größte lebende Frau ist Sandy Allen (* 18. Juni 1955 in Chikago, Illinois, USA). Am 14. Juni 1977 unterzog sie sich einer Hypophysenoperation, wodurch weiteres Wachstum unterbunden wurde. Sie mißt 231,7 cm. Bei der Geburt wog sie 2,95 kg, und schon kurz danach fing ihr abnormes Wachstum an. Jetzt wiegt sie 209,5 kg und hat Schuhgröße 54.

Von Anna Hanen Swan (1846–88) aus Neu-Schottland (Kanada) wurde behauptet, sie wäre 246 cm groß gewesen, in Wirklichkeit waren es aber »nur« 227 cm. Am 17. Juni 1871 heiratete sie den 219 cm großen Martin van Buren Bates (1845–1919) aus Whitesburg (USA), wo-

Goliath von Gath

Der Riese, der um 1060 v.Chr. gelebt hat, soll 6 Ellen groß gewesen sein und eine Armspannweite von 290 cm gehabt haben. Diese Angaben dürfen allerdings bezweifelt werden. Völlig glaubwürdig sind dagegen die Maße, die Goliath von dem jüdischen Historiker Flavius Josephus (37/38–ca. 100 n.Chr.) und manchen Manuskripten der *Septuaginta*, der ersten griechischen Bibelübersetzung, zugeschrieben werden: Danach war der Riese von Gath 4 griechische Ellen groß und hatte eine Armspannweite von 208 cm.

David besiegt den Philister-Riesen Goliath. Im rechten Vordergrund des Bildes ist die Schleuder zu sehen, mit der David den Stein schleuderte, der Goliath fällte.

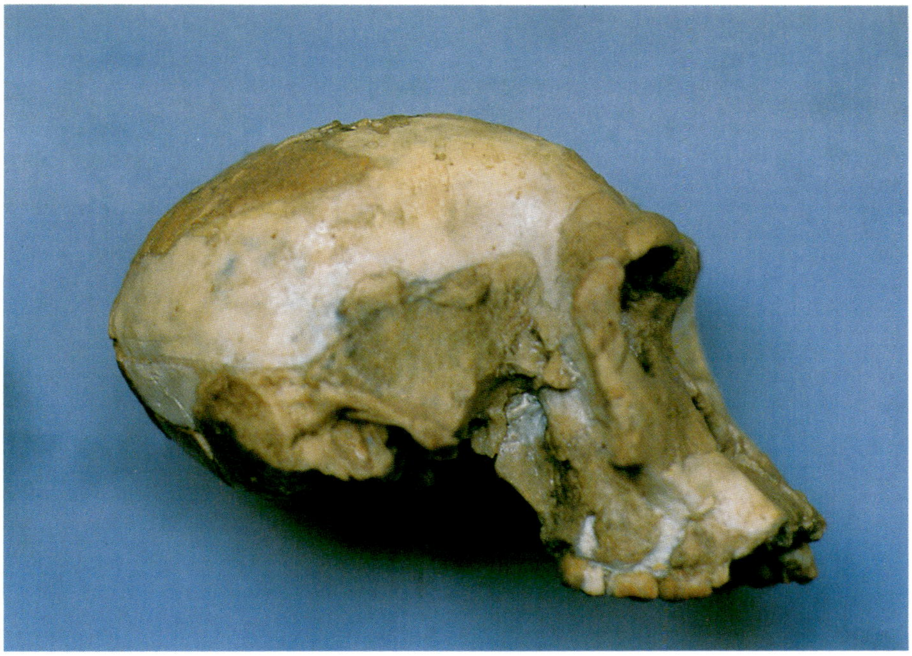

Der besterhaltene Schädel, der bisher von einem *Homo hablis* oder *Handy Man* gefunden wurde, ist in der Olduval-Schlucht in Tansania ausgegraben worden. Er lag unter den Schlammablagerungen eines stehenden Sees.

durch beide **das größte Ehepaar der Welt** wurden.

Die größte deutsche Frau ist Antje Dethloff (* 2. Februar 1963 in Kiel). Sie ist 206 cm groß und wiegt 68 kg.

Die größte Schweizerin ist Ursula Zimmermann (* 2. Januar 1952 in Solothurn/Kanton Solothurn). Bei einer Körpergröße von 196 cm hat sie ein Gewicht von 85 kg.

Die größten Zwillingsschwestern der Welt sind mit jeweils 195 cm Heather und Hedi Burge (* 11. November 1971) aus Palos Verdes in Kalifornien (USA). Die gleichfalls eineiigen Zwillingsschwestern Anne und Elizabeth Johnson (* 7. August 1958) aus Madison in Wisconsin (USA) sind 185 bzw. 188 cm groß.

KLEINE MENSCHEN

Was für »lange« Menschen oft zutrifft, gilt auch für kleine: Die Größenangaben stimmen meist nicht. Nur werden die Angaben bei ihnen logischerweise untertrieben.

Müssen bei Riesen 274 cm als Maximalgröße betrachtet werden, so gilt bei den kleinsten ausgewachsenen Menschen oder Minderwüchsigen 56 cm als unterste Grenze.

Die Durchschnittslänge Neugeborener ist 46–50 cm. Bei kleinwüchsigen Kindern wird von deren Agenten oft das Alter erhöht und die Größe reduziert.

Kleinwuchs hat viele Ursachen. Dazu zählen genetische Abnormitäten, ein Mangel an wichtigen Hormonen (zum Beispiel an Wachstumshormonen) sowie Hunger und Not. Früher, als die Ernährungsgrundlagen noch nicht so gut und die Menschen allgemein nicht so groß waren wie heute, war der Zwergwuchs noch ausgeprägter.

Der kleinste erwachsene Mensch, über den objektive Zeugnisse vorliegen, war Pauline Musters (»Prinzessin Pauline«), eine niederländische »Liliputanerin«. Sie wurde am 26. Februar 1876 in Ossendrecht geboren und war bei der Geburt 30 cm lang. Mit neun Jahren hatte sie es auf 55 cm gebracht und wog nur 1,5 kg. Sie starb in New York am 1. März 1895 im Alter von 19 Jahren an Lungenentzündung und Meningitis sowie einem durch übermäßiges Trinken geschwächten Herzen. Obgleich sie im Zirkus mit 48 cm Größe angekündigt wurde, hatte eine ärztliche Messung eine Größe von 59 cm gezeigt. Eine Untersuchung nach ihrem Tod ergab eine Länge von genau 61 cm (nach dem Tod war eine Streckung eingetreten). Als sie erwachsen war, schwankte ihr Gewicht zwischen 3,4 und 4 kg, und ihre Körpermaße waren 47–48–43 cm, sie war also entschieden zu dick.
50 cm groß und 1,98 kg schwer war 1979 ein damals 9 Jahre altes griechisches Mädchen na-

Pauline Musters (1876-95), die niederländische »Prinzessin Pauline« gilt als kleinster Mensch. Bei ihrem Tod war sie genau 61 cm groß. Das ergab eine Post-mortom-Untersuchung.

mens Stamatoula, das bei der Geburt im September 1969 gerade 15 cm gemessen hatte. Stamatoula, vermutlich die Überlebende eines Zwillingspärchens, litt am Seckel-Syndrom und starb am 22. August 1985 im Athener Kloster Lyrion. Zuletzt war das Mädchen 67 cm groß und wog 5 kg.

Der berühmteste kleinste Mann war Charles Sherwood Stratton alias General Tom Thumb, der am 4. Januar 1838 geboren worden war. Als er sich mit dem bekannten amerikanischen Schausteller Phineas T. Barnum zusammentat, wurde sein Geburtsdatum auf den 4. Januar 1832 umgeändert. So wurde aus dem 77 cm großen 12jährigen ein 18jähriger. Mit 25 Jahren, am 10. Februar 1863, heiratete Stratton die gleichfalls im Zirkus Barnum auftretende Lavinia Warren, die 81 cm groß war. Mit 47 Jahren und 102 cm groß starb General Tom am 15. Juli 1885 in seinem Geburtsort Bridgewater in Connecticut (USA) an einem Schlaganfall.

Zu den höchstgewachsenen Volksstämmen gehören die Dinka. Sie leben im Süden des Sudan in der Savanne, die das Nilbecken und seine Überschwemmungsgebiete umgibt.

Der kleinwüchsigste Deutsche war Walter Boehming (1907–55). Als er in Delmenhorst (Niedersachsen) starb, war er nur 57 cm groß.
Der Österreicher Johann Hauptmann war 81 cm groß.
Der Schweizer Johann Wormbugh erreichte eine Größe von 78,5 cm.

In Österreich ist als niedrigste Größe einer Zwergin die Länge von 71 cm für Anastasia Boruwlaski registriert worden.

Der kleinste lebende erwachsene Mensch, der sich normal bewegen kann, ist Gul Mohammed (* 15. Februar 1957) aus Delhi (Indien). Bei einer Untersuchung im Ram-Manohar-Krankenhaus von New Delhi wurde am 19. Juli 1990 festgestellt, daß er 57 cm groß ist und 17 kg wiegt. Die anderen Mitglieder seiner nächsten Familie sind alle normal gewachsen.

Madge Bester (* 26. April 1963) aus Johannesburg (Südafrika) ist nur 65 cm groß, doch sie leidet an *Osteogenesis imperfecta* und ist an den Rollstuhl gefesselt. Ausgelöst wird diese Krankheit durch eine erbliche Abnormität der Kollagene (Gerüsteiweiße), die zusammen mit Kalziumsalzen für eine gesunde Knochenbildung verantwortlich sind. Deshalb sind brüchige Knochen und andere Deformationen des Skeletts kennzeichnend für *Osteogenesis imperfecta*. Madge Besters Mutter Winnie ist mit 70 cm nicht viel größer und gleichfalls auf einen Rollstuhl angewiesen.

Die kleinsten Zwillinge (von Geburt an) waren Matjus und Bela Matina (* 1903) aus Budapest (Ungarn). Sie lebten 1935 noch und wurden später Amerikaner. Beide kamen auf je 76 cm Körpergröße.

Die kleinsten lebenden Zwillinge sind John und Greg Rice (* 1952) aus Maitland, Florida (USA). Sie messen jeweils ganze 86,3 cm.

Die ältesten kleinwüchsigen Menschen waren zwei über Hundertjährige. Anne Clowes aus Matlock (GB), die am 5. August 1784 im Alter von 103 Jahren starb, war 114 cm groß und wog 21,7 kg. Am 24. August 1984 starb die in Ungarn geborene Susanna Bokoyni (»Prinzessin Susanna«) in Newton, New Jersey (USA), mit 105 Jahren. Sie war 101 cm groß und wog 21,7 kg.

Das unterschiedlichste, total gegensätzliche Wachstum machte der Österreicher Adam Rainer durch. 1899 in Graz geboren, war er mit 21 Jahren nur 118 cm groß. Dann jedoch schoß er in die Höhe, und 1931 hatte er es schon auf 218 cm gebracht. Das schwächte ihn dermaßen, daß er für den Rest seines Lebens bettlägrig war. Am 4. März 1950 starb Adam Rainer im Alter von 51 Jahren. Er hatte zuletzt vom Scheitel bis zur Sohle 234 cm gemessen und war der einzige Mensch, der Zwerg und Riese zugleich gewesen ist.

Das gegensätzlichste Paar bilden Nigel Wilks (* 1963) und Beverly Russell (* 1963), die sich am 30. Juni 1984 in Kingston- upon-Hull, Humberside (GB), das Jawort gaben: Er ist 198 cm groß, sie 119 cm. Die Frau leidet an einer erblichen Störung der Knorpelbildung, die Minderwuchs verursacht. Ihr Sohn Daniel, der am 22. März 1986 per Kaiserschnitt entbunden wurde, wog 4,22 kg.

GROSSE UND KLEINE VÖLKER

Der höchstgewachsene Volksstamm sind die Tutsi (auch Watusi), das sind nilotische Hirten aus Ruanda und Burundi in Zentralafrika, sowie die Dinka im Sudan. Bei den Watusi sind die erwachsenen Männer durchschnittlich 195,5 cm groß, die Frauen 177,8 cm.

Die kleinsten Pygmäen sind die Mbuti in den Ituri-Wäldern von Zaire (Zentralafrika) mit einem Durchschnittsmaß von 137 cm bei den Männern und 135 cm bei den Frauen.

GEWICHT

Der schwerste Mann in der Geschichte der Medizin war Jon Brower Minnoch (1941–83) aus Bainbridge Island, Washington (USA). Ein Notarztteam hatte ihn im März 1978 auf einer großen Bohle erstmals in die Universitätskliniken von Seattle gebracht. Der Endokrinologe Dr. Robert Schwartz kam aufgrund von Hochrechnungen über Minnochs Nahrungs- und Ausscheidungsmengen zu dem Ergebnis, daß sein Patient »wahrscheinlich mehr« als 635 kg wog. 13 Pfleger waren nötig, um ihn in seinem Krankenhausbett umzudrehen. Nachdem Minnoch fast zwei Jahre lang auf eine Diät von 1200 Tageskalorien gesetzt worden war, brachte er nur noch 216 kg auf die Waage. Im Oktober 1981 mußte er wieder in die Klinik, weil er innerhalb einer Woche 91 kg zugenommen hatte. Der ehemalige Taxifahrer – 185 cm groß – hatte 1963 noch 181 kg gewogen; 1966 waren es schon 317 kg und im September 1976 dann 442 kg.

Schwerster lebender Mensch ist T. J. Albert Jackson aus Canton, Mississippi (USA), der als »Fat Albert« (fetter Albert) einige Berühmtheit erlangte. Er hat einen Brustumfang von 305 cm, eine Taillenweite von 294 cm, der Umfang seiner Oberschenkel beträgt 178 cm und der seines Nackens 75 cm. Jacksons Höchstgewicht lag bei 408 kg, jetzt sind es 404 kg.

Schwerste Frau war Percy Pearl Washington, die an Polydipsie (krankhaftem Durst) litt und am 9. Oktober 1972 in einem Krankenhaus in Milwaukee (USA) im Alter von 46 Jahren gestorben ist. Die Klinik-Waagen hatten eine Skala bis 800 Pounds (362,8 kg), und die reichte nicht aus. Es wurde geschätzt, daß Percy Pearl Washington etwa 399 kg gewogen hat. Sie war 1,83 m groß und hatte Kleidergröße 62 (US-Standard). Vor ihr lag der alte Gewichtsrekord bei 385,5 kg, und dieser Rekord hatte 84 Jahre Bestand. Soviel soll im Jahr 1888 eine unbekannte Negerin aus Boston, Massachusetts (USA), gewogen haben, weitere Angaben fehlen aber. Unbestätigt sind Behauptungen, nach denen Ida Maitland (1898–1932) aus Springfield, Mississippi (USA), sogar 413,2 kg schwer gewesen sein soll.

Schwerste lebende Frau war Rosie Carnemolla (* 1944) aus Poughkeepsie, New York (USA), die am 13. März 1988 – zu ihren gewichtigsten Zeiten – 385 kg auf die Waage brachte. Eine Woche später wurde sie auf strenge Diät gesetzt, und nach sechs Monaten war sie um 113 kg leichter. Dann unterzog sie sich auch noch einer Magenoperation, bei der ihr Bauchumfang verkleinert wurde. Im September 1988 wog Rosie Carnemolla nur noch 159 kg; ihre Taillenweite war von 249 cm auf 117 cm zurückgegangen, und statt Kleidergröße 70 (US-Norm) paßte ihr nun Größe 46. Sie hofft, daß sie auch ihr Wunschziel von 68 kg erreicht.

Die schwersten Zwillinge sind bzw. waren Billy Léon und Benny Loyd McCrary alias McGuire (* 7. Dezember 1946) aus Hendersonville, North Carolina (USA), die im November 1978 337 kg (Billy) und 328 kg (Benny) wogen und einen Taillenumfang von 213 cm hatten. Bei ihren Auftritten als Ringkämpfer wurde ihnen auf den Plakatanschlägen ein Gewicht bis zu 349 kg zugeschrieben. Nach einer sechswöchigen Schlankheitskur hatten beide nicht ab-, sondern 2,26 kg zugenommen. Billy starb am 13. Juli 1979 bei den Niagarafällen in Ontario (Kanada) nach einem Motorrad-Unfall.

Der leichteste Mensch war Lucia Zarate (1863–89) in San Carlos (Mexiko), eine ausgemergelte mexikanische, 67 cm große Kleinwüchsige, die mit 17 Jahren 2,13 kg wog. Bis zu ihrem 20. Geburtstag hatte sie es auf 5,9 kg gebracht. Bei der Geburt wog sie 1,1 kg.

Gewichtsverluste: Die gewaltigste Abmagerungskur hat der Amerikaner Jon Brower Minnoch (1941–83, s.o.) durchgemacht. Er brachte im Juli 1979 noch 216 kg auf die Waage und hatte damit mindestens 419 kg in 16 Monaten abgespeckt.

Die erfolgreichste Schlankheitskur erreichte die Amerikanerin Celesta Geyer (*1901), die unter dem Namen Dolly Dimples im Zirkus als Fettwunder auftrat. Sie nahm in 14 Monaten (1950/51) um 182 kg ab und wog nur noch 69 statt 251 kg. Gleichzeitig gingen ihre anderen entscheidenden Maße von 200-213-213 cm auf fast graziöse 86-71-91 cm zurück. Ihr Buch *How I Lost 400 Pounds* (Wie ich 400 Pfund verlor) wurde kein Bestseller; vielleicht schreckten Kleider- und verwandte Probleme die Leserinnen ab, zumal Celesta Geyer nur 150 cm groß war. Im Dezember 1967 soll sie sogar auf 50 kg abgespeckt haben.

Durch Operation wurde am 14. März 1982 ein 362 kg schwerer Amerikaner um 67 kg auf einen Schlag erleichtert. Dabei wurde ihm in einem New Yorker Krankenhaus Fettgewebe an der Bauchwand entfernt. Maschinelle Hilfe war nötig, um die Fettschichten wegzuschaffen.
Per Schwitzkur hat Ron Allen (*1947) im August 1984 binnen 24 Std. 9,7 kg abgenommen. Er war zuvor 113 kg schwer.

Dank einer Enzym-Diätkur verringerte Bernd Rastert (* 1968) aus Ettlingen (Baden-Württemberg) sein Gewicht in 15 Monaten um 150 kg. Lebensgefährliche 253 kg hatte der 21jährige Schreinerlehrling noch Ende April 1988 auf die Waage gebracht. Unter ärztlicher Aufsicht des Naturheilzentrums Gaggenau nahm er monatlich je 10 kg bis Dezember 1989 ab und erreichte 103 kg.

Den Rekord der Gewichtszunahme stellte Jon Brower Minnoch (s. o.) auf, als er in sieben Tagen 91 kg schwerer geworden war und erneut im Oktober 1981 wieder in die Universitätsklinik von Seattle, Washington (USA), eingeliefert wurde.
Der Amerikaner Athur Knorr (1916-60) nahm in seinen letzten sechs Lebensmonaten 136 kg zu.

Doris James aus San Franzisko, Kalifornien (USA), die im Alter von 38 Jahren starb, hat in den 12 Monaten vor ihrem Tod im August 1965 insgesamt 147 kg zugenommen und wog zum Schluß bei einer Körpergröße von nur 157 cm 306 kg.

Der größte Gewichtsunterschied zwischen Eheleuten betrug etwa 589 kg – ein weiterer Rekord, an dem Jon Brower Minnoch, der schwerste Mann der Medizingeschichte, beteiligt war. Seine Frau Jeannette, im März 1978 ein Leichtgewicht von 50 kg, hat ihm zwei Söhne geboren.

LANGLEBIGKEIT

Allgemein: Nichts reizt mehr zu Lug und Trug als das menschliche Lebensalter, nichts verführt mehr zu Eitelkeit und arglistiger Täuschung. Wenn es um sehr alte Menschen geht, werden irreführende Angaben eher von anderen Leuten als von den Betroffenen selbst in die Welt gesetzt. Außer zufälligen Merkmalen, zum Beispiel bleibenden Folgen eines nachweis- und datierbaren Ereignisses wie dem Unfall von Tschernobyl, gibt es keine Anhaltspunkte, mit wissenschaftlichen Methoden am lebenden Menschenkörper sein Alter zu ermitteln.

Im Laufe der Geschichte hat es immer wieder Berichte über Menschen gegeben, die weit über 100, ja sogar über 200 Jahre alt geworden sein sollen. Tatsächlich gibt es nur sehr wenige Menschen, die über 113 Jahre alt geworden sind. Es gibt keinen dokumentarisch belegten Fall von Langlebigkeit, der bestätigt, daß jemand mehr als seinen 120. Geburtstag gefeiert hat.

Irrtümer bei vermeintlichen Altersrekorden entstehen oft dadurch, daß zwei Lebensalter zu einem zusammengelegt werden – etwa das von Vater und Sohn, das von zwei Menschen gleichen Namens oder das von zwei aufeinanderfolgenden Trägern des gleichen Titels. Berühmtestes Beispiel dafür war Christian Jakobsen Drackenberg, der angeblich am 18. November 1626 in Stavanger (Norwegen) geboren worden war und am 9. Oktober 1772 in Aarhus (Dänemark) gestorben ist, also 145 Jahre, 326 Tage alt geworden wäre. Die Chance aber, auch nur 115 Jahre alt zu werden, ist äußerst gering. Nach Berechnungen von Versicherungsmathematikern, die zuverlässige Daten ausgewertet haben, kommt etwa auf 2,1 Mrd. Menschenleben nur eines, das 115 Jahre währt (Weltbevölkerung Mitte 1990: schätzungsweise 5,3 Mrd.).

Den Rekord an Übertreibung stellte am 5. Mai 1933 ein Nachrichtenbüro auf, das allen Ernstes eine aus Peking stammende Meldung durchgab, der zufolge der älteste Mensch der Welt, Li Chung-jun, geboren 1680, gerade im Alter von 256 (statt 253!) Jahren gestorben wäre.

Nach Berichten vom Februar 1984 habe die Volkszählung von 1982 in China lediglich 3800 Hundertjährige erbracht, von denen zwei Drittel Frauen waren. Wie eine Volkszählung im Jahr 1985 ergab, lebten in der chinesischen Provinz Xinjiang Urgur 850 Menschen, die 100 Jahre waren, vier sogar zwischen 125 und 103 Jahren. In den USA lebten am 1. Juli 1989 etwa 61 000 Menschen, die 100 Jahre oder älter waren. Geburts- und Sterberegister waren in Nordamerika jedoch nur einmal, 1933, komplett. Bis 1915 waren die Register sogar nur zu einem Drittel geführt worden.

DAS HÖCHSTE LEBENSALTER

Aufgrund der gegenwärtig verfügbaren Daten haben Versicherungsmathematiker errechnet, daß von 2,1 Mrd. Menschen höchstens ein Mensch eine Lebenserwartung von 115 Jahren hat. Mitte 1992 beherbergte die Erde schätzungsweise 5,48 Mrd. Bewohner.

Die längste Lebensdauer, die bislang zuverlässig nachgewiesen wurde, hat mit 120 Jahren, 237 Tagen der Japaner Shigechiyo Izumi erreicht. Am 29. Juni 1865 wurde er in Asan auf der Insel Tokunoshima (1320 km südwestlich von Tokio) geboren und ist als Sechsjähriger bei der ersten japanischen Volkszählung im Jahr 1871 erfaßt worden. Am 21. Februar 1986 starb

Diana und Monica Petrungaro kamen – obwohl Zwillinge – im Abstand von 36 Tagen auf die Welt. Diana wurde am 22. Dezember 1987 geboren, Monica am 27. Januar 1988 – der längste Zeitabstand bei einer Zwillingsgeburt.

er um 12 Uhr 15 in seinem Heimatort an einer Lungenentzündung.

Der älteste lebende Mensch der Welt ist – unter der Voraussetzung gesicherter Daten – die am 21. Februar 1875 geborene Französin Jeanne Louise Calment. Sie lebt heute in einem Pflegeheim in Arles (Provence), wo sie ihren 117. Geburtstag mit Champagner feierte. Jeanne Louise Calment hat den am 29. Juli 1890 verstorbenen Vincent van Gogh im Laden ihres Vaters getroffen.

Die ältesten Vierlinge der Welt waren die Geschwister Ottmann (* 5. Mai 1912 im pfälzischen Neustadt/Weinstraße).1991 konnten Annemarie Prim, Adolf Ottmann, Emma Quednau und Elisabeth-Charlotte Narciß noch gesund ihren 79. Geburtstag feiern. Am 17. März 1992 verstarb Adolf Ottmann.

Die ältesten Drillinge waren die am 27. März 1868 in Marlboro, Massachusetts (USA), geborenen Faith, Hope und Charity Caughlin. Als erste von ihnen starb (Ellen) Hope Daniels am 2. März 1962 im Alter von 93 Jahren.

Eineiige Zwillinge werden sehr selten gemeinsam 100 Jahre oder älter. Die Chancen, daß es beide schaffen, stehen angeblich 1 zu 50 Mio. Die ältesten Zwillinge waren Eli Shadrack und John Phipps (* 14. Februar 1803 in Affinghton, Virginia, USA). Eli starb am 23. Februar 1911 in Hennessey (Oklahoma) im Alter von 108 Jahren und 9 Tagen, John lebte damals noch in Shenandoah (Iowa). Die eineiigen Zwillingsschwestern Mildred Widman Philippi und Mary Widman Franzini aus St. Louis (USA) konnten am 17. Juni 1984 ihren 104. Geburtstag feiern. 44 Tage vor ihrem 105. Geburtstag, am 4. Mai 1985 starb Mildred Widman Philippi.

Die ältesten lebenden Zwillinge sind mit 101 Jahren die am 29. Juli 1890 geborenen Schwestern Florence Elizabeth Blake geb. Thomas und May Mary Matilda Thomas, die im Middleton Home von Maldon (GB) leben.

FORTPFLANZUNG

MUTTERSCHAFT

Die meisten Kinder geboren hat, soweit offiziell beglaubigt, mit 69 die erste von zwei Frauen des Bauern Fjodor Wassiljew (1707–82) aus Schuja, einer Ortschaft etwa 240 km von Moskau, geboren. Sie brachte in 27 Schwangerschaften 16 Paar Zwillinge zur Welt, siebenmal Drillinge und viermal Vierlinge. Über den Fall hat am 27. Februar 1782 das Kloster Mikolskaja nach Moskau berichtet. Die Kinder, von denen mindestens 67 das Säuglingsalter überstanden, waren etwa zwischen 1725 und 65 geboren worden.

Die gegenwärtig gebärfreudigste Frau der Welt ist Leontina Albina geb. Espinosa (*1925) aus San Antonio (Chile), die 1981 ihr 55. und letztes Kind auf die Welt brachte. Ihr Mann Gerardo Secunda Albina oder Alvina (*1921) sagt, daß sie 1943 in Argentinien geheiratet haben und schon fünfmal Eltern von Drillingen (alles Jungen) geworden waren, ehe sie nach Chile kamen. Nur 40 (24 Jungen und 16 Mädchen) von den 55 Kindern überlebten. Elf Kinder starben bei der Geburt oder verloren ihr Leben bei einem Erdbeben.

Die Bäuerin Maria Olivera (*1939) aus San Juan (Argentinien) soll am 31. Januar 1989 ihr 32. Kind zur Welt gebracht haben. Alle Kinder sollen noch leben.

Älteste Mütter: Scheinbar sehr späte Mutterschaften sind oft nur ein Alibi für uneheliche Enkelkinder. Moderne Hormontechniken machen es möglich, daß Frauen nach dem Klimakterium wieder fruchtbar werden. Die medizinische Literatur kennt extreme, doch unbeglaubigte Fälle von Müttern in den Siebzigern. So soll Ellen Ellis aus Four Crosses in Clwyd (GB) 72 Jahre alt gewesen sein, als sie am 15. Mai 1776, ihrem 46. Ehejahr, ihr 13. Kind tot zur Welt brachte.

Die älteste Frau, die nachgewiesenermaßen einem Kind das Leben geschenkt hat, war Ruth Alice Kistler, geb. Taylor, und vormalige Frau Shepard (1899–1982) aus Portland, Oregon (USA). Eine Geburtsurkunde bestätigt, daß sie am 18. Oktober 1956 – als sie 57 Jahre und 129 Tage alt war – in Glendale bei Los Angeles eine Tochter namens Suzan zur Welt gebracht hat. Nach ihrem Tod ging das Gerücht, daß Frau Kistler das Geburtsdatum geändert haben könnte.

Der Belgier Dr. E. Derasse berichtete am 1. Oktober 1891 in der *Gazette Médicale de Liège* (Lütticher Ärztezeitung) von einer Patientin, die im Alter von 59 Jahren, 5 Monaten ein gesundes Kind geboren hat. Die Frau hatte bereits eine verheiratete Tocher von 40 Jahren.

FRÜHGEBURTEN

Kürzeste Schwangerschaft: Ein 128-Tage-Kind war James Elgin, Sohn von Brenda und James Gill aus Ottawa, Ontario (Kanada). Der Junge, am 20. Mai 1987 geboren, wog 624 g.

Die zweieiigen Zwillinge Joanne und Mark Holding kamen bei einer Frühgeburt nach nur 105 Tagen am 28. Februar 1988 in Portsmouth (GB) auf die Welt. Joanne wog 880 g, Mark 825 g.

Vierlinge entband nach genau 26 Wochen am 10. April 1988 Tina Piper aus St. Leonards-on-Sea, Sussex (GB). Oliver, im Februar 1989 gestorben, wog bei der Geburt 1,6 kg, Francesca 0,96 kg, Charlotte 1,03 kg und Georgina 1,05 kg. Die Vierlinge waren im Königlichen Kreiskrankenhaus in Brighton (Sussex) auf die Welt gekommen.

SÄUGLINGE

Schwerste Säuglinge. Große Babys (mehr als 4,5 kg) werden in der Regel von Müttern geboren, die groß und übergewichtig sind oder unter Krankheiten wie Diabetes leiden. Das bisher schwerste Baby einer gesunden Mutter war ein 10,2 kg wiegender Junge, den Carmelina Fedele aus Aversa (Italien) im September 1955 auf die Welt brachte.

Anna Bates, geb. Swan (1846–1888), eine 227 cm große Riesin aus Kanada verhalf am 19. Januar 1879 bei einer Hausgeburt in Seville (USA) einem 10,8 kg schweren und 76 cm großen Sohn zum Leben, doch das Baby starb noch in den ersten 24 Std. Ihr erstes Kind, ein 8,16 kg schweres und 61 cm großes Mädchen, war eine Totgeburt (1872).

Der leichteste Säugling war ein nur 280 g wiegendes Mädchen, das 1989 bei einer Frühgeburt im Medizinischen Zentrum der Loyola-Universität in Illinois (USA) zur Welt kam.

Künstliche Befruchtung kann nach mehreren Methoden durchgeführt werden. Diese Kinder sind allgemein als »Retortenbabys« bekannt; die künstliche Befruchtung wird kurz IVF (**In-vitro-Fertilisation**) genannt.

Erstes Baby aus dem Reagenzglas ist Louise Brown (2,6 kg). Ihre Mutter, Lesley Brown (damals 31 Jahre), wurde am 25. Juli 1978 um 23 Uhr 47 im Allgemeinen Krankenhaus von Oldham (GB) durch Kaiserschnitt entbunden. Louise war am 10. November 1977 extern empfangen worden.

Das erste »Retortenbaby« aus Deutschland, Oliver, wurde am 16. April 1982 in der Erlanger Universitätsfrauenklinik durch einen Kaiserschnitt entbunden. Seine Mutter, Maria Wimmelbacher, kommt aus dem oberfränkischen Dorf Langensendelbach bei Erlangen. Das Kind wurde am 3. August 1981 durch extrakorporale Befruchtung (außerhalb des Mutterleibs) gezeugt.

Die ersten Retorten-Zwillinge, Stephen und Amanda, wurden am 5. Juni 1981 im Queen Victoria Medical Centre von Melbourne (Australien) per Kaiserschnitt entbunden. Mutter: Radmilla Mays (31). Amanda wog 2,43 kg, Stephen 2,29 kg.

Die ersten Retorten-Drillinge (zwei Mädchen, ein Junge) wurden am 8. Juni 1983 im Flinders Medical Centre in Adelaide (Australien) geboren. Auf Wunsch der Eltern wurden keine Namen bekanntgegeben.

Konfuzius, Chinas berühmtester Lehrer, Philosoph und Staatstheoretiker, dessen Ideen die Zivilisation und Kultur in ganz Ostasien beeinflußten. Seine Familie kann weiter zurückverfolgt werden als jede andere. Seine direkten Nachkommen leben heute in 85. Generation auf Taiwan.

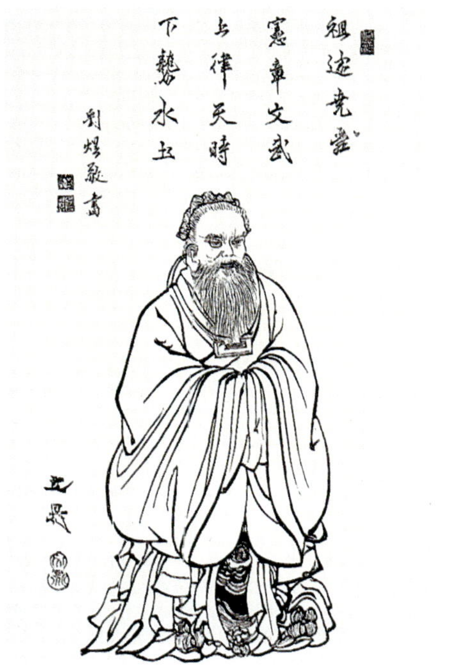

Vielfach vergrößert zeigt sich krankes Menschenhaar mit seinen gespaltenen Spitzen

Die ersten Retorten-Fünflinge waren Alan, Brett, Connor, Douglas und Edward, die am 26. April 1985 im University College Hospital von London auf die Welt kamen. Ihre Eltern sind Linda und Bruce Jacobssen.

Die älteste Frau, die nach einer künstlichen Befruchtung entbunden hat, war eine 49 Jahre und 54 Tage alte Zypriotin. Sie brachte im Oktober 1990 per Kaiserschnitt ein 2850 g schweres Mädchen auf die Welt. Ein Team unter der Leitung von Dr. Krinos Trokoudes, Direktor des Pedieos-IVF-Zentrums in Nikosia (Zypern), hatte der Frau das befruchtete Ei in die Gebärmutter verpflanzt.

Die am längsten auseinanderliegende Zwillingsgeburt erlebte Danny Petrungaro geb. Berg (* 1953) aus Rom (Italien). Die Frau hatte sich nach vier Fehlgeburten einer Hormonbehandlung unterzogen. Sie brachte am 22. Dezember 1987 bei einer normalen Geburt ihre Tochter Diana zur Welt. Von der Zwillingstochter Monica wurde sie aber erst am 27. Januar 1988, also 36 Tage später, per Kaiserschnitt entbunden.

Die Britin Mary Wright brachte ihre Töchter Amy und Elizabeth im Abstand von 18 Monaten zur Welt. Die Eier waren im März 1984 von ihrem Ehemann befruchtet worden. Elizabeth wurde am 22. April 1987 in Stoke-on-Trent, Staffordshire, geboren; das Ei war 29 Monate lang eingefroren gewesen.

MEHRFACHGEBURTEN

Zweimal Siebenlinge gebar 1390 und 91 Brigitta von Stingelheim in Hailing. Landkreis Straubing-Bogen (Niederbayern). Diese Kinder (alles Söhne) sind auch groß geworden. Eine Erinnerungstafel in der Taufkapelle der Kirche St. Pauli Bekehrung hält das Ereignis fest.

Die schwersten Zwillinge wogen 12,59 kg. Geboren wurden sie am 20. Februar 1924 von J. P. Haskin aus Fort Smith, Arkansas (USA).

Die schwersten Drillinge werden aus dem Iran gemeldet. Nach unbestätigten Berichten wogen die am 18. März 1968 geborenen Säuglinge (2 Jungen, 1 Mädchen) 12 kg.

Die schwersten Vierlinge (alles Mädchen) brachte Ayako Takeda Tsuchihashi in der Entbindungsanstalt von Kagoshima in Japan zur

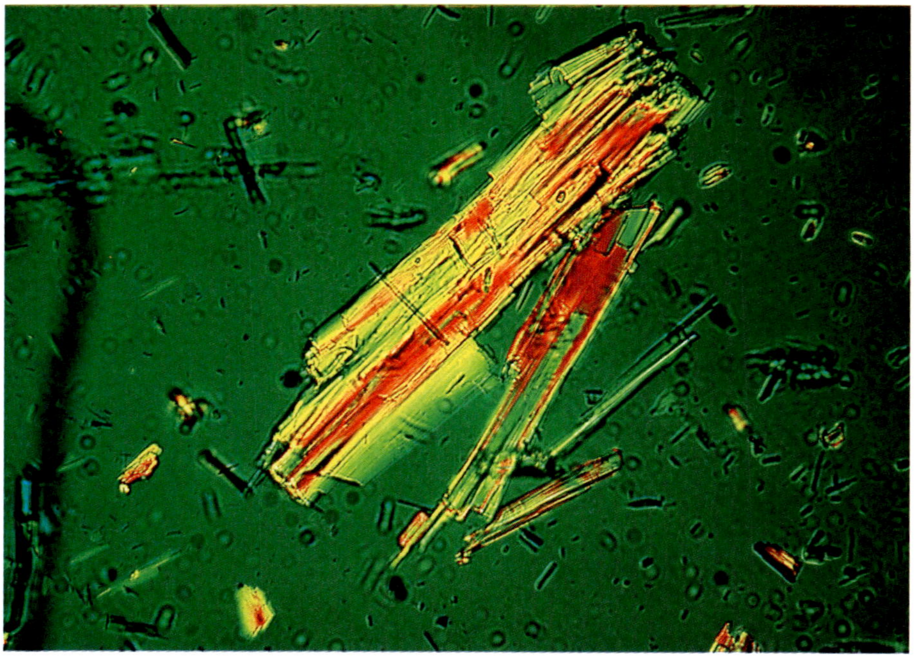

1897 hatten die Labors des Chemiewerks Bayer erstmals Acetyisalicyisäure – hier in Kristallform –, den Wirkstoff des Marken-Medikaments Aspirin, in reiner Form hergestellt.

Welt. Die am 4. Oktober 1978 geborenen Babys wogen 10,4 kg.

Die schwersten Fünflinge gibt es gleich doppelt: Sowohl die am 7. Juni 1953 geborenen Kinder von Liu Saulian aus Zhejiang (China) als auch die fünf Säuglinge von Frau Kamalammal aus Pondicherry (Indien), geboren am 30. Dezember 1956, wogen 11,35 kg.

Die leichtesten Zwillinge wogen zusammen nur 991 g. Es waren die am 16. August 1931 geborenen englischen Schwestern Mary (453 g) und Margaret, die 538 g wog. Mutter war Florence Stimson aus Old Fletton (Peterborough).

»Siamesische Zwillinge«: Zusammengewachsene Zwillinge verdanken diese Bezeichnung dem berühmten Paar Chang und Eng Bunker, die am 11. Mai 1811 in Meklong (Siam, jetzt Thailand) geboren wurden. Sie waren durch ein knorpeliges Gewebe an der Brust verbunden und heirateten im April 1843 die Schwestern Sarah und Adelaide Yates. Sie zeugten zehn bzw. zwölf Kinder und starben, 62 Jahre alt, am 17. Januar 1874 im Abstand von drei Stunden.

Erstmals mit Erfolg getrennt wurden siamesische Zwillinge am 14. Dezember 1952 im Mount Sinai Hospital von Cleveland, Ohio (USA). Dr. J. S. Geller führte die Operation an zwei Mädchen durch, die an *Xiphopagus* (Doppelmißbildung mit Verwachsung in der Gegend des Schwertfortsatzes) gelitten hatten.

Die seltenste Form zusammengewachsener Zwillinge ist *Dicephales tetrabrachius dipus* (2 Köpfe, 4 Arme und 2 Beine). Das einzige belegte Beispiel sind die am 4. Januar 1950 geborenen Mascha und Dascha Kriwoschlijapowi aus der ehemaligen UdSSR.

Älteste siamesische Zwillinge, die nicht getrennt wurden, sind Yvonne und YvetteMcCarther (* 1949), ein *Craniopagus*-Paar aus Los Angeles, Kalifornien (USA). Ihre Köpfe sind am Scheitel zusammengewachsen. Eine Trennung per Operation lehnen sie ab.

Schnellste Drillingsgeburt: Innerhalb von 2 Min. wurden am 21. März 1977 in Memphis, Tennessee (USA), Bradley, Christopher und Carmon Duck geboren.

Zehnlinge: Mehr als 10 Kinder kamen, soweit bekannt, bei einer Geburt noch nie auf die Welt. Am 22. April 1946 wurde eine Brasilianerin in Bacacay von 2 Jungen und 8 Mädchen entbunden. Zehnlingsgeburten wurden auch aus Spanien (1924) und China (12. Mai 1936) gemeldet.

Fünfzehnlinge: Die Fetusse von 10 Mädchen und 5 Jungen hat Dr. Gennaro Montanino am 22. Juli 1971 in Rom aus der Gebärmutter einer 35jährigen Frau entfernt. Nach Angaben des Arztes war ein Fruchtbarkeitsmittel die Ursache für den einzigartigen und unübertroffenen Fall von Fünfzehnlingen.

Das am längsten getrennte Zwillingspaar, die am 13. Januar 1914 geborenen Geschwister Iris und Aro Haughie, wurde nach 75 Jahren wieder zusammengeführt – dank der Fernsehsendung *Missing* (Vermißt), die am 27. April 1989 in Neuseeland ausgestrahlt wurde. In den 75 Jahren ihrer Trennung war aus Iris Iris Johns geworden und aus Aro Aro Campbell.

NACHKOMMEN

Größte Nachkommenschaft: Insgesamt 707 direkte Nachkommen, von denen bis auf 32 alle am Leben sind, hatte Adam Borntrager aus Medford, Wisconsin (USA), der im April 1984 im Alter von 96 Jahren gestorben ist. Im einzelnen besteht seine Nachkommenschaft heute aus 11 Kindern, 115 Enkeln, 529 Großenkeln und 20 Urgroßenkeln. Mrs. Peter L. Schwartz (1902–88) hatte 14 Kinder, von denen 13 noch leben, 175 Enkel, 477 Urenkel und 20 Ururenkel. Beide Familien gehören einer religiösen Minderheit an, der Amish-Sekte, die Auto, Telefon, elektrisches Licht und höhere Schulbildung ablehnt.

Sieben-Generationen-Familie: Augusta Bunge, geb. Pagel (* 13. Oktober 1879), aus Wisconsin (USA) erfuhr am 21. Januar 1989,daß ihre Ur-Ur-Ur-Enkelin Mutter eines Sohnes geworden war. Geboren wurde an diesem Tag ihr Ur-Ur-Ur-Ur-Enkel Christopher John Bollig.

Jüngste lebende Ururgroßmutter ist Harriet Holmes aus Neufundland (Kanada), die am 17. Januar 1899 geboren ist. Das Ereignis durfte sie am 8. März 1987 im Alter von 88 Jahren und 50 Tagen feiern.

Die meisten lebenden Vorfahren hat Megan Sue Austin (* 16. Mai 1982) aus Bar Harbor, Maine (USA). Sie erfreute sich bei ihrer Geburt noch aller Großeltern und Urgroßeltern und fünf Ururgroßeltern. Macht alles in allem 19 direkte Ahnen.

Familienstammbaum: Die Abstammungslinie von K'ung Ch'iu oder Konfuzius (551–479 v. Chr.) kann so weit verfolgt werden wie keine andere. Im 8. Jh. v. Chr. war sein Urururgroßvater K'ung Chia bekannt. Dessen direkte Nachkommen in 85. Linie heißen Wei-yi (* 1939) und Wei-ning (* 1947); beide leben auf Taiwan.

PHYSIOLOGIE UND ANATOMIE

MEDIKAMENTE

Das stärkste auf dem Markt befindliche Arzneimittel ist das d-Lysergsäure-diäthylamid-Tartrat (LSD-25, $C_{20}H_{25}NO_3$), zum ersten Mal 1938 für die Schnupfenforschung von Albert Hofmann (Schweiz) hergestellt und im April 1943 von ihm als Halluzinogen erkannt. Das stärkste schmerzstillende Mittel ist das morphinähnliche Präparat R 33 799, dem 1978 die 12 000fache Wirksamkeit des Morphins zugeschrieben wurde.

Das meistverkaufte Schmerzmittel der Welt ist Aspirin. Mit einem Umsatz von etwa 1 Mrd. DM bei jährlich über 40 000 t ist Aspirin seit 95 Jahren das Schmerzmittel Nummer eins. Der einzige Wirkstoff von Aspirin, die Acetylsalicylsäure, wurde erstmals 1897 von dem Bayer-Chemiker Dr. Felix Hoffmann in chemisch reiner und haltbarer Form hergestellt. 1899 wurde der Name Aspirin beim Kaiserlichen Patentamt in Berlin eingetragen. Noch im gleichen Jahr kam das Medikament zunächst in Pulverform, bald darauf in der damals ganz neuen Tablettenform auf den Markt. Was die langjährige Forschung dokumentiert, wird von den Verbrauchern seit Jahrzehnten angewendet. In über 70 Ländern der Welt ist Aspirin von Bayer nach wie vor das Mittel der ersten Wahl zur Behandlung von Fieber und entzündlichen Schmerzzuständen.

Die kleinste Tablette der Welt hat nur noch einen Durchmesser von 2 mm. Sie ist kleiner als ein Streichholzkopf. Die bisher kleinsten handelsüblichen Tabletten sind zwei- bis dreimal so groß. Dank eines galenischen Prinzips erhält die Mikrotablette eine sehr gleichmäßige Oberfläche und ist präzise geformt. So passen 50 von ihnen in eine Kapsel mittlerer Größe (21 mm lang, 7 mm Durchmesser).
Entwickelt wurde die kleinste Tablette 1987 von der Nordmark Arzneimittel GmbH in Uetersen (BASF-Gruppe) zum besseren Schutz von magensaftempfindlichen Arzneimitteln.

HÄNDE UND FÜSSE

Tastsinn: Die Empfindlichkeit der Finger ist derart hoch, daß damit eine Schwingungsbewegung von 0,02 eines Mikrons wahrgenommen werden kann.

Am 12. Januar 1963 berichtete die sowjetische Zeitung *Iswestija* über ein Mädchen, Rosa Kulgeschowa, das mit verbundenen Augen Farben einzig und allein durch ihren Tastsinn zu erkennen imstande sein sollte. Spätere Berichte aus dem Jahr 1970 widerlegten jedoch diese Behauptung.

Die längsten Fingernägel hat sich Shridhar M. Chillal (* 1937) aus Pune, Maharashtra (Indien), wachsen lassen. Am 3. März 1992 maßen die fünf Nägel seiner linken Hand zusammen 496 cm (Daumen: 117 cm, Zeigefinger: 87 cm, Mittelfinger: 94 cm, Ringfinger 101 cm, kleiner Finger: 97 cm). Chillal hatte seine Fingernägel zuletzt im Jahr 1952 geschnitten.
Fingernägel wachsen im Schnitt ungefähr 0,05 cm pro Woche, viermal schneller als Fußnägel.

Die meisten Finger: 14 Finger und 15 Zehen hat ein Baby in Shoreditch, East London (England) gehabt. Das wurde am 16. September 1921 nach der Leichenschau in London berichtet.

Die wenigsten Zehen, nur zwei, haben zwei kleine Negerstämme, die Wadomo im Sambesital an der Grenze zwischen Sambia und Simbabwe und die Kalanga aus der östlichen Kalahari, Botswana. Das als »Hummerscheren-Syndrom« bekannte Leiden ist durch die Mutation eines einzelnen Gens entstanden und erblich. Dennoch können diese Menschen ohne Mühe große Strecken gehen.

HAARE

Das längste Haar schmückt Diane Witt aus Worcester, Massachusetts (USA). Im Mai 1992 hatte es über 365 cm erreicht. Längeres Haar wurde bisher noch nicht nachgewiesen. Menschenhaar wächst monatlich ungefähr 1,27 cm. Bleibt es ungeschnitten, wird es in der Regel kaum länger als 61 bis 91 cm.

Die Frau mit den längsten Haaren in Deutschland ist Georgia Sebrantke (* 1943). Die seit vielen Jahren in Stuhr-Varrel bei Bremen lebende Griechin wies Anfang 1990 eine dunkelbraune Haarpracht von exakt 325 cm Länge auf. Der Ehemann und die drei Kinder wachen darüber, daß das Haar auch bei verlockenden Fernsehwetten nicht gestutzt wird, selbst dem Berliner Star-Figaro Udo Walz gelang das nicht.

Das kräftigste Haar hat vermutlich der Münchner Dominik Fahr (*1971). Für Digitalwaage und Mikrometerschraube opferte Dominik eines der dicken Haare seines Rotschopfs, klemmte es zwischen Gewicht und Waage. Bei 261 g Belastung riß das Haar am 25. Oktober 1989. Dominik könnte übrigens mit seiner ganzen Haarpracht ca. 17,6 t aushalten – geht man davon aus, daß er 88 000 Haare hat.

Der längste Bart gehörte Hans N. Langseth (* 1846 in Norwegen); als Hans 1927 in den USA starb, hatte der Bart eine Länge von 533 cm. Der Bart wurde 1967 dem Smithsonian-Institut, Washington, zum Geschenk gemacht. Seit 1973 läßt Birger Pellas (* 21. September 1934) aus Malmö (Schweden) seinen Bart wachsen: Im Februar 1992 hatte der Schnurrbart eine Weite von 312 cm erreicht.

Der Backenbart von Ergen Hasan (* 1932) aus Bretten (Landkreis Karlsruhe) maß am 28. Mai 1991 stattliche 192 cm. Der gebürtige Türke, der seit 1963 in Deutschland lebt, pflegt seine Manneszierde seit 1980.

ZÄHNE

Die frühesten Milchzähne: Die ersten Milchzähne erscheinen gewöhnlich bei Kleinkindern im Alter von fünf bis acht Monaten, und zwar zuerst die Schneidezähne des Unter- und Oberkiefers. Zahlreiche Aufzeichnungen berichten von Kindern, die mit Zähnen zur Welt kamen. Gleich mit neun Milchzähnen wurde am 11. März 1961 Jörg Netzband (†2. April 1972) in Hamburg geboren. Über dieses Tempo staunten Ärzte und Zahnärzte der Eppendorfer Universitätsklinik.

Die Backenzähne bekommt man gewöhnlich im Alter von 24 Monaten, aber nach dem in Dänemark veröffentlichten Fall Pindborg wies 1970 ein um sechs Wochen zu früh geborenes Baby bei seiner Geburt acht Zähne, davon vier Backenzähne, auf.

Zahnschmelz ist der einzige Bestandteil des menschlichen Körpers, der sich das ganze Leben lang nicht verändert, weil sich die Zellen nicht erneuern. Zahnschmelz ist zugleich die härteste Substanz im menschlichen Körper.

Die meisten Zähne: Der Wuchs dritter Zähne im vorgerückten Alter wurde wiederholt registriert. In Frankreich erregte 1896 der sogenannte Lison-Fall Aufsehen: Eine Französin namens Lison hatte im Alter vierte Zähne bekommen.

Die stärksten Zähne hat wahrscheinlich Walter Arfeuille aus Ieper-Vlamertinge (Belgien). Am 31. März 1990 hob er in Paris ein Gewicht von 281,5 kg mit den Zähnen 17 cm über den Boden. Mit der Kraft seiner Zähne schaffte es Arfeuille auch, am 1. September 1990 in Gent (Belgien) einen 184 950 kg schweren Zug 5,55 m weit auf der Schiene zu ziehen.

AUGEN

Sehschärfe: Das menschliche Auge ist fähig, auseinanderliegende Punkte mit bemerkenswerter Genauigkeit getrennt wahrzunehmen. Die Grenzwerte liegen zwischen 3 und 5 Winkelsekunden.

Dr. Dennis M. Levi vom Optometrischen Institut der Universität Houston (USA) gelang es im April 1984 mehrmals, die Position eines dünnen weißen Strichs im Bereich von 0,85 Winkelsekunden zu bestimmen. Er konnte also den Strich aus einer Entfernung von etwa 6 mm bis 1,6 km erkennen.

Farbsinn: Das menschliche Auge kann, unter optimalen Sichtverhältnissen, 10 Mio. verschiedene Farbflächen unterscheiden. Die genauesten fotoelektrischen Spektrometer besitzen nur etwa 40 Prozent dieser Trennschärfe. Rund 7,5 Prozent aller Männer und 0,4 Prozent aller Frauen sind farbenblind. Die extremste Form der totalen Farbenblindheit, die Monochromasie, ist höchst selten.

Die größte Häufigkeit von Rot-Grün-Blindheit wird aus der ČSFR gemeldet, die geringste von den Fidschiinseln und von Indianern Brasiliens.

KNOCHEN

Die längsten Knochen: Im normalen menschlichen Körper gibt es 206 Knochen. Der längste ist das Oberschenkelbein. Normalerweise macht dieses 27,5 Prozent des Knochengerüstes einer Person aus und sollte bei einem 183 cm großen Mann 50 cm lang sein.

Der längste gemessene Knochen war das Oberschenkelbein des deutschen Riesen Constantin, der am 30. März 1902 in Mons (Belgi-

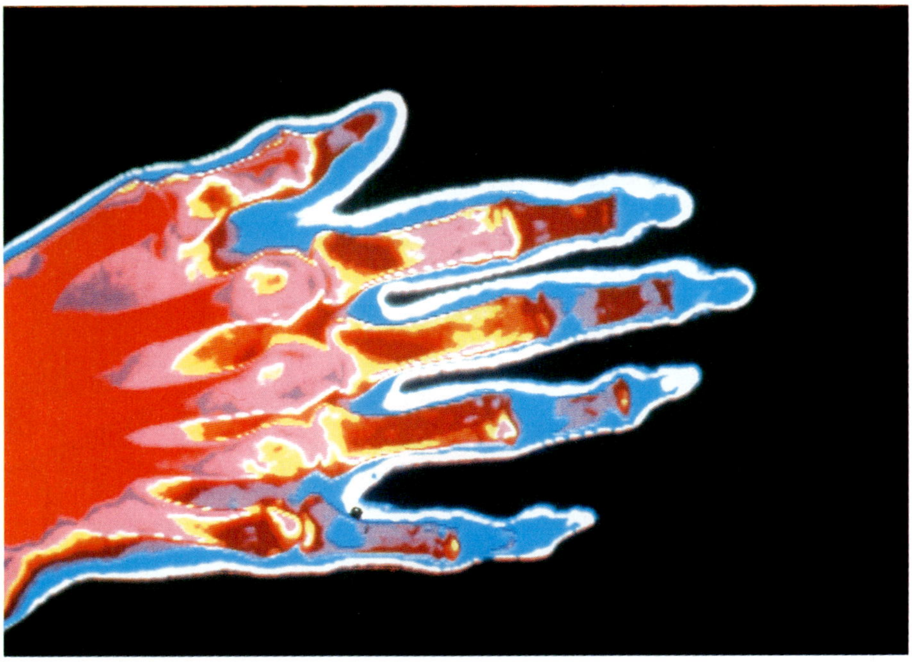

Eine arthritische Hand, wie sie sich bei der Tomographie darstellt.

en) im Alter von 30 Jahren starb. Der Knochen war 76 cm lang.

Der kleinste Knochen ist der sogenannte Steigbügel, eines der drei Gehörknöchelchen im Mittelohr. Er ist 2,6–3,4 mm lang und wiegt 2–4,3 mg.

MUSKELN

Die aktivsten Muskeln sind die Augenmuskeln. Sie bewegen sich nach Schätzungen bis zu 100 000 mal pro Tag. Viele Augenbewegungen fallen in die Traumphasen während der Nachtruhe.

Größter und schwerster Muskel (von insgesamt 639 bekannten Muskeln, die im Schnitt 40 Prozent des Körpergewichts ausmachen) ist in der Regel der *gluteus maximus* oder Gesäßmuskel, der sich bis in den Oberschenkel erstreckt. Bei schwangeren Frauen jedoch kann der Uterus (Gebärmutter) von etwa 30 g auf über 1 kg anwachsen und größer werden als der prächtigste Gesäßmuskel eines Bodybuilders.

Der kleinste Muskel ist der *Musculus stapedius*, der den Steigbügel, eines der Gehörknöchelchen, bewegt und knapp 0,127 cm lang ist.

Der längste Muskel im menschlichen Körper ist der *sartorius*, der einem schmalen Band gleicht und sich vom Becken über den vorderen Oberschenkel bis zum Schienbein zieht. Seine Aufgabe besteht darin, die unteren Glieder in eine Position zu bringen, die als Schneidersitz bekannt ist (*sartor* Schneider). Weil es andere, kräftigere Körpermuskeln gibt, die diese Aufgabe erledigen könnten, muß der *sartorius* als eine etwas zweifelhafte »Zugabe« angesehen werden, zumal er auch sehr schmerzanfällig ist.

Der kräftigste Muskel im menschlichen Körper ist der Masseter oder Kaumuskel (jeweils einer auf den beiden Mundseiten).

Der Muskel mit dem längsten Namen ist der *levator labii superioris alaeque nasi*. Dieser Gesichtsmuskel zieht sich nach unten, ein Muskelzweig führt zur Oberlippe, der andere zur

Nirgendwo auf der Welt ist die Rot-Grün-Farbenblindheit so verbreitet wie unter Tschechen und Slowaken. Deshalb dürften die Besitzer der hier abgebildeten parkenden Autos Mühe haben, ihre Wagen wiederzuerkennen.

Nase. Diesen Muskel braucht, wer die Oberlippe umstülpt oder die Lippen verzieht. Elvis Presley (1935-77) hat dies gekonnt demonstriert. In den späten fünfziger Jahren war er bekannt für seine Oberlippenmuskelspiele, die auch in *Love Me Tender*, einem seiner frühen Filme, zu sehen sind.

Über den größten Bizeps verfügt Isaac Nesser (* 21. April 1962), der auch als »Dr. Size« (Dr. Umfang) bekannt ist. Sein Oberarmumfang beträgt 66,35 cm, und da hat Nesser seinen Supermuskel noch nicht einmal angespannt.

Den vermutlich kleinsten Bizeps läßt der Brite Robert Thorn spielen: Bei angespannten Muskeln beträgt sein Oberarmumfang 11,4 cm.

Die strammste Taille hatte Walter Hudson (1944-91) aus New York (USA) mit einer Weite von 302 cm bei seinem Höchstgewicht von 545 kg.

Die schlankste Taille: Königin Katharina von Medici (1519–89) schrieb für die Damen des französischen Hofs eine Gürtellinie von 33 cm vor. Freilich waren zu dieser Zeit die Frauen auch kleiner. Unter den normal gewachsenen Frauen im 20. Jh. teilen sich eine Französin und eine Engländerin den Ruf, mit einer Weite von 33 cm die mädchenhafteste Taille gehabt zu haben: Mademoiselle Polaire (1881–1939), eine Schauspielerin, die mit bürgerlichem Namen Emile Marie Bouchand hieß, und Mrs. Ethel Granger (1905–82) aus Peterborough (GB), die ihre Taillenweite von ursprünglich 56 cm auf 33 cm heruntertrimmte.

Die größten Brustkörbe findet man bei endomorphen Menschen (Tendenz zu einen dicken,

Weltrekordler mit dem längsten Schnurrbart ist Birger Pellas aus Malmö mit seinem 312-cm-Oberlippenbart. Hier beim Entrollen seines Barthaares bei der 1. Bartolympiade in Mönichwald, Steiermark (Österreich), am 21. Juni 1991.

untersetzten, wohlgerundeten Körper). Der Amerikaner Robert Earl Hughes (1926-58) hatte mit 315 cm einem extrem großen Brustumfang. T. J. Albert Jackson, derzeit der schwerste lebende Mensch (s. a. S.), bringt es auf einen Brustumfang von 305 cm.

Unter kräftigen Menschen (Mesomorphen) normaler Statur ist ein Brustumfang von mehr als 142 cm selbst nach dem Einatmen sehr selten. **Den muskulösesten Brustkasten** weist der Gewichtheber Bruce Wayne Richardson (*23. September 1948) aus Salt Lake City, Utah (USA), auf. Er hat, bei einer Größe von 175 cm und einem Gewicht von 116 kg, einen Brustumfang von 184 cm.

Längste Hälse: Die größte Verlängerung des Halses durch wiederholtes Anpassen von Kupferringen, wie dies die Padaung oder Kareni in Myanmar (früher Birma) praktizieren, kann Verlängerungen bis zu 40 cm bewirken. Werden die Ringe, welche die Muskeln strecken, wieder entfernt, schrumpft der Hals auf Normalgröße zurück.

DAS GEHIRN

Im Normalfall gibt es keine Wechselbeziehung zwischen Intelligenz und der Größe des Gehirns.

Das schwerste bisher gewogene Gehirn gehörte einem 50jährigen Mann. Es wog 2049 g. Das berichtete am 23. Oktober 1975 der medizinische Leiter des Distrikts 9 von Florida (USA).

Das leichteste »normale« oder nicht geschwundene Gehirn war 1096 g schwer und hatte einer 31 Jahre alten Frau gehört. Dr. P. Davis und Professor E. Wright vom King's College Hospital in London berichteten darüber im Jahr 1977.

Die schnellsten Rechner sind die Hamburger und Rostocker Schüler Kai Spieckermann (14), Patrick Uecker (16), Tino Hauschildt (16), Matthias Gronau (16), Sebastian Kleist (16), Mark Weyer (16), Eike Lau (17), Dirk Woywod (18) und der Physiker Dierk Schleicher (26). Am 11. Dezember 1991 zogen sie in Moskau im Rahmen der Moskauer Offenen Mathematik-Olympiade die 13. Wurzel aus einer 100stelligen Zahl ohne Verwendung technischer Hilfsmittel in 2:13 Min. Das mathematische Verfahren, das sie dabei verwendeten, haben sie vollständig selber entwickelt.

Menschlicher Computer: In 28 Sek. multiplizierte Shakuntala Devi (Indien) zwei 13stellige Zahlen, die am 18. Juni 1980 von einem Computer in London nach dem Zufallsprinzip ausgewählt wurden. Die Rechenaufgabe lautete:
7 686 369 774 870 x 2 465 099 745 779.
Das korrekte Resultat:
18 947 668 177 995 426 462 773 730.
Manche Experten wollen den Rechenkunststücken von Frau Devi einfach keinen Glauben schenken. Die Erfahrungen mit anderen Rechengenies, so argumentieren sie, lasse sie daran zweifeln, daß die Inderin die Aufgabe tatsächlich gelöst habe. Die Experten glauben lieber an einen Kontrollfehler.

Menschliches Gedächtnis: 16 000 Abschnitte aus buddhistischen Texten sagte im Mai 1974 Bhandanta Vicitsara in Yangon (früher Rangun), Myanmar (früher Birma) aus dem Gedächtnis auf.

Mehr als 15 000 Telefonnummern aus Harbin konnte der 26 Jahre alte Chinese Gon Yangling wiederholen. Dies bestätigte die Nachrichtenagentur Xinhua. Die Wissenschaft kennt auch ein eidetisches Gedächtnis. Die menschliche Fähigkeit, visuelle Vorgänge zu speichern und die Bildfolgen »wahrnehmungsnah« wieder abzurufen, ist allerdings nicht weit verbreitet.
Nach nur einmaligem Ansehen memorierte Dominic O'Brien aus Gaildford, Surrey (GB), 35 Kartenspiele (1820 Karten), die gemischt und ihm dann in zufälliger Reihenfolge vorgelegt worden waren. Bei diesem Kunststück unterliefen O'Brien am 22. Juli 1990 im Star Inn von Furneux Pelham, Herfordshire (GB), nur zwei Fehler.

Als Gedächtniskünstler tritt auch Erich Zenker (* 1929) aus Kiel (Schleswig-Holstein) auf. Auf Veranstaltungen merkt er sich die Vornamen von Anwesenden. Auch wenn die Personen anschließend ihre Plätze gewechselt haben, ist er in der Lage, sie mit dem richtigen Vornamen anzusprechen. 320 Vornamen hat er bereits richtig wiedererkannt.

Memorierte 35 Kartenspiele, die ihm gemischt und in zufälliger Reihenfolge vorgelegt worden waren: Dominic O'Brien. Nach einmaligem Ansehen unterliefen ihm dabei nur zwei Fehler.

Als **Lottogenie** entpuppte sich die Hausfrau Hedl Bäurle (* 1932) aus Eigeltingen am Bodensee. Dank ihres fotografischen Gedächtnisses kann sie die Samstags-Lottozahlen mit Zusatzzahl der Jahre 1980–90 komplett auch in variabler Reihenfolge auswendig aufsagen – in etwa 65 Min. sind alle Wochenziehungen bewältigt: insgesamt 4011 Zahlen!

Von der irrationalen Kreiszahl Pi hat Hideaki Tomoyori (* 30. September 1932) aus Yokohama (Japan) 40 000 Stellen aus dem Gedächtnis aufgesagt. Er schaffte dieses Kunststück am 9./10. März 1987 im Universitätsklub von Tsukuba in 17:21 Std. (4:15 Std. Pause eingeschlossen).

Anmerkung: Oft wird als Näherungswert für die Zahl p, die das konstante Verhältnis des Kreisumfangs zum Durchmesser angibt, der Bruch 22 7 genommen. Durch Brüche kann die transzendentale Kreiszahl jedoch immer nur angenähert dargestellt werden. Der tatsächliche Wert setzt sich aus einer Serie von Zufalls-

Die größte Arterie ist die Aorta mit einem Durchmesser von 3 cm. Auf dem Bild ist sie links unten zu sehen, wo sie sich über dem Herzen krümmt.

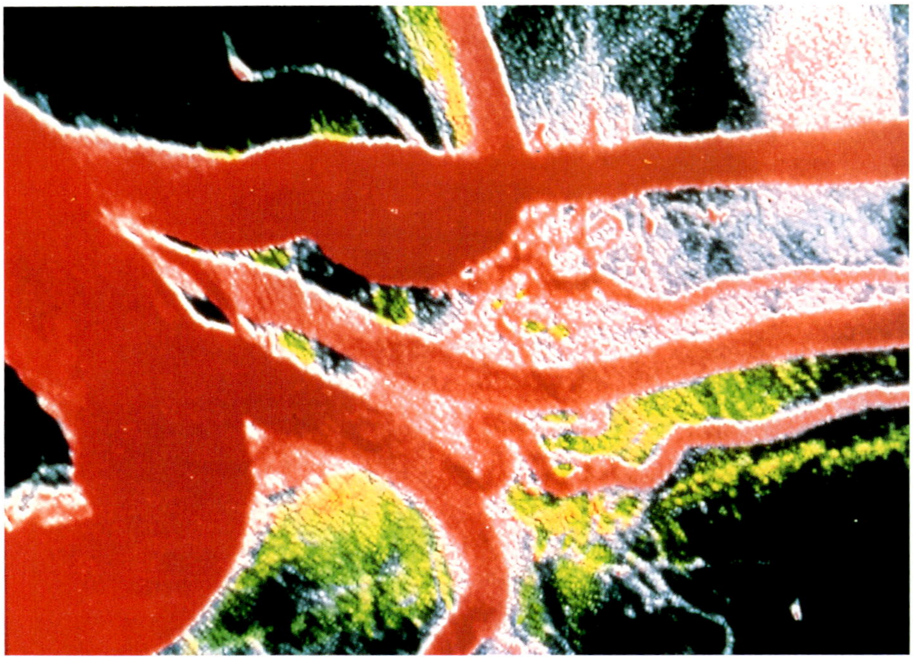

zahlen zusammen, die äußerst schwer zu memorieren sind.

Der Durchschnittsmensch kann kaum mehr als acht solcher Zufallszahlen aus dem Kopf hersagen. Beweis dafür ist auch, daß die meisten Menschen unfähig sind, sich neun oder zehn willkürlich bestimmte Telefonnummern zu merken und zu wiederholen.

STIMME

Die größte Stimmweite: Die normale Hörweite der männlichen menschlichen Stimme beträgt bei Windstille und im Freien 180 m. Das Silbo, die gepfiffene Sprache auf der kanarischen Insel La Gomera, ist unter idealen Verhältnissen auf eine Entfernung von 8 km zu verstehen.
In einem Fall war die menschliche Stimme unter abnorm günstigen akustischen Bedingungen über stehendem Wasser und bei Nacht auf eine Entfernung von 17 km vernehmbar, ohne daß man jedoch die einzelnen Worte verstand.

Brüllrekorde: Ihrer höheren Stimmfrequenz wegen erreichen Frauen beim Schreien eine größere Phonstärke als Männer. Den wissenschaftlich belegten Höchstwert beim Schreien schaffte mit 128 Dezibel aber Simon Robinson aus Südaustralien am 11. November 1988 bei einem *Guinness*-Wettbewerb in Adelaide.

Als einer der größten Schreihälse hat sich Donald H. Burns aus St. George's auf den Bermudas erwiesen. Bei Aufnahmen zu dem Fuji-TV-Film *Narvhodo the World* brachte er es am 18. Januar 1989 im Liberty State Park, New Jersey (USA), auf 119 Dezibel.

Jodeln wurde als »wiederholter schneller Wechsel von der Bruststimme ins Falsett und zurück« definiert. Schnellster Jodler war bisher Peter Hinnen aus der Schweiz, der am 28. September 1991 in der TV- Sendung *Supertreffer* aus Zürich 6 2/3 Triolen in den Tönen C-G-E jodelte. Er erreichte zwanzig Töne (darunter dreizehn Falsett-Töne) in 1 Sek.!

Rückwärtssprechen: Der Brite Steve Briers rezitierte am 6. Februar 1990 in Tenby während einer BBC-Rundfunksendung (Radio 4) sämtliche Liedtexte aus Queens *A Night at the Opera* (Eine Nacht in der Oper) von hinten nach vorne. Für 2343 Wörter brauchte er 9:58,44 Min.

BLUT

Blutgruppen: Das Vorherrschen einer bestimmten Blutgruppe ist in den einzelnen Gebieten der Erde höchst verschieden.

Die häufigste Blutgruppe der Welt ist 0 (46 Prozent); in gewissen Gebieten jedoch, z. B. in Norwegen, herrscht Gruppe A vor.

Die seltenste Blutgruppe der Welt ist eine Art des Bombay-Bluts (Untergruppe h–h), die bisher nur 1961 bei einer tschechoslowakischen Krankenschwester festgestellt wurde sowie 1968 bei einem Amerikaner und seiner Schwester namens Jalbert aus Massachusetts (USA).

Größte Bluttransfusion: Der 50jährige Warren C. Jyrich, ein Bluter, benötigte für seine »offene« Herzoperation im Dezember 1970 2400 Spendereinheiten, das sind 1080 l Blut.

Die größte Vene ist die *inferior vena cava*, die das Blut aus der unteren Körperhälfte wieder zum Herz zurücktransportiert.

ZELLEN

Der größte Zellkörper ist das Ovum (Eizelle), das im weiblichen Eierstock gebildet wird. Es hat ungefähr die Größe des Punktes am Ende dieses Absatzes.

Zu den kleinsten Zellen gehören die Gehirnzellen im Cerebellum: Sie sind ungefähr 0,005 mm groß.

Die längsten Zellen sind Neurone des Nervensystems. Motorische Nerven sind 1,3 m lang und haben im unteren Rückenmark Zellkörper (graue Substanz) mit Achsenzylinderfortsatz (weiße Substanz). Sie transportieren Nervenimpulse vom Rückenmark bis zum großen Zeh. Noch länger sind Zellorganismen, die bestimmte Gefühle (Schwingungen und Standortempfindungen) vom großen Zeh zurück ins Gehirn melden. Ihre ununterbrochene Länge vom großen Zeh über das Rückenmark bis zum verlängerten Mark des Gehirns entspricht ungefähr der Körpergröße.

Vom Kinderstar Peterli Anfang der 50er Jahre über den Country-Musiker und Yodeling-Cowboy in den 60ern kehrte der Schweizer Peter Hinnen erfolgreich als weltschnellster Jodler 1991 auf die Bühne zurück.

Die am schnellsten verbrauchten, das heißt kurzlebigsten Körperzellen sitzen in den Därmen. Sie werden alle drei Tage erneuert.

Die langlebigsten Zellen sind Gehirnzellen, die ein Leben lang funktionsfähig bleiben. Sie können etwa dreimal so alt werden wie Knochenzellen, die es auf ein Höchstalter von 25–30 Jahren bringen.

Die Zellen mit dem längsten Gedächtnis sind vermutlich die Lymphozyten, von denen im Lauf eines Menschenlebens mehrere Generationen gebildet werden. Sie vergessen niemals einen Feind. Hat sich zum Beispiel in jungen Jahren einmal ein Masernvirus eingeschmuggelt, sind die Lymphozyten auch 70 Jahre später noch in der Lage, die Masernviren zu erkennen und zu zerstören. Mit anderen Worten: An Masern leidet der Mensch kein zweites Mal.

Die größten Blutzellen sind die Megakaryozyten. Sie verbringen ihr Leben im Knochenmark und wagen sich selten in den eigentlichen Blutkreislauf. Im Knochenmark produzieren die Megakaryozyten die vielleicht »klebrigste« Körpersubstanz – die Blutplättchen. In jedem Tropfen Blut, der durch einen Nadelstich hervorgerufen wird, sind ungefähr 250 000 Plättchen. Diese Plättchen spielen eine wichtige Rolle; denn sie dienen der Blutgerinnung. Entsteht in einem Blutgefäß ein Loch, versammeln sich dort im Nu die Plättchen und versiegeln die Wunde.

KÖRPERTEMPERATUR

Höchste Körpertemperatur: Der 52jährige Willie Jones wurde am 10. Juli 1980 mit einem Hitzschlag in das Grady-Memorial-Krankenhaus in Atlanta, Georgia (USA), eingeliefert – an einem Tag mit 32,2°C und 44 Prozent Luftfeuchtigkeit. Seine Temperatur lag bei 46,5°C. Nach 24 Tagen konnte er wieder entlassen werden.

Tiefste Körpertemperatur: Drei Fälle sind bekannt, daß Menschen Körpertemperaturen von nur 16°C überlebten. Dorothy Mae Stevens (1929–74) wurde am 1. Februar 1951 in einer Chikagoer Seitenstraße aufgefunden, ihr Puls war auf 12 Schläge pro Minute gefallen. Die damals 25 Monate alte Vickie Mary Davis wurde am 21. Januar 1956 in Marshalltown, Iowa (USA), in einem ungeheizten Haus entdeckt. Der damals zweijährige Michael Troke wurde am 19. Januar 1985 in der Nähe seines Elternhauses in Milwaukee, Wisconsin (USA), im Schnee geborgen.

KRANKHEITEN

Die häufigste nicht ansteckende Krankheit sind Zahnleiden wie Gingivitis (Zahnfleischentzündung) oder Karies, der nur wenige Menschen entgehen.

Die häufigste ansteckende Krankheit ist der Schnupfen (Katarrh des Nasenrachenraums) oder die Erkältung.

Der jüngste Erfolg im Kampf gegen die Geißeln der Menschheit war die Ausrottung der endemischen Pocken (Blattern). Der letzte Pocken-Fall wurde am 26. Oktober 1977 aus

Bewegungslos stillstehen – auch dies ist ein Rekord. Antonio Gomes dos Santos schaffte dies am 30. Juli 1988 über 15:02:55 Std. Außer den unwillkürlichen Wimpernschlägen sind dabei keine Gesichtsbewegungen erlaubt.

Merka in Somalia gemeldet, als Ali Maow Maalin erkrankt war. Inzwischen gelten die Pocken als ausgestorben – ein Erfolg der Weltgesundheitsorganisation, deren Hauptwaffe im Kampf gegen die Krankheit ein haltbarer gefriergetrockneter Pocken-Impfstoff war. Der flüssige Impfstoff hatte in den Tropen oft seine Wirksamkeit eingebüßt, bis er gebraucht wurde. Doch der Impfstoff war es nicht allein, der die Übertragung der Krankheit gestoppt hat. Dazu waren auch eine schnelle Entdeckung der Krankheit und Isolation der Kranken nötig. Es wurde geschätzt, daß der Sieg über die Pocken allein der entwickelten Welt jährlich eine Mrd. Dollar an Impfkosten erspart – kosteneffektiver ist Technologie bisher noch nicht eingesetzt worden.

Ansteckendste und zugleich tödlichste Krankheit ist die Lungenpest. Zwischen 1347 und 51 holte der »Schwarze Tod« jeden, der sich infiziert hatte. Damals starb in Europa ein Viertel der Bevölkerung, weltweit fielen der Pest ungefähr 75 Mio. Menschen zum Opfer.

Tödlichste Krankheit: AIDS (**Ac**quired **Im**mune **D**eficiency **S**yndrome) steht für eine Krankheit, die – einmal ausgebrochen – bisher noch nie geheilt werden konnte. AIDS wird von einem Virus mit dem Kürzel HIV (**H**uman **I**mmunodeficiency **V**irus) verursacht. Der Virus schwächt das Immunsystem und macht den Körper wehrlos gegen Infektions-Attacken, die einem gesunden Menschen nichts anhaben können. Viele Menschen, die sich mit dem Virus HIV infiziert haben, zeigen möglicherweise keine Krankheitssymptome, die auf AIDS hindeuten. Die Krankheit bricht dann vermutlich später aus. Die Weltgesundheitsorganisation (WHO) meldete am 1. Januar 1992, aufgrund von Informationen aus 163 Ländern 446 691 AIDS-Fälle. Tatsächlich aber dürfte die Zahl nach WHO-Schätzungen erheblich höher liegen – bei etwa 1,5 Mio. Infizierten weltweit.

Höchste Sterblichkeit: Die Krankheit Tollwut, die nahezu immer tödlich verläuft, sollte aber nicht mit dem Biß eines tollwütigen Tieres verwechselt werden. Bei sofortiger Behandlung kann das Nervensystem vor dem Virus geschützt werden, und die Überlebenschancen liegen bei 95 Prozent.

Die häufigste Todesursache in den Industrieländern ist die Arteriosklerose (durch Verkalkung bewirkte Verdickung der Arterienwände). Sie ist die Ursache zahlreicher Koronar-, Hirn- und Gefäßerkrankungen.

MEDIZINISCHE EXTREME

Post-mortem-Geburt: Klinisch tot war eine Frau aus Roanoke, Virginia (USA), nach einem Herzinfarkt. Sie wurde jedoch künstlich am Leben erhalten und 84 Tage später von einem 1,67 kg schweren Mädchen entbunden (5. Juli 1983).

Den längsten Herzstillstand überlebte der norwegische Fischer Jan Egil Refsdahl (* 1936), der am 7. Dezember 1987 über Bord gegangen und in das eisige Wasser vor Bergen gefallen war. Als er in das nahe gelegene Haukeland-Krankenhaus gebracht wurde, war seine Körpertemperatur auf 24°C gefallen. Sein Herz hatte zu schlagen aufgehört. Doch nachdem er an eine Herz-Lungen-Maschine, die normalerweise in der Herzchirurgie verwendet wird, angeschlossen worden war, erholte sich Refsdahl vollständig. Nach 4 Std. Stillstand begann sein Herz wieder zu schlagen.

Die längste Aufenthaltsdauer unter der tiefsten (noch ertragbaren) Temperatur, in der sich lebende Menschen aufhielten, erzielte der Schweizer Forscher Professor Dr. Carl X. Bleisch (*1929) aus Zürich in Japan. Bei Versuchen unter Einsatz des eigenen Körpers hielt er es in einem hermetisch abgeschlossenen "Kryotorium" des Rehabilitationeszentrums Reiken auf der Insel Kyushu – nur mit einer Badehose bekleidet – am 27. Dezember 1979 während 247 Sek. in einer "Mondlandkälte" von –180° aus, um eine biogen stimulierende Regenerationstherapie und Anregung des Immunsystems zu erproben.

Im längsten Koma lag Elaine Esposito (* 3. Dezember 1934) aus Florida (USA) im Anschluß an eine Blinddarmoperation, die in ihrem 6. Lebensjahr am 6. August 1941 an ihr vorgenommen wurde. Sie starb im Alter von 43 Jahren, 357 Tagen am 25. November 1978 nach einem Koma von 37 Jahren und 111 Tagen.

Längster Klinikaufenthalt: Martha Nelson, die 1875 in das Columbus State Institute für Schwachsinnige in Ohio (USA) eingeliefert worden war, starb im Januar 1975 im Alter von 103 Jahren, 6 Monaten in der Orient State Institution von Ohio. Mehr als 99 Jahre ihres langen Lebens hatte sie in der Klinik verbracht.

Am längsten in der eisernen Lunge befand sich Laurel Nisbet (1912–85) aus La Crescenta, Kalifornien (USA). Sie lebte 37 Jahre, 58 Tage bis zu ihrem Tod ununterbrochen darin.

Schnellste Reflexe: Versuche, die 1966 veröffentlicht wurden, ergaben, daß Mitteilungen des menschlichen Nervensystems mit einer Geschwindigkeit bis zu 288 km/h übertragen werden. Mit zunehmendem Alter werden die Impulse um 15 Prozent langsamer übermittelt.

Schwerstes Organ ist die Haut, denn in der Medizin wird sie als Organ betrachtet. Bei einem Durchschnittserwachsenen wiegt die Haut ungefähr 2,7 kg. Schwerstes inneres Organ ist mit etwa 1,5 kg die Leber. Sie ist viermal schwerer als das Herz.

Der längste (belegte) Schluckauf plagte Charles Osborne (1894–1991) aus Anthon, Iowa (USA). Er litt darunter 69 Jahre, 5 Monate lang, seit 1922. Der Schluckauf hatte ihn überfallen, als er ein Mastschwein schlachtete. Er wurde ihn nicht mehr los; denn kein Mittel half dagegen. Trotz allem führte Osborne ein einigermaßen normales Leben: Er war zweimal verheiratet und hatte acht Kinder. Der Schluckauf hatte ihn alle eineinhalb Sekunden geplagt, bis zu einem Februarmorgen im Jahr 1990. Am 1. Mai 1991 starb Charles Osborne.

Niesen: Bedauernswertestes Opfer ist Donna Griffiths (* 1969) aus Pershore (GB). Ihr erster Anfall dauerte 194 Tage – vom 13. Januar bis 27. Juli 1981. Im ersten Jahr ihres Leidens hat Donna schätzungsweise eine Mio. Male »Hatschi« gemacht. Bis zum 16. September 1983 (978 Tage lang) mußte sie warten, ehe sie ihren ersten niesfreien Tag hatte. Die Partikel, die beim Niesen ausgestoßen werden, erreichen eine Höchstgeschwindigkeit von 167 km/h.

Stehen. Am längsten ununterbrochen gestanden, nämlich mehr als 17 Jahre lang, hat der Inder Swami Maujgiri Maharaj (1955 bis November 1973). Es war religiöse Buße (*Tapasya*), die ihn dazu veranlaßte. Als Schlafstütze diente ihm ein Brett. Swami Maujgiri Maharaj, der seine Stehbuße in Shahjahanpur (Uttar Pradesh) absolviert hat, starb im September 1980 im Alter von 85 Jahren.

Verschlucken: Der schlimmste Fall des Verschluckens als Zwangshandlung wurde bei einer 42jährigen Geistesgestörten beobachtet, die über »leichte Bauchschmerzen« klagte. In ihrem Magen fanden sich nicht weniger als 2533 Gegenstände, darunter 947 verbogene Nadeln. Sie wurden im Juni 1927 im Ontario-Krankenhaus (Kanada) operativ entfernt.

Hungerstreik und Hungerkur: Etwa 30 Tage lang kann ein wohlgenährter Mensch nur mit Zuckerwasser überleben, schätzen die Ärzte, ohne gesundheitliche Folgen befürchten zu müssen. Am längsten ohne feste Nahrung hat es bisher Angus Barbieri (* 1940) aus Tayport (GB) ausgehalten – nämlich 382 Tage. Von Juni 1965 bis Juli 66 lebte er im Maryfield-Hospital von Dundee allein von Tee, Kaffee, Wasser, Mineralwasser und Vitaminen. In dieser Zeit nahm Barbieri von 214,1 auf 80,74 kg ab.

Anmerkung: Rekordanmeldungen werden nur dann angenommen, wenn die Hungerkur aus medizinischen Gründen notwendig war.

Am längsten unter Wasser ausgehalten, und zwar unfreiwillig: 66 Min. lang war 1986 die zweijährige Michelle Funk aus Salt Lake City (USA) unter Wasser. Das kleine Mädchen war in der Nähe ihres Hauses beim Spielen in einen angeschwollenen Bach gefallen. Als es schließlich entdeckt wurde, konnten die Rettungsleute weder Puls- noch Herzschlag feststellen. Ins Leben zurückgerufen wurde Michelle dann von einer Bypass-Maschine, die ihr Blut wärmte, dessen Temperatur auf 66 ° Fahrenheit (ca.19 ° C) gefallen war. Die Klinikärzte sprachen hinterher vom »längsten Unter-Wasser-Liegen ohne neurologische Folgen«.

Gefräßigster Feuerschlucker ist der Franzose Marcel Stey (*1958) aus Berlin-Reinickendorf. Beim Deutsch-Französischen Volksfest spie er am 6. Juli 1991 eine 9,5 m lange Flamme in den Berliner Nachthimmel. Im Feuerlöschen ist Inge Widar Svingen alias »Benifax« aus Norwegen die Nummer eins: Am 10. August 1990 erstickte er in Kolvereid in 2 Std. 25 270 Fackeln in seinem Mund. Den Rekord für Frauen stellte am 26. Juli 1986 Sipra Ellen Lloyd in Port Lonsdale (Australien) auf: Sie machte 8357 Fackeln das Licht aus.

Nur 13-15 Sek. hat der französische Militärarzt Dominique Jean Larrey (1766-1842) für die schnellste Amputation eines Beins (ohne Betäubung) gebraucht. Hier zeigt er an einem gerade amputierten Bein Muskelkontraktionen, die galvanischen Effekten zuzuschreiben sind.

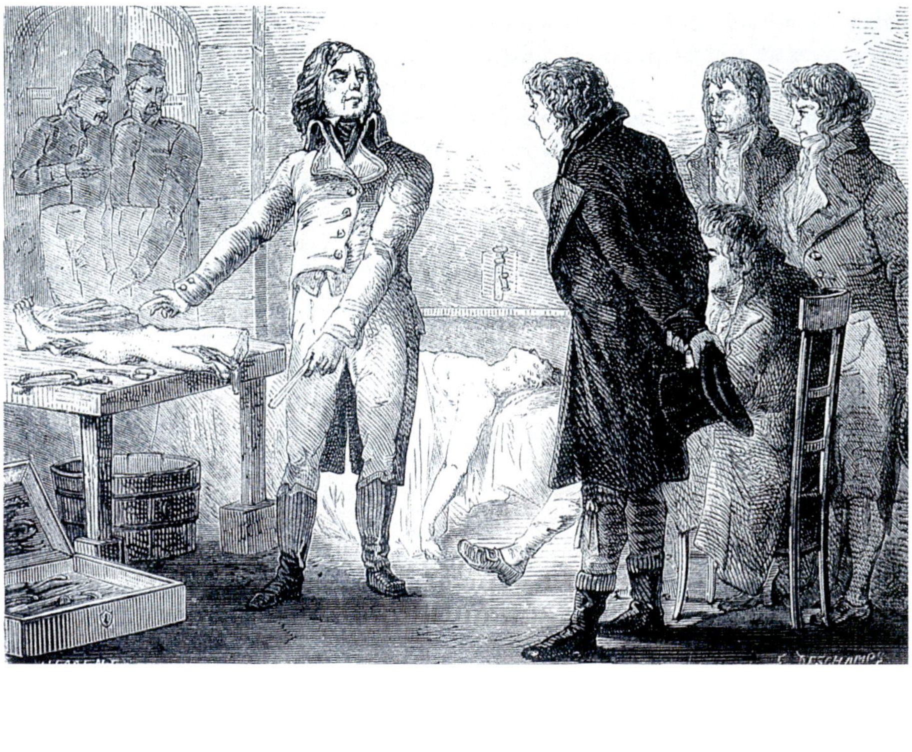

Schnellster im Feuerschlucken ist Rannug, The Snake Boy (eigentlich Gunnar Ehmsen), aus Jagsthausen-Olnhausen (Baden-Württemberg). In der Diskothek Seehaus in Widdern schluckte der gelernte Schlangendompteur bei einem Varietéabend am 10. Dezember 1989 150 brennende Fackeln in nur 19,74 Sek. – *Feuerschlucken ist eine sehr gefährliche Beschäftigung.*

Die meisten Tabletten schlucken mußte C. H. A. Kilner (1926-88) aus Bindura (Simbabwe) – nämlich 565 939 zwischen dem 9. Juni 1967 und dem 19. Juni 1988. Kilner war auf die Tabletten seit einer Bauchspeicheldrüsenoperation angewiesen.

Die meisten Injektionen erhielt bisher Phyllis Lush (*25. Oktober 1916), eine Diabetikerin aus Darlington Point, Neusüdwales (Australien). Ihr sind in den vergangenen 69 Jahren mehr als 65 000 Insulinspritzen verabreicht worden.

Der am vollständigsten tätowierte Mensch ist Tom Leppard von der Isle of Syke (GB). Er hat sich ein Leoparden-Design anlegen lassen, bei dem seine Haut zwischen den dunklen Flecken safrangelb leuchtet. Leppards Körper ist zu 99,2 Prozent tätowiert – ein Rekord, der kaum zu überbieten sein dürfte.

Bernard Moeller aus Pennsylvania (USA) hatte nach dem Stand vom Oktober 1991 seinen Körper mit 14 000 einzelnen Tätowierungen verzieren lassen. Auf der Haut von Walter Stiglitz aus New Jersey (USA) sollen sich sechs Künstler mit 5488 Tätowierungen verewigt haben. Auch Frauen mögen den Körperschmuck. Die Frau mit den meisten Tätowierungen ist die Striptänzerin »Krystyne Kolorful« (* 1952) aus Alberta (Kanada). Sie hat sich im Laufe von zehn Jahren ein Hautkleid zugelegt, das 95 Prozent ihres Körpers bedeckt.

OPERATIONEN

Die langwierigste Operation dauerte 96 Std. Patientin war die Amerikanerin Gertrude Levandowski (* 1893). Während des Eingriffs vom 4. bis 8. Februar 1951 mußten die Ärzte mit äußerster Vorsicht vorgehen, denn die Frau hatte ein schwaches Herz. Bei der Operation ist eine Zyste entfernt worden. Die Patientin hat dabei von 280 auf 140 kg abgenommen.

Die meisten Operationen durchgeführt hat der Inder Padmabhushan Dr. M. C. Modi, Augenchirurg seit 1943. Er operierte zusammen mit seinen Assistenten an einem einzigen Tag bis zu 833 Menschen, die am Grauen Star erkrankt waren, er besuchte 45 416 Dörfer und 10 094 632 Patienten. So hat es der indische Augenarzt bis Februar 1990 auf 595 019 Operationen gebracht.

Der älteste Patient, der sich je einer Operation unterzog, war James Henry Brett jr. (1849–1961) aus Houston, Texas (USA). Er war 111 Jahre und 105 Tage alt, als er sich am 7. November 1960 an der Hüfte operieren ließ.

Die größte Gallenblase war ein Exemplar von 10,43 kg. Professor Bimal C. Ghosh hat sie am 15. März 1989 im Medizinischen Zentrum der US-Marine in Bethesda (Maryland) bei einer 69jährigen Frau entfernt. Die Patientin hatte über eine wachsende Schwellung im Unterleib geklagt. Zehn Tage nach Entfernung der Gallenblase, die mehr als das 3fache eines durchschnittlichen neugeborenen Kindes wog, fühlte sich die Frau kerngesund und konnte das Krankenhaus verlassen.

Der größte Gallenstein, der in der Medizinliteratur bisher bekanntgeworden ist, wog 6,29 kg. Dr. Humphrey Arthure hat ihn am 29. Dezember 1952 im Charing Cross Hospital in London bei einer 80jährigen Patientin entfernt. Im August 1987 wurde berichtet, daß K. Whittle Martin im Worthing Hospital in West Sussex (GB) bei einer 85jährigen Patientin sage und schreibe 23 530 Gallensteine entfernt hat. Die Frau hatte sich mit heftigen Leibschmerzen in der Klinik gemeldet.

Hämodialyse (Künstliche Niere): Raymond Jones (1929-91) aus Slough, Berkshire (GB), litt seit seinem 34. Lebensjahr an Nierenschwäche und wurde fortan 28 Jahre lang an eine künstliche Niere angeschlossen. Zur Blutwäsche war er durchschnittlich dreimal pro Woche im Royal Free Hospital von Hampstead (London).

Das kleinste Arztbesteck besteht aus einem Miniaturskalpell (17 mm groß, 0,049 g schwer) und einer 15 mm großen Pinzette mit drei ineinander greifenden Zähnchen. Die Teile hat der Instrumentenschleifmeister Heinz A. Benkewitz (* 1936) aus Burg bei Magdeburg (Sachsen-Anhalt) aus einer Ampullensäge eigenhändig mit Hilfe einer 10fachen Augenlupe gefertigt.

TRANSPLANTATIONEN

Die früheste Herztransplantation wurde an Louis Washkansky im Alter von 55 Jahren im Groote Schuur Hospital, Kapstadt (Südafrika), zwischen ein Uhr und sechs Uhr morgens am 3. Dezember 1967 vorgenommen. An der Operation wirkte eine dreißigköpfige medizinische Gruppe unter Leitung von Professor Christiaan Neethling Barnard (* 1922) mit. Die Spenderin war Denise Ann Darvall, die 25jährig starb. Washkansky starb am 21. Dezember 1967.

Der amerikanische Herzspezialist und »Herzbube« der modernen Gerätemedizin Dr. Robert Jarvik mit dem Modell seines Kunstherzens »Jarvik 7«.

Monsieur Mangetout

Michel Lotito (*15. Juni 1950) aus Grenoble (Frankreich) verspeist seit 1959 auch Metall und Glas und ist als Monsieur Mangetout bekannt. Gastroenterologen haben seinen Magen geröntgt und seine Fähigkeit, täglich bis zu 900 g Metall zu konsumieren, als einzigartig bezeichnet. Seine Diät bestand seit 1966 u.a. aus 10 Fahrrädern, einem Einkaufswagen, für den er 4 Tage brauchte, 7 Fernsehgeräten, 6 Kronleuchtern, einem kalorienarmen Chessna-Sportflugzeug und einem Computer.

Am längsten mit einem fremden Herzen lebt derzeit Arthur F. Gay (*3. Oktober 1936), der am 11. Januar 1973 im Medical College von Virginia (USA) von Dr. Richard Lower operiert worden ist.

Der jüngste Patient, bei dem eine Herztransplantation vorgenommen wurde, war Paul Holt, Vancouver (Kanada). Er war, als die Operation am 16. Oktober 1987 im Loma Linda Hospital in Kalifornien (USA) durchgeführt wurde, gerade 2:34 Std. alt. Paul war sechs Wochen zu früh auf die Welt gekommen und hatte 2,9 kg gewogen.

Die erste Frau, die nach einer Herztransplantation ein Kind zur Welt brachte, war die Amerikanerin Betsy Sneith. Am 17. September 1984 wurde die damals 23jährige an der Stanford-Universität, Kalifornien (USA), von einem Mädchen entbunden, das 3,45 kg wog und auf den Namen Sierra getauft wurde. Das fremde Herz war der Frau im Februar 1980 eingepflanzt worden.

Eine Fünffachtransplantation wurde am 31. Oktober 1987 in der Kinderklinik von Pittsburgh (USA) vorgenommen. Tabatha Foster (1984–88) aus Madisonville, Kentucky, wurden im Alter von drei Jahren, 143 Tagen Leber, Pankreas, Dünndarm, Teile des Magens und Dickdarms eingepflanzt. Vor der 15 Std. dauernden Operation hatte das Mädchen nie feste Nahrung zu sich genommen.

Die erste Dreifachtransplantation wurde am 17. Dezember 1986 im Papworth Hospital von Cambridge (GB) durchgeführt. Dabei wurden Herz, Lunge und Leber verpflanzt. Patientin war Davina Thompson (* 28. Februar 1951) aus Rawmarsh, South Yorkshire (GB). Die Operation dauerte 7 Std., das 15köpfige Operationsteam wurde von John Wallwork und Professor Sir Roy Calne geleitet.

Mit der kräftigsten Lunge ist vielleicht der Engländer Nicholas Berkeley Mason ausgestattet. In der BBC-Sendung *Rekordbrecher* schaffte er es am 25. September 1989, in 45:08 Min. einen 1000g schweren meteorologischen Ballon bis zu einem Durchmesser von 2,44 m aufzublasen.

Kunstherz: Am 2. Dezember 1982 wurde in der Universitätsklinik von Salt Lake City, Utah (USA), dem Zahnarzt Barney Clark (61) aus Des Moines, Washington (USA), ein künstliches Herz eingepflanzt. Der Chirurg William De Vries benutzte das von Dr. Robert Jarvik gefertigte Kunststofforgan »Jarvik Mark 7«. Am 24. März 1983, 112 Tage nach dieser ersten Verpflanzung eines Kunstherzens, verstarb der Patient. Am längsten lebte William Schroeder in Louisville, Kentucky (USA), mit einem Kunstherzen: 620 Tage. Anfang 1990 hat die US-Arzneimittelbehörde die Genehmigung für den Herzersatz zurückgezogen. Das Aus für die faustgroße Pumpe aus Kunststoff und Metall wurde mit ungenügender Qualitätskontrolle bei der Herstellung und negativen Nebenwirkungen begründet.

Der erste Deutsche mit einem künstlichen Herzen lebte 17 Std. Es war der 57jährige Berliner Helmut Mellentin. Professor Emil S. Bücherl und sein zwölfköpfiges Operationsteam hatten den Patienten im Juni 1979 für 17 Std. an ein Kunstherz angeschlossen. Während dieser Zeit ersetzten sie ein abgestorbenes Herzgewebestück durch ein Stück Vene vom linken Bein des Patienten. Das von Bücherl entwickelte Berliner Kunstherz wird jetzt in Serie hergestellt. Das mechanische Pumpsystem unterstützt bis zu einer Herztransplantation den Kreislauf von herzkranken Patienten.

Die erste Nierenverpflanzung gelang dem Amerikaner R. H. Lawler (* 1895) am 17. Juni 1950 im May Hospital von Chikago (Illinois).

Mit einer verpflanzten Niere am längsten überlebt hat Johanna Leanora Rempel (*24. März 1948) aus Red Deer, Alberta (Kanada). Sie erhielt am 28. Dezember 1960 eine Niere von ihrer eineiigen Zwillingsschwester Lana. Die Operation erfolgte im Peter Brigham Hospital in Boston, Massachusetts (USA). Beide Schwestern erfreuen sich guter Gesundheit, beide haben gesunde Kinder geboren.

Die erste Nervenverpflanzung nahm Oberarzt Dr. Jacoby 1968 in der Neurochirurgischen Klinik der Universität München vor. Es gelang ihm, durch Kältetrocknung die Nerven Verstorbener zu konservieren. ■

DAS TIERREICH

Verwilderte Hauspferde verhielten sich in ihrer Herdenordnung nicht viel anders als Wildpferde. Bestes Beispiel waren die Mustangs Nordamerikas. Seit 1971 stehen die freilebenden Herden auch dort unter Schutz

SUPERLATIVE DES TIERREICHS

Das schnellste Tier ist der Wanderfalke *(Falco peregrinus)*, der sich aus großer Höhe auf seine Beute herabstürzt. Bei Sturzflügen in einem Winkel von 30 Grad erreicht er eine Höchstgeschwindigkeit von 270 km/h. Schießt er in einem Winkel von 45 Grad zur Erde, kann der Wanderfalke sogar 350 km/h schaffen. Seine Beute schlägt er gewöhnlich mit einer Fluggeschwindigkeit von 185–190 km/h. Das ergaben Experimente, die zwischen 1963 und 1967 in Deutschland durchgeführt wurden.

Die lautesten Landtiere der Welt sind die in Mittel- und Südamerika heimischen Brüllaffen (*Alouatta*). Bei den Männchen sitzt am Scheitelpunkt der Luftröhre ein erweitertes Knochengebilde, das die Laute zurückwirft und widerhallen läßt. Ihre fürchterlichen Schreie wurden als Mischung aus Hundegebell und Eselschrei beschrieben, und das muß man sich vertausendfacht vorstellen. Wenn sich die Brüllaffen einmal richtig eingestimmt haben, sind sie bis zu 16 km weit deutlich zu hören.

Das fruchtbarste Tier ist die Kohl-Blattlaus (*Brevicoryne brassica*). Nach Berechnungen ist eine einzige Laus in der Lage, in einem einzigen Jahr so unvorstellbar viele Abkömmlinge in die Welt zu setzen, daß die alles in allem bis zu 822 000 000 t wiegen könnten – mehr als dreimal soviel wie alle Menschen der Erde. Glücklicherweise ist die Sterblichkeitsrate unter den Blattläusen gewaltig.

Die kräftigsten Tiere der Welt sind, im Verhältnis zu ihrem Körperbau, die größeren Käfer aus der Familie der Scarabaeidae, die hauptsächlich in den Tropen vorkommen. Eine Testreihe mit einem Rhinozeros-Käfer (*Dynastinae*) ergab, daß er das 850fache seines eigenen Gewichts auf dem Rücken tragen konnte (ein ausgewachsener Elefant ist höchstens mit 25 Prozent seines Körpergewichts belastbar).

Den kräftigsten Biß unter den Tieren haben die Haie. Untersuchungen im Lerner Marine Laboratory in Bimini auf den Bahamas brachten an den Tag, daß ein 2 m langer Grauhai (*Carcharhinus obscurus*) zwischen seinen Kiefern eine Druckkraft von 60 kg erzeugen konnte. Dies entspricht auf den Zahnkronen einem Druck von 3 t/cm^2.

Der längste Scheintod ist aus dem Britischen Museum in London überliefert. Dem Museum waren im Jahr 1846 zwei offensichtlich tote Exemplare der Wüstenschnecke *Eremina desertorum* geschenkt worden. Sie wurden auf eine kleine Tafel geklebt und in der naturgeschichtlichen Abteilung ausgestellt. Vier Jahre später, im März 1850, kam Museumsangestellten der Verdacht, daß eine der beiden Schnecken noch leben könnte. Sie lösten das Tier von der Tafel und legten es in lauwarmes Wasser. Die Schnecke bewegte sich und fraß später auch. Das kleine, zähe Geschöpf lebte dann noch weitere zwei Jahre, ehe es in Erstarrung fiel und starb.

Die größte Regenerationsfähigkeit unter den Tieren haben die Schwämme (*Porifera*). Sie haben die ungewöhnliche Fähigkeit, sich zum Beispiel nach Verletzungen stets erneuern zu können. Selbst ein winziges Körperfragment genügt, um den Organismus vollständig wiederherzustellen. Drückt man einen Schwamm durch ein engmaschiges Seidengeflecht, entwickeln die getrennten Gewebe jeweils ihr eigenes Leben.

Die gefährlichsten Tiere auf der Erde sind die Malaria-Parasiten der Gattung *Plasmodium*, die von Moskitos der Gattung *Anopheles* übertragen werden. Wenn wir Kriege und Unfälle einmal außer acht lassen, sind sie direkt oder indirekt für 50 Prozent aller Menschentode seit der Steinzeit verantwortlich. Sogar heute noch werden trotz riesiger Anstrengungen, die Malaria auszurotten, jedes Jahr mindestens 200 Mio. Menschen von dieser Krankheit angegriffen. Und allein in Afrika sterben jährlich mehr als 1 Mio. Babys und Kinder an Malaria.

Das stärkste bekannte Gift im Körper von Tieren ist das aus Hautabsonderungen des im Westen von Kolumbien beheimateten Goldenen Pfeilgiftfrosches *(Phyllobates terribilis)* gewonnene Batrachotoxin. Es ist mindestens 20mal stärker als dasjenige aller anderen bekannten Pfeilgiftfroscharten (wer den Frosch berühren will, muß Handschuhe tragen). Ein

Das fruchtbarste Tier ist die Kohl-Blattlaus. Ihre Abkömmlinge können in einem Jahr 822 Mio. Tonnen wiegen.

ausgewachsenes Durchschnittsexemplar birgt mit 1900 mg genug Giftstoff, um damit 1500 Menschen zu töten.

Die größten Tierkolonien bilden die schwarzschwänzigen Präriehunde *(Cynomys ludovicianus)*, die im Westen der USA und im Norden Mexikos heimisch sind. Im Jahr 1901 wurde von einer »Tierstadt« berichtet, die sich über eine Fläche von 384 × 160 km erstreckte und von etwa 400 Mio. Präriehunden bevölkert wurde.

Die größte Ansammlung von Tieren war, soweit man weiß, ein unglaublich riesiger Schwarm von Rocky-Mountain-Heuschrecken (*Melanoplus spretus*), der den US-Bundesstaat Nebraska vom 15. bis 25. August 1875 heimsuchte. Nach Aussagen eines Wissenschaftlers, der die Heuschreckenwanderung fünf Tage lang beobachtete, war der Schwarm 514 374 km^2 groß, als er Nebraska überflog. Wenn der Beobachter das Ausmaß des Schwarms um 50 Prozent überschätzt haben sollte (die meisten Heuschrecken fliegen nicht bei Nacht), wäre er immer noch 257 187 km^2 groß gewesen, also ungefähr so groß wie Colorado oder Oregon. Es wurde veranschlagt, daß dieser Schwarm von Rocky-Mountain-Heuschrecken aus mindestens 12 500 000 000 000 Insekten bestanden hat, die etwa 25 000 000 t wogen. Aus ungeklärten Gründen hörte die geheimnisvolle Plage im Jahr 1902 auf und ist seither nicht wiedergekehrt.

Die größte Beschleunigung (g) in der Natur entwickelt ein häufig vorkommender kleiner Käfer *(Althous haemorrhoidalis)* aus der Familie der *Elateridae.* Wenn er einem Feind entgehen will, schnellt er sich mit 400 g in die Luft. Ein 12 mm langes und 40 mg wiegendes Exemplar dieses Schnellkäfers überlebte laut einer Berechnung bei einem Sprung in 30 cm Höhe eine Spitzenbelastung seines Gehirns von 2300 g.

Der gewaltigste Fresser in der Natur ist die Larve des Einaugenfalters *(Antherea polyphemus)*, der in Nordamerika lebt. In den ersten 56 Tagen ihres Lebens verzehrt die Larve das 86 000fache ihres Geburtsgewichts. Auf den Menschen übertragen hieße das, ein Säugling von 3,17 kg Gewicht müßte 273 t Nahrung zu sich nehmen.

Den größten Gewichtsverlust haben Blauwalweibchen *(Balaenoptera musculus)*, die in der siebenmonatigen Stillzeit von ihren durchschnittlich 120 t Gewicht bis zu 25 Prozent verlieren können, während sie ihr Junges säugen.

Das bizarrste Lebewesen unter den Säugetieren ist das eierlegende Schnabeltier *(Ornithorhynchus anatinus)*, das in Flüssen und Seen im Osten Australiens und Tasmaniens zu finden ist. Kopf und Füße könnten von einer Ente sein, der Körper von einem Otter. Die Laune der Natur hat das Schnabeltier außerdem mit zwei weiteren Merkwürdigkeiten ausgestattet: Die Männchen sind an den Fußknöcheln mit giftigen Spornen bewehrt; alle Tiere sind mit einem hochempfindlichen Sensor ausgestattet, der sich im breiten, flachen Schnabel verbirgt und die kleinsten elektrischen Impulse registriert. Wenn etwa eine Garnele in schlammigem Wasser nur mit ihrem winzigen Schwanz zuckt, entgeht das dem Schnabeltier nicht.

Die Pottwale sind die tiefsten Taucher. Sie können bis zu 3000 m Tiefe erreichen und dort knapp zwei Stunden bleiben.

Den größten Größenunterschied zwischen Männchen und Weibchen weist in der Welt der Tiere der Meerwurm *Bonellia viridis* auf. Die weiblichen Würmer sind 10–100 cm lang, die männlichen Artgenossen bringen es gerade auf 1–3 mm. Der Unterschied ist also gewaltig, die Weibchen sind millionenmal schwerer als die Männchen.

Das größte Auge aller Lebewesen besitzt der Riesentintenfisch *(Architeuthis sp.)*. Der Durchmesser seines Auges kann über 38 cm betragen. (Zum Vergleich: der einer Langspielplatte ist 30 cm.)

Die größte Tier-Datenbank Europas, »Zoodat«, mit 1,3 Mio. Einzeldaten befindet sich an der österreichischen Kepler-Universität in Linz. Aus ihr soll ein Forschungsinstitut für Umwelt-Informatik werden.

SÄUGETIERE

Das größte Säugetier und das größte Tier aller Zeiten ist der Blauwal *(Balaenoptera musculus)* aus der Art der Furchenwale *(Balaenopteridae)*. Neugeborene Blauwalkälber sind 6,5–8,6 m lang und wiegen bis zu 3 t. Aus dem kaum sichtbaren befruchteten Ei, das nur den Bruchteil eines Milligramms wiegt, wächst das Blauwalkalb in 22³/4 Monaten zu einem Gewicht von 26 t heran. Das entspricht einer 30milliardenfachen Zunahme während der bis zu 10³/4 Monate dauernden Trächtigkeit und der ersten 12 Monate des eigenen Lebens.

Obwohl die Wale seit 1967 *de jure* geschützt sind und ein weltweites Verbot des kommerzi-

Der kalifornische Grauwal ist nicht mehr vom Aussterben bedroht. Heute wird die Zahl dieser Meeressäuger wieder auf 21 000 Tiere geschätzt.

ellen Walfangs erlassen wurde, lebten 1989 nur noch 1100 Blauwale in den Ozeanen. Um die Jahrhundertwende waren es noch schätzungsweise 220 000.

Das schwerste Säugetier war ein Blauwalweibchen, das am 20. März 1947 in der Antarktis gefangen wurde. Es wog 190 t und war 27,6 m lang.

Das längste Säugetier war ein Blauwalweibchen von 33,58 m Länge, das 1909 im Südatlantik bei Grytviken auf Süd-Georgien (britische Kronkolonie der Falklandinseln und Dependancen) an Land gespült wurde.

Die tiefsten Taucher sind Pottwale *(Physeter catodon)*, deren maximale Tauchtiefe amerikanische Wissenschaftler 1970 mittels Dreiecksortung der Schnalzlaute, die sie von sich geben, auf 2500 m schätzten. Am 25. August 1969 war allerdings 160 km südlich von Durban (Südafrika) ein Pottwalbulle gefangen worden, der vorher 1:52 Std. getaucht war und in seinem Magen zwei kleine Haie hatte, die er ungefähr eine Std. vorher geschluckt haben mußte. Die Haie gehörten zur Gattung *Scymnodon*, die sich nur in unmittelbarer Nähe des Meeresbodens aufhält. Da das Meer im Umkreis von 48–64 km um die Fangstelle bis zu 3193 m tief ist, kann man schließen, daß Pottwale auf der Nahrungssuche gelegentlich über 3000 m tief tauchen und die Grenzen ihres Unterwasseraufenthalts eher vom Zeitdruck als vom Wasserdruck gesetzt werden.

Das größte noch existierende Landtier ist der Afrikanische Buschelefant *(Loxodonta africana)*. Ein ausgewachsener Bulle hat eine durchschnittliche Schulterhöhe von 3,2 m und wiegt 5,7 t. Der größte Buschelefant, von dem je berichtet wurde, ist am 4. April 1978 bei Sesfontein in Damaraland (Namibia) von J. Oosterveen aus Holland geschossen worden. Auf der Seite liegend, maß dieser Fleischberg auf einer gedachten Linie von der Schulter bis zur Vorderfußsohle 4,42 m, woraus sich schließen läßt, daß das lebende Tier etwa 4,21 m groß war. Gesamtlänge des Rekord-Elefanten: 10,38 m. Seine Vorderfüße hatten einen Umfang von jeweils 1,57 m.
Die abnorm großen Wüstenelefanten von Damaraland (von denen es im August 1981 nur 84 Tiere gab) haben im Verhältnis zu anderen Elefanten längere Beine.

Das größte wildlebende Säugetier in Deutschland und der Schweiz ist der Rothirsch *(Cervus elaphus)*. Die größten dieser Hirsche erreichen ein Gewicht bis zu 220 kg.
Der größte Rothirsch in der Schweiz, der im Val Fenet erlegt wurde, hatte sogar ein Gewicht von 250 kg.

Das höchstgewachsene Säugetier ist die Giraffe *(Giraffa camelopardalis)*, die heute nur noch in den Savannen Afrikas südlich der Sahara anzutreffen ist. Das höchstgewachsene jemals registrierte Exemplar war eine männliche Giraffe *(Giraffa camelopardalis tippelskirchi)* namens *George*. Das Tier traf am 8. Januar 1959 aus Kenia im Zoo von Chester (GB) ein. Als es neun Jahre alt war, reichte sein Kopf fast bis an das Dach des 6,09 m hohen Giraffenhauses. *George* starb am 22. Juli 1969.

Das kleinste Landsäugetier ist die Schweinsschnauzen-Fledermaus oder Hummelfledermaus *(Craseonycteris thonglongyai)*, die eine Spannweite von 160 mm und ein Gewicht von 1,75–2 g hat. Sie ist heute nur noch in rund 20 Höhlen am Fluß Kwae Noi in Thailand zu finden.
Der kleinste Insektenfresser ist Savi's weißzähnige Zwergspitzmaus *(Suncus etruscus)*, die auch als Etruskische Spitzmaus bekannt ist und an der Mittelmeerküste heimisch sowie auch weiter südwärts bis Cape Province in Südafrika verbreitet ist. Ausgewachsene Tiere haben eine Kopf- und Körperlänge von 36 bis 52 mm, eine Schwanzlänge zwischen 24 und 29 mm und wiegen zwischen 1,5 und 2,5 g.

Das kleinste Landsäugetier im deutschsprachigen Raum ist die Zwergspitzmaus *(Sorex minutus)*. Ihre Durchschnittslänge beträgt 5 cm, ihr Gewicht 3–6 g. Sie braucht täglich das Zweifache ihres Eigengewichts als Nahrung.

Größtes (mit Zähnen ausgestattetes) Meeressäugetier ist der Pottwal oder Cachalot (*Physeter catodon*). Im Sommer 1950 hat eine sowjetische Walfangflotte vor den Kurilen-Inseln im Nordwestpazifik einen Rekordbullen von 20,7 m Länge gefangen. Aus der Frühzeit des Walfangs sind noch größere Bullen bekannt. In der Naturgeschichtlichen Abteilung des Britischen Museums ist der 5 m lange Unterkiefer eines Pottwals zu sehen; das deutet auf einen Bullen von etwa 25,6 m Länge hin. Von einer ähnlichen Größenordnung sprechen auch andere Walfangberichte.

Das größte Meeressäugetier in Deutschland ist der Seehund *(Phoca vitulina)*. Er kann ein Gewicht bis zu 250 kg erreichen.
Das größte deutsche Süßwasser-Säugetier ist der Biber *(Castor fiber)*, der bis zu 25 kg wiegen kann.

Kleinstes Meeressäugetier ist der Jacobita-Delphin *(Cephalorhynchus commersonii)*, der in den Gewässern an der Südspitze Südamerikas anzutreffen ist. Bei sechs ausgewachsenen Exemplaren dieser Kleinwale schwankte das Gewicht zwischen 23 und 35 kg.
Der Seeotter *(Enhydra lutris)* aus dem Nordpazifik gleicht ihnen im Umfang (25–38,5 kg), aber diese Gattung kommt gelegentlich bei Stürmen an Land.

Schnellstes Landtier über kurze Strecken (bis zu 550 m) ist der Gepard *(Acinonyx jubatus)*, der in den Ebenen Ostafrikas, Irans, Turkmenistans und Afghanistans lebt. Seine geschätzte Höchstgeschwindigkeit dürfte zwischen 96 und 101 km/h auf flachem Gelände liegen.

Das schnellste Landtier über eine Strecke von mehr als 1 km Länge ist die Hirschziegenantilope *(Antilocapra americana)* im Westen der USA. Diese Antilopen wurden abgestoppt mit 56 km/h über 6 km, 67 km/h über 1,6 km und 88,5 km/h über 0,8 km.

Schnellstes Meeressäugetier ist der Killerwal (*Orcinus orca*). Am 12. Oktober 1958 wurde im Ostpazifik ein 6,1–7,62 m langes männliches Exemplar gesichtet, das nach den Stoppzeiten 30 Knoten (55,5 km/h) schnell war. Auf Kürzeststrecken erreicht auch der Tümmler *(Phocoenoides dalli)* eine Spitzengeschwindigkeit von 30 Knoten.

Langsamstes Landsäugetier ist das Ai oder dreizehige Faultier *(Bradypus tridactylus)* im tropischen Amerika. Seine Durchschnittsge-

Auf Nahrungssuche scheut der Grunzochse auch Höhen bis zu 6100 m nicht.

schwindigkeit am Boden beträgt 1,83–2,44 m/min (0,109–0,158 km/h), in den Bäumen jedoch vermag es bis zu 4,57 m/min (0,272 km/h) zu »beschleunigen«. (Zum Vergleich: Die gewöhnliche Gartenschnecke (*Helix aspersa*) bringt es auf 0,05 km/h und die Riesenschildkröte (*Geochelone gigantea*) auf 0,27 km/h.)

Langsamstes Meeressäugetier ist der Seeotter *(Enhydra lutris)*, der eine Spitzengeschwindigkeit von 9,6 km/h erreicht.

Die verschlafensten Tiere sind einige Gürteltiere *(Dasypodidae)*, Opossums *(Didelphidae)* und Faultiere *(Bradypodidae)*. Sie verdösen oder verschlafen buchstäblich bis zu 80 Prozent ihres Lebens – während Dall's Tümmler *(Phocoenoides dalli)* angeblich überhaupt nicht schlafen.

Den längsten Winterschlaf hält das Erdhörnchen von Point Barrow in Alaska *(Spermophilus parryi barrowensis)*: er dauert neun Monate. In den restlichen drei Monaten des Jahres ist das Erdhörnchen mit drei Dingen beschäftigt: es frißt, sorgt für Nachwuchs und legt in seiner Höhle einen Nahrungsvorrat an.

Am längsten lebende Säugetiere: Kein Säugetier erreicht die extreme Lebensdauer von 120 Jahren, die für den Menschen *(Homo sapiens)* belegt ist. Am nächsten kommt dem wahrscheinlich der Indische Elefant *(Elephas maximus)*. Der Elefantenbulle *Rajah* aus Sri Lanka, der seit 1931 die alljährliche Perahera-Prozession durch Kandi angeführt und den Heiligen Zahn Buddhas getragen hatte, war angeblich 81 Jahre alt, als er am 16. Juli 1988 starb. Das höchste nachgewiesene Alter erreichte eine Kuh namens *Modoc*, die 78jährig am 17. Juli 1975 in Santa Clara, Kalifornien (USA) starb. Sie war 1898 im Alter von zwei Jahren aus Deutschland in die USA eingeführt worden.

Langlebigstes Meeressäugetier ist der Bartenwal *(Berardius bairdü)*, der etwa 70 Jahre wird.

Säugetiere in größten Höhen: Das in höchsten Lagen wildlebende Säugetier der Welt ist wahrscheinlich der Grunzochse *(Bos grunniens)* Tibets und der Alpen von Setschuan in China, der gelegentlich auf der Suche nach Nahrung bis auf 6100 m klettert.
Im deutschsprachigen Gebiet leben Gemse *(Rupicapra rupicapra)*, Schneemaus *(Microtus nivalis)* und Mauswiesel *(Mustela nivalis)* bis zu den höchsten Punkten der Alpen (ca. 4500 m).

Längste und kürzeste Tragzeiten: Die längste Tragzeit aller Säugetiere ist die des Indischen Elefanten *(Elephas maximus)*. Sie dauert zwischen 609 und 760 Tagen.

Nur 12–13 Tage trächtig sind in der Regel das seltene Wasseropossum oder Yapok *(Chironectes minimus)* und das amerikanische Opossum *(Didelphis marsupialis)*, die in Nordamerika und im nördlichen Südamerika vorkommen, sowie die australische Marderart *Dasyurus viverrinus*. Die Tragzeit dieser Tiere kann sogar nur 8 Tage dauern.

Größter Wurf: Die größte bekanntgewordene Anzahl von Jungen (bei einer Geburt) eines wildlebenden Säugetieres ist 31, wovon 30 überlebten; dies geschah beim Großen Tanrek *(Tenrec ecaudatus)*, der auf Madagaskar und auf den Komoren zu finden ist. Normalerweise sind es 12–15 Junge bei einem Wurf. Weibchen können bis zu 24 Junge säugen.

FLEISCHFRESSER

Die größten Fleischfresser: Das größte lebende Landraubtier ist der Kodiakbär *(Ursus arctos middendorffi)*, der auf den Inseln Kodiak, Afognak und Shuyak im Golf von Alaska (USA) lebt. Der erwachsene Bär erreicht eine Länge (Schnauze bis Schwanz) von 2,44 m. Der Schwanz mißt nur 10 cm. Seine Schulterhöhe beträgt 132 cm. Sein Gewicht liegt zwischen 476 und 533 kg. Das höchste je verzeichnete Gewicht mit 751 kg erzielte ein 1894 erlegter Bär.

Gewichte über 907 kg wurden ebenfalls von Eisbären (*Ursus maritimus*) gemeldet, aber der durchschnittliche erwachsene männliche Eisbär wiegt 386–408 kg und ist von Schnauze bis Schwanz 2,4 m lang. 1960 wurde im Kotzebuesund (Alaska) ein Eisbär geschossen, der vor der Abhäutung 1002 kg gewogen haben soll. Ein 3,38 m hohes präpariertes Exemplar wurde im April 1962 auf der Weltausstellung von Seattle (USA) gezeigt.

Kleinste Fleischfresser: Das kleinste Raubtier ist das Zwergwiesel *(Mustela rixosa)*, das in den Polarkreisen lebt. Vier Arten dieser Gattung sind bekannt, von denen die kleinste die *M. r. pygmaea* Sibiriens ist. Erwachsene Exemplare erreichen eine Gesamtlänge von 177 bis 207 mm und wiegen zwischen 35 und 70 g.

Größte Raubkatzen: Das größte Mitglied der Katzenfamilie *(Felidae)* ist der langhaarige Sibirische Tiger *(Panthera tigris altaica)*, auch Amur- bzw. Mandschurischer Tiger genannt. Erwachsene Männchen sind durchschnittlich 3,15 m lang (Nase bis zur Spitze des gestreckten Schwanzes), haben eine Schulterhöhe von 99 bis 107 cm und wiegen rund 265 kg. 1950 wurde ein männlicher Tiger mit einem Gewicht von 384 kg in den Bergen von Sikhote Alin (UdSSR) geschossen.

Ein Bengal- oder Königstiger *(Panthera tigris tigris)*, den der Amerikaner David H. Hasinger in Uttar Pradesh (Indien) im November 1967 geschossen hat, war 3,22 m lang und wog 388,7 kg. Das Tier wurde präpariert und ist im US-Museum für Naturgeschichte, Smithsonian Institution, Washington, zu sehen.
Der ausgewachsene afrikanische Löwe *(Panthera leo)* erreicht eine Gesamtlänge von 2,7 m, eine Schulterhöhe von 91 bis 97 cm und wiegt 181–185 kg. Das schwerste in Freiheit lebende Exemplar mit einem Gewicht von 313 kg wurde 1936 am Stadtrand von Hectorspruit (Südafrika) geschossen.

Der größte Tiger außerhalb der freien Wildbahn und die schwerste Wildkatze überhaupt ist ein 9 Jahre altes Sibirer-Männchen namens *Jaipur*, das der Tiertrainerin Joan Byron-Marasek aus Clarksburg in New Jersey (USA) gehört. Der Prachtkerl ist 3,32 m lang und brachte im Oktober 1986 nicht weniger als 423 kg auf die Waage.

Die kleinsten Raubkatzen sind die rostfleckigen Katzen *(Felis rubiginosa)* Südindiens und Sri Lankas. Der erwachsene Kater hat eine Durchschnitts-Gesamtlänge von 64 bis 71 cm (Schwanzlänge 23–25 cm) und wiegt etwa 1,3 kg.

Nach dem Internationalen Artenschutzabkommen (CITES) sind zukünftig alle Bären geschützt. Auch der Eisbärbestand hat seit Jahrzehnten stark abgenommen. Hier zwei streitende Eisbären.

FLOSSENFÜSSER (ROBBEN, SEELÖWEN, WALROSSE)

Der größte Flossenfüßer, von denen 34 Arten bekannt sind, ist die Südliche Elefantenrobbe *(Mirounga leonina)*, die auf subantarktischen Inseln lebt. Ausgewachsene Bullen werden ca. 5 m lang (von der ausgestreckten Rüsselspitze bis zu den Enden der Schwanzflossen gemessen). Ihr Körperumfang beträgt bis zu 3,7 m, ihr Gewicht kann 2268 kg erreichen. Größtes genau gemessenes Exemplar war ein Bulle, der am 28. Februar 1913 in der südatlantischen Possession Bay, South Georgia, getötet wurde: Er wog mindestens 4 t und maß nach Abhäutung 6,5 m. Mit seiner Speckhaut war dieser Elefantenrobbenbulle etwa 6,85 m lang. Der größte lebende Flossenfüßer ist ein Robbenbulle mit dem Spitznamen *Stalin*, den britische Antarktis-Inspekteure am 14. Oktober 1989 in South Georgia betäubt und näher in Augenschein genommen haben. Er wog 2662 kg und maß 5,1 m.

Die kleinsten Flossenfüßer sind die Eismeer-Ringelrobben *(Pusa hispida)* der Arktis, die Sibirische Ringelrobbe *(Pusa sibirica)* vom Baikalsee (UdSSR) und die Kaspi-Ringelrobbe *(Pusa caspica)* vom Kaspischen Meer (UdSSR). Ausgewachsene (männliche) Exemplare werden 1,67 m lang und werden bis zu 127 kg schwer.

Schnellste Flossenfüßer: Schnellster Schwimmer unter den Flossenfüßern ist der Kalifornische Seelöwe *(Zalophus californianus)*, der kurzzeitig eine Spitzengeschwindigkeit von 40 km/h erreicht. Zu Lande ist mit einer Höchstgeschwindigkeit von 19 km/h die Krabbenfresserrobbe *(Lobodon carcinophagus)* am schnellsten.

Tieftauchen: Im Mai 1988 untersuchte ein Wissenschaftler-Team von der kalifornischen Universität in Santa Cruz vor Ano Nuevo Point die Tauchfähigkeiten der nördlichen Elefantenrobben (*Mirounga anguistirostris*). Dabei erreichte ein Weibchen die Rekordtiefe von 1257 m, ein anderes blieb 48 Min. lang unter Wasser. Ähnliche Beobachtungen machten australische Wissenschaftler in der Subantarktis bei südlichen Elefantenrobben (*Mirounga leonina*). Zu ihren Ergebnissen gehörten Tauchtiefen bis zu 1134 m und Tauchzeiten bis zu knapp 2 Std. Außerdem stellte sich heraus, daß sich die Elefantenrobben in der Regel ungefähr 820 m tief tummeln und – wieder aufgetaucht – keinerlei Sauerstoffprobleme haben.

Die am meisten verbreitete Spezies des Flossenfüßers ist die Krabbenfresserrobbe *(Lobodon carcinophagus)* der Antarktis. 1977 lebten rund 15 Mio. Tiere dieser Art.

Höchstalter: Mindestens 46 Jahre alt war nach dem Zustand des Gebisses eine weibliche Graurobbe *(Halichoerus grypus)*, die am 23. April 1969 bei Shunni Wick auf den Shetlandinseln (GB) geschossen wurde. Das Graurobbenmännchen *Jakob*, das von 1901 bis 1942 im Skansen-Zoo, Stockholm (Schweden), gehalten worden war, ist schätzungsweise 41 Jahre alt geworden.

FLEDERMÄUSE

Die größten Fledermäuse: Die einzigen fliegenden Säugetiere sind die Fledermäuse (Gattung *Chiroptera*), von denen es rund 950 Arten gibt. Die größte Flügelspannweite besitzt der Bismarck-Flughund *(Pteropus neohibernicus)*, der im Bismarckarchipel und in Neuguinea verbreitet ist. Ein Exemplar, das im Amerikanischen Museum für Naturgeschichte zu bewundern ist, hat eine Spannweite von 165 cm. Wahrscheinlich erreichen die Flughunde Spannweiten von über 180 cm.

Die größte Hörschärfe aller Landtiere haben Fledermäuse durch ihre Ultraschall-Echolotung. Vampir- *(Desmodontidae)* und Obstfledermäuse *(Pteropodidae)* können Schwingungen zwischen 120 und 210 kHz hören; die Obergrenze des menschlichen Ohrs liegt bei 20 kHz, der einfache Delphin *(Delphinus delphis)* kann bis zu 280 kHz hören.

Die schnellste Fledermaus ist schwer zu ermitteln, weil Messungen problematisch sind. Die größte Geschwindigkeit wird der mexikanischen Guanofledermaus *(Tadarida brasiliensis mexicana)* zugeschrieben, die mit 51 km/h gemessen wurde – möglicherweise flog sie mit Windunterstützung.
Bei einem Experiment in einem künstlich angelegten Bergwerksstollen in den USA erreichten nur 4 von 17 Fledermausarten 21 km/h Fluggeschwindigkeit.

Das glaubhaft überlieferte Höchstalter unter den Fledermäusen erlebte ein weibliches Exemplar der Kleinen Braunfledermaus (*Myotis lucifugus*). Das Tier, in den USA zu Hause und an einem Ring kenntlich, war 1987 bereits 32 Jahre alt.

Den am tiefsten gelegenen Schlafplatz hat sich die Kleine Braunfledermaus im Staat New York (USA) ausgesucht: Ihre Ruhestätte lag 1160 m unter der Erde in einer Zinkmine. Die Mine diente als Winterquartier für etwa 1000 Braunfledermäuse, die normalerweise in einer Tiefe von 200 m hausen.

Die größte Fledermaus-Kolonie hat sich nach einem Vogelzug in der Bracken-Höhle in San Antonio, Texas (USA), gebildet. Bis zu 20 Mio. schwanzlose mexikanische Fledermäuse (*Tadarida brasiliensis*) sind dort versammelt.

PRIMATEN

Das größte Herrentier ist der in den Waldgebieten des östlichen Zaïre und des westlichen Uganda lebende östliche Flachlandgorilla *(Gorilla gorilla graueri)*, der im Durchschnitt 1,75 m groß ist und 165 kg wiegt.
Mit einer durchschnittlichen Größe von 1,725 m und einem Gewicht von 155 kg steht ihm der in den Vulkangebirgen des westlichen Ruanda, des südwestlichen Uganda und des östlichen Zaïre lebende Berggorilla *(Gorilla gorilla beringei)* kaum nach. Die meisten der in Gefangenschaft gehaltenen besonders großen Gorillas gehören dieser Spezies an.
Der größte in freier Wildbahn angetroffene Gorilla, ein 1920 im östlichen Kongo (dem heutigen Zaïre) erlegter männlicher Berggorilla, maß

(einschließlich Kopfhaar) 1,88 m. Der größte, jemals in Gefangenschaft gehaltene Gorilla ist ein östliches Flachland-Männchen namens *Colossus* (*1966), der derzeit im Zoo von Gulf Breeze in Florida (USA) zu sehen ist. Er ist angeblich 1,88 m groß und wiegt 260,8 kg, aber diese Angaben sind noch nicht geprüft.
Der schwerste Gorilla in Gefangenschaft war ein Männchen der Bergrasse namens *N'gagi*, das mit 18 Jahren am 12. Januar 1944 im Zoo von San Diego, Kalifornien (USA), starb. Bei seinem Tod wog der Gorilla 288 kg, sein Höchstgewicht hatte er 1943 mit 310 kg erreicht. Er war 1,72 m groß, sein Rekordbrustumfang betrug 198 cm.

Der größte Affe: Die einzige Affenart, von der verläßlich ein Gewicht über 45 kg festgestellt wurde, ist der Mandrill *(Mandrillus sphinx)* aus dem äquatorialen Westafrika. Das größte, zuverlässig verzeichnete Gewicht beträgt 54 kg für ein gefangenes männliches Exemplar, aber unbestätigte Berichte sprechen auch von einem Gewicht von 59 kg. (Die Weibchen sind ungefähr halb so groß wie die Männchen.)

Das kleinste Herrentier ist der seltene federschwänzige Baumlemur *(Ptilocercus lowii)* Malaysias. Ausgewachsene Exemplare besitzen eine Gesamtlänge von 23 bis 30 cm (Kopf und Körper 100–140 mm; Schwanz 130–190 mm) und ein Gewicht von 35 bis 50 g. Das Zwergseidenäffchen *(Cebuella pygmaea)* vom oberen Amazonasbecken und der Mauslemur *(Microcebus murinus)* aus Madagaskar sind etwa gleich lang (27–30 cm), aber schwerer; erwachsene Exemplare wiegen 50–75 g und 45–80 g.

Der älteste Affe war ein männliches Exemplar des weißkehligen Kapuziners (*Cebus capucinus*) namens *Bobo*. Er wurde 53 Jahre alt. *Bobo* ist am 10. Juli 1988 an den Folgen eines Schlaganfalls eingegangen.

Die Riesenfledermaus oder Mausohr *(Myotis myotis)* auf Insektenjagd.

Die Fledermaus – Tier des Jahres 1992

Alle in Deutschland lebenden 21 Arten der Fledermaus stehen schon seit langem auf der Roten Liste der gefährdeten Arten. Das zu Unrecht ebenso verteufelte Tier wie Spinnen und Schlangen ist hochgradig existenzbedroht. Die Schutzgemeinschaft Deutsches Wild hat die Fledermaus zum Tier des Jahres 1992 ernannt. Die auch »Enkel Draculas« genannten Tiere erzeugen Ultraschalltöne (zwischen 20 und 120 kHz), die der Mensch nicht wahrnehmen kann – Fledermäuse »sehen« mit dem Gehör und können sich deshalb auch bei völliger Dunkelheit sicher orientieren. Bedroht ist diese Tierart vor allem durch fehlende, insektenreiche Lebensräume sowie durch Pflanzenschutzmittel.

Der langlebigste Primat war ein Schimpanse *(Pan troglodytes)* namens *Gamma*, der am 19. Februar 1992 im Yerkes-Zentrum für Primatenforschung in Atlanta, Georgia (USA), im Alter von 59 Jahren und 5 Monaten starb. *Gamma* war im September 1932 in der Außenstelle des Yerkes-Zentrums in Florida geboren worden. Ein ähnlich hohes Alter erreichte ein männlicher Orang-Utan *(Pongo pygmaeus)* mit Namen *Guas*, der im Zoologischen Garten von Philadelphia, Pennsylvania (USA), am 9. Februar 1977 gestorben ist. Als er am 1. Mai 1931 in den Zoo kam, war er mindestens 13 Jahre alt.
Der berühmte Flachlandgorilla *Massa* (*Juli 1931) ist am 30. Dezember 1984 im Alter von 53 Jahren und 5 Monaten gestorben.

Die ersten Orang-Utan-Zwillinge Europas wurden am 18. Februar 1969 im Tierpark Hellabrunn von München geboren.
Ein Orang-Utan-Baby der zweiten Zoo-Generation – ein seltener Zuchterfolg! – ist *Djuru* im Zoo von Dresden (Sachsen), das dort Ende Februar 1980 zur Welt kam. Sowohl *Djurus* Mutter als auch der Vater haben im selben Zoo das Licht der Welt erblickt.

Stärke: 1924 wurde für *Boma*, einen 74,8 kg schweren männlichen Schimpansen im Bronx Zoo, New York (USA), eine einhändige Zugleistung von 384 kg auf dem Dynamometer gemessen. (Zum Vergleich: Ein Mann von gleichem Gewicht kann eine Zugkraft von 95 kg entwickeln.) *Suzette*, ein erwachsenes Schimpansenweibchen von ca. 61 kg, entwickelte während eines Wutausbruchs eine Zugkraft von 572 kg.
Auch ein Rekord: In den USA hat ein 45 kg schwerer Schimpanse beidhändig ein Gewicht von 272 kg gehoben. Hochgerechnet könnte es ein männlicher Gorilla mit etwas Training leicht auf 907 kg bringen.

NAGETIERE

Das größte Nagetier ist das Capybara *(Hydrochoerus hydrochaeris)*, eine Art südamerikanisches Meerschwein. Erwachsene Exemplare sind 0,99–1,4 m groß und bringen es (im Käfig) auf ein Gewicht bis zu 113 kg.

Das kleinste bekannte Nagetier ist die Pygmäenmaus *(Baiomys taylori)*, die 109 mm Gesamtlänge aufweist und zwischen 7 und 8 g wiegt. Sie lebt in Mexiko, Texas und Südarizona.

Die leichteste Zwergantilope mit gerade 2,7 kg Gewicht ist die zierliche Eritreadikdik, etwas über hasengroß.

Rascheste Fortpflanzung: Das Weibchen der Wiesenwühlmaus *(Microtus agrestis)*, die in Mitteleuropa beheimatet ist, kann sich von ihrem 25. Lebenstag an vermehren und 17 Würfe von sechs bis acht Jungen pro Jahr haben.

Das höchste bekannte Alter eines Nagetiers beträgt 27 Jahre und 3 Monate; Rekordhalter ist ein Sumatra-Stachelschwein *(Hystrix brachyura)*, das am 12. Januar 1965 im Nationalzoo von Washington DC (USA) starb.

INSEKTENFRESSER

Der größte Insektenfresser ist die Mondratte *(Echinosorex gymnurus)*, die in Birma, Thailand, Malaysia, auf Sumatra und Borneo lebt. Ausgewachsene Exemplare erreichen eine Kopf- und Körperlänge von 265 bis 445 mm, eine Schwanzlänge von 200 bis 210 mm und ein Gewicht von 1400 g.

Der schwerste Insektenfresser ist der Europäische Igel *(Erinaceus europaeus)*. Was die Länge angeht (196–298 mm), ist er kleiner. Wohlgenährte Exemplare bringen es bis zu 1900 g.

Der kleinste Insektenfresser ist die Savis weißzähnige Zwergspitzmaus *(Suncus etruscus)*, auch Etruskische Spitzmaus genannt, die an der Nordküste des Mittelmeers sowie im Süden Afrikas bis zur Kapprovinz vorkommt. Ausgewachsene Exemplare erreichen eine Kopf- und Körperlänge von 36 bis 52 mm, eine Schwanzlänge von 24 bis 29 mm und ein Gewicht von 1,5 bis 2,5 g.

Der langlebigste Insektenfresser ist wohl ein kleiner Stachel-Tanrek *(Echinops telfairi)*, der 1966 im Zoo von Amsterdam (Niederlande) geboren und später dem Zoo von Jersey (GB) überlassen wurde. Im Alter von über 16 Jahren ist er am 27. November 1982 gestorben.

ANTILOPEN

Die größte Antilope ist die seltene Derby-Elenantilope *(Taurotragus derbianus)*, auch Riesenelenantilope genannt, aus West- und Nordzentralafrika. Sie kann mehr als 900 kg wiegen. Die Gemeine Elenantilope *(Taurotragus oryx)* Ost- und Südafrikas besitzt die gleiche Schulterhöhe bis zu 1,78 m, ist aber nicht ganz so stämmig. Allerdings gibt es eine Aufzeichnung über einen Bock mit einer Höhe von 1,65 m, der 1937 im Nyassaland (heute Malawi) geschossen wurde und 943 kg wog.

Die kleinste Antilope ist die Königsantilope *(Neotragus pygmaeus)* Westafrikas. Ausgewachsene Exemplare haben eine Schulterhöhe von 25 bis 31 cm und nur ein Gewicht von 3 bis 3,6 kg, was dem eines großen Feldhasen *(Lepus europaeus)* entspricht. Die schlanke Eritreadikdik *(Madoqua saltina)* von Nordostäthiopien und von Somalia wiegt 2,2–2,7 kg, erreicht aber eine Schulterhöhe von etwa 35,5 cm.

Das höchste Alter einer Antilope, das verläßlich berechnet wurde, beträgt 25 Jahre, 4 Monate. Rekordhalter ist eine Mendesantilope *(Addax nasomaculatus)*, die am 15. Oktober 1960 im Brookfield Zoo von Chikago, Illinois (USA), starb.

ROTWILD

Die größte Rotwildart ist der Elch von Alaska (*Alces alces gigas*). Die durchschnittliche Schulterhöhe eines erwachsenen maskulinen Exemplars beträgt 1,83 m; das Durchschnittsgewicht liegt bei 500 kg. Ein männlicher Elch mit einer Höhe von 2,34 m zum Widerrist und mit einem Gewicht von schätzungsweise 816 kg wurde am Yukon (Kanada) im September 1897 geschossen.

Das kleinste Rotwild ist das Pudu *(Pudu mephistophiles)*, in Ecuador und Kolumbien verbreitet. Ausgewachsene Tiere haben eine

Der Rothirsch ist unser mächtigstes Wildtier. Wenn der König der Wälder in der Brunft schreit, droht Gefahr.

Schulterhöhe von 33 bis 35 cm und erreichen ein Gewicht zwischen 7,2 und 8,1 kg. Der kleinste Wiederkäuer ist das Kleine Malaiische Moschustier *(Tragulus javanicus)* in Südostasien. Es erreicht Schulterhöhen zwischen 20 und 25 cm und wiegt ausgewachsen ca. 3 kg.

BEUTELTIERE

Größtes Beuteltier ist das Rote Riesenkänguruh (*Megaleia rufa* oder *Macropus rufus*) Zentral-, Süd- und Ostaustraliens. Erwachsene Männchen werden bis zu 213 cm groß, 85 kg schwer, und einschließlich Schwanz können sie sich bis zu 245 cm lang machen.

Das kleinste Beuteltier ist die seltene Flachkopfbeutelmaus *(Planigale ingrami)* oder Zwergflachkopfbeutelmaus *(Planigale subtilissima)*, die ausschließlich im Nordwesten Australiens vorkommt.
Erwachsene Männchen haben eine Kopf- und Körperlänge von 55 bis 63 mm, eine Schwanzlänge von 57 bis 60 mm und wiegen 3,9 bis 4,5 g.

Langlebigstes Beuteltier: 26 Jahre und 22 Tage alt wurde ein Gemeiner Wombat *(Vombatus ursinus)*; das Tier starb am 20. April 1906 im Zoo von London.

Schnellstes Beuteltier war bisher mit 64 km/h ein ausgewachsenes weibliches Exemplar des Grauen Känguruhs.
Ein großes männliches Rotes Känguruh brach nach einem Lauf über 1 Meile (1,6 km) mit einer Geschwindigkeit von 56 km/h tot zusammen. Es war der Anstrengung nicht gewachsen. Offenbar war das Tier zu schwer, um das hohe Tempo über eine längere Strecke durchhalten zu können.

Die höchsten Sprünge taten ein Graues Känguruh mit 2,44 m und ein Rotes Känguruh mit 3,1 m. Das Graue Känguruh war eingesperrt und sprang über einen Zaun, weil es von der Fehlzündung eines Autos erschreckt worden war. Das Rote Känguruh war auf der Flucht vor Jägern und setzte dabei über einen Holzstoß hinweg.

Zu den weitesten Sprüngen wurde ein Rotes Känguruhweibchen auf einer Jagd getrieben. Es tat eine ganze Reihe von Rekordsätzen, darunter einen über 12,8 m (Januar 1951 in Neusüdwales). Einem unbestätigten Bericht zufolge soll ein Graues Riesenkänguruh fast 13,5 m weit gesprungen sein.

STOSSZÄHNE

Die längsten Stoßzähne eines Elefanten (abgesehen von prähistorischen Exemplaren) sind ein Paar aus dem östlichen Kongo (Zaïre), jetzt in der staatlichen Sammlung von Schädeln und Hörnern der New Yorker Zoologischen Gesellschaft im Bronx Park. Der rechte Stoßzahn ist, an der äußeren Krümmung gemessen, 3,49 m lang, der linke ist 3,35 m. Zusammen wiegen sie 133 kg.

Der schwerste Elefantenstoßzahn gehörte einem in Benin (dem ehemaligen Dahomey, Westafrika) gefangenen Tier. Er wog 117 kg und war auf der Pariser Weltausstellung 1900 ausgestellt.

Das schwerste bekanntgewordene Stoßzahn-Paar ist im Britischen Museum in London ausgestellt. Es stammt von einem Elefantenbullen, der 1897 in Kenia am Fuß des Kilimandscharo erlegt wurde. Die Stoßzähne wogen 109 und 102 kg und waren 311 bzw. 318 cm lang; ihr Gesamtgewicht betrug also 211 kg.

Der größte Zahn eines Narwals ist im Ledermuseum in Offenbach (Hessen) zu besichtigen. Er hat die enorme Länge von 2,74 m. Da diese Stoßzähne aus dem Oberkiefer normalerweise nur ca. 2 m lang werden, dürfte es sich um den größten der Welt handeln.

HÖRNER, GEWEIHE

Das längste Horn mißt 206 cm an der Außenseite der Krümmung und hat einen Umfang von 46 cm. Es gehörte zu einem Ankole-Rind *(Bos taurus)* vom Ngamisee (Botswana).

Der größte (gehörnte) Schädel (wobei der Hornabstand von Spitze zu Spitze quer über die Stirn gemessen wird) mit einer Breite von 4,24 m gehörte einem Wasserbüffel *(Bubalus babulis)*, der 1955 in Indien geschossen wurde.

Die kapitale Hornspannweite von 128 cm Distanz zwischen den beiden Hornspitzen weist die Walliser Schwarzhals-Ziege *Harlekin MV 354* auf. Der 1982 geborene Prachtbock steht im Stall von Silvia Buser-Stalder in Montsevelier, Jura (Schweiz).

Die größte Geweihspannweite, die belegt ist, beträgt 1,99 m. Das Geweih wiegt samt Kopfhaut 41 kg und gehörte einem im Oktober 1897 in der Nähe des Stewart River im Yukon-Territorium (Kanada) erlegten Elch. Es befindet sich heute im Field Museum in Chikago, Illinois (USA).

PFERDE UND PONYS

Das größte Pferd hieß erst *Samson*, dann *Mammut* und gehörte Thomas Cleaver aus Toddington Mills in Bedfordshire (GB). Der Wallach, ein Ackerpferd, war 1846 gefohlt worden und vier Jahre später 2,19 m groß. *Samson-Mammut* soll in seinen besten Zeiten sogar 1524 kg gewogen haben.
Das größte lebende Pferd ist mit 1,98 m der Wallach *Boringdon Black King* (1984 gefohlt). Er stammt aus der Zucht des britischen Zentrums für Zug- und Ackerpferde in Plymouth, Devonshire.

Das größte Vollblut war ein reinrassiger kanadischer Wallach namens *Tritonis*, der Christopher Ewing aus Southfield, Michigan (USA), gehörte. Das Springpferd, das im September 1990 im Alter von sieben Jahren starb, war 1,98 m groß und wog 952,54 kg.

Die kleinsten Ponys der Welt sind die Shetlands. Sie sind die einzige Rasse, deren genetische Anlagen Größen unter 80 cm Stockmaß möglich machen. Bei der National-Pony-Society-Schau 1913 in England wurde das kleinste Miniatur-Shetland mit 68 cm Stockmaß vorgestellt.

Älteste Pferde: 62 Jahre sind das höchste Alter, das verläßlich für ein Pferd bezeugt ist. Es hieß *Old Billy* (gefohlt 1760) und war vermutlich eine Kreuzung zwischen Cleveland und Eastern Blood. Bis 1819 zog es für eine englische Kanalschiffahrtsgesellschaft Laskähne. Am 27. November 1822 starb es auf einer Farm, wo es sein Gnadenbrot genossen hatte.

Das älteste Vollblutrennpferd war der braune Wallach *Tango Duke*, der 1935 gefohlt wurde und am 25. Januar 1978 im Alter von 42 Jahren starb. Er gehörte Carmen J. Koper aus Barongarook, Victoria (Australien).
Das verbürgte Höchstalter bei den Ponys erreichte mit 54 Jahren ein Zuchthengst, der einem Bauern aus Zentralfrankreich gehörte und 1919 eingegangen ist. Das Moorland-Pony *Joey*,

Dieses Schwarznasenschaf namens *Peter* (Geburtsjahr 1987) wartet mit Rekordlängen seiner Hörner auf. Landwirt Daniel Theler aus Naters, Wallis (Schweiz), hat nachgemessen: Das rechte Horn des Widders ist 125, das linke 124 cm lang; die Spannweite zwischen beiden Hörnern beträgt 98 cm.

Das Mini-Pferd mit den meisten Flugkilometern ist *Beautiful Chief*, 1975 in Südkarolina (USA) gefohlt. Seit April 1977 ist Paul Baumann aus Kuerten (Nordrhein-Westfalen) stolzer Eigner des nur 47 kg schweren Pferdchens mit dem Stockmaß von 68 cm. *Beauty* hatte Auftritte in Kanada, in den USA, in der damaligen UdSSR und fast im gesamten europäischen Raum.

das im Besitz von June und Rosie Osborne aus Wickham Bishops in Essex (GB) ist, erfreute sich 1986 im Alter von 42 Jahren noch bester Gesundheit.

Die größten Maultiere sind *Apollo* (*1977 in Tennessee) und *Anak* (*1976 in Kentucky), die im Besitz von Herbert L. Mueller aus Columbia, Illinois (USA), sind. *Apollo* ist 199,5 cm groß und wiegt 998 kg, *Anak* bringt es auf 190,5 cm und 952,2 kg. Beide sind eine Kreuzung aus Belgierstute und Mammutesel.

HUNDE

Die schwersten Rassen unter den Haushunden *(Canis lupus forma familiaris)* sind der Bernhardiner und der Altenglische Mastiff, deren männliche Tiere in der Regel 77–91 kg wiegen. Der schwerste (und längste) Hund, von dem man je gehört hat, ist der Mastiff *Aicama Zorba von La-Susa*, der am 26. September 1981 geworfen wurde und Chris Eraclides aus London gehört. *Zorba* hatte im November 1989 eine Schulterhöhe von 94 cm und wog 155,58 kg. Weitere Körpermaße sind: Brustumfang – 149 cm; Länge – 2,53 m; Halsumfang – 95,25 cm.

Die größten Hunderassen sind die Deutsche Dogge und der Irische Wolfshund, die eine Schulterhöhe bis zu 99 cm und gelegentlich mehr erreichen. Zum Beispiel war *Shamgret Danzas*, eine Deutsche Dogge, die dem Ehepaar Wendy und Keith Comley aus Milton Keynes, Buckinghamshire (GB), gehörte, 105,4 cm groß (mit gesträubten Haaren 106,6 cm) und wog 108 kg. *Shamgret Danzas* starb am 16. Oktober 1984 im Alter von 9 Jahren.

Die kleinsten Hunderassen sind der Yorkshire-Terrier, der Chihuahua und der Zwergpudel. Es gibt Miniaturzüchtungen, bei denen ausgewachsene Tiere weniger als 453 g wiegen. Der kleinste ausgewachsene Hund war ein Yorkshire-Terrier von der Größe einer Zigarettenschachtel, der Arthur F. Marples aus Blackburn (GB) gehörte, einem ehemaligen Redakteur der Zeitschrift *Unsere Hunde*. Dieser Winzling, der 1945 im Alter von knapp 2 Jahren starb, hatte eine Schulterhöhe von 6,3 cm, maß von der Nasenspitze bis zum Schwanz 9,5 cm und wog ganze 113 g!
Kleinster lebender Hund ist derzeit ein Miniatur-Chihuahua namens *Peanuts*, der am 23. September 1986 geworfen wurde und Grace Parker aus Wilson's Mills in North Carolina (USA) gehört. Die Hundedame mißt vom Kopf bis zum Schwanz 25 cm, hat eine Schulterhöhe von 14 cm und wiegt 630 g (Stand vom 25. Oktober 1988).

Älteste Hunde: Das Lebensalter, das Hunde zu erwarten haben, liegt in der Regel zwischen 8 und 15 Jahren. Nur sehr selten werden sie nachweislich älter als 20 Jahre. Das glaubwürdige Höchstalter erreichte mit 29 Jahren und 5 Monaten ein australischer Hirtenhund namens *Bluey*. Er war 1910 von Les Hall aus Rochester in Victoria (Australien) erworben worden und hütete fast 20 Jahre lang Rinder und Schafe. *Bluey* wurde am 14. November 1939 eingeschläfert.

Der größte Wurf: 23 Welpen hat am 19. Juni 1944 die Jagdhündin *Lena* geworfen, die Commander W. N. Ely aus Ambler in Pennsylvania (USA) gehörte. Alle 23 blieben am Leben. Ebenfalls 23 Welpen warf am 6./7. Februar 1975 die Bernhardinerhündin *Careless Ann*. Eigentümer: Robert und Alice Rodden aus Lebanon, Missouri (USA). Allerdings überlebten aus ihrem Wurf nur 14 Tiere. Ebenfalls 23 Welpen (16 überlebten) gab es im Juni 1987 in Little Hall, Essex (GB). Die Deutsche Dogge *Shalimar Bootsie* erfreute damit Marjorie Harris.

Produktivster Hundevater aller Zeiten war der vielfach preisgekrönte Windhund *Timmy*, auch *Tiefdruck* genannt (im September 1957 geworfen). Vom Dezember 1961 bis zu seinem Tod im November 1969 zeugte er 2414 registrierte Junge, von mindestens 600 nicht registrierten ganz abgesehen.

Das höchste Legat, das jemals einem Hund vermacht worden ist, betrug 15 Mio. englische Pfund. Diese stolze Summe hinterließ Ella Wendel aus New York im Jahr 1931 einem Pudel namens *Toby*, ihrem treuesten Freund.

Den weitesten Sprung tat ein Windhund namens *Bang*, der 1849 bei der Verfolgung eines Hasen in Brecon Lodge (GB) 9,14 m weit sprang. Er überwand dabei ein 1,4 m hohes Tor und verletzte sich bei der Landung auf einer Straße an den Fesseln.

Der »Hochsprung«-Rekord über ein glattes Holzhindernis (ohne Leisten oder andere Hilfsmittel) steht bei 3,58 m. Das Sprung- und Kletterkunststück gelang einem Deutschen Schäferhund namens *Volse* im November 1989 bei einer Dressurschau im französischen Avignon. Der Schäferhund gehört Philippe Clement aus Aix-en-Provence.
Ein anderer Deutscher Schäferhund, der dreijährige *Duke*, schaffte am 11. November 1986 in der BBC-Fernsehsendung *Rekordbrecher* ebenfalls 3,58 m, doch das Hindernis war mit Leisten verstärkt. *Dukes* Trainer ist Graham Urry, ein Flugkapitän der britischen Luftwaffe.

Die beste Spürnase hatte vermutlich ein von dem Kriminalpolizisten Herbert Kruger trainierter Dobermann namens *Sauer*, der 1925 die Fährte eines Viehdiebs 160 km weit durch die Große Karru (Südafrika) verfolgte.

Die größte Hundeschau der Welt ist die alljährliche Crufts Show. Der vom 9. bis 12. Januar 1991 durchgeführte 100. Wettbewerb, der zum erstenmal nicht in London, sondern im Nationalen Ausstellungszentrum in Birmingham (GB) stattfand, konnte eine Rekordbeteiligung von 22 993 Teilnehmern verzeichnen.

Meistprämierte Hunde: Die Scotchterrierhündin *Ch. Braeburn's Close Encounter*, die am 22. Oktober 1978 geworfen worden ist und Sonnie Novick aus Plantation Acres in Florida (USA) gehört, heimste auf Zuchtschauen bis 10. März 1985 die stattliche Zahl von insgesamt 203 Preisen ein.
Auf 281 Auszeichnungen bei nationalen und internationalen Zuchtschauen kam die Riesenschnauzerhündin *Arlin von der Hohen Ward* (Wurfjahr 1976) von 1979 bis 85. Stolzer Hundehalter ist Heinz Blumenröther aus Dortmund (Nordrhein-Westfalen).

Auf 220 Fährtenhundprüfungen brachte es die gelbe Boxerhündin *Rasty von Schloß Brühl* (Wurfjahr 1982) von 1983 bis 92. Besitzer und Hundeführer sind Beate und Werner Spelsberg in Lüdenscheid (Nordrhein-Westfalen).
Auf 180 Leistungsveranstaltungen brachte es in zwölf Jahren von 1978 bis 90 die Terrier-Mischlingshündin *Belli* (Wurfjahr 1976). Stolzer Hundehalter der aus dem Tierheim geholten Kleinhündin ist Bertram Stanzl aus Linz/a. D. (Österreich).
Einhundertmal erhielt der orangefarbene Kleinspitz *Ypka von Hildesia* (Wurfjahr 1976) auf 100 internationalen Rassehundeschauen der United Kennel Clubs International (UCI) die Höchstnote 1. 96mal wurde der Pomeranian-Rüde rassebester, holte insgesamt von 1976 bis 90 auf nationalen und internationalen Ausstellungen 219 Preise und 21 Champion-Titel. Hundehalterin ist Rita Bienert aus Buchholz (Niedersachsen).

Schlittenhundrennen: 150 Gespanne mit über 1000 Tieren aus 7 Nationen waren beim Internationalen Schlittenhund-Cup in Todtmoos (Südschwarzwald) am 23./24. Januar 1982 am Start.

Das längste Schlittenhundrennen führt über 1688 km von Anchorage nach Nome in Alaska (USA). Das als Iditarod Trail bekannte Rennen wird seit 1910 ausgetragen, seit 1967 jährlich. Die schnellste Zeit schaffte 1992 mit 10 Tagen und 19:36:15 Std. Martin Buser aus der Schweiz. Rekordsieger ist Rick Swenson (USA), der das Rennen sechsmal gewann (1977–79, 1981/82 und 1991).

KATZEN

Die größte Katze unter den 330 Arten ist die amerikanische Ragdoll, eine Züchtung, die 6,8 bis 9,07 kg schwere Kater hervorgebracht hat. Meistens aber sind die Hauskatzen *(Felis catus)* erheblich leichter. Ausgewachsene Kater haben ein Durchschnittsgewicht von 3,9 kg, Katzendamen bringen es im Schnitt auf 3,2 kg. Kastrierte oder sterilisierte Tiere legen in der Regel etwas Gewicht zu.

Die schwerste Hauskatze, für die verläßliche Angaben vorliegen, war ein kastrierter Kater namens *Himmy*, der Thomas Vyse aus Redlynch, Queensland (Australien), gehörte. Als das 10 Jahre und 4 Monate alte Tier am 12. März 1986 an Atmungsversagen starb, wog es 21,3 kg und hatte einen Halsumfang von 38,1 cm, eine »Taille« von 83,8 cm sowie eine Länge von 96,5 cm.
Im Februar 1988 wurde für einen Kater namens *Edward Bear*, der Jackie Fleming aus Sydney (Australien) gehört, ein unbestätigtes Gewicht von 21,7 kg gemeldet.

Die kleinste Zucht der Hauskatze ist die Singapura. Kater erreichen ein Gewicht von 2,72 kg, ausgewachsene Weibchen kommen auf 1,81 kg. Leichteste Züchtungen erreichen nach zuverlässigen Angaben in einigen Fällen nicht einmal 1,36 kg. Das Normalgewicht ist ca. 4–5 kg.

Älteste Katzen: Katzen leben in der Regel länger als Hunde. Ein wohlgenährter und gut gepflegter Hauskater hat eine durchschnittliche Lebenserwartung von 13–15 Jahren. Katzendamen werden etwas älter, 15–17 Jahre. Bei kastrierten Katzen steigt die Lebenserwartung im allgemeinen um 1–2 Jahre. Älteste Katze war vermutlich der englische gestreifte Kater *Puss*. Er beging seinen 36. Geburtstag am 28. November 1939 und starb tags darauf.
Kitty warf im Alter von 30 Jahren zwei Junge im Mai 1987. Damit wurde sie zur ältesten Katzenmutter. Kurz nach ihrem 32. Geburtstag starb *Kitty* im Juni 1989. Ihrem Züchter George Johnstone aus Croxton, Staffordshire (GB), hatte sie insgesamt 218 Kätzchen geschenkt.

Älteste Zwillingskatzen waren *Beau* und *Bubbles*, Langhaar/Perser-Mischlinge, die Diane Phelps aus Dearborn in Michigan (USA) umschnurrten. *Bubbles* ging am 29. April 1985 im Alter von 21 Jahren, 6 Monaten ein, *Beau* starb mit 22 Jahren, 2 Monaten am 28. Dezember 1985.

Den größten Wurf von 19 Kätzchen (vier totgeboren), entbunden durch Kaiserschnitt, brachte die vierjährige braune Birmakatze *Tarawood Antigone* am 7. April 1970 zur Welt. Der Wurf war das Ergebnis eines »Fehltritts« mit einem Halbsiamesenkater. Von den 15 lebend geborenen Jungen waren 14 Kater.
Der größte Wurf, bei dem sämtliche Jungen lebten und am Leben blieben, waren 14 Kätzchen, geworfen in Südafrika im Dezember 1974 von einer Angorakatze namens *Glockenblümchen*.

Die fruchtbarste Katze war *Dusty*, die in Bonham in Texas (USA) zu Hause war und alles in allem 420 Junge zur Welt brachte. Ihren letzten Wurf hatte sie am 12. Juni 1952 im Alter von 17 Jahren: es war ein Einzelkätzchen.

Beste Kletterkatze war ein nur vier Monate altes Tier, das Josephine Aufdenblatten aus Genf (Schweiz) gehörte und am 6. September 1950 mit einer Gruppe von Bergsteigern den Gipfel des 4478 m hohen Matterhorns erstieg.

Auf 220 Fährtenhundprüfungen brachte es die gelbe Boxerhündin *Rasty von Schloß Brühl* (Wurfjahr 1982) von 1983 bis 92. Besitzer und Hundeführer sind Beate und Werner Spelsberg in Lüdenscheid (Nordrhein-Westfalen).

KANINCHEN UND HASEN

Das größte zahme Kaninchen *(Oryctolagus cuniculus)* ist der Flämische Riese. Erwachsene Tiere wiegen in der Regel 7–8,5 kg und sind von Zehen zu Zehen im Schnitt 91 cm lang. Prachtexemplare bringen es sogar auf ein Gewicht bis zu 11,3 kg. Im April 1980 wurde in Spanien ein fünf Monate altes Weibchen (Französisches Hängeohr) ausgestellt, das 12 kg wog. Das Normalgewicht eines Tieres dieser Rasse liegt bei etwa 5,5 kg.

Die kleinsten zahmen Kaninchen sind das niederländische Zwergkaninchen und das polnische Kaninchen, die völlig ausgewachsen 0,9–1,13 kg wiegen. Jacques Bouloc aus Coulommiere in Frankreich hat 1975 die beiden kleinsten Rassen gekreuzt und nach seinen eigenen Angaben das Gewicht der Neuzüchtung auf 396 g gedrückt.

Die fruchtbarsten zahmen Kaninchensorten sind das weiße neuseeländische und das kalifornische Kaninchen. Sie werfen fünf- bis sechsmal im Jahr 8–12 Junge (fünf Würfe zu je 3–7 sieben Jungen beim wilden Kaninchen).

Der größte Hase *(Lepus europaeus)* mit einem Gewicht von fast 7 kg wurde im November 1956 in Northamptonshire (GB) erlegt. Das Durchschnittsgewicht eines ausgewachsenen Hasen beträgt ca. 3,62 kg.

VÖGEL

Der größte lebende, aber flugunfähige Vogel ist der afrikanische Strauß (*Struthio camelus camelus*). Er lebt südlich des Atlasgebirges vom Oberlauf des Senegal und Niger bis hinüber zum Sudan und nach Zentraläthiopien.

Der Buntschnabelweber in den afrikanischen Trockengebieten bringt es auf eine Brutpopulation von 1,5 Mrd. Artgenossen – nicht zu Unrecht wird er auch die gefiederte Heuschrecke genannt.

Die längsten Löffel eines Hängeohrkaninchens sind 72,4 cm lang. Hier im Bild gleich drei Generationen der englischen Art. Die Ohren eines durchschnittlichen Tiers sind etwa 61 cm lang und 14 cm breit.

Hähne dieser Subspezies können 2,74 m groß werden und 156,5 kg wiegen.

Die schwersten Flugvögel der Welt sind die in Süd- und Nordostafrika heimische Kori-Trappe *(Ardeotis kori)* und die Großtrappe *(Otis tarda)*, die in Europa und Asien vorkommt. Daß die Kori-Trappe bis zu 19 kg schwer wird, ist mehrfach berichtet worden. Ein männliches Exemplar, das in Manchuria geschossen wurde, soll nach einer unbestätigten Meldung 21 kg gewogen haben und zu schwer zum Fliegen gewesen sein. Beglaubigt ist das Höchstgewicht einer Großen Trappe: 18 kg.

Der Höckerschwan *(Cygnus olor)* zählt gleichfalls zu den Schwergewichten. Die in Mitteleuropa heimischen Tiere erreichen in Ausnahmefällen bis zu 18,14 kg, ein in Polen aufgestöbertes Schwanenmännchen wog sogar 22,5 kg. Es hatte allerdings zeitweise seine Flugfähigkeit eingebüßt.

Der schwerste Greifvogel ist der Anden-Kondor *(Vultur gryphus)*, dessen Männchen durchschnittlich 9,09–11,3 kg wiegen.

14,1 kg soll ein übergroßer männlicher Kalifornischer Kondor *(Gymnogyps californianus)* gewogen haben, der präpariert wurde und jetzt in der kalifornischen Akademie der Wissenschaften in Los Angeles zu sehen ist. Diese Art ist kleiner als der Anden-Kondor, ein Exemplar wiegt selten mehr als 10,4 kg.

Die größte Flügelspannweite hat der Wanderalbatros *(Diomedea exulans)*, der im Gebiet der südlichen Ozeane lebt. Bei ausgewachsenen Männchen mit völlig ausgebreiteten Flügeln beträgt sie 3,35 m. Den Rekord hält ein am 18. September 1965 im Tasmansee gefangener Albatros mit 3,63 m.

Der einzige andere Vogel, dessen Flügelspannweite über 3,35 m hinausreichen soll, ist der geierähnliche Afrikanische Marabu *(Leptoptilus crumeniferus)*, der im tropischen Afrika vorkommt.

Der kleinste Vogel der Welt ist der Hummelkolibri *(Mellisuga helenae)*, verbreitet auf Kuba und auf Isla de Pinos (Karibik). Ausgewachsene Männchen (Weibchen sind ein wenig größer) sind insgesamt 57 mm lang, davon nehmen Schnabel und Schwanz die Hälfte in Anspruch. Der Vogel wiegt 1,6 g und ist damit leichter als ein Falter aus der Art der Ligusterschwärmer (2,4 g).

Der kleinste Raubvogel ist der 35 g schwere Zwergfalke *(Microhierax latifrons)* auf Borneo, der die Größe eines Spatzen hat.

Der kleinste Vogel Mitteleuropas ist das Sommergoldhähnchen *(Regulus regulus)*. Die Durchschnittslänge beträgt 9 cm, das Gewicht 4–6 g. Die 580 km zwischen England und Skandinavien legen diese winzigen Vögel in knapp 12 Std. zurück. Das entspricht einer Durchschnittsgeschwindigkeit von ca. 48,3 km/h.

Am meisten Artgenossen unter den Wildvögeln hat der Buntschnabelweber *(Quelea quelea)*, der in den afrikanischen Trockengebieten südlich der Sahara vorkommt und sich von Samen ernährt. Man nennt diese Vögel auch »gefiederte Heuschrecken«. Die ausgewachsene Brut-Population wird auf 1 500 000 000 geschätzt. Jahr für Jahr werden 1 000 000 000 Buntschnabelweber getötet, ohne daß dies den geringsten Einfluß auf die Population hätte. Im Sudan gibt es einen riesigen Ruheplatz, an dem sich 32 000 000 Vögel versammeln.

Am zahlreichsten unter den Seevögeln sind die sehr kleinen Buntfuß-Sturmschwalben *(Oceanites oceanicus)*, die auf dem antarktischen Kontinent und den benachbarten subantarktischen Inseln brüten. Über ihre Anzahl wurden bisher keine Angaben veröffentlicht, aber es steht fest, daß es Hunderte Millionen – wenn nicht gar Milliarden – von ihnen gibt. Die häufigste Vogelart Mitteleuropas sind die Sperlinge.

Die schnellsten Vögel findet man unter den Enten und Gänsen *(Anatidae)*, und einige leistungsfähige Arten wie der rotbrüstige Mittelsäger *(Mergus serrator)*, die Eiderente *(Somateria mollissima)*, die Riesentafelente *(Aythya valisineria)* und die Spornflügelgans *(Plectropterus gambiensis)* können bei drohender Gefahr bis zu 104 km/h erreichen.
Bis zu 112 km/h soll ein aufgescheuchter Goldregenpfeifer *(Pluvialis apricaria)* erreichen. Doch es ist schon sehr zweifelhaft, ob dieser Expreßflieger überhaupt – auch bei Gefahr – mehr als 80 bis 88 km/h schafft.
Der weißkehlige Dornschwanzsegler *(Hirundapus caudacutus)*, in Asien zu Hause, und der Alpensegler *(Apus melba)* sind auf ihren Balzflügen wahrscheinlich noch schneller. Ersterer hat bei Tests, die in der UdSSR durchgeführt wurden, Spitzengeschwindigkeiten bis zu 170 km/h geschafft.

Langsamster Vogel ist die Amerikanische Waldschnepfe *(Scolopax minor)*. Sie schafft ungefähr 8 km/h und ändert ihr Tempo auch bei Balzflügen nicht.

Vogel des Jahres 1992

Der Naturschutzbund Deutschland und der Landesbund für Vogelschutz in Bayern haben das Rotkehlchen zum Vogel des Jahres 1992 ernannt. Die Entscheidung für einen der häufigsten Brutvögel Deutschlands soll darauf aufmerksam machen, daß die Lebensräume des Rotkehlchens mehr und mehr durch Monokulturen und Gärten und Parks mit sterilem Rasen gefährdet sind. Angesichts der geringen Lebenserwartung von meist nur einem Jahr werden in oft zwei Jahresbruten bis zu sieben Eier ausgebrütet. Der olivbraune Singvogel mit der rostroten Kehle baut seine Nester in unterholzreichen Wäldern in Bodenmulden und überwintert meist in Südeuropa. Unterschiedlichen Schätzungen zufolge brüten in Deutschland bis zu 5,5 Mio. Paare. Die mit den Nachtigallen verwandte Art kommt vom Polarkreis bis nach Marokko und Sibirien vor.

Höchste Beschleunigungskraft: Experimente amerikanischer Wissenschaftler haben in jüngster Zeit ergeben, daß der Schnabel des Rotkopfspechts *(Melanerpes erythrocephalus)* die Baumrinde mit einer Geschwindigkeit von 20,9 km/h trifft. Das bedeutet, daß beim Zurückfahren des Kopfs das Gehirn eine Bremswirkung von rund 10 g erfährt.

Schnellster Flügelschlag: Mit 90 Flügelschlägen pro Sek. hat der Kolibri *(Heliactin cornuta)* aus den südamerikanischen Tropen den schnellsten verzeichneten Flügelschlag.

Der beste Taucher ist der Kaiserpinguin *(Aptenodytes forsteri)*. Eine kleine Gruppe von Tieren erreichte 1969 vor dem Kap Crozier in der Antarktis eine Tiefe von 265 m. Ein Kaiserpinguin blieb dabei 18 Min. unter Wasser, berichteten amerikanische Wissenschaftler.

Das höchste Alter erreichte mit 82 Jahren nach unbestätigten Berichten ein männlicher Sibirischer Weißkranich *(Crus leucogeranus)* namens *Wolf*, der zur Kolonie der Internationalen Kranich-Stiftung in Baraboo, Wisconsin (USA) gehörte. Der Vogel war angeblich um 1905 in einem Schweizer Zoo ausgebrütet worden. Er starb Ende 1988, nachdem er sich bei einem Versuch, einen Besucher von seinem Gehege zu verjagen, den Schnabel gebrochen hatte.
Das bestätigte Höchstalter, das ein Vogel bisher erreichte, liegt bei über 80 Jahren. So alt wurde ein männlicher Schwefelhauben-Kakadu *(Cacatua galerita)* namens *Cocky*, der 1982 im Londoner Zoo verstarb. Er war dem Zoo 1925 geschenkt worden und hatte seit 1902 bei seinem Vorbesitzer gelebt, der ihn bereits voll ausgewachsen erhielt.

Älteste Brüterin und zugleich ältester beringter Seevogel ist ein weiblicher Königsalbatros *(Diomedea epomophora)* namens *Grandma* oder *Blue White (Blauweiß)*, der im November 1988 im Alter von 60 Jahren noch ein Ei legte. Die Albatros-Dame ist 1937 erstmals mit einem Ring gekennzeichnet worden, als sie bereits brutfähig war (Königsalbatrosse beginnen erst im Alter von 9 Jahren zu brüten). Sie hat zusammen mit ihrem Gatten *Green White Green (Grünweißgrün)*, der 47 Jahre alt ist, zehn eigene und drei fremde Junge aufgezogen.

Die größten Eier von allen lebenden Vögeln legt der Strauß *(Struthio camelus)*. Ein Strau-

Zehn Jahre lang kann sich die Ruß-Seeschwalbe in der Luft aufhalten, bevor sie zum Brüten aufs Festland zurückkehrt.

nem Querschnitt von 10,6 m wurden gemessen. Nach Berechnungen verarbeitet der Vogel 293 m³ Material im Gewicht von 300 t.

Die kleinsten Nester bauen die Kolibris *(Trochilidae)*. Das Nest des Feuerkolibris *(Mellisuga minima)* ist ungefähr halb so groß wie eine Walnuß, das des Bienenkolibris ist etwas tiefer gebaut und hat die Größe eines Fingerhuts.

Höchste Flughöhen: Die meisten Zug- und Wandervögel fliegen relativ niedrig, durchschnittlich in einer Höhe von 91 m. Es gibt nur ein paar Dutzend Arten, die höher als 914 m steigen. Der beglaubigte Rekord liegt bei 11 277 m; aufgestellt wurde er von einem Rüppell-Geier *(Gyps rueppellii)*, der am 29. November 1973 über Abidjan an der westafrikanischen Elfenbeinküste mit einem Verkehrsflugzeug kollidierte. Durch den Zusammenstoß wurde eins

ßenei ist 15–20 cm lang, hat einen Durchmesser von 10 bis 15 cm und wiegt 1,65–1,78 kg. Das entspricht etwa dem Gewicht von zwei Dutzend Hühnereiern. Ein Straußenei muß ca. 40 Min. gekocht werden. Obgleich seine Schale nur 1,5 mm dick ist, hält sie das Gewicht eines 127 kg schweren Menschen aus. Im israelischen Kibbuz Haon legte am 28. Juni 1988 eine Kreuzung zwischen nördlichem Strauß und südlichem Strauß (*Struthio c. camelus* × *Struthio c. australis*) ein Rekordei, das 2,3 kg wog.

Die kleinsten Eier legt der jamaikanische Zwergkolibri *(Mellisuga minima)*. Zwei Eier, jedes kürzer als 10 mm, wogen 0,36 bzw. 0,37 g.

Ausbrüten: Der Wanderalbatros *(Diomedea exulans)* hat die längste Brutzeit, die normalerweise 75–82 Tage dauert. Aus Australien wird berichtet, daß ein Mallee-Huhn *(Leipoa ocellata)* 90 Tage lang brütet. Doch dies ist ein Einzelfall. Normalerweise dauert die Brutzeit bei dieser Art 62 Tage.
Die kürzeste Zeit zum Ausbrüten – nur 10 Tage – brauchen der Buntspecht *(Dendrocopus major)* und eine Kuckucksart *(Coccyzus erythropthalmus)*.
Zu den untätigsten Männchen gehören der Kolibri (Fam. *Trochilidae*), der Eider-Enterich *(Somateria mollissima)* und der Goldfasan *(Chrysolophus pictus)*, deren Weibchen das Brüten ganz allein zu besorgen haben, während das Kiwiweibchen *(Apteryx australis)* diese Arbeit 75–80 Tage lang ausschließlich dem Männchen überläßt.

Das größte Vogelnest wurde 1963 entdeckt. Es war 2,9 m breit, 6 m tief und wog mehr als 3 t. Gebaut wurde es von einem Seeadler-Pärchen *(Haliaeëtus leucocephalus)* – womöglich wurde es schon von seinen Vorgängern begonnen – in der Nähe von St. Petersburg, Florida (USA). Riesige Nester baut auch der Steinadler *(Aquila chrysaetos)*; über eines, das 4,57 m tief war, wurde 1954 aus Schottland berichtet, es war 45 Jahre benutzt worden. Noch größer sind die Bruthügel des australischen Laubenwallnisters. Höhen bis zu 4,57 m bei ei-

Auch dem Haussperling geht es schlecht. Pferdeäpfel, das Leibgericht, fehlen mehr und mehr, Insekten und Blattläuse sind verseucht, die Nahrung im Spatzenland wird knapp.

Die einzigartige Galapagos-Tierwelt ist älter als vermutet. Neue Forschungen deuten darauf hin, daß der Archipel viele Vorgänger hatte, nur die letzte einer Reihe von Inselgruppen ist, die gut zehn Mio. Jahre alt sein müssen. So erklären sich auch die genetischen Unterschiede zwischen der Meerechse (unten) und dem Landleguan/Drusenkopf (oben) in diesem Schaufenster der Evolution.

der Triebwerke so stark beschädigt, daß das Flugzeug notlanden mußte. Von dem Vogel wurden genügend Federn entdeckt, um dem US-Museum für Naturgeschichte eine einwandfreie Identifikation zu ermöglichen. Doch die Flughöhe von 11 277 m ist sogar für einen Höhenflieger wie den Rüppell-Geier anormal. Er wird selten in Höhen über 6096 m gesehen.

Am längsten in der Luft: Von allen Vögeln kann sich die Ruß-Seeschwalbe *(Sterna fuscata)* am längsten in der Luft aufhalten. Nachdem sie das Nest verlassen hat, bleibt sie 3 bis 10 Jahre lang ununterbrochen in der Luft – bis sie sozusagen erwachsen geworden ist, aufs Festland zurückkehrt und brütet. Unter den Landvögeln ist der Mauersegler *(Apus apus)* am längsten in der Luft, nämlich 2–3 Jahre. Während dieser Zeit schläft, trinkt und frißt er im Flug, er paart sich sogar im Flug.

Die schnellsten Schwimmvögel sind die Eselpinguine *(Pygoscelis papua)*. Sie erreichten im Wasser eine Höchstgeschwindigkeit von 27,4 km/h.

Die schärfsten Augen aller Flugtiere haben die Greifvögel *(Falconiformes)*. Große Exemplare, deren Augengröße der des Menschen ungefähr entspricht, sehen mindestens doppelt so scharf wie der Mensch. Nach Berechnungen kann ein großer Adler ein Zielobjekt auf eine drei- bis achtmal größere Entfernung erkennen als der Mensch. So kann ein Wanderfalke *(Falco peregrinus)* unter günstigen Bedingungen noch aus 8 km Entfernung eine Taube ausmachen.
1977 an der Universität von Birmingham (GB) durchgeführte Experimente haben gezeigt, daß die Augen des Waldkauzes (Strix aluco) $2^1/_2$mal empfindlicher sind als die des Menschen. Man entdeckte außerdem, daß diese Nachtvögel auch bei Tageslicht vollkommen ausreichend sehen können und ihre Sehschärfe nur leicht geringer ist als die von Menschen.

Die längsten Federn schmücken den Phönix oder Onagadori, der aus der Rasse des roten Dschungelvogels oder Dschungelhuhns *(Gallus gallus)* hervorgegangen ist und in Japan seit der Mitte des 17. Jh.s gezüchtet wird. Nach Berichten aus dem Jahr 1972 war die Schwanzfeder eines Hahns, der Masasha Kubota aus Kochi gehörte, 10,6 m lang. Die zwei Schwanzfedernpaare des Königsfasans *(Syrmaticus reevesi)*, der in Zentral- und Nordchina vorkommt, können länger als 2,43 m werden.

Die meisten Federn: Bei Federzählungen an verschiedenen Vögeln stellte sich heraus, daß der Singschwan *(Cygnus cygnus)* 25 216 Federn hat. Hingegen hat der *Archilochus*-Kolibri nur 940, obgleich Kolibris im Verhältnis zur Oberfläche des Körpers mehr Federn haben als sonst ein lebender Vogel.

Den längsten Schnabel hat der Australische Pelikan *(Pelicanus conspicillatus)* mit 34–47 cm. Relativ gesehen, ist der Schnabel des schwert-

Absolute Attraktion für die Besucher des Zoo-Aquariums in Berlin sind die drei Komodowarane aus Indonesien. Das 1983 aus dem Ei geschlüpfte Männchen gilt als Hoffnungsträger zur Arterhaltung der größten heute noch lebenden Echse und einer ersten Nachzucht außerhalb Indonesiens.

schnabligen Kolibris *(Ensifera ensifera)* am größten. Er ist 10,2 cm lang und damit länger als der Vogelkörper, wenn man den Schwanz nicht mitrechnet. Diese Kolibri-Art ist in den Anden (Venezuela/Bolivien) heimisch.

Den kürzesten Schnabel im Verhältnis zu ihrer Körpergröße haben die kleineren Segler *(Apodidae)*, vor allem die Scheinschwalben *(Collocalia esculenta)*, deren Schnabel fast nicht mehr vorhanden ist.

REPTILIEN

Allgemein: Zu den Reptilien gehören Krokodile, Eidechsen, Land- und Wasserschildkröten sowie Schlangen.

Das größte Reptil der Welt ist das Salzwasserkrokodil *(Crocodylus porosus)*, verbreitet in Südostasien, Nordaustralien, Neuguinea, auf den Philippinen und den Salomoninseln. Ausgewachsene Männchen werden zwischen 4,2 und 4,8 m lang und wiegen zwischen 408 und 520 kg.

Das größte je in Gefangenschaft gehaltene Krokodil ist ein Mischling (Salzwasserkrokodil/Siamesisches Krokodil) namens *Yai* (*10. Juni 1972). Es ist 6 m lang und wiegt 1114,27 kg. *Yai* lebt in der berühmten thailändischen Krokodilfarm Samutprakarn, die zugleich ein Krokodilzoo ist.
Im Bhitarkanika-Tierschutzgebiet in Orissa (Ostindien) leben derzeit vier Salzwasserkrokodile, die länger als 6 m sind. Eins der unter Naturschutz stehenden Tiere ist sogar über 7 m lang.

Das kleinste Krokodil ist Osborns Stumpfkrokodil (*Osteolaemus osborni*), das man am Oberlauf des Kongo in Westafrika findet. Es wird selten länger als 1,2 m.

Das Höchstalter unter den Krokodilen erreichte bisher mit 66 Jahren ein weibliches Exemplar des Amerikanischen Alligators (*Alligator mississipiensis*). Das Tier war am 5. Juni 1914 im Alter von zwei Jahren in den Zoo von Adelaide in Australien gekommen, wo es am 26. September 1978 einging.

Schnellstes Reptil: Die höchste auf Land gemessene Geschwindigkeit erreichte eine sechsstreifige Rennechse *(Cnemidophorus sexlineatus)* mit 29 km/h, die 1941 von einem Auto in Südkarolina (USA) verfolgt wurde.
Die höchste Geschwindigkeit, die je ein Reptil im Wasser erreicht haben soll, nämlich 35 km/h, hatte eine verängstigte Pazifische Lederschildkröte.

EIDECHSEN

Die größte aller Eidechsen ist der Komodo-Waran oder Ora *(Varanus komodoensis)*, ein drachenartiges Reptil, das auf Komodo, Rintja, Padar und Flores (indonesische Inseln) beheimatet ist. Ausgewachsene Männchen sind im Durchschnitt 2,25 m lang und wiegen um 59 kg. Angeblich sind bis zu 9,14 m (!) lange Exemplare dieser Echsenart gesehen worden, aber das größte bisher gemessene Exemplar war ein Männchen, das 1928 der Sultan von Birma einem amerikanischen Zoologen geschenkt hat, und dieses maß 3,05 m.
1937 war das Tier vorübergehend im Zoo von St. Louis, Missouri (USA), zu sehen. In dieser Zeit war es sogar 3,1 m lang und 166 kg schwer.

Die längste Eidechse der Welt ist der schlanke Salvadori-Waran (*Varanus salvadori*), der in Neuguinea heimisch ist und nach glaubwürdigen Berichten bis zu 4,75 m lang wird. Nahezu 70 Prozent seiner Gesamtlänge macht allerdings der Schwanz aus.

Die kleinste Eidechsenart scheint der *Sphaerodactylus parthenopion*, ein winziger Gecko, zu sein, der nur auf der Insel Virgin Gorda, einer der Virgin-Inseln in Westindien, vorkommt. Man kennt nur 15 Exemplare davon, darunter ein paar trächtige Weibchen, die man zwischen dem 10. und dem 16. August 1964 fand. Die drei größten Weibchen hatten eine Körperlänge von 18 mm, wozu noch der Schwanz von gleicher Länge kam. Möglicherweise ist ein anderer Gecko *(Sphaerodactylus elasmorhynchus)* noch kleiner. Das einzige bisher bekannte Exemplar war ein anscheinend ausgewachsenes Weibchen mit einer Körperlänge von 17 mm und ebenso langem Schwanz. Am 15. März 1966 wurde es unter den Wurzeln eines Baumes in Haiti gefunden.

Das höchste Alter einer Eidechsenart sind verbürgte 54 Jahre. Ein Blindschleichenmännchen *(Anguis fragilis)* im Zoologischen Museum in Kopenhagen (Dänemark) lebte von 1892 bis 1946.

SCHILDKRÖTEN

Die größte existierende Schildkröte ist die Lederschildkröte *(Dermochelys coriacea)*, die um die ganze Welt verbreitet ist. Ein ausgewachsenes Durchschnittsexemplar mißt von der Schnauze bis zum Schwanz 1,83–2,13 m (Rückenpanzer: 1,52–1,67 m), von Flosse zu Flosse etwa 2,13 m und wiegt bis zu 453 kg.
Die größte Lederschildkröte, von der man je gehört hat, war ein männliches Tier, das am 23. September 1988 am Strand von Harlech in Wales tot aufgefunden wurde. Es war 2,91 m lang, maß 2,77 m von Vorderflosse zu Vorderflosse und wog erstaunliche 961,1 kg. Seit dem 16. Februar 1990 ist das Prachtexemplar im walisischen Nationalmuseum in Cardiff zu sehen. Die meisten Museen lehnen es ab, große Schildkröten auszustellen, weil sie noch 50 Jahre lang Öl absondern können.

Die größte lebende Landschildkröte ist die Aldabra Riesenschildkröte *(Geochelone gigantea)*, die auf der Insel Aldabra nördlich von Madagaskar, auf Mauritius und auf den Seychellen (wo sie 1874 eingeführt wurde) im Indischen Ozean anzutreffen ist.
Ein Männchen namens *Esmerelda*, langjähriger Bewohner der zu den Seychellen gehörenden Vogelinsel, hatte am 26. Februar 1989 ein Gewicht von 298 kg.

Die kleinste Meeresschildkröte der Welt ist die im Atlantik heimische *Lepidochelys kempii*. Ihr Panzer ist 50–70 cm lang, und sie wird keine 36 kg schwer.

Das höchste Alter von allen Wirbeltieren erreichen die Schildkröten. Mindestens 152 Jahre alt war eine Marion-Schildkröte *(Geochelone sumeirii)*. Der Chevalier de Fresne hatte sie 1766 von den Seychellen nach Mauritius gebracht und der Garnisonsarmee von Port Louis geschenkt. Das Tier ist 1908 erblindet und 1918 bei einem Unfall getötet worden.
Das höchste Alter einer ständig beobachteten Schildkröte beträgt mehr als 116 Jahre für eine maurische Landschildkröte *(Testudo graeca)*.

Die langsamsten Schildkröten: Bei einem »Geschwindigkeitstest«, der auf den Seychellen abgehalten wurde, konnte eine männliche Riesenschildkröte *(Geochelone gigantea)* trotz eines verlockenden und lockenden Weibchens eine Strecke von 4,57 m nur in 43,5 Sek. zurücklegen.

Tauchen: Eine Lederschildkröte *(Dermochelys coriacea)*, die mit einem druckempfindlichen Aufnahmegerät ausgestattet und vor den Virgin Islands in den Westindischen Inseln ausgesetzt worden war, tauchte bis in eine Tiefe von 1200 m. Dies berichtete Dr. Scott Eckert im Mai 1987.

Kälterekord: Die kleine kanadische Schmuckschildkröte *Chrysemys pictamarginata* ist vermutlich das stammesgeschichtlich höchstentwickelte Wirbeltier mit Frostresistenz.
Das Reptil überlebt Frost bis 8° C, der die Hälfte des Wassers in seinem Körper zu Eis gefrieren läßt. Eine für Tiere immer tödliche Eisbildung innerhalb von Körperzellen verhindert die Schildkröte durch ein Frostschutzmittel. Es besteht aus einer Mischung von Glyzerin, Traubenzucker und der Aminosäure Taurin.

Diese urtümlichen Elefantenschildkröten, die bis zu 1,5 m langen und 250 kg schweren Riesen-Landschildkröten auf den Galapagos-Inseln, sind heute fast schon ausgerottet.

SCHLANGEN

Die längste Schlange (mittlere, ausgewachsene Länge) ist der Netzpython *(Python reticulatus)* in Südostasien, Indonesien und den Philippinen, der über 6,24 m lang wird. 1912 wurde an der Nordküste von Celebes ein 10 m langes Exemplar erschossen.
Von der Anakonda *(Eunectes murinus)* in den südamerikanischen Tropen wird behauptet, es gäbe bis zu 13,7 m lange Exemplare. Aber diese Größen beziehen sich wahrscheinlich auf gestreckte Häute. Die größte geprüfte Länge einer Anakonda war 8,45 m, wobei es sich um ein Weibchen handelte, das 1960 in Brasilien erlegt wurde.
Die ungefährliche Äskulapnatter *(Elaphe longissima)*, die bis zu 1,85 m lang werden kann, ist in ganz Mitteleuropa verbreitet.
In der Steiermark (Österreich) wurde 1929 eine Äskulapnatter von 2,18 m Länge gefangen.
In den Schweizer Kantonen Wallis und Tessin erreicht die ungiftige *Coluber viridiflavus* eine Länge von 1,8 m.

Die längste in Gefangenschaft lebende Schlange war *Cassius*, ein Netzpython im Knaresborough Zoo (GB), der am 3. April 1980 starb. Seine präparierte Haut ist 8,84 m lang.
Die längste und schwerste Schlange, die bisher in einem Zoo gehalten wurde, war ein weiblicher Netzpython *(Python reticulatus)* namens *Colossus*. Er war 8,68 m lang und bis zu 145 kg schwer. *Colossus* ging am 15. April 1963 im Highland Park Zoo von Pennsylvania (USA) ein.

Die kürzeste Schlange der Welt ist die sehr seltene Fadenschlange *(Leptotyphlops bilineata)*, die nur auf den westindischen Inseln Martinique, Barbados und St. Lucia vorkommt. In einer Reihe von acht Exemplaren waren die zwei größten Schlangen gerade 108 mm lang.

Die schwerste Schlange ist die Anakonda *(Eunectes murinus)*, die fast doppelt soviel wiegt wie ein Netzpython *(Python reticulatus)* derselben Länge. Ein um 1980 in Brasilien erlegtes weibliches Exemplar wurde nicht gewogen; seiner Länge (8,45 m) und seinem Umfang (111 cm) nach dürfte es aber ungefähr 227 kg schwer gewesen sein. In der Regel werden ausgewachsene Anakondas 5,48–6,09 m lang.

GIFTSCHLANGEN

Die längste Giftschlange der Welt ist die Königskobra *(Ophiophagus hannah)*, die in Südostasien und auf den Philippinen zu Hause ist. Ausgewachsene Tiere werden in der Regel 3,65 m–4,57 m lang. Ein im April 1937 in Malaysia gefangenes Exemplar erreichte im Londoner Zoo eine Länge von 5,71 m. Es wurde bei Kriegsausbruch 1939 getötet.
Die längste Giftschlange Deutschlands ist die Kreuzotter *(Vipera berus)*, die bis zu 87 cm lang werden kann.

Die kürzeste Giftschlange ist die in Namibia heimische Namaqua-Zwergnatter *(Bitis schneideri)*. Ausgewachsene Exemplare werden im Schnitt nicht länger als 200 mm.

Die schwerste Giftschlange ist wahrscheinlich die Östliche Diamant-Klapperschlange (*Crotalus adamanteus*), die im Südosten der USA heimisch ist. Ausgewachsene Tiere werden im Durchschnitt 1,52–1,83 m lang und wiegen 5,5–6,8 kg. Ein riesiges Exemplar war 2,36 m lang und 15,4 kg schwer.
Die westafrikanische Gabun-Viper (*Bitis gabonica*), die sich in tropischen Regenwäldern aufhält, ist womöglich noch massiger gebaut als die Diamant-Klapperschlangen, wird aber nicht so lang. Im Durchschnitt mißt die Gabun-Viper 1,22–1,52 m, die Höchstgrenze liegt bei 2,06 m. Ein 1,83 m langes weibliches Tier wog 11,34 kg; ein anderes Weibchen, 1,74 m lang, war 8,2 kg schwer.

Die längsten Giftzähne aller Schlangen hat die Puffotter *(Bitis gabonica)* aus dem tropischen Afrika. Die Giftzähne eines 1,83 m langen Exemplars hatten eine Länge von 5 cm. Am 12. Februar 1963 schlug im Zoo von Philadelphia (USA) eine Puffotter unter großem Streß ihre Zähne in den eigenen Körper. Dabei wurde ein lebenswichtiges Organ so schwer verletzt, daß die Schlange einging. Sie starb nicht, wie es damals in vielen Berichten hieß, an ihrem eigenen Gift.

Die älteste Schlange wurde 40 Jahre, 3 Monate und 14 Tage alt. Eine Riesenschlange *(Boa constrictor constrictor)* namens *Popeye* im Zoo von Philadelphia (USA) erreichte dieses Alter. Am 15. April 1977 mußte sie aus medizinischen Gründen getötet werden.

Die schnellste Landschlange ist wahrscheinlich die schlanke Schwarze Mamba *(Dendroaspis polylepis)*. Am 23. April 1906 stellte man fest, daß eine wütende Schwarze Mamba in der Serengeti-Ebene (Tansania) eine Strecke von 43 m mit einer Geschwindigkeit von 11

Mit ihren 4,57 m ist die Königskobra die längste Giftschlange. Für ihren Nestbau verwendet sie – ganz unüblich unter Schlangen – Zweige und Blätter.

km/h zurückgelegt hat. Für kurze Strecken auf ebenem Boden sind Geschwindigkeiten von 16 bis 19 km/h schon möglich.

Die giftigste Schlange ist die Seeschlange *(Hydrophis belcheri)*, deren Gift hundertmal stärker ist als das des australischen Taipans *(Oxyuranus scutellatus)*. Es gibt sehr viele davon in der Timorsee am Ashmore-Riff gegenüber der Nordwestküste Australiens.

Die giftigste Landschlange ist der 2 m lange Taipan *(Oxyuranus microlepidotus)*, der vorwiegend im australischen Bundesstaat Queensland vorkommt. Sein Gift ist neunmal so stark wie das der südaustralischen und tasmanischen Tigerschlange *(Notechis scutatus)*. Als einem Taipan-Exemplar das Gift entzogen wurde, kamen 110 mg zusammen, eine Dosis, mit der man 125 000 Mäuse töten kann.

Mehr Menschen als in jedem vergleichbaren Land sterben in Sri Lanka an Schlangenbissen. Durchschnittlich werden in dem Inselstaat jährlich 800 Gift-Tote registriert. 97 Prozent der Todesfälle gehen auf die Konten der Krait-Natter (*Bungarus ceylonicus*), der Sägeschuppen-Viper (*Echis carinatus*), die als gefährlichste Schlange der Welt gilt, und der Asiatischen Kobra (*Naja naja*).

Die längste präparierte Haut einer lebenden Riesenschlange hat eine Gesamtlänge von 440 cm. Sie gehörte einem Tigerpython *(Python molurus bivittatus)*. Der Hamburger Werbeunternehmer und Schlangenzüchter Gerd Kunstmann (*1950) hat die einwandfreie komplette Häutung nach der von ihm entwickelten Präparationstechnik BIO-DERM verarbeitet. Die komplette Intervall-Häutung wurde in Mehrlagentechnik knitterfrei und reißfest kaschiert.

AMPHIBIEN

Die größte Amphibienart ist der chinesische Riesensalamander *(Andrias davidianus)*, der in den kalten Bergbächen und Sumpfgebieten von Nordost-, Mittel- und Südchina lebt.

Ein ausgewachsenes Durchschnittsexemplar mißt 1,14 m und wiegt 25–30 kg. Ein 1923 in Südchina gefangenes Exemplar war 1,8 m lang und wog fast 65 kg.
Der japanische Riesensalamander *(Andrias japonicus)* ist etwas kleiner, aber ein gefangenes Exemplar wog lebend 40 kg.

Das größte Amphibium war der vor 230 Mio. Jahren lebende *Prionosuchus plummeri*. 1972 wurden in Nordbrasilien die Überreste eines schätzungsweise 9 m langen Exemplars gefunden.

Das kleinste Amphibium ist, soweit bekannt, der in Kuba heimische Frosch *Sminthillus limbatus*: Er ist keine 12 mm lang.

Das langlebigste Amphibium wurde ca. 55 Jahre alt. Es war ein Japanisches Riesensalamandermännchen *(Andrias japonicus)*, das am 3. Juni 1881 im Aquarium des Zoos von Amsterdam (Niederlande) starb.

Am längsten trächtig ist der lebendgebärende Schwarze Alpensalamander (*Salamandra atra*), der in den Schweizer Alpen heimisch ist. In Höhen über 1400 m dauert die Trächtigkeit bis zu 38 Monate, in niedrigeren Lagen sinkt sie auf 24–26 Monate.

Die größte Höhe, in der man ein Amphibium gefunden hat, ist 8000 m. Es handelt sich um eine im Himalaja gefundene Erdkröte *(Bufo vulgaris)*. Dieselbe Gattung lebt auch 340 m tief in Kohlebergwerken.

Das giftigste Amphibium ist der Goldene Pfeilgiftfrosch *(Phyllobates terribilis)*, der im Westen von Kolumbien vorkommt. Das Batrachotoxin, das aus seinen Hautabsonderungen gewonnen wird, ist mindestens 20mal stärker als das Gift aller anderen bekannten Pfeilgiftfroscharten und das stärkste Gift überhaupt. Ein ausgewachsenes Durchschnittsexemplar birgt mit 1900 mg genug Giftstoff in sich, um

Der Indopazifik ist die Heimat des Tapiros. Der größte Lippfisch, den es gibt, wird über 2 m lang und erreicht bis zu 90 kg Gewicht.

Der größte Fisch ist der riesige planktonfressende Walhai. Er wird bis zu 9 m lang. Für den Menschen ist er völlig ungefährlich.

damit fast 1500 Menschen zu töten. Überraschenderweise wird der hochgiftige Frosch von der Schlangenart *Leimadophis epinephelus* vertilgt, die offenbar gegen das Gift immun ist und sich auch sonst von Fröschen ernährt.

Molche: Der größte von ihnen ist der Rippenmolch *(Pleurodeles waltl)*, der in Marokko, Spanien und Portugal vorkommt. Exemplare mit einer Gesamtlänge von 40 cm und einem Gewicht von über 450 g wurden gefunden.
Der kleinste scheint eine Streifenmolchart *(Notophtalmus perstriatus)* aus dem Südosten der USA zu sein. Ausgewachsene Exemplare haben im Durchschnitt eine Gesamtlänge von 51 mm.

Der größte Frosch ist der seltene Afrikanische Riesenfrosch oder Goliathfrosch (*Conrana goliath*), der in Kamerun und Äquatorialguinea vorkommt. Ein Prachtexemplar hat Andy Koffman aus Seattle (USA) im April 1989 in Kamerun am Fluß Sanaga gefangen: Es maß von der Schnauze bis zum After 36,83 cm (mit ausgestreckten Beinen 87,63 cm) und wog 3657,15 g.

Die besten Springer unter den Fröschen werden stets im Dreisprung ermittelt. Der Weltrekord steht bei 10,3 m und wurde am 21. Mai 1977 bei einem Frosch-Derby in Paulpietersburg (Südafrika) von *Santjie* aufgestellt, einem weiblichen Spitznasenfrosch *(Ptychadena oxyrhyncha)*.

Der größte Baumfrosch ist *Hyla vasta*, der nur auf der Insel Hispaniola in Westindien vorkommt. Seine durchschnittliche Körperlänge ist ca. 9 cm, aber ein im März 1928 im San-Juan-Fluß in der Dominikanischen Republik gefundenes Weibchen war 14,3 cm lang.

Der kleinste Baumfrosch ist der in den südöstlichen USA vorkommende winzige *Hyla ocularis*, dessen maximale Länge vom Maul bis zum After 15,8 mm beträgt.

Die größte Kröte ist wahrscheinlich die Aga *(Bufo marinus)* im tropischen Südamerika. Eine Aga, namens *Prinsen*, im Besitz von Håkan Forsberg aus Åkers, Styckebruk (Schweden), wog im März 1991 2,65 kg und maß 38 cm, mit ausgestreckten Beinen 53,9 cm.

Die kleinste Kröte ist eine erstmalig um 1906 in Mosambik entdeckte Subspezies namens *Bufo beiranus*. Ausgewachsene Exemplare haben eine Höchstlänge von 24 mm.

FISCHE

Der größte Fisch der Welt ist der seltene, planktonfressende Walhai *(Rhincodon typus)*, der in den wärmeren Teilen des Atlantischen, Pazifischen und Indischen Ozeans vorkommt. Der größte Walhai, der den Wissenschaftlern bisher zu Gesicht kam, war 12,65 m lang, hatte am dicksten Körperteil einen Umfang von 7 m und wog etwa 15 t. Das Prachtexemplar war am 11. November 1949 vor der Insel Baba bei Karatschi (Pakistan) gefangen worden.

Der längste Knochenfisch ist der in allen Meeren zu findende Band- oder Riemenfisch *(Regalecus glesne)*, der auch als »König der Heringe« bezeichnet wird. Ein 7,6 m langes Exemplar wurde vor Pemaquid Point, Main (USA) gefangen. Nach unbestätigten Berichten sollen sogar schon 15,2 m lange Bandfische gesichtet worden sein.

Der schwerste Knochenfisch ist der Sonnenfisch *(Mola mola)*, der in allen tropischen, subtropischen und gemäßigten Gewässern vorkommt. Am 18. September 1908 wurde vor Bird Island in der Nähe von Sydney (Australien) versehentlich ein Riesenexemplar von einem Schiff gerammt. Der Sonnenfisch maß 4,26 m und wog 2,235 t.

Der größte Raubfisch ist der relativ seltene Weißhai oder Menschenhai *(Carcharodon carcharias)*. Ausgewachsene Weibchen (die Männchen sind kleiner) sind im Durchschnitt 4,3–4,6 m lang und wiegen 522–771 kg. Das größte exakt vermessene Exemplar wurde im Juni 1978 im Hafen von San Miguel auf den Azoren an Land gebracht. Es war 6,2 m lang und wog 2268 kg.

Der kleinste Seefisch – und das kleinste bekannte Wirbeltier – ist die Zwerggrundel *(Trimmatom nanus)*, die im Chagos-Archipel des Indischen Ozeans vorkommt. Die während der Chagos-Expedition der britischen Streitkräfte 1978/79 untersuchten Männchen waren im Durchschnitt 8,6 mm, die Weibchen 8,9 mm lang.

Der kleinste bekannte Hai ist eine Zwerghaiart *(Squaliolus laticaudus)* im westlichen Pazifik. Die Fische haben eine Länge von 15 cm.

Der kleinste Speisefisch der Welt ist der inzwischen gefährdete Sinarapan *(Mistichthys luzonensis)*, eine Grundel-Art, die nur im See Buhi auf den Philippinen vorkommt. Erwachsene männliche Exemplare werden 10–13 mm lang – um eine Fischfrikadelle von etwa 112,5 g herzustellen, wären 17 500 Grundeln nötig!

Der schnellste Fisch ist vermutlich der eigentliche Fächerfisch *(Istiophorus platypterus)*, jedenfalls über kurze Distanzen. Praktische Schwierigkeiten bei der Geschwindigkeitsmessung lassen genaue Angaben kaum zu. In einer Testreihe im Long Key Fishing Camp von Florida (USA) bewältigte ein Seglerfisch 100 Yards (91 m) in 3 Sek. Das entspricht einer Geschwindigkeit von 109 km/h.

Der gelbflossige Thunfisch *(Thunnus albacares)* und der Wahoo *(Acanthocybium solandri)* zählen gleichfalls zu den ganz schnellen Fischen. Sie erreichten auf Sprints über 10–20 Sek. Spitzengeschwindigkeiten von 74,59 bzw. 77,05 km/h.

Älteste Fische: Es gibt erst zu kurze Zeit Aquarien, als daß bereits verbindlich hätte festgestellt werden können, welche Fischart am langlebigsten ist. Vieles spricht dafür, daß es der nordamerikanische Stör *(Acipenser fulvescens)* ist. Als man die Jahresringe *(annuli)* von 966 Exemplaren untersuchte, die zwischen 1951 und 1954 im Winnebagoseegebiet, Wisconsin (USA), gefangen wurden, zeigte ein 2 m langes Männchen ein Alter von 82 Jahren an und wuchs immer noch. Im Juli 1974 wurden bei einer Jahresringzählung 228 (!) Jahre bei einem Koiweibchen (einer Schmuckkarpfenart) namens *Hanako* festgestellt, das in einem Teich in Higashi Shirakawa (Japan) lebt. Aber das höchste von Fachleuten akzeptierte Alter dieser Art ist nur »über 50 Jahre«.

Der älteste Goldfisch, dessen Alter nachgewiesen ist, starb mit 41 Jahren am 1. August 1980. Er hieß *Fred*, sein Besitzer war Mr. A. R. Wilson in Worthing (GB). In China sollen Goldfische *(Carassius auratus)* auch über 50 Jahre alt werden.

Das kürzeste Leben haben die sogenannten Killi-Fische aus der Kategorie *Cyprinodontei*, die man in Seen Afrikas und Südamerikas findet und die in der Freiheit nur ca. acht Monate am Leben bleiben.

Die in der größten Tiefe lebenden Wirbeltiere sind nach allgemeiner Ansicht die Brotulids der Art *Bassogigas*. Die größte Tiefe, aus der ein Fisch geholt wurde, waren 8300 m. Dr. Gilbert L. Voss vom US-Forschungsschiff *John Elliott* fing im April 1970 im Puerto-Rico-Graben (8366 m) im Atlantik aus dieser Tiefe einen 16,5 cm langen *Bassogigas profundissimus*.

Das größte Spinnentier *(Trachypleus tridentateus)* mißt 61,7 cm. Henry Witt aus Greifswald (Mecklenburg-Vorpommern) hat ein Weibchen des zu den Schwertschwänzen gehörenden Tiers am 1. Mai 1974 in Tien Yen (Nordvietnam) gefangen. Das Männchen ist 41,8 cm lang.

Die meisten Eier, nämlich bis zu 30 Mio., laicht der Sonnenfisch *(Mola mola)*. Jedes Ei hat einen Durchmesser von 1,3 mm.

Die wenigsten Eier laicht der Zahnkarpfen *(Jordanella floridae)*, der in den Gewässern von Florida (USA) lebt. Er stößt nur 20 Eier ab und braucht dazu mehrere Tage.

Der wertvollste Fisch ist der Europäische Hausen *(Huso huso)*. Ein 1924 im Tikhaya Sosna (UdSSR) gefangenes riesiges Weibchen von 1227 kg Gewicht laichte insgesamt 245 kg besten Beluga-Kaviar. Sein Marktwert heute: etwa 600 000 DM.
Für 17 Mio. Yen (damals 320 000 DM) hat 1982 ein Zuchtkarpfen den Besitzer gewechselt. Der Fisch war 1976/77, 1979 und 1980 bei den japanischen Koi-Wettbewerben mit den höchsten Preisen ausgezeichnet worden. Im März 1986 erwarb der Engländer Derry Evans, Chef eines Koi-Zentrums in Sevenoaks (Kent), den Superkarpfen für eine ungenannte Summe. Doch fünf Monate später ging er ein. Kein Fisch hatte mehr Preise gewonnen.

Die giftigsten Fische der Welt sind der Steinfisch (*Synanceidae*), der in den tropischen Gewässern des Indischen Ozeans zu Hause ist, und vor allem Vertreter der Art *Synanceja horrida*, die die größten Giftdrüsen aller bekannten Fische haben. Direkter Kontakt mit den Flossenstacheln, die ein starkes Nervengift enthalten, endet oft tödlich.

Der größte Süßwasserfisch, der nur in Süß- oder Brackwasser lebt, ist der seltene Pa beuk oder Pla beuk *(Pangasianodon gigas)*, der nur im Mekong und seinen wichtigsten Nebenflüssen in China, Laos und Thailand lebt. Das größte, im Fluß Ban Mee Noi in Thailand gefangene Exemplar war, wie berichtet wird, 3 m lang und wog 242 kg. Früher war der europäische Wels *(Silurus glanis)* sogar noch größer – im 19. Jh. wurden Längen bis 4,57 m und Gewichte bis 336 kg von russischen Exemplaren notiert. Aber jetzt gilt bereits alles, was über 1,83 m lang ist und mehr als 91 kg wiegt, als groß.
Der Arapaima *(Arapaima glauis)*, auch Pirarucu genannt, der im Amazonas und anderen südamerikanischen Flüssen vorkommt und oft für den größten Flußfisch gehalten wird, mißt durchschnittlich 2 m und wiegt 68 kg. Der größte »authentisch verzeichnete« war 2,48 m lang und wog 147 kg. Er wurde 1836 im Rio Negro in Brasilien gefangen. Im September 1978 wurde ein 188,6 kg wiegender Nilbarsch *(Lates niloticus)* im östlichen Teil des Victoriasees in Kenia gefangen.

Der kleinste und leichteste Süßwasserfisch ist die Zwergpygmäen-Grundel *(Pandaka pygmaea)*, ein farbloser und fast durchsichtiger Fisch, der sich in den Flüssen und Seen von Luzon auf den Philippinen tummelt. Ausgewachsene Männchen werden höchstens 7,5 bis 9,9 mm lang und wiegen 4–5 mg. Der kleinste in mitteleuropäischen Gewässern lebende Süßwasserfisch ist der Zwergstichling, der ca. 3–4 cm lang wird.

Die gefährlichsten und grausamsten Süßwasserfische sind die Sägesalmler oder Pirayas der Arten *Serrasalmus, Pygocentrus* und *Pygopristis*. Diese Piranhas leben in den trägen Gewässern der großen Flüsse Südamerikas und sind wegen ihrer legendären Wildheit berüchtigt. Mit ihren rasierklingenscharfen sägeartigen Zähnen greifen sie in Schwärmen jedes Lebewesen im Wasser an, das verletzt ist und blutet, egal, was und wie groß es ist.

SEESTERNE

Der größte Seestern von allen 1600 bekannten Arten ist, nach der gesamten Armlänge gemessen, der sehr zarte *Midgardia xandaros*. Ein im Sommer 1968 im Golf von Mexiko von einem US-Forschungsschiff gefundenes Exemplar maß von Spitze zu Spitze 138 cm, während der Scheibendurchmesser nur 2,6 cm betrug. Sein Trockengewicht war 70 g.

Der schwerste Seestern ist der fünfarmige *Thromidia catalai* im westlichen Pazifik. Ein am 14. September 1969 nahe der Küste Neukaledoniens gefundenes Exemplar hatte ein geschätztes Gewicht von 6 kg (Gesamtarmspannweite 63 cm).

Der kleinste Seestern ist der *Patiriella parvivipara*, den Wolfgang Zeidler im Jahr 1975 an der südaustralischen Westküste vor der Insel Eyre entdeckt hat. Er hat einen Radius von höchstens 4,7 mm und einen Durchmesser von weniger als 9 mm.

Die höchsten elektrischen Spannungen erzeugt der Zitteraal *(Electrophorus electricus)*, der in den Flüssen von Brasilien, Kolumbien, Venezuela und Peru lebt. Ein mittelgroßes Exemplar kann 400 Volt zu 1 Ampere entladen, doch sind auch schon 650 Volt registriert worden – genug, um einen Menschen zu betäuben.

Die hellbraune Tarantel ist in Südeuropa zu Hause. Die langlebige Wolfsspinnenart ist bei weitem nicht so gefährlich wir ihr Ruf.

Der zerstörerischste Seestern ist die Dornenkrone *(Acanthaster planci)*, die im Indischen Ozean und im Roten Meer vorkommt. Sie kann pro Tag 300–400 cm^2 Korallen vernichten.

Die größte Tiefe, in der ein Seestern gefangen wurde, war 7584 m. Es handelte sich um einen *Porcellanaster ivanovi*, der 1962 von einem sowjetischen Forschungsschiff im Marianengraben (Westpazifik) gefunden wurde.

KRUSTENTIERE

Allgemein: Zu Krustentieren rechnen Taschenkrebse, Hummer, Krabben, Garnelen, Langusten, Entenmuscheln, Wasserflöhe, Wasserasseln, Bohrasseln, Sandhüpfer, Kiemenschwänze usw.

Die größte (aber nicht die schwerste) Krebsart ist die japanische Riesenkrabbe *(Macrocheira kaempferi)*, die vor der Südostküste von Japan in tiefen Gewässern lebt. Ausgewachsene Exemplare haben gewöhnlich einen 25,4–30,5 cm breiten Körper mit einer 2,43–2,74 m großen Spannweite zwischen den Beinen.

Die schwerste Hummerart ist der amerikanische oder nordamerikanische Hummer *(Homarus americanus)*. Am 11. Februar 1977 wurde ein 20,14 kg schweres, vom Schwanzende bis zur Spitze der größten Schere 1,06 m langes Exemplar nahe der Küste von Neuschottland (Kanada) gefangen. Ein New Yorker Feinschmeckerrestaurant erwarb das Exemplar.

Das größte Süßwasser-Krustentier ist der Flußkrebs *Astacopsis gouldi*, der im australischen Tasmanien heimisch ist. Er wird bis zu 61 cm lang und wiegt ungefähr 4 kg. Im Jahr 1934 soll in Bridport ein übergroßes Exemplar gefangen worden sein, doch die Angaben – 73,6 cm lang und 6,35 kg schwer – sind nicht bestätigt.

Die kleinsten Krustentiere sind Wasserflöhe der *Alonella*-Familie. Sie sind nicht einmal 0,25 mm groß und leben im Nordatlantik.

Die kleinsten bekannten Hummer sind die Kaphummer *(Homarus capensis)* aus Südafrika, deren Gesamtlänge 10–12 cm beträgt.
Der kleinste Krebs der Welt, der Muschelwächter *Pinnoteres pisum* und andere Arten der Pinnoteridenfamilie, hat einen Schalendurchmesser von nur 6,3 mm. Er lebt in der Nordsee.

Das langlebigste aller Krustentiere ist der amerikanische Hummer *(Homarus americanus)*. Sehr große Exemplare können 50 Jahre alt werden.

Die größte Höhe, in der Krustentiere gefunden wurden, beträgt 4053 m. Amphipoden (Flohkrebse) und Isopoden wurden in dieser Höhe in den Anden Ecuadors festgestellt.

Die größte Tiefe, in der Krustentiere gefunden wurden, beträgt 10 500 m. In dieser Tiefe entdeckte im November 1980 eine amerikanische Forschungsexpedition mehrere lebende *Amphipoden* im Marianengraben (Westpazifik).

SPINNEN

Die Spinnen sind wie die Milben und Skorpione eine Ordnung der Spinnentiere *(Chelicerata)*. Zu dieser Klasse gehören mehr als 30 000 Arten.

Das größte Spinnentier ist der urzeitlich anmutende *Limulus plyphemus*. Diese Tiere erreichen bis zu 60 cm Gesamtlänge. Es sind am Meeresboden lebende Organismen, die sich von Würmern und Schnecken ernähren.

Die größte bekannte Spinne der Welt ist die Riesenvogelspinne *Theraphosa leblondi*, die in den Küstenregenwäldern von Surinam, Guyana, Französisch-Guyana und im Nordosten Südamerikas vorkommt; einzelne Exemplare sollen auch in Venezuela und Brasilien gesichtet worden sein. Ein männliches Exemplar, das Mitglieder der Pablo-San-Martin-Expedition im April 1965 am Rio Cavro in Venezuela entdeckten, hatte eine Beinspannweite von 28 cm. In der Regel aber sind die Spinnenweibchen viel kräftiger gebaut als die Männchen.

Die schwersten Spinnen sind die Weibchen der Riesenvogelspinne *Theraphosa leblondi*, die schwerer sind als die Männchen. Charles J. Seiderman aus New York (USA) hat im Februar 1985 in der Nähe von Paramarido (Surinam) ein weibliches Tier gefangen, das das Rekordgewicht von 122,2 g erreichte, bevor es im Januar 1986 aufgrund von Häutungsproblemen einging. Die Beinspannweite dieser Spinne betrug maximal 26,67 cm, sie hatte eine Körperlänge von 10,2 cm und 2,5 cm lange Greifbeine.

Die kleinste Spinne ist die *Patu marplesi* (Fam. *Symphytognathidae*), die im Westen Samoas heimisch ist. Ein (männliches) Musterbeispiel, das im Januar 1965 in Madolelei, in einer Höhe von etwa 600 m und in Moos versteckt, entdeckt wurde, war gerade 0,43 mm groß – die Spinne war also ungefähr so groß wie der Punkt hinter diesem Satz.

Die am weitesten verbreitete Spinne ist die Krabbenspinne (Familie *Thomisidae*). Sie ist auf der ganzen Welt zu Hause.

Die langlebigsten von allen Spinnen sind die primitiven *Mygalmorphae* (Vogelspinnen und verwandte Sorten). Ein 1935 in Mexiko gefundenes und damals auf 12 Jahre geschätztes Tarantelweibchen lebte 16 Jahre in einem Laboratorium, wurde also 28 Jahre alt.

Die schnellste Spinne der Welt ist die langbeinige Sonnenspinne der Art *Solifugae* (früher *Solpugida*), die in den Halbwüsten in Afrika und im Nahen Osten heimisch ist. Sie ernährt sich von Geckos und anderen Echsen und kann bis zu 16 km/h schnell werden.

Die größten Spinnennetze sind die Luftnetze, die die tropische Webspinne der *Nephila*-Familie baut und die einen Umfang von 5,73 m erreichen können. Spinnen wie *Glyphesis cottonae* usw. weben die kleinsten Netze, die ungefähr eine Fläche von 480 mm^2 bedecken.

Die giftigsten Spinnen sind die brasilianischen Wanderspinnen von der Gattung *Phoneutria*, vor allem die *Phoneutria fera*, die das aktivste Nervengift aller lebenden Spinnen besitzt. Diese großen und äußerst angriffslustigen Tiere dringen häufig in menschliche Behausungen ein und verstecken sich in Kleidern und Schuhen. Werden sie aufgeschreckt, beißen sie mehrere Male zu, jährlich werden Hunderte Angriffe dieser Spinnenart registriert. Glücklicherweise gibt es ein wirksames Serum gegen das Gift.

SKORPIONE

Die größten Skorpione sind die Kaiserskorpione *(Pandinus imperator)*. Diese Riesenskorpione aus dem äquatorialen Afrika und Guinea werden bis zu 18 cm groß. Tiere aus Feuchtgebieten oder höheren Bergregionen sind an ihrer schwarzen Farbe erkenntlich. Im Gegensatz zu ihrem gefährlichen Aussehen sind sie für den Menschen harmlos.

Zu den größten Skorpionen unter 600 existierenden Arten zählt auch der in Südindien heimische *Heterometrus swammerdami*. Männchen messen von den Scheren bis zum Stachel 18 cm. Ein Exemplar, das am 14. September 1869 in der Provinz Madras gefangen wurde und heute im Besitz der Naturgeschichtlichen Gesellschaft von Bombay ist, war 24,7 cm lang (Kopfteil bis Schwanz 18,7 cm, Körperteil 8,2 cm). Ein anderes Exemplar, das während des Zweiten Weltkriegs unter einem Stein in dem westbengalischen Dorf Krishnarajapuram entdeckt wurde und im örtlichen Militärhospital untersucht wurde, war mit 29,2 cm sogar noch größer.

Der kleinste lebende Skorpion (*Microbuthus pusillus*) vom Golf von Aden ist ausgewachsen nur 1,3 cm klein.

Die afrikanischen Dickschwanzskorpione (*Androctonus australis*) gehören zweifellos zu **den gefährlichsten Skorpionen**. Zusammen mit den Arten *Tityus, Centruroides* und *Leiurus* können sie eine tödliche Gefahr für den Menschen darstellen. Schon 0,091 mg des Giftes von *Androctonus australis* können eine Maus töten. Jährlich gibt es um die 1500 Unfälle mit *Androctonus* und *Tityus*, bei denen 20–30 Menschen sterben.

INSEKTEN ODER KERBTIERE, KÄFER

Es wird geschätzt, daß es nicht weniger als 30 Mio. Insektenarten gibt – mehr als alle anderen Ordnungen zusammengenommen haben –, aber Tausende von ihnen sind nur durch ein einziges Exemplar belegt.

Das älteste bekannte Insekt wurde 1991 in Westaustralien in einer Gesteinsschicht gefunden, deren Alter auf 420 Mio. Jahre geschätzt wird. Das einer Garnele ähnelnde Insekt war ein Euthycarcinoid von 13 cm Länge, das in Süßwasser auf Raub ausging.

Die schwersten Insekten sind die Goliathkäfer (Fam. *Scarabaeidae*) in Äquatorialafrika. Größte Vertreter dieser Gruppe sind *Goliathus regius, Goliathus goliathus* oder *Goliathus giganteus* und *Goliathus druryi*. Ausgewachsene Männchen (die Weibchen sind kleiner) werden 70–100 g schwer und bis zu 110 mm lang (Vorderfühler bis Hinterleib). Die Elefantenkäfer *(Megasoma)* von Mittelamerika und den Westindischen Inseln sind vom Umfang her die größten Insekten, doch ihnen fehlen die massiven Schalenplatten, die bei den Goliathkäfern Brust und vorderes Brustbein formen. Deshalb sind die Elefantenkäfer leichter.

Der schwerste in Europa verbreitete Käfer ist der Hirschkäfer (*Lucanus cervus*). Das schwerste verzeichnete Exemplar war ein 1871 in England gefundenes Männchen, das sich heute im Britischen Museum in London befindet. Es ist 87,4 mm lang (Körper plus Unterkiefer) und muß lebend 6 g gewogen haben. Die Normallänge der Hirschkäfer beträgt 82 bis 83 mm.

Die Goliathkäfer aus Äquatorialafrika sind die schwersten lebenden Insekten.

Die längsten Insekten der Welt sind Stabheuschrecken (Gespenstheuschrecken), insbesondere jene der afrikanischen Spezies *Palophus*. Exemplare der Art *Palophus leopoldi* können 40 cm lang werden.

Der längste Käfer, ohne Fühler gemessen, ist der mittel- und südamerikanische Herkuleskäfer *(Dynastes hercules)*, der bis zu 190 mm groß wird. Mehr als die Hälfte seiner Länge nimmt der obere Hornpanzer ein.

Die kleinsten Insekten sind bis heute die »fransenflügligen« Käfer der Familie *Ptiliidae (Trichopterygidae)* und eine Schmarotzerwespenart der Familie *Myrmaridae*. Sie sind nur 0,2 mm lang, und der Flügelspann der Zwergwespe mißt nur 1 mm. Demnach sind sie kleiner als gewisse Protozoen (einzellige Lebewesen).

Die leichtesten Insekten sind die blutsaugende gestreifte Laus der Art *Enderleinellus zonatus* und die parasitische Wespe der Art *Caraphractus cinctus*, die beide nur 0,005 mg wiegen. Die Eier der *Caraphractus cinctus* wiegen 0,0002 mg.

Am zahlreichsten von allen Insekten sind die Springschwänze *(Collembola)*. Die oberste Schicht von ca. 4050 m² Weideland beherbergt bis zu einer Tiefe von etwa 29 cm mindestens 230 Mio. Springschwänze.

Die höchste Fluggeschwindigkeit von Insekten, einschließlich der Dasselfliege der Art *Cephenemyia pratti*, der Rinderbremse *(Tabanus bovinus)*, der Schwärmer *(Sphingidae)* und einiger tropischer Schmetterlinge *(Hesperiidae)*, liegt für den Dauerflug bei 39 km/h. Die australische Libelle der Art *Austrophlebia costalis* kann auf kurze Strecken maximal 58 km/h erreichen. Experimente haben auch bewiesen, daß die 1926 aufgestellte Behauptung eines amerikanischen Wissenschaftlers, die Dasselfliege der Art *Cephenemyia pratti* könne in einer Höhe von 3657 m mit einer Geschwindigkeit von 1316 km/h fliegen, maßlos

Größter Tagfalter Mitteleuropas ist der Schwalbenschwanz.

übertrieben war. Stimmte die Behauptung, müßte die Fliege eine Leistung von 1,1 kW entwickeln und pro Sekunde das 1½fache des eigenen Gewichts an Nahrung zu sich nehmen, um die benötigte Energie zu erhalten, und selbst dann würde sie vom Luftdruck zerquetscht und von der Reibung verbrannt werden.
Die Höchstgeschwindigkeit eines Bienenschwarms ist 18 km/h. Bei einer mittleren Geschwindigkeit von 11 km/h würde ein solcher Schwarm für einen 6,5 Mio. km langen Flug nur etwa 4,5 l Nektar verbrauchen.

Die schnellsten Insekten auf dem Land sind die großen tropischen Schaben der Familie *Dictyoptera*. Die etwa 30 mm messenden Tiere schaffen 4,28–4,64 km/h, das heißt 40–43 Körperlängen/s.

Die größte Küchenschabe der Erde ist die in Kolumbien heimische *Megaloblatta longipennis*. Ein präpariertes weibliches Exemplar aus der Sammlung des Japaners Akira Yokokura ist 97 mm lang und 45 mm breit.

Die langlebigsten Insekten sind die Prachtkäfer *(Buprestidae)*. Am 27. Mai 1983 tauchte aus dem Holz der Treppe im Hause von W. Euston in Prittlewell, Essex (GB), ein Exemplar der Art *Buprestis aurulanta* auf, nachdem es 47 Jahre als Larve zugebracht hatte.

Am lautesten von allen Insekten sind die Zikadenmännchen (Fam. *Cicadidae*). Bei 7400 Schwingungen in der Minute erzeugen ihre Trommelorgane ein Geräusch, das man in einer Entfernung von über 400 m hören kann.

Den schnellsten Flügelschlag von allen Insekten unter natürlichen Bedingungen – 62 760 Schläge/min – hat eine winzige Mücke der Gattung *Forcipomyia*. Bei Experimenten mit beschnittenen Flügeln und einer Temperatur von 37 °C erhöhte sich die Geschwindigkeit auf 133 080 Schläge/min.

Den langsamsten Flügelschlag von allen Insekten hat mit 300 Schlägen/min der Schwalbenschwanz *(Papilio machaon)*. Der Flügelschlag der meisten Schmetterlinge beträgt 460–636/min.

Laubheuschrecken: Den größten Spann hat die *Siliquofera grandis*, ein Grashüpfer aus Neuguinea, der bei den Weibchen über 25,4 cm messen kann. Der *Pseudophyllanax imperialis*, der auf Neukaledonien im westlichen Südpazifik vorkommt, hat bis zu 20,3 cm lange Fühler.

Flöhe: Siphonapterologen unterscheiden 1830 Floharten. Der größte bekannte Floh *(Hystrichopsylla schefferi schefferi)* wurde nach einem einzigen 1913 in Puyallup (USA) in einem Biberbau gefundenen Exemplar beschrieben. Weibchen werden bis zu 8 mm lang, was immerhin dem Durchmesser eines Bleistifts entspricht.

LIBELLEN

Die größte Libelle ist die in Mittel- und Südamerika lebende *Megaloprepes caeruleata*, deren Spannweiten bis zu 19,1 cm und deren Körperlängen 12 cm betragen können.

Die größte deutsche Libelle ist die Königslibelle *(Anax imperator)*. Sie erreicht Spannweiten bis zu 10,6 cm.

Die kleinste Libelle der Welt ist die in Myanmar (früher Birma) heimische *Agriocnemis naia*. Ein Exemplar aus dem Britischen Museum hat eine Flügelspannweite von 17,6 mm und eine Körperlänge von 18 mm.

SCHMETTERLINGE

Schmetterlinge drohen in Mitteleuropa auszusterben. Es gibt 140 000 Arten auf der Erde; davon 3000 in unseren Breiten. Von Sommer zu Sommer wird die Vielfalt der 1300 Großschmetterlingsarten, die zur Fauna Deutschlands gehören, geringer. 28 Arten sind bereits ausgestorben, etwa 41 Prozent stehen auf der Roten Liste der bedrohten Arten. Die Ursache: Durch die chemische Schädlingsbekämpfung und die Kunstdüngung werden den Schmetterlingen ihre lebensnotwendigen »Nahrungsmittel« entzogen, verringert sich der für sie geeignete Lebensraum.

Der größte Schmetterling ist der unter Naturschutz stehende Königin-Alexandra-Falter *(Ornithoptera alexandrae)*. Er kommt nur noch in der Popondetta-Ebene von Papua-Neuguinea vor. Die Flügelspannweite der Weibchen kann über 28 cm und ihr Gewicht über 25 g betragen.

Die größte (aber nicht die schwerste) Motte ist die im tropischen Australien und in Neuguinea vorkommende Herkulesmotte *(Coscinoscera hercules)*, deren Flügelfläche eine Größe von 263,2 cm² und deren Flügelspannweite 28 cm erreichen können.

Die größten Tagfalter Mitteleuropas sind der Schwalbenschwanz *(Papilio machaon)* und der Große Eisvogel *(Limenitis populi)*. Ihre Weibchen können Flügelspannweiten von 8 bis 10 cm erreichen.

Unter den mitteleuropäischen **Nachtfaltern** ist das Nachtpfauenauge *(Saturnia pyri)* mit einer Flügelspannweite bis zu 13,2 cm der größte. Der Totenkopf *(Acherontia atropos)* hat zwar einen längeren Körper, aber seine Flügelspannweite ist kleiner.

Kleinster Falter unter 140 000 bekannten Schmetterlings- und Motten-Arten ist *Stigmella ridiculosa*. Flügelspannweite und Körperlänge sind gleich – jeweils 2 mm. Der Winzling ist auf den Kanarischen Inseln heimisch.

Den schärfsten Geruchssinn aller Lebewesen hat das männliche Kleine Nachtpfauenauge *(Eudia pavonia)*, das nach deutschen Experimenten aus dem Jahr 1961 den Geruch eines paarungsbereiten Weibchens aus der fast unglaublichen Entfernung von 11 km gegen den Wind wahrnehmen kann. Dieser Geruch ist als der eines der höheren Alkohole identifiziert worden ($C_{16}H_{29}OH$), von dem das Weibchen weniger als 0,0001 mg an sich hat.

Die weiteste Wanderung eines Schmetterlings wurde am 15. Januar 1987 festgestellt, als ein weiblicher Monarchfalter *(Danaus plexippus)* auf einem Berg bei Angangueo (Mexiko) wieder eingefangen wurde, den Donald Davis am 6. September 1986 im Presqu'ile-Provinzpark in der Nähe von Brighton, Ontario (Kana-

Der größte mitteleuropäische Nachtfalter ist das Nachtpfauenauge.

da), ausgesetzt hatte. Die Luftlinie zwischen beiden Orten beträgt 3432 km. Der tatsächlich zurückgelegte Flugweg könnte jedoch leicht doppelt so lang gewesen sein.

Die größte Schmetterlingszucht ist die Schmetterlingsfarm von Stratford-upon-Avon (GB). Sie beherbergt bis zu 2000 exotische Falter unter echten Regenwald-Bedingungen. Den Tieren stehen insgesamt mehr als 4000 m^3 Fluggelände zur Verfügung. Zu dem am 15. Juli 1985 eröffneten Farmkomplex gehören auch Insekten- und Pflanzenhäuser sowie pädagogische Einrichtungen.

TAUSENDFÜSSER

Die längsten Tausendfüßer sind der afrikanische *Graphidostreptus gigas* und der *Scaphistostreptus seychellarum* von den Seychellen im Indischen Ozean. Beide Riesenschnurfüßer können 28 cm lang werden und einen Durchmesser von 20 mm erreichen.

Der kürzeste Tausendfüßer ist die Spezies *Polyxenus lagurus*, die 2,1–4 mm lang wird. Der Pinselfüßer ist besonders auf den Britischen Inseln anzutreffen.

Die meisten Beine, nämlich 375 Paar (750 Beine) hat eine kalifornische Art namens *Illacme plenipes*.

Die längste Hundertfüßerart ist eine größere Variante des weitverbreiteten *Scolopendra morsitans*, der auf den Andamaninseln in der Bucht von Bengalen (Indien) vorkommt. Messungen ergaben, daß die Riesenläufer bis zu 33 cm lang und 3,8 cm breit werden.

Der kürzeste Hundertfüßer ist eine nichtidentifizierte, nur 5 mm lange Spezies.
Der kürzeste Hundertfüßer in Mitteleuropa ist der *Lithobius dubosequi*, der 9,5 mm lang und 1,1 mm breit wird.

Die meisten Beine eines Hundertfüßers hat der südeuropäische *Himantarum gabrielis*; er hat ausgewachsen 171–177 Paar Beine.

Der schnellste Hundertfüßer ist wahrscheinlich *Scutigera coleoptrata*, der in Südeuropa zu finden ist und 50 cm/s, umgerechnet also 1,8 km/h, zurücklegen kann.

RINGELWÜRMER

Die längsten Riesenregenwürmer sind die in Südafrika beheimateten *Microchaeta rappi*. Ein durchschnittlich großes Exemplar hat eine Länge von 1,36 m (zusammengezogen 65 cm), aber es liegen Berichte über viel größere Exemplare vor.

In Transvaal (Südafrika) wurde 1937 ein Wurmgigant von 6,7 m Länge (bei natürlicher Streckung), aber nur 20 mm Durchmesser entdeckt.

Der kürzeste Ringelwurm ist der nicht einmal 0,5 mm lange *Chaetogaster annandalei*.

WEICHTIERE

Das größte Weichtier ist der Atlantische Riesenkalmar *(Architeuthis dux)*. Der gewichtigste Tintenfisch, von dem jemals berichtet wurde, war ein 2 t schweres Monster, das am 2. November 1878 in der Thimble Tickle Bay vor Neufundland (Kanada) strandete. Der Körper war 6,1 m lang, und einer der Fangarme maß 10,6 m.

Das längste Weichtier war ein 17,37 m messender Riesenkalmar der Art *Architeuthis longimanus*, der im Oktober 1887 in der Lyall Bay (Neuseeland) an der Cook-Straße an Land gespült wurde. Seine beiden langen, schlanken Tentakel maßen je 15,01 m.

Die größten Augen aller Tiere, der ausgestorbenen wie der lebenden, hat der Atlantische Riesen-Kalmar. Es wird geschätzt, daß jenes Prachtexemplar, das in der Thimble Tickle Bay gesichtet worden ist (s. Das größte Weichtier), Augen mit einem Durchmesser von 40 cm hatte.

Das langlebigste Weichtier ist die Meeres-Quahog *(Arctica islandica)*, eine dickschalige Venusmuschel, die im Nordatlantik lebt. Eine Muschel mit 220 Jahresringen wurde 1982 gefunden.

Der größte Krake ist, soweit bekannt, der *Octopus dofleini*, der sich im Pazifik tummelt – von Kalifornien bis Alaska (USA) sowie vor Ostasien und südlich von Japan. Genaue Größenangaben sind bislang nicht möglich, doch ein ausgewachsenes männliches Durchschnittsexemplar wiegt ungefähr 23 kg, und die Spannweite seiner Fangarme beträgt etwa 2,5 m. Rekordexemplar war ein Krake, der 1957 vor Westkanada entdeckt wurde: Seine Fangarme hatten nach Schätzungen eine Spannweite von 9,6 m, und er war ca. 272 kg schwer.

Der kleinste Kopffüßer ist der Tintenfisch *Idiosepius*, der nur selten eine Länge von 25,4 mm erreicht.

Die Kopffüßer mit den meisten Tentakeln sind manche Arten der Ordnung *Nautilus*, die bis zu 94 Fangarme ohne Saugnäpfe haben, mit denen sie den Meeresboden nach Nahrung abgrasen. Die meisten Kopffüßer haben jedoch nur 8 oder 10 Tentakel.

MUSCHELN

Die größte Muschel unter den noch lebenden ist die *Tridacna gigas*, eine Riesenmuschel, die auf den Korallenriffen des Indischen Ozeans vorkommt. Ein 115 cm langes und 333 kg schweres Exemplar ist 1956 vor der japanischen Insel Ishigaki gefunden, aber erst im August 1984 wissenschaftlich untersucht worden. Die Muschel wog zu Lebzeiten wahrscheinlich etwas über 340 kg (die Weichteile wiegen bis zu 9,1 kg).

Die längste Muschel ist 137 cm lang und wiegt 230 kg. Sie wurde vor 1817 bei Tapanoeli (Tapanula) an der Nordwestküste von Sumatra gefunden und wird jetzt in Arno's Vale in Nordirland aufbewahrt.

Das langsamste Wachstum im Tierreich weist die Tiefsee-Muschel *Tindaria callistisor-*

mis auf. Sie kommt im Nordatlantik vor und braucht etwa 100 Jahre, um eine Länge von 8 mm zu erreichen.

Die bekannteste Muschel in den küstennahen Gewässern um Europa (Atlantik, Mittelmeer, Wattgebiete der Nord- und Ostsee) ist die Miesmuschel *(Mytilus edulis)*. Sie wird seit längerer Zeit nicht nur frei aus dem Meer gefangen, sondern meistens auf sogenannten »Muschelweiden« gezüchtet. Diese »Auster des kleinen Mannes« gilt als Delikatesse.

Die größte bisher bekannte Miesmuschel von 60 cm Länge und einem Gewicht von 1,5 kg haben spanische Fischer im April 1980 südlich von Malaga an Land gezogen.

Der Wert einer Kaurimuschel (Porzellanschnecke) hängt nicht zwangsläufig davon ab, ob sie selten vorkommt oder weit verbreitet ist. Manche raren Muscheln sind nicht teuer, weil sie nicht gefragt sind, während gewisse gemeine Muscheln hohe Preise erzielen, weil sie schwer erreichbar sind. Danach müßten jene einzigartigen Kaurimuscheln am wertvollsten sein, die den Tiefseefischern in die Netze gehen, doch die sind stumpf und unattraktiv und deshalb für den Sammler nicht sehr interessant.
Die begehrteste Muschel ist derzeit vermutlich *Cypraea fultoni*, von der 1987 russische Fischer im Indischen Ozean vor Mosambik zwei lebende Exemplare erbeutet haben. Die größere der beiden Porzellanschnecken wurde später in New York für 24 000 Dollar an den italienischen Sammler Dr. Massilia Raybaudi verkauft. Die andere wurde für 17 000 Dollar angeboten. Ein weiteres Exemplar der *Cypraea fultoni* ging im Juni 1987 für 6600 Dollar an einen Sammler aus Carmel in Kalifornien (USA). Dieser Sammler erwarb für 6500 Dollar noch in der gleichen Woche auch eine *Cypraea teramachii*. Ein Exemplar der *Cypraea fultoni*, das sich im Besitz des amerikanischen Museums für Naturgeschichte in New York befindet, wurde vor einigen Jahren auf 14 000 Dollar geschätzt.

SCHNECKEN

Die größte Schnecke ist die australische Trompetenschnecke *(Syrinx auranus)*. Ein übergroßes Exemplar, das 1979 in Westaustralien aufgesammelt wurde und jetzt Don Pisor aus San Diego in den USA gehört, ist 77,2 cm lang und hat einen Umfang von maximal 1 m. Die Schnecke hatte ein Lebendgewicht von ungefähr 18 kg. Pisor erwarb sie im November 1979 von einem Fischer in Kaohsiung (Taiwan).

Die größte Landschnecke ist die Afrikanische Riesenschnecke (*Achatina sp.*). Ein Musterexemplar namens *Gee Geronimo*, das aus Sierra Leone in Westafrika stammte und im Besitz von Christopher Hudson aus Hove (GB) war, maß im Dezember 1978 in voller Länge 39,3 cm (Gehäuselänge: 27,3 cm) und wog exakt 900 g.

Die schnellste Schnecke ist wahrscheinlich die Bananenschnecke der Spezies *Ariolimax*. Die schnellste gemessene Geschwindigkeit war 0,734 cm/s über eine Strecke von 91 cm. So schnell war ein Exemplar der Art *Ariolimax columbianus* in einem Schneckenrennen, das im Juli 1983 in Northwest Trek, Washington (USA), ausgetragen wurde.

Die schnellste Landschnecke ist vermutlich die gemeine Gartenschnecke *(Helix aspersa)*. Am 20. Februar 1990 schaffte ein Exemplar namens *Verne* in der West Middle School von Plymouth in Michigan (USA) einen 31 cm langen Kurs in der Rekordzeit von 2:13 Min. Das entspricht einer Geschwindigkeit von 0,233 cm/s. Noch etwas schneller kann unter Umständen aber die fleischfressende (und kannibalistische) Schnecke *Euglandina rosea* sein, zumindest, wenn sie auf Beute aus ist. Dann kann sie in 3 Min. 61 cm bewältigen.

Giftschnecken: Es gibt ungefähr 400–500 Arten von Konusschnecken, die ein Neurotoxin absondern können. Über das tödlichste Gift verfügen vermutlich *Conus geographus* und *Conus aulicus*, Meeresmollusken, die von Polynesien bis Ostafrika vorkommen. Sie injizieren ihr Gift mit einem einzigartigen fleischigen, harpunengleichen Rüssel. Die Folgen: verminderte Sehkraft, Schwindelanfälle, Übelkeit, Lähmungen und Tod. Von 25 Menschen, die von diesen Konusschnecken gestochen wurden, sind fünf gestorben. Das ist etwa die gleiche Sterblichkeitsrate wie bei einem Kobra- oder Klapperschlangenbiß.

Das kleinste unter den ein Schalengehäuse tragenden Lebewesen ist die Schnecke *Ammonicera rota*, die in den britischen Gewässern vorkommt. Sie hat einen Durchmesser von nur 0,5 mm.

SCHNURWÜRMER

Die längsten von allen 550 verzeichneten **Schnurwürmerarten**, auch *Nemertinen* genannt, sind die in den seichten Gewässern der Nordsee vorkommenden Schnurwürmer *(Lineus longissimus)*. Ein im Jahr 1864 nach einem schweren Sturm in St. Andrews (Schottland) an Land geschwemmtes Exemplar war über 55 m lang. Der Durchmesser betrug nur 1 cm.

Selbstaufopferung: Manche Schnurwürmer fressen sich selber auf, wenn keine Nahrung vorhanden ist. Bei einem Versuch verzehrte ein Exemplar in wenigen Monaten 95 Prozent seines eigenen Körpers, ohne Anzeichen von Krankheit zu zeigen. Sobald dem Schnurwurm wieder Nahrung zugeführt wurde, erneuerte sich sein Körpergewebe.

QUALLEN

Die größte Qualle ist die Arktische Riesenqualle *(Cyanea capillata arctica)*, die im nordwestlichen Atlantik heimisch ist. Ein Exemplar, das in der Massachusetts Bay an Land gespült wurde, hatte 36,5 m lange Tentakel. Der Durchmesser des glockenförmigen Körpers betrug 2,28 m. Das größte in der Nordsee und im Atlantik lebende Hohltier ist die Feuerqualle *(Cyanea capillata)*, auch gemeine Seequalle genannt. Ein im St. Andrew's Marine Laboratory in Fife (Schottland) untersuchtes Exemplar hatte einen Glockendurchmesser von 91 cm und 13,7 m lange Fangarme.

Die kleinste Quallenart hat einen Glockendurchmesser, der nicht einmal 20 mm beträgt.

Die giftigste Qualle der Welt ist die Australische Würfelqualle *(Chironex fleckeri)*. Sie ist so schön wie tödlich. Ihr Herzlähmung verursachendes Gift hat an der Küste von Queensland (Australien) seit 1880 mindestens 66 Menschen das Leben gekostet. Falls nicht sofort geholfen werden kann, sterben die Opfer innerhalb von 1 bis 3 Min. Ein guter Schutz vor den Giftquallen sind Damenstrumpfhosen, wie sie von der Rettungswacht in Queensland bei Surf-Treffen getragen werden.

Die Landkarten-Kegelschnecke gilt als giftigste Schnecke. Sie verursacht ungewöhnlich heftige Stiche mit einem Stilett ihres Rüssels. Sie können auch für Menschen tödlich sein.

Die größte Korallenbank wird, soweit bekannt, von einer Kolonie versteinerter *Galaxea fascicularis* in der Sakiyama-Bucht vor der japanischen Insel Irimote gebildet. Dr. Shohei Shirai vom Institut zur Erschließung natürlicher Quellen im Pazifik hat sie am 7. August 1982 entdeckt. Die Korallenbank ist 4 m hoch, hat eine Längsachse von 7,8 m und einen Umfang von maximal 19,5 m.

Die größte Korallenkette der Welt ist das Great Barrier Reef, das sich über 2028 km vor Queensland, im Nordosten Australiens, hinzieht und sich über 207 000 km^2 erstreckt. 1981 wurde die Unterwasserwelt am Großen Barrier Riff von der UNESCO zum »schützenswerten Erbe der Menschheit« erklärt.

SCHWÄMME

Der größte Schwamm ist der zylinderförmige, in den Gewässern Westindiens und Floridas vorkommende *Spheciospongia vesparium*. Einzelne Exemplare erreichen eine Höhe von 1,05 m und einen Durchmesser von 91 cm.
Der in Indonesien beheimatete Neptunsbecher *(Poterion patera)* wird zwar 1,2 m hoch, ist aber nicht so plump.

Der schwerste Schwamm war ein großlöchriger Pferdeschwamm *(Hippospongia canaliculatta)*, der 1909 bei den Bahamas gefunden wurde. Er hatte einem Umfang von 1,83 m und wog, als er aus dem Wasser kam, zwischen 36 und 41 kg. Getrocknet und entfleischt betrug sein Gewicht nur noch 5,44 kg. Er befindet sich jetzt im US-Nationalmuseum in Washington D.C. (USA).

Der kleinste Schwamm ist der weitverbreitete *Leucosolenia blanca*, der ausgewachsen 3 mm hoch ist.

Die tiefsten Schwämme hat man in einer Meerestiefe von 5637 m gefunden.

GEFÄHRDETE ARTEN

Eine Reihe von Tierarten sind nur durch ein einziges lebendes Exemplar bekannt.

Das seltenste Großwild der Welt ist nach allgemeiner Ansicht das javanische Nashorn *(Rhinoceros sondaicus)*, das eine Schulterhöhe von 1,7 m und ein Gewicht von 1400 kg erreichen kann. Das einst weit verbreitete Tier existiert heute nur noch in 50–70 Exemplaren, was zum größten Teil auf die illegale Jagd nach seinem Horn, das in der asiatischen Medizin verwendet wird, und auf die Zerstörung seines Lebensraums zurückzuführen ist.

Der Rotwolf *(Canis rufus)*, der im Südosten der USA heimisch war und in Freiheit Anfang der siebziger Jahre ausgestorben ist, wird von amerikanischen Tierschützern gehegt. Inzwischen gibt es wieder 50 Tiere, die allerdings nicht immer rasserein sind. Im Juni 1988 haben zwei Zucht-Pärchen, die in Nordkarolina ausgesetzt worden waren, Junge bekommen.

Die bunte Welt der Korallenriffs bleicht aus. Im Pazifik beginnt das Korallensterben. Den Südsee-Atollen droht der Wärmetod durch den Treibhauseffekt.

Die seltenste Katze ist die Iriomote-Katze *(Felis iriomotensis)*, die nur auf der kleinen (292 km^2) japanischen Insel vorkommt, deren Namen sie trägt. Diese Art wurde erst 1967 entdeckt, und ihre Population ist seither auf rund 80 Exemplare zurückgegangen. Die Iriomote-Katze, ein Nachttier von der Größe einer Hauskatze, wurde durch den japanischen Gesetzgeber geschützt und zum nationalen Naturdenkmal erklärt.

Das seltenste Herrentier ist der zahme breitnasige Lemur *(Hapalemur simus)* aus Madagaskar, von dem man angenommen hatte, daß er Anfang der siebziger Jahre ausgestorben sei. 1986 wurde aber eine Gruppe von 60–80 Tieren in einem abgelegenen Regenwald bei Ranomafana im Südosten der Insel entdeckt. Aufgespürt wurden die Lemuren von einer Expedition der Duke-Universität Durham, Nordkarolina (USA).

Der goldgefleckte Tamarin *(Leontopithecus chrysophygus)* aus der Gattung der Krallenaffen kommt inzwischen nur noch in zwei Waldgebieten im Staat São Paulo (Brasilien) vor. Bis 1986 hatten im Höchstfall 75–100 Tiere überlebt. Die Art ist akut vom Aussterben bedroht. In einem abgelegenen Regenwald im Nordwesten Madagaskars entdeckte der Bochumer Biologe Bernhard Meier im April 1989 einen lebenden Büschelohrmaki. Diese Halbaffenart war 1875 erstmals beschrieben worden und galt lange Zeit als ausgestorben. Der zweit-

kleinste Primat der Erde *(Allocebus trichotis)* wiegt 80 g, ist nur 14 cm lang, sein Schwanz mißt 17 cm. Bisher war er nur in 5 konservierten Exemplaren in den naturkundlichen Abteilungen von Museen in London, Paris und Stockholm aufbewahrt.

Den Titel der seltensten Fledermaus teilen sich mindestens drei Arten, die jeweils nur durch ein Exemplar bekannt sind: der kleinzähnige Flughund *(Neopterix frosti)*, *Paracoelops melagotis* (1945 in Vinh, Vietnam) und *Latidens salimalii* (High Wavy Mountains, Südindien, 1948).

Die seltensten Nagetiere der Welt sind zwei Arten der Greifschwanzferkelratten. Die *Capromys garridoi* lebt auf den Inseln des Archipiélageo de los Canarreos, und die *Capromys sanfelipensis* auf der ebenfalls im Süden Kubas gelegenen kleinen Insel Cayo de Juan Garcia. Die letztere Art wurde seit ihrer Entdeckung im Jahr 1970 nicht mehr gesehen.

Vor dem Aussterben bewahrt wurde der arabische Spießbock oder Orys *(Oryx leucoryx)* nur durch ein Zuchtprogramm des Zoos von San Diego, Kalifornien (USA), und strenge Zuchtmaßnahmen für die freigelassenen Tiere. Heute leben in den Wüstengebieten von Oman und Jordanien wieder rund 150 Tiere dieser Art.

Das seltenste Rotwild ist der Fea-Muntjak-Hirsch *(Muntiacus feae)*, der bis vor nicht allzu langer Zeit nur durch zwei Exemplare bekannt war, die an den Grenzen des südlichen Myanmar (früher Birma) und des westlichen Thailand gefangen wurden. Im Dezember 1977 erhielt der Dusit-Zoo in Bangkok (Thailand) eine Hirschkuh, 1981 zwei weitere Muttertiere und zwischen Februar 1982 und April 1983 kamen noch einmal jeweils drei weibliche und männliche Tiere dazu, die aus Xizang in Tibert (China) stammten.

Das seltenste Beuteltier ist der tasmanische Beutelwolf *(Thylacinus cynocephalus)*, den man seit dem 7. September 1936 ausgestorben glaubte, als das letzte in Gefangenschaft lebende Exemplar im Beaumaris-Zoo in Hobart, Tasmanien (Australien), einging. Im Juli 1982 hat jedoch ein Wildhüter, wie er glaubt, im Scheinwerferlicht seines geparkten Autos ein Exemplar dieses Raubtiers gesehen. Seitdem ist allerdings kein Tier dieser Art mehr gesehen worden.

Das seltenste Meeressäugetier der Welt ist der Schnabelwal *(Indopacetus pacificus)*, der lebend noch nie gesichtet wurde. Lediglich die Hirnschalen von zwei Tieren wurden bisher entdeckt – 1922 bei MacKay im australischen Queensland und 1955 bei Mogadischu in Somalia.

Nachdem der Golftümmler oder *Vaquita (Phocaena sinus)* 1986 zum ersten Mal seit 1980 wieder im Golf von Kalifornien gesichtet wurde, schätzt man die Population dieses Tümmlers auf etwa 30 Exemplare, was ihn zur wahrscheinlich seltensten Walfischart macht.

Baiji-Delphin oder **Jangsi-Delphin** *(Lipotes vexillifer)*. Dieses bis zu 2,5 m lange Tier ist vermutlich das gefährdetste unter den Walen, Delphinen und Tümmlern. Es leben schätzungsweise nur noch 300 Exemplare dieser Art. Tendenz: fallend. Denn der Baiji- oder Jangsi-Delphin konkurriert mit Fischern und wird oft in deren Netzen gefangen. Zudem wird infolge der Umweltverschmutzung seine Nahrungsgrundlage immer magerer. Die chinesische Regierung unterstützt den Überlebenskampf der Delphine: Sie hat eigens für die Fischer ein Informationsprogramm erarbeitet. Ein Zuchtprojekt ist gleichfalls ins Auge gefaßt worden.

Der Berliner Zoo konnte die Geburt des Spitzmaulnashorns *Sita* feiern. Auch die Zahl dieses afrikanischen Nashorns ist drastisch zurückgegangen. Im März 1992 beschloß die Internationale Artenschutzkonferenz in Kyoto (Japan) erneut den Schutz der vom Aussterben bedrohten Dickhäuter.

Die seltenste Robbe, die karibische Mönchsrobbe *(Monachus tropicalis)*, wurde zum letzten Mal zuverlässig 1952 auf der Serranilla-Bank vor der mexikanischen Halbinsel Yucatán gesehen. Diese Art ist mit größter Wahrscheinlichkeit ausgestorben. Mönchsrobben waren einst überall im Pazifik, in der Karibik und im Mittelmeer anzutreffen. Der erste, der über Robben berichtete, war Aristoteles (384–322 v. Chr.). Die ersten Mönchsrobben entdeckte Christoph Kolumbus (1451–1506) in der Neuen Welt.
Die Zahl der einst weitverbreiteten Mittelmeer-Mönchsrobben, einer Unterart der Art *Monachus monachus*, ist nach Schätzungen auf weniger als 300 Exemplare gesunken. Die Gründe dafür liegen in der intensiven Bejagung und der Verschmutzung ihres Lebensraums.

Die Zahl der gefährdeten Vogelarten ist in den letzten 10 Jahren, laut einer im Oktober 1988 veröffentlichten Bestandsaufnahme, aufgrund menschlicher Aktivitäten weltweit von 290 auf 1029 angestiegen. Viele Arten sind heute in der Wildnis ausgestorben und überleben,

Der kollektive Sexverzicht der Pandas könnte eine der Ursachen für das befürchtete Aussterben der schwarzweißen Bären in der freien Natur sein. Die Hoffnung bleibt, daß dank künstlicher Befruchtung die Spezies im Zoo erhalten bleibt. Hier *Bao-Bao*, der Stolz des Berliner Zoos.

für gewöhnlich infolge spezieller Zuchtprogramme, nur noch in der Gefangenschaft. Wegen der praktischen Schwierigkeiten bei der Zählung von Vögeln ist es unmöglich, genau festzustellen, welche Vogelart die seltenste ist. Aber es spricht viel dafür, daß der Spix-Ara *(Cyanopsitta spixii)* aus Brasilien nicht nur der gefährdetste Papagei, sondern auch die bedrohteste Vogelart überhaupt ist. Im Juli 1990 gab es nur noch ein einziges Exemplar, das in Freiheit lebte. 15 weitere leben rund um die Welt verstreut in Gefangenschaft.
Der Kakapo *(Strigops habrotilus)*, ein flugunfähiger Papagei aus Neuseeland, ist trotz mehrerer Versuche, ihn auf immer unzugänglicheren Inseln anzusiedeln, ebenfalls unmittelbar vom Aussterben bedroht, sowohl durch Bejagung als auch durch importierte natürliche Feinde. 1990 gab es noch 43 erfaßte Exemplare, aber da der Kakapo nur sporadisch brütet (einmal alle 4–5 Jahre), könnte er das gleiche Schicksal erleiden wie der bereits ausgestorbene Dodó oder Dronte *(Raphus cucullatus* oder *Didus ineptus)*, der einzige Vogel, mit dem er eine gewisse Ähnlichkeit aufweist.

Das seltenste Krokodil der Welt ist der unter Artenschutz stehende chinesische Alligator *(Alligator sinensis)*, der am Unterlauf des Janktsekiang in den Provinzen Anhui, Zejiang und Jiangtsu heimisch ist. Es wird geschätzt, daß heute nur noch einige hundert Exemplare leben. Obwohl erfolgreich Zuchtprogramme

Natur am Rand des Abgrunds

Die Vielfalt der Tierwelt wird immer kleiner. Die natürlichen Habitate für die vom Untergang bedrohten Wildtiere werden zerstört. Nur noch durch Zooaufzucht können sie überleben. Die Rettung des Kalifornischen Kondors, des Arabischen Spießbocks oder des Weißkopfadlers sind Beispiele. Wisent und Milu grasen wieder – aber der Lebensraum für die Afrikanischen Elefanten, für die Nilkrokodile, die Riesen-Warane oder den Blauwal schrumpfen. Die Gewässer der Antarktis sind leergefischt, die Delphine, Tümmler und Kleinwale von der Ausrottung bedroht. Ebenso gefährdet wie die Tropenwälder sind inzwischen auch die Korallenriffe. Auch das Ökosystem unter Wasser ist bereits zerstört.

durchgeführt wurden, kann der Alligator wegen der Zerstörung seines Lebensraums nicht in der Wildnis ausgesetzt werden. Man nimmt an, daß er spätestens am Ende des Jahrhunderts in freier Wildbahn ausgestorben sein wird.

Die seltenste Schildkröte ist die nur in der Nähe der Stadt Perth (West-Australien) lebende kleine Falsche Spitzkopfschildkröte *(Pseudomydura umbrina)*. Die geschützte Art zählt noch 20–25 wildlebende Tiere. Im Zoo von Perth werden weitere 22 Exemplare gehalten.

Als seltenste Schlange wird heute die St.-Lucia-Gleiterin oder Couresse *(Liophis ornatus)* betrachtet, die nur auf Maria Island vor St. Lucia in Westindien zu finden ist. Nach Dr. David Corke vom Polytechnikum in Ostlondon gab es 1989 weniger als 100 Exemplare und kein einziges, das in Gefangenschaft gehalten wurde.

Die Round-Island-Boa *(Bolyeria multicari nata)* ist nur durch zwei in den vergangenen 40 Jahren gefundene Exemplare bekannt und wahrscheinlich seit 1980 ausgestorben.

Das seltenste Amphibium ist der Schwarzbäuchige Scheibenzünder *(Discoglossus nigriventer)*, der nur vom ersten Fundort in Israel bekannt ist, seit 1940 wurden nur fünf Exemplare entdeckt.

Eine Rarität stellte der Quastenflosser *(Crossopterygii)* dar, der am 22. Dezember 1938 bei East London (Südafrika) an Land gespült wurde. Der große Tiefseefisch, den man vorher nur von Fossilienfunden her gekannt hatte, die 400–465 Mio. Jahre alt waren, wurde später als Vertreter dieser Gattung erkannt und *Latimeria chalumnae* genannt. Ende der 80er Jahre, wurde diese einzige noch lebende Art der Quastenflosser vor den Komoren im Indischen Ozean, dann auch in ihrer natürlichen Umgebung in einer Tiefe von 200 m unter der Meeresoberfläche untersucht.

Die seltenste und am schwersten zu findende aller Spinnen ist die primitive atypische Tarantelart *Liphistius*, die nur in Südostasien vorkommt.

Bereits ausgestorben ist möglicherweise der St.-Helena-Riesenohrwurm *(Labidura herculanea)*. Der letzte verläßliche Bericht darüber, daß ein Exemplar gesehen wurde, stammt aus dem Jahr 1967. Der St.-Helena-Riesenohrwurm ist mit einer maximalen Länge (Körper und

Schwanzzangen) von 78 mm die größte von rund 1100 Arten der Ordnung *Dermaptera* (Ohrwürmer). Sein Niedergang resultiert aus dem Eindringen von Ratten in seinen Lebensraum und der Verfolgung durch den Riesenhundertfüßer, der den nachtaktiven Ohrwurm tief in dessen Bau angreifen kann.

Der seltenste Schmetterling ist wahrscheinlich der Königin-Alexandra-Falter *(Ornithoptera alexandrae)*, der auf Papua-Neuguinea nur dort vorkommt, wo die Weinrebe *Aristolochia dielsiana* wächst, seine einzige Nahrungsquelle. Angaben über die Population sind kaum möglich, denn dieser Schmetterling fliegt sehr hoch und wird wenig gesehen. Auch die Raupen sind schwer auszumachen, denn sie leben bis zu 40 m über der Erde in den Weinblättern. Im Jahr 1990 ist ein 90–130 ha großes Gebiet systematisch nach Königin-Alexandra-Faltern abgesucht worden, und dabei wurden nur drei Exemplare gesichtet.

Der in Bougainville auf den Salomoninseln heimische Falter *Ornithoptera (Troides) allottei* ist in weniger als einem Dutzend Exemplaren bekannt, doch er gilt nicht als echte Schmetterlingsart. Er ist eine natürliche Kreuzung zwischen *Ornithoptera victoriae* und *O. urvillianus*.

AUSGESTORBENE TIERE

Der erste Dinosaurier, der in die Wissenschaft einging, war *Megalosaurus bucklandi* (Große versteinerte Eidechse): Er wurde 1824 beschrieben. Schieferbruch-Arbeiter hatten die Überbleibsel dieses zweifüßigen Fleischfressers vor 1818 bei Woodstock (GB) gefunden. Später wurden die Fossilien im Universitätsmuseum von Oxford ausgestellt. Ein versteinerter Knochen des *Megalosaurus* war schon 1677 dargestellt worden. Doch die wahre Natur des Fossilienfundes wurde erst sehr viel später entdeckt. Der Name Dinosauria (Schreckliche Eidechsen) kam nicht vor 1841 auf.

Das plötzliche Saueriersterben vor 65 Mio. Jahren ist immer noch nicht befriedigend erklärt worden. In der Hell-Creek-Formation in Montana (USA) gemachte Funde lassen vermuten, daß die Dinosaurier, möglicherweise aufgrund klimatischer Veränderungen, während einer Übergangszeit von 5–10 Mio. Jahren immer mehr an Boden verloren und in zunehmendem Maß Säugetieren weichen mußten. Eine andere Theorie spricht von der plötzlichen Vernichtung der Saurier durch den Einschlag eines Asteroiden, der einen Durchmesser von gut 9 km gehabt haben müßte, oder eines Kometenschauers, der zur Bildung riesiger Staubwolken führte, die die Sonne verdunkelten. Diese Theorie wird dadurch gestützt, daß an zahlreichen Orten der Erde große Mengen des Elements Iridum gefunden wurden, dessen Vorkommen ein Anzeichen für eine außerirdische Einwirkung darstellt. Eine dritte Hypothese besagt, daß eine Periode großer vulkanischer Aktivität, die ebenfalls zu einer Verdunkelung durch Staubwolken sowie zu saurem Regen und Iridiumanhäufungen geführt hätte, für das Saueriersterben verantwortlich war.

Der älteste Dinosaurier ist nach vorherrschender Meinung der *Herrerasaurus*, von dem 1989 in den Vorbergen der Anden in Argentinien ein nahezu komplettes Skelett gefunden wurde. Der *Herrerasaurus* hat vermutlich vor etwa 230 Mio. Jahren gelebt. Er war 2–2,5 m groß und wog mehr als 100 kg. Seine evolutionsgeschichtliche Bedeutung ist darin zu sehen, daß er, 50 Mio. Jahre vor anderen seiner Artgenossen, die Kiefer bereits in zwei Richtungen bewegen konnte. Weitere frühe Dinosaurier aus der Jurazeit sind durch unvollständige Überreste aus Brasilien, Argentinien, Marokko, Indien und Schottland bekannt.

Die größten Landtiere aller Zeiten waren die *Sauropoden*, langhalsige, langschwänzige, vierfüßige Pflanzenfresser, die sich in der Jura- und Kreidezeit, vor 208–65 Mio. Jahren, beinahe auf der ganzen Erde tummelten. Es ist jedoch sehr schwer zu bestimmen, welcher dieser Riesendinosaurier nun der größte (längste, höchste oder schwerste) war. Das liegt u.a. daran, daß von ihnen oft nur noch fossile Fragmente zeugen. Zudem neigten viele Forscher dazu, die Größenangaben ihrer Saurierfunde übertrieben hoch anzusetzen. Wenn ein Skelett vollständig erhalten blieb, ist es relativ einfach, Länge und Höhe des Tieres zu schätzen. Die *Sauropoden* werden in fünf Hauptgruppen eingeteilt: *Cetiosaurier, Brachiosaurier, Diplodocus, Camarasaurier* und *Titanosaurier*. Als »größter Dinosaurier der Welt« sind bereits ein *Brachiosaurus*, ein *Diplodocus* und ein *Titanosaurus* vorgestellt worden.

Der größte, durch ein vollständiges Skelett dokumentierte Saurier ist ein *Brachiosaurus*

Vor ungefähr 160 Mio. Jahren lebte der *Gasosaurus constructus*, ein fleischfressender zweibeiniger Dinosaurier. Gefunden wurde er in der heutigen chinesischen Provinz Szetschuan.

brancai aus dem Spätjura vor 150 Mio. Jahren. Eine deutsche Expedition hatte zwischen 1909 und 1911 an der inzwischen berühmten Fundstelle Tendaguru in Tansania die Überreste mehrerer Tiere ausgegraben. Die Knochen wurden verschifft und im Berliner Humboldt-Museum für Naturkunde präpariert und zu einem kompletten Skelett zusammengesetzt, das 1937 zur Ausstellung freigegeben wurde. Es ist das größte und höchste Skelett, das je montiert wurde: 22,2 m lang und mit erhobenem Kopf 14 m hoch (Schulterhöhe: 6 m). Der Brachiosaurus wog vermutlich 30–40 t. Ein einzelnes Wadenbein, das im selben Museum aufbewahrt wird, legt die Vermutung nahe, daß es noch weit größere Brachiosaurier gab.

Gewichtsgrößen: Die größten bekannten *Sauropoden* haben offenbar um die 50–100 t gewogen. Dies bedeutet aber nicht notwendigerweise das Maximalgewicht von Landwirbeltieren. Theoretische Überlegungen lassen den Schluß zu, daß diese Dinosaurier das für ein Landtier höchstmögliche Gewicht von 120 t erreicht haben könnten. Wäre das Tier schwerer gewesen, hätte es, um die Körperlast zu tragen, so massiger Beine bedurft, daß es sich nicht mehr hätte bewegen können.

Titanosaurier: Mehrere Titanosaurier (Rieseneidechsen) wurden gleichfalls als gewaltig beschrieben, und der *Antarctosaurus giganteus* (Antarktische Eidechse) aus Argentinien und Indien war vermutlich etwa so lang und schwer wie die Brachiosaurier. Gewichtsschätzungen schwanken zwischen 40 und 80 t, wobei die niedrigere Zahl eher wahrscheinlich ist. Die Skelette der Titanosaurier sind durchweg nur sehr unvollständig erhalten. Oberschenkelknochen, die in Argentinien gefunden wurden, können sich aber sehen lassen: Sie sind 2,3 bis 2,4 m lang.

Der längste Dinosaurier, der Brachiosaurier *Breviparopus*, ist zwar nur durch eine versteinerte Fußspur bekannt, die aber läßt auf eine Länge von 48 m schließen. Er wäre damit das längste Wirbeltier aller Zeiten gewesen. Ein in New Mexico (USA) gefundener Diplodocus namens *Seismosaurus halli* wurde auf der Grundlage von Knochenvergleichen auf 39–52 m geschätzt.

Der längste, durch ein vollständiges Skelett dokumentierte Saurier ist der *Diplodocus carnegii* im Carnegie-Museum für Naturgeschichte in Pittsburgh, Pennsylvania (USA), dessen Überreste 1899 in Wyoming gefunden wurden. Er ist, einschließlich des extrem langen, peitschenähnlichen Schwanzes, 26,6 m lang und wog 5,8–18,5 t, wobei die Obergrenze das wahrscheinlichere Gewicht war. Das zusammengesetzte Skelett wurde als so spektakulär empfunden, daß andere Museen Abgüsse anforderten, die in London, La Plata, Washington, Frankfurt am Main und Paris zu sehen sind.

Der größte fleischfressende Dinosaurier war der *Tyrannosaurus rex*, der vor 70 Mio. Jahren über Teile der heutigen USA sowie die kanadischen Provinzen Alberta und Saskatchewan herrschte. Das größte und schwerste Exemplar wurde 1991 in South Dakota (USA) gefunden. Es war 5,9 m groß, hatte eine Gesamtlänge von 11,1 m und wog schätzungsweise 6–7,4 t. Das Skelett eines nur wenig kleineren Vertreters dieser zweifüßigen Monster ist im Amerikanischen Museum für Naturgeschichte in New York (USA) zu sehen.

Der größte prähistorische Elefant war das Steppenmammut mit einer Schulterhöhe von über 4 m. Ein Stoßzahn dieses Wollmammuts maß 5,02 m.

Der längste Fleischfresser unter den Sauriern war der in Masonville, Colorado (USA), gefundene Allosaurier *Epanterias amplexus*, der 15,24 m m lang war und über 4 t wog, dessen Skelett aber nur unvollständig vorliegt. Ähnlich lang wurde der *Spinosaurus aegyptiacus* aus Ägypten und dem Niger.

Der am höchsten gewachsene Fleischfresser war mit 6,1 m der 14 m lange *Dynamosaurus imperiosus* aus der chinesischen Provinz Shadong. Aber dieser Tyrannosaurier war nicht so schwer gebaut wie seine nordamerikanischen Verwandten.

Die kleinsten Dinosaurier waren, soweit bekannt, der einem Huhn ähnelnde *Compsognathus*, der in Süddeutschland und Südostfrankreich vorkam, und ein nicht näher definierter pflanzenfressender *Fabrosaurier*, der in Colorado (USA) heimisch war. Beide Tiere maßen vom Maul bis Schwanzende 75 cm und waren etwa 6,8 kg schwer.

Den längsten Hals hatte der Sauropod *Mamenchisaurus*, der im Spätjura in Sichuan (China) vorkam. Mit 11 m war sein Hals ungefähr halb so lang wie ein Dinosaurier. Einen größeren Hals als der *Mamenchisaurus* hatte und hat kein Tier.

Schnellste Dinosaurier: Auf die Geschwindigkeit von Vorzeittieren kann man nach erhaltenen Spurenabdrücken von Wildwechseln schließen. Eine solche Fährte, die 1981 in Texas entdeckt wurde, deutet auf einen Raubtier-

Dinosaurier hin, der bis zu 40 km/h schnell war. Einige der *Ornithomimiden* (Straußen-Dinosaurier) waren sogar noch schneller, und der 100 kg schwere *Dromiceiomimus*, der in der frühen Kreidezeit, vor etwa 140 Mio. Jahren, im südlichen Alberta (Kanada) heimisch war, konnte möglicherweise den Strauß überholen, der eine Spitzengeschwindigkeit von 65 km/h erreicht hat.

Größte Dinosaurier-Fußspuren: 1,36 m lang und 81 cm breit sind die Abdrücke eines riesigen zweifüßigen *Hadrosaurus*, die 1932 in Salt Lake City (USA) entdeckt wurden. Weitere Berichte aus den amerikanischen Bundesstaaten Colorado und Utah sprechen von 95 bis 100 cm breiten Fußspuren. Abdrücke von Hinterfüßen der größten *Brachiosaurier* sind gleichfalls bis zu 100 cm breit, und der koreanische *Ultrasaurus tabriensis* hat 1,15 m große Spuren hinterlassen.

Die größten Dinosaurier-Eier legte – soweit heute bekannt – der *Hypselosaurus priscus*, ein *Titanosaurus*, der 12,19 m lang werden konnte und vor ca. 80 Mio. Jahren lebte. Einige im Oktober 1961 im Durancetal (Frankreich) ausgegrabene Exemplare hätten in unbeschädigtem Zustand eine Länge von 25,5 cm und ein Volumen von 3,3 l gehabt.

Die längsten Krallen aller bekannten Tiere hatten die Therizinosaurier (Sensen-Eidechsen), die in der späten Kreidezeit im südmongolischen Nemegt-Becken lebten. Beim *Therizinosaurus cheloniformis* waren sie – an der Außenbiegung gemessen – 91,4 cm lang (der *Thyrannosaurus rex*, das größte Landraubtier aller Zeiten, hatte nur 20,3 cm lange Krallen). Früher vermutete man, daß die sichelförmigen Krallen dem Therizinosaurus dazu dienten, große Beutetiere zu packen und fortzutragen. Allerdings hatte dieses Geschöpf einen schwachen Schädel und nur wenig oder gar keine Zähne – möglicherweise ernährte es sich von Termiten.

Den größten Schädel unter den Landtieren hatte der *Torosaurus* (Halsband-Eidechse), ein Pflanzenfresser mit einer langen Halskrause. Er wurde alles in allem ca. 7,6 m lang und wog bis zu 8 t. Sein Schädel war bis zu 3 m lang (einschließlich Krause) und bis zu 2 t schwer. Der *Torosaurus* streifte in Montana und Texas (USA) umher.

Der älteste Vorzeitvogel ist aus zwei fragmentarischen Skeletten bekannt, die in Texas (USA) in 220 Mio. Jahre altem Gestein gefunden wurden. Der fasanengroße Vogel, der 1991 den Namen *Protoavis texensis* erhielt, löste einigen Wirbel aus, da er 45 Mio. Jahre älter war als der vorher als frühester Vogel geltende *Archaeopteryx lithographica* aus Deutschland.

Der größte Vogel der Vorzeit war der *Dromornis stirtoni*, ein riesiger emuartiger Vogel, der vor ca. 11 Mio. Jahren in Zentralaustralien lebte. 1974 bei Alice Springs gefundene versteinerte Beinknochen lassen vermuten, daß der Vogel eine Größe von ca. 3 m und ein Gewicht von mindestens 500 kg gehabt haben muß.

Der Riesen-Moa *Dinornis maximus* aus Neuseeland könnte sogar noch größer gewesen sein und 3,6 m erreicht haben, obwohl die meisten Experten nur eine maximale Größe von 2,5 m annehmen. Sein Gewicht betrug rund 227 kg.

Der größte flugfähige Vogel war der riesige Teratornis *(Argentavis magnificens)*, der vor rund 6 Mio. Jahren in Argentinien lebte. Fossilien, die 1979 160 km westlich von Buenos Aires (Argentinien) gefunden wurden, lassen vermuten, daß der Vogel eine Flügelspannweite von über 6 m hatte, die möglicherweise sogar bis 7,6 m erreichte, und 100 bis 120 kg wog.

Das größte fliegende prähistorische Lebewesen war der Pterosaurier *Quetzalcoatlus northropi* (Gefiederte Schlange), der vor rund 70 Mio. Jahren über dem heutigen Texas und Alberta (Kanada) dahinglitt. Skeletteile, die 1971 im Nationalpark von Westtexas entdeckt wurden, lassen den Schluß zu, daß dieses Reptil eine Spannweite von 11 bis 12 m gehabt haben muß und etwa 86 kg gewogen hat.

Das gewichtigste Landraubtier könnte ein Alligator gewesen sein, von dem am Ufer des Amazonas in 8 Mio. Jahre altem Gestein ein 1,5 m langes Skelettstück, einschließlich 10 cm langer Zähne, gefunden wurde. Aus diesen Überresten läßt sich auf eine Länge von 12 m und ein Gewicht von rund 12 t schließen, womit das Riesenreptil selbst den furchterregenden *Tyrannosaurus rex* übertroffen hätte. Aber der Fund muß erst noch im einzelnen untersucht werden.

Das längste Reptil der Vorzeit war vermutlich der *Deinosuchus riograndensis*, das vor ca. 75 Mio. Jahren in den Seen und Sümpfen des heutigen Texas (USA) lebte. Die im Big Bend National Park entdeckten fragmentarischen Überbleibsel lassen vermuten, daß es ungefähr 16 m lang war.

Die größte Schildkröte war die wahrscheinlich im Meer lebende pelomeduside *Stupendemys geographicus*, die vor 5 Mio. Jahren existierte. Die von einer paläontologischen Expedition der Universität Harvard 1972 in Venezuela entdeckten Fossilien lassen vermuten, daß diese Schildkröte einen 2,18–2,3 m langen Panzer hatte und eine Gesamtlänge von 3 m erreichte – bei einem Gewicht von 2041 kg.

Die größte Landschildkröte der Vorzeit war wahrscheinlich die *Geochelone (Colossochelys) atlas*, die vor 2 Mio. Jahren im heutigen Indien, in Myanmar (früher Birma), auf Java, Celebes und Timor lebte. 1923 wurden in Indien Fossilienreste eines Exemplars gefunden, dessen Panzer 1,8 m lang war (2,23 m über die Biegung gemessen). Die Gesamtlänge dieses Tieres betrug 2,44 m. Es hatte demnach ein Lebendgewicht von 852 kg.

Die längste Schlange der Vorzeit war die pythonartige *Gigantophis garstini*, die vor ca. 38 Mio. Jahren im heutigen Ägypten lebte. Teile einer Wirbelsäule und ein Stückchen von einem Kiefer, die man in El Fajyum fand, deuten auf eine Länge von 11 m hin. Einer anderen versteinerten Riesenschlange, die im Mitteleozän im heutigen Mali vorkam, wurde früher eine Länge von 23 m zugeschrieben. Das aber war zu hoch gegriffen. Tatsächlich war die Schlange nur etwa 9 m lang.

Das größte Meeresreptil in der bekannten Naturgeschichte war der *Kronosaurus queenslandicus*, ein kurznackiger Pliosaurier, der in der frühen Kreidezeit (vor 135 Mio. Jahren) in Australien gelebt hat. Er hatte einen 3,04 m langen Schädel mit 80 massiven Zähnen und war etwa 15,2 m lang.

Das größte Amphibium aller Zeiten war das Lurchtier *Prionosuchus plummeri*, das vor ungefähr 270 Mio. Jahren gelebt hat. Fragmentarische Überreste sind 1972 in Nordbrasilien entdeckt worden, wie 1991 berichtet wurde. Das Urzeit-Tier war schätzungsweise 9 m lang. Grundlage der Schätzungen ist ein 1,6 m langer Schädel.

Der größte Fisch der Vorzeit wäre auch in heutiger Zeit nicht aus dem Rahmen gefallen. Nach neueren Schätzungen war der Großhai *(Carcharodon megalodon)*, der sich vor ungefähr 15 Mio. Jahren in den Miozän-Meeren tummelte, nicht länger als 13,1 m, also weit kleiner als die 24 m, die früher auf der Grundlage von Bruchstücken versteinerter Zähne angenommen wurden.

Das größte Insekt der Vorzeit war die Libelle *Meganeura monyi*, die vor ungefähr 300 Mio. Jahren lebte. Fossile Überreste, zum Beispiel Flügelteile, wurden in Commentry (Frankreich) ausgegraben. Legt man diese Funde zugrunde, hatte die Libelle eine Flügelspannweite von 70 cm.

Das größte Landsäugetier war *Paraceratherium (Baluchitherium)*, ein dem Rhinozeros ähnliches Tier mit langem Hals, aber ohne Horn, das vor ungefähr 35 Mio. Jahren durch Westasien streifte und auch in Jugoslawien heimisch war. Ein rekonstruiertes Exemplar im Amerikanischen Museum für Naturgeschichte in New York ist bis zum Schulterhöcker 5,41 m hoch und 11,27 m lang; zu Lebzeiten muß es etwa 20 t gewogen haben. Knochen dieses gigantischen Weidetieres sind erstmals 1907/08 in den Bugti-Bergen von Belutschistan (Pakistan) entdeckt worden.

Das größte, im Wasser lebende Säugetier der Vorzeit war der *Basilosaurus (Zeuglodon) cetoides*, der vor 50 Mio. Jahren lebte. Ein aus Alabama (USA) stammendes Exemplar maß 21,33 m und wog vermutlich 27 t.

Der größte ausgestorbene Elefant war das Steppenmammut *Parelephas (Mammuthus) trogontherii*, das vor 1 Mio. Jahren im heutigen Zentraleuropa umherstampfte. Ein bei Mosbach (Baden-Württemberg) gefundenes fragmentarisches Skelett deutet auf eine Schulterhöhe von 4,5 m hin.

Das größte Herrentier der Vorzeit war *Gigantopithecus*, ein Affe, der vor ungefähr 7 Mio. Jahren in Asien gelebt hat. Die einzigen Überreste, die von ihm bisher gefunden wurden, sind Bruchstücke von 3 Unterkiefern und über 1000 Zähne. Deshalb sind Schätzungen, männliche Exemplare des prähistorischen Affen seien ca. 2,74 m groß und 272 kg schwer gewesen, mit gebotener Vorsicht aufzunehmen. Denn *Gigantopithecus* könnte ja im Vergleich zu seinem Körper einen unverhältnismäßig großen Kopf und damit auch übergroße Kiefer und Zähne gehabt haben.

Die älteste Vogelversteinerung zeugt von einem reptilienähnlichen Flugtier namens *Archaeopteryx lithographica*. Das Fossil wurde in Bayern in den oberen Juraschichten gefunden. Der *Archaeopteryx*, der mit Zähnen ausgestattet war, lebte also vor rund 175 Mio. Jahren. ■

DIE PFLANZEN-WELT

Die große und kleine Herkules-Säule sind beliebte Kletterfelsen des Elbsandsteingebirges in der Sächsischen Schweiz – einem der Nationalparks der neuen Bundesländer

SUPERLATIVE DER PFLANZENWELT

Die älteste Pflanze ist der Klon (»Königsklon«) einer Kreosotpflanze *(Larrea tridentata)*, der in Südwest-Kalifornien entdeckt wurde. Prof. Frank C. Vasek schätzte 1980 das Alter des Klons auf 11 700 Jahre. Krustenflechten, die im Extremfall einen Durchmesser bis zu 500 mm haben können, sind möglicherweise genauso alt.

Antarktische Flechten, die einen Durchmesser von mehr als 10 cm haben, sind wahrscheinlich über 10 000 Jahre alt. Davon jedenfalls gingen Schätzungen im Jahr 1981 aus.

Eine 120 Mio. Jahre alte, nur 2,5 cm hohe Versteinerung haben die amerikanischen Wissenschaftler Leo Hickey und David Taylor als älteste bisher bekannte Blume identifiziert. Das vor zehn Jahren im Südosten Australiens in Koonwarra gefundene Fossil gibt Hinweise darauf, daß die Blütenpflanzen der Erde bescheidenere Ursprünge hatten als bisher allgemein von der Wissenschaft angenommen.

Bislang war vermutet worden, daß die Urahnen unserer heutigen Blütenpflanzen magnolienartige Büsche oder baumartige Gewächse mit äußerst prächtigen Blüten waren. Die Blüten dieses Fossils sind jedoch nur 25 mm groß und zusammen mit winzigen Beeren an einem kleinen Zweig aufgereiht. Nach Ansicht der Forscher gehörte dazu eine 15–30 cm hohe Pflanze, die dem heutigen Schwarzen Pfeffer geähnelt haben muß. Hickey und Taylor waren 1988 auf ein Bild dieser australischen Versteinerung gestoßen. Mittels hochauflösender Bilder bestimmten sie das Fossil als Teil eines Angiospermas, eines Bedecktsamers.

Das größte Lebewesen – ein Pilz

Der größte lebende Organismus ist das Fadennetz eines Pilzes der Art *Armillaria bulbosa*, dessen Entdeckung Wissenschaftler der Universität von Toronto (Kanada) und der Technischen Universität von Michigan (USA) am 2. April 1992 bekanntgaben. Der in den Wäldern von Michigan gefundene Riesenpilz hat sich aus einer einzigen Spore entwickelt, die vor mindestens 1500 Jahren befruchtet wurde. Er bedeckt eine Fläche von mehr als 15 ha und hat ein geschätztes Gewicht von über 100 t, läßt sich also mit dem von Blauwalen *(Balaenoptera musculus)* vergleichen. Die Riesenmammutbäume *(Sequoiadendron giganteum)* erreichen zwar ein größeres Gewicht, bestehen aber zum Teil aus totem Holz.
Der Pilz versteckt sich fast vollständig im Boden. Das Schwergewicht ernährt sich von abgestorbenem Holz und Wurzeln und wächst dabei maximal 20 cm pro Jahr.
In der Wildnis des US-Staates Washington haben Wissenschaftler im Mai 1992 einen zweiten gigantischen Pilz entdeckt, der den Riesen von Michigan noch weit übertrifft – einen Killer-Pilz. Er wuchert auf einer Fläche von 600 ha. Und er ist bösartig. Er kann ganzen Wäldern den Tod bringen. Der Pilz *(Armillaria ostoyae)* ist 400–1000 Jahre alt.

Die älteste Topfpflanze der Welt und vielleicht auch die seltenste Pflanze ist das einzigartige Farngewächs *Encephalartos altensteinii*, das im Jahr 1775 aus Südafrika importiert wurde und heute in den Königlichen Botanischen Gärten von Kew, Surrey (GB), gedeiht.

Das schwerste lebende Wesen auf der Erde ist der größte bekannte Riesenmammutbaum *(Sequoiadendron giganteum)* namens »General Sherman« im Sequoia-Nationalpark in Kalifornien (USA). Er ist 83,8 m hoch und hatte 1989 in 1,4 m Höhe über dem Erdboden einen Umfang von 25,1 m.

Seltenste Pflanzen: Jedes Jahr entdeckt man Pflanzen, von denen man geglaubt hatte, sie wären ausgestorben, und von vielen Pflanzen sind überhaupt nur noch einzelne Exemplare bekannt. Das letzte erhaltene Exemplar der Farnpflanze *Encephalartos woodii* gedeiht in den Königlichen Botanischen Gärten von Kew, Surrey (GB). Das einer Palme ähnliche tropische Gewächs gehört zu einer Gattung, die vor 65–225 Mio. Jahren verbreitet war. Möglicherweise ist dieses lebende Fossil, ein weibliches Exemplar, eine Hybride der Farnpflanze *Encephalartos altensteinii*, die gleichfalls in Kew wächst (s.a. »Älteste Topfpflanze«).

Der seltenste Baum ist die auf den Maskarenen im Indischen Ozean heimische Palme der Gattung *Hyophorbe*, von der es nur fünf Arten gibt, die allesamt als gefährdet gelten, insbesondere die Mauritius-Palme *(Hyophorbe amaricaulis)*, von der nur noch ein einziges Exemplar im botanischen Garten Curepipe auf Mauritius existiert. Versuche, neue Pflanzen dieser Art zu ziehen, sind bisher stets fehlgeschlagen, und so steht sie vor dem sicheren Aussterben.

Die größte blühende Pflanze ist eine riesige chinesische Glyzinie in Sierra Madre, Kalifornien (USA). Sie wurde 1892 gepflanzt und hat jetzt 152 m lange Zweige. Sie bedeckt fast 0,4 ha, wiegt 228 t und hat während ihrer fünf Wochen andauernden Blütezeit schätzungsweise 1,5 Mio. Blüten. Ca. 30 000 zahlende Besucher bewundern in dieser Zeit die Blütenpracht.

Die kleinste blühende Pflanze ist das schwimmende Wasserlinsengewächs *Wolffia angusta* Australiens, das 1980 beschrieben wurde. Es ist nur 0,6 mm lang und 0,33 mm breit. Es wiegt ganze 0,00015 g. Die Samenkörner sind eine noch schwerer vorstellbare Winzigkeit: Sie wiegen jeweils 0,00007 g.

Die kleinste regelmäßig in Deutschland blühende Pflanze gehört der Primelfamilie an und heißt *Centunculus minimus*. Ein einzelner Samen wiegt 0,00003 g.

Die größte fleischfressende Pflanze: Fast 2 m hoch wird die erst 1987 entdeckte größte fleischfressende Pflanze *Heliamphora tatei*. Abgeschlossen von der übrigen Welt, wächst sie im Urwald Venezuelas auf dem Marahuaca Tepui. Hier wurde zugleich auch die größte Ansammlung fleischfressender Pflanzen überhaupt entdeckt. Sie ernähren sich allerdings nur von kleinen Insekten und Wirbellosen.

Nördlichste Pflanzen sind der gelbe Mohn *(Papaver radicatum)* und die arktische Weide *(Salix arctica)*. Beide überleben – letztere recht verstümmelt – auf nördlichstem Gebiet (83°N).

Südlichste Pflanzen sind Flechten, die der *Rhinodina frigida* ähnlich sind. Sie wurden im Moraine Cañon (86°09'S, 157°30'W) im Jahr 1971 und im Gebiet der Horlickberge (86°09'S, 131°14'W) im Jahr 1965 in der Antarktis entdeckt.

Die südlichsten blühenden Pflanzen sind das antarktische Haargras *(Deschampsia antarctica)* und die Nelkenart *Colobanthus crassifolius*. Das blühende Haargras wurde am 11. März 1981 auf der Insel Refuge (68°21'S) entdeckt, die Nelke hatte auf der Antarktisinsel Jenny in der Margaret Bay (67°15'S) in Blüte gestanden.

Die höchste Höhe, in der noch eine blühende Pflanze gefunden wurde, ist 6400 m. In dieser Höhe gibt es auf dem auf der Grenze von Tibet (China) und Indien gelegenen Kamet (7756 m) die 1955 von N. D. Jayal gefundenen *Ermania himalayensis* und *Ranunculus lobatus*.

Die größte Tiefe, in der eine Pflanze gedeiht, ist 269 m, wie Mark und Diane Littler im Oktober 1984 vor der Insel San Salvadore (Bahamas) feststellten. Die kastanienbraune Alge, die sie fanden, überlebt in dieser Tiefe, obwohl die Sonne dort bereits 99,9995 Prozent ihrer Kraft eingebüßt hat.

Die tiefsten Wurzeln gruben sich 120 m tief ins Erdreich. Es handelte sich um einen wilden Feigenbaum in Echo Caves bei Ohrigstad (Südafrika).
Eine Winterroggenpflanze *(Secale cereale)* hat einmal 622,8 km Wurzeln in 0,051 m^3 Erde getrieben.

Das schnellste Wachstum unter den Pflanzen legen einige der 45 Arten der Bambusgräser an den Tag. Sie schießen pro Tag bis zu 91 cm in die Höhe, was einer Geschwindigkeit von 0,00003 km/h entspricht.

Schlimmste Unkräuter: Das hartnäckigste Unkraut ist die *Salvinia auriculata*, eine in Afrika vorkommende Art Wasserfarn. Man entdeckte es, als im Mai 1959 der Karibasee (Sambia) gefüllt wurde. Bis zum Jahr 1963 hatte es bereits 1002 km^2 überwuchert.
Die schlimmsten Unkrautarten sind u. a. Bermudagras, gewisse Schilfarten, die Reisquecke, das kletternde Labkraut, Johnsongras, Guineagras, Cogongras und die Lantane.

Die am weitesten verbreiteten wilden Getreide sind die Haferarten *Avena fatua* und *Avena ludoviciana*. Samen dieser Arten können 15 Min. lang Temperaturen bis 115,6 °C aushalten.

Die größte Ausbreitung durch *klonare* (vegetative) Vermehrung erreicht eine Heidelbeerenart *(Gaylussacia brachyera)*. Von diesem immergrünen, strauchförmigen Gewächs, das sich wie ein Teppich ausbreitet, wurde 1796 zum ersten Mal berichtet. Eine mehr als 100 Morgen große Heidelbeerkolonie wurde am 18. Juli 1920 in der Nähe des Flusses Juniata in Pennsylvania (USA) entdeckt. Die Keimzelle zu dieser Kolonie war schätzungsweise 13 000 Jahre zuvor gelegt worden.

Die größte Schusterpalme *(Aspidistra)* der Welt gehört Cliff Evans aus Kiora, Moruya (Australien). Im April 1983 maß sie 142 cm.

Der größte Baumschwamm war ein 142 × 94 cm großer *Oxyporus (Fomes) nobilissimus*, der mindestens 136 kg wog und 1946 von J.

Das ungestüme Wachstum des Wasserfarns in künstlichen Seen ist das Beispiel des wohl schlimmsten Unkrauts: In nur 13 Monaten überwucherte es 518 km² der Karibasee in Sambia.

Hisey im Staat Washington (USA) gefunden wurde.

Der größte Kaktus der Welt ist der Saguaro (*Cereus giganteus* oder *Carnegiea gigantea*), der in Arizona und Kalifornien (USA) sowie in Mexiko vorkommt. Die grüne, kannelierte Stammsäule trägt kronleuchterartige Zweige, die bei einem Exemplar, das am 17. Januar 1988 in den Maricopa-Bergen in der Nähe von Gila Bend, Arizona (USA), gefunden wurde, 17,67 m in den Himmel ragen.
24 m hoch war nach Angaben des Amerikaners Hube Yates im April 1978 ein astloser Kaktus in Cave Creek (Arizona). Im Juli 1986 wurde der schätzungsweise 150 Jahre alte Kaktus von einem Sturm umgerissen.

Der größte Weinstock wurde 1842 in Kalifornien (USA) gepflanzt. Vor 1900 gab es Jahre, in denen er 9000 kg Trauben trug. Der normale Jahresdurchschnitt lag bei 7000 kg. 1920 ging er ein. Eine einzige Weintraube (kernlose Rote Thomson), die im Mai 1984 in Santiago (Chile) gepflückt wurde, wog 9,4 kg – auch dies ein Rekord. 2300,16 kg Trauben erntete 1990 Leslie Stringer aus Dartford, Kent (GB), von einem Rebstock, der 1979 gepflanzt worden ist. Der »Dartforder Wunderwein« ging aus dem Reis eines Stocks hervor, der 1962 in Banstead, Surrey (GB), gesetzt worden war.

Das größte Weinanbaugebiet erstreckt sich in Frankreich zwischen der Rhône und den Pyrenäen in den Departements Hérault, Gard, Aude und Pyrénées Orientales. Es hat eine Größe von 840 000 ha, wovon 52,3 Prozent nur für den Weinanbau genutzt werden.

Nördlichster Weinberg: In Sabile (Lettland) gibt es nördlich von 57°N noch einen Weinberg.

Das nördlichste Weinanbaugebiet Europas liegt zwischen Unstrut und Saale mit den Zentren Freyburg und Bad Kösen (Sachsen-Anhalt) südwestlich von Leipzig. Hier wird neben Weinen auch der Rotkäppchen Sekt produziert. Der Weinbau Radebeul bei Dresden (Sachsen) hat eine Anbaufläche von 88 ha.

Der nördlichste Weinberg Deutschlands ist ein Pfarrgarten auf der nordfriesischen Insel Sylt. Der Weinbau erfolgt zum Eigenbedarf.

Der südlichste kommerziell genutzte Weinberg befindet sich in Zentral-Otago, South Island (Neuseeland). Die Rebstöcke liegen südlich von 45° S. Das Weingut Renton Burgess, südlich von Alexandra, South Island, ist auf 44°36' S zu finden.

Der südlichste Weinberg Deutschlands liegt bei Lindau (47° 33') am Bodensee (Bayern).

UNO-Weingarten: Auf 2000jährigem historischem Grinzinger Rebengrund haben bis Mai 1992 bereits 6655 Rebstöcke Besitzer im In- und Ausland aus 42 Nationen gefunden. 1979 wurde die Grinzinger Weinstock-Aktion ins Leben gerufen, um den Wiener Weinort Grinzing vor der Bebauung zu retten und »Grün statt Beton« der Nachwelt zu erhalten.

Längste Algen: Immer wieder hört man, daß in Feuerland Algenarten existieren sollen, die

Längen zwischen 180 und 300 m erreichen. Doch liegen exakte Messungen nicht vor. Wissenschaftlich registriert wurden Längen von 60 m beim Riesenblatt-Tang *(Macrocystis pyrifera)*, der im Pazifik vorkommt. Er wächst bis zu 45 cm am Tag.

Die Alge, die in der größten Tiefe gedeiht, ist eine kastanienbraune Art. Mark und Diane Littler aus den USA haben sie im Oktober 1984 vor San Salvadore (Bahamas) noch 269 m unter dem Meeresspiegel entdeckt. Obwohl das Sonnenlicht in einer derartigen Tiefe 99,9995 Prozent seiner Kraft eingebüßt hat, kann die Alge überleben.

Die höchste Hecke der Welt ist die Meikleour-Rotbuchenhecke im schottischen Perthshire, die im Jahr 1746 von Jean Mercer und ihrem Ehemann Robert Murray Nairne gepflanzt worden war. In gestutztem Zustand ist die 550 m lange und kegelförmig gestaltete Hecke zwischen 24,4 und 36,6 m hoch. Geschnitten wird sie ungefähr alle zehn Jahre. Zuletzt war dies 1988 der Fall – eine Arbeit, die sechs Wochen in Anspruch nahm.

Das kleinste aller Moose ist das Schwindmoos *(Ephemerum)* und das längste das Quellmoos *(Fontinalis)*, das in fließendem Wasser 91 cm lange Sprosse entwickelt.

Der erste deutsche Pflanzen-TÜV soll in Hamm entstehen. Bundesdeutsche Pflanzenzuchtbetriebe wollen zusammen mit dem Max-Planck-Institut für Züchtungsforschung das biotechnische Forschungslabor gründen, in dem importierte Jungpflanzen unter Quarantäne gestellt und auf Krankheitserreger wie Viren, Bakterien und Pilze untersucht werden, bevor sie in die Zucht und den Handel gelangen.

BÄUME UND HOLZ

Der schwerste lebende Baum ist der kalifornische Riesenmammutbaum *(Sequoiadendron giganteum)* namens »General Sherman« (s. a. Superlative). Aus »General Sherman«, so wurde errechnet, könnte man 600 120 Holzleisten gewinnen, genug, um 5 Mrd. Streichhölzer herzustellen. Das Blattwerk ist blaugrün, die rotbraune Rinde bis zu 61 cm dick. Inklusive seines Wurzelsystems wiegt der Riesenmammutbaum nach Schätzungen 2500 t. Sein Holz ist vergleichsweise leicht (288,3 kg pro m³). Der 2500–3000 Jahre alte Riesenmammutbaum wächst pro Jahr um fast einen Millimeter – um ein Volumen, das einem 15 m hohen Baum mit einem Durchmesser von 30 cm entspricht.

Der höchste Baum war, wenn die überlieferte Zahl zutrifft, ein australischer Eukalyptus *(Eucalyptus regnans)* am Mt. Baw Baw in Victoria (Australien), der 1885 143 m hoch gewesen sein soll. Nach den Forschungsergebnissen von Dr. A. C. Carder war der höchste, jemals vermessene Baum ein anderer australischer Eukalyptus, der, ebenfalls in Victoria, am Watts River wuchs und nach Angabe des Försters William Ferguson 1872 132,58 m hoch war. Ursprünglich maß er höchstwahrscheinlich sogar 152,4 m.

Der höchste lebende Baum der Welt ist der Eibennadlige Mammutbaum *(Sequoia sempervirens)* der National Geographic Society im Redwood-Nationalpark im Humboldt Country, Kalifornien (USA). Seine Höhe wurde, laut Ron Hildebrant aus Kalifornien, im Oktober 1991 nach Berichtigung früherer Fehlberechnungen mit 111,25 m ermittelt.

Der größte nicht zu den Nadelhölzern zählende Baum ist der australische Eukalyptus *(Eucalyptus regnans)*, der über 96 m hoch werden kann. Der größte ist derzeit ein im Styx-Tal in Tasmanien (Australien) stehender Baum von 95 m Höhe.

Der höchste Mammutbaum Europas steht im Staatspark »Fürstenlager« des Kurorts Bensheim-Auerbach an der Bergstraße (Hessen). Seine Maße nehmen sich allerdings gegen das amerikanische Exemplar bescheiden aus: Höhe 53 m, Stammumfang in 1 m Höhe: nur 5,63 m.
57 m hoch ist die höchste Douglasie *(Pseudotsuga taxofolia)* im Forstrevier Kiekindemark bei Parchim (Mecklenburg). Sie wurde im Jahr 1894 gepflanzt.
53 m Höhe und einen Stammumfang von knapp 5 m hat eine etwa 250 Jahre alte Fichte. Sie steht im Waldschutzgebiet Hinterhermsdorf in der Sächsischen Schweiz.

Der höchste Baum Österreichs war eine Weißtanne im Urwaldgebiet »Rothwald« (Niederösterreich). Sie war rund 500 Jahre alt und hatte eine Höhe von 54 m erreicht. Ihr Festmetergehalt: ca. 32. Durch Immissionen ist sie abgestorben.

Der höchste Baum der Schweiz war eine Tanne von Dürsrüti bei Langnau (Kanton Bern) mit einer Höhe von 57,35 m. Ein Teil des Stammes ist im Heimatmuseum Langnau im Emmental ausgestellt. Die vom Blitz geschädigte 350jährige Tanne mußte im Winter 1975/76 gefällt werden.

Der Samen eines Riesenmammutbaums wiegt 4,7 mg. Das bedeutet, daß sich sein Gewicht um mehr als das 1 300 000 Millionenfache vergrößert, bis der Baum ausgewachsen ist.

Die flächenmäßig größte Baumkrone hat der vor 1787 angepflanzte große Banyan *(Ficus bengalensis)* im Botanischen Garten von Kalkutta (Indien), der mit seinen 1775 Stützwurzeln und einem Umfang von 412 m eine Fläche von gut 1,2 ha überdacht. Ein 550 Jahre alter Banyan namens *Thimmamma Marrimanu* in Gutibayalu, einem Dorf in der Nähe von Kadiri Taluk, Andhra Pradesh (Indien), soll, wie berichtet wird, sogar über 2,1 ha abdecken

Die Ulme – Baum des Jahres 1992

Wenig Hoffnung für den Baum des Jahres 1992. Der Ulme *(Ulmus)*, deren forstlicher Anbau seit 1918 wegen des sich von Holland über Europa ausbreitenden Ulmensterbens weitgehend eingestellt wurde, geht es so schlecht wie nie. Alle drei in Mitteleuropa vorhandenen Arten, die Berg,- Feld- und Flatterulme sind schwer geschädigt oder bereits abgestorben. Die Ulmensplintkäfer übertragen den Erreger der Baumkrankheit, einen Pilz, der seit 1970 in einer überaus aggressiven Variante in Europa aufgetaucht ist und die Leitungswasserbahnen des Baumes verstopft.
Das von verschiedenen Umweltverbänden getragene Kuratorium Baum des Jahres hatte die Ulme zur Nummer eins im Oktober 1991 erklärt und Lehrer, Förster und Waldbesitzer dazu aufgefordert, über diese Baumart zu informieren. Die Ulme kann bis zu 400 Jahre alt werden. Sie steht nur vereinzelt im Wald und in Parks. Typisch für den bis zu über 30 m hohen Laubbaum sind seine ungleichhälftigen Blätter: Am Stiel ist die eine Blatthälfte länger als die andere. Im alten Griechenland galt der Baum als Symbol des Todes. Es bleibt das Prinzip Hoffnung: Die Bäume zu verjüngen und neu anzupflanzen.

Den größten Stammumfang hatte eine (zwecks buschigeren Wuchses gestutzte) Edelkastanie *(Castanea sativa)* auf dem Ätna in Sizilien (Italien), die unter dem Namen »Kastanie der 100 Pferde« *(Castagno di Cento Cavalli)* bekannt war. Ihr Umfang wurde 1770 und 1780 mit 57,9 m angegeben. Der Baum wächst heute in drei weit voneinander entfernten Teilen.

El Arbo del Tule ist eine 41 m hohe Montezumazypresse *(Taxodium mucronatum)*, deren Stamm 1982 in einer Höhe von 1,52 m über dem Erdboden einen Umfang von 35,8 m hatte. Die dicksten Stämme werden im allgemeinen jedoch den afrikanischen Affenbrotbäumen *(Adansonia digitata)* nachgesagt, von denen bereits Stämme mit einem Umfang von bis zu 54,5 m vermessen wurden.
12 m mißt der Stammumfang der Kirchenlinde bei Elbrinxen in der Nähe von Bad Pyrmont (Niedersachsen). Sie ist fast 2000 Jahre alt, und ihre ausladende Krone erreicht einen Durchmesser von 23 m.
Eine 1000jährige Linde in Ernegg (Niederösterreich) hat mit 10,4 m den größten Stammumfang. Ihre Krone mißt ca. 22 m.

Der älteste Baum war eine Bristleconekiefer *(Pinus longaeva)* mit der Bezeichnung WPN-114, die in 3275 m Höhe am Nordosthang des Mt. Wheeler in Nevada (USA) wuchs und 5100 Jahre alt war, als sie gefällt wurde. Dendrochronologen schätzen die potentielle Lebensspanne von Bristleconekiefern auf annähernd 5500 Jahre und diejenige von Riesenmammutbäumen *(Sequoiadendron giganteum)* auf vielleicht 6000 Jahre. Eine einzelne Zelle lebt nicht länger als 30 Jahre.
Im Allgäu (Bayern), am Wegesrand zur Wilhelminen-Alpe, steht eine knorrige, graugrüne Eibe. Sie ist der älteste Baum in Deutschland, über 2000 Jahre alt, möglicherweise sogar 4000 Jahre. Jeder ihrer beiden Stämme ist 2,9 m dick.
Eine rund 2000 Jahre alte Eiche ist das Wahr-

Einen Durchmesser bis zu 10 m erreichen die kalifornischen Riesen-Mammutbäume. Bis zu 100 m hoch werden diese Nadelhölzer im Yosemite-Nationalpark.

zeichen der Gemeinde Nöbdenitz, Schmölln (Sachsen). Der über 30 m hohe Baum hat einen Durchmesser von etwa 3 m, sein Stamm wird von Ketten zusammengehalten.
Auf mehr als 1500 Jahre wird die »Feme-Eiche« geschätzt, die in der Gemeinde Raesfeld-Erle, Kreis Borken (Westfalen), steht. Diese Gerichtseiche ist 15 m hoch und hat einen Umfang von 14 m.
1200 Jahre soll die Tassilo-Linde alt sein, die beim Kloster Wessobrunn (Bayern) steht und nach dem Klostergründer benannt ist. 1980 wurde sie zum Naturdenkmal erklärt. Wer sie beschädigt, muß mit Strafen bis zu 50 000 DM rechnen. Zur Erhaltung der aus sieben Einzelstämmen bestehenden Linde wurden 10 000 DM bereitgestellt.
Ein einmaliges Naturdenkmal in Europa sind die Ivenacker Eichen bei Stavenhagen, Malchin (Mecklenburg). Die sechs Stieleichen *(Quercus robur)* haben ein Alter von 1000 bis 1200 Jahren. Die größte dieser Methusalem-Eichen hat eine Höhe von 35,5 m und einen Kronendurchmesser von 29 m. Der Stammumfang beträgt rund 11 m bei einem Durchmesser von 3,48 m in 1,3 m Höhe.
6000 Jahre alt ist der 12 m hohe, 37 t schwere versteinerte Stamm einer Mooreiche, der im Donauried beim Autobahnbau gefunden wurde und 1980 vor einer Möbelfabrik in Aich (Bayern) aufgestellt wurde.
Der älteste Baum der Schweiz ist eine 1100jährige Zirbelkiefer im Aletschwald im Kanton Wallis.

Das größte geschlossene Baumschulgebiet befindet sich im Kreis Pinneberg (Schleswig-Holstein). 512 Betriebe bewirtschaften hier eine Produktionsfläche von 3528 ha. Der Schwerpunkt der Produktion liegt bei laubabwerfenden Ziersträuchern und Heckenpflanzen (30 Mio.) und Forstgehölzen (625 Mio.).

Die früheste noch existierende Baumart ist der Gingkobaum (*Gingko biloba)* aus der chinesischen Provinz Zhejiang, den es schon im Jura vor rund 160 Mio Jahren gab. Er wurde 1690 von dem Holländer Engelbert Kaempfer »entdeckt« und um 1754 in England eingeführt. In Japan, wo er als *ginkyo* (Silberaprikose) bekannt war und heute *icho* genannt wird, wurde er seit etwa 1100 angepflanzt.

Das schnellste Wachstum hatte mit 10,74 m in 13 Monaten ein am 17. Juni 1974 in Sabah (Malaysia) gepflanzter *Albizzia falcato.* Bambus scheidet als Rekordkandidat aus, da er botanisch kein Baum, sondern verholztes Gras ist (s. S. 137).

Das langsamste Wachstum hat, wenn man die Bonsais, die seit dem 14. Jh. in Asien gezüchteten Miniaturbäume, ausscheidet, der *Dioon edule* aus der Gattung der Zykasgewächse *(Cycadaceae).* Dr. Charles M. Peters hat zwischen 1981 und 1986 in Mexico ein durchschnittliches jährliches Wachstum von 0,76 mm beobachtet. Ein 120 Jahre altes Exemplar war nur 9,9 cm hoch.

Das Züchten von Miniaturbäumchen oder Bonsais geht auf einen asiatischen Kult zurück, der schon um 1320 erwähnt wird. Bonsai-Bäume sind lebende Pflanzen, nur ca. 50mal kleiner als das Original.

Den ältesten bekannten Bonsai-Wacholderbaum »Moltsanysybons« pflegt der Bonsaizüchter Klaus Kerstan auf Ibiza (Balearen). Nach einer Studie der Universität Hamburg ist der *Juniperus thurifera* wenigstens 1000, wahrscheinlich um 1100–1200 Jahre alt.

Erstes »Bonsai-Museum« Europas: Miniaturbäume aus der ganzen Welt bietet im Heidelberger Vorort Wieblingen (Baden-Württemberg) das erste Bonsai-Museum seit dem 10. Mai 1985. Auf einer 350 m^2 großen Ausstellungsfläche werden mehr als 100 ausgewählte Prachtexemplare der Minibäume (Bonsais) aus Japan gezeigt. Star des Hauses ist ein 800jähriger kalifornischer Wacholder, Kostenpunkt 250 000 DM. Diese Sammlung will Liebhabern und vor allem Anfängern Impulse und Anregungen zum Verständnis der uralten asiatischen Kunst geben.

In den Kammlagen des Erzgebirges (Sachsen) sind vor allem die Fichtenbestände durch Schadstoffimmissionen vom Waldsterben betroffen.

Nach den Rodungsarbeiten im Regenwald bleiben nur noch Erosionsschäden und ein dem Regen und Wind ausgesetztes, entblößtes Land, das seiner natürlichen Schätze beraubt ist.

Veredelungsrekord: Gleich 75 Sorten trägt ein 29 Jahre alter Apfelbaum (Grundstamm Ontario) in Villach-Landskron, Kärnten (Österreich). Seit 1975 pflegt der Oberschulrat und Hobbygärtner Karl Schemitsch den 4 m hohen Wunderbaum mit seinen 6 m Kronenbreite.

Der einsamste Baum, der am weitesten von einem seiner Artgenossen entfernt steht, ist vermutlich eine Rotfichte *(Picea abies)* auf der zu Neuseeland gehörenden antarktischen Campbell-Insel. Der nächste Baum steht über 220 km entfernt auf den Auckland-Inseln (Neuseeland).

Der größte aufgeforstete Wald liegt im Norden Rußlands zwischen 55° N und dem Polarkreis. Der riesige Nadelwald, der zu 38 Prozent aus sibirischen Lärchen *(Larix sibirica)* besteht, erstreckt sich über eine Fläche von rund 1,1 Mrd. ha – ein Viertel der Waldfläche der Welt. Die frühere Sowjetunion war zu 34 Prozent aufgeforstet. Zum Vergleich: Das größte tropische Waldgebiet bedeckt im Amazonasbecken noch etwas mehr als 330 Mio. ha.

Die längste Allee der Welt wurde zwischen 1628 und 48 in Imaichi in der japanischen Präfektur Tochigi angelegt. Sie ist als Nikko-Cryptomeria-Allee bekannt und besteht aus drei zusammenlaufenden Straßenzügen, die insgesamt 35,41 km lang sind. Von den ursprünglich 200 000 japanischen Zedern *(Cryptomeria japonica)* haben bis heute 13 500 überlebt, die im Durchschnitt 27 m hoch sind.

BLÜTEN UND BLUMEN

Die größte Blüte hat die ziegelrotgefleckte Schmarotzerlilie *(Rafflesia arnoldii)*, die auf den Wurzeln einer wilden Weinrebe *(Cissus)* im Dschungel Südostasiens wächst. Die 1,9 cm dicken Blütenblätter können bis zu 7 kg wiegen, ihr Durchmesser kann bis zu 91 cm betragen. Die Lilie ist äußerst geruchsintensiv. In Südostasien heißt sie deshalb im Volksmund »stinkender Leichnam«. Blütenscheide und -kolben der weniger grünen und purpurfarbenen Sumatra-Blume *Amorphophallus titanicum* können eine Länge von mehr als 1,5 m erreichen. Waldvernichtung, landwirtschaftliche Entwicklung und Verwendung der Riesenblume für medizinische Zwecke und nicht zuletzt das Sammeln der seltenen Blüten durch Liebhaber führten zu einem Rückgang aller 15 Rafflesia-Arten. Selbst die Versuche in Sabah, Sarawak und Sumatra, die seltene Blume durch Zellkultur zu züchten, blieben wenig erfolgreich.

Den größten Blütenstand hat die *Puya raimondii*, eine seltene bolivianische Pflanze mit aufrechter Rispe (Durchmesser 2,4 m), die 10,7 m hoch wird. Jede davon trägt bis zu 8000 weiße Blüten.

In Berkeley, Kalifornien (USA), wurde 1974 **der höchste Blütenstand einer Agave** gemessen. Er war 15,8 m hoch.

Gefährdetste Pflanze

Rothschilds Pantoffel-Orchidee *(Paphiopedilum rothschildianum)* ist die gefährdetste Pflanze. Die aufsehenerregende Schönheit dieser Orchidee hat dazu beigetragen, daß sie auszusterben droht; denn Sammler und Händler lassen sich auch von Gesetzen nicht abhalten, sie in ihren Besitz zu bringen. Ein weiterer Gefahrenpunkt besteht darin, daß die bis zu 55 cm hohe Orchideenart nur unter äußerst begrenzten ökologischen Bedingungen gedeiht. Sie war nach ihrer Entdeckung im Jahr 1888 schon einmal totgesagt worden, ehe sie 1959 erneut entdeckt wurde. Eine Bekanntgabe der genauen Standorte käme einer Einladung zur Vernichtung gleich, weil ein einziger Händler oder Sammler eine ganze Kolonie eliminieren kann. 1982 wurden Samen gezogen, und nur mit Vermehrung und Auspflanzung an neuen und streng geheimen Orten kann Rothschilds Pantoffel-Orchidee für die freie Natur gerettet werden.

Minipflanzen züchtet der Puchheimer Elektroniker Bruno Gruber (*1941) in einem patentierten fingerhutgroßen Metallblumentopf. Blumen, Pflanzen und Sträucher bleiben darin winzig klein, entwickeln sich im übrigen aber normal. Grubers kleinste bisher gezüchtete Sonnenblume *(helianthos – tall Sungold)* ist 6 cm hoch.

Bonsai-Pflanzen im Klein(st)format – nicht nur für Hobbygärtner – züchtet der Fotokaufmann Michael Lenke (*1949) aus Hengersberg (Bayern). In Zürich stellte er im April 1985 den kleinsten Sonnenblumengarten mit 7 Miniatur-Sonnenblumen vor. Die kleinste kam auf 5,6 cm Höhe.

Die gelbe Miniblume wurde im Happy-Bonsai-System aufgezogen. Lenke hat es nach langjährigen Versuchen und Beobachtungen in der Natur unter Verwendung eines kleinen Tonbehälters mit einem Wurzelblockierungsspalt entwickelt. Mit dieser Beschränkung im Wurzelbereich können Mini-Pflanzen auf einfache, natürliche Weise kultiviert werden. Dieses Zuchtverfahren hat Lenke sich 1985 patentieren lassen.

Das schnellste Wachstum wurde im Juli 1978 aus Tresco Abbey auf den Scilly-Inseln (GB) gemeldet, wo eine *Hesperoyucca whipplei* aus der Familie der Liliengewächse (Liliaceae) in 14 Tagen 3,65 m gewachsen sein soll, rund 254 mm pro Tag.

Langsamstes Wachstum: Am längsten warten muß man auf die Blüte der höchst seltenen *Puya raimondii*, die im Jahr 1870 in Bolivien (Südamerika) entdeckt wurde. Erst wenn die Pflanze 150 Jahre alt ist, wächst der Blütenstand heraus. Danach stirbt sie ab.

Einige Agaven, fälschlich »Jahrhundertpflanzen« genannt, bringen ihre ersten Blüten erst nach 40 Jahren hervor.

Den größten Hängekorb schuf 1987 das Gartenzentrum Rogers in Exeter (GB). Der Korb mißt 6,1 m im Durchmesser, hat ein Volumen von ungefähr 118 m^3, ein Gewicht von 4 t und enthält rund 600 verschiedene Pflanzen. Denselben Durchmesser hat ein Korb aus Frankreich, der jedoch stärker kegelförmig geschnitten ist und daher weniger Volumen hat.

Die größte Chrysantheme züchtete François Santini vom Laboratoire Algochimie im französischen Château Renault Indre-et-Loire. Sie wurde im Dezember 1988 2,5 m hoch und trug insgesamt 4041 Blüten.

Die größte Orchideenblüte besitzt die *Paphiopedilum sanderianum,* deren Blütenblätter in der Wildnis Berichten zufolge bis zu 91 cm lang werden können. Sie wurde 1886 auf dem Malaiischen Archipel entdeckt. Eine in Somerset gezogene Pflanze dieser Art hatte 1991 drei Blüten, die vom Rückenkelchblatt bis zum unteren Rand des Blütenkranzes im Durchschnitt 61 cm lang waren und ausgestreckt eine Rekordlänge von 122 cm besaßen.

Die höchste frei stehende Orchidee ist *Grammatophyllum speciosum,* aus Malaysia, die bis zu 7,6 m hoch werden kann.
Bis zu 15 m wurden bei der *Galeola foliata* gemessen, einer Moderpflanze aus der Familie *Vanilla,* die in den tropischen Regenwäldern von Queensland (Australien) auf verwitterten Bäumen rankt.

Die kleinste Orchidee ist *Platystele jungermannoides,* die in Zentralamerika vorkommt. Ihre Blüten sind nur 1 mm groß.

Die teuerste Orchidee dürfte eine *Odontoglossum crispum* (var. *pittanum*) gewesen sein, für die 1906 bei einer Auktion in London 1207,50 Pfund Sterling (entsprechen heute rund 24 000 DM) gezahlt wurden.
Eine *Cymbidium*-Orchidee mit dem hübschen Namen »Rosanna Pinkie« wurde 1952 in den USA für 4500 Dollar verkauft.

Der größte Weihnachtsstern erreichte im Dezember 1990 einen Umfang von 5,5 m. Seine bis zu 37 cm messenden 50 Blüten reihten sich zu einer 185 cm breiten Strahlenpracht zusammen. In der Sammlung Oskar Reinhart am Römerholz in Winterthur, Zürich (Schweiz), betreute der Gärtner Gerd Gnauck den Stern. Auf 50 cm Durchmesser kam die größte Blüte mit dem kleinsten Topf (9 cm Durchmesser) in dieser Sammlung.

Diese ziegelrotgefleckte Schmarotzerlilie Rafflesia hat die größte Blüte.

Die größte Rhododendronart ist das scharlachrote *Rhododendron arboreum,* von dem es am Mt. Japfu (Indien) Exemplare gibt, die über 20 m hoch werden.

Den größten Rhododendronpark Deutschlands hat Bremen. Auf einer Fläche von 1800 m^2 werden in Schaugewächshäusern 1700 ausschließlich tropische und subtropische Arten dieser Zierpflanze gezeigt.

1844 entstand in der Nähe von Weißwasser (Neubrandenburg) der spätere Rhododendronpark in Kromlau. Auf einer Fläche von 80 ha sind die Rhododendronpflanzungen ein besonderer Anziehungspunkt.

Die größte Dahlie hat das Ehepaar Blythe aus Nannup (Australien) gezüchtet. 1990 war das Prachtexemplar in eine Höhe von 7,8 m geschossen.

Der größte Philodendron ziert das Heim von M. J. Linhart aus Thornton, Leicestershire (GB). Er ist über eine Länge von 224 m gewuchert.

Die größte Passionsblume haben Dennis und Patti Carlson aus Blaine in Minnesota (USA) mit Hilfe von Hormongaben gezüchtet: Nach Berichten vom November 1974 war die Pflanze 182 m lang.

Blume des Jahres 1992: Sonnentau
Der fleischfressende, insektenfangende Rundblättrige Sonnentau *(Drosera rotundifolia)* wurde im Oktober 1991 zur Blume des Jahres 1992 gewählt. Die Pflanze stehe stellvertretend für ihren besonders gefährdeten Lebensraum, das nährstoffarme Hochmoor, sagte Loki Schmidt, Vorstandsmitglied der Stiftung zum Schutze gefährdeter Pflanzen. Der Sonnentau wächst an hellen, meist feuchten, moorartigen Stellen und ernährt sich von Fliegen und kleinen Käfern mit lebensnotwendigen Stickstoffverbindungen. Wenn sich ein Insekt auf das Blatt setzt, klebt es fest. Versucht es, sich zu befreien, reizt es auch die entfernter stehenden Tentakeln und wird umschlossen. Der Sonnentau wurde früher als Heilpflanze gegen Bronchitis und Keuchhusten gesammelt, heute steht er unter Naturschutz.

Der größte Rosenstock steht in Tombstone (USA). An ihm blühen »Lady-Banks«-Rosen. Er hat einen 1 m dicken Stamm, ist über 2,74 m hoch, und seine Zweige reichen fast über 5000 m^2. Er wird von 68 Pfählen gestützt, dadurch können sich 150 Personen in dieser »Laube« aufhalten. Der Steckling kam 1884 aus Schottland.

Nicht der größte, wohl aber der älteste Rosenstock Deutschlands dürfte der Rosenstock am Hildesheimer Dom sein. Sein Alter wird großzügig mit 1000 Jahren angegeben: Bistumsgründer Kaiser Ludwig der Fromme habe im 9. Jh. den Platz für den Rosenstock gewählt. Urkundlich wird das Gewächs erstmals 1570 erwähnt – immerhin damals bereits als »uralt«.

Die längsten Pelargonien zieren einen Balkon des Ferienhauses in Agarone II (Schweiz) von Adolf Walker aus Pfäffikon. Die 432 cm langen Geranientriebe der Sorten *Ville de Paris* und *Cocorico* wurden im Frühjahr 1987 gepflanzt.

REKORDE AUS DEM OBST- UND GEMÜSE-BEREICH

Den höchsten Kaloriengehalt der 38 Früchte, die man roh verzehren kann, hat die Avocadobirne *(Persea americana).* 100 g ihres Fruchtfleisches haben 163 Kalorien. Der Avocadobaum, der wahrscheinlich aus Zentral- und Südamerika stammt, enthält außerdem die Vitamine A, C und E sowie 2,2 Prozent Protein.

Den geringsten Kaloriengehalt mit 16 Kalorien pro 100 g hat die Gurke *(Cucumis sativus).*

Die bisher größte Gurke erntete im April 1990 Eileen Chappell aus Bowen Hills, Queensland (Australien): Sie wog 36,8 kg.

Den größten Pfirsich, eine 411 g schwere Frucht, erntete Jean Bird aus London im August 1984 von einem 26 Jahre alten italienischen Pfirsichbaum.

Von einem sagenhaften Tomaten-Rekord wurde am 28. Februar 1988 auf einer Wissenschafts-Schau im japanischen Tsukuba berichtet: Danach soll eine einzige Pflanze 16 897 Früchte getragen haben.

Die größte Ananas ist im November 1984 einer Firma im Süden von Cotabato auf den Philippinen aufgefallen. Sie wog nach bestätigten Angaben 7,96 kg. Bis zu 13 kg schwere Früchte soll es 1978 im brasilianischen Tarauaca gegeben haben.

Die größte Orange wurde am 19. Juni 1981 in Nelspruit (Südafrika) entdeckt; sie wog 2,5 kg.

Der größte Johannisbeerbusch wächst seit 30 Jahren in Haßfurt (Bayern). Der 2,6 m hohe ungeschnittene Strauch erreicht einen Umfang von 11,5 m bei einem Durchmesser von 3,5 m. Die 50-kg-Ernte großer roter Johannisbeeren an langen Trauben erfreut jedes Jahr Hedwig Wohlleben.

Kräuterpflanzen: Botanisch sind Kräuter nicht näher definiert, ihre Blätter oder Wurzeln sind aber nach allgemeiner Erkenntnis von medizinischer oder kulinarischer Bedeutung. Das meistverwendete Gewürzkraut ist vermutlich Koriander *(Coriandrum sativum)*, den man u. a. im Currypulver, in Süßwaren und Schnäpsen, im Brot und im Öl findet.

Apfelpflücken: Eine überprüfte Hochleistung vollbrachte George Adrian aus Indianapolis, Indiana (USA), am 23. September 1980, als er in 8 Std. 12 879 kg Äpfel pflückte.

Apfelschälen: Den Rekord für die längste, beim Schälen unbeschädigte Apfelschale von 52,51 m stellte die damals 17jährige Kathy Wafler aus Wolcott, New York (USA), auf. Zum Schälen des Apfels von 567 g brauchte sie am 16. Oktober 1976 11:30 Std.

Gurkenschneiden: Am 3. April 1983 setzte Norman Johnson aus Blackpool, Lancashire (GB), die Rekordmarke von 13,4 Sek. für das Zerschneiden einer Gurke von 12 Zoll (30,48 cm) Länge und 1,5 Zoll (3,81 cm) Durchmesser in 22 Scheiben pro Zoll, insgesamt 264 Scheibchen. In den WDR-Studios gelang ihm bei der Aufzeichnung für die Fernsehsendung *Chris Howland präsentiert Höchstleistungen aus dem Guinness Buch der Rekorde* dieser Rekord.

FARNE, BLÄTTER UND SAMEN

Die größten unter den mehr als 6000 Farnen sind die Baumfarne *(Alsophila excelsa)* auf Norfolk Island im Südpazifik, die bis zu 18,3 m hoch wachsen.

Die kleinsten Farne sind der *Hecistopteris pumila*, der in Mittelamerika vorkommt, und der aus den USA stammende *Azolla caroliniana* mit Wedeln von 12 mm.

Die größten Blätter von allen Pflanzen haben die Raffiapalme *(Raphia raffia)* von den Mascareneninseln im Indischen Ozean und die Amazonas-Bambuspalme *(Raphia toedigera)* Südamerikas, deren gefiederte Blätter 19,81 m lang werden und 3,96 m lange Stiele haben können.

Das größte ungeteilte Blatt besitzt die in Sabah (Malaysia) vorkommende *Alocasia macrorrhiza*. 1966 wurde ein Exemplar gefunden, das 3,02 m lang und 1,92 m breit war und eine Fläche von 3,17 m^2 bedeckte.

Ein Exemplar der Wasserlilie *Victoria amazonica* (ein Hybridengewächs), das auf der Schmetterlingsfarm von Stratford-upon-Avon (GB) gedeiht, hatte am 2. Oktober 1989 Blätter mit einem Durchmesser von 2,4 m.

Den kleinsten Samen haben die *Epiphytischen Orchideen*, von denen ca. 1 Mio. Samen 1 g wiegen. Ein nordamerikanisches Unkraut *(Ambrosia artemisiifolia)* kann in 5 Std. 8 Mrd. Pollenkörner erzeugen.

Den widerstands- und lebensfähigsten Samen besitzt die arktische Lupine *(Lupinus arcticus)*. Samenkörner, die Harold Schmidt im Juli 1954 bei Miller Creek in Kanada im gefrorenen Schlamm des Yukon gefunden hatte, keimten 1966. Mit Hilfe der Radiokarbonmethode wurde festgestellt, daß der Lupinensamen mindestens aus der Zeit um 8000 v. Chr. stammte, eher aber noch 5000 Jahre älter war.

Das gewöhnlichste Gras der Welt ist das Bermudagras oder *Cynodon dactylon*. Das am schnellsten wachsende Gras ist eine Hybridenzüchtung aus dem Jahr 1966 namens Callie, die 15,2 cm pro Tag wächst und bis zu 5,5 m lange Ausläufer hat.

Wenn die Bodenpreise steigen, weiß der Zürcher Gemüsezüchter Ernst Roth, genannt Chabis Aschi, Rat. Er treibt seine Pflanzen in die Höhe. Diese Keulenzucchetti wachsen an einer 5,2 m hohen Stange.

Das schnellste Wachstum unter den Graspflanzen legen einige der 45 Familien zählenden Bambusgräser an den Tag: Sie schießen pro Tag bis zu 91 cm in die Höhe (s. S. 133).

Der höchste Bambusstengel war ein sogenannter Dornstrauch *(Bambusa arundinacea spinosa)*, der in Pattazhi, Travancore (Indien), im November 1904 gefällt wurde, als er 37 m hoch war.

Den größten Samen hat die Meereskokosnuß, auch Coco de Mer *(Lodoicea seychellarum)* genannt, deren Frucht ein Gewicht von 18 kg erreichen kann. Sie gilt als biologische Sensation und wächst nur auf den Seychelleninseln Praslin und Curieuse im Indischen Ozean. Jede Frucht enthält nur einen Samen. Zwei bis drei dieser wie ein großes grünes Herz geformten Früchte entwickeln sich zu einem Fruchtstand. Jede der Coco-de-Mer-Palmen produziert drei, vier solcher Bündel im Jahr. Die größte bisher gefundene Meereskokosnuß erreichte 22,5 kg und war über 60 cm lang.

Nach dem Prinzip der hängenden Gärten erproben Wissenschaftler am Institut für Gemüseproduktion Großbeeren (Brandenburg) einen vertikalen Gemüseanbau von sonst niedrig wachsenden Kulturen wie Salat, Kohlrabi und Erdbeeren.

PILZE UND URTIERPFLANZEN

Der größte Pilz war ein Bovist *(Langermannia gigantea)* mit einem Umfang von 195,58 cm, den Marcia Wallgren aus Yellow Springs, Ohio (USA), 1988 gefunden hat.

Der schwerste Pilz war ein junges, also noch eßbares Exemplar eines Schwefel-Porlings *(Laetiporus sulphurus)* von 45,4 kg, das Giovanni Paba aus Broadstone, Dorset (GB), am 15. Oktober 1990 im New Forest in Hampshire (GB) fand. Der größte Baumpilz ist ein *Rigidoporus ulmarius*, der auf dem Gelände des Internationalen Mykologischen Instituts in Kew, Surrey (GB), auf einer abgestorbenen Ulme wächst. Er maß im Januar 1992 150 × 144 cm und hatte einen Umfang von 454 cm. Er wird jedes Jahr um 22,5 cm größer.

Giftigster Pilz: Der Grüne Knollenblätterpilz *(Amanita phalloides)* dürfte der giftigste Pilz in Mitteleuropa und Nordamerika sein. 6–12 Std. nachdem man von ihm gekostet hat, treten Erbrechen, Delirium, Kollaps und schließlich der Tod in über 50 Prozent der Fälle ein. Zu seinen Opfern gehörte Giulio de' Medici (*1478, später Papst Clemens VII.). Nach dem Genuß des Pilzes starb er am 25. September 1534.

Die höchste Pilzsporendichte in der Luft wurde am 21. Juli 1971 mit 161 037/m³ bei Cardiff (GB) ermittelt. Die kleinste Allergenmenge ist Null.

Die wertvollsten Speisen: Trüffeln sind die höchstbezahlten Lebensmittel, die es gibt. Selbst Kaviar erreicht nicht solche Preise. Die begehrten **Perigord-Trüffeln** *(Tuber melanosporum)* erreichen in der Qualität »Truffes surchoix« Preise von bis zu 6000 DM das Kilo. Die weiße Trüffel (*Tuber magnatum*) kostete im Herbst 1991 bereits 7000 DM das Kilo. Ungeachtet ihres unersetzlichen Aromas und Geschmacks, sind sie nur unscheinbare, im Boden wachsende Schlauchpilze *(Ascomyceten)*.

Protisten: Der holländische Naturwissenschaftler Antonie van Leeuwenhoek aus Delft (1632–1723) war der Entdecker der Protisten, die Eigenschaften von Tieren und Pflanzen in sich vereinten. Die den Pflanzen ähnlichsten Protisten heißen *Protophyten*. Zu dieser Gruppe gehören z. B. einzellige Algen. Die tierähnlichsten Protisten heißen *Protozoen*, zu ihnen gehören Amöben und Geißeltierchen.

Älteste Spuren von Leben hat 1988 der Freiberger Geologe Thomas Heuse in Gesteinsproben in der Nähe Großbreitenbachs (Thüringen) nachgewiesen. Die 7–20 tausendstel Millimeter großen Mikroorganismen, Plankton aus dem Präkambrium, sind 600 Mio. Jahre alt. Die Fossilien sind kugelige Gebilde mit wenig strukturierter Oberfläche, wahrscheinlich Dauersporen von Algen.

Die größten Protozoen (Urtierchen) waren dem Umfang nach die *Foraminiferen*, einzellige Wassertiere mit Kalkschalen, die zur Gattung der *Nummulite* (Wurzelfüßer) gehörten und – Versteinerungen aus mittleren Eozän-Formationen in der Türkei belegen es – eine Größe von 22 cm erreichen konnten.

Die kleinsten Protophyten (einzellige Pflanzen) sind die geißelförmigen Seealgen *Micromonas pusilla*. Sie haben einen Durchmesser von weniger als 2 Mikrometer (2×10^{-6} m).

Das sich am schnellsten vermehrende Protozoon ist das Urtierchen *Glaucoma*. Es pflanzt sich durch binäre Zellteilung fort, und zwar in der Regel alle 3 Std. Im Verlauf eines Tages kann also ein derartiges Urtierchen 6fache Urgroßmutter und 6facher Urgroßvater in einem und Vorfahr von 510 Abkommen werden.

Schnellstes Urtierchen ist das *Monas stigmatica*, das sich in 1 Sek. über eine Strecke bewegt, die dem Vierzigfachen seiner eigenen Länge entspricht. Ein Mensch schafft nicht einmal das Siebenfache seiner eigenen Länge pro Sek.

BAKTERIEN

Früheste Lebensform: Im Juni 1980 berichtete Prof. J. William Schopf über die Entdeckung von fadenähnlichen Zellularresten, die blaugrüne Algen oder bakterienähnliche Organismen vor 3,5 Mrd. Jahren im Kalkgestein abgelagert hatten. Entdeckt wurden sie in der »Nordpolregion« des nordwestlichen Australiens.

Allgemein: Als erster beobachtete 1676 der Niederländer Antonie van Leeuwenhoek (1632–1723) Bakterien.

Das größte Bakterium ist das Schwefelbakterium *(Beggiatoa mirabilis)*, das 16–45 Mikron (16–45 × 10^{-6} m) breit ist und mehrere Millimeter lange Fäden bilden kann.

Die kleinsten Organismen, die eigenständiges Leben führen, sind die pleuropneumoniaähnlichen Mykoplasmen. Das zum ersten Mal 1936 im Abwasser entdeckte *Mycoplasma laidlawii* hatte während seines Anfangsstadiums einen Durchmesser von nur 100 Millikron (100×10^{-9} m). Exemplare des H.39 genannten Bakterienstammes haben einen Höchstdurchmesser von 300 Millimikron und wiegen schätzungsweise $1{,}0 \times 10^{-16}$ g. Zum Vergleich: Ein Blauwal von 190 t wiegt $1{,}9 \times 10^{24}$ oder 1,9 quadrillionenmal soviel.

Die größte Höhe, in der Bakterien gefunden wurden, meldete im April 1967 die US-Raumfahrtbehörde NASA. Sie hatte noch in 41,13 km Höhe Bakterien entdeckt.

Der schnellste Bazillus ist der rutenförmige *Bdellovibrio bacteriovorus*. Bei einer hundertfachen polaren Rotation in der Sek. kann er sich um das 50fache seiner Länge von 2 µm pro Sek. fortbewegen. Bei entsprechender Leistung müßte ein Mensch 320 km/h schnell rennen oder ein Schwimmer den Ärmelkanal in 6 Min. bewältigen.

Die langlebigsten Bakterien wurden 1991 in Ohio (USA) im Fleisch eines Mastodons gefunden, das vor 12 000 Jahren starb und den frühesten Beleg für ein von Menschen erlegtes prähistorisches Tier darstellt. Die Bakterien gaben dem Fleisch selbst nach so langer Zeit noch einen »üblen Geruch«.

Widerstandsfähigstes Bakterium ist das *Micrococcus radiodurans.* Es kann radioaktiven Strahlen widerstehen, die 10 000mal so stark sind wie eine für den Menschen tödliche Dosis.

Bei Temperaturen von 306 °C, die auf dem Meeresgrund von Schwefelquellen erzeugt werden, blüht eine Bakterienart erst richtig auf. Das berichtete John Barras von der Universität in Oregon (USA) im März 1983.

VIREN

Allgemein: Erstmals berichtet hat Dmitri Iwanovskij (1864–1920) über die Viren im Jahr 1892. Aber konkret nachgewiesen wurden sie 1898 von Martinus Willem Beijerink (1851–1931). Definiert werden die Viren heute als Aggregate von zwei oder mehr chemischen Substanzen (die jeweils DNA oder RNA enthalten), die durch Infektion übertragen werden und potentielle Krankheitserreger sind.

Das größte bekannte Virus ist das rutenförmige *Citrus tristeza.* Es hat die Maße 200 × 10 nm (= Nanometer, 1 nm ist 1 Millionstel von 1 mm).

Die Viroiden wurden im Februar 1972 von Theodor O. Diener entdeckt. Viroiden sind Infektionserreger, die kleiner sind als Viren und nur aus einer nackten Nukleinsäurekette ohne Eiweißmantel bestehen.

Über die Entdeckung eines wahrscheinlich neuen, submikroskopischen Infektionserregers ohne Nukleinsäuren namens Prion berichtete im Februar 1982 die Universität von Kalifornien.

Der erste chemisch erfaßte lebende Organismus ist der Poliovirus. Die Formel – $C_{332.652}H_{492.388}N_{98.245}O_{131.196}P_{7501}S_{2340}$ – wurde im Dezember 1991 von A. Molla, A. V. Paul und Eckard Wimmer von der New Yorker Staatsuniversität publiziert. Sie ist vermutlich die umfangreichste Formel einer organischen Verbindung, die jemals aufgestellt wurde.

ZOOLOGISCHE GÄRTEN, WILDGEHEGE, AQUARIEN

Zoologische Gärten: Man schätzt die Zahl der zoologischen Gärten auf der ganzen Welt etwa auf 500 und die jährliche Besucherzahl auf 330 Mio.

Das größte Wildschutzgebiet der Welt ist der 1907 gegründete Etosha-Nationalpark in Namibia. Er ist 99 525 km^2 groß.

Das größte Großwildreservat Europas liegt in der Nähe von Fallingbostel (Niedersachsen). Dort leben auf 185 ha ca. 1000 Tiere, darunter Löwen, Tiger, Elefanten und Nashörner.

Das größte Affenhaus Europas befindet sich im Zoo von Duisburg (Nordrhein-Westfalen). Auf 7500 m^2 leben hier 155 Affen in 30 verschiedenen Arten (31. Dezember 1990). Das Freiluft-Areal wurde 1987 auf 180 m^2 erweitert. Panzerglasscheiben ersetzen dort die Wassergräben und bieten Besuchern als auch Affen die erforderliche Sicherheit.

Der erste deutsche Wild- und Wanderpark wurde 1973 bei Silz im Pfälzer Bergwald eröffnet. Auf 100 ha sind Wege und Kinderspielplätze in unmittelbarer Nachbarschaft zu freilebenden Tieren angelegt.

Europas einziges Wildpferdgehege liegt in Nordrhein-Westfalen, 12 km westlich von Dülmen im Merfelder Bruch. Die Brüche Westfalens waren seit Urzeiten ein idealer Zufluchtsort für das Wild, so auch für Wildpferde, die bis zum frühen Mittelalter als erlesenes Jagdwild galten. Schon 1316 sicherte sich der Herr von Merfeld das Recht an den dort umherstreifenden Wildpferden. Später überließ man den Pferden rund 3 km^2 Wald-, Moor- und Heidegebiet als Lebensraum.
Die heute über 200 Dülmener Wildpferde sind wie zu Urzeiten einer sehr harten Auslese durch die Natur unterworfen. Sie leben das ganze Jahr über im Freien, ernähren sich aus der Wildbahn und müssen mit Krankheiten und Geburten selbst fertig werden. Durch diese Primitivhaltung ist wertvolles Erbgut aus der Wildpferdzeit erhalten geblieben.

Der älteste Tiergarten soll von Schulgi, einem Herrscher der 3. Dynastie (2097–2094 v. Chr.), in Puzurisch im heutigen Irak angelegt worden sein.
Der älteste Tiergarten, dessen Gründung durch Dokumente belegt werden kann, ist der Tier-

Im afrikanischen Ruwenzori-Hochgebirge sprengen Riesenpflanzen alle vertrauten Maßstäbe. Blumen, Moose, Flechten, Kräuter werden zu Giganten.

Einst als Reservat für die letzten Bisonherden gedacht, wurde der Wood Buffalo National Park in Alberta (Kanada) mit 45 km² zum weltgrößten Naturpark.

garten Schönbrunn (Österreich). Er wurde 1752 von Kaiser Franz I. für seine Frau Maria Theresia eingerichtet. Seitdem ist er auf dem Gründungsgelände ununterbrochen in Betrieb. Er bedeckt eine Fläche von 12 ha. Nach schweren Bombenschäden des Zweiten Weltkrieges wurde der historische Kern bei tiergärtnerischer Modernisierung restauriert und wurden moderne Freisichtanlagen errichtet. Am 31. Dezember 1990 wurden in Schönbrunn 4191 Tiere in 662 verschiedenen Arten betreut (429/87 Säugetiere, 491/159 Vögel, 516/102 Reptilien und Amphibien, 1343/196 Fische und 1412/118 Wirbellose).

Der erste zoologische Garten Deutschlands war die Stuttgarter Menagerie. Sie bestand jedoch nur von 1812 bis 16.
Der älteste, heute noch existierende zoologische Garten Deutschlands ist der in Berlin. Er wurde 1841 gegründet und 1844 eröffnet. Am 31. Dezember 1991 wurden 13 751 Tiere in 1471 Arten betreut (1538/261 Säugetiere, 2371/554 Vögel, 270/85 Reptilien, 550/34 Amphibien, 2693/347 Fische, 6329/190 Wirbellose). Er ist der artenreichste Zoo der Welt. Genau 3,394 Mio. Personen besuchten Zoo und Aquarium 1991. Mit dieser Besucherzahl lag der Berliner Zoo an der Spitze aller europäischen Tiergärten.

Der erste Zoo ohne Gitterkäfige wurde 1907 in Stellingen bei Hamburg eingerichtet. Gegründet wurde der Zoo von Carl Hagenbeck (1844–1913), der die Tiere lieber in tiefen Gruben und großen Gehegen als in Käfigen unterbrachte.

Der größte Zoo der Schweiz ist der von Basel. Er hat 4766 Tiere von 561 verschiedenen Arten (Stand 31. Dezember 1991). Im einzelnen: 496/65 Säugetiere, 713/119 Vögel, 268/34 Reptilien, 74/9 Amphibien, 2415/259 Fische und 800/75 Wirbellose.

Das erste Ozeanarium war das 1938 eröffnete Marineland in Florida (USA). Bis zu 26,3 Mio l Seewasser werden täglich durch zwei Riesentanks gepumpt. Einer davon ist rechtwinklig (30,48 × 12,19 × 5,48 m) und faßt 1,7 Mio. Liter, der andere ist rund (71 m Umfang und 3,65 m tief) und hat ein Fassungsvermögen von 1,5 Mio. Liter. In den Tanks gibt es Korallenriffe und sogar ein Wrack.

Das dem Volumen nach größte Aquarium der Welt ist das Living Seas Aquarium im EPCOT Center von Florida (USA), das seit 1986 zu besichtigen ist. Es hat ein Fassungsvermögen von 23,66 Mio. l und beherbergt mehr als 3000 Fische, die 90 Arten repräsentieren.

Das größte Meeresaquarium ist das am 20. Oktober 1984 eröffnete Montery Bay Aquarium von Kalifornien (USA). In 95 Becken werden Flora und Fauna des Meeres vorgestellt, zu sehen sind 6500 Exemplare (525 Arten). Wasservolumen insgesamt: 3,375 Mio. l.

Das Aquarium des Zoologischen Gartens von Berlin ist das artenreichste der Welt. Es beherbergt 9842 Tiere in 656 Arten aus allen Kontinenten. Kernstück des Zoo-Aquariums ist die Krokodilhalle mit 18 Krokodilen 12 verschiedener Arten.

Das größte Aquarium Österreichs ist das Vivarium, Haus des Meeres, in Wien. Es enthält in 3 Etagen auf 2000 m² Fläche 60 Aquarien, das größte hat 13 000 l, und 70 Terrarien mit mehr als 3000 Fischen, Reptilien und niederen Tieren, davon in der Süßwasserabteilung ca. 1200 Fische. Seit April 1991 zeigt ein Aquaterrarium einen Amazonasausschnitt mit typischen Pflanzen und Fischen wie Piranhas und Neonfischen.

PARKS, BOTANISCHE GÄRTEN

Größter Naturpark ist der Wood Buffalo National Park in Alberta (Kanada), der 1922 zum Naturschutzgebiet erklärt wurde und sich über ein Gebiet von 45 000 km² erstreckt.

Der größte Naturpark der Bundesrepublik Deutschland ist mit 2908 km² das Altmühltal (Bayern).

Der artenreichste botanische Garten Deutschlands ist der von Berlin. Auf 42 ha werden über 18 000 Pflanzenarten gepflegt. Kernstück des Gartens ist die 13 ha große pflanzengeographische Abteilung, die erstmalig in der Welt versucht, das Pflanzenkleid der gemäßigten Breiten der Nordhalbkugel darzustellen – von den Pyrenäen über den Himalaja und Ostasien bis zum pazifischen und atlantischen Nordamerika. Im Gewächshausbereich darf das Große Tropenhaus als Wahrzeichen des Gartens gelten. Der aus dem Jahr 1907 stammende freitragende Hallenbau ist mit 60 m Länge, 30 m Breite und 25 m lichter Höhe eines der größten Gewächshäuser der Welt. Die neueste Abteilung des Gartens ist der 1984 entstandene Duft- und Tastgarten.

Zu den ältesten noch heute bestehenden **botanischen Gärten** der Welt gehören Leipzig (1542), Pisa (1543, nach anderen Angaben 1545, Italien) und Padua (1545, Italien).

Der größte österreichische botanische Garten mit ca. 10 000 Pflanzenarten auf 9 ha befindet sich in Frohnleiten (Steiermark).

In der Schweiz ist der Botanische Garten von Basel mit 15 ha der größte.

Der erste Blindengarten Deutschlands wurde 1975 in Hamburg eröffnet. In ihm sind 80 verschiedene Gehölze, Stauden, Sommerblumen, Gewürze und Getreidesorten angepflanzt. Die Beete sind ca. 70 cm hoch. An Führungskanten können sich die Blinden an ihnen entlangtasten, Tafeln in Blindenschrift nennen Namen und optische Eigenarten der einzelnen Pflanzen.
Ein Blindenpark entsteht zur Zeit auch in Leipzig (Sachsen). Rund um die Rosentalwiese soll ein 6,5 ha großer Park im Zentrum der Messestadt angelegt werden, in dem sich der blinde Besucher an Duft- und Gewürzpflanzen sowie Blüten- und Blattstrukturen orientieren kann.
Der 1959 eröffnete, 6000 m² große Blindengarten im Wertheimsteinpark von Wien enthält neben Sträuchern und Gehölzen etwa 35 Arten Blumenpflanzen.

Das Rosarium Sangerhausen (Sachsen-Anhalt) ist mit seinen ca. 6500 Rosenarten und -sorten das älteste wissenschaftliche Zentrum der Rosenzucht. Der Rosengarten besteht seit 1903. Auf einer Fläche von 12,5 ha sind über 55 000 Rosenstöcke angepflanzt, darunter Raritäten wie die grüne und die schwarze Rose.

Landschaftspark: Dank der Bundesgartenschau 1985 wurden für die große grüne Lunge von Berlin 875 000 m³ Erde bewegt und eine künstliche Freizeitlandschaft geschaffen.
Auf einem 90 ha umfassenden, ursprünglich landwirtschaftlich genutzten und baumlosen Gelände entstand in der Gemarkung Britz zwischen Buckower Damm und Marienfelder Damm ein neuer Landschaftspark mit natürlich geformten Hügeln und Tälern und einer zentralen nahezu 10 ha großen Wasserfläche.

Mitten in einem Industrierevier liegt der Wörlitzer Park (Sachsen-Anhalt). Rund 500 000 Menschen besuchen jährlich diesen 112 ha großen (davon 22 ha Wasser) Landschaftspark aus der Zeit von 1764 bis 1813. Einst der erste Landschaftspark in Mitteleuropa, steht die Anlage heute mit ihren architektonischen Sehenswürdigkeiten und schmalen Sichtachsen unter Natur- und Denkmalschutz. ■

BIOSPHÄRENRESERVATE

Die UNESCO hat im Rahmen ihres Programms »Der Mensch und die Biosphäre« insgesamt neun repräsentative Natur- und Kulturlandschaften Deutschlands als Biosphärenreservate anerkannt. Damit sind 7324 km^2, das sind 2,1 Prozent der Fläche Gesamtdeutschlands, besonders schutzwürdig. In diesem Gebietsnetz, das von der Nord- und Ostsee bis zu den Alpen reicht, gehört der Mensch ausdrücklich mit zur Biosphäre. Er soll ebensowenig ausgegrenzt wie die Reservate renaturiert werden. Diese Biosphärenreservate bilden – ähnlich wie die Naturparks mit ihrem sanften Tourismus – die vorgelagerten Schutz- und Pufferzonen für die strenger durch Naturschutzbestimmungen abgeschirmten Nationalparks wie beispielsweise die Sächsische Schweiz mit ihrem bizarren Felsengebirge. Weltweit umfaßt das UNESCO-Programm 300 solcher Reservate in 74 Staaten.

Neben dem Bayerischen Wald, dem Alpen- und Nationalpark Berchtesgaden und dem schleswig-holsteinischen Wattenmeer gehören sechs Biosphärenreservate in den neuen Bundesländern mit einer Fläche von 3002 km^2 zu diesem Schutzprogramm. Dabei werden vier Zonen unterschieden.

Die Kernzone bleibt ganz der natürlichen Dynamik überlassen.

Die Puffer- und Experimentierzone dient der Pufferung von Schadeinflüssen auf die Kernzone und der Erhaltung und Pflege landschaftlicher Vielfalt.

Die harmonische Kulturlandschaft nimmt in der Regel den größten Teil eines Reservates ein. Traditionelle Nutzung und Landschaftspflege verschmelzen zu harmonischer Ganzheit.

Die Regenerierzone wird genutzt, um geschädigte Landschaften mit geeigneten Methoden in harmonische Kulturlandschaften zurückzuverwandeln.

BIOSPHÄREN-RESERVATE

Südost-Rügen: Das Reservat umfaßt die Jungmoränen- und Küstenlandschaft des Südostens von Rügen mit der Halbinsel Mönchgut, der Granitz, der Umgebung von Putbus und dem Rügischen Bodden einschließlich der Insel Vilm. Fläche: 228 km^2.

Schorfheide-Chorin: Es soll zum größten deutschen Biosphärenreservat entwickelt werden. Dazu gehören die Choriner Endmoränenlandschaft mit Parsteiner See und Grumsiner Forst, Niederoderbruch und Neuenhagener Oderinsel, die Britzer Platte, die Werbellin-Joachimsthaler Moränenlandschaft, die Schorfheide, die Grund- und Endmoränenlandschaft um Poratz, Melzow und Greiffenberg, die Ackerlandschaft Gerswalde-Stegelitz, das Templiner Seengebiet. Insgesamt sind 17 Totalreservate ausgewiesen. Fläche: 1258 km^2.

Spreewald: Die Besonderheit ist ein feinmaschiges Fließgewässernetz von 971 km Länge mit einer vielfältigen Fauna und Flora. Hier gilt es besonders, die historisch gewachsene Kulturlandschaft, geprägt durch sorbische und deutsche Bevölkerung, zu erhalten. Fläche: 476 km^2.

Mittlere Elbe: Gelegen in einem der ausgedehntesten Auwaldgebiete Mitteleuropas im Bereich mittlere Elbe, untere Mulde und untere Saale (nahe Steckby). Einbezogen sind die Flußtalauen, die Talsandterrassen und die kulturhistorisch bedeutsame Dessau-Wörlitzer Landschaft. Einen Schwerpunkt bildet der Schutz der waldreichen, naturnahen Überflutungsauen mit ihren subkontinentalen Floren, die in Mitteleuropa einmalig sind. hier ist der Lebensraum zahlreicher bestandsbedrohter Tierarten wie Elbebiber, Seeadler, Schwarzstorch, Weißstorch, Kranich, Wachtelkönig. Fläche: 430 km^2.

Vessertal: Das Reservat erstreckt sich in einer Höhe zwischen 420 und 982 m und ist von zahlreichen Tälern zerschnitten. 85 Prozent sind bewaldet. Fläche: 127 km^2.

Rhön: Thüringen baut gemeinsam mit Hessen und Bayern dieses Reservat auf. Charakteristisch ist die flachwellige Hochfläche um Birx und Frankenheim. Fläche: 483 km^2.

NATIONALPARKS

Die entstehenden fünf Nationalparks (NP) in den neuen Bundesländern mit ihrer Gesamtfläche von 1295 km^2 gehören zu den wertvollsten Landschaften Mitteleuropas und repräsentieren charakteristische Ausschnitte der wichtigsten Großlandschaften. Der Anteil natürlicher, naturnaher Kernzonen beträgt im Gegensatz zu den Biosphärenreservaten mehr als 75 Prozent. Nationalparks sollen einzigartige Naturlandschaften vor Zerstörung bewahren: vielen heimischen Pflanzen- und Tierarten Lebensraum bieten; die Natur sich weitgehend selbst regulieren lassen: durch wirtschaftliche Nutzung möglichst nicht gestört werden, aber der Allgemeinheit zugänglich sein.

Vorpommersche Boddenlandschaft: Der NP setzt sich aus Teilen größerer und kleinerer Inseln und Halbinseln, darunter Darß, Zingst, Hiddensee sowie über 400 km^2 Wasserfläche zusammen. Erhalten werden sollen die Schönheit und Ursprünglichkeit der vorpommerschen Boddenlandschaft. Fläche: 805 km^2.

Jasmund: Erfaßt ist ein von Buchenwäldern bedeckter Kreidehorst der Halbinsel Jasmund einschließlich der Kreidesteilküste. Quellen, Bäche, Moore und Kreidekliffs sind Lebensraum für seltene Pflanzen und Tiere. Fläche: 30 km^2.

Müritz: Der NP umfaßt die Niederungslandschaften der Mecklenburgischen Seenplatte im Bereich der Städte Neustrelitz und Waren. Zu den angestrebten Schutzzielen gehören die ungestörte Waldentwicklung, der Erhalt von Feuchtbiotopen und der Artenvielfalt bei Pflanzen und Tieren. Fläche: 308 km^2

Zu den besonderen Naturschönheiten im Nationalpark Sächsische Schweiz gehört auch der Amselsee bei Rathen mit dem Kletterfelsen Lokomotive.

Hochharz: Mit Kamm-, Sattel- und Hangmooren sowie einer subalpinen Vegetation im Bereich der Brockenkuppe ist der NP ein Refugium gefährdeter, zum Teil nur im Harz vorkommender Pflanzen (Brockenanemone) und Tierarten. Fläche: 59 km^2.

Sächsische Schweiz: Ein geschlossenes Wald-Fels-Gebiet der Vorderen und Hinteren Sächsischen Schweiz mit Felsrevieren, Tafelbergen, Schluchten und Tälern des Quadersandsteins. Einbezogen sind Wasserläufe und

Uferzonen von Kirnitzsch und Polenz sowie am Rande liegende Offenlandbereiche. Es soll die in Europa einmalige naturräumliche Eigenart des Elbsandsteingebirges bewahrt werden. Der Bevölkerung und den Gästen sollen Bildung, Erholung und Bergsport ermöglicht werden, soweit es der Schutzzweck erlaubt. Fläche: 93 km^2.

An der **Unteren Oder** entsteht ein NP mit einer Fläche von 150 km^2.

NATURPARKS

Naturparks sind strenge Landschaftsschutzgebiete von besonderem landschaftlichen Reiz und wertvoller Naturausstattung. Sie schließen in der Regel mehrere Naturschutzgebiete ein und sind meist für den Tourismus besonders interessant. Der größte Flächenanteil der Naturparks wird als harmonische Kulturlandschaft behandelt, die durch angemessene Infrastruktur dem sanften Tourismus erschlossen wird.

Schaalsee, gelegen in Mecklenburg-Vorpommern im einstigen Grenzstreifen mit Neukichner und Boissower See. Fläche: 162 km^2.

Märkische Schweiz, hat durch die Lage im Berliner Umland (bei Buckow) einen hohen Stellenwert für Erholung und Tourismus. Fläche: 147 km^2.

Drömling, so nennt sich ein Teil der Aller/Ohre-Flußniederung im ehemaligen Grenzgebiet nahe Gardelegen und Oebisfelde mit überwiegend moorähnlichem Charakter. Fläche: 249 km^2.

Weitere Naturparks entstehen:

Mecklenburger Elbtal (350 km^2),
Krakower See (300 km^2),
Usedom-Oderhaff (900 km^2),
Feldberger Seenlandschaft (300 km^2),
Harz (1550 km^2)
Kyffhäuser (100 km^2)
Eichsfeld-Werratal (575 km^2)
Frankenwald (660 km^2)
Oberlausitzer Heide- und Teichlandschaft (150 km^2),
Vogtland-Erzgebirge (1700 km^2),
Niederlausitzer Heidelandschaft, aus einem Truppenübungsplatz (100 km^2).

WELTALL UND ERDE

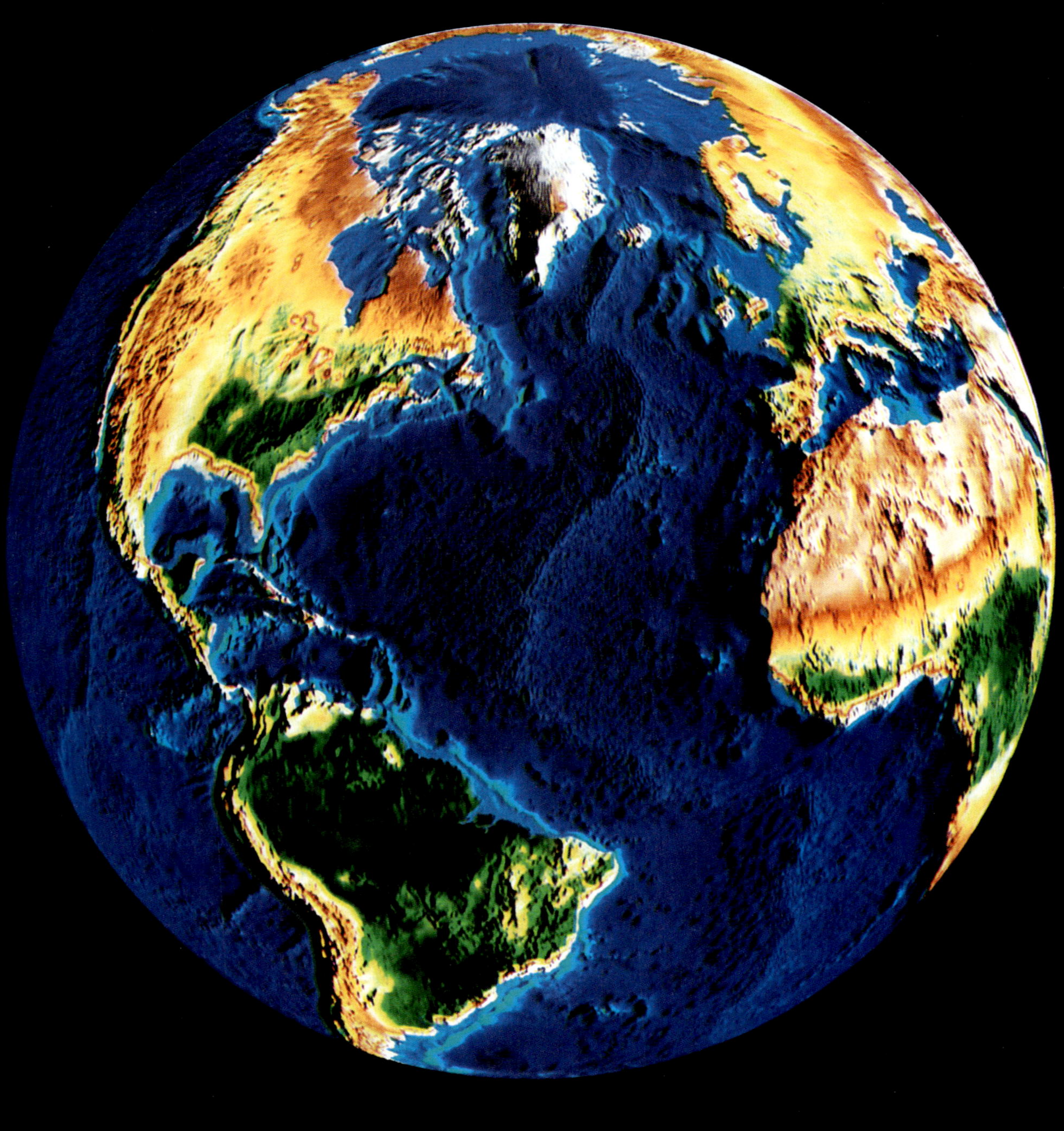

Ein neues Bild der Erde, entstanden im Computer aus Satellitenaufnahmen und erdgebundenen Beobachtungen. Die Vegetation ist in den Farben von Hellbraun (wenig) bis Grün (viel) dargestellt

DAS SONNENSYSTEM

Lichtjahr nennt man die Entfernung, die Licht (Geschwindigkeit 299 792,458 km/s oder 1 079 252 848,8 km/h im Vakuum) in einem tropischen Jahr (365,24 219 878 mittlere Sonnentage), bezogen auf das Jahr 1900, beginnend Januar 0, 12 Ephemeridenzeit, durchmißt; das sind 9 460 528 405 000 km. Die Einheit wurde im März 1888 zum ersten Mal verwendet und in dieser Definition im Oktober 1983 als Konstante festgelegt.

Die Astronomische Einheit ist die mittlere Entfernung der Zentren von Erde und Sonne. Der 1988 per Definition festgelegte genaue Wert für dieses wichtige astronomische Abstands- bzw. Längenmaß beträgt 149 597 870 km.

Das Parsec ist ein kosmisches Entfernungsmaß, das definiert ist als die Strecke, unter der der mittlere Abstand Sonne–Erde – also die Astronomische Einheit – unter einem Winkel von 1 Bogensekunde erscheint. 1 Parsec ist gleich 206 264,806 Astronomische Einheiten bzw. 3,261 633 Lichtjahre. Das entspricht einer Entfernung von 30 856 776 000 000 km.

Magnitudo oder Größe ist ein **Maß der Sternenhelligkeit**, wobei das Licht eines Sterns das Intensitätsverhältnis von 2,511 886 zu einem Objekt der nächsten Größenklasse hat. Ein Stern 5. Größe ist also 2,511 886mal so hell wie ein Stern 6. Größe, während ein Stern 1. Größe genau 100 (oder $2{,}511\,886^5$)mal so hell ist. Bei außergewöhnlich hellen Himmelskörpern wie z. B. dem Sirius, der Venus oder dem Mond (–12,71 Größe) oder der Sonne (–26,78 Größe) wird die Magnitudo als Minusquantität angegeben.

Eigenbewegung wird jene Komponente der Sternbewegung genannt, die im rechten Winkel zur Visierlinie eine offenkundige Positionsveränderung der Sterne an der Himmelssphäre erkennen läßt.

Das Universum ist die Gesamtheit von Raum, Materie und Antimaterie. Eine Möglichkeit, seine Größe zu begreifen, erhält man am besten dadurch, daß man sich vorstellt, man bewege sich von der Erde fort durch das Sonnensystem und unser eigenes Milchstraßensystem zu den entferntesten außergalaktischen Nebeln und Quasaren. Das Sonnensystem bewegt sich in 237 Mio. Jahren einmal um das Milchstraßenzentrum mit einer Geschwindigkeit von 792 000 km/h. Bezogen auf die Nachbarsterne beträgt die Geschwindigkeit 72 000 km/h.

METEORITEN

Meteore sind mineralische Körper außerirdischer Herkunft. Beim Eintritt in die Erdatmosphäre lösen sie in ihr Leuchtprozesse aus. Der größte registrierte Meteorschauer trat in der Nacht vom 16. zum 17. November 1966 ein, als die Leonidenmeteore (die alle $33^1/_4$ Jahre ein Maximum erreichen) zwischen dem westlichen Nordamerika und dem östlichen Gebiet der ehemaligen UdSSR sichtbar waren. Es wurde errechnet, daß am 17. November 1966 in einem Zeitraum von 20 Min. ab 5 Uhr über Arizona (USA) 2300 Meteore/min. beobachtet werden konnten.

Wenn ein Meteor zur Erdoberfläche vordringt, werden die Überreste aus Gestein (Aerolithe) oder Nickeleisen (Siderite) als Meteoriten bezeichnet. Dies ereignet sich etwa 150mal im Jahr auf der gesamten Landoberfläche der Erde. Die Gefahr, von ihnen getroffen zu werden, ist sehr unwahrscheinlich. Für die Ängstlichen: Die »gefährlichste« Zeit des Tages ist jeweils 15 Uhr.
Die einzige Person, von der in historischer Zeit bekannt wurde, daß sie von einem Meteoriten getroffen wurde, ist Mrs. Ann Hodges aus Sylacauga, Alabama (USA). Am 30. November 1954 durchschlug ein 4 kg schwerer Steinmeteorit das Dach ihres Hauses und verletzte sie.

Die ältesten Meteoriten: Im August 1978 wurde berichtet, daß kosmischer Staub, eingeschlossen im Murchison-Meteoriten, der im September 1969 auf Australien fiel, aus der Zeit vor Entstehen des Sonnensystems datiert. 1981 leitete T. Kirsten aus der Untersuchung der ältesten Meteoriten das Alter des Sonnensystems zu 4600 ± 20 Mio. Jahren ab.

Der größte bekannte Meteorit wurde 1920 bei Hoba West in der Nähe von Grootfontein in Namibia gefunden. Es ist ein 2,75 m langer und 2,43 m breiter Block, dessen Gewicht auf 59 t geschätzt wird.

Der größte von einem Museum ausgestellte Meteorit ist der Tent-Meteorit, der 30 883 kg wiegt und 1897 in der Nähe von Cape York an der Westküste Grönlands von der Expedition Robert Edwin Pearys (1856–1920) gefunden wurde. Er wurde von den Eskimos Abnighito genannt und ist im Hayden-Planetarium in New York ausgestellt.

Das größte Stück Gesteinsmeteorit, das gefunden wurde, ist ein 1770 kg schwerer Teil eines Schauers, der am 8. März 1976 auf Jilin, früher Kirin, in der chinesischen Provinz Kaoshan niederging. Die Gesamtmasse des Schauers wird auf 4 t geschätzt.

Eine rätselhafte Explosion, deren Energie etwa 12,5 Megatonnen TNT entsprach, ereignete sich am 30. Juni 1908 um 0 Uhr 17 Min. 11 Sek. Weltzeit im Becken des Podkamennaja-Tunguska-Flusses, 64,5 km nördlich von Wanawar in Sibirien (Rußland). Die Ursache wurde zuerst einem Meteoriten (1927), dann einem Kometen (1930), später einer Nuklearexplosion (1961) und Antimaterie (1965) zugeschrieben. Die Explosion verwüstete ein Gebiet von etwa 3900 km², und die Erschütterung wurde noch in 1000 km Entfernung gespürt. Neuerdings nimmt man wieder an, daß es sich vielleicht um die letzte Explosion von Steintrümmern eines zerfallenden Kometen – möglicherweise des Enckeschen – in einer Höhe von nur 6 km gehandelt hat.

Tunguska-Krater gefunden? Anfang Mai 1991 wurde aus der ehemaligen UdSSR bekannt, daß jetzt ein Krater gefunden worden sei, der durch das Tunguska-Ereignis entstanden ist. Der Pelztierjäger Vitali Woronow fand auf einer Pirsch einen großen mit Tannen bestandenen, fast kreisrunden Trichter von 200 m Durchmesser und 15–20 m Tiefe, der genau unter der Flugbahn des Objekts liegt. Der Pelztierjäger hat jetzt noch ein weiteres großes verwüstetes Waldgebiet, 150 km südöstlich der Hauptregion gefunden, das nun auch auf Satellitenaufnahmen erkannt worden ist. Auch dieses Areal liegt unter der Flugbahn des geheimnisvollen Meteors.

Ein Steinmeteorit von etwa 10 km Durchmesser, ein Asteroid also, würde bei der Kollision mit der Erde bei einer Geschwindigkeit von 25 km/s eine Explosionsenergie von 100 Mio. Megatonnen TNT-Äquivalent produzieren. Ein solches Ereignis ist höchstens alle 75 Mio. Jahre zu erwarten. Man nimmt an, daß in den letzten 600 Mio. Jahren etwa 2000 Zusammenstöße zwischen Asteroiden und der Erde stattgefunden haben. Bisher sind 102 Aufschlagstellen festgestellt worden.

Krater: Man kann abschätzen, daß in den letzten 600 Mio. Jahren etwa 200 Asteroiden mit der Erde kollidiert sind. 102 Überreste von Einschlagkratern, Astrobleme genannt, konnten bisher identifiziert werden. Vermutlich ist nun auch der langgesuchte Einschlagsort jenes Asteroiden entdeckt worden, der für das Aussterben der Saurier und zahlreicher anderer Tierarten vor 65 Mio. Jahren verantwortlich war: Er liegt bei Merida, an der Küste der mexikanischen Halbinsel Yukatan.

Der größte Meteoritenkrater, 241 km im Durchmesser und 805 m tief, soll von einem 13 000 Mio. t schweren Meteoriten verursacht worden sein, der mit einer Geschwindigkeit von 70 811 km/h in Wilkesland (Antarktis) aufschlug. Dieser Krater ist 1962 entdeckt worden. Wissenschaftler der damaligen UdSSR meldeten im Dezember 1970 einen Krater von 96 km Durchmesser und einer Maximaltiefe von 400 m im Becken des Popigai-Flusses. Eine kraterartige Vertiefung mit einem Durchmesser von 442 km befindet sich an der Ostküste der Hudson Bay im Bereich der Nastapoka Inseln in Kanada.
Auch die Halbinsel Florida könnte ihre Entstehung dem Einschlag eines größeren Objekts, eines etwa 5 km großen Asteroiden, vor rund 20 Mio. Jahren verdanken. Eine Reihe jetzt vorgelegter geologischer Indizien spricht für diese Annahme.

Der größte als solcher nachgewiesene Krater ist allerdings der Coon Butte oder Barringerkrater, der 1891 in der Nähe des Cañons Diablo in Nordarizona (USA) entdeckt wurde. Er hat einen Durchmesser von 1265 m, ist jetzt etwa 175 m tief und von einem 40 bis 48 m hohen Wall umgeben. Es wird vermutet, daß ein Eisen-Nickel-Körper mit einem Durchmesser von 60 bis 80 m und einem Gewicht von ca. 2 Mio. t diesen Krater um 25 000 v. Chr. schlug.

Der größte Meteoritenkrater in Deutschland ist das Nördlinger Ries in Bayern. Man hielt ihn lange für vulkanischen Ursprungs, hat aber durch Messungen und Analysen mit modernsten physikalischen Methoden vor einigen Jahren seinen wirklichen Ursprung ermittelt. Das Ries, vor 14 Mio. Jahren entstanden, hat einen Durchmesser von rund 25 km und eine Tiefe von 600 m. Noch heute ist der Kraterrand 100 m höher als das Innere. Beim Aufschlag des Meteoriten wurde Gestein bis 20 km hoch geschleudert und füllte beim Niedergehen den Krater.

Der schwerste Meteorit, der deutsches Gebiet traf und dessen Gewicht festgestellt werden konnte, stürzte 1802 nahe der Albacher Mühle in der Nähe von Bitburg bei Trier zur Erde. Er wog 1600 kg. Der größte Meteorit, dessen Sturz beobachtet wurde, wog 63 kg und traf am 3. April 1916, 14 Uhr 30 bei Treysa (Hessen) auf die Erde.

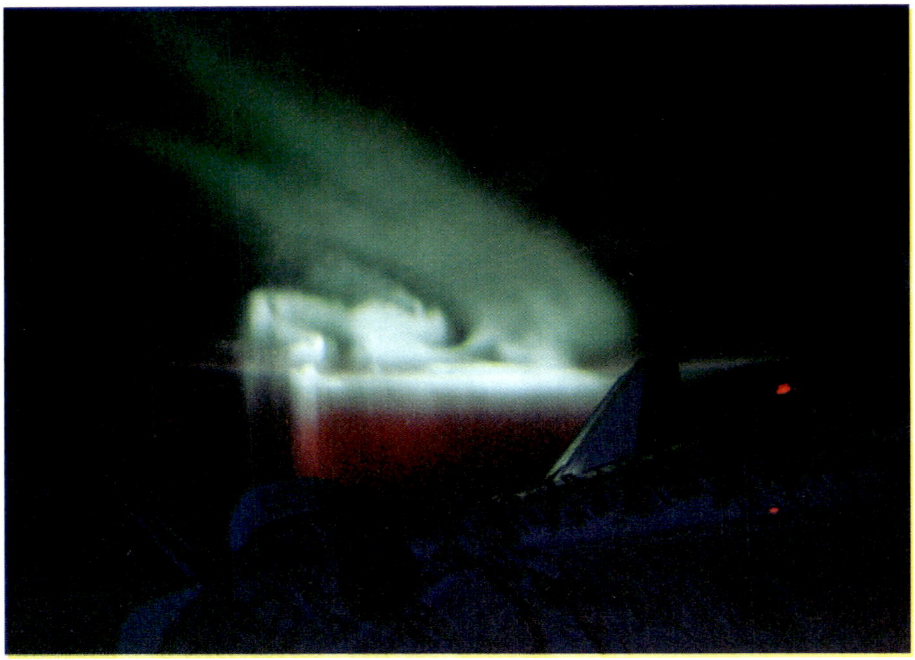

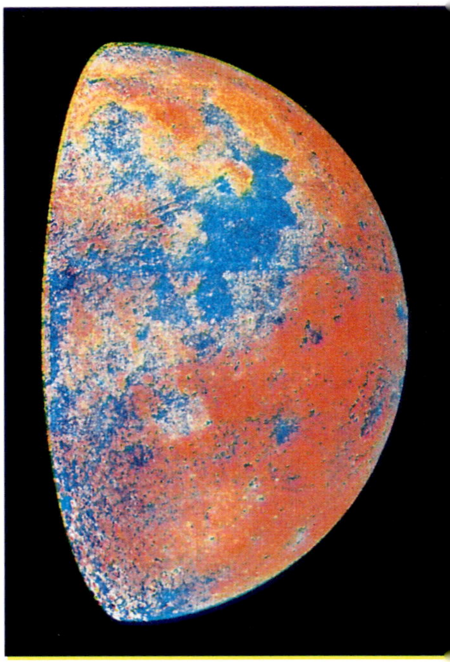

Diese ungewöhnliche Aufnahme eines Polarlichts über der Antarktis, eines »Südlichts«, gelang am 28. März 1992 der Besatzung der Raumfähre *Atlantis,* als sie den Südatlantik überflog.

Der größte österreichische Meteorit ist ein grauschwarzer Klumpen, der am 25. August 1925 niederging.

Der größte bekannte Meteorit, der auf Schweizer Boden fiel, wog 76,5 kg und traf am ersten Weihnachtstag 1926 bei Ulmiz auf die Erde.

Diamanten in Meteoriten: Im März 1987 teilten die Kosmochemiker Edward Anders und Roy S. Lewis (Universität Chikago) mit, daß der 1969 in Mexiko niedergegangene Allende-Meteorit sowie drei andere Objekte winzigste Diamanten enthalten. Sie dürften bei der Explosion einer Supernova freigesetzt worden sein. Bei diesen im Durchschnitt nur 5 Millionstel mm großen Diamanten dürfte es sich um das älteste kosmische Material handeln, das in irdische Laboratorien gelangt ist. Trillionen dieser – vor der Entstehung des Sonnensystems – gebildeten »Mikrodiamanten« hätten auf dem Kopf einer Stecknadel Platz.

Die hellste Feuerkugel, die jemals fotografisch festgehalten worden ist, wurde von Dr. Zdeněk Ceplecha am 4. Dezember 1974 mit einer momentanen Größenklasse von –22 (das heißt 10 000mal heller als ein Vollmond) über Sumava (ČSFR) aufgenommen.

Der größte Tektit (glasartiger Meteorkörper kosmischen Ursprungs), über den Einzelheiten berichtet wurden, wiegt 3,2 kg und wurde 1932 in Muong Nong, Saravane-Provinz (Laos), gefunden. Er befindet sich jetzt im Pariser Louvre Museum.

Gestein vom Mars und vom Mond ist in Form von Meteoriten in der Antarktis entdeckt worden. Ein Objekt, im Dezember 1981 gefunden, entspricht genau Gesteinsproben, die mit *Apollo 16* vom Mond zur Erde gebracht wurden. Ein zweiter Meteorit ähnelt in allen Details den mit den *Viking*sonden 1976 auf der Marsoberfläche untersuchten Mineralien. Insgesamt 8 sogenannte SNC-Meteorite stehen im »Verdacht«, vom Mars zu stammen. SNC weist auf Fundorte hin: Shergotty (Indien), Nakla (Ägypten) und Chassigny (Frankreich).

Zu den bisher bekannten 11 »Mond«-Meteoriten, die alle in der Antarktis gefunden wurden, ist ein neues Objekt hinzugekommen. Es ist 3 cm groß und nur 19 g schwer. Es wurde – wie im Januar 1991 bekannt – in Calcalong Creek auf der Nullarbor Ebene (Australien) von D. H. Hill, W. V. Boynton und R. A. Haag (USA) gefunden. In der Aborigines-Sprache bedeutet Calcalong »das vom Mond verfolgte und zum Himmel aufgefahrene Siebengestirn«.

POLARLICHTER

Polarlichter, bekannt seit dem Altertum, benannt seit 1560 als Aurora Borealis oder Nordlicht (in der nördlichen Hemisphäre) und seit 1773 als Aurora Australis (in der südlichen Hemisphäre), werden von der Korpuskularstrahlung der Sonne in der höheren Atmosphäre verursacht. Sie treten am häufigsten in hohen Breitengraden auf. Sie sind manchmal in Polargegenden innerhalb von 20 Grad um die magnetischen Pole in jeder klaren, dunklen Nacht zu sehen. Ihre Extremhöhe wurde mit 1000 km gemessen, die niedrigste mit etwa 72 km. Verläßliche Zahlen existieren erst seit 1952. Die jüngste große Erscheinung in Nordwesteuropa war vom 4. bis 5. September 1958 zu beobachten. Auf den Shetlandinseln (geomagnetische Breite 63°) konnte 1957 ein Maximum von 203 Polarlichtnächten pro Jahr, 1965 ein Minimum von 58 Nächten ermittelt werden.

Extremfälle von Erscheinungen in sehr niedrigen Breitengraden sind in Cuzco (Peru) am 2. August 1744, in Honolulu (Hawaii) am 1. September 1859 und möglicherweise in Singapur am 25. September 1909 beobachtet worden.

Leuchtende Nachtwolken: Die Wolken bestehen aus Eiskristallen sowie aus sehr kleinen Staubpartikeln meteoritischen bzw. vulkanischen Ursprungs. Man kann sie wegen ihrer großen Höhe lange nach Sonnenuntergang am Nachthimmel sehen. Regelmäßige Beobachtungen dieses weltweit erstmals nach dem Krakatau-Ausbruch 1883 auffälligen Himmelsphänomens werden in Westeuropa erst seit 1964 durchgeführt. Seitdem betrugen die Maximal- und Minimalzahl an Nächten, in denen diese Phänomene (in Höhen von etwa 85 km) beobachtet wurden, 41 im Jahr 1974 und 15 im Jahr 1970.

DER MOND

Allgemein: Der nächste kosmische Nachbar und einzige natürliche Satellit der Erde ist der Mond mit einem mittleren Durchmesser von 3475,1 km. Seine Masse beträgt $7{,}348 \times 10^{19}$ t oder 0,0123 Erdmassen. Die mittlere Dichte liegt bei 3,344 g/cm^3. Von Zentrum zu Zentrum gemessen, beträgt der mittlere Abstand des Erdtrabanten 384 399,1 km. Von Oberfläche zu Oberfläche beläuft sich der mittlere Abstand auf 376 285 km.
In diesem Jahrhundert betrug die größte Annäherung des Mondes 356 375 km, die am 4. Januar 1912 eintrat. Die größte Entfernung – immer von Zentrum zu Zentrum gemessen – wurde mit 406 711 km am 2. März 1984 erreicht. Für eine Erdumkreisung (siderischer Monat) benötigt der Mond 27,3216661 Tage, woraus eine mittlere Bahngeschwindigkeit von 3683 km/h resultiert.
Obwohl die Entstehungsgeschichte des Mondes noch immer nicht genau bekannt ist, dürfte der Trabant in Erdnähe aus der Kollision von Planetesimalen, von asteroidengroßen Bruchstücken, gebildet worden sein. Dieses Ereignis muß sich unmittelbar nach der Entstehung des Sonnensystems vollzogen haben, denn die Untersuchung des im Rahmen des *Apollo*-Programms zur Erde zurückgebrachten Mondgesteins ergibt ein Alter von rund 4,5 Mrd. Jahren für den Trabanten. Er ist damit nicht wesentlich jünger als die Erde und das Sonnensystem.

Der erste direkte Aufprall auf den Mond vollzog sich am 14. September 1959, 2:24 Min. nach Mitternacht (Moskauer Zeit) durch die sowjetische Raumsonde *Lunik II* in der Nähe des »Mare Serenitatis«. Die ersten Fotos von der Rückseite des Mondes wurden von *Lunik III* am

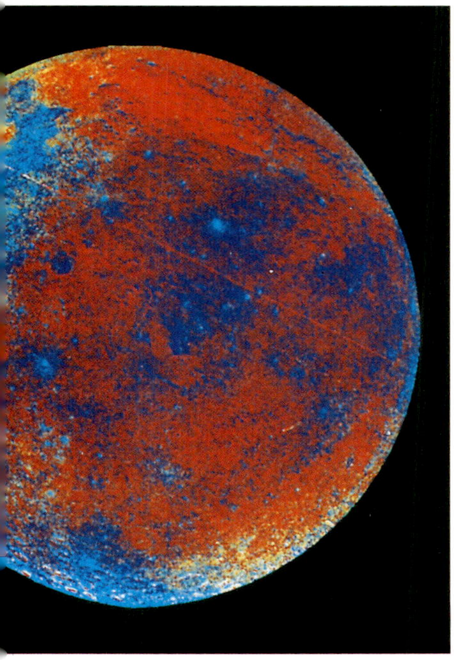

Der nächste Nachbar der Erde und ihr einziger natürlicher Satellit ist der Mond. Diese Bilder stammen von der *Galileo*-Sonde und wurden im Dezember 1990 gewonnen.
Rechts ist die erdzugewandte Seite und rund 30° der erdabgewandten Seite (linker Rand) zu erkennen. Die volle Mondscheibe (links) zeigt fast die Hälfte der erdabgewandten Seite in der rechten Hälfte des Bildes.

7. Oktober 1959 von 6 Uhr 30 an aus einer Entfernung von 70 400 km aufgenommen und aus einer Entfernung von 470 000 km zur Erde übertragen. Die erste »weiche« Landung gelang der sowjetischen *Luna IX* am 3. Februar 1966 im Gebiet des »Oceanum procellarum«.

Blauer und grüner Mond: Aufgrund von Schwefelpartikeln in der höheren Atmosphäre, von einem Waldbrand stammend, der sich über 100 000 ha zwischen Meile 103 und Meile 119 auf dem Alaska Highway im nördlichen Britisch-Kolumbien (Kanada) erstreckte, nahm der Mond, wie er in der Nacht vom 26. September 1950 von Mitteleuropa aus gesehen wurde, eine bläuliche Färbung an.

Grün erschien der Mond nach dem Ausbruch des Vulkans Krakatau vom 27. August 1883. Außerdem drei Minuten lang am 17. Januar 1884 über Stockholm.

Der größte Mondkrater: Nur 59 Prozent der Mondoberfläche sind von der Erde aus direkt sichtbar aufgrund seiner »gebundenen Rotation«, das heißt, daß die Rotationsperiode der Umlaufperiode gleicht. Der größte gänzlich sichtbare Krater ist der von Wällen umgebene flache Bailly in der Nähe des Mondsüdpoles, der einen Durchmesser von 295 km und Wälle bis zu 4250 m Höhe hat. Das »Mare Orientale«, das sich teilweise auf der abgewandten Seite befindet, mißt mehr als 960 km im Durchmesser.

Der tiefste Krater ist Newton, dessen Grund schätzungsweise 7–8,85 km unter seinem Rand liegt und 4250 m unter der ihn umgebenden Ebene.

Die höchsten Mondberge: In Ermangelung eines Meeresspiegels werden Mondhöhen relativ zu einer Bezugskugel mit dem Radius 1738 km gemessen. Demnach war die höchste von US-Astronauten erreichte Erhebung 7830 m auf dem Descartes-Hochland durch Captain John Watts Young und Major Charles M. Duke jr. am 27. April 1972.

Das hellste, mit dem bloßen Auge auf dem Mond sichtbare Gebilde ist der Krater Aristarch.

Temperaturextreme: Wenn die Sonne hoch steht, erreicht die Temperatur auf dem Mondäquator 117° C, also 17° C über dem Siedepunkt von Wasser. Bei Sonnenuntergang beträgt die Temperatur 14° C, sinkt jedoch nachts auf –163° C.

DIE SONNE

Entfernungsextreme: Der durchschnittlich 107 210 km/h schnelle Erdumlauf auf der 939 886 400 km langen Bahn um die Sonne ist elliptisch, wodurch sich unsere Entfernung von der Sonne verändert. Die Umlaufgeschwindigkeit variiert zwischen 105 450 km/h und 109 030 km/h. Die Durchschnittsentfernung der Sonne beträgt 1,00 000 102 astronomische Einheiten oder 149 598 020 km.

Die größte Annäherung *(Perihel)* beträgt 147 097 800 km und die weiteste Entfernung *(Aphel)* 152 098 200 km.

Temperaturen und Dimensionen: Die Sonne wird astronomisch als gelber Zwergstern des Spektraltyps G2V klassifiziert. Ihre Masse beträgt 1,9889 $\times 10^{27}$ t, womit sie 332 946,04mal schwerer als die Erde ist. 99,867 Prozent der Gesamtmasse des Sonnensystems stecken im Zentralgestirn. Der Durchmesser liegt bei 1 392 140 km, die mittlere Dichte beträgt 1,408 g/cm^3.

Im Mittelpunkt der Sonne herrscht ein Druck von 25,4 PPa und eine Temperatur von 15,4 Mio. K. Im Zentrum werden je Sekunde rund 5 Mio. t Masse in Energie umgewandelt, die einem Betrag von 3,85 $\times 10^{26}$ W entspricht. Durch die Wasserstoff-Helium-Fusion kann für 10 Mrd. Jahre Energie produziert werden, wovon etwa die Hälfte bereits um ist.

Jupiter, aufgenommen mit dem *Hubble*-Weltraumteleskop am 11. März 1991. Der Riesenplanet erscheint hier in »echten« Farben. Er wird regelmäßig mit dem Weltraumteleskop beobachtet.

Die Gesamtleuchtkraft der Sonne beträgt 2,7 $\times 10^{27}$ Candela, woraus eine Leuchtdichte von 4,5 $\times 10^{8}$ Candela/m^2 resultiert.

Der größte Sonnenfleck trat am 8. April 1947 auf der südlichen Hemisphäre der Sonne auf. Seine Fläche betrug etwa 18 000 Mio. km^2 mit einer Extremlänge von 300 000 km und einer Extrembreite von 145 000 km.
Sonnenflecken erscheinen dunkler, weil sie über 1500° C kühler sind als die restliche Oberflächentemperatur der Sonne von 5507° C. Damit ein Sonnenfleck für das geschützte bloße Auge sichtbar ist, muß er sich über einen zweitausendstel Teil der Sonnenscheibe erstrecken, also eine Fläche von etwa 1300 Mio. km^2 haben.

Die höchste Sonnenflecken-Relativzahl, ein wichtiges Maß für die Sonnenaktivität, wurde mit 263 im Oktober 1957 registriert. Damit wurde das Rekordjahr 1778 übertroffen. Hier hatte man für Mai eine Relativzahl von 239 ermittelt. 1943 wurde ein Sonnenfleck über 200 Tage, von Juni bis Dezember, beobachtet.
Seit etwa 1700 liegt eine verläßliche und nahezu lückenlose Sonnenfleckenstatistik vor.

Die größte Sonnenprotuberanz, die bisher beobachtet worden ist, ragte 588 000 km hervor und wurde am 19. Dezember 1973 während der dritten und letzten bemannten *Skylab*-Mission der amerikanischen NASA fotografiert.

FINSTERNISSE

Allgemein: Sonnenfinsternisse treten auf, wenn der Mond genau zwischen Sonne und Erde steht. Mondfinsternisse entstehen dadurch, daß der Mond den Erdschatten durchwandert.

Die frühesten Finsternisse, die in Aufzeichnungen zu finden sind, ereigneten sich in den

Jahren 1361 v. Chr. (Mond) und 2136 v. Chr. (Sonne). Die älteste, völlig zweifelsfrei gesicherte Beschreibung einer totalen Sonnenfinsternis wurde auf einer Tontafel gefunden, die in Ugarit (Syrien) 1948 geborgen wurde. Eine neue Auswertung (1989) ergab, daß diese Finsternis am 5. März 1223 v. Chr. stattgefunden hat. Für den Nahen Osten hat man Mondfinsternisse bis 3450 v. Chr. und Sonnenfinsternisse bis 4200 v. Chr. rückgerechnet.

Die erste in Deutschland beobachtete Sonnenfinsternis wird 538 n. Chr. in der sogenannten *Metzer Handschrift* erwähnt.
Die letzten Totalfinsternisse, die in Mitteleuropa beobachtet werden konnten, fanden am 15. Februar 1961 (Sonne) und am 9. Februar 1990 (Mond) statt.

Die nächsten Sonnenfinsternisse, die man in Mitteleuropa beobachten kann, haben folgende Daten: 21. Mai 1993 (partiell), 11. August 1999 (total).

Die längstmögliche Dauer einer Sonnenfinsternis beträgt 7:31 Min. Die längste tatsächlich gemessene fand am 20. Juni 1955 statt (7:08 Min.), beobachtet von den Philippinen aus. Eine Finsternis von 7:29 Min. müßte am 16. Juli 2186 im Mittelatlantik auftreten und wäre dann für die nächsten 1469 Jahre die längste.
Die Sonnenfinsternis kann im Fluge länger beobachtet werden. So wurde am 30. Juni 1973 eine Eklipse von einer *Concorde* aus auf 72 Min. »ausgedehnt«.

Eine ringförmige Sonnenfinsternis kann 12:24 Min. dauern.

Die längste totale Mondfinsternis dauert 104 Min. Sie ist zahlreiche Male aufgetreten.

Die meisten Eklipsen in einem Jahr sind sieben. 1935 gab es fünf Sonnen- und zwei Mondfinsternisse; 1982 waren es vier Sonnen- und drei Mondfinsternisse.

Das Bild eines Kleinplaneten, des Asteroiden Gaspra. Gewonnen wurde es von der Raumsonde *Galileo* am 29. Oktober 1991 aus 16 200 km Entfernung. Gaspra rotiert in 7 Std. einmal um ihre Achse.

Die frühesten Kometenaufzeichnungen gehen bis auf das 7. Jh. v. Chr. zurück. Das erste Objekt, dessen Wiederkehr vorhergesagt werden konnte, war der Halleysche Komet. Seine Erscheinungen konnten in Aufzeichnungen bis zum Jahr 467 n. Chr. zurückverfolgt werden. Die letzte Wiederkehr fand 1986 statt. Diese Aufnahme wurde von Neuseeland aus gewonnen. Der Mond steht unten rechts hinter den Wolken.

Die geringste Anzahl sind zwei, von denen beide solar sein müssen. Dies war in den Jahren 1944 und 69 der Fall.

KOMETEN

Die frühesten Berichte über Kometen stammen aus dem 7. Jh. v. Chr. Die Geschwindigkeiten der Kometen variieren zwischen 1125 km/h

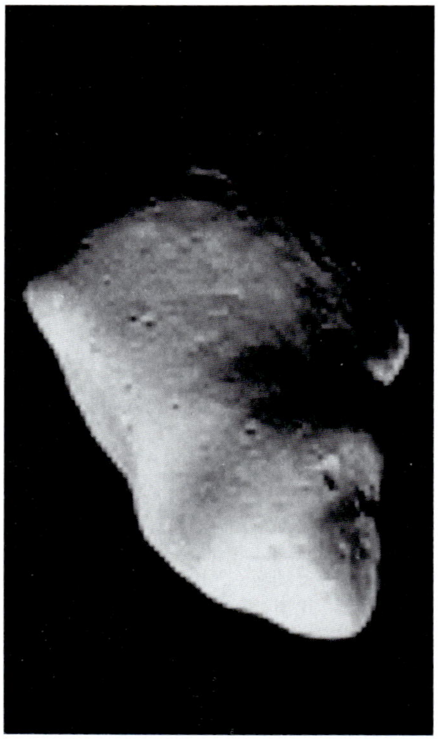

im äußeren Sonnensystem und 2 Mio. km/h in Sonnennähe. Die wiederkehrenden Erscheinungen des Halleyschen Kometen sind bis 467 v. Chr. zurückverfolgt worden. Er wird zum ersten Mal in der *Nürnberger Chronik* von 684 n. Chr. abgebildet. Die erste Vorhersage seiner Wiederkehr durch Edmund Halley (1656 bis 1742) erwies sich am Weihnachtstag 1758, 16 Jahre nach Halleys Tod, als zutreffend.

Die größte Annäherung eines Kometen an die Erde erfolgte am 1. Juli 1770. Damals kam der Lexellsche Komet, der sich mit einer Geschwindigkeit von 138 600 km/h (relativ zur Sonne) bewegte, der Erde auf 1,2 Mio. km nahe. Es wird jedoch angenommen, daß die Erde den Schweif des Halleyschen Kometen am 19. Mai 1910 durchquert hat.

Selbst die größten Kometen sind relativ massearme Gebilde. Der »feste Kern« im Kometenkopf ist selten größer als 1 km, besteht aus lockerem Material, aus Eis, kondensierten Gasen und Staub. Schweife wie der des hellsten aller Kometen, des Großen Kometen von 1843, können sich über 330 Mio. km hinziehen.
Der Kopf des Holmesschen Kometen von 1892 maß 2,4 Mio. km im Durchmesser. Der Komet Bennett, der im Januar 1970 auftrat, war von einer Wasserstoffwolke von etwa 12,75 Mio. km Länge umgeben.

Der am häufigsten wiederkehrende Komet von allen periodischen Kometen ist der Enckesche Komet, der zum ersten Mal 1786 identifiziert wurde. Seine Periode von 1206 Tagen (3,3 Jahren) ist die kürzeste aller beobachteten. Nur eine seiner 54 Wiederkünfte (einschließlich 1989/90) wurde von Astronomen versäumt, die von 1944.

Die am häufigsten beobachteten Kometen sind Schwassmann-Wachmann I, Kopff und Oterma, die jedes Jahr zwischen Mars und Jupiter gesehen werden können.

Der erste Komet, der von einer Raumsonde aus der Nähe inspiziert wurde, war Giacobini-Zinner. Am 11. September 1985, 9 Uhr 10 WZ, tauchte der Internationale Kometenexplo-

Ein Kleinplanet wird besichtigt

Am 29. Oktober 1991 flog die amerikanische Raumsonde *Galileo* in nur 1600 km Entfernung an dem Asteroiden Gaspra vorüber. Dabei wurden zahlreiche Bilder und Meßdaten von dem unregelmäßig geformten Objekt (20 × 12 × 11 km) gewonnen. Da noch immer nicht die große Parabolantenne der Jupitersonde entfaltet werden konnte, sind die Resultate des Vorbeifluges an Bord von *Galileo* gespeichert. Nur ein Bild wurde mit geringer Datenrate über die Rundstrahlantenne aus über 420 Mio. km übertragen. Es zeigt den Kleinplaneten, der etwa die Größe der Hawaii-Insel Oahu hat. Er ist kein vollständiges Ellipsoid: Es fehlen zwei große Stücke, sie sind vermutlich bei katastrophalen Kollisionen abgebrochen. Das abgerufene Bild wurde 34 Min. vor der größten Annäherung aus 16 200 km Entfernung gewonnen. Dennoch läßt es Einzelheiten von knapp 200 m Größe erkennen, darunter zahlreiche Krater. Auffällig ist die weiche Topographie Gaspras, ohne erkennbare scharfe Kanten. Spätestens im Dezember 1992 werden alle Daten zur Erde übertragen.

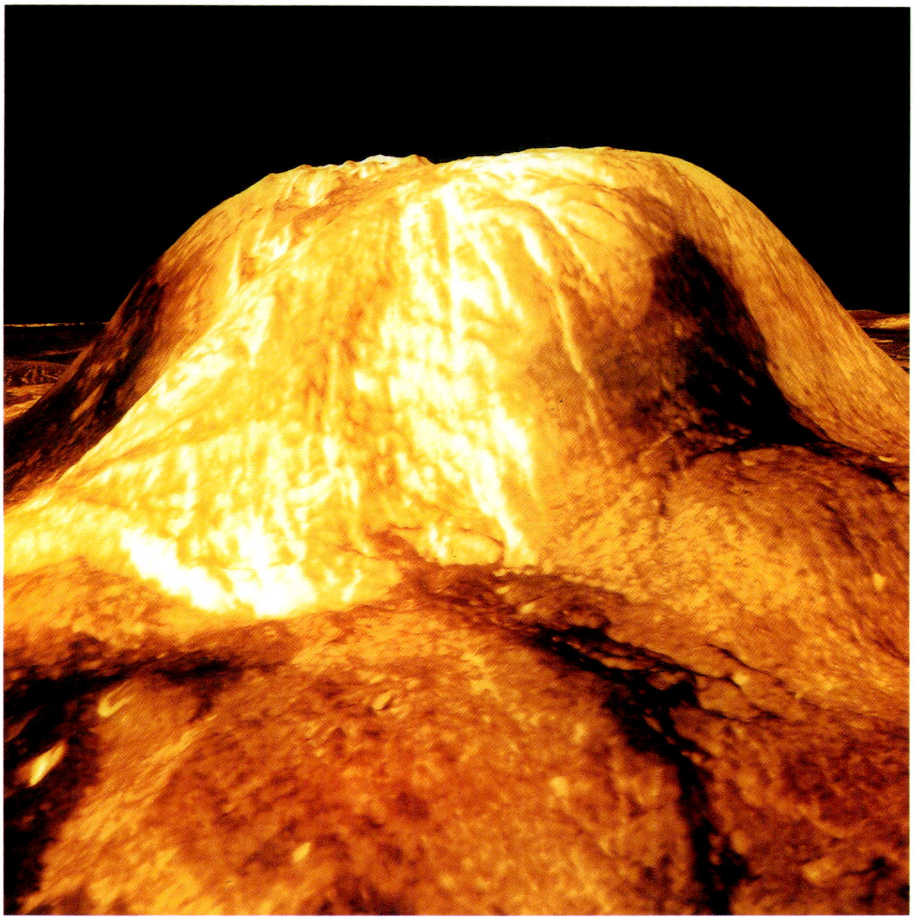

Venus, der zweite Planet von der Sonne aus gesehen, hat eine Oberflächentemperatur von 462° C. Das geht aus Messungen der amerikanischen *Pioneer*- und russischen *Venera*-Sonden hervor.

rer der NASA in den Schweif des Kometen ein und lieferte erstmals wichtige Erkenntnisse über dieses ungewöhnliche Milieu.

Der erste Komet, der von einer Raumsondenflotte ausführlich untersucht worden ist, war Halley im März 1986. Unter den herausragenden Ergebnissen ist die Tatsache zu erwähnen, daß der Kometenkern erdnußförmig mit einer Längsachse von rund 15 km und einer Breite von 7–10 km ist. Der Kern ist überraschend völlig schwarz. Die Halley-Raumsonden haben den Vorbeiflug mit vergleichsweise geringen Beschädigungen überstanden. Die europäische *Giotto* (ESA) hat im Juli 1992 einen weiteren Kometen, Grigg-Skellerup, im nahen Vorbeiflug untersucht.

Die längste Kometen-Periode ist die des Delavanschen Kometen von 1914, dessen Bahn nicht genau bestimmt werden konnte. Man vermutet, daß er wahrscheinlich 24 Mio. Jahre lang nicht wiederkehrt.

PLANETEN

Allgemein: Planeten (einschließlich der Erde) sind Körper im Sonnensystem, die sich in bestimmten Bahnen um die Sonne bewegen.

Der größte Planet unter den neun Hauptplaneten ist Jupiter mit einem Äquatordurchmesser von 142 984 km und einem Polardurchmesser von 133 708 km. Seine Masse entspricht dem 317,83fachen und sein Volumen dem 1321,4fachen der Erde. Er hat die kürzeste Umdrehungsperiode, die sich auf einen Jupitertag von nur 9:50:30,003 Std. in der Äquatorzone beläuft.

Der kälteste Planet ist vermutlich der am weitesten von der Sonne entfernte, nämlich Pluto mit seinem Mond Charon, entdeckt am 22. Juni 1978. Seine mittlere Entfernung von der Sonne beträgt 5913,5 Mio. km, und seine Umlaufperiode dauert 248,54 Jahre. In den letzten Jahren wurden aus Verfinsterungsbeobachtungen präzise Durchmesser abgeleitet. Pluto: 2284 km und Charon: 1192 km. Die mittlere Dichte der beiden Objekte liegt bei 2,1 ± 0,5 g/cm³. Die Masse von Pluto entspricht 0,17 Prozent der Erdmasse. Pluto wurde zum ersten Mal von Clyde William Tombaugh (*4. Februar 1906) am Lowell Observatory in Arizona (USA) am 18. Februar 1930 anhand von am 23. und 29. Januar aufgenommenen Fotos registriert, was am 13. März bekanntgegeben wurde. Aufgrund seiner exzentrischen Umlaufbahn bewegt sich Pluto zwischen dem 23. Januar 1979 und dem 15. März 1999 in größerer Sonnennähe als Neptun. Die bisher niedrigste Oberflächentemperatur auf einem Mitglied des Sonnensystems wurde mit –235° C auf dem Neptunmond Triton gemessen. Genaue Werte für Pluto und Charon stehen noch aus.

Der schnellste der Planeten ist Merkur, der die Sonne in einer Durchschnittsentfernung von 57,9 Mio. km umkreist. Er hat eine Umlaufperiode von 87,9686 Tagen und mit 172 248 km/h die höchste mittlere Umlaufgeschwindigkeit.

Der bei weitem hellste der von der Erde aus mit bloßem Auge sichtbaren fünf Planeten ist die Venus, mit einer Maximalgröße von $-4^{m}4$ (Uranus ist bei Größenklasse $5^{m}5$ kaum sichtbar). Der schwächste ist Pluto mit einer Größenklasse von $15^{m}0$.
Die Venus ist zugleich der der Erde nächste Planet. Ihre größte Annäherung beträgt etwa 41,3 Mio. km innerhalb der Erdumlaufbahn. (Zum Vergleich: Der zweitnächste Nachbarplanet der Erde ist Mars mit der größten Annäherung von 55,6 Mio. km außerhalb der Erdumlaufbahn.)
Mars, von dem seit 1965 bekannt ist, daß er Krater besitzt, hat Temperaturen von 29° C bis –123° C. Die bei weitem höchste und spektakulärste seiner Oberflächenformen ist Olympus Mons (früher Nix Olympica) in der Tharsisregion mit einem Basisdurchmesser von 500–600 km und einer Höhe von 26 ± 3 km über der umliegenden Ebene.

Der dichteste Planet mit einer Durchschnittsdichte, die das 5,516fache von Wasser ausmacht, ist die Erde, während Saturn nur eine Durchschnittsdichte von etwa einem Achtel dieses Wertes oder von 0,685facher Wasserdichte hat.

Ein Cañon auf der Venus, etwa 1600 km südlich des Planetenäquators, ist etwa 400 km lang und rund 6400 m tief.

Die geheimnisvollen Ringe des Riesenplaneten Saturn sind erstaunlich dünn. »Eine zu der gleichen Größe aufgeblasene Rasierklinge würde eine nicht annähernd so dünne Schneide wie die Saturnringe haben«, berichtete Anfang 1982 der Geophysiker Professor Leonhard G. Tyler von der Stanford-Universität in Kalifornien.

Die schnellsten Winde des Sonnensystems wehen auf dem Neptun. Auswertungen von *Voyager-2*-Bildern, die im August 1989 beim Vorbeiflug an Neptun gewonnen wurden, haben Stürme mit Spitzengeschwindigkeiten von 2400 km/h erkennen lassen. Möglicherweise liegt die Ursache für die hohen Geschwindigkeiten in der internen Wärmequelle des Planeten, die 2,7mal soviel Energie liefert wie das einfallende Sonnenlicht.

Konjunktionen: Die dramatischste Konjunktion (das heißt das scheinbare enge Zusammentreffen von Gestirnen am Himmel) konnte am 5. Februar 1962 während einer Sonnenfinsternis beobachtet werden: Sonne, Mond, Merkur, Venus, Mars, Jupiter und Saturn standen in einem Bereich von nur 16 Grad beieinander. Wahrscheinlich standen diese Objekte bei der siebenfachen Konjunktion vom September 1186 nur 12 Grad auseinander. Die nächste bemerkenswerte Konjunktion wird am 5. Mai 2000 stattfinden.

Das größte Modell des Sonnensystems wurde am 29. November 1986 im Zukunftsmuseum in Falun (Schweden) vorgestellt. Dort steht die Erde mit einer Größe von 13 mm. Die Sonne (1,5 m), die Planeten (3,5–140 mm) befinden sich in der Stadt Borlänge, 16 km entfernt. Der nächste Fixstern, Proxima Centauri, ist im Victoria-Museum in Melbourne.

SATELLITEN

Allgemein: Von den neun großen Planeten haben alle bis auf Venus und Merkur natürliche Satelliten. Mit seinen 18 ist der Saturn der Planet mit den meisten Satelliten.

Erde und Pluto sind die einzigen Planeten mit jeweils nur einem Satelliten. Die Entfernungen zu ihren Mutterplaneten variieren zwischen 9377 km (Phobos zum Marszentrum) und 23 700 000 km (Jupiters äußerster Satellit Sinope zum Planetenzentrum).

Das Sonnensystem hat eine Gesamtzahl von mindestens 61 Satelliten.

Den 18. Saturnmond entdeckte Mark Showalter auf Bildern von *Voyager 2* von 1981. Das etwa 20-km-Objekt umkreist Saturn in der nur rund 325 km weiten Encke-Teilung in den Ringen. Der amerikanische Astronom gab seine Entdeckung am 19. Juli 1990 bekannt.
Inzwischen hat das Objekt die Bezeichnung Pan erhalten. Zwei weitere Saturnmonde könnten in der Cassini-Teilung zwischen den Ringen A und B zu finden sein. Das vermuten die Astronomen E. A. Marouf und G. L. Tyler.

Der größte Satellit ist nach *Voyager*-Messungen Ganymed (Jupiter III) mit einem Durchmesser von 5268 km.

Der einzige Satellit mit einer dichten Atmosphäre ist Titan (Saturn VI), dessen höchste atmosphärische Schichten 750 km über seiner Oberfläche liegen.

Der schwerste bekannte Satellit ist Ganymed (Jupiter III), der 2,017mal schwerer als unser Mond ist. Sein Durchmesser beträgt 5268 km.

Der kleinste Satellit ist Leda (Jupiter XIII) mit einem Durchmesser von weniger als 14,5 km. Ein gemessener Wert liegt für den unregelmäßig geformten Marsmond Deimos vor. Sein mittlerer Durchmesser beträgt 12,5 km. Auf dem Uranusmond Miranda existiert eine Klippe aus gefrorenem Stickstoff, die etwa 5200 m hoch ist.

Entfernungsextreme: Die Distanz der Satelliten von ihrem Mutterplaneten variiert zwischen 9377 km (Phobos vom Marsmittelpunkt) und 23,7 Mio. km (Jupiters entferntester Satellit Sinope vom Zentrum des Planetenriesen).

Asteroiden: Man schätzt, daß es etwa 45 000 Asteroiden gibt. Derzeit sind von etwas über 5300 Objekten die Bahnen genau bekannt. Obwohl sich die meisten kleinen Planeten zwischen Mars und Jupiter bewegen, sind beachtliche Entfernungsextreme zu verzeichnen. So beträgt der mittlere Sonnenabstand des Objekts 1954XA nur 116 300 000 km, liegt also gerade außerhalb der Venusbahn. Dieser Asteroid ist inzwischen verlorengegangen. Das andere Extrem ist 1992AD (entdeckt am 9. Januar 1992) mit einem mittleren Sonnenabstand von 3061 Mio. km, also knapp jenseits der Uranusbahn.
Da die Bahnen vieler Asteroiden sehr exzentrisch sind, kommt es zu noch krasseren Verhältnissen: So kann sich Phaeton (entdeckt am 11. Oktober 1983) der Sonne bis auf nur 20 890 000 km nähern, während 1992AD im sonnenfernsten Punkt 2297 Mio. km erreicht, sich dann also jenseits der Neptunbahn befindet.

Der größte Asteroid ist Ceres mit einem Durchmesser von 936 km. Er wurde als erster von allen Asteroiden von Piazzi am 1. Januar 1801 in Palermo auf Sizilien entdeckt.

Der vermutlich heißeste Stern unserer Milchstraße ist auf dieser Aufnahme mit dem *Hubble*-Weltraumteleskop. Das Objekt im Nebel NGC 2440 weist eine Temperatur von 200 000° C auf.

Der kleinste bekannte Asteroid ist das am 19. Januar 1991 entdeckte Objekt 1991 BA, dessen Durchmesser knapp 10 m beträgt.

Der einzige mit freiem Auge sichtbare Asteroid ist Vesta mit einem Durchmesser von 520 km; entdeckt von Dr. Heinrich Wilhelm Olbers (1758–1840), einem deutschen Amateurastronomen.
Die naheste gemessene Annäherung eines Asteroiden an die Erde war 170 000 km. Sie erreichte 1991 BA am 18. Januar 1991.

DIE STERNE

Die erste direkte Bestimmung der Entfernung eines Fixsterns gelang im Jahr 1838 dem deutschen Astronomen Friedrich Wilhelm Bessel (1784–1846) an der Sternwarte in Königsberg. Durch die direkte Messung der Parallaxe des Sterns 61 im Schwan ermittelte Bessel eine Entfernung des Objekts von etwa 6 Lichtjahren. Moderne Messungen ergeben einen Wert von 11,08 Lichtjahren.

Der massereichste aller bekannten Sterne, der veränderliche Stern Eta Carinae, rund 9100 Lichtjahre entfernt, ist mindestens 200mal so schwer wie unsere Sonne.

Beteigeuze, der obere linke Stern im Sternbild Orion, 310 Lichtjahre entfernt, (die Schulter), hat einen Durchmesser von annähernd 700 Mio. km. Das entspricht ungefähr dem Fünffachen des Abstandes Erde–Sonne. 1978 stellte man fest, daß er eine dünne Kalium-»Hülle« von 850 Mrd. km Durchmesser besitzt. Diese Ausdehnung entspricht rund dem 1100fachen Sterndurchmesser. Das Licht, das wir heute von Beteigeuze sehen, wurde im Jahr 1680 ausgestrahlt.

Der masseärmste Stern wurde von I. Neill Reid und Gerard Gilmore mit dem U.-K.-Schmidt-Teleskop entdeckt. Wie im April 1983 bekannt wurde, ist das Objekt RG 0058,8-2807 nur 0,014 Sonnenmassen schwer.

Der kleinste Stern ist der Weiße Zwerg L 362-81, dessen Durchmesser 5600 km oder das 0,004fache des Sonnenwertes beträgt.

Der hellste Stern unter den 5776 mit dem bloßen Auge sichtbaren Sternen ist Sirius A (Sternbild Großer Hund). Er hat eine scheinbare Helligkeit von $-1^{m}.46$, ist in den Wintermonaten der nördlichen Hemisphäre sichtbar und steht um Mitternacht am letzten Tag des Jahres genau im Süden. Der Sirius ist 8,64 Lichtjahre entfernt und hat die 26fache Leuchtkraft der Sonne. Er hat einen Durchmesser von 2,33 Mio. km und eine Masse von $4{,}26 \times 10^{27}$ t. Sirius wird im Jahr 61 000 durch seine Annäherung $-1^{m}.67$ hell werden.
Der schwache Begleiter, Sirius B, ein Weißer Zwerg, hat einen Durchmesser von 28 000 km, ist jedoch 350 000mal schwerer als die Erde. Ein Kubikzentimeter der Sirius-B-Materie wiegt 1,4 t.

Die fernsten und nächsten Sterne: Unser Sonnensystem mit seiner Sonne, neun Hauptplaneten, mindestens 61 Satelliten, Asteroiden und Kometen ist, wie 1982 geschätzt wurde, et-

Blick zurück zum Urknall
Großräumige wolkenartige Strukturen im Universum, die nur wenige hunderttausend Jahre nach dem Urknall entstanden sein müssen, hat der amerikanische Forschungssatellit *COBE* (***Co**smic **B**ackground **E**xplorer*) entdeckt. Dies gab am 23. April 1992 der amerikanische Astrophysiker George Smoot bekannt. Rund 15 Mrd. Jahre brauchte die Strahlung dieser ersten kosmischen Massenmanifestationen, um die Erde zu erreichen. Mit dem *COBE*-Satelliten sollte die 2,7 K-Hintergrundstrahlung untersucht werden, das »Wärmeecho« des Urknalls. Zunächst zeigten die Messungen, bis auf ein tausendstel Grad genau, eine völlig gleichförmige Verteilung dieser Strahlung. Erwartet hatte man winzige Unregelmäßigkeiten, die die ersten »Ausflockungen« von Materie aus der heißen Strahlung kennzeichnen sollten. Erst die sorgfältige Auswertung von 300 Mio. Temperaturmessungen des Satelliten zeigten Temperaturschwankungen von wenigen millionstel Grad in der Hintergrundstrahlung, aus denen die ersten kosmischen Strukturen erkannt werden konnten.

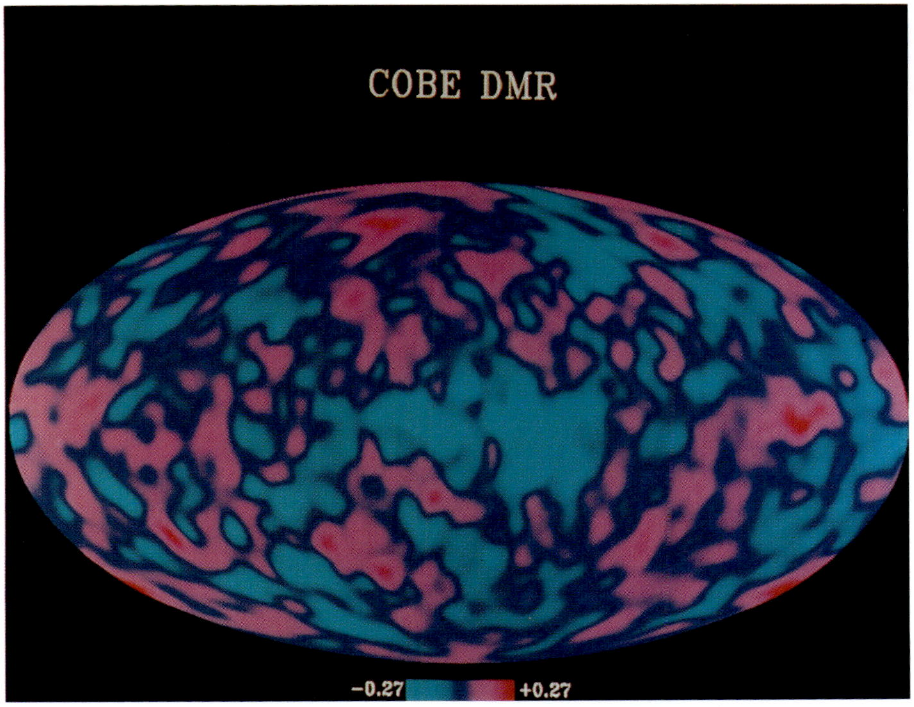

Rund 15 Mrd. Jahre alt dürften die ersten Materiemanifestationen sein, die mit dem amerikanischen Satelliten *COBE* entdeckt wurden. Sie stammen aus einer Zeit kurz nach dem Urknall.

wa 27 700 Lichtjahre vom Zentrum des linsenförmigen Milchstraßensystems (Durchmesser 70 000 Lichtjahre) mit etwa 100 Mrd. Sternen entfernt.
Der entfernteste Stern in unserer Galaxis ist daher etwa 63 000 Lichtjahre entfernt.
Nimmt man die Sonne aus, ist der nächste Stern der sehr schwache Proxima Centauri, entdeckt 1915, der 4,22 Lichtjahre entfernt ist.
Der nächste mit bloßem Auge sichtbare Stern ist Alpha Centauri oder Rigel Centaurus auf der südlichen Hemisphäre (4,35 Lichtjahre) mit einer Helligkeit von $-0^{m}_{\cdot}29$. Der Doppelstern wurde 1752 von Nicolas L. de Lacaille (1713–62) entdeckt. Im Jahr 29 700 wird er seinen kleinsten Abstand von 2,84 Lichtjahren erreichen und mit $-1^{m}_{\cdot}20$ der zweithellste Stern am Himmel sein. Bis zum Jahr 11 800 wird der nächste Stern Barnards Stern mit einer Entfernung von 3,85 Lichtjahren sein.
Ein einzelner Stern am Rande der Milchstraße gibt den Astronomen Rätsel auf. Das 1989 entdeckte Objekt steht 160 000 Lichtjahre entfernt senkrecht unterhalb des Zentrums der Milchstraße und wurde zufällig entdeckt. Noch ist nicht bekannt, ob der Stern wirklich zur Milchstraße gehört. Wenn das der Fall ist, bietet er die Möglichkeit zu einer neuen Vermessung der Milchstraße.

Die Sonne umkreist das galaktische Zentrum auf einer elliptischen Bahn mit der Exzentrizität von 0,07. Ihre mittlere Geschwindigkeit beträgt 792 000 km/h, der tatsächliche Wert zur Zeit ist jedoch um 97 200 km/h höher und liegt bei 889 200 km/h. Für einen Umlauf benötigt die Sonne 237 Mio. Jahre.

Jüngste und älteste Sterne: Die jüngsten Objekte scheinen zwei Protosterne zu sein, bekannt unter der Sammelbezeichnung iras – 4. Sie liegen tief eingehüllt in Gas- und Staubwolken im Nebel NGC 1333, der 1100 Lichtjahre entfernt ist. Wie ein Team aus deutschen, englischen und amerikanischen Forschern bekanntgab, werden die beiden reifenden Sterne noch etwa mindestens 100 000 Jahre in diesem Zustand verharren. Die ältesten Sterne der Milchstraße findet man im sogenannten Halo, hoch über der Scheibe unserer Galaxis. Eine Forschergruppe um Timothy Beer (USA) berichtete im Januar 1991 über die Entdeckung von zunächst 70 der ältesten Sterne. Sie sind durch einen extrem geringen Gehalt an schweren Elementen gekennzeichnet, was sie als Objekte der ersten Generation ausweist.

Fremde Planetensysteme: Die Entdekkungsmeldungen hinsichtlich planetenähnlicher Objekte um andere Sonnen haben einer kritischen Nachprüfung nicht standgehalten. Eine Reihe von »Entdeckungsmeldungen« bezieht sich höchstwahrscheinlich auf sogenannte Braune Zwerge, Objekte, die nicht über ausreichend Masse verfügen, um einen nuklearen Brennprozeß zu zünden, aber erhebliche Wärmeenergie aus der Kontraktion beziehen.
In jüngster Zeit wurde über die Entdeckung von planetenähnlichen Begleitern berichtet, die um Pulsare, um die Überreste von Supernova-Explosionen, kreisen. Hierbei kommt ein Verfahren zum Zuge, das selbst den Nachweis von Objekten von einer Erdmasse und weniger erlaubt. Die Ergebnisse sind bisher nur schwer zu interpretieren.

Hellste und schwächste Sterne: Wenn alle Sterne gleich weit von der Erde entfernt wären, dann würde der hellste der Veränderliche Eta Carinae (s. massereichster Stern) sein, der zur Zeit eine Leuchtkraft aufweist, die 6 500 000mal höher ist als die der Sonne. Im Helligkeitsmaximum von 1843 dürfte seine Leuchtkraft noch um den Faktor 10 größer gewesen sein. Der visuell hellste Stern ist der Überriese Cygnus OB2 Nr. 12, der rund 5900 Lichtjahre entfernt ist und eine absolute Helligkeit von $-9^{m}_{\cdot}9$ aufweist. Damit ist er 810 000mal heller als die Sonne. Einen vergleichbar hellen Stern findet man in der nahen Galaxie M 101, das Objekt IV b 59. Da die Entfernungsangaben etwas variieren, ist ein genauerer Vergleich problematisch.

Der schwächste Stern ist das Objekt RG 0058,8-2807 (s. masseärmster Stern), das nur das 0,00021fache der Sonnenleuchtkraft besitzt. Seine absolute visuelle Helligkeit liegt bei $20^{m}_{\cdot}2$. Das ist weniger als ein Millionstel der Sonnenhelligkeit.

Supernovae sind Sterne, die am Ende ihres Lebens explosionsartig aufleuchten. Sie treten vielleicht fünfmal alle 1000 Jahre in unserer Galaxis auf. Der hellste in geschichtlicher Zeit gesehene »Stern« ist die Supernova vom April 1006 in der Nähe von Beta Lupi, die zwei Jahre lang hell strahlte und eine Größe von −9 bis -10^{m} erreichte. Heute nimmt man an, daß sie die Radioquelle G 327,6 + 14,5 in einer Entfernung von nahezu 3000 Lichtjahren ist. Weitere Supernovae erschienen 1054, 1604 und 1885. Die am 23. Februar 1987 von Ian Shelton entdeckte Supernova in der Großen Magellanschen Wolke, 170 000 Lichtjahre entfernt, steht noch immer im Brennpunkt der Forschung. Die Vermutung, daß als Überrest der Explosion ein extrem schnell rotierender Pulsar entstanden ist, konnte noch immer nicht bestätigt werden.

Das größte von allen Sternbildern (Konstellationen) ist die Wasserschlange, die sich über 1302,844 Grad^2 oder 6,3 Prozent der Hemisphäre erstreckt und mindestens 68 mit bloßem Auge sichtbare Sterne enthält. Das Sternbild Centaur steht größenmäßig an 9. Stelle, enthält aber mindestens 94 sichtbare Sterne.

Die kleinste Konstellation ist das Kreuz des Südens mit einem Gebiet von nur 68,477 Grad^2, verglichen mit 41 252,96 Grad^2 des gesamten Himmels, entsprechend 0,16 Prozent.

Der längste Name für einen Stern ist Torcularis Septentrionalis für das Objekt Omicron in den Fischen.

Schwarze Löcher: Diese Bezeichnung für Sterne, die am Ende ihres Lebensweges im Gravitationskollaps zusammengebrochen sind, wurde erstmals von John Archibald Wheeler am 29. Dezember 1967 während einer Tagung im Institut für Weltraumforschung in New York City

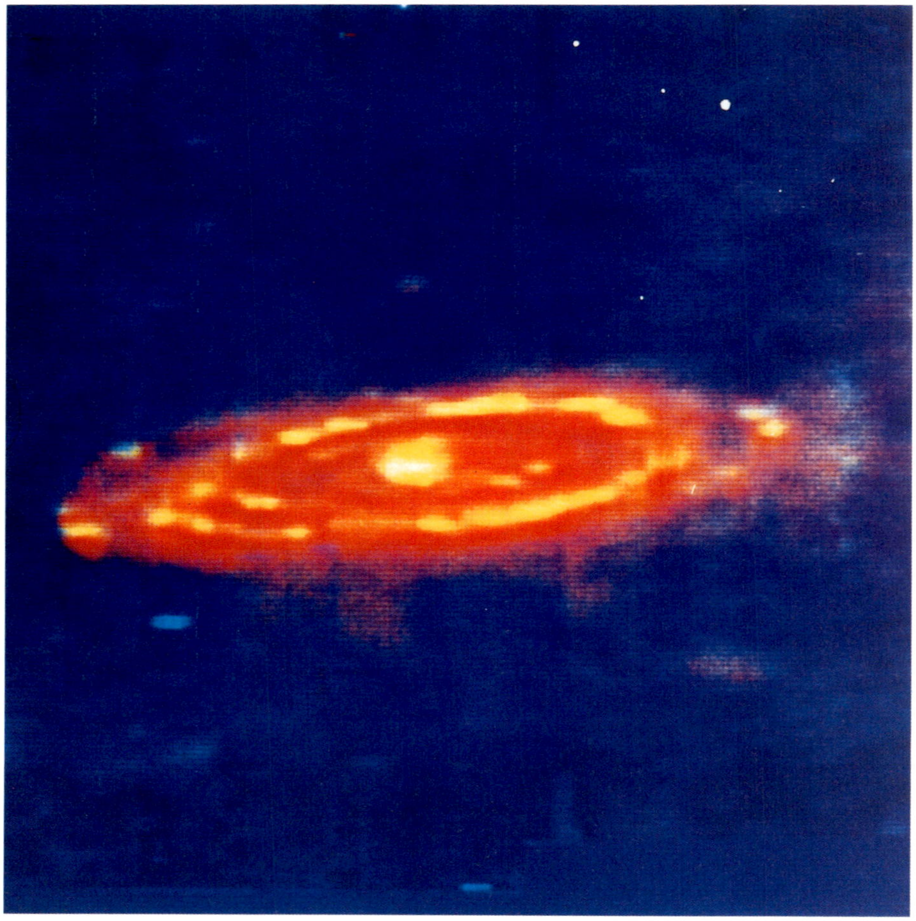

Das fernste noch sichtbare Objekt, der Andromedanebel, ein großes Milchstraßensystem in 2,3 Mio. Lichtjahren Entfernung, ist noch mit bloßem Auge zu sehen. Dieses Bild stammt vom Infrarot-Astronomiesatelliten *IRAS* und wurde aus Beobachtungen in drei verschiedenen Wellenlängen kombiniert. Blau markiert die wärmsten und rot die kühlsten Regionen. In den wolkenartig erscheinenden gelben Gebieten entstehen noch heute Sterne.

eingeführt. Historisch gesehen geht das Konzept extrem dichter Körper als Folge des Gravitationskollapses bereits auf Pierre Simon Laplace (1749–1827) zurück. Die erste versuchsweise Identifizierung eines Schwarzen Lochs wurde im Dezember 1972 in der Doppelstern-Röntgenstrahlenquelle Cygnus X-1 angekündigt.

Der gegenwärtig beste Kandidat für ein Schwarzes Loch ist der Zentralstern des Doppel- (oder Dreifach-)Systems V404 im Sternbild Schwan, das 5000 Lichtjahre entfernt ist. Mit dem japanischen Satelliten *Ginga* wurde das Objekt im Mai 1989 als Röntgenstrahlungsquelle entdeckt. Im September 1991 wiesen J. Casares, P. A. Charles und T. Naylor nach, daß die Masse von V404 über 6, wahrscheinlich sogar zwischen 8 und 15 Sonnenmassen liegt. Erstmals konnte somit bei einem Kandidaten für ein Schwarzes Loch gezeigt werden, daß seine Masse den Maximalwert von 5 Sonnenmassen für einen Neutronenstern überschreitet. Bei den anderen diskutierten Objekten wie Cygnus X-1 oder X-3 in der Großen Magellanschen Wolke kennt man die Massen nicht genau, so daß es sich auch um Neutronensterne handeln könnte. In jüngster Zeit sind starke Indizien – vor allem durch das *Hubble*-Weltraumteleskop – dafür geliefert worden, daß in den Zentren der Galaxien extrem massereiche Schwarze Löcher zu finden sind. In unserem Milchstraßenzentrum dürfte die Radioquelle Sagittarius A ein solches Objekt mit 2 Mio. Sonnenmassen sein.

DAS UNIVERSUM

Große Strukturen im Kosmos: Unsere Milchstraße ist nur eine von etwa 10 Mrd. Galaxien. Sie gehört zur sogenannten lokalen Gruppe, die sich mit 600 km/s in eine bestimmte Richtung bewegt, auf den sogenannten »kosmischen Attraktor« zu, dessen Existenz gegenwärtig stark bezweifelt wird. Im August 1989 gaben John Huchra und Margaret Geller (USA) die Entdeckung einer großen Galaxien-Anhäufung bekannt, die als »große Mauer« populär geworden ist. Über ein Areal von 200 × 800 Mio. Lichtjahre, das etwa 20 Mio. Lichtjahre tief ist, erstrecken sich mehrere tausend Galaxien, die offensichtlich große Leerräume einschließen. Aus der Untersuchung des Spektrums von Quasaren kommen Josef Höll und Wolfgang Priester (Bonn) zu der Feststellung, daß das Universum »Blasen« von etwa 100 Mio. Lichtjahren Größe enthält, deren »Außenhaut« die Galaxien bilden und die innen praktisch keine Materieansammlungen enthalten. Im Juli 1990 berichteten Juan M. Uson, Stephen P. Boughn und Jeffrey R. Kuhn (USA) über die Entdeckung der bisher größten Galaxie. Es ist das Hauptobjekt des Galaxienhaufens Abell 2029 im Sternbild Jungfrau. Der Durchmesser dieses Milchstraßensystems beträgt 550 000 Lichtjahre, was etwa der sechs- bis achtfachen Größe unserer Galaxis entspricht. Der Strahlungsausstoß entspricht dem von 220 Billionen Sonnen.

Die hellste Galaxie ist das Objekt IRAS F10214 + 4724, zuerst im Jahr 1983 entdeckt mit dem Infrarot-Astronomie-Satelliten *IRAS* als schwache Strahlungsquelle. Im Februar 1991 wurde jedoch eine Infrarotleuchtkraft gemessen, die die der Sonne um das 3×10^{14}fache übertraf. Dieses noch in der Entstehung begriffene System hat eine Rotverschiebung von 2286 und somit eine Entfernung von 11,6 Mrd. Lichtjahren.

Die entfernteste Galaxie ist die Radioquelle 4C 41.17, die nach Untersuchungen von K. Chambers, G. Miley und W. van Bruegel, veröffentlicht im Januar 1990, eine Rotverschiebung von 3800 aufweist und somit 12,8 Mrd. Lichtjahre entfernt ist.

Die entferntesten Objekte. Die exakte Interpretaion der Rotverschiebung von Quasaren in Form von Distanzen krankt an der Unsicherheit in der genauen Kenntnis der Hubble-Konstanten und anderer kosmologischer Parameter. Den Rotverschiebungsrekord hält der Quasar PC 1247 + 3406 mit 4897. Dieser Wert wurde im Mai 1991 von Donald P. Schneider, Maarten Schmidt und James E. Gunn bekanntgegeben. Unter verschiedenen plausiblen Annahmen ergibt sich eine Entfernung von 13,2 Mrd. Lichtjahren.

Das entfernteste mit bloßem Auge sichtbare kosmische Objekt ist die große Galaxie im Sternbild Andromeda (Helligkeit $3^{m}.47$), Messier 31 genannt, erstmals von Simon Marius (1570–1612) im Jahr 1612 beobachtet. Sie ist ein rotierender Spiralnebel, der 2.309 Mio. Lichtjahre ($2{,}18 \times 10^{19}$ km) entfernt ist und sich auf uns zubewegt. Unter idealen Sichtbedingungen ist es für Leute mit scharfen Augen möglich, den Spiralnebel im Dreieck (Helligkeit $5^{m}79$) zu sehen, der 2,36 Mio. Lichtjahre entfernt ist.

Quasare: Im November 1962 wurde die Existenz quasistellarer Radioquellen (Quasare oder QSOs) von Maarten Schmidt (*1929 in den Niederlanden) mit der Entdeckung des Objekts 3C-273 mit einer Rotverschiebung von z=0,158 festgestellt. Die Grundlage bildete eine Bedeckung des Objekts durch den Mond, die am 5. August 1962 in Australien beobachtet wurde. Für Himmelsobjekte von solcher Entfernung und einem relativ geringen Durchmesser haben Quasare eine ungeheuer hohe Leuchtkraft.

Im Juli 1991 gaben Astonomen der Hamburger Sternwarte im Rahmen ihrer Durchmusterung des nördlichen Himmels nach Quasaren die Entdeckung des bisher leuchtkräftigsten Objekts bekannt. Der Quasar HS 1946 + 7658 besitzt zumindest das $1{,}5 \times 10^{15}$fache der Sonnenleuchtkraft. Er weist eine Rotverschiebung von 3,02 auf und ist somit 12,4 Mrd. Lichtjahre entfernt. Seit im Mai 1980 der erste Doppelquasar (0957 + 561) aufgefunden wurde, hat sich die Zahl dieser Objekte bis heute auf über 2000 erhöht.

Der größte Energieausbruch in einem Quasar wurde am 13. November 1989 von einem amerikanisch-japanischen Astronomenteam beobachtet. Das 2 Mrd. Lichtjahre entfernte Objekt PKS 0558–504 erhöhte innerhalb von 3 Min. seinen Energieausstoß um 66 Prozent. Das entspricht der gesamten Energie, die die Sonne in 340 000 Jahren freisetzt.

Pulsare: Die früheste Beobachtung einer pulsierenden Radioquelle oder eines »Pulsars« V-CP 1919, jetzt PSR 1919 + 21, durch Dr. Jocelyn Burnell wurde am 24. Februar 1968 vom Mullard Radio Astronomy Observatory (GB) bekanntgegeben. Aufgefunden wurde das Objekt am 28. November 1967. Der 100. wurde im Juni 1973 von Jodrell Bank gemeldet.

Der am schnellsten rotierende Neutronenstern ist der Pulsar 1937 + 214 im Sternbild Vulpecula (Füchschen), 16 000 Lichtjahre entfernt. Seine Pulsperiode beträgt 1,5 578 064 816 Millisek, entsprechend 641,9282573 Umdrehungen/min mit der unglaublich niedrigen Verlangsamung von $1{,}0511 \times 10^{-19}$ Sek./s. Die genaueste »Sternenuhr« ist der Pulsar 1 855 + 09 – entdeckt im Dezember 1985 – mit einer Verlangsamung von $2{,}1 \times 10^{-20}$ Sek./s.

Eine Galaxie im Zustand des Entstehens haben amerikanische Astronomen 1989 mit dem großen Radioteleskop in Arecibo (Puertorico) entdeckt. In 65 Mio. Lichtjahren Entfernung rotiert eine riesige Wasserstoffwolke, 15 Mrd. Sonnenmassen schwer, mit einem Durchmesser von 650 000 Lichtjahren. Unklar ist, ob die Riesenwolke bereits Sterne enthält oder in diesem Zustand nahezu unverändert seit ihrer Entstehung bald nach dem Urknall existiert.

Alter des Universums: Für das Alter des Universums wurde ein Wert von 14 ± 3 Äonen oder Gigajahren (ein Äon oder Gigajahr = 1 Mrd. Jahre) aus kosmo- und nukleochronologischen Daten ermittelt. Das entspricht im Standard-Friedmann-Weltmodell einer Hubble-Konstante von ungefähr 70 ± 15 km/s/Mpc.

1981 schlug Alan H. Guth das sogenannte inflationäre Modell vor, das die fundamentalen Kräfte der Teilchen und Felder in die frühesten Phasen des Urknalls einbezieht. Dieser Ansatz und seine Erweiterungen haben sich als sehr fruchtbar erwiesen und stellen eine Verbindung zwischen Mikrokosmos und Universum her. Josef Höll und Wolfgang Priester haben zur Erklärung der großräumigen Strukturen im Universum im April 1991 ein neues Modell vorgelegt, aus dem sich ein doppelt so hohes Weltalter und eine positive kosmologische Konstante ergeben.

1992: Die Suche nach außerirdischen Intelligenzen beginnt. Grünes Licht hat jetzt der US-Senat für das NASA-Programm zur Suche nach außerirdischen Intelligenzen im Rahmen des Projekts SETI *(**S**earch for **E**xtra**t**errestrial **I**ntelligence)* gegeben. Zwei Strategien werden gleichzeitig verfolgt: Alle sonnenähnlichen Sterne bis zu einer Entfernung von 80 Lichtjahren werden abgehört. In einem grobrastigen Verfahren wird der gesamte Himmel – mit natürlich viel geringerer Empfindlichkeit – systematisch nach intelligenten Signalen durchmustert.

Am »Columbus Day« 1992, am 12. Oktober also, werden Messungen aufgenommen, sowohl mit dem 300-m-Radioteleskop in Arecibo auf Puerto Rico als auch mit den 64-m-Radioantennen der NASA in Goldstone (Kalifornien).

ERDE UND WETTER

DIE ERDE

Die Erde ist keine wirkliche Kugel, sondern, da sie an den Polen abgeflacht ist, geometrisch ein Ellipsoid. Der Polardurchmesser der Erde (12 713,51 km) ist 42,77 km kürzer als der Äquatorialdurchmesser (12 756,27 km).

Die Erde weist auch eine leichte Abplattung des Äquators auf, denn ihre lange Achse (ca. 37° westl. Länge) ist 159 m länger als ihre kurze Achse. Außerdem ist die Erde auch birnenartig verformt: Der polare Radius der Nordhalbkugel ist 45 m länger als der der Südhemisphäre.

Die größten Abweichungen vom Ellipsoid sind eine 73 m hohe Ausbuchtung in der Papua/Neuguinea-Gegend und eine 105 m tiefe Senkung südlich von Sri Lanka (früher Ceylon) im Indischen Ozean.

Der größte Erdumfang, am Äquator, beträgt 40 075,02 km, am Meridian sind es 40 007,86 km. Die Erdoberfläche umfaßt schätzungsweise 510 065 600 km². Eine Axialdrehung – also ein echter Sterntag – dauert 23:56:04,0996 Std. mittlerer Zeit.

Die Erdmasse beträgt $5{,}974 \times 10^{21}$ t, und ihr spezifisches Gewicht ist 5,515mal so groß wie das des Wassers. Ihr Rauminhalt wird mit 1 083 207 000 000 km³ angegeben.

Die Erde sammelt kosmischen Staub auf, doch sind die Mengenschätzungen recht verschieden, wobei die Höchstgrenze 30 000 t pro Jahr beträgt.

Moderne Vorstellungen vom Erdaufbau gehen davon aus, daß die Außenschale, die Lithospäre, 80 km dick ist. Sie besteht aus der Erdkruste, die unter den Kontinenten etwa 35 km und unter den Ozeanen rund 10 km stark ist. Diese Kruste und der äußere Mantel liegen auf der Asthenosphäre, die bis in etwa 250 km Tiefe reicht. Der innere Erdmantel setzt sich dann bis in eine Tiefe von 2810 km fort. Er schließt einen stark eisenhaltigen Kern von 3480 km Radius ein. Wenn diese Annahme stimmt, wäre Eisen das mit Abstand häufigste Element auf der Erde. Die Dichte im Erdmittelpunkt beträgt 13,09 g/cm³, die Temperatur 4500 °C und der Druck 364 Gigapascal.

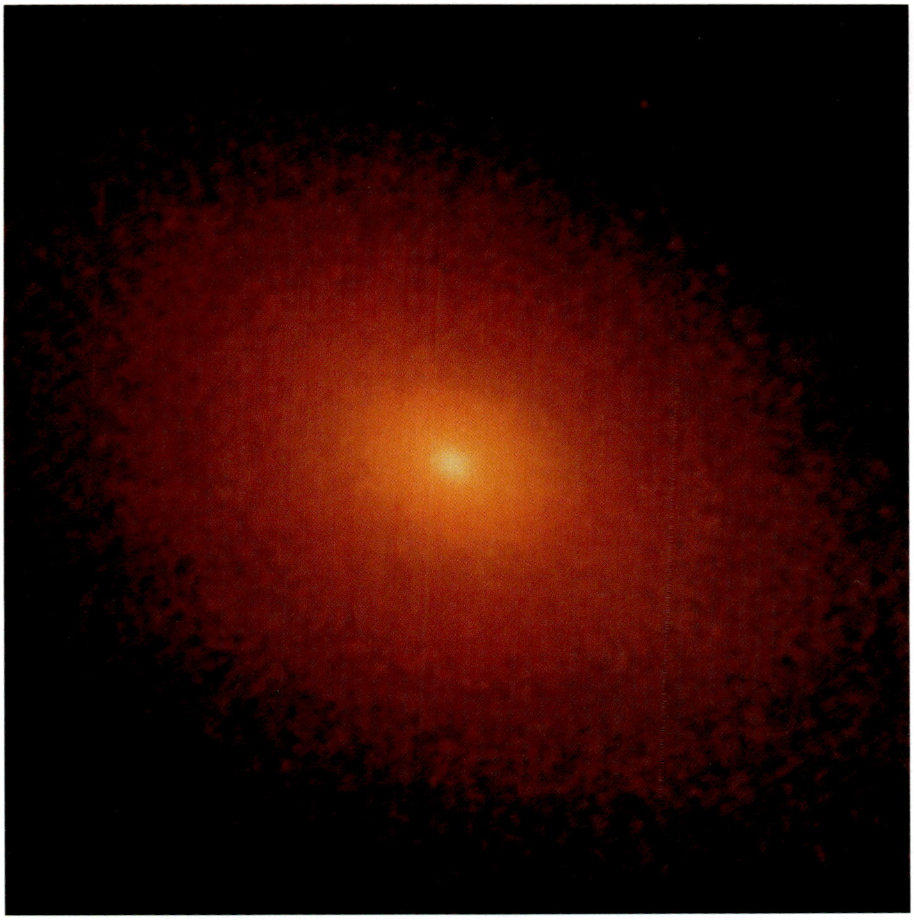

Der Kern des Milchstraßensystems M 32, aufgenommen mit dem *Hubble*-Weltraumteleskop am 17. August 1991. Im Zentrum dürfte sich ein gigantisches Schwarzes Loch von 3 Mio. Sonnenmassen befinden.

TEMPERATUREN

Allgemein: Nachstehende meteorologische Daten beziehen sich auf die zurückliegenden 140–160 Jahre, da frühere Aufzeichnungen ebenso selten wie unzuverlässig sind.
Die ersten verläßlich registrierenden Thermometer kamen erst im Jahr 1820 auf.
Fortlaufende Wetterbeobachtungen machte man allerdings bereits seit 1700 in Berlin.
Die ersten Wetterkarten zeichnete 1820 der deutsche Astronom Heinrich Wilhelm Brandes (1777–1834).
Die ersten Wetterkarten mit Eintragungen telegrafischer Wettermeldungen vom selben Tage erschienen 1849 in England.

Die höchstgelegene Wetterwarte Europas ist am Jungfraujoch im Berner Oberland/Schweiz (46°33'N, 7°59'O und 3576 m üNN). Deutschlands höchste Wetterwarte ist auf der Zugspitze (2962 m) im Wettersteingebirge (Bayerische Kalkalpen).

Die gleichmäßigsten Temperaturen herrschten lange Zeit in Garapan auf Saipan in den Marianen im Pazifik. 9 Jahre lang, von 1927 bis einschließlich 1935, wurde zwischen dem 30. Januar und dem 9. September nie eine größere Temperaturspanne als 11,8° C gemessen. Auf der küstennahen brasilianischen Insel Fernando de Noronha lagen zwischen 1911 und 1966 die Temperaturen nie mehr als 13,4° C auseinander. Der Höchstwert betrug 32,0° C (2. März 1965), der niedrigste 18,6° C (17. November 1913).

Vor ca. 8000 Jahren lag in Mitteleuropadie Sommertemperatur durchschnittlich bei 19,4° C, also um 3,3° C höher als heute. Vor 1,2 Mio. Jahren lag die durchschnittlich weltweite Lufttemperatur bei etwa 35° C.

Die wärmste Sommerzeit seit 1000 Jahren hat 1890 begonnen. Eine Untersuchung der Klimageschichte der nördlichen Halbkugel über die letzten 10 000 Jahre zeigte, daß es in den Sommertemperaturen große Schwankungen gegeben hat. Besonders warm waren die Sommer vor 9500 bis 8500 Jahren. Danach wurde es langsam kühler. Dieser Abschnitt endete vor 2500 Jahren. Dann begann ein Abschnitt mit vergleichsweise niedrigen Sommertemperaturen, der vom 14. bis zum 19. Jh. in die »Kleine Eiszeit« mündete. Erst ab 1890 begann ein neuer Anstieg der Sommertemperaturen.

Die größten Temperaturunterschiede gibt es im Gebiet des sibirischen »kalten Pols« im Osten Rußlands. In Werchojansk (67°33'N, 133°23'O) schwanken sie zwischen –68° C (nicht offiziell) und +37° C. Spanne: 104,4°.

Der größte Temperatursturz an einem Tag betrug 56° C (von +7° C auf –49° C) und wurde vom 23. zum 24. Januar 1916 in Browning (USA) gemessen.

Der sensationellste Temperaturanstieg betrug 27,2° C und wurde in Spearfish (USA) verzeichnet, wo am 22. Januar 1943 die Temperatur innerhalb von 2 Min. von –20° C auf +7° C stieg. Die Veränderung geschah morgens zwischen 7 Uhr 30 und 7 Uhr 32.

Angenehmes oder unangenehmes Klima hängt nicht nur von der Temperatur ab, sondern vom Zusammenwirken von Temperatur, Feuchtigkeit, Strahlung und Windgeschwindigkeit. So würde zum Beispiel jemand, der mit einer Geschwindigkeit von 72 km/h in einem Auto ohne Windschutzscheibe bei –42° C fährt, infolge des Abkühlfaktors eine Kälte von –87,2° C empfinden, das heißt nur 2° C mehr als die tiefste gemessene Temperatur.

Die tiefste jemals gemessene Temperatur in der Atmosphäre ist –143° C in einer Höhe von ca. 80–95 km. Sie wurde bei Untersuchungen leuchtender Nachtwolken über Kronogard (Schweden) vom 27. Juli bis 7. August 1963 von Meteorologen ermittelt.

Die dickste Eisschicht auf der Erde ist 4776 m stark. Amerikanische Antarktisforscher haben sie am 4. Januar 1975 vom Flugzeug aus gemessen – per Funk-Echolotung, 400 km von der Küste in Wilkes Land (69°9'38"S, 135°20'25"O).

Die mächtigste Dauerfrost-Bodenschicht (Permafrost) ist am Oberlauf des sibirischen Flusses Wiluij zu finden. Ihre Tiefe erreicht mehr als 1370 m. Das wurde im Februar 1982 berichtet.

Zwischen 35° nördlicher und 35° südlicher Breite ereignen sich täglich in den 12 Nachtstunden rund 3200 Gewitter. Das Bild zeigt einen Sommergewittersturm nahe Tuscon, Arizona (USA), auf einer geographischen Breite von 32° Nord.

Künstliche Mini-Welt

Seit dem 26. September 1991 leben acht Personen, vier Männer und vier Frauen, in einem abgeschlossenen Ökosystem, BIOSHPERE 2. Auf knapp 1,3 Mio. m^2 Grundfläche wurde nördlich von Tuscon, Arizona (USA), ein futuristisch anmutender Glaspalast errichtet, der in seinem Innern tropischen Regenwald, Sumpf, Savanne und Wüste, einen Ozean mit 378 000 l Salzwasser und ein Korallenriff birgt. 4000 Lebewesen – von Kolibris bis hin zu diversen Nutztieren – bevölkern ebenfalls BIOSPHERE 2. Auf 2232 m^2 Feldern werden Reis, Bohnen, Kartoffeln, Tomaten, Auberginen und Zwiebeln gezogen. In dieser Mini-Welt sollen 24 Monate lang die Lebensverhältnisse in einer künftigen Marskolonie simuliert werden. Inzwischen ist jedoch der wissenschaftliche Wert dieses 150 Mio. Dollar teuren Experiments zweifelhaft geworden, da bereits mehrfach auf Hilfe von außen zurückgegriffen werden mußte.

LANGJÄHRIGE WETTERREKORDE

Höchste Temperatur im Schatten: 58° C Al'Aziziyah (Libyen), Höhe 111 m, 13. September 1922

Niedrigste Temperatur: –89,2° C Wostok, Antarktis, 21. Juli 1983. Wostok ist 3419m üNN.

Kältester ständig bewohnter Ort: das 700 m hoch gelegene sibirische Dorf Oimjakon (63° 16' N, 143° 15' O) in Rußland, wo 1933 die Temperatur auf –68° C fiel.

Größte Regenmenge (24 Std.): 1870 mm, Cilaos, La Réunion, Indischer Ozean, 15./16. März 1952. Dies entspricht 7554 t Regen pro Morgen. Höhe 1200 m.

Größte Regenmenge (Kalendermonat): 9299 mm, Cherrapunji, Meghalaya (Indien), Juli 1861

Größte Regenmenge (12 Monate): 26 461 mm, Cherrapunji, Meghalaya (Indien), 1. August 1860 bis 31. Juli 1861

Luftdruck (höchster): 1083,8 mb, Agata, Sibirien (Rußland), Höhe: 262 m üNN, 31. Dezember 1968

Luftdruck (niedrigster): 870 mb, 480 km westlich von Guam, Pazifik, Breitengrad 16° 44' N, Längengrad 137° 46' O, 12. Oktober 1979 im Taifun Tip.

Höchste Oberflächengeschwindigkeit: 371 km/h, Mt. Washington (1916 m), New Hampshire (USA), 12. April 1934

Tornado: Die höchste bisher bei einem Tornado gemessene Geschwindigkeit ist 450 km/h am 2. April 1958 bei Wichita Falls, Texas (USA).

Gewitter (Jahr): 251 Tage, Tororo (Uganda), Jahresdurchschnitt 1967–1976 zwischen 35° N und 35° S gibt es alle 12 Nachtstunden 3200 Gewitter.

Wärmste Stelle (Jahresdurchschnitt): Dallol (Äthiopien) 34° C (1960–66). Im Death Valley

(USA) wurden an 43 aufeinanderfolgenden Tagen Temperaturen von über 49° C gemessen, und zwar vom 6. Juli bis 17. August 1917. In Marble Bar (Australien) (max 49° C) wurden 162 Tage hintereinander Höchsttemperaturen von über 38° C gemessen, und zwar vom 30. Oktober 1923 bis 8. April 1924. In Wyndham (Australien) kletterte 1946 das Thermometer an 333 Tagen über 32° C.
Kälteste Stelle (Jahresdurchschnitt): Polus Nedostupnosti, Kältepol (78° S, 96° O) Antarktis, –57° C.
Meiste Regentage (Jahr): Mt. Wai-'ale-'ale (1569 m hoch), Kauai (Hawaii) – bis 350 Tage im Jahr
Trockenste Stelle (Jahresdurchschnitt): Kein Regen im Desierto de Atacama in der Nähe von Calama (Chile)
Längste Trockenheit: ca. 400 Jahre bis 1971, Desierto de Atacama (Chile)
Schwerste Hagelkörner: 1000 g, Gopalgan-Distrikt (Bangladesh). Bei diesem Hagelsturm am 14. April 1986 sollen 92 Menschen ums Leben gekommen sein.
Längste Periode von Nebel zur See (Sicht < 914,4 m): Nebel hält auf den Grand Banks, Neufundland (Kanada), wochenlang an, und der Jahresdurchschnitt beträgt über 120 Tage. Ben Nevis in Schottland soll 300 Tage im Jahr in Wolken gehüllt sein.

REGEN

Heftigster Regen: Messungen von Regenmengen während sehr kurzer Zeiten sind schwierig. Dennoch werden die am 26. November 1970 in Barst (Guadeloupe) in 1 Min. gefallenen 38,1 mm für den heftigsten registrierten Regenguß unserer Zeit angesehen.
Regentropfen von 9,4 mm Größe wurden am 7. August 1953 auf dem Flugplatz von Illinois (USA) registriert.

In Deutschland lag die größte Niederschlagshöhe bei 222 mm innerhalb von 24 Std. Diese Menge fiel am 13. September 1899 in Bad Reichenhall (Oberbayern).

Hagelkörner: Die Aufschlaggeschwindigkeit der Hagelkörner hängt von ihrer Größe ab. Bei einem 1-cm-Korn liegt sie bei etwa 50 km/h, bei einem 5-cm-Korn bereits bei 110 km/h und bei einem 14-cm-Korn sogar bei 170 km/h.
Diese Fallgeschwindigkeit, die durch gleichzeitige Gewitterböen noch erhöht werden kann, entwickelt beim Aufschlag eine Wucht, durch die auch Menschen erschlagen werden können.

Das schwerste Unwetter, der Münchner Hagelsturm vom 12. Juli 1984, war nicht nur der größte Versicherungsschaden in der Geschichte der Bundesrepublik Deutschland, sondern auch weltweit der größte Hagelschaden in neuerer Zeit. Walnuß- bis tennisballgroße Hagelkörner (mit einem Durchmesser von 6,5 cm) fielen aus 14 km Höhe an diesem Abend in der Münchner Region vom Himmel.

Den heftigsten Regen innerhalb 24 Std. erlebte Österreich am 5. Juni 1947 am Semmering (Niederösterreich/Steiermark). 323 mm Niederschlag wurden gemessen.

In der Schweiz wurde am 24. September 1924 in Mosogno (Kanton Tessin) eine Niederschlagsmenge von 359 mm gemessen, 1978 fiel, übers Jahr gerechnet, auf der Schwägalp der meiste Regen, nämlich 2476 mm.

Über den am längsten anhaltenden **Regenbogen** – über 3 Std. – wurde am 14. August 1979 aus Nordwales (GB) berichtet.

Klima und Weltmeere

Riesige Eisberge driften an Spaniens Atlantikküste vorüber bis zu den Kanarischen Inseln. In Skandinavien wandern ganze Gletscherkolonien und begraben dabei Dörfer und Nutzfläche unter sich. In Deutschland werden die Sommer extrem kalt. All dies könnte eintreten, wenn der warme Golfstrom als Folge des Treibhauseffekts im Atlantik verebbt. Dieses – allerdings umstrittene – Szenario stammt von Professor Egil Sakshaug (Universität Trondheim, Norwegen). Abkühlung statt Erwärmung durch den Treibhauseffekt? Die höheren Temperaturen könnten mehr und mehr Süßwasser-Gletscher schmelzen lassen, wodurch der Salzgehalt im Meer sinkt. Je geringer die Salzkonzentration ist, um so leichter gefriert das Meerwasser. Dadurch käme der Golfstrom im Nordatlantik zum Erliegen, weil die Zirkulation nachhaltig gestört wird. Eine Bestätigung für die Richtigkeit dieser Überlegungen scheint die sogenannte »Große Anomalie« zu sein, eine riesige Ansammlung von Süßwasser, die durch den Nordatlantik wandert.

Die Pazifikküste im nördlichen Chile zwischen Arica und Antofagasta ist das trockenste Gebiet auf unserem Planeten. Hier fallen pro Jahr im Durchschnitt weniger als 0,1 mm Niederschläge.

FATA MORGANA

Die größte Luftspiegelung wurde 1913 von Donald B. MacMillan im Nordpolgebiet bei 83°N, 103°W verzeichnet. Diese Art der Luftspiegelung, die als Fata Morgana bekannt ist, »erstreckte sich über mindestens 120° des Horizonts und zeigte Hügel, Täler und schneebedeckte Bergspitzen« eines Gebiets, das 6 Jahre vorher entdeckt und Crocker-Land getauft worden war.

Am 17. Juli 1939 sah man vom Meer aus eine Luftspiegelung des 540–560 km entfernten Snaefellsjökull (1437 m) auf Island.

BLITZE

Allgemein: Die sichtbare Länge von Blitzen ist sehr unterschiedlich. In gebirgigen Gegenden sieht man bei tiefhängenden Wolken oft Blitze, die nicht einmal 90 m lang sind, während im Flachland bei sehr hohen Wolken ein Blitz eine Länge bis zu 6000 m haben kann. In Extremfällen kommen sogar Längen bis zu 32 km vor.

Einige Fachleute behaupten, die sehr helle Mittelader des Entladungskanals hätte nur einen Durchmesser von 1,27 cm. Diese Ader ist von einer Strahlenhülle (Glimmentladung) umgeben, deren Durchmesser 3–6 m beträgt.

Die Geschwindigkeit eines Blitzes liegt zwischen 160 und 1600 km/s und kann mit bis zu 140 000 km/s fast die Hälfte der Lichtgeschwindigkeit beim gewaltigen Rückschlag erreichen.

Eine ungewöhnliche Wolkenformation fotografierte die Crew der Raumfähre *Atlantis* im November 1991. Die bizarre Wolkenkette lag etwa 800 km vor der kalifornischen Küste über dem Pazifik.

Größte Entladung: Auf einige Millionen Blitzschläge kommt eine Riesenentladung, bei der die von den Wolken zur Erde und zurücklaufenden Blitzschläge von der Oberseite der Gewitterwolken abblitzen. Bei diesen »positiven Riesen« entwickelt sich manchmal eine Energie bis zu 3000 Mio. Joule (3×10^{16} erg).
Die Temperatur erreicht hierbei ca. 30 000° C, was mehr als fünfmal so hoch ist wie die an der Sonnenoberfläche.

Eine große Gruppe von Wissenschaftlern glaubt jetzt, daß die sogenannte **Wasserfall-Theorie** die Entstehung von Gewittern richtig erklärt: Steigt feuchtwarme Luft auf, bilden sich in höheren, kalten Schichten der Atmosphäre Hagelkörner. Wenn sie zur Erde stürzen, tauen sie auf. Dabei werden die Wassertropfen vom Luftstrom auseinandergerissen, in positiv und negativ geladene Tröpfchen. Zwischen beiden entsteht ein elektrisches Spannungsfeld, das sich in Blitzen entlädt.

WASSERHOSE

Die höchste Wasserhose, über die glaubhafte Angaben vorliegen, wurde am 16. Mai 1898 bei Eden (Australien) beobachtet. Eine an der Küste vorgenommene Theodolitenmessung ergab eine Höhe von 1528 m. Ihr Durchmesser betrug rund 3 m.

Die Spithead-Wasserhose, die nahe der Küste von Ryde auf der Isle of Wight (GB) am 21. August 1878 entstand und deren Höhe mit einem Sextanten gemessen wurde, war ca. 1,6 km hoch. Realistischer dürfte der Wert für eine Wasserhose sein, die sich am 6. August 1987 vor Yarmouth, Isle of Wight, entwickelte. Sie war etwa 762 m hoch.

WOLKEN

Die höchste Normalwolkenbildung ist Zirrus mit einer Durchschnittshöhe von 8200 m. Aber die seltenen Perlmutterwolken erreichen manchmal Höhen von fast 24 500 m. Zirruswolken bestehen aus Eiskristallen von –40° C und kälter.

Die niedrigsten Wolken sind Stratus- oder Schichtwolken in Höhen unter 1100 m.

Die größte Steighöhe hat der Kumulonimbus, der in den Tropen in Höhen von fast 20 000 m beobachtet worden ist.

WIND

Die windigste Ecke der Welt ist die Commonwealth Bay (Antarktis). Stürme erreichen dort eine Geschwindigkeit von 320 km/h.

Auf dem Feldberg im Schwarzwald wurde am 13. Februar 1962 in Böen eine Geschwindigkeit von 205 km/h gemessen.

Auf dem Säntis (2504 m), dem höchsten Gipfel der Appenzeller Alpen, wurde ein Anemometer (Windmesser) zerstört, das Geschwindigkeiten bis 180 km/h zu registrieren in der Lage war. Der Sturm war also ca. 200 km/h schnell gewesen. Solche Windgeschwindigkeiten kommen auf den Gipfeln der Schweizer Alpen nicht selten vor.

Der in den Niederungen der Schweiz in den letzten Jahren gemessene größte Wert liegt bei 145 km/h. Er wurde am 8. Dezember 1977 in Altdorf (Kanton Uri) registriert.

NATUR-ERSCHEINUNGEN

ERDBEBEN

Anmerkung: Seismologische Angaben basieren nicht auf lokaler, sondern Weltzeit (GMT) und setzen beim Datum immer das Jahr an die erste Stelle. Wir haben für unsere seismologischen Rekorde diese Schreibweise übernommen.

Die schwersten Erdbeben: Pro Jahr werden schätzungsweise 500 000 seismische oder mikroseismische Störungen registriert. 100 000 davon sind fühlbar, etwa 1000 richten Schaden an. Die tiefsten bekannten Hypozentren lagen 720 km tief im Erdinnern Indonesiens (1933, 34 und 1943).
Die am meisten gebräuchliche Richter-Skala (1954) geht auf den amerikanischen Seismologen Dr. Charles Richter (1900–85) zurück. Im Bereich schwerster Beben, mit Intensitäten von über 8,0 ist die Richter-Skala nicht mehr genau genug. Hier wird oft ein verbessertes System benutzt, das 1977 von Hiroo Kanamori eingeführt worden ist. Das stärkste Beben auf dieser Skala war der verheerende Lebu-Schock, südlich von Concepcion in Chile am 22. Mai 1980 mit einer Intensität von 9,5. Auf der Richter-Skala rangiert dieses Beben mit 8,3 nur an vierter Stelle. Bei Erdbeben dieser Größenordnung werden Energien von mehr als 10^{19} Joule freigesetzt.

Roulette mit dem Treibhauseffekt

Die Diskussion um die Wirkungen des Treibhauseffekts, verursacht primär durch ungebremste Zunahme des Kohlendioxidgehalts der Erdatmosphäre, wird weiterhin kontrovers geführt. So wird vielfach darauf hingewiesen, daß sich die Zahl der Naturkatastrophen in den letzten zwei Jahrzehnten vervierfacht habe. Das sei auf Klimaveränderungen zurückzuführen, die ihre Ursache im Treibhauseffekt hätten. Unumstritten ist heute ein zu erwartender Anstieg der weltweiten Temperaturen. Weit auseinander gehen jedoch noch immer die Aussagen, wie groß dieser Anstieg und damit seine Konsequenzen sein werden. Eine der wichtigsten: der globale Anstieg des Meeresspiegels.
Es ist jedoch nicht allein die ständige Zunahme des Kohlendioxids durch die Verbrennung organischer Energieträger wie Holz, Kohle, Öl und Erdgas, die zur Veränderung des Weltklimas beitragen: Auch die riesigen Brände, Wald- und Savannenfeuer, sind erhebliche Treibhaus- und damit Klimafaktoren.

Zerstörung des Ozonschilds?
Die Anfang 1992 laut gewordenen Sorgen über ein Ozonloch über der Nordhalbkugel der Erde sind wieder etwas geringer geworden. Auslöser der Diskussion waren vor allem Meßergebnisse eines speziellen amerikanischen Satelliten, der seit September 1991 laufend Informationen auch über jene Gase liefert, die direkt das Ozon zerstören, wie zum Beispiel Chlormonoxid. Es konnte ein 30prozentiger Anstieg der Konzentration dieses »Ozonkillers« über der nördlichen Hemisphäre gemessen werden. Auch die bisher größte europäische Ozonforschungskampagne EASOE *(**E**urpean **A**rctic **S**tratospheric **O**zone **E**xperiment)* bestätigte im Februar 1992 die kritische Schadstoffsituation. Ein erheblicher Beitrag stammte auch vom Ausbruch des philippinischen Vulkans Pinatubo im Juni 1991, der große Mengen Aerosole, feine Staubpartikel, in die Hochatmosphäre transportierte, die ebenfalls zum Ozonabbau beitragen. Auf Grund günstiger meteorologischer Bedingungen blieb die befürchtete starke Ozonabnahme jedoch aus.

Die meisten Todesopfer: Die meisten notierten Todesopfer dürfte ein Beben im Jahr 1201 im Nahen Osten und im östlichen Mittelmeerraum gefordert haben. Möglicherweise hat es 1 100 000 Tote gegeben. Weniger unsicher sind die Zahlen für das Erdbeben *(dizhen)* in den chinesischen Provinzen Shaanxi, Shanxi und Henan 1556 Februar 2 (neuer Rechnung, Januar 23 alte Rechnung), bei dem ca. 830 000 Menschen ums Leben kamen.
In unserer Zeit forderte das Erdbeben von Tangshan in Ostchina 1976 Juli 27. (Ortszeit 3 Uhr morgens Juli 28.) die meisten Todesopfer (Stärke des Erdbebens 7,9). Meldungen am 4. Januar 1977 sprachen von 655 237 Toten. Später war sogar von 750 000 Toten die Rede.

1979 November 22. korrigierte die chinesische Nachrichtenagentur die Zahl der Todesopfer ohne Erklärungen auf 242 000. Sogar noch im Januar 1982 war das Stadtgebiet von Tangshan eine verbotene Zone.

Den größten Sachschaden verursachte das Erdbeben in der Kanto-Ebene (Stärke 8,2 auf der Richter-Skala, Epizentrum 35°15'N, 139°30'O) in Japan 1923 September 1. An einer Stelle in der Sagami Bay senkte sich der Meeresspiegel um 400 m. Nach Angabe der Behörden betrug die Zahl der Toten und Vermißten in dem Shinsai oder großen Erdbeben und den dadurch hervorgerufenen Bränden 142 807. In Tokio und Jokohama wurden 575 000 Häuser zerstört, und der Schaden wurde auf heute 58 Mrd. DM geschätzt.

Der älteste Seismograph der Welt steht in Göttingen (Niedersachsen). Mit ihm werden seit 1902 Tag für Tag leichte und schwere Erdstöße in allen Kontinenten aufgezeichnet. Der im Hainberg oberhalb Göttingens installierte Seismograph war der Prototyp für über 100 gleichartige Geräte, die in der ganzen Welt aufgestellt wurden. In Deutschland arbeitet nur noch das Original.

VULKANE

Allgemein: Insgesamt sind 1343 tätige Vulkane auf der Erde bekannt. Davon sind zahlreiche Objekte submarine Vulkane.

Die meisten Vulkane gibt es in Indonesien. Von den 200 bekannten sind 77 in historischer Zeit ausgebrochen. Das Wort Vulkan wurde von der Insel Vulcano im Mittelmeer abgeleitet; die Insel wiederum war nach Vulcanus, dem Feuergott, benannt worden.

Die größte Explosion in historischer Zeit ereignete sich gegen 10 Uhr Lokalzeit (oder 3 Uhr GMT) am 27. August 1883 bei einem Ausbruch des Krakatau, einer damals 47 km² großen Insel in der Sundastraße zwischen Sumatra und Java in Indonesien. 163 Dörfer wurden vernichtet, und 36 380 Menschen kamen in der durch den Ausbruch ausgelösten Flut ums Leben. Bimsstein wurde 55 km in die Höhe geschleudert, und noch 10 Tage später fiel mehr als 5000 km von der Insel entfernt Staubregen. Die Explosion wurde 4 Std. später auf der 4776 km entfernten Insel Rodrigues als »Donner von schweren Geschützen« verzeichnet und wurde in einem Gebiet von der Größe Europas (einem Dreizehntel der Landmasse) gehört. Man nimmt an, daß diese Explosion ungefähr 26mal so stark war wie die stärkste Testdetonation einer Wasserstoffbombe, aber dennoch nur einem Fünftel der Eruption von Santorin (Griechenland) entsprach.

Der vermutlich stärkste Vulkanausbruch war die Taupo-Eruption in Neuseeland etwa 130 n. Chr. Dabei wurden schätzungsweise 30 000 Mio. t Bimsstein auf einmal und mit etwa 700 km/h herausgeschleudert. Nur 20 Prozent der Steine gingen weniger als 200 km vom Krater entfernt nieder. Insgesamt bedeckten sie 16 000 km², rund 26mal soviel Fläche wie beim Ausbruch des Mt. St. Helens 1980 verwüstet wurde.

Das größte Lavavolumen ergoß sich beim Ausbruch des Vulkans Tambora auf der Insel Sumbawa (Indonesien) vom 5. bis 10. April 1815. Die Gesamtmenge an ausgeworfenem Material wird auf 150–180 km³ geschätzt. Die Energie dieser Eruption betrug $8{,}4 \times 10^{19}$ Joule. Der Vulkan wurde um 1250 m niedriger, und es bildete sich ein Krater mit einem Durchmesser von 8 km. Der Innendruck, der den Ausbruch des Tambora auslöste, wird auf 3270 kg/cm² geschätzt. Durch den Ausbruch und seine Folgen kamen mehr als 90 000 Menschen ums Leben.
Ein Lavavolumen von 60 bis 65 km³ wurde beim Ausbruch des Inselvulkans Santorin (Griechenland) herausgeschleudert. Die Explosion ereignete sich 1626 ± 1 v. Chr.

Der längste Lavastrom in historischer Zeit, *pahoehoe* genannt (Erstarrung in der Form eines gedrehten Stranges), ergoß sich 1783 beim Ausbruch des Laki (Island). Er erreichte eine Länge von 65 bis 70 km. Der breiteste bekannte prähistorische Lavastrom ist der Roza-Basaltstrom in Nordamerika. Er entstand vor ca. 15 Mio. Jahren und hatte eine Länge von 300 km, einen Flächeninhalt von 40 000 km² und ein Volumen von 1250 km³.

Der höchste ruhende Vulkan ist der Llullaillaco mit 6723 m an der Grenze zwischen Chile und Argentinien.

Der höchste tätige Vulkan ist der Ogos del Salado mit seinen Fumarolen. Er ist 6887 m hoch und liegt an der Grenze zwischen Chile und Argentinien.

Der größte aktive Vulkan ist der Mauna Loa (4170 m) auf Hawaii. Seine elliptische Basis ist 120 × 50 km groß. Der Lavafluß erstreckt sich auf ein Gebiet von über 5125 km². Das Gesamtvolumen des Vulkans beträgt etwa 42 500 km³, wobei 84,2 Prozent unter Wasser liegen. Der Krater an der Spitze, Mokuaweoweo, ist 150–180 m tief und nimmt eine Fläche von 10,5 km² ein. Seit 1832 hat man im Durchschnitt alle $3^1/_2$ Jahre einen Ausbruch beobachtet. Das letzte große Ereignis fand im April 1984 statt.

Der nördlichste Vulkan ist der Beeren-Berg (2276 m) auf der zu Norwegen gehörenden Insel Jan Mayen (71°05'N) in der Grönlandsee. Er brach am 20. September 1970 aus, und die 39 Bewohner der Insel (alles Männer) mußten evakuiert werden. Wahrscheinlich wurde die Insel von Henry Hudson 1607 oder 1608 entdeckt, bestimmt wurde sie 1614 von Jan Jacobsz May

Regelmäßig in Abständen von etwa 10 Min. erfolgen die Eruptionen des Stromboli, Europas einzig daueraktiven Vulkans.

(Niederlande) besucht. Am 8. Mai 1929 kam sie zu Norwegen. Der Seeberg Ostenso (1775 m) auf 85°10'N und 133°W, 556 km vom Nordpol entfernt, war früher vulkanisch aktiv.

Der südlichste unter den bekannten tätigen Vulkanen ist der Mt. Erebus (3795 m) 77°35'S auf Ross Island in der Antarktis. Er wurde am 28. Januar 1841 bei der Expedition von Captain James Clark Ross (1800–62) entdeckt und erstmalig am 10. März 1908 um 10 Uhr morgens von einer britischen Gruppe unter der Leitung von Prof. Tannatt William Edgeworth David (1858–1934) bestiegen.

Der größte vulkanische Krater (auch Caldera genannt) ist der Toba-See im Norden Sumatras (Indonesien) mit einem Flächeninhalt von 1775 km^2.

GEYSIRE

Die höchste Wasserfontäne von über 460 m stieß der Waimangu-Geysir (Maori: Schwarzes Wasser), Neuseeland, 1904 aus. Das letzte Mal brach er unerwartet am 1. April 1917 aus und tötete 4 Menschen.

Der höchste Geysir der Gegenwart ist der Service Steamboat Geysir im Yellowstone National Park (USA). Von 1962 bis 69 stieg in Abständen von 5 Tagen bis 10 Monaten seine Fontäne zwischen 76 und 115 m hoch.

Die größte Wassermenge, nämlich 37 850 hl, produzierte der Giant Geysir, ebenfalls im Yellowstone National Park (USA), der seit 1955 ruhig ist.

Der Geysir (vom Altisländischen *geysa* »wild strömen«) in der Nähe des Mt. Hekla auf Island, nach dem alle anderen benannt sind, stößt gelegentlich Fontänen von Höhen bis zu 55 m aus. Der benachbarte Strokkur, durch eine Bohrung 1963 wieder aktiviert, stößt Fontänen im 10- bis 15-Minuten-Intervall aus.

GRÖSSENREKORDE

MEERE

Allgemein: Die vom Meer bedeckte Oberfläche der Erde – die Hydrosphäre – wird auf 362 033 000 km^2 oder 70,98 Prozent der Gesamtoberfläche geschätzt.
Die mittlere Tiefe der Hydrosphäre wurde bis vor wenigen Jahren auf 3795 m geschätzt, aber neuere Messungen haben zu niedrigeren Werten (3554 m) geführt.
Das geschätzte Gesamtgewicht des Wassers ist $1,32 \times 10^{18}$ t oder 0,022 Prozent des Gesamtgewichts der Erde.
Das Wasservolumen der Ozeane wird auf 1 349 900 000 km^3 geschätzt, das Süßwasser nur auf 35 000 000 km^3.

Der größte Ozean ist der Pazifik. Sein Flächeninhalt beträgt 166 241 000 km^2. Das sind 45,9 Prozent der globalen Meeresoberfläche. Im Durchschnitt ist er 4188 m tief.

Die kürzeste mit Schiffen befahrbare Entfernung über den Pazifik, von Guayaquil in Ecuador nach Bangkok in Thailand, ist 17 550 km.

Die größte Meerestiefe wurde 1951 im Marianengraben im Pazifik von dem britischen Vermessungsschiff *Challenger* ermittelt. Damals wurde eine Tiefe von 5940 Faden (10 863 m) durch Abloten und Echolot gemessen. Bei späteren Untersuchungen der *Challenger*-Tiefe mit der Multibeam-Echolottechnik ergab sich eine etwas größere Tiefe von 6034 Faden (11 034 m), wie sie schon vom sowjetischen Forschungsschiff *Vityaz* 1957 gemessen wurde. Am 23. Januar 1960 hatte die Tiefsee-Tauchkugel *Trieste* eine Tiefe von 10 916 m erreicht. Neuere Daten (1984) des japanischen Vermessungsschiffes *Takuyo* sprechen für einen Tiefenwert von 10 924 ± 10 m.

Ein Metallgegenstand, eine 1000 g schwere Stahlkugel etwa, würde – ließe man ihn über dem Marianengraben ins Wasser fallen – fast 64 Min. brauchen, bis er auf dem Meeresboden in 10,92 km Tiefe anlangt. Dort beträgt der hydrostatische Druck etwa 1250 bar.

Die größte See ist die Südchinesische See mit einer Oberfläche von 2 974 600 km^2.

Die größte Meeresbucht, gemessen nach der Länge der Küstenlinie, ist die Hudsonbay im nördlichen Kanada mit einer Küstenlinie von 12 268 km und einer Fläche von 1 233 000 km^2. Die Fläche der Bucht von Bengalen beträgt dagegen 2 172 000 km^2.

Der Golf von Mexiko hat eine Fläche von 1 544 000 km^2 und weist eine Küstenlänge von 5000 km auf. Der Golfstrom ist die wesentliche Quelle für den Transport von Wasser aus dem Atlantik durch den Golf. Das Satellitenbild läßt Nordamerika und den Golf von Mexiko klar erkennen.

Das Wattenmeer

Über 2500 verschiedene Pflanzen- und Tierarten leben im Wattenmeer, das sich in etwa 450 km Länge entlang der Nordsee-Küste erstreckt. Es bildet ein höchst komplexes Ökosystem, das sich in einem Ungleichgewicht befindet und durch Fluktuationen und Dynamik geprägt ist. So ändern sich im Gezeitenbereich die Lebensbedingungen mit jeder Ebbe und Flut. Langfristige Veränderungen werden der Lebenswelt im Watt durch die Schwankungen der Meerestemperatur und des Meeresspiegels aufgeprägt. Hinzugekommen sind Eingriffe durch den Menschen, beginnend durch die großen Eindeichungen. Überfischungen haben einige Arten wie Stör oder Seemoos nahezu verschwinden lassen. Andere Arten wie zum Beispiel die Wollhandkrabbe wurden dagegen eingeschleppt. Zunehmend macht sich im Wattenmeer eine Überdüngung bemerkbar, die in Form dicker Matten von Grünalgen nicht zu übersehen ist. Im Rahmen des Projekts »Ökosystemforschung Wattenmeer« sollen bis 1995 neue Einblicke in diesen Lebensraum gewonnen werden.

Das Wattenmeer überspült bei Flut die flache Gezeitenküste an der Nordsee. Hier Halligen im nordfriesischen Wattenmeer.

Der längste Fjord ist der Nordvestfjordarm des Scoresby-Sund in Ostgrönland, der 313 km vom Meer ins Land hineinreicht. Der längste norwegische Fjord ist der Sognefjord, der 204 km landeinwärts von Sogneoksen bis zur Spitze des Lusterfjordarmes bei Skjolden reicht. Er ist kaum breiter als 5,1 km und an seiner tiefsten Stelle 1296 m tief.

Der höchste Berg auf dem Meeresgrund wurde 1953 in der Nähe des Tongagrabens zwischen Samoa und Neuseeland entdeckt. Er erhebt sich 8700 m vom Meeresboden, und der Meeresspiegel liegt 365 m über seiner Spitze.

Der landfernste Punkt liegt im Südpazifik ca. 48°30'S und 125°30'W. Er ist ca. 2670 km vom nächsten Flecken Land, nämlich der Pitcairninsel, der Ducieninsel und dem Cape Dart in der Antarktis, entfernt. Die diesen Punkt umgebende Wasserfläche hat eine Ausdehnung von 22 421 500 km^2 und ist damit 18 000 km^2 größer als das größte Land der Welt, die Sowjetunion.

Der südlichste Punkt des Ozeans befindet sich 85°34'S, 154°W am Auslauf des Robert-Scott-Gletschers, 490 km vom Südpol entfernt.

Die längste Seereise, die man machen kann, ist 31 960 km lang. Sie beginnt an einem Punkt westlich von Karatschi (Pakistan) und führt durch die Straße von Mosambik, die Drakestraße und das Beringmeer zu einem Punkt nördlich von Uka'Kamtschatka.

Die Wassertemperatur an der Meeresoberfläche reicht von –2° C im Weißen Meer bis 36° C im Sommer an den seichten Stellen im Persischen Golf. Die Normaltemperatur des Roten Meeres ist 22° C. Durch die »Brennglas«-Wirkung von Eis auf die Sonnenstrahlung können an der Wasseroberfläche in Polarmeeren Temperaturen bis knapp 27° C auftreten.

Die höchste Temperatur, die im Meer gemessen wurde, betrug 404° C. Ermittelt wurde sie von einem Forschungs-Unterseeboot 480 km von der Westküste der USA im Rahmen einer Expedition unter Jack Diamond, Oregon State University (USA). Die Temperatur wurde in einzelnen Wasserproben dieser geothermischen Quelle gemessen. Der hohe Druck verhinderte ein Verdampfen des aufsteigenden Wassers.

Das klarste Wasser findet man in der Weddell-See bei 71°S und 15°W in der Antarktis. Am 13. Oktober 1966 haben Wissenschaftler des Alfred-Wegener-Instituts eine sogenannte »Secchi-Testscheibe« noch in einer Tiefe von 80 m erkennen können. Diese Transparenz entspricht etwa der von destilliertem Wasser.

MEERENGEN

Die längste Meerenge ist der Tatarensund zwischen der Insel Sachalin und dem russischen Festland, der das Japanische Meer mit dem Ochotskischen Meer verbindet. Diese Strecke ist 800 km lang, also kaum länger als die Straße von Malakka.

Die breiteste Meerenge ist die Davisstraße zwischen Grönland und Baffinland (Kanada) mit einer Mindestweite von 338 km.

Die Drakestraße zwischen den Diego-Ramirez-Inseln (Chile) und den Südshetland-Inseln hat eine Breite von 1140 km.

Die engste schiffbare Meerenge befindet sich zwischen der ägäischen Insel Euböa und dem griechischen Festland. Bei Chalkis ist sie nur 40 m breit. Der Seilsund in Strathclyde (Schottland) ist an einer Stelle nur 6 m breit. Dort verbindet die Clachan-Brücke die Insel mit dem Festland, man kann also sagen, daß durch sie der Atlantik überbrückt wird.

WELLEN

Die höchste Welle wurde von US-Marineleutnant Frederic Margraff gemessen, als er mit dem Schiff *Ramapo* auf dem Weg von Manila (Philippinen) nach San Diego, Kalifornien (USA), in der Nacht vom 6. zum 7. Februar 1933 durch einen Hurrikan fuhr, der mit einer Geschwindigkeit von 126 km/h daherraste. Er errechnete für die Welle vom Wellental bis zum Scheitel eine Höhe von 34 m.

Die höchste mit Instrumenten gemessene Welle war 26 m hoch und wurde vom britischen Schiff *Weather Reporter* im Nordatlantik am 30. Dezember 1972 59°N, 19°W verzeichnet. Statistische Berechnungen zeigen, daß eine von 300 000 Wellen die mittlere Wellenhöhe um den Faktor 4 überschreitet. Am 9. Juli 1958 löste ein Erdrutsch in der fjordartigen Lituya Bay, Alaska (USA), eine 524 m hohe Welle mit einer Geschwindigkeit von 160 km/h aus.

Höchste Erdbebenwellen: Die höchste Höhe, die man für eine Tsunami (oft zu Unrecht Flutwelle genannt) schätzte, betrug 85 m und erschien bei Ischigaki, einer der Riukiuinseln, am 24. April 1971. Diese Erdbebenwelle schleuderte einen 750 t schweren Korallenblock über 2,5 km weit. Tsunami (ein japanisches Wort, das im Singular und Plural gleich ist) können eine Geschwindigkeit von 790 km/h erreichen. Rekordhalter könnte jedoch eine Welle von 360 m Höhe sein, die um 4950 v. Chr. mit 180 km/h gegen die Küsten der nördlichen Shetland-Inseln brandete. Sie wurde durch einen untermeerischen Erdrutsch im Gebiet von Storegga in der südnorwegischen See ausgelöst. Dabei bewegten sich rund 1800 km^3 Gestein und Schlamm.

MEERESSTRÖMUNGEN

Die größte Meeresströmung ist der antarktische Zirkumpolarstrom oder die Westwindtrift. Messungen in der Drakestraße zwischen Südamerika und der Antarktis ergaben 1982 einen Strömungsfluß von 130 000 000 m^3/s. 1990 wurden Computermodelle veröffentlicht, die einen Strömungsfluß von 195 000 000 m^3/s erwarten

lassen. Seine Breite liegt zwischen 300 und 2000 km, und seine Oberflächenströmung beträgt 0,75 km/h.

Die stärkste Strömung haben die Nakwakto Rapids in Slingsby Channel (Kanada) (51°05'N, 127°30'W), wo die Strömungsgeschwindigkeit 16 Knoten (30 km/h) erreichen kann.

GEZEITEN

Allgemein: Außergewöhnliche Gezeiten entstehen durch die Gravitationskraft des Mondes und der Sonne und der Einwirkung ihres Perigäums, Perihelions und ihrer Konjunktionen. Luftdruck und Wind können zusätzliche Verstärkungen hervorrufen, und der Verlauf der Küsten und des Meeresbodens beeinflußt gleichfalls die Wirkung der Gezeiten. Die Abstände zwischen den Tiden betragen durchschnittlich 12:25 Std.

Die stärksten Gezeiten gibt es in Kanada in der Bay of Fundy, die zwischen Neuschottland, Maine (dem nordöstlichsten Staat der USA) und der kanadischen Provinz New Brunswick liegt. Burncoat Head im Minasbecken in Neuschottland hat mit 14,5 m den höchsten mittleren Tidenhub in der Welt. Ein Tidenhub von 16,6 m bei Springfluten wurde 1953 im Leafbecken in der Ungara-Bay, Quebec (Kanada), gemessen. Tahiti im Mittelpazifik kennt keinen Tidenhub.

Der größte Tidenhub an der deutschen Nordseeküste wurde 1978 mit 4,17 m an der großen Weserbrücke in Bremen ermittelt. Der mittlere Tidenhub ist das Jahresmittel aus den Unterschiedsbeträgen zwischen Tidenhochwasser und Tidenniedrigwasser.

In der Ostsee gibt es keinen regelmäßigen und vorher bestimmbaren Wechsel zwischen Ebbe und Flut.

EISBERGE

Der größte Eisberg war ein antarktischer Tafelberg von über 31 000 km² (335 km × 97 km, also größer als Belgien), der am 12. November 1956 von dem US-Schiff *Glacier* 240 km westlich von der Scott-Insel im südlichen Pazifik gesichtet wurde.
Die 1946 entdeckte, 60 m dicke arktische Eisinsel T. 1 (360 km²) konnte 17 Jahre lang geortet und gemessen werden.

Der höchste je gesichtete Eisberg hatte eine Höhe von 167 m und wurde vom Deck des US-Eisbrechers *East Wind* aus 1958 nahe der Westküste von Grönland fotografiert.

Der südlichste arktische Eisberg wurde im April 1935 von einem US-Wetterbeobachtungsschiff im Atlantischen Ozean 28°44'N, 48°42'W gesichtet.

Der nördlichste antarktische Eisberg war ein Eisbergrest, der am 30. April 1894 von dem Handelsschiff *Dochra* im Atlantik 26°30'S, 25°40'W gesichtet wurde.

LAND

Allgemein: Für die Wissenschaft gilt es als erwiesen, daß das gesamte Landgebiet unseres Planeten in einem einzigen Urkontinent von 2×10^8 km² Größe vereinigt war, der Pangaea genannt wird. Dieser spaltete sich vor ca. 190 Mio.

Die größten Gezeiten sind in der kanadischen Fundy-Bay zu beobachten. In Minas Becken beträgt der mittlere Tidenhub 14,5 m.

Jahren während des Juras in zwei Superkontinente, die mit Laurasien (Eurasien, Grönland und Nordamerika) und Gondwanaland (Afrika, Arabien, Indien, Südamerika, Ozeanien und Antarktis) bezeichnet werden.

Der Name des zweiten Superkontinents ist von der indischen Landschaft Gondwana abgeleitet. Seine Aufspaltung begann vor 120 Mio. Jahren. Der Südpol dürfte noch vor ca. 450 Mio. Jahren während des Ordoviziums im Gebiet der Sahara gelegen haben.

GESTEIN

Das Alter der Erde wird auf 4500 ± 70 Mio. Jahre geschätzt. Zwar existiert auf der Erdoberfläche kein Gestein dieses Alters mehr, doch aus der Analyse von Mondmaterialproben und Meteoriten läßt sich dieser Wert recht genau ableiten.

Das älteste Gestein mit gesicherter wissenschaftlicher Datierung ist 3,962 Mrd. Jahre alt. Wie der Geologe James Bowring von der Universität Washington (USA) im Oktober 1989 mitteilte, handelt es sich um zwei granitartige Gesteinsbrocken, die im Mai 1984 nördlich des Großen Sklavensees in den kanadischen Westterritorien entdeckt wurden. Die 1986 in Australien aufgefundenen Zirkonkristalle sind mit 4,276 Mrd. Jahren zwar deutlich älter, gehören aber nicht zu dem Gestein, aus dem man sie isolierte. Die Altersbestimmung wurde jeweils mit einem Analysegerät namens SHRIMP (***S****ensitive* ***H****igh-mass* ***R****esolution* ***I****on*

Micro Probe) durchgeführt. Das älteste deutsche Gestein, ein dunkelgrüner Eklogit, ist nach Angaben vom November 1985 2,07 Mrd. Jahre alt.

Der größte Gesteinskomplex ist der berühmte Ayer's Rock (Australien), ein Monolith aus roter kambrischer Arkose, der sich 348 m in die Höhe reckt, 2,5 km lang und 1,6 km breit ist. Die nächstgrößere Stadt ist Alice Springs, 400 km nordöstlich gelegen. Rund 61355 t wiegt nach Schätzungen aus dem Jahr 1940 La Gran Piedra, ein Felsbrocken aus Vulkangestein in der Sierra Maestra (Kuba).

KONTINENTE

41,25 Prozent der Erdoberfläche, 210 400 000 km^2, bestehen aus Landmassen. $^2/_3$ davon oder 29,02 Prozent der Erdoberfläche (148 021 000 km^2) liegen über Wasser mit einer mittleren Höhe von 756 m über dem Meeresspiegel, $^1/_3$ entfällt auf die Kontinentalschelfe. Die eurasische Landmasse mit einer Ausdehnung von 53 698 000 km^2 (einschließlich Inseln) ist der größte Kontinent. Die afro-eurasische Landmasse, die durch den Suezkanal nur künstlich getrennt ist, hat eine Ausdehnung von 84 702 000 km^2, also 57,2 Prozent der über dem Meeresspiegel liegenden Landmasse der Erde.

Der kleinste Kontinent ist das australische Festland mit einer Ausdehnung von 7 618 493 km^2. Zusammen mit Tasmanien, Neuseeland, Neuguinea und den pazifischen Inseln wird die ganze Gruppe auch Ozeanien genannt. Das gesamte Gebiet von Ozeanien hat eine Fläche von ca. 8 935 000 km^2 einschließlich Westirian.

Weitester Küstenabstand: In der Dzoosotoyn-Elisen-Wüste (China) liegt dieser Punkt bei 46°16'8N und 86°40'2O, der nach allen Himmelsrichtungen weiter von einer Meeresküste entfernt ist als irgendein anderer Punkt auf der Erde. Er wurde erstmals am 27. Juni 1986 von dem Engländer Richard Crane besucht und ist – Luftlinie gemessen – 2648 km von der nächsten offenen See entfernt. Die nächste größere Stadt südlich dieses Punktes ist Urumtschi.

In Mitteleuropa liegt das Gebiet um die Stadt Heilbronn (Baden-Württemberg) im Zentrum zwischen Nordsee, Ostsee, Adria und Ligurischem Meer.

Die größte Halbinsel der Welt ist Arabien mit einer Fläche von 3 250 000 km^2.

INSELN

Die größte Insel, wenn man Australien nicht als Insel, sondern als kontinentale Landmasse betrachtet, ist Grönland mit ca. 2 175 000 km^2. Allerdings besteht Grönland aus mehreren von einer Eisdecke (durchschnittlich 1500 m, maximal ca. 3400 m mächtig) bedeckten Inseln, ohne die es nur 1 680 000 km^2 groß wäre.

Die größte Sandinsel der Welt ist die vor der Küste von Queensland (Australien) gelegene Frazer-Insel mit einer 120 km langen Sanddüne.

Die größte deutsche Insel ist Rügen in der Ostsee mit einer Fläche von 926,4 km^2.

Die größte Insel im Süßwasser ist die Ilha de Marajo (48000 km^2) in der Amazonasmündung in Brasilien. Die größte Binneninsel (das heißt zwischen Flüssen liegendes Land) ist die Ilha do Bananal in Brasilien mit 18 100 km^2.

Die größte Insel in einem See ist Manitoulin (2766 km^2) im kanadischen (Ontario-)Gebiet des Huronsees.

Die größte deutsche Binnenlandinsel ist die Bodenseeinsel Reichenau mit 4,5 km^2 Fläche.

Österreichs größte Insel ist 5,25 ha groß und liegt im Neusiedler See. Es ist die Apetlonen-Schilf-Insel an der Grenze zu Ungarn; eine reine Moorinsel, die nicht bebaubar ist.

Die größte Schweizer Insel ist die Île de St. Pierre im Bieler See (franz. Schweiz). Da der Seespiegel ständig sinkt, vergrößert sich die Insel von Jahr zu Jahr. 1978 betrug ihre Fläche 89 ha.

Die entlegenste unbewohnte Insel ist Bouvetøya (Bouvetinsel) im Südatlantik. Sie wurde am 1. Januar 1739 von J. B. C. Bouvet de Lozier entdeckt und zum ersten Mal am 16. Dezember 1825 von Kapitän George Norris betreten. Sie liegt 54°26'S, 3°24'O. Dieses unbewohnte norwegische Schutzgebiet ist ca. 1700 km vom nächsten Festland, der unbewohnten Küste von Queen-Maud-Land, entfernt.

Die entlegenste bewohnte Insel ist Tristan da Cunha im Südatlantik. Sie wurde im März 1506 von Tristao da Cunha, einem portugiesischen Admiral, entdeckt. Sie hat einen Flächeninhalt von 98 km^2. Der erste »Dauerbewohner« war Thomas Currie, der im Jahr 1810 landete. Am 14. August 1816 wurde sie von Großbritannien annektiert. Nachdem die Inselbewohner wegen vulkanischer Tätigkeit 1961 evakuiert werden mußten, kehrten im November 1963 198 von ihnen wieder auf die Insel zurück. Dieser Insel am nächsten gelegen ist die

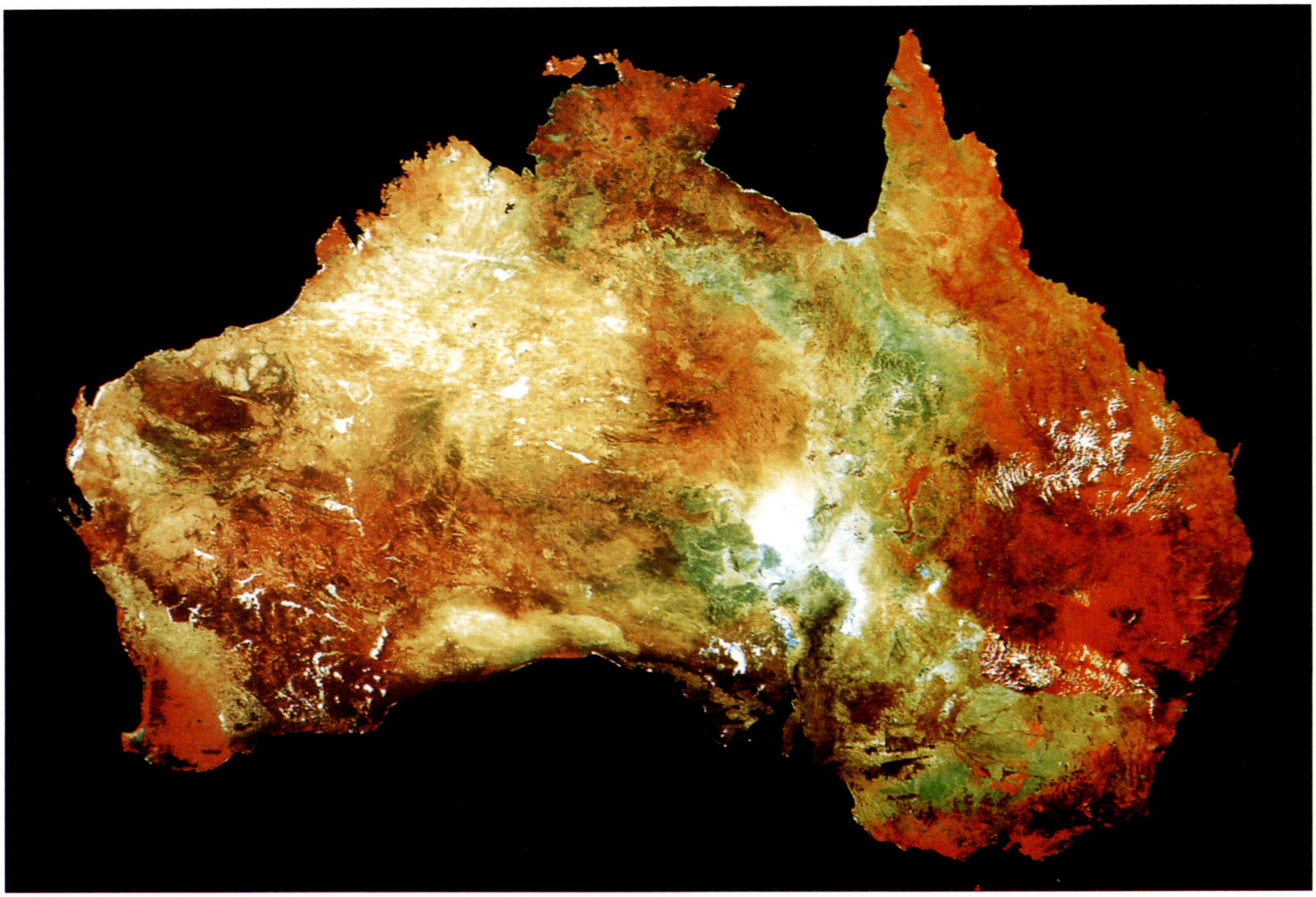

Australien weist eine Fläche von 7 618 493 km² auf und ist damit der kleinste Erdteil. Dieses Satellitenbild ist ein Mosaik aus Einzelaufnahmen mit einem Infrarotsystem.

Insel St. Helena, 2435 km in nordöstlicher Richtung entfernt. Die Entfernung zum nächsten Kontinent, Afrika, beträgt 2740 km.

Die höchste aus dem Meer ragende Felsspitze ist Ball's Pyramid in der Nähe der Lord-Howe-Insel im Pazifik. Sie ist 561 m hoch, ihre Basisachse ist aber nur 200 m lang. Sie wurde 1965 zum ersten Mal erklommen.

Den nördlichsten Landzipfel entdeckte Uffe Petersen vom dänischen Geodätischen Institut am 28. Juli 1978: die Mini-Insel Odaq (30 m Durchmesser), die 1,36 km nördlich von der grönländischen Kaffeeklubinsel liegt. Die Position der Insel Odaq: 83°40'32,5N, 30°40'10,1W. Vom Nordpol ist sie 706,4 km entfernt.

Südlichstes Land: Im Gegensatz zum Nordpol befindet sich der Südpol auf Festland. Die Amundsen-Scott-Südpolarstation wurde dort 1957 in einer Höhe von 2855 m erbaut. Zusammen mit der Eisdecke treibt die Station 8–9 m im Jahr in Richtung 43°W und wurde 1975 durch ein neues Gebäude ersetzt.

Der größte Archipel ist die 5600 km lange, sichelförmige, aus über 13 000 Inseln bestehende Inselgruppe, aus der sich Indonesien zusammensetzt.

Die jüngste Insel ist Pulau Batu Hairan („Überraschungs-Felseninsel"). Sie liegt etwa 65 km nordöstlich von Kudat in Sabah (Malaysia). Sie wurde am 14. April 1988 von drei Fischern entdeckt. Innerhalb einer Woche verdoppelte sich ihre Größe. Sie beträgt heute 0,77 ha bei einer Höhe von 3 m.

Das größte Atoll ist Kwajalein in den Marshallinseln im Zentralpazifik. Sein schmales, 283 km langes Korallenriff umgibt eine 2850 km² große Lagune.

Das Atoll mit der größten Landoberfläche ist das Christmas-Atoll in den Line-Inseln im Zentralpazifik. Sein Flächeninhalt beträgt 649 km², davon 321 km² Land, und seine Hauptsiedlungen, London und Paris, sind 4 km voneinander entfernt.

Das längste Riff ist das Great Barrier Reef gegenüber von Queensland (Australien). Es ist 2028 km lang. Zwischen 1959 und 1971 wurde ein großes Gebiet zwischen Cooktown und Townsville durch die übermäßige Vermehrung einer Seesternart namens *Acanthaster planci* (Dornenkronenseestern) zerstört. Diese Zerstörung setzt sich in bedrohlichem Maße fort. 1981 wurde die Unterwasserwelt zum „schützenswerten Erbe der Menschheit" erklärt.

VERTIEFUNGEN

Die tiefste Senke, die bisher entdeckt wurde, ist der Felsgrund des antarktischen Bentleygrabens, eines Subgletschers. Er liegt 2538 m unter dem Meeresspiegel.

Die größte submarine Senke ist ein großes Gebiet des Meeresbodens im NW-Pazifik mit einer durchschnittlichen Tiefe von 4600 m.

Die tiefste freiliegende Senke an Land ist die Küste des Toten Meeres, die 400 m unter dem Meeresspiegel liegt. Der tiefste Punkt auf dem Grund dieses Sees ist 728 m unter seinem Wasserspiegel. Die Seeoberfläche sinkt seit 1948 jährlich um 0,35 m ab.

Die tiefste Stelle des Baikalsees in Sibirien (Rußland) liegt 1485 m unter dem Meeresspiegel.

Der tiefste Punkt in Deutschland liegt in der Gemeinde Neuendorf bei Wilster, ganz hinten im Marschengebiet Schleswig-Holsteins. Die tiefste Landstelle beträgt 3,54 m uNN.

Österreichs tiefster Punkt befindet sich im Neusiedler See, dessen tiefste Stelle 113 m uNN liegt.

In der Schweiz ist das Ufer des Lago Maggiore (Kanton Tessin) mit 193 m uNN der tiefstgelegene Punkt dieses Alpenstaats.

Die größte freiliegende Senke ist das Becken des Kaspischen Meeres in der aserbaidschanischen, russischen, kasachischen und turkmenischen Republik und dem nördlichen Iran. Sie ist über 518 000 km² groß, wovon 371 800 km² vom Meer eingenommen werden. Das bei weitem größte Landgebiet der Senke ist die Prikaspiyskaya Nizmennost, die das nördliche Drittel des Ufers bildet, und reicht bis zu 450 km landeinwärts.

HÖHLEN UND GROTTEN

Das längste Höhlensystem der Welt ist der Mammuthöhlen-Nationalpark in Kentucky (USA). Die Höhlen wurden 1799 entdeckt. Expeditionen verschiedener Höhlenforschergrup-

Österreichs längste Höhle ist die Hirlatzhöhle bei Hallstatt. 72 km dieser Horizontalstrecken sind bereits vermessen worden.

pen haben Verbindungen der Höhlen zwischen dem Flint-, dem Mammuthöhlen- und dem Toohey Ridges-System entdeckt und hergestellt. Der erforschte Höhlenverbund hat inzwischen eine Gesamtlänge von 560 km.

Die größte Höhlenkammer, Lubang Nasib Bagus, befindet sich im Gunung-Mulu-Nationalpark von Sarawak (Malaysia). Sie ist 700 m lang, im Durchschnitt 300 m breit und an ihrer niedrigsten Stelle 70 m hoch. Die britisch-malaysische Mulu-Expedition hat die riesige Höhlenkammer 1980 entdeckt. In ihr könnten mühelos 7500 Busse abgestellt werden. Die Höhe einer Höhle in Nordoman erreicht 120 m.

Unterwasserhöhle: Das längste erkundete Objekt ist das Noboch Na Chich-Höhlensystem im Quintana Roo (Mexiko). Seit Beginn der Exploration im November 1987 hat das CEDAM-Höhlentauchteam unter Leitung von Mike Madden in diversen Passagen eine Strecke von 13 290 m erforscht.

Die größte Tiefe beim Abstieg in eine Höhle erreichte ein sechsköpfiges Team aus Lyon im Dezember 1989. Es stieß in der Gouffre Jean Bernard in den Französischen Alpen bis 1602 m vor. Da diese Höhle jedoch nicht ganz erkundet wurde, liegt der offizielle Rekord noch bei 1508 m, erzielt durch eine ukrainische Gruppe 1988 in der Shakta Pantjukhina im Kaukasus. Die längste Tauchfahrt, vom Grund einer Höhle dem Wasserstrom folgend bis zu einer Oberflächenquelle, gelang im August 1991 Geoff Yeadon und Geoff Crossley. Für die 3050 m lange Distanz von Kong Pot nach Keld Head in Yorkshire (GB) benötigten sie 5 Std.

Die größte der ca. 4000 deutschen Höhlen ist die Kluterthöhle in Ennepetal-Altenvoerde (Sauerland) mit einem Rauminhalt von 4,75 km^3. Sie gilt als Asthmaheilstätte.

Die längste Höhle in Österreich ist die Hirlatzhöhle bei Hallstatt im Salzkammergut. 72 km des ausgedehnten Gangsystems haben die Höhlenforscher des Vereins Hallstatt-Obertraun bereits vermessen.

Die Schweizer Höhle mit dem längsten Gangsystem ist das Hölloch (Kanton Schwyz), dessen 151 km langen Gänge eine gesamte Höhendifferenz von 878 m aufweisen. Im April 1990 wurde das Hölloch zum Verkauf angeboten.

Der längste Höhlenfluß der Welt wird inzwischen im türkischen Taurus-Gebirge in 600 m Tiefe vermutet. Er wurde vom Frankfurter Geologen Gerhard E. Schmitt entdeckt. Der 100 km lange Fluß beginnt am Westufer des Beysehir-Sees und tritt u.a. aus der Altin-Besik-Höhle heraus ans Tageslicht.

STALAKTITEN UND STALAGMITEN

Den längsten Stalaktiten gibt es in der Nähe von Malaga (Spanien) in der Cueva de Nerja. Er wird von einer Wand gestützt und hat – von der Decke bis zum Boden – eine Länge von 59 m.

Den längsten freihängenden Stalaktiten gibt es, soweit bekannt, in der Poll-an-Ionain-Höhle in County Clare (Irland). Er hat eine Länge von 6,2 m.

Die größte Höhlensäule ist vermutlich der »Pfeiler des Fliegenden Drachen« mit 39 m in der Neun-Drachen-Höhle (Daji Dong) in Guizhou (China).

Größter verzweigter Stalaktit ist mit einer Länge von 32,3 m die Bicentennial Column in der Ogle-Höhle, die zum Carlsbad-Caverns-Nationalpark in New Mexico (USA) gehört.

Der höchste Stalagmit, der bis jetzt entdeckt wurde, ist in der Krásnohorska-Höhle in der ČSFR. Seine Höhe wird mit über 32 m angenommen.

Die höchsten deutschen Stalagmiten sind die Tropfsteinsäulen in der »Fürstengruft« der Erdmannshöhle bei Hasel (Baden-Württemberg). Sie sind über 4 m hoch.

GEBIRGE

Höchste Gipfel: Der Mt. Everest ist doch der höchste Berg der Welt. Das am 6. März 1987 von der amerikanischen K 2-Expedition mitgeteilte Ergebnis, wonach der K 2 zwischen 8858 und 8908 m hoch und damit die Nummer 1 sein sollte, hat einer gründlichen Nachprüfung nicht standgehalten. Im Sommer 1987 hat ein italienisches Team unter Ardito Desio mit Hilfe von vier transportablen Navigationssatelliten-Empfängern an Ort und Stelle genaue Vermessungen durchgeführt. Danach ist der Mt. Everest mit 8863 m sogar höher als bisher angegeben. Der K 2 ist dagegen nur 8607 m hoch und damit noch 4 m niedriger als früher angenommen. Desio hatte jene Expedition geleitet, bei der seine Landsleute A. Compagnoni und L. Lacedelli am 31. Juli 1954 erstmals den Gipfel des K 2 bestiegen hatten, 14 Monate nach der Erstbesteigung des Mt. Everest durch

Die Saalfelder Feengrotten am Stadtrand von Saalfeld in Thüringen sind die farbenprächtigste Schauhöhle.

Der Chimborasso in Ekuador ist der am weitesten vom Erdmittelpunkt entfernte Gipfel, ab 4700 m ist er von Eis und Schnee bedeckt.

Der am weitesten sichtbare Berg ist der Vatnajökull. Der größte Gletscher Islands hat eine Eisdecke von 500–700 m.

Die steilste Felswand ist die 975 m breite Nordwestseite des 670 m hohen Half Dome in Yosemite (USA).

Edmund Hillary und Tenzing Norgay am 29. Mai 1953.

Am weitesten vom Mittelpunkt der Erde entfernt ist die Spitze des Chimborasso (6267 m) in den Anden (Ecuador). Er erhebt sich 158 km südlich des Äquators und übertrifft, absolut gesehen, die Gipfelhöhe des Mt. Everest um 2150 m.

Der höchste Berg auf dem Äquator ist der Vulkan Cayambe (5878 m) in Ecuador, 77°58'W. Ein Gipfelbezwinger würde sich – bedingt durch die Erdrotation – mit 1671 km/h relativ zum Erdmittelpunkt bewegen.

Der höchste Inselberg ist der Puncak Jaya, ehemals Puncak Sukarno, ehemals Carstensz Pyramide, in Irian Jaya (Indonesien, vormals Niederländisch-Neuguinea). Gegenüber der bisher angenommenen Höhe von 5030 m ergaben Messungen einer australischen Forschergruppe 1973 einen Wert von 4884 m. Der Ngga Pulu, jetzt 4861 m, war 1936 vor dem Abschmelzen der Schneekappe etwa 4910 m hoch.

Den größten Gebirgswall bildet der 7772 m hohe Berg Rakaposhi in Pakistan. In der Vertikalen erhebt er sich 5,99 km über das Hunzatal, in der Horizontalen breitet er sich über 10 km aus. Gesamtgefälle: 31 Grad.

Der höchste noch nicht erstiegene Gipfel steht an 10. Stelle unter den höchsten Gipfeln. Es ist der Lhotse Middle Peak (8414 m) im Kumbu-Gebiet im nepalesischen Himalajagebirge. Der Lhotse ist der vierthöchste Berg.

Der höchste unbestiegene Berg ist der Namcha Barwa mit 7782 m Höhe. Er liegt in der großen Kurve des Cangbo (Brahmaputra) in China. Er ist der 32höchste Berg der Welt.

Der größte von seiner submarinen Basis bis zur Spitze gemessene Berg ist der Mauna Kea (Weißer Berg) im Hawaiischen Graben auf der Insel Hawaii. Seine Gesamthöhe beträgt 10 205 m, wovon sich 4205 m üNN befinden.
Ein anderer Berg, dessen Ausmaße, aber nicht seine Höhe, über den Mt. Everest hinausgehen, ist der vulkanische Gipfel des Mauna Loa (Langer Berg) auf Hawaii mit 4170 m. Die Achsen seiner elliptischen Basis, 4975 m uNN, messen 119 km und 85 km. Der Cerro Aconcagua, er ist 6960 m hoch, ragt mindestens 11 830 m über den mittleren pazifischen Meeresboden bzw. 13 055 m über den ozeanischen Chile-Peru-Graben, der etwa 290 km entfernt im Südpazifik verläuft.

Höchster Berg Deutschlands ist die 2962 m hohe Zugspitze im Wettersteingebirge. Zum ersten Mal wurde die Zugspitze am 27. August 1820 erstiegen.

Höchster Berg Österreichs ist der Großglockner in den Hohen Tauern. Der 3797 m hohe Berg wurde am 28. Juli 1800 erstmalig erstiegen.

Ein besonders markantes Hochplateau in Venezuela. Die steilabfallende Hochfläche erhebt sich deutlich über ihre Umgebung.

Höchster Berg der Schweiz ist die 4634 m hohe Dufourspitze der Monte-Rosa-Gruppe in den Walliser Alpen. Sie wurde am 1. August 1855 erstmals bezwungen.

Das höchste Gebirge ist der Himalaja-Karakorum mit 96 von den 109 Gipfeln der Welt, die über 7315 m hoch sind.

Das ausgedehnteste aller Gebirge ist der untermeerische Mittelatlantische Rücken, der sich über 65 000 km von der Arktis bis zum Atlantischen Ozean, um Afrika, Asien und Australien herumzieht und dann unter dem Pazifik bis zur Westküste Nordamerikas erstreckt. Seine größte Höhe beträgt 4200 m über dem Tiefseeboden. Das längste Festlandsgebirge sind die Anden mit etwa 7600 km Länge.

Der Berg, der am weitesten sichtbar ist, ist der Vatnajökull (2118 m) in Island. Ihn kann man von den 550 km entfernten Färöern aus erkennen. Der Mt. McKinley in Alaska (6193 m) ist vom 370 km entfernten Mt. Sanford (4949 m) zu sehen.

Das ausgedehnteste Hochplateau ist das tibetanische Plateau in Zentralasien. Seine mittlere Höhe ist 4900 m und sein Flächeninhalt 200 000 km^2.

Die steilste Felsenwand ist die 975 m breite NW-Seite von Half Dome, Yosemite (USA). Sie ist 670 m hoch, weicht aber nirgends um mehr als 7 Grad von der Vertikalen ab. Sie wurde zum ersten Mal im Juli 1957 von Royal Robbins, Jerry Gallwas und Mike Sherrick erklettert (Klasse VI).

Höchste Haliten: An den nördlichen Ufern des Golfes von Mexiko entlang gibt es über eine Entfernung von 1160 km 330 unterirdische Salz-»Berge«, von denen einige über 18300 m vom Grundgestein emporragen und als niedrige Salzkuppeln sichtbar sind. Sie wurden 1862 entdeckt.

SEEN UND BINNENMEERE

Der größte Binnensee der Welt ist das Kaspische Meer mit den Anrainern Aserbeidschan, Rußland, Turkmenistan und Iran. Es ist 1225 km lang und 371 800 km^2 groß. Davon gehören 143 200 km^2 (38,5 Prozent) zum Iran, wo es Darya-ye-Khazar genannt wird. Das Kaspische Meer ist bis zu 1025 m tief und liegt 28,5 m uNN. Es enthält schätzungsweise 89600 km^3 Salzwasser. Das Kaspische Meer unterliegt ständig Veränderungen: Seine Oberfläche lag im 11. Jh. 32 m, Anfang des 19. Jh.s 22 m uNN.

Die größte Schrumpfung eines Binnengewässers: Der Aralsee, eines der größten Inlandsgewässer der Welt, trocknet aus. Durch das vor zwanzig Jahren begonnene Bewässerungsprojekt im zentralasiatischen Teil Rußlands ist im Gebiet des Aralsees das ökologi-

Der Aralsee aus der Weltraumperspektive, aufgenommen von der Besatzung der amerikanischen Raumfährmission *STS 45* Ende März 1992. Der viertgrößte Binnensee der Welt verlandet zunehmend.

Die Sahara schrumpft

Im Gegensatz zu der weitverbreiteten Meinung, daß die Wüste Sahara langsam aber stetig zunimmt, zeigen neue Satellitenfotos, daß die Wüstenregion kleiner geworden ist. Die amerikanischen Wissenschaftler Compton J. Tucker, Wilbur W. Newcomb (NASA) und Harold J. Dregne (Texas Tech University) berechneten aus 4500 Satellitenaufnahmen eine Fläche von 9,363 Mio. km^2. 1984 hatten sie eine Fläche von 10,083 Mio. km^2 ermittelt. Die Südgrenze der Sahara hatte sich im gleichen Zeitraum um 100 km nach Norden zurückgezogen. Genauere Analysen zeigen, daß die Größe der Sahara von Jahr zu Jahr schwankt, ohne daß dafür eine Ursache erkennbar ist. Ein – wie früher vermutet – durch Klimaveränderungen hervorgerufener Trend läßt sich nicht nachweisen. Die Veränderungen in den Vegetationsgrenzen hängen jedoch eindeutig mit der jährlichen Regenmenge zusammen. So kann in Dürrezeiten sehr wohl der Eindruck entstehen, daß die Wüste sich ausdehnt.

Das Kali-Gandaki-Tal ist 4400 m tief. Es erstreckt sich zwischen den Dhaulagiri- und Annapurna-Gebirgszügen des Himalaja in Nepal. Der Tukuche-Gipfel (6920 m) und der Nilgiri-Nordgipfel (7061 m) auf den beiden Talseiten sind 18,2 km voneinander entfernt. Dieses Bild entstand vom Dhaulagiri aus.

sche Gleichgewicht zerstört worden. Seit 1957 ist der Wasserspiegel um die Hälfte auf 12 m gesunken, das Ufer hat sich an einigen Stellen um 100 km zurückverlagert. Insgesamt ist die Seeoberfläche bereits um 37 Prozent kleiner geworden. Bei fortschreitender Verlandung könnte im Jahr 2010 der Aralsee nur noch Steppe sein.

Den größten Flächeninhalt eines Süßwassersees, nämlich 82350 km^2, hat der Lake Superior (Oberer See) in Nordamerika. 53600 km^2 seiner Fläche gehören zu den USA, 27 750 km^2 zu Kanada. Der See liegt 180 m üNN und ist bis 393 m tief.

Den größten Rauminhalt eines Süßwassersees hat der Baikalsee (Rußland). Seine Wassermenge wird auf 23 000 km^3 geschätzt.

Der größte See Deutschlands ist mit 538,5 km^2 der Bodensee. Doch nur 319 km^2 des Sees gehören zu Deutschland. Der österreichische Anteil beträgt 51 km^2, der der Schweiz 168,5 km^2.

Der größte See Österreichs ist der Neusiedler See, obwohl von dessen 320 km^2 ein kleiner Teil auf ungarischem Gebiet liegt. Dieser flache See (max. Tiefe 3,5 m) ist der einzige mitteleuropäische Steppensee und ein berühmtes Vogelparadies. Der Attersee ist mit seinen 46,7 km^2 der größte See, der mit seiner Gesamtfläche auf österreichischem Boden liegt.

Der größte Schweizer See ist der Genfer See. Von seinen 581,5 km^2 liegen 234 km^2 auf französischem Gebiet. Dort heißt er Lac Léman.

Ein unterirdisches Wasser-Reservoir von der sechsfachen Größe des Bodensees wurde 1989 im Westen Australiens entdeckt. Das in porösem Sandstein liegende Reservoir, mehr als 3000 km^2 groß, reicht von Perth bis zur Hafenstadt Augusta. Der gewaltige unterirdische See liegt in einer Tiefe von durchschnittlich 1000 m. An einigen Stellen reicht er jedoch bis zu 200 m unter die Erdoberfläche.

Die größte Lagune ist die Lagoa dos Patos im südlichsten Teil Brasiliens. Sie ist 254 km lang und erstreckt sich über 10 645 km^2.

Der tiefste See ist der sibirische Baikalsee (Rußland). Er ist 620 km lang und 32–74 km breit. Nach Messungen aus dem Jahr 1957 ist der Olkhon-Spalt des Sees 1940 m tief, also 1485 muNN.

Der tiefste deutsche See ist der Bodensee, denn seine tiefste Stelle (252 m) liegt auf deutschem Gebiet.

Der tiefste österreichische See ist mit bis zu 191 m der oberösterreichische Traunsee am Fuß des Traunsteins im Salzkammergut.

Der tiefste ganz zur Schweiz gehörende See ist der Brienzer See mit 261 m Tiefe (Kanton Bern).

Der höchstgelegene See, auf dem Schiffsverkehr möglich ist, ist der Titicacasee (Maximaltiefe 370 m) mit einem Flächeninhalt von 8290 km^2, wovon 4790 km^2 zu Peru und 3495 km^2 zu Bolivien gehören. Er ist 160 km lang und liegt 3811 m üNN.

Es gibt höher gelegene Seen im Himalaja. Aber es sind Gletscherseen, die nur vorübergehend bestehen. Bei einer Bestandsaufnahme des Ge-

Nimmt man das Mündungsgebiet des Pará hinzu, ist der Amazonas mit 6750 km der längste Fluß der Welt. Das Satellitenbild zeigt etwa 240 km des Juntá, des zweitgrößten Nebenflusses des Amazonas und damit der Welt, erkennbar an der Rosafärbung auf der Karte. Der längste Nebenfluß ist der Madeira, gelb gekennzeichnet. Das Bild zeigt ein Areal in Westbrasilien, in dem der Zusammenfluß des Juntá – die Flußrichtung verläuft von Ost nach West –, bzw. im Bild von oben links nach unten rechts – und des Tarauacá, einem der vielen »Neben«nebenflüsse des Amazonas, deutlich zu erkennen ist.

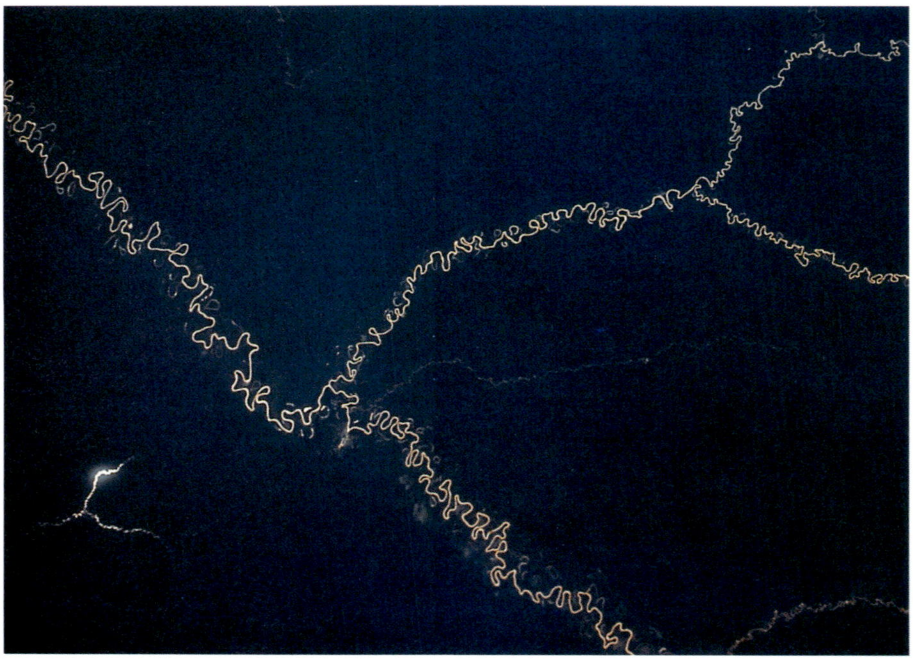

birges wurde 1984 ein See in 5414 m Höhe entdeckt: der Pank Pokhri mit 1,6 km Länge.

Der höchste deutsche See ist der Rappensee im Hoch-Allgäu auf einer Höhe von 2046 m.

Der höchste See Österreichs ist der Rötenkarsee in den Stubaier Alpen. Er liegt auf 2930 m.

Höchster See der Schweiz ist der Lai da Rims im Unterengadin in 2834 m Höhe.

See auf einem See: Der größte See auf einem See ist der Manitousee (106,42 km^2) auf Manitoulin, der größten Binneninsel der Welt (2766 km^2), im kanadischen Teil des Huronsees, in dem noch einige weitere Inseln liegen.

Der größte unterirdische See liegt vermutlich in der Drachenhauchloch-Höhe in der Nähe von Grootfontein (Namibia). Er wurde 1986 entdeckt. Bei einer eingehenderen Erkundung im April 1991 wurde die Fläche des Sees zu 2,61 ha bestimmt. Sie liegt etwa 66 m unter dem Meeresspiegel. Der See ist 84 m tief.

Die längste Naturbrücke ist mit 88 m Spannweite des Sandsteinbogens der Landscape Arch im Nationalpark von Utah (USA).

WÜSTEN

Die größte Wüste: Fast ein Achtel des Festlandgebietes der Welt ist trocken und hat weniger als 25 cm Regen im Jahr.
Die Sahara in Nordafrika ist die größte Wüste. An ihrer längsten Stelle mißt sie 5150 km von O nach W. Von N nach S mißt sie zwischen 1280 und 2250 km, und ihr Flächeninhalt beträgt 9 363 000 km^2. Ihre tiefste Stelle, in der Quattârasenke in Ägypten, liegt 132 m uNN; an ihrer höchsten Stelle, dem Berg Emi Koussi im Tschad, hat sie eine Höhe von 3415 m. Die Tagestemperaturspanne kann mehr als 45° C betragen. Der Wüstensand kann sich bei voller Sonnenstrahlung bis auf 82° C erwärmen.

Die Wüsten wachsen weltweit, wobei die Geschwindigkeit ihres Wachstums mit jedem Jahr steigt. Bereits 75 Prozent der Fläche Australiens sind verwüstet, 34 Prozent der gewaltigen Landmasse Asiens, 20 Prozent Südamerikas, 19 Prozent Nord- und Mittelamerikas. Selbst in Europa gibt es Wüste. Bereits zwei Prozent des Landes sind von unfruchtbaren Einöden bedeckt. Insgesamt sind etwa ein Drittel der Landoberfläche Wüstengebiete. Jedes Jahr wächst diese Fläche um 6 Mio. ha – ein Gebiet doppelt so groß wie Belgien.

Die höchsten Sanddünen wurden in Zentralalgerien im Sandmeer Isaouane-N-Tifernine in der Sahara (26°42'N, 6°43'O) gemessen. Ihre Wellen sind fast 5 km lang und bis zu 430 m hoch.

SCHLUCHTEN

Die größte Festlandschlucht ist der Grand Cañon des Colorado im Nordteil von Zentralarizona (USA). Er erstreckt sich über 446 km von der Marble Gorge zu den Grand Wash Cliffs. Seine mittlere Breite beträgt 16 km. Er ist bis zu 1600 m tief. Der untermeerische Cañon im Labrador-Becken ist 3340 km lang.

Die tiefste Schlucht ist der Colca-Cañon in Peru, der 1929 entdeckt wurde. Die Seiten steigen bis zu 4360 m bzw. 3280 m empor. Ein Kajakteam der Expedition CÁNOANDES '79 von der Universität Krakau (Polen) hat sie vom 12. Mai bis zum 14. Juni 1981 erstmals durchquert.

Der tiefste submarine Abgrund ist 1800 m tief und 32 km breit. Er liegt 40 km südlich von Esperance (Australien).

Die tiefste deutsche Schlucht ist die Breitachklamm bei Oberstdorf in den Allgäuer Hochalpen. Sie hat eine Tiefe von mehr als 100 m.

Die tiefste Schlucht Österreichs ist wahrscheinlich die Lichtensteinklamm bei St. Johann im Pongau (Land Salzburg). Sie schneidet bis zu 280 m tief ins Tal.

Als tiefste Schlucht der Schweiz bezeichnet man die Via Mala, die der Hinterrhein südlich Thusis im Kanton Graubünden bildet. Sie ist etwa 3 km lang und hat – je nach Bezugspunkten – einen Tiefen-Mittelwert von ca. 700 m. Der Schluchtboden liegt etwa 850 m üNN, die Schluchtränder 1400–1700 m üNN. Die anschließenden Höhenzüge sind ca. 2000 m hoch.

KLIPPEN

Die höchsten kartographisch erfaßten Klippen sind in Hawaii an der Nordküste von Ost-Moloka'i in der Nähe der Umilehi-Spitze. Sie fallen aus einer Höhe von 1010 m mit einer durchschnittlichen Steilheit von über 55 Grad zum Meer ab.

Die höchsten Klippen in NW-Europa sind die an der Nordküste der Insel Achill (Irland). Sie ragen bei Croaghan in einer Höhe von 668 m senkrecht aus dem Meer.

Die Steilküste der Nordseeinsel Helgoland ist bis zum Hochplateau 58 m hoch.

Bei Stubbenkammer sind die Kreidefelsen der Ostseeinsel Rügen 22 m hoch. Den höchsten Punkt erreichen sie beim 119 m hohen Königsstuhl.

NATURBRÜCKEN

Die längste Naturbrücke ist der Landscape Arch (Landschaftsbogen) im Arches-Nationalpark 40 km nördlich von Moab, Utah (USA). Dieser Sandsteinbogen hat eine Spannweite von 88 m und steht ca. 30 m über der Sohle eines Cañons. An einer Stelle ist er durch Erosion nur noch 1,8 m breit.

Breiter, nämlich 6,7 m, ist die am 14. August 1909 in Utah entdeckte Rainbow Bridge mit einer Spannweite von 84,7 m.

Eine Wurzelbrücke entstand durch die zusammengewachsenen Wurzeln eines Baraki- und eines Kubangbaums. Indonesische Bauern pflanzten sie an den beiden Ufern eines Flusses in der Provinz West-Sumatra Anfang des 20. Jh.s, um ihn zu überbrücken. Inzwischen hat die Brücke eine Länge von 28,5 m, eine Breite von 1,7 m und führt in 4,1 m Höhe über einen Fluß bei dem Dorf Pulut Pulut. Die Wurzeln dieser Titan-Akar-Brücke sind so fest miteinander verwoben, daß sie ohne Hilfsmittel Personen und Lasten tragen kann.

GLETSCHER

Allgemein wird angenommen, daß ca. 10,5 Prozent der Festlandoberfläche der Erde, das heißt 15,6 Mio. km^2, ständig vereist sind.

Der längste bekannte Gletscher ist der von der Besatzung eines australischen Flugzeuges 1956/57 im australischen Südpolgebiet entdeckte Lambertgletscher. Er ist bis zu 64 km breit und hat zusammen mit seinem oberen Abschnitt, dem Mellorgletscher, eine Mindestlänge von 402 km. Mit dem Ausläufer des Fishergletschers bildet der Lambertgletscher eine ca. 514 km lange Eisfläche.

Der längste Gletscher im Himalaja ist der 75,5 km lange Siachen im Karakorumgebirge, obgleich der Hispar und der Biafo zusammen eine 122 km lange Eisfläche bilden.

Der sich am schnellsten bewegende Gletscher ist der Quarayaq in Grönland. Er legt 20 bis 24 m pro Tag zurück.

Der längste Alpengletscher ist der Aletschgletscher in den Berner Alpen, zwischen dem Aletschhorn, der Jungfrau und dem Finsteraarhorn (Schweiz). Er ist 22 km lang und bedeckt eine Fläche von 86,8 km^2.

Der größte deutsche Gletscher ist der Plattferner auf der Zugspitze. Er ist 0,9 km lang und bedeckt eine Fläche von ca. 0,8 km^2.

Österreichs größter Gletscher ist die Pasterze in den Hohen Tauern am Großglockner (Land Salzburg). Der Gletscher ist 8,6 km lang und bedeckt eine Fläche von 19,4 km^2.

Alpengletscher schmelzen weiter. Wie im April 1990 bekannt wurde, hat die Hälfte von Österreichs Gletschern an Masse verloren. Dazu gehört auch die Pasterze. Das Kältefeld zog sich 1989 um 11,3 m zurück. Bei einem jährlichen Schwund von 5 bis 20 m wäre die Pasterze in hundert Jahren nur noch halb so groß.

LAWINEN

Die größten Lawinen gehen im Himalaja nieder, werden allerdings kaum von jemandem beobachtet.
In den italienischen Alpen soll 1885 eine Lawine etwa 3,5 Mio. m^3 Schnee bewegt haben. Schätzungsweise 2,8 Mrd. m^3 Schnee hat am 18. Mai 1979 eine Lawine am Mt. St. Helens in Washington (USA) in Bewegung gesetzt. Die Riesenlawine raste mit 400 km/h zu Tal.

Die größte Lawinenkatastrophe in Deutschland ereignete sich am 15. Mai 1965 auf der Zugspitze, als sich an einem sonnenreichen Tag eine 500 m breite Lawine löste und über die Terrasse des Schneefernerhauses donnerte. 10 Menschen kamen dabei ums Leben.

WASSERFÄLLE

Der höchste Wasserfall ist der Salto Angel in Venezuela in einem Arm des Carrao, der ein oberer Nebenfluß des Caroni ist. Er hat eine Gesamtfallhöhe von 979 m, und sein höchster Wassersturz ist 807 m hoch. Er wurde nach dem US-Flieger James (Jimmy) Angel (†8. Dezember 1956), der den Wasserfall in seinem Bordbuch am 14. November 1933 beschrieben hat, benannt. Über die von den Indianern Cherun-Meru genannten Fälle wurde zum ersten Mal 1910 von Ernesto Sanchez La Cruz berichtet.

Die höchsten Wasserfälle in Deutschland sind die Tribergfälle an der Gutach im Schwarzwald. Das Wasser stürzt über 7 Stufen 163 m tief.

Die Krimmler Wasserfälle bei Krimml im Salzburger Land sind die höchsten Österreichs. In 3 Stufen stürzen sie 390 m tief. Die obere Stufe hat mit 140 m die höchste Fallhöhe.

Der Staubbachfall im Lauterbrunnental stürzt 297 m in die Tiefe. Er ist damit der höchste der Schweiz.

Die Wasserfälle mit der größten Wassermenge, die im Jahresdurchschnitt herabstürzt, sind der Boyoma (früher Stanleyfälle) in Zaïre mit 17000 m^3/s und der 114 m hohe Guairá (auch Salto dos Sete Quedas genannt) im Alto Paraná zwischen Brasilien und Paraguay. Über seinen 4850 m breiten Rand flossen in Spitzenzeiten 50000 m^3/s. Durch die Fertigstellung des Itaipu-Staudammes 1982 ging dieser Rekord verloren.
Als sich vor 5,5 Mio. Jahren das Mittelmeer füllte, schossen die Fluten des Atlantiks über die Straße von Gibraltar in Form eines gigantischen Wasserfalls aus 800 m Höhe in das trockene Becken. Der Fall dürfte etwa 26mal größer gewesen sein als der Guairá.

Die breitesten Wasserfälle sind die 15–21 m hohen Khônefälle in Laos. Sie sind 10,8 km breit mit einem Strömungsfluß von 42 500 m^3/s.

FLÜSSE

Die beiden längsten Flüsse sind der Amazonas, der in den Südatlantik fließt, und der Nil (Bahr-el-Nil), der ins Mittelmeer mündet. Welcher von beiden länger ist, ist eine Sache der Auslegung und nicht der Messung.
Die wahre Quelle des Amazonas wurde erst 1971 durch den Amerikaner Loren McIntyre in den schneebedeckten Anden im südlichen Peru entdeckt. Der Amazonas entspringt in einer Region von schneeumsäumten Seen und Bächen. Das eigentliche Quellgebiet ist McIntyre-Lagune benannt worden. Hier bildet der Apurimac einen reißenden Strom in einem tiefen Cañyon. Zusammen mit anderen Zuflüssen wird er dann zum Eno, dann zum Tambo und schließlich zum Ucayali. Vom Zusammenfluß des Ucayali und des Marañon oberhalb von Iquitos (Peru) heißt der Fluß nun auf seinen letzten 3700 km Amazonas und strömt ostwärts durch Brasilien in den Atlantischen Ozean. Der Amazonas hat mehrere Mündungen, die sich seewärts aufweiten, so daß sein genaues Ende unsicher ist. Zählt man die am weitesten entfernte Mündung des Pará hinzu, so kommt man auf eine Stromlänge von etwa 6750 km. Jedoch ist es strittig, ob der Pará tatsächlich ein echter Nebenfluß des Amazonas ist.
Die Länge des Nil wurde von M. Devroey (Belgien) mit 6670 km vermessen. Inzwischen sind jedoch einige Kilometer von Flußwindungen hinter dem Staudamm von Assuan durch den Nassersee verlorengegangen. In hydrologischer Sicht ist dieser Flußlauf eine Einheit, beginnend von der Quelle in Burundi vom Luvironzaarm des Kagerazuflusses des Victoriasees über den Weißen Nil (Bahr-el-Jobel) bis zum Delta im Mittelmeer.

Der längste deutsche Fluß ist der Rhein. Von seinen insgesamt 1320 km verlaufen 867 km durch deutsches Gebiet.

Der längste Fluß Österreichs ist die Donau. Nach der Wolga ist sie der zweitgrößte Strom Europas. Von ihren 2850 km Gesamtlänge liegen 350 km in Österreich, auf 647 km fließt die Donau durch Deutschland.

Der längste Fluß der Schweiz ist der Rhein, der 375 km durch die Schweiz fließt.

Der kürzeste benannte Fluß: Sowohl der D-River in Lincoln City, Oregon (USA), er verbindet Devil's Lake mit dem Pazifischen Ozean,als auch der Roe River bei Great Falls, Montana (USA), er fließt in den Missouri, kommen dafür in Betracht. Die zu verschiedenen Zeiten gemessenen Längen variieren zwischen 61 und 17,7 m. Die Länge des D-Rivers wird offiziell mit 371,5 m angegeben.

Das weiteste Stromgebiet ist das Becken des 6750 km langen Amazonas, das sich über ein Gebiet von 7 045 000 km^2 erstreckt. Der Amazonas hat ca. 15 000 Nebenflüsse mit deren eigenen Nebenflüssen, von denen 4 über 1609 km lang sind. Der längste davon ist der Madeira mit einer Länge von 3380 km. Nur 17 Flüsse in der Welt sind länger als er.

Der längste Nebenfluß eines Nebenflusses ist der 1609 km lange Pilcomayo in Südamerika. Er ist ein Nebenfluß des Paraguay (2415 km lang), der wiederum ein Nebenfluß des 4025 km langen Paraná ist.

Die längste Flußmündung, die aber häufig zugefroren ist, hat eine Länge von 885 km und eine Breite bis zu 80 km. Sie gehört zum Ob im Norden Rußlands.

Das größte Delta bilden der Ganges und der Brahmaputra in Bangladesh (ehemals Ostpakistan) und Westbengalen (Indien). Es erstreckt sich über ein Gebiet von 75 000 km^2.

Die gewaltigste Wasserführung von allen Flüssen hat der Amazonas. Die von ihm in den Atlantik beförderte durchschnittliche Wassermenge beläuft sich auf 120 000 m^3/s und steigt im Maximum auf 200 000 m^3/s. Die Durchschnittstiefe seines 1450 km langen Unterlaufes beträgt 17 m. An einzelnen Stellen ist der Fluß bis zu 90 m tief. Die Wasserführung des Amazonas ist 60mal größer als die des Nil.

Fluß unter dem Meeresspiegel: 1952 wurde ein 400 km breiter submariner Fluß – der Cromwellstrom – entdeckt, der in östlicher Richtung 90 m unter der Oberfläche des Pazifiks 5625 km den Äquator entlangfließt. Seine Wassermenge ist tausendmal so groß wie die des Mississippi.

Unterirdischer Fluß: Im August 1958 wurde durch Radioisotopen ein Kryptofluß unter dem Nil ermittelt, dessen jährlicher Wassertransport sich auf 50 Mrd. m^3 beläuft. Das ist das 6fache des Nil.

Doppelstöckiger Fluß: Ein unterirdischer Fluß, der im Norden Kasachstans entdeckt worden ist, fließt auf 2 Ebenen übereinander. Er ist durch eine wasserundurchlässige Tonschicht getrennt. Die obere wasserführende Schicht ist 30–40 m, die untere zwischen 50 und 200 m mächtig. Die Quelle dieses Flusses wurde im Gebiet von Irtysch entdeckt.

Das größte Sumpfgebiet ist der Grand Pantanal im brasilianischen Bundesstaat Matto Grosso. Es umfaßt eine Fläche von 109 000 km^2.

Die bemerkenswerteste Flutwelle ist die in der Qiantong Jiang-Mündung (China). Bei Springflut erreicht die Welle eine Höhe bis zu 7,5 m und eine Geschwindigkeit von 24 bis 27 km/h. Man hört sie schon aus einer Entfernung von 22 km heranrollen. Die jährlich flußabwärts laufende Flutwelle des Mekong (Hinterindien) erreicht zeitweise eine Höhe von 14 m.

Die mengenmäßig größte Flutwelle ist die des Furo do Guajarú, einer flachen Rinne in der Amazonasmündung, die die Ilha Caviana durchschneidet. ■

NATUR-WISSENSCHAFT UND TECHNIK

Das Innere eines Hochleistungs-Zirkulators von der ANT Nachrichtentechnik, Backnang (Baden-Württemberg). Sieben dieser Zirkulatoren in Hohlleitertechnik mit einer Dauerleistung von 5,2 MW werden in der neuen Beschleunigungsstrecke des Elektron-Positron Speicherrings (LEP) in Genf eingesetzt

ELEMENTE

Allgemein: Alle Materie, die in, auf und außerhalb der Erde bekannt ist, setzt sich aus chemischen Elementen zusammen. Es wird geschätzt, daß es im bekannten Universum 10^{87} Elektronen gibt.
Insgesamt wurden bisher 92 in der Natur vorkommende Elemente entdeckt. Bei Normaltemperatur treten 2 von ihnen als Flüssigkeiten, 11 als Gase und 79 als Festkörper auf. Der sogenannte vierte Zustand der Materie ist Plasma, wobei negativ geladene Elektronen und positiv geladene Ionen bei im allgemeinen hohen Temperaturen in ständiger Bewegung sind.

Leichte und schwerste Elementarteilchen: Seit April 1990 sieht die Bilanz der bekannten Elementarteilchen so aus: 4 Eichbosonen, 7 Leptonen und 136 Hadronen-Multipletts, die ihrerseits 77 Mesonen- und 59 Baryonen-Multipletts einschließen. Insgesamt kennt man also 256 Teilchen, zu denen die entsprechende Zahl Antiteilchen existieren muß.

Das schwerste Teilchen ist das neutrale Eichboson (Weakon) Z° mit einer Masse von 91,18 GeV und einer Lebensdauer von $2{,}64 \times 10^{25}$ Sek. Es wurde im Jahr 1983 bei CERN entdeckt. Die modernen Elementarteilchentheorien gehen davon aus, daß die Massen des Gravitons, der drei Neutrino-Arten und des Photons gleich Null sind. Experimentelle Befunde geben folgende obere Grenzgrößen an: $7{,}6 \times 10^{67}$g für das Graviton, weniger als $5{,}3 \times 10^{60}$g für das Photon und weniger als 10 eV entsprechend $1{,}8 \times 10^{32}$g für das Neutrino.

Das leichteste Hadron ist das neutrale Pi-Meson mit einer Masse von 139,974 MeV und einer Lebenszeit von $8{,}4 \times 10^{17}$ Sek. Es wurde im September 1949 in Berkeley (USA) entdeckt und besteht aus einer linearen Kombination von *up*- und *antiup*- und *down*- und *antidown*-Quarks.

Quarks sind die kleinsten Bausteine der Materie. Theoretisch muß es sechs von ihnen geben. Sie tragen die Bezeichnungen *up, down, charme, strange, top* und *bottom*. Die Hochenergie-Experimente in den Großbeschleunigern haben praktisch die Existenz von fünf Quarks, mit Ausnahme des *top*-Quarks, nachgewiesen. Der leichteste dieser Grundbausteine ist der *up*-Quark mit einer Masse, die je nach Definition bei 6 bzw. 350 MeV liegt. Das schwerste Exemplar dürfte der *top*-Quark mit einer Masse von 140 GeV sein.

Lang- und kurzlebigste Elementarteilchen: Untersuchungen in den letzten Jahren zeigen, daß das Proton mindestens $3{,}1 \times 10^{32}$ Jahre stabil ist, bezogen auf den wahrscheinlichsten Zerfallsmechanismus in ein Positron und ein neutrales Pion. Die »Große Vereinheitlichungstheorie« sagt voraus, daß die Lebensdauer des Protons kleiner als 1×10^{34} Jahre sein sollte. Das kurzlebigste Elementarteilchen ist das neutrale Eichboson Z°, dessen Lebensdauer $2{,}64 \times 10^{-25}$ Sek. beträgt.

Die 109 Elemente: Bekannt sind heute 92 »natürliche« Elemente, dazu 17 Transurane (Ordnungszahlen von 93 bis 109). Die Namen für die Elemente 104 (Unilquadium) bis 109 (Unnilennium) sind bisher nur vorläufig, obwohl verschiedene Benennungen bereits publiziert worden sind.

Das häufigste Element in der Atmosphäre ist Stickstoff (N). Sein Anteil beträgt 78,08 Volumen-Prozent bzw. 75,52 Massen-Prozent.

Das seltenste natürliche Element in der Atmosphäre ist das radioaktive Gas Radon. Seine Konzentration beträgt nur 6×10^{-20} ppm. Das sind, bezogen auf die gesamte Erdatmosphäre, nur etwa 2,4 kg. Dennoch ist die Radonkonzentration in manchen Regionen so hoch, daß sie für zahlreiche tödliche Krebserkrankungen verantwortlich gemacht wird.

Die höchste Dichte eines Elements bei Zimmertemperatur besitzt das platinähnliche Osmium mit 22,59 g/cm³.

Das Element in Gasform mit der höchsten Dichte ist Radon mit 0,01 005 g/cm³.

Die geringste Dichte eines festen Elements bei Zimmertemperatur weist Lithium mit 0,5334 g/cm³ auf. Deutlich kleiner ist natürlich die Dichte von festem Wasserstoff an seinem Schmelzpunkt bei –259,152° C. Sie beträgt nur 0,0871 g/cm³.

Die Strömungsverhältnisse von Flüssigkeiten oder Schmelzen unter dem Einfluß der Schwerelosigkeit oder genauer gesagt unter Mikrogravitation führen zu faszinierenden Mustern.
Diese Aufnahme entstand während der *STS 42*-Mission im Januar 1992.

Die geringste Gasdichte bei Raumtemperatur besitzt Wasserstoff mit 0,00 008 989 g/cm³.

Höchster Schmelzpunkt: Wolfram (W) schmilzt bei 3420° C. Unter bestimmten Annahmen ist Kohlenstoff das nichtmetallische Element mit dem höchsten Schmelzpunkt, der dann bei 3530° C liegen müßte. Möglicherweise ist Kohlenstoff in Form von Graphit jedoch so stabil, daß er direkt bei 3720° C sublimiert. Geschmolzener »flüssiger« Kohlenstoff existiert vermutlich erst bei einem Druck von über 10 MPa und Temperaturen von über 4430° C.

Niedrigster Schmelz- und Siedepunkt eines Metalles: Quecksilber schmilzt bei –38,829° C und siedet bei 356,58° C. Helium kann bei normalem Druck überhaupt nicht verfestigt werden. Der Druck muß mindestens 2,532 MPa betragen, um Helium bei –272,375° C in den festen Zustand zu überführen.

Höchster Siedepunkt: Das Schwermetall Wolfram siedet bei 5860° C.

Niedrigster Siedepunkt: Helium siedet bei –268,928° C.

Reinstes Element: Im April 1978 berichtete P. V. E. McClintock (Universität Lancaster), daß die Darstellung des Helium-Isotops He-4 gelungen sei, wobei der Verunreinigungsgrad weniger als 2 Teile auf 10^{15} beträgt.

Zwar ist das Z^0-Partikel zu kurzlebig, um direkt gesehen zu werden. Aus der Signatur des Elektron-Positron-Paares, hervorgegangen aus der Hochenergie-Kollision von Protonen und Antiprotonen, ist seine Existenz abzuleiten. Das Bild, gewonnen am Super-Proton-Synchrotron (SPA) bei CERN (Genf), läßt noch andere Produkte der Kollision erkennen.

Härtestes Element: Kohlenstoff in Form von Diamant weist auf der Härteskala nach Knoop einen Wert von 8400 (N/mm^2) auf.

Thermische Ausdehnung: Cäsium hat mit $9{,}4 \times 10^{-5}$ pro °C den höchsten thermischen Ausdehnungskoeffizienten. Der niedrigste Wert wird mit 1×10^{-6} pro °C bei Kohlenstoff in Form von Diamant gemessen.

Größte Dehnbarkeit: Ein Gramm Gold kann bis auf eine Länge von 2,4 km ausgezogen werden.

Größte Zugfestigkeit: Das Element Bor besitzt die höchste Zugfestigkeit mit einem Wert von 5,7 GPa. Das ergeben neue Messungen des Technischen Forschungszentrums Finnlands.

Neueste Elemente: Das Element 108 wurde im April 1984 mit dem Schwerionenbeschleuniger in Darmstadt entdeckt und erhielt von der IUPAC (**I**nternational **U**nion of **P**ure and **A**pplied **C**hemistry) den vorläufigen Namen Unniloctium. Das Element 109 konnte bereits am 29. August 1982 in Darmstadt in Form eines einzigen Atoms hergestellt werden. Unnilenium besitzt mit 236 die höchste Atommasse. Mehrfache »Entdeckungsmeldungen« des Elements 110 konnten bisher nicht bestätigt werden.

Isotope: Neon und Cäsium besitzen mit jeweils 36 die meisten Isotope. Bei Neon sind 9 stabil, 27 zerfallen mit unterschiedlichen Halbwertszeiten. Die entsprechenden Werte für Cäsium sind 1 und 35.
Die größte Zahl stabiler Isotope ist 10 und wird bei Zinn gefunden.
Die wenigsten Isotope besitzt Wasserstoff. Stabil davon sind Protium und Deuterium, während Tritium radioaktiv zerfällt.
Völlig isotopenfrei, also nur aus einer Atomart bestehend, sind 20 der in der Natur vorkommenden Elemente.
Das langlebigste zerfallende Isotop ist Tellur 128 (Te-128). Es zeigt doppelten Beta-Zerfall mit einer Halbwertszeit von $1{,}5 \times 10^{24}$ Jahren. Dies konnte 1968 bestimmt werden, 44 Jahre nach der Entdeckung des Isotops.
Den »Langzeitrekord« für den Alpha-Zerfall hält Samarium 148 (Sm-148) mit 8×10^{15} Jahren Halbwertszeit. Für den Beta-Zerfall liegt er bei 9×10^{15} Jahren für Cadmium 113 (Cd-113).
Die kürzeste Halbwertszeit eines Isotops hat man bei Lithium 5 (Li-5) im Jahr 1950 gemessen. Sie beträgt nur $4{,}4 \times 10^{-22}$ Sekunden.

Flüssigkeitsbereich: Gemeint ist hier die Temperaturspanne zwischen Schmelz- und Siedepunkt. Sie ist am kleinsten bei Neon und beträgt nur 2,5° (–248,6° C/–246,1° C). Die größte Spanne ist beim Transuran-Element Neptunium mit 3453° zu beobachten. Sein Schmelzpunkt liegt bei 673° C, sein Siedepunkt bei 4090° C.

Giftigste Elemente: Unter den nichtradioaktiven Grundstoffen ist Beryllium mit weitem Abstand das giftigste. Toxisch sind schon Werte von über 2 Mikrogramm pro m^3 Luft. Für radioaktive Isotope in der Luft und einer Expositionszeit von über sechs Monaten darf der Wert – berechnet als Thorium 228 – $2{,}4 \times 10^{-16}$ g/m^3 Luft nicht überschreiten. Das entspricht einer Strahlungsintensität von 0,0074 $Becquerel/m^3$. Die Belastungsgrenze für Wasser mit Radium-228 beträgt $1{,}1 \times 10^{-13}$ g/l, was einer Strahlungsintensität von 1,1 Bq/l entspricht.

Substanzen mit geringster Dichte bei Normaltemperatur sind extrem poröse Silicagele von besonderer molekularer Struktur. Im Februar 1990 stellte das Lawrence Livermore Laboratorium, Kalifornien (USA), ein solches »Aerogel« mit einer Dichte von nur 0,005 g/cm^3 vor. Das Produkt soll in der Weltraumforschung zur Sammlung von Mikromeoriten und Staubteilchen von Kometen eingesetzt werden.

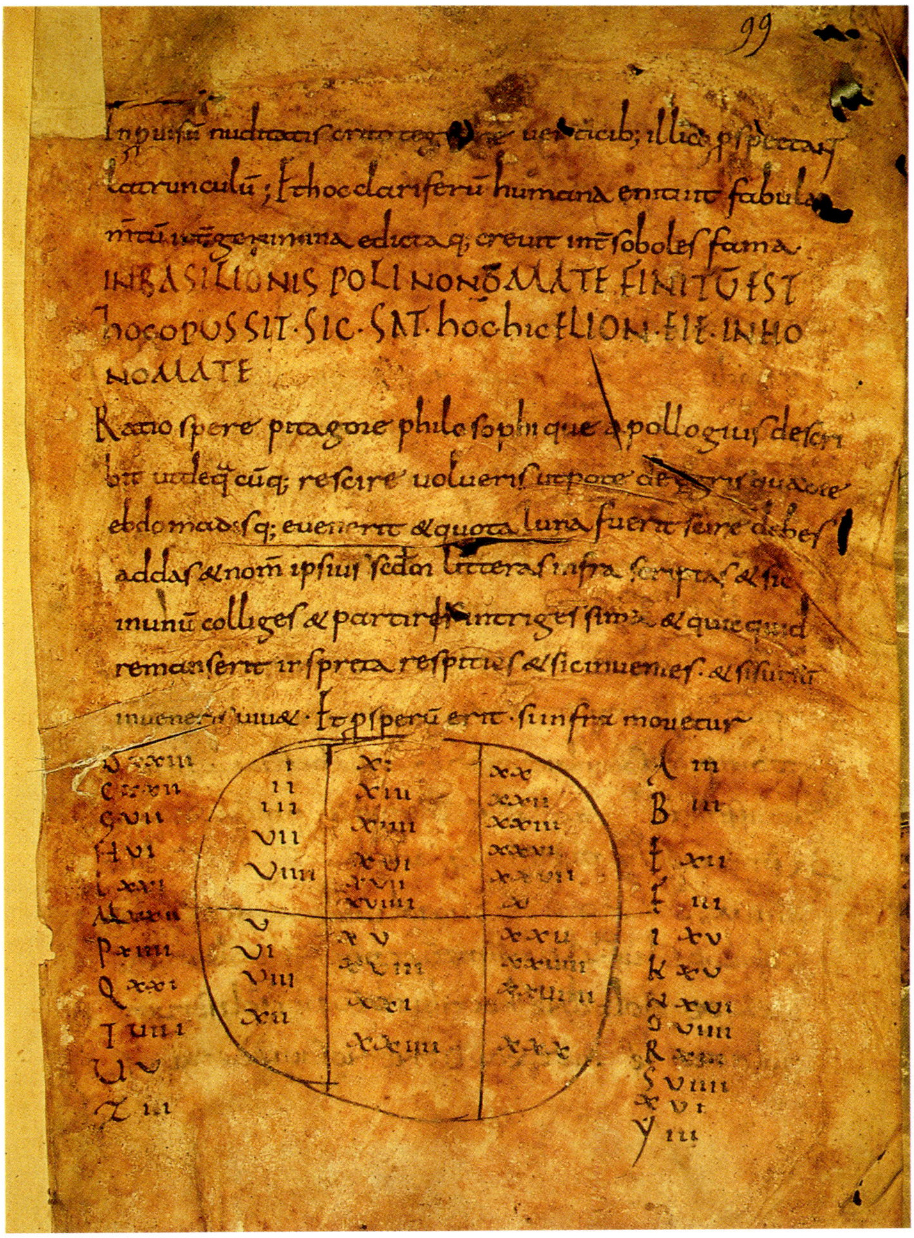

Das ist ein Teil eines Manuskripts des berühmten Mathematikers und Philosophen Pythagoras (580–500 v. Chr.), zu dessen bekanntem Lehrsatz mindestens 370 verschiedene Beweise vorliegen.

Die hitzebeständigste Substanz ist Tantalcarbid ($TaC_{0.88}$). Sie schmilzt erst bei 3390° C.

Die am stärksten magnetische Substanz ist Neodymeisenborid ($Nd_2Fe_4B_4$). Sie hat ein sogenanntes maximales Energieprodukt, das ist die höchste Energie, die ein Magnet an einem bestimmten Arbeitspunkt liefern kann, von bis zu 280 kJ/m^3.

»Fußbälle« aus Kohlenstoff haben jetzt Heidelberger Physiker hergestellt. Es handelt sich um Kohlenstoff-Moleküle, in denen 60 Kohlenstoff-Atome kugelförmig so angeordnet sind, daß die Molekülform an einen Fußball erinnert. Dieses ungewöhnliche Gebilde wurde 1985 von den Chemikern Harold Kroto (GB) und Richard Smalley (USA) entdeckt. Sie nannten es Buckminsterfulleren, nach einem Baustil, den der Architekt Buckminster Fuller anhand dieses Vorbildes entwickelt hat. Dem Heidelberger Physiker Wolfgang Krätschmer gelang es, ein technisches Verfahren zu entwickeln, mit dem die Substanz bereits in Gramm-Mengen hergestellt werden kann. Man erwartet vom C_{60} interessante technische Einsatzmöglichkeiten.

Die übelstriechende Substanz von den 17 000 bisher klassifizierten Gerüchen ist wohl Geschmacks- und Geruchssache. Die Führung machen einander streitig *Ethylmercaptan* (C_2H_5SH) und *Butylselenomercaptan* (C_4H_9SeH), beide mit einem Aroma, das an faulen Kohl, Knoblauch, Zwiebeln und Kloakengas denken läßt.

Der stärkste Aromastoff, der je in der Natur gefunden und isoliert werden konnte, ist ein Schwefelalkohol des Menthens, der aus dem herb-fruchtigen Saft der Grapefruit destilliert wird. Als reine Substanz riecht die Verbindung extrem stark, erregt Übelkeit, aber in hoher Verdünnung (10millionstel g) entfaltet das Duft-

Nutzraketen-Programm

Die europäische Trägerrakete *Ariane* absolvierte am 15. April 1992 ihren 50. Flug. Sie ist in ihren verschiedenen Stufen (auf Seite 173 die *44 L.)* die erfolgreichste kommerzielle Trägerrakete. Vom Startgelände Kourou in Französisch-Guayana wurde der vierte und letzte *Inmarsat-2*-Satellit gestartet. Er ist in 36 000 km über dem Äquator, über dem Westatlantik stationiert und dient der maritimen Kommunikation. Der kommerzielle Satellitenstarter *Arianespace* hat für die nächsten Jahre ein prall gefülltes Auftragsbuch und wird etwa 50 Prozent aller wirtschaftlich orientierten Anwendungssatelliten starten. In der Entwicklung befindet sich die Version *Ariane-5*, mit der sowohl der bemannte Raumtransporter *Hermes* als auch schwere Satelliten der Zukunft gestartet werden sollen.

molekül das charakteristische Aroma des Grapefruitsaftes.

Süßestes Molekül: Zweihunderttausendmal so süß wie Zucker ist eine Substanz, die zwei französische Chemiker an der Universität von Lyon hergestellt haben. Von dem neuen Süßstoff reicht vermutlich ein einziges Molekül dazu aus, einen Süße-Rezeptor auf der Zunge zu reizen. Das würde bedeuten, daß es sich um die süßeste denkbare Substanz handelt. Diese Entdeckung wurde im April 1990 bekannt.

Das teuerste Parfüm: Die Einzelhandelspreise für Duftstoffe dürften sich eher nach dem Reklamewert als nach wirtschaftlichen Faktoren richten. Der teuerste Bestandteil von Parfüm ist reine französische Jasminessenz mit einem Preis von 2900 Pfund Sterling pro kg (ca. 8500 DM). Die Schlüsselsubstanz ist Muscon, ein makrozyklisches Keton, gewonnen aus natürlichem Moschusöl. Im März 1984 brachte die Firma Jövan (Chikago) ein Eau de Cologne heraus, Andron genannt, das mit dem Sexuallockstoff Androstenol versetzt ist. Ein Gramm des Duftwassers kostet rund 160 DM.

Stärkstes Gift: Das durch Rickettsien verursachte »Q-Fieber« kann durch einen einzelnen Organismus hervorgerufen werden, verläuft jedoch nur bei einem von 1000 Fällen tödlich. Rund 10 Organismen von *Francisella tularenesis* (ehem. *Pasteurella tularenesis*) können Tularämie oder Hasenpest hervorrufen, die auch Alkalikrankheit, Francis-Krankheit oder Hirschzeckenfieber genannt wird und in mehr als 10 Fällen von 1000 tödlich verläuft.

Die tödlichste künstlich erzeugte Chemikalie, TCDD (2,3,7,8-Tetrachlorodibenzo-p-dioxin), 1872 isoliert, soll 150000mal tödlicher als Zyanwasserstoff sein. Die letale Dosis beträgt $3{,}1 \times 10^{-9}$ Mol pro kg Körpergewicht.

Stärkster Gaskampfstoff: Anfang der 50er Jahre wurden im Versuchsinstitut für Verteidigung durch chemische Substanzen in Porton Down, Wiltshire (GB), sogenannte V- und vor allem VX-Stoffe entwickelt, die 300mal giftiger sind als Phosgen ($COCl_2$), das im Ersten Weltkrieg verwendet wurde. 1 mg dieser V-Stoffe genügt, um einen Menschen zu töten. Die Patentanträge dafür wurden 1962 angemeldet, die Patente im Februar 1974 veröffentlicht. Daraus ging hervor, daß es sich bei dem Wirkstoff um Ethyl-S-2-Diisopropylaminoethylmethylphosphonothiolat handelt. Die tödliche Dosis liegt bei 10 mg-Min./m^3 Luft oder 0,3 mg oral.

Stärkstes Absorptionsmittel: Der landwirtschaftliche Forschungsdienst der US-Regierung gab am 18. August 1974 bekannt, daß »H-span« oder »Superschlürfer« bei Behandlung mit Eisen eine Wassermenge binden kann, die 1300mal größer ist als sein Eigengewicht. Das Präparat setzt sich zur Hälfte aus einem Stärkederivat und zu je einem Viertel aus Akrylamid und Akrylsäure zusammen.

Das feinste Pulver ist festes Helium, dessen Struktur als einatomiges Pulver bereits 1964 vorhergesagt wurde.

ZAHLENLEHRE

Allgemein: Wissenschaftler, die mit vielstelligen Zahlen arbeiten, schreiben diese Zahlen nicht aus, sondern verwenden verschiedene Potenzen der Zahl 10, um dadurch das Niederschreiben vieler Nullen zu umgehen.
So schreibt man für 19 160 000 000 000 einfach $1{,}916 \times 10^{13}$. Ähnlich schreibt man sehr kleine Zahlen, z. B. 0,0 000 154 324 g: $1{,}54324 \times 10^{5}$ g.

Das kleinste Präfix einer Zahl ist *tredo* (nach dem dänischen Wort *tredyvo* für dreißig) und steht für 10^{-30} vor Maßeinheiten.

Das höchste Präfix ist *Dea*, Symbol D, abgeleitet vom griechischen *deka* zehn. Es steht für 10^{30} vor Maßeinheiten.

Die höchste lexikographisch akzeptierte Zahlenbenennung in einer Folge von Potenzen der Zahl 10 ist die Zentillion, das heißt die 600. Potenz von 10 oder 1 gefolgt von 600 Nullen. Sie wurde erstmals 1852 erwähnt. Die höchste mit einem Namen versehene Zahl außerhalb des Dezimalsystems ist die buddhistische *Asankhyeya*, die 10^{140} bedeutet. Sie wurde erstmals um 100 v. Chr. in religiösen Schriften erwähnt.

Die höchste Zahl, die jemals in einem mathematischen Beweis verwendet wurde, ist ein Grenzwert, der 1977 veröffentlicht wurde und als Grahams Zahl bekannt ist. Hierbei handelt es sich um eine Größe bei der Betrachtung von zweifarbigen Hyperwürfeln, die nur durch die von Knuth 1976 ausgearbeitete Pfeil-Schreibweise ausgedrückt werden kann.

Das komplexeste Objekt in der Mathematik: Die sogenannte Mandelbrot-Menge, benannt nach Benolt Mandelbrot, ist ein optisch interessantes Produkt, das aus komplizierter Mathematik, aus der Chaos-Theorie, resultiert. Diese Theorie hat in vielen naturwissenschaftlichen Bereichen wie Flüssigkeitsmechanik, Meteorologie und Astronomie ihren Einzug gehalten. Aber auch die Volkswirtschaft oder die Linguistik profitieren von der Chaos-Theorie.

Die Zahl 10^{100} nennt man Googol, ein Wort, das von dem neunjährigen Neffen des Mathematikers Dr. Edward Kasner (USA; † 1955) vorgeschlagen wurde. 10^{Googol} wird Googolplex genannt. Vielleicht kann man sich einen Begriff von der Größe solcher Zahlen machen, wenn man bedenkt, daß die Zahl der Elektronen in einigen Modellen des beobachtbaren Universums 10^{87} nicht überschreitet.

Kleinste und größte Primzahlen: Unter Primzahlen versteht man alle ganzen Zahlen (mit Ausnahme von 1), die nur durch sich selbst bzw. 1 teilbar sind, zum Beispiel 2, 3, 5, 7 oder 11. Die kleinste Primzahl ist also 2. Die größte bekannte Primzahl (bekannt als Mersenne-Primzahl) ist $2^{756\,839}-1$. Sie wurde im Februar 1992 nach einem Programm des amerikanischen Mathematikers David Slowinski im AEA Harwell-Laboratorium in Oxford (GB) auf einem Supercomputer vom Typ Cray 2 berechnet. Die niedrigste Nicht-Primzahl ist die 4.

Die größten Zwillings-Primzahlen sind $1\,706\,595 \times 2^{11\,235}-1$ und $1\,706\,595 \times 2^{11\,235}+1$. Sie wurden am 6. August 1989 in Santa Clara (Kalifornien, USA) auf einem Amdahl 1200-Supercomputer ermittelt.

Eine perfekte Zahl ist gleich der Summe ihrer Divisoren (mit Ausnahme ihrer selbst): zum Beispiel 1+2+4+7+14=28. Die kleinste vollkommene Zahl ist 6(=1+2+3). Die größte bekannte vollkommene Zahl, die 32., die bisher entdeckt wurde, ist $(2^{756\,839}-1) \times 2^{756\,838}$. Sie besitzt 455 663 Stellen und ist eine Konsequenz der größten Mersenne-Primzahl.

Die neueste mathematische Konstante stammt aus der Chaos-Theorie und spielt bei der Untersuchung entsprechender Phänomene in der Meteorologie oder bei turbulenten Strömungen eine wichtige Rolle. Nach ihrem Entdecker heißt sie Feigenbaum-Konstante und hat den Wert von 4.669 201 609 102 990.

Der am meisten untersuchte Lehrsatz ist der Satz des Pythagoras. In einem 1940 erschienenen Buch *(The Puthagorean Proposition)* sind 370 verschiedene Beweise des klassischen Lehrsatzes enthalten. Einer davon stammt von dem amerikanischen Präsidenten Garfield (1831–81).

Der längste mathematische Beweis stammt aus der Gruppentheorie. Er erstreckt sich über rund 14 000 Seiten in nahezu 500 Veröffentlichungen. Mehr als 100 Mathematiker waren über einen Zeitraum von 35 Jahren an der Beweisführung beteiligt.

Die größte exakte Zahl in der Physik stammt von Arthur Eddington. Der berühmte englische Astrophysiker gab 1938 die Zahl aller im Universum enthaltenen Protonen mit 15 747 724 136 275 002 575 605 653 961 181 555 468 044 717 914 527 116 709 366 231 425 076 185 631 031 296 an. Ebenso groß sollte die Zahl der Elektronen sein. Niemand nahm jedoch diese

Die deutschen Nobelpreisträger 1991

Den Nobelpreis für Medizin erhielten im Oktober 1991 die deutschen Forscher Erwin Neher, Direktor am Göttinger Max-Planck-Institut für biophysikalische Chemie, und Bert Sakmann, Direktor am Heidelberger Max-Planck-Institut für medizinische Forschung. Sie entwickelten Untersuchungstechniken zur Messung des Transports elektrischer Ladungen durch die Kanäle in den Membranen menschlicher Körperzellen. Die Untersuchungen an den sogenannten Ionenkanälen haben neben der reinen Grundlagenforschung auch erhebliche praktische Bedeutung. Sie können zum Beispiel zu einem besseren Verstehen von krankhaften Prozessen führen, unter anderem bei Diabetes und Bluthochdruck, Basedowsche Krankheit und Keuchhusten. Auch für die Entwicklung neuer und spezifischer Arzneistoffe können päzise Messungen an den Ionenkanälen eine Schlüsselstellung einnehmen.

Zahl und die dahinterstehende Theorie ernst, so daß sie nur noch als Kuriosum belächelt wird.

Der wissenschaftlich fruchtbarste Mathematiker war Leonard Euler (1707–83). In der Schweiz geboren, wirkte er in Petersburg und Berlin und hat etwa 900 Abhandlungen verfaßt. Viele davon wurden erst 50 Jahre nach seinem Tod veröffentlicht. Seit 1910 werden Eulers gesammelte Werke herausgegeben. Nach Abschluß der Edition dürfte das Gesamtwerk über 75 große Bände umfassen.

Das bedeutendste mathematische Wunderkind war Blaise Pascal (1623–62). Der Philosoph und Mathematiker entdeckte im Alter von 16 Jahren das nach ihm benannte Theorem.

Der größte Preis für die Lösung eines mathematischen Problems wurde 1908 von Dr. Paul Wolfskell ausgesetzt. Für den Beweis des Großen Fermatschen Satzes (Pierre Fermat 1601–65) bot er 100 000 Goldmark. Noch ist der Preis zu holen. Sein materieller Wert ist durch Inflation und Währungsreform erheblich gesunken und dürfte heute 10 000 DM betragen.

Die längste Berechnung für eine Ja-Nein-Antwort wurde auf einem Cray-2-Supercomputer ausgeführt. Es ging um die Beantwortung der Frage, ob die 20. Fermatzahl $2^{2^{23}+1}$ eine Primzahl ist. Nach zehn Rechentagen lautete die Antwort: Nein.

Genaueste und ungenaueste Angabe für »Pi«: Die größte Anzahl von Dezimalstellen, die für Pi (π) errechnet wurde, beträgt 1 073 740 000. Sie wurde am 19. November 1989 von Yasumasa Kanada und Yoshiaki Tamura (Universität Tokio) auf dem Hitac S-820/80E Supercomputer berechnet.
1853 veröffentlichte William Shanks eine Berechnung von π in Handarbeit über 707 Stellen. 92 Jahre später, 1945, stellte man fest, daß die letzten 180 Stellen sämtlich falsch waren.
1897 beschloß die erste Kammer des US-Bundesstaats Indiana das Gesetz Nr. 246, nach dem von Rechts wegen Pi den Zahlenwert 4 erhielt.

Das früheste bekannte Gewichtsmaß ist das *Beqa* aus der amratischen Periode der ägyptischen Zivilisation, um 3800 v. Chr. Ein Exemplar wurde in Naqada in Ägypten gefunden. Diese Gewichte sind zylindrisch mit abgerundeten Ecken und wiegen 189–211 g.

Das Längenmaß der megalithischen Steinkreisbaumeister um 3500 v. Chr. in Mitteleuropa scheint 82,90 ± 0,09 cm gewesen zu sein. Dieser Befund wurde 1966 von dem englischen Megalithexperten Alexander Thom (1894 bis 1985) veröffentlicht.

Das längste bekannte Zeitmaß ist das *kalpa* in der Hindu-Chronologie. Es entspricht 4320 Mio. Jahren. In der Astronomie bezeichnet man gelegentlich einen Umlauf der Sonne um das Zentrum der Milchstraße als kosmisches Jahr, was 235 Mio. Jahren entsprechen würde. Vor rund 85 Mio. Jahren rotierte die Erde schneller, so daß das Jahr 370,3 Tage aufwies. Vor 600 Mio. Jahren waren es vermutlich sogar über 425 Tage pro Jahr.

Kürzestes Zeitmaß: Da sich die 24-Stunden-Einteilung eines Tages durch die – dem Einfluß des Mondes unterliegenden – Gezeiten um durchschnittlich eine Millisek. pro Jh. sprunghaft ändert, wurde die Dauer einer Sek. neu definiert. Seit 1960 ist eine Sek. nicht mehr der 86400ste Teil eines mittleren Sonnentages, sondern der 31 556 925,9747ste Teil des Sonnenjahres am 0. Januar 1900, 12 Uhr *Ephemeridenzeit* (astronomische Kalenderzeit).
1958 wurde die Sek. *Ephemeridenzeit* errechnet als das Äquivalent von 9 192 631 770 ± 20 Schwingungen, die dem Übergang eines Cäsiumatoms 133 zwischen den beiden sogenannten Hyper-Feinstrukturniveaus des Grundzustandes entsprechen.

Die größte Tageslängenänderung betrug 10 Millisek. am 8. August 1972. Ursache war der heftigste Sonnensturm, der je während der letzten 370 Jahre festgestellt wurde.

Das genaueste physikalische Gerät: Mit dem Cäsium-Frequenzstandard, zum Beispiel in Atomuhren eingesetzt, können 10^{14} Schwingungen auf 8 Schwingungen genau gemessen werden. Mit einem methanstabilisierten Helium-Neon-Lasersystem liegen die erreichbaren Werte bei 2 auf 10^{13}, für einen Wasserstoff-Maser bei 6 auf 10^{13} Schwingungen.

Die einzigen Menschen ohne Zahlenbegriff sind die Nambiquaras im nordwestlichen Matto Grosso (Brasilien). Ihnen fehlt jegliches Zahlensystem, obwohl ihre Sprache ein Zeitwort enthält, das etwa »sie sind wie zwei« bedeutet.

Das größte erdumkreisende Fernrohr ist das 1,55 Mrd. Dollar teure *Hubble*-Weltraumteleskop. Es wiegt 11 t, ist 13,1 m lang und besitzt einen Spiegel von 2,4 m Durchmesser. Es wurde am 24. April 1990 mit der Raumfähre *Discovery* in eine 613 km hohe Erdumlaufbahn gebracht. Im Bildhintergrund sind links Puerto Rico und die Dominikanische Republik zu erkennen.

TELESKOPE

Früheste: Es ist nicht genau bekannt, wann die ersten Fernrohre gebaut wurden. Die lichtbündelnden und lichtbrechenden Eigenschaften von Linsen kannte man bereits im Altertum, und Brillen wurden schon im 13. Jh. benutzt. Möglicherweise haben Wissenschaftler zur Zeit Elisabeth I. in England, aber auch Leonardo da Vinci bereits primitive Fernrohre benutzt. Das erste Fernrohr, das genauer datiert werden kann, stammt von dem Holländer H. Lippershey aus dem Oktober 1608. Erste astronomische Beobachtungen, darunter eine rohe Karte des Mondes, wurden 1609 von Thomas Harriot vorgenommen. Die ersten systematischen Himmelsbeobachtungen gehen auf Galileo Galilei im Januar 1610 zurück.

Das erste Spiegelteleskop wurde von Isaac Newton entwickelt und 1671 der Royal Society in London vorgestellt. Es dürfte um 1668 oder 1669 entstanden sein.

Größtes Spiegelteleskop: Es steht auf dem 2080 m hohen Semirodriki bei Selentchuk im Kaukasus (Rußland) und hat einen Spiegeldurchmesser von 6 m. Azimutal montiert, ist es das größte Ein-Spiegelteleskop der Welt. Es hat aber die in es gesetzten Erwartungen nie erfüllt.
Das größte und leistungsfähigste Ein-Spiegelteleskop ist mit 5,08 m Durchmesser der Hale-Reflektor auf dem Mount Palomar, Kalifornien (USA). Zwar wurde das Teleskop bereits 1948

fertiggestellt, seine Effektivität konnte jedoch durch den Einsatz von Elektronik erheblich gesteigert werden. So wird durch den Einsatz von CCD-Sensoren (***C**harged **C**oupled **D**evice*) die Empfindlichkeit des Teleskops im Vergleich zu fotografischen Platten um den Faktor von etwa 100 erhöht.

Größter Metallspiegel: Das Teleskop von Lord Rosse, 1845 auf Birr Castle (Irland) errichtet, hatte einen Spiegeldurchmesser von 183 cm. Der Spiegel war aus Messing gefertigt. Mit ihm entdeckte Lord Rosse die Spiralstruktur der Galaxien. Er wurde letztmals 1909 benutzt.

Das größte im Bau befindliche Teleskop ist der Keck-Reflektor, der gegenwärtig auf dem Mauna Kea, Hawaii (USA), im Entstehen ist. Er wird einen Durchmesser von 10 m haben und aus 36 einzelnen Segmenten bestehen, die letztlich für die konkrete Krümmung sorgen. Die Teilerprobung des Systems seit dem 24. November 1990 lieferte bereits hervorragende Bilder. Für Ende 1992 wird die Inbetriebnahme des kompletten Systems erwartet. Inzwischen plant man, ein zweites Keck-Teleskop von gleicher Ausführung auf Hawaii zu installieren. Gekoppelt könnten die beiden Fernrohrgiganten als Interferometer mit extrem hoher Winkelauflösung zusammenwirken.

Das größte Fernrohr des Jahrhunderts dürfte allerdings das VLT (***V**ery **L**arge **T**elescope*), das Sehr Große Teleskop, werden, das von der ESO, der Europäischen Südsternwarte, geplant wird. Es wird aus vier 8,2-m-Teleskopen bestehen, die – verkoppelt – soviel Licht wie ein 16-m-Spiegel sammeln können. Man hofft, die ersten Einheiten um 1995 und das vollständige Teleskop im Jahr 2000 in den Bergen der Atacama-Wüste (Nordchile) in Betrieb nehmen zu können.

Sonnenteleskop: Das McMath-Sonnenteleskop auf dem Kitt Peak, Arizona (USA), ist das größte seiner Art und verfügt über einen Primärspiegel von 2,1 m Durchmesser. Das Sonnenlicht wird mit einem Zölostaten eingefangen und in einen Tunnel von 32° Neigung zum Primärspiegel gelenkt.

Das Vakuum-Turm-Teleskop im internationalen Zentrum für Sonnenforschung wurde auf Teneriffa (Kanarische Inseln) 1989 in Betrieb genommen. In unmittelbarer Nachbarschaft zum Vakuum-Gregory-Teleskop ist das Observatorio del Teide als klassisches Turmteleskop mit einer zylindrischen Kuppel konzipiert. Der Turm ist 38 m hoch, das Teleskop hat eine Öffnung von 60 cm und eine Brennweite von 46 cm.

Mehrfachspiegel: Das erste MMT (***Multi-Mirror-Telescope***), das Mehrfach-Spiegelteleskop des Whipple-Observatoriums auf dem Mount Hopkins, Arizona (USA), besteht aus sechs Spiegeln von je 183 cm Durchmesser. Es entspricht vom Lichtsammelvermögen her einem Spiegel mit 447 cm Durchmesser. Beim Betrieb des Systems gibt es jedoch erhebliche operationelle Probleme, und man plant, die sechs Einzelspiegel durch einen großen einzelnen Reflektor zu ersetzen.

Infrarot-Teleskop: Das von Großbritannien auf dem Mauna Kea, Hawaii (USA), betriebene Infrarot-Teleskop ist mit einem Spiegeldurchmesser von 374 cm das größte der Welt. Seine Qualität ist so hervorragend, daß es sowohl für visuelle als auch für Infrarot-Beobachtungen verwendet werden kann.

Erstes Teleskop mit aktiver Optik: Das NTT, das Neue Technologie-Teleskop der Europäischen Südsternwarte auf La Silla in der chilenischen Atacama-Wüste, verwendet erstmals in großem Maßstab eine aktive Optik: 75 steuerbare Stützen halten den sehr dünnen 3,6-m-Spiegel ständig in der »richtigen Form«. Damit wird die Bildqualität entscheidend verbessert. Dazu tragen auch die azimutale Montierung und rechteckige Form des Kuppelgebäudes bei.

Südliche Halbkugel: Das größte Teleskop auf der südlichen Erdhälfte ist der 4,01-m-Spiegel des Interamerikanischen Observatoriums auf dem Cerro Tololo in der Atacama-Wüste (Chile). Das anglo-australische Teleskop (AAT) in Siding Spring (Australien) hat einen Spiegeldurchmesser von 3,89 m.

Submillimeter-Bereich: Das James Clerk Maxwell-Teleskop auf dem Mauna Kea hat einen 15-m-Primärspiegel, dessen Form ein Paraboloid ist. Es wird für die Untersuchung des Sub-Millimeter-Bereichs des elektromagnetischen Spektrums (0,3–1 mm) benutzt. Es produziert daher kein visuelles Bild.

Größter Refraktor: Mit einem Objektivdurchmesser von 101,6 cm ist der 1897 fertiggestellte Refraktor des Yerkes-Observatoriums in Williams Bay, Wisconsin (USA), das größte Linsenfernrohr der Welt. Seine Länge beträgt 18,9 m. Ein noch größeres Objektiv mit 150 cm Durchmesser wurde in Frankreich fertiggestellt und auf der Pariser Weltausstellung im Jahr 1900 gezeigt. Es kam jedoch nie zum wissenschaftlichen Einsatz.

Größtes Radioteleskop: Radiowellen aus der Milchstraße wurden 1931 erstmals von Karl Jansky von den Bell-Laboratorien in Holmdel, New Jersey (USA), entdeckt, als er mit einer 30,5 m langen Antenne vermeintliche Funkstörungen lokalisieren wollte. Das erste bewußt gebaute Radioteleskop entstand 1939 vor Ausbruch des Krieges. Der Funkamateur Grote Reber entdeckte mit seinem improvisierten 9,5-m-Parabolspiegel Radioemissionen von der Sonne.

Das größte Parabolradioteleskop der Welt ist die Anlage für die Ionosphäre, die in eine Bodenmulde in Arecibo (Puerto Rico) gebaut und im November 1963 mit einem Kostenaufwand von 9 Mio. Dollar (damals 36 Mio. DM) fertiggestellt wurde. Die Parabolantenne hat einen Durchmesser von 305 m und bedeckt eine Fläche von 7,48 ha. Seine Empfindlichkeit wurde inzwischen vertausendfacht, was mittels neuer Aluminiumplatten erreicht wurde, seine Reichweite erstreckt sich jetzt bis zu den Grenzen des erforschbaren Weltraums über 15 Mrd. Lichtjahre. Das RATAN-600-Radioteleskop, das im Nordkaukasus (Rußland) seit 1976 in Betrieb ist, verfügt über eine Auffangfläche von 895 Spiegelsegmenten, die in einem Kreisumfang von 576 m angeordnet sind.

Die größte radioastronomische Anlage befindet sich in Australien und besteht aus der Kombination der Antennen von Parkes (64 m), Siding Spring (22 m) und Culgoora (22 m). Diese Anlagen wurden auch elektronisch mit den japanischen Radioteleskopen in Usuda und Kashima sowie mit dem geostationären Kommunikations- und Relais-Satelliten TDRS verkoppelt. So entstand ein Radioteleskop mit ei-

Unter diesem 32 m hohen Turm der Polier-Werkstätte R.E.O.S.C. in Saint Pierre du Perray nahe Paris testet die Europäische Südsternwarte ESO die 8,2-m-Spiegel für ihr geplantes 16-m-Riesenteleskop in Chile.

Die erfolgreichste kommerzielle Trägerrakete ist die *Ariane* in ihren verschiedenen Versionen, hier die *44 L*. Der 50. Flug fand am 15. April 1992 statt.

ner effektiven Größe von 2,16 Erddurchmessern, 27523 km.
Das VLA (***V**ery **L**arge **A**rray*) in Socorro, New Mexiko (USA), ist eine y-förmige Anordnung von 27 Parabolantennen mit je 25 m Durchmesser. Jeder Arm des Ypsilons ist knapp 21 km lang. Da die einzelnen Antennen fahrbar sind, kann die »Größe« dieser Anlage, sie wurde am 10. Oktober 1980 fertiggestellt, verändert werden.

Das größte Schmidt-Teleskop der Welt hat einen Durchmesser von 2 m und steht im Karl-Schwarzschild-Observatorium in Tautenburg, Thüringen. Schmidt-Teleskope stellen ein spezielles optisches System dar, das sich durch hohe Lichtstärke und ein großes verzerrungsfreies Gesichtsfeld auszeichnet. Das Instrument in Tautenburg hat eine freie Öffnung von 1,34 m, eine Brennweite von 4 m und ist seit 1960 in Betrieb. Das zweitgrößte Teleskop dieser Art befindet sich auf dem Mount Palomar, Kalifornien (USA). Sein Spiegeldurchmesser beträgt 1,83 m, die freie Öffnung 1,26 m. Es ist seit 1948 im Einsatz.

Der Schweiz größtes Planetarium steht in Luzern. Kuppeldurchmesser: 18 m, 300 Plätze.

Am 13. Oktober 1983 wurde **das längste Linsenfernrohr der Welt**, der Refraktor der Archenhold-Sternwarte in Berlin-Treptow, nach sechsjähriger Überholung wieder in Betrieb genommen. Das 1896 errichtete Fernrohr ist 21 m lang, hat einen Objektivdurchmesser von 68 cm und ist 130 t schwer. Wegen seiner Größe steht der Refraktor im Freien.

Das größte deutsche Refraktorteleskop steht mit einem Linsendurchmesser von 80 cm in Potsdam (Brandenburg). Es wurde 1899 gebaut.

Die höchste Sternwarte der Welt ist das Observatorium der Universität Denver (USA) in einer Höhe von 4300 m üNN. Sie wurde 1973 in Betrieb genommen. Das Hauptinstrument ist ein 61-cm-Spiegelteleskop. Nur knapp niedriger liegen die Observatorien auf dem Mauna Kea, Hawaii (USA), in 4195 m Höhe.

Die höchste astronomische Beobachtungsstation in Deutschland ist die Sonnenwarte auf dem Wendelstein (Bayern) in 1845 m üNN.

Die höchste astronomische Beobachtungsstation Österreichs ist das Sonnenobservatorium auf der Kanzelhöhe in Kärnten. Der sogenannte Gerlitzen-Turm steht 1903 m üNN.

Die höchste Sternwarte der Schweiz befindet sich auf dem Jungfraujoch 3567 m üNN. Das Hauptinstrument dieses 1936 eröffneten Observatoriums ist ein 76-cm-Spiegelteleskop mit Coudé-Fokus und Cassegrain-Fokus. Das Sphinx-Observatorium gehört zur Hochalpen-Forschungsstation Jungfraujoch. An ihm sind fast alle europäischen Länder beteiligt. Die Station verfügt über 5 Labors, Ställe für Tieruntersuchungen, Dunkelkammer, Bibliothek, 10 Schlafzimmer, 15 Schlafstätten.
Noch höher, nämlich 4570 m üNN, liegt die Margaritha-Hütte oberhalb von Zermatt an der schweizerisch-italienischen Grenze. Auch sie besitzt ein Observatorium, das jedoch nur im Sommer von der italienischen Seite her bedient wird.

Das größte Planetarium der Welt mit 25,15 m Durchmesser befindet sich in Moskau.

Das größte deutsche Planetarium hat Berlin. Seine Kuppel hat einen Durchmesser von 20 m. 330 Zuschauer haben in ihm Platz. Auch die Planetarien in Hamburg und Bochum haben einen Kuppeldurchmesser von 20 m, jedoch wesentlich weniger Zuschauerplätze.

Österreichs größtes Planetarium steht in Wien. Sein Kuppeldurchmesser beträgt 20 m, und 240 Sitzplätze sind vorhanden.

Den glattesten Spiegel der Welt, einen 83-cm-Spiegel für das deutsche Röntgenteleskop *Rosat,* stellte Carl Zeiss, Oberkochen, her. Seine mittlere Mikrorauhigkeit beträgt nur 0,0 000 003 mm. Diese außerordentliche Oberflächenqualität wurde durch die Messung der Streuung von Röntgenstrahlen nachgewiesen.

Das größte vollbewegliche Radioteleskop gehört dem Max-Planck-Institut in Bonn. Es steht im Effelsberger Tal (Eifel) und wurde im Mai 1971 in Betrieb genommen. Die Kosten für das Instrument betrugen knapp 37 Mio. DM. Die gesamte Anlage wiegt 3048 t, und seine schwenkbare Parabolantenne hat einen Durchmesser von 100 m. Radiostrahlung bis hinab zu 7 mm Wellenlänge kann mit dem Teleskop empfangen werden.

Ein 30-m-Teleskop für Millimeterwellenastronomie auf dem fast 3000 m hohen Pico Veleta in der spanischen Sierra Nevada liefert seit Anfang 1983 dem Max-Planck-Institut für Radioastronomie Daten aus dem Weltall.

Das Instrument setzt hinsichtlich der technischen Präzision völlig neue Maßstäbe. So weicht die immerhin 780 m^2 große Reflektoroberfläche des Teleskops an keiner Stelle um mehr als 0,08 mm von der exakten Form eines Paraboloids ab, das entspricht ungefähr der Stärke eines menschlichen Haares. Kein anderes Radioteleskop dieser Größe weist bisher eine so genaue Oberfläche auf.

Das tiefstgelegene »Observatorium« befindet sich in der Homestake-Mine in Süd-Dakota (USA). Das »Teleskop« besteht aus einem Tank, der mit Perchloräthylen, bekannt als Reinigungsflüssigkeit, gefüllt ist. Die Chloratome in der Verbindung können mit Neutrinos reagieren. Mit entsprechenden Detektoren ist es möglich, auf diesem Weg die Zahl dieser einfallenden Neutrinos zu bestimmen. Um Störeffekte durch die kosmische Strahlung auszuschalten, hat man die Anlage 1700 m tief im Schacht eines Goldbergwerks installiert. Seit 1964 sind in Homestake wertvolle Erkenntnisse über die solaren Neutrinos gewonnen worden.

Weltraumteleskope: Die erste funktionierende »Sternwarte« in der Umlaufbahn war das amerikanische Sonnenobservatorium OSO, gestartet am 18. Oktober 1967.

Das größte Weltraumteleskop ist das *Hubble-Space-Telescope* der NASA. Das 11360 kg schwere Teleskop mit einem Spiegel von 2,4 m Durchmesser und einer Gesamtlänge von 13,1 m wurde am 21. April 1990 auf eine 610 km hohe Erdumlaufbahn gebracht. Das 1,5 Mrd. Dollar teure Instrument weist einen groben optischen Fehler auf, dennoch hat es bisher zahlreiche überraschende Entdeckungen und Bilder geliefert. Für 1993 ist eine erste Reparaturmission vorgesehen, die sowohl die Optik als auch die Solarzellen und Lageregelungssysteme betrifft.

Die europäische Raumfahrtbehörde ESA wird ein Infrarot-Observatorium bauen und im April 1993 mit einer *Ariane*-Trägerrakete in die Umlaufbahn bringen. Wichtigstes Element des größten europäischen Forschungssatelliten wird ein Infrarot-Teleskop von 60 cm Durchmesser sein, das mit 2300 l flüssigem Helium auf nur 1,8 Grad über dem absoluten Nullpunkt gekühlt werden muß. Im Rahmen des 1-Mrd.-DM-Projekts sollen mindestens 18 Monate lang neue kosmische Informationen gewonnen werden.

WISSENSCHAFTS-TECHNIK

Kleinstes optisches Prisma: Wissenschaftler des National Institute of Standards in Boulder, Colorado (USA), haben ein Glasprisma von nur 0,004 mm Kantenlänge hergestellt, das gerade noch mit dem bloßen Auge zu erkennen ist. Es findet Anwendung in der Forschung und Instrumentierung im Bereich der Glasfaser-Optik.

Die höchsten künstlich erzielten Temperaturen gibt es im Innern einer thermonuklearen Fusionsbombe. Sie liegen zwischen 300 und 400 Mio.°C. Für kontrollierbare Temperaturen ist der bisher höchste Laborwert 200 Mio.°C. Dieser Wert wurde 1990 mit dem Tokamak-Fusionstestreaktor im Princeton-Plasma-Physics-Laboratorium (USA) erzielt. Hierbei wurde mit einem Deuterium-Plasma gearbeitet.

In Hochdruckentladungslampen, wie sie beispielsweise in Stadien benutzt werden, entstehen in der Mitte der Lampe außerordentlich hohe Gastemperaturen zwischen 5000 und

Supraleitende Bauelemente, die bei Temperaturen von rund –200° C ihren elektrischen Widerstand verlieren, werden in der Diagnosetechnik und in der Mikroelektronik verwendet. Hier eine Siemens-Versuchsanlage in Erlangen.

6000°C. Das sind die höchsten Temperaturen, die in Verbrauchsgütern erzeugt werden.

Tiefste Temperatur: Absolute Temperaturen werden vom absoluten Nullpunkt aus gerechnet, der bei 0 K (Kelvin) 273,15°C liegt. Der absolute Nullpunkt bei 0 K ist grundsätzlich nicht erreichbar; man kann sich ihm jedoch nähern. Die niedrigste Temperatur, die bisher erzeugt werden konnte, beträgt 2×10^{-9} K, also rund zwei Milliardstel über dem absoluten Nullpunkt. Der Wert wurde im Tieftemperatur-Laboratorium der Universität Helsinki von O. V. Lounasmaa, P. Hakonen und Shi Yin im Oktober 1989 erreicht.

Höchste Supraleitungstemperatur: Im Mai 1991 gelang es T. Kaneko, H. Yamauchi und S. Tanaka (International Superconducting Technology, Tokio), eine Sprungtemperatur von –146,3° C zu erreichen. Bei dieser Temperatur geht der elektrische Widerstand auf Null zurück. Das verwendete Material ist ein Mischoxid aus den Elementen Thallium, Barium, Calcium und Kupfer.

Tiefste Umwandlungstemperatur: Die tiefste Temperatur, bei der eine Umwandlung beobachtet wurde, beträgt 0,0003 K. Bei dieser Temperatur ist in der Kernforschungsanlage Jülich im Sommer 1982 eine Umwandlung von Rhodium in den supraleitenden Zustand beobachtet worden.

Kleinstes Thermometer: Der Biophysiker Dr. Frederich Sachs von der Universität Buffalo im US-Staat New York hat ein Ultramikro-Thermometer für die Temperaturmessung an lebenden Zellen entwickelt. Die Spitze hat einen Durchmesser von 1 Mikron, was einem Fünfzigstel der Stärke eines Menschenhaares entspricht.

Größtes Barometer: Ein Wasserbarometer von 12 m Höhe wurde von Bert Bolle vom Barometer-Museum, Maartensdijk (Niederlande), konstruiert. Dort ist das Instrument auch ausgestellt.

Der höchste anhaltende Labordruck beträgt 5,5 Megabar. Das meldeten im Juli 1986 Wissenschaftler des geophysikalischen Laboratoriums des Carnegie-Instituts in Washington. Wichtig sind Experimente dieser Art sowohl für die Materialforschung als auch für das Verständnis der Materie im Inneren der Erde und anderer Planeten. Bei dem im Erdkern herrschenden Druck von etwa 3,5 Megabar sollten sich viele Materialien, die zunächst elektrische Isolatoren sind, in Metalle umwandeln. Dieser Effekt, der bei etwa 1,1 Megabar eintritt, konnte jetzt von Physikern des amerikanischen Lawrence Livermore-Laboratoriums in Kalifornien nachgewiesen werden. Ein besonderes Interesse gilt hier dem Wasserstoff. Man nimmt an, daß metallischer Wasserstoff, wenn erzeugt, eine silberweiße Farbe hat, aber weich ist und eine Dichte von 1,1 g/cm^3 besitzen wird. Der für den Übergang erforderliche Druck wird von H. K. Mao und P. M. Bell auf 1 Megabar bei 25°C geschätzt. Momentane Drücke von 7000 GPa wurden, wie 1958 aus den USA berichtet, mit Hilfe dynamischer Methoden und Aufschlaggeschwindigkeiten von 29000 km/h erreicht.

Das höchste Vakuum (Ultrahochvakuum), das auf experimentellem Wege erzeugt wurde, betrug etwa $1{,}3 \times 10^{-12}$ Pa und wurde im Thomas J. Watson-Forschungsinstitut der IBM, Yorktown Heights, New York (USA), im Oktober 1976 mit einer Kryopumpe bei Temperaturen bis zu 269°C erzielt. Das entspricht etwa der »Verdünnung« von baseballgroßen Molekülen von einem Abstand von 1 m auf 80 km.

Die rascheste Zentrifuge: Die höchste künstlich erzeugte Drehzahl und damit gleichzeitig die größte Rotationsgeschwindigkeit, die bisher erreicht werden konnte, von 7250 km/h wurde im Januar 1975 an der Universität Birmingham (GB) bei Experimenten mit einem konischen, 15 cm langen Kohlefaserstab erzielt, der in einem Vakuum herumgewirbelt wurde.

Das leistungsfähigste Mikroskop dürfte das Scanner-Tunnelmikroskop sein, das 1981 in den Züricher IBM-Laboratorien entwickelt wurde.

Es verfügt über eine 100millionenfache Vergrößerung und kann noch Größen von bis zu einem Hundertstel eines Atomdurchmessers auflösen.
Die vierte Generation des Scanner-Tunnelmikroskops, die sich in der Entwicklung befindet, hat nur noch die Größe einer Fingerspitze.
Die Prüfspitze des Scanner-Tunnelmikroskops kann bis auf die Größe eines Einzelatoms »verjüngt« werden. Es entsteht so die kleinste Pyramide der Welt, mit drei letzten Schichten aus je 7,3 und 1 Atomen. Im Juli 1989 wurde bekannt, daß in den AT & T Bell-Laboratorien, Murray Hill, New Jersey (USA), ein einziges Germanium-Atom von der Wolframspitze des Mikroskops wieder zu einer Germanium-Oberfläche zurückgeführt werden konnte. Inzwischen ist das Arbeiten mit einzelnen Atomen auch weltweit in anderen Laboratorien verbreitet.

Das leichteste hoch auflösende Lichtmikroskop der Welt ist das 1200 × McArthur-Mikroskop, das nur 255 g wiegt und in Cambridge hergestellt wird.

Das stärkste Ultraschallmikroskop, für dessen Bau die Stanford-Universität Kalifornien (USA) im März 1980 eine Lizenz an die Firma Leitz in Wetzlar (Hessen) vergeben hat, arbeitet nach dem Prinzip, Objekte, die mit bloßem Auge nicht wahrnehmbar sind, mit Schallwellen sehr hoher Frequenz – 500 Mio.–1 Mrd. Schwingungen in der Sek. – abzutasten, die am Objekt entstehenden Echosignale mittels eines piezo-elektrischen Transducers in elektrische Signale umzuwandeln und auf einem Bildschirm sichtbar zu machen.

Das kleinste Mikrofon der Welt wurde 1967 von Professor Ibrahim Kavrak von der Universität Istanbul (Türkei) für Druckmessungen in Flüssigkeitsströmungen entwickelt. Es hat einen Frequenzbereich von 10 Hz bis 10 kHz und mißt nur 1,5 × 0,76 mm

Die kleinste Pumpe der Welt wurde am Fraunhofer-Institut für Festkörpertechnologie in München entwickelt. Wie im April 1990 bekannt wurde, hat die Mikropumpe Abmessungen von 5 × 5× 0,7 mm und ist damit kleiner als ein Pfennigstück. Die steuer- und regelbare Pumpe schafft trotz ihres geringen Volumens von nur 3 Mikroliter die beachtliche Leistung von 15 Milliliter/min. Die Basis dieser Mikropumpe ist ein Siliziumchip.

Die heißeste Flamme läßt sich mit Kohlensubnitrid (C_4N_2) erzeugen, das laut Berechnungen bei dem Druck von einem bar eine Temperatur von 4988° C erzeugt.

Das stärkste Geräusch, das in einem Laboratorium erzeugt wurde, waren 210 Dezibel oder 400000 akustische Watt. Dieser Lärmrekord gelang der NASA im Oktober 1965 auf einem 14,6 m langen Stahl- und Beton-Teststand mit 18 m tiefen Fundamenten in Huntsville, Alabama (USA). Mit dieser Lärmenergie kann man in feste Körper Löcher bohren.

Den stillsten Raum der Welt mit den Abmessungen 10,67 × 8,5 m hat das Laboratorium des Bell-Telephone-System-Konzerns in Murray Hill (USA). Es ist der echofreieste Raum der Welt. 99,98 Prozent des reflektierten Schalls werden durch Spezialisolierung ausgeschaltet.

Das längste Echo in einem Gebäude dauert 15 Sek. Es tritt nach dem Schließen der Tür der Kapelle des Mausoleums in Hamilton, Strathclyde, auf. Das Bauwerk entstand zwischen 1840 und 55.

Die exakteste Waage der Welt ist das Sartorius-Modell 4108 aus Göttingen. Mit dieser Waage können Gegenstände bis zu 0,5 g mit einer Genauigkeit von 0,01 µg (gleich 0,00 000 001 g) gewogen werden, und dies ist kaum mehr als 1/60 des Gewichts der Druckerschwärze in dem Punkt am Ende dieses Satzes.

Geringste Viskosität: Das California Institute of Technology (USA) gab am 1. Dezember 1957 bekannt, daß flüssiges Helium II, das nur bei Temperaturen nahe dem absoluten Nullpunkt vorkommt (–273,15°C), keine meßbare Zähflüssigkeit besitzt, mithin als reibungsfreie Flüssigkeit bezeichnet werden kann.

Geringste Reibung: Den geringsten statischen und dynamischen Reibungskoeffizienten aller Festkörper hat Polytetrafluoroethylen (PTFE) ($[C_2F_4]n$) mit 0,02. Es besitzt also ebensowenig Reibung wie nasses Eis auf nassem Eis. Die Massenfertigung begann 1943. Es wird u. a. in den USA und in der Bundesrepublik Deutschland als Teflon zur Beschichtung von Kochtöpfen und Pfannen benutzt.

In der Zentrifuge der Universität von Virginia (USA) dreht sich ein magnetisch gestützter **Rotor** von 13,6 kg mit einer Geschwindigkeit von 1000 U/s in einem Vakuum von 1,3 × 10^{-4} Pa. Der Drehkörper verliert nur eine U/s am Tag, kann daher jahrelang weiterkreisen.

Der stärkste elektrische Strom wird vom Zeus-Mehrfachkondensator im wissenschaftlichen Laboratorium von Los Alamos, New Mexico (USA), erzeugt. Seine 4032 Kondensatoren würden bei gleichzeitiger Zündung während einiger Mikrosek. zweimal soviel Strom erzeugen wie die Generatoren der ganzen Welt.

Wechselspannungen bis zu 3 Mio. Volt bei Prüfleistungen von 12 Mio. Voltampere schafft diese von Siemens errichtete Hochspannungsprüfanlage für das wissenschaftliche Forschungsinstitut für Elektrotechnik in Moskau.

Die höchste Geschwindigkeit eines festen Gegenstands wurde mit 150 km/s mit einer Plastikscheibe im Marineforschungslabor im August 1980 in der US-Hauptstadt Washington erzielt.

Die höchste in einem Labor erzeugte Stromspannung war 321,5 Mio. Volt am 17. Mai 1979 durch die National Electrostatics Corporation in Oak Ridge, Tennessee (USA).

Der stärkste Teilchenbeschleuniger ist das 2 km Durchmesser große Protonensynchrotron im Fermi-Laboratorium in Batavia, Illinois (USA). Am 14. Mai 1976 wurde ein Energiewert von 500 GeV erreicht. Am 13. Oktober 1985 wurde erstmals eine Energie von 1,6 Tera-Elektronvolt (1,6 × 10^{12}eV) bei der Kollision von Protonen und Antiprotonen erzielt. Zu diesem Zweck mußten 1000 supraleitende Magneten mit Hilfe der größten 4500-l/h-Temperatur-Helium-Verflüssigungsanlage der Welt auf einer Temperatur von –268,8° C gehalten werden. Die Anlage ist seit dem 18. April 1980 in Betrieb.

Der größte Teilchenbeschleuniger der Welt wurde am 13. November 1989 im Europäischen Kernforschungszentrum CERN in Meyrin bei Genf offiziell in Betrieb genommen. Mit 27 km Umfang ist der »Große Elektronen-Positronen-Beschleuniger« (LEP) die leistungsfähigste Anlage ihrer Art. Sie ist in einem kreisförmigen Tunnel von 3,8 m Durchmesser untergebracht, der zwischen 50 und 150 m tief unter der Erdoberfläche verläuft und durch 18 Vertikalschächte zugänglich ist. Im Tunnel und seinen acht unterirdischen Arbeitsbereichen sind mehr als 60000 t technischer Einrichtungen installiert. Hohe Präzision war überall erforderlich: Die 3821 Magnete und 128 Beschleunigungsresonatoren, die die Elementarteilchen durch den Ring treiben, sind mit einer Genauigkeit von 1/10 mm angeordnet. Die »größte, je von Menschenhand gebaute Maschine« kostete rund 1,5 Mrd. DM.
Das Ziel von CERN (Europäisches Laboratorium für Teilchenphysik), Strahlen von Protonen und Antiprotonen im **Super-Protonensynchrotron** (SPS) bei 270 GeV × 2=540 GeV aufeinandertreffen zu lassen, wurde am 10. Juli 1981 um 4 Uhr 55 erreicht. Das entspricht dem Auftreffen von Protonen auf ein festes Ziel bei 150 TeV oder

150 000 GeV. 1992 sollen Elektronen und Positronen mit je 96 GeV zur Kollision gebracht werden. Geplant ist ebenfalls die »Produktion« von etwa 10 000 Z°-Teilchen pro Tag.

Superbeschleuniger: Am 16. August 1983 beschloß das amerikanische Energieministerium die Planung für einen Superbeschleuniger (SSC), der maximal 6 Mrd. Dollar kosten sollte. 2 Proton-Antiproton-Maschinen von je 20 TeV sollen in dem 85 km Durchmesser aufweisenden Beschleuniger arbeiten. Der Standort wird Waxahachie im amerikanischen Bundesstaat Texas sein. Am 30. Januar 1987 gab die Regierung endgültig grünes Licht. Die Kosten steigen dramatisch. Schätzungen im November 1988 gingen von 9,9 Mrd. Dollar aus. Im August 1990 waren es bereits 11 Mrd. Dollar.

Die größte Blasenkammer der Welt wurde am 29. September 1973 im Fermi-Laboratorium in Batavia, Illinois (USA), für 70 Mio. Dollar fertiggestellt. Sie hatte einen Durchmesser von 4,57 m und enthielt 33 000 l flüssigen Wasserstoff bei einer Temperatur von –247°C mit Hilfe eines supraleitenden 3-Tesla-Magneten. Die letzten Aufzeichnungen wurden am 1. Februar 1988 registriert.

Der schwerste Magnet der Welt hat einen Durchmesser von 60 m, wiegt 36000 t und gehört zum 10-GeV-Synchrophasotron im Unionsinstitut für Kernforschung von Dubna in Moskau (Rußland).

Der weltweit größte Elektromagnet ist Bestandteil des L3-Detektors, ein Experiment beim LEP-Beschleuniger im Europäischen Kernforschungszentrum CERN (Genf). Der achteckig geformte Magnet besteht aus einem Joch aus 6400 t Stahl mit niedrigem Kohlenstoffgehalt und einer 1100 t schweren Aluminiumspule. Die Jochelemente, zusammengeschweißte Einzelstücke von bis zu 30 t, wurden in der UdSSR hergestellt. Die Spule entstand in Modulartechnik in der Schweiz und besteht aus 168 Windungen, die so zusammengeschweißt wurden, daß sie einen achtseitigen Rahmen bilden. 30000 Ampere fließen durch die Spule und erzeugen so ein gleichförmiges Magnetfeld von 5 Kilogauß. Der Magnet ist mit einem Volumen von 12 × 12 × 12 m (1728 m^3) höher als ein viergeschossiges Haus. Das Gesamtgewicht des Magneten beträgt 7810 t. In ihm ist mehr Metall verbaut als im Eiffelturm.

Extrem starke Magnetfelder: Das stärkste – kontinuierlich aufrechterhaltene – Feld konnte mit 35,3 0,3 Tesla am 26. Mai 1988 im Francis Bitter National Magnet Laboratory des MIT (USA) erzeugt werden. Eingesetzt wurde ein Hybrid-Magnet mit Holmium-Polen. Die verstärkten das zentrale Feld des Hybrid-Magneten von 31,8 Testa entsprechend.

Das schwächste Magnetfeld wurde im stark isolierten Versuchsraum des Francis-Bitter-Laboratoriums, Massachusetts Institute of Technology, Cambridge (USA), mit 8×10^{15} Tesla gemessen. Die Einrichtung dient der Erforschung der äußerst schwachen Magnetfelder im Herzen und Gehirn.

Dünnstes Glas: Unter der Typenbezeichnung D263 stellt die Deutsche Spezialglas AG in Grünenplan ein Glas her, dessen minimale Stärke nur 0,025 mm beträgt, während es maximal nur 0,035 mm dick ist. Es findet in der Medizintechnik und der Elektronik Anwendung.

Feinster Schnitt: Die 13 Mio. Dollar teure Large Optics Diamond Turning Machine im Lawrence Livermore National Laboratory in Kalifornien (USA) soll, wie es im Juni 1983 hieß, in der Lage sein, ein menschliches Haar 3000mal der Länge nach zu spalten.

Schärfster Gegenstand und kleinste Röhre: Die schärfsten künstlich hergestellten Gegenstände sind Mikropipettenröhrchen aus Glas, die bei der intrazellularen Arbeit an lebenden Zellen Verwendung finden. Die Technik wurde von Professor Kenneth T. Brown und Dale G. Flaming von der University of California, San Franzisko (USA), entwickelt. Mit ihrer Hilfe gelang 1977 die Herstellung schräg geschliffener Spitzen mit einem Außendurchmesser von 0,02 µm und einem Innendurchmesser von 0,01 µm. Letzterer ist 340mal kleiner als das kleinste bekannte Nickelröhrchen und 6500mal dünner als ein Menschenhaar.

Die kleinsten von Menschenhand gefertigten Objekte sind »Quanten-Punkte« aus Indium- und Galliumarsenid. Das gab Texas Instruments, Dallas (USA), am 8. Februar 1988 bekannt. Diese »Punkte«, in der Halbleiter-Technik eingesetzt, haben einen Durchmesser von einem hundertmillionstel Millimeter.

Die größte wissenschaftliche Radarstation befindet sich in Jicamarca (Peru) und erstreckt sich auf einer Fläche von 84000 m^2.

Stärkste Laserstrahlen: Die erste Beleuchtung eines anderen Himmelskörpers von der Erde aus gelang am 9. Mai 1962, als ein Lichtstrahl vom Mond reflektiert wurde. Dies gelang mit einem optischen Maser (Abkürzung für *microwave amplification by stimulated emission of radiation*) bzw. Laser (Abkürzung für *light amplification by stimulated emission of radiation*). Das System war an einem Teleskop von 122 cm Öffnung montiert, das vom MIT, Cambridge (USA), betrieben wurde. Es sandte ein Lichtbündel in Richtung Mond aus. Das ausgeleuchtete Gebiet auf dem Mond besaß einen Durchmesser von schätzungsweise 6,4 km.

Das Verfahren wurde 1958 von Dr. Charles Hard Townes (*1915, USA) entwickelt. Maser sind Mikrowellenverstärker, Laser sind Lichtverstärker. Wird ein Maser-Lichtblitz auf ein Rubinkristall gerichtet, das mittels flüssigen Stickstoffs gekühlt wird, dann werden die Chromatome des Rubins in einen Energiezustand versetzt, der sie zwingt, rotes Licht auszustrahlen, das aber nur in der gewünschten Richtung scheinen kann. Ein solcher Maser-Lichtblitz kann in einer fünftausendstel Sek. durch Verdampfen bei 10000°C, das von 2×10^{23} Photonen hervorgerufen wird, ein Loch durch einen Diamanten bohren. Über den Schiwa-Laser liegt ein Bericht vom 18. Mai 1978 aus dem Lawrence Livermore National Laboratory (USA) vor, dem zufolge dieser einen Strahl von $2,6 \times 10^{13}$ W für eine Dauer von $9,5 \times 10^{-11}$ Sek. auf ein Ziel von der Größe eines Stecknadelkopfes konzentrieren konnte. Im Juli 1984 wurde von diesem Institut ein neuer Laser vorgestellt, der bis zu 120 Billionen W Energie liefern kann. Bei einem ersten Test wurden 57 Billionen W infrarotes Laserlicht produziert.

Der größte kommerzielle Infrarot-Laser der Welt ist im Frühjahr 1989 am Institut für Laser-Technik der Fraunhofer-Gesellschaft in

Die 4,57 m große Fermilab-Blasenkammer in Batavia, Illinois (USA), wurde 1988 nach 19jährigem Betrieb abgebaut. Sie war der Welt größte Tieftemperatur-Blasenkammer.

Die abgeschrägte Spitze (links) wird dazu benutzt, Spermazellen in menschliche Eizellen im Rahmen der künstlichen Befruchtung einzuführen. Sie hat einen inneren Durchmesser von nur 0,01 Mikrometer. Die relativ große Pipette, mit der das Ei gehalten wird, gibt ein Gefühl für die Dimensionen.

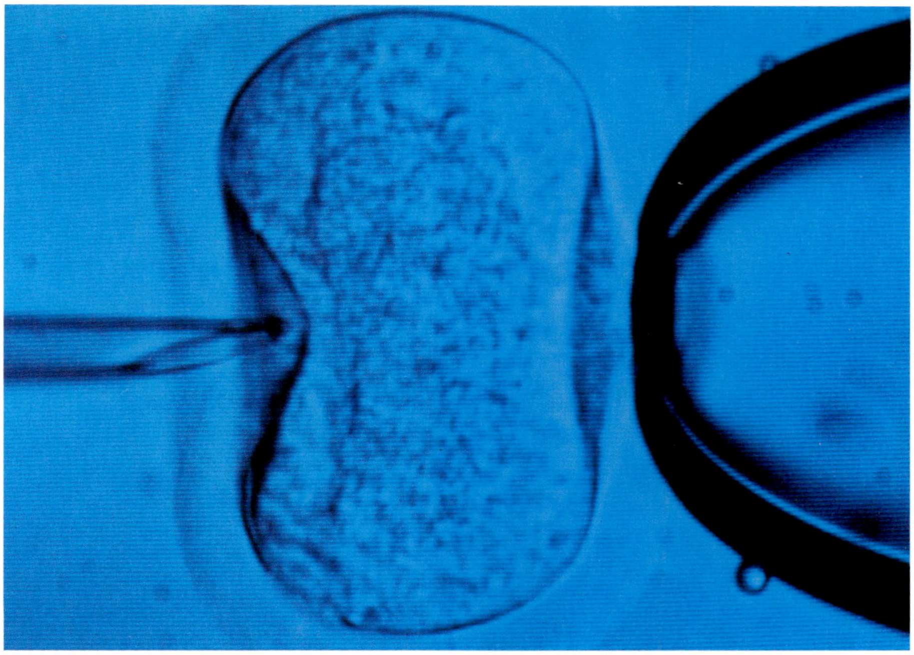

Aachen (Nordrhein-Westfalen) installiert worden. Mit ihm wird es unter anderem möglich sein, Laserstrahl-Schweißverfahren für Rohre mit Wanddicken bis zu 18 mm zu entwickeln.

Ein Super-Laser mit einer Leistung von einem Gigawatt ist im Institut für Lasertechnik der Universität Osaka (Japan) im Frühjahr 1989 in Betrieb genommen worden. Hierbei handelt es sich um einen »Freien-Elektronen-Laser«, bei dem die Wellenlänge des oszillierenden Lichtstrahls kontinuierlich verändert werden kann. Das neue System soll sowohl für Kernfusionsexperimente als auch bei der Entwicklung neuer Halbleiter- und Suprabauleiterelemente eingesetzt werden.

Die hellsten künstlichen Lichtquellen sind Laserpulse, die im nationalen Forschungslabor von Los Alamos, New Mexico (USA), erzeugt werden. Im März 1987 teilte Dr. Robert Graham mit, daß ein extrem kurzer UV-»Blitz« von 1 Pikosek. (1×10^{-12} Sek.) Länge mit einer Leistung von 5×10^{15} W hergestellt wurde.

Die stärkste ständig leuchtende Lichtquelle hat Vortek Industries Ltd. aus Vancouver, British Columbia (Kanada), im März 1984 entwickelt: die 313 kW Argon-Hochdruck-Bogenlampe mit 1 200 000 Candela.

Die Lichtquelle mit der höchsten Leuchtdichte liefert die Xenon-Kurzbogenlampe XBO 500 W/R, die die Münchner OSRAM GmbH 1954 entwickelt hat. Der Lichtbogen dieser Lampe hat eine Leuchtdichte von 500 000 Candela/cm^2. Sie blendet viermal so stark wie die Sonnenoberfläche.

Die Lampe mit der höchsten Lichtleistung kommt von der OSRAM GmbH München: die Xenon-Langbogenlampe mit 75 000 W für Außenbeleuchtung. Mit 2300 Mio. Lumen hat sie den höchsten Lichtstrom. Das entspricht einer Leistung von 3150 gewöhnlichen 60-W-Haushaltsglühlampen.

Die ersten elektronischen Glühlampen hat OSRAM erstmals 1986 vorgestellt. Die DULUX® EL schafft mit 7, 11, 15 und 20 W, wozu die Glühbirne 40, 60, 75 und 100 W braucht.

Kürzester Lichtblitz: Im April 1985 gelang es Charles V. Shank und seinen Mitarbeitern in den AT&T-Laboratorien in New Jersey (USA), einen Lichtblitz von nur 6 Femtosek. (6×10^{-15} Sek.) Dauer zu erzielen. Der Lichtblitz enthielt 3 oder 4 Wellenlängen des sichtbaren Lichts, etwa 2,5 m lang.

Die höchste direkt gemessene Frequenz bezieht sich auf ein sichtbares gelbes Licht. Gemessen wurde eine Frequenz von 5,202 068 085 $\times 10^{14}$ Hz (520 Terahz). Dieser Wert wurde im Februar 1979 vom US National Bureau of Standards (Boulder) und dem kanadischen National Research Council Laboratory (Ottawa) bekanntgegeben. Er bezieht sich auf die o-Komponente der 17–1 P(62) Übergangslinie von Jod-127. Die höchste über eine Präzisionszeitmessung gemessene Frequenz ist grünes Licht mit 582,491703 Terahz für die b_{21}-Komponente der R(15) 43-0 Übergangslinie von Jod-127.

Ein 40 Å (Ångström) messendes Loch (4×10^{-6} mm) wurde am 28. Oktober 1979 mit Hilfe eines JEM-100C-Elektronenmikroskops und von Quantel-Geräten im Institut für Metallurgie, Oxford (GB), auf optischem Weg vorgeführt. Ein solches Loch zu finden entspricht dem Finden eines Stecknadelkopfes in einem 1,93 km^3 großen Heuhaufen.
Durch Zufall bohrte im Mai 1983 der Strahl eines Elektronenmikroskops an der Universität von Illinois (USA) in die Probe einer Natrium-Aluminium-Verbindung ein nur 2×10^{-9} m (20 Å) großes Loch.

Der größte Windkanal der Welt ist ein Niedergeschwindigkeitskanal mit einer 12,19 × 24,38 m langen Meßstrecke. Er wurde 1944 im Ames-Forschungsinstitut Moffett Field, Kalifornien (USA), gebaut und kostete 7 Mio. Dollar (damals 28 Mio. DM). Der Kanal hat ein Fassungsvermögen von 800 t Luft und kann ein Maximal-Luftvolumen von 1,7 Mio. m^3 in der Min. bewegen. Am 30. Juli 1974 gab NASA bekannt, den Kanal auf 24,38 × 36,57 m für Geschwindigkeiten von 555 km/h mit einem System von 100690 kW Leistung zu vergrößern.

Der stärkste Windkanal ist die 161 075-kW-Anlage des Arnold Engineering Test Center in Tullahoma, Tennessee (USA), die im September 1956 in Betrieb genommen wurde.

Die höchste Luftgeschwindigkeit mit einer Machzahl M=27 wurde in einem Windkanal bei den Boeing-Flugzeugwerken in Seattle (USA) erzielt. Für Mikrosek. wurden Werte von 30 Mach (36 735 km/h) in Stoßwellenröhren in der Cornell-Universität, Ithaca (USA), gemessen.

Den Windkanal mit dem größten Querschnitt besitzt in Deutschland das Volkswagenwerk in Wolfsburg. Bei Abmessungen von 5 × 7,5 m werden in ihm Geschwindigkeiten von 50 m/s erzielt.
Der bereits 20 Jahre alte Windkanal ist von Grund auf erneuert worden. Im abgedunkelten Raum wird heute die jeweilige Karosserie von einem Laserstrahl abgetastet, um Geschwindigkeit, Richtung und Turbulenz der Strömung zu bestimmen. Ein Laserstrahl führt einen Roboter, der Rauch erzeugt, um die Verwirbelungen in genau definierten Abständen deutlich zu machen.
Mit Hilfe des Laser-Lichtschnittverfahrens wird der Verlauf der Strömung auf Video sichtbar und aufgezeichnet. Dann erst beginnt die Arbeit des Aerodynamikers – die Auswertung für eine neue Karosserie.

Der schnellste deutsche Windkanal ist ein 1971 in Betrieb genommener Plasma-Windkanal der Deutschen Forschungs- und Versuchsanstalt für Luft- und Raumfahrt in Köln. Sein Meßdurchschnitt beträgt 25 cm, und in ihm können Geschwindigkeiten bis zu 4500 m/s erzeugt werden.

COMPUTER

Computer: Der erste elektronische, programmierbare (Röhren-)Computer war Colossus, der im Dezember 1943 in Bletchley Park (GB) die Arbeit aufnahm, um die Codes deutscher Verschlüsselungsmaschinen zu knacken. Grundlage für den Bau von Colossus war ein Aufsatz von Dr. Alan Mathison Turing *(Über berechenbare Zahlen mit Anwendung auf das Entscheidungsproblem)*, der 1936 erstmals veröffentlicht worden war.

Der erste Computer mit gespeichertem Programm war Mark I der Universität Manchester (GB), der die Williams-Röhre enthielt, die am 11. Dezember 1946 patentiert wurde. Sein erstes Programm, entwickelt von Professor Tom Kilburn (*1921), lief am 21. Juni 1948 52 Min. lang.
Das Prinzip integrierter Schaltkreise, das Mikro-Miniaturisierung ermöglicht, wurde am 7. Mai 1952 von Geoffrey W. A. Dummer (*1909) in Washington (USA) entwickelt.

Der Mikrocomputer wurde 1969–73 von M. E. Hoff jr. von der Intel Corporation in Zusammenhang mit der Fertigung des Chip-4004-Mikroprozessors entwickelt. Die Priorität wurde am 17. Juli 1990 jedoch überraschend Gilbert Hyatt (*1938) zuerkannt. Er hatte zwischen 1968 und 71 einen Einchip-Mikrocomputer bei der kalifornischen Firma Micro Computer Inc.

Der Ausdruck eines Schaltplans für einen Mega-Chip von Siemens und keine moderne Tapete! Tausende von Transistoren und Kondensatoren sind auf diesem Entwurf angeordnet. Die elektronischen Bauteilchen werden durch über 100 m lange Leiterbahnen miteinander verbunden – auf einem Siliziumplättchen, das nur einen Quadratzentimeter groß ist.

entwickelt, für den das US-Patent Nr. 4942516 erteilt wurde.

Der leistungsfähigste Computer der Welt ist der von Seymour R. Cray von der Cray Research Inc. in Minneapolis (USA) entwickelte CRAY-2 mit Flüssigkühlung. Die Speichergröße beträgt bis zu 256 Mio. 64-Bit-Wörter; daraus ergibt sich eine Kapazität von 2,12 Gigabytes des Hauptspeichers. Er erreicht Geschwindigkeiten von 250 Mio. Gleitkomma-Operationen pro Sek.
(Ein Byte ist eine Speichereinheit, die aus 8 Bit besteht, die zusammen ein alphabetisches oder zwei numerische Zeichen darstellen.)

Einen »Super-Parallelcomputer« der 5. Generation hat am 18. März 1988 das staatliche amerikanische National Laboratory, New Mexico, vorgestellt. 1024 parallele Prozessoren können komplexe Operationen 1019mal schneller als herkömmliche Spitzen-Computer ausführen.

Schnellster Computer: Anfang 1992 wurde von der Firma Cray-Research ein Parallelvektorsystem auf den Markt gebracht. Der Supercomputer mit der Bezeichnung Y-MP C90 verfügt über einen Zentralspeicher von 2 Gigabyte sowie über 16 CPU's. Daraus resultiert eine maximale Leistungsfähigkeit von 16 Mrd. Gleitkomma-Operationen/sek (16 Gigaflops).

Die größte Computerfirma der Welt ist zweifellos IBM. Im Dezember 1991 betrugen die Vermögenswerte 92,5 Mrd. Dollar, die Brutto-Einnahmen 64,8 Mrd. Dollar. Zu diesem Zeitpunkt hatte IBM weltweit 344 396 Beschäftigte und 772 047 Aktionäre.

Schnellster Chip: Im März 1992 wurde bekannt, daß die Firma DEC in Maynard (US-Bundesstaat Massachusetts) einen Allzweck-Computerchip entwickelt hat. Der 64-bit Prozessor mit der Bezeichnung Alpha kann mit Taktfrequenzen bis zu 200 MHz arbeiten, verglichen mit 25 MHz bei modernen PC's. Ein Alpha-Chip, so der Hersteller, leistet hinsichtlich der Verarbeitungsfähigkeit soviel wie ein Cray-1, der 1976 als erster Supercomputer für 7,5 Mio. Dollar auf den Markt kam.

Der 64-Megabit-Chip

Im Rahmen des gemeinsamen europäischen Forschungsprogramms JESSI *(**J**oint **E**uropean **S**ubmicron **S**ilicon)* sollte bis 1996 ein 64-Megabit-Chip zur Serienreife entwickelt werden. Das entspricht einer Speicherkapazität von 3000 eng beschriebenen DIN-A4-Seiten. Nun kündigen die Japaner den Superchip bereits für 1994 an. Um diesen Vorsprung aufzuholen, setzen die Europäer auf eine Fertigungstechnik, in der sie gegenüber den Japanern eine Nasenlänge voraus sind: die Röntgenstrahl-Lithographie. Je feiner die auf dem Chip zu ätzenden Strukturen werden, desto störender wirkt sich die Lichtbeugung aus. Mit dem herkömmlichen ultravioletten Licht stößt man hier schon auf technische Grenzen. Das Röntgenlicht ist sehr viel kurzwelliger, genauer und letztlich billiger. Dennoch sind für diese neue Fertigungsmethode erhebliche Investitionen notwendig. IBM, das mit Siemens ein Team bildet, wird 3 Mrd. Dollar in diese Technik investieren. Mit ihr ist auch der nächste Schritt – der 256-Megabit-Chip – zu schaffen.

Neuer Logik-Chip: Am 2. März 1992, exakt um 3 Uhr 21 und 47 Sek., entstand an der Universität Bonn ein aufsehenerregender Computerchip mit der Bezeichnung Puma. Der Logik-Chip soll Computerleistungen um den Faktor drei verbessern. Auf der Oberfläche des Chips sind 3,2 Mio. Transistoren untergebracht. Der eigentliche Fortschritt liegt in einer verbesserten Steuerung der Impulse auf dem Chip.

Schreibtafelcomputer: Der »Pen-Top«-Computer der amerikanischen Firma Momenta kann Handschriften erkennen und in Druckbuchstaben umsetzen. Man schreibt mit einem Stift auf die Glasfläche, kann Tabellen korrigieren oder Briefe schreiben. Zuvor jedoch muß der Computer die Handschrift gelernt haben.

Über einen neuen Weltrekord in der magnetischen Speicherdichte berichtete IBM am 18. Januar 1990. Danach ist es den Wissenschaftlern im Almaden-Forschungszentrum des Unternehmens in San Jose, Kalifornien (USA), gelungen, ein Gigabit auf weniger als 6,5 cm^2 Oberfläche zu speichern. Das entspricht dem Text von 100 000 zweiseitig beschriebenen Schreibmaschinenseiten, einem Papierstapel, der der Höhe eines dreistöckigen Hauses entsprechen würde.

Das kleinste Text-Verarbeitungssystem der Welt, Easi-Text 1350, wurde im April 1986 von Minimicro in Huntington, Yorkshire (GB), vorgestellt. Es basiert auf dem Sharp PC-1350-Computer mit den Maßen 182 × 72 × 16 mm und dem kompletten System einschließlich einem Epson-P-80-Drucker im Format DIN A 4. Es paßt in einen Aktenkoffer.

Das kleinste Modem der Welt wurde von der Firma RAD in Tel Aviv (Israel) entwickelt. Das Gerät mit der Bezeichnung SRM-3A ist 61 mm lang, 31 mm breit, 19,8 mm hoch und wiegt nur 31 g.

Mühelos unterstützen heute Computer Entwürfe und Bildbearbeitungen in allen Arbeitsbereichen.

BOHRUNGEN UND BERGBAU

Die tiefste bisher niedergebrachte Bohrung ist die wissenschaftliche Testbohrung bei Zapolarny auf der Halbinsel Kola (Rußland). Sie begann am 24. Mai 1970 und erreichte im April 1991 eine Tiefe von 12 262 m. Die angestrebte Tiefe von 15 000 m könnte um 1995 erreicht werden. Bereits in 12 km Tiefe stieß man auf Temperaturen um 210° C.

Die kontinentale Tiefbohrung der Bundesrepublik Deutschland, nahe dem Oberpfälzer Ort Windischeschenbach, war Anfang 1992 bei einer Tiefe von 6000 m angelangt. Die Bohrung verläuft extrem genau senkrecht: In 6000 m Tiefe beträgt die Abweichung von der »Ideallinie« nur 12 m.Die angepeilte erste Endmarke von 10 000 m soll Ende 1994 erreicht sein. In der jetzt schon tiefsten Bohrung Deutschlands in kristallinen Gesteinen sollen über die gesamte Länge Rohre mit einem Gewicht von 600 t eingebracht werden, nach Expertenmeinung ein weltweit einmaliges technisches Ereignis.

Die tiefste Bohrung im Eis wurde während der 30. sowjetischen Antarktis-Bohrung 1985 niedergebracht. In der Nähe der Wostok-Station wurde eine Tiefe von 2202 m erreicht. 1972 wurde das »trockenste« Bohrloch – ohne den Einsatz von Gefrierschutzmitteln – mit einer Tiefe von 952,5 m realisiert.

Die tiefste Bohrung im Meeresboden – nämlich 1740 m – gelang *Glomar Challenger*, einem Tiefseebohrschiff eines amerikanischen Unternehmens, an der Nordwestküste Spaniens im Jahr 1976, und die tiefste Bohrstelle liegt 7034 m unter der Wasseroberfläche im Marianengraben (Mai 1978).

Die tiefste Bohrung in Deutschland wurde bei der Suche nach Erdgaslagerstätten im Auftrag des VEB Erdöl/Erdgas Grimmen bei Buschhof im Raum Neustrelitz/Röbel (Mecklenburg-Vorpommern) niedergebracht. Die bis in die geologische Formation Autun abgeteufte Bohrung E Mirow 1 erreichte im Jahr 1977 eine Tiefe von 8008,6 m.

Den größten Braunkohletagebau der Welt erschließt die Rheinische Braunkohlenwerke AG seit 1979 im Hambacher Forst westlich von Köln, zwischen Düren, Jülich und Bergheim. Auf einer Fläche von 35 km^2 soll die riesige Braunkohlengrube bis zum Jahr 2000 470 m tief werden. Man schätzt, daß in diesem Gebiet 2,4 Mrd. t Braunkohle lagern, die bis zum Jahr 2040 abgebaut sein werden. Seit Mitte 1984 wird die erste Kohle gefördert.

Der tiefste Wasserschacht der Welt liegt in der Rosebud County in Montana (USA). Er ist 2231 m tief und wurde im Oktober/November 1961 von der Firma Great Northern Drilling Co. Inc. gebohrt. Die Thermal Power Co. bohrt in der Sonoma County von Kalifornien schon seit 1955 nach Wasser und ist jetzt in 2752 m Tiefe.

Der größte Erdölproduzent der Welt war 1991 die ehemalige UdSSR mit 10,26 Mio. Barrel pro Tag, gefolgt von Saudi-Arabien mit 8,2 Mio. Barrel und den USA mit 7,4 Mio. Barrel. Europas größter Produzent, Großbritannien, liegt mit etwa 2 Mio. Barrel pro Tag auf dem 6. Platz.

In einer amerikanischen Kupfermine soll dieser riesige, 400 t schwere Elektromotor eine Mühle für Erzbrocken antreiben. In seinem Berliner Dynamowerk hat Siemens den 12-MW-Motor mit seinem Innendurchmesser von über 13 m fertiggestellt.

Die größte Erdölraffinerie der Welt ist die Petroleos de Venezuela S.A. in Judibana, Falcón (Venezuela). Sie produziert täglich 571 000 Barrel Rohöl.

Das größte Ölfeld der Welt, das Ghawarfeld in Saudi-Arabien, wurde von Aramco erschlossen und mißt 240 × 35 km.
Die Ausdehnung der für Bohrzwecke bestimmten Teile des britischen Kontinentalschelfs belief sich Mitte 1989 auf 651650 km^2, mit erreichbaren Gesamtvorkommen von 1330 Mio. t Öl und 634000 Mio. m^3 Gas. Gas wurde erstmalig im Oktober 1965 im West-Sole-Feld entdeckt; kommerziell verwertbare Ölvorkommen im Forties-Feld in der Tiefe von 2098 m wurden vom Bohrschiff *Sea Quest* am 18. September 1970 gemeldet. Als das ergiebigste Ölfeld gilt BP' Forties-Feld, das am 3. April 1989 auf eine Gesamtproduktion von 2,2 Mrd. Barrel Öl und Flüssiggas zurückblicken konnte und damit an der westeuropäischen Spitze lag.

Die tiefste Bohrung in der Nordsee schaffte am 11./12. Juni 1986 das in Großbritannien gebaute Bohrschiff *Sovereign Explorer*. Dabei stieß die Scotdrill Offshore Company, eine Firma aus Aberdeen, die im Auftrag von Chevron Petroleum bohrte, 795,8 m weit vor.

Das größte Erdgasdepot der Welt ist das von Urengoi (Rußland). Bei Bedarf könnte es über 6 Pipelines jährlich 200 000 Mio. m^3 liefern. Sichere Reservekapazität: 7 000 000 Mio. m^3. Der billionste (10^{12}) Kubikmeter Erdgas ist am 23. April 1986 gefördert worden.

Das größte Offshore-Erdgasfeld der Welt ist in Rußland entdeckt worden. Vor der Küste von Murmansk, rund 400 km entfernt, lagern schätzungsweise 3–4 Billionen m^3 abbauwürdiges Erdgas. Allerdings dürfte die technische Umsetzung Schwierigkeiten bereiten, denn die Barentsee, in der man abbauen müßte, ist über lange Zeit des Jahres mit Eis bedeckt.

Die schwerste Ölplattform der Welt ist die *Gullfaks C* in der Nordsee, betrieben von der norwegischen Gesellschaft Statoil. Sie wiegt 1,5 Mio. t, davon entfallen 846 t auf die Stahlkonstruktion und ist 380 m hoch. Sie besteht aus einem Stahldeck und einem Betonfundament. Der Preis: 1,5 Mrd. DM.

Die höchste Ölplattform der Welt steht 160 km vor der Küste von Lousiana (USA). Ihre Gesamthöhe beträgt 536,4 m. Sie wird von Conoco, Texas, betrieben.

Die größte Ölquelle, die je sprudelte, war die Alborz Nr. 5 bei Qum im Iran. Sie war am 26. August 1956 ausgebrochen, das Öl schoß in einer unkontrollierten Fontäne von 52 m Höhe empor. Die Ölquelle lieferte 120 000 Barrel pro Tag und stand unter einem Druck von 62 055 kPa. Nach 90 Arbeitstagen hatten Mostofi und Myron Kinley aus Texas (USA) sie geschlossen. Die Quelle Lake View Nr. 1 in Kalifornien (USA) hat am 15. März 1910 in den ersten 24 Std. möglicherweise 125 000 Barrel Öl geliefert.

Der größte Ölverlust bei Bohrungen ereignete sich bei Unterwasserbohrungen im Golf von Campeche (Golf von Mexiko). In der Zeit vom 3. Juni bis 5. August 1979 breitete sich die Öllache über 640 km aus. Am 24. März 1980 gelang es, den Ölaustritt zu stoppen. Bis dahin waren bereits 3 Mio. Barrel Öl ins Meer geflossen.

Der größte Ölverlust beim Transport war das Auslaufen von 236 000 t Öl aus den Supertankern *Atlantic Empress* und *Aegean Captain*, als sie am 19. Juli 1979 auf der Höhe der westindischen Insel Tobago zusammenstießen.

Die erste beabsichtigte großflächige Ölverschmutzung wurde am 19. Januar 1991 vom irakischen Präsidenten Saddam Hussein angeordnet. Rohöl wurde von verschiedenen Terminals, Bohrinseln und 7 Tankern in den Persischen Golf gepumpt. Zwischen 6 und 8 Mio. Barrel sind so in die See gelangt und haben schwere ökologische Schäden verursacht.

Die größte Gasflamme wurde am Mittag des 13. November 1961 in Gassi Touil in der algeri-

schen Sahara entfacht und brannte bis zum 28. April 1962, 9 Uhr 30. Die Flammensäule erreichte eine Höhe von 137 m, der Rauch stieg 182 m hoch. Schließlich wurde der Brand von Paul Neal (»Red«) Adair (*1932) aus Houston, Texas (USA), gelöscht. Er verwendete 245 kg Sprengstoff und soll 1 Mio. Dollar (damals 4 Mio. DM) als Bezahlung erhalten haben.

ENERGIE

Die älteste Dampfmaschine in betriebsfähigem Zustand wurde 1812 von Boulton & Watt gebaut. Sie hat eine Leistung von 26 PS, einen Hub von 107 cm und wird noch immer als Balancier-Dampfmaschine auf dem Kennet & Avon-Kanal bei Great Bredwyn, Wiltshire (GB), eingesetzt. 1971 wurde sie von der Crofton Society restauriert und von Zeit zu Zeit in Betrieb genommen.

Die erste Dampfmaschine Deutschlands wurde 1799 in der Königlichen Porzellanmanufaktur in Berlin aufgestellt. 25 Jahre lang, bis 1824, arbeitete diese »Feuermaschine«.

Die größte Einzylinder-Dampfmaschine aller Zeiten wurde von Matthew Loam aus Cornwall (GB) entworfen und von der Hayle Foundry Company 1849 gebaut. Sie diente zur Bodenentwässerung in Haarlem (Niederlande). Der Zylinder mit einem Durchmesser von 3,65 m war so konstruiert, daß jeder Hub (Höhe 3,65 m) 61,1 t Wasser entziehen konnte.

Die effektivste Dampfmaschine war die 1840 von Michael Loam für die United Mines in Gwennap, Cornwall (GB), gebaute Taylor's Maschine. Sie verbrauchte 771 g Kohle pro PS/h.

Der erste Atommeiler der Welt wurde auf einem nicht mehr benutzten Squash-Platz auf dem Sportgelände, das Stagg Field, der Universität von Chikago, Illinois (USA), gebaut. Am 2. Dezember 1942 um 15 Uhr 25 Ortszeit wurde er kritisch.

Das größte Kraftwerk der Welt ist zur Zeit das Raul-Leoni-Wasserkraftwerk in Guri (Venezuela). Es hat eine Kapazität von 10 300 MW.

Fortschritte der Kernfusion

Wissenschaftlern des Kernfusionsprojekts JET (*Joint **E**uropean **T**orus*) gelang am 11. November 1992 erstmals eine kontrollierte Kernfusion. In der Versuchsanlage in Culham in der englischen Grafschaft Oxfordshire wurde bei Temperaturen um 200 Mio. Grad Fusionsenergie von 1,7 MW elektrischer Leistung freigesetzt.

Das Fusionsplasma bestand aus den Wasserstoff-Isotopen Deuterium (86 Prozent) und Tritium (14 Prozent). Absolut gesehen wurde mit kleinen Mengen gearbeitet, denn es kamen nur 0,2 g Tritium zum Einsatz. Man wollte somit eine stärkere radioaktive Belastung der 3500 t schweren Anlage vermeiden. Offensichtlich ist dieser Durchbruch aber dem Einsatz von Tritium zu verdanken, mit dem man bisher nur zurückhaltend experimentiert hat.

Für einen voll arbeitenden Fusionsreaktor muß das Produkt aus Temperatur, Plasmadichte und Einschlußzeit noch sechsmal höher sein, als es jetzt der Fall war. Die wirtschaftliche Nutzung der Fusionsenergie ist nicht vor dem Jahr 2040 zu erwarten.

Blick auf die Kernfusionsanlage JET, ein EG-Projekt im britischen Culham.

Das Itaipu-Kraftwerk am Paraná (zwischen Brasilien und Paraguay) liefert seit 25. Oktober 1984 Energie und wird aus 18 Turbinen 13 320 MW erzeugen. Derzeit werden 7400 MW produziert. Die Kosten für das 1975 begonnene Mammutprojekt: 11 Mrd. Dollar (27 Mrd. DM). Der Bau eines 20 000-MW-Kraftwerks in Turukchansk an der unteren Tunguska (Rußland) wurde im Februar 1982 angekündigt, ist aber noch immer nicht realisiert worden.

Das 1800-MW-Pumpspeicherkraftwerk in Dinorwig (GB) ist mit einer Gefällhöhe von 530 m und einer Kapazität von 390 m³/s das größte Europas. 1984 wurde die Anlage mit einer Kapazität von 1681 MW für 425 Mio. Pfund (1,58 Mrd. DM) fertiggestellt.

Das größte kohlebeheizte Kraftwerk der Welt nahm im Mai 1982 in Ekibastuz (Kasachstan) die Stromerzeugung auf.

Das erste Strom produzierende Atomkraftwerk der Welt war die Anlage EBR-81 in den USA am 20. Dezember 1951. In Großbritannien arbeitete als erstes Calder Hall (Einheit 1) am 27. August 1956.

Das weltgrößte Atomkraftwerk ist mit zehn Reaktoren und einer Leistung von 8814 MW die Anlage in Fukushima (Japan).

Der größte einzelne Atomreaktor der Welt erzeugt im Ignalina-Kraftwerk in Litauen 1380

MW und wurde im Januar 1984 mit voller Leistung in Betrieb genommen. Der größte Reaktorkomplex im Bau ist der CHOOZ-B1 in Frankreich, dessen erster Reaktor Ende 1991 mit einer Leistung von 1455 MW den Betrieb aufgenommen hat.

Fusionsenergie: Tokamak-7, der Prototyp eines Thermonuklearreaktors, der auf Kernfusion statt auf Spaltung basiert, wurde im Januar 1982 durch das sowjetische Akademiemitglied Welichow für »monatelang einsatzfähig« erklärt. Vor der Jahrtausendwende kann nicht mehr mit einem ökonomisch vertretbaren Reaktor gerechnet werden.

Das größte Solarkraftwerk, »Solar One«, mit einer Leistung von 10 MW hat im April 1982 bei Daggett, Kalifornien (USA), seinen Betrieb aufgenommen. Es besteht aus 1818 Hohlspiegeln, die das Sonnenlicht auf einen Sammelpunkt auf einem 77,7 m hohen Turm konzentrieren.

Der größte Sonnenofen der Welt ist LUZ. Er steht in der kalifornischen Mojave-Wüste und betreibt die neun größten Solar-Elektrogeneratoren der Welt (SEGS). Hier wird allein 92 Prozent des derzeit weltweit erzeugten Solarstroms produziert, etwa 354 MW. In einer weiteren Ausbaustufe soll bis 1994 die Leistung auf 675 MW erhöht werden.
Das solarthermische Kraftwerk der Packerland Packing Co. in Green Bay, Wisconsin (USA), für 30 Mio. Dollar (75 Mio. DM) im Januar 1984 fertiggestellt, umfaßt 9750 Kollektoren mit je 1,21 × 2,43 m und einer Gesamtfläche von 28 985 m². Seine Maximalleistung beträgt 3,2 MW.

Die größte Solar-Meerwasserentsalzungsanlage bauen japanische Fachleute in den Vereinigten Arabischen Emiraten. Ein entsprechendes Abkommen im Wert von rund 70 Mio. DM wurde im März 1982 in Abu Dhabi unterzeichnet.

Die größte Kernkraftwerkanlage in Deutschland ist Biblis am Rhein in der Nähe der Stadt Worms. Mit seinen beiden Kraftwerkblöcken Biblis A und B kommt es auf eine Nettoleistung von 2386 MW. Die größte Strommenge aller 20 Kraftwerke produzierte 1985 das Kernkraftwerk Grohnde mit 11,48 Mrd. kWh.

Das erste größere Gezeitenkraftwerk der Welt ist das Usine marémotrice de la Rance an der Rance-Mündung im Golf von St. Malo in der französischen Bretagne, das am 26. November 1966 offiziell in Betrieb genommen wurde. Es wurde in fünf Jahren mit einem Kostenaufwand von 420 Mio. frs (damals 342 Mio. DM) erbaut und erzielt eine jährliche Nettoleistung von 544 Mio. kWh. Das 804 m lange Sammelbecken enthält 24 Turbinen-Aggregatgruppen.

Die größten Dampfkraftwerke wurden mit einer Kapazität von 1330 MW von der amerikanischen Babcock & Wilcox Company in den USA errichtet. Ihre Dampfturbinensätze werden von bis zu 4,232 Mio. kg/h Dampf angetrieben.

Generatoren in der Größenordnung von 2000 MW befinden sich derzeit in den USA und Großbritannien im Planungsstadium. Der derzeit größte ist ein 1450-MW-Turbogenerator im Ignalina-Atomkraftwerk in Litauen.

Die größten hydraulischen Turbinen, ausgelegt für 815 MW, messen 9,7 m im Durchmesser. Der Läufer (der für die Energieumwandlung sorgt) wiegt 407 t, die Antriebswelle 317,5 t. Die Riesenturbinen wurden von der Firma Allis-Chalmers im dritten Kraftwerk am Grand Coulée im US-Staat Washington installiert.

Die größte Umkehr-Pumpturbine wird von Allis-Chalmers für das Bath-County-Projekt in Virginia (USA) gebaut. Sie besitzt eine Höchstkapazität von 457 MW und eine maximale Gefällhöhe von 393 m. Der Durchmesser des Schaufelrads, das sich mit 257,1/min dreht, beträgt 6,349 m.

Dieses kombinierte Gas- und Dampfturbinenkraftwerk Ambarti bei Istanbul (Türkei) erzielte mit 53,2 Prozent den bisher höchsten Wirkungsgrad aller kommerziellen Wärmekraftwerke. Durch den Kunstgriff, die mehr als 500° C heißen Abgase der Gasturbine für die nachgeschaltete Dampfturbine zu nutzen, konnte Siemens den Rekord in diesem 1350-MW-Kraftwerk erzielen.

Die größte Gasturbine der Welt, der Typ GT 13 E der BBC Brown Boveri AG, verfügt über eine Maximalleistung von 140 MW. Die erste Maschine wird zur Zeit in den Niederlanden installiert, um den Gesamtwirkungsgrad eines ebenfalls von BBC gebauten 500-MW-Dampfkraftwerks (Hemweg 7) auf mehr als 46 Prozent zu erhöhen.

Die kleinste Gasturbine hat einen Kompressor und Schaufelblätter von 5 cm Größe. Sie wurde von Geoff Knights in London gebaut und arbeitet mit 50 000 Umdrehungen/min.

Eine mikroskopisch kleine Turbine, deren Durchmesser nur etwa doppelt so groß wie der eines Haares ist, haben Ingenieure am Kernforschungszentrum Karlsruhe entwickelt. Das winzige Gerät, es wurde mit Verfahren aus der Mikroelektronik entwickelt, läßt sich zum Beispiel dazu nutzen, den Durchsatz kleiner Gas- und Flüssigkeitsmengen zu messen.

Zur Abdeckung des Spitzenbedarfs bei der Fernheizwärme wird der weltgrößte Eckrohrkessel in Hamburg-Tiefstack eingesetzt.

Das größte Gasturbinenwerk Österreichs hat seit 1975 Wien. Das Werk hat eine Leistungskapazität von 100 MW.

Die größte konventionelle Wärmekraftwerkanlage Deutschlands ist das Kraftwerk Scholven (Gelsenkirchen) mit einer Gesamtleistung von 3700 MW.

Der größte Eckrohrkessel wurde am 6. August 1991 vom Betriebsgelände der Werft Blohm & Voss AG mit einem Ponton elbaufwärts nach Hamburg-Tiefstack gebracht. Der 174 t schwere, 17,5 m hohe, 12 m lange und 9 m breite schwarze Koloß ist Teil eines neuen, modernen Heizkraftwerks, das die Hamburgische Elektrizitätswerke AG errichtet.

Höchste Arbeitsverfügbarkeit: Nach der Inbetriebnahme am 15. Oktober 1972 erreichte der 300-MW-Monoblock A im Braunkohlenkraftwerk Neurath der Rheinisch-Westfälischen Elektrizitätswerke AG am 28. Februar 1985 nach nur 108484 Kalenderstunden die 100000ste Betriebsstunde und erzielte eine Arbeitsverfügbarkeit von 93,23 Prozent.

Die längste Spannweite einer Stromleitung zwischen zwei Masten befindet sich in Norwegen. Das Hochspannungskabel vom Kraftwerk Refsdal bei Vik spannt sich zwischen Rabnaberg und Fatlaberg 4888 m weit über den Sognefjord. Das Kabel wiegt 12 t. 1955 wurde es von der britischen Firma Whitecross (Warrington) und von A. S. Betonmast (Oslo) gespannt; 1967 zogen Whitecross und BICC zwei weitere hoch dehnbare Stahl-/Aluminiumkabel von 4878 m Länge über den Fjord.

Die höchste Stromleitung erstreckt sich über die Meerenge von Messina. Die Masten sind 205 m (auf der sizilianischen Seite) und 224 m (in Kalabrien) hoch und stehen 3627 m weit auseinander.

Die höchste durch Fernleitungen beförderte Stromspannung beträgt 1,33 Mio. Volt, die über 1970 km durch die Pacific Inter-tie in den USA transportiert werden. Es handelt sich um eine Gleichstrom-Fernleitung. Eine vom Kraftwerk Ekibastuz (Kasachstan) abgehende Gleichstromleitung soll 1,5 Mio. Volt über 2400 km transportieren.

Dauerbetriebsrekord: Das 1300-MW-Kohlekraftwerk Mountaineer der American Electric Power Company (AEP) bei New Haven, West Virginia (USA), hält den Weltrekord im Dauerbetrieb von thermischen Kraftwerken. Als es am 15. März 1987 nach 607 Tagen Dauerbetrieb zur Revision abgestellt wurde, hatte es den bestehenden Weltrekord um 168 Tage überschritten. Während des 607tägigen Dauerbetriebes produzierte das Kraftwerk Mountaineer 14,7 Mrd. kWh elektrische Energie. Mountaineer ist eine von sieben 1300-MW-Dampfturbogruppen mit überkritischen Dampfdaten von Brown Boveri, die in den USA seit mehreren Jahren erfolgreich in Betrieb sind.

Der größte Energiezusammenbruch der Welt ereignete sich am 9./10. November 1965 in den nordöstlichen Bundesstaaten der USA und in Ontario (Kanada). Rund 30 Mio. Menschen saßen im Dunkeln, 207 200 km^2 besiedelte Fläche war ohne Strom. In New York gab es für 13:30 Std. keine Elektroenergie.

Ein Netzzusammenbruch von nur 52 Min. Dauer am 13. Juli 1977 verursachte im Großraum New York einen Schaden von rund 1 Mrd. Dollar.

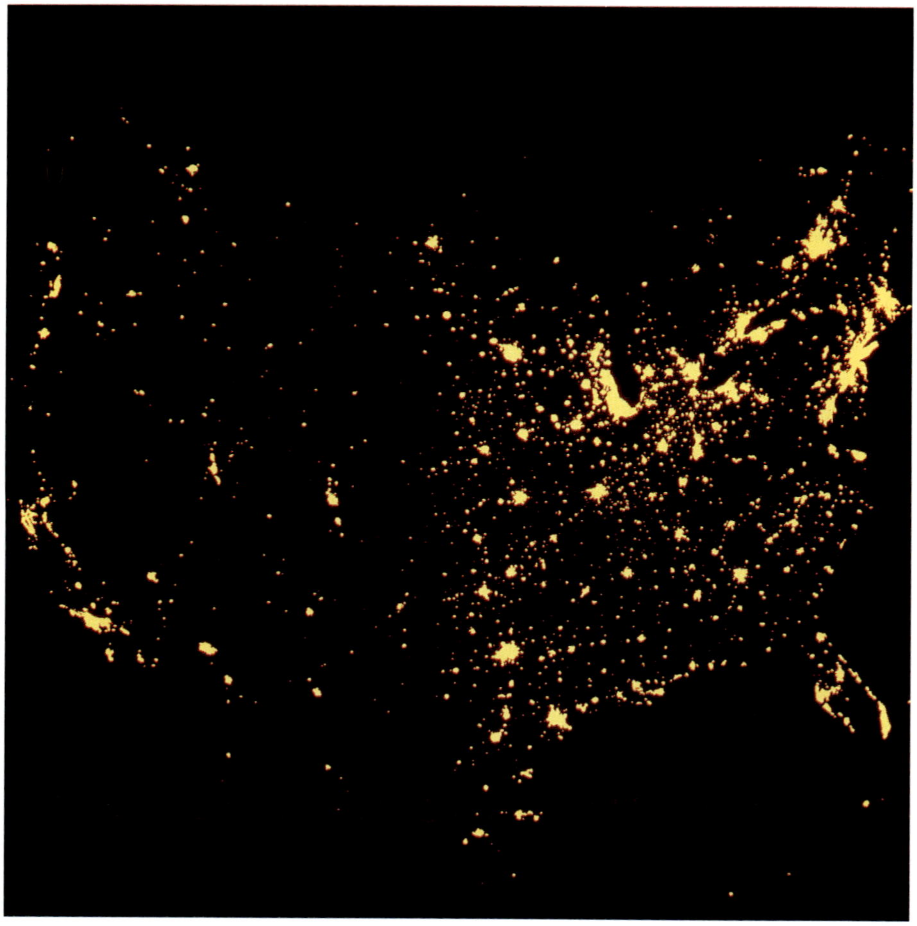

Die erste deutsche GROße WIndenergie-ANlage (»Growian«) nahm am 17. Oktober 1983 an der Nordseeküste ihren Betrieb auf. Die Anlage im Kaiser-Wilhelm-Koog hat einen 96,6 m hohen Turm. An seinem 345 t schweren Turbinenhaus drehte sich ein Rotor mit 100,4 m Durchmesser. Growian erreichte seine Nennleistung von 3 MW bei einer Windgeschwindigkeit von 24 m/s – allerdings drehten sich die Flügel nur wenige Betriebsstunden: Growian wurde am 30. April 1987 stillgelegt.

Der größte Windpark Europas befindet sich in Nordfriesland (Schleswig-Holstein). Im Friedrich-Wilhelm-Lübke-Koog erzeugen 35 Windkraftanlagen mit einer Leistung von je 250 kW jährlich rund 19 Mio. kWh Strom. 17 weitere Anlagen kommen 1992 hinzu.
Der Windenergie-Generator MOD-5A an der Nordküste von Oahu, Hawaii (USA), erzeugt bei Windgeschwindigkeiten um 51,5 km/h rund 7300 kW. Die Rotoren haben eine Länge von 122 m. Mit der Installation der Anlage wurde 1984 begonnen.

Das erste Aufwindkraftwerk der Welt ist seit Juni 1982 rund 150 km südlich von Madrid in Betrieb. In dem 200 m hohen »Sonnenkamin«, der von dem Stuttgarter Ingenieurbüro Schlaich Partner entworfen wurde, steigt die unter einem 50 000 m^2 großen Foliendach erwärmte Luft nach oben und treibt eine Turbine an.

Die größte herkömmliche Windmühle steht in den Niederlanden. Ihr Name ist der ihres Standorts Dijkpolder im Maasland. Sie wurde im Jahr 1718 gebaut, und ihre Segel haben die Ausmaße von 29 m, von Spitze zu Spitze.

Die höchste Windmühle ist die Noord-Windmühle in Schiedam (Niederlande). Mit 33,33 m Höhe ist sie die größte in Europa.

Eine Gezeitenmühle zum Mahlen von Getreide wurde am 1. Mai 1988 in Eling, Hampshire (GB), erprobt. Unter Ausnutzung von Ebbe und Flut konnte das Mahlwerk am 12. November 1989 16:09 Std. pro Tag in Gang gehalten werden. Es ist die bisher einzige Mühle, die dem harten Milieu der Gezeiten standhält.

Die älteste Wassermühle der Welt steht in Priston Mill in der Nähe von Bath (England). Sie wurde erstmals urkundlich im Jahr 931 erwähnt. Angetrieben wird sie durch den Congyre-Bach. Sie ist die einzige noch arbeitende Wassermühle von insgesamt 5700, die im Jahr 1085 in einem Verzeichnis zusammengefaßt wurden.

MASCHINENBAU

Die leistungsfähigsten Produktionsmaschinen sind Schmiedepressen in den USA. Die Loewy-Gesenkschmiedepresse, die in einem Werk der Wyman-Gordon Company in North Grafton, Massachusetts (USA), steht, wiegt 9469 t und ist 34,79 m hoch; 20,1 m der Maschine sind unter der Erde installiert. Sie hat eine Nennleistung von 44 600 t. Eine ähnliche

Über 30 Mio. Menschen in den USA und Kanada waren in der Nacht vom 9. zum 10. November 1965 vom größten Stromausfall der Welt betroffen. Diese Aufnahme eines Wettersatelliten vermittelt einen guten Eindruck von der unterschiedlichen Besiedlungsdichte in Nordamerika.

Maschine steht im Werk der Aluminium Company of America in Cleveland, Ohio (USA). Die Bêché-und-Grohs-Schmiedehämmer, hergestellt in Deutschland, haben eine Nennleistung von 60 000 t.

Die größte Drehmaschine der Welt ist die 40,7 m lange, 433 t schwere Drehmaschine, die von der Fa. Hoesch Maschinenfabrik Deutschland AG in Dortmund im Jahr 1987 gebaut und an die Fa. NEI Parsons Ltd. in Newcastle (GB) geliefert wurde. Auf der Drehmaschine werden Werkstücke mit einem Durchmesser von bis zu 5,1 m und einem Gewicht von 300 t bearbeitet.

Die stärksten Dieselmotoren wurden bei Sulzer in Winterthur (Schweiz) für die Containerschiffe der American President Lines konstruiert. Die Einheiten mit der Bezeichnung 12RTA84 haben je 12 Zylinder und produzieren bei 95 Umdrehungen/min 41 920 kW. Das erste Schiff mit diesem Motor, die *President Truman*, wurde im April 1988 in Dienst gestellt.

Den größten Schaufelradbagger der Welt baute 1978 die Firma O & K Orenstein & Koppel, Lübeck (Schleswig-Holstein). Vier Bagger dieser neuen Generation sind für den Aufschluß des größten Tagebaus der Welt, des Tagebaus Hambach der Rheinischen Braunkohlenwerke, eingesetzt. Jedes Großgerät wiegt 13 500 t und hat eine Motorleistung von 16 600 kW. Er kann 240 000 m^3 gewachsenen Boden in einer Arbeitszeit von 24 Std. fördern. Der Baggergigant hat eine Gesamthöhe von 85 m und eine Gesamtlänge von fast 222 m – und kann dennoch von nur fünf Bedienungskräften geführt werden.

Der größte Hydraulikbagger der Welt wird von der gleichen Firma hergestellt. Sein Gewicht: 475 t, Antriebsleistung: 1730 kW, Schaufelinhalt: 30 m^3. Nicht minder eindrucksvoll ist die 23 m^3 fassende Schaufel des 500 t schweren Hydraulikbaggers H 485 von Mannesmann-Demag. Der Stahlgigant ist 2164 PS stark, bringt es auf eine Reichweite von 18,8 m und eine Höhe von 20,3 m. Im Juli 1986 hatte er seine Premiere, er ist für den Kohle- und Erzabbau in Schottland bestimmt.

Der größte Schleppschaufelbagger der Welt, der ES-25 (100) mit einem 100 m langen Ausleger und einem Fördergefäß mit einem Fassungsvermögen von 24 m^3 befindet sich im Ural-Maschinenwerk in Swerdlowsk (Rußland). Er wurde im März 1962 fertiggestellt.

Der weltgrößte Löffelbagger, der *Marion 6360*, hat eine Reichweite von 72,16 m, eine Ladehöhe von 46,63 m, ein Fassungsvermögen von 45,87 m^3 und wurde 1963 von der Marion Power Shovel Company, Ohio (USA), gebaut. Der Baggerriese wiegt 11 Mio. kg und benötigt zum Betrieb seines 67,2 m langen Auslegers 20 Elektromotoren, die 45 000 PS erzeugen. Er wird im Kohletagebau nahe Percy, Illinois (USA), eingesetzt.

Der größte fahrbare Kranschürfbagger ist *Big Muskie*, der Bucyrus Erie 4250 W, mit einem Gesamtgewicht von 12 192 t und einem Eimerfassungsvermögen von 168 m^3 an einem 94,4 m langen Ausleger. Diese Maschine arbeitet zur Zeit auf dem Muskingum-Gelände der Central-Ohio-Kohlegesellschaft im Staat Ohio (USA).

Die stärksten Kräne der Welt operieren an Bord des ›Halbtauchers‹ *Micoperi 7000* (190 m lang, 89 m breit), am 15. Dezember 1986 vom Stapel gelassen und von der Firma Officine Meccaniche Reggiane betrieben. Jeder der beiden Kräne hat eine Kapazität von 6895 t. Im Tandembetrieb schaffen die beiden Kräne fast 14 000 t. In den ersten sechs Monaten des Betriebs wurde mit 5700 t ein Rekordhub erreicht.

Im August 1991 waren auf neun Bühnen 32 *Opel Senator B* an diesem Teleskopkran vom Typ Gottwald AMK 1000-103 in einer Fahrzeugtraube frei aufgehängt.

Der stärkste Portalkran mit einer Breite von 28,14 m (Hersteller R. A. Hanson Disc. Ltd.) wurde 1976 beim 3. Kraftwerk der Grand-Coulée-Talsperre zum Heben einer 2232 t schweren Last erprobt. Beim Senken eines 1789 t schweren Generatorläufers arbeitete er mit einer Genauigkeit von 0,8 mm.

Der größte Autokran der Welt ist der straßenfahrbare Schwerlastkran AK 1200 mit einer maximalen Tragfähigkeit von 1200 t bei 5 m Ausladung. Dieser von Kranbau Gottwald GmbH (Düsseldorf) hergestellte Gittermastkran wurde im Dezember 1982 nach Italien geliefert. Bei dem maximalen Hauptausleger von 128 m kann der Kraftprotz 104 t heben.

Der höchste Autokran der Welt ist der 810 t schwere Demag-Vesper K 10001 Gittermastkran mit einer Tragfähigkeit von 1000 t und einer kombinierten Turm- und Auslegerhöhe von 202 m. Er ruht auf 10 Fahrgestellen, von denen jedes 23,06 m groß ist und ein Achsgewicht von 118 t hat. Er kann 30 t 160 m hoch heben.

Der größte Teleskop-Autokran ist der AMK 1000-103 mit einer Tragfähigkeit von 1000 t. Er wurde am 1. August 1985 von Riga Mainz mit einer Rollenhöhe von 156 m und einem maximalen Lastmoment von 4000 m/t in Betrieb genommen. Der Teleskopausleger ist 62 m lang, der Spitzenausleger ist bis auf 93 m für Wippbetrieb geeignet. Der 615-PS-Motor erreicht bis zu 72,1 km/h.

Das größte Werkstück, eine 195-t-Mahlschüssel für eine Zementmühle, aus Gußeisen mit Kugelgraphit.

Der größte Schneepflug der Welt: Mit einem Schaufelblatt von 9,83 × 1,21 m konstruierte die Firma Sedgwick, Syracuse, New York (USA), einen Schneepflug für den Hancock-International-Airport. Bei einer Schneehöhe von 15 cm kann er in einer Stunde rund 6500 m^2 Fläche vom Schnee befreien.

Der größte Hochofen der Welt befindet sich in der Oita-Fabrik auf der japanischen Insel Kiuschu. Er hat einen Innenraum von 5245 m^3, ein Feuerloch von 14,9 m Durchmesser und wurde im Oktober 1976 mit einer Jahreskapazität von 4 380 000 t in Betrieb genommen.

Der größte Hochofen Deutschlands gehört der Thyssen Stahl AG in Duisburg. Er hat ein Fassungsvermögen von 3600 m^3 und eine Jahreskapazität von knapp 3,5 Mio. t Roheisen.

Das größte Schmiedestück wurde im Oktober 1973 von der Bethlehem Steel Corp. in Pennsylvania (USA) mit einer 204,4 t schweren und 16,76 m langen Generatorwelle für eine Anlage in Japan hergestellt.

Das größte Sphärogußstück wurde Ende August 1991 aus Gußeisen mit Kugelgraphit in der Siempelkamp Gießerei, Krefeld, hergestellt. Die Mahlschüssel für eine Zementmühle in Übersee wiegt 195 t, hat einen Durchmesser von 6320 mm und eine Höhe von 2820 mm. Die größte Wanddichte beträgt etwa 620 mm. Damit übertraf Siempelkamp seine eigene Bestmarke aus dem Jahr 1987 um 7 t bei einem Flüssigeiseneinsatz von 205 t.

Das größte Abzweigstück einer Druck- und Verteilrohrleitung baute die Voest-Alpine M. C. E., Linz, im Kraftwerk Tarbela Dam (Pakistan). Mit seinen Durchmessern von 13,26/11,89/7,32 m und einem Sichelmaß im Zentralbereich von 16,34 m hält der 800 t schwere Abzweiger seit Oktober 1991 einen Weltrekord. Er wurde aus 59 unterschiedlichen konischen Einzelteilen im Zuge der 3. Ausbaustufe des Wasserkraftwerks hergestellt.

Die längste Rohölpipeline der Welt führt über 2856 km von Edmonton, Alberta (Kanada), nach Buffalo im US-Staat New York. 13 Pumpstationen an der Strecke sorgen dafür, daß täglich mehr als 31 Mio. l Öl durch die Rohre fließen.
Die endgültige Länge der transsibirischen Pipeline soll 3732 km betragen. Sie wird von Tuimasy über Omsk und Nowosibirsk bis Irkutsk führen. Das erste Teilstück (48 km lang) wurde im Juli 1957 in Betrieb genommen.

Die längste Erdgaspipeline der Welt ist die Trans-Kanada-Pipeline, die 1974 eine Rohrnetzlänge von 9099 km hatte. Die Rohre hatten einen Durchmesser bis zu 106,6 cm.
Die Erdgasleitung von Tyumen (Rußland) über Tscheljabinsk und Moskau nach Brandenburg erstreckt sich über 4330 km.
Die großkalibrige Urengoi-Uschgorod-Pipeline nach Westeuropa, begonnen im November 1982, erstreckt sich über 4451 km und wurde am 25. Juli 1983 fertiggestellt. Ihre Kapazität beträgt 32 Mrd. m^3 jährlich.

Die längste Pipeline unter der Meeresoberfläche ist die 450 km lange Erdgasleitung vom Brent-Feld in der britischen Nordsee nach St. Fergus in Schottland. Die Inbetriebnahme der Leitung erfolgte im Mai 1982.
Die Ekofisk-Emden-Pipeline in der Nordsee ist 418 km lang und wurde im September 1977 in Betrieb genommen.

Die tiefste Nordsee-Pipeline führt vom Cormorant Feld nach Firths Voe (Schottland) und liegt 162 m unter dem Meeresspiegel.

Die längste Unterwasser-Pipeline für Erdgas führt über eine Länge von 425 km von der Union Oil Plattform nach Rayong (Thailand). Sie wurde am 12. September 1981 eröffnet.

Die längste Wasserpipeline der Welt reicht über eine Strecke von 563 km aus der Nähe von Perth (Australien) zu den Goldfeldern von Kalgoorlie. 1903 installiert, wurde das Rohrleitungssystem durch Abzweigungen seitdem auf das Fünffache verlängert.

Die teuerste Pipeline der Welt liegt in Alaska und verbindet Prudhoe Bay mit Valdez; sie ist 1287 km lang. Als der erste Bauabschnitt 1977 fertiggestellt wurde, hatte er mindestens 8 Mrd. Dollar (damals 17,3 Mrd. DM) gekostet. Die Rohrleitungen haben einen Durchmesser von 1,21 m und befördern 2,1 Mio. Barrel Rohöl täglich. 1990 betrug die durchschnittliche Fördermenge 1,8 Mio. pro Tag.

Die größten Öltanks, die bisher gebaut wurden, sind die fünf Aramco-Sammelbehälter in Ju'ay-mah (Saudi-Arabien). Sie sind 21,94 m hoch, haben einen Durchmesser von 117,6 m und wurden im März 1980 fertiggestellt.

Der größte katalytische Kracker der Welt ist die Bayway-Raffinerie der Exxon Co. in Linden, New Jersey (USA), mit einer Schwerölzufuhr von 19 Mio. l pro Tag.

Die größte Huboperation in der Geschichte des Ingenieurwesens war das Anheben der gesamten 1,6 km langen Ekofisk-Bohranlage in

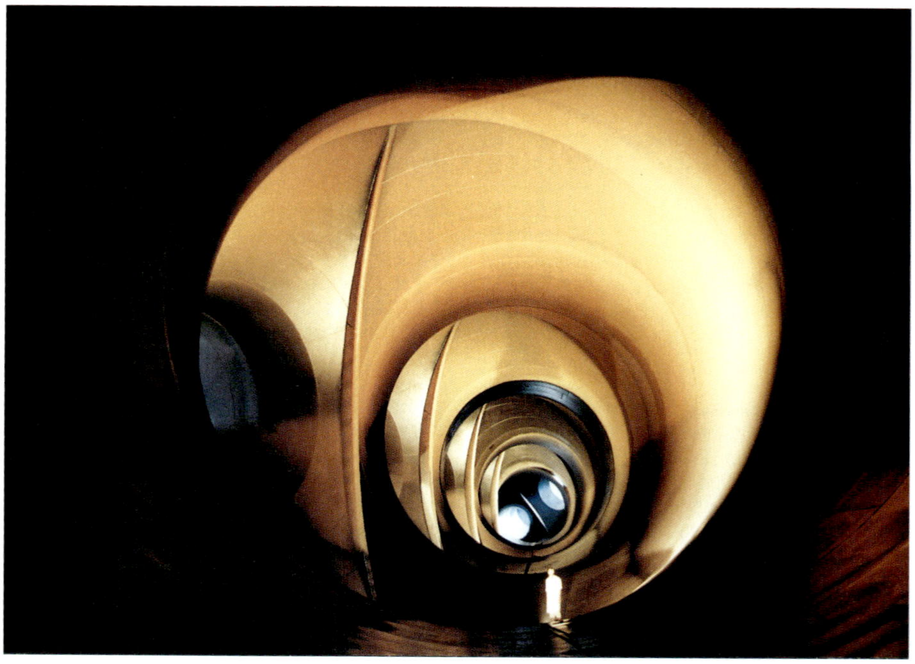

Eine Innenansicht der Verteilrohrleitungen im Tarbela Dam-Kraftwerk mit dem riesigen Weltrekord-Abzweiger im Vordergrund.

der Nordsee, notwendig geworden durch die Senkung des Meeresbodens. Die Anlage, bestehend aus acht Plattformen mit einem Gesamtgewicht von ca. 40 000 t, wurde am 17./18. August 1987 von 122 Hydraulik-Hebevorrichtungen um 6,5 m angehoben. Das computergesteuerte Hydrauliksystem wurde von der niederländischen Mannesmann-Texroth Gruppe, der Firma Hydraudyne Systems & Engineering in Boxtel, entwickelt und eingesetzt.

Der größte Untertage-Gasspeicher Deutschlands ist in dem ehemaligen Gasfeld Bierwang, 70 km östlich von München, eingerichtet. Für die Speicherung werden die ca. 1500 m unter der Erdoberfläche anstehenden porösen und meist gasführenden Sandsteine der Chatt-Formation genützt. Beim derzeitigen Ausbaustand (1986) hat der Speicher ein Fassungsvermögen von 1800 Mio. m^3.

Das größte Ventil der Welt ist ein von der Firma Boving & Co. Ltd., London, hergestelltes Drosselklappenventil mit einem Durchmesser von 9,75 m und einem Gewicht von 170 t. Es wurde für die Versuchsstation des amerikanischen Luftwaffenstützpunktes Arnold, Tennessee (USA), konstruiert.

Der Weltrekord für das Pumpen von fertig gemischtem Beton ohne eine Zwischenpumpe liegt bei 1520 m. Diese Distanz wurde im Sommer 1989 bei einem Bauprojekt am Chiemsee in Bayern überbrückt.

Das schwerste Wälzlager der Welt ist ein vierreihiges Axial-Radial-Zylinderrollenlager mit integriertem Zahnkranz, das FAG Kugelfischer im Jahr 1985 für die Lagerung einer Tunnelvortriebsmaschine der Fa. Mannesmann-Demag, Duisburg, fertigte.

Das Speziallager, das den 65 t schweren Bohrkopf abstützt; wiegt selbst schon 28,5 t und hat einen Außendurchmesser von 4800 mm, einen Innendurchmesser von 3777 und eine Breite von 675 mm. 10 Antriebsmotoren mit je 184 kW Leistung übertragen das Drehmoment von 2700 kNm über 10 Ritzel auf den integrierten Zahnkranz am Innenring des Lagers, das sich 6,5/min dreht: Mit der Tunnelvortriebsmaschine wird im südamerikanischen Ecuador ein Kraftwerksstollen von 7,8 m Durchmesser und 6,8 km Länge gebohrt.

Der größte Freilauf, der bisher gebaut wurde, ist DINO. Die beiden ersten Exemplare dieses 13-t-Freilaufs sind als Rücklaufsperren für ein 15 km langes Förderband in einem Bergwerk in York (GB) eingesetzt. DINO ist für ein Drehmoment von 1,7 Mio. Nm ausgelegt. Um seine Kräfte zu veranschaulichen, muß man sich vorstellen, daß der Freilauf an einem 3 m langen Hebelarm eine 57 t schwere Lokomotive tragen muß. Die Heidelberger Stieber Antriebselemente GmbH stellte das Freilaufmonster im Dezember 1988 vor.

Die größte Werkstoffprüfmaschine der Welt, die auf servohydraulischer Basis arbeitet, wurde in den Jahren 1939/40 in der Versuchsanstalt für Stahl, Holz und Steine der Universität Karlsruhe errichtet. Mit dieser Maschine können Werkstücke bis zu einer Höhe von 8000 mm, einer Breite von 2000 mm und einer Länge von 11 000 mm mit einer maximalen Prüfkraft von 50 000 kN belastet werden. Die Anlage steht in einem für diesen Zweck errichteten Turm und hat heute einen Wert von ca. 12 Mio. DM.

Auf diesem Preßtisch von 2 x 4 m wird eine Preßkraft von 150 000 t bei einem Druck von 1400 bar erzeugt. Die Presse wird für die Herstellung von Blechteilen für Prototypen und Kleinserienfahrzeuge eingesetzt.

Der größte Preßdruck, der bei der Blechumformung in der Automobilindustrie ausgeübt wird, beträgt 150 000 t. Er wird mit einer Quintus Fluidzellpresse von ABB Metallurgy, geliefert an Mercedes Benz AG, Sindelfingen (Baden-Württemberg) erreicht. Diese Preßkraft entspricht der Zahl von 8824 Reisebussen mit je 17 t Gewicht zum Vergleich.

Als größte Einphasentransformatoren der Welt gelten die acht von der American Electric Power Service Corporation betriebenen Transformatoren mit einer Leistung von je 1 500 000 kV. Fünf von ihnen können von 765 auf 345 kV heruntertransformieren.

Der größte Drehstromtransformator der Welt arbeitet seit 1955 in einem Nürnberger Transformatorenwerk. Die 14 m lange, 208 t schwere Maschine verwandelt die von einem Turbogenerator erzeugte Spannung von 10,5 kV in eine Spannung von 245 kV.

Die höchste Drehleiter der Welt mit einer Rettungshöhe von 62 m hat die Firma Carl Metz (Krupp-Konzern) aus Karlsruhe (Baden-Württemberg) konstruiert. Der 11 000 kg schwere Leitersatz (einschließlich Drehturm) kann in 200 Sek. zu voller Länge ausgefahren werden.

Die schnellsten Personenaufzüge der Welt sind die Expreßfahrstühle zum 60. Stockwerk des 240 m hohen Sunshine-60-Gebäudes in Ikebukuro, Tokio (Japan), die am 5. April 1978 in Betrieb genommen wurden. Sie fahren mit einer Geschwindigkeit von 600 m/min (36 km/h).

Der Begriff Rolltreppe wurde in den USA am 28. Mai 1900 registriert, aber die erste aufsteigende Rolltreppe wurde von Jesse W. Reno bereits 1896 am Pier von Coney Island in New York in Betrieb genommen.
Die Rolltreppen der Untergrundbahn von St. Petersburg (Rußland), haben 729 Stufen und eine Steighöhe von 59,68 m.

Die längste Rolltreppenfahrt ist auf der vierteiligen Freiluft-Rolltreppe im Ocean Park in Hongkong möglich. Auf einer Gesamtlänge von 227 m hat sie eine Steighöhe von 115 m.

Der Gipfel der Bequemlichkeit für müde Kaufhausbesucher ist in einem Warenhaus in Kawasaki-shi (Japan) zu finden: Eine Rolltreppe, die einen Höhenunterschied von nur 83,4 cm überwindet. Sie wurde von Hitachi installiert.

Der schnellste Drucker der Welt ist eine elektronische Anlage der Radiation Inc. im Lawrence Radiation Laboratory in Livermore, Kalifornien (USA). Bis zu 36 000 Zeilen/min konnte das Gerät drucken. Dies wurde durch Steuerung von Stromstößen mittels chemisch imprägnierten Schreibpapiers erreicht, das mit hoher Geschwindigkeit unter feststehenden, eng angeordneten Schreibspitzen hinwegläuft. Die Anlage konnte den gesamten Bibeltext, immerhin 773 746 Wörter, in 65 Sek. drucken, das ist 3048mal so schnell wie die schnellste Maschinenschreiberin der Welt.

Das längste einteilige Förderband der Welt hat die Firma Cable Belt Ltd. in Westaustralien erstellt. Es ist 29 km lang.

Das längste mehrteilige Förderband mißt 100 km und verbindet die Phosphatminen bei Bucraa mit dem marokkanischen Hafen El Aaiun. Hersteller war die Firma Krupp, Essen. Das 1972 fertiggestellte Band besteht aus 11 Teilen, die zwischen 9 und 11 km lang sind. Die För-dergeschwindigkeit betrug 4,5 m/s. Aufgrund der Aktivitäten der Guerilleros der Polisario wurde der Betrieb des Förderbands eingestellt.

Die längste Drahtseilbahn der Welt gehört der Compagnie Minière de l'Ogooué (COMILOG) und wurde 1959–62 für das Manganbergwerk Moanda in Gabun (Afrika) errichtet. Sie erstreckt sich über 76 km, hat 858 Türme und 2800 Förderkübel; 155 km Drahtseil laufen über 6000 Spannrollen.

Die größte Düngemittel-Trockenanlage der Welt hat die Maße 12,8 × 4,2 × 2,75 m, wurde von Swedrier (Schweden) gebaut und an die

Gulf Agricultural Development Co. in den Vereinigten Arabischen Emiraten geliefert.

Die längsten Drahtseile der Welt wurden in einer Länge von jeweils 24 km von British Ropes Ltd. in Wallsend, Tyne and Wear (GB), hergestellt. Die vier Seile haben einen Durchmesser von 35 mm, wiegen je 108,5 t und wurden von der CEGB für den Einsatz in der 2000-MW-Starkstromleitung durch den Kanal in Auftrag gegeben.

Der dünnste Draht ist aus Wolfram und hat einen Durchmesser von 5tausendstel mm. Der Draht wird durch mehrere Diamanten auf diesen kleinen Durchmesser gezogen. Als Glühfaden dient er einfach oder mehrfach gewendelt in elektrischen Glühlampen.

ZEITMESSER

Das genaueste Zeitmeßgerät ist eine Atomuhr, die Hewlett-Packard aus Palo Alto, Kalifornien (USA), im Dezember 1991 herausgebracht hat. Die Uhr mit der Bezeichnung HP 5071A nutzt die Cäsium-2-Technologie für höchsten Frequenzstandard, der dafür sorgt, daß sie in 1,6 Mio. Jahren nur eine Sekunde vor- oder nachgeht. Sie ist etwa so groß wie ein Personalcomputer und kann für die Kleinigkeit von 54 000 Dollar (90 000 DM) käuflich erworben werden.

Die genaueste mechanische Turmuhr der Welt ist die am Rathaus von Kopenhagen (Dänemark) angebrachte Olsen-Uhr. Sie besteht aus über 14 000 Einzelteilen. Ihre Herstellung dauerte zehn Jahre, und ihr Mechanismus funktioniert mit 570 000 verschiedenen Bewegungen. Die Achse für die Himmelspol-Bewegung im Uhrwerk bewegt sich so langsam, daß sie für eine volle Umdrehung 25 753 Jahre benötigen würde. Die Uhr geht in 300 Jahren auf eine halbe Sekunde genau – 50mal genauer als der bisherige Rekord.

Die größte Sonnenuhr der Welt ist das Samrat-Yantra mit einem Schattenweiser von 27 m Länge und einer vertikalen Höhe von 36 m. Sie wurde 1724 in Jaipur (Indien) als Teil eines Observatoriums gebaut. Der Schattenstab, polwärts orientiert, ist 387,14 m lang und treppenartig angeordnet. Auf dem halbkreisartigen Zifferblatt bewegt sich der Schatten alle 5 Min. rund 30 cm weiter.

Die größte zylindrische Sonnenuhr, 36,5 m hoch und 37,2 m Durchmesser an der Basis, wurde am 1. März 1991 in Disney-Land, Orlando, Florida (USA), enthüllt. Der Entwurf stammt von Arata Isozaki, Tokio (Japan).

Die älteste mechanische Uhr, das heißt eine Uhr mit Hemmung, wurde im Jahr 725 in China von Y. Xing und Liang Lingzan gebaut.

Die älteste Uhr, die heute noch geht, ist eine Uhr ohne Zifferblatt in der Kathedrale von Salisbury (GB). Sie wird in das Jahr 1386, möglicherweise noch früher, datiert. 1956 wurde sie überholt, nachdem sie mehr als 500millionenmal getickt hatte.
Bis auf etwa 1335 zurückdatiert wird die von Gewichten angetriebene Uhr in der Kathedrale von Wells, Somerset (GB). Doch von der Originaluhr ist nur noch das Eisengehäuse erhalten.

1962 wurde ein Nachbau der siebeneckigen astronomischen Uhr von Giovanni de Dondi aus den Jahren 1348–64 fertiggestellt.

Die größte Uhr der Welt ist die astronomische Uhr in der Kathedrale von St. Pierre in Beauvais (Frankreich), die zwischen 1865 und 1868 gebaut wurde. Sie besteht aus 90 000 Teilen und ist 12 m hoch, 6 m breit und 2,7 m tief.

Die astronomische Uhr in der St.-Marien-Kirche von Rostock (Mecklenburg-Vorpommern) stammt aus dem Jahr 1472. Mit ihrem Apostelumgang und dem stündlichen Glockenspiel ist sie die einzige noch original erhalten gebliebene Uhr dieser Art in Europa.

Die 1088–92 in Kaifeng (China) gebaute *Su-Song*-Uhr hatte eine 20,3 t schwere bronzene Armillarsphäre für 1,52 t Wasser. Sie wurde 1126 nach Peking geschafft und dort in einem 12,1 hohen Turm untergebracht. Der letzte Bericht darüber, daß sie ihre Funktion erfüllte, stammt aus dem Jahr 1136.

Eine weitere große Uhr *Timepiece* (15,54 × 15,54 × 15,54 m) erstreckt sich durch fünf Stockwerke im Lichthof des International Square Gebäudes in Washington (USA). Die Riesenuhr ist computergesteuert und bis auf die hundertstel Sekunde genau. Sie wiegt 2 t und ist von 122 m Neonröhren beleuchtet. 460 m Kabel- und Leitungsdrähte wurden bei der Konstruktion verbraucht. Entworfen hat sie der Bildhauer John Safer. Das Wunderwerk zeigt sogar an, wann die Sonne genau über 12 internationalen Städten steht.

Die größte öffentliche Uhr Deutschlands ist die 1928 am Wasserturm des Nähmaschinenwerks Wittenberge (Brandenburg) angebrachte Turmuhr. Ihr Durchmesser beträgt 7,57 m, der Minutenzeiger ist 3,3 m und der Stundenzeiger 2,25 m lang.

Die größte und älteste Turmuhr Österreichs befindet sich in Graz (Steiermark). Die Uhr stammt aus dem Jahr 1522, doch ihre 5,5 m großen Zifferblätter erhielt sie erst 1712.

Das größte Zifferblatt der Welt ist mit einem Durchmesser von 31 m das der Blumenuhr im Matsubara Park in Toi (Japan), die am 18. Juni 1991 installiert wurde.

Die zweiseitige elektronische Digitaluhr, die sich auf dem Dach des Texas Building in Forth Worth, Texas (USA), dreht, mißt 13,4 × 13,4 × 8,5 m.

Die größte Uhr mit einem Zifferblatt ist die achteckige Colgate-Uhr in Jersey, New Jersey (USA), mit einem Durchmesser von 15,24 m und einem Minutenzeiger von 8,31 m Länge. 1989 wurde sie von ihrer Position, die sie seit 1908 innehatte, demontiert. Sie soll auf einem anderen Gebäude installiert werden.

Das größte Kirchenzifferblatt Europas hat die Sankt-Peter-Kirche in Zürich. Sein Durchmesser beträgt 8,7 m.

Die größte öffentliche Uhr mit vier Zifferblättern befindet sich auf dem Gebäude der Allen Bradley Company in Milwaukee, Wisconsin (USA). Jedes Zifferblatt hat einen Durchmesser von 12,3 m und einen Minutenzeiger von 6 m Länge.

Die höchstgelegene zweiseitige Uhr der Welt befindet sich 176,78 m über dem Straßenniveau auf dem Dach des Morton International Building in Chikago, Illinois (USA).

Das längste Pendel der Welt mißt 22,5 m. Es gehört zur Wassermühlenuhr, die 1983 von Hattori Tokeiten Co. im Shinjuku-NS-Gebäude in Tokio installiert wurde.

Die kleinste mechanische Pendeluhr hat der Luzerner Uhrmacher Fredy Süess (*1941) aus 150 Einzelteilen in nur 30 Std. Arbeitszeit gefertigt. Das kleine Wunderwerk ist ganze 9,9 mm hoch, 1,6 g leicht und damit etwa so groß wie ein mittlerer Zeigefingernagel. Das Pendel zappelt mit 10 800 Schwingungen pro Std.

Die weltgrößte original Schwarzwälder Kuckucksuhr erbaute der Uhrmacher Josef

Diese kleinste Sanduhr fertigte der Hamburger Bernhard Möller aus Puppenstuben-Rotweingläsern. In fünf Sek. rieselt fein ausgesiebter Sand durch den 24,3 mm hohen Glaskolben. 3,15 g wiegt der Minizeitmesser samt seinem Rinderknochengestell.

Arata Isozaki, Tokio (Japan), hat diesen Blickfang für die Zentrale der Walt Disney World Company in Orlando, Florida (USA), entworfen. Die Sonnenuhr hat einen Basisdurchmesser von 37,2 m und eine Höhe von 36,6 m. Diese Höhe besitzt auch der Schattenstab.

Dold. Zwei Jahre lang sägte, feilte und hämmerte der badische Tüftler aus Schonach, dann war die Riesen-Kuckucksuhr im Maßstab 50:1 mit ihrem 6,5 m hohen Gehäuse fertiggestellt: das Holzräderwerk ist 3,6 m lang, 3,1 m hoch, 1 m tief, hat 12 Holzräder und einen 90 cm großen Kuckuck, der volle und halbe Stunden ausruft.

Miniatur-Wanduhren in Präzisionsarbeit fertigt der Uhrmacher Paul Gerber (*1950) aus Zürich an. Nach dem Vorbild einer Schwarzwälder Holzräderuhr entstand im Frühjahr 1988 eine 26 × 18 × 28 mm große Holzräderwanduhr mit 50 mm langem Vorderpendel, Stundenschlagwerk und Augenwendermechanik aus Buchsbaumholz.

Die erste Mengenlehre-Standuhr der Welt wurde in Berlin am Kurfürstendamm, Höhe Uhlandstraße, aufgestellt. Rote und grüne Rechtecke zeigen durch Aufleuchten die Stunden-, Minuten- und Sekundenmengen auf dieser von Dieter Binninger erfundenen Berlin-Uhr an.

Die größte Sanduhr der Welt steht in der kleinen japanischen Küstenstadt Nima in der Nähe von Tokio. Sie ist 5 m hoch, hat einen Durchmesser von einem Meter, wiegt eine Tonne und hat eine Laufzeit von einem Jahr. Nach exakt 365 Tagen, um Mitternacht des 31. Dezembers 1991, war das letzte der 640 Mio. Sandkörner durch die 0,8 mm schmale Öffnung der Uhr nach unten gerieselt.

Einen Rekordpreis – umgerechnet 2,69 Mio. DM – erzielte eine seltene Cartier-Uhr im »ägyptischen Stil« aus dem Jahr 1927. Sie ist, mitsamt Figuren und Hieroglyphen, einer altägyptischen Tempeltür nachempfunden und wurde aus Perlmutt, Koralle und Lapislazuli hergestellt. Sie ist am 24. April 1991 bei Christie's in New York (USA) von einem privaten Bieter ersteigert worden.

Die erste Taschenuhr der Welt konstruierte Peter Henlein (1480–1542) im Jahr 1504 in Nürnberg. Voraussetzung für diese erste eiserne Taschenuhr, die Nürnbergisch Ei genannt wurde, war die Erfindung der Unruh, ebenfalls durch Henlein.

Die ersten Armbanduhren stammen aus dem Jahr 1790 und wurden von Jacquet-Droz und Leschot in Genf (Schweiz) hergestellt.

Die größte Armbanduhr war eine Swatch von 162 m Länge und 20 m Durchmesser, hergestellt von D. Thomas Feliu. Sie wurde vom 7. bis 12. Dezember 1985 am Gebäude der Bank von Bilbao in Barcelona angebracht.

Die schwerste Armbanduhr war der Eta-»Wecker« des Schweizer Pavillons bei der Expo '86 in Vancouver (Kanada) von Mai bis Oktober. Er wog 35 t und war 24,3 m hoch.

Die kleinsten Armbanduhren der Welt werden von der Firma Jaeger Le Coultre in der Schweiz hergestellt. Sie haben ein Werk mit 15 Steinen und sind etwas mehr als 1,2 cm lang und 0,476 cm breit. Das Werk wiegt mit Gehäuse weniger als 7 g.

Die flachste Armbanduhr der Welt ist die Delirium-IV-Quarzuhr mit analoger Anzeige von Stunden und Minuten. Das von der Firma ETA SA, Fabriques d'Ébauches in Grenchen (Schweiz) entwickelte Modell ist 0,98 mm hoch. Das entspricht der Dicke eines der Länge nach halbierten Streichholzes. Diese Uhr wird unter den Markennamen Concord, Longines und Eterna verkauft. Auf einer Auktion in Hongkong am 27. Oktober 1989 erreichte sie den Preis von 250 000 Hongkong Dollar.

Die kleinste Skelettuhr, ein Damenarmbanduhrwerk, hat der Schweizer Uhrmacher Armin Strom aus Burgdorf (Bern) im April 1989 vorgestellt. Das Uhrwerk mit einem Durchmesser von 12,5 mm und einer Höhe von 3,5 mm wurde in Handarbeit vollständig skelettiert und graviert.

Planetariumsuhr: Eine vollständig mechanisch arbeitende Armbanduhr mit der Bezeichnung Kopernikus ist in der Lage, Uhrzeit, Datum, Mondphasen und die astronomischen Positionen von Sonne, Mond und der klassischen Planeten zu zeigen. Auch die astrologischen Aspekte sind auf dieser von Ulysse Nardin (Schweiz) konstruierten Uhr abzulesen.

Der höchste Preis, der je für eine Armbanduhr gezahlt wurde, beträgt 5,915 Mio. DM. Er wurde am 9. April 1989 bei Habsburg Feldman in Genf für eine aus 1728 Einzelteilen bestehende Patek Philippe *Calibre '89* bezahlt.

Die teuerste serienmäßig hergestellte Herrentaschenuhr ist, sieht man von den Uhren mit edelsteinbesetzten Gehäusen ab, wohl die von Patek-Philippe gefertigte Taschenuhr *Heaven at Hand*. Sie wurde 1922 für den amerikanischen Automobilmagnaten James Packard entworfen. Sie enthielt unter anderem eine Himmelskarte, die den Anblick des Nachthimmels beim Blick aus Packards Schlafzimmer zeigte. Im September 1988 kaufte Patek-Philippe das Meisterwerk für 750 000 Pfund zurück.

TELEKOMMUNIKATION

Telefone: Weltweit gab es am 1. Januar 1989 423 190 000 Telefone. Die meisten befanden sich in den USA, 118 400 662 Stück.
Die Stadt mit den meisten Telefonen ist Tokio, mit 5 511 000 Geräten. Die größte Zahl von Gesprächen wurde (1989) in den USA geführt. Es waren immerhin 421 022 Mio. im Jahr.

Die längste Telefonverbindung der Welt wurde am 28. Dezember 1985 über eine geschätzte Entfernung von 158 850 km hergestellt, ausgehend von der Royal Institution in London und zurück dorthin. Die Verbindung kam zustande während einer Weihnachtslesung von David Pye, Professor für Zoologie am Queen Mary College, London. Die »Regel« im internationalen Fernmeldewesen, daß für eine Gesprächsverbindung auch nur ein Satellit benutzt wird, wurde eigens für diesen Demonstrationszweck außer Kraft gesetzt. So konnten beide geostationären Intelsats – einer über dem Indischen Ozean und einer über dem Pazifik – in Anspruch genommen werden.
Die zeitliche Verzögerung, die die beiden »Telefonistinnen« Anieka Russell und Alison Risk in ihrem Gespräch erfuhren, betrug 530 Millisek.

Die größte Telefonzentrale steht im Pentagon in Washington mit 25 000 Leitungen. 200 000 Gespräche werden täglich abgewickelt. Rund 161 000 km Telefonkabel sind installiert.

Telefonbücher: Das am schwersten zu zerreißende Telefonbuch dürfte das von Houston, Texas (USA) sein, das auf 2889 Seiten 939 640 Eintragungen aufführt. Jetzt wird es allerdings in zwei Bänden ausgegeben. Am leichtesten fällt das Telefonbuchzerreißen ebenfalls in Texas: Knippa hat auf 2 Seiten 221 Eintragungen. Für Anguilla (eine westindische Insel) gab es 1972 ein Telefonverzeichnis mit 26 Nummern – maschinengeschrieben.

Die ersten Münz-Telefongeräte in Eisenbahnzügen hat die Deutsche Bundesbahn ab 1. Juni 1980 eingeführt. Mit dem Ablauf des Frühjahrs 1983 waren alle Intercity-(IC-)Züge und Trans-Europ-Expreß-(TEE-)Züge der Deutschen Bundesbahn mit Münz-Zugtelefon ausgerüstet. Die österreichischen Bundesbahnen setzten bereits ab Mitte der siebziger Jahre Telefon-Automaten ein, im »Transalpin«, »Mozart« und »Tirolerland«.

Das längste Unterwasser-Telefonkabel der Welt ist das ANZCAN, das von Australien via Auckland (Neuseeland) und Fidschi bis nach Port Alberni in Kanada – über eine Entfernung von 15 151 km – reicht. Es wurde 1984 eingeweiht und kostete 379 Mio. Dollar.

Die längste Strecke, über die in **optischen Faserkabeln** Signale ohne Verstärker gesendet wurden, ist 251,6 km, erreicht im Februar 1985 im Forschungslabor der British Telecom in Martlesham Heath (GB). Die Laser-Wellenlänge war 1525 nm, die Datenrate 35 Megabits/s.

Das längste »nahtlose« Glasfaserkabel ist 13,6 km lang. Es wurde im Februar 1991 von der BRITISH TELECOM zwischen Gloucester und Painswick installiert. Das von der Firma OPTICAÖ FIBRES hergestellte Kabel hat eine Kapazität von 8000 Telefonverbindungen.

Der erste Briefkasten: Dokumentarisch verbürgt ist die Aufstellung eines Briefkastens 1653 in Paris. Der erste Briefkasten Deutschlands wurde 1766 angebracht. Er war aus Holz und hing auf dem Flur des Zentralen Berliner Posthauses. Da die Berliner keinen rechten Gebrauch von ihm machten, wurde er bald wieder entfernt. Hölzerne Briefkästen (mit weißem Anstrich) gab es dann erst wieder nach 1815. Seit etwa 1840 bestanden die Briefkästen aus Metall; zuerst aus Blech, später aus Gußeisen. Jetzt sind sie aus Plastik.

Der älteste Briefkasten, der noch in Betrieb ist, steht in der Union Street in St. Peter Port auf der Kanalinsel Guernsey. Entworfen wurde er von John Vaudin (Jersey). Im Oktober 1981 wurde das gute Stück in der ursprünglichen kastanienbraunen Aufmachung restauriert.

Das höchstgelegene Postamt gehört der nepalesisch-indischen Postverwaltung und liegt im Himalaja in einer Höhe von 5610 m üNN.

Das höchstgelegene Postamt Europas befindet sich bei der Station Eismeer der Zahnrad-Bergbahn zum Jungfraujoch (Schweiz). Seine Höhe: 3161 üNN. Eine Postagentur befindet sich auch auf der Jungfraujochhöhe, 3454 m üNN.

Das höchstgelegene deutsche Postamt ist die Posthilfsstelle »Münchner Haus« auf der Zugspitze (2962 m üNN). Die Poststelle I liegt knapp darunter im Schneefernerhaus, auf 2650 m Höhe.

Das höchstgelegene Postamt Österreichs, das ganzjährig geöffnet ist, ist das von Obergurgl im Ötztal (Tirol) mit 1930 m üNN.

Die meisten Telegramme, etwa 492,6 Mio., wurden im Jahr 1978 in der UdSSR aufgegeben.

Das erste Telegramm wurde in Deutschland am 22. November 1794 über eine Strecke von 1,5 km nach Karlsruhe befördert, allerdings noch mit dem optischen Telegrafen. Es war ein Huldigungsgedicht zum Geburtstag des Markgrafen Karl Friedrich von Baden.

Die erste elektromagnetische Telegrafenlinie mit nur einem Draht wurde 1844 zwischen Wiesbaden und Mainz-Kastell in Betrieb genommen.

Das kleinste Telefon der Welt, das sich im Routinebetrieb befindet, wurde 1988 von Jeff Smith von der GET Northwest, Everett, Washington (USA), entwickelt. Es ist nur 10,5 × 1,9 × 3,8 cm groß.
Der kleinste funktionstüchtige elektromechanische Telefonwählapparat wurde im April 1989 seinem großen Vorbild aus dem Jahr 1922 in seiner Technik genau nachgebaut. Der Wiener Ingenieur Gerhard Lehner hat seinen Miniaturapparat (8 × 5 × 9 cm) aus vergoldetem Messing gefertigt. Dieses Modell funktioniert selbstverständlich auch im öffentlichen Telefonnetz.

Das größte Telefon der Welt wurde am 16. September 1988 auf einem Festival in Apeldoorn (Niederlande) vorgeführt. Es ist 2,74 m hoch und 6,06 m breit, mit einem Gewicht von 3,5 t. Der Hörer, 7,14 m lang, mußte mit einem Kran angehoben werden, um ein Telefonat zu führen.

Die größte und kleinste Faksimilemaschine: Das größte Gerät dieser Art, »Wide Fax«, kann Formate bis zu 61 cm Größe verarbeiten. Es wird von der Firma WideCom Group in Ontario (Kanada) hergestellt. Die kleinste Maschine, die RICOH PF-1, kann Dokumente von DIN-A4-Größe senden und empfangen und ist mit einem Fehlerkorrektursystem ausgestattet. Es mißt nur 28 × 18 × 5 cm und wiegt 2,5 kg.

Intelsat K, gestartet am 8. Juni 1992, ein extrem leistungsfähiger Nachrichtensatellit. Er ermöglicht einen Direktempfang mit kleinen Antennen und wurde erstmals zur Übertragung der Olympischen Spiele nach Nord- und Südamerika eingesetzt.

Das kleinste in Betrieb befindliche Telefon wurde von Jeff Smith von der Firma GTE Northwest Everett, Washington (USA), entwickelt. 1988 wurde es anläßlich eines Firmenjubiläums gefertigt. Das Telefon hat die Maße 10,5 x 1,9 x 3,8 cm. Daneben steht ein Mehrzwecktelefon normaler Abmessungen.

RAKETENTECHNIK UND RAUMFAHRZEUGE

Der erste künstliche Satellit wurde in der Nacht des 4. Oktober 1957 von Tyuratam, einem Ort 275 km östlich des Aralsees (Kasachstan) und 250 km südlich der Stadt Baikonur in Höhen zwischen 229 und 946 km und mit einer Geschwindigkeit von 28 565 km/h erfolgreich in die Umlaufbahn gebracht. Dieser runde Satellit *Sputnik 1* (das heißt »Weggenosse«), der offiziell als »Satellit 1957 Alpha 2« bezeichnet wurde, wog 83,6 kg bei einem Durchmesser von 58 cm. Seine Lebensdauer betrug vermutlich 92 Tage und endete demnach am 4. Januar 1958. Er wurde, wie auch die 29,5 m hohe *SL-4*-Trägerrakete, unter der Leitung von Dr. Sergej Pawlowitsch Koroljow (1907–66) – zeitweise Gulag–Häftling – entworfen.

Die sowjetische Trägerrakete *N1* soll einen Schub von 4620 t besessen haben. Bei ihrem ersten Flugversuch am 21. Februar 1969 explodierte sie 70 Sek. nach dem Start. Drei weitere Versuche schlugen fehl, so daß die *N1* niemals ihre Leistungsfähigkeit unter Beweis stellen konnte.
Die sowjetische Trägerrakete *Energia* startete erstmals am 15. Mai 1987. Ihre Schubleistung wird mit 3483 t angegeben. Das zweistufige Trägersystem hat eine Gesamtmasse von 2000 t und kann rund 100 t in den Erdorbit und etwa 30 t auf interplanetarischen Kurs bringen. Am 15. August 1988 diente die *Energia* als Träger beim Testflug der Raumfähre *Buran*. Seitdem ist sie nicht wieder zum Einsatz gekommen.

Die leistungsfähigste Trägerrakete, die diesen Anspruch auch unter realistischen Bedingungen unter Beweis gestellt hat, ist die amerikanische *Saturn V*, die für die *Apollo*- und *Skylab*-Programme verwandt wurde, mit deren Entwicklung im Januar 1962 im heutigen John F. Kennedy Space Center in Florida (USA) begonnen worden ist. Die Rakete war 110,85 m hoch mit einer Nutzlast von 74 783 kg (im Fall von *Skylab 1*) und verbrauchte für 2:30 Min. 13,6 t Treibstoff pro Sek. Das sind mehr als 2000 t. Die Gesamtrakete erzeugte einen Schub von 39 000 Kilo-Newton und wog vollbeladen bis zu 3347 t im Fall von *Apollo 17*. Sie wurde zum ersten Mal am 9. November 1967 von Cape Canaveral (vorübergehend Cape Kennedy) in Florida (USA) gestartet.

Das leistungsfähigste Triebwerk wurde 1980 in der ehemaligen Sowjetunion gebaut. Es hat einen Vakuumschub von 806 000 bzw. von 740 000 kg Schub an der Erdoberfläche. Das RD-170 verbrennt flüssigen Sauerstoff und Kerosin. Das Triebwerk kommt in der *Energia* zum Einsatz.

Mit der *Sojus-TM14*-Trägerrakete startete im März 1992 der deutsche Kosmonaut Klaus-Dietrich Flade zur Raumstation *Mir*.

Höchste Nutzlast: *Skylab 1* (abgeschossen am 14. Mai 1973) wog 74 783 kg. Die Raumstation trat am 11. Juli 1979 um 16 Uhr 32 GMT bei ihrem 34 981. Umlauf über der westaustralischen Küste in die dichteren Schichten der Erdatmosphäre ein. Große Stücke von *Skylab 1* wurden 12 km südlich von Rawlinna gefunden und nach Hongkong verkauft.

Raketen-Höchstgeschwindigkeit: Das erste Raumfahrzeug, das die Dritte Kosmische Geschwindigkeit erreichte – sie genügt, um aus dem Sonnensystem auszubrechen –, war die amerikanische *Pioneer 10*. Der Raketenträger *Atlas* SLV-3C mit einer modifizierten *Centaur*-D-Zweitstufe und einer *Thiokol*-Te-364-4-Drittstufe verließ die Erde am 2. März 1972 mit einer bisher nie wieder erreichten Geschwindigkeit von 51 682 km/h.
Die höchste Entweichgeschwindigkeit von der Erde jedoch wurde von der europäischen Raumsonde *Ulysses* mit 56 514 km/h erreicht. Sie wurde am 18. Oktober 1989 von der Raumfähre *Discovery* ausgesetzt. Eine amerikanische *Ius-Pam*-Oberstufe wurde dann gezündet, um *Ulysses* auf einen Kurs über die Pole der Sonne zu bringen, wobei der »Umweg« über Jupiter gewählt wurde.

Die höchste registrierte Geschwindigkeit überhaupt erreichte mit 240 000 km/h während der Sonnenannäherung die amerikanisch-deutsche Sonnensonde *Helios B*, die am 15. Januar 1976 gestartet wurde.

Die entfernteste Raumsonde: *Pioneer 10*, gestartet von Cape Canaveral am 2. März 1972, hatte Ende Oktober 1990 die Entfernung von 50 Astronomischen Einheiten, entsprechend 7,5 Mrd. km, erreicht und liefert noch immer wertvolle Meßdaten. Ihr erstes Rendezvous mit einem Fixstern, mit dem 10,3 Lichtjahre entfernten Objekt Ross 248, wird im Jahr 34 593 stattfinden. *Voyager 1* wird aufgrund seiner höheren Geschwindigkeit *Pioneer 10* überholen und damit der am weitesten entfernte Raumflugkörper sein.

Eine spektakuläre Satellitenreparatur gelang der Besatzung der Raumfähre *Endeavour* im Mai 1992. Drei Astronauten haben den defekten *Intelsat VI*-Satelliten mit den Händen eingefangen.

Die älteste noch in Betrieb befindliche Raumsonde ist *Pioneer 6*, die am 17. Dezember 1990 25 Jahre alt wurde. In dieser Zeit hat sie bei 29 Sonnenumrundungen rund 25 Mrd. km zurückgelegt. Ihre Aufgabe war es, Daten über den Sonnenwind, Magnetfelder und Kosmische Strahlung zur Erde zu funken. Das macht sie partiell bis heute.

Größte Annäherung an die Sonne: Die beiden deutsch-amerikanischen Sonnensonden *Helios A* und *B* sind dem Tagesgestirn bis auf 44,5 Mio. km nahe gekommen, näher als jedes andere von Menschenhand gefertigte Raumfahrzeug und näher als der Planet Merkur, der die Sonne in einer mittleren Entfernung von 57,8 Mio. km umkreist. *Helios A* und *B* wurden am 10. Dezember 1974 bzw. 15. Januar 1976 von Cape Canaveral aus gestartet und in Umlaufbahnen um die Sonne gelenkt. *Helios B* arbeitete 5 Jahre lang, *Helios A* wurde Anfang 1986 abgeschaltet.

Satellitenstart vom Flugzeug: Erstmals in der Geschichte der Raumfahrt wurde am 6. April 1990 eine Rakete mit einem Satelliten von einem Flugzeug aus gestartet. Die von einer Privatfirma entwickelte Trägerrakete mit der Bezeichnung *Pegasus* brachte einen kleinen Kommunikationssatelliten für die US-Marine in die 500 km hohe Umlaufbahn. Ein *B-52*-Bomber transportierte die 15 m lange und 18 t schwere dreistufige Rakete, die unter der rechten Tragfläche montiert war, auf 14 000 m Höhe. Hier wurde die Rakete ausgeklinkt. Nach 5 Sek. freiem Fall zündeten die Triebwerke.

Satellitenreparatur: Am 10. April 1984 gelang es erstmals, einen defekten Satelliten in der Umlaufbahn zu reparieren. Die Besatzung der Raumfähren-Mission *41-C*, Crippen, Scobee, Nelson, Hart und van Hoften, fing den Sonnenforschungssatelliten *Solar Max* mit dem Greifarm der *Challenger* ein. In der Ladebucht wurde der Raumflugkörper durch den Austausch von Elektronikmodulen wieder funktionsfähig gemacht und in die Umlaufbahn entlassen.

Die amerikanische Raumfahrt

Erneut ist ein Versuch gescheitert, politisch den Bau der Raumstation zu stoppen. Die spektakuläre Reparatur des Satelliten *Intelsat VI* im Mai 1992 war ein glänzendes Plädoyer für die bemannte Raumfahrt. Auch der erste *Shuttle*flug im Rahmen des Projekts »Mission Erde« im April 1992 war ein voller Erfolg. Hierbei sollen über einen ganzen Aktivitätszyklus der Sonne – mit einem Flug pro Jahr – die Wechselwirkungen zwischen Erde und Sonne untersucht werden. Im September 1992 wird die Sonde *Mars-Observer* auf die Reise zum roten Planeten gehen. Mit ihrer Hilfe soll unter anderem ein hochgenauer Marsatlas erarbeitet werden. Weiterhin spannende Ergebnisse liefert die Venussonde *Magellan*. Allerdings ist die Finanzierung ihres weiteren Betriebs nicht gesichert. Probleme bereitet nach wie vor die *Galileo*-Raumsonde, deren Hauptantenne noch immer nicht entfaltet werden konnte. Sensationelle Daten und Bilder kommen regelmäßig vom *Hubble*-Weltraumteleskop und dem großen Gammastrahlen-Observatorium.

Valentina Tereschkowa (*6. März 1937) startete am 16. Juni 1963 mit dem Raumschiff *Wostok 6*. Nach einem Flug von 2 Tagen, 22 Std. und 50 Min. landete sie am 19. Juni 1963. Sie heiratete im November des gleichen Jahres den Kosmonauten Andrian Nikolajew. Das Paar, das sich später wieder trennte, hat das „Weltraumkind" Jelena.

Die erste Bergung zweier defekter Satelliten mit Hilfe des *Space Shuttle* gelang im November 1984. Während eines Fluges der Raumfähre *Discovery* wurden von der Besatzung die Nachrichtensatelliten *PALAPA-B2* und *WESTAR 6* geborgen, im Frachtraum verstaut und zur Erde zurückgebracht.

MENSCHEN IM ALL

Der erste erfolgreiche bemannte Raumflug begann am 12. April 1961 um 9 Uhr 07 (Moskauer Zeit) oder 7 Uhr 07 MEZ. Der Kosmonaut Fliegermajor (später Oberst) Jurij Aleksejewitsch Gagarin (1934–68) vollbrachte in 89:34 Min. eine Erdumrundung in dem 4,72 t schweren Raumfahrzeug *Wostok 1* (das heißt »Ost«). Er startete von Tyuratam in Kasachstan und landete 108 Min. später im Gebiet von Saratow (Rußland) mit dem Fallschirm, wie alle anderen *Wostok*-Kosmonauten auch. Die Kapseln gingen jeweils separat nieder. Die Höchstgeschwindigkeit betrug 28 260 km/h und die Maximalhöhe 327 km bei einer Flugstrecke von 40 868,6 km. Gagarin, der als Held der Sowjetunion ausgezeichnet wurde und hohe sowjetische Orden erhielt, wurde am 27. März 1968 bei einem Düsenflugzeugabsturz in der Nähe von Moskau getötet.

Der erste Deutsche im Weltraum war Sigmund Jähn (*1937), damals Oberleutnant der Luftwaffe der DDR. Er startete am 26. August 1978 zusammen mit dem Sowjet-Kosmonauten V. F. Bykowskij (bereits mit *Wostok 5* im All gewesen) im Raumschiff *Sojus 31*. Das Schiff koppelte an den Komplex *Saljut 6/Sojus 29* an. Nach Durchführung von Experimenten kehrten Jähn und Bykowskij am 3. September 1978 mit *Sojus 29* wieder zur Erde zurück.

Die erste Frau, die die Erde umkreiste, war Leutnant (jetzt Oberstleutnant) Valentina Wladimirowna Tereschkowa, jetzt Frau Nikolajewa (*6. März 1937), die am 16. Juni 1963 um 10 Uhr 30 MEZ mit *Wostok 6* von Tyuratam (Kasachstan) abgeschossen wurde und am 19. Juni um 9 Uhr 16 nach einem Flug von zwei Tagen 22:42 Std. landete, währenddessen sie über 48 Erdumkreisungen vollführte (fast 2 Mio. km) und einen Moment lang in einer Entfernung von 4,9 km an dem zwei Tage vorher gestarteten *Wostok 5*, mit dem sowjetischen Kosmonauten V. F. Bykowskij an Bord, vorbeikam.
Amerikas erste Frau im Weltraum war die Astrophysikerin Sally K. Ride (*1951). Sie nahm am 7. Raumfährenflug im Juni 1983 teil und umkreiste 146 Std. die Erde. Ein zweiter Flug folgte im Oktober 1984. Bis zum 31. März 1992 haben 18 Frauen an Raumflügen teilgenommen: 14 aus den USA, 2 aus der ehemaligen Sowjetunion und jeweils eine aus Großbritannien und Kanada.

Der erste tödliche Unfall während einer Raumfahrt ereignete sich, als Oberst Wladimir Michailowitsch Komarow (*1927) am 23. April 1967 um 1 Uhr 35 MEZ in *Sojus 1* (das heißt »Bündnis«) in den Raum geschossen wurde. Das Raumfahrzeug befand sich 25:15 Std. in der Umlaufbahn, prallte aber bei der Landung wegen Fallschirmversagens zu hart auf. Komarow war damit der erste Mensch, dessen Tod während eines Raumfluges offiziell gemeldet wurde.

Der bisher größte Unfall in der bemannten Raumfahrt ereignete sich am 28. Januar 1986, als im Rahmen der Mission 51L die Raumfähre *Challenger* 73 Sek. nach dem Start in 14 326 m Höhe explodierte. Die gesamte Besatzung, zwei Frauen und fünf Männer, kam bei der Katastrophe ums Leben.

Die erste automatische Rettungsaktion bei einem Feuer unmittelbar vor dem Start wurde am 29. September 1983 durchgeführt. Mit dem Rettungsturm wurde das Raumschiff *Sojus T-10* von der Rampe wegkatapultiert. Die Kosmonauten Titow und Strekalow überstanden die Aktion unverletzt.

Der erste deutsche Astronaut, der zum zweiten Mal Mitglied einer *Shuttle*-Besatzung wurde, ist Ulf Merbold. Er flog an Bord des Internationalen Mikrogravitationslabors (IML) in Januar 1992. Merbold ist in der Bildmitte zu sehen.

Eine Raumfähre beim Wiedereintritt in die Erdatmosphäre am 30. Januar 1992. Rotglühendes Plasma taucht das Cockpit-Innere in ein geisterhaftes Licht.

Die europäische Raumfahrt

Die großen Pläne Europas, in der bemannten Raumfahrt eigene Wege zu gehen, sind – vor allem durch die angespannte Finanzlage in Deutschland – in eine Krise geraten. So ist die Zukunft des kleinen Raumtransporters *Hermes* ebenso problematisch wie das Ausmaß der Beteiligung an der amerikanischen Raumstation *Freedom.* Wissenschaftlich und technologisch hat Europa seine Spitzenstellung ausbauen können. So liefert der Astronomie-Satellit *Hipparcos,* trotz seiner nicht korrekten Umlaufbahn, hochgenaue Positionen und Entfernungen von zahlreichen Sternen. Der am 17. Juli 1991 mit einer *Ariane-4*-Trägerrakete gestartete Erderkundungssatellit *Ers-1* setzt mit seinen Bildern und Daten neue Maßstäbe. Der geplante Start des Infrarot-Astronomiesatelliten *Iso-1* wird weltweit mit großer Spannung erwartet. Besondere Bedeutung wird der Zusammenarbeit Europas mit der Raumfahrt der GUS-Staaten zukommen. Dem deutsch-russischen Flug vom 17. März 1992 wird im Sommer 1992 ein französich-russisches bemanntes Unternehmen folgen.

Den ersten Weltraumspaziergang unternahm der sowjetische Kosmonaut Aleksej A. Leonow (*20. Mai 1934) am 18. März 1965. Gesichert durch eine Verbindungsleine verließ er das Raumschiff *Voskhod 2* für 17 Min. Am 3. Juni 1965 folgte der inzwischen verstorbene Edward H. White II, der 21 Min. lang neben dem Raumschiff *Gemini IV* von Hawaii bis zur Atlantikküste schwebte. Die erste Frau im freien Weltraum war Swetlana Sawitzkaja am 25. Juli 1985 während der Mission *Sojus T12/Saljut 7.* Die größte Anzahl von Weltraumausstiegen eines Raumfahrerteams ist 8, ausgeführt von Leonid Kizim und Wladimir Solowjow bei zwei Missionen 1984 und 86.

Der längste Ausstieg in den freien Weltraum, allerdings auf der Mondoberfläche, wurde während der *Apollo 17*-Mission von Eugene Cernan und Jack Schmitt mit einer Dauer von 7 Std. und 37 Min. absolviert. 7 Std. und 20 Min. arbeiteten die Astronauten James van Hoften und Bill Fisher außerhalb der Raumfähre *Discovery* im September 1985. Der sowjetische Rekord steht bei 7 Std., 16 Min. So lange waren Anatoli Solowjow und Alexander Balandin am 1. Juli 1990 bei einer Außenbord-Reparatur an der Orbitalstation *Mir* beschäftigt.

Der erste frei im Weltraum schwebende Mensch war NASA-Astronaut Bruce McCandless (*8. Juni 1937). Mit der Freiflug-Manövriereinheit bewegte er sich am 7. Februar 1984 erst 50 und dann 100 m von der *Challenger* fort in den freien Raum. Der »Feuerstuhl« kostet rund 15 Mio. Dollar.

Den längsten bemannten Raumflug hat der Kosmonaut Wladimir Titow (*1. Januar 1947) mit 365 Tagen 22:39 Std. absolviert. Mit dem Raumschiff *Sojus TM4* startete er am 21. Dezember 1987 zur Orbitalstation *Mir* und kehrte am 21. Dezember 1988 an Bord von *Sojus-TM6* mit dem Franzosen Jean Loup Chretien zur Erde zurück.
Der Kosmonaut mit der längsten Weltraumerfahrung ist Musa Manarov, der nach Beendigung seiner letzten Weltraummission am 20. Mai 1991 insgesamt 541 Tage, 31 Min. und 10 Sek. im Orbit zugebracht hat.

Der kürzeste bemannte Raumflug war die Mission von Alan Shepard (*18. November 1923) in einer *Mercury*-Kapsel, die am 5. Mai 1961 mit einer *Redstone*-Trägerrakete gestartet wurde. Der ballistische Flug dauerte nur 15:28 Min.

Die bisher größte Raumschiffbesatzung umkreiste an Bord der *Challenger* im Oktober 1985 im Rahmen der *Spacelab-D1*-Mission die Erde. Acht Raumfahrer, darunter eine Frau, waren während der siebentägigen Mission an Bord, deren Kommandant Hank Hartsfield war. Die größte Anzahl von Frauen in einer Raumschiffsbesatzung ist 3 von insgesamt 7 Astronauten, während der *STS 40*-Mission an Bord der *Columbia.*

Erstmals zu sehen ist ein amerikanischer Frühwarnsatellit, der am 25. November 1991 im Rahmen der militärischen Raumfährenmission *STS-44* ausgesetzt wurde.

Im Mai 1992 absolvierte die Raumfähre *Endeavour* erfolgreich ihren Jungfernflug. Sie ist das modernste Exemplar der *Shuttle*-Flotte. Hier ist die *Endeavour* allerdings auf sehr irdischer Reise auf dem Rücken eines *747*-Jumbo-Jets.

Die größte Zahl von Raumfahrern im Orbit ist zwölf. Vom 2. bis 10. Dezember 1990 umkreisten gleichzeitig sieben amerikanische Astronauten *(Columbia STS 35)*, zwei sowjetische Kosmonauten (Orbitalstation *Mir*) und zwei sowjetische und ein japanischer Kosmonaut *(Sojus TM 11)* die Erde. Zwischen dem 23. und 24. März 1992 waren sechs Amerikaner und ein Belgier an Bord der Raumfähre *Atlantis*, zwei sowjetische Kosmonauten in der Orbitalstation *Mir* sowie zwei russische und ein deutscher Raumfahrer an Bord von *Sojus TM 14*.

Die größte Höhe, die eine Frau je erreicht hat, wird für die Astronautin Kathryn Sullivan registriert. Während ihres Fluges mit der Raumfähre *Discovery* im April 1990 gelangte sie auf die Höhe von 618,6 km. Der weibliche Höhenrekord in einem Flugzeug liegt bei 24 336 m. Er wurde am 22. Mai 1965 durch Natalia Prokhanova (ehemalige UdSSR) in einem *E-33-Jet* erzielt.

Die größte Entfernung, die Menschen in der Raumfahrt bisher zurücklegten, beträgt 400 187 km. Dieser Erdabstand wurde am 15. April 1970 um 7 Uhr 21 MEZ vom Raumschiff *Apollo 13* erreicht, das nach der Explosion im Service-Modul der *Apollo*-Kapsel nicht auf dem Mond landen konnte, sondern um den Erdtrabanten herum zur Erde zurückfliegen mußte. An Bord waren J. A. Lovell, F. W. Haise und J. L. Swigert (1931–82).

Die größte Geschwindigkeit, mit der sich Menschen jemals bewegten, betrug 39 897 km/h. Sie wurde am 26. Mai 1969 bei Eintritt der Landekapsel von *Apollo 10* in die Erdatmosphäre in 122 km Höhe erreicht. Dabei waren T. P. Stafford, J. W. Young und E. A. Cernan. Den Geschwindigkeitsrekord für Frauen im Weltraum hält Kathryn Sullivan mit 28 582 km/h beim Beginn der Wiedereintrittsphase während der *Discovery*-Mission am 29. April 1990, für die sowjetische Raumfahrt Valentina Tereschkowa an Bord von *Wostok 6* am 19. Juni 1963 mit 28 115 km/h. Möglicherweise jedoch hat Svetlana Sawitzkaja an Bord von *Sojus TM 7* und *TM 12* am 27. August 1982 und am 28. Juli 1984 diese Marke minimal überboten.

Der älteste Astronaut bisher war der Amerikaner Vance DeVoe Brand (* 9. Mai 1931), der bei seinem Raumflug mit der *Columbia* am 2. Dezember 1990 59 Jahre alt war. Die älteste Frau war Shannon Lucid, die bei ihrem Flug mit der Raumfähre *Atlantis* am 18. Oktober 1989 ein Alter von 48 Jahren hatte. Sie ist die erste Frau, die 3 Raumflüge absolviert hat und sich auf eine 4. Mission (1993) vorbereitet.

Der jüngste war Major (später Oberst) German Stepanowitsch Titow (* 11. September 1935), der 25 Jahre und 329 Tage alt war, als er am 6. August 1961 in *Wostok 2* in den Raum geschossen wurde. Der einzige Mensch, der sechsmal im Weltraum war, ist Captain John W. Young (*24. September 1930, USA). Nach seinem letzten Flug als Commander der *Spacelab*-Mission mit der *Columbia* am 8. Dezember 1983 konnte Young auf 34 Tage, 19:42:13 Std. im Weltraum zurückblicken.

Die erste bemannte Mondlandung fand am 21. Juli 1969, 2 Uhr 56 Min. und 15 Sek. Weltzeit statt. Neil Armstrong, Kommandant der Mission *Apollo 11*, betrat als erster Mensch den Mond im Mare Tranqillitatis. Als zweiter verließ Edwin Aldrin die Landefähre *Adler*. Im mondumkreisenden Mutterschiff *Columbia* verblieb Michael Collins.

Dauerrekord auf dem Mond: Die Mannschaft von *Apollo 17* sammelte eine Rekordmasse von 114,8 kg Gestein und Staub während ihrer 22:05 Std. »Tätigkeit außerhalb des Fahrzeuges«. Es waren Captain Eugene A. Cernan, US Navy (*14. März 1934), und Dr. Harrison H. (Jack) Schmitt (*3. Juli 1935), der als zwölfter Mann den Mond betrat. Die Mannschaft befand sich während dieser längsten Mondmission, die insgesamt 12 Tage, 13:51 Std. dauerte, in der Zeit vom 7. bis 19. Dezember 1972, 74:59 Std. auf der Mondoberfläche.

Das erste Räderfahrzeug auf dem Mond war *Lunochod 1*, das am 17. November 1970 seine von der Erde gesteuerten Reisen begann. Es bewegte sich insgesamt 10,54 km auf Gefällen bis zu 30 Grad im Mare Imbrium und war bis 4. Oktober 1971 in Betrieb.

Die Raumfähre Endeavour

Am 7. Mai 1992 startete die amerikanische Raumfähre *Endeavour* zu ihrem Jungfernflug. Sie ist das vierte und letzte Exemplar der *Shuttle*-Flotte, gebaut als Ersatz für die am 26. Januar 1986 im Flug explodierte *Challenger*. Die Erfahrungen, die man in zahlreichen Raumfährenflügen seit April 1981 sammeln konnte, aber natürlich auch völlig neue Technologien sind in die *Endeavour* eingeflossen. So kann sie bis zu 28 Tagen in der Umlaufbahn bleiben, gegenüber maximal 10 Tagen bei der klassischen Flotte. Die *Columbia* ist jetzt bei ihrer Generalüberholung für einen Weltraumaufenthalt von 16 Tagen ausgerüstet worden. Man hat die *Endeavour* mit einer verbesserten Computer-Version ausgestattet, ebenso mit modernstem Navigationsgerät. Auch die Voraussetzungen für Landungen unter kritischeren Bedingungen wurden zum Beispiel durch den Einbau eines 12 m großen Bremsfallschirms geschaffen, aber auch durch eine Verstärkung der Bremsen. Die Fertigung der *Endeavour* hat 1,3 Mrd. Dollar gekostet.

Den Geschwindigkeits- und Entfernungsrekord auf dem Mond hält der von *Apollo 16* mitgeführte *Rover*, gefahren von John Young, mit 18 km/h bergab und einer Strecke von 33,8 km.

Am längsten auf einem anderen Planeten arbeitete *Viking 1*. Das automatische Forschungslaboratorium wurde am 20. Juli 1976 auf der Marsoberfläche abgesetzt und lieferte rund 56 000 Fotos, Wetterdaten, chemische Analysen des Marsbodens und andere Informationen. Am 18. November 1982 riß der Funkkontakt zu *Viking 1* ab und konnte nicht wieder hergestellt werden, so daß die NASA den Marslander offiziell für »tot« erklärt hat.

Das schwerste und das größte Objekt in der Umlaufbahn, *Apollo 15* (Raumschiff plus dritte Stufe), wog vor dem Start in Richtung Mond in der Parkumlaufbahn 140 512 kg.

Der 200 kg schwere *US-R. A. E.* (Radio Astronomy Explorer) *B* oder *Explorer 49*, der am 10. Juni 1973 gestartet wurde, hat Antennen von 450 m Länge.

Die Gesamtkosten des Programms der bemannten Raumfahrt der USA bis Februar 1992 werden auf 78,3 Mrd. Dollar geschätzt. Die ersten 15 Jahre des sowjetischen Raumfahrtprogramms von 1958 bis September 1973 sollen über 100 Mrd. DM gekostet haben. Die Kosten für das *Space-Shuttle*-Programm der US-Raumfahrtbehörde NASA betrugen bis Anfang 1992 etwa 42,8 Mrd. Dollar.

Das erste voll wiederverwendbare bemannte Raumfahrzeug ist der amerikanische *Shuttle*-Orbiter *Columbia*, der am 9. Januar 1990 zum neuntenmal in die Erdumlaufbahn startete.

Der erste Zivilist in der Erdumlaufbahn, der nicht als Astronaut ausgebildet wurde, war der Industrie-Ingenieur Charles Walker, der im August 1984 mit der Raumfähre *Discovery* startete und ein biochemisches Produktionsexperiment betreute. Der erste Politiker im Orbit war der amerikanische Senator Jake Garn, der im April 1985 an einem siebentägigen Raumflug mit der *Discovery* teilnahm. ■

BAUTECHNIK

Das im spätromantischen Stil für König Ludwig II. erbaute Schloß Neuschwanstein ist das meistbesuchte. In der Hochsaison kommen 7000 bis 8000 Touristen täglich. An Spitzentagen im Jahr sind es bis zu 9000 Menschen

BÜROS, VERWALTUNGEN, WERKHALLEN

Das größte Bauprojekt der Neuzeit ist das Madinat-al-Jubail-al-Sinaiyah-Unternehmen in Saudi-Arabien, eine Industriestadt vom Reißbrett, die 1976 in Angriff genommen wurde und bei Fertigstellung 10146 km^2 umfassen soll. Zeitweise waren an dem Riesenwerk fast 52 000 Arbeiter aus 62 Nationen beschäftigt. Insgesamt wurden bisher 270 Mio. m^3 Erde bewegt, genug, um einen 1 m hohen Erdhügel siebenmal um den Äquator zu legen.
Auch das Kanalsystem, das die Industrieanlagen der neuen Stadt mit Kühlwasser versorgen soll, ist rekordverdächtig. Es soll täglich 10 Mio. m^3 Meerwasser heranschaffen, eine Leistung, die bisher beispiellos ist auf der Welt.

Als »größte kommerzielle Nutzbarmachung der Welt« ist der Ausbau der Londoner Hafenanlagen, den Docklands mit ihren Großbauten, beschrieben worden. 1991 wurden die Kosten auf über 7 Mrd. Pfund (20,79 Mrd. DM) beziffert.

Das größte mehrgeschossige Industriegebäude der Welt beherbergt die Containerabfertigung der Asia Terminals Ltd. im Containerhafen Kwai Chung in Honkong. Bis April 1992 wurde eine Bruttogeschoßfläche von 571 210,57 m^2 errichtet. Nach der für Ende 1992 vorgesehenen Fertigstellung aller 15 Stockwerke wird sie insgesamt 865 936,86 m^2 betragen. Das Gebäude erhebt sich auf einer Grundfläche von 276 x 292 m und ist 105 m hoch. Der Rauminhalt beträgt 5 853 092 m^3. Jedes Stockwerk ist von 14 m langen Container-Lastern zu erreichen und in ganzer Größe befahrbar. Das Gebäude wird über Fahrwege von 26,84 km Länge und 2609 Parkbuchten für Container-Laster verfügen.

Die größte Bodenfläche, die von einem Geschäftsgebäude bedeckt wird, ist der Blumenmarkt des Konsums VBA (Verenigde Bloemenveilingen Aalsmeer) in Aalsmeer, dem Zentrum der niederländischen Blumenzucht. Er erstreckt sich über 776 × 631 m. Die Bodenfläche von bisher 343 277 m^2 erhöhte sich seit 1986 auf 368 477 m^2.

Das Gebäude mit dem größten Rauminhalt der Welt ist die Hauptmontageabteilung der Firma Boeing in Everett (USA). Das Gebäude wurde 1968 fertiggestellt und hat einen Fassungsraum von 5,6 Mio. m^3. Es ist 630 m lang, 492 m breit und 34 m hoch – entspricht damit der Größe von 42 Fußballfeldern.

Das geräumigste Wissenschaftsgebäude ist das Vehicle Assembly Building (VAB) im Komplex 39 des John F. Kennedy Space Center (KSC) auf Merritt Island, Cape Canaveral, Florida (USA). Hier fand die Endmontage der *Apollo*-Raumschiffe statt, und von hier aus startete die Trägerrakete *Saturn V* zum Mond. Der Stahlgerüstbau ist 218 m lang, 158 m breit und 160 m hoch; er umfaßt vier Hallen, jede mit eigenem Eingang von 140 m Höhe. Der Bau wurde im April 1963 vom Ursum-Konsortium in Angriff genommen, die Bodenfläche mißt 3,18 ha, der Fassungsraum beträgt 3 666 500 m^3. Zum Zeitpunkt der Fertigstellung, am 14. April 1965, beliefen sich die Baukosten für das VAB auf 108,7 Mio. Dollar (damals 434,8 Mio. DM).

Das flächenmäßig größte Verwaltungsgebäude ist das Pentagon in Arlington, Virginia. Das Domizil des amerikanischen Verteidigungsministeriums wurde am 15. Januar 1943 fertiggestellt und kostete schätzungsweise 83 Mio. Dollar (damals ca. 332 Mio. DM). Die Außenmauern des Pentagons sind je 281 m lang. Umfang des Gebäudes: etwa 1405 m. Insgesamt haben die fünf Stockwerke des Ministeriums eine Bodenfläche von 604 000 m^2. Die Korridore im Pentagon haben eine Gesamtlänge von 27 km, und es sind 7748 Fenster zu putzen. In dem Riesenbau gehen 29 000 Menschen ihrer Arbeit nach. 44 000 Telefonanschlüsse sind durch 257 500 km Kabel verbunden. 220 Mitarbeiter vermitteln täglich 280 000 Gespräche. 675 Beschäftigte sorgen in zwei Restaurants, sechs Cafeterias und zehn Imbißstuben für das leibliche Wohl.

Das Bürogebäude mit der größten Mietfläche ist das World Trade Center (Welthandelszentrum) in New York (USA), dessen beide Türme jeweils 406 000 m^2 umfassen. Turm Zwei ist 420 m hoch und hat eine Aussichtsplattform auf dem Dach. Die Spitze der Fernsehantenne auf Turm Eins befindet sich 521 m über dem Straßenniveau, 91 cm höher als die Antenne auf dem Sears Tower. Jeder der beiden Türme verfügt über 99 Fahrstühle und 43 600 Fenster mit einer Glasfläche von 182 880 m^2. In dem Komplex, der täglich 90 000 Besucher zählt, arbeiten 50 000 Menschen.

Das höchste Bürogebäude der Welt ist mit 110 Sockwerken und einer Höhe von 443 m der Sears Tower, die US-Zentrale von Sears, Roebuck & Co. am Wacker Drive in Chikago, Illinois (USA). Seine Bruttogeschoßfläche beträgt 418 050 m^2. Baubeginn war im August 1970, und das Richtfest konnte am 4. Mai 1973 gefeiert werden, nachdem am 6. März um 14 Uhr 35, als der erste Stahlträger das 104. Stockwerk erreichte, das World Trade Center übertroffen worden war. Nach dem Aufbau zweier Fernsehantennen beträgt die Gesamthöhe des Wolkenkratzers jetzt 520 m. Er hat 104 Fahrstühle, 18 Rolltreppen und 16 100 Fenster.

Das schmalste Geschäftsgebäude ist das nur 1,8 m breite, dafür 30 m lange Sam Kee Building in Vancouver (Kanada). Es wurde 1912 gebaut.

Das höchste Gebäude Europas ist der Frankfurter Messeturm, der im Oktober 1990 fertiggestellt worden ist. Die Büros ragen 70 Stockwerke oder 256,5 m in den Himmel.
Um etwa 60 m überragt der Canary Wharf Tower in den Londoner Hafenanlagen den berühmten Turm von Westminster. Der Hafenkomplex besteht aus drei Türmen, der höchste mißt 243,8 m. Er wurde von dem Amerikaner Cesar Pelli entworfen und gleicht einem Obelisken. Erbaut wurde er aus knapp 16 000 Stahlteilen. Gewicht: fast 27 000 t.

Das größte Bürogebäude Deutschlands wurde im August 1987 bezogen. 2900 Angestellte der Firma Lurgi GmbH fanden in sechs Stockwerken auf insgesamt 70 000 m^2 einen neuen Arbeitsplatz in ihrem Frankfurter Bürohaus. Das spinnenförmige Gebäude wurde in drei Jahren errichtet. Zentrum ist ein Lichthof mit riesiger Glaskuppel, von dem sieben »Arme« abzweigen.

Das größte Bürogebäude Österreichs ist das Hauptgebäude der UNO-City (Vienna International Center) in Wien. Seine Errichtung kostete 1,2 Mrd. DM. Das Gebäude hat 24 000 Fenster und 6000 Türen. Sollten die 4700 Schreibtisch-Arbeitsplätze eines Tages nicht ausreichen, so hat der Architekt Johann Staber diesem Parkinsonschen Effekt bereits Rechnung getragen: Der Komplex kann durch entsprechende Zubauten verdoppelt werden. Die Gesamtfläche der Anlage beträgt 170 000 m^2, die Büro-Netto-Nutzfläche hat 80 000 m^2 und die Gesamtgeschoßfläche 230 000 m^2. Am 23. August 1979 wurde das 119,5 m hohe Gebäude offiziell in Betrieb genommen. Die UNO hat das aus österreichischen Steuergeldern finanzierte Gebäude zu einer symbolischen Jahresmiete von einem Schilling (vierzehn Pfennig) für 99 Jahre gepachtet.

Das höchste Bürogebäude der Schweiz steht in Winterthur und gehört zur Maschinenfabrik Gebrüder Sulzer. Es ist 92 m hoch.

Als teuerstes Bürohaus der Welt gilt das 1986 nach fünfjähriger Bauzeit eröffnete Gebäude der Hongkong and Shanghai Banking Corporation in Hongkong. Es kostete fast 2 Mrd. DM. Mit seinen 52 Stockwerken ist es 178,5 m hoch und verfügt über ein 52 m hohes Atrium. Die Konstruktion besteht fast nur aus Stahl und Glas. 62 Rolltreppen und »nur« 23 Lifte durchziehen das Haus. Im Bankgebäude arbeiten 3700 Angestellte, es werden täglich 20 000 Kunden erwartet.

Die höchsten Büromieten sind, laut den *World Rentel Levels* (Weltmietspiegel) von Richard Ellis aus London (GB), in Tokio (Japan) zu bezahlen, wo 1 m^2 im Dezember 1991 rund 3950 DM pro Jahr kostete. Am teuersten war der Büroraum im Juni 1991, als für 1 m^2 fas 4100 DM pro Jahr verlangt wurden. Zuzüglich der Nebenkosten ergibt sich daraus ein Quadratmeterpreis von 4265 DM pro Jahr, mit einem Höchstwert im Juni von 4390 DM.

Das größte Rathaus Deutschlands hat die Stadt Essen. Es war Ende 1979 bezugsfertig. 106,3 m ist das Gebäude hoch, 2 m mehr als geplant, weil der Hubschrauberlandeplatz auf dem Dach aus Sicherheitsgründen mit einer Mauer eingefaßt werden mußte. 339 000 m^3 umbauter Raum bietet 1900 Arbeitsplätze. In dem Mammutbau mit 23 Stockwerken gibt es 24 Dienststellen.

Die höchsten Rathäuser Deutschlands haben Leipzig und die Hansestadt Hamburg. Über den vier Hauptstockwerken des Hamburger Rathauses erhebt sich ein Turm bis auf 110 m Höhe. Das Gebäude wurde 1897 nach zehnjähriger Bauzeit eingeweiht. Kostenpunkt: 11 Mio. Goldmark. Auf 4000 Eichenpfählen wurde das 111 m breite Rathaus gebaut. Mit seinen 647 Räumen hat es mehr Räume als der Buckingham-Palast in London. Der Turm des Neuen Rathauses und Stadthauses (1899–1912 erbaut) in Leipzig (Sachsen) ist 115 m hoch.

Das älteste Rathaus Deutschlands zu besitzen, diesen Rekord beanspruchen mehrere Städte für sich. Die früheste urkundliche Erwähnung hat zweifelsfrei Fritzlar a. d. Eder (Hessen). In seiner Stadtchronik wird ein Vogteihaus bereits 1109 erwähnt. Die Stadt erwarb es 1274 als Rathaus. Doch von dem Haus ist kaum noch etwas erhalten.

Anders in der »Fachwerkstadt« Duderstadt (Niedersachsen). Deren Rathaus gehört zu den schönsten Fachwerkbauten Deutschlands. Es

Der Canary Wharf Tower, der die Skyline des neugestalteten Londoner Hafenareals beherrscht, ist mit 243,8 m das höchste Gebäude in Großbritannien. Es wurde von dem amerikanischen Architekten Cesar Pelli entworfen und von der Baufirma Olympia & York (O &Y) errichtet, die den Brüdern Reichmann aus Kanada gehört.

entstand in mehreren Bauabschnitten, sein Kernbau, die Kaufhalle, wird jetzt auf die Jahre 1302/03 datiert.

Der Südteil des Göttinger Rathauses, der bisher als Anbau aus dem 15. Jh. galt, ist der älteste datierbare Profanbau mit komplettem Dachwerk. Das ergab eine Jahresringanalyse 1982: Der ursprüngliche Kernbau des Rathauses ist zwischen 1264 und 1274 entstanden.

INDUSTRIEBAUTEN

Der höchste Schornstein der Welt ist die 420 m hohe Esse des Kohlekraftwerks Nr. 2 in Ekibastuz (Kasachstan). Die Anlage wurde in der Zeit vom 15. November 1983 bis zum 15. Okober 1987 vom damaligen sowjetischen Energieministerium für 7,89 Mio. Rubel errichtet. Der Durchmesser des Schornsteins verengt sich von 44 m am Boden zu 14,2 m am oberen Rand. Sein Gesamtgewicht beträgt 60 000 t. Er ist seit 1991 in Betrieb.

Der massivste Schornstein ragt in Puentes de Garcia Rodriguez in Nordwestspanien 350 m hoch in den Himmel. Gebaut hat ihn die Firma M. W. Kellogg – mit 15 750 m^3 Beton und 1315 t Stahl. Innenvolumen: 189 720 m^3.

Der höchste europäische Schornstein gehört zum Zasavje-Heizkraftwerk in Trbovlje (Slowenien). Er übertrifft den von Puentes noch um 10 m. Die Bauarbeiten wurden von der Firma Karrena, Düsseldorf, durchgeführt und am 1. Juni 1976 abgeschlossen.

Der höchste Schornstein in Deutschland ist 302 m hoch, gerechnet vom Fundament bis zur Oberkante. Er ist einer von sechs Schornsteinen der VEBA-Kraftwerke bei Gelsenkirchen – erbaut von Karrena, Düsseldorf.

Die größte Kläranlage der Welt ist die Wasseraufbereitungsanlage in Stickney, Illinois (USA), die 1939 auf einem 231 ha großen Gelände außerhalb von Chikago in Betrieb ging und die Abwässer aus einem Gebiet mit 2 193 000 Bewohnern klärt. 1991 wurden im Durchschnitt 2994 Mio. l Abwasser pro Tag aufbereitet. Die Kapazität der Ausfällungs- und Belüftungstanks beträgt 1 280 000 m^3.

Den größten Parkplatz der Welt gibt es an der West Edmonton Hall im kanadischen Edmonton. Er hat Platz für 20 000 Autos. Bei Überfüllung kann auf einem angrenzenden Grundstück ein zusätzlicher Parkplatz für 10 000 weitere Fahrzeuge genutzt werden.

Die Parkflächen rund um das Frankfurter Messegelände sind die größten in Deutschland. Sie bieten Platz für über 28 000 Fahrzeuge.

Das größte Lagerhaus der Welt ist die Speicherstadt in Hamburg. In dem 1888 in siebenjähriger Bauzeit errichteten Komplex entstanden 300 000 m^2 Lagerfläche für Kaffee, Tee, Kakaobohnen und Gewürze.

Der größte Hangar der Welt ist der am 15. Februar 1956 fertiggestellte Hangar 375 (*Big Texas*) auf dem Luftwaffenstützpunkt von San Antonio, Texas (USA). Er hat vier Tore, die eine Breite von 76 m, eine Höhe von 18,3 m und ein Gewicht von 608 t haben. Die Halle mißt 610 × 90 × 27,5 m und ist von einer 17,8 ha großen betonierten Abstellfläche umgeben. Sie ist der größte freistehende Hangar der Welt.
Die Düsenflugzeugbasis der Delta Airlines auf einem 56,6 ha großen Teil des Hartsfield International Airport in Atlanta, Georgia (USA), hat eine Dachfläche von 14,5 ha. Der Hangar würde kürzlich erweitert und mißt jetzt 317 × 74 × 27 m.

Die größte Flugzeugwartungshalle hat der Rhein-Main-Flughafen von Frankfurt am Main. Es ist die Halle V, auch Jumbo-Halle genannt. Sie ist 320 m lang, 100 m tief, 34 m hoch und bedeckt eine Fläche von 2,8 ha. Ihr umbauter Raum umfaßt 850 000 m^3. Sie hat acht Schiebetore von je 100 t Gewicht. In ihr können gleichzeitig sechs *Boeing 747* oder 14 *Boeing 707* gewartet werden. Obwohl sich die Dachbänder aus vorgespanntem Leichtbeton über zweimal 135 m frei spannen, ist die Dachkonstruktion nur 8,5 cm stark.

Das größte Traglufthallen-Dach der Welt überspannt das 80 638 Zuschauer fassende, achteckige Silverdome-Stadion in Pontiac, Michigan (USA). Es ist 159 m breit und 220 m lang. Der Luftdruck, der das 4 ha große, lichtdurchlässige Dach aus Fiberglas hält, beträgt 34,4 kPa. Das Hauptgeschoß des Stadions ist 123 × 73 m groß, und das Dach ist 62 m hoch. Die Statik hat Geiger-Berger Associates aus New York (USA) ausgetüftelt.

Die größte Standard-Traglufthalle der Welt hat die Firma Irvin Industries aus Stamford,

Der größte Kühlturm der Welt, der im Jahr 1976 errichtete Trockenkühlturm des Thorium-Hochtemperatur-Reaktors (THTR 300), ist am 10. September 1991 gesprengt worden. Das technische Bauwerk, eine Seilnetzkonstruktion, gehörte zum Kernkraftwerk in Hamm-Uentrop (Nordrhein-Westfalen) und galt als erster großtechnischer Hochtemperatur-Reaktor der Welt.

Connecticut (USA), in Lima, Ohio, errichtet. Die Halle ist 262 m lang, 42,6 m breit und 19,8 m hoch.
Die Ladenstraße im »Marler Stern« – einem Einkaufs- und Bildungszentrum in Marl (Nordrhein-Westfalen) ist mit einem Luftkissendach überdeckt. Die Rekordmaße der drei Luftkissen: 184,8 m lang und 29,4 m breit.

Die größte Reparaturwerkstatt ist das von Kowloon Motor Bus Co. in Hongkong betriebene KMB Overhaul Centre (gegr. 1933). Speziell für die Wartung von Doppeldeckerbussen gebaut, nehmen die 4 Stockwerke eine Fläche von über 47 000 m^2 ein.

BURGEN, SCHLÖSSER

Das größte bewohnte Schloß der Welt ist die königliche Residenz Schloß Windsor in Berkshire (GB). Der größte Teil stammt aus dem 12. Jh., hat die Form eines Parallelogramms mit verengtem Mittelteil und mißt 576 × 164 m.
Schloß Dover in Kent (GB) ist 335,2 m breit und beansprucht alles in allem 13,75 ha. Zu dem Schloß gehört auch ein 550 m langer Zwischenwall, dessen unterirdische Fundamente sogar 700 m messen.

Das meistbesuchte Schloß Deutschlands ist Neuschwanstein (Bayern). König Ludwig II. von Bayern (1864–86) hatte sich diese Traumburg errichten lassen. Die Besichtigung gehört als »Muß« ins Programm jedes Europatouristen. 1990 besuchten mehr als 1,4 Mio. Touristen aus dem In- und Ausland das Märchenschloß.

Diese Fotomontage zeigt das größte Industriegebäude der Welt, die Containerabfertigung der Asia Terminals Ltd. im Containerhafen Kwai Chung in Hongkong. Der noch im Bau befindliche Teil des Gebäudes wurde als Zeichnung auf den bereits fertiggestellten Teil aufgesetzt. Die Gesamtgeschoßfläche wird Ende 1992, nach Abschluß der Bauarbeiten, 865 936,86 m^2 betragen.

Das am meisten besuchte Schloß Österreichs ist mit Abstand Schönbrunn in Wien. 1981 besuchten 1,12 Mio. Schaulustige die Räume des Schlosses.

Die größte Burg der Welt ist der Prager Hradschin (ČSFR), der aus dem 9. Jh. stammt. Das langgestreckte unregelmäßige Polygon mit einer Achse von 570 m und einem Durchmesser von ca. 128 m steht auf einem Gelände von 7,28 ha.

Die größte deutsche Burg, die erhalten geblieben ist, liegt bei dem bayerischen Ort Burghausen, nahe der österreichischen Grenze, auf einer Erhebung zwischen der Salzach und dem Wöhrsee. Sie bestand aus einer Kernburg und fünf kleineren Vorburgen. Ihre Gesamtlänge beträgt 1,2 km.

Die dicksten Mauern waren mit 27 m die Stadtmauern von Ur zur Zeit von Urnammu. Sie wurden 2006 v. Chr. von den Elamiten zerstört.

Als stärkste Festung nicht nur Österreichs, sondern des Abendlandes galten die Schloßberg-Befestigungen der Stadt Graz (Steiermark). Weder die Türken (15.–16. Jh.) noch die Franzosen (1809) konnten sie erstürmen.

Die dicksten Mauern waren mit 27 m die Urnammu-Stadtmauern von Ur (jetzt Muquajjar, Irak), die 2006 v. Chr. von den Elamiten zerstört worden sind.

Der größte Palast der Welt ist der kaiserliche Palast (Gu gong) in der Stadtmitte Pekings (Beijing, chinesisch für nördliche Hauptstadt), dessen Areal ein Rechteck von 960 × 750 m bildet und 72 ha mißt. Der äußere Grundriß entspricht noch dem ursprünglichen Bau, der unter Yung lo (1402–24), dem dritten Kaiser der Mingdynastie, entstanden ist. Danach kam es jedoch zu ständigen Umbauten, so daß die meisten Gebäude des Palastes innerhalb der Außenmauern aus dem 18. Jh. stammen. Die gesamte Palastanlage besteht aus fünf großen Hallen und 17 verschiedenen Palästen. Einen davon, den Palast der Gesammelten Vornehmheit (Chu xia gong), bewohnte die letzte chinesische Kaiserin bis 1924.

Das Schloß von Versailles, 23 km südwestlich von Paris gelegen, hat auf seiner 580 m langen Fassadenseite 375 Fenster. Die Anlage, 1682 für Ludwig XIV. fertiggestellt, hatte unter der Leitung von Jules Hardouin-Mansart (1646 bis 1708) mehr als 30 000 Arbeiter beschäftigt.

Die größte Residenz der Gegenwart, die »Istana Nurul Iman«, wurde für den Sultan von Brunei in der Hauptstadt Bandar Seri Begawan errichtet. Der im Januar 1984 fertiggestellte Palast hat 1788 Zimmer und angeblich 300 Mio. Pfund (damals 1,172 Mrd. DM) gekostet. Die Palastgarage ist groß genug, um die 110 Wagen des Sultans aufnehmen zu können.

Das Schloß von Versailles wurde 1682 nach Plänen der Architekten Le Vau, Charles Le Brun und J. H. Mansart für den französischen König Ludwig XIV. (1643–1715) fertiggestellt.

WOHNBAUTEN

Die höchstgelegenen Wohngebäude der Welt gehören zur Festung Basisi an der indisch-tibetanischen Grenze am Mana-Paß (31°04'N, 79°24'O). Die Menschen leben dort 5988 m üNN. Noch höher haben allerdings um das Jahr 1480 Bergbewohner auf dem Cerro Llullaillaco (6723 m) an der argentinisch-chilenischen Grenze gehaust. In 6600 m Höhe wurde dort im April 1961 eine 3-Zimmer-Wohnung entdeckt. Eine kleine Siedlung am Gebirgspfad Te-li-mo im südlichen Tibet liegt vermutlich in einer Höhe von 6019 m.

Das höchstgelegene Gebäude Deutschlands ist das Münchner Haus des Alpenvereins auf der Zugspitze in einer Höhe von 2962 m.

Das höchstgelegene Haus Österreichs ist die Erzherzog-Johann-Schutzhütte an der Adlersruhe auf dem Großglockner in 3454 m Höhe.
Das höchstgelegene Gebäude der Schweiz ist die Hochalpine Forschungsstation Jungfraujoch in 3570 m.

Die nördlichste Behausung der Welt ist die dänische Wissenschafts-Station, die 1952 in Pearyland (Nordgrönland) 1450 km nördlich des Polarkreises errichtet wurde.
Eskimo-Feuerstellen, die aus der Zeit um 1000 v. Chr. stammen, wurden 1969 in Pearyland entdeckt. Polareskimos waren 1818 auf dem Inglefield Land im Nordwesten Grönlands aufgestöbert worden.
Die sowjetische Forschungsstation *Nordpol 15*, auf Treibeis errichtet, driftete im Dezember 1967 in nur 2,8 km Entfernung am Nordpol vorbei.

Die nördlichste dauernd bewohnte Behausung ist der Stützpunkt des kanadischen Verteidigungsministeriums in Alert auf Ellesmere Island, Nord-West-Territorium, auf 82°30' nördl. Breite und 62° westl. Länge, der 1950 errichtet wurde.

Die südlichste dauernd bewohnte menschliche Behausung ist die Amundsen-Scott South Polar Station der Vereinigten Staaten, die 1957 fertiggestellt und 1975 durch einen Neubau ersetzt wurde.

Das älteste Fachwerkhaus in Deutschland steht in der Webergasse 8 in der Altstadt von Eßlingen am Neckar (Baden-Württemberg). Das 15 m lange und 16 m hohe Gebäude hat einen riesigen Weinkeller und eine besondere Dachkonstruktion. Nach einer Jahresringdatierung des verbauten Eichen- und Tannenholzes wurde festgestellt, daß das Haus aus dem Jahr 1267 stammt.

Das vermutlich älteste Haus der Schweiz steht in Sachseln (Kanton Obwalden). Eine dendochronologische Untersuchung datiert das sogenannte Götschi- oder Farbhaus um 1269–79.

Der größte Fachwerkrundbau ist ein Batterieturm, genannt Junker-Hansen-Turm, auf dem Burggelände Neustadt (Hessen). Der ca. 50 m hohe Bau hat einen Durchmesser von 12,6 m im steinernen Teil der unteren beiden Geschosse; die beiden oberen im Fachwerkaufsatz sind mit einem achteckigen Spitzhelm versehen. Erbaut wurde der Burgturm zwischen 1477 und 1490.

Höchster Wohnblock der Welt ist mit 218 m der Metropolitan Tower in der West 57 Street von New York (USA). Allerdings beherbergen nur die oberen 48 von 78 Stockwerken auch Wohnungen. Der höchste reine Wohnblock ist der Lake Point Tower von Chikago in Illinois (USA). Auf 70 Stockwerken, die 194,88 m emporragen, sind 879 Wohneinheiten untergebracht.
Der höchste Wohnblock Europas steht in Köln. Es ist das 1973 fertiggestellte Colonia-Hochhaus, das mit 147 m Höhe das Uni-Center in Köln um gut 9 m überragt.

Der größte Wohnblock Deutschlands steht seit 1969 im Stuttgarter Vorort Freiberg. Er ist 135 m lang, 20 m breit und 65 m hoch. Neben 440 Wohnungen gibt es in ihm mehrere Supermärkte, ein Kino und ein Schwimmbad.

Der höchste Wohnblock Österreichs ist die Wiener Anlage Wohnpark Alt-Erlaa. Sie hat eine Höhe von 73,66 m. Rechnet man jedoch die Höhe der Aufzugtürme, dann ist der Gebäudekomplex an diesen Stellen sogar 85,1 m hoch.

Der größte Baukomplex mit Eigentumswohnungen, Barbican Estate in London, breitet sich auf 16 ha aus und umfaßt 2011 Wohneinheiten. Dazu gehören auch 2000 Parkplätze. Architekten waren Chamberlain, Powell und Bon.

Die teuerste Eigentumswohnung, 1988 fertiggestellt, ist die größte von vier Luxusunterkünften am Rutland Gate im Londoner Stadtteil Kensington. Sie soll ungefähr 6 Mio. Pfund (etwa 17,8 Mio. DM) wert sein. Die Wohnung, vom Architekturteam YRM entworfen, ist mit einem privaten Swimmingpool und sieben Schlafzimmern ausgestattet. Man kann von ihr aus den Hyde Park überblicken.

Das größte Hotel der Welt ist das im April 1990 eröffnete, 290 Mio. Dollar teure Kasinohotel Excalibur in Las Vegas, Nevada (USA). Es wurde auf einem 47,3 ha großen Gelände errichtet, bietet 4032 Luxuszimmer an und hat 4000 Angestellte. Zu den Hoteleinrichtungen gehören elf Lokale, darunter sieben Spezialitätenrestaurants.

Das 1967 eröffnete Moskauer Hotel Rossija wird inzwischen nicht mehr zu den größten Hotels der Welt gezählt, weil seine 3200 Zimmer den Charakter reiner Schlafstätten haben.

Der Ismailov-Hotelkomplex, der im Juli 1980 zu den Olympischen Spielen in Moskau eröffnet worden ist, bietet 9500 Menschen eine Unterkunft.

Das größte Hotel Deutschlands steht in Frankfurt am Main. Das Sheraton am Frankfurter Flughafen hat 1050 Zimmer.

Insgesamt 1170 Betten hat das Interhotel Stadt Berlin auf dem Alexanderplatz (Berlin). In den 39 Etagen befinden sich außerdem elf Restaurants, acht Salons und Konferenzräume sowie in 110 m Höhe ein Panorama-Restaurant. Das Hotel ist 123,3 m hoch.

Die größte Hotelhalle hat das Hyatt Regency in San Franzisko (USA). Sie ist 106,6 m lang, 48,7 m breit und 51,8 m hoch. Die Höhe der Halle entspricht 17 Stockwerken.

Das höchste Hotel ist, vom Straßenniveau des Haupteingangs bis zum Dachfirst gemessen, mit 226,1 m das 73stöckige Westin Stamford Hotel in der Raffles City in Singapur, dessen Richtfest im März 1985 begangen wurde. Das 235 Mio. Dollar teure Hotel wird von der Westin Hotel Co. geführt und gehört der DBS Land und der Overseas-Chinese Banking Corporation. Es wurde 1990/91 für rund 155 Mio. DM renoviert. Das Westin Stamford Detroit Plaza Hotel ist allerdings, vom Hintereingang gemessen, noch höher, nämlich 227,9 m.

Der höchste Hotelbau Deutschlands ist das Canadian Pacific-Plaza Hotel in Frankfurt. Es ist mit seinen 167 m um 6 m höher als die höchste Kirche der Welt, das Ulmer Münster. Das Hotel hat 46 Stockwerke und 1200 Betten.

Das höchstgelegene Hotel und Restaurant Deutschlands ist das Schneefernerhaus, das nur 300 m unter dem Gipfel der Zugspitze liegt. In 2650 m Höhe können das ganze Jahr über in 24 Betten, 4 Einzel- und 10 Doppelzimmern, Gäste übernachten. Wer ein weiches Ei zum Frühstück möchte, muß sich gedulden: Eier brauchen in fast 3000 m Höhe etwa 15 Min. Kochzeit.

Das höchstgelegene Hotel der Schweiz ist das Hotel Gornergrat-Kulm auf dem Gornergrat (Kanton Wallis). Es liegt 3150 m üNN, hat 40 Betten, 50 Massenlager-Unterkünfte und ist das ganze Jahr (außer 31. Oktober bis 20. Dezember) geöffnet.

Das größte Hotel ist das Kasinohotel Excalibur in Las Vegas, Nevada (USA), das im April 1990 seine Pforten öffnete. Der Architekt ist Veldon Simpson. Die Inneneinrichtung stammt von Yates Silverman, der sich dafür von Themen aus dem Sagenkreis um König Artus, Camelot und die Ritter der Tafelrunde inspirieren ließ.

Vichy (Frankreich) ist mit 14000 Hotelzimmern der größte Badeort der Welt. Hier ist das Kurhaus zu sehen. Die alkalischen Quellen sind seit dem 17. Jh. berühmt.

Noch höher gelegen, aber nur mit Vorbehalt als Hotel einzustufen ist das Berghaus Belvédère in Zermatt (Kanton Wallis). Es wird zwischen Juli und Oktober als »Hotel garni« (nur mit Frühstück) geführt, hat zehn Betten und liegt 3260 m üNN.

Teuerste Hotelunterkunft der Welt ist mit 6000 Dollar (ca. 10 000 DM) pro Nacht plus Steuern die Penthouse-Suite im Fairmont Hotel von San Franzisko, Kalifornien (USA). Dafür stehen dem Gast u.a. rund um die Uhr ein Butler, ein Hausmädchen und eine Limousine zum Flughafen zur Verfügung. Die Suite wurde 1927 nachträglich auf das Hauptgebäude des Fairmont Hotels gebaut. Sie hat ein riesiges Empfangszimmer samt Klavier, ein Eßzimmer mit Platz für 50 Personen, eine zweistöckige Rundbibliothek mit Kuppeldecke und aufgemaltem Sternenhimmel (Blattgold), ein Spielzimmer, drei Schlafzimmer und vier Badezimmer mit Armaturen aus 24karätigem Gold.

Das mobilste Hotel ist vermutlich das Fairmount, das 1906 in San Antonio, Texas (USA), gebaut worden war. Das dreistöckige , 1451 t schwere Ziegelsteingebäude wurde vom 30. März bis 2. April 1985 mit einem Kostenaufwand von 650 000 Dollar (damals 1,95 Mio. DM) von der Firma Emmert International aus Portland, Oregon (USA), um fünf Blocks versetzt. Dazu wurde es auf 36 Montagewagen mit pneumatischen Reifen verladen und auf normalen Straßen zum Zielort gebracht. Eine Brücke, die dabei überquert werden mußte, war deshalb eigens verstärkt worden.

Der größte Badeort der Welt, gemessen an der Zahl der verfügbaren Hotelzimmer, ist Vichy, Allier (Frankreich), mit 14 000 Zimmern. Der höchstgelegene französische Kurort ist Barèges in den Pyrenäen (1240 m).

Größtes Privathaus der Welt ist das 250 Zimmer umfassende Biltmore-Haus in Asheville, North Carolina (USA). Es gehört George und William Cecil, Enkeln von George Washington Vanderbilt II. (1862–1914). Das Haus wurde zwischen 1890 und 95 für 4,4 Mio. Dollar gebaut – auf einem 48 160 ha großen Landbesitz. Heute gehören zum Grundstück nur noch 4856 ha.

Das teuerste jemals gebaute Privathaus ist die Hearst Ranch in San Simeon (USA). William Randolph Hearst (1863–1951), der Zeitungsmagnat, ließ es von 1922 bis 39 mit einem Kostenaufwand von mehr als 30 Mio. Dollar bauen. Das Haus mit über 100 Räumen, einem 32 m langen geheizten Schwimmbad, einem 25 m langen Konferenzsaal und einer Garage für 25 Limousinen erforderte 60 Hausangestellte.

Den höchsten Preis, der 1992 weltweit auf dem Immobilienmarkt für ein Haus gezahlt wurde, erzielte mit 142,6 Mio. DM das Casa Batlló im Zentrum von Barcelona (Spanien). Es war 1887 für José Batlló gebaut und später von Antonio Gaudi (1852–1926) erheblich umgebaut worden.

Der meistbesuchte private Wohnsitz ist Warwick Castle bei Stratford-on-Avon, Warwickshire (GB), das 1991 von 683 000 Menschen besichtigt wurde. Es wurde im 14. Jh. im Auftrag der Familie Beauchamp erbaut.

Der größte nicht palastartige Wohnsitz ist Schloß St. Emmeram in Regensburg (Schätzwert: mindestens 310 Mio. DM). Es ist mit 517 Zimmern ausgestattet und hat eine Bodenfläche von 21 460 m^2. Allerdings werden nur 95 Zimmer von der Familie des verstorbenen Fürsten Johannes von Thurn und Taxis genutzt.

STADIEN, SPORTHALLEN

Das größte Stadion der Welt ist das Strahov-Stadion in Prag (ČSFR). Es wurde 1934 fertiggestellt und hat Raum für 240 000 Zuschauer bei Massenvorführungen von bis zu 40 000 Kunstturnern.

Das größte Fußballstadion der Welt ist das Städtische Stadion Maracaña von Rio de Janeiro (Brasilien) mit einem Normalfassungsraum von 205 000, davon 155 000 Sitzplätzen.
Beim Weltmeisterschaftsendspiel zwischen Brasilien und Uruguay am 16. Juli 1950 waren 199 854 Zuschauer im Stadion. Ein Graben von 2,13 m Breite und 1,5 m Tiefe schützt die Spieler vor den Zuschauern und umgekehrt.

Deutschlands größtes Stadion ist das Leipziger Zentralstadion mit 95 000 Plätzen. Das Olympiastadion in Berlin hat ein Fassungsvermögen von 76 009 Zuschauern.
Das Olympiastadion in München, für die Olympischen Spiele 1972 erbaut, faßte 75 500 Zuschauer, nach dem Umbau von 1988 bietet es Platz für 72 308 Zuschauer.

Das größte Sportstadion Österreichs ist das Praterstadion. Es hat nach der Überdachung von 1986 einen Fassungsraum für 60 000 Zuschauer.

Das größte Stadion der Schweiz ist das Sportstadion St. Jakob bei Basel. Es faßt insgesamt 60 000 Zuschauer bei 51 816 Stehplätzen.

Größtes überdachtes Stadion der Welt ist das Azteken Stadion, Mexico City (Mexiko), das 1968 eröffnet wurde. Die 107 000 Zuschauer sitzen zu 95 Prozent unter einem Dach.

Das größte mobile (ein- und ausfahrbare) Dach der Welt erhielt das neue Stadion der Toronto Blue Jays in Kanada. Das Stadion wurde in der Nähe des CN-Towers in Toronto errichtet, bietet 53 000 Besuchern Platz und war im Juni 1989 fertig. Das Stadiondach hat einen Durchmesser von 207 m.
Das lichtdurchlässige Akrylglasdach über dem Münchner Olympiastadion ist 74 800 m^2 groß und überspannt eine Fläche von 8,5 ha. Es hängt an einem mastengetragenen Stahlnetz, für das 1771 km Stahldraht verarbeitet wurden. Durch das absolute Fehlen von Stützpfeilern im Innenraum ist für alle Zuschauer ungehinderte Sicht garantiert.

Das Dach mit der größten Spannweite hat der Superdome in Louisiana (USA). Sein Durchmesser beträgt 207,2 m. Aber die Hauptachse des 1971 fertiggestellten elliptischen Texas-Stadions in Irving (USA) ist 240 m lang.

Das größte Hallenstadion der Welt ist mit 5,26 ha Fläche und einer Höhe von 83,2 m der Superdome von New Orleans (USA), der im Mai 1975 für 173 Mio. Dollar (damals 425 Mio. DM) errichtet wurde. Für Versammlungen usw. bietet er 97 365 Sitzplätze, bei Fußballspielen 76 791. Logen sind für 35 000 Dollar zu mieten, der Eintrittspreis ist in diesem Betrag nicht enthalten. Ein Wagen mit 8 m großen Fernsehschirmen ermöglicht die sofortige Wiederholung einzelner Spielphasen.

Die größte Sporthalle Deutschlands ist die 1952 neu erbaute Westfalenhalle in Dortmund. 23 000 Zuschauer haben in ihr Platz. Mit allen Nebenanlagen wie Tattersall und Boxschule hat die Anlage eine Grundfläche von 20 000 m^2. Sie verfügt über die größte Hallenkuppel Europas – mit einer 1680 t schweren Stahlkonstruktion.

Die größte Sporthalle Österreichs ist das Wiener Hallenstadion mit einem Fassungsraum für 5600 Zuschauer.

Die größte Sporthalle der Schweiz hat die Stadt Magglingen. Es ist eine reine Trainings-

Der längste Vergnügungspier der Welt ist der Southend Pier in Southend-on-Sea, Essex (GB). Er ist 2,15 km lang und bietet seinen Besuchern eine Schmalspurbahn, Theater, Geschäfte und Vergnügungsarkaden.

und Wettkampfhalle, die 5000 Zuschauer faßt. Die Sportfläche ist 44 × 84 m, und die lichte Höhe beträgt 11 m.

VERGNÜGUNGSPARKS, AUSSTELLUNGEN

Größter Vergnügungspark der Welt ist mit 11 332 ha Disney World im Herzen von Florida (USA). Er liegt 32 km südwestlich von Orlando und erstreckt sich über die Bezirke Orange und Osceola. Der Park hat 400 Mio. Dollar gekostet und ist im Oktober 1971 eröffnet worden.

Der meistbesuchte Vergnügungspark der Welt ist das Disneyland im kalifornischen Anaheim (USA, 1955 eröffnet). Am 24. August 1985 wurde um 9 Uhr 52 der 250millionste Besucher begrüßt. Disneyland empfing 1989 den 300millionsten Besucher.

Deutschlands größter und meistbesuchter Freizeitpark ist Phantasialand, das »Land der unbegrenzten Möglichkeiten«, an der B 51 zwischen Köln und Bonn, südlich Brühl gelegen. Der 1967 eröffnete Park bietet auf 280 000 m^2 über 26 Hauptattraktionen, darunter das Indoor-Bahn Space Center, China-Town undMagic-Shows. 2,2 Mio. Besucher kamen im Jahr 1988.

Das größte Volksfest ist das Münchner Oktoberfest, das alljährlich im September stattfindet. In den USA wird es als *Beerfestival* bezeichnet. 1978 gab es neue Oktoberfest-Rekorde: 6,6 Mio. Besucher tranken und aßen: 4,5 Mio. l Bier, 759 751 Brathendl und 542 842 Schweinswürstl.

Der größte Vergnügungsstrand ist Virginia Beach, Virginia (USA), mit einem 45 km langen Strand am Atlantik und 16 km an der Chesapeake-Bucht. Das Erholungsgebiet erstreckt sich über 803 km^2 und verfügt über 157 Hotels und Motels. Daneben gibt es 2230 Zeltplätze.

Der längste Vergnügungspier der Welt ist der Southend Pier in Southend-on-Sea, Essex (GB). Der erste Holzpier wurde 1830 eröffnet und 1846 erweitert. Der heutige 2,5 km lange Eisenpier wurde am 8. Juli 1989 eingeweiht. Die höchste Besucherzahl war mit 5,75 Mio. Menschen 1949/50 zu verzeichnen. Der Pier wurde seit 1830 von 14 Schiffen gerammt und geriet dreimal in Brand.

Das größte Stadtstrandbad Europas ist das Gänsehäufel in Wien. Die erstmals 1907 (1950 erneut) eröffnete »Badefabrik« bietet auf fast

Blick auf das Flughafengelände Berlin-Schönefeld.

Schau der Superlative

Nach 64jähriger Pause kehrte die **I**nternationale **L**uft- und Raumfahrt-**A**usstellung (ILA '92) nach Berlin, an den Ort ihrer Gründung zurück. Rund 500 Aussteller aus 23 Ländern zeigten vom 15. bis zum 27. Juni 1992 neben technologischen Neuerungen der Luft- und Raumfahrt über 225 Fluggeräte aller Art auf dem Südgelände des Flughafens Berlin-Schönefeld (Diepensee). Der modernste Langstreckenjet der Welt, der *Airbus A-340,* das leistungsstarke Regionalflugzeug *Dornier-328,* aber auch die Flugvorführungen der russischen *MIG-29* und der amerikanischen *F-16* waren die Attraktionen für die gut 300 000 Besucher, ebenso aber auch der *Fieseler Storch* und der Standardjäger der Deutschen Luftwaffe, die *ME-109.* Mit dem Erfolg der ILA '92 zählt Berlin-Brandenburg, an der Nahtstelle zwischen Ost und West, neben dem Aerosalon in Paris-Orly (Frankreich) und der Airshow von Farnborough bei London (GB) zu den großen europäischen Luftfahrtschauen.

EURO DISNEYLAND-VERGNÜGUNGSPARK DER SUPERLATIVE

Sie betreibt bereits den größten Vergnügungspark der Welt (bei Orlando in Florida) und den meistbesuchten (in Anaheim bei Los Angeles), sie leistet die cleverste Öffentlichkeitsarbeit und erzielte innerhalb von sieben Jahren die höchsten Gewinnsteigerungen (von 98 Mio. Dollar 1984 auf 824 Mio. Dollar 1990). Sie hat einen Manager zum Vorsitzenden, Michael Eisner, der mit 68 Mio. Dollar Jahreseinkommen 1990 der bestbezahlte in den USA war. Und sie hat einen heimlichen Schutzpatron, Onkel Dagobert mit Namen, der über ein persönliches Vermögen in Höhe von neun Fantastillionen, 657 Zentrifugillionen Taler und 19 Kreuzer verfügt. Die Rede ist von der Walt Disney Company. Ganz im Stil solcher Superlative sollte der erste große Ableger der Company auf europäischem Boden daherkommen – Euro Disneyland.

Im August 1988 hatten die Arbeiten auf den Feldern bei Marne-La-Vallée, 32 km östlich von Paris, begonnen, und bald schon war die Baugrube Europas zweitgrößte Baustelle nach dem Kanaltunnel zwischen Frankreich und England.

Treffpunkt in der Main Street, USA: Wenn sich die Träume der Disney Company erfüllen, dann kommen jährlich 11 Mio. Besucher – oder 3000 täglich – in die Wunderwelt.

Mickey und seine diskrete Dauerverlobte Minnie.

Mehr als 8000 Arbeiter waren zeitweise dort beschäftigt und hatten ordentlich zu tun. 4 Mio. km^3 Erde mußten verschoben und 34 000 km^3 Sand herangekarrt werden, fast 10 Mio. kg Zement waren zu gießen, 500 000 l Farbe zu verstreichen und mehr als 300 000 Bäume und Sträucher zu pflanzen. Gleichzeitig wurden die Gleise der Pariser S-Bahn um 11 km verlängert, wurden Zubringerstraßen und ein neues Autobahnkreuz gebaut.

Nach drei Jahren nahm Euro Disney allmählich Formen an und, am erstaunlichsten, am 12. April 1992 war es pünktlich zur Eröffnungsfeier fertig. Auf 600 ha – das sind 6 Mio. m^2 – war das Euro Disney Resort entstanden: Gebäude mit einer Grundfläche von insgesamt mehr als 300 000 m^2, 32 km Straßen und über 20 Brücken.

Gegliedert ist die Anlage in drei große Bereiche:
1. ein Wohnkomplex mit sechs Hotels unterschiedlichen Standards, ein Campingplatz, ein Golfplatz und ein künstlicher See;
2. ein Unterhaltungszentrum mit Diskotheken, einer Ladenzeile und einer 1000 Menschen fassenden Arena für eine Wildwest-Show;
3. ein Vergnügungspark mit 29 »Attraktionen«, zahlreichen Restaurants und Geschäften – das eigentliche Magic Kingdom.

Für gute Laune ist in diesem Vergnügungspark immer gesorgt.

Gespart wurde bei der Ausstattung der fünf »Länder« des Parks nicht. Weder an Geld noch an großen Zahlen.

»Main Street, USA«, die zentrale Flanier- und Einkaufsmeile, wurde mit 528 000 Ziegelsteinen ausgelegt. An dem künstlichen Baum in »Adventureland«, in dem die Schweizer Familie Robinson jahrelang residierte, wurden mehr als 300 000 Plastikblätter einzeln befestigt. Auf »Big Thunder Mountain«, dem Betonberg, über den ein wildgewordener Minenzug donnert, wurde eine alte Bergwerksanlage aus den USA wieder aufgebaut. Im *Cinémagique* wird der von George Lucas und Francis Ford Coppola produzierte 3-D-Film *Captain EO*, mit Michael Jackson in der Hauptrolle, gezeigt, den seit seiner Premiere am 19. September 1986 in Florida schon mehr als 30 Mio. Menschen gesehen haben. Das Zubehör zu manchen Attraktionen ließen die Disney-Leute eigens in Handarbeit anfertigen. So wurden die Lokomotiven der Euro Disneyland Railroad in Wales zusammengeschraubt, die Teppiche des Dornröschenschlosses in Aubusson gewebt und seine bleigefaßten Buntglasfenster in London hergestellt. Die 17 äußeren Pferde des *Carrousel de Lancelot* wurden aus Pappel- und Lindenholz handgeschnitzt, die beiden Prachtwagen entstammen einem Jugendstilkarussell der Jahrhundertwende. Und bei der an Sommerabenden stattfindenden *Main Street Electrical Parade* sind weit über 500 000 Glühbirnchen im Einsatz.

***Main Street Electrical Parade* mit dem Dornröschenschloß, dem Wahrzeichen von Euro Disney.**

400 000 m^2, davon 1300 m Strand, 33 000 Bade- und Sonnenfreunden Erholung.

Das größte Ausstellungsgelände aller Zeiten hatte 1904 die Louisiana-Purchase-Austellung in St. Louis, Missouri (USA), nämlich 514,66 ha. 19 694 855 Menschen besuchten die Ausstellung. Zur gleichen Zeit fanden in St. Louis auch die Olympischen Spiele statt.

Größtes Ausstellungsgelände der Welt ist das Internationale Messezentrum von Cleveland in Ohio (USA). Es umfaßt 70,8 ha und grenzt unmittelbar an den Cleveland Hopkins International Airport. Die Passagiere werden in einem 232 250 m^2 großen Hallenkomplex abgefertigt, in dem sie direkten Anschluß an den Schienenverkehr haben und in dem Parkplätze für 10 000 Autos zur Verfügung stehen.

Die erste internationale Großmesse fand 1851 im 1936 abgebrannten Crystal Palace, Hyde Park von London (GB), statt. Sie lockte in 141 Tagen 6 039 195 Besucher an.

Die älteste Luftfahrt-Ausstellung der Welt ist die ILA, die Internationale Luftfahrt-Ausstellung. Die 1. ILA fand 1909 in Frankfurt/Main von Juli bis Oktober statt, der erste Aérosalon in Paris fand erst vom 25. September bis 17. Oktober 1909 statt. Nach der ILA 1928 in Berlin war 1958–90 Hannover Heimat der Ausstellung gewesen. Seit dem 15. Juni 1992 findet sie in Berlin-Schönefeld statt.

Die höchste Besucherzahl einer Weltausstellung, nämlich 64 218 770, erzielte die Expo '70, die in Osaka (Japan) auf einem Gelände von 330 ha von März bis 13. September 1970 abgehalten wurde. Expo '70 warf einen Gewinn von rund 147 Mio. DM ab.

Schaufenster der Welt

176 Tage lang bietet das südspanische Sevilla die »letzte und größte Weltausstellung dieses Jahrhunderts« vom 20. April bis zum 12. Oktober 1992. Unter dem Motto »Das Zeitalter der Entdeckungen« ist die Expo '92 eine Fiesta der Fiestas, eine Mischung aus einem Jahrmarkt der nationalen Eitelkeiten, aus Industrie- und Nationenfestival, eine Bilanz von Technik und Fortschritt, Disneyland und Kulturprogramm – vor allem aber ein andalusisches Riesenfest.

112 Länder, 23 internationale Organisationen und 47 Weltunternehmen zeigen in 95 Pavillons auf 215 ha der Cartuja-Insel im Guadalquivir einen Rummel ohne Beispiel. Für das mit 30 000 Bäumen und 300 000 Sträuchern begrünte Gelände gibt es eigens eine Patentkühlung, 10 km Hecken und Wasserspiele bilden einen grünen Kontrast zu den 93 km neuangelegten Boulevards, sieben neue Brücken sind über den Guadalquivir gespannt, nach Madrid fährt der Hochgeschwindigkeitszug *AVE*, Flughafen, Autobahnen und Ringstraßen sind neu eingerichtet. Eine große Videoschau technologischer Sensationen, architektonischer Meisterleistungen und eine Präsentation neuer Forschungsergebnisse erwarten wenigstens 20 Mio. Besucher.

Das erste Riesenrad, nach seinem Konstrukteur George W. Ferris (1859–96) *Ferrisrad* genannt, wurde 1893 am Midway, Chikago (USA), für 380 000 Dollar errichtet. Der Durchmesser betrug 76 m, der Umfang 240 m, das Gewicht 1087 t; es trug 36 Gondeln für je 60 Fahrgäste, insgesamt also 2160 Personen. Der Bau übersiedelte 1904 nach St. Louis und wurde schließlich als Schrott für 1800 Dollar verkauft.

Das größte Riesenrad war im Jahr 1897 anläßlich der Earl's-Court-Ausstellung in London installiert worden. Es hatte einen Durchmesser von 86,5 m und 10 Gondeln erster Klasse sowie 30 zweiter Klasse.

Das größte Riesenrad unserer Zeit heißt *Weltuhr 21* und wird im japanischen Yokohama betrieben. Es ist 105 m hoch und hat einen Durchmesser von 100 m. In jeder der 60 Gondeln haben acht Leute Platz. Die 60 Speichen, welche die Gondeln tragen, dienen zugleich als Sekundenzeiger einer 13 m großen Uhr, die in der Nabe montiert ist. Weitere Attraktionen des Riesenrads sind Laser-Illuminationen und Klangeffekte aus dem Synthesizer.

Das größte transportable Riesenrad mit einer Höhe von 61 m, einem Gewicht von 450 t und einer Standfläche von 25,2 × 27,5 m ist im Besitz der Firma Steiger in Bad Oeynhausen. 420 Fahrgäste finden in seinen 42 Gondeln Platz.

Das größte mobile Karussell mit dem größten künstlichen See gehört dem Schausteller Wilhelm Hohmann (*1919) aus München. 50 000 l Wasser faßt dieses Rundfahrgeschäft mit 23 m Durchmesser, das bei dem eigenen See natürlich auch mit einer Fontäne und einem Wasserfall aufwartet. Seit 1967 lockt es nicht nur Oktoberfest-Besucher in seine 32 Gondeln.

Das größte transportable doppelstöckige Karussell kommt aus dem bayerischen Sulzbach/Aibach. Der Kunstmaler und Bildhauer Peter Petz hat ein altes doppelstöckiges Eta-

Die Schweizer Monorail-Bahn führt an dem Expo-Signet, einer Weltkugel, vorbei.

Dieses Ringelspiel mit Handbetrieb stellte der in Sulzbach lebende Augsburger Peter Petz im Juni 1991 auf dem Augsburger Bürgerfest vor. Der »Amusement-Designer« überraschte erneut mit einem ungewöhnlichen Spielgerät. Sein erstes mittelalterliches Handkurbel-Karussell, fiktives Baujahr 1691, hat einen Durchmesser von 6 m und ist mit seinen acht Pferden und acht Schiffen aus Holz gebaut, 16 Sitze laden zum Mitfahren ein.

gen-Pracht-Dampf-Karussell von 1888 von 11 m Durchmesser, 11 m Höhe nachgebaut. Das 11-t-Gefährt bietet mit seinen ornamentverzierten Tieren, Schiffen, Fesselballons und Kutschen 100 Personen Platz, ist TÜV-geprüft, im Straßenverkehr zugelassen und kann sogar noch mit einer dreistöckigen Variante aufwarten – einem Café als oberstem Stockwerk mit Platz für 30–40 Gäste.

Die schnellste Achterbahn: Spitzengeschwindigkeiten für Hochbahnen, Berg-und-Tal-Bahnen oder Achterbahnen sind in der Vergangenheit aus kommerziellen Gründen oft übertrieben worden. Die 8-Mio.-Dollar-Bahn *Magnum XL-200* wurde Anfang 1989 im Cedar Point Park bei Sandusky, Ohio (USA), eröffnet. Sie hat ein Gefälle von 59,37 m, auf dem eine Spitzengeschwindigkeit von 115,86 km/h erreicht wird. Cedar Point ist mit seinen neun Bahnen größer als jede andere Parkanlage.

Die längste Achterbahn der Welt ist mit 2,29 km *The Ultimate* (die Endgültige) in Lightwater Valley, Ripon, Yorkshire (GB).

Die Achterbahn mit der tiefsten Sturzfahrt und zugleich die schnellste ist das *Steel Phantom* (Stahlphantom) im Kennywood-Vergnügungspark in West Mifflin, Pennsylvania (USA). Sie rast mit einer Geschwindigkeit von 128 km/h in eine 68,55 m tiefe natürliche Schlucht hinab.

Die höchste Achterbahn ist mit 63 m *Moonsault Scramble* im Fujikyu-Hochland-Park in der Nähe des Kawaguchisees in Japan. Sie wurde am 24. Juni 1983 in Betrieb genommen.

Die Achterbahn mit den größten Loopings, sieben Luftschleifen mit einer Gesamtlänge von 1167 m, deren höchster Punkt 57,3 m über dem Erdboden liegt, ist die *Viper* im Six Flags Magic Mountain in Valencia, Kalifornien (USA).

Die größte Holzachterbahn ist *Mean Streak* im Cedar-Point-Vergnügungspark in Sandusky, Ohio (USA), die neueste Schöpfung von Curtis D. Summers, der bereits über 30 Holzachterbahnen entworfen hat. Sie erhebt sich an ihrem höchsten Punkt 49,07 m über den Erdboden.

Die größte transportable Achterbahn der Welt wurde Pfingsten 1986 in Freiburg/Br. eingeweiht. In 20 Sek. rasen die Züge mit einer Geschwindigkeit von 90 km/h über die 1100 m lange Strecke mit ihren vier Loopings bis zu einer Höhe von 35 m.

Die längste Rutschbahn der Welt gibt es in Peru im US-Staat Vermont. Die Route 11 der *Bromley Alpine Slide* ist 1402 m lang und weist einen Höhenunterschied von 250 m auf.

Die längste deutsche Rutschbahn gibt es seit 1979 in Bad Tölz (Oberbayern). Mitten durch Hochwälder können Kinder, aber auch Erwachsene, 1240 m hinunterrutschen und dabei einen Höhenunterschied von 220 m überwinden.

Die längste hangverlegte Wasserrutschbahn Europas befindet sich seit Februar 1990 in der Schweiz, und zwar im Alpamare in Pfäffikon (Schwyz), dem größten gedeckten Wasserpark Europas. Vier neue, teilweise steil abfallende Rutschen von insgesamt 500 m Länge überwinden eine Höhendifferenz von 17 m, entsprechend rauschen 16 m^3/min Wasser die Rutschen hinunter. Die Gesamtlänge der Alpamare-Anlage beträgt über 900 m.

GASTSTÄTTEN

Das größte Restaurant der Welt wurde in der thailändischen Hauptstadt Bangkok eröffnet. Das Royal Dragon hat 4000 Plätze. 900 Angestellte servieren das Essen auf Rollschuhen, damit es heiß bei den Gästen ankommt.

Das höchstgelegene Restaurant befindet sich im Wintersportort Chacaltaya (Bolivien) in 5340 m Höhe.

Das höchstgelegene Restaurant Europas dürfte das Drehrestaurant auf dem Mittelallalin oberhalb von Saas Fee im Schweizer Kanton Wallis sein. Es liegt 3456m üNN.

Die größte Restaurantkette der Welt wird von der McDonald's Corporation mit Sitz in Oak Brook, Illinois (USA), betrieben. Sie wurde 1955 von Ray A. Kroc (1902–84) gegründet, nachdem er die Brüder Dick und »Mac« McDonald, Pioniere auf dem Gebiet der Schnellimbißlokale, ausbezahlt hatte. Im April 1992 gehörten, direkt oder über Konzessionen, 12 500 Restaurants in 60 Ländern zu McDonald's. Die größte Filiale wurde am 23. April 1992 in Peking (China) eröffnet. Fast 1000 speziell ausgebildete einheimische Angestellte umsorgen in dem Restaurant, das eine Fläche von 2601 m^2 einnimmt, maximal 700 Gäste. McDonald's konnte 1991 weltweit einen Umsatz von 19,9 Mrd. Dollar (33,74 Mrd. DM) erzielen.

Die höchste Bar der Welt ist mit 7,69 m das Spirituosen-Sortiment in Humperdink's Seafood and Steakhouse Bar in Dallas, Texas (USA). Die Bar hat Platz für mehr als 1000 Flaschen und besteht aus zwei Regal-Ebenen. Die vier unteren Reihen sind insgesamt 131,23 m lang und vom Boden aus zu erreichen. Die obere Bar-Ebene hat fünf Reihen und ist nur über eine Leiter zu erreichen.

Das größte Nachtlokal ist Gilley's Club (früher Shelly's), gebaut 1955 und erweitert 1971, in Houston, Texas (USA); es hat mehr als 6000 Sitzplätze und erstreckt sich über eine Fläche von 1,6 ha.

Im klassischen Sinn ist jedoch Der Mikado im Stadtteil Akasaka von Tokio (Japan) mit 2000 Sitzen **die größte Bar der Welt**. Für die Betreuung der Kundschaft sorgt ein Aufgebot von 1250 Bardamen. Zum richtigen Genuß der Darbietungen auf der Bühne empfiehlt sich ein Opernglas.

Das größte Bierlokal der Welt ist das Mathäser in München. Täglich werden dort 48 000 l ausgeschenkt. Das Lokal wurde 1829 gegründet, im Zweiten Weltkrieg zerstört und 1955 wieder eröffnet. Heute hat das Mathäser Platz für 5500 Gäste.
Der Ausschank in den Dube-Biersälen von Soweto bei Johannesburg (Südafrika) kann allerdings an manchen Samstagen noch höher sein. Der Durchschnittskonsum an Wochentagen liegt bereits um 27 300 l.

Der größte Biergarten ist der Augustiner Biergarten in München, der 1901 eröffnet wurde und Platz für 5200 Gäste hat. Im Augustiner Biergarten werden bis zu 100 hl Bier pro Tag verkauft.

TÜRME UND MASTEN

Das höchste Bauwerk der Welt war der verankerte Sendemast von Radio Warschau in Konstantynów, 96 km nordwestlich der polnischen

Hauptstadt. Bevor er im Verlauf von Renovierungsarbeiten am 10. August 1991 umstürzte, war er 646,38 m hoch. Der von Jan Polak konstruierte und 550 t schwere Mast war am 18. Juli 1974 fertiggestellt und am 22. Juli 1974 in Betrieb genommen worden. Er war so hoch, daß jemand, der von seiner Spitze gefallen wäre, vor dem Aufprall auf dem Boden die Endgeschwindigkeit erreicht hätte und nicht mehr schneller geworden wäre. Die Arbeit an der Stahlrohrkonstruktion mit ihren 15 Abspannseilen hatte im Juli 1970 begonnen. Damit hatte sich Europa, zeitweise, den Rekord zurückgeholt, den die USA 1929 gebrochen hatten, als das Chrysler-Gebäude über den Pariser Eiffelturm »hinauswuchs«. Nach dem August 1991 wird der Mast in Polen spöttisch »der längste Turm der Welt« genannt.

Der höchste Turm, der vor dem Zeitalter der Fernsehmasten erbaut wurde, ist der Eiffelturm, den Alexandre Gustave Eiffel (1832–1923) für die Pariser Weltausstellung konstruierte und der am 31. März 1889 fertiggestellt wurde. Er war damals 300,51 m hoch, wurde seither durch eine Fernsehantenne auf 320,75 m erhöht und wiegt 7224 t. Bei Sturmböen schwankt der Turm bis zu 12,7 cm. Das Stahlgerüst mit 1792 Stufen erforderte eine Bauzeit von zwei Jahren, zwei Monaten und zwei Tagen.

Der höchste Ziegelsteinturm der Welt steht in Landshut (Bayern). Es ist der Turm der St.-Martins-Kirche. Seine Höhe: 130,6 m.

Der höchste weder gemauerte noch kabelverankerte Turm der Welt ist der 44-Mio.-Dollar-(80,2-Mio.-DM-)Fernmeldeturm im Metro Centre, Toronto (Kanada). Der CN Tower ist 553,34 m hoch. Die Arbeiten am Fundament für das 130 000-t-Bauwerk aus nachgespanntem Beton begannen am 12. Februar 1973, die Fertigstellung erfolgte am 2. April 1975. Das Restaurant mit 416 Sitzen dreht sich in einer Höhe von 347 m. Aus seinen Fenstern kann man bis zu den 120 km entfernten Bergen blicken. Blitze treffen den Turm bei einem jährlichen Durchschnitt von ca. 30 Gewittern etwa 200mal.

Deutschlands höchster Sendeturm ist der Fernsehturm auf dem Alexanderplatz in Berlin. Er hat eine Höhe von 365 m, der Schaft ist 250 m hoch, der Antennenträger 115 m lang, die Masse beträgt 26 000 t, die Masse der Kugel 4800 t. In 203 m Höhe befindet sich der Aussichtsrundgang für 125 Personen, in 207 m Höhe das Telecafé für 200 Personen, das sich einmal pro Stunde um die eigene Achse dreht. Das Café hat einen Durchmesser von 29 m, der Turmfuß von 32 m, Baubeginn war am 4. August 1965, die Inbetriebnahme erfolgte am 3. Oktober 1969.

Höchster Sendeturm der Schweiz ist St. Chrischona. Mit 248 m Höhe soll der Riese im Dreiländereck zwischen dem schweizerischen Riehen und dem deutschen Inzlingen den Fernsehempfang für 0,5 Mio. Menschen verbessern.

BRÜCKEN

Europas größte moderne Holzbrücke überspannt einem Lindwurm gleich den Rhein-Main-Donau-Kanal. Der 192 m lange Fußgängersteg verbindet bei Essing im Altmühltal die beiden Kanalufer. Für das Bauwerk wurden 400 m^3 Fichten-, Lärchen- und Bongosiholz benötigt. Nur die Fundamente der Holzbrückenkonstruktion sind aus Beton.

Die Göltzschtalbrücke im Vogtland gilt als größtes Ziegelbauwerk. Beim Bau der Eisenbahnverbindung von Leipzig nach Süddeutschland wurde sie aus 26 Mio. Ziegeln errichtet. Ihre 76 Bogen bestehen aus 135 667 m^3 Mauerwerk.

Die längste freitragende Holzbrücke – 80 m lang – ist in Remseck, Ludwigsburg (Baden-Württemberg) über den Neckar gelegt worden. Der Steg aus 300 m^3 Holz und rund 25 t Stahl ist nur für Fußgänger und Radfahrer zugelassen. Im Mai 1989 war die von den Stuttgarter Professoren Milbrandt und Sengler entworfene 180 t schwere Fachwerk- und Glaskonstruktion fertiggestellt.

Deutschlands erste Aluminiumbrücke ist die 1956 erbaute Schwansbell-Brücke, die bei Lünen über den Datteln-Hamm-Kanal führt. Ihre Stützweite beträgt 44 m. Ihr Gewicht: 25 t. Die gleiche Brücke in Stahl würde 60 t wiegen.

Die meisten Brücken aller europäischen Städte hat die Hansestadt Hamburg: Am 1. Mai 1990 waren es bereits 2490 Brücken über Gewässer, Straßen und Schienen; und jährlich werden es mehr.

Die größte Auslegerspannweite aller Brücken hat die Quebec-Brücke (Pont de Quebec) über den Sankt-Lorenz-Strom in Kanada, nämlich 549 m zwischen den Pfeilern und 987 m insgesamt. Sie trägt eine Bahnstrecke sowie zwei Straßenbahnen. Der Bau begann 1899, der Betrieb wurde am 3. Dezember 1917 aufgenommen; das Bauunternehmen kostete 87 Menschenleben und 22,5 Mio. kanadische Dollar.

Die längste Stabbogenbrücke der Welt ist die New-River-Schlucht-Brücke bei Fayetteville, West Virginia (USA), die 1977 mit einer Stützweite von 518,2 m fertiggestellt wurde.

Deutschlands längste Stabbetonbrücke (Bogen liegt oberhalb der Fahrbahn) ist die Rheinbrücke in Duisburg-Rheinhausen mit einer Stützweite von 256 m.

Die längste Stabbogenbrücke Österreichs ist die Tal- und Hängebrücke Kremsbrücke im Verlauf der Tauernautobahn mit einer Länge von 2607 m im Liesertal (Kärnten).

Die längste Stabbogenbrücke Österreichs ist die Salzachbrücke bei Anif (Land Salzburg) mit einer Stützweite von 135 m.

Die längste Stabbogenbrücke der Schweiz ist die Kirchenfeldbrücke in Bern. Sie hat eine Stützweite von 229,2 m.

Die längste überdachte Brücke der Welt befindet sich in Hartland, New Brunswick (Kanada). Sie hat eine Länge von 390,8 m und wurde 1899 gebaut.

Die größte Steinbogenbrücke der Welt ist die 1901 fertiggestellte 1161 m lange Rockville-Brücke nördlich von Harrisburg, Pennsylvania (USA). Zum Bau ihrer 48 Pfeiler wurden 196 000 t Steine verwendet.

Die längste Steinbogenbrücke ist die 1903–05 erbaute heutige Friedensbrücke in Plauen (Vogtland). Sie besitzt mit 90 m Spannweite den größten gemauerten Bruchsteingewölbebogen in Europa. Sie ist 21 m hoch bei einer lichten Höhe von 18 m und 17 m breit.

Die längste aus Ziegelsteinen erbaute Brücke Deutschlands ist die 578 m lange und 78 m hohe Göltzschtalbrücke im Vogtland. Die Brücke wurde 1846–51 von 1700 Arbeitern aus 26 Mio. Ziegelsteinen errichtet.

Die Hängebrücke mit der längsten Spannweite, sie beträgt 1410 m zwischen den Hauptpfeilern, ist die Humber Estuary Bridge in England. Ihre Pfeiler sind 162,5 m hoch; sie weichen 36 mm von der Parallele ab, um die Erdkrümmung auszugleichen. Einschließlich der Verlängerung zu den Hessle- und Barton-Ufern erstreckt sich die gesamte Brücke über 2220 m. Die Brücke (Baubeginn: 22. Juli 1972) wurde am 17. Juli 1981 von der Königin für den Verkehr freigegeben und hatte bis dahin 96 Mio. Pfund (damals 404 Mio. DM) gekostet.

Die größte Spannweite aller Schrägseilbrücken hat mit 530 m die 1991 fertiggestellte Skarnsundet-Brücke über den Trondheimsfjord in Norwegen.

Wenn 1997 der Bau der Tatara-Brücke auf der Route Onomichi-Imabari (Japan) abgeschlossen ist, wird sie mit einer Hauptspannweite von 820 m die Schrägseilbrücke mit der größten Spannweite der Welt sein.

Die längste und höchste Hängebrücke Deutschlands ist die Köhlbrandbrücke in Hamburg, die die neuen und die alten Teile des Hafens verbindet. Ihre lichte Höhe beträgt bis zu 53 m. Diese Schrägseil-Hängebrücke ist 3940 m lang, sie wurde von 1970 bis zum 20. September 1974 für 113 Mio. DM errichtet.

Die längste Eisenbahnbrücke der Welt ist die Huey-P.-Long-Brücke von Metairie in Louisiana (USA). Ihre Bahnstrecke ist 7 km lang bei einem maximalen Pfeilerabstand von 241 m. Sie wurde am 16. Dezember 1935 fertiggestellt.

Die längste kombinierte Straßen- und Eisenbahnbrücke der Welt ist mit 12 603 m die zweigeschossige Seto-Ohashi-Brücke, die eine Straßen- und Eisenbahnverbindung zwischen Kojima auf Honshu und Sakaide auf Shikoku (Japan) herstellt. Sie wurde am 10. April 1988 eröffnet, kostete 15,3 Mrd. DM und forderte 17 Menschenleben. Der Brückenzoll für eine Strecke beträgt für Autos rund 40 DM. Darüber hinaus ist die zu dieser Verkehrsverbindung gehörende Minami-Bisan-seto-Brücke mit einer Spannweite von 1100 m die längste Hängebrücke für kombinierten Straßen- und Eisenbahnverkehr.

Freie Fahrt nach Lolland

Geht alles nach Plan, wird 1997 in Dänemark die größte Brücke der Welt für den Verkehr freigegeben. Sie ist Voraussetzung für den geplanten durchgehenden Verkehr zwischen Dänemark und dem Kontinent über die Vogelfluglinie zwischen Puttgarden auf Fehmarn und Rødby Havn auf Lolland durch einen Tunnel unter dem Fehmarn-Belt.

Das dänische Parlament beschloß im Frühjahr 1988 erst einmal, die Inseln Fünen und Seeland mit einem kombinierten Brücken- und Tunnelbauwerk zu verbinden und eine europäische Hauptverkehrsader zu schaffen. Mit dieser landfesten Verbindung für Schiene und Straße wird es erstmals möglich, die Strecke vom europäischen Festland nach Kopenhagen zu fahren – ohne den Fährtransport über den Großen Belt. Der Weg über die 18 km breite Meerenge wird von 60 Fähr- auf 15 Fahrminuten verkürzt. Voraussichtlich 1994 sollen die ersten Züge über den Großen Belt rollen. Ende 1997 will Königin Margrethe II. die Autobahn von Seeland nach Fünen einweihen. Die Querung besteht aus einer 6611 m langen Niedrigbrücke für Eisenbahn und Autobahn von Fünen nach der mitten im Belt liegenden Insel Sprogø und einer 6800 m langen Hängebrücke mit einer freien Spannweite von 1624 m zwischen den Pylonen für die Autobahn von Sprogø nach Seeland. Die Eisenbahn wird durch zwei 7400 m lange Tunnelröhren von Sprogø unter der Hauptschiffahrtsrinne nach Seeland fahren. Ein Wassereinbruch in einer Tunnelröhre am 14. Oktober 1991 verzögerte die Bohrarbeiten erheblich.

Eine feste Querung des Øresunds, der Schweden und Dänemark trennt, mit einer 17 km langen kombinierten Eisenbahn- und Straßenbrücke wird von Schweden und Norwegen mit Baubeginn 1994 angestrebt. Sie soll zwischen Kopenhagen und Malmö entstehen. Eine hundert Jahre alte Idee könnte Wahrheit werden.

Der größte Schwimmkran der Welt wird beim Bau der 6,6 km langen Westbrücke über den Großen Belt eingesetzt. Er kann Anhängelasten bis zu 6500 t heben und transportieren. Die maximale Hubhöhe beträgt 54 m. Der Schwimmponton mit dem Namen *Svanen* – 80 × 79 m groß – wird durch zwei Dieselmotoren mit je 1200 kW angetrieben. Die Geschwindigkeit des schwimmenden Hebezugs beträgt sechs Knoten.

Die längste Pontonbrücke der Welt ist die Second-Lake-Washington-Brücke, Seattle (USA). Die Gesamtlänge beträgt 3839 m, der Schwimmteil mißt 2291 m. Der Bau wurde im August 1963 fertiggestellt und kostete 15 Mio. Dollar (damals 58,5 Mio. DM).

Das längste Brückenbauwerk der Erde ist der zweite Damm über den Pontchartrainsee (Second Lake Pontchartrain Causeway), der Lewisburg mit Handeville, Louisiana (USA), verbindet und am 23. März 1969 fertiggestellt wurde. Der Bau kostete 29,9 Mio. Dollar (damals 85 Mio. DM), hat eine Länge von 38422 m und ist 69 m länger als der First Causeway.

Der längste Eisenbahn-Viadukt der Welt führt die Southern Pacific Railroad 19 km über den Großen Salzsee in Utah (USA). Die Strecke, 1904 eröffnet, war ursprünglich eine Pfahl- und Bockbrücke; 1955–60 entstand dann der Stein-Viadukt.

Die breiteste Brücke der Welt mit langer Stützweite ist die Brücke über den Hafen von Sydney (Australien) mit einer Spannweite von 502,9 m und einer Breite von 48,8 m. Sie trägt zwei Gleise für Oberleitungseisenbahnen, hat acht Fahrbahnen sowie je einen Weg für Radfahrer und Fußgänger. Die offizielle Eröffnung fand am 19. März 1932 statt.

Die höchste Brücke der Welt führt über die Königsschlucht im Arkansas-Stromgebiet in Colorado (USA) und erhebt sich 321 m über dem Flußspiegel. Die Hängebrücke, deren Hauptpfeiler einen Abstand von 268 m haben, wurde 1929 in sechs Monaten gebaut.

Die höchste Eisenbahnbrücke der Welt wurde am 1. Juni 1976 bei Kolasin in Jugoslawien für den Verkehr freigegeben. Der Mala-Rijeka-Viadukt, eine Konstruktion aus Stahlträgern und Betonpfeilern, ist 198 m hoch und liegt an der Strecke Belgrad–Bar.

Die höchste Brücke Österreichs und die höchste Pfeilerbrücke der Welt ist die Europa-Brücke der Autobahn Kufstein–Brennerpaß (Österreich). In 190 m Höhe führt sie über das Silltal. Sie ist 820 m lang und 34 m breit. Diese Brücke ruht u. a. auf dem höchsten europäischen Brückenpfeiler. Dieser Stahlbeton-Hohlkastenpfeiler ist 181 m hoch, trotzdem sind seine Wände nie stärker als 55 cm.

Deutschlands höchste Eisenbahnbrücke ist die Müngstener Brücke. Die 107 m hohe und 500 m lange Eisenkonstruktion wurde am 15. Juli 1897 dem Verkehr übergeben. Sie überspannt einen Taleinschnitt beim Solinger Ortsteil Müngsten.

Die höchste Brücke der Schweiz ist auch gleichzeitig die längste schweizerische Auslegerbrücke. Es ist die Ganterbrücke auf der Nationalstraße Nr. 6, Simplon (Kanton Wallis). Sie führt 150 m über die Talsohle, ihre größte Spannweite beträgt 174 m. Der Ausleger überbrückt 87 m.

Die größte vierspurige Eisenbahnbrücke Europas wurde nach 42 Monaten Bauzeit im April 1987 in Betrieb genommen. Die 820 m lange Hammer Eisenbahnbrücke zwischen Düsseldorf und Neuß hat eine Spannweite von 250 m und eine Bogenhöhe von 49 m bei einem Gewicht von 9200 t.

Die höchsten Brückenpfeiler der Welt hat die Golden Gate Bridge in Kalifornien (USA), die San Franzisko mit dem Bezirk Marin verbindet. Sie erheben sich 227 m über den Meeresspiegel. Die 1937 fertiggestellte Brücke hat eine Gesamtlänge von 2812 m. Die Höhe ihrer Pfeiler wird 61 Jahre lang Rekord gewesen sein, wenn 1998 in Japan die Akashi-Kaikyo-Brücke eingeweiht werden wird, deren Pfeiler 297 m hoch in den Himmel ragen werden.

Die Golden Gate Bridge, die San Franzisko mit dem Bezirk Marin (Kalifornien) verbindet, besitzt die höchsten Brückenpfeiler der Welt. Sie erheben sich 227 m über den Meeresspiegel. Als die Brücke im Mai 1937 dem Verkehr übergeben wurde, war sie mit einer Spannweite von 1280,16 m die längste Hängebrücke der Welt. Sie blieb es, bis sie 1964 von der Verrazano-Narrows-Brücke in New York (USA) übertroffen wurde. Auf der 27,43 m breiten Brücke befinden sich eine sechsspurige Fahrbahn und zwei Fußgängerwege.

KANÄLE UND SCHLEUSEN

Der längste Schiffahrtskanal ist der Weißmeerkanal in Rußland. Er verbindet – durch den Ladogasee und den Onegasee – das Weiße Meer mit der Ostsee. Er ist 227 km lang und hat 19 Schleusen, jedoch kann er nur von Schiffen mit weniger als 5 m Tiefgang befahren werden. Er wurde 1933 fertiggestellt.

Die längste künstliche Wasserstraße der Welt ist mit 304 km der St.-Lorenz-Seeweg, der Montreal (Kanada) und den Ontariosee verbindet. Der Seeweg ist für Schiffe mit einer Länge bis zu 222 m, einem Tiefgang bis zu 8 m und Ladungen bis zu 26 400 t befahrbar. Durch ihn wird eine 3769 km lange Wasserstraße vom Nordatlantik zu den großen Seen und weiter nach Duluth am Lake Superior (USA) hergestellt. Der Seeweg wurde am 25. April 1959 eröffnet.

Der größte Kanal der Welt für Hochseeschiffe ist der Suezkanal (Ägypten), der das Rote Meer mit dem Mittelmeer verbindet. Er wurde am 16. November 1869 eröffnet, war jedoch vom Juni 1967 bis Juni 1975 außer Betrieb. Er ist vom Leuchtturm von Port Said bis Suez 161,9 km lang und 60 m breit. Der Kanal wurde von dem französischen Diplomaten Graf Ferdinand de Lesseps (1805–94) geplant. An den Bauarbeiten, die am 26. April 1859 begannen, waren 8213 Männer und 368 Kamele beteiligt.
Das größte Schiff, das durch den Kanal fuhr, war das britische Riesenfrachtschiff *Settebello* mit 332 446 BRT (Länge: 338,43 m, Breite: 57,35 m und höchstes Freibord: 22,35 m). Die *Settebello* durchquerte den Kanal, im Ballast fahrend, am 6. August 1986 in südlicher Richtung. Die schnellste Passage schaffte am 15./16. August 1984 mit einer Zeit von 7:45 Std. die ebenfalls in südlicher Richtung fahrende amerikanische *Shreveport*. Pro Tag passieren etwa 55 Schiffe den Kanal – das sind über 20 000 im Jahr.

Der meistbefahrene Kanal für Großschiffe (befahrbar für Schiffe bis zu 61 000 t) ist der Nord-Ostsee-Kanal (früher Kaiser-Wilhelm-Kanal, international heute auch Kiel-Kanal), der die Elbmündung an der Nordsee bei Brunsbüttel mit dem Ostseehafen von Kiel verbindet. Er wurde zwischen 1887 und 95 erbaut, ist 98,7 km lang und 11 m tief. 1987 wurden dort 45 000 Schiffspassagen registriert. An der Tonnage gemessen, ist der Suezkanal mit jährlich fast 440 Mio. BRT der befahrenste Kanal.

Die größte künstliche Wasserstraße auf deutschem Gebiet ist der zwischen 1905 und 1938 erbaute Mittellandkanal, der den Binnenhafen Duisburg über den Rhein-Herne-Kanal und den Dortmund-Ems-Kanal mit der Elbe bei Magdeburg (Sachsen-Anhalt) verbindet. Er ist 465 km lang.

Der längste Bewässerungskanal der Welt ist der Karakum-Kanal, der über 1200 km von Haun-Khan nach Aschabad, der Hauptstadt Turkmeniens, führt. Der Kanal war 1991 auf 800 km schiffbar.

Der größte Stichkanal war der Kanal von Korinth in Griechenland, der 1893 eröffnet worden

Der größte Stichkanal ist der Kanal von Korinth (Griechenland), der die Ägäis mit dem Ionischen Meer verbindet. Seine fast senkrecht aufragenden Felswände türmen sich an der tiefsten Stelle 459 m hoch auf.

war. Er war 6,342 km lang und 8 m tief. Auf einer Strecke von ungefähr 4,2 km war der Durchstich im Schnitt 306 m tief, am tiefsten Punkt sogar 459 m.
Der vom Panamakanal abzweigende Gaillard-Graben hat zwischen Gold Hill und Contractor's Hill eine Tiefe von 82 m und eine Grundbreite von 152 m. Während des Durchstichs war im Jahr 1911 an einem einzigen Tag so viel Erdreich angefallen, daß es 333 Zugladungen zu jeweils 363 t ergab.

Die größte Schleuse der Welt ist die Berendrecht-Seeschleuse. Sie verbindet die Schelde mit dem Hafen von Antwerpen (Belgien). Die im April 1989 in Betrieb genommene Anlage ist 500 m lang, 68 m breit und 13,5 m tief. Jedes ihrer vier Schleusentore wiegt 1500 t. Die Baukosten beliefen sich auf ungefähr 12 Mrd. bfr.

Die größte Seeschleuse Deutschlands ist die Nordschleuse Bremerhaven. Sie ist 372 m lang und 50 m breit.

Die tiefste Schleuse der Welt befindet sich bei Saporoschje (Ukraine) im Dnjepr-Bug-Kanal. Sie hebt und senkt Lastkähne um 39,2 m. Die Carrapatelo-Schleuse in Douro (Portugal) schafft eine Höhe von 35 m.

Die größte Flußschleusen-Anlage der Welt ist mit neun Piers und zehn Toren die Themse-Schleuse in Woolwich/London (GB). Die sechs Schleusentore im Hochwasser-Bereich sind 61 m breit, die vier Tore im Niedrigwasser-Bereich 31,5 m. Der Standort für die Schleusen ist 1971 bestimmt worden. Kosten: umgerechnet rund 1,8 Mrd. DM.

DÄMME, TALSPERREN UND STAUSEEN

Der höchste Staudamm der Welt wird der 335 m hohe, mit Erde gefüllte Rogunskaja-Damm in Tadschikistan sein. Seine Kronenlänge wird, bei einem Volumen von 71 Mio. m^3, nur 602 m betragen. Der Bau wurde im März 1981 nach fünfjährigen Vorarbeiten in Angriff genommen. Die Fertigstellung ist für 1992 vorgesehen, aber dieses Datum kann wahrscheinlich nicht eingehalten werden.

Die höchste Staumauer der Schweiz ist der Grande Dixence, der im September 1961 für 1,6 Mrd. Schweizer Franken fertiggestellt wurde. Er ist vom Fuß bis zur Krone 285 m hoch, 695 m lang und enthält insgesamt 5 957 000 m^3 Beton.

Der höchste Staudamm Österreichs ist die Kölnbreinsperre mit 200 m Höhe. Sie gehört zur Kraftwerksgruppe Malta der Österreichischen Draukraftwerke AG.

Deutschlands höchste Staumauer besitzt die Rappbode-Talsperre zwischen Rübeland und Wendefurth, Magdeburg (Sachsen-Anhalt). Sie bildet einen Stausee von 109,1 Mio. m^3. Ihre Staumauer hat eine Überlaufhöhe von 87 m.

Die massivsten Dämme sind der Pati-Damm in Argentinien sowie der Syncrude-Tailings-Damm in Kanada. Der Pati-Damm entlang des Flusses Paraná wurde aus 238 180 000 m^3 Erde und Steinen aufgeschüttet; er ist 174,9 km lang und 36 m hoch. Das größte Volumen aber hat der Syncrude-Tailings-Damm in Kanada mit 540 000 000 m^3.

Der größte Betondamm der Welt und gleichzeitig der größte Betonbau überhaupt ist die Grand-Coulee-Talsperre am Columbia-Strom im Staat Washington (USA). Die Arbeit am Damm begann 1933, die Fertigstellung erfolgte 1942, obwohl der Betrieb bereits am 22. März 1941 aufgenommen wurde; die Gesamtkosten beliefen sich auf 56 Mio. Dollar. Die Dammkrone ist 1272 m lang, die Dammhöhe beträgt 167 m. Er enthält 8 092 000 m^3 Beton und wiegt rund 19 595 000 t.

Der längste Flußdamm der Welt ist der Yacyreta-Apipe-Damm am Paraná an der paraguayisch-argentinischen Grenze. Er ist 41 m hoch

Die Rappbode-Talsperre im Harz (Sachsen-Anhalt) ist das Kernstück eines Talsperrensystems aus insgesamt sechs Talsperren. Die 1959 eingeweihte Sperrmauer staut ca. 109 Mio. m³ Wasser, vor allem zur Trinkwasserversorgung des Raums Magdeburg/Halle.

und hat eine Länge von 69,6 km. 1992 soll er fertiggestellt sein.
Eine Kronenlänge von 412 km hat der 1964 fertiggestellte Kiew-Damm am Dnjepr in der Ukraine. 224 km lang soll die Krone des Chapeton-Damms am Parana in Argentinien werden, an dem voraussichtlich bis 1996 gearbeitet wird.
Im frühen 17. Jh. war im Hongzehu, einem See in der chinesischen Provinz Jiangsu, ein Damm von unterschiedlicher Höhe aufgeschüttet worden, der 100 km lang gewesen sein soll.

Der längste Seedamm der Welt ist der Afsluitdijk, der das Ijsselmeer (die ehemalige Zuidersee) gegen die Nordsee abschließt und Nordholland mit Friesland verbindet. Ursprünglich (1927–32) war der Abschlußdeich in zwei Teilen angelegt, nämlich 2,5 km von Nordholland zur damaligen Insel Wieringen und 30 km von Wieringen nach Friesland: zusammen 32,5 km. Seit 1930 aber ist Wieringen durch einen Polder Teil des nordholländischen Festlands geworden, so daß der Deich auf neueren Landkarten nur mit einer Länge von 30 km verzeichnet ist. Am Meeresspiegel ist der Deich 89 m breit und 7,5 m hoch.

Der größte Polder oder Koog (eingedeichtes Marschland) wird mit 603 km² der Markwaard sein, einer der fünf großen Polder in der ehemaligen Zuidersee (Niederlande). Die Arbeit an dem 106 km langen umgebenden Deich begann 1957. Die nach der Errichtung des 32 km langen Abschlußdeichs (1927–32) verbliebene innere Wasserfläche wird Ijsselmeer genannt. Sie wird nach Beendigung des gesamten Deichbauwerks 1262,6 km² umfassen.

Der stärkste Damm der Welt wird der 245 m hohe Sajano-Schuschenskaja-Damm am Jenissej (Rußland) sein, der noch im Bau ist und einer Belastung von 18 Mio. t standhalten soll. Fassungsvermögen: 31 300 Mio. m³.

Das dem Volumen nach größte Staubecken, das Menschen je angelegt haben, ist das Bratskoje-Reservoir am Angara in Sibirien (Rußland). Es faßt 169,3 km³ und erstreckt sich über 599 km, bei einer Breite von 33 km. Der Stausee wurde 1961–67 gefüllt.

Flächenmäßig ist der größte Stausee der Welt der Voltasee in Ghana, den der 1965 fertiggestellte Akosombodamm bildet. 1969 hatte sich der See auf eine Fläche von 8482 km² gefüllt, mit einer Küstenlinie von 7250 km.

Deutschlands Stausee mit dem größten Rauminhalt ist der der Saale-Talsperre bei Bleiloch (Thüringen). Er ist 28 km lang, hat eine Fläche von 9,2 km² und bei einer Stauhöhe von 59 m ein Fassungsvermögen von 215 Mio. m³. Er wurde 1932 zum ersten Mal gefüllt. An zweiter Stelle steht die Schwammenauel-Talsperre. Der 72 m hohe Staudamm staut die Rur auf 205 Mio. m³.

Der größte Stausee Österreichs ist der im Bereich der Sameralm gelegene Hauptspeicher Kölnbrein der Kraftwerksgruppe Malta. Sein Inhalt: 200 Mio. m³.

Die größte Fallhöhe der Welt besitzt mit einer maximalen Gefällstufe von 1772,5 m die Speicherstufe Reißeck (Kärnten). Das Kraftwerk Reißeck wird von der österreichischen Draukraftwerke AG betrieben.

Der größte Stausee der Schweiz ist der Lac des Dix. Sein Inhalt: 400 Mio. m³.

Das größte Wasserbauwerk entstand in einer Bauzeit von 28 Jahren und mit Investitionen von über 10 Mrd. DM an der Südwestküste der Niederlande. Das Deltawerk – als 8. Weltwunder gepriesen – sichert 15 000 km² Land. Seit dem 4. Oktober 1986 können im Mündungsdelta der Oosterschelde die zwischen den 30,25–38,75 m hohen und bis zu 18 000 t schweren 65 mächtigen Betonpfeilern hängenden Stahltore bei einer drohenden Springflut jederzeit geschlossen werden. Gleichzeitig entstand durch das bewegliche Sturmflutwehr ein einzigartiger Lebensraum für seltene Tiere und Pflanzen.

TUNNEL

Der längste Tunnel der Welt ist der New-York-City- und West-Delaware-Wasserversorgungstunnel, der von 1937 bis 1944 gebaut wurde. Sein Durchmesser ist 4,1 m, seine Länge vom Round-out-Reservoir zum Hillview-Reservoir an der Grenze zwischen Yonkers und New York City (USA) beträgt 168,9 km.

Der längste Tunnel in Deutschland ist der zwischen 1928 und 1930 gebaute Zugspitztunnel auf der Bergbahnstraße von Garmisch-Partenkirchen zum Schneefernerhaus. Er ist 4,466 km lang.

Der Tunnel unter dem Ärmelkanal (Eurotunnel) gilt als Europas größte Baustelle. Mit dem Aushub des etwa 21 Mrd. DM teuren Tunnels unter dem Ärmelkanal zwischen Cheriton bei Folkestone (GB) und Sangatte bei Calais (Frankreich) ist am 1. Juli 1987 begonnen worden, 1993 soll das Projekt fertiggestellt sein. Am 30. Oktober 1990 um 7 Uhr 30 war die Verbindung zwischen den beiden Kanal-Ländern hergestellt – mit einem Loch von 5,08 cm Durchmesser, das die Briten gebohrt hatten. Der Zwillingstunnel für den Zugverkehr wird 49,94 km lang sein (Durchmesser: jeweils 7,6 m).

Der längste Eisenbahntunnel der Welt ist der Seikan-Tunnel in Japan mit 53,85 km. Er wurde 240 m unter dem Meeresspiegel und 100 m unter dem Meeresboden in der Meerenge von Tsugaru gebohrt und verbindet Tappi Saki auf der japanischen Insel Honshu mit Fukushima auf der Nachbarinsel Hokkaido. Die Testarbeiten für die Unterwasser-Strecke (23,3 km) waren 1964 begonnen worden, die Bohrungen im Juni 1972. Am 27. Januar 1983 waren der Tunnel durchgebrochen und 34 Menschen zu beklagen, die bei der Arbeit ihr Leben gelassen hatten. Im März 1985, nach 20 Jahren und 10 Monaten, war der Eisenbahntunnel fertiggestellt. Kosten und Folgekosten bis Februar 1987: 700 Mrd. Yen.

Deutschlands längster Eisenbahntunnel war der über 100 Jahre alte Kaiser-Wilhelm-Tunnel bei Cochem a. d. Mosel. Er ist 4203 m lang. Seit 1991 ist es der Landrückentunnel mit 10 780 m Länge im Verlauf der Neubaustrecke zwischen Fulda und Würzburg.

Österreichs längster Eisenbahntunnel ist der von 1880 bis 84 gebaute Arlbergtunnel (Tirol, Vorarlberg), der 10,25 km lang ist. 12,7 km lang soll der Inntal-Tunnel werden. Im September 1989 wurde bei Innsbruck der erste Spatenstich getan. Mitte 1993 soll das Projekt abgeschlossen sein.

Der längste Eisenbahntunnel der Schweiz, zugleich der größte Alpentunnel, ist der am 16. Oktober 1922 nach über vier Jahren Bauzeit eröffnete Simplon II. Er verbindet Brig (Schweiz) und Domodossola (Italien) durch die Alpen hindurch. Bis 1979 war er mit 19,823 km der längste Eisenbahntunnel der Welt.
Am 30. April 1981 wurde der Durchstich des neuen Furka-Basistunnels vollendet. Er soll eine wintersichere Verbindung Brig-Disentis herstellen.

Der längste Bergbahntunnel der Schweiz gehört zur Jungfraubahn. Er wurde zwischen 1898 und 1912 fertiggestellt und verläuft in 3500 m üNN mit einer Länge von 7,12 km unter dem Jungfrau- und dem Aletschgletscher (Walliser Alpen, Kanton Wallis).

Der längste U-Bahn-Tunnel der Welt führt die Moskauer Metro von Beljajev nach Medvedkov – über 37,9 km. Die Strecke wurde um die Jahreswende 1989/90 fertiggestellt.

Der längste Straßentunnel der Welt ist mit 16,32 km der St.-Gotthard-Tunnel, der Göschenen im Kanton Uri mit Airolo, Tessin (Schweiz), verbindet. Er hat zwei Fahrspuren und wurde am 5. September 1980 für den Verkehr freigegeben. Der Tunnel kostete 686 Mio. sfr.

Der längste Straßentunnel Österreichs ist der 14 km lange Straßentunnel durch den Arlberg von St. Anton nach Langen in Vorarlberg, der am 9. Dezember 1978 dem Verkehr übergeben wurde.

Der längste und größte deutsche Straßentunnel ist mit einer geschlossenen Tunnelstrecke von 2653 m der neue Elbtunnel in Hamburg. Hinzu kommen noch 240 m Rasterstrecke an den Tunneleinfahrten. 1983 wurden seine drei Röhren täglich von durchschnittlich 79 000 Fahrzeugen durchfahren. Am Gründonnerstag 1984 gab es einen neuen Rekord mit 112 883 Fahrzeugen.

Der Straßentunnel mit dem größten Durchmesser wurde durch die Insel Yerba Buena, San Franzisko (USA), gesprengt. Er ist 24 m breit, 17 m hoch und 165 m lang. Die zwei Fahrbahnen des Tunnels passieren jährlich mehr als 90 Mio. Fahrzeuge.

Der längste Bewässerungstunnel der Welt ist der 82,9 km lange Orange-Fish-Rivers-Tunnel in Südafrika. Er wurde zwischen 1967 und 73 gebaut und kostete schätzungsweise 240 Mio. DM. Bei einer Ummantelung von mindestens 23 cm Dicke hat der Tunnel einen Gesamtdurchmesser von 5,33 m.

Das Majes-Projekt in Peru (Wasserversorgung und Stromgewinnung durch Wasserkraft) hat einen Tunnelabschnitt von 98 km Länge. Der Staudamm wurde in einer Höhe von 4200 m errichtet.

Das längste Abwassertunnelsystem der Welt wird nach dem Chikagoer TARP (***T****unnels* ***a****nd* ***R****eservoire* ***P****lan*) in Illinois (USA) verwirklicht. Es wird nach der Fertigstellung Abwasserkanäle mit einer Länge von insgesamt 209 km umfassen. 175 km davon werden in Phase I gebaut. Im August 1991 waren 81,3 km in Betrieb, 40,1 km im Bau und die restlichen 54,4 km in Planung. Das System wird die Abwässer eines Gebietes von 971 km^2 mit 3,9 Mio. Bewohnern und 52 Gemeinden entsorgen. Die geschätzten Baukosten belaufen sich auf 3,7 Mrd. Dollar (rund 6,2 Mrd. DM), 2,5 Mrd. für Phase I und 1,2 Mrd. für Phase II.
In Helsinki (Finnland) soll, erstmals in der Welt, eine zentrale Abwasserkläranlage unter der Erde gebaut werden. Dazu müssen u.a. fast 1 Mio. m^3 Gesteinsmassen gesprengt werden. Geht alles nach Plan, ist die Anlage 1993 fertig.

Die größte Brückentunnelanlage der Welt ist der Chesapeake-Bay-Bridge-Tunnel (USA), der über 28,4 km von Eastern Shore auf der Halbinsel Virginia nach Virginia Beach führt. Die Kosten des Baues beliefen sich auf 200 Mio. Dollar (damals 780 Mio. DM). Nach 42 Monaten Bauzeit wurde der Tunnel am 15. April 1964 in Betrieb genommen. Der längste überbrückte Abschnitt ist 7,34 km lang, und der längste Tunnelabschnitt ist der Thimble-Shoal-Channel mit 1,75 km.

Der längste ungestützte und maschinell gebohrte Tunnel der Welt ist der Three-Rivers-Walter-Tunnel von Atlanta in Georgia (USA). Er hat einen Durchmesser von 3,2 m und erstreckt sich über 9,37 km (Luftlinie). Der Tunnel mußte durch Granit, Schiefer und Gneis getrieben werden und wurde von der Firma S & M Constructors aus Cleveland in Ohio gebaut (April 1980–Februar 1982). Tagesleistung: 54,5 m.

BAUTEN FÜR SONDERZWECKE

Die am höchsten installierte Leuchtreklame blinkt auf dem 72 Stockwerke oder 285 m hohen First Canadian Place in Toronto (Kanada). Die vier je 6,09 × 6,7 m großen Leuchttafeln, mit denen die Bank of Montreal auf sich aufmerksam macht, sind per Hubschrauber an Ort und Stelle gebracht worden.

Die längste Neonreklame ziert die Great Mississippi River-Brücke in den USA: 200 Stark-strom-Lampen bilden über eine Länge von 548,6 m den Buchstaben »M«.

Reklame am laufenden Band: 356,17 m lang ist ein Neonfries, den die Firma Adco Sign im April 1983 innerhalb eines Gebäudes in Clearwater, Florida (USA), installiert hat.

Die größte Neonreklame der Welt ist 64 × 16,7 m groß und wirbt seit Mai 1986 in Hongkong für Marlboro-Zigaretten. Gesamtlänge der Neonröhren: 10 668 m. Gewicht: 114,7 t.

Die längste überdachte Promenade befindet sich auf der Südseite des Hügels des Langen Lebens am Ufer des Kumming-Sees in Peking (China). Ihr Bau wurde 1750, im 15. Jahr der Regierungszeit (1736–96) des Kaisers Ch'ien-long aus der Ch'ing-Dynastie (1644–1912), begonnen. Die 273 vollständig aus Holz bestehenden Teile sind zusammen 728 m lang.

Das größte Reklameschild der Welt stellte das Werbeunternehmen Bassat Ogilvy Promotional Campaigns für Ford Spanien an der Plaza de Toros von Barcelona auf: 145 m lang und 24 m breit.

Die längste illuminierte Reklametafel der Welt mißt 60 × 20 m und wurde von der israelischen Schilderfirma Abudi installiert. Die Reklametafel wird von 62 400 W starken Scheinwerfern beleuchtet.

Die massivste sich drehende Neonreklame heißt *Topsy der Clown* und ist am Circus-Circus-Hotel in Reno, Nevada (USA), angebracht. Sie ist 38,7 m hoch, wiegt 40,8 t und enthält Neonröhren mit einer Länge von 2,25 km. Allein das Lächeln von *Topsy* ist 4,26 m breit.

Die größte sich drehende Neonreklame in Deutschland ist der 10 m hohe Mercedesstern auf dem 88 m hohen Europa-Center in Berlin. Zur Reinigung (zweimal im Jahr) des 28 t schweren Sterns kann er durch seinen Elektromotor, der die Drehungen ermöglicht und auch dafür sorgt, daß der Stern sich bei Sturm automatisch so zum Wind stellt, daß er möglichst wenig Angriffsfläche bietet, horizontal gekippt werden. Das Zeichen auf dem Europa-Center ist jedoch nicht der größte Mercedesstern; der befindet sich in der Hafeneinfahrt von Hongkong. Er hat einen Durchmesser von 20 m, kann sich jedoch nicht drehen.

Die längste Uhr der Welt ist die »Licht-Zeit-Skulptur« des Laser-Künstlers Horst H. Baumann (Düsseldorf), die seit dem 1. Januar 1982 am Düsseldorfer Fernmeldeturm aufblinkt. Die größte und genaueste Normaluhr der Welt zeigt die Ortszeit auf einer Länge von 110 m in Lichtpunkten an, die jeweils die Dezimalzahlen für Stunden, Minuten und Sekunden bedeuten. 62 Licht-Bullaugen werden dafür eingesetzt. Kenner meinen allerdings, man brauche mindestens fünf Minuten, um die Zeit abzulesen.

Kunst am Bau – mal als Glas-Elefant. Der Welt größter Jumbo entstand zur Landesgartenschau Hamm 1984 auf der Maximilian-Kohlenwäsche in Hamm (Nordrhein-Westfalen). Der Stuttgarter Architektur-Künstler Horst Reliecke verwandelte eine leerstehende Betonkonstruktion mit Hilfe einer Stahl- und Glaskonstruktion in einen gläsernen Elefanten von 35 m Rückenhöhe und 60 m Länge. Die begehbare Plastik bietet am Rückenteil dem Besucher seit dem 14. April 1984 eine Aussichtsplattform, die um 15 m höher ist als die Sphinx von Gizeh.

Der längste Pier der Welt ist mit 10,93 km der am Persischen Golf gelegene Dammanpier von Saudi-Arabien. Er wurde von Juli 1948 bis März 1950 gebaut. Bis 1980 entstand dann dort der König-Abdul-Aziz-Hafen mit 39 Ankerplätzen. Die ursprüngliche Dammstraße wuchs dabei mit dem Hafen auf 12,8 km.

Deutschlands längste Kaimauer ist die Containerkaje im Überseehafengebiet von Bremerhaven. Unter Federführung der Philipp Holzmann AG wurde von 1969 bis 82 bei einer Wassertiefe (Ebbe) von 14,21 m und einer Mauerhöhe von 23,5 m eine Rekordlänge von 2150 m erreicht. Die Gesamtkosten beliefen sich auf 448 Mio. DM.

Das größte Trockendock der Welt ist mit einer Schiffsbau-Kapazität von 1,2 Mio. t das Trockendock *Daewoo Okpo Nr. 1* auf der südkoreanischen Insel Koje. Es wurde 1979 fertiggestellt, ist 530 m lang und 131 m breit. Auch die 14 m hohen und an der Basis 10 m dicken Docktore sind die größten der Welt.

Das größte überdachte Baudock wurde im November 1987 in Papenburg an der unteren Ems in Betrieb genommen. Die Schiffbauhalle der Meyer Werft (Jos. L. Meyer GmbH & Co) ist 370 m lang, 101,5 m breit und 60 m hoch; sie umfaßt ein Baudock und Montageflächen. Das Baudock ist 358 m lang und 39 m breit. Der Hallenhauptkran hebt Sektionen bis zu 600 t Gewicht.

Der längste Wellenbrecher der Welt schützt den Hafen von Galveston, Texas (USA). Der South Breakwater aus Granit ist 10,85 km lang.

Das Schiffshebewerk mit der größten Hubhöhe befindet sich bei Ronquières (Belgien) im Charleroi-Brüssel-Kanal. Es überbrückt einen Höhenunterschied von 68,58 m. Die beiden 236rädrigen Schiffströge, die je 1270 t befördern können, brauchen 22 Min., um den 1432 m langen Anstieg zu bewältigen.

Das größte Schiffshebewerk ist Scharnebeck am Elbe-Seitenkanal beim niedersächsischen Lüneburg. Die 1957–65 erbaute Anlage hat eine Normalhubhöhe von 38 m bei einer Troglänge von 100 m. Die beiden Tröge fassen je 5700 t Wasser.

Auf dem Empire State Building, New York City (USA), befinden sich **die am weitesten sichtbaren Lichtquellen** 332 m über dem Boden. Jede der Vierbogen-Quecksilber-Glühlampen besitzt eine Lichtstärke von 450 Mio. Candela (cd), so daß die Lichter in einer Entfernung von 130 km auf Boden- und See-Ebene und 490 km weit vom Flugzeug aus wahrgenommen werden können. Sie wurden erstmals am 31. März 1956 eingeschaltet.

Der Leuchtturm mit der stärksten Leuchtkraft in Deutschland ist der im Greifswalder Bodden (Mecklenburg-Vorpommern) mit 38,6 m Höhe. Sein Lichtstrahl ist 26 Seemeilen weit sichtbar.

Der mächtigste deutsche Leuchtturm ist der Kampenleuchtturm auf Borkum (Nordsee), der 59,25 km weit sichtbar ist.

Der älteste Leuchtturm Deutschlands ist der Alte Leuchtturm in Lindau. Er wurde 1270–80 erbaut. Dort steht mit dem neuen Leuchtturm auch das südlichste Leuchtfeuer. In der Hafeneinfahrt bildet es mit dem Löwen das Wahrzeichen der Bodenseestadt.

Der höchste Leuchtturm der Welt ist der 106 m hohe Stahlturm nahe dem Yamashita-Park, Yokohama (Japan). Das Leuchtfeuer besitzt 600 000 cd und ist 32 km weit sichtbar.

Der erste mit Atomenergie betriebene Leuchtturm wurde 1974 vor der baltischen Küste in der Ostsee installiert. Er ist 30 m hoch und wird elektronisch gesteuert.

Die höchsten Lichtsäulen der Welt reichen 63,5 m in den Himmel. Das französische Unternehmen Petitjean & Cie aus Troyes hat die vier hochragenden Lichtmasten im Sultan-Qaboos-Sportzentrum von Maskat (Sultanat Oman) errichtet.

Das größte Kuppelgewölbe der Welt ist der Louisiana Superdome New Orleans (USA). Sein Durchmesser beträgt 207,26 m.

Der Kuppelbau einer Multi-Arena aus Stahl, Beton und Glas entstand südlich der Stockholmer Innenstadt. Die im Februar 1989 von der Würzburger Baufirma MERO-Raumstruktur fertiggestellte Globe Arena von 85 m Höhe und 110 m Durchmesser bietet 16 000 Zuschauern Platz.

Die größte Kuppel des Altertums besitzt das 112 n. Chr. in Rom gebaute Pantheon mit einem Durchmesser von 43,3 m.

Die größte freitragende Gipskuppel entstand im Rahmen der »Handwerk '89« auf der

Unbehindert vom Wetter werden im größten überdachten Trockendock der Welt immer größere Schiffe gebaut. Hier das 55 000 BRT große Kreuzfahrtschiff *Zenith* beim Ausschwimmen aus dem Papenburger Baudock im Februar 1992.

Messe Stuttgart-Killesberg am 23. September 1989. Zwölf Stukkateuren der Stukkateur-Innung Stuttgart gelang es in achtstündiger Bauzeit, eine 6,45 m hohe Gewölbe-Kuppel aus 3 t Alabaster-Gips mit einer Armierung aus Sisal-Fasern zu bauen. Das riesige Gewölbe hatte einen Durchmesser von 9,97 m, eine Wandstärke von nur ca. 10 mm am Boden, 3–5 mm an der Spitze und trug sich ohne Stützen selbst. Verglichen mit einem Hühnerei war die Wandstärke der Kuppel um ein Mehrfaches dünner.

Die größten Tore der Welt sind die vier Eingänge des Raumfahrzeugmontagegebäudes (VAB) im Kennedy Space Center in der Nähe von Cape Canaveral in Florida (USA), die 140 m hoch sind.

Das größte Rolltor wurde 1972 an eine holländische Großwerft bei Rotterdam geliefert. Das 25,5 m hohe und 28 m breite Tor schließt eine Docköffnung von 28 m Breite und 18 m Höhe. Das von der Fa. Günther GmbH Metallwerk aus Neunkirchen/Westerwald erbaute Großrolltor hat ein Eigengewicht von 16 220 kg.

Die schwerste Tür der Welt wiegt 326,5 t und ist 2,43 m dick. Sie führt im Lawrence-Livermore-Nationallaboratorium von Kalifornien (USA) in den Laserversuchsraum.

Die höchsten beweglichen Trennwände von Hüppe Form (Oldenburg) unterteilen seit September 1990 den Bühnenbereich des großen Festsaales der Stadthalle Bielefeld. Zwei 11,46 m hohe Wände mit insgesamt 22 Einzelelementen ermöglichen eine variable Raumaufteilung für eine multifunktionale Raumnutzung. Jedes Element ist in Deckenschienen mühelos verfahrbar.

Die größte Vogelscheuche haben die Familie Speers aus Paris, Ontario (Kanada), und 15 Helfer am 2. September 1989 auf einem Herbstfest gebaut: Sie war 31,56 m hoch.

Die höchste Wasserfontäne speit ein Springbrunnen in Fountain Hills, Arizona (USA), aus. Die Firma McCulloch Properties Inc. ließ ihn sich 1,5 Mio. Dollar kosten. Beim Höchstdruck von 26,3 kg/cm^2 speit der Springbrunnen 26 500 l/min aus. Die Wassersäule erreicht eine Höhe von 171,2 m und wiegt dann mehr als 8 t. Wenn alle drei Pumpen arbeiten, kann sie unter günstigen Bedingungen, das heißt bei Windstille, sogar 190 m erreichen. Die Düsen, die von drei 600 PS starken Pumpen bedient werden, verleihen den Wasserstrahlen eine Geschwindigkeit bis zu 236 km/h.

Den tiefsten Brunnen Europas hat die 1178 zerstörte Burg Kyffhausen am Nordostrand des Thüringer Beckens. Der Burgbrunnen ist 176 m tief, also 10 m tiefer als der ca. 1650 angelegte Brunnen der Burgfeste Wülzburg bei Weißenburg im Naturpark Altmühltal.

Der ergiebigste Brunnen wurde 1973 bei Orlando in Florida (USA) entdeckt. Er liefert 757 hl/min Wasser.

Die höchsten Säulen der Welt (im Gegensatz zu Obelisken) sind die 36 kannelierten Säulen aus Vermont-Marmor, die die Kolonnade des Education Building in Albany im Staat New York (USA) bilden. Ihre Höhe beträgt 27,43 m, ihr Fuß hat einen Durchmesser von 1,98 m.

Größter Müllschlucker der Welt ist die Müllverwertungsanlage Nr. 1 in Fresh Kills, Staten Island (USA). Sie wurde 1974 in Betrieb genommen. Schon in den ersten vier Monaten waren aus New York City auf 700 Lastkähnen 450 000 t Abfall angeschleppt worden.

Der größte einzelne Getreidesilo der Welt gehört der C-G-F-Grain Company in Wichita, Kansas (USA). Mit einer dreifachen Reihe von Lagerbehältern, von denen je 123 auf beiden Seiten des Zentralladeturmes oder »Haupthauses« aufgestellt sind, hat der Silo eine Länge von 828 m und eine Breite von 30 m. Jeder Behälter ist 37 m hoch und hat einen Innendurchmesser von 9 m, was ein Gesamtfassungsvermögen von 7,3 Mio. hl Weizen darstellt.

In der Hafeneinfahrt der Bodenseestadt Lindau steht der Alte Leuchtturm.

Die größte Siloanlage steht in City of Thunder Bay am Lake Superior in Kanada, 23 Einzelsilos haben ein Fassungsvermögen von 37,4 Mio. hl.

Die größte einzelne Kläranlage der Welt hat ein Fassungsvermögen von 1 280 000 m^3 und ist seit 1940 in Chikago (USA) in Betrieb. Die West-Southwest-Anlage klärt die Abwässer von 2,94 Mio. Menschen; im Jahr 1973 waren das durchschnittlich 3160 Mio. l pro Tag.
Die vermutlich größte Kläranlage Europas wird in Ost-London betrieben. Fassungsvermögen: 21 400 m^3. An der Anlage hängen 2,966 Mio. Menschen. Täglich werden 941 Mio. l Abwässer wieder aufbereitet.

Der längste Treppenaufgang der Welt ist der Betriebsaufgang zur Niesenbahn, einer 2365 m hohen Drahtseilbahn bei Spiez (Schweiz). Er hat 11 674 Stufen und ein Treppengeländer. Die 6600 aus Stein gehauenen T'ai-Chan-Tempelstufen, die in das chinesische Shantung-Gebirge führen, reichen 1428 m in die Höhe.

Die längste Wendeltreppe der Welt hat 1520 Stufen und führt in der White-County-Kohlenzeche von Carmi, Illinois (USA), 336,2 m in die Tiefe. Die Wendeltreppe wurde im Mai 1981 von der Firma Systems Control gebaut.

Die höchste Wendeltreppe der Welt hat 217 Stufen und führt 63,2 m hinauf zum Schornstein Bobila Almirall in Barcelona (Spanien). Sie wurde 1956 von Mariano Masana i Ribas gebaut.

Das größte Zelt errichtete die Firma Deuters aus Augsburg für die »Welcome Expo« in Brüssel (Belgien) im Jahr 1958. Es hatte einen Flächeninhalt von 17 500 m^2.

Die größte Zeltanlage wurde 1983 für eine Europa-Ausstellung im schottischen Aberdeen errichtet. Sie bestand aus 15 ineinander übergehenden Zelten und nahm 28 400 m^2 ein.

Der größte Gasbehälter der Welt ist in Fontaine L'Evêque (Belgien), wo verlassene Bergwerke zum Speichern von 500 Mio. m^3 Gas bei Normaldruck benutzt werden.

Wahrscheinlich ist der größte herkömmliche Gasbehälter der 1968 in Wien-Simmering (Österreich) fertiggestellte 84 m hohe Gasbehälter, der ein Fassungsvermögen von 300 000 m^3 besitzt.

Das größte Denkmal der Welt ist die am 28. Oktober 1965 fertiggestellte Pforte aus rostfreiem Stahl zum sogenannten West Arch in St. Louis, Missouri (USA), zur Erinnerung an den großen Zug nach Westen, der 1803 nach dem Kauf von Louisiana einsetzte. Die Stahlpforte besteht aus einem Bogen mit 192 m Spannweite und ist ebenfalls genau 192 m hoch und kostete 29 Mio. Dollar (damals 116 Mio. DM). Der Entwurf stammte von dem 1961 verstorbenen Eero Saarinen.

Das höchste Denkmal Europas ist das 91 m hohe Völkerschlachtdenkmal, das 1898–1913 bei Leipzig (Sachsen) zur Erinnerung an die Völkerschlacht 1813 nach dem Entwurf von Bruno Schmitz errichtet wurde.

Längste Statue: Bei Bamijan in Afghanistan befinden sich die Überreste einer ruhenden Buddhafigur aus mit Mörtel verkitteten kleinen Steinen. Sie soll etwa 305 m lang gewesen sein und aus dem 3. oder 4. Jh. n. Chr. stammen.

Das größte Grabmal ist das von Cheng, »Erstem Erhabenen Herrscher (Kaiser) der Ch'in«, am Berg Li, 40 km östlich von Xianyang (China), aus dem Jahr 221 v. Chr. Die beiden das Grab umgebenden Mauern messen 2173 × 974 und 685 × 578 m. In den Kammern des Grabmals befand sich eine Armee aus schätzungsweise 8000 lebensgroßen Terrakottakriegern.

Der höchste Friedhof ist der durchgehend erleuchtete Memorial Cemiferio Ecuméncio in São Paulo (Brasilien) mit zehn Stockwerken. Auf seiner Gesamtfläche von 18 000 m2 ist Platz für 20 000 Gräber.

Die größte jemals hergestellte Glasfensterscheibe maß 50 m^2 (20 × 2,5 m) und wurde von der Firma Saint Gobain in Frankreich auf der Internationalen Spiegelausstellung im März 1958 gezeigt.

Die größten Einzelfenster besitzt der Palast der Industrie und Technologie am Rondpoint de la Défense, Paris (Frankreich). Jedes hat eine Breite von insgesamt 218 m bei einer maximalen Höhe von 50 m.

Die größte Sicherheitsglasscheibe hat P. T. Sinar Rasa Kencana aus Djakarta (Indonesien) hergestellt. Sie war 7 m lang, 2,14 m breit und 12 mm dick.

Der größte künstliche Wasserfall unter einem Dach rauscht über 2743 m^2 Marmor 34,74 m in die Tiefe. Zu bestaunen ist er in der Wandelhalle des Greektown's International Center Building in Detroit, Michigan (USA).

Das größte Wasserrad der Welt ist mit einem Durchmesser von 40 m das Mohammadieh-Noria-Wasserrad in Hamah (Syrien).

Der größte Wasserturm wurde 1965 in Union, New Jersey (USA), errichtet. Der von der Elizabethtown Water Company betriebene Hochbehälter ist 64 m hoch und hat ein Fassungsvermögen von 9462 hl.

Die größten Trilithen befinden sich in Stonehenge, südlich der Ebene von Salisbury, Wiltshire (GB). Sie bestehen aus zwei aufrecht stehenden Steinblöcken und einem quer auf ihnen liegenden dritten Stein. Man nimmt zwar allgemein an, daß Stonehenge eine religiöse Kultstätte war, diskutiert aber auch andere mögliche Nutzungen, etwa als Mondkalender oder Navigationsschule.

ARCHITEKTUR-REKORDE

Die größten vorgeschichtlichen Religionsbauten in Europa sind Riesensteinblöcke, die sich als Wälle über 11,5 ha bei Avebury (GB) erstrecken. Sie wurden 1646 wiederentdeckt. Das früheste meßtechnisch ermittelte Datum für diese Kultstätte aus der Jungsteinzeit ist ca. 4200 v. Chr. Die gesamte Anlage hat einen Durchmesser von 365 m und war von einem 12 m tiefen Graben umgeben.

Die größten Trilithen (Steinblöcke in Dreiergruppen) finden sich in Stonehenge, südlich der Ebene von Salisbury (GB). Die einzelnen Steinpfeiler wiegen mehr als 45 t und mußten von etwa 550 Mann eine Steigung von 9 Grad bergauf geschleppt werden. Die früheste Bauphase des Rundgrabens wurde mit 2800 v. Chr. errechnet. Ob Stonehenge als Mondkalender, Tempel zur Beobachtung von Luftspiegelungen oder zur Vorhersage von Sonnen- und Mondfinsternissen diente, ist noch immer umstritten.

Der größte Menhir, der bisher gefunden wurde, wiegt 380 t. Es ist der Grand Menhir Brisé, der inzwischen in vier Stücke zerfallen ist. Er stand ursprünglich in der bretonischen Gemeinde Locmariaquer (Frankreich) und war 21 m hoch.

Der größte künstliche Grabhügel Europas ist Silbury Hill, 9,7 km westlich von Marlborough, Wiltshire (GB), dessen 39 m hoher Kegel mit seiner 2 ha großen Basis eine Kalkaufschüttung von schätzungsweise 681 000 t erfordert haben muß. Professor Richard Atkinson, der mit den Ausgrabungen im Jahr 1968 betraut war, wies darauf hin, daß dieser Hügel einen inneren Grabhügel umgibt, der den aus derselben Zeit stammenden Rundgräbern ähnlich ist und aus dem Jahr 2745 ± 185 v. Chr. stammt.

Die älteste bekannte Pyramide ist die 62 m hohe Stufenpyramide des Djoser in Sakkara (Ägypten), die um 2650 v. Chr. von Imhotep erbaut wurde und ursprünglich mit Blöcken aus Tura-Kalkstein belegt war.

Der größte bekannte Einzelblock einer Pyramide wiegt 290 t. Er gehört zur (dritthöchsten) Pyramide, die der Pharao Mykerinos (um 2470 v. Chr.) bei Gizeh errichten ließ.

Der größte erhaltene Turmtempel (Zikkurat) (das Wort leitete sich von dem Verb *zaquaru* = »hoch bauen« ab) ist der von Ur, dem heutigen Muquaijar (Irak). Er hatte eine Basis von 61 × 45,7 m, war drei Terrassen hoch und auf der Spitze von einem Altar gekrönt. Übriggeblieben sind die erste und Teile der zweiten Plattform. Seine heutige Höhe beträgt 18 m. Der Tempelturm war in der Regierungszeit von Urnammu (2047–29 v. Chr.) gebaut worden.

Der Obelisk, der nie transportiert wurde, befindet sich noch immer in Heliopolis bei Assuan (Ägypten), wo ihn Pharao Senusret I. um 1750 v. Chr. errichten ließ.

Der höchste Obelisk ist das Washington-Denkmal in Washington. Es steht auf einem 42,89 ha großen Gelände und ragt 169,3 m empor. Errichtet wurde das Denkmal zu Ehren von George Washington (1732–99), des ersten Präsidenten der USA.

Die höchsten tragenden antiken Steinsäulen sind 21 m hoch und befinden sich in der Säulenhalle des Amun-Tempels von Karnak am Nilufer gegenüber Theben, der Hauptstadt Oberägyptens im Altertum. Die Säulen stammen aus der 19. Dynastie unter Ramses II. um 1270 v. Chr.

Den größten Turmtempel (Zikkurat genannt), hat der Elamitenkönig Untaschnapirischa um 1250 v. Chr. in Dur-Untasch (Iran) errichten lassen. Er ist als Zikkurat von Tjoga Zanbil in die Geschichte eingegangen, maß an der Basis 105 × 105 m und verjüngte sich auf der fünften Plattform in fast 50 m Höhe auf 28 × 28 m. Die rechteckigen Turmtempel waren im alten Mesopotamien aus rohen Ziegelsteinen um einen künstlichen Hügel gebaut worden und stiegen terrassenförmig an.

Die älteste Pyramide der Neuen Welt wurde auf der Insel La Venta in Südostmexiko vom Indianerstamm der Olmeken um 800 v. Chr. gebaut. Sie ist 30 m hoch, mit einem Umfang der Grundfläche von 128 m.

Der größte Grabhügel der Welt ist jener Kieshügel, der zum Gedächtnis an den Seleukidenkönig Antiochos I. (um 325–261 v. Chr.) auf dem Gipfel des Nemrud Dagi (2494 m) südöstlich von Malatya (Türkei) errichtet wurde. Er ist 59,8 m hoch und bedeckt eine Fläche von 3 ha.

Längste Mauer der Welt ist die Große Mauer Chinas, die während der Herrschaft Kaiser Ch'in Shih-huang-ti (221–10 v. Chr.) begonnen wurde. Sie ist 3460 km lang. Außerdem kommen weitere 2860 km an Abzweigungen und Ausläufern hinzu. Die Höhe schwankt zwischen 4,5 und 12 m. Die Mauer ist bis zu 9,8 m stark. Sie verläuft von Schanhaikuan am Golf von Pohai nach Juman-Kuan und Jang-Kuan und erhielt im 15. Jh. ihre heutige Form. Seit 1966 sind etwa 51,5 km der Mauer zerstört worden, und im Juli 1979 wurde ein Stück davon durch Sprengung demoliert, um Platz für eine Talsperre zu schaffen. Fünf Jahre dauernde Untersuchungen haben ergeben, daß die Große Mauer ursprünglich eine Gesamtlänge von 9980 km hatte. Das wurde am 6. März 1985 aus China gemeldet.

Die größte Pyramide ist die Pyramide des Quetzalcóatl in Cholula de Rivadabia, 100 km südöstlich von Mexico City (Mexiko). Sie ist 54 m hoch, und die Grundfläche mißt nahezu 18,2 ha. Das Gesamtvolumen der Pyramide wurde auf 3,3 Mio. m^3 geschätzt (zum Vergleich: die Cheopspyramide hat 2,5 Mio. m^3 mit einer Basis von 230 m).

Der größte Obelisk (abgeleitet vom griechischen *obelós* = Bratspieß, Spitzsäule) der Welt ist der Obelisk des Königs Thutmosis III., den der römische Kaiser Konstantin 357 n.Chr. im ägyptischen Aswan abreißen und in seine Heimat schaffen ließ. Am 3. August 1588 wurde der Obelisk auf der Piazza San Giovanni vor dem Papstpalast in Rom wieder aufgestellt. Ursprünglich 36 m hoch, mißt die Spitzsäule heute nur noch 32,81 m. ■

Der höchste Obelisk ist mit 169,3 m das Washington-Denkmal in Washington D. C. (USA). Er wurde 1884 zu Ehren von George Washington (1732–99), des ersten Präsidenten der USA, errichtet.

WELT DES VERKEHRS

Die Cumbres & Toltec Scenic Railroad im US-Bundesstaat Colorado.
Die am längsten erhaltene Bahnlinie dient vor allem dem Tourismus

SCHIFFE

PASSAGIERSCHIFFE

Das größte und längste Passagierschiff der Welt ist die *Norway* mit 76 000 BRT und einer Gesamtlänge von 315,53 m; sie bietet 2400 Passagieren Platz. 1961 wurde das Schiff als *France* erbaut und nach dem Verkauf 1979 von Knut Kloster (Norwegen) umgetauft. Normalerweise wird die *Norway* von der Basis Miami, Florida (USA), für Kreuzfahrten durch die Karibik eingesetzt. Die umfangreiche Neuausrüstung im Herbst 1990, bei der u. a. zwei neue Decks eingebaut wurden, steigerte die Tonnage des Schiffs auf die aktuellen 76 000 BRT.

Das größte je gebaute Passagierschiff war die *Queen Elizabeth* der Cunard-Flotte (zunächst 83 673, später 82 998 BRT). Sie hatte die größte Wasserverdrängung, eine Gesamtlänge von 314 m, eine Breite von 36 m und war mit Dampfturbinen ausgerüstet, die 168 000 PS (124 000 kW) entwickelten. Ihre letzte Passagierreise endete am 15. November 1968. Im Jahr 1970 wurde sie nach Hongkong geschafft,um dort als schwimmende Marine-Universität zu dienen, und in *Seawise University* umbenannt. Am 9. Januar 1972 fiel sie einem Brand zum Opfer, der gleichzeitig an drei Stellen ausbrach. Der größte Teil des zerstörten Rumpfs wurde auseinandergeschweißt und bis 1978 abgeschleppt.

Das größte Passagierschiff Deutschlands ist die *Europa* der Hapag-Lloyd-Reederei, Hamburg. Sie ist 33 819 BRT groß und bietet mit ihren 316 Kabinen 758 Passagieren Platz.

FRACHTSCHIFFE

Das größte Frachtschiff der Welt für den Transport von Trockengütern ist der norwegische Erzfrachter *Berge Stahl* mit 364 767 t Tragfähigkeit, in Südkorea für den norwegischen Reeder Sid Bergesen gebaut. Das Schiff, das am 5. November 1986 vom Stapel lief, ist 343 m lang und hat eine größte Breite von 63,5 m.

Das größte Walfangschiff der Welt ist die russische *Sovietskaja Ukraina* mit 32 034 BRT und einer Nutzlast von 46 738 t. Das im Oktober 1959 fertiggestellte Schiff ist 217,8 m lang und hat eine größte Breite von 25,8 m.

Die größten Ro-Ro-(Roll-on-, Roll-off-)Lastschiffe der Welt: die vier 16 700-t-Schiffe der *El-Rey*-Klasse mit einer Länge von je 176,8 m. Sie gehören der Crowley Maritime Corporation von San Franzisko (USA) und verkehren zwischen Florida und Puerto Rico mit Ladungen bis zu 376 LKW-Anhängern, die in drei Ebenen untergebracht sind.

Die größten Containerschiffe sind *President Adams, President Jackson, President Kennedy, President Polk* und *President Truman* mit jeweils 61 926 BRT. Die für die US-Reederei American President Lines Ltd. von der Howaldtswerke-Deutsche Werft AG, Kiel, gebauten Schiffsriesen sind für den schnellen Linienbetrieb zwischen den USA und Fernost bestimmt. Diese CONBULK-Frachter werden als post-panamax bezeichnet, weil es sich um die ersten Containerschiffe handelt, die für die Durchfahrt durch den Panamakanal zu groß sind. Sie messen 275,14 m in der Länge und 39,41 m in der größten Breite; Maximalbreite für die Durchfahrt durch den Panamakanal sind 32,3 m. Diese Schiffe haben eine nominelle Ladekapazität von 4300 TEU (Standard-Container von 6,1 m Länge), haben aber im normalen Einsatz auch schon größere Mengen befördert.

TANKER

Der größte Tanker und das größte Schiff überhaupt ist mit 555 051 t Tragfähigkeit die *Hellas Fos,* ein 1979 gebauter Tanker mit Dampfturbinenantrieb. Das Schiff mit 254 582 BRT und 227 801 NRT (Nettoregistertonnen) wird von der griechischen Bilinder Marine Corporation mit Sitz in Athen verwaltet. Seit April 1991 ist die *Hellas Fos* im Hafen von Piräus aufgelegt.

Die *Jahre Viking* (früher *Happy Giant*) hatte 564 650 Tragfähigkeit. Sie ist – bei einer größten Breite von 68,86 m – 485,45 m lang und hat 24,61 m Tiefgang. 1980 wurde sie von Nippon Kokan durch die Einsetzung eines 81 m langen Rumpfstücks verlängert. Am 22. Dezember 1987 wurde das Schiff vor der Insel Larak im Persischen Golf von irakischen *Mirage*-Kampfflugzeugen angegriffen und bei einem weiteren Angriff am 14. Mai 1988 schwer beschädigt. Trotz der Schäden wurde das Schiff von einem Eigner in Norwegen gekauft und soll nach Reparaturarbeiten in Singapur wieder in Dienst gestellt werden.

FÄHREN UND ANDERE WASSERFAHRZEUGE

Die stärksten Schlepper sind die *Nikolay Chiker und SB–134,* im April/Mai 1989 in Auftrag gegeben und für V/O Sudoiport (GUS) von der Hollming-Werft (Schweden) gebaut. Die 99 m langen und 19,45 m breiten Schlepper bringen 24 480 PS Leistung und schaffen bei voller Kraft einen Pollerzug von 250 t.

Die weltgrößte Auto- und Passagierfähre ist mit 58 376 BRZ die große *Silja Serenade*, die am 18. November 1990 auf der Strecke Stockholm–Helsinki in Dienst gestellt wurde und von der Silja Linie betrieben wird. Sie ist 203 m lang, 31,5 m breit und kann 2500 Passagiere sowie 450 PKWs oder 60 LKWs befördern. Bauwerft des 380 Mio. DM teuren Schiffes ist die Masa-Yarel in Turku (Finnland).

Die schnellste Autofähre ist die von Gasturbinen angetriebene *Finnjet,* die 1977 erbaut wurde. Sie verkehrt mit einer Kapazität von über 30 Knoten Geschwindigkeit zwischen Helsinki und Travemünde.

Das größte Fährschiff Deutschlands ist die *Olau Hollandia* der Hamburger Olau-TT-Line. Die auf der Linie über den Ärmelkanal von dem südholländischen Vlissingen nach Sheerness an der Themsemündung eingesetzte 33 336 BRZ große Fähre ist 161 m lang und 29,8 m breit und bietet mit ihren 423 Kabinen 1600 Passagieren Platz. In zwei Frachtdecks können 118 LKWs oder Trailer gestaut werden.

Größte Eisenbahnfähre: Die Ostsee ist das Einsatzgebiet der größten internationalen Eisenbahnfähren *Klaipeda, Vilnius, Mukran* und *Greifswald*, die zwischen den Häfen Klaipeda (Litauen) und Mukran auf der Insel Rügen verkehren. Die beiden Decks der Fähren sind 190,5 m lang und 91,86 m breit, die Schiffe haben ein Eigengewicht von 11 700 t und wurden in Wismar (Mecklenburg-Vorpommern) gebaut. Jede Fähre kann 103 Eisenbahnwaggons von 14,83 m Standardlänge und mit einem Gewicht von bis zu 84 t befördern und in 17 Std. bis zu 506 km zurücklegen.
Das älteste noch im Einsatz befindliche Eisenbahnfährschiff der Welt dient zwischen Wolgast und der Insel Usedom zum Übersetzen von Güterwagen. Die Eingleisfähre *Stralsund* mit 36 m Gleislänge wurde 1890 auf der Schichau-Werft in Elbing (Elblag) gebaut und war zunächst auf der Eisenbahnfährlinie zwischen Stralsund und Altefähr auf Rügen eingesetzt.

Die längste Eisenbahnfähre der Welt ist die 6300-t-*Trekroner* der Dänischen Staatsbahnen. Das Zweideckschiff ist 15 Knoten schnell, 198,5 m lang und 21 m breit. In dem fünfgleisigen Eisenbahndeck mit 815 m Gleislänge finden 50 Güterwagen Platz. Das Oberdeck ist für die Aufstellung von Trailern vorgesehen. Die Fähre wird seit dem 22. Dezember 1986 auf der neuen Kontinent-Linie für den Schienengüterverkehr zwischen Kopenhagen Freihafen und Helsingborg eingesetzt.

Das größte Eisenbahnfährschiff mit einem Schienendeck ist die *Lübeck Link* der Reederei Nordö-Link. Das 194 m lange und 27 m breite Schiff kann im fünfgleisigen Hauptdeck mit 1000 m Gleislänge 75 Güterwagen unterschiedlicher Länge aufnehmen.
Das 10 120 BRT-Schiff wird gemeinsam mit dem Schwesterschiff *Malmö Link* auf der Fährroute Malmö–Travemünde eingesetzt.

Als das teuerste Forschungsschiff der Welt gilt die deutsche *Polarstern*, ein Luxusliner der Wissenschaft – erbaut von der Howaldtswerke-Deutsche Werft AG in Kiel und der Rendsburger Werft Nobiskrug. Dieses 118 m lange Vielzweck-Forschungsschiff hat vier 20 000 PS starke Diesel und bietet 106 Menschen an Bord allen Komfort.

Das modernste deutsche Forschungsschiff: Die neue *Meteor*, die am 15. März 1986 in Dienst gestellt worden ist, setzt eine sechs Jahrzehnte alte Forschungstradition fort. Das 98 m lange und 16,5 m breite Schiff, dessen Baukosten rund 100 Mio. DM betrugen, kann auf sieben Vorgängerinnen gleichen Namens zurückblicken. Besonders bekannt wurde die 1924 in Betrieb genommene *Meteor*, die auf der »Atlantischen Expedition« von 1925 bis 27 den gesamten Atlantischen Ozean vermessen hat.

Das größte Tragflächenboot ist die 64,6 m lange *Plainview* mit 314 BRT, die von der Lockheed Shipbuilding and Construction Co. in Seattle, Washington (USA), am 28. Juni 1965 vom Stapel gelassen wurde. Sie hat eine Betriebsgeschwindigkeit von 50 Knoten (92 km/h).

Das weltgrößte Binnen-Flußschiff ist die 3220 PS starke, 120,6 m lange und 22,86 m breite *M.S. Mozart*. Das »Fünf-Sterne-Hotel« auf der Donau bietet 239 Passagieren Platz. Das in Deggendorf gebaute Binnenschiff erreicht eine maximale Geschwindigkeit von 23,05 km/h. Eigner des größ-

Das größte je in Deutschland gebaute Passagierschiff, die 44 255 BRT große *Zenith,* nach der Abschlußdockung im Hamburger Hafen.

Die weltgrößten Doppelend-Bahnfähren *Tycho Brahe,* hier vor der norwegischen Küste, und *Aurora af Helsingborg* verkehren seit November 1991/März 1992 auf der Öresund-Verbindung Helsingör-Helsingborg. Die 110,2 m langen und 27,6 m breiten Schiffe können 1250 Passagiere und 240 PKWs oder neun Reisezugwagen aufnehmen.

Das Live-Steam-Modell der *African Queen,* des kleinsten vollfunktionsfähigen Dampfboots.

ten Donau-Passagierschiffs ist die Erste Donau-Dampfschiffahrts-Gesellschaft in Wien.

Die schnellste Überquerung des Ärmelkanals durch eine Autofähre gelang am 9. Februar 1982 Townsend Thoresens *Pride of Free Enterprise,* die in 52:49 Min. von Dover nach Calais gelangte. Mit Rückenwind; es herrschte Windstärke 7!

Das längste, speziell als Eisbrecher konstruierte Schiff ist die 140 m lange *Rossiya,* in Leningrad (jetzt St. Petersburg, Rußland) vom Stapel gelassen und 1985 fertiggestellt. Der 25 000-t-Eisbrecher wird atomar angetrieben, seine Motoren erzeugen 75 000 PS (56 250 kW)
Ein 100 000 PS leistender, 194 m langer Eisbrecher der *Polar*-Klasse wurde im Oktober 1985 von der kanadischen Regierung in Auftrag gegeben.

Die größte Yacht im Besitz eines Königshauses ist die saudiarabische 147 m lange *Abdul Aziz.* Gebaut in Dänemark und am 22. Juni 1984 bei der Vospers-Werft in Southampton (GB) fertiggestellt, wurde die königliche Yacht im September 1987 auf über 100 Mio. Dollar (damals 175 Mio. DM) geschätzt.
Die größte private Yacht (die nicht einem Königshaus gehört) ist die 122 m lange *Alexander;* die ehemalige Fähre wurde 1986 zur Privatyacht umgebaut.

Das kleinste bemannte Unterseeboot, der *Subastir 2,* ging am 19. September 1987 erstmals auf Tauchstation. Der Schiffbau-Student Carsten Standfuß (*1965) aus Langen bei Bremerhaven hat das Mini-U-Boot mit 2,98 m Länge und einem Gewicht von 575 kg konstruiert. Es ist ausgerüstet mit vier Steuermotoren, zwei Außenscheinwerfern, Innenbeleuchtung, Sonar, Echolot, Tiefenmesser, Kompaß, Notpreßlufttauchgerät und Funk, gefahren wird der *Subastir 2* liegend. Er soll für Sporttauchzwecke in der Ostsee eingesetzt werden – maximale Tauchtiefe (bemannt): 60 m.

MODELLSCHIFFE

24-Std.-Rekord: Mitglieder des Lowestoft Model Boat Club haben am 17./18. August 1991 im Dome Leisure Park in Doncaster (GB) ein funkgesteuertes Modellschiff bemannt und einen Streckenrekord von 178,92 km aufgestellt.

Das kleinste ferngesteuerte Modellboot fuhr am 9. November 1991 in einem Kinderplanschbecken von 80 cm Durchmesser eines Laborgebäudes der Höheren Technischen Bundes Lehr- und Versuchsanstalt Mödling (Österreich). Der Elektronikprofessor Kurt Lerch hatte

das 90 mm lange, 35 mm breite und 31 g leichte Boot mit den Funktionen Fahrtrichtungsänderung links – geradeaus – rechts, Vor- und Rückfahrt, Geschwindigkeitsänderung in Vor- und Rückfahrt in zehn Stufen mit Schülern der Klasse N 5b, Jahrgang 1990/91, konstruiert und fertiggestellt.

Das kleinste vollfunktionsfähige Dampfboot entstand in 90 Std. Arbeitszeit im Mai 1991 in der Werkstatt des Wiener Nachrichtentechnikers und Ingenieurs Gerhard Lehner (*1936). 120 mm lang, 36 mm breit und 45 mm hoch, wiegt dieses Miniaturschiff mit Wasser, Brennstoff und Figuren 31 g. Dieses winzige Live-Steam-Modell *African Queen* ist die naturgetreue Nachbildung des Schiffes aus dem gleichnamigen Film mit Humphrey Bogart und Katharine Hepburn in den Hauptrollen. Der Schiffsrumpf ist in Holm-Spantenbauweise aus Nußbaumholz gefertigt, die Dampfmaschine und der Kessel sind aus vergoldetem Messing. Die Laufzeit beträgt pro Kesselfüllung ca. 0,3 Min. Bei ca. drei bar bringt die Maschine ca. 2500 U/min auf die Schraubenwelle.

Das kleinste U-Boot-Modell ist im Maßstab 1:50 die Mini-Ausgabe des 6 m langen Drei-Mann-U-Bootes *Tours 60* des Industrie-Kontors Lübeck. Jörg Sellnow (* 1954) aus Augsburg hat das 123 mm lange, über Motoren 82 mm breite, mit Turm 69 mm hohe und 130 g schwere Modell gebaut. Mit einem Rumpf von nur 39 mm Durchmesser kann der Winzling – funkferngesteuert – sogar in einer Kaffeekanne tauchen.

Eine Schiffsmodellsammlung – 225 verschiedene Modelle im Maßstab 1:500 – hat seit 25 Jahren Horst Meingast (* 1927) aus Neuenstadt (Baden-Württemberg) zusammengestellt. In 13 Vitrinen bewahrt der »Reeder« seine in Handarbeit (keine Fertigteile!) gebaute Modellflotte auf.

SEGELSCHIFFE

Das größte Segelschiff der Welt lief 1911 in Bordeaux (Frankreich) vom Stapel; es war die *France II* mit 5806 BRT, eine Fünfmastbark mit Stahlrumpf. Sie hatte eine Gesamtlänge von 127,4 m. Obwohl sie ursprünglich als Gaffelsegler gebaut wurde, war sie gleichzeitig mit zwei Dampfmaschinen ausgerüstet. Am 13. Juli 1922 erlitt sie vor Neukaledonien Schiffbruch.

Das derzeit größte aktive Segelschiff ist die 109 m lange *Sedow*, die 1921 in Kiel gebaut wurde und jetzt von den Russen zu Ausbildungszwecken genutzt wird. Sie ist 14,6 m breit, hat eine Wasserverdrängung von 6300 t, 3556 BRT und 4192 m^2 Segelfläche.
Auch das zweitgrößte Segelschiff der Welt, die 104 m lange Viermastbark *Kruzenstern* mit 3400 m^2 Segelfläche, fährt heute unter russischer Flagge, eingesetzt von den GUS-Marineschulen von Kaliningrad und Murmansk. Als *Padua* war das Schulschiff 1926 in Bremerhaven vom Stapel gelassen.

Das längste Segelschiff ist die in Frankreich erbaute *Club Med 1* mit fünf Aluminiummasten. Die 762 m^2 großen Polyestersegel sind computergesteuert. Der 187 m lange Segler wird als schwimmender Ferienclub wird für den Club Med als Kreuzfahrtschiff für 425 Passagiere eingesetzt. Mit kleiner Segelfläche und starken Motoren handelt es sich eigentlich um einen Motorsegler. Ein Schwesterschiff, die *Club Med II*, wird in Dienst gestellt.

Eine Fahrt mit dem Schaufelraddampfer *Skibladner* auf dem größten norwegischen See gehört zur Touristenattraktion.

Das größte Segelschulschiff Deutschlands ist die Dreimastbark *Gorch Fock* (Heimathafen Kiel). Sie ist 89,3 m lang, 12 m breit, hat eine Segelfläche von 1953 m^2 und eine Stammbesatzung von 274 Mann.

Als höchste einmastige Yacht der Welt gilt die *Velsheda*, ein Segelschiff der J-Klasse. Von Mastfuß bis zu Mastrolle mißt sie eine Höhe von 51,6 m. 1933 als zweite von vier britischen J-Klasse-Yachten erbaut, ist sie die einzige, die nicht zum Einsatz beim Rennen um den America's Cup vorgesehen war. Bei einer Wasserverdrängung von 145 t besitzt sie eine Segelfläche von 1500 m^2.

OZEAN-ÜBERQUERUNGEN

Die erste Atlantiküberquerung durch ein Schiff mit Maschinenantrieb (im Gegensatz zu Segelschiffen oder Schiffen mit Hilfsmotor) war eine 22-Tage-Reise, die im April 1827 von der *Curaçao* auf der Strecke Rotterdam–Westindien durchgeführt wurde. Das Schiff war ein 38,7 m langer, hölzerner Raddampfer von 438 t, der 1826 in Dundee (Schottland) gebaut und von der niederländischen Regierung angekauft worden war.

Schnellste Atlantiküberquerung: Nach den Regeln der Hales Trophy – besser bekannt als Blaues Band –, die nicht auf die kürzeste Fahrtdauer, sondern auf die höchste Durchschnittsgeschwindigkeit abheben, wird der Rekord mit durchschnittlich 36,966 Knoten, vom 20. bis zum 23. Juni 1990 zwischen der Nantucket-Leuchtboje und dem Leuchtturm von Bishop's Rock erreicht, von der Hoverspeed *Great Britain* gehalten. Das Luftkissenschiff soll jedoch nicht auf dem Nordatlantik eingesetzt werden, und Traditionalisten können sich des Gefühls nicht erwehren, daß das Blaue Band nur an ein Schiff verliehen werden soll, dem die schnellste Überfahrt im normalen Linienverkehr gelingt.
Diese wurde von der *United States* (damals 51 988, jetzt 38 216 BRT), dem früheren Flaggschiff der United States Lines, durchgeführt. Auf ihrer Jungfernfahrt vom 3. bis 7. Juli 1952 von New York (USA) nach Le Havre (Frankreich) und Southampton (GB) betrug ihre Durchschnittsgeschwindigkeit in einer Zeit von 3 Tagen, 10:40 Std. (3. Juli, 19 Uhr 36 MEZ, bis zum 7. Juli, 5 Uhr 16 MEZ) 35,59 Knoten (65,95 km/h). Die Strecke (vom Ambrose-Leuchtschiff bis zum Leuchtfeuer von Bishop's Rock auf den Scillyinseln in Cornwall) war 2949 sm (5465 km) lang. Während dieser Fahrt gelang ihr am 6./7. Juli mit 1609 km die größte Strecke, die ein Schiff jemals binnen 24 Std. zurücklegte, und sie erreichte damit eine Durchschnittsgeschwindigkeit von 36,17 Knoten (67,02 km/h). Ihre Höchstgeschwindigkeit hatte die *United States* mit ihren Maschinen von 240 000 PS (177 500 kW) bei einem Probelauf am 9. und 10. Juni 1952 mit 38,32 Knoten (71,01 km/h) erreicht.

Die schnellste Pazifik-Überquerung von Yokohama (Japan) bis Long Beach in Kalifornien (USA), 4840 sm 8960 km, dauerte 6 Tage, 1:27 Std. und wurde von dem Containerschiff *Sea-Land-Commerce* (50 315 BRT) mit einer Durchschnittsgeschwindigkeit von 33,27 Knoten (61,65 km/h) durchgeführt.

Mit einem mit Solarzellen betriebenen Boot überquerte als erster Mensch der Japaner Kenichi Horie (damals 46) den Pazifik. Er startete im Sommer 1985 auf Honolulu (Hawaii) und erreichte nach 75 Tagen und 7 Std. mit seinem 9 m langen Boot Japan.

LUFTKISSENFAHRZEUGE

Die erste Fahrt mit einem Luftkissenfahrzeug wurde am 30. Mai 1959 mit der 4 t schweren *Saunders-Roe SR-N 1* bei Cowes (GB) durchgeführt. Dieses Fahrzeug erreichte im Juni 1961 mit einem Viper-Turbojet-Motor von 680 kg Schubkraft eine Geschwindigkeit von 68 Knoten (126 km/h).

Der erste Liniendienst mit Luftkissenfahrzeugen wurde von Juli bis September 1962 mit der 60 Knoten (111 km/h) schnellen, 24 Passagiere fassenden *Vickers-Armstrong VA-3* über die Dee-Mündung (GB) durchgeführt.

Das größte zivile Luftkissenfahrzeug der Welt ist das 305 t schwere britische *SRN 4 Mark III* mit einem Fassungsvermögen von 418 Personen und 60 Fahrzeugen. Es hat eine Länge von 56,38 m und ist mit vier Motoren vom Typ Bristol Siddeley Marine Proteus ausgerüstet, die ihm eine Höchstgeschwindigkeit verleihen, die über der zulässigen Verkehrsgeschwindigkeit von 65 Knoten liegt.

Die schnellste Überquerung des Ärmelkanals gelang mit 24:8,4 Min. von Dover nach Calais am 1. September 1984 dem *SRN4 Mark II* Mountbatten Class Hovercraft *The Swift.*

Die größte von einem Luftkissenschiff erreichte Höhe sind 4983 m üNN. So hoch hinaus schaffte es am 11. Juni 1990 die *Neste Enterprise* samt ihrer zehnköpfigen Crew, als sie die schiffbare Quellregion des Jangtsekiang erreichte.

Die größte Höhe, in der ein Luftkissenfahrzeug verkehrt, liegt mit 3811 m üNN in Peru, wo seit dem Jahr 1975 eine *HM-2-Hoverferry* den Dienst auf dem höchstgelegenen schiffbaren See der Welt, dem Titicacasee, versieht.

STRASSENFAHRZEUGE

KRAFTFAHRZEUGE

Fahrzeugproduktion: 1991 wurden weltweit 46 420 210 Fahrzeuge gebaut, 34 998 534 davon waren Autos. In der Bundesrepublik Deutschland waren Ende 1991 insgesamt rd. 36,04 Mio. Kraftfahrzeuge zugelassen – davon 31,31 Mio. Personenwagen, 1,5 Mio. LKWs und 1,5 Mio. Motorräder –, in Österreich (1991) 2,99 Mio., und in der Schweiz (1989) waren es 3,3 Mio.

Das erste voll funktionsfähige Automobil war einer von zwei Dampftraktoren, die Nicolas-Joseph Cugnot (1725–1804) konstruiert hatte. Er wurde 1769 im Pariser Zeughaus für den Militärdienst in Betrieb genommen und erreichte eine Geschwindigkeit von 3,6 km/h. Cugnots zweiter, größerer Traktor, der im Mai 1771 fertiggestellt wurde, ist noch heute im Conservatoire Nationale des Arts et Métiers in Paris zu sehen.

Den ersten Viertakt-Benzinmotor baute der Ingenieur Nikolaus August Otto (1832–91) zusammen mit dem Zuckerfabrikanten Eugen Langen (1833–95) im Jahr 1867. Für diesen benzingetriebenen Kolbenmotor *(Ottomotor)* bekam er 1876 das Reichspatent Nr. 532 erteilt.

Den ersten Kraftwagen mit vier Rädern baute Gottlieb Daimler (1834–1900) im Jahr 1886. Der Einzylinder-Viertaktmotor (Bohrung 70 mm, Hub 120 mm) leistete bei 600/min 1,1 PS (0,81 kW) und erreichte 18 km/h. 1883 hatte er mit Wilhelm Maybach (1846–1929) eine Versuchswerkstätte gegründet, in der der schnellaufende Verbrennungsmotor mit Glührohrzündung entwickelt wurde (Patent 1883). Maybach erfand auch den Spritzdüsenvergaser, verbesserte das Wechselgetriebe und entwickelte den Wabenkühler.

Den ersten betriebsfähigen Dieselmotor der Welt baute von 1893 bis 97 die Maschinenfabrik Augsburg, eine Vorgängerfirma der heutigen MAN Aktiengesellschaft, München, in enger Zusammenarbeit mit Rudolf Diesel (1858–1913) und der Firma Fried. Krupp, Essen. Rudolf Diesel hatte 1892 sein erstes Patent beantragt, das ihm unter dem Titel *Arbeitsverfahren und Ausführungsart für Verbrennungskraftmaschinen* erteilt wurde. Der Motor ist im Deutschen Museum in München ausgestellt.

Der kompressorlose Dieselmotor wurde 1923 vom Werk Augsburg der Maschinenfabrik Augsburg-Nürnberg Aktiengesellschaft (M.A.N.) gebaut. Der erste serienmäßige Fahrzeug-Dieselmotor mit direkter Kraftstoffeinspritzung wurde zum Antrieb von Lastkraftwagen und Omnibussen genutzt.

Der französische Ruderer Gérard d'Aboville startete am 11. Juli 1991 in Tschochi (Japan), um im Alleingang den Pazifik zu überqueren. Nachdem er mehrere Stürme überstanden hatte und viele Male gekentert war, endete die Reise nach 133 Tagen und 10 150 km, als er das Fischerdorf Ilwaco im US-Bundesstaat Washington erreichte.

Den ersten serienmäßig hergestellten luftgekühlten Fahrzeug-Dieselmotor hat 1934 ebenfalls die Fa. Fried. Krupp in Essen gebaut.

Der kleinste Serien-Fahrzeugmotor, ein Dieselmotor mit 18 cm^3, wurde bis 1952 von den Lohmann-Werken in Bielefeld hergestellt. Der Motor wurde für Zweiradfahrzeuge, sogenannte Fahrräder mit Hilfsmotor, gebaut.

Den kleinsten funktionsfähigen Verbrennungsmotor hat der Dipl.-Ingenieur Detlef Abraham (* 1954) aus Hamburg konstruiert. Der Einzylinder-Viertaktmotor hat einen Hub von 4,4 mm bei einem Volumen von 345 mm^3. Er wird mit Methanol betrieben, hat hängende Ventile, die Nockenwelle wird über Zahnräder betrieben, die Kurbelwelle ist kugelgelagert. Der Mikromotor erreicht eine Drehzahl von 13 000/min.

Das erste Serienauto mit einem Dieselmotor war der *Mercedes-Benz 260 D*, der von November 1935 bis April 1940 in 1967 Exemplaren gebaut wurde. Der Reihen-Vierzylinder (Bohrung x Hub 90 x 100 mm – 2545 cm^3 Hubraum) leistete bei 3000/min 45 PS (33 kW). Die Höchstgeschwindigkeit des 1600 kg schweren *260 D* betrug 95 km/h.

Den ersten Drehkolbenmotor, der bei NSU lief, entwickelte Felix Wankel (1902–88) in den Jahren 1924-54. 1957 kam der erste Kreiskolbenmotor im NSU-Wankelspider zum Einsatz. Die erste Serienlimousine mit Wankelmotor war der *RO 80*. Heute wird der Wankelmotor nur von der japanischen Firma Mazda serienmäßig produziert – der

Eine einzigartige Sammlung von Rekordfahrzeugen: Im Vordergrund Richard Nobles *Thrust 2,* mit dem der offizielle Geschwindigkeitsrekord über eine Meile, 1019,46 km/h, erreicht wurde. Ganz links der *Bluebird,* der 1964 den Geschwindigkeitsrekord an Land, 648,7 km/h, hielt, erreicht von Donald Campbell (1921-67). Der *Sunbeam* (vorn Mitte) wurde 1922 von Kenelm Lee Guinness auf die Rekordmarke von 215,24 km/h gebracht. Der *Golden Arrow* (hinten) wurde 1929 von Henry Segrave (1896-1939) mit 372,45 km/h gefahren. *Red Sunbeam* (rechts) wurde ebenfalls von Segrave gefahren und brachte es 1927 auf 327,95 km/h.

in Deutschland lieferbare Wagentyp trägt die Bezeichnung *RX-7 Turbo* und leistet mit einem Zweischeibenmotor und Turbolader 185 PS (138 kW). Seit Juli 1989 ist auch eine Cabrio-Variante lieferbar.
Im November 1989 stellte Mazda auf der Tokyo Motor Show den *Cosmo* vor, den ersten Serienwagen der Welt mit einem Dreischeiben-Wankelmotor und 300 PS (220 kW) Leistung. Die Produktion des *Cosmo* begann im Mai 1990.

DIE SCHNELLSTEN AUTOS

Das erste Raketenauto der Welt steuerte Fritz von Opel 1928 über die Berliner Avus (**A**utomobil-**V**erkehrs- **u**nd Übung**s**straße). Seine verbürgte Höchstgeschwindigkeit: über 250 km/h.

Der offizielle Geschwindigkeitsrekord zu Lande beträgt 1019,467 km/h und wurde am 4. Oktober 1983 von Richard Noble in der Black-Rock-Wüste in Nord-Nevada (USA) aufgestellt. Sein Fahrzeug, der düsenangetriebene *Thrust 2*, wurde von John Ackroyd entworfen.

Die höchste Geschwindigkeit für ein raketengetriebenes Landfahrzeug auf Rädern ist 1016,086 km/h über den ersten gemessenen Kilometer, erreicht von dem Vierradfahrzeug *The Blue Flame*, das am 23. Oktober 1970 von Gary Gabelich (*23. August 1940, USA) auf dem Bonneville Salt Flats in Utah (USA) pilotiert wurde. Kurzzeitig kam Gabelich auf eine Geschwindigkeit von 1046 km/h. Der Raketenmotor des Fahrzeugs wurde von einer flüssigen Naturgas-Wasserstoffsuperoxidmischung angetrieben, entwickelte einen maximalen Schub von 10 000 kg und hätte damit theoretisch 1488 km/h erreichen können.

Die höchste bekannte Geschwindigkeit (in einer Richtung) für ein Landfahrzeug ist 1190 377 km/h (Mach 1,0106), erreicht am 17. Dezember 1979 bei der Edwards Air Force Base, Kalifornien (USA), von Stan Barrett (USA) in der *Budweiser Rocket*, einem raketengetriebenen dreirädrigen Wagen. Die Geschwindigkeit von 1,0106 Mach wird von der USAF jedoch offiziell nicht anerkannt, da das digitale Radarmeßgerät nicht amtlich geeicht war. Die Radarmessung wurde zudem nicht am Fahrzeug direkt vorgenommen, sondern mit Hilfe eines Fernsehschirms.

Die höchste Geschwindigkeit für ein radangetriebenes Fahrzeug ist 696,331 km/h, erreicht von Al Teague (USA) im *Speed-O-Motive/Spirit of '76* am 21. August 1991 auf den Bonneville Salt Flats, Utah (USA), auf den letz-

Al Teague konstruierte von Januar 1974 bis August 1976 den *Speed-O-Motive/Spirit of '76*, mit dem er seinen eigenen Rekord für Fahrzeuge mit Radantrieb (nur ein Motor) brach und eine Geschwindigkeit von 696,331 km/h erreichte.

ten 402 m der Meilenstrecke (1,609 km; 684,2 km/h für die Gesamtstrecke).
Bei fliegendem Start erreichte Donald Malcolm Campbell (1921-67) über eine Strecke von 609,342 m eine Durchschnittsgeschwindigkeit von 690,909 km/h. Den Rekord stellte er am 17. Juli 1964 in seinem 9,1 m langen, 4354 kg schweren *Bluebird* auf der Salzebene des Lake Eyre (Südaustralien) auf. Der Wagen wurde von dem Gasturbinenmotor Bristol-Siddeley Proteus 705 angetrieben, der 4500 PS entwickelte. Die Spitzengeschwindigkeit betrug 716 km/h.

Dieselmotor: Ein Prototyp des *Volkswagens ARVW* (Aerodynamic-Research-Volkswagen) erreichte am 19. Oktober 1980 bei Probefahrten auf dem Rundkurs von Nardo (Italien) eine Geschwindigkeit von 362,07 km/h. Der Prototyp *C-111-III* des *3-l-Mercedes* (230 PS) kam am 30. April 1978 bei Testfahrten auf dem Nardo-Rundkurs auf 327,3 km/h und erreichte ebenfalls im April 1978 über 12 Std. eine Durchschnittsgeschwindigkeit von 314,5 km/h.

Rennwagen: Der schnellste Rennwagen der Welt, der bisher produziert wurde, war der *Porsche 917/30 Can-Am*, der mit einem 12-Zylinder-Boxer-Motor mit Abgas-Turbolader von 5374 cm^3 eine Leistung von 1100 PS (780 kW) erbrachte. Auf der Versuchsstand waren sogar 1500 PS erreicht worden. Auf der Rennstrecke von Talladega, Alabama (USA), erreichte der Amerikaner Mark Donohue im August 1973 eine Geschwindigkeit von 413,6 km/h. Die beiden Modelle dieses Wagens benötigten 2,2 Sek. für eine Beschleunigung von 0 auf 96 km/h, 4,3 Sek. von 0 auf 160,9 und 12,6 Sek. von 0 auf 321,8 km/h.

Rennwagen mit Allradantrieb: Im Frühjahr 1986 erreichte ein *Audi 200 Turbo quattro* auf der Rennstrecke von Talladega, Alabama (USA), eine Rundengeschwindigkeit von 332,88 km/h (206,8 mph). Der modifizierte Wagen hatte einen überarbeiteten Fünfzylindermotor des *Sport-quattro* mit etwa 650 PS. Der *Audi 200 Turbo quattro* wog noch 1072 kg. Am Steuer saß der Amerikaner Bobby Unser.
1988 gewann Audi mit einem allradgetriebenen *Audi 200* die amerikanische TransAm-Meisterschaft. Den Fahrertitel holte der Amerikaner Hurley Haywood, der bei praktisch allen 13 Rennen seinen 510 PS starken Wagen unter die ersten drei fuhr.
Der stärkste Rennwagen mit Allradantrieb kam ebenfalls aus dem Hause Audi. Walter Röhrl fuhr im Sommer 1987 bei dem Pike's-Peak-Bergrennen in Colorado (USA) einen *Sport-quattro* mit nahezu 700 PS. Röhrl siegte in einer neuen Rekordzeit von 10:47,85 Min. für die 19,9 km lange Strecke, deren Start in 2866 m üNN liegt und deren Ziel auf dem Gipfel des Pike's Peak 4301 m hoch liegt.
1988 wurde der Rekord mit einem 650 PS starken *Peugeot 405 turbo 16* unterboten. Der Schwede Ari Vatanen benötigte 10:47,22 Min.
1990 und 91 gewann Audi mit der Rennversion des *Audi V 8* zweimal den Titel bei der Deutschen Tourenwagen-Meisterschaft. 1990 holte der Grainauer Hans-Joachim Stuck den Titel, ein Jahr später war Frank Biela dann Deutscher Meister. Hier erreichte der Achtzylinder des *Audi V 8* rund 450 PS – die Höchstgeschwindigkeit war von der Übersetzung abhängig, auf der Avus wurden bis zu 302 km/h erreicht.

Dampfwagen: Am 19. August 1985 brach Robert E. Barber den 79 Jahre alten Rekord für einen Dampfwagen, erzielt mit einem *744-Steamin' Demon*, der von Barber-Nichols konstruiert worden war. In Bonneville Salt Flats, Utah (USA), erreichte er 234 km/h.

Der Geschwindigkeitsrekord für ein Elektroauto – fliegender Start, 1 km Strecke – wurde mit 100,48 km/h am 25. Juni 1990 von Christopher Sleath aus Market Harborough (GB) auf dem Trainingsgelände von Bruntingthorpe erzielt.
Ein früherer Geschwindigkeitsrekord über einen fliegenden km, in einer Richtung, wurde im April 1899 mit 105,88 km/h von Camille Jenatzky in dem Elektroauto *La Jamais Contente* aufgestellt und erst 90 Jahre später gebrochen, als D. J. S. Lambert in Elvington (GB) am 25. März 1989 mit einem Originalnachbau des Wagens 108,82 km/h erzielte.

Straßenwagen: Eine Reihe leistungsgeminderter Rennwagen sind für den normalen Straßenverkehr zugelassen, werden jedoch nicht als Serienmodelle hergestellt. Hersteller sehr schneller – und teurer – Modelle lassen Messungen von Höchstgeschwindigkeiten verständlicherweise nur widerwillig zu. Die beiden großen Ausnahmen sind hier Porsche und Ferrari, die mit dem *959* sowie den Modellen *GTO* und *F 40* außergewöhnliche Sportwagen geschaffen haben. Während der *Porsche 959*, von dem zwischen 1987 und 88 exakt 200 Exemplare entstanden, ein äußerst luxuriöses Sportfahrzeug mit 450 PS Leistung und einem permanenten Allradantrieb ist, sind die beiden *Ferra-*

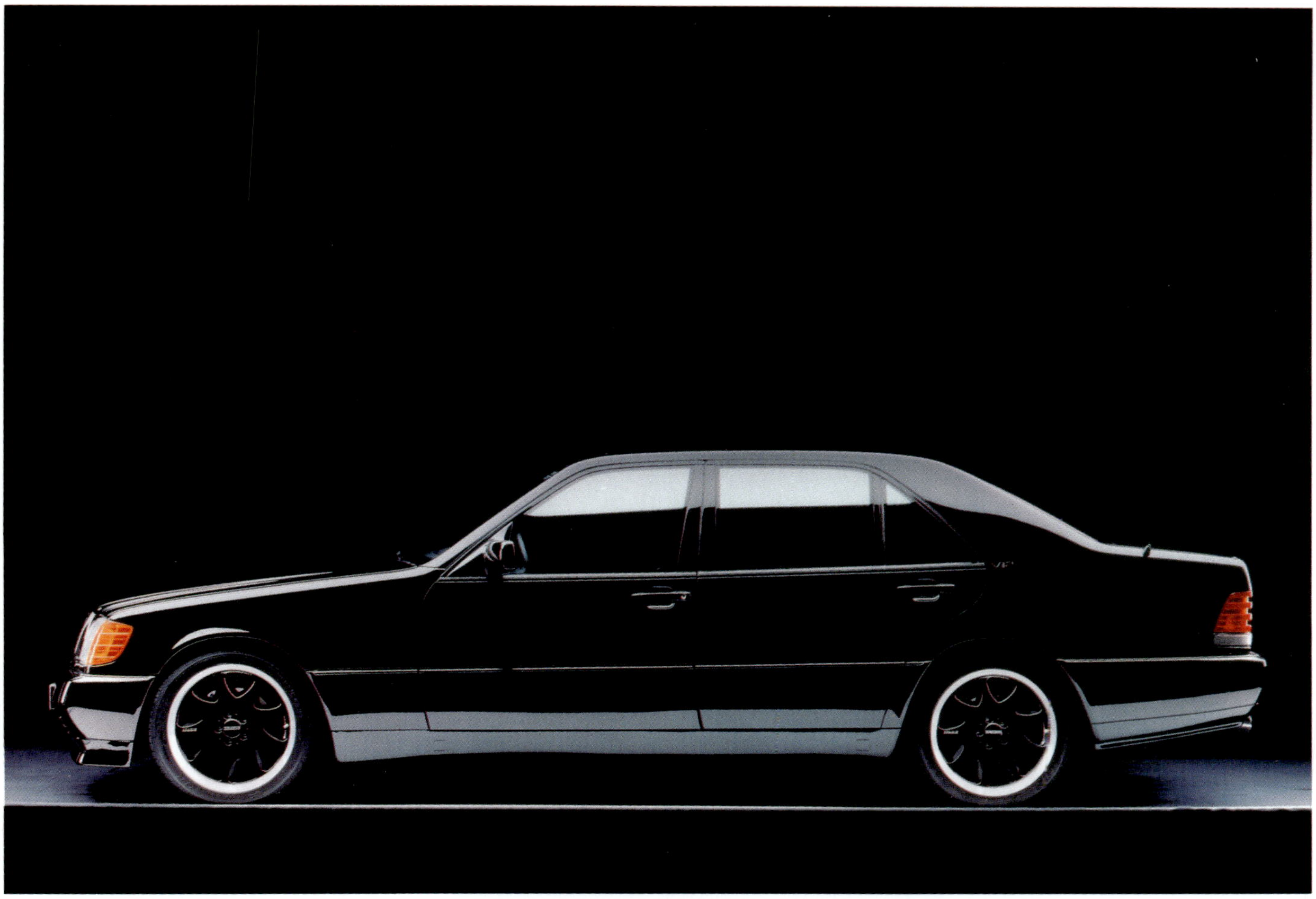

ris doch eher kompromißlose Fahrmaschinen, bei denen die reine Beschleunigung im Vordergrund steht. Der *959* erreichte im Test von *auto, motor und sport* 317 km/h. Der *GTO*, dessen 272 gebaute Exemplare exakt 400 PS Leistung hatten, erreichte 305 km/h. Und der *F 40*, dessen Auslieferung im Frühjahr 1989 begann, besitzt einen 2,9 l-Achtzylinder mit 478 PS Leistung. Er erreichte im Test bei *auto, motor und sport* 321 km/h und benötigte 4,6 Sek. für den Spurt auf 100 km/h. Bei dieser Zeit spielte die Tatsache, daß der *Ferrari* über keinen Allradantrieb verfügt – und es deshalb schwerer ist, die Leistung auf den Boden zu bringen – die Hauptrolle. Dafür hat der *F 40* die 200 km/h-Grenze bereits nach 11 Sek. erreicht – solche Werte bieten sonst nur Rennwagen.

Die höchste, auf der Straße geprüfte Beschleunigung von 0 auf 100 km/h erreichte mit 3,7 Sek. ebenfalls der *Porsche* 959; der *Vector W2-A* schafft nach Angaben des Herstellers Vector Cars dieselbe Beschleunigung in 3,5 Sek. Ein Serienwagen, *AC Cobra* 427, erreichte sie 1965 in 13,6 Sek. von 0 auf 100 Meilen/h (161 km/h). Die schnellste Limousine dürfte derzeit der *BMW-Alpina B 10 Biturbo* sein, dessen Doppelturbolader-Motor 360 PS (265 kW) erreicht und den Viertürer auf 290 km/h beschleunigt. Der Preis: 143 000 DM.

Ein *Jaguar XJ 220*, hergestellt von Jaguar Sports in Bloxham (GB), erreichte im Juli 1991 bei Testfahrten in den USA eine Spitzengeschwindigkeit von 341 km/h und ist damit der schnellste Serienwagen der Welt.

Das schnellste deutsche Auto baut aber Alois Ruf aus Pfaffenhausen. Sein *Porsche 911 CTR* bietet zum Preis von 300 000 DM (plus MwSt.) einen 3,4-l-Sechszylinder mit zwei Turboladern und 345 kW oder 469 PS Leistung. Die Höchstgeschwindigkeit des *CTR* beträgt 340 km/h, die 100 km/h-Grenze wird nach 4,1 Sek. durchbrochen.

Rasanter Zwölfzylinder

Eine der schnellsten Limousinen der Welt dürfte der von der Bottroper BRABUS GmbH getunte *Mercedes 600 SEL* sein. Elektronische Messungen bestätigten der 509 PS starken Nobelkarosse eine Geschwindigkeit von 304 km/h. Der serienmäßige *600er*, Grundpreis 200 000 DM, hat 408 PS, beschleunigt in 6,7 Sek. von 0 auf 100 km/h und erreicht eine Spitzengeschwindigkeit von 250 km/h, ist die erreicht, riegelt die Motorelektronik ab. Anders das BRABUS-Modell, das es auf 509 PS und ungedrosselte Geschwindigkeiten bringt. Dafür wurde der Hubraum von 6 auf 6,9 l vergrößert, die Zylinderköpfe überarbeitet und eine neue Nockenwelle eingebaut. Äußerlich unterscheidet sich der getunte *Mercedes 600* nur wenig vom Original. Lediglich die 19-Zoll-Räder und die dicken, schräg abgeschnittenen Auspuffrohre geben Hinweise auf sein rasantes Temperament. Die Kosten für's Frisieren liegen (einschließlich der nötigen Fahrwerkverstärkung) bei 75 000 DM – zuzüglich Mehrwertsteuer. Dafür schafft der 2,2 t schwere Wagen es in nur 5,5 Sek. von 0 auf 100 km/h.

DIE GRÖSSTEN AUTOS

Die größten Automobile für den privaten Straßenverkehr waren der *Bugatti Royale, Modell 41*, von dem nur sechs Exemplare von dem Italiener Ettore Bugatti in Molsheim (Frankreich) gebaut wurden, die es alle noch gibt. 1927 erstmals produziert, hat dieser Typ einen 8-Zylinder-Motor mit 12,7 l Hubraum. Die Leistung beträgt 300 PS bei 1800/min. Er ist 6,7 m lang. Allein die Motorhaube mißt 2 m in der Länge. Der Preis änderte sich je nach Ausführung, betrug jedoch mindestens 420 000 Dollar – das Vierfache eines *Rolls-Royce*.

Das längste Auto ist eine 30,48 m lange Limousine, die Jay Ohrberg aus Burbank, Kalifornien (USA), konstruiert hat. Sie rollt auf 26 Rädern, zur Innenausstattung gehören u. a. ein Swimmingpool (samt Sprungbrett) und ein übergroßes Wasserbett. Die Luxusherberge auf Rädern kann in einem Stück gefahren werden, ist aber so konstruiert, daß sie halbiert werden kann. Die Limousine wird vorwiegend in Filmen und zu Showzwecken eingesetzt.

Das gegenwärtig stärkste Straßenfahrzeug der Welt ist ein *Jameson-Merlin* mit sechs Rädern. Es ist mit einem Rolls-Royce-V-12-Merlin-Flugzeugmotor von 27 000 cm^3, 1760 PS (1300 kW) ausgerüstet, der ihm eine Höchstgeschwindigkeit von 298 km/h verleiht. Bei einem Tankinhalt von 272 l hat es eine Reichweite von 480 km. Das Fahrzeug wog 2,69 t.

Den größten Motor eines Serienwagens besaßen mit einem Hubraum von 13,5 l der amerikanische *Pierce-Arrow 6-66 Raceabout* (1912–18), der amerikanische *Peerless 6-60* (1912–14) und der *Fageol* (1918).

Der stärkste zur Zeit hergestellte Serienwagen ist der *Cizeta V16T*, der es auf 520 PS (388 kW) bringt.

Rekordgeschwindigkeiten

348,15 km/h (elektronisch gemessen) fuhr Siegfried Haltmayr (*1961) aus Augsburg mit einem getunten *Porsche 911 RS-Turbo* auf einem freien Autobahnteilstück der A 7 (Ulm-Kempten) am 1. Juni 1989.

301,4 km/h erreichte der Rennfahrer Harald Ertl (†1982) am 15. Oktober 1981 auf der VW-Versuchsstrecke in Ehra-Lessien (Niedersachsen). Der im Auftrag der Deutschen BP umgerüstete *BMW M 1* leistete mit 2 Turboladern 410 PS und erzielte den Rekord für autogasbetriebene PKWs.

399 km/h erreichte am 15. Februar 1981 auf dem Lake George, New York, der schnellste raketengetriebene Eisschlitten, der von Sammy Miller (*1945) gesteuert wurde.

246,23 km/h Geschwindigkeit erzielte der Freizeit-Stuntman Hubert Weishaupt (*1952) aus Leutkirch (Baden-Württemberg) stehend freihändig auf Skiern, die auf einem *Irmscher DTM Opel Omega Evolution 500* festgeschnallt waren, auf einer 50 m langen Meßstrecke des Autobahn-Teilstücks Altmannshofen B 18 zwischen Memmingen und Leutkirch am 27. Oktober 1991.

229,88 km/h schnell war der Zimmermann Weishaupt dann auf handelsüblichen Skiern im Schlepp eines *BMW*-Formel 2-Rennwagens auf der Teerpiste der gleichen Strecke ebenfalls am 27. Oktober 1991.

221,94 km/h glitt Weishaupt bei derselben Veranstaltung nur auf handelsüblichen Skischuhen an dem Formel 2-Wagen hängend über die Meßstrecke.

219,6 km/h erzielte der Polizist Detlef Schilling (*1961) aus Höchstädt/Dillingen (Bayern) auf Rollschuhen, gezogen von einem *Ferrari Mondial* als Schrittmacher. Nur mit Muskelkraft hielt sich Schilling an einem Spezialgestänge fest, das zwischen den Auspuffrohren angebracht war. Geschehen am 31. Oktober 1987 auf einem noch nicht eröffneten Teilabschnitt der Autobahn A 7 bei Feuchtwangen.

129,4 km/h erreichte das GM-Solarmobil *Sunraycer* mit Batterie- und Solarzellenantrieb bei dem Solar Challenge-Race quer durch Australien im November 1987.

Drei Geschwindigkeitsrekorde an einem Tag schaffte der Stuntman Hubert Weishaupt am 21. Oktober 1991 – hier mit Skischuhen hinter einem Formel 2-Wagen.

340 km/h Höchstgeschwindigkeit schafft der von Alois Ruf gebaute *Porsche 911 CTR.*

Der antriebsstärkste Serienwagen der 60er Jahre war der *AC Cobra 427*, der von 1965 bis 68 in 401 Exemplaren gebaut wurde. Sein 7,4-l-

Auto des Jahres 1992

Der neue *VW Golf*, der Mitte August 1991 erstmals der Öffentlichkeit vorgestellt wurde, ist von 59 Fachjournalisten aus 18 europäischen Ländern zum Auto des Jahres 1992 gekürt worden. Besonders beeindruckten die hohe Sicherheit des *Golf III* und das Recyclekonzept der neuen *Golf*generation – außerdem gefiel der Sechszylinder VR 6 sehr, ist er doch der erste Sechszylinder in der kompakten Mittelklasse.

Ford-V8-Motor leistete bis zu 450 PS (331 kW). Der Neupreis betrug 1965 rund 7000 Dollar, heute werden über 250 000 Dollar für ein gut erhaltenes Exemplar bezahlt. Einer der antriebsstärksten Serienwagen ist der *Lamborghini Diablo* mit einem 5703 cm^3 großen V-Zwölfzylinder mit vier obenliegenden Nockenwellen und 48 Ventilen, der bei 7000/min 492 PS (362 kW) leistet. Das Drehmoment beträgt 580 Nm bei 5200/min. An zweiter Stelle folgt der *Ferrari F 40* mit 2936 cm^3 großem V-Achtzylinder, mit vier Ventilen pro Zylinder und zwei IHI-Turboladern, Leistung 478 PS (351 kW) bei 7000/min. Gleich darauf folgt der *Porsche 959* mit 450 PS (331 kW).

Schnellster zugelassener Straßenwagen: Die höchste straßengetestete Beschleunigung sind 3,89 Sek. von 0 auf 96,5 km/h (= 60 Meilen) für einen Jankel Tempest, gefahren von Mark Hargreaves am 13. April 1992 in Millbrook (GB).

Der schwerste heute hergestellte Serienwagen (bis zu 25 Stück jährlich) ist wahrscheinlich die sowjetische Limousine *Sil-41047* mit 3335 kg Gewicht und einem Radstand von 3,88 m. Der »gestreckte« *Sil* (4 oder 5 Stück jährlich produziert) wurde bis Dezember 1991 vom ehemaligen Präsidenten Michail Gorbatschow benutzt wird, wiegt 6 t und besteht aus 3 Zoll starkem Panzerstahl. Der Achtzylindermotor mit 7 l Hubraum schluckt knapp 45 l Sprit auf 100 km.

Den niedrigsten Wagen bastelte sich Ralph Morgan aus Grantham (GB) zurecht: Durch Umbau brachte er seinen *Probe 15*, ein zweisitziges Sportcoupé, auf die Gesamthöhe von 82,55 cm, gemessen von der höchsten Stelle des Hardtop-Dachs bis zur Straße.

DIE SPARSAMSTEN AUTOS

Sparmobil-Rekord: Ein japanisches Versuchsfahrzeug brachte es am 30. Juni 1988 in Silverstone (GB) auf umgerechnet 2269 km/l.

Einen Distanzweltrekord über 50 000 km erzielte der *Mercedes-Benz E 2,3-16* im August 1982 in Nardo (Italien). In knapp 202 Std. fuhr der 16-Ventil-Vierzylindermotor eine Durchschnittsgeschwindigkeit von 247,939 km/h.

Die längste mit einer Tankfüllung zurückgelegte Distanz schaffte ein serienmäßiger, modifizierter *Audi 100 TDI*. Mit einem für die Serie neu entwickelten 2,5-l-Turbodieselmotor mit elektronisch geregelter Direkteinspritzung legten vier Fahrer – es saß nur jeweils eine Person im Rekordauto – auf der Strecke Rotterdam–Hanau vom 17. bis 24. August 1989 4818,4 km mit einer Tankfüllung (84,667 l DIN-Kraftstoff) zurück. Die Gesamtfahrzeit betrug 80:05 Std. Die Durchschnittsgeschwindigkeit betrug 60,2 km/h, und das Startgewicht des Wagens lag bei 1490 kg plus Gewicht des Fahrers. Auf ihrer Rundreise durch Europa passierten die Fahrer elf Grenzen, durchfuhren neun Länder und erzielten einen Verbrauchssparrekord von 1,76 l auf 100 km.
Rajendra und Lal Singh (Indien) schafften mit einem Serienwagen (178,6 l Treibstoff in wahlweiser Zusatzausstattung ab Werk), einem *Tempo Trax Diesel Pick-up*, 2605,9 km vom 17. bis 19. Juni 1991 in 49:24:25 Std. Die Durchschnittsstrecke pro Liter war 14,59 km.

Die größte Kilometerleistung eines PKW sind 2180279 km, die ein *VW-Käfer* (Bj. 1963) bis zum 31. Dezember 1991 lief und lief und lief. Besitzer des Dauerbrenners ist Albert Klein aus Pasadena, Kalifornien (USA).

Die strömungsgünstigste Karosserie aller Serienwagen haben derzeit die *Omega*-Limousine und das *Calibra*-Coupé von Opel mit einem Luftwiderstandsbeiwert von c_W 0.28 bzw. 0.26. Dieser Bestwert wurde im Deutsch-Niederländischen Windkanal in Emmeloord gemessen. Zuvor hatte bereits der *Renault 25 TS* im Windkanal Saint Cyr bei Paris denselben Wert erreicht.
Ein von der BRABUS GmbH, Bottrop, getunter *Mercedes 230 E* (BRABUS 230 E/W 124) erreichte bei einer Messung im Windkanal des Daimler-Benz-Werkes in Stuttgart-Untertürkheim am 7. Februar 1985 den c_W-Wert von 0.2625.

Teure Exklusivität

Mit dem *Jaguar XJ-220* hat Jaguar im Sommer 1992 einen der teuersten und schnellsten Supersportwagen der Welt auf den Markt gebracht. Nur 350 Exemplare des rund 1,2 Mio. DM teuren Zweisitzers sollen gebaut werden – für den Preis bekommt der Kunde (angeblich sind alle Exemplare bereits verkauft) einen 3,5-l-Sechszylinder mit zwei Turboladern und 542 PS Leistung. Wer den Mut hat, diesen Wagen auszufahren, ist nach 4 Sek. 100 km/h schnell und erreicht knapp 340 km/h Höchstgeschwindigkeit. Aber man darf wohl eher davon ausgehen, daß die Besitzer diese Wagen, die aus Aluminium und Kevlar von Hand in einer eigens eingerichteten Fabrik montiert werden, wohl eher in klimatisierten Garagen stehen lassen werden.

Mexico City hat mit 60 000 Fahrzeugen die größte Taxiflotte der Welt. Das Foto zeigt die gelben Taxis der Stadt vor der berühmten Statue von Cuauhtémoc (1495–1522), dem 11. und letzten Azteken-Herrscher.

DIE TEUERSTEN UND BILLIGSTEN AUTOS

Das teuerste Auto, das jemals gebaut wurde, war der als Sonderanfertigung für den amerikanischen Präsidenten hergestellte 1969er *Lincoln Continental Executive*, der am 14. Oktober 1968 an den US-Geheimdienst geliefert wurde. Er hatte eine Gesamtlänge von 6,56 m, einen Radstand von 4,06 m und, mit 2,03 t zusätzlichen Panzerplatten, ein Gesamtgewicht von 5443 kg. Die geschätzten Forschungs-, Entwicklungs- und Herstellungskosten beliefen sich auf 500 000 Dollar (damals 2 Mio. DM), aber das Fahrzeug wird für 5000 Dollar (8500 DM) pro Jahr gemietet. Selbst wenn alle 4 Reifen zerschossen würden, könnte es mit einer Geschwindigkeit von 80 km/h auf innen angebrachten Stahlscheiben mit Gummieinfassung weiterfahren.
Die Firma Carriage House Motor Cars Ltd. in New York (USA) beendete im März 1978 die vier Jahre andauernden Umbauarbeiten an einem 1973er *Rolls-Royce*, einschließlich einer Verlängerung um 76,2 cm. Die Kosten beliefen sich auf 500 000 Dollar (damals 1 Mio. DM). Der höchste Listenpreis für einen britischen Serienwagen ist 413 000 Pfund (1,18 Mio. DM) für den *Jaguar XJ 220 Sport*.

Die höchsten Preise, die jemals für einen Gebrauchtwagen gezahlt wurden, erreichten die *Bugatti Royale*-Fahrzeuge. Zwei der insgesamt sechs Wagen wurden 1986 und 87 versteigert. 8,1 Mio. Dollar (18,92 Mio. DM) zahlte der Pizzaketten-Besitzer Thomas Monaghan für einen *Bugatti Royale* Type 41 von 1931. Der *Berline de Voyage* (Seriennummer 41 150) war der Privatwagen von Ettore Bugatti gewesen. Er kam aus der Sammlung des Spielkasinobesitzers William F. Harrah, der zwei *Royales* (41 150 und 41 111) der insgesamt sechs gebauten Wagen besaß. Als der *Berline de Voyage* im Juni 1986 versteigert wurde, erwarb ihn der Immobilienhändler Jerry Moore für 6,5 Mio. Dollar (15,19 Mio. DM) – von ihm erwarb ihn dann Mo-

Hier sitzt der Fahrer im Mittelpunkt

Nach sieben Formel 1-Weltmeisterschaften in acht Jahren hat das Team von McLaren anläßlich des Großen Preises von Monaco einen Straßensportwagen vorgestellt, der alles Know-how der Briten in zivilisierter Form für die wahrhaft Reichen dieser Erde in sich vereinigt. Der Dreisitzer (der Fahrer sitzt in der Mitte des Wagens – die Passagiere links und rechts von ihm) ist mit einer Länge von 4,28 m äußerst kompakt – der Einsatz von einem Kevlar-Monocoque beschert dem *F 1* ein Leergewicht von nur 1018 kg. Für den Vortrieb sorgt ein *BMW*-Zwölfzylindermotor, der in der BMW Motorsport GmbH auf 6064 cm^3 Hubraum vergrößert und mit einem Vierventilkopf versehen wurde. Das Ergebnis sind 404 kW oder 550 PS, die bei 7000/min anliegen. Die Höchstgeschwindigkeit des *F 1*, dessen erste Exemplare im Herbst 1993 ausgeliefert werden sollen, liegt bei über 350 km/h – der Preis ist diesen Spitzenleistungen angemessen: rund 1,5 Mio. DM.

naghan zwei Monate später. Bei Christie's wurde dann am 19. November 1987 der *Royale* aus der Sammlung Cunningham versteigert (41 141). Nicholas Harley, ein Londoner Autohändler, erwarb den Wagen für 5,5 Mio. Pfund (16 Mio. DM). Ein Angebot von 1,5 Mio. Dollar (3,87 Mio. DM) an das Henry-Ford-Museum in Deerborn, Illinois (USA), für einen weiteren *Bugatti Royale*, Baujahr 1927, wurde zurückgewiesen. Nach den extrem raren *Bugatti-Royale*-Modellen hat sich Ferrari an den zweiten Rang gesetzt: Ein *Ferrari 250 GTO* (Bj. 1962) wurde am 22. Mai 1990 für knapp 18 Mio. DM in Monte Carlo (Monaco) von Sotheby's verkauft und von dem schwedischen Sammler Hans Thulin für ein Automuseum ersteigert. Thulin ist nach dem Fallen der Preise mittlerweile jedoch bankrott und hat seine Sammlung auf Druck der Banken auflösen müssen. Einer von drei gebauten *Ferrari 330 P 4-Rennwagen* soll 1990 für über 20 Mio. DM den Besitzer gewechselt haben.

Das billigste Auto aller Zeiten war der 1922er *Red Bud Buckboard* von der Briggs and Stratton Co. in Milwaukee, Wisconsin (USA). Er kostete 125–150 Dollar (damals etwa 600 Vor-Inflations-Mark). Er hatte einen Radstand von 1,57 m und wog 111 kg.

Die ersten Typen der *King-Midget*-Autos wurden noch bis 1948 im Baukastensystem zur Selbstmontage für nur 100 Dollar verkauft.

Als 1938 die ersten *Volkswagen* in Deutschland in Produktion gingen, sollte ihr (Propaganda-) Verkaufspreis 990 RM betragen. Tatsächlich hätte der *VW* (bei einer vorgesehenen Jahresproduktion von 300 000 Stück) mindestens 1500 RM kosten müssen. Als 1946 – mehr als zehn Jahre nach seiner Erstkonstruktion durch Professor Ferdinand Porsche (1865–1951) – der *VW-Käfer* in den Nachkriegshandel kam, kostete das Standard-Modell 5000 RM, das Export-Modell (ab Juli 1949) 5450 DM.

Eine Stilstudie, die gefiel

Einer der Höhepunkte der IAA im September 1991 war der *Mercedes-Benz C 112*, der einigen Betrachtern so gut gefiel, daß sie an das Unternehmen Blanko-Schecks schickten, um einen Wagen zu nahezu jedem Preis erwerben zu können. Der *C 112* war jedoch nur eine Stilstudie, mit der Mercedes-Benz die Möglichkeit eines Hochleistungs-Coupés prüfen wollte. Vor der Hinterachse kam hier der bewährte Zwölfzylinder des *600 SEL* zum Einsatz, der – wie bei den Schwaben üblich – dem *C 112* zu »nur« 250 km/h Höchstgeschwindigkeit verhalf, da Mercedes jedes Modell bei 250 km/h »abriegelt«. Der reichliche Einsatz von Aluminium und eine ausgefeilte Aerodynamik sollen dem *C 112* zu einem nahezu perfekten Fahrverhalten verholfen haben –, so erzählen zumindest die wenigen Ingenieure, die diesen rollenden Versuchsträger fahren durften.

Die längste Serienproduktion der Welt hat der Morgan 4/4. Am 27. Dezember 1990 feierte er seinen 55. Geburtstag. Gebaut von der Morgan Motor Car Co. in Malvern, Hereford & Worcester (gegründet 1910) beträgt seine Lieferfrist sechs bis acht Jahre.

Bei den Massenproduktions-Modellen blicken sowohl die *Ente*, der *Citroën 2CV*, als auch der *VW-Käfer* aufs Geburtsjahr 1938 zurück. Beim *2CV* endete die Produktion am 27. Juli 1990 mit der 6 956 895. *Ente*. Der 21millionste Käfer lief am 24. Juni 1992 in Puebla (Mexiko), dem letzten Produktionsstandort des Wagens, vom Band.

Die längste deutsche Autoproduktionsserie erreichte das Volkswagenwerk Wolfsburg am 17. Februar 1972 mit der Endmontage des *Käfers* Nr. 15 007 034. Diesen Rekord hatte vorher das amerikanische *Ford-T*-Modell *(Tin-Lizzie)* innegehabt, von dem zwischen den Jahren 1908 und 23 15 007 033 Stück gebaut worden waren.
Seit dem 19. Januar 1978 wird er in der Bundesrepublik Deutschland nicht mehr hergestellt. Seit Herbst 1985 wird der *Käfer* auch wegen der Abgasgesetze nicht mehr offiziell nach Deutschland eingeführt – allerdings gibt es seit einem Jahr wieder einige private Importeure, die den *Käfer* aus Mexiko importieren und mit einem Katalysator durch den TÜV bekommen.

PERSÖNLICHE REKORDE

Weltumrundung: Die Österreicher Gerhard Plattner (*1939) und Ko-Pilot Stefan Fuisz (*1953) schafften in 28 Tagen und 16 Std. auf der Strecke Berlin-Berlin mit 40 077 km die schnellste Erdumrundung und befuhren dabei vom 6. September bis 5. Oktober 1990 alle Kontinente mit ihrem *Audi Coupé S 2* (Allradantrieb). Die bisherigen Rekordhalter, ein 16köpfiges britisches Armeeteam, haben die beiden Lang-streckenfahrer um elf Tage und 7:55 Std. unterboten.

Die längste innerhalb eines Jahres zurückgelegte Strecke sind 573 029 km, die 2 *Opel Rekord* (2 l Hubraum) zwischen dem 18. Mai 1988 und dem 18. Mai 1989 ohne größere technische Ausfälle unter die Räder nahmen. Die beiden Personenwagen stammten aus der Produktion der Delta Motor Corporation, Port Elizabeth (Südafrika), und wurden von einem Werksfahrerteam auf Teer- und Kiesstraßen in Nord-

Das erfolgreiche Porsche-Team von Nardo: Gerhard Plattner, Jürgen Pippig, Kurt Wöhr (von rechts nach links).

Extremer Härtetest

Bei einem bisher nicht gekannten Vollast-Härtetest, der am 14. März 1992 auf der Versuchsstrecke im süditalienischen Nardo durchgeführt wurde, schaffte der *Porsche 968* eine Bestleistung besonderer Art: Innerhalb von 24 Std. legte das mit dem automatischen Tiptronic-Getriebe ausgerüstete Coupé eine Strecke von 5586 km zurück und erzielte (einschließlich aller Tankstops) eine Durchschnittsgeschwindigkeit von 232,75 km/h. Dies bedeutet eine Weltbestleistung. Nie zuvor fuhr ein serienmäßiges Fahrzeug mit Automatikgetriebe innerhalb eines Tages mehr Kilometer. Die 24-Std.-Fahrt war vor allem ein Sieg für den Porsche Metall-Katalysator: Eine Überprüfung der Abgaswerte nach der 24-Std.-Tortur ergab, daß der Schadstoffausstoß des *Porsche 968* deutlich unter den zulässigen Grenzwerten lag.

Der 24-Std.-Marathon in Nardo war ein Höhepunkt des Extrem-Dauerlaufs, bei dem der österreichische Langstreckenspezialist Gerhard Plattner mit seinem serienmäßigen *Porsche* innerhalb von 97 Tagen im Frühjahr 1992 in Europa, Amerika und Afrika 100 000 km zurücklegte.

Kapland gefahren. Die Aktion wurde vom südafrikanischen Automobilverband überwacht.

Transamerikanische Fahrt: Von Feuerland nach Alaska steuerten Garry Sowerby (Kanada) und Tim Cahill (USA/Beifahrer und Navigator) einen vierradgetriebenen Pick-up-LKW vom Typ *GMC Sierra K3500*, angetrieben von einem 6,2-l-V8-Detroit-Dieselmotor. Die transamerikanische Fahrt mit Startpunkt Ushuaia (Argentinien) und Zielort Prudhoe Bay (Alaska) führte in 23 Tagen, 22:43 Std. vom 29. September bis 22. Oktober 1987 über eine Strecke von 23 720 km. Fahrzeug und Besatzung wurden zur Umgehung der Kluft von Darién von Cartagena (Kolumbien) bis Balboa (Panama) per Schiff befördert.

Die Kluft von Darién wurde auf dem Landweg erstmals 1960 von dem Landrover *La Cucaracha Carinosa* (Die zärtliche Kakerlake) überwunden. Er gehörte zur Trans-Darien-Expedition (1959–60) und war bemannt mit Richard E. Bevir (GB) und Terence John Whitfield (Australien). Am 3. Februar 1960 verließen sie Chepo (Panama) und erreichten Quibdó (Kolumbien) am 17. Juni. Bei dieser Fahrt, während der sie unbeschreibliche Schwierigkeiten zu überwinden hatten, kamen sie auf eine Durchschnittsgeschwindigkeit von 201 m/h.

15-Staaten-Fahrt durch Europa: Mit einem serienmäßigen weißen *Peugeot 605 SV 24* fuhren die Schweizer Journalisten Giorgio Keller (* 1957) und Andreas Turner (* 1956) aus Zürich 2679 km in 22:22 Std. 15 europäische Länder an. Gestartet wurde am 15. September im schwedischen Hafen Helsingborg, den Abschluß bildete die Ankunft am 16. September 1990 in Bratislava (ČSFR).

Ausgerechnete Durchschnittsgeschwindigkeit: 119 km/h.

Fahrt durch die 12 EG-Länder: John Waldron und Ken McDonnell aus Dublin (Irland) statteten in einem *Toyota Corolla 180 XL* den 12 EG-Ländern einen Besuch ab und legten dabei zwischen dem 30. April und dem 5. Mai 1991 in einer Fahrzeit von 86:37 Std. 7647 km zurück.

Weltmeister im Rückwärtsfahren wurden Charles Creighton (1890–1970) und James Margis aus Maplewood, Missouri (USA), als sie vom 26. Juli bis zum 13. August 1930 mit ihrem *Ford S-Roadster*, Baujahr 1929, die 5375 km von New York (USA-Ostküste) bis Los Angeles (USA-Westküste) im Rückwärtsgang fuhren, ohne den Motor auch nur einmal abzuschalten. Am 5. September trafen sie wieder in New York ein und hatten 11 555 km in 42 Tagen zurückgelegt.

Mit einem *DAF 44*, Baujahr 1968, fuhr der Österreicher Matthias Theissl (* 1941) aus Klagenfurt am 1. August 1985 auf dem Österreichring 170 Runden à 5911 m rückwärts. Dabei legte er 1004,87 km mit einer Durchschnittsgeschwindigkeit von 48,285 km/h in insgesamt 20:48:39 Std. zurück.

Brian »Cub« Keene und James »Wilbur« Wright fuhren ihren *Chevrolet Blazer* in 37 Tagen (1. August–6. September 1984) 14 533 km durch 15 US-Staaten und Kanada. Trotz des ausdrücklichen Hinweises »Rückwärtsgang klemmt« stellten sich die Behörden des US-Bundesstaats Oklahoma quer und bestanden darauf, daß sie den Bundesstaat rückwärts-rückwärts – also vorwärts – verließen.

Den Streckenrekord auf zwei Rädern fuhr Bengt Norberg (* 23. Oktober 1951) aus Äppel-

In Schräglage lenkte der Österreicher Johann Redl seinen Traktor 2976 m auf zwei Rädern.

Der größte Caravan ist ein Palast auf Rädern, der durch den heißen Sand von Abu Dhabi rollt.

Der 136 PS starke und mit 1,5 t Last beladene *Unimog* kletterte ohne Anlauf im dritten Arbeitsgang die Steilstrecke der eigens gebauten Betonrampe hinauf.

bo (Schweden), der am 24. Mai 1989 auf der Pferderennbahn von Rattvik (Schweden) einen *Mitsubishi Colt GTi-16V* in 7:15:50 Std. 310,391 km weit balancierte. Bei dieser Gelegenheit schaffte er auch den zweirädrigen Stundenrekord von 44,805 km.

Sven-Erik Söderman (Schweden, * 26. September 1960) erreichte auf zwei Rädern am 2. August 1990 auf dem Mora-Siljan-Flughafen (Schweden) mit einem *Opel Kadett* über 100 m mit fliegendem Start eine Geschwindigkeit von 164,38 km/h. Söderman brach auch den Rekord über 1000 fliegende Meter, als er am 24. August 1990 an gleicher Stelle 152,96 km/h erreichte.
Einen 7,5-Tonner *DAF 2800* fuhr Sven-Erik Söderman schließlich am 19. Mai 1991 auf dem Flughafen von Mora (Schweden) über eine Strecke von 10,83 km auf zwei Rädern.

Die längste Fahrt auf den Hinterrädern bewältigte Steve Murty beim National Power Sports Festival am 28. Juni 1991 in Blackpool (GB). Er schaffte dieses Kunststück mit seinem LKW *Pirelli High Performer* über eine Wegstrecke von 547,1 m.

Mit einem Traktor, einem serienmäßigen Allradtraktor Marke *Steyr* mit 80 PS, legte der Stuntman Johann Redl (*1957) aus Saxen bei Grein (Oberösterreich) auf der neuausgebauten Donaubundesstraße zwischen Saxen und Grein 2976 m am 13. Juli 1991 auf zwei Rädern zurück und verbesserte damit seinen alten Rekord um über einen Kilometer.

Einen Doppeldeckerbus fuhr Bobby Ore (* Januar 1949) am 21. Mai 1988 auf dem Flugplatz North Weald, Essex (GB), 246 m weit auf zwei Rädern.

BUSSE, WOHNWAGEN, SONDERFAHRZEUGE

Der größte Omnibus, der je gebaut wurde, der Flughafen-Doppelstockbus *Neoplan Galaxy Lounge N 980,* hatte im September 1981 Weltpremiere. Dieses Riesenbaby aus Stuttgart (17 m lang, 4,5 m breit und 4,8 m hoch) bietet 342 Passagieren Platz. Das entspricht der Kapazität eines ausgelasteten Jumbo-Jets. Eine hydraulisch verstellbare Anlegebrücke hilft beim Ein- und Aussteigen. Für VIPs steht eine separate Lounge – 10 Plätze – zur Verfügung.

Die längsten Autobusse der Welt sind die 23,16 m langen, 10 870 kg schweren Gelenkbusse mit 121 Sitz- und 66 Stehplätzen, die von der Wayne Corporation in Richmond, Indiana (USA), für den Einsatz im Nahen Osten gebaut werden.
Der längste gelenkfreie Bus ist 14,96 m lang, befördert 69 Passagiere und wird von Van Hool in Belgien hergestellt.

Der weltgrößte Caravan hat fünf Stockwerke, ist 12 m hoch, 20 m lang und 12 m breit. Er enthält acht Schlafzimmer – jedes mit eigenem Bad, versteht sich – und Garagenplätze für vier PKW.

Dieser Nachbau eines ***Rolls-Royce Silver Ghost*** **(Bj. 1907) als Tretauto ist ein Unikat.**

Angefertigt wurde die rollende Villa für Scheich Hamad Bin Hamdan Al Nahyan, Mitglied der Herrscherfamilie von Abu Dhabi (Vereinigte Arabische Emirate).

Das schwerste Fahrzeug, das jemals hergestellt wurde, ist der *Marion-Trecker* mit acht Gleisketten, der zum Transport der *Saturn-V*-Raketen an ihre Abschußrampen in Cape Canaveral, Florida (USA), verwendet wird. Er hat die Ausmaße von 40 × 34,7 m, und die beiden von diesem Typ gebauten Fahrzeuge kosteten 12,3 Mio. Dollar (damals 49,2 Mio. DM). Das Gewicht mit voller Beladung beträgt 8165 t. Die Scheibenwischer sind mit Blättern von 106 cm Länge die weltgrößten.

Das massivste Kraftfahrzeug ist *Big Muskie*, der von Bucyrus Erie für die Musk-Grube gebaute 10 890 t schwere mechanische Bagger. Er hat eine Länge von 148,43 m, eine Breite von 46,02 m und eine Höhe von 67,66 m sowie ein Greifvermögen von 325 t.

Das längste jemals gebaute Fahrzeug ist der *Arctic Snow Train*, der dem weltberühmten amerikanischen Seiltänzer Steve McPeak gehört. Dieses 54rädrige, 174,3 m lange Fahrzeug war von R. G. Le Tourneau Inc. aus Longview, Texas, für die amerikanische Armee angefertigt worden. Es hat ein Bruttogewicht von 400 t mit einer Höchstgeschwindigkeit von 32 km/h und hatte eine Mannschaft von 6 Fahrern, als es vom Militär als Überland-Lastzug verwendet wurde. McPeak reparierte das Fahrzeug sowie auch jeden geplatzten Reifen ohne jegliche Hilfe bei Temperaturen, die in Alaska oft weit unter Null °C lagen. Der *Arctic Snow Train* verfügt über 4680 PS und hat ein Fassungsvermögen von 29 648 l Treibstoff.

Der stärkste Abschleppwagen der Welt ist der 20,6 t schwere, 10,9 m lange *969 International M6-23 Hulk* (Bj. 1969) vom Twin City Garage and Body Shop, stationiert in Scott City, Missouri (USA). Er kann mit seinem Kurzausleger über 295 t heben.

Der stärkste Truck, ein 1987er *Ford LTL 9000*, ist mit einem General-Electric-J-79-Motor ausgestattet, der – mit entsprechendem Tuning – für einen Schub von 88 950 N sorgt. Bei einem Gewicht von 4,4 t hat der Truck – Besitzer und Fahrer ist Ken Warby aus Cincinnati, Ohio (USA) – 338,27 km/h in 7,7 Sek. über eine Viertelmeile mit stehendem Start erreicht.

Der größte Traktor der Welt ist das *Wide Tractive Frame Vehicle* (Breitzug-Gerüst-Fahrzeug) des US-Landwirtschaftsministeriums, das unter einem Kostenaufwand von 459 000 Dollar (1,01 Mio. DM) von Ag West in Sacramento, Kalifornien (USA), im Juni 1982 fertiggestellt wurde. Es hat eine Spurweite von 10,05 m. Das Gefährt wiegt 22,22 t.

Die längste Traktortour führte über 23 335 km. Die Young Farmers Group aus Devon (GB) verließ ihre Heimat am 18. Oktober 1990 und fuhr auf dem Landweg nach Zimbabwe (Afrika), wo sie am 4. März 1991 eintraf.

Der größte Schuttkipper der Welt ist der *Terex Titan 33-19*, der von der amerikanischen General Motors Corp. hergestellt wird und jetzt in British Columbia (Kanada) in der Westar Mine in Betrieb ist. Er hat ein Gesamtgewicht von 548,6 t und ein Fassungsvermögen von 317,5 t. Beim Kippen erreicht er eine Höhe von 17,06 m. Der 16-Zylinder-Motor hat eine Leistung von 3300 PS (2370 kW) und der Treibstofftank einen Inhalt von 5904,6 l. Der Wagen wurde im November 1974 in Dienst gestellt.

Der Feuerwehrwagen mit der größten Pumpleistung ist der achträdrige 860-PS-*Oshkosh-Firetruck*, der 60 t wiegt und auf Flughäfen zum Einsatz kommt. In nur 150 Sek. kann er durch zwei Löschtürme 190 000 l Löschschaum versprühen.

Der schnellste Feuerwehrwagen ist der *Jaguar XJ 12-Chubb-Firefighter*, der im November 1982 bei Testfahrten 210,13 km/h erreichte; er war damals bei den Rekordversuchen des *Thrust 2* (s. S. 221) im Einsatz.

Formel 10: Einen zehnsitzigen, wohl größten Formel-1-Wagen konstruierten Gregor Rausch und Mitglieder des Kegelclubs Fall ömm aus Barweiler (Eifel) in ca. 400 Arbeitsstunden. Der 8,5 m lange Flitzer bringt es mit seinem *VW-Käfer*-Motor (50 PS) und seinen 900 kg Leergewicht immerhin auf stolze 130 km/h.

Solarmobil: Die höchste Geschwindigkeit eines Landfahrzeugs mit Solarantrieb wurde am 24. Juni 1988 mit 78,37 km/h von Molly Brennan im *Sunraycer* (Hersteller General Motors) in Mesa, Arizona (USA), erreicht. Die höchste Geschwindigkeit mit einem Mischantrieb aus Solar- und Batterie-Energie ist 135 km/h, erzielt am 5. Januar 1991 in Richmond (Australien) von Manfred Hermann im *Solar Star* von Star Micronics. Im November 1987 gewann der *Sunraycer* das über 3138 km führende internationale Rennen für Solarmobile (World Solar Challenge Australia '87). Der Rekordwagen lag im Ziel zweieinhalb Tage vor dem Zweitplazierten.

Ein Museum für einen Kindertraum

Als kleiner Junge bekam Manfred Klauda ein Tretauto geschenkt, heute – als Direktor des Tretauto-Museums in München – gehören ihm 436 dieser Kinderträume, von denen 100 im Museum zu bewundern sind. Sein rotes Tretauto von damals ist allerdings nicht darunter, weil er nach einem Unfall damit »Fahrerflucht« beging und sein Auto im Stich ließ. Sein ältestes Modell stammt aus dem Jahr 1905, ein orangefarbenes kutschenähnliches Vehikel. Jedes dieser Spielzeugautos ist ein Spiegelbild seines »großen Bruders«. Somit zeigt das Tretauto-Museum auch die gesamte Geschichte des Automobilbaus. In den Anfängen waren diese Kinderautos immer Tretautos. Ab 1945 spielte jedoch auch die Elektronik bei den Minis eine Rolle. Inzwischen gibt es Kinderautos mit kleinem Elektro- oder Verbrennungsmotor, der das schweißtreibende Treten des Gefährts überflüssig und damit dem Original noch ähnlicher macht.

GANZ SPEZIELLE REKORDE

Die größte Last, die jemals über eine Straße bewegt wurde, wog 4960 t. Es handelte sich um ein Modul von 26 m Breite und 40 m Länge für eine Ölplattform, die 80 m transportiert werden sollte. Im Juli 1986 schafften 168 Achsen mit 832 Reifen in 6 Std. diesen

Lustig dampfend fährt dieses Live-Steam-Modell eines Traktors der Jahrhundertwende ca. 7 Min. So lange reicht die Kesselfüllung dieses 67 × 46 × 52 mm kleinen Dampftraktors, den der Wiener Gerhard Lehner baute.

Rollrekord. Ermöglicht wurde diese Leistung durch die von der Firma Mammoet Transport B.V. in Amsterdam entwickelten Modul-Transporter. Mit ihnen ist es möglich, Nutzlasten von 120 bzw. 180 t entsprechend der zu transportierenden Last zu 4- oder 6achsigen Einheiten zusammenzustellen. Künftig wird nicht mehr das Gewicht die Traglast der Fahrzeuge begrenzen, sondern die Fahrbahn.

Der längste transportierte Gegenstand war eine 91,21 m lange brückenähnliche Konstruktion, die für den Einsatz in einem Flugzeughangar bestimmt war. Sie wog 62 t und wurde am 29. November 1990 zur Sprühlackieranlage des Flughafens Stansted (London) befördert. Die Gesamtlänge des Zugs betrug 101,12 m. Die Stahlkonstruktion wurde von Fabriweld Ltd (Irland) gebaut.

Größte Steigfähigkeit demonstrierte ein *Unimog U 1450* der Mercedes Benz AG am 9. Mai 1992 auf der IAA Nutzfahrzeuge in Hannover. In Vorwärtsfahrt bewältigte das allradgetriebene Serien-Nutzfahrzeug eine Steilstrecke – längere Wegstrecke als der Fahrzeugradstand – mit einer Steigung von 100 Prozent, das sind 45°, freifahrend.

Der Streckenrekord für Go-Karts – 24 Std. auf einem Rundkurs, vierköpfiges Team – ist 1638,3 km, am 4./5. September 1983 auf dem Ersville Kartway in Waterloo (Kanada) aufgestellt. Der *Honda*-Go-Kart, 140 m^3 Hubraum und 5 PS Leistung, wurde von Owen Nimmo, Gary Ruddock, Jim Timmis und Danny Upshaw gefahren.

2730 km in 48 Std. im Go-Kart bewältigt: Diesen Weltrekord schafften Denis Wedes, Stephen Mantle, Len Nicholson und Janice Bennett vom 25. bis zum 27. März 1983 auf der Mount-Sugarloaf-Rennstrecke in Newcastle (Australien) mit einem Go-Kart vom Typ *Yamaha RC100SE*, angetrieben von einem 100-cm^3-Motor *KT100J*.

Die Rekordzeit für die Tretautofahrt vom Marble Arch in London zum Arc de Triomphe in Paris – einschließlich einer Kanalüberquerung per Fähre – ist 21:24 Std. für eine Strecke von 383 km. Die Trampeltour absolvierte ein sechsköpfiges Team vom britischen NCH, einer Wohlfahrtsorganisation, am 30. August 1991.

MINI-FAHRZEUGE

Das kleinste Elektro-Cabrio fährt seit 1983 in Westheim (Rheinland-Pfalz). In 7000 Arbeitsstunden hat der Schlosser Rudi Augustin (*1923) seinen silberfarbenen Einsitzer *Audi X1* gebastelt. Bei 2,12 m Länge, 1,18 m Breite, 0,98 m Höhe und einem Gesamtgewicht von 400 kg bringt es der Mini auf 25 km/h Höchstgeschwindigkeit. Die beiden Elektromotoren werden von vier Batterien gespeist. Eine Ladung reicht für 35 km.

Das größte funkferngesteuerte Kinderspielzeug-Cabrio mit Benzinmotor ist das neueste Produkt des Westheimer Rentners Rudi Augustin. In 1800 Arbeitsstunden bastelte er sein 34 kg schweres Alu-Auto (152 × 68 × 66 cm), das mit 1,2 PS und 24 cm^3 eine Höchstgeschwindigkeit von 30 km/h erreicht.

Der kleinste Gelenkbus, der für den Straßenverkehr zugelassen ist, wurde von dem Künstler André M. Wachter (* 1949) aus Ennahofen (Baden-Württemberg) von 1980 bis 84 gebaut. Mit seinen 23 PS (17 kW) bringt es der Minibus auf 6 km/h Spitzengeschwindigkeit. Der 7 m lange, 1,3 m breite und 1,5 m hohe Bus verfügt neben dem Fahrersitz über acht Sitze für Fahrgäste.

Mini zieht Maxi: Am 25. August 1991 zog ein Modell-Truck im Maßstab 1:16 mit einem Gewicht von 15 kg seinen großen Bruder, einen *Mercedes Benz 1729* mit einem Gewicht von 10,44 t. Dieses Kunststück gelang dem Erbauer des Modells, dem Feinmechaniker Hans Seiffert (* 1945) aus Berlin in seiner Heimatstadt. Möglich macht diese Leistung die Zuladung des Erbauers auf den Sattelschlepper, wodurch ein Zuggesamtgewicht von ca. 110 kg entsteht. Die Bauzeit des ca. 50 cm langen und 25 cm hohen Trucks betrug etwa 2000 Std.

MODELLAUTOS

Das teuerste Modellauto ist ein Bernstein-*Porsche 356 A-Speedster* im Maßstab 1:10. Der Grafiker Nick Bock (* 1940) aus Kampen, Sylt, hat den 40 cm langen und 5,5 kg schweren Mini-Wagen aus 4,7 kg blauem dominikanischen Bernstein, 400 g gelbem Bernstein mit Inklusen und 1 kg 925-Silber gebaut. Am 9. Februar 1988 war das einmalige Prachtstück nach 1300 Arbeitsstunden für das Haus ADC Georg Dommel, Düsseldorf, fertig. Sein Wert beträgt ca. 300 000 DM. Er ist damit teurer als das Original.

Den Dauerfahrrekord für Modellautos stellte ein *Scalextric Jaguar XJ 8* vom 2. Mai bis zum 7. Juni 1989 auf als er nonstop 866:44:54 Std. fuhr und dabei eine Strecke von 2850,39 km zurücklegte. Das Rekordereignis wurde von Reverend Bryan G. Apps und Gemeindemitgliedern von Southbourne in Bournemouth, Dorset (GB), organisiert.

Einen 24-Std.-Streckenrekord für Modellautos im Maßstab 1:32 erzielten mit 492,364 km am 5./6. Juli 1986 Mitglieder der North London Society von Model Engineers in Southport (GB) mit einem Gruppe-C-Sportwagen *Rondeau M482C*, konstruiert von Ian Fisher. Nach den Regeln der B.S.C.R.A. legte der Miniflitzer 11 815 Runden zurück.

Der längste Kurs für Modellautos ist 292 m lang und wurde am 22. November 1991 im Mallory Park Circuit (GB) aus Teilen gebaut, die begeisterte Sammler beisteuerten.

Den kleinsten Modell-Gelenkbus baute sich der Kfz-Mechaniker Lothar Anders (* 1955) aus Wülfrath (Nordrhein-Westfalen) im Maßstab 1:13. Sein originalgetreues Funktionsmodell eines Linienbusses entstand in einer Rekordbauzeit von acht Jahren. 8500 Std. benötigte er, bis der Mini-Bus mit seinen drei ferngesteuerten Türen, fernbedienten Hup- und Motorgeräuschen und den wie beim Original funktionierenden Lichtern ausgetüftelt war. Allein 10 000 DM Materialwert an Kunststoff, Aluminium, Messing, Holz, Plexiglas und Gummi steckte er in den 7 kg schweren und 1,28 m langen Modellbus. Der voll funktionsfähige Rheinbahnbus ist bis ins kleinste Detail maßstabgetreu nachgebildet, bis hin zu den Innenleuchten, Blinkerklappen und Schalensitzen. Sein großes Vorbild mißt übrigens 16,5 m.

Der größte Mini-LKW fährt mit 30 km/h durch Fürth. Der KFZ-Schlosser Harald Herrmann (* 1964) baute in mehr als 5000 Arbeitsstunden einen *MAN 26.361 DFS*-Sattelschlepper im Maßstab 1:5 originalgetreu nach. Abgesehen vom Getriebe, einem Zweitaktmotor und den aus Japan beschafften Reifen entstanden alle Teile in Herrmanns Werkstatt in mühsamer Handarbeit. Alle Teile sind selbstverständlich funktionsfähig – das gilt auch für Fern- und Abblendlicht, Hupe und Scheibenwischer. Alle Funktionen werden funkferngesteuert. Das 3,5 m lange Fahrzeug mit einem von 3 bis 4,2 m ausziehbaren Sattelzug verschlang ca. 18 400 DM Materialkosten.

Das kleinste funkferngesteuerte Auto kommt aus München. Der Industriemeister Metall Manfred Gibisch (*1963) hat einen *VW LT 28* nachgebildet, der 7,656 cm lang, 2,885 cm breit und 3,808 cm hoch ist und 116 g wiegt. Nach gut 2 Jahren hat er bis zum 1. November 1987 das Modell gebastelt, das stufenlos in Lenkung und Geschwindigkeit vorwärts und rückwärts dirigiert werden kann, von einem E-Motor angetrieben und mit 8 Nickel-Cadmium-Knopfzellen versorgt wird – natürlich elektronischen Fahrtenregler und Achsschenkellenkung hat.

Das kleinste Auto mit Verbrennungsmotor bastelte der Student Ronald Schlecker (*1961) aus Neu-Ulm in zwei Monaten. Vorbild für sein Modellauto war ein Wagen aus dem Film *American Graffiti*. Angetrieben wird das 13,3 cm lange, 7,5 cm breite und 7,4 cm hohe Gefährt durch einen Kleinstmotor mit 0,33 cm^3 Hubraum, bis zu 14 km/h können erreicht werden.

Volkswagen-Spielzeugmodelle sammelt seit März 1981 der Lastwagenfahrer Rolf Borner (* 1959) aus Wohlen (Schweiz). Aus ganz Europa hat er seine *Käfer*, vom kleinsten 2-mm-Modell bis zum 2100 mm großen ausgedienten Karussell-Blechauto, zusammengetragen. Am 1. April 1992 umfaßte seine VW-Kuriositätenschau insgesamt 3559 verschiedene Modelle aus 23 Materialien.
Sein deutscher Konkurrent, Dr. Hans Jungk aus Taufkirchen, hatte es bis März 1990 auf 2660 Modelle (ausschließlich VW-Limousinen) gebracht.

KFZ-Holzmodelle baut seit 1945 originalgetreu im Maßstab 1:25 in Leistenbauweise der Leipziger Blech- und Karosserieschlosser Fritz Beck (* 1928). Alle seine Modelle sind naturholzfarbig, teils dunkel gebeizt, nur geleimt und farblos lackiert. Er baut ausschließlich LKWs, Anhänger, Sattelzugmaschinen und –auflieger, Traktoren, Tank- und Silofahrzeuge. Seine Sammlung umfaßt bereits 129 Einzel-Nutzfahrzeug-Modelle.

Aus Papier entstehen detailgetreue Modellautos im Maßstab 1:10 in Tiefenbach (Bayern). Der Energieelektroniker Johann Stockbauer (* 1969) fertigt die in Lenkung, Federbeinen, Achsaufhängungen und Reifen vollfunktionsfähigen Modelle in jeweils ca. 200 Std. Bauzeit. Prachtstück ist ein *Ferrari GTO Roadster* aus 8000 ausschließlich aus Papier gefertigten Einzelteilen.

MOTORRÄDER

Die schnellste Serien-Straßenmaschine ist die *1-l-Kawasaki ZX10* mit einer straßengetesteten Geschwindigkeit von 270 km/h. Sie bringt eine Leistung von 125 PS (93 kW), ihr Listenpreis im Juni 1990 betrug 15 390 DM.

Die schnellsten getunten Straßenmaschinen dürfte der Schweizer Tuner Fritz W. Egli bauen. Mit einem 320 PS starken und 330 km/h schnellen Turbo-Bike des Hauses erreichte der Schweizer Urs Wegner auf dem Hochgeschwindigkeitskurs im süditalienischen Nardo über 10 km eine Durchschnittsgeschwindigkeit von 283,2 km/h. Die Spezialreifen auf Kevlarbasis kamen von Pirelli.

Die schnellsten Rennmotorräder stammen aus japanischer Produktion. Alle zur Zeit gebauten *Honda-*, *Kawasaki-*, *Suzuki-* und *Yamaha*-Maschinen sind darauf abgestellt, unter Rennbedingungen Geschwindigkeiten von knapp über 300 km/h erreichen zu können.

Der erste Motorradmotor mit acht Ventilen pro Zylinder wurde von Honda für den Motorradrennsport entwickelt. Da diese Anzahl von Ventilen bei einem runden Kolben nicht untergebracht werden kann, hatten die Techniker hier auf einen Oval-Kolben zurückgegriffen, der mit zwei Pleueln mit der Kurbelwelle verbunden ist. Der Motor konnte sich bis jetzt im Rennsport noch nicht durchsetzen, da es Vibrations- und Abdichtungsprobleme gibt. Im nicht ganz so strapaziösen Alltagsbetrieb sind die Probleme nun jedoch gelöst: Seit dem Herbst 1991 hat Honda die *NR 750* zum Stückpreis von 100 000 DM auf den Markt gebracht. Der 750-cm^3-Vier-

Der Traum aller Motorrad-Freaks, die ungehemmten Vibrationen des Motors einer *Harley Davidson* zu spüren.

31 Polizisten auf fünf Motorrädern bedeuten neuen Hallenrekord im Pyramidenfahren, aufgestellt von der Kradstaffel der Frankfurter Polizei am 7. März 1992 bei der 18. Polizei-Sport- und Musikschau in der Festhalle von Frankfurt/Main.

zylindermotor mit seinen 32 Ventilen leistet bei 14 000/min die in Deutschland zulässigen 74 kW oder 100 PS – damit ist dieses 240 km/h schnelle Motorrad auch zugleich das teuerste Serienmotorrad der Welt, wenn man bei den wenigen handgefertigten Exemplaren, jede *NR 750* wird erst nach der Bestellung gebaut, überhaupt von einer Serienfertigung sprechen kann.

Die teuerste Serien-Straßenmaschine auf dem deutschen Markt ist die *Yamaha SZR 750R*, bei den Fans der heißen Öfen besser bekannt unter dem Typenkürzel *OW01*. Ihr Listenpreis im Juni 1990 lag bei 37 100 DM.

Höchstgeschwindigkeiten: Offizielle Geschwindigkeitsweltrekorde müssen in zwei Touren über eine abgemessene Entfernung in entgegengesetzten Richtungen innerhalb eines Zeitlimits aufgestellt werden. Dieses Limit ist 1 Std. für Rekorde des internationalen Verbandes (F.I.M.). Donald A. Vesco (* 8. April 1939, USA) stellte auf seiner 6,4 m langen stromlinienförmigen *Lightning Bolt*, die von zwei 1016-cm^3-*Kawasaki*-Motoren angetrieben wurde, am 28. August 1978 auf dem Bonneville Salt Flats, Utah (USA), den absoluten Rekord auf. Seine Durchschnittsgeschwindigkeit betrug 513,165 km/h.

Der Weltrekord für 1 km mit stehendem Start gelang Henk Vink (NL, * 24. Juli 1939) mit 16:68 Sek. am Tag seines 38. Geburtstags auf dem Flugplatz von Elvington (GB) auf seiner 984-cm^3-Vierzylinder-*Kawasaki* mit vorverdichtetem Motor. Der schnellere Lauf wurde mit 16:09 Sek. gemessen.

Die schnellste Zeit für einen einzelnen Lauf über 402 m mit stehendem Start ist 7:08 Sek., erzielt 1980 in Ontario, Kalifornien (USA), von Bo O'Brechta (USA). Die 1200-cm^3-Rekordmaschine mit vorverdichtetem Motor war auf *Kawasaki*-Basis konstruiert.
Die höchste Endgeschwindigkeit nach einer Strecke von 402 m mit stehendem Start ist 321,14 km/h, am 7. Oktober 1978 in Ontario von Russ Collins (USA) erreicht.

Die längste Zeit, in der ein Motorrad, eine *Kinetic Honda DX* 100 cm^3, ununterbrochen in Bewegung gehalten wurde, sind 1001 Std.; die Fahrer waren Har Parkash Rishi, Amarjeet Singh und Navojot Chadha. Vom 22. April bis zum 3. Juni 1990 legten sie im Traffic Park von Pune (Indien) eine Strecke von 30 965 km zurück.

Längste Welttour: Jim Rogers und Tabitha Eastabrock aus New York (USA) bereisten mit ihren Motorrädern sechs Kontinente und legten dabei 91 766 km zurück. Im März 1990 starteten sie in New York, wo sie im November 1991 wieder eintrafen.
Als erste Motorradfahrerin reiste Monika Vega (*9. Mai 1962) aus Rio de Janeiro (Brasilien) solo um die Welt. Ihre Tour auf einer 200-cm^3-*Honda* begann am 7. März 1990 in Mailand (Italien). Nach 83 500 km und dem Besuch von 53 Ländern kehrte sie am 24. Mai 1991 nach Italien zurück.

Auf Transeuropa-Tour ging der Schweizer Baumaschinist Roger Maurer (* 1964) aus Oberriet (St. Gallen) vom 15. bis 18. Juni 1989. Mit einer *Yamaha FJ 1100* (Bj. 1985) durchfuhr er in 71:20 Std. neun europäische Länder und schaffte dabei auf seiner Solo-Fahrt 5506 km.

Akrobatik: Eine Nonstop-Strecke von 331 km legte Yasuyuki Kudoh am 5. Mai 1991 in Tsukuba (Japan) auf dem Hinterrad einer *Honda TLM 220 R* (216 cm^3) zurück.

Die höchste Geschwindigkeit auf dem Hinterrad gelang mit 241 km/h Steve Burns (GB) am 3. Juli 1989 mit einer *Suzuki GXS 1100* auf der Teststrecke von Bruntingthorpe.

Größte Motorrad-Pyramide: Deutsch-deutscher Doppelerfolg für die Motorradsportgruppe der Berliner Polizei, die von 27 Volkspolizisten und einer Volkspolizistin unterstützt wurde. Anläßlich der Polizei-Sport- und Musikschau 1990 bildeten am 19. August 52 Polizisten und eine Volkspolizistin eine Pyramide auf fünf nicht miteinander verbundenen Motorrädern, die im Berliner Olympiastadion 500 m weit fuhr. Auf einem *BMW*-Motorrad balancierten anschließend 47 Mann und eine Frau (3,582 t Gesamtgewicht) und fuhren über 160 m ebenfalls Weltrekord.

Rückwärts und von der Spitze einer 3,3 m hohen Leiter steuerte Fernmelder Dewi Jones von den Weißhelmen ein Motorrad 1:30 Std. ohne Unterbrechung; am 30. November 1988 legte er auf dem Flugplatz von Catterick (GB) in dieser ungewöhnlichen Fahrweise 33 km zurück.

Mit Seitenwagen, aber auf nur zwei Rädern fuhr Graham John Martin am 21. August 1988 in Pretoria (Südafrika) auf einer 1100-cm^3-*Yamaha XS 1100* in 3:05 Std. eine Strecke von 320,1 km.

Das längste Motorrad ist eine Maschine Marke Eigenbau von Les Nash aus Coventry (GB), der ein 3500-cm^3-Motorrad mit einem *Rover-V-8*-Motor konstruierte, das 3,81 × 1,22 m mißt und über 1 2 t wiegt. Es ist für den Straßenverkehr zugelassen.

Das kleinste Motorrad der Welt zu haben und zu fahren wird immer wieder neu versucht. Simon Timperley und Clive Williams von Progressive Engineering Ltd, Ashton-Lyne, Lancashire (GB), haben ein Motorrad mit einem Radstand von 107,9 mm konstruiert; die Sitzhöhe ist 95,2 mm, das Vorderrad hat 19 mm, das Hinterrad 24,1 mm Durchmesser. Simon fuhr den Mini 1 m weit und erreichte dabei eine Spitze von 3,2 km/h. Noch kleiner ist das Mini-Motorrad von Pit Lengner (* 1953) aus Riesbürg (Baden-Württemberg). Der Mechaniker hat ein fahrbares Motorrad konstruiert, das ganze 6,3 cm lang, 8,3 cm hoch ist, einen Radstand von 4 cm und einen Raddurchmesser von 2,2 cm (vorne) und 2,4 cm (hinten) hat.

FAHRRÄDER

Das kleinste Tridem-Fahrrad hat nur noch eine Länge von 48 cm über alles. Die Schweizer Rad-Akrobaten PEDALOS zeigen es in ihrer Show der Superlative. Die drei Basler können mit diesem Tridem beliebige Figuren fahren. Seit 1982 präsentieren die PEDALOS bei internationalen Gala- und TV-Einsätzen 20 weitere Exklusiv-Fahrräder.

Das längste Tandem (ohne ein drittes Stabilisierungsrad) ist 20,4 m lang, bietet 35 Radlern Platz und wurde von den Pedaalstompers Westmalle (Belgien) konstruiert. Den Streckenrekord stellte die Truppe am 20. April 1979 mit 60 m auf. Das Gefährt wiegt 1100 kg.

Das höchste Tandem schweißten die Hobbybastler Winfried Ruloffs und Otto Troppmann in 150 Std. Arbeitszeit aus Stahlrohr: 1,4 m hoch, 3,45 m lang, mit einem Raddurchmesser von 1,14 m ist das Jumbo-Tandem 240 kg schwer.

Das kleinste Tandem baute ebenfalls das Bastler-Duo Ruloffs/Troppmann. Es ist nur noch 22 cm lang und konnte im Mai 1991 dem Wirt Thomas Iseke von der Gaststätte Tandem in Neustadt (Niedersachsen) vorgestellt werden.

Das längste Fahrrad mit 22,24 m Länge und einem Gewicht von 154,2 kg hat Terry Thessman aus Pahiatua (Neuseeland) entworfen und gebaut. Am 27. Februar 1988 wurde auf dem Gefährt 246 m weit geradelt.

1870 machte sich James Starley daran, das Gewicht des ersten handhabbaren Fahrrads *Vélocipède* zu reduzieren. Er fabrizierte ein Fahrrad mit großem Vorder- und kleinem Hinterrad, das den Spitznamen *Penny-farthing* erhielt – so hießen die größten und die kleinsten englischen Kupfermünzen dieser Zeit.

Das größte Fahrrad bauten der Drahterodierer Otto Troppmann (* 1942) aus Weyhausen und der Fräser Winfried Ruloffs (* 1938) aus Neudorf-Platendorf. Das Bastler-Duo, das bei VW Wolfsburg tätig ist, hat sein im Oktober 1983 nach 500 Arbeitsstunden fertiggestelltes Riesenrad (4,4 m lang, 2,1 m hoch, 70 kg schwer, voll luftbereift, gleich große Räder mit einem Durchmesser von 1,9 m und mit 144 Speichen bestückt) auch mit Materialien, die von der FE (Forschungs- und Entwicklungsabteilung Versuchsbau) ihres Werkes entwickelt wurden, konstruiert. Radeln kann jeder damit, nur das Aufsteigen fällt etwas schwer.
Das größte Fahrrad, nimmt man den Durchmesser des Vorderrades zum Maßstab, ist das *Frankencycle*, konstruiert von Dave Moore aus Rosemead, Kalifornien (USA), und am 4. Juni 1989 erstmals gefahren von Steve Gordon aus Moorpark, Kalifornien. Der Durchmesser des Vorderrads ist 3,05 m, das Fahrrad ist insgesamt 3,35 m hoch.

Das höchste Fahrrad stellte der Velo-Designer Dieter Senft (* 1952) aus Kolpin (Brandenburg) am 20. Dezember 1989 auf dem Zentralflughafen Berlin-Schönefeld vor. Seine 8,08 m hohe Konstruktion aus 100 m Rohr ist 1,5 m höher als das bisher höchste Fahrrad, dürfte aber im Straßenverkehr etwas unpraktisch sein. Der Hobbykonstrukteur hat es in 450 Arbeitsstunden gebaut, allein 22 Fahrradketten und 25 Kettenspanner zusammengesetzt. Die Lenkerhöhe beträgt 8,18 m.

Das kleinste fahrbare Fahrrad besitzt ein Vorderrad mit 2,9 cm und ein Hinterrad mit 2,6 cm Durchmesser. Sein Konstrukteur Neville Patten aus Gladstone (Australien) steuerte den rollenden Winzling am 18. März 1988 über eine Strecke von 4,25 m.

Ein klassisches Hochrad mit einem Vorderrad von 165,7 cm Durchmesser und einem Hinterrad von 45,7 cm Durchmesser wurde 1881 von der Coventry Machinist Co. (GB) konstruiert. Es befindet sich jetzt im Besitz von Paul Foulkes-Halbard in Crowborough (GB).

Der Geschwindigkeitsrekord für ausschließlich mit Menschenkraft angetriebene Fahrzeuge (ein Fahrer, 200 m mit fliegendem Start) ist 105,383 km/h, am 11. Mai 1986 von Fred Markham in Mono Lake, Kalifornien (USA), erreicht.
Auf dem Ontario Speedway in Kalifornien (USA) stellten Dave Grylls und Leigh Barczewski am 4. Mai 1980 mit 101,25 km/h den Rekord für mehrere Fahrer auf.

Der 1-Std.-Rekord (stehender Start) wird von Pat Kinch gehalten, der am 8. September 1990 in Millbrook (GB) auf der Kingcycle Bean eine Durchschnittsgeschwindigkeit von 75,57 km/h erreichte.
Die Höchstgeschwindigkeit eines mit Menschenkraft angetriebenen Fahrzeugs im Wasser (ein Fahrer, 2000 m) erreichte mit 20,66 km/h Steve Hegg im *Flying Fish* am 20. Juli 1987 in Long Beach, Kalifornien (USA).

Den längsten Tretroller konstruierte in ca. 100 Arbeitsstunden die Freiwillige Feuerwehr aus Heiningen bei Wolfenbüttel. 35 Wehrmänner setzten das 40,5 m lange Gefährt am 13. August 1982 in Bewegung und hatten nach 1:30 Std. die 11,8 km lange Strecke zwischen Heiningen und Wolfenbüttel rollernd bewältigt.

EINRÄDER

Das höchste Einrad, das jemals gefahren wurde, war 31,01 m hoch. Steve McPeak lenkte es im Oktober 1980 in Las Vegas (USA) 114,6 m weit. Es war durch eine Sicherheitsleine mit einem Kran verbunden. Ohne Sicherheitseinrichtungen dieser Art käme es beim Fahren von Einrädern solcher Größe unvermeidlich zu schweren Unfällen.

Rekordrundfahrt: Der Inder Deepak Lele aus Maharashtra kam mit seinem Einrad vom 6. Juni bis 25. September 1984 von New York nach Los Angeles und bewältigte 6378 km.

Eine Langstreckenfahrt startete der Hannoveraner Udo Tiedemann (* 1946) am 1. September 1984 in Pornic, Westfrankreich. Über Nantes, Paris, Koblenz ging es nach Bückeburg (Niedersachsen). Am 13. September 1984 waren nach 13 Tagen 1596,6 km bewältigt (Tagesdurchschnitt 122,81 km).

Auf Höhenfahrt ging der Schweizer Guido H. Frey (* 1971) aus Bubendorf am 2. September 1989 mit seinem Einrad. In 13:45 Std. bewältigte er 4096 m Höhendifferenz auf einer Distanz von 105 km. Mit einer Durchschnittsgeschwindigkeit von 11 km/h überquerte er von Andermatt über den Gotthardpaß via Tremola die Alpen und erreichte über Airolo, Biasca den Lukmanierpaß.

Einen 24-Std.-Rekord erreichte der Elektriker Stefan Gauler (*1969) aus Landschlacht (Schweiz) auf der Kreuzlinger Sportanlage Burgerfeld. Nach 220 000 Pedaltritten und 600 Runden auf der 400 m-Tartanbahn hatte er am 26./27. Oktober 1991 mit 279,274 km auf seinem Einrad (Übersetzung 1:1, 26 Zoll Radgröße, 130 mm Kurbellänge) Rekord gefahren.

Das kleinste fahrbare Einrad fuhr Peter Rosendahl aus Las Vegas, Nevada (USA), am 4. August 1990 beim Hotel Circus Circus in Las Vegas mit einem Raddurchmesser von 7,58 cm 30 Sek. lang in einem Radius von 1,21 m.

Rückwärts fuhr Peter Rosendahl am 19. Mai 1990 in 9:25 Std. auf einem Einrad mit einem Raddurchmesser von 60,96 cm eine Strecke von 74,75 km.

Einen Sprintrekord über 100 m erzielte Peter Rosendahl: 12,74 Sek. (28,25 km/h) mit stehendem und 12,43 Sek. (28,96 km/h) mit fliegendem Start. Beide Bestleistungen stellte er am 1. Juli 1990 in Las Vegas, Nevada (USA), auf.

Das kleinste Hochrad (Stangenrad) mit einer Sattelhöhe von 45 cm und einer Radbreite von nur 12 mm präsentierte Andy Safrany (*1983) aus Eiken (Schweiz) am 22. September 1990 im *Supertreffer* des Schweizer Fernse-

Seit 1984 auf der Versuchsanlage im Emsland erprobt, soll die Magnetschnellbahn *Transrapid* jetzt auf der Strecke Berlin–Hamburg gebaut werden.

hens in Zürich. 16 Sek. konnte er stolz damit fahren.

EISENBAHNEN UND ANDERE SCHIENENFAHRZEUGE

LOKS, STRECKEN, GESCHWINDIGKEITEN

Das schnellste Schienenfahrzeug ist ein unbemannter Raketenschlitten, der am 5. Oktober 1982 mit 9851 km/h (Mach 8) über die 15,2 km lange Gleisstrecke des White Sands Missile Range in New Mexiko (USA) raste. Die Höchstgeschwindigkeit eines Zugs mit Passagieren ist 400,7 km/h, erreicht am 4. Februar 1987 von dem Testzug *Maglev* (Magnetbahn) *ML-500* auf der 7 km langen Versuchsstrecke der Japanischen Eisenbahngesellschaft in Miyazaki (Japan).

Einen europäischen und gleichzeitig Weltrekord für Schienenfahrzeuge stellte am 18. Mai 1990 der Höchstgeschwindigkeitszug *TGV-Atlantique* von den SNCF (Sociéte Nationale des Chemins de Fer Français) mit 515,3 km/h zwischen Courtalain und Vendôme auf.
Der *TGV (Train à Grande Vitesse)*, am 27. September 1981 in Dienst gestellt, hat die fahrplanmäßige Zeit für die Strecke Paris–Lyon (425 km) im September 1983 auf genau 2 Std. reduziert und fährt damit durchschnittlich 212,5 km/h – einschließlich einiger Bahnhofstopps. Die erreichte Spitzengeschwindigkeit ist 299 km/h.

Die leistungsstärksten Lokomotiven der Deutschen Bundesbahn sind die E-Loks der Baureihe *103*. Mit einer Oberleitungsspannung von 15 000 V, 162 3 Hz Einphasen-Wechselstrom erreichen sie ihre größte Dauerleistung von 10 100 PS (7440 kW) bei 191 km/h. Die Fahrmotorspannung beträgt dabei 640 V. Die 10-Min.-Kurzzeitleistung ist 14 120 PS (10 400 kW) bei 152 km/h. Die größte zulässige Geschwindigkeit ist 200 km/h. (Für die Lok *103 103* sind es 250 km/h.) Sie werden vor allem im IC- (Intercity-) und D-Zug-Verkehr eingesetzt.

Die Höchstgeschwindigkeit einer Dampflokomotive betrug 201 km/h über eine Strecke von 402 m. Sie wurde am 31. Juli 1938 von der *Mallard* (Wildente) mit der Typenbezeichnung L. N. E. R. 4-6-2 Nr. 4468 (später 60 022) erreicht, die sieben Waggons mit einem Gesamtgewicht von 243 t über Stoke Bank zwischen Grantham und Peterborough (GB) zog. Der Lokomotivführer hieß Joseph Duddington, der Heizer Thomas Bray. Die Lokomotive wurde dabei beschädigt.

Die schnellsten Dampflokomotiven in Deutschland bauten vor dem Zweiten Weltkrieg 1936 die Borsig-Werke in Berlin. Es waren drei Loks der Baureihe *05*, über 26 m lang, mit einer Leistung von 2360 PS (1740 kW). Am 11. Mai 1936 fuhr eine von ihnen (Lok *05 002*) mit 200 t Zuglast auf der Strecke Berlin–Hamburg zwischen den Städten Neustadt a. d. Dosse und Nauen 200,4 km/h. Zwei dieser Loks wurden 1958 verschrottet, die dritte und letzte ist seit 1963 im Verkehrsmuseum von Nürnberg ausgestellt.

Einen Weltrekord für Dieselzugkraft stellte am 1. November 1987 die Britische Eisenbahn auf. Ein Zug mit zwei Intercity-Triebwagen 125, der die Fahrgestell-Prototypen vom Typ SIG für die MK-IV-Intercity-Waggons testete, erreichte zwischen Darlington und York 238,9 km/h.

Der InterCityExpress (ICE) der Deutschen Bundesbahn: Der Hochleistungstriebzug für den Hochgeschwindigkeitsverkehr InterCity-Express ist federführend von der Krupp Industrietechnik GmbH in Arbeitsgemeinschaft mit fünf deutschen Schienenfahrzeugherstellern entwickelt und gebaut worden.
Im schnellen Personenfernverkehr fahren die ICE-Züge auf den Neubaustrecken Mannheim–Stuttgart und Hannover–Würzburg sowie zwischen Hamburg/Frankfurt (Main)/München und seit Juni 1992 auch zwischen Hamburg /Würzburg/Nürnberg/München 250 km/h Höchstgeschwindigkeit. Auf besonderen Schnellstrecken und auf Teilstücken der Neubaustrecken erreichen sie sogar 280 km/h.

Die stärkste Dampflokomotive, gemessen an ihrer Zugkraft, war die *Nr. 700*, eine dreiteilige Gelenklokomotive vom Typ 2-8-8-8-4, eine 6-Zylinder-Lok, die 1916 von den Baldwin Locomotive Works für die Eisenbahn von Virginia (USA) gebaut wurde. Sie besaß eine Zugkraft von 75 434 kg bzw. 90 520 kg, je nach Ausnutzung des Dampfdrucks. Die stärksten Dampflokomotiven der Welt benutzte zwischen 1941 und 1961 die amerikanische Union Pacific Railroad. Von den 25 Maschinen der Baureihe *4000* sind noch sieben erhalten.

Der schnellste Güterwagen erreichte im März 1991 bei Meßfahrten der Bundesbahn-Versuchsanstalt Minden zwischen Hannover-Langenhagen und Celle eine Geschwindigkeit von 213 km/h. Das zweiachsige Fahrzeug ist für den Einsatz im InterCargoExpreß bestimmt.

Der längste Personenzug war 1732 m lang, bestand aus 70 Waggons und wog 2786 t, die von einer Elektrolok gezogen wurden. Der Zug der Belgischen Staatsbahn benötigte am 27. April 1991 für die 62 km von Gent nach Ostende 1:11:05 Std.

Schwerstladungen auf der Schiene sind von der Kapazität des rollenden Materials abhängig. Der stärkste Bahn-Transportwagen mit einer Kapazität von 807 t ist der 36achsige *Schnabel* mit 336 t Eigengewicht, im März 1981 von Krupp (Essen) für eine US-Eisenbahngesellschaft gebaut. Der Kraftprotz ist 92 m lang.

Das größte Magnetschwebefahrzeug der Welt, die Magnetbahn *Transrapid 06*, wird seit Mai 1984 auf der Versuchsanlage im Emsland zwischen Lathen und Papenburg erprobt. Der von der Kraus-Maffei AG hergestellte und von der Messerschmitt-Bölkow-Blohm GmbH mit einem magnetischen Trag- und Führungssystem ausgestattete Zug ist 54,2 m lang, wiegt 122 t und kann 196 Personen befördern.
Auf der 31,5 km langen Teststrecke wurde am 18. Dezember 1989 die Rekordgeschwindigkeit von 435 km/h erreicht. Der von Thyssen-Henschel in Kassel neugebaute Magnetzug *Transrapid 07* ist um 20 t leichter und soll eine Betriebsgeschwindigkeit von 460 km/h bekommen mit einer Höchstgeschwindigkeit von 500 km/h. Den Rekord für ein unbemanntes Magnetschwebefahrzeug hält das japanische Ver-

Nach 31 Jahren fährt die Brockenbahn erstmals wieder von Schierke auf den höchsten Berg des Harzes. Hier schmücken Eisenbahner in Wernigerode die Premieren-Lok, eine 1898 gebaute Dampflokomotive.

suchsfahrzeug *ML 500* der japanischen Eisenbahn (JNR) mit 517 km/h (erreicht am 21. Dezember 1979).

Die längste Eisenbahnstrecke der Welt führt auf der transsibirischen Eisenbahn über eine Entfernung von 9438 km von Moskau nach Nachodka (Rußland) am Jaspanischen Meer. Die Gesamtreise dauert 8 Tage, 4:25 Std., und der Zug hält dabei an 97 Bahnhöfen.

Die längste und neueste Überland-Eisenbahn der Welt ist die 3145 km lange Strecke Baikal-Amur, deren Bau 1938 begonnen und 1974 neu aufgenommen wurde; am 27. Oktober 1984 wurde sie in Betrieb genommen. Die Strecke führt vom ostsibirischen Ust-Kut nach Konsomolsk an der russischen Pazifikküste. Für den Bau wurden schätzungsweise 382 Mio. m^3 Erdreich und Felsen bewegt.

Die längste gerade Schienenstrecke der Welt gibt es bei der Commonwealth-Trans-Australien-Eisenbahn. Sie führt von Meilenstein 496 zwischen Nurina und Loongana (Westaustralien) über die Ebene von Nullarbor bis zum Meilenstein 793 zwischen Ooldea und Watson (Südaustralien) über eine pfeilgerade, wenn auch nicht ebene Strecke von 478 km.

Die breiteste Spurweite im normalen Gebrauch beträgt 1,676 m. Diese Weite ist in Spanien, Portugal, Indien, Pakistan, Bangladesch, Sri Lanka (Ceylon), Argentinien und Chile üblich. 1885 gab es im US-Bundesstaat Oregon eine Holztransportlinie mit einer Spurweite von 2,4 m.

Die schmalste benutzte Spurbreite beträgt ganze 26 cm und wird noch auf zwei Strecken in Norfolk (GB) eingesetzt: bei den Wells Harbour Railways (über 1,12 km) und den Wells-Walshingham Railways (6,5 km).

Die höchstgelegene Eisenbahnstrecke der Welt mit Normalspurbreite von 1,43 m gibt es bei der peruanischen Staatseisenbahn von Lima nach Oroya. Bei La Cima liegt der höchste Eisenbahnpunkt mit 4817 m üNN.

Die höchstgelegene Eisenbahn Europas, die ohne Zahnradantrieb fährt, verkehrt zwischen St. Moritz (Schweiz) und Tirano (Italien) über den 2323 m hohen Berninapaß mit 7 Prozent Gefälle.

Die tiefste Bahnstrecke der Welt befindet sich im Seikan-Tunnel zwischen den japanischen Inseln Honshu und Hokkaido. Die Gleise wurden 240 m unter der Tsugaro-Meerenge verlegt. Der 53,8 km lange Tunnel wurde am 13. März 1988 eröffnet.

Die tiefstgelegene Strecke in Europa wird durch den Kanaltunnel führen, wo die Gleise 127 m uNN verlegt werden.

Die steilste Eisenbahnstrecke der Welt ist der Katoomba Scenic Railway in den Blue Mountains Australiens. Sie ist 310 m lang bei einem Gradienten 1 zu 0,82. Eine 220 PS starke Motorwinde zieht den Zug an zwei Stahlkabeln von je 22 mm Durchmesser. Die Fahrt dauert 1:40 Min. und wird jährlich von 420 000 Passagieren in Anspruch genommen.

Das steilste Gefälle mit Schienenhaftung befindet sich mit 1 : 11 zwischen Chedde und Servoz (Frankreich) auf der SNCF-Chamonix-Linie mit 1 m Spurweite.
Die größte Steigung im Netz der Deutschen Bundesbahn muß bei Boppard-Kastellaun (Rheinland-Pfalz) auf dem Weg in den Hunsrück hinauf überwunden werden. Das Steigungsverhältnis auf der 7 km langen Strecke ist 1 : 16,4.

Das Bahnnetz, das die meisten Passagiere befördert, ist die Ostjapanische Eisenbahngesellschaft, die 1988 täglich 14,66 Mio. Fahrgäste verzeichnete. Unter den Gegenständen, die in dem Jahr bei Bahnfahrten verlorengingen, gehörten 377 712 Schirme, 141 200 Kleidungsstücke, 143 761 Bücher und Schreibwarenartikel, 4359 Accessoire-Artikel und 89 799 Portemonnaies.

Die meisten Länder besuchte in 24 Std. der Student Martin Häffner aus Schönau (Odenwald). Am 16. April 1981 schaffte er einen Reiserekord durch zehn europäische Länder: Italien, Jugoslawien, Österreich, Liechtenstein, Schweiz, Bundesrepublik Deutschland, Frankreich, Luxemburg, Belgien, Holland.

Eine 24-Std.-Eisenbahnrekordfahrt erzielte der Soldat Arnd Lochschmidt (*1967) aus Wuppertal (Nordrhein-Westfalen). Am 20. Juli 1991 erreichte er mit elf ICE, IC- und D-Zügen und einer S-Bahn-Verbindung 3146 km auf Gleisen der Deutschen Bundesbahn. Bei der sich anschließenden einwöchigen Eisenbahnfahrt brachte er es bis zum 26. Juli zwar auf eine Rekordverbesserung des bestehenden Rekordes um zusätzliche 1444 km auf 18 998 km auf deutschen Eisenbahnschienen – zu einem neuen Rekord reichte es aber nicht (s.u.).
Eine noch höhere 24-Std.-Leistung glückte dem Walliser Fritz Brügger (*1959) aus Blattern b. Naters (Schweiz) – allerdings auf dem Streckennetz der französischen Staatsbahnen. Am 24./25. November 1991 benutzte er sechs *TGV Atlantique* von Bordeaux nach Bordeaux und kam auf 3568 Reisekilometer.

Stationen-Rallye schwyzerisch: Innerhalb von 24 Std. fuhr der Sekundarschüler und Eisenbahn-Fan Ivo Rüegg (*1976) aus Rüti, Zürich (Schweiz), mit seinem Bruder Peter (23) am 24./25. April 1992 exakt 432 verschiedene Bahnhofstationen an. In Brig startete Ivo sein Abenteuer kreuz und quer durch die Schweiz, in Chiasso endete die Reise.

Die einwöchige Eisenbahnrekordfahrt holte sich der damalige Abiturient Till-Olaf Klingenhäger (*1971) aus Aichtal-Aich (Baden-Württemberg) mit durchfahrenen 19 764 km dank der kurz zuvor eröffneten Neubaustrecken Hannover-Würzburg und Mannheim-Stuttgart vom 3. bis zum 10. Juni 1991 auf dem Schienennetz der Deutschen Bundesbahn. Die Rekordfahrt von Stuttgart nach Stuttgart nutzte er u. a. zur Vorbereitung auf sein mündliches Abitur.

Den Tramprekord auf dem Schienennetz der Deutschen Bundesbahn hat Till-Olaf Klingenhäger zwei Jahre zuvor um 20 323 km überboten. Vom 18./19. Juli bis 18. August 1989 kam er auf 74 052 km. Seine Monatsleistung begann und endete jeweils in Stuttgart Hauptbahnhof. In 744 Std. gebrauchte er 201 D-, E-, EC- und IC-Züge.

Die schnellste Nord-Süd-Durchquerung auf Europas Schienennetz schaffte der Verwaltungsbeamte Gisbert Siede (* 1965) aus Buxheim (Unterallgäu). Vom 12. bis 15. Januar 1989 fuhr er mit einem Inter-Rail-Ticket und einem Tramper-Monats-Ticket der Deutschen Bundesbahn in nur 71:19 Std. von Narvik (Norwegen) bis Pozzallo (Südspitze Siziliens). Seine durchschnittliche Reisegeschwindigkeit betrug auf den 5531 Reisekilometern 77,56 km/h.

BAHNHÖFE

Der größte Eisenbahn-Bahnhof der Welt ist der Grand Central Terminal an der Kreuzung von Park Avenue und 43. Straße in New York (USA), der von 1903 bis 13 erbaut wurde. Er umfaßt auf zwei Ebenen eine Fläche von 19 ha mit 41 Gleisen auf der oberen und 26 Gleisen auf der unteren Ebene.

Eisenbahngeschwindigkeiten im Überblick

Am 8. Oktober 1829 erreichte George Stephensons *Rocket* einen Geschwindigkeitsrekord von 46,8 km/h bei den Rainhills Trials auf dem Schienenweg der Liverpool & Manchester Linie. 160 Jahre später erzielen die Hochgeschwindigkeitszüge mit 290 km/h mehr als das Fünffache.

Den ersten Schritt zu höherer Geschwindigkeit brachte die Entwicklung elektrisch angetriebener Lokomotiven. 1903 stellte der von Siemens und Halske konstruierte elektrische Zug eine Reihe von Rekorden auf. Den nächsten Schritt brachte der japanische *Shinkansen* mit dem ersten fahrplanmäßigen Verkehr von über 161 km/h am 1. November 1965 mit Zügen, die die Strecke Tokio–Osaka (516 km) in 3:10 Std. mit 163 km/h Durchschnitts- und einer Höchstgeschwindigkeit von 210 km/h durchfuhren.

Der jüngste Schritt erfolgte in den 80er Jahren mit dem französischen *Train à Grande Vitesse (TGV)*. Der Hochleistungszug erreicht 290 km/h Spitzen-Reisegeschwindigkeit. Das schnellste Verkehrssystem bietet der *TGV Atlantique* zwischen Paris und Le Mans mit 220,5 km/h – eine noch höhere Reisegeschwindigkeit im täglichen Fahrbetrieb ist von der Reichweite der eigenen Trasse abhängig.

Spitzengeschwindigkeiten werden auch weiterhin eine Herausforderung bleiben. Zur Zeit sind der französische *TGV* und der deutsche *ICE* noch schneller, die Japaner experimentieren aber bereits mit einem Superexpress *Shinkansen 300 X*, der im nächsten Jahrzehnt 350 Stundenkilometer erreichen soll.

George Stephensons *Rocket* 1829 fast 30 Meilen/h

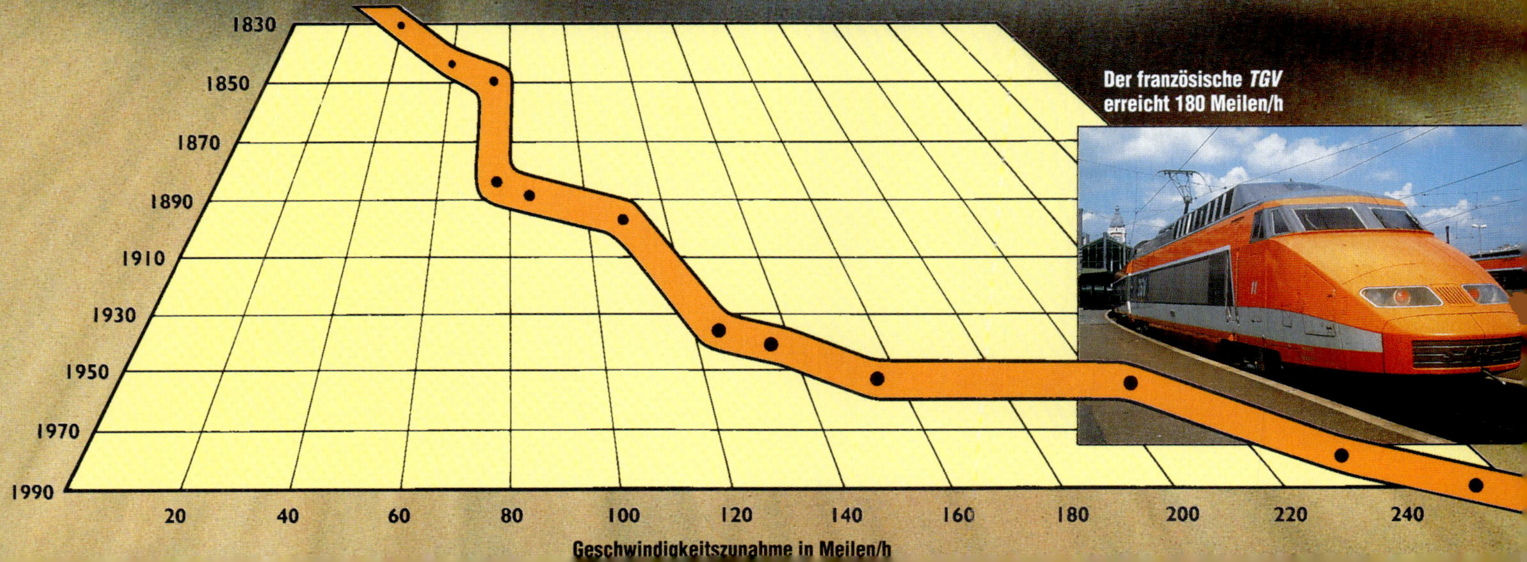

Der französische *TGV* erreicht 180 Meilen/h

Im Durchschnitt werden dort täglich 550 Züge und 200 000 Fahrgäste gezählt. Eine Spitzenkapazität erreichte er am 3. Juli 1947 mit 252 228 Personen.

Als größter Bahnhof in Europa gilt der Hauptbahnhof von Leipzig (Sachsen). Die Sandsteinfassade des Empfangsgebäudes hat eine Länge von 298 m. Die 26 Gleise münden auf den 32 m breiten Querbahnsteig, von dem sechs Längshallen abgehen, die die Gleise überspannen. Jede Halle ist 45 m breit und 220 m lang. Nach 13 Jahren Bauzeit wurde der Sackbahnhof im Jahr 1915 dem Verkehr übergeben.

Der flächenmäßig größte deutsche Bahnhof ist der Rangierbahnhof Maschen (Niedersachsen). Er umfaßt mit einem Gleisnetz von 287 km Länge, 280 ha und hat 285 Weichen, 29 Brücken und 38 Gebäude. Seine Kapazität beläuft sich auf 11 000 Waggons täglich. Mit Zulaufstrecken sind es 300 km Gleise, 310 ha, 1014 Weichen, 47 Brücken und 54 Gebäude.

Der höchstgelegene Bahnhof der Welt ist Condor in Bolivien, 4786 m üNN, an der Meter-Spurstrecke von Rio Mulato nach Potosi.

Der höchstgelegene Bahnhof Europas liegt in der Schweiz an der elektrischen Zahnradbahn auf die Jungfrau. Es ist die Bergstation Jungfraujoch mit einer Höhenlage von 3454 m üNN.

Der höchstgelegene deutsche Bahnhof liegt an der Schwarzwaldstrecke Titisee–Seebrugg (Baden-Württemberg). Es ist der 967 m hoch gelegene Bahnhof Bärental am Feldberg.

Die meisten Fahrgäste Deutschlands hat der Hauptbahnhof München mit an Werktagen etwa 410 000 Personen (einschl. S-Bahn-Verkehr). Er hat auch die meisten Bahnsteiggleise (insgesamt 32). Die Länge der Bahnhofsanlage beträgt 1,9 km, die der Frontfassade 174 m.

U-BAHNEN

Das ausgedehnteste U-Bahn- oder Schnellverkehrsbahn-System der Welt – insgesamt gibt es 75 Nahverkehrsunternehmen dieser Art –, ist die London Underground mit 409 km Strecke, von denen 135 km gebohrte Tunnel sind und 32 km in abgedeckter Tieflage verlaufen. Das System hat 21 000 Beschäftigte und fährt 272 Bahnhöfe an. Die 408 Züge bestehen aus insgesamt 4146 Waggons und haben 1990/91 775 Mio. Fahrgäste befördert. Die längste Fahrt ohne Umsteigen führt von Epping nach West Ruislip über eine Strecke von 54,9 km.
Der Rekord für das Abfahren aller 272 Stationen (einschließlich des am 12. April 1986 eröffneten Terminals 4 von Heathrow Station) ist 18:41:41 Std., aufgestellt am 30. Juli 1986 von dem Quintett Robert A. Robinson, Peter D. Robinson, Timothy J. Robinson, Timothy J. Clark und Richard J. Harris.

Das am stärksten beanspruchte U-Bahn-Netz ist das der sowjetischen Hauptstadt Moskau mit 3,3 Mrd. Fahrgästen im Jahr. Zu dem Netz gehören 141 Bahnhöfe (von denen 18 als Umsteigestationen mehr als einen Namen tragen) und 226,7 Gleiskilometer. Seit Inbetriebnahme im Jahr 1935 ist der Fahrpreis kürzlich zum ersten Mal erhöht worden – von 5 auf 15 Kopeken.
Die Rekordfahrt (alle 123 benannten Bahnhöfe) dauerte 9:39:50 Std., absolviert am 9. Dezember 1988 von Dr. Peter Altman aus Edgware und Jackie Smith aus Bobblestock (GB).

Die U-Bahn mit den meisten Bahnhöfen ist das Netz der New York City Metropolitan Transportation Authority, dessen erster Abschnitt am 27. Oktober 1904 in Betrieb genommen wurde. Das Netz mit insgesamt 468 Bahnhöfen umfaßt eine Strecke von 372,93 km und hatte 1991 täglich 3,3 Mio. Fahrgäste.

Das älteste und längste U-Bahn-Netz mit den meisten Linien von allen deutschen Städten hat Berlin. Die erste (Teil-)Strecke wurde bereits am 18. Februar 1902 dem Verkehr übergeben.
Das Hamburger U-Bahn-Netz hat auf 3 Linien 80 Bahnhöfe, davon 9 Umsteigebahnhöfe (nur auf die U-Bahn bezogen) und 89,5 km (davon 31,2 km im Tunnel) Streckenlänge.

Am 8. Oktober 1988 erneuerte Kai Bruchmann (* 1968) seinen Rekord und fuhr das Hamburger U-Bahn-Netz in Rekordgeschwindigkeit ab. Der Postangestellte erreichte zusammen mit dem Bundeswehrsoldaten Karsten Filor (* 1965) die Zeit von 4:01 Std. für alle drei U-Bahn-Strecken in Hamburg.

Das Münchener U-Bahn-Netz mit seinen jetzt 6 Linien und 60 Stationen bei 50,661 km Netzlänge hält den Mathematikstudenten Thomas

Europas größter Kopfbahnhof in Leipzig soll zu einem Zentrum der europäischen Verkehrswirtschaft werden.

Die kleinste funktionstüchtige Modelleisenbahnanlage hat Platz in einer aufgeschnittenen Zigarettenschachtel. Hier dreht die 45 mm große Mini-Club-Lok der Märklin-Baureihe 089 ihre Runden.

Kantke (* 1964) auf Trab. Seinen eigenen Rekord im schnellsten Abfahren des Münchener U-Bahn-Netzes überbot er am 10. März 1989. In 2:11:27 Std. legte er 63 379 m mit einer Durchschnittsgeschwindigkeit von 28,929 km/h zurück. Auf seiner Fahrt mußte er neunmal umsteigen.

MODELLEISENBAHNEN

Die längste überwachte Fahrt einer Modell-Dampflokomotive fand am 8./9. September 1979 in Thames Ditton (GB) statt. Sie dauerte 27:18 Std. und erstreckte sich über 231,7 km. Die Bahn namens *Winifred* (gebaut 1974 von Wilf Grove) mit einer Spurweite von 18,4 cm arbeitet mit einem Druck von 5,6 kg/cm^2, wird mit Kohle geheizt, hat einen Zylinder mit einem Innendurchmesser von 54 mm und einen Hub von 79 mm.

Der Nonstop-Dauerrekord für eine Modelleisenbahn (Lokomotive mit 6 Wagen) beträgt 1219 Std. Die »mini-club-Lokomotive 8885« (Märklin) war bei der Rekordfahrt, dem Maßstab 1 : 220 entsprechend, auf ein 130-km/h-Tempo eingestellt und erreichte ohne Reparatur und Pflege umgerechnet 158 400 km, reale Entfernung 720 km bei einem Test im Jahr 1981. Diese Spur gilt als kleinste Modelleisenbahn.

Die kleinste Modellschmalspureisenbahn im Maßstab 1:1000 wurde im Januar 1988 auf einer Modelleisenbahn-Ausstellung im Prater Berlin von der Arbeitsgemeinschaft »Weinbergsweg« vorgestellt. Der Mechaniker Werner Krey aus Fredersdorf (Brandenburg) hat eine 7,2 mm lange Lok gebastelt, die von einem 12-V-Uhrenmotor angetrieben wird. Der Zug fährt auf Spurweite 1 mm.

Der längste Modellbahnzug der Welt in Spurweite H0 mit einer Länge von 215 m ohne Lokomotiven fuhr am 19. August 1989 auf Gleis 4 im Bahnhof Kevelaer (Niederrhein). Die Kevelaerer Eisenbahnfreunde hatten 1527 Wagen aneinandergekoppelt, die von 14 Lokomotiven 8,37 m weit gezogen wurden. Umgerechnet auf den Maßstab 1:1 entspricht das einer Zuglänge von 21,705 km!

Eine Lokomotive der Baureihe 151 von Märklin, Spurweite Z, zog im November 1989 anläßlich der 7. Unnaer Modellbahnausstellung aus eigener Kraft 174 Güterwagen mit 482 Achsen (Gesamtlänge 10 m) auf einem geraden, ebenen Schienenstrang 15 m weit. Damit konnte der Eisenbahn-Fan Klaus Niggemann aus Unna-Massen (Westfalen) seinen eigenen Rekord vom November 1985 um 74 Güterwagen bzw. 186 Achsen verbessern.

Eine Rekordfahrt schaffte am 2. April 1989 eine serienmäßige Roco-Lok auf einem 108 m langen Oval in der Lehrter Turnhalle (Niedersachsen). Der Modelleisenbahnverein Lehrte hatte einen 74 m langen und 40 kg schweren Zug aus 400 6achsigen Erzwagen (2400 Achsen) zusammengestellt. Im zweiten Anlauf zog die 20-cm-Lok den Rekordzug eine Runde durch das Oval.

LUFTFAHRZEUGE

DIE ERSTEN FLÜGE

Der erste Flug mit einem Düsenflugzeug wurde von dem deutschen Flugkapitän Erich Warsitz am 27. August 1939 bei Marienehe nahe Rostock in der mit einem Strahltriebwerk der Firma Heinkel ausgerüsteten *He 178* ausgeführt. Das Flugzeug war mit einem Heinkel-He-S3-b-Motor ausgerüstet (378 kg Schub im Stand, eingebaut mit langem Auspuffrohr), der von Dr. Hans Pabst von Ohain entwickelt und erstmalig im August 1937 erprobt worden war.

Den ersten Überschallflug führte der amerikanische Luftwaffenkapitän (später Brigadegeneral) Charles (Chuck) Elwood Yeager (* 13. Februar 1923) über dem Luftwaffenstützpunkt Edwards in Kalifornien (USA) am 14. Oktober 1947 mit einem *Bell-XS-1*-Raketenflugzeug *Glamorous Glennis* mit einer Geschwindigkeit von 1,015 Mach (1078 km/h) bei einer Flughöhe von 12 800 m durch.

ATLANTIK-ÜBERQUERUNGEN

Die erste Überquerung des Nordatlantiks in der Luft in West-Ost-Richtung wurde von Korvettenkapitän (später Konteradmiral) Albert Cushion Read (1887–1967) und seiner Besatzung (Stone, Hinton, Rodd, Rhoads und Bresse) mit dem 84 Knoten (155 km/h) schnellen *Curtiss-Flugboot NC-4* der amerikanischen Marine auf der Strecke von Trepassey Harbour in Neufundland (Kanada) über die Azoren nach Lissabon (Portugal) vom 16. bis 27. Mai 1919 durchgeführt. Die gesamte Flugzeit über eine Strecke von 7951 km, die am 8. Mai in Long Island, New York (USA), begann und am 31. Mai in Plymouth (GB) endete, betrug 53:58 Std.
Der Flug von Neufundland bis zu den Azoren über eine Strecke von 1930 km dauerte 15:18 Std. bei einer Geschwindigkeit von 81,7 Knoten (151,4 km/h).

Den ersten Nonstopflug über den Atlantik in West-Ost-Richtung führten Captain John William Alcock (1892–1919) und sein Funker, Leutnant Arthur Whitten Brown (1886–1948), über eine Strecke von 3154 km in der Zeit von 16 Uhr 10 GMT am 14. Juni bis 8 Uhr 40 GMT am 15. Juni 1919 vom Flugplatz Lester in St. John's, Neufundland (Kanada), zum Derrygimla-Moor in der Nähe von Clifden in der irischen Grafschaft Galway durch. Die beiden flogen mit einer *Vickers Vimy*, die mit zwei je 360 PS (265 kW) starken *Rolls-Royce-Eagle-VIII*-Motoren ausgerüstet war. Sie wurden am 21. Juni 1919 mit einem Orden ausgezeichnet. Außerdem gewannen sie einen Preis der Londoner Tageszeitung *Daily Mail* in Höhe von 10 000 Pfund Sterling.

Die erste Ost-West-Atlantiküberquerung gelang am 12. April 1928 den Deutschen Hermann Köhl (1888–1938), Freiherr Ehrenfried Günther von Hünefeld (1892–1929) zusammen mit dem Chef des irischen Luftcorps, Oberst James C. Fitzmaurice (1898–1965), mit einer auf den Namen *Bremen* getauften *Junkers-Maschine W 33*. Sie starteten in Irland und landeten nach 36:20 Std. auf der Insel Greenly Island vor Neufundland (Kanada). Nach einer Triumphfahrt durch die Vereinigten Staaten verlieh ihnen US-Präsident Calvin Coolidge (1872–1933) die höchste amerikanische Fliegermedaille.

Der erste Alleinflug über den Atlantik: Captain (später Brigadegeneral) Charles August

U-Bahn-Fan

Zehn Jahre nach seinem ersten Rekord fuhr der Kaufmann Klaus-Martin Kersten erneut das Berliner U-Bahn-Netz in Bestzeit ab. Mit nur 7:32 Std. schaffte er am 22. November 1991 die schnellste Abfahrt des Gesamtnetzes von 142 km Länge mit 160 Bahnhöfen. Auf seiner Nonstop-Fahrt, begleitet vom DFF-Team der *Wennschon – dennschon*-Show, mußte er allerdings insgesamt 234 km zurücklegen und 264 Bahnhöfe anfahren, um seinen neuen Rekord zu erzielen.
Der Berliner Kersten ist auch der eifrigste U-Bahn-Rekordhalter: Von den 77 U-Bahnen, Metros und Subways, die es zur Zeit weltweit gibt, hat er inzwischen 59 befahren.

Auf die meisten Flüge einer Propellermaschine dürfte eine *Convair-580* zurückblicken. Eine dieser Maschinen brachte es bis 1991 auf 139 368 Flüge.

Lindbergh (1902–74) war der 79. Pilot, der eine Atlantiküberquerung durchführte, aber er war der erste, der sie allein vornahm. Er startete am 20. Mai 1927 mit seinem 220-PS-Einsitzer *Spirit of St. Louis* vom Typ Ryan um 12 Uhr 52 GMT vom Roosevelt-Flugplatz in Long Island, New York (USA), und landete am 21. Mai 1927 um 22 Uhr 21 GMT auf dem Flugplatz von Le Bourget in Paris (Frankreich) nach einer Flugzeit von 33:29:29 Std. über eine Strecke von 5810 km. Er gewann den schon 1919 von dem New Yorker Hotelier und Millionär Raymond Orfög für die Ein-Mann-Nonstop-Atlantiküberquerung von New York nach Paris ausgesetzten Preis von 25 000 Dollar (damals über 100 000 Mark).

Den ersten Nonstop-Transpazifikflug führten Major Clyde Pangborn und Hugh Herdon vom 3. bis 5. Oktober 1931 in einer Zeit von 41:31 Std. über eine Strecke von 7335 km mit dem *Bellanca*-Kabinenflugzeug *Miss Veedol* von Sabishiro Beach (Japan) nach Wenatchee, Washington (USA), durch.

ERDUMRUNDUNGEN

Eine Erdumrundung erfordert streng genommen, daß das Flugzeug zwei Antipoden-Punkte überquerte und somit mindestens 40 007,86 km zurücklegt. Die FAI (**F**édération **A**éronautique **I**nternationale) erkennt Flüge an, die mindestens die Länge des südlichen oder nördlichen Wendekreises (36 787,6 km) zurücklegen.

Einen ersten Weltrundflug führten zwei *Douglas-D.-W.-C.*-Flugboote der US Army in 57 Etappen über eine Strecke von 42 398 km durch. Die *Chicago* war mit Leutnant Lowell H. Smith und Leutnant Leslie P. Arnold und die *New Orleans* mit Leutnant Erik H. Nelson und Leutnant John Harding bemannt. Der Flug fand vom 6. April bis 28. September 1924 statt; Start und Ziel war Seattle (USA).

Die schnellste Erdumrundung nach FAI-Regeln gelang über eine Flugstrecke von 36 787 km in 36:08:34 Std. in östliche Richtung vom 26. bis 28. Februar 1988. Das Rekordflugzeug war die *Gulfstream IV* (Kapitän Allen E. Paulson), die in Houston, Texas (USA), startete und über Lake Charles (Irland), Dubai, Hongkong und Taipeh (Taiwan) zum Ausgangsort zurückkehrte. Die Durchschnittsgeschwindigkeit betrug 1026,3 km/h. Die *Boeing 747 SP Friendship One* (Kapitän Clay Lacy) mit 141 Passagieren an Bord schaffte in 36:54:15 Std. vom 28. bis 30. Januar 1988 die Strecke von 37 216 km.. Die Maschine flog von Seattle, Washington (USA), aus in östlicher Richtung, erreichte über dem Atlantik 1292 km/h und tankte nur in Athen und Taipeh nach.

Die erste Erdumrundung ohne Nachtanken gelang Dick Rutan und Jeana Yeager in ihrer Spezialmaschine *Voyager*, konstruiert von Dicks Bruder Burt Rutan. Sie flogen vom 14. bis 23. Dezember 1986 mit Startpunkt Edwards Air Force Base, Kalifornien (USA). In neun Tagen, 3:44 Min. legten sie bei einer Durchschnittsgeschwindigkeit von 186,1 km/h 40 212,139 km zurück. Das Flugzeug mit einer Spannweite von 33,77 m konnte 5636 l Treibstoff mit einem Gewicht von 4052 kg aufnehmen. Die Konstruktion nahm über zwei Jahre und 22 000 Arbeitsstunden in Anspruch. Der Pilot saß in einem Cockpit mit den Maßen 1,7 × 0,54 m, die »Freizeit-Kabine« für das jeweils andere Besatzungsmitglied war 2,3 × 0,6 m groß.

Die erste Allein-Polarumrundung führte Hauptmann Elgen M. Long (44) vom 5. November bis 3. Dezember 1971 mit einer *Piper Navajo* durch. Er legte in 215 Flugstunden eine Strecke von 62 597 km zurück. Die Kabinentemperatur sank über der Antarktis auf 40° C.

Die erste Erdumkreisung über die beiden Pole in einer einmotorigen Maschine gelang dem Amerikaner Richard Norton, Kapitän bei einer Fluggesellschaft, und Calin Rosetti, Chef des Satelliten-Navigationssystems der Europäischen Raumfahrtbehörde. Ihre *Piper PA-46-3 10-P Malibu* startete am 21. Januar 1987 auf dem Pariser Flughafen Le Bourget, wo sie am 15. Juni 1987 auch wieder landete. Die reine Flugzeit betrug 185:41 Std., in denen die beiden Piloten 55 266 km zurücklegten. Bei dem Unternehmen mit der Bezeichnung *Arctic Tern* (Arktis-Seeschwalbe) wurden weitere 16 Rekorde für Flüge von Punkt zu Punkt aufgestellt.

FLUG- UND ANDERE REKORDE

Das Flugzeug mit der größten jemals konstruierten Flügelspannweite, war das 40 Mio. Dollar (168 Mio. DM) teure *Hughes-H-2*-Flugboot *Hercules*, das am 2. November 1947 mit Howard Hughes (1905–76) am Steuer vor dem Hafen von Long Beach, Kalifornien (USA), bei einem Versuchsflug über eine Strecke von 914 m auf eine Höhe von 21,3 m gebracht wurde. Das

Mit seinem vierstrahligen Langstreckenjet *A 340* will Airbus Industrie den Markt für Langstreckenflugzeuge auch auf der Strecke Hamburg–Tokio erobern. Im Oktober 1991 startete der größte je in Europa gebaute Jet zu seinem Jungfernflug in Toulouse.

achtmotorige, 193 t schwere Flugzeug hatte eine Spannweite von 97,51 m, eine Länge von 66,64 m und flog nur dieses eine Mal. Am 22. Februar 1982 wurde es von der Goldcoast Corp. mit Hilfe des Schiffskrans YD-171 der US-Marine zu seiner endgültigen »Ruhestätte« 9,6 km durch den Hafen unter eine Kuppel von 126,5 m Durchmesser geschafft, die weltgrößte freitragende Aluminiumkuppel. Der Transport gilt als Glanzleistung.

Unter den derzeit hergestellten Flugzeugen hat die russische *Antonow An-124* eine Spannweite von 73,3 m und die *Boeing 747-400* eine Spannweite von 64,92 m. Eine modifizierte sechsmotorige Version der *An-124*, auf das Kürzel *An-125* getauft, hat eine Flügelspannweite von 88,4 m.

Am 26. Januar 1984 wurde der 40 Mio. Dollar (103 Mio. DM) teure *Piasecki Heli-Stat* in Lakehurst, New Jersey (USA), ausgestellt. Er besteht aus einem »Gerippe« aus Leichtmetall und Verbundmaterialien, an das vier Helikopter vom Typ *Sikorsky SH-34J* und die Hülle eines Luftschiffs *Goodyear 2PG-2* montiert werden können. Konstruiert für den Einsatz bei der amerikanischen Waldschutzbehörde, hat der *Heli-Stat* eine Gesamtlänge von 104,55 m und ist für eine Zuladung von 21,4 t ausgelegt. Am 1. Juli 1986 machte er eine Bruchlandung.

Das Flugzeug mit dem höchsten Standard-Startgewicht ist die *Antonow An-225 Myira* (Traum) mit 600 t. Eine Maschine dieses Typs hat am 22. März 1989 eine Rekordfracht von 156 300 kg in einer Höhe von 12 410 m befördert. Der Flug über 3:47 Std. wurde von Kapitän Alexander Galunenko und seiner Crew aus sieben Piloten, ab Kiew über eine Strecke von 2100 km ohne Zwischenlandung absolviert.

Das erste Elektroflugzeug ist die *MB-E 1*. Ausgestattet mit einem Bosch-8-kW-Motor (10,7 PS) und einer Flügelspannweite von 12 m, wiegt es 400 kg und ist 7 m lang. Seinen Jungfernflug machte der von dem amerikanischen Flugzeugmodellbauer Fred Militky entworfene Flieger am 21. Oktober 1973.

Das mit Sonnenenergie betriebene Flugzeug *Solar Challenger*, entwickelt von einer Gruppe unter Leitung von Dr. Paul MacCready, wurde am 20. November 1980 erstmals allein mit Solarantrieb geflogen. Am 7. Juli 1981 wurde die *Solar Challenger* das erste Flugzeug seiner Kategorie, das den Ärmelkanal überquerte; Pilot war Steve Ptacek (USA). Vom Startort Pontois-Corneilles bei Paris flog er die 262,3 km in 3353 m Höhe bis Manston (GB) in 5:23 Std. Die Spannweite des Flugzeugs ist 14,3 m.

Das kleinste jemals geflogene Flugzeug ist die *Bumble Bee Two*, entworfen und gebaut von Robert H. Starr aus Arizona (USA). Sie war 2,64 m lang bei einer Flügelspannweite von 1,68 m und hatte ein Leergewicht von 179,6 kg. Die höchste erreichte Geschwindigkeit war 306 km/h. Am 8. Mai 1988 stieg sie annähernd 122 m hoch, stürzte ab und erlitt Totalschaden.

Der kleinste jemals geflogene Eindecker ist die *Baby Bird*, entworfen und konstruiert von Donald R. Stits. Sie hat bei einer Flügelspannweite von 1,91 m eine Länge von 3,35 m und ein Leergewicht von 114,3 kg. Der Antrieb besteht aus einem 55-PS-Zweizylinder-Hirth-Motor, der *Baby Bird* zu 177 km/h Spitzengeschwindigkeit beflügelt. Erster Pilot war Harold Nemer am 4. August 1984 in Camarillo, Kalifornien (USA).

Der kleinste Jet ist die *Silver Bullet* mit einer Spannweite von 5,18 m. Die von Bob Bishop (USA) konstruierte Maschine wiegt 196 kg und bringt es auf 450 km/h.

Das kleinste zweimotorige Flugzeug ist wahrscheinlich die *Colomban MG15 Cricri*, die erstmals am 19. Juli 1973 geflogen wurde. Sie hat eine Flügelspannweite von 4,9 m und eine Gesamtlänge von 3,91 m. Angetrieben wird sie mit 15 PS aus zwei JPX PUL-Motoren.

Das größte Verkehrsflugzeug der Welt ist der Jumbo Jet – die *Boeing-747*. Den ersten Flug unternahm der Jumbo am 9. Februar 1969, er hat eine Kapazität von 385 bis zu über 500 Passagieren bei einer Höchstgeschwindigkeit von 969 km/h. Die Flügelspannweite beträgt 59,64 m, die Länge 70,7 m. Am 22. Januar 1970 ging der Jumbo Jet in den Liniendienst.
Die erste *747-400* mit einer Flügelspannweite von 64,92 m, einer Reichweite von über 12 875 km und einer Kapazität von 422 Passagieren wurde am 26. Januar 1988 an Northwest Airlines ausgeliefert. Theoretisch bietet sie Raum für 516 Passagiere, die dann in der Hauptkabine zu zehnt in einer Reihe sitzen; bis zu 69 Passagiere finden zudem Platz im gestreckten Oberdeck der *747-300*.

Lyle Shelton bei der Kontrolle von *Rare Bear*, einer modifizierten *Grumman F8F Bearcat*, mit der er am 21. August 1989 einen Weltrekord von 850,25 km/h auf der 3-km-Strecke erzielte.

Eine gestreckte Version der McDonnell *Douglas MD 11* mit Platz für 515 Passagiere in der Hauptkabine sowie weiteren 96 im unteren sogenannten Panoramadeck vor den Tragflächen wird derzeit getestet.

Die meisten Passagiere in einem Verkehrsflugzeug waren 1087 während der Operation Salomon, die am 24. Mai 1991 begann, als mit einer *Boeing 747* der El Al äthiopische Juden von Fallascha nach Israel evakuiert wurden.

Das schnellste Verkehrsflugzeug ist das Überschall-Verkehrsflugzeug *Concorde,* eine Gemeinschaftsentwicklung von BAC und Aérospatiale. Es wurde zum ersten Mal am 2. März 1969 geflogen und entwickelt mit einem Fassungsvermögen von 128 Passagieren eine Geschwindigkeit bis zu 2,2 Mach (2333 km/h). Am 10. Oktober 1969 flog es mit 1,05 Mach, überschritt am 4. November 1970 zum ersten Mal 2,0 Mach und wurde so das erste Verkehrsflugzeug mit Überschallgeschwindigkeit. Der neue New-York–London-Rekord wurde am 14. April 1990 mit 2:55,15 Std. aufgestellt.

Das geräumigste Flugzeug ist die *Super Guppy* der Aero Spaceline mit einem Frachtraumvolumen von 1415 m^3 und einem maximalen Startgewicht von 79,38 t. Die Spannweite beträgt 47,63 m, die Länge 43,05 m. Der Frachtraum ist 33,17 m lang und bildet einen Zylinder von 7,62 m Durchmesser.
Die russische *Antonow An-124 Ruslan* hat einen nutzbaren Frachtraum von 1014 m^3 und ein maximales Startgewicht von 405 t. Sie wird von vier Lotarev-D-18-Turbotriebwerken angetrieben, die ihr eine Geschwindigkeit von 850 km/h (bei 12 000 m Flughöhe) und eine Reichweite von 4500 km geben.
Eine spezielle Schwerlastversion der *An-124,* benannt *An-225 Myira* (Traum), wurde mit gestrecktem Rumpf entwickelt und bietet ein Nutzvolumen von 1190 m^3. Der Frachtraum schließt eine freie Ladefläche von 43 m Länge bei maximal 6,4 m Breite und 4,4 m Höhe. Ein neuer Zentralsektor in Höhe der Tragflächen trägt zwei zusätzliche Motoren, die schätzungsweise insgesamt 140 000 kp Schub entwickeln. Nach dem Jungfernflug am 21. Dezember 1988 wurde das Flugzeug am 13. Mai 1989 erstmals zum Transport der sowjetischen Raumfähre *Buran* eingesetzt und war damals 13:13 Std. ununterbrochen in der Luft.

Die meisten Flüge einer Propellermaschine hat vermutlich eine *Convair CV-580* Turboprop auf dem Buckel, die es bis zum April 1991 auf 139 368 Flüge gebracht hat. Das genaue Alter des Flugzeugs wurde nicht genannt, aber selbst wenn es die erste Maschine ihres Typs war, hätte sie seit 1952 täglich im Durchschnitt mehr als 9 Flüge absolviert.
Im April 1992 berichtete die Fachzeitschrift *Flight International* von einer *DO-9,* die in knapp 26 Jahren 94 159 Flüge absolviert hat und immer noch in Betrieb ist. Das entspräche 10 Flügen pro Werktag und 11 täglichen Flügen an den Wochenenden, doch dürfte der tatsächliche Durchschnitt wegen der »Rastzeiten« für Wartungsarbeiten noch höher liegen.
In derselben Ausgabe berichtet die Zeitschrift von einer *Boeing 747,* die mit 89 236 Flugstunden das »erfahrenste« Düsenverkehrsflugzeug sein dürfte und immer noch in die Luft geht.

Der längste Nonstop-Linienflug wird von United Airlines und Quantas in 14:50 Std. von Los Angeles nach Sydney durchgeführt. Der Flug mit einer *Boeing 747 SP* (*Special Performance* Sonderausführung) reicht über eine Strecke von 12 050 km.

Der längste Überführungsflug einer zweistrahligen Zivilmaschine dürfte der Flug einer *Boeing 767 200ER* vom 8./9. Juni 1990 von Seattle (USA) nach Nairobi (Kenia) gewesen sein. Die *Boeing 767* der Royal Brunei Airlines flog in 18:29 Std. 14 890 km Großkreisdistanz und verbrauchte 74,2 t Treibstoff.

Der kürzeste Linienflug der Welt verkehrt zwischen den schottischen Orkneyinseln Westray und Papa Westray. Er wird von der Gesellschaft Loganair seit September 1967 mit zweimotorigen, 10sitzigen *Britten-Norman-Islander*-Transportmaschinen durchgeführt. Obschon im Flugplan mit 2 Min. veranschlagt, wurde die Strecke bei günstigen Windbedingungen von Captain Andrew D. Alsop schon in 58 Sek. bewältigt. Die Eincheck-Zeit für den Zweiminutenflug beträgt 20 Min.
United Airlines bieten zwischen San Franzisko und Oakland (Kalifornien) den kürzesten Linienflug in einer *Boeing 727* an. Täglich gibt es auf der 19,3 km langen Strecke drei Hin- und Rückflüge, die durchschnittlich 5 Min. dauern.

Die meisten Flüge in 24 Std.: Pater Michael Bartlett aus London, ein »exzentrischer Globetrotter«, absolvierte am 13. Juni 1990 binnen 13:33 Std. mit Heli Transport (Nizza) 42 planmäßige Passagierflüge zwischen Nizza, Sophia, Antipolis, Monaco und Cannes.

12 EG-Länder: Am 13. Juni 1989 flogen Michael Hamlin und Robert Noortman von Hamlin Jet Ltd. eine *Cessna Citation Biz Jet One* eine Strecke von 5954 km und landeten dabei innerhalb von 18:55 Std. auf 12 verschiedenen Landebahnen in den 12 EG-Staaten.

HÖCHSTGESCHWINDIGKEITEN

Den offiziellen Fluggeschwindigkeitsrekord stellten Captain Eldon W. Joersz und Major George T. Morgan jr. am 28. Juli 1976 in einer *Lockheed SR-71 A Blackbird* mit einer Geschwindigkeit von 3529,5 km/h über einen Rundkurs von 25 km Länge des US-Luftwaffenstützpunktes Beale in Kalifornien (USA) auf.

Überschallflug – die ehemals sowjetische *Tupolew TU-144,* erstmals am 31. Dezember 1968 geflogen und damit das erste in Betrieb genommene Überschall-Verkehrsflugzeug, war ursprünglich nur für den Frachtverkehr eingesetzt worden.

Das schnellste Starrflügelflugzeug der Welt war die amerikanische *North American Aviation X-15 A-2* (eine Weiterentwicklung der *X-15 A*), die zum ersten Mal am 28. Juni 1964 flog. Sie war mit einem durch flüssigen Sauerstoff und Ammoniak angetriebenen Raketensystem ausgerüstet. Ableitende Materialien an der Außenhaut gaben ihr eine Widerstandsfähigkeit gegen eine Temperatur von 1560° C. Die Landegeschwindigkeit betrug vorübergehend 389,1 km/h. Die höchste Geschwindigkeit erreichte am 2. Oktober 1967 Major William J. Knight (* 1930) von der amerikanischen Luftwaffe mit 7274 km/h (6,7 Mach). Nach dem letzten Flug am 24. Oktober 1968 wurde das Programm eingestellt.

Die höchste Landegeschwindigkeit eines Starrflügelflugzeugs erzielte Siegfried Heltzel-Castel (*1935), Hauptmann der deutschen Luftwaffe, aus Karlsruhe-Rüppurr am 2. Juni 1965. Nach einem Luftzusammenstoß mit einer *D-28* über Rhens/Rhein mußte er seinen *F-104 G (Starfighter)* wegen der Rammbeschädigungen mit 242 KIAS *(Knots indicated airspeed)* landen. Diese Geschwindigkeit lag 6–8 Knoten über der Reifen-Höchstbelastungsgeschwindigkeit – mit umgerechnet über 435 km/h ein Landerekord!

Luftraumschiffe: Die NASA-Raumfähre *Columbia* wurde am 12. April 1981 im Kennedy Space Center, Cape Canaveral, Florida (USA), gestartet. Kommandant an Bord war John W. Young, Pilot Robert L. Crippen. Die *Columbia* brach sämtliche Rekorde für Starrflügelmaschinen, als sie beim Ausschaltpunkt des Hauptantriebs 26 715 km/h erreicht hatte. Nach dem Wiedereintritt in die Atmosphäre, bei dem sie Temperaturen von 2160° C ausgesetzt war, wurde sie zum schwersten Gleiter aller Zeiten – sie wog 97 t. Mit 347 km/h stellte die Raumfähre zugleich den Rekord für die höchste Landegeschwindigkeit für Luftraumschiffe auf, als sie am 14. April 1981 auf dem Rogers Dry Lake in Kalifornien (USA) wieder Bodenberührung hatte.

Nach den FAI-Regeln der Kategorie P für Raumfahrzeuge ist die *Columbia* Inhaber des absoluten Dauerweltrekords – 14 Tage bis zur Landung auf Cape Canaveral bei dem 48. Flug einer Raumfähre mit 7 Besatzungsmitgliedern am 9. Juli 1992. Die *Discovery* hält den *Shuttle*-Höhenrekord von 532 km, erreicht bei ihrem 10. Flug am 24. April 1990. Die größte Masse, die von dem *Shuttle* befördert und in einer Umlaufbahn ausgesetzt wurde, betrug 132 912 kg. Dabei handelte es sich um das Startgewicht von *Discovery STS 41,* die am 6. Oktober 1990 mit dem *Ulysses* Solar-Polar-Orbiter und einer IUS/PAM Festkörper-Treibstoff-Endstufe gestartet wurde.

Das schnellste Düsenflugzeug der Welt ist das *Lockheed-SR-71*-Aufklärungsflugzeug der US-Luftwaffe (s. offizieller Rekord), das erstmalig am 22. Dezember 1964 geflogen wurde. Es soll eine Höhe von nahezu 30 480 m erreichen können. Die *SR-71* hat eine Spannweite von 16,94 m, eine Länge von 32,73 m und ein Startgewicht von 75,9 t. Die angegebene Reichweite soll 4800 km betragen bei einer Geschwindigkeit von 3 Mach in einer Höhe von 24 000 m. Mindestens 30 Maschinen sind bisher gebaut worden. Am 15. Januar 1988 gab es Berichte, daß die US-Luftwaffe unter Geheimhaltung ein *Mach 5*-(6115 km/h) *Stealth*-Flugzeug für große Höhen (über 30 480 m) entwickele.

Der schnellste bekannte Doppeldecker war der italienische *Fiat C. R. 42 B,* der mit einem 1010-PS-(750-kW-)*Daimler-Benz*-Motor vom Typ DB 601 A im Jahr 1941 eine Geschwindigkeit von 520 km/h erreichte. Es wurde nur ein Flugzeug dieser Art gebaut.

Den Geschwindigkeitsweltrekord für Flugzeuge mit Kolbenmotor über eine Strecke von 3 km stellte am 21. August 1989 Pilot Lyle Shelton mit der *Rare Bear,* einer modifizierten *Grumman F8F Bearcat,* in Las Vegas, Nevada (USA), auf.

Der in den 60er Jahren fertiggestellte Zentralflughafen Berlin-Tempelhof gilt als viertgrößtes Bauwerk der Welt mit seinen 1240 m zwischen den beiden Flügelspitzen des Flughafens, den insgesamt 49 Gebäuden, sieben Flugzeughallen und 9000 Büroräumen – insgesamt 300 000 m² Nutzfläche.

Das schnellste Flugzeug mit Propellerantrieb, das noch im Einsatz ist, ist die russische *Tu-95/142 Bär* mit einer Höchstgeschwindigkeit von 925 km/h (Mach 0,82). Die vier Motoren mit je 14 795 PS treiben gegenläufige Propeller mit jeweils acht Blättern an.

McDonnell Douglas erwartet, daß die geplante *MD-91X*, angetrieben von gegenläufigen Mehrblatt-Fans, eine Reisegeschwindigkeit von etwa Mach 0,78 (814 km/h) erreicht. Tests in den Jahren 1987/88 mit einer *MD-80*, versuchsweise mit einem General-Electric-GE36-Motor ausgerüstet, welcher zwei Fans antrieb (statt einen der beiden Standard-Turbofans Pratt & Whitney JT8D), erreichte eine Höchstgeschwindigkeit von 0,865 Mach.

Den Rekord für die schnellste Atlantiküberquerung halten Major James V. Sullivan (damals 37) und Major Noel F. Widdifield (damals 33), die am 1. September 1974 mit einer *Lockheed SR-71 A Blackbird* in einer Zeit von 1:54:56,4 Std. in östlicher Richtung flogen.

Die Durchschnittsgeschwindigkeit, die durch das Nachtanken aus einem *KC-135*-Tankflugzeug vermindert wurde, betrug für die Strecke von New York bis London (5570,8 km) 2908,3 km/h.

Der Solorekord (Gander nach Gatwick) steht bei 8:47:32 Std., erzielt am 12. März 1978 von Capt. John A. Smith in einer *Rockwell 685* bei einer Durchschnittsgeschwindigkeit von 426,71 km/h.

Der schnellste Steigflug gelang Heinz Frick von British Aero Space, der am 15. August 1989 im Flugtestzentrum von Rolls-Royce in Filton, Bristol (GB), in einer *Harrier GR 5* mit einem *Rolls-Royce*-Triebwerk 11-61 Pegasus bei stehendem Start eine Höhe von 12 000 m in 126,63 Sek. erreichte.

Alexander Fedotow (Rußland) gelang am 17. Mai 1975 in einer *MiG-25* ein Höhenrekord in der schnellsten Zeit, als er die Höhe von 30 500 m 4:11,7 Min. nach dem Start erreichte in Podmoskowuo (Rußland).

Der Langstreckenrekord von 64 Tagen, 22:19:5 Std. wurde von Robert Timm und John Cook in einer *Cessna 172 Hacienda* aufgestellt. Die beiden starteten am 4. Dezember 1958 15 Uhr 53 Ortszeit auf dem McCarren-Flugplatz in Las Vegas, Nevada (USA), und landeten auf demselben Flugplatz 14 Uhr 12 am 7. Februar 1959. Sie legten auf ihrem Flug eine Strecke zurück, die bei regelmäßigem Nachtanken, ohne Zwischenlandung, einer sechsmaligen Erdumrundung entspricht.

FLUGHÄFEN UND HANGARS

Der größte Flughafen der Welt ist der für 8,4 Mrd. DM gebaute King Khalid International Airport vor den Toren von Riad (Saudi-Arabien) mit einer Fläche von 223 km². Der am 14. November 1983 eröffnete Flughafen besitzt den größten Kontrollturm der Welt mit einer Höhe von 81 m.

Der Haji-Terminal im für 16 Mrd. DM gebauten King Abdul-Azie Airport von Dschidda ist das größte überdachte Gebäude mit einer Fläche von 1,5 km².

Der Flughafen von Dallas/Fort Worth, Texas (USA), zur Zeit mit 6 Start- und Landebahnen und 5 Terminals ausgestattet, soll auf 9 Bahnen und 13 Terminals mit 260 Toren ausgebaut werden. Geplante Kapazität: 150 Mio. Fluggäste im Jahr.

Der für Denver, Colorado (USA), neu geplante Flughafen wird den Erwartungen nach eine Fläche von 116,5 km² bedecken. Der Abschluß von Bauphase 1, zu der fünf Start- und Landebahnen gehören, ist für Mitte 1993 vorgesehen. Anfangs wird der neue Flughafen 94 Gates haben – weniger (aber größere) als die im jetzt noch betriebenen Stapleton Airport, den er ersetzen wird. Die Kosten werden mit mindestens 2,6 Mrd. Dollar (4,4 Mrd. DM) veranschlagt.

Der weltgrößte Flughafen-Terminal gehört zum Hartsfield International Airport von Atlanta, Georgia (USA), eröffnet am 21. September 1980, und bedeckt eine Fläche von 20,43 ha. Zu dem Terminal gehören 146 Gates. 1990 wurden 48 024 566 Fluggäste abgefertigt, die Kapazität liegt bei 75 Mio.

Europas größter Flughafen ist Heathrow Airport (London) mit 1197 ha Ausdehnung. Heathrow wird von über 80 Fluggesellschaften aus 61 Ländern mit Linienflügen bedient und verzeichnete 1990 insgesamt 381 725 Flugbewegungen, darunter 361 200 Passagierflüge. Die verschiedenen Luftfahrtunternehmen und Behörden sowie die Flughafengesellschaft beschäftigen zusammen 51 400 Menschen.

Die Gesamtzahl der landenden und startenden Fluggäste betrug – einschließlich der Transitpassagiere – 40 248 Mio.
Die meisten Flüge, die an einem Tag in Heathrow abgefertigt wurden, waren 1162 am 16. März 1990; die meisten Passagiere an einem Tag waren 144 833 am 30. Juni 1989.

Der größte deutsche Flughafen ist der Rhein-Main-Flughafen bei Frankfurt am Main. Er ist mit Abfertigungsvorfeld, Lufthansabasis, Frachtzentrum und Startbahn 18 West 1700 ha groß und rangiert unter den 592 für den internationalen Linienverkehr zugelassenen Flughäfen im Fluggastverkehr an neunter (in Europa nach London-Heathrow an zweiter) Stelle mit 27 991 435 Passagiern vor Charles de Gaulle, Paris, mit 20 700 000. Im Luftfrachtverkehr nimmt er in der Welt den zweiten, in Europa den ersten Platz ein. Er hat eine Jahreskapazität von 30 Mio. Fluggästen. In der Sommersaison 1991 wurde er im Linienverkehr von 106 Fluggesellschaften angeflogen und bot pro Woche mehr als 6000 Verbindungen zu 221 Zielorten in 97 Ländern auf fünf Kontinenten. Dazu kommen im Laufe eines Jahres etwa 80 Chartergesellschaften im Gelegenheitsverkehr.
1991 wurden insgesamt 319 825 Starts und Landungen registriert, 27 991 435 Fluggäste abgefertigt. Das Luftfrachtaufkommen wuchs auf 1 082 940 t. 164 203 t Luftpost wurden befördert.

Der größte Flughafen Österreichs ist der von Wien-Schwechat, wo 1991 bei 81 476 Starts und Landungen von 52 Linien- und über 105 Chartergesellschaften 5 845 558 Fluggäste gezählt wurden. Das Frachtaufkommen von Vienna Airport erreichte 62 867,6 t.

Der größte Flughafen der Schweiz ist Zürich-Kloten. Hier wurden 1991 bei 221 395 Starts und Landungen 12 225 542 Passagiere abgefertigt. Frachtaufkommen: 319 421 t Fracht; 15 143 t Luftpost.

Den stärksten Flugverkehr bewältigt der Chicago International Airport mit insgesamt 59 130 007 Passagieren und 780 658 Flugbewegungen im Jahr 1989.
Heathrow Airport wickelt mehr internationalen Verkehr als jeder andere Flughafen der Welt ab. 1990 waren es 35 070 000 Passagiere. Londons zweiter Flughafen, Gatwick, nimmt mit 18,69 Mio. Passagieren weltweit den vierten Rang ein vor Rhein-Main Frankfurt und Charles de Gaulle Paris. Im Frachtbetrieb führt New Yorks Kennedy International Airport mit 1 072 600 t im Jahr 1988. Internationale Fracht von 1 018 600 t wurden auf Tokios internationalem Flughafen Narita abgewickelt.

Die beiden Städte mit dem dichtesten internationalen Linienflugverkehr untereinander sind London/Paris. 1989 flogen zwischen den beiden Metropolen 3 046 000 Passagiere, täglich im Durchschnitt 4186 in jede Richtung. Die zweitintensivste Flugroute ist die zwischen London und New York mit 2 356 000 Passagieren 1989.

Der höchstgelegene Flugplatz der Welt ist der La Sa (Lhasa) Airport in Tibet, 4363 m üNN.

Das tiefstgelegene Landefeld ist El Lisan an der Ostküste des Toten Meers, 360 m uNN. Während des Zweiten Weltkriegs operierten *BO-AC Short C-class*-Flugboote von der Oberfläche des Toten Meeres, 394 m uNN, aus.

Der tiefstgelegene internationale Flughafen ist Schiphol, Amsterdam (Niederlande), mit 4,5 m uNN.

Der Flughafen mit der größten Entfernung vom Zentrum der Stadt, der er eigentlich dienen soll, ist Viracopos, der 96 km von São Paulo (Brasilien) entfernt ist. Dagegen ist der Flughafen von Gibraltar nur 800 m vom Stadtzentrum entfernt.

Der nördlichste internationale Flughafen befindet sich in Longyearbyen (78°12 28N), dem Hauptort von Spitzbergen. Er wird von der Aeroflot aus Rußland und von der SAS aus Norwegen angeflogen.

HUBSCHRAUBER

Der Geschwindigkeitsrekord für Hubschrauber nach FAI-Regeln wurde von John Trevor Eggington mit Ko-Pilot Derek J. Clews aufgestellt, die am 11. August 1986 in einem Demonstrationshelikopter von Westland Lynx eine Durchschnittsgeschwindigkeit von 400,87 km/h erreichten.

Der größte Hubschrauber der Welt ist der sowjetische *Mil Mi-12 Homer*, auch als *V 12* bekannt. Er ist mit vier 6500-PS-(4800-kW-) Turbinenwellen-Motoren ausgerüstet, hat eine Spannweite von 67 m über die Rotorspitzen,

Einer der beiden Heißluftballons *Star Flyer 1* und *2*, denen am 21. Oktober 1991 die erste Überfahrung des Himalajas und des Mt. Everest gelang. Mit 4735 m erzielten sie den höchsten Aufstieg und mit 4938 m üNN die höchste Landung.

Der Schweizer Modellflieger Jean-Pierre Schiltknecht mit seinem nur von Sonnenenergie angetriebenen Elektromodell *Solar-Schilti 2.*

eine Länge von 37 m und ein Gewicht von 105 t.

Der kleinste Hubschrauber ist der raketenunterstützte Ein-Mann-Minicopter von Aerospace General Co. Er wiegt etwa 72,5 kg und hat bei knapp 300 km/h eine Reichweite von 400 km.

Die schwerste Last hob am 3. Februar 1982 ein *Mil-Mi-26*-Schwerlast-Hubschrauber, besetzt mit G. V. Alfeurow und seinem Kopiloten L. A. Indeew, in Podmoskownoe (ehemalige UdSSR) mit 56,77 t 2000 m hoch.

Der Höhenrekord für Hubschrauber liegt bei 12 442 m. Er wurde am 21. Juni 1972 mit einer *Aérospatiale SA 315 B Lama* von dem Piloten Jean Boulet über Istres (Frankreich) aufgestellt.

Die höchste bisher bekannte Landung eines Hubschraubers fand anläßlich einer Rettungsaktion im Mai 1971 in 7000 m Höhe unterhalb der Südostwand des Mount Everest (Nepal) statt.

Den längsten Schwebeflug schafften die Amerikaner Doug Daigle, Brian Watts, Dave Meyer und Rod Anderson von Tridair Helicopters und Helistream in Kalifornien. Mit einem *1947er Bell B*-Modell blieben sie zwischen dem 13. und 15. Dezember 1989 für 50:00:50 Std. durchgehend in der Luft.

Die erste Weltumrundung per Hubschrauber gelang H. Ross Perot jr. und Jay Coburn in der *Spirit of Texas*. Sie benötigten vom 1. bis 30. September 1982 nach Start in Dallas, Texas (USA), 29 Tage, 3:08:13 Std.

Die erste Solo-Umfliegung beendete am 22. Juli 1983 der Australier Dick Smith. Er ließ sich in seinem *Bell-Modell 206 L Long Ranger III* reichlich Zeit: Der Rekordflug begann am 5. August 1982 in der Bell-Helikopterfabrik bei Fort Worth (Texas) und endete dort 56 742 km und 11 Monate, 17 Tage später.

DREHFLÜGLER

Den Drehflüglerrekord im Geradeausflug, den er mit seinem *WA-116-F*-Drehflügler am 28. September 1975 in einem Nonstopflug von Lydd in Lent (GB) nach Wick im schottischen Hochland über eine Strecke von 874,32 km aufstellte, hält der Engländer Kenneth H. Wallis. Er flog dann seinen *WA-116*, mit einem 72 PS-(53 kW)McCulloch-Motor ausgestattet, am 18. September 1986 mit der Rekordgeschwindigkeit von 193,9 km/h über eine gerade 3-km-Strecke.

Am 20. Juli 1982 stellte er auf dem Flug von Boscombe Down, Wiltshire (GB), den neuen **Höhenrekord** von 5643,7 m in seinem *WA-121/MC* auf. Dieser zur Zeit kleinste und leichteste Wallis-Drehflügler wird von einem 100-PS-(74-kW)Wallis/MC-Motor angetrieben. Berichten zufolge erreichte die Amerikanerin Amelia Earhart am 8. April 1931 über dem Flugfeld von Pitcairn, Pennsylvania (USA), eine Höhe von 5791 m.

LUFTSCHIFFE

Das größte starre Luftschiff, das jemals gebaut wurde, war der 213,9 t schwere deutsche *Graf Zeppelin II (LZ 130)* mit einer Länge von 245 m und einem Rauminhalt von 199 891 m^3. Er startete am 14. September 1938 zu seinem Jungfernflug und führte im Mai und August 1939 Radar-Erkundungsaufträge über dem britischen Luftraum durch. Im April 1940 wurde er demontiert. Sein Schwesterschiff *Hindenburg* war 1,7 m länger.

Das größte halbstarre Luftschiff, das jemals gebaut wurde, war das *ZPG 3-W* der US-Marine, das ein Fassungsvermögen von 42 937 m^3, eine Länge von 123 m, einen Durchmesser von 25,93 m und eine Besatzung von 21 Personen hatte. Es flog zum ersten Mal am 21. Juli 1958, stürzte dann aber im Juni 1960 ins Meer ab.

Der längste Flug eines halbstarren Luftschiffes (ohne nachzutanken) dauerte 264:12 Std. und wurde unter dem Kommando von Fregattenkapitän J. R. Hunt mit dem von Goodyear gebauten *ZPG-2* der US-Marine vom 4. bis 15. März 1957 durchgeführt. Der Flug begann in South Weymouth, Massachusetts, und endete in Key West, Florida, nachdem das Luftschiff eine Strecke von 15 205 km zurückgelegt hatte.

Den offiziellen Streckenrekord hält der deutsche *Graf Zeppelin*, der unter dem Kommando von Kapitän Hugo Eckener vom 29. Oktober bis zum 1. November 1928 6384,5 km weit flog.
Der deutsche Zeppelin *L 59* flog von Yambol (Bulgarien) südlich Khartum (Sudan) und kehrte vom 21. bis 25. November 1917 zurück, wobei er mindestens 7250 km zurücklegte.

Das kleinste lenkbare Luftschiff (in Länge und Volumen) ist über vier Kanäle funkferngesteuert, verfügt über zwei Höhen- und ein Seitenruder, wird von zwei Elektromotoren mit je 1 W Leistung angetrieben und ist mit Wasserstoff gefüllt. Der Wiener Josef Mayer (* 1968) hat das 2,725 m lange Luftfahrzeug mit 0,595 m Durchmesser und einem Gasvolumen von 0,724 m^3 in anderthalb Jahren geplant und am 31. Mai 1990 vorgestellt.

BALLONFAHRTEN

Den Streckenflugrekord eines Ballons hält der heliumgefüllte *Double Eagle V*, der vom 9. bis 12. November 1981 von Nagashima (Japan) nach Covello, Kalifornien (USA), 8382,54 km zurücklegte. Die Mannschaft dieses ersten bemannten Ballons, der den Pazifik überquerte, bestand aus: Ben L. Abruzzo, Rocky Aoki, Ron Clark und Larry M. Newman. *Double Eagle V* faßt 11 300 m^3 Gas.
Abruzzo und Newman erzielten gemeinsam mit Maxie L. Anderson einen Dauerrekord von 137:05 Std. Mit dem *Double Eagle II* gelang ihnen vom 12. bis 17. August 1958 die erste Ballonüberquerung des Nordatlantik von Presque Isle, Maine (USA), nach Meserey (Frankreich).

Der erste Mensch, der allein den Atlantik im Ballon überquerte, ist Joe Kittinger, ehemals Colonel in der US Air Force. Am 14. September 1984 startete er mit dem 3000 m^3 Helium fassenden Ballon *Rosie O'Grady* in Caribou, Maine (USA), und überwand annähernd 5701 km, bevor er nach 86 Std. bei Montenotte (Italien) landete. Die erste Atlantiküberquerung im Ballon gelang vom 12. bis 17. August 1978 im Gasballon *Double Eagle II* mit der Besatzung Ben L. Abruzzo, Maxie L. Anderson und Larry M. Newman.

Die größte Höhe – nämlich 51,8 km – erreichte ein unbemannter *Winzen*-Ballon von 1,35 Mio. m^3, der im Oktober 1972 in Chico, Kalifornien (USA), aufgelassen wurde.

Die größte Höhe in einem bemannten Ballon erreichte Nicholas Piantanida (1933–66) aus Bricktown, New Jersey (USA), am 1. Februar 1966 mit inoffiziellen 37 735 m bei einem Start in Sioux Falls, South Dakota (USA). Bei der Landung in einem Kornfeld in Iowa kam er ums Leben.

Den offiziellen Höhenrekord erzielten Fregattenkapitän Malcolm D. Ross und Korvettenkapitän Victor E. Prother, beide von der US-Marine, bei ihrem Aufstieg vom Deck des amerikanischen Schiffs *Antietam* am 4. Mai 1961 über dem Golf von Mexiko mit einer Höhe von 34 668 m. Aufgrund einer Fehlberechnung stiegen Harold Froelich und Keith Land, Wissenschaftler aus Minneapolis (USA), am 26. September 1956 in einer offenen Gondel ohne Schutzanzüge auf eine Höhe von 12,84 km. Während ihres 6:30-Std.-Flugs fiel die Temperatur auf 57,7° C.

Höhenflug: Mit einem faßförmigen, 24 m hohen Ballon von 3000 m^3 Inhalt und 13 m Durchmesser startete der Schweizer Pilot Peter Blaser (*1945) aus Hasle-Rüegsau am 19. Februar 1991 und stieg auf 8050 m Höhe. Seine Cameron-Heißluftballon-Spezialform erreichte damit einen inoffiziellen Höhenrekord (für *special shape*).

Die größten Ballons mit einem Volumen von 2 Mio. m^3 werden von der Firma Winzen Research Inc. in Minnesota (USA) gebaut. Sie sind 300 m hoch und fahren unbemannt.

Die erste Atlantiküberquerung im Heißluftballon gelang Richard Branson (GB) und seinem Piloten Per Lindstrand (Schweden) am 2./3. Juli 1987 von Sugarloaf, Maine (USA), nach Limavady (Nordirland) in 31:41 Std. – das ist eine Strecke von 4947 km. Ihr Gefährt, getauft *Virgin Atlantic Challenger*, war der mit 65 000 m^3 Fassungsvermögen größte jemals geflogene Ballon und erreichte Geschwindigkeiten von mehr als 210 km/h.

Erste Pazifiküberquerung im Heißluftballon: Richard Branson und Per Lindstrand überquerten vom 15. bis 17. Januar 1991 im Virgin Otsuka Pacific Flyer den Pazifik von der Südspitze Japans zum Lac la Matre in Nordwestkanada. Bei der Fahrt in dem 73 624-m3-Heißluftballon (dem größten jemals geflogenen) stellten sie FAI-Rekorde für Dauer (46:15 Std.) und Distanz (Großkreis 7671,9 km) auf. Die inoffiziell beste Leistung wurde zudem für die schnellste Durchschnittsgeschwindigkeit von Start bis Landung mit 237 km/h erzielt. Eine Stunde lang wurde eine Geschwindigkeit von 385 km/h erreicht.

Höhenrekord im Heißluftballon: Durch riskante Klettermanöver in mehr als 6000 m Höhe konnte der britische Ballonfahrer Per Lindstrand den Höhenrekord für Heißluftballons auf 19 811 m schrauben. Diese Rekordhöhe erreichte er am 6. Juni 1988 über Laredo im US-Staat Texas.

Münchens Großflughafen

Als Sternstunde für Europa wurde die Eröffnung des Flughafens München II, des Franz-Josef-Strauß-Airports, im Erdinger Moos am 17. Mai 1992 gepriesen. Nach fast 30 Jahren Planungs- und Bauzeit hieß es um fünf Uhr morgens nach einer gigantischen nächtlichen Umzugsaktion vom bisherigen Flughafen München-Riem »Ready to take off«. Doch anstelle der spektakulären Erstlandung der auf *Erding* und *Freising* getauften Lufthansa-Maschinen landete um 5 Uhr 01 unprogrammgemäß eine Aero-Lloyd-Maschine aus Izmir fünf Minuten zu früh und stahl der geplanten parallelen Landung der Lufthansa-Maschinen die Show. Das Tor zur Welt war eröffnet, von »Muc« – wie es in der Fliegersprache heißt – werden 94 Luftverkehrsgesellschaften 173 Städte in 54 Ländern anfliegen, von zwei parallelen Start- und Landebahnen (je 4 km lang und 60 m breit). 48 Parkpositionen für die Jets, 56 Laufbänder mit insgesamt 3000 m Länge, vier eigenständige Terminals, ein automatisches Andocksystem sind einige der Superlative, mit deren Hilfe 35 000 Passagiere täglich abgefertigt, 40 000 Gepäckstücke verfrachtet und ca. 500 Flugzeuge starten und landen werden – auf dem 8,5 Mio. DM teuren High-Tech-Flughafen, der an zweite Position nach dem Frankfurter Rhein-Main-Flughafen rückt.

Der von der FAI anerkannte **Ausdauer- und Streckenrekord** für Gas- und Heißluftballons ist 96:24 Std. und 3339,086 km, aufgestellt in einem *Zanussi* von Donald Allan Cameron (GB) und Major Christopher Davey. Am 30. Juli 1978 fehlten ihnen damit nur 166 km an der ersten Atlantiküberquerung im Ballon. Sie waren in St. Johns, Neufundland (USA), gestartet und steuerten die Bucht von Biskaya an.

Die erste Ballonfahrt über den Mt. Everest gelang zwei Ballons: *Star Flyer 1*, pilotiert von Chris Dewhirst und Leo Dickinson, und *Star Flyer 2* mit Andy Elson und Eric Jones (alle GB) überquerten den Gipfel am 21. Oktober 1991. Den beiden 6800-m^3-Heißluftballons gelang zudem der höchste Aufstieg bei 4735 m und die höchstgelegene Landung bei 4938 m üNN.

Den kleinsten flugfähigen Heißluftballon konstruierte der Fotograf Horst Fenchel (*1958) zusammen mit dem Schüler Martin Postweiler (*1975). Am 28. März 1992 gelang es in Bad Sachsa (Harz) nach sieben gescheiterten Versuchen endlich, einen nur 29 cm hohen und 6 g leichten Heißluftballon aus Seidenpapier und dünnem Draht mit eigenem Antrieb (spiritusgetränkte Wattekügelchen) aufsteigen zu lassen.

PERSÖNLICHE FLUGREKORDE

Die erste Kanalüberquerung durch einen Flug mit Menschenkraft erreichte am 12. Juni 1979 der Amerikaner Bryan Allen mit dem von Dr. Paul MacCready entworfenen *Gossamer Al-*

Flughafen München II: Blick auf die Abfertigungshalle.

Dieses Papierflugzeug wurde von 17 Schülern aus vier Highschools in Hampton, Virginia (USA), gebaut. Mit einer Spannweite von 9 m flog es eine Strecke von 34 m.

Die tiefstgelegene Straße der Welt ist rechts im Bild zu sehen. Sie liegt 393 m uNN und führt in Israel am Ufer des Toten Meers entlang in die Judäische Wüste.

batross. Er startete um 5 Uhr 51 in Folkestone (GB) und landete nach einem 36-km-Flug um 8 Uhr 40 in Cap Griz Nez (Frankreich). Die 2:49 Std. lange Angststrecke über den Kanal brachte dem Trampelpiloten und dem Konstrukteur den von Henry Kremer ausgesetzten Preis von 400 000 DM ein.

Weitenflug mit Menschenkraft: Das *Dädalus*-Projekt unter Federführung des Massachusetts Institute of Technology erreichte sein Ziel, einen Flug nur mittels Menschenkraft, als Kanellos Kanellopoulos (*25. April 1957) am 23. April 1988 von Kreta zur Insel Santorin flog. Sein Fluggerät mit einer Flügelspannweite von 34,1 m erreichte auf der 119 km langen Strecke eine Geschwindigkeit von 29,7 km/h.

Den Geschwindigkeitsweltrekord für Muskelkraftflugzeuge schraubte der Münchner Holger Rochelt auf 44,26 km/h. Mit der speziell für den Schnellflug konstruierten *Musculair 2* benötigte er für den 1500-m-Rundkurs auf dem Flugplatz Oberschleißheim im Landkreis München am 2. Oktober 1985 lediglich 2:02 Min. Das von dem Münchner Designer Günter Rochelt, dem Vater des »bayerischen Ikarus« – wie Holger Rochelt genannt wird –, entwickelte Fluggerät ist nur 25 kg schwer, 6 m lang und hat eine Spannweite von 19,5 m. Angetrieben wird es durch einen Heckpropeller (Durchmesser 2,68 m), der durch Pedaltreten des Piloten in Bewegung gehalten wird.

MODELLFLUGZEUGE

Das größte Modellflugzeug ist der originalgetreue Nachbau einer *Piper PA-18.* Ernst Müller aus Lana, Südtirol (Italien), hat die Sportmaschine mit einer Spannweite von 6,2 m, einer Länge von 4,1 m und einem Fluggewicht von 90 kg gebaut.

Der größte Gleiter ist der funkgesteuerte *Eagle III* mit einer Flügelspannweite von 9,8 m und einem Gewicht von 6,58 kg. Konstruiert wurde er von Carlos René Tschen und Carlos René Tschen jun. aus Colonia San Lázaro (Guatemala).

Den Höhenrekord für Modellflugzeuge hält mit 8208 m für ein funkgesteuertes Modell seit dem 6. September 1970 der Amerikaner Maynard L. Hill. Am 4. Juli 1983 stellte er einen Streckenrekord mit 765 km in einem geschlossenen Rundflug auf.

Der Geschwindigkeitsrekord im freien Flug wurde am 21. September 1971 von den Russen V. Goukoune und V. Myakinin in Klementyevo (in der ehemaligen UdSSR) mit einem ferngelenkten Modellflugzeug mit 343,92 km/h aufgestellt.

Den Dauerrekord mit 33:32:30 Std. erzielte A. Smolentzew vom 2. bis 4. September 1983 mit einem funkgesteuerten Segler bei Planerskoje (Ukraine).
Jean-Pierre Schiltknecht (*1938) aus Zolli Kerberg (Schweiz) flog am 10. Juli 1991 bei Wetzlar

Rotterdam ist die zweitgrößte Stadt der Niederlande und hat die weltgrößte künstlich angelegte Hafenanlage mit dem größten Frachtumschlag. Der Rotterdamer Hafen bedeckt eine Fläche von 100 km^2.

(Hessen) ein solargetriebenes Modellflugzeug zu einem Dauerrekord von 10:43:51 Std.

Modellhubschrauber: Einen ferngesteuerten Modellhubschrauber mit Kolbenmotor, erbaut von den Brüdern Walter und Gottfried Andersch aus Heimstetten bei München, ließ Walter Andersch die Rekordzeit von 3:35:6 Std. am 30. Dezember 1979 fliegen.
Den kleinsten flugfähigen, ferngesteuerten Modellhubschrauber stellte Rudolf Herrmann aus Neu-Isenburg (Hessen) am 30. März 1989 vor. Das von einem 4-cm^3-Zweitaktmotor (0,3 PS) betriebene, 2100 g schwere Modell ist 81,5 cm lang, 31 cm hoch und mit einem Hauptrotordurchmesser von 58,5 cm ausgestattet.

Kleinste und leichteste Motorflieger fertigt der Eisenwarenhändler Hermann Holzhauser (*1926) aus Taubenfedern und Grashalmen an. Der Hobbykonstrukteur aus Fürth hatte als Zehnjähriger seine ersten gefiederten Flugmodelle gebaut. Nach seinem 60. Geburtstag packte es ihn erneut, »Federleichte« zu basteln. Über 170 Federflieger sind es inzwischen.
Das kleinste und leichteste Gleitflugzeugmodell (Schulterdecker) hat eine Spannweite von 10 mm, wiegt 2,5 my g und führt einwandfreie Gleitflüge aus. Gestartet wird das Modell am besten, wenn es aus einem Fingerhut oder einem Schnapsglas gleitet. Vorgeführt am 15. März 1988 in Nürnberg.

Das kleinste und leichteste Motorflugzeugmodell (Doppeldecker) wurde ebenfalls am 15. März 1988 in Nürnberg gezeigt. Das 0,2 gleichte Modell wurde aus der Hand gestartet und führte einwandfreie, stabile Motorflüge mit anschließender glatter Landung im Gleitflug durch. Als Motor dient ein Gummifaden von 0,3 mm^2. Die Spannweite des Fliegers beträgt 40 mm.

Das kleinste ferngesteuerte Motorflugmodell, der Mikro-Doppeldecker *Tsetse*, erlebte seinen Jungfernflug am 29. März 1991. Der 154 g schwere Winzling ist 283 mm lang, hat eine Spannweite von 180 mm und wird von einem COX 0,16 cm^3 – dem kleinsten serienmäßigen Verbrennungsmotor – angetrieben. Gebaut hat ihn Jörg-E. Sellnow (*1954) aus Mehring-St. Afra (Bayern) aus Balsaholz und Acrylschaum.

Das kleinste funkferngesteuerte Segelflugmodell, der Mikro-Gleiter *UFO* (Spannweite 122 mm, Länge 230 mm, Fluggewicht 49 g), hatte am 16. Februar 1992 auf dem Flugplatz des Siegerländer Modellsport Clubs e.V. Siegen, seinen Erstflug. Mit einer Schleppmaschine auf Höhe gebracht und per Funk ausgeklinkt, wird der Miniflieger von seinem Piloten Horst Fenchel (*1958) auf Wettbewerben für Minimodelle oder Schauflugtagen eingesetzt. Das *UFO* wird nur über Seitenruder gesteuert, das Höhenruder ist jedoch trimmbar, ermöglicht durch die kleinste serienmäßige Fernsteuerung, einen 2,5 g-Empfänger von Joseph Qagish Modelltechnik, Bonn.

Den kleinsten ferngesteuerten Huckepack-Schlepp zweier Modelle haben Horst Fenchel und der Modellbautechniker Joseph Qagish (*1963) aus Bonn im September 1991 vorgestellt. Der Mini-Huckepack *One Cent* (Motormodell, 160 g) und *Six Pence* (Segler) ist mit Spannweiten von 62 und 60 cm, Gesamtfluggewicht 250 g und dem Motor COX 03 der kleinste und leichteste Schlepp dieser Art. Der Segler löst sich per Funk von der Schleppmaschine, kann aber auch aus dem Handstart am Hang gesegelt werden. Die Flugdauer reicht bis zu einer Stunde. *One Cent* ist ein Bauplanmodell, *Six Pence* eine Eigenkonstruktion, die bereits im In- und Ausland für Aufsehen gesorgt hat.

Das kleinste ferngesteuerte Motor-Kunstflug-Deltamodell mit einer Spannweite von nur 175 mm begeisterte zahlreiche Zuschauer bei einer Modellflugschau am 26. März 1989 in Klagenfurt (Österreich). Dieses *EMCO BULLET* fliegt sogar Loopings und Rollen und erreicht eine Höchstgeschwindigkeit von 60 km/h. Konstruiert und geflogen wurde der Mini-Flieger vom fünffachen Weltmeister im Modell-Kunstflug Hanno Prettner (* 1951) aus Klagenfurt.

Den Rekord für die längste Flugzeit eines Papierflugzeuges stellte mit 16,89 Sek. Ken Blackburn am 29. November 1983 im Reynolds Coliseum der Staatsuniversität von North Carolina (USA) auf.
Der Rekord in Räumen mit einer Deckenhöhe von 3,65 m liegt bei 1:33 Min.; er wurde am 21. September 1980 in den Fuji-Fernsehstudios in Tokio (Japan) erreicht.

Augenzeugen berichteten von einem Papierflugzeug, das Chick C. O. Reinhart im August 1933 aus seinem Bürofenster im 10. Stock des Hauses Beaver Street 60 in New York (USA) 2 km weit über den East River bis nach Brooklyn fliegen ließ. Starthilfe leistete

aufsteigende Warmluft aus einer Kaffeerösterei.

Ein 58,82 m langer Flug mit einem Papierflugzeug im geschlossenen Raum wurde am 21. Mai 1985 von Tony Felch im La Crosse Center in Wisconsin (USA) verzeichnet.

Das größte tatsächlich fliegende Papierflugzeug wurde von 17 Schülern aus vier Highschools in Hampton, Virginia (USA), gebaut. Mit einer Flügelspannweite von 9 m flog die Papierschwalbe am 25. März 1992 im NASA-Forschungszentrum in Hampton eine Strecke von 34 m.
Die Schweizer Werner Heise aus Guggimoos und Beat Schück aus Adliswil hatten am 18. Dezember 1988 mit ihrem 3,04 m großen Papierflieger im Kongresshaus Zürich eine Weite von 21,36 m erreicht.

VERKEHRSWEGE

STRASSENVERKEHR

Das längste Straßennetz der Welt haben die USA mit 6 244 327 km klassifizierter Straßen. Normale Führerscheine sind mit 15 Jahren erwerbbar, Hawaii und Mississippi verlangen keine Fahrschulausbildung. 13 Bundesstaaten geben beschränkt gültige Führerscheine für 14jährige aus.

Die Interstate Autobahn 1–80 von New Jersey nach San Franzisko (USA) war im April 1983 bis Echo Junction im Staat Utah fertiggestellt. Damit sind 3448 Straßen-km fertig, weitere 1229 km müssen noch gebaut werden.

Die erste ausschließlich dem Autoverkehr vorbehaltene Straße Deutschlands, praktisch damit die erste Autobahn, war die Avus (**A**utomobil-**V**erkehrs- und **Ü**bungs**s**traße) in Berlin, die 20 km lang durch den Berliner Grunewald führt. Mit ihrem Bau wurde 1912 begonnen, 1921 wurde sie dem Verkehr übergeben.

Das höchste Verkehrsaufkommen wird am Straßenabschnitt des Kreuzungsbereichs der Route 10/Junction Route 13.80 Los Angeles/ Normandie Avenue mit einer Stundenspitze von 18 000 Fahrzeugen registriert.

Die größte Verkehrsdichte der Welt hat Hongkong. Am 1. Januar 1987 gab es auf den insgesamt 1395 km langen Fahrstraßen 300 000 Kraftfahrzeuge, das sind pro Fahrzeug 4,14 m Fahrstraße.

Die verkehrsreichste Straße Deutschlands ist die Stadtautobahn in Halensee zwischen Funkturm und dem Rathenauplatz in Berlin. 164 000 Kraftfahrzeuge fahren hier in 24 Std. Die größte Verkehrsdichte aller österreichischen Verkehrswege hat die berüchtigte Staustrecke zwischen Salzburg und Imlau-Bischofshofen im Salzburger Land.

Die belebteste Brücke ist die Howrah-Brücke über den Fluß Hugli in Kalkutta (Indien). Neben 57 000 Fahrzeugen aller Art wird sie auch von einer unschätzbaren Zahl von Fußgängern überquert.

Die breiteste Straße der Welt ist die 2,4 km lange Monumentalachse in Brasilia, der Hauptstadt

Der Hafen Hamburg steigerte 1991 seinen Containerumschlag um 6,8 Prozent auf 65,533 Mio. t und liegt auf der inoffiziellen Weltrangliste der größten Containerhafen auf Platz 7 vor Los Angeles.

Brasiliens, mit den repräsentativen Verwaltungsgebäuden der Bundesregierung. Sie wurde im April 1960 eröffnet, ist 250 m breit und hat sechs Fahrbahnen.
Die zur Bay-Bridge von San Franzisko, Kalifornien (USA), führende Straße hat 23 Fahrbahnen (davon 17 in westlicher Richtung).

Die schmalste Straße der Welt liegt in der Ortschaft Ripatransone, Marken (Italien). Der Vicolo della Virilità ist ganze 43 cm breit.
In Benediktbeuern im Kreis Bad Tölz (Oberbayern) ist die Ägidius-Jais-Straße an ihrer schmalsten Stelle 38 cm breit.

Der Titel kürzeste Straße der Welt wird von dem Ort Bacup (GB) für sich reklamiert: Die Elgin Street, am alten Marktplatz gelegen, mißt nur 5,18 m.

Die längste befahrbare Straße ist der panamerikanische Highway mit 27 387 km von Nordwest-Alaska bis nach Santiago (Chile), dann ostwärts nach Buenos Aires und mit dem Endpunkt Brasilia. Es bleibt eine Lücke in Panama, unter dem Namen Tapon del Darién bekannt, sowie der Atrato-Sumpf in Kolumbien.

Die längste Ring-Umgehungsstraße der Welt ist im Verlauf der M25 der sechsspurige London Orbital Motorway mit einer Länge von 195,5 km, in Angriff genommen 1972 und fertiggestellt am 29. Oktober 1986. Die geschätzten Baukosten betragen 909 Mio. Pfund (3,1 Mrd. DM) oder 8 Mio. Pfund (25 Mio. DM) je Meile.

Die längste mit einem Namen versehene Straße der Welt ist die Yonge Street nördlich und westlich von Toronto (Kanada). Der erste, am 16. Februar 1796 vollendete Abschnitt war 55,78 km lang. Heute reicht die Straße bis Rainy River an der Grenze zwischen Ontario (Kanada) und Minnesota (USA) und hat eine Länge von 1896,2 km.

Als kurvenreichste Straße der Welt gilt die Lombard Street in San Franzisko, Kalifornien (USA), die zwischen zwei Querstraßen acht Kurven aufweist.

Die steilste Straße der Welt ist die Baldwin Street in Dunedin (Neuseeland), die nach Vermessungen einen Gradienten von 1,266 hat.
Als Europas steilste Strecke gilt die Anfahrt zum Loibl-Paß (1398 m, Kärnten, Österreich) zwischen Klagenfurt (Kärnten) und Ljubljana (Slowenien). Ihre Steigung bzw. ihr Gefälle betrug bis zu 29 Prozent, ist durch eine Tunnelstrecke jetzt aber bis auf 17 Prozent reduziert.
Die steilste Ortsstraße in Deutschland ist die Schriesheimergasse in Schönau bei Heidelberg (Baden-Württemberg). Sie weist eine Steigung von 27 Prozent auf.

Der höchste Pfad der Welt befindet sich auf dem Kantschindschanga zwischen Khaleb und Hsin-chi-fu in Tibet. Er ist 13 km lang und führt an 2 Stellen über Höhen von mehr als 6080 m.

Die höchste befahrbare Straße der Welt ist 1180 km lang, führt von Tibet in den Südwesten der chinesischen Provinz Xinjiang (früher Sinkiang) und überwindet Pässe, die bis 5632 m Höhe üNN liegen. Sie wurde im Oktober 1957 fertiggestellt.

Der niedrigste Paß der Welt ist der Rock-Reef-Paß im Everglades-Nationalpark in Florida (USA), der nur 91 cm üNN liegt.

Die tiefstgelegene Straße der Welt (393 m uNN) geht auf der israelischen Seite am Toten Meer entlang.

Der größte Platz der Welt ist der Platz des himmlischen Friedens (Tianan-Men) in Peking (China); er ist 39,6 ha groß. Er schließt sich im Süden an die *Verbotene Stadt*, den einstigen Palast der chinesischen Kaiser, an, die größte Palastanlage der Welt. Seine gigantischen Ausmaße erhielt der Platz erst 1958 im Zuge eines Wiederaufbauprogramms. Heute ist dort das Mausoleum von Mao Zedong zu finden. Mehrmals diente der Tianan-Men in der Geschichte als Aufmarschfeld von riesigen Protestversammlungen. Der Maiden e Shah in Isfahan (Iran) erstreckt sich über 8,1 ha.

Verkehrszeichen fotografiert der Bamberger Fotograf Werner Kohn (* 1940) seit zehn Jahren. Über 15 000 Aufnahmen aus 35 Ländern umfaßt bereits sein Archiv. Seine Verkehrsfundsachen – möglichst vom Rost zerfressen, von Steinwürfen beschädigt oder übermalt – sind für den Dokumentarfotografen bildgewordene Synonyme einer reglementierten Lebenswelt. Für ihn bedeuten sie nicht nur Gebote, Verbote und Warnungen, sie sind vor allem Signale mit künstlerischem Charakter.

Kuriose Straßenschilder aus dem gesamten deutschsprachigen Raum sammelt und fotografiert Jutta Schobel aus Velbert (Nordrhein-Westfalen) seit 1986. Über 1400 verschiedene Motive, alphabetisch und thematisch in einer Kartei erfaßt, sind es bereits: Wissenswertes, was Straßen im Schilde führen.

SCHIENENVERKEHR

Das Land mit dem längsten Eisenbahnnetz sind die USA mit einer Gesamtgleisstrecke von 286 814 km.

Das kleinste Eisenbahnnetz der Welt hat die Vatikanstadt in Rom (Italien). Sie verfügt über nur 600 m Anschlußgleise an das Eisenbahnnetz der italienischen Staatsbahnen.

Das Schienennetz der Deutschen Bundesbahn hatte am 31. Dezember 1991 eine Betriebslänge von insgesamt 27 079 km, davon 6 km Schmalspurstrecken. Das geschlossene Fernverkehrsnetz umfaßt rund 5200 km Streckenlänge. In den neuen Bundesländern umfaßt das Eisenbahnnetz 14 080 km, davon 273 km Schmalspur. Das Gesamtnetz der Deutschen Bahnen umfaßt damit 41 159 km Streckenlänge.
In Österreich verfügt die Eisenbahn über ein 5811 km langes Schienennetz. In der Schweiz befährt die Eisenbahn 3179 km Schienen.

Der am meisten befahrene Eisenbahn-Knotenpunkt der Welt ist Clapham Junction in London, den alle 24 Std. durchschnittlich 2200 Züge passieren. Den Knotenpunkt befahren alle Züge, die von Waterloo Station kommen, und alle Züge der Brighton-Linie, die Victoria Station verlassen.

Längster Eisenbahnfahrschein: Ein Eisenbahnfahrschein von 34 m Länge wurde für Ronald, Norma und Jonathan Carter für Fahrten mit der britischen Staatsbahn zwischen dem 15. und 23. Februar 1992 ausgestellt.

LUFTVERKEHR

Das Land mit den am meisten genutzten Fluglinien sind die USA. Die Gesamtzahl der Passagiere auf Inlandsflügen im Jahr 1990 betrug 964 114 000.
Das Fluggastaufkommen an den zwölf internationalen deutschen Verkehrsflughäfen stieg 1990 auf über 80 Mio. Fluggäste. Das Luftfrachtvolumen wuchs auf rund 1,85 Mio. t.

Das längste Flugticket wurde im Dezember 1984 für den Belgier Bruno Leunen aus Brüssel ausgestellt: 12 m war es lang, kostete 4500 Dollar und verhalf zu einem Flug über eine Distanz von 85 623 km, einschließlich 109 Zwischenlandungen auf 80 Fluglinien.

WASSERVERKEHR

Die Gesamttonnage der Handelsschiffe auf der Welt – Schiffe unter 100 BRT, Segelschiffe und Frachtkähne ausgenommen – betrug 436 026 858 BRT am 1. Juli 1991. Die Welthandelsflotte bestand zum selben Zeitpunkt aus 80 030 Schiffen.

Die größte Handelsflotte der Welt mit insgesamt 52 426 516 BRT fuhr Mitte 1991 unter der Flagge Liberias.

Der weltgrößte Schiffseigner ist die japanische NYK-Gruppe, zu deren Flotte am 2. Februar 1992 Schiffe mit insgesamt 11 374 977 BRT zählten. Die Handelsflotte bundesdeutscher Reedereien hat nach 13 Jahren weiter zugenommen. Mitte des Jahres 1992 fuhren 342 Handelsschiffe mit insgesamt 4,3 Mio. BRT und 5,8 Mio. t Tragfähigkeit unter deutscher Flagge – ohne Küstenschiffahrt und Fischerei.

Die meistbefahrene Wasserstraße der Welt ist die Themsemündung bei London, die täglich von etwa 300 Schiffen befahren wird.

Die Wasserstraße mit dem größten Schiffsverkehr in Deutschland ist die Elbmündung bei Hamburg; sie wird täglich von etwa 200 Schiffen passiert.

Der größte Hafen der Welt ist – seiner Ausdehnung nach – der Hafen von New York/New Jersey (USA). Bei einer Fläche von 238 km^2 beträgt die schiffbare Länge 1215 km (weitere 474 km im Staat New Jersey schließen sich an). Mit 261 Anlegeplätzen für Güterumschlag und –transport und weiteren 130 Piers können dort 391 Schiffe gleichzeitig anlegen. Die Bodenfläche der Lagerhäuser beläuft sich auf insgesamt 170,9 ha.

Der Hafen mit dem größten Umschlag, zugleich der größte künstliche Hafen, ist Europoort in Rotterdam (Niederlande) mit einer Fläche von 100 km^2 und 122,3 km Kaianlagen. 1991 wurden dort hochseetüchtige Schiffe mit einer Gesamtfracht von 292 Mio. t abgefertigt. Der Hafen von Singapur schlägt weniger Tonnage um, die Zahl der Container, die dort abgefertigt wurden, betrug jedoch 6,35 Mio. TEU im Jahr 1991.

Der größte Hafen Deutschlands ist der Hafen von Hamburg mit einer Flächenausdehnung von 8700 ha und rund 39 km Kaimauern sowie 10 km Dalbenplätzen zum Festmachen von rund 300 Seeschiffen. Der Hafen besitzt ferner 378 Kaikräne sowie 11 Schwimmkräne und 34 Schlepper. Der gewaltigste Hafenschwimmkran Hamburgs für Bergungs- und Umschlagzwecke hat eine Hebekraft von 1000 t.
Im Hamburger Hafen befinden sich auch die größten deutschen Docks: das Schwimmdock 11 von Blohm & Voss mit einer Länge von 320 m für Schiffe bis ca. 230 000 t Tragfähigkeit sowie – ebenfalls auf der Werft von Blohm & Voss – das Trockendock Elbe 17 mit einer Länge von 350 m, einer Breite von 56 m und einer Höhe von 15 m (von der Kaikante bis zur Docksohle). 1991 wurden 65,53 Mio. t Güter umgeschlagen, davon 35,54 Mio. t Massengut und 29,99 Mio. t Stück- und Sackgut.

Der größte Binnenhafen der Welt ist der von Duluth am Oberen See in Minnesota (USA). Er hat seine Hauptbedeutung als Verschiffungsplatz für Eisenerz und Weizen.

Das größte Binnenhafensystem Europas und zugleich den größten Flußhafen der Welt bilden die Duisburg-Ruhrorter Häfen am Zusammenfluß von Rhein und Ruhr. Ihr Gesamtgebiet umfaßt 904 ha. Das Güteraufkommen erreichte 1974 mit 63,6 Mio. t einen Rekord, 1991 waren es 49,2 Mio. t. Weit über 40 000 Schiffe gehen hier im Jahr vor Anker.

Als größter Kanalhafen gilt der Dortmunder Hafen mit seiner direkten Verbindung zu den Seehäfen. Der Güterumschlag betrug 1991 rund 4,5 Mio. t. Die Beförderungsleistung 1990 erreichte insgesamt, einschließlich des öffentlichen Verkehrs, 40,3 Mio. t. ■

WELT DER WIRTSCHAFT

Hannover Messe – die Olympiade für Industrie und Technik ist zugleich Konjunktur-Barometer und Drehscheibe für Innovationen

HANDEL

INDUSTRIE, BANKEN

Die größten Unternehmen: Das erste Unternehmen, dessen Vermögenswerte 1 Mrd. Dollar übertraf, war die United States Steel (heute USX) Corporation mit Sitz in Pittsburgh, Pennsylvania (USA); bei der Gründung – durch Fusion – im Jahr 1902 betrug das Firmenvermögen 1,5 Mrd. Dollar.
Das größte produzierende Unternehmen ist – nach Vermögen, Umsatz und Beschäftigtenzahl – die General Motors Corporation mit Sitz in Detroit, Michigan (USA), GM arbeitet weltweit und hat 756 300 Mitarbeiter. Neben dem Schwerpunkt Automobile und Zubehör stellt das Unternehmen auch wehrtechnische sowie Luft- und Raumfahrtprodukte her und bietet Dienstleistungen in den Bereichen Computer und Kommunikation an. Der Gesamtumsatz 1991 betrug 123,8 Mrd. Dollar (210 Mrd. DM), das Unternehmensvermögen 184,326 Mrd. Dollar (312,5 Mrd. DM). Trotz dieser gewaltigen Summen räumte GM im selben Jahr einen Verlust von 4,45 Mrd. Dollar (7,54 Mrd.) DM ein – das größte Bilanzminus in den USA, jedoch nur der zweitgrößte Verlust aller Zeiten (siehe: Höchster Verlust).

Der größte Nettogewinn, den jemals ein Unternehmen innerhalb von 12 Monaten erzielte, beträgt 7,64 Mrd. Dollar (ca. 16 Mrd. DM). Den Rekordgewinn brachte die American Telephone and Telegraph Company (AT&T) vom 1. Oktober 1981 bis zum 30. September 1982 unter Dach und Fach.

Höchster Verlust: Den höchsten Jahresverlust eines Staatsunternehmens hatte 1983 die argentinische Ölgesellschaft Yacimientos Petrolferos (YPF) mit einem Minus von umgerechnet 24,6 Mrd. DM. Unter den Privatunternehmen stellte General Motors 1991 den Negativ-Rekord mit einem Defizit von 4,45 Mrd. Dollar (7,54 Mrd. DM) auf.

Der größte Arbeitgeber der Welt ist die Indische Staatsbahn (Indian Railways) mit 1 646 704 Mitarbeitern am 31. März 1990. Europas größter Arbeitgeber ist der britische Nationale Gesundheitsdienst, der am 30. September 1990 eine Mitarbeiterzahl von 1 217 000 aufwies.

Umsatz-Riesen: Als erste Firma der Welt übertraf die United States Steel Corporation 1917 die Jahresumsatzmarke von 1 Mrd. Dollar. Heute gehören weltweit 570 Unternehmen zum Klub der Umsatzmilliardäre, 272 davon in den USA.
Die *Fortune-500*-Liste der führenden Industrieunternehmen vom April 1992 wird von der General Motors Corporation, Detroit, Michigan (USA), mit Umsatzerlösen von 123,8 Mrd. Dollar (210 Mrd. DM) im Jahr 1991 angeführt.

Das höchste Übernahmeangebot eines Unternehmens betrug 21 Mrd. Dollar (34,83 Mrd. DM) für RJR Nabisco Inc., die Tabak-, Nahrungsmittel- und Getränkegruppe, durch die Wall-Street-Gruppe Kohlberg Kravis Roberts mit 90 Dollar (149,30 DM) je Aktie am 24. Oktober 1988. Bis zum 1. Dezember 1988 steigerte sich das Angebot von Henry Kravis auf 109 Dollar (180,83 DM) je Aktie und trieb das Gebot auf insgesamt 25 Mrd. Dollar (41,47 Mrd. DM).

Die größten Industrieunternehmen in Deutschland sind (Stand 1991) nach der Höhe des Umsatzes in Mrd. DM: Daimler-Benz (Auto/Luftfahrt 95,010), VW (Auto 76,315), Siemens (Elektronik/Elektro 73,008), Veba (Energie/Öl/Chemie 57,201), Hoechst (Chemie 47,186), BASF (Chemie 44,799), RWE (Energie 44,100), Bayer (Chemie 42,401), Thyssen (Stahl/Maschinen/Handel 36,562) und Bosch (Elektro 33,600) (*DIE ZEIT*, 14. August 1992).

Das größte Unternehmen der Schweiz, der Nahrungsmittelkonzern Nestlé in Vevey am Genfer See, ist 1991 mit seinen 400 Fabriken, 200 Unternehmen und 200 000 Beschäftigten in 5 Kontinenten 125 Jahre alt geworden. Der Umsatz betrug gut 46 Mrd. sfr.

Die größte Investitionsgüterschau der Welt, die »Messe der Messen«, ist die Hannover-Messe Industrie. Im April 1992 zeigten 6520 Aussteller aus 50 Ländern den neuesten Stand ihrer technischen Entwicklung.
Die Büro-, Informations- und Telekommunikationsmesse Cebit in Hannover verzeichnete im März 1992 erneut einen neuen Besucherrekord: das Vorjahresergebnis von 560 000 Interessenten wurde mit 570 000 Besuchern übertroffen. Rund 4600 Aussteller aus 43 Ländern zeigten ihre Produkte.

Die internationalste Messe der Welt ist die Internationale Tourismus-Börse (ITB) in Berlin. Keine andere Messe zählt so viele Länder zu ihren Gästen. 1992 waren es bei der 26. Internationalen Tourismus-Börse 4050 Aussteller aus 156 Ländern und Gebieten auf einer Ausstellungsfläche von 83 599 m^2 brutto (54 479 m^2 netto) in 25 Hallen des Messegeländes Berlin und im ICC Berlin. Insgesamt kamen 116 061 Besucher, davon rund 49 300 Fachbesucher aus 160 Ländern und Gebieten.

Die größte Kapitalverminderung in der Geschichte von Privatunternehmen war die Abschreibung von 800 Mio. Dollar (1,6 Mrd. DM) für Entwicklungskosten des amerikanischen *Tristar*-Flugzeuges, die am 23. November 1974 bekanntgegeben wurde.

Den größten Bankrott verursachte Rajendra Sethia (* 1950). Er wurde am 2. März 1985 u. a. wegen krimineller Verschwörung und Fälschung in Neu-Delhi verhaftet. Am 18. Januar 1985 war er vom Obersten Gerichtshof in London für bankrott erklärt worden, als seine Firma Esal Commodities einen Schuldenberg von 170 Mio. Pfund (647 Mio. DM) aufgetürmt hatte. Seine persönlichen Schulden wurden auf 140 Mio. Pfund (532 Mio. DM) geschätzt.
Der 1936 in Ungarn geborene William G. Stern (seit 1957 amerikanischer Staatsbürger), der 1971 in London (GB) die Immobilienfirma Wilstar Group Holding Co. gegründet hatte, wurde im Februar 1979 gerichtlich für bankrott erklärt. Die Konkursforderungen beliefen sich auf 104 Mio. Pfund Sterling (417 Mio. DM). Diese Summe stieg im Februar 1983 auf 142 Mio. Pfund (572 Mio. DM). Stern wurde am 28. März 1983 auf freien Fuß gesetzt, die Vollstreckung gegen Zahlung von 500 000 Pfund (2 Mio. DM) für zweieinhalb Jahre ausgesetzt.

Personalvermittlung: Die weltgrößte Gruppe von Personalvermittlungsdiensten ist Manpower mit einem weltweiten Jahresumsatz von 3,5 Mrd. Dollar (5,9 Mrd. DM).

Anwaltsfirmen: Die weltgrößte Anwaltsfirma ist, gemessen am Umsatz, Skadden, Arps, Slate, Meagher & Flom in New York (USA) mit ca. 500 Mio. Dollar (848 Mio. DM) 1991. Die größte Sozietät, gemessen an der Zahl der Praxen, ist Baker & McKenzie. Am 1. Mai 1991 beschäftigte die Firma in 31 Ländern 1560 Anwälte, von denen 490 Partner sind. Gegründet wurde sie 1949 in Chikago, Illinois (USA).

Das größte Reisebüro der Welt, die ITB in Berlin, erlebte im März 1992 einen Ausstellerrekord.

Die Dresdner Bank-Zentrale in Frankfurt/Main ist eines der Machtgebilde der deutschen Wirtschaft.

Steuerberater: Die größte Firma für Steuer- und Unternehmensberatung der Welt ist KPMG Peat Marwick McLintock mit Honorareinnahmen von umgerechnet 10,2 Mrd. DM im Geschäftsjahr, das am 30. September 1991 endete. Das Unternehmen hatte Ende April 1992 über 76 000 Mitarbeiter in 819 Niederlassungen.

Die größte Werbeagentur-Gruppe der Welt ist die WPP Group in London. Die Fachzeitschrift *Advertising Age* beziffert die Bruttoumsätze (sogenannte Billings) für 1990 mit 18,1 Mrd. Dollar (31,7 Mrd. DM). Die weltgrößte einzelne Werbeagentur ist Dentsu in Tokio mit – laut *Advertising Age* – Billings von 9,7 Mrd. Dollar (17 Mrd. DM) im Jahr 1990.

Der größte Anzeigenkunde der Welt ist die Seifen- und Kosmetik-Gruppe Unilever, die 1989 stolze 1,74 Mrd. Dollar (3,29 Mrd. DM) für Werbung ausgab.

Die größte Public-Relations-Firma der Welt ist Burson Marsteller (Zentrale in New York) mit Netto-Honorareinnahmen 1988 von 154,3 Mio. Dollar (250 Mio. DM). Hill and Knowlton Inc. hat mit 68 die meisten Niederlassungen in der Welt, eine davon in Peking (VR China).

Das erste Public-Relations-Magazin, *Public Relation News*, wurde 1944 von Denny Griswold gegründet und ist heute in 91 Ländern verbreitet.

Das weltgrößte Luft- und Raumfahrtunternehmen ist Boeing in Seattle, Washington (USA), das 1991 Umsatzerlöse von 29,3 Mrd. Dollar (49,7 Mrd. DM) erzielte und weltweit 160 000 Menschen beschäftigt.

Die Cessna Aircraft Company mit Sitz in Wichita, Kansas (USA), erzielte 1991 Umsatzerlöse von 818 Mio. Dollar (1,39 Mrd. DM). Seit dem Bau der ersten Maschine von Clyde Cessna 1911 hat das Unternehmen über 177 700 Flugzeuge gebaut.

Das größte internationale Bankinstitut ist die Weltbank, die weltgrößte multilaterale Entwicklungsbank, mit der Adresse 1818 H Street NW, Washington (USA). Die am 27. Dezember 1945 gegründete Internationale Bank für Wiederaufbau und Entwicklung hatte am 31. Dezember 1988 ein genehmigtes Stammkapital von 171,4 Mrd. Dollar (284 Mrd. DM). Zum gleichen Zeitpunkt hatten die 151 Mitglieder ein Kapital von 102 Mrd. Dollar (194 Mrd. DM) gezeichnet. An diesem Stichtag verfügte die Weltbank über Reserven und akkumulierte Nettogewinne von 9,2 Mrd. Dollar (17,5 Mrd. DM), die nicht zugeteilt waren.

Der Internationale Währungsfonds (IWF), ebenfalls mit Sitz in Washington, hat 159 Mitglieder mit Gesamtquoten in Höhe von rund 126 Mrd. Dollar (208 Mrd. DM) am 8. Mai 1992.

Die größte Geschäftsbank der Welt ist die Dai-Ichi Kangyo Bank in Japan mit Aktiva von umgerechnet 749,42 Mrd. DM am 31. März 1990.

Die größte Bankbürgschaft löste am 26. Juli 1984 die Federal Deposit Insurance Corp. ein, als sie 4,5 Mrd. Dollar (11,6 Mrd. DM) faule Kredite für 3,5 Mrd. Dollar (9 Mrd. DM) von der Continental Illinois Bank kaufte und zusätzlich 1 Mrd. Dollar (2,58 Mrd. DM) in bar im Austausch gegen Vorzugsaktien »drauflegte«.

Das höchste Bankgebäude der Welt ist der First Bank Tower der Bank of Montreal, Toronto (Kanada), mit 72 Stockwerken und einer Höhe von 284,98 m.

Die größte Bank in Deutschland ist die 1870 gegründete, 1957 wiedergegründete Deutsche Bank mit dem (jetzigen) Sitz in Frankfurt am Main. Die Konzern-Bilanzsumme lag 1991 bei 449,1 Mrd. DM. Die Bilanzen der nächsten beiden Großbanken lagen bei 294,8 Mrd. DM für die Dresdner Bank und bei 226,7 Mrd. DM für die Commerzbank.

Die Bank mit den meisten Zweigstellen ist die Indische Staatsbank mit 12 462 Filialen am 1. Januar 1991 mit Aktiva von umgerechnet 65 Mrd. DM.

Die wenigsten Geldinstitute gibt es in Japan. Dort steht im Durchschnitt je 7000 Bürgern nur eine Bankfiliale zur Verfügung.

Die größte Bankdichte hat dagegen die Schweiz: Für je 1316 Einwohner gibt es eine Bank.

Der größte Banktresor mißt 106,7×30,4×2,4 m und wiegt 893 t. Er wurde im Mai 1961 im Gebäude der Chase Manhattan Bank in New York City (USA) fertiggestellt. Jede seiner sechs Türen wiegt 40,6 t, kann aber mit einem Finger geschlossen werden.

VERSICHERUNGEN, KRANKENKASSEN

Die größte Versicherungsgesellschaft ist die Metropolitan Life Insurance Co. in New York (USA) mit 1,027 Billionen Dollar (1,74 Billionen DM) Ende 1991. Die Prudential Insurance Company of America mit Sitz in Newark, New Jersey (USA), hatte 1991 mit 198,15 Mrd. Dollar (336 Mrd. DM) das größte konsolidierte Vermögen.

Im Sommer 1990 hatte die Treuhand ihre Arbeit mit 4,08 Mio. Beschäftigten in den Beteiligungsunternehmen aus den fünf neuen Bundesländern begonnen. Der Versuch, die gesamte Volkswirtschaft eines Landes in einer Hand zu bündeln und an private Unternehmer zu verkaufen, war historisch wie weltweit ein Experiment. Bis zum März 1992 hatte ungefähr die Hälfte der rund 11 000 Betriebe einen privaten Unternehmer gefunden. Bis Ende 1993 will die Treuhandanstalt ihr operatives Geschäft abschließen.

Die Allianz AG ist mit einem weltweiten Beitragsaufkommen von jährlich 36 Mrd. DM von ihren 200 Allianz-Töchtern die größte Versicherungsgruppe in Europa und unter den 1000 größten Firmen der Welt die Nummer 35. Die Allianz Versicherungs-AG, München–Berlin, ist in Deutschland der größte Schaden- und Unfallversicherer, die zur Allianz-Gruppe zählende Allianz Lebensversicherungs-AG, Stuttgart, der größte Lebensversicherer. Mitte 1992 verwaltete die Allianz einen Versicherungsbestand von 218 Mrd. DM.

Die größte Krankenversicherung und zugleich der Welt größter Einzelverband ist die Blue Cross and Blue Shield Association, die Organisation der amerikanischen Krankenhausversicherung. Sie hatte am 31. Dezember 1990 rund 71 Mio. Mitglieder und hat 1990 Leistungen von 97,8 Mrd. DM ausgezahlt.

Die größte private Krankenversicherung in Deutschland und Europa mit über 2,4 Mio. Versicherten und 4 Mio. Versicherungen ist die Deutsche Krankenversicherung AG (DKV) mit Hauptsitz in Köln (Nordrhein-Westfalen) und einer Beitragseinnahme von 3,271 Mrd. DM (1990).

Die größte deutsche Angestellten-Ersatzkasse mit über 7 Mio. Mitgliedern und über 8,6 Mio. Versicherten bundesweit ist die Barmer Ersatzkasse (BEK), Hauptsitz Wuppertal (Nordrhein-Westfalen).

Die älteste Versicherung Deutschlands ist die Hamburger Feuerkasse. Sie schloß bereits 1591 den ersten »Feuer Contract« ab. Am 21. September 1676 beschloß der Rat der Stadt Hamburg die erste »Feuer-Ordnung«.

Die ersten Vorsorgeuntersuchungen ihrer Mitglieder führte 1919 die Betriebskrankenkasse der Fa. Fried. Krupp in Essen ein, und zwar regelmäßig wiederkehrend, kostenlos und freiwillig.

GRUNDBESITZ

Den größten Großgrundbesitz der Welt hält die Regierung der USA mit einem Besitz von 295 Mio. ha, eine Fläche, die 12mal größer als Großbritannien ist. Streng formell gesehen war die sowjetische Regierung Eigentümerin allen Grund und Bodens der UdSSR, vielleicht mit Ausnahme der Grundstücke, auf denen ausländische Botschaften stehen – insgesamt handelt es sich um 22 402 200 km^2.

Der weltgrößte private Grundbesitz gehört vermutlich der International Paper Co. in Purchase, New York (USA); das Unternehmen verfügt über 3,64 Mio. ha.

Der größte private Grundbesitz in Deutschland gehört dem Fürstenhaus von Thurn und Taxis in Regensburg (Bayern). Er wird auf 32 000 ha Land geschätzt.

Der teuerste Grundbesitz, die Flächen um das Mediya-Gebäude im Ginza-Distrikt von Tokio, wurde im Oktober 1988 von der japanischen Grundstücksbehörde mit umgerechnet 775 000 DM/m^2 bewertet.

Die größte Grundstücksauktion fand am 5. Juni 1985 in Detroit, Michigan (USA), statt, als General Motors für 5 Mrd. Dollar (15,45 Mrd. DM) Hughes Aircraft Co. ersteigerte.

Das kleinste Grundstück nennt der Bauingenieur Georg Künemund aus Krefeld sein eigen. Amtlich registriert und im Grundbuch eingetragen ist ein Flurstück von 0,13 m^2 Größe. Es liegt in der Gemeinde Gleichen, Ortsteil Groß-Lengden bei Göttingen, und ist als Hof- und Gebäudefläche erbverpachtet.

Die niedrigste Miete wird in der Fuggerei in Augsburg erhoben. Seit ihrem Bau im Jahr 1519 kostet eine Dreizimmerwohnung den symbolischen Mietzins von einem Rheinischen Gulden (seit 1873 genau 1,72 DM). Jakob Fugger, Millionär und Finanzier von Kaisern und Königen, gilt als Pionier sozialer Fürsorge.

Der Weltluftverkehr wird auch über das Jahr 2000 hinaus dynamisch wachsen. Offen ist, ob die internationale Infrastruktur mit den Steigerungsraten Schritt halten kann. Für 1992 erwartet die Arbeitsgemeinschaft Deutscher Verkehrsflughäfen deutliche Zuwächse bei der Luftverkehrsnachfrage und beim Angebot. Für die Deutsche Lufthansa beginnt der Überlebenskampf, hier ein »Kranich« auf dem neueröffneten Münchener Flughafen.

Die längste Pachtzeit wurde St. Paul's Cathedral, London, für Land bei Tillingham gewährt, das König Ethelbert der Gemeinde vor 616 a. D. zusprach.

Die höchsten Mieten der Welt für beste Bürolagen wurden laut *World Rental Levels* (hg. von Richard Ellis in London) in Tokio erzielt, wo im Dezember 1990 eine Jahresmiete von umgerechnet 3234 DM/m² verlangt wurde. Einschließlich Nebenkosten klettert die Zahlung auf 3514 DM/m². Eine typische Wohnung im Kioicho-Wohn- und Bürogebäude in Akasaka (Japan) kostet monatlich umgerechnet über 30 000 DM – zahlbar 10 Monate im voraus.

Bausparkassen: Der größte Kreditgeber der Welt ist die von der japanischen Regierung kontrollierte House Loan Corporation. Die weltgrößte Bausparkasse ist die Halifax Building Society in Halifax (GB), gegründet 1853. 1991 verfügte sie über Aktiva von über 58 Mrd. Pfund (172 Mrd. DM) und vergab im selben Jahr Kredite in Höhe von 9,1 Mrd. Pfund (27 Mrd. DM). Das Unternehmen hat in 2614 Filialen 20 860 Mitarbeiter.

Die kundenstärkste deutsche Bausparkasse ist die Schwäbisch Hall AG, Schwäbisch Hall. Die Bausparkasse der Volks- und Raiffeisenbanken betreut 4,4 Mio. Kunden und ist mit einer Bilanzsumme von 35,4 Mrd. DM im Jahr 1991 Branchenführer.

FLUGGESELLSCHAFTEN

Die größte Fluggesellschaft der Welt war die staatliche Luftverkehrsgesellschaft der UdSSR. Sie wurde am 9. Februar 1923 gegründet und fliegt seit 1932 unter dem Namen Aeroflot. Im letzten Jahr des formellen Bestehens (1990) hatte Aeroflot 600 000 Mitarbeiter (mehr als die 18 größten US-Gesellschaften zusammen) und beförderte mit 20 000 Piloten 139 Mio. Passagiere. Das inländische Streckennetz bedient 1 Mio. km über elf Zeitzonen. Der genaue Bestand der Flotte ist unbekannt, Schätzungen reichen bis zu 14 700 Fluggeräten, »Buschflugzeuge« und Hubschrauber eingeschlossen. Ende 1991 wurde die Flotte von wenigstens 46 regionalen Veranstaltern betrieben.

Die älteste noch bestehende Fluggesellschaft ist die holländische Koninklijke Luchtvaart Maatschappij N. V. (KLM), die am 17. Mai 1920 ihren ersten Liniendienst von Amsterdam nach London aufnahm, nachdem sie am 7. Oktober 1919 gegründet worden war.

Sparflug für die Lufthansa

Die Deutsche Lufthansa AG befindet sich seit dem Golfkrieg und durch die erneut gestiegenen Flughafen- und Flugsicherungs-Gebühren in Turbulenzen. Bei 50 283 Mitarbeitern wurde 1991 ein Umsatz von 14 318 Mio. DM erzielt (im Konzern bei 61 791 Mitarbeitern 16 101 Mio. DM). Die Zahl der Fluggäste ist um 12,1 Prozent auf knapp über 25 Mio. angestiegen. Den größten Zuwachs mit 50 Prozent hat der Flugverkehr innerhalb Deutschlands mit der verstärkten Reisetätigkeit nach der Wiedervereinigung gebracht. Weltweit blieb die Lufthansa im Frachtverkehr die Nummer eins, im Passagierverkehr rutschte sie von Platz drei auf Platz vier ab. Angesichts eines verschärften Wettbewerbs in der Luft für jede nationale Fluggesellschaft auch auf ihrem heimischen Markt hat die Lufthansa 1991 550 Mio. DM Verlust eingeflogen. Unter dem Namen »Programm 93« soll der Kranich langfristig stabilisiert, sollen 23 Flugzeuge stillgelegt und die Flotte auf 230 Maschinen mittelfristig eingefroren werden.

Als erste deutsche Fluggesellschaft wurde die Delag (Deutsche Luftschiffahrt AG) am 16. November 1909 in Frankfurt am Main gegründet und nahm im Juni 1910 einen Liniendienst mit Luftschiffen auf.

Trägerin des zivilen Luftverkehrs in Deutschland – abgesehen von einigen Regional- und Chartergesellschaften – ist die Deutsche Lufthansa Aktiengesellschaft. Ursprünglich am 6. Januar 1926 durch Zusammenschluß des Deutschen Aero-Lloyd mit dem Junkers Luftverkehr in Berlin gegründet, entwickelte sich das Unternehmen weltweit bald zu einer der größten Fluggesellschaften. Nach der Einstellung des Flugbetriebs bei Kriegsende im Mai 1945 ging die Firma auf Anordnung der alliierten Siegermächte in Liquidation. Am 6. Januar 1953 entstand in Köln die Aktiengesellschaft für Luftverkehrsbedarf, kurz Luftag, die am 6. August 1954 wieder den Firmennamen Deutsche Lufthansa Aktiengesellschaft annahm. Der planmäßige Flugdienst wurde – zunächst innerdeutsch – am 1. April 1955 aufgenommen, nach der Wiedererlangung der nationalen Souveränität der Bundesrepublik Deutschland im Mai 1955 auch auf internationalen Routen. Seit dem 28. Oktober 1990 fliegt die Lufthansa wieder Berlin an.

Die österreichische Luftverkehrsgesellschaft Austrian Airlines (AUA) hatte 1990 25

Maschinen im Linien- und Charterverkehr im Einsatz, die 2,8 Mio. Passagiere und 32 t Luftfracht beförderten.

Die schweizerische Fluggesellschaft Swissair hat das Jahr 1991 mit einem positiven Ertrag von 83 Mio. sfr abgeschlossen. Bei derzeit 60 Maschinen stieg der Umsatz um 5,2 Prozent auf 5,31 Mrd. sfr. Die Swissair-Verkehrsleistung sank durch den Golfkrieg und die weltweit gedämpfte Konjunktur um 2,6 Prozent in den ausgelasteten Tonnenkilometern, entsprechend sank die Kapazitätsauslastung auf 63 Prozent.

HOTELS

Die größte Hotelkette der Welt, Holiday Inns North America, wurde im Februar 1991 von Bass, dem führenden britischen Brauereiunternehmen, erworben. Das Unternehmen besitzt, betreibt oder vergibt im Franchise-System 1645 Hotels mit insgesamt 327 059 Zimmern in 52 Ländern.

Das führende Hotelunternehmen in den alten Bundesländern ist die Steigenberger Hotels AG mit Hauptsitz in Frankfurt am Main. Die Zahl der Betten beträgt zur Zeit 6034 in 36 Hotels.

Umsatzstärkstes Hotel unter den deutschen Hotelbetrieben war im Jahr 1991 das Sheraton Hotel am Frankfurter Flughafen mit einem Umsatz von 96,5 Mio. DM und 2100 Betten vor dem Berliner Intercontinental mit 71,5 Mio. DM und dem Bayerischen Hof in München mit einem Bruttoumsatz von rund 69,7 Mio. DM.

KAUFHÄUSER, LADENKETTEN

Das größte Kaufhaus der Welt ist R. H. Macy & Co. Inc. an der Kreuzung von Broadway und 34. Straße in New York City (USA). Es umfaßt 20,3 ha und beschäftigt 14 000 Mitarbeiter, die 400 000 verschiedene Artikel betreuen. Im Geschäftsjahr 1990 erzielte das Unternehmen in seinen insgesamt 150 Häusern 7,3 Mrd. Dollar (12,8 Mrd. DM). Als Rowland H. Macy am 27. Oktober 1858 sein Galanteriewarengeschäft an der 6. Avenue von New York eröffnete, betrugen die Tageseinnahmen elf Dollar und sechs Cents, also nach damaligem Wert nicht ganz 50 DM.

Das größte Kaufhaus in Europa ist Harrods in London (GB), so benannt nach Henry Charles Harrod, der 1849 im Stadtteil Knightsbridge ein Kolonialwarengeschäft eröffnete. Auf einer Verkaufsfläche von 9 ha (mit 50 Aufzügen und 36 Rolltreppen-Anlagen) arbeiten je nach Jahreszeit zwischen 4000 und 5500 Menschen. Im am 1. Februar 1987 endenden Geschäftsjahr wurde ein Rekordumsatz von 312 Mio. Pfund (damals 925 Mio. DM) erzielt. Der Rekord für einen Einzeltag ist 7 Mio. Pfund (20,7 Mio. DM) beim Schlußverkauf im Januar 1987. Fast 13 Mio. Pfund (37,3 Mio. DM) wurden in den ersten vier Tagen des Januar-Verkaufs 1990 eingenommen, im gesamten Januar waren es 45 Mio. Pfund (129 Mio. DM).

Das größte Kaufhaus auf dem europäischen Festland ist das zum Hertie-Konzern gehörende Kaufhaus des Westens (KaDeWe) in Berlin. Es war am 27. März 1907 gegründet worden und hatte schon damals eine Verkaufsfläche von 20 000 m^2 in vier Etagen. Im Krieg zerstört, wurde das KaDeWe am 3. Juli 1950 wiedereröffnet, dann weiter ausgebaut und am 5. April 1978 in seiner jetzigen vergrößerten Gestalt der Öffentlichkeit übergeben. Das Haus hat jetzt 44 000 m^2 Verkaufsfläche und durchschnittlich 2565 Mitarbeiter. 250 000 verschiedene Artikel (zehn Prozent davon Lebensmittel auf 5100 m^2 Verkaufsfläche) sind im Warensortiment. 1990 erzielte das KaDeWe einen Umsatzsprung auf 541 Mio. DM. 28 Mio. Kunden kauften im umsatzstärksten Warenhaus Deutschlands.

Die größte Kaufhauskette der Welt ist die Woolworth Corporation, die derzeit weltweit 8700 Warenhäuser betreibt. Sein erstes Geschäft, ›The Great Five Cent Store‹, eröffnete Frank Winfield Woolworth am 22. Februar 1879 in Utica, New York State (USA). Der Nettogewinn 1990 belief sich auf 317 Mio. Dollar (555 Mio. DM).

Das größte deutsche Warenhaus-Unternehmen ist – mit einem 1991 erreichten Außenumsatz von 19,14 Mrd. DM – der Karstadt-Konzern (einschließlich Tochtergesellschaften) mit Sitz der Hauptverwaltung in Essen-Bredeney (Nordrhein-Westfalen). Der Konzern beschäftigt rund 67 000 (31. Dezember 1991) Mitarbeiter und hat 1991, allein im Bereich der Stammgesellschaft Karstadt AG, 164 Verkaufshäuser mit einer Verkaufsfläche von knapp 1,48 Mio. m^2. Im Gesamtkonzern incl. NUR Touristic GmbH und Neckermann Versand AG sind 78 900 Mitarbeiter tätig.

Das Kaufhaus mit dem schnellsten Warenumsatz in der Welt ist die Hauptfiliale von Marks & Spencer, unter dem Namen ›Marble Arch‹ bekannt, an der Oxford Street 458 in London. Der angegebene Umsatz von jährlich 16 146 Pfund (47 954 DM) je m^2 Verkaufsfläche wird sogar noch für eine Untertreibung gehalten. Die gesamte Verkaufsfläche ist 12 025 m^2 groß. Die Firma unterhält in ganz Großbritannien 282 Verkaufsstellen mit einer Gesamtverkaufsfläche von 761 780 m^2 und hat neuerdings auch Filialen auf dem europäischen Kontinent, in Kanada, den USA und Hongkong.

Aufwärtstrend im Lebensmittelhandel

Um gut 33 Prozent hat der deutsche Lebensmittelhandel 1990 und 91 seine Umsätze erhöht und auf über 301 Mrd. DM gesteigert. Den größten Anteil brachten die neuen Bundesländer. Mit einem Plus von 11,8 Prozent führt mit einem Umsatz von 35,9 Mrd. DM die Metro-Gruppe (einschließlich des Kaufhofs) aus Düsseldorf vor der Rewe-Gruppe in Köln mit 32,9 Mrd. DM. Allerdings entfallen nur 28 Prozent des Metro-Umsatzes auf Lebensmittel. Die Kölner Rewe Zentral AG kann sich auch weiterhin als größter deutscher Lebensmittelhändler bezeichnen. An dritter Stelle liegt die Aldi-Gruppe, Essen/Mülheim, mit 25,0 Mrd. DM vor der Edeka-Gruppe, Hamburg, mit 23,1 Mrd. DM und der Tengelmann-Gruppe, Mülheim, mit 20,4 Mrd. DM. Die zehn größten Handelsunternehmen umfassen mit 203 Mrd. DM 67 Prozent des Gesamtumsatzes. Der Abschmelzungsprozeß im Lebensmitteleinzelhandel hält entsprechend an. Discounter und Verbrauchermärkte drängen auf Expansion, im Umsatz als auch bei der Anzahl – gerade auch in den neuen Bundesländern.

Die größte Lebensmittelladenkette in der Welt ist The Kroger Co. in den USA mit einem Jahresumsatz von 19,1 Mrd. Dollar (31,7 Mrd. DM) 1988 und einem Umlaufvermögen, das mit 4,5 Mrd. Dollar (7,5 Mrd. DM) bewertet wird. Kroger betreibt 1235 Supermärkte sowie 958 kleinere Einzelhandelsfilialen und beschäftigt 170 000 Mitarbeiter.

Größter ausländischer Arbeitgeber in den USA ist die Unternehmensgruppe Tengelmann (Mülheim). In ihrer amerikanischen Supermarkt-Kette The Great Atlantic and Pacific Tea Company Inc. (A & P), Montvale/New Jersey, beschäftigt sie insgesamt 74 000 Mitarbeiter – mehr als doppelt so viele wie der Münchner Siemens-Konzern, der in den USA 31 000 Mitarbeiter auf der Gehaltsliste hat. Sie erzielte 1990/91 einen Umsatz von 11,4 Mrd. Dollar.
Die Mülheimer Handelsgruppe brachte es 1990/91 auf einen Umsatz von 47 Mrd. in aller Welt, rund 21 Mrd. DM entfielen auf das Inland. Zu ihren insgesamt 6366 Filialen mit 5,5 Mio. m^2 Verkaufsfläche zählen in Deutschland und Österreich Tengelmann, Plus, Kaiser's Kaffee, A & P, Kaiser's Drugstore, Magnet, Gubi, Accos, Obi-Baumärkte u. a. Weitere 179 Filialen mit 3750 Mitarbeitern (Umsatz 1 Mrd. DM) kamen durch Übernahme des Filialnetzes der co op Handels AG Frankfurt im Rhein-Main-Gebiet aus der Asko-Gruppe im März 1992 hinzu.

Einzel- und Versandhandel: Die größte Einzelhandelsfirma und zugleich das größte Versandhaus der Welt ist Sears, Roebuck and Co. in Chikago, Illinois (USA), 1886 in der Bahnstation North Redwood, Minnesota (USA), von Richard Warren Sears gegründet. Im Geschäftsjahr, das am 31. Dezember 1989 endete, wurden weltweit 31,6 Mrd. Dollar (55,3 Mrd. DM) umgesetzt. Die Firma hatte 847 Geschäfte, 1731 Büros zur Annahme von Bestellungen und 1769 unabhängige Kataloghändler.

Das größte Versandhaus Europas ist der Otto Versand in Hamburg mit einem weltweiten Jahresumsatz 1991/92 von 20,1 Mrd. DM und einer Umsatzsteigerung von 24,9 Prozent. Seine Kataloge erreichen pro Jahr eine Auflage von 200 Mio. Exemplaren. Das Unternehmen, das in den USA, Großbritannien, Frankreich und Japan eigene Versandhäuser besitzt, steigerte den Konzernumsatz in Deutschland um 27,2 Prozent auf 11,1 Mrd. DM. Die Zahl der Mitarbeiter stieg auf 42 000 Beschäftigte, in Deutschland auf 21 500.

Das größte Einkaufszentrum der Welt ist die für 1,1 Mrd. Dollar (damals 2,3 Mrd. DM) gebaute West Edmonton Mall, Alberta (Kanada), deren erster Bauabschnitt am 15. September 1981 eröffnet wurde. Vier Jahre später wurde der Komplex beendet, der auf einem Grundstück von 49 ha eine Grundfläche von 483 080 m^2 bedeckt. Er umfaßt über 800 Geschäfte sowie elf große Kaufhäuser. Die Parkplätze reichen für 20 000 Fahrzeuge, so daß über 500 000 Kunden pro Woche das Einkaufszentrum besuchen können.

Der größte Großhandelsmarkt der Welt ist mit einer über acht Gebäude verteilten Fläche von 864 000 m^2 das Dallas Market Center am Stemmons Freeway in Dallas, Texas (USA). Genaugenommen gehören nur sechs Gebäude zum Dallas Market Center, während in den anderen beiden der Infomart (Infomarkt) und der Design District untergebracht sind. Aber die drei Teile werden immer noch unter dem ursprünglichen Namen zusammengefaßt, obwohl

Das meistgebaute Auto der Welt hat einen neuen Rekord aufgestellt: im Juni 1992 lief im VW-Zweigwerk Puebla (Mexiko) der 21 000 000. *Käfer* vom Band.

sie von verschiedenen Firmen betrieben werden. Der Komplex befindet sich auf einem 70 ha großen Gelände und verfügt über mehr als 2580 ständige Ausstellungsräume, in denen die Waren von über 30 000 Herstellern gezeigt werden. Die jedes Jahr durchgeführten 107 Messen und Ausstellungen ziehen 760 000 Besucher an.

KRAFTFAHRZEUGE

(s. auch Kapitel Welt des Verkehrs und Kapitel Welt des Sports)

Als Nr. 1 unter den KFZ-produzierenden Ländern gilt seit 1980 Japan, das damals die USA mit einer Jahresproduktion von 11,043 Mio. Fahrzeugen überholte. Die Japaner produzierten 1991 rund 13,2 Mio. Kraftwagen, die Amerikaner kamen auf 8,8 Mio.

Der weltgrößte Hersteller von Kraftfahrzeugen und KFZ-Teilen und zugleich das weltgrößte Produktionsunternehmen überhaupt ist die General Motors Corporation mit Sitz Detroit, Michigan (USA). Das Unternehmen beschäftigt im Durchschnitt 756 300 Mitarbeiter, erzielte 1990 Umsatzerlöse von 126 Mrd. Dollar (220,5 Mrd. DM) und stellte im selben Jahr 5 571 905 Fahrzeuge her.

Der größte Kraftfahrzeughersteller Deutschlands ist der Volkswagen-Konzern mit weltweit 260 137 Beschäftigten bei einem Gesamtumsatz von 76,315 Mrd. DM (31. Dezember 1991).

Der Wolfsburger VW-Konzern hat 1991 einschließlich Skoda einen Absatz von 3,3 Mio. Fahrzeugen, davon in Westeuropa einen Absatz von 2,23 Mio. Fahrzeugen (plus fünf Prozent) erzielt und erneut die erste Position am PKW-Markt in Europa vor Fiat eingenommen. Im Jahr 1991 war der *VW Golf* mit 310 052 Neuzulassungen das beliebteste Auto in den alten Bundesländern. Auf dem zweiten Platz folgt der *Opel Kadett/Astra* mit 230 313 Fahrzeugen vor dem *VW-Passat* mit 193 594 Wagen.
Der letzte *Kadett* rollte nach 55 Jahren in der Nacht vom 19. auf den 20. Juli 1991 im Bochumer Opel-Werk vom Band. Der *Kadett E* wurde mit 3,87 Mio. Wagen das erfolgreichste Modell der Opel-Geschichte.

Die weltgrößte Automobilfabrik ist das Volkswagenwerk in Wolfsburg mit 60 000 Mitarbeitern und einer Produktionskapazität von 4000 Fahrzeugen täglich. Die Fabrikgebäude bedecken eine Fläche von 150 ha, die gesamte Werksanlage nimmt 760 ha in Anspruch, auf denen 74 km Eisenbahngleise verlegt sind.

METALL, ERDÖL

Die Rohstahlerzeugung betrug im Jahr 1991 weltweit 735 Mio. t. Davon entfielen auf Deutschland 42,2 Mio. t, 38,8 Mio. t Rohstahl in den alten und 3,4 Mio. t auf die neuen Bundesländer. Damit ist Deutschland fünftgrößter Stahlerzeuger der Welt, der größte Europas.

Der größte Stahlproduzent der westlichen Welt ist nach den verfügbaren Daten die Nippon Steel Corporation (Japan), die 1990 28,765 Mio. t Rohstahl herstellte. Das Unternehmen hat 54 062 Mitarbeiter. Die Pohang-Werke der Posco Iron & Steel Co. in Südkorea produzierten 1988 9 Mio. t Rohstahl, die größte Menge für eine einzelne Werksanlage; der Posco-Konzern brachte es insgesamt auf einen Rohstahlausstoß von 16,2 Mio. t.

Für die EG-Stahlindustrie zeichnet sich angesichts der koreanischen (Posco-Konzern) und der US-(Nucor-Gruppe) Herausforderungen ein Überschuß von 12,5 Mio. t Rohstahl bzw. 10 Mio. t Walzstahl ab, die sich je zur Hälfte auf Flach- und Profilstähle verteilen.

Zum größten Öllieferanten der Welt wurde 1988 die Staatliche Ölgesellschaft Saudi-Arabiens, Aramco. Sie lieferte täglich 4,3 Mio. Barrel (657,9 Mio. l).

Die größte Ölraffinerie der Welt, die Amerada Hess-Raffinerie in St. Croix (Jungferninseln), hat 1988 pro Tag 379 000 Barrel (5,485 Mio. l) ausgestoßen.

ENERGIEVERBAUCH

Um die unterschiedlichen Energieformen (Kohle, Flüssigbrennstoffe, Wasserkraft usw., aber ohne Pflanzenöle und Torf) vergleichbar zu machen, werden sie üblicherweise in Kohlemengen umgerechnet.

Den höchsten Energieverbrauch der Welt haben die USA auf ihren Virgin Islands of the

Den niedrigsten Energieverbrauch hat Bhutan, das trotz seiner weiten und fruchtbaren Täler eines der ärmsten und am wenigsten entwickelten Länder der Welt ist. Etwa 90 Prozent der werktätigen Bevölkerung ist in der Getreideproduktion beschäftigt. Hier eine Ansicht von Paro Valley und Rimpung Dzon.

United States mit durchschnittlich 30 350 kg pro Person und Jahr. Mit nur 5,3 Prozent der Weltbevölkerung verbrauchen die USA außerdem 28,6 Prozent des weltweit verkauften Benzins und 32,9 Prozent des verfügbaren Stroms. Den höchsten Verbrauch eines souveränen Staats hat Katar mit 21881 kg pro Person und Jahr.

Den geringsten Energieverbrauch haben die Einwohner Bhutans mit durchschnittlich 13 kg pro Person.

SCHIFFBAU

Weltweit wurden 1991 Schiffe mit insgesamt 16,1 Mio. BRT gebaut; dabei sind Segelschiffe, Schiffe ohne Antrieb sowie Schiffe unter 100 BRT nicht mitgerechnet.
Das Datenmaterial für die unabhängigen Staaten des Britischen Commonwealth, Rumänien und die VR China ist unvollständig.
In Japan wurden 1991 mit 7,3 Mio. BRT 45 Prozent der Weltproduktion fertiggestellt.

Die führende Schiffswerft war 1991 einmal mehr die Hyundai-Werft in Südkorea, die 30 Schiffe mit insgesamt 1,9 Mio. BRT baute.

Die größte Reederei Deutschlands ist die Hapag-Lloyd AG., Hamburg/Bremen. Der norddeutsche Reederei- und Touristikkonzern hat 1991 mit einem Jahresüberschuß von 65 Mio. DM einen Umsatz von 3,657 Mrd. DM im Konzern erzielt. In der Linienschiffahrt fuhren die Hapag-Lloyd-Schiffe mit 2,081 Mrd. DM Umsatz aus der Flaute.

Die deutsche Küstenschiffahrt, deren Einsatzgebiet vor allem der europäische Seeverkehrsraum (Nord- und Ostsee, Mittelmeer) ist, umfaßt eine Flotte von 400 Schiffseinheiten mit einer Tragfähigkeit von 1,35 Mio. t. Davon fahren 88 Schiffe unter fremder Flagge.

VOLKSWIRTSCHAFT

BÖRSEN, AKTIEN, WERTPAPIERE

Allgemein: Aus ursprünglich formlosen Zusammenkünften von Kaufleuten entstanden vom 13. Jh. an rechtlich geregelte Einrichtungen, bei denen Handelsgeschäfte mit Wertpapieren (Effekten) und Waren (Produkten) aufgrund von Angebot und Nachfrage abgewickelt wurden. Der Begriff *Börse* wird erst im 16. Jh. erstmals für einen solchen Platz in Brügge (Belgien) erwähnt, auf dem schon jahrhundertelang vorher derartige Geschäfte betrieben wurden; er geht auf den Namen einer dort ansässigen Patrizierfamilie *van der Beurse* zurück.

Die erste internationale Börse entstand 1531 in Antwerpen (Belgien). Zwischen 1546 und 66 wurden Börsen in Frankreich (Lyon, Toulouse, Rouen) gegründet; die Pariser Börse besteht erst seit 1724.
In London entstand zwischen 1566 und 70 die Royal Exchange (The Bourse). 1602 wurde die Börse von Amsterdam gegründet.
In der ganzen Welt gibt es etwa 160 Börsen in 55 Ländern.

Die größte Warenbörse der Welt nach Umschlagvolumen war 1990 Tokio mit umgerechnet 2,5 Billionen DM, gefolgt von New York City (1,67 Billionen DM) und London (1,06 Billionen DM).

Die ersten deutschen Börsen wurden im 16. Jh. in Augsburg, Nürnberg, Hamburg und Köln eröffnet.

Die Frankfurter Wertpapierbörse ist die größte deutsche Börse. Sie feierte am 21. August 1985 ihr 400jähriges Bestehen. Weitere Börsen bestehen in Düsseldorf, München, Hamburg, Stuttgart, Hannover, Bremen und Berlin. Daneben gab es in der Bundesrepublik Deutschland 23 Produkten- bzw. Warenbörsen.

Für die älteste bisher bekannte deutsche Aktie, die »Aktie Nr. 81« der »Fünften Assekuranz Kompagnie« aus dem Jahr 1808, sind bei einer Auktion in Frankfurt 13 000 Mark bezahlt worden. Dieses Gebot für das Papier der hamburgischen Feuer- und Hochwasserversicherung, die 1842 durch Brände und Hochwasser in Zahlungsschwierigkeiten geriet, war das höchste auf der 18. Auktion der Freunde historischer Wertpapiere im März 1986.

FT-SE-Aktienindex: Die höchste Schlußquote für den FT-SE-Index (für 100 ausgewählte Aktien) war 2737,8 am 11. Mai 1992; ein Rekord von 2744,5 Punkten wurde im Verlauf desselben Tags erreicht. Die 2700er-Grenze durchstieß der Index erstmals am 7. Mai 1992, fast ein Jahr, nachdem er am 29. Juli 1991 erstmals über 2600 Punkte stieg und am 2. August 1991 erstmals über 2600 schloß. Die niedrigste Schlußquote waren 986,9 Punkte am 23. Juli 1984.
Größter Anstieg und größer Fall: Der größte Anstieg an einem Tag waren 142,2 Punkte auf 1943,8 am 21. Oktober 1987; das größte Tagesminus waren 250,7 Punkte am 20. Oktober 1987, als der Index auf 1801,6 absank.

New Yorker Börse: Der Marktwert der an der New Yorker Börse notierten Aktien erreichte Ende März 1991 mit 3,2 Billionen Dollar (5,4 Billionen DM) seinen absoluten Höchststand aller Zeiten. Der Rekord-Handelstag war der 20. Oktober 1987, als 608 148 710 Aktien den Besitzer wechselten. Zum Vergleich: Am 29. Oktober 1929, dem Schwarzen Freitag, wurden 16 410 030 Aktien verkauft – ein Rekord, der erst im April 1968 überboten wurde.

Der höchste Preis für einen Börsensitz an der New Yorker Börse war 1,15 Mio. Dollar (2,1 Mio. DM) im Jahr 1987. Der niedrigste Preis war 17 000 Dollar im Jahr 1942.

Die größte Aktientransaktion im Paket erlebte die New Yorker Börse am 10. April 1986, als 48,79 Mio. Anteile der Navistar International Corporation zum Gesamtpreis von 487 888 Mio. Dollar (1,1397 Mrd. DM) den Besitzer wechselten.

US-Schlußquoten: Die höchste Schlußquote des Dow-Jones-Index für ausgewählte Aktien, eingeführt am 8. Oktober 1896, waren 3398,43 Punkte am 28. Mai 1992. Zum ersten Mal über 3000 schloß der Index am 17. April 1991, und zwar mit 3004,46 Punkten. Im Verlauf des 13. Juli 1990 – einem Freitag! – war der Index kurzfristig schon einmal über 3000 Punkte geklettert.
Der Dow-Jones-Industrie-Index, der am 3. September 1929 381,71 erreichte, sackte am 29. Oktober 1929 um 30,57 Punkte auf dem Weg abwärts zum tiefsten Punkt der Depression, der mit 41,22 am 2. Juli 1932 erreicht wurde.

US – Größter Anstieg und Fall: Den höchsten Tagesanstieg erlebte der Dow Jones am 21. Oktober 1987, als er um 186,84 auf 2027,85 Punkte kletterte. Der größte Absturz an einem Börsentag waren 508 Punkte (minus 22,6 Prozent) am 19. Oktober 1987, dem Schwarzen Montag. Der Gesamtverlust bei Wertpapieren vom 1. September 1929 bis zum 30. Juni 1932 betrug 74 Mrd. Dollar. Der größte Verlust innerhalb eines Jahres waren 210 Mrd. Dollar 1974.

Höchstbewertete Unternehmen: Der größte Gesamtmarktwert eines Unternehmens betrug am 6. März 1992 umgerechnet 197 Mrd. DM für Exxon mit Sitz in Irving, Texas (USA).
Der Marktwert der American Telephone and Telegraph Co. (AT&T), einstmals das Unternehmen mit den größten Vermögenswerten, betrug 59,4 Mrd. Dollar (144 Mrd. DM) am 31. Dezember 1983, aufgeteilt unter über 3 Mio. normalen Anteilseignern. Insgesamt 20 109 Anteilseigner besuchten die Jahreshauptversammlung im April 1961 und stellten damit einen Weltrekord auf.

Den nachweislich höchsten persönlichen Verlust an Aktienwerten erlitt Ray A. Kroc, der Vorsitzende der internationalen Restaurantkette McDonald's Corp., mit 64,901 Mio. Dollar (rund 130 Mio. DM) am 8. Juli 1974.

Die größte Kapitalaufnahme durch Ausgabe von Aktien in der Börsengeschichte war der 5,2-Mrd.-Pfund-Verkauf der 12 britischen regionalen Stromunternehmen an 5,7 Mio. Anteilseigner. Mit 12,75 Mio. Aktienzeichnungen war die Offerte deutlich überzeichnet.

Höchster Wert pro Aktie: Den weltweit höchsten Nennwert für eine einzelne Aktie hat ein Anteil an der Moeara Enim Petroleum Corporation, der am 22. April 1992 mit umgerechnet 160 000 DM (165 000 NL-Gulden) beziffert wurde.

STEUERN, GELD

Größter Staatshaushalt: Die höchsten Staatsausgaben eines Landes sind die 1,323 Billionen Dollar (2,243 Billionen DM) der USA im Steuerjahr 1991. Die höchsten Steuereinnahmen waren 1,054 Billionen Dollar (1,787 Billionen DM) im selben US-Steuerjahr. Ein Haushaltsentwurf mit 1,5 Billionen Dollar (2,48 Billionen DM) auf der Ausgabenseite für das Steuerjahr 1993, das am 1. Oktober 1992 beginnt, wurde dem US-Kongreß am 29. Januar 1992 vorgelegt.

Den höchsten Steuerüberschuß erzielten im Haushaltsjahr 1947/48 die USA mit 8 419 469 844 Dollar (34 Mrd. DM). Das höchste Haushaltsdefizit könnten die für das US-Steuerjahr 1992 vorausgesagten 399 Mrd. Dollar (560 Mrd. DM) sein.

Auslandshilfe: Der größte Zahler von Auslandshilfen waren die Vereinigten Staaten – die gesamte Nettoauslandshilfe zwischen dem 1. Juli 1945 und dem 1. Januar 1991 betrug 312,7 Mrd. Dollar (nach heutigem Kurs 516,8 Mrd. DM). Die höchsten Zahlungen erhielt Israel mit 3,63 Mrd. Dollar (6 Mrd. DM nach heutigem Kurs). Die US-Auslandshilfe begann 1812 mit der Zahlung von 50 000 Dollar an Venezuela nach einer Erdbebenkatastrophe.

Aktien und Wertpapiere

Der Publikumshandel mit Aktien und Wertpapieren begann 1602, als in Amsterdam (Niederlande) gedruckte Anteile an der United Dutch East India Company ausgegeben wurden.

Die erste Grafik vergleicht anhand der Kapitalisierung der notierten Werte Ende 1991 die bedeutendsten Börsen der Welt miteinander. An der Spitze stehen diejenigen von New York, Tokio und London.

Die Verlaufskurven geben die wöchentlichen Bewegungen des Marktwerts und der Indizes der drei größten Börsenplätze der Welt seit 1987 wieder. Trotz der weltweiten Rezession waren an mehreren Börsen rund um die Welt Rekordergebnisse zu verzeichnen. Der New Yorker Dow Jones Industrial Index erreichte bis zum Mai 1992 innerhalb eines Jahres 21mal einen neuen Höchststand, den letzten mit 3398,43 Punkten am 28. Mai. Diese Entwicklung spiegelte sich im FT-SE 100 wider, der im April das größte Handelsvolumen verzeichnete und am 11. Mai einen neuen Höchststand von 2737,8 Punkten erreichte.

Im Gegensatz dazu hat Tokio während der letzten Jahre seine Führungsrolle auf dem Weltmarkt eingebüßt, nachdem Japan durch eine Reihe von Skandalen in Politik und Finanzwelt erschüttert und die Steuer- und Geldpolitik des Landes gelockert worden war, was zu einem Rekordtief des Nikkei-225 führte. Die Indexwerte fielen von 38876,94 Punkten am 28. Dezember 1989 um 57,3 Prozent auf 16598,15 Punkte am 9. April 1992, was die Furcht vor einer wirtschaftlichen Katastrophe und einer Vielzahl großer Zusammenbrüche auslöste, falls der Index unter 15000 Punkte sinken sollte.

Neben dem Dow Jones und dem FT-SE 100 haben auch mehrere andere (häufig kleinere, aufstrebende) Börsenplätze Rekordergebnisse aufzuweisen. Zwei von ihnen konnten in diesem Jahr ein besonders gutes Ergebnis erzielen. Der Hongkonger Hang Seng Index kletterte mehrmals auf einen neuen Höchststand und stand am 27. Mai zeitweilig bei 6101,89 Punkten, um später mit 6082,70 Punkten zu schließen, was eine Steigerung um 70,6 Prozent darstellte.

Den steilsten Anstieg im Jahr 1991 nahm jedoch, aufgrund einer Reihe bedeutender Privatisierungen der IFC Index von Buenos Aires (Argentinien), der, in Dollar gemessen, 370 Prozent zulegte und damit auf eine Kapitalisierung von bis zu 18,5 Mrd. Dollar oder 13 Prozent des argentinischen Bruttosozialprodukts kam.
Zu den Ländern, in denen Rekordergebnisse erreicht wurden, gehören außerdem Indien, Pakistan, Brasilien, Portugal, Südafrika und Zimbabwe.

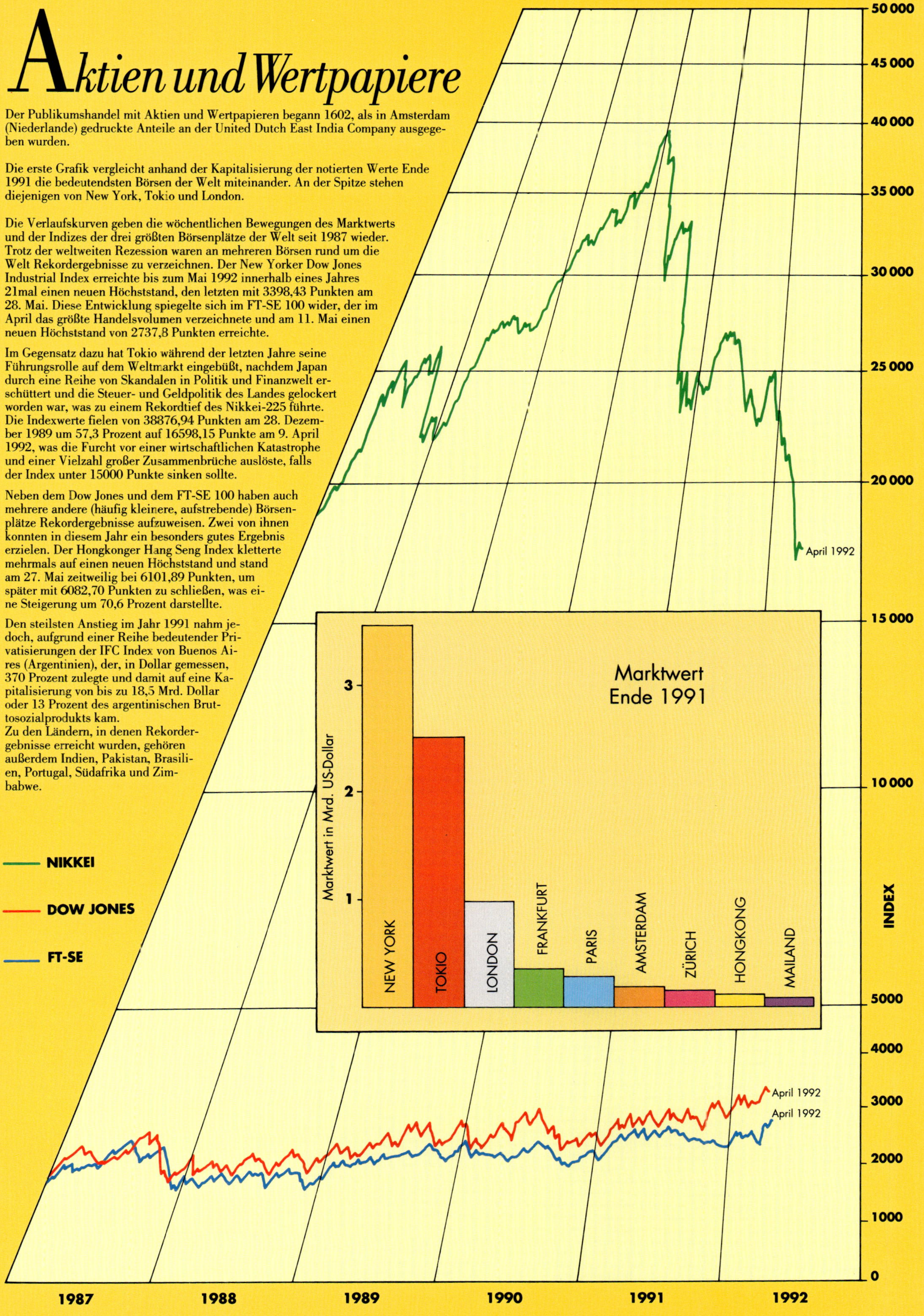

Geringste Besteuerung: Die souveränen Länder mit den niedrigsten Einkommensteuerquoten sind Bahrain und Katar, wo die Quote – einkommensunabhängig – bei Null liegt. Von den Sarkesen (Bewohner der Kanalinsel Sark) werden keine Steuern erhoben. Ebenfalls keine Besteuerung gibt es in Tristan da Cunha – allerdings muß jeder männliche Einwohner zwischen 18 und 65 Jahren 65 Pence pro Jahr entrichten.

Höchste Besteuerung: Das Land mit der höchsten Besteuerung ist Norwegen, wo 1992 die Einkommensteuerquote in der Spitze bei 65 Prozent lag – zusätzliche persönliche Steuern ermöglichen sogar eine Quote von über 100 Prozent! Im Januar 1974 wurde die Obergrenze von 80 Prozent abgeschafft, und damals wurden in den Lignings Boka gut 2000 Norweger aufgelistet, die über 100 Prozent ihres zu versteuernden Einkommens abführten. Der Großreeder Hilmar Reksten (1897–1980) wurde bei 491 Prozent eingestuft.

Die höchste bekanntgewordene Steuerforderung in einem Rechtsstreit lautete 336 Mio. Dollar (612,5 Mio. DM), 70 Prozent des Vermögens von Howard Hughes.

Die höchste Staatsverschuldung haben die USA. Am 30. September 1981 wurde die Grenze von einer Billion (10^{12}) Dollar überschritten. Bis Ende 1991 erreichte sie 3,806 Billionen Dollar (6,545 Billionen DM); die Nettozinszahlungen dafür betragen 264,8 Mrd. Dollar (437,7 Mrd. DM).

Das welthöchste Zahlungsbilanzdefizit in einem Steuerjahr hatten die USA 1987 mit 143,7 Mrd. Dollar (damals 261,8 Mrd. DM). Im selben Jahr kam Japan auf den Rekord-Überschuß von umgerechnet 158,5 Mrd. DM.

Mosambik, das 1975 seine Unabhängigkeit von Portugal erhielt, ist das ärmste Land der Welt. Seine Volkswirtschaft ist durch Bürgerkrieg und Dürre verwüstet, im ganzen Land grassieren Hungersnöte.

Das erste Prämiensparsystem führte 1900 die Firma Fried. Krupp in Essen für ihre Arbeiter und wenig verdienenden Angestellten ein. Bereits zehn Jahre nach Gründung wurden 1220 Prämien im Gesamtwert von 62 000 Goldmark an die 16 650 freiwilligen Prämiensparer verlost.

Ärmstes Land: Mosambik hatte mit weniger als 100 Dollar (175 DM) im Jahr 1990 das geringste Bruttosozialprodukt pro Kopf der Bevölkerung. Allerdings gibt es im World Bank Atlas mehrere souveräne Staaten, für die keine Daten angegeben sind.

Das reichste Land nach der Auflistung im *World Bank Atlas* von 1990 ist die Schweiz, die 1989 ein durchschnittliches Bruttosozialprodukt (BSP) von umgerechnet 45 400 DM pro Kopf der Bevölkerung erreichte.

Das Land mit der höchsten Auslandsverschuldung waren Ende 1991 die USA mit 443,4 Mrd. Dollar (751,8 Mrd. DM), auch wenn die Höhe der Verschuldung im Vergleich zur wirtschaftlichen Stärke der USA gering ist. Unter den Entwicklungsländern hat Brasilien mit 123 Mrd. Dollar (215 Mrd. DM) Ende 1990 die höchste Auslandsverschuldung.

Das Land mit dem größten Bruttosozialprodukt sind die USA, die 1981 die Grenze von 3 Billionen Dollar (damals 6,27 Billionen DM) erreichten. Am Ende des Steuerjahres 1991 betrug das BSP 9,266 Billionen DM.

Goldreserven: Das Land mit den größten Währungsgoldreserven sind die USA, deren Schatzamt Ende 1990 über 261,91 Mio. Feinunzen der in der Welt verfügbaren 940,29 Mio. Feinunzen verfügte. Bei einer Bewertung von 400 Dollar (660 DM) je Feinunze würden die genannten Goldmengen einen Wert von 173,154 Mrd. DM bzw. 621,645 Mrd. DM darstellen.

Das Goldbarrenlager Fort Knox, 48 km südwestlich von Louisville, Kentucky, ist seit 1936 der wichtigste Goldlagerplatz der USA. Gold wird dort in 446 000 geprägten Standardbarren von jeweils 400 Troy-Unzen (12,4414 kg) gelagert, die die Maße 17,7×9,2×4,1 cm haben. Einen Höchstpreis erlebte Gold am 21. Januar 1980 mit 850 Dollar (1490 DM) je Feinunze.

Die schlimmste Inflation der Welt erlebte Ungarn im Juni 1946, als der Goldpengö von 1931 mit 130 Trillionen ($1{,}3\times10^{20}$) Papierpengö bewertet wurde. Am 3. Juni 1946 wurden Noten im Wert von 100 Trillionen (10^{21}) Pengö in Umlauf gesetzt und am 11. Juli wieder eingezogen. 1000-Trillionen-Noten (10^{27}) wurden gedruckt, aber nicht in Umlauf gebracht.
Deutschland hatte seine größte Geldentwertung, als im November 1923 eine Billion Papiermark auf den Wert von einer Goldmark gesunken war. Am 6. November 1923 waren Reichsmark-Geldnoten im Nennwert von 400 Trillionen, 338 Billiarden, 326 Billionen, 350 Milliarden und 700 Millionen in Umlauf. 775,7milliardenmal die Menge von 1913.

Das Land mit der höchsten aktuellen Inflationsrate war 1990 Nicaragua, wo die Preissteigerungsrate 13 500 Prozent betrug. In der GUS soll im April 1992 die Inflation monatlich um 200 bis 300 Prozent angestiegen sein.

Geringste Inflation: Die Länder mit der geringsten Inflation waren 1990 Burkina Faso (Obervolta) und Niger mit einer Rate von 0,8 Prozent.

GELD

Allgemein: Papiergeld ist eine Erfindung der Chinesen. Im Jahr 812 wurde es probeweise eingeführt und 970 vorherrschendes Zahlungsmittel.

Die ersten Banknoten (*Banksedlar* genannt) wurden im Juli 1661 in Stockholm (Schweden) in Umlauf gebracht. Die älteste noch existierende Banknote im Wert von fünf Dalers ist vom 6. Dezember 1662 datiert.

Das größte gedruckte Papiergeld war die von1368–99 während der chinesischen Mingdynastie verbreitete 1-Guan-Note, die 22,8×33 cm maß.

Die kleinste staatliche Banknote ist der 1917 vom rumänischen Finanzministerium ausgegebene 10-Bani-Schein, dessen bedruckte Fläche 27,5×38 mm maß.
Die kleinste deutsche von der öffentlichen Hand ausgegebene Banknote war Inflations-Notgeld der Stadt Cassel (Kassel) im Wert von einem Pfennig. Die runde Marke aus Karton war beidseitig unterschiedlich bedruckt mit Verzierungen, Wappen, Texten (Stadt Cassel, 1 Pfennig Notgeld 1920) und entsprach mit 314 mm^2 etwa der Größe unseres 50-Pf-Stücks.

Die Umlaufnoten mit dem höchsten Wert sind die 10 000-Dollar-Noten (16 955 DM) der US-Notenbank mit dem Porträt von Salmon P. Chase (1808–73). 1969 wurde angekündigt, in Zukunft würden keine Banknoten mit einem Nennwert von mehr als 100 Dollar ausgegeben, und von den 10 000-Dollar-Scheinen blieben nur 345 im Umlauf. Der höchste Wert, der jemals vom Notenbanksystem der USA ausgegeben wurde, ist ein Geldschein über 100 000 Dollar (169 550 DM) mit dem Porträt von Woodrow Wilson (1856–1924); diese Noten werden ausschließlich für Transaktionen zwischen der Notenbank und dem Schatzamt verwendet.
Die Banknote mit dem höchsten Nennwert, die je in Deutschland ausgegeben wurde, war der 100-Billionen-Schein von 1924. Er war 9,5×18 cm groß, zeigte ein Dürer-Gemälde und wurde am 15. Juni 1925 aus dem Verkehr gezogen.
Die deutsche Banknote mit dem größten Wert, die gegenwärtig in Umlauf ist, ist der 1000-DM-Schein, die niedrigste ist die 5-DM-Note.

Die Banknote mit dem geringsten Geldwert (und zugleich dem niedrigsten Nennbetrag) ist der indonesische 1-Sen-Schein (1 100 Rupie). Anfang 1990 waren 1000 Sen gerade einen Pfennig wert.

Banknotensammlung: Seit 1990 hat Chris Boyd aus New Malden, Surrey (GB), Banknoten aus 195 verschiedenen Ländern gesammelt.

Die größten Münzen in Deutschland waren 10-Dukaten-Stücke von je 35 g Gewicht. Ein riesiges Einzelstück, die böhmische 100-Dukaten-Münze Kaiser Ferdinands III. (1608–57), wiegt 350 g und hätte demnach heute einen reinen Goldwert von ca. 16 000 DM. Ihr Sammlerwert dürfte aber mindestens das Zehnfache betragen.

Die größte Münze Österreichs war das quadratische 50-Dukaten-Stück mit Rundprägung des Grafen Guidobald von Thun-Hohenstein aus dem Jahr 1654, das 165 g wog.

Eine Auswahl von Banknoten aus aller Welt. Die größte Sammlung umfaßt Geldscheine aus 195 Ländern.

Die größte Schweizer Münze war das 82,5 g schwere Baseler 25-Dukaten-Stück, das von 1695 bis 1710 in Umlauf war.

Der größte jemals gefundene Schatz waren rund 80 000 Goldmünzen, die 1714 in Brescello bei Modena (Italien) entdeckt wurden und dort vermutlich um 37 v. Chr. versteckt worden waren. Der größte absichtlich vergrabene Schatz, der jemals entdeckt wurde, war der Brüsseler Schatz von 1908 mit etwa 150 000 Münzen.

Der größte durch Unfall »entstandene« Schatz gehörte zur spanischen Silberflotte, die 1715 vor der Küste Floridas sank. Seriöse Schätzungen gehen von 60 Mio. Münzen aus, von denen die Hälfte kurz nach dem Ereignis von spanischen Behörden geborgen wurde. Von den restlichen 30 Mio. wurden vielleicht 500 000 durch moderne Berger aufgespürt. Vermutlich liegen also noch 29,5 Mio. Münzen auf dem Grund des Meers und harren ihres Entdeckers.

Der Rekordschatz nach Gewicht sind die 43 t Gold auf dem White Star Liner *Laurentic*, der 1917 vor Fanad Head (Irland) auf eine Mine lief und 40 m tief sank. 3191 der insgesamt 3211 Goldbarren wurden seitdem von der Royal Navy, dem Cossum Diving Syndicate und dem Consortium Recovery Ltd. geborgen.

Münzprägeanstalten: Die größte Münzpräge der Welt ist die des US-Schatzamts. Sie wurde 1965 bis 69 in Philadelphia gebaut und bedeckt 2,15 ha. Bei 3 Schichten und 7 Arbeitstagen pro Woche hat sie eine Produktionskapazität von 15 Mrd. Münzen. Eine neue Hochgeschwindigkeits-Prägemaschine mit der Bezeichnung Graebner Press kann 42 000 Münzen/Std. produzieren. Die Rekordproduktion in den USA gab es 1982, als die Münzprägen in Philadelphia und Denver zusammen 19,5 Mrd. Münzen ausspuckten.
Die kleinste Münzprägeanstalt der Welt gehört zum kleinsten Staat der Welt: dem Hauptquartier des »Souveränen Ritterordens des heiligen Johannes vom Hospital von Jerusalem genannt von Rhodos genannt von Malta«, einem anerkannten souveränen Staat mit einem Territorium von weniger als 4000 m^2 innerhalb der Altstadt Roms. Der Staat wird von 35 Ländern in aller Welt anerkannt und gibt seit 1961 eigene Münzen heraus. Die Münzpräge besteht aus einer einzigen Prägemaschine in einem kleinen Raum innerhalb des Hauptgebäudes.

Münzspenden: Der wertvollste Münzstapel hatte einen Gesamtwert von 126 463,61 Dollar (209 019,15 DM) und bestand aus 1 000 298 amerikanischen Münzen unterschiedlicher Nennwerte. Errichtet wurde er von YMCA-Mitgliedern im Seattle-King-County, Washington (USA), am 28. Mai 1992 in Redmont, Washington. Die wertvollste Münzsäule aus einzelnen Münzen war 15 606 Pfund (44 790 DM) wert und 1,87 m hoch. Schüler der Middlecroft School stapelten sie am 26. August 1990 in Brimington, Chesterfield (GB), auf. Die wertvollste Münzenreihe über 16,12 km Ausdehnung entstand am 16. März 1985 im Central City Park von Atlanta, Georgia (USA), aus 662 353 US-25-Cent-Stücken im Wert von 165 788 Dollar (512 450 DM).
Die längste Münzschlange hatte eine Gesamtlänge von 43,98 km und bestand aus 1 698 073 britischen 2-Pence-Münzen. Sie wurde am 10. August 1991 in Cranleigh (GB) von Vertretern der St. John Ambulance Cranleigh und zahlreichen Helfern ausgelegt.

Die größte mit einem einzigen Scheck gezahlte Summe war 1,425 Mrd. Dollar (2,695 Mrd. DM). Ausgestellt am 11. Juli 1989 und unterschrieben von Gareth Jones, Schatzmeister und zweiter Geschäftsführer der britischen Abbey National Building Society, und Jonathan C. Nicholls, zweiter Schatzmeister, stellte der Scheck eine Zahlung der in Auflösung befindlichen Abbey National Building Society zugunsten der neu geschaffenen Abbey National Aktiengesellschaft dar. Ein noch größerer Scheck – über 4 176 969 623,57 Dollar (16,7 Mrd. DM) wurde am 30. Juni 1954 gezogen. Es handelte sich um einen internen Verrechnungsscheck des amerikanischen Finanzministeriums.

MILLIONÄRE UND MILLIARDÄRE

Allgemein: Die Schwierigkeiten, große Privatvermögen miteinander zu vergleichen, sind verständlich. Ein Mantel der Verschwiegenheit umgibt sie, und Schätzungen können nur annähernd sein. Jean Paul Getty (1892–1976) sagte einmal: »Man ist kein Milliardär, wenn man seine Millionen noch zählen kann.« Der Begriff Millionär wurde um 1740, der Begriff Billionär bzw. Milliardär (im Amerikanischen entspricht 1 Billion 1 Mrd. im Deutschen) im Jahr 1861 eingeführt. Der erste Mensch, der als »100-Millionär« galt, war Cornelius Vanderbilt (1794–1877), der bei seinem Tod 100 Mio. Dollar hinterließ.

Die ersten Dollar-Milliardäre waren John Davison Rockefeller (1839–1937) und Andrew William Mellon (1855–1937). Vermutlich war Rockefeller der erste der beiden, der die magische Vermögensgrenze erreichte. 1937, im Todesjahr der beiden Männer, stellte 1. Mrd. Dollar nach heutigen Maßstäben eine Kaufkraft von umgerechnet über 14 Mrd. DM dar.

Die reichsten Männer: Ein großer Teil des Vermögens der Monarchen dieser Welt stellt eher nationale als persönliche Besitztümer dar. Am wenigsten eingeschränkt und wohl der monarchischste Herrscher ist Seine Hoheit der Sultan von Brunei, Hassan al Bolkiah Mu'izzadin Waddaulah (* 15. Juli 1946). Am 1. Januar 1984 ernannte er sich selbst zum Premier-, Finanz- und Innenminister. *Fortune* schätzte sein Vermögen im September 1991 auf umgerechnet 51 Mrd. DM.

Bei Privatpersonen ist vermutlich Robson Walton (USA, * 1946) der reichste Mensch der Welt. Er ist der Sohn von Samuel Moore Walton (1918 bis 92), der die Umsatzerlöse der aus 1737 Geschäften bestehenden Wal-Mart-Kette 1991 auf 44 Mrd. Dollar (73 Mrd. DM) steigerte. Angenommen, Robson – eins von vier Kindern – erhält 20 Prozent des mutmaßlichen Vermögens von 23 Mrd. Dollar (38 Mrd. DM) seines verstorbenen Vaters zusätzlich zu seinen eigenen 9,9 Mrd. Dollar (16,4 Mrd. DM), wäre er der reichste Amerikaner mit einem Privatvermögen von über

Die Münzpräge des US-Schatzamts an der Independence Mail in Philadelphia wurde am 2. April 1792 aufgrund einer Kongreßverordnung geschaffen. Die Prägeanstalt stellt alle US-Münzen her und verteilt sie über die Niederlassungen der Federal Reserve-Banken. Sie produziert jährlich über 15 Mrd. Münzen.

Münzen

Älteste:
ca. 630 v. Chr. Elektron-Stater des Königs Gyges (ca. 685–652 v. Chr.) von Lydien (Türkei).[1]
Früheste mit Jahreszahl geprägte:
Saminaische Silber-Tetradrachmen, geprägt in Zankle (dem heutigen Messina) auf Sizilien, datiert auf das Jahr 1 – und zwar 494 v. Chr. – durch den Buchstaben A.
In moderner Zeitrechnung: MCCXXXIII (1234) die Münzen des Bischofs von Roskilde (Dänemark); sechs bekannte Exemplare.
Schwerste:
19,71 kg, eine schwedische 10-Daler-Kupferplatte aus dem Jahr 1644.[2]
Leichteste:
0,002 g, ein silberner 1/4-Jawa oder -Dam aus Nepal, ca. 1740.
Teuerste:
3,19 Mio. Dollar (5,58 Mio. DM) für einen Satz von amerikanischen Münzen von 1804 und 34, der einstmals dem König von Siam überreicht worden war; am 28. Mai 1990 erwarben Iraj Sayah und Terry Brand die Münzen bei Superior Galleries in Beverly Hills, Kalifornien (USA) Zu dem Satz, bestehend aus neun Münzen, zählt der Silberdollar von 1804 mit einem Schätzwert von 2 Mio. Dollar (3,6 Mio.DM). Der Rekordpreis für eine einzelne Münze ist 1,5 Mio. Dollar (2,6 Mio. DM) für eine 20-Dollar-Goldmünze von 1907, den Hochrelief-Doppeladler, der am 9. Juli 1990 von der MTB Banking Corporation in New York an einen privaten Anleger verkauft wurde.
Ecu-Münzen:
Belgien hat erstmals eine Ecu-Münze in Silber und Gold herausgebracht. Anlaß war der 30. Gründungstag der Europäischen Gemeinschaft. Die Ecu (Europäische Währungseinheit) war im Jahr 1979 von den Mitgliedern des europäischen Währungssystems geschaffen worden. Die 50-Ecu-Goldmünze hat einen Wert von rund 100 DM. Beide Münzen sind in Belgien als Zahlungsmittel anerkannt. 2 Mio. werden in Umlauf gebracht. Auf der Vorderseite der Münze ist ein Porträt von Kaiser Karl V. zu sehen, nach dem Vorbild des »Carolus-Guldens«, der Mitte des 16. Jh.s in Brügge geprägt worden war.

1 Das ungeprägte »Spatengeld« aus der Choudynastie wird auf 550 v. Chr. datiert.
2 Die größte münzförmige Münze war das indische 200-Mohur-Goldstück mit einem Durchmesser von 136 mm und einem Gewicht von 2177 g; von ihr ist kein Exemplar mehr bekannt.
Die größte Gedenkmünze wurde am 21. März 1986 für die Expo '86 in Vancouver, British Columbia (Kanada), hergestellt – ein 1-Mio.-Dollar-Goldstück (95,25 cm Durchmesser, 19,05 mm dick und 166 kg schwer).

10 Mrd. Dollar (16,5 Mrd. DM). Nur noch ein zweiter Mann wird als 10facher Milliardär eingeschätzt, nämlich der 88jährige japanische Immovilienbesitzer Taikichiro Mori, dessen Vermögen im Verlauf des Jahres 1991 von 15 Mrd. Dollar (24,75 Mrd. DM) auf 10 Mrd. Dollar (16,5 Mrd. DM) hinabgewertet wurde.

Die reichsten Deutschen: Erivan Haub, Tengelmann-Inhaber (Mülheim), hat – nach *!Forbes* – mit einem Vermögen von 10,3 Mrd. DM wieder den ersten Platz unter den reichsten Deutschen eingenommen. Zur Tengelmann-Gruppe gehören u.a. die Ladenketten Kaiser's Kaffee, Plus, Obi, kd, A & P mit 130 000 Mitarbeitern. Allein in Deutschland gehören zur Gruppe 3500 Geschäfte, weltweit sind es 5000. Die Familie Haniel (288 Mitglieder stark) aus Duisburg hat mit 9,6 Mrd. DM die Vorjahresführung wieder abgeben müssen. 23 000 Mitarbeiter in 151 Firmen der Franz Haniel & Cie GmbH dirigieren eigene Schiffe bis nach Afrika, handeln mit Arzneien und Heizöl. An dritter Stelle steht Theo Albrecht, Inhaber der 2250 Aldi-Filialen mit 7,6 Mrd. DM vor Konrad Henkel (Persil), der immer noch stolze 6,4 Mrd. sein eigen nennen kann.

Reichste Frauen: Der Titel der reichsten Frau der Welt wurde fälschlich der zurückgezogen lebenden Hideko Osano (* 1930), seit Oktober 1986 Witwe des japanischen Industriemagnaten Kenji Osano, zugeschrieben. Ursprünglich schätzte die amerikanische Presse ihr Vermögen auf umgerechnet 41 Mrd. DM, doch tatsächlich ging ein Großteil des Vermögens ihres Manns nicht an sie.

Die britische Königin wird von einigen Beobachtern als die vermögendste Frau der Welt eingeschätzt, und die *Sunday Times* schätzte ihr Vermögen im April 1992 auf 6,5 Mrd. Pfund (18,5 Mrd. DM). Jedoch sind nur wenige Vermögensteile, die der britischen Krone gehören, persönliches Eigentum, frei verfügbar oder veräußerbar, und ihr persönliches Vermögen wurde auf 500 Mio. Pfund (1,4 Mrd. DM) geschätzt. Eine alternative Schätzung, im Januar 1992 von *Economist* veröffentlicht, beziffert ihr Privatvermögen mit 150 Mio. Pfund (430 Mio. DM).
Die Kosmetikerin C. J. Walker, geb. Sarah Breedlove (1867–1919, USA), gilt als erste Frau, die durch eigene Arbeit zur Millionärin wurde. Sie war eine Schwarze ohne Schulbildung, Vollwaise und begann als Putzfrau. Den Grundstein ihres Vermögens legte sie mit einem Mittel zum Entkräuseln von Haaren.

Die reichste Frau Deutschlands ist Johanna Quandt, Witwe des ehemaligen BMW-Chefs Herbert Quandt. Ihr Vermögen wird mit 6 Mrd. DM beziffert.

Die reichste Familie ist wahrscheinlich die aus Frankreich stammende Familie Du Pont. Laut vorläufigen Schätzungen belaufen sich die gesamten Vermögenswerte, die sich dem Namen nach im Besitz der aus ungefähr 1600 Mitgliedern bestehenden Familie befinden, auf ca. 150 Mrd. Dollar (254,3 Mrd. DM). Die Familie traf am 1. Januar 1800 aus Frankreich kommend in den USA ein. Das Kapital von Pierre Du Pont (1730–1817) ermöglichte es seinem Sohn Eleuthère Irénée Du Pont, eine Sprengstoffirma in den Vereinigten Staaten zu gründen. Es wird geschätzt, daß 1984 beide Söhne und beide Töchter von Haroldson Lafayette, dem ehemaligen Ölmagnaten, Vermögen von jeweils über 1 Mrd. Dollar (2,6 Mrd. DM) besaßen.

Jüngste Millionäre: Als jüngster Mensch, der es zum Dollar-Millionär brachte, wird der Filmschauspieler Jackie Coogan (1914–84) angesehen, der neben Charles Chaplin (1889–1977) die Titelrolle in *The Kid*, gedreht 1920, spielte.

Der jüngste der 1992 in den USA registrierten 71 Dollar-Milliardäre war der Junggeselle William Gates (36), Mitgründer von Microsoft in Seattle, Washington (USA); mit dem von Microsoft entwickelten Betriebssystem MS/DOS arbeiten schätzungsweise 72 Mio. der 90 Mio. Personal-Computer (PC) in den USA. Gates war 20, als er 1976 sein Unternehmen gründete, und brachte es 11 Jahre später zum Milliardär.
Die jüngste Millionärin war Shirley Temple (* 23. April 1928, USA), vormals Mrs. John Agar jun., jetzt Mrs. Charles Black. Bevor sie 10 Jahre alt war, übertraf ihr Vermögen die Millionengrenze. Von 1934 bis 39 währte ihre Karriere als Kinder-Filmstar.

Der wertvollste Münzensatz wird mit 5,27 Mio. DM bewertet. Diese neun amerikanischen Münzen von 1804 und 1834 wurden einst dem König von Siam geschenkt. Zu diesem Satz gehört der Silberdollar von 1804, dessen Wert auf 3,3 Mio. DM taxiert wird. Am 28. Mai 1990 wurden die Münzen von Iraj Sayah und Terry Brand erworben.

Die höchsten Einkommen entspringen den Förderungsabgaben pro Barrel Öl, die den Herrschern von Öl-Scheichtümern zufließen, wenn sie auf ihre persönlichen Ansprüche nicht formell verzichtet haben. So hat Shaik Zayid ibn Sultan an-Nuhayan (* 1918) als Staatsoberhaupt der Vereinigten Arabischen Emirate Anspruch auf 9 Mrd. Dollar aus dem jährlichen Bruttosozialprodukt des Landes.

Die größte Sammlung gültiger Kreditkarten befindet sich im Besitz von Walter Cavanagh

(* 1943) aus Santa Clara, Kalifornien (USA), der über 1356 verschiedene Kreditkarten verfügte. Die Anschaffungskosten waren gleich Null. Der »Kartenhai« bewahrt seine Sammlung in der größten Brieftasche der Welt auf – sie ist ausgeklappt 76,2 m lang, wiegt 17,01 kg und enthält einen Kreditwert von 2,71 Mio. DM.

Den größten Scheck der Welt präsentierte Antoine Morisse zur Begleichung einer Geldstrafe für Falschparken in der nordfranzösischen Stadt Rouen. Der Scheck ist 7 m lang und 1,2 m breit und erfüllt alle Voraussetzungen, um von der Bank bearbeitet zu werden.

LANDWIRTSCHAFT

FISCHEREI

Die Daten der UN-Nahrungsmittel- und Landwirtschaftsorganisation für 1988 zeigen, daß Japan mit Fängen von insgesamt 11,9 Mio. t die führende Fischereination ist, gefolgt von der ehemaligen UdSSR (11,3 Mio. t), China (10,3 Mio. t), überraschenderweise Peru (6,6 Mio. t) und den USA (5,9 Mio. t).
Der Rekord für einen einzelnen Trawler sind 278 798 Pfund (824 000 DM) für einen 37 897-t-Fang des isländischen Fischfangschiffs *Videy* am 11. August 1987 vor Hull (GB).

Japan ist zwar nicht mehr die dominierende Fischereination der Welt, führt aber weltweit im Import mit jährlichen Einfuhren von Salz- und Süßwasserfischen im Wert von umgerechnet 16 Mrd. DM.

ACKERBAU

Allgemein: Weltweit ist 1986 mit 1,856 Mrd. t insgesamt und einschließlich Reis mehr Getreide geerntet worden als jemals zuvor.

Die größten Agrarbetriebe der Welt sind die Kolchosen und Kollektivbetriebe in der ehemaligen UdSSR. 1940 gab es noch 235 000, bis 1988 wurde ihre Zahl auf 26 900 reduziert bei einer kultivierten Gesamtfläche von 169,2 Mio. ha. sind Betriebe von 25 000 ha nicht ungewöhnlich.

Die größte einzelne Pilzfarm der Welt gehört zur Moonlight Mushroom Inc., die 1937 in einem ehemaligen Kalksteinbruch bei Worthington, Pennsylvania (USA), angelegt wurde. Die Farm beschäftigt in einem Labyrinth unterirdischer Galerien mit einer Gesamtlänge von 177 km über 1000 Menschen, die pro Jahr mehr als 26 t Pilze ernten.
Der Pro-Kopf-Verbrauch der Franzosen von 3,17 kg Pilzen jährlich ist weltweit unerreicht.

VIEHZUCHT

Das Land mit dem größten Rinderbestand ist Indien mit schätzungsweise 271,4 Mio. bei einem weltweiten Bestand von 1 Mrd. Führender Milchproduzent ist die ehemalige UdSSR mit vorsichtig geschätzten 98 Mio. t im Jahr 1991.

Die größte Rinderfarm der Welt ist die Anna Creek Station mit 30 000,5 km^2 Fläche in Südaustralien, die der Kidman-Familie gehört. Der größte Einzelbetrieb ist mit 14 114 km^2 Strangway. Bis 1915 hatte die Victoria River Downs Station (Nordterritorium) eine Fläche von über 9 Mio. ha.

Die größte Schafzucht der Welt befindet sich in Commonwealth Hill im Nordwesten Südaustraliens. Hier weiden 60 000–70 000 Schafe, ungefähr 100 Rinder und 24 000 (ungeladene) Känguruhs auf einem Gebiet von 10 567 km^2. Die Viehzählung auf der 16 579 ha großen Lochinver-Station (Neuseeland) von Sir William Stevenson ergab am 1. Januar 1992 einen Bestand von 114 016.

Der größte Schaftrieb fand 1886 statt, als 27 Reiter eine Herde von 43 000 Schafen 64 km weit von Barcaldine zur Beaconsfield Station in Queensland (Australien) überführten.

50 Tage überlebte ein Schaf im Schnee begraben nach einem Blizzard in Schottland. Alex MacLennan barg es am 24. März 1978 in der Nähe des Flusses Skinsdale zusammen mit 15 verendeten Tieren.

Die größte Truthahnfarm der Welt gehört der Firma Bernard Matthews in Great Witchingham, Norfolk (GB). 2600 Mitarbeiter kümmern sich um 9 Mio. Truthähne.

Die größte Hühnerfarm der Welt ist die Croton Egg Farm in Ohio (USA). 4,8 Mio. Hennen legen täglich 3,7 Mio. Eier.

Der weltgrößte Schweineproduzent ist China, wo 1991 von weltweit 768,1 Mio. 365 Mio. Tiere gehalten wurden.

Die größte Schweinezucht der Welt befindet sich in Sljeme (Kroatien) mit einer Jahrespro-

Kontrastreiche Ansichten von Reisfeldern in Indien. Das Land stellt über 28,5 Prozent der weltweit 147 Mio. ha Anbaufläche bereit. Reis ist für etwa die Hälfte der Weltbevölkerung das Grundnahrungsmittel.

duktion von 300 000 Schweinen. Es ist möglich, daß es in Rumänien noch größere Schweinezüchtereien gibt.

ANBAUFLÄCHEN

Weizen: Weltweit werden schätzungsweise 230,3 Mio. ha für den Weizenanbau genutzt und geben einen Ertrag von 590,1 Mio. t. Führender Weizenproduzent ist die ehemalige UdSSR, die auf 47,5 Mio. ha 108 Mio. t erntet.

Das größte Weizenfeld der Welt wurde 1951 in Lethbridge, Alberta (Kanada), ausgesät. Die umzäunte Fläche war 14 160 ha groß.

Gerste: Die weltweite Gesamtfläche für den Gersteanbau 1990/91 ist schätzungsweise 73,2 Mio. ha mit einer Produktion von 181,5 Mio. t und einem Durchschnittsertrag von 2,48 t/ha. Der weltgrößte Gersteproduzent ist die ehemalige UdSSR, die Schätzungen zufolge 57 Mio. t von 26 Mio. ha Anbaufläche erntet.

Hafer: Die Weltproduktion von Hafer 1990/91 wird auf 42,8 Mio. t geschätzt, die Anbaufläche auf 21,6 Mio. ha. 17,5 Mio. t wurden auf 10,5 Mio. ha in der ehemaligen UdSSR geerntet

Reis: Etwa die Hälfte der Weltbevölkerung, darunter praktisch ganz Ostasien, ist völlig abhängig vom Reis als Hauptnahrungsmittel. Die Gesamtfläche für den Reisanbau ist 146,8 Mio. ha, wobei allein in Indien 42,2 Mio. ha genutzt werden. Der weltgrößte Reisproduzent ist China mit geschätzten Ernteerträgen von 185 Mio. t auf 32,7 Mio. ha.

Die größte zusammenhängende Anbaufläche für wilden Reis *(Zizania aquatica)* gehört der Clearwater Rice Inc. in Clearbrook, Minnesota (USA), und erstreckt sich über 809 ha. Im Jahr 1986 wurden hier 261 727 kg Reis geerntet.

Mais: Die weltweite Gesamtfläche für den Maisanbau 1990/91 betrug 128,2 Mio. ha, auf denen geschätzte 472 Mio. t produziert wurden. 88 Mio. t wurden in China auf schätzungsweise 21 Mio. ha geerntet.

Das größte Hopfenfeld der Welt ist 695 ha groß und liegt bei Toppenish im US-Staat Washington. Besitzerin ist die Firma John I. Haas Inc., der weltgrößte Hopfenproduzent mit Feldern in Idaho, Oregon, Washington und Tasmanien, die zusammen 1724,7 ha Fläche bedecken.

Das größte zusammenhängende Hopfenanbaugebiet der Welt ist die Holledau, auch Hallertau (Bayern). Die Landschaft erstreckt sich über eine Fläche von 14 717,64 ha. Rund 4000 Pflanzer ernten hier pro Jahr 600 000 Ztr. Hopfen.

Baumwolle: Für den Baumwollanbau werden ca. 33,6 Mio. ha genutzt, auf denen 1991/92 nach Schätzungen 90,5 Mio. Ballen (je 217,72 kg) erzeugt wurden. Führender Baumwollproduzent ist China, wo schätzungsweise 22 Mio. Ballen erzeugt wurden.

GEWICHTSREKORDE

Huhn: Die schwerste Hühnerrasse ist das White Sully, gezüchtet von Grant Sullens in Westpoint, Kalifornien (USA), im Laufe von sieben Jahren; er kreuzte große Rhode Island Reds immer wieder mit anderen Rassen.
Die größte Gewichtszunahme bei einer Hühnerschar von mindestens 2400 Stück verzeichnete innerhalb von 56 Tagen mit 2901 kg D. B. Marshall in Newbridge (Schottland) im Oktober 1981.

Rind: Das schwerste Rind war eine Holsteiner-Durham-Kreuzung namens *Mount Katahdin*. Es wurde 1906–10 von A. S. Rand aus Maine (USA) ausgestellt und wurde mehrfach mit 2267 kg gewogen. Seine Schulterhöhe betrug 1,88 m, sein Umfang 3,96 m; es ging 1923 bei einem Stallbrand zugrunde.

Die größte schwere Rinderrasse sind die Chianini, die in vorrömischen Zeiten aus dem Nahen Osten nach Italien gebracht wurden. Ausgewachsene Stiere haben eine Schulterhöhe von 1,73 m und wiegen 1300 kg. Bei einer Ausstellung in Arezzo, Toskana (Italien), im Jahr 1955 wog ein Stier namens *Donetto* 1740 kg – ein Rekordgewicht für einen Rassestier.
Ein Airedaler Heifer aus East Riddlesdon, South Yorkshire (GB), war nach Berichten aus dem Jahr 1820 3,62 m lang und wog 1197,5 kg.
Die kleinste Rasse von Nutzrindern ist das Owambo in Namibia, Westafrika. Geschlechtsreife Bullen wiegen durchschnittlich 225 kg, Kühe 160 kg.
Am 28. Mai 1986 warf eine Holstein-Kuh (Besitzerin: Sherlene O'Brien in Henryette, Oklahoma/USA), ein vollständig ausgebildetes, totes Kalb mit einem Gewicht von 112,4 kg. Der Vater war ein Aberdeen-Angus-Bulle, der einen Seitensprung riskiert hatte.

Das geringste dokumentierte Geburtsgewicht eines lebend geborenen Kalbs sind 7,5 kg für einen Angus-Bullen, der am 6. Oktober 1991 in Madison, Virginia (USA), auf dem Hof der Familie Utz zur Welt kam. Er erreichte eine Höhe von 44,45 cm (an den Hinterbeinen) und war 58,42 cm lang. Ein anderes Angus-Kalb im Besitz von Leroy und Jo Seiner in Humansville, Missouri (USA), wog mit zwei Wochen 7,6 kg und hatte ein geschätztes Geburtsgewicht von 4 kg.

Schaf: Das größte Schaf war ein Suffolk-Bock namens *Stratford Whisper 23H*, der im März 1991 bei einer Höhe von 1,09 m 247,2 kg wog. Die Besitzer sind Joseph und Susan Schallberger in Boring, Oregon (USA).
Der Weltrekord für das Gewicht eines neugeborenen Lamms wurde 1975 in Clearwater, Kansas (USA), erzielt; es wog 17,2 kg, aber sowohl das Schaf als auch das Lamm gingen ein.
Ein weiteres Lamm mit dem gleichen Gewicht wurde am 7. April 1975 in Howard, South Dakota (USA), geboren, starb aber kurz nach der Geburt.

Die kleinste Schafrasse ist das Soay, dessen Verbreitung heute auf die Insel Hirta (Äußere Hebriden, Schottland) beschränkt ist. Ausgewachsene Exemplare wiegen 25–27,2 kg.
Das geringste Gewicht eines lebend geborenen Lamms sind 900 g für ein weibliches Texel (ein Zwillingstier), geboren am 28. März 1991 auf dem Hof von Verner und Esther Jensen in Rødekro (Dänemark). Eingestellt wurde dieser Rekord am 8. Juni 1991 von einem Welsh-Berglamm namens *Lyle* (ebenfalls ein Zwillingstier), geboren in Thorpe Park (GB).

Sie kann es nicht lassen. Auch als Pensionärin und junge Mutter muß *Luise*, das erste »verbeamtete« Spürwildschwein (SWS), ihr Können gelegentlich unter Beweis stellen. Ihr früherer Chef, Hauptkommissar a.D. Werner Franke, gibt ihr dazu Gelegenheit.

Schwein: Der schwerste Eber, *Big Bill* genannt, wog 1157,5 kg und war 2,75 m lang; sein Bauch schleifte über den Boden. Besitzer des 1933 eingeschläferten Tiers war Burford Butler in Jackson, Tennessee (USA). Die Familie Wells aus demselben Ort stopfte *Big Bill* aus und ließ ihn bis 1964 ausstellen.
Das höchste Gewicht für ein acht Wochen altes Ferkel hatte mit 36,7 kg ein Eber, eines von neun Geschwistern, die am 6. Juli 1962 von der Prachtsau *Manorport Ballerina 53* (alias *Mary*) auf der Kettle Lane Farm, West Ashton, Wiltshire (GB), geworfen wurden. Der Vater hieß *Johnny*.

Das durchschnittliche Geburtsgewicht für ein Ferkel ist 1,36 kg. Eine aus Hampshire und Yorkshire gekreuzte Sau (Besitzer: Reverend John Schroeder aus Mountain Grove, Missouri, USA) brachte am 26. August 1979 einen Wurf von 18 Ferkeln zur Welt. Fünf von ihnen waren Totgeburten, darunter ein männliches Ferkel mit einem Gewicht von 2,38 kg.

Die kleinste Schweinerasse ist das Mini Maialino, in zehnjährigen Zuchtversuchen mit vietnamesischen Hängebauchschweinen von Stefano Morini aus St. Golo d'Enza (Italien) gezüchtet. Die Ferkel wiegen bei der Geburt 400 g und ausgewachsen 9 kg.

Ohne Stopps, sogar getankt wurde auf dem Acker, und mit rasanten Wenden fuhr Edgar Heyl zum 24-Stunden-Pflugrekord.

VIEHPREISE

Anmerkung: Manche außergewöhnlich hohe Preise, die bei Versteigerungen erzielt werden, können unter Umständen auch auf Abmachungen zwischen Käufer und Verkäufer zurückzuführen sein, um die Preise für eine bestimmte Zucht zu erhöhen.

Stier: Der höchste Preis, der jemals für einen Stier bezahlt wurde, betrug 2,5 Mio. Dollar (damals 6,5 Mio. DM) für den Beefalo (eine Kreuzung aus Büffel, Charolais- und Hereford-Rind), der am 9. September 1974 von D. S. Basalo aus Burlingname, Kalifornien (USA), an die Beefalo Cattle Co. in Calgary, Alberta (Kanada), verkauft wurde. Ein 14 Monate alter kanadischer Holstein-Stier, *Pickland Elevation B. ET*, wurde in Stamfordham (GB) für 233 000 Pfund (692 010 DM) verkauft.

Kuh: Der höchste Preis für eine Kuh war 1,3 Mio. Dollar (damals 4 Mio. DM) bei einer Auktion in East Montpelier, Vermont (USA), im Jahr 1985 für eine Holstein-Kuh.

Ziege: Für 140 000 neuseeländische Dollar wurde am 25. Januar 1985 ein Angoraziegenbock verkauft. Die Firma Elliott Brown in Waipu (Neuseeland) erwarb das kostbare Zuchttier.

Schaf: Der höchste Preis, der jemals für ein Schaf bezahlt wurde, sind 450 000 Australische Pfund für den Collinsville-Schafbock *JC&S43*, den Willogoleche Pty Ltd. 1989 bei der Schafbockauktion in Adelaide (Australien) ersteigerten. Der höchste jemals bezahlte Preis sind 3008,50 australische Dollar (4182 DM) pro kg ungewaschener Wolle für einen Ballen tasmanischer Spitzenqualität bei der Wollauktion in Tasmanien (Australien) am 23. Februar 1989. Käufer war die japanische Firma Fujii Keori aus Osaka – seit 1973 stets höchster Bieter.

Schwein: Der höchste Preis für ein Schwein war 56 000 Dollar (173 000 DM) für einen verschnittenen Eber namens *Bud*, den Besitzer Jeffrey Roemisch aus Hermleigh, Texas (USA), am 5. März 1985 an E. A. ›Bud‹ Olson und Phil Bonzio verkaufte.

Pferd: Der Höchstpreis von 47 500 Dollar (rund 200 000 DM) für ein Zugpferd – also nicht etwa für ein Reit- oder Sportpferd – wurde für den siebenjährigen belgischen Hengst *Farceur* am 16. Oktober 1917 von E. G. Good in Cedar Falls, Iowa (USA), gezahlt.

Ein walisischer Bergpony-Hengst, *Coed Cock Bari*, wurde im September 1978 für umgerechnet 100 000 DM in Wales an einen australischen Bauunternehmer verkauft.

Esel: Den wohl niedrigsten Preis, der jemals für Vieh erzielt wurde, bezahlte man bei einer Auktion in Kuruman (Südafrika) im Jahr 1934, wo Hunderte von Eseln für zwei Pence (damals etwa 40 Pfennig) verkauft wurden.

Den längsten Faden – 1221 m lang – gab es im April 1992, der Rekord eines Spinners.

FRUCHTBARKEITS-REKORDE

Kuh: Am 25. April 1964 wurde aus Moghilew (ehemalige UdSSR) gemeldet, daß eine Kuh namens *Ljubik* sieben Kälber geworfen habe.
Ein Fall von fünf Kälbern bei einer Geburt wurde 1928 von T. G. Yarwood in Manchester (GB) gemeldet. Fünffaches Glück im Kuhstall erlebte auch der landwirtschaftliche Betrieb Edgar Göbel in Ebertshausen (Schweinfurt). Ausgerechnet am Freitag, 13. Mai 1983, warf die dreijährige Kuh *Noris* ein Stierkalb und vier Kuhkälber (Zuchtverband gelbes Frankenvieh).

Bulle: Ein dänischer schwarzweißer Bulle namens *Soender Jylland's Jens* hinterließ durch künstliche Besamung 220 000 Nachkommen, als er im September 1978 in Kopenhagen im Alter von elf Jahren eingeschläfert wurde.

Schwein: Die höchste bisher verzeichnete Zahl von Ferkeln bei einem Wurf ist 34. Sie wurden am 25./26. Juni 1961 von einer Sau im Besitz des Aksel Egedee in Dänemark geworfen.
Die Sau *Gertie*, Besitzer: John Caley in Selby (GB), hatte in weniger als 12 Monaten (vom 18. Juli 1982 bis 20. Mai 1983) drei Würfe mit 19, 19 und 23 Ferkeln, von denen insgesamt 55 lebend geboren wurden.
»Im hohen Schweinealter von $13^1/_2$ Jahren hat die Hybridsau *Ilse* in der Genossenschaft Niederzimmern im Landkreis Weimar (Thüringen) das Zeitliche gesegnet«, berichtete ADN im Dezember 1989. Ilse hat 307 Ferkel in 25 Würfen zur Welt gebracht, von denen sie 218 aufzog. Ihr Rekordwurf waren 16 lebend geborene Ferkel am 17. September 1984. In ihrem besten Alter hat die Rekordsau 300 kg gewogen.

Schaf: Der Rekord bei einer Geburt sind acht Lämmer (fünf Böcke, drei weibliche Schafe) am 4. September 1991. Mutterschaf war eine Finnish Landrace im Besitz der D.M.C. Partnership (bestehend aus Trevor und Diane Cooke, Stephen und Mary Moss sowie Ken und Carole Mihaere) in Fielding (Neuseeland). Acht Lämmer werden ebenfalls aus Gwent im Juni 1956 und aus Humberside im März 1981 gemeldet, doch keines der neugeborenen Tiere überlebte.

Geflügel: Die Daten für 1991 zeigen, daß die USA mit 11,84 Mio. t der weltgrößte Produzent von Hühnerfleisch sind; weltweit wurden 39 Mio. t produziert. Führender Eierproduzent ist allerdings China, wo 1990 stolze 159 Mrd. Eier gelegt wurden – in den USA waren es nur 69 Mrd.

Eierlegen: Die höchste verbürgte Eierlegquote wurde von einer weißen Leghornhenne, *Nr. 2988,* am Landwirtschaftscollege der Universität von Missouri (USA) erreicht. In einem offiziellen Test über 364 Tage, endend am 29. August 1979 und geleitet von Professor Harold V. Biellier, legte sie 371 Eier.

Der Jahresrekord für eine »Hühnerherde« von 1000 Hennen sind durchschnittlich 313 Eier pro Huhn in 52 Wochen, erzielt 1974/75 auf der White Lane Farm in Albury (GB).

Das schwerste bekannte Hühnerei wog 454 g, hatte ein doppeltes Dotter und eine doppelte Schale und wurde in Vineland, New Jersey (USA), am 25. Februar 1956 von einer Leghornhenne gelegt. Das größte Hühnerei, von dem bisher berichtet wurde, hatte fünf Dotter, einen Umfang von 31 cm um die Längsachse und 22,8 cm um die Querachse und wurde 1896 auf dem Stafford-Bauernhof in Damstead Mellor, Lancashire (GB), gelegt.

Ein Ei mit den Maßen 20,5 mm×15,5 mm wurde am 15. Januar 1991 von einer Henne gelegt, die sich im Besitz von David Chippenham, Wiltshire (GB), befindet.
Die größte Anzahl von Dottern in einem Hühnerei ist neun. Sie wurde von Diane Hainsworth von den Hainsworth Poultry Farms, Mount Morris, New York (USA), im Juli 1971 gemeldet. Das wurde im August 1977 auch von einem Huhn aus Kirgistan berichtet.
Eine Aylesbury-Ente im Besitz von Annette und Angela Butler in Princes Risborough (GB) hat bis zu ihrem Tod am 7. Februar 1986 in 463 Tagen 457 Eier gelegt. An 375 Tagen hintereinander lieferte sie täglich ein Ei.

Das größte Gänseei brachte die weiße Gans *Speckle,* Eigentum von Donny Brandenberg, Goshen, Ohio (USA), hervor. Sie legte am 3. Mai 1977 ein Ei, das 680 g wog und dessen Längs- und Querumfang 34 bzw. 24 cm betrug.

Milch und Butter: Den Rekordertrag für eine Laktation (365 Tage) lieferte mit 25 247 l die schwarzweiße holsteinische Kuh *Beecher Arlinda Ellen* aus Rochester, Indiana (USA), 1975.

Die größte Milchmenge, die eine Kuh im Laufe ihres Lebens gab, wird der wenig attraktiv benannten Kuh *Nr. 289* im Besitz von M. G. Maciel & Son aus Hanford, Kalifornien (USA), zugeschrieben, die 211 025 l Milch bis zum 1. Mai 1984 lieferte.

Der Jahresrekord für Ziegenmilch liegt bei 3499 l, geliefert 1977 von *Osory Snow-Goose* im Besitz des Ehepaars Jameson in Leppington (Australien). *Schneeball,* eine Ziege im Besitz von Don Papin in Tipton, Kalifornien (USA), hat von 1977 bis 89 zwölf Jahre und zehn Monate ununterbrochen Milch gegeben.

Der Weltrekord für die Erzeugung von Butterfett wird von der Holstein-Kuh *Breezewood Patsy Bar Pontiac,* gehalten, die in 3979 Tagen 7425 kg Butterfett produzierte. Ihr 365-Tage-Rekord wurde am 8. Oktober 1976 mit 1011 kg registriert.

Die ältesten und einfachsten Käse sind die arabischen *Kishk,* die aus getrocknetem Ziegenmilchquark hergestellt werden.
Gegenwärtig gibt es rund 450 benannte Käsearten von 18 Hauptsorten, doch unterscheiden sich viele nur in der Form oder der Verpackung. Frankreich hat 240 Sorten. Der weltgrößte Käsehersteller sind die USA, wo 1991 nach Schätzungen 203 000 t erzeugt wurden.

ARBEITSREKORDE

Hopfenernte in Rekordzeit: Der in Berlin Musik studierende Pfaffenhofener Harald Wermund (* 1965) stellte im Hopfengarten des Bauern Huber vom Franz-Hof in Loipertshausen einen typisch bayrischen Rekord auf: Er schnitt in der Rekordzeit von 34,9 Sek. exakt 100 Hopfenreben, das ergibt einen Schnitt von 2,8 Reben des »Grünen Goldes« pro Sek.

Vom Feld auf den Tisch: Die schnellste Zeit für die Herstellung von 13 Brotlaiben (die Briten nennen das ein Bäckerdutzend) aus wachsendem Weizen ist 21:22 Min. Erreicht am 29. August 1991 bei Wheat Montana in Three Forks, Montana (USA).

Huhn- und Truthahnrupfen: Ernest Hausen (1877–1955) aus Fort Atkinson, Wisconsin (USA), war bei seinem Tod 33 Jahre lang der ungeschlagene Champion. Am 19. Januar 1939 wurde seine Bestzeit mit 4,4 Sek. gestoppt.

Kartoffelschälen: Die größte Menge Kartoffeln, von einem fünfköpfigen Team mit Standardküchenmessern in 45 Min. kochfertig geschält, war 376,8 kg am 15. September 1990 in Emmeloord (Niederlande). Die Schälerinnen waren Lia Sombroek, Marlene Guiamo, Ria Grol, Yvonne Renting und Nguyet Nguyen.
Der Niederländer Nico Dijkhuysen schaffte einen Einzelrekord: In drei Tagen hatte er 2300 kg Kartoffeln geschält.

Im Spargelschälen kam es innerhalb von drei Tagen zu zwei neuen Rekordleistungen: Am 29. Mai 1992 putzte der Koch Ralf Block (*1973) aus Walldürn-Rippberg (Baden-Württemberg) bei der ersten »Cloppenburger Spargel-Schäl-Weltmeisterschaft« 30 Pfund in 11:42 Min. Am 2. Juni 1992 setzte der Kantinenchef des Kieler Landeshauses, Helmut Zipner (41), die neue Bestmarke. Nach exakt 10:30 Min. zeigte die Küchenwaage 15 topffertig geschälte Kilogramm Spargel. Mit 1:12 Min. war der kurzlebige Rekord des Spargelkönigs aus dem Spessart unterboten und der Spargelkönig aus Schleswig-Holstein ernannt.

Im Melken stellte Andy Faust (nomen est omen!) im Jahr 1937 in Collinsville, Oklahoma (USA), einen Rekord auf, als es ihm gelang, innerhalb von 12 Std. 455 l Milch zu melken – selbstverständlich ohne Verwendung einer Melkmaschine.

Einen Melkrekord schaffte auch der österreichische Melkmeister Heinrich Cap (* 1929) aus Mistelbach. Bei der Praktischen Prüfung im Melklehrer-Ausbildungslehrgang an der Bayerischen Landesanstalt für Tierzucht in Grub erreichte er im Jahr 1958 in 25 Min. eine Melkleistung von 30,3 l. Das entspricht einer gesamten Milchmenge von 72 l pro Stunde.

Weltmeisterschaften im Pflügen wurden 1953 erstmals ausgeschrieben, bisher in 18 Ländern abgehalten und von Pflügern aus zwölf Ländern gewonnen. Dabei war Großbritannien mit zehn Siegen am erfolgreichsten. Der einzige Teilnehmer mit drei Siegen war bisher Hugh Barr aus Nordirland: er siegte 1954, 55 und 56.

Marathon-Pflügen: In die von den Engländern beherrschte Domäne der Rekorde im Dauerpflügen ist der Linkenheimer Hobbylandwirt Edgar Heyl (* 1960) eingebrochen. Um fast 50 Std. hatte er am 22. November 1990 den Briten Frank Allinson geschlagen, als er um 20 Uhr 01 die letzte Furche über den Acker auf Eggensteiner Gemarkung bei Karlsruhe (Baden-Württemberg) gezogen hatte. Mit 300:01 Std. hatte sich der Berufskraftfahrer mit einem Dreischarpflug, gezogen von einem 107 PS starken Traktor, den neuen Rekord im Dauerpflügen geholt.

Die kürzeste Zeit für das Pflügen einer Fläche von einem Acre (0,404 ha; mindestens 32 Rechtskehren und 22 cm Tiefe) nach den Regeln der britischen Society of Ploughmen ist 9:49,88 Min., am 21. Oktober 1989 von Joe Langcake in Brougham (GB) aufgestellt. Er setzte einen Traktor *Case IH 7140 Magnum* und einen *Kverneland*-Pflug mit 4 Pflugscharen ein.

Im 24-Std.-Flächenpflügen gelang dem Badenser Kraftfahrer und Hobbylandwirt Edgar Heyl ebenfalls ein neuer Rekord. In der Gemeinde Obhausen, Krs. Querfurt bei Halle (Sachsen-Anhalt), pflügte er am 24./25. August 1991 einen unbearbeiteten Weizenstoppelacker und erreichte bei einer Pflugtiefe von 25 cm einen neuen Rekord mit 70,11 ha. Für seine Fahrt setzte er ein Gespann aus einem Serien-Schlepper Typ *Magnum 7140* mit 246 PS Antriebsleistung von Case IH und einen ebenfalls serienmäßigen Sechsschar-Volldrehpflug Modell *PB 100 Variomat* von Kvernerland ein.

Im Schafscheren hält Alan McDonald, der am 20. Dezember 1990 auf der Waitnaguru Farm (Neuseeland) in 9 Std. 805 Lämmer maschinell schor – durchschnittlich 89,4 Tiere pro Std.! – den Schnelligkeitsrekord.

Beim Schafscheren mit der Hand kam Peter Casserly aus Christchurch (Neuseeland) innerhalb von 9 Std. am 13. Februar 1976 auf 353 Lämmer.

Ein Weißkopfschaf schor Harro Steen (* 1958) aus Lieth (Schleswig-Holstein) in Rekordzeit von 1:23 Min. am 26. Mai 1991 bei einer Schafschur in Eckhorst.

Seinen Spinn-Rekord hat der Pensionär Max Edlinger (* 1922) aus Vorchdorf (Oberösterreich) um fünf Std. auf 55 Std. vom 19. bis 21. Juli 1985 erhöht. An seinem Spinnrad wurden ca. 2 kg hochwertige Milchschafwolle zu einer Gesamtfadenlänge von 10 000 m versponnen. In 1000 Arbeitsstunden, aufgeteilt auf 8 Monate zwischen November 1987 und Juni 1988, wurden von Max Edlinger ca. 21 kg Milchschafwolle zu 100 km (100 000 m) Faden versponnen und auf 150 Knäuel präsentiert.

Den längsten Faden aus einer Wollmischung von Texel- und Merinoschaf hat der Holzschuhmachermeister Bernhard Schmeddes (*1945) aus Gescher (Nordrhein-Westfalen) ohne Abriß gesponnen. Auf 1221 m brachte der Schafwollspinner es in 5 Std. am 7. April 1992 im Nordwest-Zentrum von Frankfurt/Main, dann war der 13 kg schwere Wollhaufen über die Spule des Spinnrads gelaufen und auf eine sechseckige Haspel transportiert. ■

KUNST, MEDIEN, UNTERHALTUNG

Vielfältig ist die Art der Masken, der Verhüllung des Gesichts durch Formen aus Leder, Holz, Stoff oder Pappe, aus Baumrinde, Wachs und Metall, die über das Gesicht gezogen werden

MALEREI

Ursprünge: Die ältesten Kunstwerke der Welt sind möglicherweise Knochenstücke, in die vor etwa 350 000 Jahren geometrische Muster eingeritzt wurden und die in Bilzingsleben bei Erfurt (Sachsen-Anhalt) in einer Fundstätte aus der Altsteinzeit entdeckt worden sind. Die ältesten noch vorhandenen und datierten bildlichen Darstellungen sind um 25 000 v.Chr. entstanden und wurden in La Ferrassie bei Les Eyzies im Périgord (Frankreich) gefunden. Es sind Tier- und weibliche Symbole, die in Steinblöcke geritzt wurden. Einige Steinblöcke zeigen auch Symbole, die mit rotem Ocker gemalt worden sind.

Das größte Gemälde aller Zeiten wurde am 10. Mai 1990 in der Universität von Neuengland in Armidale, Neu-Süd-Wales (Australien), enthüllt. Es zeigt auf 6727,56 m^2 gekrumpfter Leinwand leuchtendbunte Quadrate, die von einem lächelnden Gesicht überlagert werden. An dem Riesenbild, das der australische Künstler Ken Done entworfen und vollendet hat, haben Schüler und Studenten vom Robb College aus Armidale und einigen Nachbarorten gemalt.

Das größte Gemälde der Welt war das *Panorama des Mississippi* aus dem Jahr 1846 von John Banvard (1815–91), das den Flußverlauf von 1930 km auf einer Leinwand von vermutlich 1524 m Länge und 3,66 m Höhe darstellte, also auf einer Fläche von mehr als 5575 m^2. Das Bild wurde wahrscheinlich total zerstört, als die Leinwandrollen, die in einem Schuppen in Cold Spring Harbor, Long Island, New York (USA), aufbewahrt wurden, kurz vor Banvards Tod am 16. Mai 1891 einem Feuer zum Opfer fielen.

Ein größeres, nur noch teilweise existierendes Gemälde ist *Die Schlacht von Gettysburg,* das von dem Franzosen Paul Philippoteaux und 16 Assistenten nach zweieinhalbjähriger Arbeit 1883 fertiggestellt wurde. Das Bild war 125 m breit, 21,3 m hoch und wog 5,45 t. Es stellt den Höhepunkt der Schlacht von Gettysburg im Süden von Pennsylvania am 3. Juli 1863 dar. Es wurde 1964 von Joe King aus North Carolina (USA) erworben, nachdem E. W. McConnell es seit dem Jahr 1933 in einem Lagerhaus in Chikago aufbewahrt hatte.

Insgesamt 1022 m^2 groß ist das Gemälde *Das Leben Christi* von Jackson Bailey, das im Amerikanischen Institut für religiöse Kunst in Atlanta (Georgia) ausgestellt ist. Es wurde 1971 abgeschlossen und setzt sich aus 50 jeweils 3,35 × 6,09 m großen vielfarbigen Tafeln zusammen.

Mehr als 800 verschiedene Tiere hat der Japaner Kimiko Hibino (* 1942) auf eine 3 km lange und 2,2 m hohe Leinwand gemalt. Das Riesengemälde, am 27. Oktober 1985 fertiggestellt, wurde unter Mitarbeit von 3000 freiwilligen Helfern in Tokio der Öffentlichkeit am Ufer des Flusses Tamagawa präsentiert.

Das den Ausmaßen nach größte Gemälde eines »alten Meisters« ist *Il Paradiso* (Das Paradies), das Jacopo Robusti alias Tintoretto (1518–94) und sein Sohn Domenico (1565 bis 1637) zwischen 1587 und 1590 auf die mit Leinwand bespannte Ostwand des Saals des Großen Rates im Dogenpalast von Venedig gemalt haben. Das Werk ist 22 m breit und 7 m hoch; es zeigt etwa 350 menschliche Figuren.

Das größte Ölgemälde Deutschlands ist ein historisches Monumentalbild: ein Bauernkriegspanorama. Es füllt die Rotunde der Bauernkriegs-Gedenkstätte oberhalb des thüringischen Bad Frankenhausen. Auf einer riesigen Malfläche von 1722 m^2, von 123 m Länge bei einer Höhe von 14 m, entstand hier das *Panorama Bad Frankenhausen* mit über 3000 Figuren. Gewidmet ist es dem deutschen Bauernkrieg und Thomas Müntzer. 1974/75 hatte der Leipziger Maler-Professor Werner Tübke (* 1929) mit den Vorarbeiten begonnen, 17 Gemälde, 146 Zeichnungen, 26 Lithographien entstanden zunächst, von 1979 bis 81 malte er die Entwurfsfassung, die dann in Konturen auf die in 900 Quadrate zerlegte Riesenleinwand projiziert wurde. Ab August 1983 begann Tübke mit der Ausmalung, am 13. November 1987 signierte er sein Riesenwerk. Am 19. September 1989 wurde das Panorama zum Müntzer-Jubiläum übergeben. Die Kosten für die gesamte Anlage betragen 51,5 Mio. Mark.

Als größtes Gemälde in der Bundesrepublik Deutschland gilt das Panoramabild *Die Kreuzigung Christi,* das in einem speziell dafür errichteten zwölfeckigen Kuppelbau im Wallfahrtsort Altötting (Oberbayern) untergebracht ist. Das Bild ist ca. 94 m lang und 12 m hoch. Es wurde 1902/03 von dem Maler Professor Gebhard Fugel, unterstützt von Josef Krieger, mit Öl auf Leinwand gemalt und stellt im Rahmen eines Rundblicks über die Stadt Jerusalem und Golgatha die Kreuzigung Christi zum Zeitpunkt der im *Neuen Testament* erwähnten Sonnenfinsternis dar.

Das größte Bild in Österreich ist ebenfalls ein Panoramagemälde: *Die Andreas-Hofer-Schlacht am Berg Isel 1809.* Es befindet sich heute in einem Bauwerk in Innsbruck (Tirol). Gemalt wurde es 1896 von Zeno Diemer. Es ist 100 m lang, 10 m hoch und hat ein Gewicht von 3600 kg.

Das größte Bild der Schweiz, ebenfalls ein Panorama der *Kreuzigung Christi,* ist in Einsiedeln, Kanton Schwyz, zu sehen. Es wurde 1893 von dem Münchner Maler Frosch, dem Salzburger Krieger und dem Amerikaner Leigh (Baltimore) gemalt. 1960 ist es abgebrannt, wurde aber 1962 von den Wiener Malern Wulz und Fastl restauriert. Auch dieses Kolossalbild ist 100 m lang und 10 m hoch.
In dieser Rubrik werden nur die flächenmäßig größten Bilder auf Leinwand aufgeführt.

Mini-Bilder: Kleinst-Künstler Walter Kleinschmidt (* 1917) aus Dortmund malte unter dem Mikroskop mit einem selbstgefertigten Pinsel aus zwei Haaren das Profil Friedrich Schillers wie das von Papst Johannes Paul II. auf einen Nagelkopf von 1 mm Durchmesser.

Der Nürnberger Hobby- und Miniaturmaler Georg Spieler (* 1927) malt mit einem Marderhaarpinsel Stecknadelkopf-Bilder in Öl. Die Porträts der Clowns Grock, Rivel und Popov haben einen Durchmesser von 1,5 mm; ein Frauenkopf auf Leinwand hat eine Größe von 0,9 × 1,2 mm.

Aquarelle verschiedenster Art malt der Rentner Hans Rings (* 1918) aus Bonn seit 1954: Mit nur zwei oder drei Pinselhaaren zeichnet er komplette Bilder auf die Köpfe von Nägeln. Inzwischen umfaßt seine Galerie etwa 100 Bilder. Dem Betrachter wird geraten, eine Lupe zu benutzen.

Werner Tübkes Frankenhausener historisches Bauernkriegspanorama ist Beispiel einer öffentlich geförderten Malerei.

Einmal im Jahr treffen sich die besten Straßenmalerinnen und Straßenmaler in der Stadt Geldern (Niederrhein) zum großen Kreide-Wettbewerb. Dann werden die Bürgersteige der Innenstadt zu einem farbenprächtigen Straßenbildermuseum.

Als wertvollstes Gemälde der Welt gilt die *Mona Lisa (La Gioconda)* von Leonardo da Vinci (1452–1519) im Louvre in Paris. Sie wurde für eine Versicherung auf die Höchstsumme von 100 Mio. Dollar (damals etwa 400 Mio. DM) geschätzt, als das Bild vom 14. Dezember 1962 bis 12. März 1963 in Washington und New York (USA) ausgestellt war. Es wurde jedoch keine Versicherung abgeschlossen, da die Kosten selbst für die strengsten Sicherheitsvorkehrungen niedriger waren als die Versicherungsprämie. Das Bild entstand um 1503–07 und mißt 77 × 53 cm; es soll Mona (Kurzwort für Madonna) Lisa Gherardini darstellen, die Ehefrau des Florentiners Francesco del Giocondo, oder aber Constanza d'Avalos (La Gioconda genannt), die Mätresse Giulianos de Medici. König Franz I. von Frankreich (1494–1547) erwarb das Gemälde 1517 für sein Badezimmer und bezahlte 4000 Goldgulden dafür bzw. 15,3 kg Gold. Dr. Pulitzer behauptet, das Leonardo-Bild im Louvre stelle Constanza dar. Die richtige, die wahre Mona Lisa sei zunächst in Florenz von William Blaker und später von seiner Schweizer Niederlassung in London erworben worden.

Das berühmteste klassische Gemälde, das von fortschreitender Zerstörung bedroht ist, ist Leonardo da Vincis Fresko *Abendmahl*, das er 1495–98 für das Refektorium des Dominikanerklosters Santa Maria delle Grazie in Mailand (Italien) schuf. Das Wandgemälde, schon seit langem durch Mauerfeuchte und Bakterienfraß gefährdet, weist seit Anfang 1980 einen daumenbreiten, 2 m langen Riß auf, der vermutlich aufgrund von Bodenerschütterungen durch den Straßenverkehr oder durch ein Absinken der Klosterfundamente verursacht wurde. Das Gemälde wird jetzt restauriert. Der Blick auf das Gemälde ist durch ein riesiges Gerüst gestört.

HÖCHSTPREISE

Teuerstes Gemälde der Welt ist das *Porträt des Dr. Gachet* von Vincent van Gogh, das am 15. Mai 1990 bei Christie's in New York innerhalb von drei Minuten den Besitzer wechselte – für 82,5 Mio. Dollar oder rund 135,3 Mio. DM (einschließlich Provision für das Auktionshaus). Das Bild zeigt van Goghs Arzt, der Künstler hatte es wenige Wochen vor seinem Selbstmord im Jahr 1890 vollendet. Neuer Besitzer des Porträts ist Ryoei Saito, Japans zweitgrößter Papierhersteller.

Einen Spitzenpreis im privaten Kunsthandel, die Summe wurde jedoch nie bekannt, erzielte das Gemälde *Abschied Christi von Maria* des Regensburger Malers Albrecht Altdorfer (um 1480–1538). Den Wert des Bildes schätzte Christie's auf rund 6 Mio. Pfund Sterling (damals 25,26 Mio. DM). Die National Gallery in London erwarb es im November 1980 von den Treuhändern der Sammlung Wernher, Luton Hoo (GB).

Den Rekordpreis für ein Gemälde des 20. Jahrhunderts erzielte das Selbstbildnis *Yo Picasso* von 1901. Am 9. Mai 1989 wechselte im New Yorker Auktionshaus Sotheby's das Porträt des damals 20jährigen Künstlers für 47,85 Mio. Dollar (91,7 Mio. DM) den Eigentümer. Die in Louisville, Kentucky (USA), residierende Krankenhausgesellschaft Humana erwarb den Rekord-Picasso per Telefongebot.

Teuerstes Miniaturbild ist bisher ein 54 mm hohes Porträt von George Washington, das der irisch-amerikanische Miniaturmaler John Ramage (ca. 1748–1802) im Jahr 1789 geschaffen hatte. Die New Yorker Galerie Alexander bezahlte dafür am 7. November 1988 bei Christie's in London 352 000 Pfund (damals etwa 1,1 Mio. DM).

Den höchsten Auktionspreis für eine Druckgrafik erzielte das Rembrandt-Blatt *Christus zeigt sich dem Volk* aus dem Jahr 1655: Es wechselte am 5. Dezember 1985 bei Christie's in London für 561 600 Pfund (ca. 2,13 Mio. DM) den Besitzer. Angeboten worden war das Grafikblatt von der Treuhandgesellschaft Chatsworth Settlement.

Den Höchstpreis für eine Zeichnung erzielte mit 8,36 Mio. Dollar (etwa 14,2 Mio. DM) *Gartenblumen* von Vincent van Gogh. Die 1888 im französischen Arles entstandene Feder- und Tuschezeichnung wurde am 14. November 1990 bei Christie's in New York von einem anonymen Käufer erworben.

Teuerstes Auktions-Bild eines lebenden Malers ist mit 20,68 Mio. Dollar (etwa 36,2 Mio. DM) *Interchange*, ein abstraktes Werk des 1904 im niederländischen Rotterdam geborenen Amerikaners Willem de Kooning. Das 1955 entstandene Gemälde hat ein japanischer Sammler am 8. November 1989 bei Sotheby's in New York ersteigert.

Der höchste Preis, der je in einer deutschen Nachkriegs-Auktion gezahlt wurde, beträgt 2,1 Mio. DM. Soviel erzielte das teuerste Lyonel Feininger-Gemälde *Raddampfer III* im Berliner Auktionshaus Villa Grisebach am 25. November 1988. Das futuristische Marinebild (1928 entstanden) stammt aus einer Schweizer Privatsammlung und wurde nach New York verkauft.

Der Spitzenpreis für das Gemälde eines österreichischen Künstlers betrug 3 Mio. öS (ca. 430 000 DM). Diese Summe wurde im November 1979 für ein Genrebild des Malers Ferdinand Georg Waldmüller (1793–1865) bezahlt.

Der Höchstpreis, der bisher für ein Poster bezahlt wurde, betrug 62 000 Pfund (236 034 DM). Für diese Summe wechselte am 1. April 1985 bei Christie's in London das von Koloman Moser (1868–1918) entworfene Ausstellungsplakat für die Wiener Messe im Jahr 1902 den Besitzer.

DIE PRODUKTIVSTEN MALER

Der produktivste aller Maler war Pablo Picasso (1881–1973). Man schätzt, daß er im Verlauf seiner 78 Jahre langen Karriere ungefähr 13 500 Gemälde und Zeichnungen schuf, 100 000 Lithographien, Radierungen und Stiche, 34 000 Buchillustrationen und 300 Skulpturen und Keramiken anfertigte. Der Wert seines Lebenswerks wird auf 500 Mio. Pfund, also etwa 1,485 Mrd. DM nach heutigem Wert, geschätzt. Im Frühjahr und Sommer 1980 fand im New Yorker Museum of Modern Art die größte Picasso-Ausstellung des Jahrhunderts statt. Mehr als tausend Werke waren zu sehen. Nach dieser Ausstellung ging Picassos Antikriegsbild *Guernica* für immer nach Spanien.

Der produktivste Gebrauchsmaler ist Morris Katz (* 1932) in Greenwich Village, New York. Am 5. März 1986 waren insgesamt 153 629 seiner Bilder verkauft. Er verkauft seine Bilder billig und oft und wird der »King of Schlock Art« genannt. Im November 1985 enthüllte das NBC-Fernsehen die Art seiner Malkunst: Pro Minute schafft er einen Bildanteil von 0,25 m².

Der sein Motiv am häufigsten wiederholende Maler war William Allen Bixler (1876–1961) aus Andersen, Indiana (USA). In den Jahren 1912–18 kopierte er sein Bild *The Old Swimmin' Hole* (Die alte Bucht) mehr als 5000mal! Das Bild hatte Bixler nach einem gleichnamigen Gedicht von James Whitcomb Riley gemalt.

Der jüngste Maler, der je in einer bekannten Galerie ausgestellt hat, war Lewis Melville (Gino) Lyons (* 1962). Gino war drei Jahre alt, als er sein Bild *Bäume und Affen* gemalt hat. 1967 wurde es in der jährlichen Sommerschau der Royal Academy of Arts in London gezeigt.

MAXIKUNSTWERKE

Die ältesten bekannten Wandgemälde auf von Menschenhand errichteten Mauern sind die Tonreliefs von Catal Hüyük in Südanatolien (Türkei). Sie zeigen Leoparden und sind um 6200 v. Chr. entstanden. Entdeckt wurden sie 1961 von James Malaart.

Die ältesten Fresken innerhalb des deutschen Sprachraums hat das St.-Proculus-Kirchlein bei Naturns, Südtirol (Italien). Sie stammen aus dem 8. Jh.

Nur wenig jünger, nämlich aus der Zeit um 830, sind die Wandmalereien der Krypta auf dem Petersberg bei Fulda (Hessen).

Das größte Wandgemälde der Welt schmückt das 23 Stockwerke hohe Vegas World Hotel in Las Vegas, Nevada (USA). Es erstreckt sich über eine Fläche von 8867 m^2.

Das längste Wandgemälde erstreckt sich über 497,7 m und ziert das Königliche Kinderhospital in Liverpool (GB). Fläche: 1668,7 m^2.

Das längste deutsche Wandbild ist der Fürstenzug in der Dresdner Augustusstraße, eine einzigartige Darstellung aller 35 Herrscher des Hauses Wettin. Anläßlich der 1000-Jahr-Feier des berühmten Fürstenhauses wurde 1870–76 das heutige Bild in Sgraffitotechnik von Wilhelm Walther geschaffen. In der Porzellanmanufaktur Meißen wurde dieses Wandbild später auf 24 000 Porzellankacheln übertragen (1907) und fugenlos an der 957 m^2 großen Fläche angebracht. Dargestellt sind Herrscher des Hauses Wettin – Markgrafen, Herzöge, Kurfürsten und Könige sowie Persönlichkeiten aus Kunst und Wissenschaft.

Die längste Open-Air-Galerie der Welt wurde am 28. September 1990 an der Mühlenstraße zwischen Hauptbahnhof und Oberbaumbrücke in Berlin eröffnet. An der inzwischen unter Denkmalschutz stehenden East Side Gallery des 1,3 km langen Mauerstücks beteiligten sich 90 Künstler aus aller Welt.

Größtes Poster: 20 000 m^2 maß ein Poster, das die Juniorenkammer der japanischen Stadt Sendai am 18. August 1991 gestaltet hat.

Das größte Pflasterbild der Welt malten 8000 Kinder am 2. Juli 1989 durch die Hamburger Innenstadt über acht Hamburger Brücken. Das 8000 m lange und 80 cm breite Bild in Form einer riesigen »8« entstand zum 800. Hafengeburtstag der Hansestadt. Wolfgang E. Buss war Organisator dieser größten Kinderveranstaltung, die je in Hamburg stattfand.

Das größte Kinderbild malten 12 285 österreichische Ferienkinder im Alter von drei bis 18 Jahren auf einer 60 cm breiten und 11 117 m langen Papierrolle in der Zeit vom 26. Juli bis 6. September 1988. In 69 Tagen wurde das 800,5 kg schwere Bild in 36 Gemeinden mit 780 l Farbe bemalt und fertiggestellt. Auf seiner Reise durch Österreich legte das 6670,2 m^2 große Kunstwerk ca. 9500 km zurück.

Das größte mit Zahnpasta auf Leinwand gemalte Bild entstand 1989 in Zorneding bei München. Manuel Gollek, ein 30jähriger Absolvent der Münchner Kunstakademie, hat für das 250 × 140 cm große Delphin-Bild mit dem Titel *Can't beat the feeling* 5 kg Zahncreme vermalt.

Das größte Mosaik befindet sich an den Außenmauern der Zentralbibliothek der Universität in Mexico City (Mexiko). Es handelt sich um vier Wände, von denen die beiden größten 1203 m^2 groß sind. Sie stellen die vorspanische Geschichte Mexikos dar. Der mexikanische Künstler Diego Rivera schuf dieses Kunstwerk.

Das größte Mosaik in Deutschland bedeckt die Südwand des Wilhelm-Hack-Museums in Ludwigshafen. Auf einer Breite von 55 m und einer Höhe von 10 m wurde es im Frühjahr 1980 von Joan Miró und Juon Gardy-Artigas nach Entwürfen von Miró ausgeführt. Es ist auch das größte Mosaik Joan Mirós.

MUSEEN

Das älteste Museum ist das Ashmolean-Museum in Oxford (GB), das 1679–83 erbaut wurde. Seit 1924 zeigt es eine Ausstellung historischer wissenschaftlicher Apparate.

Das größte Museum, das Amerikanische Museum für Naturgeschichte in New York, wurde 1869 gegründet und umfaßt 22 miteinander verbundene Gebäude. Die Museumsbauten und das angeschlossene Planetarium haben 11 148 m^2 Grundfläche. Auf ihr sind über 30 Mio. Schauobjekte untergebracht, die jährlich von über 3 Mio. Besuchern besichtigt werden.

Den größten Museumskomplex der Welt unterhält die amerikanische Smithsonian-Stiftung. Ihre 15 Museen beherbergen 139 Mio. Ausstellungsstücke und beschäftigen 6000 Mitarbeiter.

Publikumsmagnet Nr. 1 unter den Museen der Welt ist das im Juli 1976 eröffnete Smithsonian's National Air and Space Museum in Washington (USA). Als am 14. April 1984 bereits 118 437 Besucher durchgeschleust worden wa-

ren, mußten die Pforten des Museums vorübergehend geschlossen werden.

Der älteste für öffentliche Benutzung vorgesehene Museumsbau auf dem europäischen Kontinent ist das Fridericianum in Kassel, erbaut 1769–79. Es wurde 1943 durch Kriegseinwirkung zerstört. Nachdem der Außenbau wiederhergestellt worden ist, dient es seit dem Jahr 1955 der periodischen Ausstellung moderner Kunst, der Documenta.

Die größten Kunstgalerien sind der Winterpalast und die benachbarte Eremitage in St. Petersburg (Rußland). Man muß 24 km gehen, um jede der 322 Galerien zu besichtigen, in denen drei Mio. Kunstobjekte und Stücke von archäologischem Interesse untergebracht sind.

Das reichste Museum der Welt ist das 38 Galerien umfassende J.-Paul-Getty-Museum im kalifornischen Malibu (USA). Es ist 1974 mit einem Grundetat von rund 3 Mrd. DM ausgestattet worden. Für Neuerwerbungen stehen jährlich 395,9 Mio. DM zur Verfügung.

ANTIQUITÄTEN

Alle angegebenen Preise enthalten ein vom Käufer zu entrichtendes Aufgeld.

Ältestes Kunstauktionshaus der Welt ist das Stockholmer Auktionsverk, das am 27. Februar 1647 gegründet wurde. Bei Christie's in London ist die erste Auktion 1766 durchgeführt worden.

Größtes Auktionshaus der Welt ist die Sotheby-Gruppe mit Sitz in London und New York. Die Firma hat 1744 ihre Geschäfte aufgenommen und bis 1778 hauptsächlich mit Büchern gehandelt. Den Rekordumsatz erzielte Sotheby's 1989 mit 2,9 Mrd. Dollar (5,48 Mrd. DM). Im Mai 1990 wechselte bei Sotheby's in New York Kunst für 360,4 Mio. Dollar (etwa 611 Mio. DM) den Besitzer – mehr ist auf einem einzigen Auktionszyklus noch nie erlöst worden.

Jugendstil: 1,78 Mio. Dollar (ca. 3,1 Mio. DM) erzielte am 2. Dezember 1989 bei Sotheby's in New York eine Stehlampe in Form von drei Lotusblüten. Teurer als diese Lampe von den Gebrüdern Daum und Louis Majorelle aus Frankreich war bisher noch keine Jugendstil-Arbeit.

Briefbeschwerer: Für einen Glas-Briefbeschwerer, nach 1850 bei Pantin, Paris, hergestellt, wurden am 2. Dezember 1983 bei Sotheby's, New York, 143 000 Dollar (358 000 DM) bezahlt.

Die teuerste Decke erzielte am 22. Oktober 1983 bei Sotheby Parke Bernet, New York, 115 500 Dollar (288 000 DM). Es handelte sich um eine handgesponnene Navajo-Churro-Serape, gefertigt ca. 1852.

Der teuerste Fingerhut der Welt wurde am 3. Dezember 1979 für 8000 Pfund Sterling (34 400 DM) bei einer Auktion in Genf (Schweiz) an den Londoner Händler Winifred Williams verkauft; es handelte sich um einen Meißner Porzellan-Fingerhut in Form eines Zahns, der um 1740 hergestellt worden war.

Flaschen: 26 400 Dollar (ca. 46 000 DM) brachte am 7. Oktober 1989 eine kobaltblaue Tintenflasche der Galerie Robert W. Skinner in Bolton, Massachusetts (USA), ein. Die Tintenflasche war zwischen 1855 und 1865 von der Glashütte Isabella in New Jersey hergestellt worden.

Glas: Den höchsten Auktionspreis erzielte ein römischer Netzglas-Becher, der um 300 n. Chr. hergestellt wurde und bei einem Durchmesser

Der Winterpalast und die benachbarte Eremitage in St. Petersburg beherbergen in 322 Ausstellungsräumen nahezu 3 Mio. Kunstwerke. Die Aufnahmen zeigen die prächtige Fassade, den beleuchteten Saal und einige klassische Schauobjekte im Dionysius-Raum.

von 18 cm eine Höhe von 10 cm aufweist. Am 4. Juni 1979 wurde er bei Sotheby's, London, für 520 000 Pfund (2,2 Mio. DM) an Robin Symes verkauft.

Goldartikel: Der höchste Preis für einen aus Gold gefertigten Gegenstand ist 950 400 Pfund (3,637 Mio. DM) für ein 22karätiges Taufbecken, 1797 von Paul Storr nach dem Entwurf von Humphrey Repton geschaffen. Es wurde von Lady Anne Cavendish-Bentinck zum Verkauf angeboten und am 11. Juli 1985 bei Christie's von Armitage of London erworben.

Der höchste Auktionspreis für eine Ikone wurde am 17. April 1980 für *Das Jüngste Gericht* (aus der Sammlung von George R. Hann, Pittsburgh, USA) erzielt. Die in Nowgorod (Rußland) gefertigte Ikone wurde bei Christie's, New York, für 150 000 Dollar (330 000 DM) versteigert.

Keramik: 3,74 Mio. Pfund (ca. 10,85 Mio. DM) war am 12. Dezember 1989 bei Sotheby's in London einem japanischen Händler ein Keramik-Pferd aus der chinesischen Tang-Dynastie (681–907) wert, das vom Pensionsfonds der britischen Eisenbahn angeboten worden war. Beinahe hätten Diebe die Rekord-Versteigerung vereitelt: Das Tang-Pferd war am 14. November 1989 aus einem Warenhaus in Hongkong gestohlen worden, wurde aber am 2. Dezember, also noch rechtzeitig vor der Auktion, wieder entdeckt.

Teuerstes Möbelstück war bisher ein italienisches »Badminton-Kabinett« aus dem 18. Jh.,

Die von 1775 bis 84 erbaute Galerie in Sanssouci gilt als erster eigenständiger Museumsbau in Europa. In dem festlichen Saal reihen sich 124 Gemälde dicht an dicht.

das dem Herzog von Beaufort gehört hatte. Es wurde am 5. Juli 1990 bei Christie's in London von Barbara Piasecka Johnson aus Princeton, New Jersey (USA), für 8,58 Mio. Pfund (etwa 24,6 Mio. DM) erworben. 1,1 Mio. Pfund (ca. 3,2 Mio. DM) erbrachte am 6. Juli 1989 bei Christie's in London eine George-III.-Kommode, die um 1760 entstanden ist und John Channon zugeschrieben wird. Die Kommode ist aus Mahagoni und mit Goldbronze überzogen.

Den höchsten Preis für eine Musikbox erzielte mit 20 900 Pfund (79 500 DM) am 23. Januar 1985 bei Sotheby's, London, eine Box, die 1901 in der Schweiz für einen persischen Prinzen hergestellt worden war.

Nachttopf: Ein 935 g schwerer silberner Topf, gefertigt von David Willaume und mit einer Gravur dem zweiten Earl of Warrington gewidmet, erzielte am 14. Juni 1984 bei Sotheby's, London, 9500 Pfund (35 000 DM).

Die teuerste Puppe, die bisher auf einer Auktion den Besitzer wechselte, war eine Porzellanpuppe, die 1909 von Kammer & Reinhardt hergestellt worden ist. Die Französin Dina Vierny, die in ihrer Heimat ein Kindermuseum eröffnen will, erstand das Stück am 16. Februar 1989 bei Sotheby's in London für 90 200 Pfund (294 052 DM).

Der höchste Preis, der für eine Rüstung auf einer Auktion gezahlt wurde, betrug 1 925 000 Pfund (10,01 Mio. DM). Diese Summe zahlte B. H. Trupin (USA) am 5. Mai 1983 bei Sotheby's in London (GB) für eine Rüstung, die 1545 von Giovanni Negroli in Mailand für Heinrich II. von Frankreich angefertigt worden ist.

Der höchste Auktionspreis für ein Schmuckstück beträgt 2,825 Mio. Pfund (12,15 Mio. DM) für zwei tropfenförmige Diamant-Ohrhänger. Die beiden Stücke, 58,6 und 61 Karat schwer, wurden am 14. November 1980 bei Sotheby's, Genf, versteigert. Weder Käufer noch Verkäufer wurden bekanntgegeben.

Die größte Schmuckauktion der Welt wurde am 3. April 1987 bei Sotheby's in Genf (Schweiz) durchgeführt. Zur Versteigerung kam dabei die Sammlung der Herzogin von Windsor (1896–1986), zu deren herausragenden Stücken eine Van-Cleef-und-Arpels-Halskette mit Rubinen und Diamanten aus dem Jahr 1939 gehörte. Erlös der Auktion: 31 380 197 Pfund (92,9 Mio. DM).

Schnupftabakdose: Am 11. November 1986 wurden bei Christie's, Genf, 764 826 Pfund (2,6 Mio. DM) von einem Londoner für eine Schnupftabakdose bezahlt, die früher einmal Friedrich dem Großen gehört hatte. Es handelt sich um eine jadegrüne Chrysopras-Dose, goldgefaßt und mit Diamanten besetzt.

Schwert: Der höchste für ein Schwert bezahlte Preis betrug umgerechnet 2,4 Mio. DM am 3. April 1987 bei Sotheby's, Genf, für ein Offiziersschwert der Königlichen Marine des Herzogs von Windsor, das ihm 1913 von König Georg V. übergeben worden war.

Silber: Für 1,485 Mio. Pfund (ca. 4,4 Mio. DM) wechselte am 22. Mai 1991 bei Christie's in London eine »Maynard«-Anrichtenschüssel des hugenottischen Silberschmieds Paul de Lamerie aus dem Jahr 1736 den Besitzer – mehr ist für ein Einzelstück aus Silber noch nie bezahlt worden.

Die Dunham-Massey-Leuchter, ein Satz von sechs George-II-Wandleuchtern, die Peter Archambo 1730 in London hergestellt hatte, wurden am 3. Mai 1990 bei Sotheby's in London vom englischen Händler Armitage für 1,155 Mio. Pfund (3,31 Mio. DM) erworben.

Antike Skulptur: Eine 20 cm hohe, 6000 Jahre alte neolithische Skulptur, eine sitzende Gottheit darstellend und aus dem Besitz von James Johnson Sweeney stammend, wurde am 24. November 1986 bei einer Auktion von Sotheby's, New York, für 1,32 Mio. Dollar (3 Mio. DM) versteigert. Käuferin war Mrs. Shelby White Levy.

Spielkarten: 98 850 Pfund (375 000 DM) wurden bei einer Auktion von Sotheby's, London, am 6. Dezember 1983 vom New Yorker Metropolitan Museum of Art für ein Kartenspiel bezahlt.

Teuerstes altes Spielzeug war bisher ein Feuerwehrspritzenwagen, den die Konkursverwalter der Londoner Händler Mint & Boxed angeboten hatten und der am 14. Dezember 1991 von einem telefonischen Bieter bei Christie's in New York erworben wurde – für 231 000 Dollar (rund 390 000 DM) und unter Wahrung der Anonymität. Die Nachbildung des »Charles«-Feuerwehrspritzenwagens, aus Weißblech gefertigt und handbemalt, ist 381 × 584 mm groß und wurde um 1870 bei George Brown & Co. in Forestville, Connecticut (USA), hergestellt. Angaben, nach denen dieser Spritzenwagen 1990 bei einem Privathandel für 1 Mio. Dollar den Besitzer gewechselt haben sollte, sind inzwischen widerlegt.

Teuerster Teddybär war bisher ein deutsches Steiff-Tier von 1926. Der guterhaltene zweifarbige Plüschteddy erzielte am 19. September 1989 bei Sotheby's in London 55 100 Pfund (174 832 DM) – für 700–900 Pfund war er angeboten worden. Ein New Yorker Sammler erwarb den 62 cm großen Teddybär-Opa.

Teppiche: 1 Mio. Dollar zahlte im Jahr 1946 bei einem Privathandel das New Yorker Metropolitan Museum für einen 807 × 414 cm großen Anhalt-Medaillon-Teppich, der um 1590 in Täbris oder Kaschan (Iran) geknüpft worden war. Den höchsten Auktionspreis erzielte ein Ludwig-XV.-Savonnerie-Teppich im Juni 1989 bei Christie's in Monaco mit 384 230 Pfund (1,1 Mio. DM).

Der teuerste Wandteppich, ein mittelalterlicher Schweizer Fries (zweiteilig), angefertigt 1468–76, wurde am 10. April 1981 für 550 000 Pfund (2,365 Mio. DM) bei Sotheby's, Genf, vom Basler Historischen Museum ersteigert.

Das wertvollste Zigarettenbild gehört zu einer sechs Motive umfassenden Baseball-Serie von Honus Wagner, der Nichtraucher war. Das Bild wurde am 22. März 1991 bei Sotheby's in New York für 451 000 Dollar (764 670,50 DM) versteigert. Käufer waren Bruce McNall, Besitzer des Eishockeyclubs Los Angeles Kings, und Team-Mitglied Wayne Gretzky, der als erfolgreichster Eishockeyspieler gilt.

BILDHAUEREI

Anfänge: Bei Pech de l'Aze in der französischen Dordogne ist 1973 eine Ochsenrippe gefunden worden, die aus der Riß-Eiszeit – ca. 105 000 v. Chr. – stammt. Auf einer Seite der Rippe waren mehrere Linien eingeritzt, von denen man annimmt, daß sie dort möglicherweise bewußt eingearbeitet worden sind. Zu den ältesten Beispielen der Bildhauerei zählt die Kalksteinstatuette aus der Periode des Aurignacien, die als *Venus von Willendorf* (Niederösterreich) bekannt wurde (28 000–22 000 v. Chr.). Um 5000 Jahre älter ist die *Tanzende Venus vom Galgenberg*. Bei Ausgrabungen in der Nähe von Krenz (Österreich) wurde im Dezember 1988 eine 7,2 cm große Frauen-Statuette aus Serpentinschiefer gefunden, deren Alter durch Radiokarbon-Messungen auf etwa 30 000 Jahre festgelegt werden konnte.

Teuerste Skulptur auf einer Auktion war die *Tänzerin von vierzehn Jahren* von Edgar Degas (1834–1917). Sie wurde am 10. Mai 1988 bei Sotheby's in New York für 10,12 Mio. Dollar (ca. 16,7 Mio. DM) von einem anonymen europäischen Bieter erworben. Die Tänzerin ist die berühmteste Bronzeplastik des Künstlers und die einzige Skulptur, die Degas zu seinen Lebzeiten ausgestellt hatte.

Den Höchstpreis für das Werk eines lebenden Bildhauers erzielte mit 1,265 Mio. Dollar (3,04 Mio. DM) am 21. Mai 1982 bei Sotheby Parke Bernet in New York die Plastik *Reclining figure* des Briten Henry Moore (1898–1986). Die Skulptur ist aus Ulmenholz und 190,5 cm lang.

Die größten Skulpturen der Welt sind die Reiterstandbilder von Jefferson Davis (1808–89), General Robert Edward Lee (1807–70) und General Thomas Jonathan Jackson (1824–63) bei Atlanta, Georgia (USA). Sie sind 27,4 m hoch und nehmen auf der Stirnseite des Stone Mountain 0,5 ha ein. Roy Faulkner hat mit Hilfe eines Spezialschweißbrenners, des Bildhauers Walter Kirtland Hancock und anderer Mitarbeiter acht Jahre und 174 Tage an den Riesenskulpturen gearbeitet – vom 12. September 1963 bis 3. März 1972.

Nach ihrer Fertigstellung wird die Skulptur eines indianischen Häuptlings das größte Denkmal der Welt sein: Die Skulptur des Ta-Shunca-Witko (um 1840–77), genannt Crazy Horse, vom Oglala-Stamm der Sioux-Gruppe wurde am 3. Juni 1948 in der Nähe des Mount Rushmore in South Dakota (USA) begonnen. Sie soll 1701,6 m hoch und 195 m breit werden und ist das unvollendete Lebenswerk eines einzigen Mannes – von Korczak Ziólkowski (1908–82). Die Arbeit an der Riesenskulptur wird auch nach seinem Tod fortgesetzt. Allein die Nüstern des Pferdes sind 15,2 m tief in den Felsen gehauen und haben 10,7 m Durchmesser. 1985/86 wurden weitere 400 000 t Granit aus dem Felsmassiv gesprengt. Insgesamt mußten bisher 8,2 Mio. t Gestein dem Kunstwerk weichen.

Bodenreliefs: In der Nazcawüste 300 km südlich von Lima (Peru) sind Linien zu sehen (eine davon ist länger als 11,2 km), die – aus der Luft betrachtet – geometrische Formen und solche von Pflanzen oder Tieren darstellen, die zwischen 100 v. Chr. und 600 n. Chr. zu unbekanntem, aber wahrscheinlich religiösem, astronomischem oder sogar wirtschaftlichem Zweck von einer noch unbekannten Zivilisation gezeichnet wurden. Sie wurden erst 1928 aus der Luft entdeckt. Im August 1968 wurde in der Nähe von Tarapacá (Chile) eine 100 m lange Figur ähnlicher Art entdeckt.
Die größte derartige Figur eines Menschen in Europa ist der *Lange Mann* von Wilmington, Ost-Sussex (GB). Er mißt 68 m.
Die größte Tierfigur in Europa ist das *Weiße Pferd* von Uffington (GB). Sie stammt aus der späteren Eisenzeit (etwa 150 Jahre v. Chr.). Ihre Maße: 11 m von der Nase bis zum Schwanz und 36 m von der Ohrspitze bis zum Vorderhuf.

Die größte deutsche Bronzestatue ist die 20,5 m hohe, von Ludwig Schwanthaler (1802–48) entworfene, in den Jahren 1844–50 von Ferdinand von Miller (1813–87) gegossene *Bavaria* an der Theresienwiese von München (Bayern).

Die größte Skulptur aus Schrott-Teilen hat Sudhir Deshpande aus Nashik (Indien) gebaut. Der 27 t schwere und 17 m hohe Kunst-Koloß aus Metall – Titel: *Mächtig* – wurde im Februar 1990 enthüllt.

Das weltgrößte Mobile heißt *White Cascade* (Weiße Kaskade), ist 8 t schwer und mißt von oben bis unten 30,48 m. Installiert wurde es am 24./25. Mai 1976 in der Federal Reserve Bank von Philadelphia (USA). Konstruiert hat das gewichtige Kunstwerk Alexander Calder (1898 bis 1976); seine ersten Mobiles sind 1932 in Paris ausgestellt worden.
Den Begriff *Mobile* hat übrigens der französische Maler und Exzentrik-Künstler Marcel Duchamp (1887–1968) erst im Jahr 1932 populär gemacht.

Die größte Holzskulptur schnitzten die drei Bildhauer Josef Hackhofer, Roman Stuffer und Konrad Piazza aus 15 m³ Lindenholz. Nach fünfmonatiger Arbeitszeit vollendeten sie im Mai 1982 eine 8 m hohe Christusfigur (3 t schwer, 6 m Armbreite, 1,1 m Kopfhöhe) im Auftrag der Salesianergemeinschaft für die Don-Bosco-Kirche in Asti (Italien).

Den größten Wurzelgnom hat der Holzbildhauer Wolfgang Gerthagen (* 1941) aus St. Andreasberg (Niedersachsen) aus einer auf 7 m gekürzten, 90 Jahre alten Harzer Fichte geschnitzt. Der Wurzelsepp – der Wurzelteller beträgt 4 m – wurde mit den Wurzeln nach oben im April 1989 aufgestellt, in Goslar mit einer Achatlinse als Riesenauge versehen und mit Hexen und Teufeln verziert. Die Großfigur wurde mit einem Arbeitsaufwand von vier Wochen gefertigt.

Die Eskimo-Sprache, in der sich die Inuit in Nordamerika und Grönland verständigen, kennt 63 Gegenwartsformen. Einfache Hauptwörter haben bis zu 252 Beugungen.

Aufgepaßt, heißt es für die Schulkinder in Kambodscha ganz besonders. Denn ihr Alphabet, das den Khmer zugeschrieben wird, hat 74 Buchstaben – das längste Alphabet.

SPRACHE UND LITERATUR

Wie viele Sprachen derzeit auf der Erde gesprochen werden, darüber gibt es keine gültige Übereinkunft. Die einschlägigen Bücher nennen meist 4000–5000; nach Schätzungen könnten es sogar 10 000 oder auch nur 3000 Sprachen sein.

Sprachursprünge: Die Fähigkeit zu sprechen, wird einer physiologischen Veränderung des Kehlkopfes (*Larynx*) zugeschrieben: Seine Größe änderte sich nach bisheriger Ansicht um 45 000 v.Chr. zwischen dem *Homo erectus* und dem *Homo sapiens sapiens*. Die Entdeckung eines Zungenbeins (*Hyoid*) in einer Grabungshöhle auf dem Berg Carmel in Israel läßt die Vermutung zu, daß vielleicht schon der Neandertaler vor 60 000 Jahren sprachfähig war. Doch nach vorherrschender Meinung entwickelte der Mensch erst vor 50 000–30 000 Jahren sein Sprachtalent.

Die älteste geschriebene Sprache ist Chinesisch. Sie hat seit mehr als 6000 Jahren, von der Yangshao-Kultur bis heute, eine ununterbrochene Geschichte.

Die kleinste Sprachinsel (in Europa) ist das Saterland (Seelterlound) im Norden des Landkreises Cloppenburg (Niedersachsen). Die Gemeinde im Dreieck Leer, Oldenburg, Cloppenburg besteht aus den drei Kirchdörfern Scharrel, Ramsloh und Strücklingen. Ca. 1500 bis 1600 Einwohner des 9700 Einwohner großen Saterlandes sprechen noch Saterländisch (oder Saterfriesisch), einen mit niederdeutschen Elementen durchsetzten Dialekt der friesischen Sprache.

Die meistgesprochene Sprache der Welt ist Chinesisch, das ungefähr 1 Mrd. Menschen zur Verständigung dient. Die »Gemeinsprache« (*putonghua*) ist die Standardform, deren Aussprache sich am Pekinger Sprachgebiet orientiert. Dieses Chinesisch ist in Taiwan als *guoyu* (Nationalsprache) bekannt und im Westen des Landes als Mandarin. Nach verschiedenen Versuchen, Chinesisch in lateinischen Buchstaben zu schreiben, wurde am 11. Februar 1958 ein Schriftsystem mit 58 Symbolen fertiggestellt, das auf dem Festland als *Hanyu Pinyin* (Lautschrift) bekannt ist.

An zweiter Stelle kommt Englisch, die Sprache, die am weitesten über die Erde verbreitet ist. Für 300–350 Mio. Menschen ist Englisch die Muttersprache, für 700 Mio. bis 1,4 Mrd. ist es Zweit- oder Drittsprache.

Die kompliziertesten Sprachen: Chippewa, eine Indianersprache im nordamerikanischen Minnesota, hat mit rund 6000 die meisten Verbformen; Haida, eine nordamerikanische Indianersprache, hat die meisten Vorsilben, nämlich 70; Tabassaran, eine Sprache im sowjetischen Dagestan, kennt 48 Fälle für Substantive; in der Eskimosprache gibt es 63 Gegenwartsformen und bis zu 252 Beugungen bei einfachen Hauptwörtern.
Das aus 40 Bänden bestehende chinesische *Chung-wén-Tà-Tz'u-tién*-Wörterbuch enthält eine Liste von 49 905 Schriftzeichen. Die vierte Betonung von »i« hat z. B. 84 Bedeutungen, angefangen von *Kleid* und *Schluckauf* bis zu *zügellos*. Die Schriftsprache besitzt für »i« 92 verschiedene Zeichen. Das komplizierteste Schriftzeichen im Chinesischen steht für »xiè«, besteht aus nicht weniger als 64 Strichen und bedeutet *gesprächig*. Das komplizierteste Schriftzeichen, das benutzt wird, ist »yù« (32 Striche) und bedeutet *drängen* oder *anflehen*.

Der in den meisten Sprachen bewanderte Mensch war vermutlich der Neuseeländer Dr. Harold Williams (1876-1928), ein Journalist und ehemaliger Auslandsredakteur der *Times*. In jugendlichen Jahren hatte er im Selbststudium Lateinisch, Griechisch, Hebräisch und viele weitere Sprachen aus Europa und dem Inselreich des Pazifik gelernt. Alles in allem beherrschte Dr. Williams 58 Sprachen und viele Dialekte fließend. Er war der einzige Mensch, der den Debatten im Völkerbund in Genf ohne Dolmetscherhilfe folgen und mit jedem Delegierten in dessen Muttersprache reden konnte.
Der sprachgewandteste lebende Mensch ist, flüssiges Sprechen vorausgesetzt, Derick Herning aus Lerwick, Shetland (GB), der 22 Sprachen beherrscht und im Mai 1990 in Brüssel (Belgien) beim ersten Wettbewerb »Polyglott in Europa« als Sieger hervorging.
Wenn man sich an den Maßstab des relativ fließenden und korrekten Sprechens hält, ist es allerdings ziemlich zweifelhaft, ob irgendein Mensch wirklich mehr als 20–25 Sprachen gleichzeitig beherrschen kann.

ALPHABET

Ursprünge: Die ältesten Belege für eine alphabetische Schreibweise sind Tontafeln mit den 32 Keilschriftzeichen des ugaritischen Alphabets. Sie wurden 1929 in Ugarit (heute: Ras Shamra in Syrien) entdeckt und stammen aus der Zeit um 1450 v. Chr.

Der älteste Buchstabe ist »O«, der seit seiner Einführung ins phönizische Alphabet um 1300 v. Chr. unverändert geblieben ist.

Die meisten Buchstaben hat Kambodschanisch mit 74 (einschließlich solcher, die nicht mehr verwendet werden); Rotokas, das im Inneren der Insel Bougainville (Salomoninseln, Papua-Neuguinea) gesprochen wird, hat mit 11 (a, b, e, g, i, k, o, p, r, t und u) die wenigsten.

Die meisten Vokale hat Sedang, eine zentralvietnamesische Sprache, die 55 verschiedene Selbstlaute hat. Die mit den wenigsten ist Abchasisch, eine kaukasische Sprache mit nur zwei Vokalen.

Ein Wort mit vier gleichen Vokalen hintereinander ist das estnische *jäääärne*, was »Rand des Eises« bedeutet. Uoiauai, eine Sprache, die im brasilianischen Bundesstaat Pará gesprochen wird, besteht aus nur sieben Vokalen.
Aus acht verschiedenen (und insgesamt zehn) Konsonanten besteht ein Wort aus der Sprache der Georgier (GUS): Es heißt *gvprtskvnis* und bedeutet »er beobachtet uns«.

Die kleinsten Buchstaben haben die Physiker Donald Eigler und Erhard Schweizer im IBM-Forschungszentrum von San Jose, Kalifornien (USA), gestaltet. Ihnen gelang es, einzelne Atome verschiedener Elemente zu Schriftzeichen und Bildern zusammenzusetzen.

WÖRTER

Die längsten Wörter: Wortreihen oder auch zusammengesetzte Wörter (Agglutinationen) und aus dem Stegreif gebildete Wörter wurden und werden gelegentlich wie ein Wort geschrieben.
Ein zusammengesetztes Wort aus dem Sanskrit bringt es auf 195 Schriftzeichen. In lateinischer Schrift umschrieben, ist es sogar 428 Buchstaben lang. Das Wort bezeichnet eine Region bei Kanci, Tamil Nadu (Indien), und entstammt einem Werk, das Tirumalāmbā, die Königin von Vijayanagara, im 16. Jh. verfaßt hat.

Das längste Wort, das je in einem literarischen Werk erschien, findet man in der Komödie *Ekklēsiazousai* (Die Weibervolksversammlung) des Aristophanes (445–385 v. Chr.). In

Wort und Unwort des Jahres 1991
Die Gesellschaft für deutsche Sprache (GfdS) hat 1991 erstmals das gesamtdeutsche Wort des Jahres bekanntgegeben: »Besserwessi«! Gefolgt von »Wohlstandsmauer«, »Stasi- Syndrom«, »abwickeln« und »Kurzarbeit Null«. Eine Jury aus sieben Fachleuten wählte aus einer etwa 10 000 Belege umfassenden Wortsammlung die für das Jahr 1991 charakteristischen Wörter und Wendungen. »Besserwessi« war nach den Erkenntnissen der Jury ein Begriff, der das Verhältnis zwischen West- und Ostdeutschen kritisch beschreibt.
Eine andere Gruppe von Sprachforschern unter Leitung von Professor Schlosser, Universität Frankfurt/Main, kürte die Unwörter des Jahres 1991, ausgewählt aus 366 Vorschlägen. Als Sieger ging das Unwort »ausländerfrei« hervor, gefolgt von dem Begriff »durchrasste Gesellschaft«. Diese Begriffe belegten, so Professor Schlosser, die »nicht nur sprachlichen Entgleisungen« in der aktuellen Asyldebatte. »Intelligente Waffensysteme« als Ausdruck mangelder Sensibilität kam auf den dritten Rang, gefolgt von »Personalentsorgung« und »Warteschleife«. Sie zeigten die »zynische Einstellung zur Angst vor Entlassung und Arbeitslosigkeit vieler Tausender von Beschäftigten in den neuen Bundesländern«.
Die am häufigsten genannten und unbeliebtesten Worte unter den Einsendungen waren »Ossi« und »Wessi«.

Griechisch ist das Wort 169 Buchstaben lang, in lateinischer Schrift 179:

Lopadotemachoselachogaleokranioleipsanodrimhypotrimmatosilphioaraomelitokatakochymenokichlepikossyphophattoperisteralektryonoptekephalliokigklopeleiolageiosiraiobaphetraganopterygon.

Johann Heinrich Voss verdeutschte das 78silbige Wort mit den 20 Bestandteilen einer Pastete »Austerigpökeligbutterlampretigesschädelzerstückelungsherbegebrühetessilfionwürzigeshonigbeträufeltesamseligschnepfigestaubenfasanigeshähneleinhirnigesdrosselgebratenesemmerlinghasigesmostigesgraupigesflügelgericht«.

Die längste bekannte Abkürzung ist

S. K. O. M. K. H. P. K. J .C. D. P. W. B., die Initialen der *Syarikat Kerjasama Orang-Orang Melayu Keranjaan Hilir Perak Kerana Jimat Cermat Dan Pinjaman Wang Berhard.* Dies ist der malaiische Name für die Kooperative Spar- und Kreditgesellschaft mit beschränkter Haftung der Angestellten der Malaiischen Regierung von Niederperak in Teluk Anson, Perak, Westmalaysia (früher Malaia). Die Abkürzung der Abkürzung ist *Skomk.*

Wortsuche: Die Gesellschaft für deutsche Sprache hatte 1987 erfolgreich nach dem Wort mit den meisten aufeinanderfolgenden Konsonanten suchen lassen. Mit 13 Konsonanten wurde Borschtschgschnas Sieger. 1988 fand die Wiesbadener Gesellschaft für deutsche Sprache das längste deutsche Wort, in dem sich kein Buchstabe wiederholt: Heizölrückstoßabdämpfung machte mit 24 Buchstaben das Rennen vor Zwölftonmusikbücherjagd, Wildschützbärenjuxkampf und Boxkampfjuryschützlinge mit jeweils 23 Buchstaben.

Den berühmtesten aller langen Sätze in der Literatur der westlichen Welt schrieb Victor Hugo (1802–85) in seinem 1862 erschienenen Roman *Les Misérables* (Die Elenden). Dieser Satz enthält 823 Wörter, 93 Kommata, 51 Strichpunkte und 4 Gedankenstriche.

Den längsten Satz der deutschsprachigen Literatur verdanken wir dem in Ostpreußen geborenen Arno Holz (1863–1929). Er ist in dem lyrischen Zyklus *Phantasus* zu finden und enthält über 6000 Wörter.

ORTSNAMEN

Der längste Ortsname dürfte der von Bangkok, der Hauptstadt Thailands, sein. Der offizielle Name ist zwar *Krungtep Manahakton,* der vollständige Name lautet jedoch *Krungthep Manahakhon Bovorn Ratanakosin Mahinthararayutthaya Mahadilikpop Noparatratchathani Burirom Udomratchanivetmahasathon Amornpiman Avatarnsathit Sakkathattiyavisnukarmprasit* (167 Buchstaben), in genauester Umschrift sind es 175 Buchstaben.

Der längste Ortsname, der heute noch benutzt wird, ist *Taumatawhakatangihangakoauauotamatea (turipukakapikimaungahoronuku) pokaiwhenuakitanatahu,* die inoffizielle 85-Buchstaben-Version, mit der ein Hügel (305 m üNN) im Bezirk der Southern-Hawke-Bucht der Nordinsel Neuseelands bezeichnet wird. Übersetzt heißt der Maori-Name: Der Ort, an dem Tamatea, der Mann mit den großen Knien, der die Berge bestieg und an ihnen hinabglitt, der die Berge verschlang und als Landfresser bekannt war, die Flöte spielte für seine Geliebte. Die offizielle Version hat 57 Buchstaben.

Die kürzesten Ortsnamen bestehen meist nur aus einem Buchstaben. Dafür gibt es Beispiele aus vielen Ländern. Eine Auflistung erübrigt sich.

Mehr Farbe in die Straßen Berlins soll die *Galerie Berlin* bringen – nach einer Idee von Tom Buchwald (Agentur New Communication). Das erste Riesenbild von 192 m^2 hängt seit dem 2. Juni 1992 in der Kantstraße 150 in Charlottenburg und stammt vom Berliner Kunstmaler Cornelius Perino.

Der häufigste deutsche Ortsname ist *Hausen.* Das Postleitzahlenverzeichnis nennt ihn 57mal.

Der Ort, dessen Name sich am häufigsten gewandelt hat, ist Leeuwarden in den Niederlanden. Seit 1046 ist das Städtchen in 225 Schreibweisen bekannt geworden.

PERSONENNAMEN

Der früheste überlieferte Personenname ist wahrscheinlich der Name eines prädynastischen Königs von Oberägypten, ca. 3050 v. Chr., dessen Hieroglyphe einen Skorpion darstellt. Dieser Name sollte vermutlich *Sekhen* lauten.

Den längsten Vornamen hat Scott Roaul Sör-Lökken aus Missoula (USA) seiner Tochter S. Ellen Georgianna Sör-Lökken (* 1979) verpaßt: er umfaßt 622 Buchstaben. Das *S* ist die Abkürzung eines 598 Buchstaben zählenden Namens, der folgenden Sachverhalt umschreibt: einen Universalschraubenschlüssel in die Computer der vereinigten Bürokratie werfen. In der Kurzform heißt das Mädchen *Snow Owl* (Schnee-Eule) und in der Kürzestform *Oli.*

Der längste Personenname, der in ein Geburtsregister eingetragen wurde, lautet: Rhosnandiatellyneshiaunneveshenk Koyaanfsquatsiuty. Diesen Namen gab James L. Williams aus Beaumont, Texas (USA), seiner am 12. September 1984 geborenen Tochter. In einem Ergänzungsantrag vom 5. Oktober 1984 streckte der Vater den ersten Vornamen seiner Tochter auf 1019 Buchstaben und ihren zweiten auf »nur« 36.

Die meisten Vornamen, nämlich 2310, nimmt Laurence Watkins (* 9. Juni 1965) aus Auckland (Neuseeland) in Anspruch. Der Anspruch gründet sich auf eine einseitige Erklärung aus dem Jahr 1991, nachdem das Standesamt Widerspruch eingelegt hatte und einem Gefecht vor Gericht ausgesetzt worden war. John und Margaret Nelson gaben ihrem vierten Kind, das am 13. Dezember 1985 geboren wurde, 140 Vornamen. Für das Standesamt von Chesterfield (GB) benötigten die Eltern ein übergroßes Formular. Der Einfachheit halber soll das Mädchen aber nur Tracy gerufen werden.

Gästebuch aufgeschlagen

Vor dem Portal der Nikolaikirche im gleichnamigen historischen Viertel des Bezirks Berlin-Mitte wurde am 8. Juni 1992 das größte Gästebuch aufgeschlagen. Mit 3,25 m Höhe und einer aufgeschlagenen Breite von 3,7 m bietet das ca. 260 kg schwere größte Buch auf 126 Blatt mit seinen insgesamt 1468,09 m^2 beschreibbarer Fläche Platz für Autogramme, Texte oder Zeichnungen. Nach einer Idee von Tom Buchwald von der Berliner Agentur New Communication Creativ Trust Sigwarth wurde das Buch aus wetter- und weitgehend reißfestem Papier hergestellt. Verarbeitet wurde das handgeheftete Riesenbuch von der Berliner Kunstbuchbinderei Hans-Peter Geiseler. Über 25 000 Berliner und Besucher der Stadt haben bereits bis Mitte Juli 1992 die Chance genutzt und die Leitersprossen des aufgestellten Gästebuchs erklommen, um sich im *Guinness Gästebuch Berlins* einzutragen.

Die häufigsten Vornamen in Deutschland waren 1991 Daniel und Lisa. Die Gesellschaft für deutsche Sprache (GfdS) in Wiesbaden berichtete im Februar 1992, daß die Jungennamen Kevin und Marcel neu an die Spitze gerückt seien. Während sich die Sprachforscher den Aufstieg von Marcel nicht erklären können, führen sie die Beliebtheit von Kevin auf die Popularität des US-Schauspielers Kevin Costner (*Der mit dem Wolf tanzt*) zurück.
Alexander und Kevin folgen dem Namen Daniel auf den Plätzen zwei und drei. Bei den Mädchennamen folgen auf Lisa Julia, Anna/Anne und Katharina.

In den neuen Bundesländern führen bei den Jungen Philipp, Patrick und Martin, bei den Mädchen liegen Lisa, Stefanie und Julia vorn.
Im Juni 1991 nannte die GfdS Katharina und Christian als die beliebtesten Vornamen in den vergangenen fünf Jahren. Danach folgen bei den Mädchen Sarah, Christine oder Christiane und bei den Jungen Daniel und Sebastian.
Deutsche Kinder bekommen immer häufiger einen exotischen oder modischen Vornamen. Bei einer repräsentativen Umfrage unter knapp 2000 Bundesbürgern fand die Forschungsgesellschaft Marplan in Offenbach heraus, daß Neugeborene in den vergangenen Jahren zunehmend Carmen, Bianca, Desdemona, Mark oder Tanja getauft werden oder Modenamen wie beispielsweise Andrea, Annette, Anita, Denis, Daniel, Falk und Holger erhalten.
Michael und Stefan lieferten einander ein Kopf-an-Kopf-Rennen bei den Jungen in Österreich, bei den Mädchen dominierte Stefanie vor Julia. In der deutschsprachigen Schweiz waren Sabrina und Sandra sowie Michael und Daniel auf den ersten Plätzen.

Die kürzesten Nachnamen: Im Brüsseler Telefonbuch sind mindestens 12 und in amerikanischen Telefonverzeichnissen (1973–81) gleich 52 Personen verzeichnet, die schlicht und einfach O heißen. Es ist der häufigste nur aus einem Buchstaben bestehende Nachname und bereitet all denen, die mit Datenschutz beschäftigt sind, große Schwierigkeiten. Außer dem Q sind laut A. Ross Eckler sämtliche Buchstaben des Alphabets als Familiennamen in die amerikanischen Telefonbücher eingegangen.

Der häufigste Nachname der Welt ist *Chang* oder *Tschang*. Nach Schätzungen heißen 9,7 bis 12,1 Prozent aller Chinesen so. Das heißt, daß in China mindestens 112 Mio. Tschangs leben – mehr Menschen als in den anderen souveränen Ländern zusammen, wenn man 7 von den 188 Staaten einmal außer acht läßt.

Der in der westlichen Welt häufigste Familienname ist *Schmidt*, einschließlich der in USA und England üblichen Form *Smith*. In der Bundesrepublik gibt es rund 590 000 Träger dieses Namens, dagegen allein in den USA etwa 2,38 Mio. *Smith*. Häufigster Familienname in Deutschland war noch 1970 *Müller* mit rund 612 000 Namensträgern.

Die meisten Schreibweisen seines Nachnamens kann Edward A. Nedelcov aus Regina, Saskatchewan (Kanada), aufweisen. Er hat seit Januar 1960 1201 verschiedene Versionen gezählt. Mzilikazi von Zululand (* etwa 1795) hat seinen Namen in 325 Schreibweisen festgehalten, wie der Forscher Dr. R. Kent Rasmussen herausfand.

Phantasienamen: Weil sie sich kommerzielle oder andere Vorteile davon versprechen, wenn sie in den Telefonbüchern ganz am Schluß stehen, legen sich manche Amerikaner die seltsamsten Namen zu. So gibt es zum Beispiel in San Franzisko einen *Zachary Zzzzzzzzzra* (9mal z im Nachnamen).

SCHRIFTEN, DRUCKE, BÜCHER

Älteste Schriftzeugnisse: Kerbhölzer, die in Tepe Asiab und Ganji-I-Dareh Tepe (Iran) gefunden wurden, waren etwa 8500 v.Chr. in Gebrauch.
Die ältesten Belege für eine geschriebene Sprache, die bislang entdeckt wurden, sind Töpferstücke aus der Yangshao-Kultur, welche die Ur-Zeichen für die Ziffern 5,7 und 8 zeigen. Die Keramiken, die 1962 in Paa-t'o bei Sian (Xi'an) in der chinesischen Provinz Schansi (Shaanxi) gefunden wurden, sind ungefähr 5000-4000 v. Chr. entstanden.

Das älteste gedruckte Werk, das erhalten blieb, ist die Dharani-Rolle oder Sutra aus hölzernen Druckstöcken, die 1966 in den Fundamenten der Pulguk-Sa-Pagode in Kyoóngju (Südkorea) gefunden wurde. Sie muß vor 704 entstanden sein. Schriftzeugnisse auf Papier, die im Nordwesten Chinas gefunden wurden, sind zwischen 71 v. Chr. und 21 n. Chr. entstanden. Das bedeutet, daß das Schreibpapier ungefähr 100 Jahre früher als bisher angenommen eingeführt wurde.

Die erste Enzyklopädie wurde, soweit bekannt, um 370 v. Chr. von Speusippos zusammengestellt. Speusippos (um 408-338 v. Chr.) war ein Neffe Platons.

Das erste mechanisch gedruckte Buch ist nach allgemeiner Auffassung die 42zeilige *Gutenberg-Bibel*. Johann Henne zum Gensfleisch zur Laden, Gutenberg genannt (ca. 1398 bis ca. 1468), hat sie wahrscheinlich 1454 in Mainz hergestellt. Nach einem Nachschlagewerk über Wasserzeichen (1967 erschienen) soll um 1450 auch eine lateinische Grammatik *(Donatus)* auf Papier gedruckt worden sein.
Man neigt auch zu der Ansicht, daß das 192 Blätter umfassende *Konstanzer Meßbuch* aus Basel (Schweiz) – das erste von drei im Jahr 1880 wiederentdeckten Exemplaren – noch älter sein dürfte.

Das erste genau datierte gedruckte Werk ist der *Psalter*, der am 14. August 1457 von Johann Fust (um 1400–66) und Peter Schöffler (1425–1502), der Gutenbergs Hausgehilfe war, fertiggestellt wurde.

Das größte Buch ist ein Riesenfoliant, den der Verleger Privat in der südwestfranzösischen Stadt Toulouse vorgestellt hat. Der Toulouser Architekt Pascal Metz hat mit seinen »Compagnons du devoir« das 3 × 4 m große, 34 Seiten starke, deren jede 200 kg wiegt, Großbuch gefertigt. Es steht auf einem 25 m^2 großen Sockel und kann nur aufrecht gelesen werden.

Das größte gedruckte und gebundene Buch Europas ist der *Atlas des Großen Kurfürsten* (der sogenannte *Mauritius-Atlas*). Er ist aufgeschlagen 222 × 170 cm groß, enthält 38 Karten und befindet sich in der Berliner Staatsbibliothek. Er ist um 1655 entstanden.

Das dickste gedruckte Buch wurde von Peter Troendle aus Basel (Schweiz) hergestellt. Sein Einband mißt lediglich 5 × 4,5 cm, doch dafür ist es 2,75 m dick.

Der kleinste Atlas der Welt befindet sich in der Universitätsbibliothek Rostock (Mecklenburg-Vorpommern). Der 1831 in Rostock gefertigte Etui-Atlas mit 26 farbigen Kartenabbildungen, der 67 × 68 mm mißt, wurde 1985 als ledergebundene Faksimileausgabe neu aufgelegt.

Das kleinste Buch, das bisher auf den Markt kam, mißt 1 × 1 mm. Es wurde von der schottischen Gleniffer Press hergestellt, enthält die Kindergeschichte *Old King Cole* und ist im März 1985 in einer Auflage von 85 Exemplaren erschienen. Die Seiten können nur mit Hilfe einer Stecknadel und mit viel Vorsicht umgeblättert werden.

Das kleinste Kochbuch *Was ißt und trinkt man in Tirol* enthält auf 214 Seiten 50 Rezepte Tiroler Tellergerichte. Verfaßt hat es Josef Theiner (* 1911), Gastwirt und Koch aus Terlan (Südtirol). Das Mini-Buch mit den Maßen 20 × 20 mm (Buchblock 19 × 19 mm) ist im März 1984 in 200 ledergebundenen Exemplaren in Bozen gedruckt worden, enthält zusätzlich 7 Fotos, ist mit einem Inhaltsverzeichnis der Speisen und Vorwort versehen und soll »ein gewisses Band der Verbundenheit zwischen Wirt und Bewirteten weben«.

Eine Miniaturbuch-Sammlung baut der Leipziger Karl Wiegel (* 1903) auf. Der Herausgeber der Bibliographie *Kleinod der Buchkunst* hat bereits 2035 Exemplare aus 24 Ländern zusammengetragen, keines überschreitet 10 cm in der Buchblockgröße.

Die größte Publikation aller Zeiten hieß *Yung-lo ta tien* (Das große Wörterbuch der Regierung Yung-lo). Sie ist 1403–08 von 2000 chinesischen Gelehrten geschrieben worden. Das handschriftliche Wörterbuch umfaßte 11 095 Bände mit 22 937 Stichwort-Kapiteln, von denen noch 700 erhalten sind.

Das umfassendste Nachschlagewerk im englischen Sprachraum ist die *Encyclopaedia Britannica*, die zum ersten Mal 1768–71 in Edinburgh (Schottland) erschien. Eine Gruppe von Buchhändlern in den USA erwarb 1898 die Nachdruckrechte und übernahm 1899 das gesamte Copyright. 1943 wurde die *Britannica* an die Universität von Chikago (USA) übergeben. Die augenblickliche, aus 32 Bänden bestehende 15. Auflage hat 32 330 Seiten und 44 Mio. Wörter, die von über 4000 Mitarbeitern geschrieben wurden.

Die umfangreichste Publikation ist das aus 1112 Bänden bestehende Werk *Britische Parlamentsdokumente*, das 1968–72 von der Irish University Press veröffentlicht wurde. Im ganzen wiegen die Bände 3,3 t, kosten heute 50 000 Pfund (148 500 DM), und es würde bei täglich 10 Std. Lesezeit sechs Jahre dauern, bis man alles gelesen hätte. Die Herstellung kostete 34 000 Ziegen das Leben. Für Goldschnitt und Umschlagprägung wurden Goldbarren im Wert von 15 000 Pfund verbraucht. Die Gesamtauflage beträgt 500 Exemplare.

Das umfangreichste Wörterbuch unserer Zeit: Jacob Grimm (1785–1863) und Wilhelm Grimm (1786–1859), vielen Kindergenerationen hauptsächlich als Märchenerzähler bekannt, begründeten im Jahr 1854 ihr *Deutsches Wörterbuch*, an dem viele Sprachforscher weiterarbeiteten, bis es nach 107 Jahren anno 1961 vollendet werden konnte. Nach dem Zweiten Weltkrieg arbeiteten Fachleute in der ehemaligen DDR wie in der Bundesrepublik Deutschland gemeinsam an der Fertigstellung. Mit 33 Bänden und 34 519 Seiten ist es das größte Wörterbuch unserer Zeit. Die Gesamtausgabe kostet 5425 DM.

Kriminalromane ab 1945 sammelt, ordnet und listet Klaus-Dieter Walkhoff-Jordan (* 1943). Der Berliner Steuerberater hat es bis zum Juli 1992 auf 20 201 Krimi-Taschenbücher gebracht.

LANDKARTEN

Die älteste überhaupt erhaltene Landkarte ist eine Tontafel, auf der der Verlauf des Euphrat in Nordmesopotamien (Irak) dargestellt ist. Sie soll um 2250 v. Chr. entstanden sein und wird im Britischen Museum in London aufbewahrt.

Die früheste gedruckte Landkarte stammt aus Isidor von Sevillas *Libri Etymologiarium* aus dem Jahr 1472.

Die erste gedruckte Weltkarte kommt aus Westchina. Sie wird auf das Jahr 1115 datiert.

Die größte Landkarte ist eine 575 m^2 große Reliefdarstellung von British Columbia (Kanada), an der George Challenger und sein Sohn Robert von 1945 bis 52 gearbeitet haben. Das Relief ist heute in einer ständigen Pazifik-Schau in Vancouver zu sehen.

Der höchste Preis für einen Atlas betrug 340 000 Pfund Sterling (1,275 Mio. DM) für einen *Merkatoratlas* von Europa aus dem Jahr 1571. Er wurde bei Sotheby's in London am 13. März 1979 verkauft.

AUKTIONSREKORDE

Das teuerste Buch wurde das berühmte *Evangeliar* Heinrichs des Löwen (Herzog von Sachsen). Der New Yorker Antiquar Hans Peter

Kraus hat es am 6. Dezember 1983 bei Sotheby's in London für das Hermann-Abs-Konsortium im Auftrag der Bundesrepublik Deutschland für 8,14 Mio. Pfund ersteigert. Die Gesamtkosten, einschließlich des Aufgeldes des Auktionshauses zur Zuschlagsumme und Bankspesen, für die illustrierte Bilderschrift belaufen sich auf 32 428 497,52 DM.
Das 34,3 × 25,4 cm große und 226 Blätter umfassende *Evangeliar* enthält 41 ganzseitige Illustrationen und wurde um 1175 von dem Mönch Herimann im Kloster Helmarshausen gestaltet. Das *Evangeliar* kehrte zum höchsten Weltrekordpreis, der je für ein Auktionsprojekt erzielt wurde, nach jahrhundertelanger Odyssee nach Niedersachsen zurück. Dort wird es in der Herzog-August-Bibliothek in Wolfenbüttel wie auch zeitweilig in Braunschweig ausgestellt.

Teuerstes gedrucktes Buch der Welt ist eine *Gutenberg-Bibel*, die am 22. Oktober 1987 bei Christie's in New York für 5,39 Mio. Dollar (9,8 Mio. DM) versteigert wurde. Erworben hat das äußerst seltene Stück die Buchhandelskette Maruzen & Co. aus Tokio. Die *Gutenberg-Bibel*, die das Alte Testament von der Genesis bis zu den Psalmen enthält, wurde 1455 in Mainz gedruckt.

Teuerstes neues Buch ist der Band *The Birds of America* (Die Vögel Amerikas), in dem die gesamten ornithologischen Druckgrafiken von John James Audubon (1785–1851) reproduziert sind. Die einmalige Sammlung ist in den USA bei Abbeville Press in New York erschienen und kostet stolze 15 000 Dollar (umgerechnet immerhin 25 432 DM).

Der Höchstpreis für ein Flugblatt liegt bei 1,595 Mio. Dollar (ca. 2,79 Mio. DM). Soviel zahlte am 3. März 1990 bei Sotheby's in New York Ralph Geoffrey Newman im Namen eines unbekannten Auftraggebers für eines der 24 bekannten Exemplare der amerikanischen Unabhängigkeitserklärung. *The Declaration of Independence* war 1776 von John Dunlap bei Samuel T. Freeman & Co. in Philadelphia, Pennsylvania (USA), gedruckt worden.

Das teuerste Manuskript stammt von Leonardo da Vinci. 2,2 Mio. Pfund (9,262 Mio. DM) zahlte am 12. Dezember 1980 der amerikanische Ölmagnat und Kunstmäzen Armand Hammer bei Christie's in London für den 36 Seiten starken *Codex Leicester*. Er ist etwa 1507 entstanden.

Den Höchstpreis für ein Musikmanuskript erzielten neun von Wolfgang Amadeus Mozart (1756–91) fast ausschließlich eigenhändig geschriebene Symphonien. Sie wurden am 22. Mai 1987 bei Sotheby's in London für umgerechnet 7,7 Mio. DM von dem Londoner Gemäldehändler James Kirkman erworben. Der Band ist 508 Seiten stark. Die Mozart-Manuskripte waren von einem anonymen Europäer angeboten worden. Teuerstes Einzelmanuskript war bisher die *Klaviersonate in E-Moll opus 90* von Ludwig van Beethoven (1770–1827), die am 6. Dezember 1991 bei Sotheby's in London 1,1 Mio. Pfund (ca. 3,25 Mio. DM) erbrachte.

Die teuerste Briefkorrespondenz der Weltliteratur – 342 Briefe und 145 Postkarten von Franz Kafka (1883–1924) an seine Verlobte Felice Bauer – ging im Juni 1987 bei Sotheby's in New York für 605 000 Dollar (1,1 Mio. DM) an einen privaten Sammler. Innerhalb weniger Sekunden stiegen die Gebote von 200 000 Dollar bis zur Endsumme.

TAGEBÜCHER UND BRIEFE

Der fleißigste Tagebuchschreiber war der englische Oberst Ernest Loftus aus Harare (Simbabwe). Er begann seine täglichen Aufzeichnungen am 4. Mai 1896 als Zwölfjähriger und blieb dieser Gewohnheit treu bis zu seinem Tod am 7. Juli 1987. Loftus wurde 103 Jahre, 178 Tage alt.

Längste und meiste Briefe: Der Japaner Vichi Noda, der seinem Land als stellvertretender Finanzminister und als Bauminister gedient hat, schrieb auf seinen Auslandsreisen stets lange Briefe an seine bettlägerige Frau – insgesamt 1307 vom Juli 1961 bis zu ihrem Tod im März 1985. Diese Briefe, in denen Noda nahezu 50 000 Persönlichkeiten aus aller Welt schilderte, wurden inzwischen veröffentlicht: Sie füllen 25 Bände und umfassen alles in allem 12 404 Seiten.

Der älteste bekannte Liebesbrief ist in Ton graviert und stammt aus der Zeit um 1630 v. Chr. aus Ägypten. Es ist die Bewerbung des Schreibers um die Hand einer Pharaonentochter.

Die kürzeste Korrespondenz war die zwischen dem französischen Dichter Victor Hugo (1802–85) und seinen Verlegern Hurst und Blackett im Jahr 1862. Der Schriftsteller war im Urlaub und wollte wissen, wie sich sein neuer Roman *Les Misérables* (Die Elenden) verkaufte. Er schrieb »?«, die Antwort war »!«.

Die meiste (offiziell bestätigte) Post, die je in einem Jahr von einem Privatmann empfangen wurde, sind 900 000 Briefe, die der US-Baseballstar Hank Aaron (* 1934) erhielt; dieser Rekord wurde von der amerikanischen Post im Juni 1974 gemeldet. Etwa ein Drittel waren Haßbriefe, weil es Aaron gelungen war, den Rekord von Superstar »Babe Ruth« (1927 aufgestellt) bei *home runs* zu verbessern.

Eifrigster Leserbriefschreiber an die Londoner *Times* ist der Autor und Rechtsanwalt David Green aus Castle Morris (GB). Bis zum 16. April 1992 hat das berühmte Blatt in seinem Hauptteil 130 Green-Beiträge veröffentlicht. Sein Rekordjahr war 1972 mit 12 Leserbriefen.

Einen österreichischen Rekord hat sich der Techniker Günther Weihsenböck (* 1948) aus St. Valentin mit insgesamt 643 engagierten Leserbriefen geholt. Von Mai 1978 bis März 1992 sind 17 in deutschen und 170 in Österreichs Tages-, Wochen- und Monatszeitschriften/-zeitungen veröffentlicht worden.

Der längste Leserbrief bestand aus 25 513 Wörtern. Der *Upper Dauphin Sentinel* in Pennsylvania (USA) veröffentlichte ihn vom August bis November 1979 in acht Ausgaben. Geschrieben hatte den Leserbrief John Sultzbaugh aus Lykens, Pennsylvania.

Der kürzeste Leserbrief an die Londoner *Times* bestand nur aus einer einzigen Abkürzung: »Dr.^{2}?« Damit mischte sich am 30. Juli 1984 R. S. Cookson aus London in eine Diskussion über die richtige Pluralform des Doktorgrades ein.

Der längste Brief der Welt wurde innerhalb von 30 Std. von Mitgliedern der christlichen Jugendbewegung Uznach, St. Gallen (Schweiz), und weiteren 60 Bürgern der Stadt geschrieben. Der 825,35 m lange und 1 m breite Brief wurde am 6. Juli 1984 zur Post gebracht, dort frankiert, gestempelt und noch am selben Tag dem Radio Zürichsee zugestellt (das Briefthema lautete: Uznachs Bewohner stellen sich vor).

Auf der größten Glückwunschkarte (35 m lang, 2,5 m hoch) gratulierten rund 15 500 Hannoveraner ihrer Stadt zum 750. Geburtstag. Vom 30. Mai bis 26. Juni 1991 hatte die Werbegemeinschaft Hannover die Karte am Kröpcke aufgestellt. Sie wurde auf dem Hauptpostamt frankiert, abgestempelt und dem Oberbürgermeister am 27. Juni 1991 ordnungsgemäß zugestellt.

Weihnachtsgrüße: Seit 1929 haben Frank Rose aus Burnaby in British Columbia (Kanada) und Gordon Loutet aus Lake Cowichan in British Columbia die selbe Weihnachtskarte ausgetauscht.

Die größte Postkarte (200 × 400 cm) hatte einen prominenten Empfänger: Bundespräsident Richard von Weizsäcker. Absender war der Tip-Club TOP TWENTY, der anläßlich des Schneverdinger Stadtfestes am 29./30. Juni 1991 die Bürger zum Thema »Militärische Belastungen in der Lüneburger Heide« zu Wort kommen ließ. Ordnungsgemäß frankiert (29,50 DM) ging die Riesen-Postkarte am 1. Juli 1991 auf den Weg zur Villa Hammerschmidt in Bonn.

Die kleinste Postkarte verschickte Uli Birkenmeier (*1969) aus Freiburg/Br. am 30. Oktober 1987. Die Maße der Karte: 20 × 25 mm.

AUTOGRAPHEN UND UNTERSCHRIFTEN

Der höchste Preis, der je auf dem freien Markt für einen einzelnen signierten Brief bezahlt wurde, betrug 360 000 Dollar (785 844 DM). Für diese Summe wurde am 29. Oktober 1986 bei Sotheby's in New York ein Schreiben von Thomas Jefferson versteigert, das Charles Rosenbloom aus Pittsburgh (USA) gehört hatte. In dem Schriftstück aus dem Jahre 1818 mißbilligte Jefferson die Vorurteile gegenüber den Juden.

Für einen Brief Martin Luthers (an Propst Buchholzer in Berlin) erzielte die Autographenhandlung J. A. Stargardt in Marburg am 29. November 1983 den stattlichen Betrag von 161 000 DM. Der Brief aus dem Jahr 1543 ging an einen Privatmann in der Schweiz.

Das teuerste deutsche Gedicht, der *Archipelagus* von Friedrich Hölderlin (1770–1843), wurde 1972 ebenfalls von der Autographenhandlung J. A. Stargardt für 230 000 DM versteigert.

Der ehemalige US-Präsident Ronald Reagan kann für sich das Recht in Anspruch nehmen, die teuerste Handschrift aller noch lebenden Menschen zu haben: Sein Brief, in dem er Frank Sinatra viel Lob ausspricht, wechselte am 22. Januar 1981 in der Galerie Hamilton für 12 500 Dollar den Besitzer.
Auch ein Rekord: 4250 Dollar zahlte Barry D. Hoffman am 12. August 1982 bei Hamilton für ein signiertes Porträt von Al Capone (1899–1947).

Seltenste und wertvollste Unterschriften: Von dem englischen Dramatiker Christopher

Das Fest der künstlerischen Masken: Vom venezianischen Karneval aus gelangte nicht nur die schwarze Halbmaske aus Seide im 16. und 17. Jh. über höfische Feste auch auf die Kostümbälle des Bürgertums, von Venedig kam auch die Bezeichnung die, das, der Carneval mit wechselndem Artikel Anfang des 17. Jh.s über die Maskenbälle der Höfe nach Deutschland und setzte sich mit dem männlichen Artikel für das Fasnachtstreiben durch.

Marlowe (1564–93) ist nur eine einzige Unterschrift bekannt. Es ist eine Anordnung, die er mit seinem Namen bekräftigte. Das Dokument befindet sich in den Archiven der Grafschaft Kent.

Das einzige Dokument, das die Unterschriften von zehn US-Präsidenten trägt, ist ein Brief, den Präsident F. D. Roosevelt mit dem Datum vom 26. Oktober 1932 an den damals in Dallas und heute in Amarillo (Texas) lebenden Richard C. Corbyn schickte. Auf dem Brief haben sich dann nach und nach auch Herbert Hoover, Harry Truman, Dwight D. Eisenhower, Gerald Ford, Lyndon B. Johnson, Jimmy Carter, Ronald Reagan und George Bush verewigt. Nixon hatte zuerst nur mit Kugelschreiber unterzeichnet, später aber seine Unterschrift dokumentenecht gemacht.

Der Tintenstrich, den Kaiser Otto der Große (912–73) unter eine Urkunde zeichnete, brachte bei einer Autographen-Auktion in Marburg am 8. April 1987 die Rekordsumme von 280 000 DM. Den nur 6 cm langen Querstrich zog der Kaiser bei einem Besuch in Magdeburg unter eine Urkunde als Bestätigung einer Schenkung.

AUTOREN

Produktivster Autor war der Brite Charles Harold St. John Hamilton alias Frank Richards (1876–1961), Schöpfer des Jugendhelden Billy Bunter, der in seinen besten Zeiten (1915–26) bis zu 80 000 Wörter pro Woche schaffte. Er schrieb vor allem für die Jugendzeitschriften *Gem* (1907–39), *Magnet* (1908-40) und *Boy's Friend.* Alles in allem hat Hamilton schätzungsweise 72–75 Mio. Wörter produziert.

Enid Mary Blyton (eigentlich Darrell Waters, 1898–1968) vollendete 700 Kinderbücher, darunter viele Kurzgeschichten; 59 allein im Jahr 1955.

Die meisten Romane, nämlich 904, veröffentlichte die Südafrikanerin Kathleen Lindsay alias Mary Faulkner (1903–73). Sie schrieb unter sechs Pseudonymen, zwei davon waren männlich.

Die meisten Kurzgeschichten schrieb der Inder Baboorao Arnalkar (* 1907). Zwischen 1936 und 84 veröffentlichte er aber nicht nur 1092 Kriminalstories in Buchform, sondern auch noch mehrere Sachbücher.

Die meisten Komödien bzw. Bühnenwerke überhaupt dürfte der Spanier Lope de Vega (1562–1635) verfaßt haben – 1800 –, neben mehr als 1000 anderen Schriften, Romanen, Gedichten usw.

Der größte je für ein Buch bezahlte Vorschuß liegt bei 5 Mio. Dollar (10,9 Mio. DM) für den Roman *Whirlwind* von Bestsellerautor James Clavell. Diese Rekordsumme zahlten am 11. Januar 1986 der Publikumsverlag William Morrow und seine Taschenbuchtochter Avon Books in New York. Stephen King war bei Vorschußverhandlungen noch erfolgreicher: Nach Berichten vom 9. Februar 1989 kassiert er für seine nächsten vier Romane 26 Mio. Dollar (etwa 49,2 Mio. DM).

Der Welt meistgelesene Autorin ist Agatha Christie später Lady Mallowan (1890–1976). Sie hat 78 Kriminalromane geschrieben, die in 44 Sprachen übersetzt und bisher in schätzungsweise 2 Mrd. Exemplaren verkauft wurden. Ihr berühmter Detektiv Hercule Poirot strengt in 33 Büchern und 56 Erzählungen seine grauen Zellen an; die nicht weniger berühmte Miß Marple beweist in 12 Büchern und 20 Erzählungen ihren Spürsinn. Agatha Christie hat außerdem 19 Theaterstücke und unter ihrem Pseudonym Mary Westmacott auch 6 »romantische« Romane verfaßt. Die Tantiemen werden derzeit auf jährlich etwa 7,5 Mio. DM geschätzt.

Die meistgelesene Autorin der Gegenwart ist Barbara Cartland, von der rund 570 Titel in 30 Sprachen vorliegen und die es bislang auf eine Auflage von 650 Mio. Exemplaren gebracht hat. In den letzten 18 Jahren hat sie durchschnittlich 23 Titel pro Jahr veröffentlicht. In England wurde Barbara Cartland wegen ihrer Verdienste um die Literatur und den Staat 1991 von der Königin der Titel *Dame* verliehen.
Die Werke des belgischen Romanciers Georges Simenon (1903–89) sind in 47 Sprachen verbreitet. Geschätzte Gesamtauflage: 600 Mio. Exemplare.

Die längste Biographie der Verlagsgeschichte ist die des englischen Staatsmannes Sir Winston Churchill. Dessen Sohn Randolph (4832 Seiten) und Martin Gilbert (19 100 Seiten) haben sie 1992 abgeschlossen. Sie umfaßt über 10 Mio. Wörter. Georges Simenon (1903–89) hat seit 1972 eine Reihe von 22 autobiographischen Büchern verfaßt.

Das erfolgreichste Sachbuch war vermutlich das rote Buch, das *Die Worte des Vorsitzenden Mao Tse-tung* enthielt. Zwischen Juni 1966 und September 1971, als Maos Weggefährte Lin Piao bei einem Flugzeugabsturz ums Leben kam, sollen 800 Mio. Exemplare verkauft oder verteilt worden sein.

Das Manuskript, das am häufigsten abgelehnt wurde, trug den Titel *How Many Books Do You Sell in Ohio?* (Wie viele Bücher haben Sie in Ohio vekauft?). Seinem Verfasser Bill Gordon wurde es zwischen Oktober 1983 und November 1985 von 176 Verlagen zurückgeschickt, und viele weitere Verlage nahmen es überhaupt nicht zur Kenntnis. Als Gordon dann doch noch ein schriftliches Angebot bekam, war er es, der ablehnte.

Das längste Gedicht, das je publiziert wurde, ist das kirgisische Volksepos *Manas*, das im Jahr 1958 gedruckt erschien. Es ist mehr als 500 000 Zeilen lang.
Sehr kurz dagegen ist das kamensische Gedicht *Lament*, es umfaßt nur 24 Zeilen. Das Gedicht ist das einzige literarische Zeugnis dieser samojedischen Sprache (weitläufig verwandt mit dem Ungarischen), die im Sajangebirge beim Baikalsee in Sibirien noch gesprochen wird, aber unterzugehen droht. *Lament* wurde in dem ungarischen Werk *Alte Kulturen der uralischen Völker* veröffentlicht und in internationaler Phonetik wiedergegeben, weil das Kamensische keine eigene Schriftform kennt.

Meistübersetzte deutsche Schriftsteller waren und sind die Märchensammler Jacob und Wilhelm Grimm, deren Anfang bis Mitte des 19. Jh.s entstandene Werke Übersetzungen in 108 Sprachen erreichten.

BESTSELLER

Das am weitesten verbreitete Buch der Welt ist die Bibel. Vollständig übersetzt wurde sie in 322 Sprachen, Teile von ihr sind in weiteren 1656 Sprachen erschienen. Lenin gibt es in 222 Sprachen; Jules Verne (1828–1905) in 220 Sprachen. Zwischen 1815 und 1975 wurden von der Bibel schätzungsweise 2,5 Mrd. Exemplare gedruckt, etwa 1,5 Mrd. von den Bibelgesellschaften.

Das meistverkaufte Buch der Welt, das unter die Copyright-Gesetze fällt, ist das *Guinness Buch der Rekorde.* Es wurde erstmals im September 1955 von Guinness Superlatives, einem Tochterunternehmen von Arthur Guinness Son & Co. (Park Royal) Ltd., veröffentlicht und von Norris Dewar McWhirter (* 1925) und seinem Zwillingsbruder Alan Ross McWhirter († 1975) herausgegeben. Bis Oktober 1992 waren fast 70 Mio. Exemplare in 40 Sprachen abgesetzt worden.

Der Allgemeine Deutsche Nachrichtendienst ist die älteste Presseagentur in Deutschland. Am 10. Oktober 1946 wurde die ADN-Zentrale in Berlin gegründet.

Die poppigen Strips des Zeichners Filips dienten dem Münchner Theatermaler Schmidbauer als Vorlage für den überdimensionalen *Ultimate Mix*, den größten Comic.

Den erfolgreichsten Roman eindeutig zu bestimmen, ist nicht ganz leicht. Denn um Platz 1 streiten sich zwei Kandidaten. *Das Tal der Puppen* von Jacqueline Susann (die im bürgerlichen Leben Mrs. Irving Mansfield war und von 1921 bis 74 lebte), hat es bis zum 30. März 1987 auf eine weltweite Auflage von 28 712 000 Exemplaren gebracht. Allein in den ersten sechs Monaten nach Erscheinen der Originalausgabe hatte der Verlag Bantam 6,8 Mio. Exemplare verkauft. *Vom Winde verweht* von Margaret Mitchell, 1936 erstmals veröffentlicht, hat gleichfalls eine Auflage von mehr als 28 Mio. erreicht.
Alistair Stuart MacLean (1922–87) schrieb 30 Bücher, von denen 28 allein in Großbritannien jeweils mehr als 1 Mio. mal verkauft wurden. 13 seiner Romane, die in 28 Sprachen übersetzt wurden, sind verfilmt worden. Es ist einmal geschätzt worden, daß MacLean alle 18 Sek. die Buchhandlungskassen klingeln lasse.

Unter den meisten Pseudonymen hat der russische Humorist Konstantin Arseniewitsch Michailow (*1868) geschrieben: Es waren 325, meist Kürzel seines bürgerlichen Namens, die von Ab. bis Z. reichten. Ermittelt hat dies I.F. Masanow, dessen *Wörterbuch der Pseudonyme* 1960 in Moskau erschienen ist.

Auflagenbringer: Bei 1000 Auslandsausgaben und Übersetzungen in 29 Sprachen ist Heinz G. Konsalik, bürgerlich Heinz Günther (*1921), auch international der meistverkaufte deutsche Autor der Nachkriegszeit. Die Gesamtauflage seiner bisher 140 Bücher erreicht 75 Mio. Exemplare. Täglich kommen 10 000 Exemplare hinzu. Konsalik sieht sich selbst als Volksschriftsteller: »Meine Bücher sollen weite Kreise und alle Schichten erreichen.«
Auf Erfolgskurs im Buch- und Hörspielbereich fährt auch Rolf Kalmuczak (*1938) aus Garmisch-Partenkirchen seit 1961. Unter 84 Pseudonymen beliefert er drei Illustrierte mit Kurz-Krimis. Bis April 1991 waren es 2390, dazu kommen über 200 Kriminal- und Illustrierten-Romane. Als Stefan Wolf hat er 1979 die erfolgreichste deutsche Jugendbuchserie seit 1945 gestartet: *Ein Fall für TKKG*. Bisher wurden 10 Mio. Hardcoverausgaben und 18 Mio. Hörspielkassetten verkauft.

VERLAGE UND DRUCKEREIEN

Die größte Druckerei der Welt ist vermutlich R. R. Donnelley & Sons Co. mit Hauptsitz in Chikago, Illinois (USA). Das 1864 gegründete Unternehmen hat weltweit fast 100 Betriebe, Zweigniederlassungen, Dienstleistungszentren und Tochtergesellschaften und erledigt jährlich Aufträge im Wert von 3,9 Mrd. Dollar (etwa 6,4 Mrd. DM).

Die größte Druckerei unter einem Dach ist die der amerikanischen Regierung in Washington (1861 gegründet). Auf 13,92 ha werden durchschnittlich 1464 Druckaufträge pro Tag erledigt, der jährliche Papierverbrauch beläuft sich auf 42 276 t. Für etwa 83,2 Mio. Dollar im Jahr werden Regierungspublikationen unter die Leute gebracht. Insgesamt hat die Druckerei 16 000 Titel im Angebot.

Den größten Druckauftrag vergibt die britische Automobil Association. Für das *Mitglieder Jahrbuch* 1990/91 wurden 6,15 Mio. Exemplare geordert. Würden sie aufeinandergestapelt, wäre der Bücherturm siebenmal höher als der Mt. Everest. Die Gesamtauflage der Jahrbücher seit dem Erscheinungsjahr 1908 beträgt 97 673 000.

Das weltgrößte Verlagshaus ist Time Publishing Co., eine Tochter von Time Warner Inc. in New York (USA), der Nummer eins der Medienkonzerne der Welt. Der Verlag brachte es bei 9600 Mitarbeitern 1991 auf einen Jahresumsatz von 3 Mrd. Dollar.

Der größte Medienkonzern der Welt ist Time Warner Inc., New York, mit 30 000 Mitarbeitern. Im Jahr 1991 brachte er es auf einen Gesamtumsatz von 19,95 Mrd. DM. Die Bertelsmann AG, Gütersloh (Nordrhein-Westfalen), kam 1990/91 als zweitgrößter Medienkonzern auf 14,5 Mrd. DM Umsatz.

BIBLIOTHEKEN

Die größte Bibliothek der Welt ist die am 24. April 1800 gegründete Kongreßbibliothek in Washington (USA). Sie umfaßt 98 636 944 Schriftstücke aller Art, darunter 15 374 079 Bücher in der katalogisierten Sammlung. 83 262 865 Schriften sind nicht katalogisiert. Die Bibliotheksgebäude haben eine Grundfläche von 2 654 240 m^2 und die Regale eine Länge von 925,4 km. 1991 zählte die Kongreß-Bibliothek 5045 Mitarbeiter und 910 565 Benutzer und Besucher.

Die größte nichtstaatliche Bibliothek ist die öffentliche Bücherei von New York (1895 gegründet). Der Komplex an der Fifth Avenue breitet sich über 48 800 m^2 aus, die Regale haben eine Länge von 141,6 km. Das Angebot umfaßt einschließlich der 82 Zweigstellen 13 887 774 Bücher, 18 349 585 Manuskripte und 381 645 Landkarten.

Die größte Bibliothek Europas ist die Lenin-Bibliothek in Moskau (Rußland), die über 14,5 Mio. Bücher verfügt.

Die größte deutsche Bibliothek ist die Deutsche Bücherei in Leipzig (Sachsen), die über 9,3 Mio. Bücher, Zeitschriften, Patent- und Hochschulschriften, Musikalien und Atlanten enthält (31. Dezember 1991).

Die größte Bibliothek in Österreich ist die Österreichische Nationalbibliothek in Wien, die im 15. Jh. gegründet wurde. Sie umfaßte Ende 1990 insgesamt 2 652 693 Bände und ca. 4,756 Mio. Einheiten sonstiger Medien (Handschriften, Musikalien, Theatralia, Flugblätter, Karten, Papyri, Fotos usw.).

Die größte Bücherei der Schweiz ist die Öffentliche Bibliothek der Universität Basel (gegründet 1460) mit 2,8 Mio. Bänden.

COMICS

Der älteste heute noch erscheinende Comic-Strip ist *Katzenjammer Kids*, der von Rudolph Dirks erfunden wurde und zum ersten Mal 1897 im *New York Journal* erschien; er wird von seinem Sohn weiter fortgeführt. In den »Kids« Hans und Fritz erkennen insbesondere deutsche Leser ohne Zweifel schnell deren Vorbilder Max und Moritz von Wilhelm Busch (1832–1908), dessen Bildergeschichten als Anfänge der Comic-Strip-Kultur angesehen werden können.

Der erste Comic-Strip ist *The Yellow Kid*, der am 18. Oktober 1896 zum ersten Mal in William R. Hearsts *New York Journal* gedruckt wurde.

Den größten Comic-Strip legte der Münchner Theatermaler Werner Schmidbauer mit 655,28 m^2 auf dem Parkdeck des Münchner Roten Kreuzes unter dem Olympiaturm aus. Die 22 Einzelmotive der Riesenleinwand mit dem Titel *Auf der Suche nach dem Ultimate Mix* nach Motiven des französischen Comic-Zeichners Filips und des Texters J. P. Fonk entstanden beim 2. Comic-Fest im Münchner Kulturzentrum Gasteig im September 1991, im Auftrag von L & M Cigarettes.

Vor 70 Jahren begann die Comic-Karriere einer der berühmtesten gezeichneten Katzen

Die *Schicksalhafte Begegnung* des Ritters Sigurd mit einem Wolf ist eines der 324 Hefte der erfolgreichen Comic-Serie.

der Welt: Pat Sullivan (1887-1933) hatte *Felix the Cat* bereits seit 1917 in seinen Trickfilmen auftreten lassen. 1923 erschienen in den amerikanischen Tageszeitungen die ersten Comic-Strips mit *Felix* in der Hauptrolle.

Die am weitesten verbreiteten und erfolgreichsten Comic-Geschichten liefert Charles Schulz aus Santa Rosa in Kalifornien (USA) mit seinen *Peanuts*. 1950 erstmals erschienen, werden sie heute in mehr als 2300 Tageszeitungen in 68 Ländern und in 26 Sprachen gedruckt. 1990 wurde das monatliche Einkommen von *Peanuts*-Vater Schulz auf 5 Mio. Dollar (8,75 Mio. DM) geschätzt.

Die langlebigste und erfolgreichste europäische Comic-Serie ist *Tim und Struppi* von Hergé (Georges Remi). Unter dem Originaltitel *Tintin* erschien die erste Folge am 10. Januar 1929 in der belgischen Zeitschrift *Le Petit Vingtième*. Bis 1976 sind 23 Geschichten entstanden, die in Albumform in 33 Sprachen mit einer Gesamtauflage von 135 Mio. Exemplaren erschienen sind. Hergé ist 1983 im Alter von 75 Jahren gestorben.

Die längste Comic-Geschichte der Welt zeichnete der Japaner Katsuhiro Otomo: Sein rasantes Science-Fiction-Opus *Akira* startete im Dezember 1982 in der japanischen Zeitschrift *Young Magazine* und wurde in bislang fünf Bänden von der Stärke eines Telefonbuches nachgedruckt. Der letzte Band der Story, die über 2 000 Seiten umfassen soll, steht noch aus, da Otomo zwischenzeitlich an der Verfilmung seines Stoffes gearbeitet hat. Allein in Japan verkauften sich die Buchnachdrucke bislang 3,5 Mio. mal. Inzwischen ist *Akira* auch in den USA, Frankreich, Spanien, Italien und Deutschland angelaufen.

Den schnellsten Sprung von null auf 1000 Zeitungen schaffte der Comic-Strip *Garfield*, den Jim Davis 1978 ersann. In Amerika hat der biestige Kater mittlerweile bereits *Snoopy* den Rang als beliebtestes Comic-Tier abgelaufen. Inzwischen erscheint *Garfield* in über 1700 Zeitungen. Seine Abenteuer wurden in 44 Büchern zusammengefaßt, von denen zeitweilig bis zu sieben Stück gleichzeitig auf der *New-York-Times*-Liste der 15 bestverkauften Paperbacks zu finden waren.

Der größte Comic-Markt der Welt ist Japan. Knapp 1,5 Billionen *Mangas* – monatliche Comic-Bücher mit bis zu 400 Seiten Umfang – werden jährlich von den Japanern verschlungen. In Japan wird mehr Papier für den Druck von Comics als zur Herstellung von Toilettenpapier verbraucht.

Vor 40 Jahren begann in Deutschland das Comic-Fieber. Der in Hannover ansässige Lehning-Verlag importierte aus Italien die *Piccolo*-Hefte, die sich wegen ihres Streifenformates bequem unter der Schulbank lesen ließen. Zur erfolgreichsten Reihe wurde die im gleichen Jahr gestartete Ritterserie *Sigurd* von Hansrudi Wäscher, von der bis 1960 324 Hefte und später mehrere Nachdrucke erschienen. Mit insgesamt 1673 Heften allein für den Lehning-Verlag muß Wäscher als der produktivste deutsche Comic-Zeichner angesehen werden.

Vor 40 Jahren begann die Illustrierte *Stern* mit der Veröffentlichung einer der langlebigsten und erfolgreichsten deutschen Comic-Serien, Roland Kohlsaats Pop-Odyssee *Jimmy, das Gummipferd*.

Ebenfalls vor 40 Jahren erblickten die Füchse *Fix und Foxi* das Licht der Welt. Der 1917 in Leipzig geborene Verleger Rolf Kauka brachte damals das Heft *Till Eulenspiegel* auf den Markt, in dessen sechster Ausgabe zwei Füchse auftauchten, die schnell populär wurden. Mit Nr. 29 wurde das Heft schließlich in *Fix und Foxi* umbenannt, und Kauka begann im Stil seines Vorbilds Walt Disney mit dem Aufbau seines Comic-Imperiums, das er 1979 an den Heinrich Bauer Verlag verkaufte. Heute lebt Kauka als Farmer in Georgia (USA).

Die erste Zusammenarbeit von Zeichnern aus Ost und West fand mit dem Album *Durchbruch* statt, mit dem insgesamt 30 Künstler aus 11 Ländern auf die Ereignisse um den 9. November 1989 reagierten. Das Album, an dem neben westlichen Stars wie Enki Bilal, Moebius, Milo Manara und Matthias Schultheiss auch Zeichner aus den ehemaligen Ostblockstaaten: Polen, Jugoslawien, Ungarn, der Sowjetunion und der DDR mitgearbeitet haben, erschien im April 1990 in 13 Ländern gleichzeitig.

Den wichtigsten europäischen Comic-Preis, den Prix Alph Art, erhielt im Januar 1992 auf dem Internationalen Comic-Salon im französischen Angoulême Frank Margerin für sein Gesamtwerk. In seiner Serie *Die Vorstadtgang* schildert er humorvoll und pointiert den Alltag der Jugendlichen in den Pariser »banlieus«.

Als bester deutscher Comic-Zeichner wurde 1992 auf dem alle zwei Jahre stattfindenden Salon in Erlangen Ralf König mit dem Max-und-Moritz-Preis ausgezeichnet, dessen schwule Knollennasenmännchen mittlerweile auch in fast allen europäischen Ländern sowie in den USA erscheinen.

Auflagenstärkster Comic in Deutschland ist die Serie *Asterix*. Der kauzige Gallier, der 1959 von Albert Uderzo und René Goscinny für die französische Zeitschrift *Pilote* erfunden wurde, wehrt sich im Jahr 50 v. Chr. zusammen mit seinem dickleibigen Freund Obelix in bereits 28 Alben gegen die römischen Besatzer. Jedes deutsche Album wird mit einer Druckauflage von 2,8 Mio. Exemplaren gestartet.

Die erfolgreichste deutsche Comic-Figur ist der Motorrad- und Flaschbier-Fan *Werner* aus der Feder des Kieler Zeichners Brösel (eigentlich Rötger Feldmann). Fünf Bücher sind mittlerweile erschienen. Die Gesamtauflage liegt bei 3,5 Mio. Exemplaren.

Der Deutschen liebste Comic-Figur ist nach mehreren Umfragen derzeit das *Marsupilami*. Der Belgier André Franquin erfand das gelbe Wundertier mit den schwarzen Flecken und dem acht Meter langen Schwanz 1952 für seine Comic-Serie *Spirou und Fantasio*. Als die Serie ab 1966 von anderen Zeichnern weitergeführt wurde, behielt Franquin die Rechte an seiner Schöpfung. Seit 1987 zeichnet er nun eine eigene *Marsupilami*-Serie, von der mittlerweile drei Alben vorliegen.

Als einziger Publikumspreis für Comics im deutschsprachigen Raum wird alljährlich der Prix Vienne von der Wiener Zeitschrift *Comic Forum* vergeben. Als bester deutscher Comic-

Verlag wurde zum elften Mal der Hamburger Carlsen Verlag ausgezeichnet. Zum besten Zeichner wurde der Belgier Hermann (*Jeremiah, Die Türme von Bos-Maury*), zum besten Autor der Brite Alan Moore (*Watchman, Swamp Thing, Die leisen Tode des Timothy Hole*) gewählt.

Den ersten deutschen Computer-Comic legte der 1948 in Brunsbuttelkoog im Kreis Dithmarschen geborene Zeichner Michael Götze mit der Albumreihe *Das Robot Imperium* vor. Darin schildert er den Kampf der letzten überlebenden Menschen gegen die Roboter, die die Macht erlangt und sich gegen ihre Schöpfer gewendet haben. Die Zeichnungen wurden sämtlich mit Hilfe einer Maus als Zeichengerät und eines 3-D-Programms am Bildschirm eines Atari 520 ST-Gerätes entwickelt.

Die teuerste Comic-Originalzeichnung fand Anfang 1990 in Paris einen Käufer: Für umgerechnet ca. eine Million DM wurde das Cover des *Tim und Struppi*-Albums *Die Zigarren des Pharaos*, von dem Belgier Hergé 1934 gezeichnet, versteigert. Der Käufer blieb anonym.

Erstmals wurde 1992 der Pulitzer Preis an einen Comic-Autor, den Amerikaner Art Spiegelman, verliehen. In seinem mittlerweile zweibändigen Werk *Maus* schildert er die industrielle Vernichtung der polnischen Juden während der Hitlerdiktatur; die Nazis stellt er als Katzen, die Juden als Mäuse dar. Spiegelmans Eltern sind beide Überlebende aus deutschen Konzentrationslagern.

KREUZWORTRÄTSEL

Das erste bekannte Kreuzworträtsel ist im September 1875 im New Yorker *St. Nicholas* veröffentlicht worden. Das alte 9 × 9-Rhombusrätsel hat der Engländer Dr. Kenneth Miller aufgestöbert. Miller ist selber ein Pionier auf dem Gebiet: Er erfand 1983 das farbige Kreuzworträtsel.

Das größte je veröffentlichte Kreuzworträtsel hatte 12 489 waagerechte und 13 125 senkrechte Wörter auf 82 951 Feldern. Das Riesenrätsel nahm 3,55 m^2 ein und war von Robert Trucot aus Quebec (Kanada) ausgetüftelt worden.

Ein Riesen-Kreuzworträtsel hat auch der polnische Maurer Jan Kubicki (* 1961) aus Freilingen (Nordrhein-Westfalen) mit 27 395 Begriffen erstellt. Im Frühjahr 1989 konnte er das Rekordrätsel von 120,5 × 57 cm vorstellen.

Das längste Bilderrätsel kommt aus Leipzig (Sachsen). Ralf Laue (* 1968) hat als Schüler ein 37,42 m langes und 4,3 cm breites Rebus mit 272 Bildern gezeichnet. Vom 7. April 1985 bis 23. August 1986 hat er insgesamt 611 Buchstaben und Zahlen sowie 309 Auslassungszeichen verschlüsselt – kein Bild tritt mehrfach auf.

Schnellster beim Lösen von Kreuzworträtseln ist der Brite Roy Dean aus Bromley, Kent. Unter Testbedingungen schaffte er am 19. Dezember 1970 in einer BBC-Sendung das Kreuzworträtsel in der *Times* in 3:45 Min.

Das längste deutsche Wort hat der Groß- und Außenhandelskaufmann Dieter Kramer (*1951) aus Mariental (Niedersachsen) in ein Rätsel eingebaut. Am 28. März 1992 erschien sein Lösungswort von 65 Buchstaben (Hallenleichtathletikweltmeisterschaftsqualifikationsveranstaltung) in einem Rekord-Rätsel, das die *Braunschweiger Zeitung* veröffentlichte.

Produktivster Erfinder von Kreuzworträtseln ist Roger F. Squires aus Ironbridge, Shropshire (GB). Bis September 1991 waren es über 37 500. Pro Woche schafft Squires im Schnitt 42 Rätsel. Am 6. September 1989 war im *Daily Telegraph* sein millionstes Kästchen auszufüllen.

MUSIK

INSTRUMENTE

Das früheste noch existierende Hammerklavier wurde 1720 in Florenz von Bartolomeo Cristofori (1655–1731) aus Padua (Italien) gebaut und befindet sich jetzt im Metropolitan Museum of Art in New York City (USA).

Der größte Flügel, der je gebaut wurde, wog 1,25 t und war 3,55 m lang; hergestellt wurde er 1935 von Chas. H. Challen & Sohn in London. Die längste Baßseite war 3,02 m lang, und die Zugbelastung auf dem 330 kg schweren Rahmen betrug mehr als 30 t.

Das größte Klavier stammt von der Bonner Klavierbaufirma David Klavins und ist eine aufrechte Hammerflügelkonstruktion mit einer Höhe von 3,7 m und einer Breite von 3,8 m. Das Gesamtgewicht beträgt etwa 2 t. Die längste Baßsaite ist 3,03 m lang. Wer nicht nach Bonn reisen möchte, um das Instrument live zu erleben, kann sich auf mehreren von Michael Ponti eingespielten CDs von der phänomenalen Fülle des Baßregisters überzeugen.

Teuerster Flügel war ein um 1888 gebauter Steinway, der am 26. März 1980 bei Sotheby Parke Bernet in New York 390 000 Dollar (769 470 DM) erzielte. Der Flügel war vom Martin-Beck-Theater angeboten und von einem Nicht-Klavierspieler erworben worden.

Dieses Cordellon ist die wohl größte Straßenmusik-Orgel mit 2,16 m Höhe, 1,4 m Breite und 0,7 m Tiefe. An jedem Wochenende spielt der Orchestermusiker Erwin Giessler in Colmar (Elsaß) vor dem Museum Bartholdy gleichzeitig vier der elf verschiedenen Glocken- und Saitenspiele des Instruments mit seinen insgesamt 853 Stimmen, die eine größte Klangvariation ergeben.

Das größte Cembalo, das vor dem 20. Jh. gebaut worden ist, stammte von dem Hamburger Instrumentenmacher Hieronymus Albrecht Hass (1689 – zwischen 1746 und 61) und wurde 1740 gebaut. Es hat drei Manuale, fünf Saitenbezüge, sechs Springer-Reihen und verschiedene Koppelmöglichkeiten. Das Instrument befindet sich im Besitz des Cembalisten Rafael Puyana.
Das größte im 20. Jh. gebaute Cembalo ist ein dreimanualiges Instrument der Firma Senftleben in Lamstedt (Niedersachsen). Es hat sechs Register und fünf Oktaven Spielumfang.

Die kleinsten spielbaren Cembali (Kielflügel) hat der Pariser Erfinder Jean Marius um 1700 gebaut. Es sind dreiteilige Klappinstrumente, die, zusammengeklappt, lediglich 1,5 × 0,25 × 0,2 m groß sind. Eines davon hat Friedrich II. gehört und kann im Musikinstrumenten-Museum des Staatlichen Instituts für Musikforschung, Berlin, bestaunt werden.

Der kleinste spielbare Flügel ist das Modell im Maßstab 1: 8 eines Instruments aus dem Jahr 1910 der Baltimorer Klavierbaufabrik Knabe und wurde von Emil J. Cost gefertigt. Der Flügel hat die Maße 19,5 × 8,67 × 16,5 cm.

Nicht nur als Rockgitarrist erregt Peter Prestel Aufsehen, er begeistert auch durch seine Auftritte mit der Akustikgitarre.

Das größte und lauteste Musikinstrument, das je gebaut wurde, ist die jetzt nur zum Teil bespielbare Auditoriums-Orgel in Atlantic City, New Jersey (USA). Dieses 1930 vollendete Instrument hat zwei Spieltische, einen mit sieben Manualen und einen weiteren beweglichen mit fünf, 1477 Registerzüge und 33 112 Pfeifen von 4,7 mm bis 19,5 m Größe. Es hat die Lautstärke von 25 Blaskapellen bei einem Umfang von sieben Oktaven. Es hat auch den lautesten Registerzug, den sogenannten Ophicleide-Zug.

Die größte voll funktionstüchtige Orgel der Welt ist die 1911 gebaute und bis 1930 erweiterte »Große Hoforgel« im Wanamaker Store von Philadelphia (USA). Sie hat sechs Manuale und 30 067 Pfeifen. Die Gravissima-Pfeife mißt 19,5 m.

Die größte elektronische Orgel steht in Rothenburg ob der Tauber. Der holländische Ingenieur Bo Hanus und Ehefrau Hannelore Hanus-Walther haben das Rekordinstrument in 20 Jahren entwickelt und unter Verarbeitung der modernsten Mikroelektronik gebaut. Mit 122 Stimmen, 45 Fußlagen, 305 Tasten und fünf Manualen übertrifft die Elektronikorgel an Klangreichtum und Tonumfang alles Vergleichbare. 80 215 Töne können auf einmal erklingen.

Die stärkste elektronische Orgel ist die 7000-W-*Golden Spirit*-Orgel von Robert A. Nye, die Henry N. Hunsicker entworfen hat. Sie hat 700 Lautsprecher und ist am 9. Dezember 1988 in Trump's Castle in Atlantic City, New Jersey (USA), eingeweiht worden.
Die Pfeifen-Orgel in der Kirche der amerikanischen Militärakademie West Point ist seit 1911 ständig gewachsen: von 2406 auf 18 200 Pfeifen.

Die größte Kirchenorgel der Welt befindet sich im St.-Stephans-Dom in Passau (Niederbayern). Die Pfeifen-Orgel wurde 1924–28 von D. F. Steinmeyer & Co. eingebaut und 1977–80 von Orgelbaumeister L. Eisenbarth, Passau, umgebaut und erweitert. Sie besteht jetzt aus Hauptorgel, Chororgel, Epistelorgel, Evangelienorgel und Fernorgel. Im ganzen besitzt das mächtige Instrument 231 Register, 17 388 Pfeifen und 134 Glocken. Die größte Pfeife ist 11,3 m lang, hat einen Durchmesser von 50 cm und wiegt 306 kg. Vom großen Hauptspieltisch aus (fünf Manuale) sind alle Teilwerke der Orgel elektrisch bespielbar.

Die älteste noch spielbare Pfeifen-Orgel der Welt stammt aus dem Jahr 1390 und befindet sich in der Cathédrale de Notre Dame de Valère in Sion (Sitten), Schweiz. Sie wurde erstmals 1687 und zuletzt 1954 restauriert. In jedem Sommer wird mit ihr ein Festival mit Aufführungen alter und neuer Orgelmusik veranstaltet. Die Orgel hat acht Register, von denen vier noch aus gotischer Zeit stammen.

Die älteste wieder spielbare Pfeifen-Orgel (nach der Rekonstruktion) steht in Budapest – Aquincum – (Ungarn). Die 1959 restaurierte/rekonstruierte mechanische Orgel mit vier Registern und 52 Pfeifen wurde 228 n. Chr. dem Kollegium der Tuchweber in Aquincum, der damaligen Hauptstadt der römischen Provinz Ostpannonien, geschenkt. Sie gilt als vollständigster und wertvollster Fund einer römischen Orgel.

Die älteste und einzige Bambus-Orgel der Welt steht in der katholischen Kirche von Las Piñas, einem Vorort von Manila (Philippinen). Angeblich mangels anderer Materialien begann der Missionar Diego Cerra im Jahr 1794 mit dem Bau dieser Pfeifen-Orgel, die noch heute in Gebrauch ist.

Als größte Freiluft-Orgel der Welt gilt die Heldenorgel im Bürgerturm der Festung Geroldseck hoch über der Stadt Kufstein am Inn, Tirol (Österreich). Diese Pfeifen-Orgel wurde 1931 erbaut, 1970/71 erweitert und verfügt jetzt über vier Manuale und 4307 Pfeifen. Schallöffnungen im Festungsturm ermöglichen es, das Orgelspiel kilometerweit zu hören.

Die größte noch erhaltene spielbare Kino-Orgel Europas steht im Musikinstrumenten-Museum des Staatlichen Instituts für Musikforschung, Berlin. Es ist eine 1929 für den Industriellen Werner Ferdinand von Siemens gebaute Orgel der Rudolph Wurlitzer Company mit viermanualigem Spieltisch. Neben normalen Orgelpfeifen hat die elektrisch-pneumatische Orgel eine Vielzahl von Schlagzeug- und Effektinstrumenten eingebaut, Marimbaphon, große und kleine Trommel, Kastagnetten,

Glockengeläut, Vogelgezwitscher, Sturmgeheul und Tusch.

Die größte transportable Kirmes-Orgel der Welt mit 125 Tonstufen gehört dem Bonner Schausteller Rudolf Barth. Die Konzertorgel kommt aus dem Schwarzwald, ist 9,5 m lang und 3,1 m hoch. Sie ist pneumatisch gesteuert und sorgt schon seit Jahrzehnten für Vergnügen bei jung und alt.

Der klassische Pianist mit der längsten internationalen Karriere ist der in Amerika lebende Pole Mieczyslaw Horszowski (* 1892). Sein offizielles Debüt gab er 1902 mit Beethovens Erstem Klavierkonzert. Noch 1991 konzertierte er, u. a. am 4. Juni in Londons Wigmore Hall, drei Wochen vor seinem 99. Geburtstag.

Die kleinste spielbare Pfeifen-Orgel, ein Portativ (eine tragbare Orgel, auf der man mit der rechten Hand spielt, während die linke den Blasebalg betätigt), hat der Berliner Orgelbauer Andreas Hermert (* 1963) gebastelt. Die Mini-Orgel (92 × 35 × 39 mm) ist mit einer voll funktionsfähigen Mechanik, Pfeifen aus Zinn und mit einem zweifachen Blasebalg ausgestattet.

Im Drehorgelspielen kam Rolf Becker (* 1947) aus Halle (Sachsen-Anhalt) vom 14. bis 16. Februar 1989 auf 48 Std. Dauerspielzeit. Auf drei historischen Walzen-Drehorgeln schaffte der Maschinenbau-Ingenieur mit dem grauen Vollbart, der leicht verbeulten Melone auf dem Kopf und der Nickelbrille seinen Rekord in einem Berliner Studentenklub.

Drehorgel-Superfest: Beim 10. Internationalen Drehorgelfest feierten 250 Leierkastenmänner und -frauen vom 5. bis 8. Juli 1990 in Berlin den 200. Geburtstag der Drehorgel. Spieler aus Frankreich, aus den Niederlanden, der ČSFR, aus Großbritannien, aus Dänemark, der Schweiz, Italien und den USA gaben zusammen mit ihren deutschen Gastgebern ihr Superkonzert am Brandenburger Tor und verwandelten die »Linden« in eine nostalgische Klangmeile.

Die größte Panflöte stammt von Simon Desorgher und Lawrence Casserley. Fünf Kontrabaßpfeifen haben jeweils einen Durchmesser von 10 cm und sind 4,79, 4,16, 3,6, 3,1 und 2,66 m lang. Die fünf Baßpfeifen haben jeweils einen Durchmesser von 5 cm und sind 2,39, 2,08, 1,8, 1,52 und 1,33 m lang. Erstmals vorgestellt wurde die Panflöte am 9. Juli 1988 bei einem Konzert in den Londoner Jubilee Gardens.

Die kleinsten und leichtesten Panflöten fertigt Willi Herberling (*1912) aus Ludwigshafen (Baden-Württemberg) aus ausgedienten Fiebermessern. Die leichteste wiegt nur 6 g, ist 9,5 × 5,5 mm groß, mit Tonhöhe C-Dur, mit 80 Prozent Lautstärke einer Holzflöte und wurde am 2. Mai 1992 auf dem Hobby-Künstlermarkt in Ludwigshafen vorgestellt.

Das größte bekannte Blechinstrument ist eine 2,28 m hohe Tuba mit 11,8 m langer Schallröhre und einem Schalltrichter von 1 m Durchmesser. Diese Kontrabaß-Tuba wurde für eine Welttournee der Kapelle des amerikanischen Komponisten John Philip Sousa (1854–1932) um 1896–98 gebaut und wird auch heute noch gespielt. Das Instrument gehört jetzt einem Zirkusunternehmen in Südafrika.

Die älteste erhaltene Zugtrompete stammt von Huns Veit, datiert Naumburg 1651. Sie befindet sich im Musikinstrumenten-Museum des Staatlichen Instituts für Musikforschung in Berlin. Durch Ausziehen des Trompetenzugs kann der tiefste Ton um drei Halbtöne vertieft werden.
Die älteste noch erhaltene datierbare Trompete wurde 1523 von Ubaldo Montini in Siena gearbeitet. Im Lauf der Jahrhunderte mehrfach restauriert, ist nur noch der Zierkranz original. Das Instrument befindet sich im Staatlichen Institut für Musikforschung, Berlin.

Russische Hörner, eintonige und ventillose Instrumente, setzt als einziges der Welt das Erzgebirgsensemble Aue (Sachsen) vollgültig in seinem Programm ein.

Das längste Alphorn entstand 1988 in der Alphornwerkstatt von Josef Stocker in Kriens, Luzern (Schweiz). Das 37 m lange Rekordinstrument wurde am 29. Oktober zur Eröffnung des SZU-Tunnels in Zürich der Öffentlichkeit vorgestellt. Musik Hug und Radio Zürich bestätigten, daß es blasbar ist. Seine tiefsten Töne sind vom menschlichen Ohr nicht mehr zu hören.

Das größte bewegliche Saiteninstrument, das je gebaut wurde, war ein Pantaleon (dem Hackbrett verwandt) mit 370 Saiten, die eine Fläche von 4,6 m^2 einnahmen.

Cellissimo Grandioso

Zum größten Ständchen der Welt fanden am 14. Juni 1992 auf dem Ehrenhof des Neuen Palais im Schloßpark von Potsdam-Sanssouci 341 Cellisten vor rund 7000 Zuschauern zusammen. Als Stimmführer spielten die zwölf Cellisten der Berliner Philharmoniker, die auf Initiative von Rudolf Weinsheimer, Solo-Cellist der Berliner Philharmoniker, zum eigenen 20jährigen Jubiläum als auch zum 750jährigen Bestehen von Berlin-Zehlendorf, Cellisten aus der näheren und weiteren Umgebung, selbst aus der Schweiz und aus Rio de Janeiro gerufen hatten, um das 1000jährige Potsdam (1993) zu begrüßen. Liebhabermusiker und Prominenz trafen zu einem Cello-Orchester von noch nie dagewesener Dimension zusammen. Dirigent Gernot Schulz hatte die Cellisten von 8 bis 93 Jahren gut im Griff und bot den Tausenden im Stehparkett und auf dem Rasen eine Huldigung an das Violoncello.

Die größte spielbare Gitarre (und möglicherweise auch die lauteste) ist 11,63 m lang, 4,87 m breit und wiegt 446 kg. Studenten der Shakamak High School von Jasonville in Indiana (USA) haben sie nach dem Modell der Gibson *Flying V* gebaut. Eingeweiht wurde die Riesengitarre am 17. Mai 1991, als sechs High-School-Mitglieder simultan auf ihr spielten, und das war dann über sechs Verstärker zu hören.

Die kleinste Elektrogitarre hat Daniel Kalbermatten (* 1969) aus Rüfenacht, Bern (Schweiz), gebastelt. Das Kleinstinstrument ist 31,5 cm lang, 0,8 cm tief, 8 cm (Korpus) und 1,5 cm breit (Hals), komplett mit allem technischen Zubehör, voll funktionsfähig und aus Qualitäts-Gitarrenholz gefertigt.

Teuerste Gitarre war bisher eine *Fender Stratocaster*, die dem legendären Rock-Gitarristen Jimi Hendrix (1942–70) gehört hatte und von dessen ehemaligem Schlagzeuger Mitch Mitchell angeboten worden war. Bei Sotheby's in London hat sie am 25. April 1990 ein anonymer Käufer für 198 000 Pfund (568 260 DM) erworben.

Am schnellsten Gitarre spielen konnte bisher Peter Prestel (*1965) aus Ismaning (Bayern). Am 2. September 1990 erzeugte er ohne irgendwelche Hilfsmittel auf einer sechssaitigen Gitarre 8600 Töne in einer Minute. Außerdem hat der junge Künstler perfekt die *Capricci* von Niccolò Paganini (1782-1840) auf Akustikgitarre transkribiert.

Der größte Kontrabaß, der je gebaut wurde, war 4,26 m hoch und wurde 1924 (angeblich nach Aufforderung durch den Erzengel Gabriel) von Arthur K. Ferris in Ironia, New Jersey (USA), hergestellt. Der Baß wog 590 kg mit einem Resonanzboden von 2,43 m Breite und hatte lederne Saiten von insgesamt 31,7 m Länge. Die tiefsten Töne konnten nicht gehört, sondern nur gefühlt werden.

Nicht ganz diese Rekordmaße erreicht der am 27. Januar 1983 in Oberwesel (Rheinland-Pfalz) hergestellte voll spielbare Kontrabaß mit 3,6 m Höhe, 1,1 m Breite und 0,48 m Tiefe. Der Winzer Bernhard Becker (* 1957) und der Bankkaufmann Christoph Neubauer (* 1958) bauten ihre

mit vier Kunststoffsaiten bespannte Baßgeige in drei Wochen. Klangfarbe und Tonproduktion entsprechen einem Original-Kontrabaßinstrument.
Daß ein Kontrabaß von 16 Musikern gleichzeitig gespielt werden kann, wurde am 6. Juni 1989 bei einer Aufführung von Strauss' *Perpetuum mobile* in der Stadthalle von Blandford in Dorset (GB) demonstriert. Fünf Musiker entlockten dem Kontrabaß die Töne mit Fingern, elf mit einem Bogen.

Den höchsten Preis, der bisher für ein Violoncello auf einer Auktion bezahlt wurde, erzielte mit 682 000 Pfund (etwa 2,13 Mio. DM) ein Instrument, das Antonio Stradivari um 1698 in Cremona (Italien) gebaut hatte. Das als *Cholmondeley* bekannte Violoncello wechselte am 22. Juni 1988 bei Sotheby's in London den Besitzer.

Der höchste Preis, der je für ein Musikinstrument bezahlt wurde, liegt bei 902 000 Pfund (2,59 Mio. DM). Für diese Summe wechselte am 21. November 1990 auf einer Versteigerung des Londoner Auktionshauses Christie's eine Violine von Antonio Stradivari den Besitzer. Für das 1720 gebaute Instrument, das früher einmal der Bankiersfamilie Mendelssohn gehört hatte, wurden damit 330 000 Pfund mehr geboten als für das bisher teuerste auktionierte Instrument, eine Violine des italienischen Geigenbauers Giuseppe Guarneri ›del Gesù‹ (1698–1744), für die im November 1988 bei Sotheby's in London 572 000 Pfund geboten worden waren.

Für den teuersten Geigenbogen wurden bei Sotheby's 79 200 Pfund (umgerechnet ca. 235 224 DM) geboten. Er wurde von François Tourte (1747–1835), dem berühmtesten Bogenmacher aller Zeiten, gefertigt.

Der höchste Auktionspreis für ein altes Blasinstrument wurde am 16. März 1988 auf einer Versteigerung bei Christie's, London, bezahlt: 44 000 Pfund (137 676 DM) erzielte eine säulenförmige Altblockflöte, gefertigt um 1535 von Hans von Schrattenbach.

Der erste Geiger, dem es gelang, unter Wasser zu spielen, ist Mark Gottlieb. Im Schwimmbad des Evergreen State College in Olympia, Washington (USA), gab er im März 1978 ein Unterwasserkonzert von Händels *Wassermusik*. Er arbeitet noch am Problem der Bogengeschwindigkeit und am abgesetzten Bogenstrich.

In der japanischen Fernsehsendung *Überbieten Sie Guinness* stellte sich am 7. Oktober 1979 auf Kanal 7 ein unter Wasser fiedelndes Violin-Quartett vor.

Zitherspiel-Unterwasser unterhielt am 7. Juli 1983 die Schaulustigen am Ufer des Kalterer Sees. Aus 2,8 m Tiefe erklangen 1:03:17 Std. hindurch Walzerklänge. Der Südtiroler Egon Finazzer (* 1929) hatte sich mit Preßluft und Taucheranzug in einem Glaskasten zum geliebten Zitherspiel ins Wasser gesetzt.

Eine nur 41,5 mm hohe Violine, die theoretisch spielbar ist, baute der Metallarbeiter Martin Wilhelm aus Weißenbach (Österreich) in über 200 Std. aus Originalholzteilen, aus Fichte, Ahorn und Ebenholz. In der 1980 veranstalteten Ausstellung *Musikschaffen im Außerfern* in der Raika-Galerie in Reutte (Österreich) war sie zu besichtigen.

Das höchste klavierähnliche Instrument mit einer 6,1 m hohen Baßseite baute in einjähriger Arbeit der Klavierstimmer Eckhard Schäfer (* 1933) aus Rothenburg ob der Tauber (Bayern). Dieses ungewöhnlich klangvolle Tasteninstrument verfügt neben den beiden üblichen Pedalen über vier weitere Pedale für Lautenklang, für Oktavflageolett-Töne, für Echoklang und zum Anschlagen eines Gongs. Rechtzeitig zur Saison 1988 hat es seinen Platz in der Galerie Saustall am Siebersturm in Rothenburg ob der Tauber gefunden.

Das größte Akkordeon der Welt ist im Besitz des Musikinstrumentenmuseums Markneukirchen im sächsischen Vogtland. Es besitzt 123 Drucktasten, 360 Bässe, ist dreichorig und muß von sechs Personen gespielt werden.

Klavierspiel an der Wand führte der in Wien lebende Pianist und Komponist Krzysztof Wolczak (* π1952 in Krakau) im Roten Engel in Wien am 9./10. Mai 1985 vor. Der »schräge Otto« hing samt Klavier und Sitz nur an einem Haken aus steirischem Stahl und spielte nonstop 12:08 Std. von »unten nach oben« und umgekehrt in seiner Querlage.

Rücklingsspiel auf der Zither: 3:41 Std. spielte am 13. August 1989 »Zither-Luis«, der Postbeamte und Landwirt Alois Gehmair (* 1957), aus Ungemach (Oberösterreich), ohne Unterbrechung seine Zither. Im Stehen rücklings zupfte er spiegelverkehrt zum Normalspiel die Saiten auf einer auf einer kleinen Holzkonstruktion stehenden Zither und überbot beim Ungemacher Kirtag-Fest den Rekord einer Burgenländerin um 1:35 Std.

Die größte Trommel, die je konstruiert wurde, gab es mit einem Durchmesser von 3,65 m und einem Gewicht von 272 kg beim Welt-friedensjubiläum in Boston (USA) im Jahr 1872.

Die größte Schlagzeugausrüstung nennt Darreld MacKenzie aus Calgary (Kanada) sein eigen. Sie besteht aus 81 Instrumenten (45 Trommeln, 15 Becken, 2 Triangeln, 6 Kuhglocken u. a.).

Die höchsten und tiefsten Töne von Orchesterinstrumenten (ausschließlich der Orgel) reichen von einem Handglöckchen, das auf g^5 (6272 Hz) gestimmt ist, bis zur Subkontrabaßklarinette, die A2 (27,5 Hz) erreichen kann.

ORCHESTER

Das älteste existierende Sinfonieorchester ist das Leipziger Gewandhausorchester. Es geht zurück auf 16 Musiker, die sich 1743 zusammenfanden, um einen Konzertzyklus mit dem Namen *Das Große Concert* abzuhalten. Der heutige Name des Orchesters bezieht sich auf die seit 1781 im damals neu erbauten Gewandhaus zuerst von Johann Adam Hiller veranstalteten Konzertabende.

Das an Mitwirkenden stärkste Orchester, das je zusammengestellt wurde, hatte 20 100 Mitglieder; im Ullevaal Stadion in Oslo (Norwegen) spielten am 28. Juni 1964 dem Norges Musikkorps Forbund angehörende Kapellen aus ganz Norwegen. Am 17. Juni 1872 dirigierte Johann Strauß Sohn (1825–99) ein Orchester mit 987 Mitwirkenden, unterstützt von einem Chor von 20 000; das Konzert fand im Rahmen des Weltfriedensjubiläums in Boston (USA) statt. Dabei gab es 400 erste Geigen. Am 4. November 1990 vereinigten sich im Magdalena-Mixhiuca-Sportzentrum von Mexico City 13 Jugendorchester aus Mexiko und Venezuela zu einem einzigen, 1500 Musiker starken Orchester und gaben ein Konzert mit Werken u. a. von Händel, Tschaikowski, Beethoven und Dvořák. Die Leitung hatte der mexikanische Dirigent Fernando Lozano.

Als Gustav Mahlers *Sinfonie Nr. 8* 1910 in Wien erstmals aufgeführt wurde, hatten Orchester und Chor ca. 1000 Mitwirkende, deshalb erhielt die Sinfonie auch den Beinamen *Sinfonie der Tausend*.

Die größte Marschkapelle bestand aus 4524 Musikern. Unter ihnen allein 1342 paradierende Majorettes. Unter der Leitung von US-Schauspieler Danny Kaye (1913–87) spielte sie am 15. April 1985 im Dodger-Stadion von Los Angeles (USA).

Auf die längste Zusammenarbeit können das Sinfonieorchester von Cork (Irland) und sein Dirigent Dr. Aloys Fleischmann zurückblicken: Die Spielzeit 1991/92 war bereits die 58. Spielzeit unter Fleischmanns Leitung.

Das größte Akkordeon-Orchester spielte am 20. Oktober 1991 in der Großsachsenheimer Sporthalle (Baden-Württemberg) *Moonlight*, eine Komposition von Mit-Initiator des Solistenkonzerts Rudi Saric. 339 Akkordeonisten aus insgesamt 15 Ländern, von der jüngsten siebenjährigen Schülerin bis zur 62 Jahre alten Lehrerin, musizierten gemeinsam bei der Trophée Mondial de l'Accordéon.

Der größte Posaunenchor war am 5. Juni 1988 zum 32. Landesposaunentag der evangelischen Christen in Ulm versammelt. 726 Posaunenchöre mit 10 000 Bläsern bliesen gemeinsam den triumphalen Schlußchor *Gloria sei Dir gesungen* auf dem Münsterplatz.

Der größte Chor – Freuden- oder andere Gesänge bei Fußball- oder anderen Stadionfesten ausgenommen – bestand aus 60 000 Sängern. Gemeinsam bestritten sie am 2. August 1937 das Finale bei einem Sängerwettstreit in Breslau, zu dem insgesamt 160 000 Teilnehmer angetreten waren.

Der älteste weltliche Kinderchor ist der Stadtsingechor Halle (Sachsen-Anhalt), der im Jahr 1116 erstmals urkundlich erwähnt wurde. Er gehört heute der Hallischen Philharmonie an und widmet sich dem klassischen Erbe, insbesondere der Pflege Händelscher Musik.
Der Leipziger Thomanerchor wurde im März des Jahres 1212 gegründet. Aus dieser Zeit stammt die Gründungsurkunde des Augustiner-Chorherrenstifts, aus dem die Schule Thomana, die Geburtsstätte des Chores, hervorging.

Der größte Jugendchor sang am 27. Mai 1990 auf der Wiener Donauinsel im Rahmen der Aktion *Earth 90* ein Lied zur Erhaltung der Natur. Gary Lux und Christian Kolonovits und 9000 Kinder stimmten das Lied für die Erde mit dem Titel *Count down* an.

KONZERTBESUCHER

Die größte Zahl von Konzertbesuchern, die je bei einem Konzert klassischer Musik erreicht wurde, betrug geschätzte 800 000. Sie waren zu einem Open-Air-Konzert im New Yorker Central Park am 15. Juli 1986 zusammengekommen, als Zubin Mehta das New Yorker Philharmonische Orchester im Rahmen der Feierlichkeiten zum 100. Geburtstag der amerikanischen Freiheitsstatue dirigierte.

Das bestbesuchte Popkonzert war Steve Wozniaks US-Festival im Jahr 1983, zu dem 725 000 Fans gekommen waren. Beim dritten Pop-Festival auf der East Afton Farm in Freshwater, Isle of Wight (GB), am 30. August 1970 waren es 400 000 Besucher.

Die meisten zahlenden Zuschauer bei einem Solokonzert wurden am 21. April 1990 im Maracaña-Stadion von Rio de Janeiro (Brasilien) gezählt: 180 000 bis 184 000 waren gekommen, um Paul McCartney (* 1942) zu hören.

Trotz naßkalten Wetters konnte Herbert Grönemeyer am 20. Mai 1991 Tausende zu einem Open-Air-Konzert auf eine Wiese der Landwirtschaftlichen Produktionsgenossenschaft Concordia Ahrensfelde (Brandenburg) locken. Die Angaben variieren zwischen 80 000 und 140 000 Fans – sicher ist jedoch, daß 80 000 Eintrittskarten verkauft wurden.

Sommer 1992 mit gigantischen Konzerten

Die Sportstadien werden langsam zu klein, wenn die Superstars der Popszene auf Tournee gehen. Im Sommer 1992 kamen so viele internationale Megastars wie noch nie nach Deutschland. Dire Straits, Prince, Michael Jackson, Elton John, Guns'n' Roses, Eric Clapton, Joe Cocker, Genesis sind nur einige der glanzvollen Namen. Und die Fans strömen in Scharen zu allen Veranstaltungen. Zu den neun Konzerten von Genesis erwarten die Veranstalter insgesamt 900 000 Zuschauer. Wie auch alle Gruppen bietet das Trio mit Frontmann Phil Collins eine aufwendige Bühnenschau. Allein drei *Jumbo*-Jets waren erforderlich, um das nötige Equipment über den großen Teich nach Europa zu schaffen, das dort von 41 Sattelschleppern übernommen wurde, um es zu den verschiedenen Tourneeorten zu befördern. Der Aufbau der Bühne (1260 m^2) hält bis zu 600 Arbeiter ca. 6000 Stunden auf Trab. Die Technik (300 Lichtspots, neun manuell gesteuerte Videokameras) wird während des Konzerts von 60 Technikern und 100 Helfern betreut. Damit auch die weiter von der Bühne entfernten Zuschauer noch etwas mitbekommen, werden drei bewegliche Video-Wände (Jumbotron) aufgebaut, die die Show auf einer Fläche von jeweils 72 m^2 übertragen. Auch die Anwohner der jeweiligen Konzertorte haben etwas von dem Spektakel. Dafür sorgen zwei 30 m hohe Lautsprechertürme mit 250 000 Watt Leistung.

Erfolgreichste Konzerttournee war »Steel Wheels«, die 1989 die Rolling Stones durch Nordamerika führte. Die Gastspielreise lockte in 30 Städten 3,2 Mio. Fans an und erbrachte schätzungsweise 310 Mio. Dollar.

Die meisten Fans lockte der amerikanische Superstar Michael Jackson an. Bei 7 Konzerten im Londoner Wembley-Stadion (14., 15., 16., 22. und 23. Juli, 26. und 27. August 1988) waren jeweils 72 000 Plätze restlos besetzt. Macht zusammen 504 000 Besucher.

Das größte Spektakel in der Rockgeschichte fand am 21. Juli 1990 unterm Berliner Himmel statt. Am Potsdamer Platz, auf dem ehemaligen Todesstreifen, ging *The Wall*, die Rock-Oper des Pink-Floyd-Vormannes Roger Waters, über die größte Bühne, die je gebaut worden ist: Die Stahlkonstruktion war 168 m breit und – am höchsten Punkt – 25 m hoch. Schätzungsweise 300 000 Zuschauer verfolgten die Show, an der 600 Menschen mitwirkten und die in einem symbolischen Finale gipfelte: Eine Mauer aus 3 000 Styroporblöcken wurde zum Einsturz gebracht.

KOMPONISTEN

Der produktivste Komponist aller Zeiten war wahrscheinlich der Deutsche Georg Philipp Telemann (1681–1767). Er komponierte 1043

Liza Minelli vereinte mit *We are the Champions* alle Künstler zum Finale.

Kirchenkantaten, 78 Messen, 40 Opern, gegen 1000 Orchestersuiten (von denen allerdings nur etwas über 100 erhalten sind), 53 Passionen, dazu Konzerte und Kammermusik.

Der produktivste Sinfonie-Komponist war ebenfalls ein Deutscher: Johann Melchior Molter (1695–1765), der 170 Sinfonien schrieb.
Der Österreicher Joseph Haydn (1732–1809) schrieb 108 Sinfonien, von denen viele heute noch regelmäßig gespielt werden.
Das größte Musikergeschlecht des Abendlandes ist die Bach-Familie. Während zweier Jahrhunderte Musikgeschichte zählte dieses Geschlecht in sechs Musikergenerationen 70 Berufsmusiker, darunter 20 Komponisten.

Der schnellste Komponist der Wiener Klassik war Wolfgang Amadeus Mozart (1756–91), zugleich auch der produktivste. Er schrieb allein 625 im KV verzeichnete Opern, Singspiele, Sinfonien, Violinsonaten, Divertimenti, Serenaden, Motetten, Konzerte für Klavier und viele andere Instrumente, Streichquartette, andere Kammermusik, Messen und Kantaten, von denen nur 70 veröffentlicht wurden, bevor er im Alter von 35 Jahren starb. Seine Oper *La Clemenza di Tito* (1791) stellte er in 18 Tagen fertig, und drei sinfonische Meisterwerke, die *Sinfonie Nr. 39*, die *Sinfonie Nr. 40 in g-Moll* und die *Jupitersinfonie in C* (Nr. 41), schrieb er angeblich im Jahr 1788 im Zeitraum von 42 Tagen. Seine Ouvertüre zu *Don Giovanni* schrieb er 1787 in Prag in einem Zug und vollendete die Oper erst am Tag ihrer Uraufführung in der Prager Oper.

Die längste von allen klassischen Sinfonien ist die *3. Sinfonie in d-Moll* von Gustav Mahler (1860–1911). Dieses Werk aus dem Jahr 1896 erfordert eine Altstimme, einen Frauen- und einen Knabenchor sowie ein großes Orchester. Eine komplette Aufführung dauert 1:40 Std., davon allein der erste Satz zwischen 30 und 36 Min.

Havergal Brians (1876–1972) *Sinfonie Nr. 1* (die *Gotische*), komponiert in den Jahren 1919–27, wurde 1981 im Rundfunk gespielt; die Aufführung dauerte 1:45:30 Std. Eine 1990 veröffentlichte Aufnahme dieser Sinfonie benötigt für das Mammutwerk sogar 111 Min. und mehr als 600 Musiker und Sänger. Für diese Compact-Disc-Produktion des Labels Marco Polo wurden sieben Chöre, mehrere Solisten und zwei Sinfonieorchester engagiert. Brian schrieb sogar ein noch längeres Werk, das auf der Dichtung *Prometheus Unbound* (Der entfesselte Prometheus) des englischen Dichters Shelley basiert und mehr als 4 Std. dauert. Die vollständige Partitur wird jedoch seit 1961 vermißt.
Eine Aufführung der Komposition *Sequentia Cyclica* von Kaikhosru Shapurji Sorabji (* 1892) würde mehr als 5 Std. in Anspruch nehmen; das Werk ist aber noch nicht publik gemacht worden. Die Sinfonie *Sieg auf dem Meer* des Amerikaners Richard Rodgers (1902–79), die 1952 für das NBC-Fernsehen arrangiert wurde, dauerte 13 Std. und ist damit zweifellos **die längste Sinfonie eines zeitgenössischen Komponisten.**

Der Komponist der meisten Flötenkonzerte war Johann Joachim Quantz (1697–1773). Als Flötenlehrer Friedrichs des Großen schrieb er rund 300 Konzerte für den Monarchen. Friedrich der Große komponierte selbst mindestens 121 Flötensonaten, womit er an der Spitze dieser Werkgattung liegt.

Erfolgreichster Komponist von Marschmusiken war der Kapellmeister Hermann Ludwig Blankenburg (1876–1956) aus Wesel. Er komponierte 1350 Märsche für großes Orchester, darunter *Gladiators Farewell* oder auch *Klar zum Gefecht.*

Das längste fortlaufende, sich nicht wiederholende Klavierstück, das bisher öffentlich gespielt worden ist, heißt *The Well-Tuned Piano* (Das gut gestimmte Klavier). Der Komponist ist La Monte Young; das Stück wurde zum ersten Mal von der Dia Art Foundation am 28. Februar 1980 in New York aufgeführt und dauerte 4:12:10 Std.

Die längste Klavierkomposition ist *Symphonische Variationen* von Kaikhosru Shapurji Sorabji (1892–1988), deren Aufführung im vorgeschriebenen Tempo 6 Std. dauert. Die Noten füllen 500 engbeschriebene Manuskriptblätter oder 3 Bände. Sorabji hat seine *Symphonischen Variationen* in den dreißiger Jahren für Klavier und Orchester geschrieben.

Die leiseste Komposition stammt von John Cage (* 1912). Sein Werk mit dem Titel *433* aus dem Jahr 1952 besteht aus 4:33 Min. Stille und ist in drei Sätzen für beliebige Instrumente bestimmt. Diese Komposition von Stille ist wegen ihrer Umstürzung ästhetischer Normen zu einem Schlüsselwerk der neuen Musik zu zählen.

HÖCHSTBEZAHLTE MUSIKER

Pianisten: Wladziu Valentino Liberace (1917–87, USA) hat innerhalb einer Saison von 26 Wochen mehr als 2 Mio. Dollar (3,4 Mio. DM) verdient. Seine Spitzengage von 138 000 Dollar (damals ca. 550 000 DM) bekam er 1954 für einen einzigen Abend im Madison Square Garden, New York City (USA).

Der höchstbezahlte klassische Pianist war Ignacy Jan Paderewski (1860–1941), 1919/20 Ministerpräsident von Polen, der ein Vermögen von schätzungsweise 5 Mio. Dollar (21 Mio. DM) anhäufte, von denen er 500 000 Dollar (damals 2,1 Mio. DM) während einer einzigen Saison 1922/23 verdiente.

Unter den von Sängern verdienten Vermögen sind die größten das von Enrico Caruso (1873–1921), dem italienischen Tenor, dessen Besitz sich auf 9 Mio. Dollar (damals 37,8 Mio. Goldmark) belief, und das der italienisch-spanischen Koloratursopranistin Amelita Galli-Curci (1889–1963), die etwa 3 Mio. Dollar (12 Mio. DM) verdiente.

Abschied von einer Legende

Er war schon zu Lebzeiten eine Legende und hat die Popmusik unseres Jahrhunderts mitgeprägt: der am 24. November 1991 an AIDS verstorbene Leadsänger von Queen, Freddie Mercury. Zu seinem Gedenken wurde im April 1992 im Londoner Wembley-Stadion ein Konzert der Superlative gegeben, das über 13 Kanäle per Satellit in 70 Länder der Erde übertragen wurde und von rund einer Mrd. Menschen gesehen und gehört wurde. Zwischen den Live-Auftritten der 98 Stars wie George Michael, David Bowie, Elton John, Annie Lennox, Robert Plant, Roger Daltrey, Lisa Stansfield wurden über Satellit Auftritte von Michael Jackson, Madonna und Magic Johnson (der ebenfalls an AIDS erkrankt ist) eingespielt, auf zwei neben der Bühne aufgebauten 60 m^2 großen Videowänden waren Video-Clips von Queen und Freddie Mercury zu sehen. Die 72 000 Besucher des Konzerts feierten ihr Idol, als stünde es live auf der Bühne. Mit einigen Takten der Queen-»Hymne« *Bohemian Rhapsody* eröffneten die verbliebenen Mitglieder von Queen das Konzert, gefolgt von Hardrock-Gruppen wie Metallica, Extreme, Def Leppard, Spinal Tap und Guns'n' Roses. Zum Finale vereinte Liza Minelli alle beteiligten Stars zu *We are the Champions*, einem der größten Hits von Queen, auf der Bühne. Bei *God Save the Queen* – dem traditionellen Abschluß der Queen-Konzerte – erschien dann König Freddie noch einmal auf der Leinwand: mit britischer Flagge und Krone. Der Reinerlös des Konzerts (alle Künstler verzichteten auf Gage) ging an die AIDS-Hilfe – hier schwanken die Angaben zwischen 8 und 60 Mio. DM.

Blick auf die Menschenmenge im Londoner Wembley-Stadion.

Zugkräftigste Sängerin: 1850 wurden bis zu 653 Dollar für einen einzigen Platz bei den Konzerten bezahlt, die Johanna (»Jenny«) Maria Lind (1820–87), die schwedische Nachtigall, in den USA gab. Ihre Stimme hatte eine Reichweite von g bis e''', deren Mittelregister noch heute als unübertroffen gilt.

Den höchstdotierten Werbevertrag hat vermutlich Michael Jackson (* 29. August 1958) erhalten. Nach Berichten vom 21. März 1991 soll darin das japanische Unternehmen Sony dem amerikanischen Popstar 500 Mio. Pfund (etwa 1,5 Mrd. DM) in 15 Jahren zugesichert haben – für Musikserien, TV- und Filmprojekte. Kein Wunsch blieb offen, und im gleichen Monat hat auch Michaels Schwester Janet einen ansehnlichen Vertrag unter Dach und Fach gebracht: Virgin Records sicherte ihr angeblich für zwei Langspielplatten stolze 32 Mio. Dollar (ca. 54 Mio. DM) zu.

Eine Super-Gage von 1,5 Mio. Dollar (damals 3,63 Mio. DM) strich der Popsänger David Bowie für einen einzigen Auftritt ein – am 26. Mai 1983 beim US-Festival im Glen Helen Regional Park von Kalifornien. Eine ähnlich hohe Summe kassierte die vierköpfige Rockband Van Halen.

OPER

Die erste Oper, von der wir wissen, war *La Dafne* von Jacopo Peri (1561–1633). Sie wurde 1597 während des Karnevals in Florenz uraufgeführt. Ihre Musik ist verloren, wohl aber das Libretto vorhanden.

Die längste der regelmäßig gespielten Opern ist *Die Meistersinger von Nürnberg* von Richard Wagner (1813–83). Eine normale ungekürzte Aufführung der Oper dauert 5:15 Std.

The Heretics von Gabriel von Wayditch (1888–1969), einem Amerikaner ungarischer Abstammung, ist für ein 110 Instrumente starkes Orchester konzipiert und dauert 8:30 Std.

Die kürzeste Oper, die je geschrieben wurde, ist *Die Errettung des Theseus* von Darius Milhaud (1892–1974), die 1928 uraufgeführt wurde und nur 7:27 Min. dauert.

Die erste deutsche Oper mit dem Titel *Daphne* schrieb Heinrich Schütz (1585–1672) im Jahr 1627; von ihr ist allerdings nur noch der Text erhalten.

Die erste in Berlin gespielte Oper, von der noch die Noten vorhanden sind, war *Cefalo* von Giovanni Bononcini (1670–1747). Das Werk wurde 1702 im Schloß Charlottenburg, das damals noch Lietzenburg hieß, aufgeführt. Die Königin Sophie Charlotte spielte in der Aufführung das Cembalo, und unter den Zuhörern weilte der Komponist Georg Philipp Telemann.

Der meistgespielte Opernkomponist aller Zeiten wird Wolfgang Amadeus Mozart (1756 bis 91) sein, von dessen Opern *Die Zauberflöte*, *Le nozze di Figaro* und *Don Giovanni* in allen Statistiken vordere Plätze einnehmen.

Die längste Opernarie ist *Brünnhildes Klage* in Richard Wagners *Götterdämmerung*. Sie dauert etwa 15 Min.

Das kürzeste Opern-Finale hat die Oper *Halka* (1848) des Polen Stanislaw Moniuszko (1819–72): Es dauert nur 1:20 Min.

Das größte Opernhaus ist die Metropolitan Opera, New York City (USA), die im September 1966 zum Preis von 45,7 Mio. Dollar (damals ca. 180 Mio. DM) vollendet wurde. Die Met bietet 4065 Zuschauern Platz, wobei die 3800 Sitzplätze in einem 137 m tiefen Auditorium angeordnet sind. Die Bühne ist 70 m breit und 45 m tief.

Die meisten Ränge aller Opernhäuser haben das Teatro della Scala (»La Scala«) in Mailand (Italien) und das Bolschoitheater in Moskau (Rußland). Beide haben sechs.

Das größte Opernhaus in Deutschland ist die Deutsche Oper in Berlin mit 1900 Sitzplätzen. Sie wurde im September 1961 mit einem Aufwand von 35 Mio. DM fertiggestellt. Die Fassade ist 200 m lang und 38,4 m hoch.

Das Berliner Opernhaus wird im Fassungsvermögen allerdings vom Nationaltheater in München, der Bayrischen Staatsoper, übertroffen. Durch zusätzliche Partiturplätze und Galeriestehplätze hat sie ein Fassungsvermögen von 2100 Plätzen.
Die Deutsche Staatsoper in Berlin, von Knobelsdorff 1741–43 in der Straße Unter den Linden erbaut, ist der erste Theaterbau außerhalb einer Schloßanlage. Die Oper brannte 1843 und nach Wiederaufbau 1941 völlig aus und wurde 1945 total zerstört. 1955 wurde der Bau mit Wagners *Meistersinger von Nürnberg* wiedereröffnet. Der Zuschauerraum bietet 1452 Plätze.

Das größte Opernhaus Österreichs ist die Wiener Staatsoper. Sie wurde 1861–69 erbaut, erlitt durch Kriegseinwirkung 1945 schwere Zerstörungen und wurde bis 1955 wiederaufgebaut. Die Kosten dafür beliefen sich auf etwa 50 Mio. DM. Das Haus besitzt einen der größten Bühnenräume der Welt mit ca. 1700 m^2 Bühnenfläche und einer Gesamthöhe von 53 m. Der Fassungsraum des Auditoriums beträgt 2209 Plätze.

Das größte Opernhaus der Schweiz steht in Genf. Es wurde 1879 erbaut, brannte 1951 ab und wurde nach dem Wiederaufbau 1962 wiedereröffnet. Die Genfer Oper hat 1498 Plätze.

Älteste Opernsängerin: Danshi Toyotake geb. Yoshie Yokota (1891–1989) aus Hyogo sang das traditionelle japanische *Musume Gidyu* 91 Jahre lang – seit ihrem 7. Lebensjahr. Der Tenor Otto Scheidl (* 1898) sang die Partie des Kaisers Altoum in Puccinis *Turandot* an seinem 84. Geburtstag in der Spielzeit 1982/83 am Stadttheater Bremerhaven.

Zum Festival der Tenöre konnte der Hamburger Konzertchor anläßlich der Musica '88 am 17. September 1988 im Congress Centrum Hamburg dem erstaunten Publikum 12 Tenöre aus Italien, Österreich, Spanien, Polen, England und Deutschland präsentieren. Am Schluß des »Konzerts der Tenöre« sangen alle Künstler gemeinsam die gefürchtete »Stretta« aus dem *Troubadour.*

Das längste Dacapo nach einer Opernaufführung war die Wiederholung der ganzen Oper *Il Matrimonio Segreto* von Domenico Cimarosa bei ihrer Premiere im Jahr 1792. Dies geschah auf die Bitte des österreichischen Kaisers Leopold II. (1790–92).

Den stärksten Applaus bei einer Opern-Aufführung erreichte Luciano Pavarotti (* 1935). Der italienische Startenor stellte am letzten Februar-Wochenende 1988 mit 165 Vorhängen in 67 Min. an der Deutschen Oper in Berlin einen neuen Weltrekord auf: in der Partie des Bauernjungen Nemorino in Gaetano Donizettis *Der Liebestrank.*

BALLETT

Längster Entrechat: Der Entrechat oder Kreuzsprung ist ein senkrechter Sprung aus der fünften Position mit gestreckten Beinen, die über der Wade gekreuzt werden, wobei Ausgangs- und Endposition jeweils als ein Sprung zählen, so daß im Entrechat Douze die Beine fünfmal gekreuzt und gestreckt werden. Dies gelang Wayne Sleep in einem BBC-Programm am 7. Januar 1973. Er benötigte für diese Leistung weniger als eine Sekunde.

Die meisten »Grand jetés«, nämlich 158 in 2 Min., gelangen Wayne Sleep am 28. November 1988 in Gateshead (GB).

Die meisten Pirouetten, also die größte Zahl von Kreisdrehungen, die das klassische Ballett vorschreibt, sind die *32 Fouettés rondes de jambe en tournant* in *Schwanensee* von Tschaikowski (1840–93).
Delia Gray (*30. Oktober 1975) aus Bishop's Stortford, Hertfordshire (GB), schaffte am 2. Juni 1991 im Playhouse von Harlow bei einem Workshop der örtlichen Ballettschule 166 Pirouetten.

Die meisten Vorhänge nach einer Ballettaufführung erhielten Dame Margot Fonteyn de Arias (1919–91) und Rudolf Nurejew (* in einem Eisenbahnzug bei Irkutsk (UdSSR) am 17. März 1938). Nach einer Aufführung von *Schwanensee* in der Wiener Staatsoper im Oktober 1964 wurden die beiden Stars 89mal vor den Vorhang gerufen.

Die größte Besetzung an Tänzern und Tänzerinnen hatte 1962 eine Ballettinszenierung der Royal Albert Hall, London. Im London Coster Ballett unter der Leitung von Lilian Rowley wirkten 2000 Personen mit.

LIEDER

Das älteste bekannte Lied ist der *Schaduf*-Gesang, der seit undenklichen Zeiten an den von Menschen angetriebenen Eimerbaggern zur Bewässerung der Wassermühlen am Nil (Saqiyas) in Ägypten gesungen wird.

Als ältestes deutsches Liebeslied darf das Lied *All mein Gedanken* gelten, das sich bereits im *Lochamer Liederbuch* findet, einer Sammlung von Minneliedern aus dem 14. und 15. Jh., die zusammen mit der (älteren) *Manesseschen Liederhandschrift* (um 1320), der *Jenaer* und der *Weingartener Liederhandschrift* die wichtigsten Quellen des deutschen mittelalterlichen Liederschatzes, vor allem des Minnesangs, einer lyrisch-epischen Literaturform, bilden.

Das bekannteste Weihnachtslied in aller Welt ist das aus Österreich stammende *Stille Nacht, heilige Nacht,* das erstmals während der Christmette 1818 in Oberndorf bei Salzburg erklang. Der Text stammt von dem Hilfsprediger Joseph Mohr, die Melodie von dem Organisten Franz Gruber.

Das meistverbreitete Weihnachtslied auf Schallplatten ist *White Christmas* von Irving Berlin. Man schätzt die verkaufte Schallplattenmenge (Single) dieses Titels auf über 200 Mio.

Chorlieder-Rekord: 120 neue Advents- und Weihnachtslieder hat der österreichische Musikpädagoge Hubertus Auer (*1913) aus Salzburg im Laufe von 20 Jahren komponiert zu bisher unvertonter Lyrik; dazu 240 Lieder nach Gedichten klassischer und moderner Lyrik.

Die meistgesungenen Lieder im englischen Sprachraum sind: *Happy Birthday to You* (das auf *Good Morning to All basiert*), von den New Yorker Sonntagsschullehrerinnen Mildred Hill und Patty Smith Hill geschrieben und seit 1935 und bis 2010 copyrightgeschützt; *For He's a Jolly Good Fellow* (ein Lied, das sich ans französische *Malbrouk* anlehnt), mindestens seit 1781 bekannt; *Auld Lang Syne* (das in I *Fee'd a Lad at Michaelmass* sein Vorbild hat), zu dem Robert Burns (1759-96) ein wenig Text beisteuerte. *Happy Birthday* erklang sogar schon aus dem Weltraum, gesungen am 8. März 1969 von den Astronauten der *Apollo IX*.

Die erfolgreichsten Liedermacher sind John Lennon (1940–80) und Paul McCartney (* 1942). In den USA landeten McCartney-Songs 32mal auf Platz 1 der Hitliste, Lennon stand 6mal weniger ganz oben. In Großbritannien brachte es John Lennon auf 29 Spitzenplätze, Paul McCartney auf 28. Gemeinsam geschrieben haben sie 23 US-Toptitel und 25 britische Spitzenhits.

GLOCKEN

Die älteste Glocke der Welt ist das aus der Zeit um 1100 v. Chr. stammende Tintinnabulum, das Austen Henry Layard (1817–94) im Jahr 1849 im babylonischen Palast des Nimrod fand. Die älteste bekannte Turmglocke gibt es in Pisa (Italien). Sie trägt die Jahreszahl MCVI (1106).

Die älteste bekannte Oktavglocke Europas trägt die Jahreszahl MCC (1200). Sie hängt im Turm der Pfarrkirche zu St. Martin, Ybbsfeld (Niederösterreich). Die Bronzeglocke überlebte die Türkenzeit nur dadurch, daß sie vergraben wurde. Sie ist auch heute von hervorragender Tonqualität, ihre Klangschönheit (Akkord und Nachhall) beruht auf der Legierung der Glockenspeise und der besonderen Formgebung der Glockenrippe.

Die älteste Glocke Deutschlands, die noch geläutet wird, ist die *Lullusglocke* in der Ruine der Stiftskirche von Bad Hersfeld (Hessen). Sie wurde um 1050 gegossen und trägt ihren Namen zu Ehren des hl. Lullus, eines Bonifatius-Schülers, der das Kloster Hersfeld gründete. Der Abt Meginher ließ sie während seiner Amtszeit (1036–59) aus einer noch älteren Glocke gießen. Sie hat die Form eines Bienenkorbes und wird einmal im Jahr zu Beginn des Lullusfestes im Oktober angeschlagen. Auch die Glocke der katholischen Pfarrkirche St. Laurentius wird auf das Entstehungsjahr um 1050 datiert. Die 850 kg schwere Glocke mit dem Ton g läutet heute noch dort.

Die älteste Vesperglocke Deutschlands hängt im Münster von Freiburg i. Breisgau, dem einzigen noch im Mittelalter vollendeten gotischen Dom Deutschlands. Im Mittelalter war sie eine Angelusglocke.

Die schwerste Glocke ist die 202 t schwere *Zar Kolokol*, die am 23. November 1735 von den Brüdern I. F. und M. I. Motorin in Moskau gegossen worden war. Sie hat einen Durchmesser von 6,6 m, ist 6,14 m hoch und an der dicksten Stelle 60 cm stark. Die Glocke ist bei einem Feuer im Jahr 1737 gesprungen, dabei brach ein großes, etwa 11,5 t schweres Stück heraus. Seit 1836 steht sie, unbenutzt, auf einem Podest im Moskauer Kreml, das abgebrochene Stück war einfach dazugestellt worden.

Die schwerste benutzte Glocke ist die *Mingunglocke,* die 90,52 t wiegt und einen Durchmesser von 5,09 m hat. Sie steht in Mandalaya, Myanmar (früher Birma), und wird mit einem Klöppel aus Teakholz von außen geschlagen. Sie wurde gegen Ende der Herrschaft König Bodawpayas (1782–1819) in Mingun gegossen.

Die schwerste schwingende Glocke der Welt und zugleich Deutschlands größte Glocke ist die *Petersglocke* im Dom zu Köln. Sie wurde 1923 gegossen, hat einen Durchmesser von 3,22 m, eine Höhe von 4,5 m und wiegt 24 t.

Die größte Glocke Berlins ist die *Freiheitsglocke* im Schöneberger Rathaus Berlins. Sie wurde den Berlinern nach Beendigung der sowjetischen Blockade von der Bevölkerung der USA geschenkt und am 24. Oktober 1950 von General Lucius D. Clay (1897–1978) an die Bürger Berlins übergeben. Sie wiegt 10 200 kg, ist 2,25 m hoch und hat einen Durchmesser von 2,8 m. Der Klöppel wiegt 750 kg.

Die schwerste Glocke Österreichs ist mit 21 388 kg Gewicht (nach dem Neuguß nach der Zerstörung im Zweiten Weltkrieg) die *Pummerin* im Stephansdom von Wien. Sie stammt ursprünglich aus dem Jahr 1711 und wog damals 22 511 kg. Sie wurde am 26. April 1952 neu geweiht und im Oktober 1957 im Nordturm des Stephansdoms aufgezogen. Sie hat einen Durchmesser von 3 m.

Die größte Glocke der Schweiz ist die ca. 11 600 kg schwere Große e°-Glocke, die Grundglocke des Berner Münsters. Sie wurde 1611 gegossen und hat einen Durchmesser von 2,5 m.

Das schwerste Glockenspiel der Welt ist der Ring von 13 Glocken in der anglikanischen Kathedrale von Liverpool (GB); es wurde 1938/39 gegossen, wiegt 16,7 t, und die Tenorglocke *Emmanuel* hat ein Gewicht von 4170,8 kg.

Das größte Glockenspiel (Minimum 23 Glocken) ist das *Laura-Spelman-Rockefeller-Memorial-Glockenspiel* in der Riverside Church, New York (USA). Es hat 74 Glocken mit einem Gesamtgewicht von 102 t. Der Brummbaß, der das tiefe C läutet, wiegt 18 563 kg. Diese in England gegossene Glocke hat einen Durchmesser von 3,09 m und ist die größte auf einen Ton gestimmte Glocke der Welt.

Das größte europäische Glockenspiel ist das am 27. Oktober 1987 im Berliner Tiergarten eingeweihte Instrument. Es befindet sich in einem 42 m hohen Glockenturm neben der Kongreßhalle und besitzt 68 Glocken mit einem Gesamtgewicht von 48 t. Der Bourdon, die größte Glocke des Carillons, wie man ein solches manuell spielbares Glockenspiel mit mindestens 23 gestimmten Glocken nennt, wiegt 7,8 t, die kleinste Glocke 9 kg.

THEATER

Das größte Gebäude, das als Theater benutzt wird, ist das Nationale Volkskongreßgebäude (Ren min dahuitang) an der Westseite des Tian-an-men-Platzes (Platz des himmlischen Friedens) in Peking (China). Es wurde 1959 fertiggestellt und bedeckt eine Fläche von 5,2 ha. Das Theater hat 10 000 Plätze, wird aber nur gelegentlich für Aufführungen benutzt.

Das größte ausschließlich für Theateraufführungen gebaute Theater ist das Perth Entertainment Centre in Westaustralien, das im November 1976 für 8,3 Mio. australische Dollar (ca. 17 Mio. DM) mit einer Kapazität von 8003 Plätzen fertiggestellt wurde. Die Bühnenfläche ist 1148 m^2 groß.

Großes Revuetheater bietet der Berliner Friedrichstadtpalast. Modernste Bühnentechnik verwandelt in Sekundenschnelle die Kulisse. Hier erfreut eine Haremsszene.

Die größte Freilichtbühne befindet sich in der Stadt Mendoza (Argentinien). Sie hat 40 000 Plätze.

Das größte Amphitheater, das je gebaut wurde, ist das Kolosseum in Rom (Italien), das im Jahr 80 n. Chr. von Titus eingeweiht wurde. Mit einer Fläche von 2 ha und Platz für 87 000 Zuschauer hatte das einstige Amphitheatrum Flavium eine Ausdehnung von 187 m Länge und 175 m Breite.

Die größte Seebühne befindet sich in Bregenz (Vorarlberg) am österreichischen Ufer des Bodensees. Alljährlich im Juli und August finden hier die *Bregenzer Festspiele* statt.

Das größte Theatergebäude hinsichtlich seiner bebauten Fläche ist die Große Oper in Paris (Frankreich). Sie bedeckt 11 000 m^2. Die Korridore sind insgesamt nahezu 20 km lang.

Die größte Bühne der Welt hat das Ziegfeld-Theater in Reno, Nevada (USA), mit einer 53,6 m langen Rampe und drei Aufzügen, die je 1200 Revuegirls (65,3 t) befördern können; sie hat zwei Drehbühnen mit einem Umfang von je 19,1 m und 800 Scheinwerfer.

Das größte und modernste deutsche Varieté ist der neue Friedrichstadtpalast in der Friedrichstraße 107 in Berlin. Am 27. April 1984 wurde das Revuetheater nach dreijähriger Bauzeit neueröffnet. Das Bauwerk ist eine 110 m lange, 80 m breite und 20 m hohe Stahlbetonkonstruktion mit einem 32 m hohen Bühnenturm und bietet in seinem großen Saal 1900 Zuschauern Platz. Die Bühne ist 24 m breit und mit allen technischen Finessen ausgestattet.

Das kleinste Theater ist das Piccolo-Theater im Hamburger Stadtteil Altona. Dieses 1970 gegründete Profitheater verfügt über genau 30 Plätze vor der Minibühne, deren Ausmaße 3,75 × 2,75 m betragen. Chef des winzigen, aber immer wieder gefragten Unternehmens: Gerd Samariter.

Die kleinste Faustbühne der Welt, Pupilla genannt, richtig mit Bühnenbild, Dekorationen und Repertoire bietet Professor Gustav Dubelowski-Gellhorn (* 1912) aus Wels (Österreich). Mit seinen 7–10 cm großen vollbeweglichen Sockelmarionetten hat der Einmannspieler und Theaterdirektor seit 1970 Zuschauer im In- und Ausland, in der Volksrepublik China wie in der UdSSR, in Australien, in Italien, Polen und Frankreich, in Ungarn und in den USA begeistert und so inzwischen viermal den Erdball umrundet.

Ein modelliertes orientalisches Märchen schuf der Bildhauer Florian Rödl (* 1936) aus Schondorf (Bayern). 1970 sendete der Bayerische Rundfunk das Märchenspiel *Ali, der Meisterdieb*. An der Stelle von Schauspielern agierten Tonfiguren: 73 in rotbraunen Ton gebrannte 30 cm hohe Plastiken, 36 Tiere, 29 Pflanzen und 86 Kulissenteile. Über 2 t Ton wurden für die Orientgeschichte verarbeitet – sie ist jetzt als Ausstellung zu bewundern.

Das Stück, das am längsten ohne Unterbrechung gespielt wird, ist *The Mouse Trap* (Die Mausefalle) von Agatha Christie (1880–1976). Dieses Kriminalstück hatte am 25. November 1952 im Londoner Ambassadors Theatre (453 Plätze) Premiere und zog dann nach 8862 Aufführungen am 25. März 1974 ein paar Häuser weiter ins St. Martin's Theatre um. Am 6. Mai 1991 gab es die 16 000. Vorstellung, und mittlerweile haben mehr als 9 Mio. Besucher *Die Mausefalle* gesehen. Einnahmen: 20 Mio. Pfund (nach heutigem Kurswert etwa 57 Mio. DM).

Das Stück, das am längsten gespielt wird: Seit 1936 spielt, zwar nicht ununterbrochen, aber in jeder Saison aufs neue das Guild-Theater in Vicksburg, Mississippi (USA), das Melodram *Gold in the Hills* (Gold in den Bergen) von J. Frank Davis.

Die meisten Revue-Aufführungen, 47 250 bis zum April 1986, erlebte *The Golden Horseshoe Revue* (Das goldene Hufeisen) im Disneyland Park von Anaheim in den USA. Am 16. Juli 1955 hatte die Show Premiere, beendet wurde sie am 12. Oktober 1986, gesehen haben sie über 16 Mio. Besucher. Die drei Hauptdarsteller Fulton Burley, Dick Hardwick und Betty Taylor gaben pro Tag bis zu fünf der in der Regel 45 Min. dauernden Vorstellungen.

Den Broadway-Rekord hält die Show *A Chorus Line* (Tanzrevue). Sie ging am 25. Juli 1975 erstmals über die Bühne und wurde bis zum 28. April 1990 gespielt. Die von Michael Bennet (1943–87) produzierte Revue erreichte in fast 15 Jahren 6137 Aufführungen.

Das erfolgreichste Musical ist *Cats* des Komponisten Andrew Lloyd Webber. 1983 erhielt *Cats* den Tony Award – das ist der Oscar für Musicals – für das »beste Musical«, das »beste Buch«, die »beste Lichtregie«, die »besten Kostüme«, die »beste Partitur« und die »beste Regie«. Uraufführung war am 11. Mai 1981 im New London Theatre, bald folgten Aufführungen u. a. in Budapest, Osaka, Sydney, Wien und Hamburg. Allein im New London Theatre erlebte *Cats* bis zum 12. Mai 1989, also nach genau acht Jahren, 3358 Vorstellungen und überrundete damit *Jesus Christ Superstar*. Die Einnahmen bis zu diesem Zeitpunkt wurden auf 250 Mio. Pfund geschätzt.

Die Off-Broadway-Produktion *The Fantasticks*, ein Musical von Tom Jones und Harvey Schmidt, hatte am 3. Mai 1960 im Sullivan Street Playhouse von Greenwich Village in New York Premiere und erlebte dort am 26. April 1992 seine 13 270. Vorstellung – auch dies ein Rekord.

Erfolgreichste Komödie war *No Sex Please We're British* (Kein Sex bitte, wir sind Briten). Vom 3. Juni 1971 bis 1. September 1986 wurde sie am Londoner Strand Theatre gespielt und dann vom Duchess Theatre übernommen, wo sie bis zum 5. September 1987 lief. In diesen 17 Jahren erlebte die Komödie 6761 Vorstellungen. Regisseur war vom Anfang bis zum Ende Allan Davis.

Die kürzeste Spielzeit hatte am 11. März 1930 *The Intimate Revue* im Duchess Theatre in London. Alles, was schiefgehen konnte, ging schief. Kulissenwechsel dauerten 20 Min., deshalb ließ das Management sieben Szenen aus, um das Finale noch vor Mitternacht zu erreichen. Die Premiere wurde als eine halbe Vorstellung bezeichnet.

Für das Musical *Miss Saigon*, das im April 1991 am New Yorker Broadway Premiere hatte, waren schon Karten im Wert von 36 Mio. Dollar verkauft, ehe der Vorhang zum ersten Mal hochgezogen wurde.

Das größte Verlustgeschäft in der Theaterszene machte die britische Royal Shakespeare Company mit dem Musical *Carrie*, das im Mai 1988 am New Yorker Broadway schon nach fünf Vorstellungen abgesetzt wurde. Kosten: 7 Mio. Dollar (damals etwa 11,5 Mio. DM). *King*, das Musical über Martin Luther King, hinterließ am 2. Juni 1990, nach sechswöchiger Spielzeit, ein Loch von 3 Mio. Pfund (ca. 8,6 Mio. DM) und stellte damit den vorherigen Londoner Minus-Rekord von *Ziegfeld* (1988) ein.

Die meisten Vorbestellungen erlebte das Musical *Miss Saigon* von Cameron Mackintosh, das im April 1991 am New Yorker Broadway Premiere hatte und in dem u. a. Jonathan Pryce und Lea Salonga mitwirken. Ehe sich der Vorhang zum erstenmal hob, waren im Vorverkauf schon 36 Mio. Dollar (ca. 61 Mio. DM) eingenommen.

Ausdauerndster Mime ist der Japaner Kanmi Fujiyama (* 1929) von der Theatertruppe Sochiku Shikigeki. Von November 1966 bis Juni 1983 spielte er die Hauptrolle einer einzigen Komödie 10 288mal.

Lore Noto spielte zwischen Dezember 1970 und Juni 1986 in 6 438 Vorstellungen von *The Fantasticks*, dem Dauerbrenner unter den Musicals, eine Nebenrolle (s. »Das erfolgreichste Musical«).

Die Engländerin Dame Anna Neagle (1904–86) gab zwischen Dezember 1965 und dem 27. März 1971 in 2062 Vorstellungen die Hauptrolle in *Charlie Girl* im Adelphi Theatre von London. Außerdem spielte sie die Rolle in 327 Vorstellungen außerhalb Großbritanniens.

Frances Etheridge hat die Rolle der Haushälterin Lizzie in dem Stück *Gold in the Hills* in 47 Jahren seit 1936 über 660mal gegeben.

Die meisten Theater-, Film- und TV-Rollen spielte Jan Leighton (USA): Von 1951 bis März 1989 waren es 3385.

In die meisten Theaterrollen schlüpfte bisher der Japaner Kanzaburo Nakamura (* Juli 1909). Zwischen November 1926 und Januar 1987 wirkte er in 806 Kabuki-Stücken mit. In Japan dauert ein klassisches Kabuki-Stück 25 Tage; demnach stand Nakamura 20 150mal auf der Bühne.

Die längste Theaterinszenierung ging am 17./18. März 1984 im Tom Mann Theatre von Sydney (Australien) über die Bühne. Gespielt wurde von einem zehnköpfigen Ensemble *The Acting Life* (Theaterleben). Die Aufführung dauerte mit Pausen 21 Std.; reine Spielzeit: 19:15 Std.

Die längste Reihe von Revuegirls in der Showgeschichte bildeten 120 Tänzerinnen in den Anfängen der Ziegfeld Follies. Bei der Schlußvorstellung von *A Chorus Line*, der bisher erfolgreichsten Broadway-Show, tummelten sich am 29. September 1983 insgesamt 332 Tänzerinnen mit Pfauenfedern auf der Bühne. Ein noch dichteres Gedränge herrschte, als sich am 14. Dezember 1990 in der BBC-Sendung *Rekordbrecher* 369 Tänzerinnen zu einer Revuereihe gruppierten.

SCHALLPLATTEN UND TONBÄNDER

Die kleinste abspielbare Schallplatte der Welt befindet sich im Londoner BBC-Archiv. Sie hat einen Durchmesser von 3,5 cm und wurde 1924 für die Aufstellung eines Puppenhauses im englischen Königspalast hergestellt; insgesamt gab es 250 Stück davon. Auf der Platte ist die englische Nationalhymne zu hören.

Die ältesten Tonaufnahmen und Schallplatten befinden sich im Archiv der BBC (British Broadcasting Corporation) in London. Unter den über 1 Mio. Sammlungsstücken sind Tonaufnahmen, die 1888 mit weißen Wachswalzen gemacht worden sind. Die ersten kommerziellen Schallplatten sind erst um 1895 produziert worden.

Das größte deutsche Tonträgerarchiv hat der NDR (Norddeutscher Rundfunk) in Hamburg. Es umfaßt über 109 000 LPs und Singles und 240 000 Tonbandaufnahmen.

Die erste ungekürzte Schallplattenaufnahme einer Sinfonie wurde 1913 von der Odeon in Berlin veröffentlicht. Das Odeon-Streichorchester spielte Beethovens *Fünfte Sinfonie* auf acht Schallplattenseiten und die *Sechste* auf zehn Schallplattenseiten unter anonymer Leitung. Wenige Monate später nahm der berühmte Dirigent Arthur Nikisch mit dem Berliner Philharmonischen Orchester am 10. November 1913 ebenfalls Beethovens *Fünfte Sinfonie* auf.

Meistausgezeichnete Musiker sind nach den Kriterien der Vereinigung der amerikanischen Plattenindustrie die Rolling Stones mit 34 Gold-Alben, 15 Platin- und sechs Superplatin-Platten. Die gegenwärtige Formation der Stones bilden (von links nach rechts) Ronnie Wood, Mick Jagger, Keith Richard, Charlie Watts und Bill Wyman.

Die frühesten Operngesamtaufnahmen entstanden um 1906. Dabei handelte es sich um bereits veröffentlichte Einzelplatten, die in Kassetten zusammengefaßt wurden und mehr oder weniger eine Einheit bildeten. Zu den ersten so zusammengestellten Opernaufnahmen zählen *Il Trovatore* (auf fünfzehn 25- und fünf 30-cm-Platten) und *Ernani* (auf 23 Platten), beides Opern von Giuseppe Verdi (1813–1901).

Die erste Jazzschallplatte, die aufgenommen wurde, war *Indiana* und *The Dark Town Strutters Ball* bei der Firma Columbia in New York (USA), und zwar am oder um den 30. Januar 1917. Es spielte die Original Dixieland Jass Band unter der Leitung von Dominick (»Nick«) James La Rocca (1889–1961). Diese Schallplatte kam am 31. Mai 1917 auf den Markt. Als erste erhältlich war jedoch die Platte mit dem *Livery Stable Blues* (aufgenommen am 24. Februar 1917) mit der Rückseite *The Dixie Jass Band One-Step* (aufgenommen am 26. Februar), die die Firma Victor am 7. März 1917 herausbrachte.

Die erfolgreichsten Schallplattensolisten aller Zeiten: Für Elvis Aaron Presley (1935–77) gibt es keine von unabhängiger Seite überprüften Zahlen. Angesichts seiner 170 Single-Hits und mehr als 80 Langspielplatten, die über seinen Tod hinaus überaus populär geblieben sind, kann aber angenommen werden, daß Elvis Presley Bing Crosby den Rang abgelaufen hat.
Mehr als 100 Mio. DM haben bisher schon die in sechs Sprachen aufgenommenen Langspielplatten von Julio Iglesias (* 1943) eingespielt. Das gab die Plattenfirma CBS im August 1983 bekannt.
Die Handelskammer von Hollywood (USA) überreichte am 9. Juni 1960 Harry Lillis (alias Bing) Crosby jr. (1904–77) eine Platin-Schallplatte zur Erinnerung an den Verkauf von angeblich 200 Mio. Exemplaren seiner 2600 Singles und 125 Langspielplatten. Am 15. September 1970 erhielt er eine zweite Platin-Schallplatte, als die Firma Decca den Verkauf von 300,65 Mio. seiner Platten melden konnte. Eine detaillierte Aufstellung seiner Gesamtverkäufe wurde allerdings nie veröffentlicht. Fachleute halten derartig hohe Verkaufsziffern aus der Zeit vor dem großen Aufschwung dieser Industrie für übertrieben.

Erfolgreichste Sängerin der Welt ist der Popstar Madonna (* 16. August 1958), die mit vollem Namen Madonna Louise Veronica Ciccone heißt. Ihre LP *True Blue* wurde mehr als 11 Mio. mal verkauft und war die Nr. 1 in 28 Ländern – ein bisher einzigartiges Ereignis. Allein in Großbritannien landete Madonna (bis Mai 1992) nicht weniger als 25 Titel unter den Top Ten. Mit *Vogue* eroberte sie zum siebten Mal die Spitzenposition. 1986 stellte sie alle anderen Pop-Artisten weit in den Schatten: Es gelang Madonna als erster Frau, sowohl die meisten Singles als auch die meisten LPs abzusetzen. Ihre Alben *Like A Virgin* (1985) und *True Blue* (1986) enthielten jeweils fünf Single-Titel, die unter die Top Five kamen.

Die erfolgreichste Gesangsgruppe waren die Beatles. George Harrison (* 25. 2. 1943), John Ono oder John Winston Lennon (1940–80), James Paul McCartney (* 18. 6. 1942) und Richard Starkey alias Ringo Starr (* 7. 7. 1940) hatten ihren Siegeszug vom englischen Liverpool aus angetreten. Nach Schätzungen von EMI sind bis heute mehr als 1 Mrd. Platten und Kassetten von den Beatles verkauft worden. Viele weitere Mio. Aufnahmen haben die vier Ex-Beatles auch als Solisten unter die Leute gebracht.

Die erfolgreichste Frauen-Band in der Hitliste für Singles ist Bananarama. Zwischen 1982 und 88 hat die Gruppe (Keren Woodward, Sarah Dallin und Siobhan Fahey) 15 eigene Platten und zwei weitere mit den Funboy Three als Partner in den Charts gelandet. Fahey verließ die Gruppe, nachdem sie Dave Stewart von den Eurythmics geheiratet hatte, um eine Solokarriere zu starten und wurde 1988 durch Jacqui O'Sullivan ersetzt.

Goldene Schallplatten wurden anfangs für jeweils 1 Mio. verkaufter Platten vergeben. Die ersten Aufnahmen, die das erreichten, waren Darbietungen des Tenors Enrico Caruso (1873–1921) der Arie *Vesti la giubba* aus der Oper *Bajazzo* von Ruggiero Leoncavallo (1858–1919), von der die erste Version mit Klavierbegleitung am 12. November 1902 aufgenommen wurde.

Die erste Single, die eine Mio. überschritt, war *Carry Me Back to Old Virginny* der Firma Victor, von Alma Gluck, und zwar als 30,48 cm einseitig bespielte Platte.

Die erste tatsächlich goldene Schallplatte hat R. C. A. Victor für den amerikanischen Posaunisten und Bandleader Alton »Glenn« Miller (1904–44) aus Clarinda, Iowa (USA), und seinen *Chattanooga Choo Choo* am 10. Februar 1942 geprägt.

US-Rekorde: Goldene Schallplatten sowie Platin- oder Superplatinplatten werden in den USA seit dem 14. März 1958 von der Vereinigung der amerikanischen Plattenindustrie (RIAA) vergeben. Kriterium sind Verkaufszahlen, die einer Prüfung standhalten. Bis zum 31. Dezember 1990 hat die RIAA insgesamt 5943 Aufnahmen veredelt (1206 Gold-Singles, 3433 Gold-Alben, 98 Platin-Singles und 1206 Platin-Alben). Mit 55 Plattenpreisen (34mal Gold, 15mal Platin und 6mal Super-Platin für mehr als 2 Mio. verkaufte Scheiben) sind die Rolling Stones die erfolgreichste Gruppe.

Der Musiker, der die meisten Gold- und Platinplatten bekommen hat, ist Paul McCartney – alles in allem waren es bisher 75 (48 als Beatle, 27 als Mitglied der Wings, als Solist und als Duett-Partner von Stevie Wonder und Michael Jackson).

Die Solistin, die die meisten Preise erhielt ist Barbra Streisand mit 56 (7 Gold-Singles, 30 Gold- und 19 Platin-Alben). Unter den Solisten ist Elvis Presley (1935–77) Goldsänger Nr. 1. Sein Erfolg wurde in den USA mit 51 Plattenpreisen gekrönt (1958–1. Januar 1986). Legt man weltweite Verkaufszahlen zugrunde, käme Elvis Presley auf fast 80 Goldene Schallplatten.

Das erste Platin-Album ging 1976 an die Eagles für *Greatest Hits 1971–75.* Die meisten Platin-Alben für Gruppen, nämlich 17, sammelte die Gruppe Chicago. Barbra Streisand hält gleich zwei Solisten-Rekorde: Sie heimste mit 19 die meisten Platin- und mit 7 die meisten Superplatin-Scheiben ein. Erfolgreichster männlicher Solist ist Paul McCartney mit 12 Platin-Platten und Billy Joel holte sich mit 8 die meisten Superplatin-Alben unter den Solisten.

Unter den deutschsprachigen Interpreten, die Goldene Schallplatten erhielten, war der erste, der für ein einziges Lied gleich dreimal mit dieser Trophäe ausgezeichnet wurde, Freddy Quinn (Manfred Petz, * 1931): Er erhielt für das Lied *Heimweh* im Jahr 1956 zwei und 1958 eine dritte Goldene.

Die erste deutsche Schallplattenproduktion, die über einmillionenmal verkauft wurde, war *Lili Marlen*, gesungen von Lale Andersen, (1910–72). Der Schlager wurde 1938 von Norbert Schultze (*1911) auf einen Text von Hans Leip komponiert, nachdem die Andersen bereits eine andere Vertonung gesungen hatte. Im März 1939 nahm sie Schultzes Komposition für die Schallplatte auf, und mehr oder weniger durch Zufall wurde der Schlager als Erkennungsmelodie des Deutschen Soldaten-Rundfunks in Belgrad 1940 populär.

Kommerziell erfolgreichste Märchenregisseurin im Bereich der Kinder- und Jugendschallplattenproduktion ist die Rechtsanwältin Heikedine Körting (* 1945) aus Hasselburg über Neustadt (Schleswig-Holstein) – besser bekannt als »Deutschlands Märchentante Nr. 1«. Seit 1969 entstanden unter ihrer Regie 1270 Hörspiele: 106 Goldene und acht Platin-Schallplatten für 126 Mio. verkaufte Tonträger sind die Ausbeute.

Die meistaufgenommenen Songs mit mehr als 1000 Aufnahmen sind *Yesterday* von Paul McCartney und John Lennon mit 1600 Versionen zwischen 1965 und dem 1. Januar 1986, *Tie a Yellow Ribbon Round the Old Oak Tree* von Irwin Levine und L. Russell Brown mit mehr als 1200 Aufnahmen von 1973 bis 1. April 1985 und *My Way* nach der Musik von Jacques Revaux, dem verstorbenen Claude François und mit dem englischen Text von Paul Anka (* 30. Juli 1941 in Ottawa, Kanada).

Die meisten Aufnahmen als Interpret hat die Inderin Lata Mangeshkar (* 1928) gemacht. Sie hat zwischen 1948 und 87 angeblich nicht weniger als 30 000 Solo-, Duett- und von Chor begleitete Lieder in 20 indischen Sprachen aufgenommen. Sie sang die Hintergrundmusik zu über 2000 Filmen.

Die erfolgreichste Schallplattensängerin in Europa ist Caterina Valente (* 1931). Im Lauf ihrer Karriere hat sie insgesamt 1500 Schlager, Lieder und Chansons auf 390 Singles und 383 Langspielplatten gesungen und weit über 1000 Fernsehauftritte gehabt.

Größte in der volkstümlichen Musik sind Slavko Avsenik (* 1929) und seine Original Oberkrainer aus Jugoslawien. Sie erspielten 30 Goldene, 1 Platin- und 1 diamantene Schallplatte.

Als erster Klassik-Künstler in Deutschland ist der Dirigent Lorin Maazel (* 1930) mit einer Platin-Schallplatte ausgezeichnet worden. Seine 1966 veröffentlichte Platte mit Georg Friedrich Händels *Feuerwerksmusik* und *Wassermusik*-Suite wurde allein in der Bundesrepublik mehr als 500 000mal verkauft.

Die weltweit meistverkaufte Schallplatte ist bis heute *White Christmas* von Irving Berlin (eigentlich Israel Bailin, 1888–1989) in der Bing-Crosby-Version (aufgenommen am 29.Mai 1942). Bis 30. Juni 1987 waren allein in Nordamerika 170,89 Mio. Platten verkauft. Das wurde Heiligabend 1987 bekanntgegeben.

Die höchste Verkaufszahl für eine Pop-Platte – die allerdings nicht offiziell bestätigte Menge von 25 Mio. – nimmt *Rock Around the Clock* für sich in Anspruch, für die James E. My-

Die Sängerin Natalie Cole erhielt den American Music Award und räumte sechs Grammys mit *Unforgettable* ab – mit dem Lied des Jahres 1991.

ers unter dem Namen Jimmy DeKnight und Max C. Freedmann 1953 das Copyright eintragen ließen und die am 12. April 1954 von Bill Haley und seinen Comets aufgenommen wurde.

I Want to Hold Your Hand von den Beatles, 1963 herausgekommen, ist weltweit in 13 Mio. Exemplaren verkauft worden.
Die Single *Do They Know It's Christmas*, die Bob Geldof und Midge Ure geschrieben und aufgenommen haben, ist bis Mai 1987 in Großbritannien 3,6 Mio. mal abgesetzt worden. Weltweit wurden weitere 8,1 Mio. Exemplare verkauft.

Das meistverkaufte Album aller Zeiten ist *Thriller* von Michael (Joseph) Jackson (* 1958), von dem bislang weltweit über 47 Mio. Exemplare verkauft wurden. Bestgehendes Album einer Gruppe ist *Rumours* von Fleetwood Mac, das bis Mai 1990 mehr als 21 millionenmal abgesetzt wurde.
Das meistverkaufte Debüt-Album aller Zeiten ist Whitney Houstons *Whitney Houston*, das 1985 herauskam und von dem über 14 Mio. Exemplare verkauft wurden (davon 9 Mio. in den USA, 1 Mio. in GB und 1 weitere Mio. in Kanada).
Das meistverkaufte Album mit klassischer Musik ist *In Concert*, von dem bis jetzt weltweit 5 Mio. Exemplare abgesetzt wurden. Es wurde 1990 während der Fußball-WM in Rom von den bekanntesten Tenören der Welt José Carreras, Placido Domingo und Luciano Pavarotti aufgenommen.

Gefragteste Filmmusik ist *Saturday Night Fever*, die bis Mai 1991 über 26,5 Mio. mal verkauft wurde.

Von der Soundtrack-Schallplattenaufnahme des US-Films *Sound of Music* (deutscher Titel: *Meine Lieder, meine Träume*), der Musical-Fassung des Ruth-Leuwerik-Films *Die Trapp-Familie*, wurde das Album, das am 2. März 1965 in den amerikanischen Schallplattengeschäften erschien, bis Januar 1973 19millionenmal verkauft. Der Film erhielt fünf Oscars, war jedoch in Europa kein überragender Erfolg.

Die US-Charts, die Hitlisten für Singles, sind zum ersten Mal am 20. Juli 1940 in der Musikzeitschrift *Billboard* veröffentlicht worden. Die erste Nr. 1 war *I'll Never Smile Again* von Tommy Dorsey (1905–56). Im Jahr 1947 führte Francis Craig mit *Near You* 17 Wochen lang die Hitliste an. 43 Wochen lang behauptete 1982 *Tainted Love* von Soft Cell die Spitzenposition.
Am häufigsten an der Spitze der Hitliste standen die Beatles (20mal). Die meisten Titel unter *Billboard's Hot 100* landete Elvis Presley mit 149 zwischen 1956 und Mai 90.

US-Charts für Alben: Am 15. März 1945 veröffentlichte *Billboard* zum ersten Mal auch eine Hitparade für LPs, als das King-Cole-Trio mit Nat »King« Cole (1919–65) Nr. 1 war. *South Pacific* war von Mai 1949 an 69 Wochen lang die Nr. 1. *Dark Side of the Moon* von Pink Floyd hielt sich 730 Wochen (bis April 1989) in den *Billboard*-Charts.
Am häufigsten auf Platz 1 standen die Beatles (15mal), Elvis Presley war erfolgreichster Solist (9mal), Simon und Garfunkel schafften es im Duo 3mal an die Spitze. Elvis Presley hat sich alles in allem 94mal zwischen 1956 und April 1989 einen Platz in den Hitlisten erobert.
Die Solistin, die am häufigsten in den LP-Charts auftauchte, ist Barbra Streisand. sie schaffte 6mal den Sprung an die Spitze und sicherte sich insgesamt 40mal zwischen 1963 und April 1989 einen der vorderen Plätze.

Rasch füllten sich die Seiten des größten Fotoalbums in Peine mit alten vergilbten Familienfotos ebenso wie mit Urlaubserinnerungen und Jugendbildern aus Schubläden, Kartons und Alben.

Die am schnellsten verkaufte Platte aller Zeiten ist *John Fitzgerald Kennedy – A Memorial Album* (Premium Albums), eine LP, die am 22. November 1963, am Tag der Ermordung des US-Präsidenten, aufgenommen wurde und von der innerhalb von sechs Tagen (7.–12. Dezember 1963) vier Mio. zum Preis von 99 Cents (damals ca. 4 DM) pro Stück verkauft wurden. Damit schlug diese Platte auf makabre Weise den bis dahin bestehenden Rekord der satirischen Langspielplatte *The First Family* (Die Präsidentenfamilie) aus dem Jahr 1962/63.

Zu den am schnellsten produzierten Schallplatten gehört auf jeden Fall *Make my heart fly* von The Proclaimers, der Mitschnitt eines Live-Konzerts, das am 10. März 1988 im Londoner Trocadero stattfand. Die Platte, die von EMI M&D Services hergestellt wurde, landete umgehend wieder im Trocadero, wo sie erstmals abgespielt und in der *Steve Wright Show* der BBC vorgestellt wurde. Vom letzten Akkord des Live-Konzerts bis zum ersten Takt der Übertragung waren gerade 2:19:31 Std. vergangen.

Grammys: Die meisten Auszeichnungen in einem Jahr, nämlich acht, heimste 1984 Michael (Joseph) Jackson ein. Mit den insgesamt meisten Grammys wurde der Chefdirigent des Sinfonie-Orchesters Chikago, Sir Georg Solti (* 21. Oktober 1912 in Budapest), geehrt: Er erhielt seit 1958 bereits 30 (einschließlich eines Sonderpreises, der ihm 1967 verliehen wurde), sein Orchester 45.

Das umfangreichste geschlossene Aufnahmeprojekt in der Geschichte der Schallplatte gilt dem Schaffen William Shakespeares auf 137 Langspielplatten. Musik betreffend, sind derzeit die Gesamteinspielungen aller 194 Kirchenkantaten Johann Sebastian Bachs (1685–1750) unter Helmuth Rilling auf 100 Langspielplatten und das konkurrierende Unternehmen mit den sich die Interpretationen teilenden Dirigenten Nikolaus Harnoncourt und Gustav Leonhardt die größten abgeschlossenen Aufnahmeserien. Ihre Realisierung hat fünfzehn (Rilling) bzw. zwanzig Jahre (Harnoncourt/ Leonhardt) gedauert und wurde 1985 bzw. 89 beendet.

Das größte, einem einzigen Komponisten gewidmete Veröffentlichungsprojekt der Schallplattengeschichte ist die Gesamtausgabe der Werke Wolfgang Amadeus Mozarts anläßlich der 200. Wiederkehr seines Todesjahres 1791. Auf 180 Compact Discs von Philips Classics, die in 45 Ausgaben aufgeteilt sind, erschienen mehr als 650 Kompositionen in Aufnahmen, die in einem Zeitraum von über 20 Jahren gemacht wurden. Anderthalb Stunden davon gelten bisher nie öffentlich aufgeführter Musik, den Fragmenten, unter denen das kürzeste 17 Sek. dauert. Insgesamt haben etwa 250 Solisten und Ensembles an dieser Mammutedition mitgewirkt, die in einem Zeitraum von anderthalb Jahren veröffentlicht wurde.

Die am häufigsten auf Schallplatten eingespielte und gekaufte Komposition Mozarts ist seine Serenade Nr. 13 G-Dur KV 525 *Eine kleine Nachtmusik*. Nur die wenigsten wissen, daß diese Gelegenheitskomposition aus dem Jahr 1787 nur als Torso ohne das erste Menuett überliefert ist. Möglicherweise ist *Eine kleine Nachtmusik* die am häufigsten erklingende Komposition eines Komponisten der sogenannten E-Musik überhaupt.

Die Schallplatteneinspielung mit den meisten Auszeichnungen ist die Ersteinspielung von Gioacchino Rossinis *Il Viaggio a Reims*, die 1984 während des Rossini Opera Festival in Pesaro unter der Leitung von Claudio Abbado aufgenommen wurde. Sie erhielt elf Schallplattenpreise.

Die umfangreichste CD-Box gilt der Gesamteinspielung aller 555 Sonaten von Domenico Scarlatti (1685–1757), die der Cembalist Scott Ross (1951–89) aufgenommen hat. Die 34 CDs wurden 1988 geschlossen veröffentlicht.

Im Discomixen konnte der Münchener Diskjockey und Journalistikstudent Klaus Reginek (* 1969) einen neuen Rekord aufstellen. Er schaffte in der Wolfratshausener Disko New Sound vom 2. bis 4. November 1990 52 Std. im Diskomixen. Rock, Pop und Reggae hielten auch ihn fit.

Terminator II **ist das teuerste Hollywood-Spektakel. An den ersten drei Spieltagen lockte der Film in Deutschland mehr als eine Mio. Zuschauer in die Kinos. Hauptdarsteller Arnold Schwarzenegger in einer Szene als Terminator, dem unverwundbaren Roboter.**

Schnellster Rapper (Rapping = Sprechgesang) ist bisher Tung Twista, der es am 20. Mai 1992 in den INS-Aufnahmestudios in New York (USA) innerhalb von 60 Sek. auf 597 Silben brachte.

Der fixeste Diskjockey ist John Murray aus Kirkcaldy (GB), der es am 16. November 1990 in der BBC-Sendung *Rekordbrecher* schaffte, auf zwei Decks innerhalb von 2 Min. 37 Titel abzuspielen.

Die Compact Disc (CD), 1982 auf dem Weltmarkt eingeführt, hatte 1989 erstmalig die »Black Disc«, die bisherige Analog-Schallplatte, überrundet. Inzwischen befindet sich die LP auf dem Rückzug. Der Welt-Gesamtabsatz an Langspielplatten betrug 1990 nur noch 339 Mio. Stück, an CDs dagegen 770 Mio. Stück. Freilich ist die MusiCassette noch verbreiteter: Weltweit wurden davon 1,45 Mrd. Stück verkauft; besonders in den Ländern der Dritten Welt hat die MusiCassette die höchsten Absätze.
In Deutschland wurden 1991 über den Handel 102,2 Mio. CDs und 75,8 MusiCassetten abgesetzt, während nur 23,4 Mio. LPs über den Ladentisch gingen, die meisten davon mit Pop-Repertoire. Lediglich 0,9 Mio. LPs mit klassischer Musik wurden 1991 in Deutschland verkauft, wohl aber 12,1 Mio. CDs mit klassischer Musik. Auch die CD-Single hat bei der Pop-Musik große Zuwachsraten zu verzeichnen: Mit 14,6 Mio. Stück beträgt die Steigerung in Deutschland 55 Prozent gegenüber dem Vorjahr.

Der größte Tonträgermarkt der Welt sind die USA mit einem Jahresumsatz 1990 von 7,5 Mrd. Dollar, gefolgt von Japan (knapp 3 Mrd. Dollar). Erstmals hat Deutschland mit einem Jahresumsatz von 3,7 Mrd. DM (entsprechend 2,3 Mrd. Dollar) Großbritannien (2,1 Mrd. Dollar) überrundet. In der Bundesrepublik Deutschland haben Musikliebhaber 1991 sogar insgesamt mehr als 4 Mrd. DM für Tonträger (Schallplatten, MusiCassetten, Compact Discs, Laser Discs) ausgegeben.
In Deutschland wurden 1991 102,2 Mio. Compact Discs – 34 Prozent mehr als im Vorjahr – verkauft. Die MusiCassette wurde im gleichen Zeitraum 75,8 Mio. mal abgesetzt. Erwartungsgemäß ging der Absatz von Langspielplatten zurück und lag bei 23,4 Mio. Stück.

FOTOGRAFIE

Die früheste Flugaufnahme der Welt wurde 1858 gemacht, und zwar aus einem Luftballon über Villacoublay in der Umgebung von Paris, von Gaspard Félix Tournachon (alias Nadar, 1820–1910).

Die größte jemals gebaute Kamera ist die 27 t schwere *Rolls-Royce*-Kamera, die 1956 fertiggestellt wurde. Sie ist 2,69 m hoch, 2,51 m breit und 14,02 m lang. Die Linse ist eine 160 cm f 15 *Cooke Apochromat*. Die Riesenkamera ist heute im Besitz der britischen Firma BPCC Graphics und war 1988 voll einsatzfähig.

Die größte Linse ist im britischen Museum für Fotografie, Film und Fernsehen in Bradford, West Yorkshire (GB), zu sehen. Sie wurde von der Firma Pilkington-Spezialglas (St. Asaph, Clwyd) hergestellt und hat eine Brennweite von 8,45 m. Durchmesser: 1,372 m. Gewicht: 215 kg. Die riesige Brennweite macht es möglich, daß normale Schriftzüge auf den Museumswänden noch aus einer Entfernung von 12,19 m deutlich zu lesen sind.

Die kleinste Kamera hat 1955 der Hamburger Chemiker Dietrich Cura (* 1933) in einen Ring eingebaut. Der Fotospion am Ringfinger hat die Abmessungen: 13 mm Durchmesser und 8 mm Höhe; seine Brennweite ist 5 mm und seine Negativbreite 3,5 mm. Die Filme werden in Cognacgläschen entwickelt. Unter einer Briefmarke haben 42 Negative Platz, die sich 15fach vergrößern lassen.

Die kleinste handelsübliche Fotokamera – Spezialkameras für die Herzchirurgie oder Spionagekameras sind also ausgenommen – ist das japanische Fabrikat Petal. Sie ist kreisförmig, 1,65 cm dick und hat einen Durchmesser von 2,9 cm. Brennweite: 12 mm. Kleinste funktionstüchtige Balgenkamera ist das Modell einer edwardianischen Geländekamera, 1989 von William Pocklington aus Ascot (GB) entworfen und gebaut. Pocklingtons Miniaturkopie, eine Konstruktion aus Streichhölzern und Messingbeschlag, ist gebrauchsfertig – das heißt, auf ein zusammenlegbares Stativ montiert – 150 mm hoch. Ausgeklappt hat der Kamerakörper die Maße 34 × 34 × 50 mm, zugeklappt ist er nur 34 × 34 × 19 mm groß.

Die schnellste Fotokamera wurde vom Blackett-Laboratorium des Imperial College für Wissenschaft und Technologie in London gebaut, um Hochleistungs-Laser zu erforschen. Die Kamera kann bis zu 33 Mrd. Bilder pro Sek. registrieren.

Ein Fotoobjektiv mit der welthöchsten Lichtstärke 1:0,7 wurde erstmals von Carl Zeiss, Oberkochen, entwickelt. Mit diesem Planar 1: 0,7, Brennweite 50 mm, konnten Filmaufnahmen von bewegten Szenen bei Kerzenlicht gedreht werden (*Barry Lyndon* von Kubrick).

Der teuerste Kamerasatz der Welt stammt von der Firma Nikon, Tokio (Japan). Er bestand im Mai 1991 aus 26 Kameras, 84 Objektiven und 617 Zubehörteilen. Gesamtpreis: 133 278,78 Pfund (ca. 400 000 DM) ohne Mehrwertsteuer.

Der Auktionshöchstpreis für eine Kamera liegt bisher bei 26 400 Pfund (83 767 DM). Für diese Summe wechselte am 9. November 1989 bei Christie's in London eine *Leica R6* den Besitzer. Erworben wurde sie von De Liugi Garibaldi.

Das größte Farbfoto der Welt, die Color-Papier-Vergrößerung einer einzigen Panoramaaufnahme mit 587,52 m^2 Fläche (81,6 × 7,2 m) stellte das Fotolabor Stutz Foto-Color-Technik AG, Bremgarten (Schweiz), 1984/85 her. Das aus 136 Bahnen à 120 × 3,6 m entstandene 360-Grad-Rundum-Panorama des Fotografen Emil Schulthess zeigt das Engadin mit dem Silvaplaner See im Vordergrund. Es wurde im Schweizer Pavillon während der Weltausstellung der Technologie 1985 in Tsukuba (Japan) ausgestellt.

Das längste Foto-Negativ gelang Christopher Creighton aus Port Hope in Ontario (Kanada) am 1. Juli 1988, als er schätzungsweise 1500 Einwohner von Port Hope im Stadtpark mit einem einzigen Auslöser aufs Bild bannte. Creighton hatte ein 24-Inch-Objektiv von Turner-Reich auf eine *Kodak-8-Cirkut*-Kamera montiert und die 1500 Leute aus einem Bildwinkel von355 Grad aufgenommen. Dabei kam dann ein 362 cm langes und 19,7 cm hohes Negativ heraus.

Den kleinsten und leichtesten Camcorder der Welt (Videokamera mit integriertem Rekorder) hat die Firma Sony im Oktober 1989 auf den Markt gebracht. Die Handycam *CCD-TR 55* ist mit einem Gewicht von 790 g nur handflächengroß. Das kleinste mobile Personalvideo (10,6 × 10,7 × 17,6 cm) paßt in jede Handtasche und in jeden Aktenkoffer.

Das teuerste Foto war bisher der Platinabzug *Rosen, Mexiko,* eine Aufnahme von Tina Modotti aus dem Jahr 1925, die am 17. April 1991 bei Sotheby's in New York für 165 000 Dollar (etwa 280 000 DM) einen Käufer fand.

Das größte Fotoalbum konzipierte und baute das Braunschweiger Unternehmen deko küchler. Es erstellte im Auftrag der *Peiner Allgemeinen Zeitung* und des Werbe-Interessen-Rings Peine einen 68 kg schweren Folianten mit 2,4 m Höhe und einer aufgeklappten Breite von ebenfalls 2,4 m. Am 5. Oktober 1991 hatte Peine (Niedersachsen) seinen Rekord: Die zehn Seiten des Albums waren mit 2643 Urlaubs- und Erinnerungsfotos Peiner Frauen und Männer bebildert.

FILM UND KINO

Der erste komplette Tonfilm war *Lights of New York* (Die Lichter von New York), der am 6. Juli 1928 in The Strand in New York City gezeigt wurde.

Erstmals öffentlich vorgeführt wurde ein Tonfilm am 17. September 1922 im Berliner Alhambra-Kino. Produziert nach dem Triergon-Lichttonverfahren hatten ihn Hans Vogt (1890–1979), J. Massolle (1889–1961) und Jo Engl (1893–1942).

Der erste deutschsprachige Tonspielfilm war E. A. Duponts *Atlantik,* eine in London gedrehte deutsch-englische Gemeinschaftsproduktion, die am 28. Oktober 1929 im Berliner Gloria-Palast uraufgeführt wurde.

Der erste in Deutschland gedrehte vollwertige deutschsprachige Tonfilm war *Die Nacht gehört uns.* Unter der Regie von Carl Froelich spielten u. a. Hans Albers, Charlotte Ander, Ida Wüst, Lucie Englisch die Hauptrollen. Premiere war am 23. Dezember 1929 im Berliner Capitol.

Die ersten Tonfilme mit weltweitem Erfolg waren die amerikanischen Produktionen der Warner Brothers *The Jazzsinger* (Der Jazz-Sänger) und *The Singing Fool* (Der singende Narr), beide 1929 mit Al Jolson in der Hauptrolle.

Mit *The Singing Fool* gab es auch den ersten Tonfilmschlager, der weltweit gesungen wurde: *Sunny Boy.*

Größtes Verlustgeschäft in der Kinogeschichte war bisher *Heaven's Gate* von Michael Cimino. Der Film mit Kris Kristofferson und Isabelle Huppert spielte in Nordamerika nur 1,5 Mio. Dollar ein. Dem stehen Gesamtkosten von schätzungsweise 57 Mio. Dollar gegenüber – in Deutschland avancierte er inzwischen zum Kultfilm.

Der erste Farbfilm der Welt war die US-Technicolor-Produktion *Der schwarze Pirat* mit Douglas Fairbanks. Er wurde 1926 gedreht.

Der erste deutsche Farbspielfilm war die Ufa-Produktion *Frauen sind doch bessere Diplomaten* mit Marika Rökk und Willy Fritsch in den Hauptrollen (Regie: Georg Jacoby). Er war nach dem Agfacolor-Farbverfahren aufgenommen und wurde am 31. Oktober 1941 in Berlin uraufgeführt.

Die meisten Spielfilme werden in Indien gedreht. Seit 1979 waren es jährlich mindestens 700. Rekordjahr war 1990 mit 948 Spielfilmen.

Teuerster Film war *Terminator 2: Judgement Day,* der nach Berichten vom Juli 1991 Carolco Pictures 104 Mio. Dollar plus 20 Mio. Dollar für Druck- und Werbeaufträge gekostet haben soll (zusammen ca. 210 Mio. DM). Sein Hauptdarsteller Arnold Schwarzenegger hat für die *Terminator*-Fortsetzungsgeschichte, so wird gemunkelt, die Kleinigkeit von 15 Mio. Dollar Gage kassiert.

Der teuerste deutsche Film seit Jahrzehnten wurde das Fantasy-Spektakel *Die unendliche Geschichte.* Die Verfilmung des Welt-Bestsellers von Michael Ende (deutsche Gesamtauflage allein über 1 Mio. Exemplare) durch Produzent Bernd Eichinger und Regisseur Wolfgang Petersen hat einen 60-Mio.-DM-Etat verschlungen.

Billigster Spielfilm war *The Shattered Illusion* (Zerstörte Illusion), der 1927 in normaler Länge gedreht wurde. Das Leinwand-Drama der Victorian Film Productions kostete nur 300 Pfund. Es dauerte 12 Monate, bis der Film fertig war, in dem u. a. ein Schiff in einem Sturm untergeht.

Paul Verhoevens Film *Basic Instinct* schockte mit seiner Mischung aus hartem Sex und roher Gewalt die Zensoren. Hier eine Szene mit Michael Douglas und Sharon Stone.

Der höchste Preis für Filmrechte, der je bezahlt wurde, beträgt 9,5 Mio. Dollar (ca. 18,5 Mio. DM). Columbia bezahlte diesen Betrag am 20. Januar 1978 für *Annie*, das Broadway-Musical von Charles Strouse mit Andrea McCarlie, Dorothy Loudon und Reid Shelton.

Teuerstes Original-Drehbuch war mit 3 Mio. Dollar das von Joe Eszterhas verfaßte Skript zu dem umstrittenen Film *Basic Instinct* (Regie Paul Verhoeven), der in den USA im März 1992 unter Publikumsprotesten freigegeben wurde.

Der längste Kinofilm ist Rainer Werner Fassbinders *Berlin Alexanderplatz* mit 15:21 Std. Am 6./7. August 1983 wurde der Film in voller Länge im Vista-Kino in Hollywood, Kalifornien (USA), mit einer Pause von 2 Std. für das Abendessen gezeigt.

Schnellste Filmproduktion war der britische Thriller *The Fastest Forward*, der innerhalb von 13 Tagen gedreht und am 27. Mai 1990 bei einer Gala-Premiere im Londoner Dominion-Theater vorgestellt wurde. Alle Mitwirkenden an diesem 75-Minuten-Streifen hatten zugunsten wohltätiger Zwecke auf Gage oder Lohn verzichtet. Produzent von *Fastest Forward* war Russ Malkin, Regie führte John Gore.

Kassenrekorde: Kassenfüller Nr. 1 ist *E. T., der Außerirdische*, von Steven Spielberg. Der Film war am 11. Juni 1982 in die Kinos gekommen und hat bisher 700 Mio. Dollar Einnahmen erzielt. *Batman* (Warner Brothers) hält gleich zwei Rekorde: Er machte am 24. Juni 1989 mit 14,6 Mio. Dollar die höchste Tageskasse, und am Tag zuvor hatte er mit 13,1 Mio. Dollar die höchsten Premieren-Einnahmen in der Filmgeschichte eingespielt.

Zum erfolgreichsten deutschen Nachkriegsfilm avancierte innerhalb kürzester Zeit *Otto – der Film* von und mit dem ostfriesischen Komiker Otto Waalkes. Am 19. Juli 1985 lief der Film in Deutschland an und wurde bis zum Februar 1986 in rund 750 deutschen Kinos ausgestrahlt. Die Gesamtzuschauerzahl betrug 9,5 Mio. Das brachte die Goldene Leinwand für den Film. Der Umsatz dieses Kassenknüllers liegt bei 65 Mio. DM.

Das größte Verlustgeschäft war bisher der Film *Heaven's Gate*, den Michael Cimino 1980 gedreht hat. Er spielte in Nordamerika 1,5 Mio. Dollar ein. Gekostet hat der Film aber 44 Mio. Dollar. Rechnet man Verleih- und Betriebsausgaben dazu, klettern die Kosten sogar auf 57 Mio. Dollar.

Über die bestbezahlte Filmrolle in der Kinogeschichte darf sich Jack Nicholson freuen. Für den Joker in dem 50 Mio. Dollar teuren *Batman* kann er bis zu 60 Mio. Dollar erhoffen, weil er statt einer Gage eine Gewinnbeteiligung ausgehandelt hatte.
Barbra Streisand kassierte für *Nuts* (1988) als erste Filmschauspielerin eine Gage von 5 Mio. Dollar, und für den Oscar-Kandidaten *Herr der Gezeiten* (1991) erhielt sie mit 6 Mio. Dollar eine neue Rekordsumme.
Höchstbezahlter Kinderstar war bisher Macauley Culkin (*28 August 1980), der als 11jähriger 1 Dollar für *My Girl* (1991) erhielt. Daraufhin durfte er sich über einen 5-Dollar-Vertrag (plus 5 Prozent aus dem Karten-Erlös) für die Fortsetzungsgeschichte *Home Alone II: Lost in New York* (1992) freuen.

Die längste Laufzeit in einem Kino erreichte *The Rocky Horror Picture Show* in Münchens Museum Lichtspielen. Seit dem 19. September 1976 läuft im Kino 2 täglich ununterbrochen die-

Die Kinos locken wieder. Gigantische Kinopaläste ob Multiplex, Cinedom oder Cinemaxx, verändern die Kinolandschaft. Im März 1991 wurde am Rand der Innenstadt Hannovers das Zehn-Säle-Center Cinemaxx eröffnet. Rund 1,5 Mio. Besucher kamen im ersten Jahr.

ser Kultfilm. Selbstverständlich gibt es für alle Besucher die *Rocky-Horror*-Mitspieltüte mit Reis, *Rocky*-Streichhölzern, Wunderkerzen, Lufttrüsseln und Ratschen.
Seit dem 4. November 1983 gibt es in Kino 1 die *Blues Brothers* – ebenfalls täglich ohne Unterbrechung.

Der meistgespielte Kinoheld ist Sherlock Holmes, den Sir Arthur Conan Doyle (1859–1930) erfunden hat. Seit 1900 wurde der geniale Detektiv in 204 Filmen von 72 verschiedenen Schauspielern dargestellt.

Die am häufigsten dargestellte Figur in Horrorfilmen ist Graf Dracula, der von dem irischen Schriftsteller Bram Stoker (1847–1912) ins Leben gerufen wurde. Der Graf oder seine direkten Nachkommen geisterten bisher durch 160 Filme. Frankenstein, der härteste Rivale, brachte es bis jetzt auf 112 Kinostreifen.

Die höchste Gage für einen Stuntman war bisher 100 000 Dollar. Für diesen Preis machte Dar Robinson im November 1979 einen 335-Meter-Sprung vom CN-Turm in Toronto (Kanada) für den Film *High Point*. Sein Fallschirm öffnete sich erst 91 m über dem Boden. Robinson starb am 21. November 1986 im Alter von 39 Jahren.

Die meisten Statisten bot bisher der britische Regisseur Sir Richard Attenborough für seinen Film *Gandhi* (1982) auf: bei der großen Begräbnisszene waren es schätzungsweise 300 000.

Die größten Filmstudios der Welt befinden sich in der Universal City von Hollywood (USA). Zu ihnen gehören neben einem riesigen Freigelände 561 Gebäude, darunter 34 Aufnahmestudios für Farbtonfilme.

Die längste Kinoserie bilden die japanischen *Tora-San*-Filme. Im August 1969 ist der erste Streifen über die Leinwand geflimmert, 1991 kam der 44. *Tora-San*-Film in die Kinos. Immer dabei war der Schauspieler Kiyoshi Atsumi (* 1929).

Der größte Studio-Schauplatz wurde 1976 für den James-Bond-Film *The Spy Who Loved Me* (Der Spion, der mich liebte) gebaut. Der Schauplatz in den Pinewood Studios von Buckinghamshire (GB), den Ken Adam und Michael Brown entworfen hatten, war 102 × 42 × 12 m groß und mit 4,54 Mio. l Wasser gefüllt. Und im Wasser lagen ein maßstabsgetreuer 600 000-Tonnen-Öltanker und drei Atom-U-Boote.

Das bekannteste und größte Filmgelände auf deutschem Boden ist die ehemalige Ufastadt Babelsberg/Potsdam. 45 Jahre lang wurde es der Atelierbetrieb für die Deutsche Film-Aktiengesellschaft (DEFA). In dem 1946 gegründeten Filmkombinat der ehemaligen DDR entstanden 686 Spielfilme. Der Babelsberger Requisitenfundus mit über 1 Mio. Stück (150 000 Kostüme, 50 000 Uniformen, 500 000 Kleinrequisiten – z.B. Geschirr –, 12 000 elektrische Geräte, 50 000 Möbelstücke) gilt als der größte Europas.
Die größten Filmstudios Österreichs sind die der Wien-Film in Sievering und auf dem Rosenhügel in Wien. Das größte Filmatelier der Schweiz ist das Studio Bellerive in Zürich.

Die meisten Kostüme, die je für einen Film geschneidert wurden, waren die 32 000 für *Quo Vadis* (1951).

Älteste Leinwand- oder Bildschirmdarstellerin aller Zeiten ist die französische Schauspielerin Jeanne Louise Calment (*1875), die sich 1990 in dem französisch-kanadischen Film *Vincent und ich* selbst porträtierte (s.a.S. 88).

Lachend auf dem Weg zur Bank ist Jack Nicholson, der für seine Rolle als Joker in Tim Burtons *Batman* (1987) bis zu 60 Mio. Dollar erwarten kann – er ist an den Gewinnen beteiligt.

Am häufigsten das Kostüm gewechselt hat Elizabeth Taylor in dem 1963 entstandenen Film *Cleopatra*, nämlich 65mal. Die Kostüme waren von Irene Sharaff entworfen worden und kosteten 130 000 Dollar.

Die begehrteste Filmtrophäe ist der Oscar, der seit 1928 von der amerikanischen Filmakademie verliehen wird.

Die meisten Oscars bekam Walt Disney (1901–66), der »Vater der Mickymaus«, nämlich 20 Statuetten und 12 andere Plaketten und Urkunden, darunter einige postum, verliehen.

Die einzige Schauspielerin, die vier Oscars als Hauptdarstellerin gewann, ist Katharine Hepburn (* 8. November 1909 in Connecticut, USA). Sie wurde für die Filme *Morning Glory* (1932/33), *Guess Who's Coming to Dinner* (Rat mal, wer zum Essen kommt, 1967), *The Lion in Winter* (Der Löwe im Winter, 1968) und *On Golden Pond* (Am goldenen See, 1981) ausgezeichnet. Insgesamt wurde sie zwölfmal für diese Auszeichnung nominiert.
15 Schauspieler sind für Hauptrollen mit zwei Oscars ausgezeichnet worden: Ingrid Bergman 1945 und 56, Marlon Brando 1955 und 73, Gary Cooper 1942 und 53, Bette Davis 1936 und 39, Olivia de Havilland 1947 und 50, Sally Field 1980 und 85, Jane Fonda 1972 und 79, Jodie Foster 1989 und 92, Dustin Hoffman 1980 und 89, Glenda Jackson 1971 und 74, Vivien Leigh 1940 und

Miss Piggy und Kermit, der Frosch, begeistern mit der Muppet-Show weltweit die Zuschauer.

52, Frederic March 1933 und 47, Luise Rainer 1937 und 38, Elizabeth Taylor 1961 und 67, Spencer Tracy 1938 und 39. Edith Head (1907–81) wurde für ihre Kostümentwürfe 8mal ausgezeichnet.

Die meisten Oscar-Nominierungen erhielt der Film *All About Eve* (Alles über Eva), 1950, mit vierzehn. Er gewann sechs Auszeichnungen.

Jüngste Oscar-Gewinnerin unter Wettbewerbsbedingungen war Tatum O'Neal (* 5. November 1963), die 10 Jahre alt war, als sie 1974 den Preis für die beste Nebenrolle – in *Paper Moon* (1973) – erhielt. Shirley Temple (* 23. April 1928) wurde für Filmrollen, die sie 1934 als 5jährige gespielt hat, mit einem Sonderpreis ausgezeichnet. Älteste Oscar-Preisträger waren mit jeweils 80 Jahren George Burns und Jessica Tandy. Der am 20. Januar 1896 geborene Burns erhielt die Auszeichnung 1976 für *The Sunshine Boys*. Die am 7. Juni 1909 geborene Jessica Tandy durfte den Oscar 1990 für *Driving Miss Daisy* in Empfang nehmen.

Die meisten Oscar-Auszeichnungen erhielt der Film *Ben Hur* (1959), nämlich elf, gefolgt von *Vom Winde verweht* (1939) und *West Side Story* (1961) mit jeweils zehn.

Höchstdekorierte Künstler sind Helen Hayes (* 1900), Richard Rogers und Rita Moreno (* 1931). Nur sie haben den Oscar und den Tony, Grammy und Emmy dazu gewonnen. Barbra Streisand (* 24. April 1942 in Brooklyn, New York) erhielt einen Oscar sowie Grammy- und Emmy-Preise und außerdem noch den Tony-Sonderpreis *Star des Jahrzehnts*.

Den ersten Oscar als deutschsprachiger Schauspieler erhielt 1928 Emil Jannings (1886–1950) als bester Hauptdarsteller für die Filme *Sein letzter Befehl* (1927, Regie Joseph von Sternberg) und *Der Weg allen Fleisches* (1927, Regie Victor Fleming).

Das größte Kino der Welt ist die Radio City Music Hall in New York, die am 27. Dezember 1932 eröffnet wurde. Ursprünglich gab es dort 5945 Plätze, heute sind es 5874. Kinepolis in Brüssel (Belgien), 1988 eröffnet, ist der größte Kinokomplex der Welt. Insgesamt stehen dort 27 Leinwände und 7000 Sitzplätze zur Verfügung.

RUNDFUNK

Die erste Genehmigung zum privaten Rundfunkempfang erhielt der Berliner Zigarrenhändler Wilhelm Kollhoff am 31. Oktober 1923. Er bezahlte dafür eine Gebühr von 350 Mrd. (Inflations-)Mark. Am 1. Januar 1924 wurde die Rundfunkgebühr auf jährlich 60 RM festgesetzt, wenig später auf 2 RM monatlich ermäßigt.

Die ersten deutschen Rundfunknachrichten wurden am 9. November 1923 ausgestrahlt. Zu dieser Zeit gab es etwa 450 private Rundfunkteilnehmer. Am 1. Juli 1924 waren es bereits 100 000, am 1. Januar 1926 waren 1 Mio. registriert.

Die frühesten drahtlosen Signale nach Übersee (der Buchstabe *S* im Morsealphabet) wurden von Marconi, George Stephen Kemp und Percy Paget von einer 10-kW-Station in Poldhu, Cornwall (GB), aus gesendet und in Neufundland (Kanada) am 12. Dezember 1901 um 12 Uhr 30 gehört.

Sprache wurde zum ersten Mal im November 1951 über den Atlantik gesendet, als eine Übertragung von der US-Marinestation in Arlington, Virginia, von amerikanischen Radiotelefoningenieuren auf dem Pariser Eiffelturm empfangen wurde.

Älteste Rundfunksendung der Welt ist die Spielserie *Rambling with Gambling* im Frühprogramm von WOR-NY, die im März 1925 gestartet worden ist und seitdem drei Generationen unterhalten hat. Am 30. April 1992 wurde die 20 969. Spielshow ausgestrahlt.

Auf über 12 500 Live-Sendungen brachte es *Autofahrer unterwegs* des Österreichischen Rundfunks (ORF) bis 1992. Die älteste bestehende tägliche Sendung wurde erstmals am 5. April 1957 ausgestrahlt und ist die meistgehörte und bekannteste Sendung des ORF.

Dauermoderieren am Mikrophon bot der Student der Hamburger Kommunikationsakademie Dirk Steffke (* 1961). Im Foyer des Hamburger Ramada Renaissance Hotels stand er vom 26. bis 28. Oktober 1988 für den Privatsender Radio Korah 66 Std. unter Dauerstreß.

Die meisten Rundfunksender gibt es in den USA. Im Dezember 1991 waren dort 9555 autorisierte Stationen registriert, die auf Mittelwelle und auf Ultrakurzwelle senden.

Lindenstraßen-Spielort ausnahmsweise nicht München: Benny Beimer besucht mit seiner Freundin Claudia deren Eltern in Borna (Sachsen).

Der amerikanische Schauspieler Bill Cosby ist der gefragteste und höchstbezahlte Fernsehunterhalter.

Das größte Echo auf eine Hörfunksendung hatte am 27. November 1974 der Astrologe Howard Sheldon in einer fünfstündigen Talk-Show der Radiostation WCAU in Philadelphia (USA) mit 388 299 Anrufen, die während der *Bill Corsair Show* registriert wurden.

Die längste Hörer-Hitparade lief vom 20. bis 27. Juli 1990 in Radio RT.1, Augsburg. Die beiden Moderatoren Peter Ostanski (* 1950) und Michael Falke (* 1948) spielten, nur unterbrochen von Nachrichten, 183 Std. im Wechsel 2222 Musiktitel. *Power auf Dauer* endete mit *Ding Dong* von der Ersten Allgemeinen Verunsicherung.
Die einzige deutsch-deutsche Hitparade aller Zeiten lief neun Tage vom 17. bis 25. August 1990. In 8-Std.-Schichten moderierten vier Moderatorenpaare von SDR 3 und vom Jugendradio DT 64 ihr Hitparaden-Programm *Top 2000 D* rund um die Uhr – nur unterbrochen durch Nachrichten und Werbung. Südwest 3 sendete diese Radio-Show zweier Anstalten sogar live im Fernsehen. Mit 14:30 Std. wurde das Medienereignis mit seinen 2008 gespielten Titeln zur bisher längsten Radio-TV-Show, zur ersten Radiosendung, die abgefilmt wurde.

Rekord-Publikum bei einer Radiosendung der BBC waren 30 Mio., die sich am 6. Juni 1950 die Übertragung des Boxkampfes zwischen Lee Savold (USA) und Bruce Woodcock (GB) anhörten. Der weltumspannende Radiodienst der BBC, der in 38 Sprachen ausgestrahlt wird, wurde 1990, nach Umfragen in 90 Ländern, von schätzungsweise 120 Mio. Menschen regelmäßig gehört und erreicht damit mehr Hörer als die Stimme Amerikas, Radio Moskau und die Deutsche Welle zusammen. Die Zahl ist eher zu vorsichtig geschätzt, denn aus mehreren Ländern – darunter China, Kuba, Burma, Iran, Afghanistan und Vietnam – waren keine Hörerzahlen zu erhalten.

Ein Radiomuseum aus 2 571 historischen Geräten der Radiotechnik hat Hans Necker aus Bad Laasphe (Nordrhein-Westfalen) seit 1981 aufgebaut. Erste Oldtimer-Radios in »guter alter« Röhrentechnik hat er bereits in den 50er Jahren zusammengetragen. Die Nostalgiesammlung aus Röhrenradiogeräten ist unverkäuflich, die Einzelstücke werden funktionsfähig gehalten.

FERNSEHEN

Die ersten Versuche in Deutschland, die durch den Krieg und die erste Nachkriegszeit unterbrochene Entwicklung des Fernsehens wieder zu beleben, unternahmen acht Techniker 1948 beim Nordwestdeutschen Rundfunk (NWDR) Hamburg mit Hilfe eines Bildabtasters, der über den Krieg hinweg gerettet worden war.

Am 12. Juli 1950 wurde von Hamburg aus ein Testbild gesendet. Am 27. November startete ein Versuchsprogramm.

Am 25. Dezember 1952 begann offiziell das Fernsehen in der Bundesrepublik Deutschland. Der NWDR strahlte täglich von 20 bis 22 Uhr (bzw. 22 Uhr 30) ein Programm aus, zusätzlich ein halb- bis einstündiges Nachmittagsprogramm.

Das erste Programm der Eurovision, des europäischen Fernsehgemeinschaftsprogramms, war die Übertragung der englischen Krönungsfeierlichkeiten am 2. Juni 1953. Angeschlossen waren England, Frankreich, die Niederlande, Belgien und die Bundesrepublik Deutschland.

Die erste transatlantische Übertragung über Satellit wurde am 11. Juli 1962 um 1 Uhr nachts per *Telestar 1* von Andover, Maine (USA), nach Pleumeur Boudou in Frankreich erreicht. Auf dem Bildschirm sah man Frederick R. Kappell, den Vorsitzenden der amerikanischen Telefon- und Telegrafengesellschaft, der der Satellit gehörte.

Die erste Live-Übertragung via Satellit aus den USA, die in Deutschland empfangen wurde, war eine Reportage aus einem Baseball-Stadion in Chikago am 23. Juli 1963, bevor eine Pressekonferenz des US-Präsidenten John F. Kennedy übertragen wurde.

Die längste Sendung in der Fernsehgeschichte war die Übertragung des Mondfluges von *Apollo 11* bei GTV 9 in Australien: Sie dauerte, ununterbrochen, 163:18 Std. – vom 19. bis zum 26. Juli 1969.

Die längste Sendung, die ein einziger Regisseur ohne Pause durchgestanden hat, dauerte 48:03 Std. und war vom 17. bis 19. Februar 1990 im WOOC TV 2 vom Otterbein College in Westerville, Ohio (USA), zu sehen. Regisseur der Studentenproduktion war Ben Kehoe.

Die erste reguläre Farbfernsehsendung in Deutschland wurde am 25. August 1967 von der Internationalen Funkausstellung Berlin aus ausgestrahlt.

Ein Videorekorder wurde erstmals 1956 von Alexander M. Poniatoff vorgestellt, dessen System als Ampex (seine Initialen plus »ex« für Exzellenz) bekannt wurde. Der erste Heim-Videorekorder ist am 24. Juni 1963 im Londoner Nachrichtenstudio der BBC erläutert worden. Entwickelt wurde er im Auftrag der Firma Nottingham Electronic Valve Co. von Norman Rutherford und Michael Turner.

Die schnellste Video-Produktion schaffte das britische Unternehmen Thames Video Collection. Thema der Blitz-Kassette: die Hochzeit von Prinz Andrew und Sarah Ferguson am 23. Juli 1986. Der Videofilm wurde live aufgenommen und endet vor dem Chelsea Hospital, wo ein Hubschrauber abhob und das Paar auf den Weg in die Flitterwochen brachte. Das war um 16 Uhr 42. Die ersten Kassetten, in vollständiger Fassung und verpackt, wurden um 22 Uhr 23 von Fenella Lee und Lucinda Burland in einem Geschäft an der Londoner Oxford Street verkauft, also 5:41 Std. nach der letzten Aufnahme.

Die dauerhafteste Fernsehserie der Welt ist *Meet the Press* (Begegnung mit der Presse) der amerikanischen Fernsehgesellschaft NBC, die am 6. November 1947 startete und seit dem 12. September 1948 allwöchentlich ausgestrahlt wird. Die Idee zu diesem Programm hatte Lawrence E. Spivak, der bis 1975 jede Woche entweder als Moderator oder Gesprächsteilnehmer mitwirkte.

Wiederholungsrekord: Seit 1972 gehört das *Dinner for one* oder *Der neunzigste Geburtstag* zum festen Bestandteil des Silvesterprogramms von NDR III. 1986 gab es das Jubiläum, als zusätzlich auch im 1. Programm die Sendung um 23 Uhr zum 25. Mal lief.

Teuerste Fernsehrechte. 8 Mio. Dollar soll eine amerikanisch-europäische Investorengruppe unter Führung von CBS für die TV-Rechte an Alexandra Ripleys *Scarlett*, der Fortschreibung von Margaret Mitchells *Vom Winde verweht*, bezahlt haben. Das wurde im November 1991 berichtet. Die geplante achtstündige Verfilmung soll 1993 in Fortsetzungen über die Bildschirme flimmern.

Die meisten Zuschauer saßen während der Fußball-Weltmeisterschaft in Italien vor den Fernsehapparaten. Schätzungsweise 31 Mrd. Menschen verfolgten weltweit via TV-Schirm die Spiele, die vom 8. Juni bis 8. Juli 1990 live oder in Aufzeichnungen übertragen wurden.
Die *Live Aid*-Konzerte, die von Bob Geldof und Bill Graham organisiert und – auch das ein Rekord! – über 12 Satelliten übertragen wurden, sahen schätzungsweise 1,6 Mrd. Menschen, ein Drittel der Weltbevölkerung.

127 Mio. Amerikaner sahen am 25. Januar 1987 die NBC-Übertragung des Football-Endspiels (Super-Bowl) – auch dies ein Rekord.

Weltweit meistgesehene Fernsehserie ist die *Muppet Show*. Bis August 1989 erreichte sie schätzungsweise 235 Mio. Zuschauer in 106 Ländern.

Die längste deutsche Fernsehserie ist die *Lindenstraße* im 1. Programm der ARD. Für den »Vater« der *Lindenstraße* Hans W. Geißendörfer war die englische Serie *Coronation Street*, die 1990 ihr 30jähriges TV-Jubiläum feierte, Vorbild seiner Serie. In Köln-Bocklemünd entstand 1985 eine 150 m lange Straße aus 5 t Stahl, 50 000 m Bauholz, 11 000 m^2 gemauerten Wänden mit 165 Fenstern und 84 Türen. Am 1. August 1992 lief die 348. Folge der *Lindenstraße*, die wohl die einzige Serie sein dürfte, die von einem eigenen Pressebüro betreut wird und sogar Fan-Clubs hat.

Die TV-Sendung mit der höchsten Einschaltquote war *Goodbye, Farewell and Amen*, die letzte Episode von *M*A*S*H* (Abkürzung für Mobile Army Surgical Hospital 4077), die CBS am 28. Februar 1983 gesendet hat. 60,3 Prozent der amerikanischen Haushalte hatten sich für dieses Programm entschieden. Schätzungsweise 125 Mio. Menschen sahen zu, das waren 77 Prozent aller Fernsehzuschauer in den USA.

Die teuerste Produktion in der Fernsehgeschichte war die siebenteilige Paramount-Serie *The Winds of War*, eine Saga über den Zweiten Weltkrieg, die von ABC (USA) ausgestrahlt wurde. Die Dreharbeiten hatten 14 Monate gedauert. Gesamtkosten: 42 Mio. Dollar (76,6 Mio. DM). Die Schlußepisode am 13. Februar 1983 verfolgten allein 41 Prozent aller britischen Fernsehzuschauer.

Höchstdotierter Vertrag: 5 Mio. Dollar jährlich soll die amerikanische TV-Anstalt NBC dem früheren Gastgeber der *Tonight-Show*, John William Carson (* 23. Oktober 1925), zugesichert haben. Dessen Gegenleistung: viermal pro Woche eine einstündige Abendshow.

Höchstbezahlter Fernsehunterhaltungskünstler ist der Komiker Bill Cosby, der nach Berichten vom Oktober 1991 in zwei Jahren – 1990/91 – ungefähr 115 Mio. Dollar verdient haben soll.

Der produktivste Fernsehautor der Welt ist Lord Willis (* 13. Januar 1918), der seit 1949 nicht weniger als 41 Serien, 37 Bühnenstücke und 39 Fernsehspiele geschrieben hat. 29 TV-Stücke hat er auch inszeniert. Die Serie *Dixon of Dock Green*, die die BBC von 1955 bis 76 ausstrahlte, stammte in den ersten 7 Jahren ausschließlich von ihm. Diese Serie verschlang 2,25 Mio. von den insgesamt 20 Mio. Wörtern, die Lord Willis seit 1942 geschrieben hat.

Die Werbezeit am teuersten verkauft hat NBC am 25. Januar 1987 während der Übertragung des Super Bowls, des Endspiels im American Football, das von 127 Mio. Zuschauern gesehen wurde. 30 Sek. Werbezeit kosteten 800 000 Dollar (etwa 1,36 Mio. DM).

Die erfolgreichste Wohltätigkeitssendung war die von Jerry Lewis zum Labor Day 1989. Sie erbrachte 78 438 573 Dollar (etwa 148 Mio. DM).

Teuerster Werbeträger ist der amerikanische Unterhaltungskünstler Michael Jackson. Pepsi-Cola soll ihm für vier TV-Werbeauftritte 21 Mio. DM bezahlt haben. Dies wurde im März 1988 berichtet.

Die meisten Takes (Aufnahmen) für einen TV-Werbespot benötigte die Komödiantin Pat Coombs im Jahr 1973. Erst nach dem 28. Versuch war der Spot im Kasten. Pat Coombs' Entschuldigung: »Immer wenn wir zur Pointe kamen, fiel mir der Name des Produkts nicht mehr ein.«

Eine Mattscheibe im Superformat präsentierte die japanische Firma Sony in Tsukuba auf dem Gelände der Wissenschafts- und Technikausstellung Expo '85. Der Riesenbildschirm maß 24,3 × 45,7 m und diente der Wiedergabe von Fernsehbildern im Freien.

Mini-Fernseher: Den kleinsten Schwarzweißfernseher der Welt, eine Digitaluhr mit eingebautem Bildschirm, hat die japanische Firma Seiko am 23. September 1982 vorgestellt: Der Uhr-Fernseher hat einen flachen Flüssigkristall-Bildschirm von 30,5 mm Größe und wiegt ganze 80 g. Mit Empfänger und Kopfhörer ergibt das ein Gesamtgewicht von 320 g.

Einen Schwarzweißfernseher für die Jackentasche hat die japanische Firma Sony entwickelt. Der Watchman *FD-2E* ist mit seinen Mini-Abmessungen (64,3 × 156,6 × 41,5 mm) und einer konventionellen Elektronenstrahl-Bildröhre bequem auch am Gürtel zu tragen: Mit Batterien wiegt der Winzling mit TV-Auge ganze 410 g. Seit Mai 1986 ist er auf dem Markt.
Kleinstes Einheitsgerät ist der *Casio-Keisanki TV-10*, der im Juli 1983 in Tokio vorgestellt wurde. Dieser Fernseher hat einen 68,5-mm-Bildschirm und wiegt 338 g.

Der kleinste Farbfernseher stammt gleichfalls aus Japan. Der 1985 auf den Markt gekommene *Epson* mit Flüssigkristall-Bildschirm mißt 7,6 × 17,1 × 2,8 cm. Mit Batterien und seinen 52 800 Kristallen wiegt dieser Mini-Apparat nur noch 453 g. ■

GEMEINSCHAFT, GESELLSCHAFT

Statt der roten Fahne mit Hammer, Sichel und Sowjetstern weht jetzt die weiß-blau-rot gestreifte Trikolore auf dem Kreml. Hier schart sich bei einer Massendemonstration gegen den Putschversuch orthodoxer Kommunisten im August 1991 in Moskau die Bevölkerung um eine riesige russische Flagge

DIE BEVÖLKERUNGSREICHSTEN STADTANSIEDLUNGEN DER WELT

Bevölkerung	Name	Land	Jahr
unter 100	Dolní Věstonicě	ČSFR	ca. 27000 v. Chr.
ca. 150	Chemi Shanidar	Irak	8900 v. Chr.
2700	Jericho (ArihA)	Jordanien	7800 v. Chr.
ca. 5000	Çatal Huyuk, Anatolien	Türkei	ca. 6800 v. Chr.
über 5000	Hierakonopolis (Nekhen)	Ägypten	ca. 3200 v. Chr.
50 000	Uruk (Erek; heute Warka) 7000–3800 v. Chr.	Irak	3000 v. Chr.
250 000	Groß-Ur (heute Tell Muqayyar)	Irak	2200 v. Chr.
350 000	Babylon (heute al-Hillah)	Irak	600 v. Chr.
500 000	Pataliputra (Patna), Bihar	Indien	400–185 v. Chr.
600 000	Seleukia (nahe Bagdad)	Irak	300 v. Chr.–165
1 100 100	Rom (gegr. um 510 v. Chr.)	Italien	133 v. Chr.
1 500 000	Angkor	Kambodscha	900
1–1,5 Mio.	Hangtschou (heute Hangzhou)	China	1279
707 000	Peking (Cambulac; heute Beijing)	China	1578
1 117 290	London	GB	1801
8 615 050	London (Höchststand)	GB	1939
8 415 400	Tokio	Japan	1957
20 200 000	Mexico City	Mexiko	Ende 80er Jahre

Am 10. Juli 1992 verabschiedeten die 51 Teilnehmerstaaten der Konferenz für Sicherheit und Zusammenarbeit in Europa (KSZE) nach ihrem zweitägigen Gipfeltreffen in Helsinki eine Abschlußdeklaration. Neun weitere, neue unabhängige Länder unterzeichneten dabei die Schlußakte von Helsinki von 1975.

Die kleinste Kolonie der Welt ist Gibraltar (seit 1969 Stadt Gibraltar). Sie bedeckt eine Fläche von 5,8 km^2 und hat schätzungsweise 31 000 Einwohner.

NATIONEN, LÄNDER, GRENZEN

NATIONEN

Die größte Nationengemeinschaft ist das British Commonwealth of Nations, eine freie Vereinigung von 50 souveränen unabhängigen Staaten zusammen mit 17 nichtsouveränen Staaten und von ihnen verwalteten Schutzgebieten. Das Commonwealth hatte auf einer Gesamtfläche von 29 293 000 km^2 im Jahr 1989 eine geschätzte Bevölkerung von 1 435 484 000 Menschen. Die Ausdehnung des Empires begann, als Heinrich VII. im März 1496 Handelsmonopole an John Cabot verlieh und später am 31. Dezember 1600, als die East India Company (Ostindische Kompanie) gegründet wurde.

Die Europäische Gemeinschaft (EG), die seit Januar 1958 aufgrund der am 25. März 1957 geschlossenen Römischen Verträge besteht, umfaßt gegenwärtig die Staaten Belgien, Bundesrepublik Deutschland, Dänemark, Frankreich, Großbritannien, Irland, Italien, Luxemburg, Niederlande, Griechenland und durch die Süderweiterung seit 1986 Portugal und Spanien.

LÄNDER

In der Welt gibt es 188 **souveräne Länder** und 63 nichtsouveräne oder sonstige Territorien (Kolonien oder Schutzgebiete souveräner Staaten; in der Antarktis beanspruchte Gebiete und umstrittene Territorien), insgesamt also 251 (Stand vom Juli 1992) Länder und Territorien.

Das Land mit der größten Fläche ist Rußland mit insgesamt 17 075 400 km^2, das sind 11,5 Prozent der Landfläche der Welt. Seine Bevölkerung betrug Mitte 1991 schätzungsweise 148,54 Mio.

Das kleinste unabhängige Land der Welt ist mit 0,44 km^2 die Vatikanstadt (Stato della Città del Vaticano), ein Stadtstaat, der am 11. Februar 1929 eine Enklave von Rom wurde.

Die kürzeste Küstenlinie aller souveränen Meeranrainer-Staaten hat Monaco mit seinen 5,1 km ohne Kais und Wellenbrecher.

Die kleinste Republik der Welt ist Nauru, knapp ein Grad südlich des Äquators im Westpazifik gelegen; sie wurde am 31. Januar 1968 unabhängig. Sie hat eine Fläche von 2129 ha und – nach der jüngsten Schätzung 1991–9500 Einwohner.

Die kleinste Kolonie ist Gibraltar mit einer Fläche von 5,8 km^2 und ca. 2000 Einwohnern. Pitcairn, die einzige bewohnte (59 Bewohner Mitte 1991) in einer Gruppe von vier Inseln (insgesamt 48 km^2 Fläche), hat eine Fläche von 388 ha. Benannt wurde die Insel im Juli 1767 nach Fähnrich Robert Pitcairn von der HMS *Swallow*.

Der offizielle Sitz des Großmeisters des Ordens der Malteserritter besteht seit 1834 aus der Villa del Priorato di Malta (1,2 ha) auf dem Aventin, dem niedrigsten der sieben Hügel von Rom (Italien), und bewahrt, ebenso wie die römische Residenz 68 via Condotti, bestimmte diplomatische Privilegien. Er hat akkreditierte Gesandte im Ausland und wird daher manchmal **der kleinste Staat der Welt** genannt.

Das Land mit dem niedrigsten höchsten Punkt sind die Malediven, deren »Spitze« 2,4 m üNN liegt.

Das Land mit der höchsten tiefsten Stelle ist Lesotho, wo die Mündung des Senqu-Flusses (Oranje) 1380 m üNN liegt.

Staatsgrenzen: In der Welt gibt es 311 Staatsgrenzen. Afrika ist mit 107 der »grenzreichste« Kontinent. Von den schätzungsweise 420 Grenzlinien auf dem Meer sind bislang 140 ratifiziert. Gemessen an der Landfläche verfügt Europa über das dichteste Netz von Grenzlinien.

Die längste zusammenhängende Grenze liegt zwischen Kanada und den USA, die (inklusive der Großen Seen, aber ohne die 2547 km lange Grenze mit Alaska) 6416 km lang ist. Nimmt man die Großen Seen in Nordamerika aus, ist die längste Landgrenze die zwischen Chile und Argentinien mit 5255 km.

Die »Grenze« der Vatikanstadt in Rom ist 4,07 km lang.

Die am häufigsten überquerte Grenze ist die zwischen den USA und Mexiko. Sie erstreckt sich über 3110 km. In den zwölf Monaten bis zum 30. September 1991 gab es 265 109 145 Grenzüberquerungen.

Die Grenze zwischen China und den GUS-Staaten, die von der chinesisch-mongolischen Grenze unterbrochen wird, ist 7240 km lang. Die Zahl der dortigen Grenzübertritte ist nicht bekannt.

Die Landgrenze zwischen Gibraltar und Spanien bei La Linea, die zwischen Januar 1969 und Februar 1985 geschlossen wurde, ist 1,53 km lang.

An einem Punkt in der Nähe der Victoriafälle des Sambesiflusses im südlichen Afrika treffen Sambia, Simbabwe, Botswana und Namibia sich fast an einem einzigen Punkt.

Der Staat mit den meisten Landgrenzen ist China, das direkt an 16 Länder grenzt: Mongolei, Rußland, Nordkorea, Hongkong, Macao, Vietnam, Laos, Myanmar (früher Burma), Indien, Bhutan, Nepal, Pakistan, Afghanistan, Tschadschikistan, Kirgisien und Kasachstan.

STÄDTE

Die älteste heute bekannte befestigte Stadt ist Arihā (Jericho). Die letzten mit dem Radiokarbonverfahren gemachten Altersbestimmungen von Funden aus den tiefsten bisher von Archäologen erreichten Schichten ergaben, daß sich dort schon 7800 v. Chr. eine Ansiedlung von etwa 2700 Menschen befunden haben muß. Die Ansiedlung Dolni Véstonice (ČSFR) wird der gravettischen Kultur (um 27 000 v. Chr.) zugerechnet.

Die älteste Hauptstadt der Welt ist Dimashq (Damaskus), die Hauptstadt von Syrien, die seit ca. 2500 v. Chr. ständig bewohnt war.

Die älteste noch existierende Stadt Europas ist Cadiz (Spanien), eine phönizische Gründung aus der Zeit um 1100 v. Chr.

Die jüngste Hauptstadt in Europa und Hauptstadt Niederösterreichs wurde am 10. Juli 1986 durch eine Änderung der Niederösterreichischen Landesverfassung die Stadt St. Pölten mit ca. 50 000 Einwohnern.

Als älteste Städte in Deutschland gelten Worms (Rheinland-Pfalz), als *Borbetomagus* eine keltische Gründung aus der Zeit um 60 v. Chr. (von den Römern um die Zeitwende *Civitas Vangionum* genannt; als älteste Freie Stadt besteht sie seit 1156), Köln, um 50 v. Chr. von den Römern gegründet (seit 50 n. Chr. *Colonia Agrippinensis*), und Trier (Rheinland-Pfalz), eine römische Gründung an der Stelle älterer Siedlungen (aus der Zeit um 15 v. Chr; im 3./4. Jh. war sie römische Kaiserresidenz).

Das bevölkerungsreichste städtische Ballungsgebiet der Welt ist Mexico City, das in den UN-Prognosen der Weltbevölkerung 1990 mit 20 200 000 Menschen aufgelistet ist. Bis zum Jahr 2000 wird eine Zunahme auf 26 600 000 erwartet. Tokio/Yokohama, bis Ende der 80er Jahre das bevölkerungsreichste Ballungsgebiet, wird zur Jahrtausendwende auf dem dritten Rang erwartet, bis dahin überrundet von São Paulo (Brasilien).

Großbritanniens bevölkerungsreichste Stadt ist London. 1991 lebten in Greater London 6 677 928 Menschen. Die Luftaufnahme zeigt die Docklands, die stillgelegten alten Hafenanlagen. Im größten Sanierungsprojekt der Welt haben sich während der letzten Jahre viele Menschen niedergelassen. Es bedeckt eine Fläche von 22 km^2.

Die größte Stadt Deutschlands ist Berlin. Bei einer Flächenausdehnung von 883 km^2 hat Berlin in seinen 23 Bezirken am 31. Dezember 1990 insgesamt 3,434 Mio. Einwohner. Die größte Ausdehnung in Ost-West-Richtung beträgt 45 km, in Nord-Süd-Richtung 38 km. Nächst große Städte sind Hamburg mit 1,626 Mio. und München mit 1,207 Mio. Einwohnern.

Deutschlands kleinste Stadt ist noch kleiner, als bisher vermutet. Die Volkszählung hat die jahrelange Rechenbasis von »etwa 480 Einwohnern« korrigiert: Arnis an der Schlei, dem fjordähnlichen Ostseearm im Kreis Schleswig-Flensburg im nordöstlichen Schleswig-Holstein, zählt nur 333 Einwohner – kaum mehr als bei der Gründung vor 300 Jahren. Im Jahr 1667 war Arnis von 64 Familien mit damals 300 Köpfen gegründet worden.

In Österreich führt die Hauptstadt Wien mit 1,531 Mio. Einwohnern die Reihe der großen Städte an, gefolgt von den Landeshauptstädten Graz (Steiermark) mit 243 166, Linz (Oberösterreich) mit 199 910 und Salzburg mit 139 426 Einwohnern.

Die kleinste Stadt Österreichs ist die Stadtgemeinde Hardegg a. d. Thaya (Niederösterreich) mit 84 ordentlich gemeldeten Einwohnern am 5. März 1991.

Die größten Städte der Schweiz sind Zürich mit 346 800, Basel mit 171 500, Genf mit 161 400 und die Hauptstadt Bern mit 136 300 Einwohnern (1987).

Die einzige Stadt, die auf zwei Kontinenten liegt, ist Istanbul (Türkei). Es gibt einen europäischen und einen asiatischen Teil.

Die größte Ausdehnung von allen Städten hat Mount Isa in Queensland (Australien). Das von den Stadtbehörden verwaltete Gebiet hat einen Flächeninhalt von 40 978 km^2, aber nur 22 000 Einwohner.

Die höchstgelegene Hauptstadt der Welt – vor der Angliederung von Tibet an China – war Lhasa, 3684 m über dem Meeresspiegel.
La Paz, administrativ und de facto Hauptstadt Boliviens, liegt 3631 m üNN; sein Flughafen, El Alto, liegt auf 4080 m Höhe. Die Stadt wurde 1548 auf dem Gelände eines Indianerdorfs namens Chuquiapu von Hauptmann Alonso de Mendoza gegründet. Ursprünglich hieß die Stadt Ciudad de Nuestra Senora de La Paz (Stadt unserer Lieben Frau des Friedens), wurde aber 1825 in La Paz de Ayacucho, dem heutigen amtlichen Namen, umbenannt. Sucre, die gesetzmäßige Hauptstadt Boliviens, liegt 2834 m üNN. Quito, die Hauptstadt Ecuadors, liegt 2850 m hoch in einem von gewaltigen Vulkanen umrahmten Hochbecken, fast am Äquator.

Die höchstgelegene Stadt der Welt ist die neue Stadt Wenchuan (China), die 1955 an der Straße von Qinghai nach Tibet, nördlich vom Tanglagebirge, gegründet wurde. Sie liegt 5100 m hoch.

Die höchstgelegene Hauptstadt Europas ist die des gleichnamigen Kleinstaates Andorra in den Pyrenäen. Sie liegt 1061 m üNN.

Als höchste ständig bewohnte Siedlung Europas gilt der auch im Winter bewohnte Weiler Juf im Aversertal (Kanton Graubünden, Schweiz) mit 2126 m Höhe. Die höchste selbständige Gemeinde Europas ist Saint-Véran im französischen Département Hautes-Alpes, die auf 2040 m üNN liegt.

Die höchstgelegene Ortschaft Deutschlands ist Oberjoch bei Hindelang im Allgäu (Bayern) mit einer Höhenlage von 1150 m üNN.

Die höchstgelegenen Dörfer Österreichs sind Hochsölden (2150 m) und Obergurgl (1950 m), beide im Ötztal (Tirol).

Die tiefstgelegene Siedlung der Welt ist Ein Bokek (Israel) mit einer Synagoge am Ufer des Toten Meeres: 393,5 m uNN.

Das nördlichste Dorf ist Ny Ålesund (78°55'N), eine Bergarbeitersiedlung an der King's Bay, West-Spitzbergen, im norwegischen Gebiet Svalbard.

Die nördlichste Hauptstadt ist Reykjavik, die Hauptstadt von Island (64°68'N) mit 97 569 Einwohnern im Jahr 1990.

Die südlichste Hauptstadt (41°17'S) ist Wellington auf North Island, Neuseeland, mit 324 600 Einwohnern (1989).

Der südlichste Verwaltungsbezirk ist Port Stanley (52°43'S) auf den Falklandinseln vor Südamerika mit 1643 Einwohnern (1991).

Die südlichste Ansiedlung ist Puerto Williams (ca. 350 Einwohner) an der Nordküste der Isla Navarino, Feuerland (Chile), 1090 km nördlich der Antarktis.

Die Großstadt, die am weitesten vom Meer entfernt liegt, ist Wu-lu-mu-chi (früher Urumtschi) in Sinkiang, Hauptstadt der autonomen chinesischen Region von Uighur; sie liegt rund 2500 km von der nächstgelegenen Küste entfernt. Ihre Bevölkerung wurde 1989 auf 1,06 Mio. geschätzt.

BEVÖLKERUNG

Allgemein: Der durchschnittliche tägliche Bevölkerungszuwachs in der Welt nähert sich der Zahl 258 700, knapp 180/min. Übers Jahr gibt es jedoch saisonale Veränderungen der Geburts- und Sterbezahlen. (Für Zahlen und Schätzungen: siehe Tabelle S. 309). Am 11. Juli 1987 hat irgendwo auf der Welt der fünfmilliardste Erdenbürger das Licht der Welt erblickt: Symbolisch wurde das jugoslawische Baby Matej Gaspar in einer Zagreber Frauenklinik vom UNO-Generalsekretär dazu auserkoren.
Die Weltbevölkerung wächst schneller als erwartet und wird nach Schätzungen des Weltbevölkerungsberichts 1991 von 5,4 Mrd. 1991 innerhalb von zehn Jahren auf 6,4 Mrd. steigen.

Das bevölkerungsreichste Land der Welt ist China, in *Pinyin* Zhongguo (Reich der Mitte) genannt. Es hatte Mitte 1991 schätzungsweise 1 151 300 000 Einwohner und eine natürliche Zuwachsrate von 16,1 Mio. pro Jahr oder knapp über 44 000 pro Tag. Nach Vorhersagen wird Indien (Mitte 1991: 871 200 000 Einwohner) China in der Bevölkerungszahl um das Jahr 2050 überholen; dann, so heißt es, wird es 1,591 Mrd. Inder und 1,555 Mrd. Chinesen geben.

Die geringste Bevölkerung hat Vatikanstadt mit 750 Einwohnern im Jahr 1991 und einer Geburtenrate von Null.

Am dichtesten bevölkert ist die portugiesische Provinz Macau an der Südküste Chinas. Auf 17,5 km^2 lebten 1991 schätzungsweise 474 000 Menschen, das sind 27 086 pro km^2.

Das Fürstentum **Monaco** hatte 1991 eine Einwohnerzahl von 30 200 auf einer Staatsfläche von 195 ha – das entspricht einer Bevölkerungsdichte von 15 487/km^2.

Von Territorien mit über 1000 km^2 Fläche hatte **Hongkong** (1045 km^2) 1991 schätzungsweise 5 862 000 Einwohner, das ist eine Bevölkerungsdichte von 5610/km^2. Die Volkszählung von 1976 ergab, daß im Stadtbezirk Mong Kok auf der Halbinsel Kowloon 252 090 Menschen auf 1 km^2 lebten. 1959, als die Wohnungsnot am größten war, sollen in einem für 12 Bewohner bestimmten Haus 459 Leute gewohnt haben, wovon 104 in einem Zimmer und vier auf dem Dach lebten.

Die größte Bevölkerungsdichte von Ländern mit über 2500 km^2 Fläche hat Bangladesch. 1991 hatte es 115 555 000 Einwohner, die auf 143 999 km^2 lebten – eine Bevölkerungsdichte von 802/km^2.

Die höchste ständig bewohnte Siedlung Europas ist der Weiler Juf (2126 üNN). Er gehört zur Gemeinde Avers im Kanton Graubünden (Schweiz).

Das beliebteste Urlauberziel ist Frankreich. Es wurde 1990 von 51 462 000 ausländischen Gästen besucht. Hier Touristen vor dem Triumphbogen in Paris.

Die indonesische Insel Java mit einer Fläche von 132 186 km^2 hat eine Bevölkerung von 104 565 000 (1990), was einer Bevölkerungsdichte von 791/km^2 entspricht.

Gesamtdeutsche Daten: Am 3. Oktober 1990, dem Tag der Wiedervereinigung, lebten in Deutschland nach Angaben des Statistischen Bundesamtes 79,67 Mio. Menschen. Das Gebiet der bisherigen Bundesrepublik wurde um 108 000 km^2 auf fast 357 000 km^2 erweitert. Wegen der bisher in der ehemaligen DDR deutlich geringeren Bevölkerungsdichte ging die durchschnittliche Einwohnerzahl je km^2 von 252 in der alten Bundesrepublik auf jetzt 222 zurück.

Die geringste Bevölkerungsdichte hat die Antarktis, wo sich seit 1943 Gruppen von Wissenschaftlern als Bewohner auf Zeit ständig ablösen. Die Bevölkerungszahl schwankt je nach Jahreszeit und steigt gelegentlich auf 2000.

Das am dünnsten besiedelte Territorium – abgesehen von der Antarktis – ist Grönland. 1991 lebten dort 56 500 Menschen auf 2 175 600 km^2 – das sind 38,5 km^2 für jeden Grönländer. 84,3 Prozent der Insel sind von Eis bedeckt.

Den Auswandererrekord hält Mexiko. Aus ihm wandern mehr Menschen als aus jedem anderen Land aus, die meisten in Richtung USA. Die sowjetische Invasion in Afghanistan (Dezember 1979) löste einen Zustrom von 2,9 Mio. Flüchtlingen nach Pakistan und weiteren 2,2 Mio. in den Iran aus. Bis 1989 war die Zahl der afghanischen Flüchtlinge in Pakistan auf 3 622 000 angewachsen. 1991 wurden weltweit ca. 25 Mio. Flüchtlinge registriert.
Das Jahr mit der höchsten Auswandererquote aus einem europäischen Land war 1852, als 360 000 Menschen, hauptsächlich Iren, nach Nordamerika auswanderten.

Das Land, das regelmäßig **die meisten legalen Einwanderer** aufnimmt, sind die USA. Zwischen 1820 und 1990 hat die USA Schätzungen zufolge 56 994 014 offizielle Einwanderer aufgenommen. Allerdings gilt jeder 76. Bewohner der USA heute als illegaler Einwanderer. Im Steuerjahr bis September 1986 wurden an der Grenze zu Mexiko von der amerikanischen Grenzpolizei 1 615 854 Menschen festgenommen.

Das beliebteste Urlauberziel ist Frankreich, das 1990 von 51 462 000 ausländischen Touristen besucht wurde. Die meisten Einnahmen aus dem Fremdenverkehr haben die USA, wo Touristen 1990 die stolze Summe von 40,6 Mrd. Dollar (71 Mrd. DM) ausgaben. Die meisten Urlaubsausgaben machen die US-Amerikaner, die im selben Jahr 38,7 Mrd. Dollar (67,7 Mrd. DM) im Ausland ließen.

Die Geburtenrate wurde für 1985–90 weltweit auf 27,1 je 1000 Einwohner geschätzt. Die höchste von den UN für 1985–90 geschätzte Rate war 56,3 je 1000 in Malawi. Sieht man von Vatikanstadt ab, wo die Rate gleich Null ist, hatte San Marino im selben Zeitraum die geringste Rate mit 9,5 je 1000.

Die Sterbeziffer – die Zahl der Todesfälle je 1000 Bewohner – lag weltweit von 1985 bis 90 Schätzungen zufolge bei 9,8. Ost-Timor hatte von 1975 bis 80 eine Sterbeziffer von 45, die in der Periode 1985–90 auf 21,5 sank. Im selben Zeitraum hatte Sierra Leone nach Schätzungen mit 23,4 die höchste Sterbeziffer. Die kleinste Ziffer wiesen Bahrein und die Vereinigten Arabischen Emirate mit 3,8 auf.

Die Bevölkerungszuwachsrate wurde für 1985–90 weltweit auf 17,3 (27,1 Geburten minus 9,8 Todesfälle) je 1000 Menschen, geschätzt. 1965 hatte sie noch bei 22 je 1000 gelegen. Die höchste in jüngster Zeit festgestellte Rate hatte 1985–90 Sambia mit 37,4 (51,1 – 13,7).
Die niedrigste natürliche Zuwachsrate in den bedeutenderen Industrieländern gab es in der damaligen Bundesrepublik Deutschland mit dem Negativwert von –1,5 (10,7 Geburten, 12,2 Todesfälle) je 1000 Einwohner im selben Zeitraum.

Das Land mit den meisten Eheschließungen, soweit Statistiken vorliegen, sind die Nordmarianen im Pazifik. Die Eheschließungsquote beträgt 31,2 je 1000 Einwohner.

Das Land mit den meisten Ehescheidungen sind die USA mit insgesamt 1 175 000 im Jahr 1990 – eine Quote von 4,7 Scheidungen je 1000 Einwohner.

Geschlechterverhältnis: 1988 kamen Schätzungen zufolge 1012 Männer auf 1000 Frauen. Das Land mit der größten registrierten »Frauenknappheit« sind die Vereinigten Arabischen Emirate, wo 1988 schätzungsweise 484 Frauen auf 1000 Männer kamen. Das Land mit dem größten registrierten Frauenüberschuß war im selben Jahr Monaco: 1145 weibliche kamen auf 1000 männliche Monegassen.

Säuglingssterblichkeit: Weltweit lag die Quote 1987 bei 80 auf 1000 Lebendgeburten. Die geringste Säuglingssterblichkeit in jüngster Zeit wies Japan 1987 mit einer Quote von 5,0 auf.

In Äthiopien betrug 1969 die Säuglingssterblichkeit inoffiziellen Schätzungen zufolge annähernd 550 auf 1000 Lebendgeburten. Die höchste in jüngster Zeit geschätzte Quote weist Afghanistan für die Jahre 1985–90 mit 172/1000 auf.

Lebenserwartung bei der Geburt: Die Lebenserwartung in der Welt ist von 47,5 (1950–55) auf 63,9 Jahre (1985–90) gestiegen. Die Lebenserwartung in Europa betrug im 5. Jh. 33 Jahre für Männer und 27 Jahre für Frauen.

WELTBEVÖLKERUNG, GESCHÄTZTE ENTWICKLUNG

Jahr	Mio.	Jahr	Mio.	Jahr	Mio.	Jahr	Mio.
8000 v. Chr.	ca. 6	1750	770	1960	3 019	1988	5 111
1	ca. 256	1800	954	1970	3 698	1989	5 201
1000	ca. 254	1900	1 633	1975	4 080	1990	5 292
1250	416	1920	1 862	1980	4 450	1991	5 385
1500	460	1930	2 070	1985	4 854	1992	5 480
1600	579	1940	2 285	1986	4 936	2000+	6 261
1700	679	1950	2 515	1987	5 023	2025+	8 504
						2050+	10 019

+ Diese Schätzungen stammen aus der jüngsten UN-Publikation *Projektionen der Weltbevölkerung 1990* (World Population Prospects).
Anmerkung: Die Höchstzuwachsrate von jährlich 2,06 Prozent in der Zeit von 1965 bis 70 war bis zur Periode 1985–90 auf 1,74 Prozent gesunken. Bis 2025 sollte sie auf 0,89 Prozent fallen. Trotz des verringerten prozentualen Zuwachses nimmt die Weltbevölkerung zur Zeit jährlich um 97 Mio. zu. Die am 29. April 1992 vom *UN-Population Fund* veröffentlichten Projektionen schätzen, daß die Weltbevölkerung sich um das Jahr 2150 bei etwa 11,6 Mrd. stabilisiert. Unter Verwendung von Schätzungen des französischen Demographen J. N. Biraben und anderer Wissenschaftler hat ein früherer Direktor des britischen Amts für Volkszählung errechnet, daß zwischen 40 000 v. Chr. und dem Jahr 1990 nahezu 60 Mrd. Menschen gestorben sind. Nach dieser Schätzung wäre die heutige Weltbevölkerung etwa ein Elftel aller Menschen, die jemals gelebt haben.

Zwischen 1890 und 1900 war die Lebenserwartung bei der Bevölkerung Indiens 23,7 Jahre. Nach den im April 1989 verfügbaren Daten hat Japan die höchste Lebenserwartung mit 81,8 Jahren für Frauen und 75,9 Jahren für Männer (1990).
Die niedrigste geschätzte Lebenserwartung für die Periode 1985–90 sind 39,4 Jahre für Männer in Sierra Leone und 42 Jahre für Frauen in Afghanistan.

GESUNDHEITSWESEN

Das Land mit der größten Anzahl von Ärzten ist China mit 1 774 000 Medizinern 1989; darin eingeschlossen sind Zahnärzte und Praktizierende der traditionellen chinesischen Medizin.

Das Land mit den meisten Zahnärzten sind die USA mit 150 000 eingeschriebenen Mitgliedern des Amerikanischen Dentalverbands im Jahr 1990.

Die meisten Psychiater gibt es ebenfalls in den USA. 1992 betrug die Zahl der eingetragenen Mitglieder des 1894 gegründeten amerikanischen Psychiaterverbandes 37 380, und die des 1892 gegründeten amerikanischen Psychologenverbandes 114 000.

Die größte Heilanstalt ist das Pilgrim State Hospital in Long Island, New York (USA), mit 3816 Betten. Früher hatte es 14 200 Betten.

Die regsamste Geburtsklinik in der Welt war das Mama Yemo Hospital in Kinshasa, Zaire, als 1972 dort 42 987 neue Erdenbürger das Licht der Welt erblickten. Der Rekord-Geburtstag war ein Tag im Mai 1976, als 175 Kinder zur Welt kamen. Die Klinik verfügt über 599 Betten. Indien hatte 1987 mit 181 000 die meisten registrierten Hebammen.

Europas größte Bettenburg, das Klinikum Aachen (Nordrhein-Westfalen), hat im Dezember 1983 seinen Betrieb aufgenommen. Der 240 m lange, 130 m breite, 8 Stockwerke hohe (2 sind unterirdisch) Krankenhauskomplex bietet 1500 Betten und stellt eine komplette medizinische Fakultät dar: 3000 Studenten, 600 Schüler medizinischer Hilfsberufe und 3800 Beschäftigte unter einem Dach.

Größte Hilfsorganisation Europas wurde am 1. Januar 1991 das Deutsche Rote Kreuz. Nach dem Beitrittsantrag der fünf Landesverbände aus den neuen Bundesländern bei der 40. Bundesversammlung des DRK in Bonn sind 19 Landesverbände mit 624 Kreisverbänden und dem Verband der Schwesternschaften vom Roten Kreuz mit fast 5 Mio. Mitgliedern organisiert und mehr als 600 000 Personen als freiwillige Helferinnen und Helfer im Rettungsdienst und im Blutspendewesen tätig, in der sozialen Arbeit und im Katastrophenschutz, bei Berg- und Wasserwacht und im Jugendrotkreuz.

EHE- UND FAMILIENREKORDE

Das längste Verlöbnis währte 67 Jahre. Dann endlich, im Juni 1969, wagten Octavio Guillen und Adriana Martinez aus Mexico City das Ehe-

Täglich werden rund 258 700 Menschen, das heißt 180 in jeder Minute, geboren. Der Bevölkerungszuwachs wird bei einer jährlichen Zuwachsrate von 97 Mio. Menschen zum Jahr 2000 auf 6,25 Mrd. Erdbewohner anschwellen.

Abenteuer. Als sie sich das Jawort gaben, waren beide 82 Jahre alt.

Die größte Zahl von Eheschließungen in Ländern mit Einehe, nämlich 27, erreichte der ehemalige Baptistengeistliche Glynn »Scotty« Wolfe (1908–91) aus Blythe, Kalifornien (USA), der 1927 zum ersten Mal heiratete. Nach eigenen Angaben hat der Rekordgemahl 41 Kinder. Die 25 Schwiegermütter (mit zwei Frauen war er jeweils zweimal verheiratet) waren ihm offenbar gut bekommen – wenn auch immer nur kurzzeitig.

Die längste Ehe der Welt dauerte 86 Jahre. Sir Temulji Bhicaji Nariman und Lady Nariman wurden 1853 vermählt, als beide erst fünf Jahre alt waren. Der Ehemann starb im August 1940 in Bombay im Alter von 91 Jahren und 11 Monaten.

Die meisten Trauungen miteinander erlebten Ralph und Patsy Martin aus Quartzsite, Arizona (USA). Sie haben einander insgesamt 51mal geheiratet; ihre erste Trauung fand 1960 statt. Richard und Carole Roble aus South Hempstead, New York (USA), haben ebenfalls 51mal einander geheiratet; sie wurden 1969 erstmals getraut. Beide Ehepaare haben jedesmal einen anderen Hochzeitsort gewählt.

Eherekordlerin ist Linda Lou Essex aus Anderson, Indiana (USA), mit 22 Heiraten. Seit 1957 hatte sie 15 verschiedenen Männern das Jawort gegeben, vier von ihnen heiratete sie zweimal, einen sogar dreimal. Im Oktober 1991 fand die letzte Heirat statt. Sie soll sich kurz darauf erneut zu einer Scheidung entschlossen haben.

Das jüngste Brautpaar waren ein elf Monate alter Junge und ein drei Monate altes Mädchen, die Berichten zufolge 1986 im Bangladesch-Dorf Aminpur miteinander vermählt wurden, um eine 20 Jahre währende Fehde zweier Familien über den Anspruch auf eine Acker-Grenzmarkierung zu beenden.

Der älteste Bräutigam war Harry Stevens, der als 103jähriger im Caravilla Retirement Home, Wisconsin (USA), am 3. Dezember 1984 die 84jährige Thelma Lucas freite. Die älteste Braut war Minnie Munro, die am 31. Mai 1991 in Point Clare (Australien) als 102jährige den vergleichsweise jungen Hüpfer Dudley Reid, 83, zum Mann nahm.

Die größte Massentrauung erlebten am 30. Oktober 1988 in einem Fabrikgebäude in Seoul (Südkorea) 6516 »ideale Paare« bei der von Sektenführer Sun Myung Moon (* 1920) geleiteten Zeremonie.

Deutschlands schnellstes Baby, Sascha Patrick, wurde am 6. Juli 1983, um 14 Uhr 45 geboren, nachdem sich seine Eltern exakt zehn Min. zuvor im Kreißsaal des St.-Elisabeth-Hospitals in Meerbusch (Nordrhein-Westfalen) das Jawort gaben. Um 14 Uhr 35 wurde aus Anna Maria Schmidt Frau Drießen, Ehefrau von Helmut Drießen.

Das älteste Scheidungspaar sind Ida Stern und ihr Mann Simon. Am 2. Februar 1984 wurden die 91jährige und der 97jährige in Milwaukee, Wisconsin (USA), rechtskräftig geschieden.

SOS-Kinderdörfer: Entwurzelten und verwaisten Kindern in der Nachkriegszeit ein Heim zu geben, war die Idee von Hermann Gmeiner (1919–86). Am 25. April 1949 gründete er mit Freunden die Gesellschaft »Societas Socialis – Hilfswerk für Waisenkinder« mit einem Startkapital von 600 Schilling (damals knapp 100 DM) in der 7000-Seelen-Gemeinde Imst im Oberinntal (Österreich). Das erste SOS-Kinderdorf entstand. Aus den bescheidenen Anfängen wurde inzwischen eine weltumspannende Hilfsorganisation mit 1022 SOS-Kinderdorfeinrichtungen, darunter 195 SOS-Kinderdörfer und 827 begleitende Einrichtungen wie Jugendhäuser, Schulen, Kindergärten, Krankenhäuser und Sozialzentren, in 119 Ländern der Erde.
Das höchstgelegene Dorf liegt in La Paz (Bolivien) in 3650 m Höhe, das südlichste in Puerto Varas (Chile) am 43. Breitengrad und das nördlichste in Ylintornio am Polarkreis (Finnland). Nach der Erdbebenkatastrophe 1988 wurde in Armenien ein Dorf für elternlose Kinder errichtet. Weitere Einrichtungen sind in Rumänien (zwei Dörfer), Tiflis (Georgien) und Minsk (Ukraine) in Bau. Ein Kinderdorf in Moskau ist in Planung. Am 22. Juni 1992 wurde Richtfest beim ersten SOS-Kinderdorf Sachsen in den neuen Bundesländern gefeiert. Am Stadtrand von Zwickau soll die erste Kinderdorf-Familie schon 1993 einziehen.
Das Hilfswerk finanziert sich nur aus Spenden, jährlich gehen ca. 200 Mio. DM ein.

Rekord-Spendenergebnisse erzielt das Zweite Deutsche Fernsehen (ZDF) in Zusammenarbeit mit der »Aktion Sorgenkind«. Seit ihr Initiator, Hans Mohl, erstmals am 9. Oktober 1964 in der Sendung *Vergißmeinnicht* in der Öffentlichkeit zu Spenden aufrief, kam es an allen Orten, in allen Bereichen und allen Gruppierungen zu Spenden für die »Aktion Sorgenkind«. Unterstützt durch die TV-Serie *Drei mal neun* (ab September 1970) und *Der Große Preis* (ab September 1974), kamen insgesamt 2 237 656 903,83 DM zusammen (Stand 30. Juni 1992).

Fernsehlotterie: 1956 startete der Berliner Jochen Richert (1915–84) vom Berliner Hilfswerk zusammen mit dem Nord- und Westdeutschen Runkfunkverband (NWRV) eine TV-Aktion, um für die Verschickung von Berliner Ferienkindern in den Westen – den »Platz an der Sonne« – finanzielle Unterstützung zu bekommen. Diese Verschickung wurde 1949 nach der Berliner Blockade erstmals durchgeführt. Unter dem Motto »Mit fünf Mark sind Sie dabei« spielte die Sendung *Die große Chance* auf Anhieb 1,6 Mio. DM ein. 1960 wurde die Fernsehlotterie GmbH gegründet. Bis Ende 1991 wurden 1,813 Mrd. DM eingespielt.

Spendenaktionen: Die weltweit im Fernsehen übertragenen »Live Aid«-Konzerte, von Bob Geldof und Bill Graham mit 60 Rock-Darbietungen in Philadelphia und London am 13. Juli 1985 organisiert, erbrachten allein in den zwei folgenden Wochen umgerechnet 133 Mio. DM und schätzungsweise weitere 190 Mio. DM für die Hungerhilfe in den Wochen danach. Etwa 1,6 Mrd. Menschen, fast ein Drittel der Erdbevölkerung, sahen die Übertragungen, die mit Hilfe von 12 Satelliten – auch ein Rekord – zustande kamen.

Die Hilfsaktion »Sport Aid«, ins Leben gerufen von Chris Long und ebenfalls von Bob Geldof organisiert, fand am 25. Mai 1986 in 277 Städten (78 Ländern) statt und erbrachte weltweit Einnahmen von über 100 Mio. Dollar (233 Mio. DM).

STAATSOBERHÄUPTER, REGIERUNGEN, PARLAMENTE

Das älteste Herrscherhaus hat Japan. Kaiser Akihito von Japan (* 23. Dezember 1933) ist der 125. aus dem Geschlecht des ersten Kaisers, Jimmu Tenno oder Zinmu, der laut Überlieferung von 660–581 v. Chr. regierte; wahrscheinlicher ist jedoch eine Regierungsperiode von ca. 40 v. Chr. bis ca. 10 v. Chr.

Königin Elizabeth II. von Großbritannien und Nordirland (* 21. April 1926) stammt von Herrscherhäusern ab, die sich historisch mindestens bis ins 4. Jh. zurückverfolgen lassen, und zwar bis zu Tegid, Urgroßvater von Cunedda, dem Gründer des Geschlechts Gwynedd in Wales; sie ist die 54. in der Ahnenreihe. Wäre die Geschichtlichkeit einiger früher schottisch-irischen und piktischen Könige verbürgt, könnte ihre Abstammung etwa 70 Generationen zurückgeführt werden.

Queen Elizabeth II., Königin von Großbritannien (* 21. April 1926), ist derzeit die am längsten regierende Königin. Sie trat am 6. Februar 1952 die Thronfolge an. Sie ist das Staatsoberhaupt von mehr Ländern als jeder andere Staatschef: Sie steht zusätzlich zu Großbritannien an der Spitze von 15 Commonwealth-Ländern. Hier bei einem Besuch in Indien im Jahr 1961.

König Bhumibol Adulyadej (Rama IX.) von Thailand ist der derzeit am längsten regierende Monarch.

Am längsten von allen Monarchen regierte Phiops II. (auch als Pepi II. bekannt) oder Neferkare, ein ägyptischer Pharao der 6. Dynastie. Seine Regierungszeit begann ca. 2281 v. Chr., als er sechs Jahre alt war, und dauerte mutmaßlich ca. 94 Jahre. Minhti, König von Arakan (jetzt Myanmar, früher Birma), soll 95 Jahre lang (1279–1374) regiert haben.
Musoma Kanijo, Häuptling des Nzega-Bezirks in West-Tanganjika (heute Teil von Tansania), soll über 98 Jahre regiert haben, von seinem achten Lebensjahr im Jahr 1864 bis zu seinem Tod am 2. Februar 1963.
Die längste Regierungszeit eines europäischen Monarchen war die von Alfonso I. Henriques von Portugal, der den Thron am 30. April 1112 bestieg und am 6. Dezember 1185, 73 Jahre und 220 Tage später, starb.

Längste Regentschaft: Thailands König Bhumibol Adulyadej (Rama IX., * 5. Dezember 1927) ist derzeit der am längsten regierende Monarch der Welt. Am 9. Juni 1946 hatte er nach dem Tod seines älteren Bruders die Thronfolge angetreten. Die am längsten regierende Königin ist Queen Elizabeth II. von Großbritannien, die am 6. Februar 1952 den Thron von ihrem verstorbenen Vater übernahm.

Die kürzeste Regentschaft übte der Kronprinz Luis Filipe von Portugal aus, der tödlich verwundet wurde, als sein Vater durch eine Kugel starb, die seine Halsschlagader durchtrennte. Der Anschlag ereignete sich am 1. Februar 1908 in den Straßen von Lissabon. Rein formal war Luis Filipe etwa 20 Min. lang (als Dom Luis III.) König von Portugal.

Jüngster König und jüngste Königin: Von den 188 souveränen Staaten der Welt sind 45 keine Republiken. Sie werden regiert von: 1 Kaiser, 13 Königen, 3 Königinnen, 2 Sultanen, 1 Großherzog, 2 Prinzen, 3 Emiren, einem gewählten Monarchen, dem Papst, einem aus der Mitte von 7 Erbscheichs gewählten Präsidenten, einem Staatsoberhaupt, das derzeit einem konstitutionellen Monarchen vergleichbar ist, und 2 nominell Nicht-Erbprinzen in einem Land. Königin Elizabeth II. regiert nicht nur Großbritannien, sondern ist zugleich Staatsoberhaupt von 15 Commonwealth-Ländern. Der jüngste Monarch regiert in Swasiland, wo König Mswati III. am 25. April 1986 im Alter von 18 Jahren gekrönt wurde. Er wurde als Makhosetive, 67. Sohn von König Subhusa II., geboren. In Dänemark herrscht als jüngste Königin Margrethe II. (* 16. April 1940).

Von allen deutschen Monarchen hatte Friedrich III. von Habsburg (* 21. September 1415), Kaiser des Heiligen Römischen Reiches Deutscher Nation, die längste Regierungszeit, nämlich vom 2. Februar 1440 (als er als Nachfolger seines Vetters Albrecht II. König von Österreich, Ungarn und Böhmen wurde) bis zu seinem Tod am 19. August 1493: insgesamt 53 Jahre, sechs Monate, 17 Tage. Zum Kaiser wurde er 1452 gekrönt; es war die letzte Krönung eines deutschen Kaisers in Rom durch den Papst.

Die kürzeste Regierungszeit als deutscher Kaiser hatte Friedrich III. von Hohenzollern (* 18. Oktober 1831). Er regierte im sogenannten »Dreikaiserjahr« 1888 nur 99 Tage als Deutscher Kaiser und König von Preußen. Am 15. Juni erlag er einem Krebsleiden.

Die längste Regierungszeit eines österreichischen Monarchen hatte Kaiser Franz Joseph I. (* 18. August 1830). Er bestieg den Habsburger Thron am 2. Dezember 1848, regierte 67 Jahre, elf Monate und starb am 21. November 1916 im 87. Lebensjahr.
Die kürzeste Regierungszeit hatte als österreichischer Kaiser Karl I. (1887–1922). Er dankte am 11. November 1918 nach knapp zwei Jahren ab.

Der schwerste Monarch der Welt ist der 1,90 m große König Taufa'ahau von Tonga, der im September 1976 auf der einzigen Waage seines Landes, die so viel Gewicht trug, nämlich der Lastwaage am Flughafen, 209,5 kg auf die Plattform brachte. 1985 hieß es, er soll auf 139,7 kg abgespeckt haben. Der Wagen von Tongas Botschaft in London trägt das britische Kennzeichen »1 TON« – »1 Tonne«. Allerdings ist wohl eher die Abkürzung für das Land und nicht das Gewicht des Monarchen gemeint.

Der kinderreichste von allen monogamen Fürsten war Prinz Hartmann von Liechtenstein (1613–86) mit 24 Kindern, von denen 21 lebendgeboren waren. Seine Gemahlin war Gräfin Elisabeth zu Salm-Reifferscheidt (1623–88). Roberto I. Herzog von Parma hatte auch 24 Kinder, aber von zwei Frauen. Eine seiner Töchter, Zita, Kaiserin von Österreich und Königin von Ungarn (1892–1989), ging am 23. März 1919 ins Exil, besuchte aber unter Führung aller Titel am 17. November 1982 Wien, um die Republikaner daran zu erinnern, daß ihr Vater 1854 die Thronfolge von Parma übernommen hatte.

Das älteste Staatsoberhaupt der Welt ist Félix Houphouet-Boigny, Präsident der Elfenbeinküste (* 18. Oktober 1905). Sein jüngster Kollege ist König Mswati III. von Swasiland (* 19. April 1968).

Die erste Präsidentin der Welt wurde Isabel Perón (Argentinien, * 4. Februar 1931), als sie ihrem Mann nach dessen Tod am 1. Juli 1974 im Amt nachfolgte. Sie blieb im Amt, bis sie bei einem unblutigen Staatsstreich am 24. März 1976 abgesetzt wurde. Islands Präsidentin Vigdis Finnbogadottir (* 15. April 1930) wurde am 30. Juni 1980 das erste demokratisch gewählte weibliche Staatsoberhaupt der Welt.

REGIERUNGEN

Am längsten von allen Regierungschefs hat Naruhiko Higashikuni gelebt, der am 3. Dezember 1887 geboren wurde und im Alter von 102 Jahren und 48 Tagen am 20. Januar 1990 starb. Er war Japans erster Premier nach dem Zweiten Weltkrieg, blieb aber nicht einmal zwei Monate im Amt, von dem er im Oktober 1945 zurücktrat.
El Hadji Muhammad el Mokri, Sultan von Marokko, starb am 16. September 1957 angeblich im Alter von 116 Jahren (nach mohammedanischer Hijri-Zeitrechnung, was 112,5 Jahren gregorianischer Zeitrechnung entspricht).

Der bisher **im höchsten Alter ernannte Ministerpräsident** war der mit 81 Jahren im März 1977 gewählte Inder Morarji Ranchhodji Desai (* 29. Februar 1896).

Der am längsten amtierende Premierminister eines souveränen Staats ist derzeit Khalifa bin Sulman al-Khalifa (* 3. Juli 1933) in Bahrein, der sein Amt versieht, seit Bahrein im April 1971

unabhängig wurde. Bis dahin war er bereits eineinhalb Jahre im Amt. Der Premierminister der Bahamas Sir Lynden Pindling (* 22. März 1930) amtiert seit Januar 1967, doch sind die Bahamas erst seit Juli 1973 unabhängig.
Marschall Kim Il Sung (Geburtsname Kim Sung Chu/ * 15. April 1912) ist seit dem 25. August 1948 Regierungschef oder Staatschef der Demokratischen Volksrepublik Korea.

Die längste Regierungszeit in Deutschland als Ministerpräsident und Reichskanzler hatte Fürst Otto von Bismarck-Schönhausen, Herzog von Lauenburg (1815–98). Er wurde 1862 Ministerpräsident von Preußen, 1867 Bundeskanzler des Norddeutschen Bundes und war von 1871 bis zu seiner Entlassung durch Kaiser Wilhelm II. am 18. März 1890 Kanzler des Deutschen Reiches, also nahezu 20 Jahre lang.

Die kürzeste Amtsperiode als deutscher Reichskanzler hatte Prinz Max von Baden (1867–1929). Er war nur vom 3. Oktober bis zum 9. November 1918 im Amt – ganze 38 Tage.

Die längste **Amtszeit als Bundeskanzler** der Bundesrepublik Deutschland hatte Dr. Konrad Adenauer (1876–1967). Er wurde am 15. September 1949 im Alter von 73 Jahren mit einer (seiner eigenen?) Stimme Mehrheit von den Abgeordneten des ersten Bundestages zum ersten Mal zum Bundeskanzler gewählt und führte vier Kabinette, bis er am 15. Oktober 1963 nach einer Amtszeit von über 14 Jahren mit 87 Jahren zurücktrat. Er starb im Alter von 91 Jahren.
Die kürzeste Amtszeit als Bundeskanzler der Bundesrepublik Deutschland hatte Kurt Georg Kiesinger (* 6. April 1904) mit zwei Jahren, elf Monaten vom 1. Dezember 1966 bis zum 21. Oktober 1969.
Als jüngster Bundeskanzler trat der CDU-Politiker Helmut Kohl (* 3. April 1930) am 1. Oktober 1982 im Alter von 52 Jahren, 182 Tagen sein Amt an.

Die erste Ministerpräsidentin war Sirimavo Bandaranaike (* 17. April 1916). Sie war von 1960 bis 64 und noch einmal von 1970 bis 77 Ministerpräsidentin von Sri Lanka (früher Ceylon).

Der derzeit jüngste Regierungschef der Welt ist Druk Gyalpo (»Drachenkönig«) Jigme Singye Wangchuk von Bhutan (* 11. November 1955), der seit März 1972 – damals war er 16 Jahre alt – die Regierungsgeschäfte leitet.

Der dienstälteste Außenminister war der UdSSR-Diplomat Andrei Andrejewitsch Gromyko (1909–89). 1946 wurde er Vize-Außenminister, vom 15. Februar 1957 bis zum 2. Juli 1985 war er Außenminister; danach wurde er Vorsitzender des Präsidiums des Obersten Sowjets; diese Position bekleidete er bis zum 30. September 1988. Pjotr Lomako (1904–90) bekleidete seit 1940 in der UdSSR-Regierung das Amt eines Ministers für Nichteisen-Metallurgie. Nach 46 Jahren wurde er am 1. November 1986 im Alter von 82 Jahren abgelöst; dem Zentralkomitee der KPdSU hatte er seit 1952 angehört.

Die größte Zusammenkunft von Staatsoberhäuptern und Regierungschefs fand anläßlich des Weltgipfels für die Kinder am 29./30. September 1990 statt. Die Konferenz im Hauptquartier der Vereinten Nationen in New York City (USA) wurde von 71 führenden Politikern besucht und beschäftigte sich mit der Not der Kinder auf unserer Erde.

PARLAMENTE

Die erste gesetzgebende Körperschaft bestand aus zwei Kammern und befand sich ca. 2800 v. Chr. in Erech in Mesopotamien (jetzt Irak).
Die älteste uns bekannte gesetzgebende Körperschaft ist das isländische Althing, 930 entstanden. Diese Körperschaft, die ursprünglich aus 39 Ältesten bestand, wurde im Jahr 1800 abgeschafft, aber 1843 wurde ihr konsultativer und 1874 ihr legislativer Status von Dänemark wiederhergestellt.

Die gesetzgebende Versammlung mit der längsten kontinuierlichen Geschichte existiert auf der Insel Man. Der Tynwald hat seine Ursprünge möglicherweise im ausgehenden 9. Jh. und wäre damit älter als das Althing. Alle neuen Gesetze werden in der Inselsprache Manx und in Englisch verkündet.

Die größte gesetzgebende Versammlung in der Welt ist der Nationale Volkskongreß der Volksrepublik China mit 2978 Mitgliedern der einzigen Partei, die indirekt für eine fünfjährige Sitzungsperiode gewählt werden. Der 7. Kongreß trat im März 1988 zusammen.

Das kleinste Quorum eines Parlaments (die Mindestzahl von Abgeordneten, die bei einer Abstimmung anwesend sein müssen) hat das britische Oberhaus, das House of Lords. Um gültig abzustimmen, müssen 3 Peers anwesend sein einschließlich des Lordkanzlers oder seines Stellvertreters. Das Quorum des Unterhauses, 40 Abgeordnete (von 651 Parlamentsmitgliedern) einschließlich des Speakers oder seines Stellvertreters, ist 13mal so hoch.

Der älteste noch gültige Vertrag ist das Englisch-Portugiesische Bündnisabkommen, das vor über 618 Jahren, am 16. Juni 1373, in London unterzeichnet wurde. Der Text wurde von John de Banketre, Protokollführer, »mit meinem üblichen Schnörkel« bestätigt.

Die meisten Abgeordneten für den deutschen Reichstag wurden am 5. März 1933 gewählt: 647. Die Wahlen zum ersten gesamtdeutschen, dem 12. Bundestag brachten am 2. Dezember 1990 eine Rekordzahl von 662 Abgeordneten.
Die größte Mitgliederzahl im österreichischen Parlament hatte mit 516 das Abgeordnetenhaus von 1907. In der Schweiz amtierten mit 198 Mitgliedern die meisten Abgeordneten in der Legislaturperiode von 1922.

Die größten Wahlen der Welt begannen am 20. Mai 1991 für das indische Lok Sabha, das Abgeordnetenhaus mit 543 Sitzen. Über 315 Mio. Wähler (von 488 Mio. Wahlberechtigten) gaben ihre Stimme ab. 359 Parteien stellten sich zur Wahl, in den 565 000 Wahllokalen waren 3 Mio.

Hans-Dietrich Genscher in seinem Element: Inmitten von Journalisten bei einer Pressekonferenz im Flugzeug.

Weltmeister der Reisediplomatie

Von 1974 bis 92, 18 Jahre im Amt als Bundesminister des Auswärtigen der Bundesrepublik Deutschland und 23 Jahre im Bonner Kabinett, wußte Hans-Dietrich Genscher (* 1927) alles, konnte er alles und wurde er zum Weltmeister der Reisediplomatie. Der Liberale aus Sachsen-Anhalt war als »meistgereister Minister der Welt« mehrfacher Flugmillionär, die Bonner Flugbereitschaft wurde sein zweites Zuhause. Presseerklärungen wurden im Jet diktiert, als »Mr. Half Hour« hetzte er durch Präsidentenzimmer und Konferenzsäle. 1987 besuchte er 27 Länder in 90 Tagen, und im Januar 1988 brach er seinen eigenen Reiserekord: Innerhalb von 16 Tagen jettete »Dietrich Düsentrieb« 30 000 km durch die Welt, war 35 Std. in der Luft und hat elf Städte in sieben Ländern zu Gesprächsterminen besucht. Lange stand der Metternich aus Halle an der Spitze der Beliebtheitsskala deutscher Politiker. Und mit dem von Washington erfundenen »Genscherism« für seine Politik erhielt der im Mai 1992 zurückgetretene Bonner Chef-Diplomat einen eigenen internationalen Begriff.

Die älteste Verfassung der Welt ist die der USA: sie wurde am 21. Juni 1788 vom erforderlichen 9. Bundesstaat (New Hampshire) ratifiziert und am 4. März 1789 für wirksam erklärt.

Wahlhelfer eingesetzt. Als Ergebnis der Wahl wurde eine neue Regierung unter Führung der Kongreßpartei gebildet.

Die höchste persönliche Mehrheit, die je ein Politiker erreichte, war ein Vorsprung von 112 Stimmen für Boris Jelzin, den »nicht amtlichen« Moskauer Kandidaten bei den Parlamentswahlen in der ehemaligen UdSSR am 26. März 1989. Jelzin erhielt 5 118 745 der im Wahlbezirk Moskau abgegebenen Stimmen, sein nächster Verfolger bekam 392 633 Stimmen.

Die kleinste je erreichte Mehrheit erzielte am 18. Januar 1961 die Afro-Shirazi-Partei in Sansibar (jetzt Teil von Tansania) mit einem einzigen Sitz, nachdem der Sitz von Chake-Chake auf der Insel Pemba durch eine einzige Stimme gewonnen worden war.

Die kleinste prozentuale Mehrheit bei einer Wahl hatte sicherlich am 7. August 1979 R. E. Joiner mit 133 587 Stimmen gegen W. H. Pyron mit 133 582. Es handelte sich dabei um das Amt des Southern District Highway Commissioner im Staat Mississippi. Der Verlierer erhielt 49,999 Prozent der abgegebenen Stimmen.

Den unmöglichsten Wahlsieg errang Charles D. B. King (1875–1961) bei den Präsidentschaftswahlen in Liberia 1927. Der offiziell bekanntgegebene Stimmenvorsprung vor dem Gegenkandidaten Thomas J. R. Faulkner von der Volkspartei war 234 000. Präsident King nahm damit eine »Mehrheit« für sich in Anspruch, die $15^{1}/_{2}$mal größer war als die gesamte Wählerschaft.

Den umfangreichsten Stimmzettel gab es bei den Wahlen zur Staatsversammlung von Karnataka (Indien) am 5. März 1985, wo in der Stadt Belguum 301 Kandidaten antraten.

Der am längsten lebende Premierminister eines Landes war Naruhiko Higashikuni (Japan), der am 3. Dezember 1887 geboren wurde und am 20. Januar 1990 im Alter von 102 Jahren, 48 Tagen starb. Er war der erste Premier des Landes nach dem Zweiten Weltkrieg, blieb aber nicht einmal zwei Monate im Amt, das er im Oktober 1945 verließ.

Der Premierminister mit der längsten Amtszeit ist Prinz Fatafehi Tu'ipelehake (* 7. Januar 1922) von Tonga, der seit dem 16. Dezember 1965 im Amt ist.

Die größte nationale Kommunistische Partei der Welt ist die 1920 gegründete Kommunistische Partei Chinas, deren Mitgliedschaft sich 1991 schätzungsweise auf 50 320 000 belief. Das waren dreimal mehr als in der damals noch existenten UdSSR. Die größte Kommunistische Partei in einem nichtkommunistischen oder nichtsozialistischen Land war die Partito Comunista Italiano mit 2,3 Mio. Mitgliedern im Jahr 1946. Bis 1990 sank die Mitgliederzahl allerdings auf 1,32 Mio., und am 3. Februar 1991 änderte sie ihren Namen in Partito Democratico della Sinistra (Demokratische Partei der Linken).

Die meisten Staatsstreiche rechnen die Statistiker Bolivien zu. Seit Erlangen der Souveränität 1825 erlebte das Land am 30. Juni 1984 den 191. Staatsstreich. Auf diese Zahl kommt man, wenn man die zeitweilige Unterbrechung der Amtszeit von Präsident Hernan Siles Zuazo einberechnet – er wurde von Bewaffneten, die sich als Polizisten verkleidet hatten, eine Zeitlang aus seiner Residenz entführt.

Die größte Demonstration hat Berichten zufolge am 3./4. April 1969 in China stattgefunden. Nach Grenzzwischenfällen protestierten 2,7 Mio. Menschen gegen die UdSSR.

Die größte Unterschriftensammlung fand vom 11. November bis 23. Dezember 1991 in Südkorea statt. 13 078 935 Menschen protestierten mit ihrer Unterschrift gegen die Bemühungen fortgeschrittener Agrarexportländer, den koreanischen Markt für Reiseinfuhren zu öffnen.

Hatte 1991 ihren 75. Geburtstag: Im Dezember 1916 wurden die 17 Buchstaben der Inschrift *DEM DEUTSCHEN VOLKE* von der Bronzegießerei Albert und Siegfried Loevy aus Berlin am Reichstagsgebäude angebracht.

Frauenwahlrecht: Die erste Legislative mit weiblichen Wählern gab es 1869 im Territorium von Wyoming (USA), gefolgt 1881 von der Isle of Man. Das erste Land mit uneingeschränktem Frauenwahlrecht war 1893 Neuseeland. Die Stimmabgabe von Lily Maxwell am 26. November 1867 in Manchester (GB) wurde am 9. November 1868 für ungesetzlich erklärt.
Als erster europäischer Staat räumte Finnland 1907 den **Frauen das aktive und passive Wahlrecht** ein. Aus diesen Wahlen zum finnischen Reichstag gingen damals 19 Frauen als Abgeordnete hervor.
In Deutschland wurde den Frauen das Wahlrecht erstmals bei den Wahlen zur Verfassunggebenden Nationalversammlung am 19. Januar 1919 gegeben. Von den 423 Abgeordneten, die aus dieser Wahl hervorgingen, waren 41 Frauen, also fast zehn Prozent.

GESETZGEBUNG UND GERICHTSWESEN

Die älteste niedergeschriebene Gesetzessammlung stammt von König Urnammu (ca. 2250 v. Chr.) in der 3. Dynastie von Ur (Irak). In der modernen zivilisierten Welt werden die Gesetze – außer in diktatorisch regierten Staaten – von den gesetzgebenden Körperschaften (Legislative) beschlossen. Dies sind in der Regel die Parlamente. Mit der Unterzeichnung durch das Staatsoberhaupt treten sie in Kraft. Ihre rechtmäßige Ausübung überwachen die Gerichte.

Die ersten Gerichtsordnungen in Deutschland waren im wesentlichen Strafprozeßordnungen. Die ältesten von ihnen sind das *Mühlhäuser Reichsrechtsbuch* (Anfang des 13. Jh.s), die *Bambergische Halsgerichtsordnung* von 1507 und die sogenannte *Peinliche Gerichtsordnung* Kaiser Karls V. von 1532. Sie schufen ein geregeltes Prozeßwesen und halfen mit, das ungeordnete und willkürliche Rechtswesen des Mittelalters zu überwinden.

Der langwierigste aktenkundige Prozeß endete am 28. April 1966 in Poona (Indien), als der Gerichtshof ein Urteil zugunsten von Balasaheb Patloji Thorat fällte und damit eine Rechtsstreitigkeit regelte, die im Jahr 1205, also 761 Jahre vorher, von seinem Vorfahren Maloji Thorat begonnen worden war. Er hatte damals für sich das Recht verlangt, bei öffentlichen Veranstaltungen den Vorsitz zu führen, und um Klärung der Rangordnung bei religiösen Festen ersucht.

Das längste Verfahren vor einer Jury ist der Fall Kemner gegen Monsanto Co., bei dem es um die Verschmutzung durch giftige Chemikalien im Jahr 1979 in Sturgeon, Missouri (USA), ging. Der Prozeß begann am 6. Februar 1984 im Landgericht von Belleville, Illinois (USA). Am 26. August 1987, nach 657 Verhandlungstagen und zweimonatiger Jury-Beratung, schloß Richter Richard P. Goldenhersh das Verfahren. Am 22. Oktober wurde das Strafmaß verhängt. Den Klägern wurde ein nomineller Schadenersatz von 1 Dollar (damals 1,82 DM) sowie 16,25 Mio. Dollar (25,7 Mio. DM) verschärfter Schadenersatz zugesprochen.

Die längste Verhandlung in einem Scheidungsverfahren war der Fall Gibbons gegen Gibbons, Roman und Halperin. Am 19. März 1962, nach 28 Tagen, erreichte Alfred George Boyd Gibbons ein vorläufiges Scheidungsurteil gegen seine Frau Dorothy wegen Ehebruch mit John Halperin aus New York.

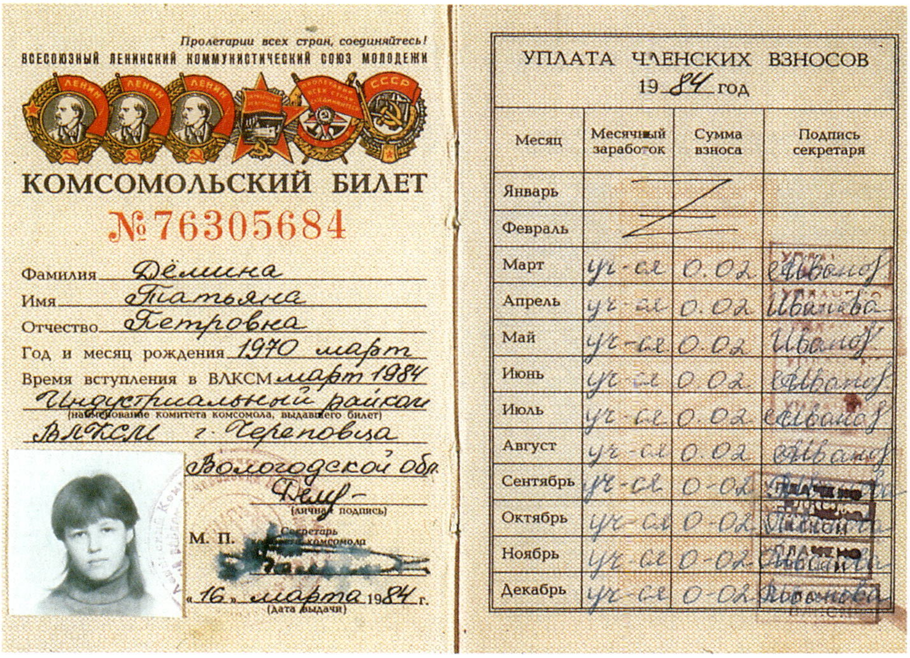

Kommunistische Parteien
Die größte nationale kommunistische Partei ist die 1920 gegründete Kommunistische Partei Chinas mit einer geschätzten Mitgliederzahl von 50 320 000 im Jahr 1991. Das war gut das Dreifache der damals noch existierenden UdSSR. In beiden Ländern wurde die Mitgliedschaft in der Jugendorganisation der Partei weitgehend gefördert. Das Foto zeigt eine Komsomol (Jugendpartei)-Mitgliedskarte, die einer 21jährigen Sowjetrussin gehörte. Kurz nach dem Umschwung in ihrem Land wurde die Karte in Berlin auf der Straße gefunden.

Eine Weltrekord-Kaution wurde mit 100 Mrd. Dollar (189 Mrd. DM) am 16. Oktober 1989 im Gericht von Dade County, Miami, Florida (USA), gegen Jeffrey Marsh, Juan Mercado, Yolanda Kravitz und Alvin Kravitz festgelegt. Die vier Verteidiger in dem Fall, in dem es um bewaffneten Raubüberfall ging, forderten die Festsetzung der Kaution, der später folgende Antrag auf Reduzierung wurde abgelehnt. Vorsitzender Richter war David L. Tobin.

Die längste und aufwendigste amtliche Untersuchung galt der Kernkraftanlage Sizewell B in Suffolk (GB) und fand unter Leitung von Kronanwalt Sir Frank Layfield statt. Sie begann am 11. Januar 1983 und endete nach 340 Tagen mit Anhörungen am 7. März 1985. Die Kosten für die öffentliche Hand beliefen sich auf 20 Mio. Pfund (72 Mio. DM), der achtbändige 3000-Seiten-Bericht wog 13,6 kg und kostete je Exemplar 30 Pfund (115 DM).

Der größte persönliche Schadenersatz wurde mit 78 Mio. Dollar (142 Mio. DM) am 29. September 1987 dem Fotomodell Marla Hanson (26) zugesprochen, deren Gesicht im Juni 1987 in New York City mit Rasiermessern entstellt worden war. Die drei überführten Täter wurden zu Haftstrafen verurteilt. Da sie kein Vermögen besaßen, wurde Miß Hanson der Anspruch auf 10 Prozent ihrer Einkünfte nach Verbüßung der Haftzeit zuerkannt.
Am 18. Juli 1988 sprach ein Schöffengericht in New York Agnes Mae Whitaker eine Entschädigung in Höhe von 65 086 000 Dollar (damals 142 Mio. DM) zu. Das Verfahren richtete sich wegen medizinischer Fehlbehandlung gegen die New York Health and Hospitals Corporation.

Die größte Entschädigung für die Katastrophe am 2./3. Dezember 1984 beim Werk der Union Carbide Corporation in Bhopal (Indien) wurde auf 470 Mio Dollar (775 Mio. DM) festgesetzt. Der Supreme Court Indiens erließ die Zahlungsaufforderung am 14. Februar 1989, nachdem die indische Regierung, die die Interessen von über 500 000 Klägern vertrat, und die amerikanische Chemiefirma sich auf diese Summe verständigt hatten. Am 27. März 1992 verlangte das Gericht von Bhopal die Auslieferung von Walter Anderson, dem im Ruhestand lebenden Vorstandsvorsitzenden von Union Carbide, unter dem Vorwurf des Totschlags. Das Gericht ging von über 4000 Todesopfern und 20 000 Verletzten aus, die Zahl der Anspruchsteller stieg auf 600 000.

Der höchste Schadensersatz in einem Zivilverfahren war 11,12 Mrd. Dollar (damals 34 Mrd. DM), am 10. Dezember 1985 in Houston, Texas (USA) von Richter Solomon Casseb jr. im Zivilverfahren Pennzoil Co. gegen Texaco der Klägerin zugesprochen. Der beklagten Firma war »unsittliche Geschäftspolitik« bei dem Versuch vorgeworfen worden, eine Fusion zwischen der Klägerfirma und der Getty Oil Co. zu verhindern. Die Chefanwälte waren Joe Jamail (Pennzoil) und Richard Miller (Texaco).
Nach 48stündiger Verhandlung wurde am 19. Dezember 1987 eine außergerichtliche Einigung auf die Summe von 5,5 Mrd. Dollar (damals 8,7 Mrd. DM) erzielt.

Die höchste Entschädigung für Verleumdung erhielt Rechtsanwalt Richard A. Sprague aus Philadelphia, Pennsylvania (USA), vom *Philadelphia Inquirer* am 3. Mai 1990. Die Zeitung hatte 1973 eine Artikelfolge über ihn verbreitet und durfte die Rekordsumme von 34 Mio. Dollar (59,5 Mio. DM) zahlen.

Die Entschädigung von 39,6 Mio. Dollar (damals 78,1 Mio. DM), am 1. März 1980 in Columbus,

Ohio (USA), dem *Penthouse*-Herausgeber Robert Guccione nach seiner Verleumdungsklage gegen den *Hustler*-Herausgeber Larry Flint zugesprochen, wurde am 17. April 1980 von Richter Craig Wright auf 4 Mio. Dollar (7,9 Mio. DM) reduziert.

Die größte Haftentschädigung wurde im Oktober 1989 mit 1,935 Mio. Dollar (3,66 Mio. DM) Robert McLaughlin (29) zugesprochen, nachdem er 1979 in New York für einen Mord verurteilt worden war, den er nicht begangen hatte. Er war zu 15 Jahren Haftstrafe verurteilt worden und hatte 1980–86 sechs Jahre im Gefängnis verbracht, bevor er entlassen wurde, nachdem seinem Pflegevater der Beweis gelungen war, daß er mit dem Verbrechen nichts zu tun hatte.

Die höchste Unterhaltsklage von 3 Mrd. Dollar (damals 7,2 Mrd. DM) erhob die in Belgien geborene Dena Al-Fassi (damals 23) im Februar 1982 in Los Angeles gegen ihren früheren Ehemann, Scheich Mohammed Al-Fassi (damals 28), aus der saudiarabischen Königsfamilie. Marvin Mitchelson verwies bei der Begründung der Forderung auf das Vermögen des Scheichs, zu dem allein 14 Anwesen in Florida und zahlreiche Privatflugzeuge zählen. Am 14. Juni 1983 wurden der Klägerin 81 Mio. Dollar (damals 196,5 Mio. DM) zugesprochen, was sie, wie sie erklärte, »sehr, sehr glücklich« machte.

Die teuerste öffentlich verkündete Scheidungsregelung erzielten 1982 die Anwälte von Soraya Kashoggi im Verfahren gegen ihren Mann Adnan: 500 Mio. Pfund (1,2 Mrd. DM) plus Sachvermögen. Mrs. Anne Bass, Ex-Frau von Sid Bass aus Texas (USA), soll dem Vernehmen nach eine Abfindung von 335 Mio. Dollar (550 Mio. DM) zurückgewiesen haben – die Summe sei mit ihrem gewohnten Lebensstil nicht vereinbar.

Die höchste Schadenersatzforderung, die je gestellt wurde, nämlich den unerhörten Betrag von 675 Billionen Dollar (weit über 2 Billiarden DM), damals zehnmal soviel wie das Gesamtvermögen der USA, forderte am 14. April 1971 Walton Bader in einer vor dem Amtsgericht von New York erhobenen Klage gegen General Motors und andere wegen Umweltverschmutzung sämtlicher Bundesstaaten der USA.

ERZIEHUNG, BILDUNGSWESEN

UNIVERSITÄTEN, SCHULEN

Die älteste Lehranstalt mit dem Charakter einer Universität ist wahrscheinlich die von Karauyne in Fez (Marokko), die 859 n. Chr. gegründet wurde.
Die Sumerer hatten schon kurz nach 3 500 v. Chr. Schreibschulen oder *É-Dub-ba*.
Die ersten Universitäten in Europa entstanden im 11. und 12. Jh., so die von Bologna im Jahr 1088 und von Neapel 1224.
Die älteste Universität im Deutschen Reich war die Prager Universität. Ihr Gründungsjahr war 1348.
Die älteste deutsche Universität ist die Ruprecht-Karl-Universität in Heidelberg (Baden-Württemberg), die 1386 gegründet worden ist.
Österreichs älteste Universität ist die von Wien aus dem Jahr 1365.
In der Schweiz wurde 1460 die erste Universität in Basel gegründet.

Die Universität mit den meisten eingeschriebenen Studenten in der Welt ist die State University von New York (USA). Im Herbst 1991 hatte sie an ihren 64 Hochschulen im ganzen Bundesstaat 400 777 Studenten. Die meisten eingeschriebenen Studenten an einer Universität, die an einem Ort liegt, hat die 1303 gegründete Universität von Rom, die im Juni 1987 eine Zahl von 180 000 Studenten meldete. Für 1990 ist sie auf 166 000 zurückgegangen.

Das größte bestehende Universitätsgebäude der Welt ist die M.-V.-Lomonossow-Staatsuniversität auf den Leninhügeln südlich von Moskau (Rußland). Das Gebäude ist 240 m hoch, hat 32 Stockwerke und 40 000 Zimmer. Es wurde 1949–53 erbaut.

Der jüngste Akademiker, dem jemals ein Lehrstuhl an einer Universität angeboten wurde, war der 19jährige Colin MacLaurin (1698–1746) der am 30. September 1717 zum Professor der Mathematik am Marischal College in Aberdeen (Schottland) gewählt wurde. 1725 wurde er auf Empfehlung von Sir Isaac Newton (1642–1727), der selbst im Alter von 26 Jahren Professor in Cambridge war, Professor der Mathematik an der Universität Edinburgh.

Die längste Zeit als Lehrstuhlinhaber mit insgesamt 63 Jahren verbrachte Thomas Martyn (1735–1825), der von 1762 bis zu seinem Tod Professor der Botanik an der Universität Cambridge (GB) war.

Dr. Joel Hildebrandt (1881–1983), emeritierter Professor für physikalische Chemie an der Universität Berkeley, Kalifornien (USA), wurde 1913 außerordentlicher Professor und veröffentlichte 1981 seinen 275. Forschungsaufsatz.

Der jüngste Student ist Michael Tan (* 4. April 1984), der im März 1992 an der Universität von Canterbury (Neuseeland) im Alter von 7 Jahren und 11 Monaten das Studium der Mathematik aufgenommen hat.
Adragon Eastwood De Mello (* 5. Oktober 1976) aus Santa Cruz, Kalifornien (USA), erhielt den akademischen Grad eines »Bachelor of Arts« im Fach Mathematik am 11. Juni 1988 an der Universität seiner Heimatstadt – der Bakkalaureus war gerade 11 Jahre und 8 Monate alt.
Der jüngste Student der Bundesrepublik Deutschland war Elmar Eder, der 1970 im Alter von 14 Jahren an der Universität München das Vorexamen in Mathematik und Physik mit »sehr gut« bestand.

Wenn man die Great Chartist Petition mit ihrer Vielzahl ungültiger Unterschriften ausschließt, galt die größte Petition der Unabhängigkeit Litauens von der UdSSR. Im Sommer 1990 wurden in vier Monaten weltweit 5 218 520 Unterschriften gesammelt und dem litauischen Präsidenten Vytautas Landsbergis vorgelegt. Auf dem Foto hält er das offizielle Manuskript des an ihn gerichteten Briefs.

Die teuerste öffentlich verkündete Scheidungsregelung erzielten 1982 die Anwälte der in Großbritannien geborenen Soraya Kashoggi nach ihrer Scheidung von dem saudiarabischen Milliardär Adnan Kashoggi: umgerechnet 1,2 Mrd. DM plus Sachvermögen. Auf dem linken Foto ist Adnan in der Mitte zu sehen. Das Bild rechts zeigt Soraya und ihren Sohn Omar.

Jüngste Dozentin: Ruth Lawrence (* 1971) aus Huddersfield (GB) bestand die Schulabschlußprüfung in Theoretischer Mathematik mit 9 Jahren. Als Zwölfjährige wurde sie zum Studium in Oxford zugelassen, wo sie am 4. Juli 1985 ihr Examen als beste von 191 Prüflingen bestand. Seit sie am 19. Juli 1986 ihr Physikdiplom mit Auszeichnung erwarb, hält sie Physikvorlesungen und schreibt an der Doktorarbeit.

Der jüngste Absolvent einer Mathematikabschlußprüfung ist John Adams (* Dezember 1977) aus Asfordby, Leicestershire (GB), dem der Geniestreich am 1. Juni 1987 gelang.

Jüngster Doktor: Mit 12 Jahren erhielt der deutsche Mathematiker Carl Witte aus Lochau im Herbst 1814 an der Universität von Gießen den Titel eines Doktors der Philosophie, mit einer Urkunde rückwirkend datiert auf den 13. April 1814.

Die teuersten Schulen der Welt dürften die angesehenen internationalen Internatsschulen sein, wie zum Beispiel jene in der Schweiz. Eines dieser Internate ist die Internationale Schule in Gstaad (Schweiz), die ihre Jahresgebühr 1991/92 auf umgerechnet über 90 000 DM erhöht hat und von sich behauptet, die exklusivste Schule der Welt zu sein.

Die größte Schule der Welt ist die Rizal High School in Manila (Philippinen), die 1988/89 von 16 458 Schülern besucht wurde. Im Schuljahr 1991/92 war die Zahl auf 16 419 gesunken.

RELIGION

Allgemein: Religionsstatistiken liefern notwendigerweise nur Annäherungswerte, da die Prüfung der Zugehörigkeit zu einer Religion unterschiedlichen Anforderungen unterliegt; zudem gehören viele Menschen, vor allem in der östlichen Hemisphäre, zwei oder mehr Religionen an. Bestattungen, die religiösen Charakter haben, sind seit 60 000 v. Chr. unter dem *Homo sapiens neanderthalensis* bekannt, und zwar aus der Shanidar-Höhle im Nord-Irak.

Die älteste dogmatisch definierbare Religion ist der Hinduismus. Gegen 1500 v. Chr. brachten die Arier seinen Vorläufer, den Wedismus, nach Indien. Gegenwärtig gibt es etwa 518 Mio. Hindus.
Das hinduistische *Rigweda*-Gesangbuch wurde um 900 v. Chr. oder noch früher verfaßt.

Die jüdischen Verhaltensregeln stammen aus der Zeit um 2000 v. Chr.

Das Christentum ist mit 1,784 Mrd. Anhängern – 33,1 Prozent der Weltbevölkerung – im Jahr 1991 die **vorherrschende Religion**. Im selben Jahr wurden 1,01 Mrd. Angehörige der römisch-katholischen Kirche gezählt. Die größte nichtchristliche Religion ist der Islam, der 1991 ca. 951 Mio. Anhänger hatte.

Die größte religiöse Organisation der Welt ist die römisch-katholische Kirche mit 160 Kardinälen, 754 Erzbischöfen, 3246 Bischöfen, 401 479 Priestern und 885 645 Nonnen Ende 1989.

Die älteste erhaltene christliche Kirche der Welt ist ein umgewandeltes Haus in Douro-Europos (heute Qal' at es Salihiye) in Ostsyrien, das aus dem Jahr 232 stammt.

Das älteste Baudenkmal in Deutschland, das religiösen Zwecken diente, ist die 768 erbaute Torhalle des Benediktinerklosters in Lorsch (Hessen).

Das größte religiösen Zwecken dienende Bauwerk, das je geschaffen wurde, ist der 162,6 ha große Wischnu-Tempel von Angkor (Kambodscha). Der Khmer-König Suryavarman II. ließ ihn in der Zeit zwischen 1113 und 50 errichten. Seine Umfassungsmauern messen 1280 × 1280 m; bevor er 1432 verlassen wurde, lebten 80 000 Menschen in ihm. Der Gesamtkomplex aus 72 Hauptmonumenten, begonnen um 900, erstreckt sich über 24 × 8 km.

Der größte buddhistische Tempel ist der im 8. Jh. erbaute Borobudur-Tempel von Jogjakarta (Indonesien). Er ist 31,5 m hoch und hat 123 m^2.

Der größte Mormonentempel der Welt ist der Salt Lake Temple im US-Bundesstaat Utah. Er wurde am 6. April 1893 eingeweiht und bedeckt eine Fläche von 23 505 m^2.

Die größte Kirche der Welt ist die zwischen 1506 und 1604 erbaute Peterskirche in Vatikan-

Die meisten akademischen Grade in einer Familie: Mr. und Mrs. Harold Erickson aus Naples, Florida (USA), haben erlebt, wie ihre 14 Kinder – elf Söhne und drei Töchter – zwischen 1962 und 78 Universität oder College erfolgreich abschlossen. Um alle Familien-Akademiker gut zehn Jahre später für ein Gruppenbild zusammenzubringen, war Organisationstalent gefragt. Die kluge Kinderschar wurde aus neun verschiedenen Städten eingeflogen.

Moslems beim Gebet, nach Geschlechtern getrennte Gläubige (Frauen rechts) beten im iranischen Ghom, dem schiitischen Wallfahrtsort.

stadt in Rom (Italien). Ihre Länge beträgt, einschließlich Apsis und Fassade, 218,7 m, ihre Grundfläche 23 000 m^2. Der Innendurchmesser des weltberühmten Doms ist 42,56 m, in der Mitte ist er 119,88 m hoch bei einer Außenhöhe von 136,57 m.
Höher, wenn auch nicht so hoch wie das Ulmer Münster, ist die Kathedrale Notre Dame de la Paix in Yamoussoukro (Elfenbeinküste), die 1989 fertiggestellt wurde. Einschließlich ihres Goldkreuzes ist sie 158 m hoch.

Die größte Kathedrale der Welt ist St. John the Divine der Diözese New York mit einer Grundfläche von 11 240 m^2 und einem umbauten Raum von 476 350 m^3. Der Grundstein wurde am 27. Dezember 1892 gelegt, 1941 wurden die Bauarbeiten an dem gotischen Bau unterbrochen und im Juli 1979 wiederaufgenommen. Die New Yorker nennen die Kirche »Saint John der Unvollendete«. Mit 183,2 m hat die Kathedrale das längste Schiff der Welt, das Gewölbe ragt 37,8 m hoch.
Die Kathedrale, die die größte Fläche bedeckt, ist Santa María de la Sede in Sevilla (Spanien). Sie wurde im spanisch-gotischen Stil zwischen 1402 und 1519 erbaut, ist 126,2 m lang, 82,6 m breit und im Mittelschiff 30,5 m hoch.

Die größte Kathedrale Deutschlands ist der Dom zu Köln. Mit seinem Bau wurde 1248 begonnen, aber erst 1880 wurde er fertiggestellt. Dieser gotische Dom hat eine überbaute Fläche von 7914 m^2 (Länge 144,58 m, breiteste Stelle 86,25 m) und ein Fassungsvermögen von 28 000 Menschen. Seine Türme sind 157 m hoch.

Die größte Kathedrale Österreichs ist der Stephansdom in Wien. Er wurde 1147 geweiht, im 13. Jh. erneuert, im 14. Jh. ausgebaut. Seine Grundfläche umfaßt 4000 m^2. Er ist 107,2 m lang und bietet 8000 Menschen Platz.

Die elliptische Basilika St. Pius X. in Lourdes, 1957 für über 20 Mio. DM fertiggestellt, faßt 20 000 Menschen und ist 200 m lang.

Die längste Krypta der Welt, die Krypta der unterirdischen Kirche im Guadarrama-Gebirge 45 km nördlich von Madrid, mißt in der Länge 260 m. Die Kirche, im Gedenken an den spanischen Bürgerkrieg in 21 Jahren (1937–58) für umgerechnet rund 40 Mio. DM erbaut, wird von einem 150 m hohen Kreuz überragt.

Die größte Kirchenruine Deutschlands ist die der ehemaligen, von 1038 bis 1144 im romanischen Stil erbauten Stiftskirche in Bad Hersfeld (Hessen). Sie wurde 1761 im Siebenjährigen Krieg durch Brandstiftung zerstört. Seit 1951 dient sie den dort alljährlich im Juli stattfindenden Hersfelder Festspielen als Kulisse.

Die höchstgelegene Kirche in Deutschland ist die Kapelle Maria Heimsuchung auf dem Zugspitzplatt (Wettersteingebirge) in 2700 m Höhe; sie wurde 1981 geweiht.

Die kleinste Kathedrale der Welt – Sitz eines Diözesanbischofs – ist die 1983 in Highlandville, Missouri (USA), erbaute Kathedral-Kapelle der Christ Catholic Church. Sie hat einen Flächeninhalt von 4,3 × 5,2 m und faßt 18 Personen.

Die kleinste Kirche der Welt ist die Kapelle Santa Isabel de Hungria in Colomares, Malaga (Spanien). Sie ist ein Denkmal für Christoph Kolumbus, von unregelmäßigem Grundriß und hat eine Bodenfläche von 1,96 m^2.

Die ältesten Klöster Deutschlands sind die 728 auf der Insel Reichenau im Bodensee durch den hl. Priminius gestiftete Benediktinerabtei und das 764 gegründete Benediktinerkloster in Ottobeuren (Bayern).

Die größte Synagoge der Welt ist der Emanu-El-Tempel in der Fifth Avenue in New York (USA). Der 1929 fertiggestellte Tempel hat eine fast 45,7 m lange Frontseite an der Fifth Avenue und eine 77,1 m lange an der 65th Street. Im Tempel haben 2500 Menschen Platz. Die mit ihm verbundene Betstube Beth-El faßt 350 Personen. Wenn alle Räumlichkeiten benutzt werden, haben insgesamt 6000 Gläubige Platz.

Die älteste Synagoge, die noch erhalten ist, steht in Kapharaum (Israel), dem biblischen Kapernaum, am See Genezareth. Sie wurde dort im 3. Jh. n. Chr. erbaut.

Die älteste Synagoge auf deutschem Boden wurde 1034 in Worms (Rheinland-Pfalz) gegründet.

Die größte Moschee war die heute verfallene Al-Malawiya-Moschee von Al-Mutawakil in Samarra (Irak). Sie wurde 842–52 erbaut, hatte eine Bodenfläche von 3,73 ha oder 239 × 156 m. Die größte heute noch benutzte Moschee der Welt ist die Umayyad-Moschee in Damaskus (Syrien), die auf einer 2000 Jahre alten 157 × 97 m großen Kultstätte erbaut ist und somit eine Fläche von 1,52 ha bedeckt.

Das höchste Minarett der Welt gehört zu der für umgerechnet 650 Mio. DM erbauten Großen

Hassan II.-Moschee in Casablanca (Marokko) und ragt 175,6 m empor.

Die höchstgelegene Palastanlage der Welt und ehemals das Zentrum des tibetischen Buddhismus (Lamaismus) ist der Potala-Palast in Lhasa, 3600 m auf dem Dach der Welt. Das Gebäude wurde zwischen 1654 und 93 errichtet. Bauherr war der 5. Dalai Lama (1617–82), der den Beinamen »der Große« erhielt. Der Palast umfaßt 1000 Gemächer sowie 10 000 Kapellen und thront mit 13 Stockwerken mehrere 100 m auf einem Hügel über der Hauptstadt der chinesischen »autonomen Provinz« Tibet.

Die größte hinduistische Gebetsstätte ist der Menakshi-Tempel in der südindischen Stadt Madurai. Prunkstück des Tempels (259 × 229 m) in der »Stadt der Feste«, die auch als eine der ältesten Städte der Welt gilt, ist die Halle der 1000 Säulen, deren riesige Götterfiguren alle aus einem Stein bestehen. Überragt wird der riesige Komplex, der sogar einen Teich umfaßt, von neun Türmen, deren höchster 60 m mißt und bis zur Spitze mit Tausenden von Götterfiguren verziert ist.

Die höchste und älteste Stupa ist mit gut 120 m Höhe die heute weitgehend zerstörte Jetavanarama-Dagoba in der Ruinenstadt Anuradhapura (Sri Lanka). Die 93,3 m hohe Shwedagon-Pagode in Yangon (früher Rangun, Myanmar) erhebt sich auf der Stätte einer 8,2 m hohen Pagode aus dem Jahr 585 v. Chr.

Der größte liegende Buddha der Welt (55 m lang und 16 m hoch) ist der Shwethalyaung in Pegu, Myanmar (früher Birma). Ursprünglich im Jahr 994 erbaut, geriet er in Vergessenheit, als die Stadt Pegu 1757 durch ein Erdbeben vollständig zerstört wurde. Erst in unserem Jahrhundert wurde der in der Zwischenzeit völlig vom Dschungel überwucherte Buddha wiederentdeckt und restauriert.

Den höchsten Kirchturm der Welt hat mit 161,53 m das Münster in Ulm (Baden-Württemberg). Der frühgotische Bau wurde 1377 begonnen. Der Turm in der Mitte der Westfassade wurde erst 1890 fertiggestellt. Bis zu seiner obersten Aussichtsgalerie führen 768 Stufen.

Die höchste Kirchturmspitze hat der Tempel der Ersten Methodistenkirche (First Methodist Church) in Chikago, Illinois (USA). Das Gebäude besteht aus einem 22 Stockwerke hohen Wolkenkratzer (1924 errichtet), in dem sich in 100 m Höhe das Pfarramt, in 122 m Höhe eine Himmelskapelle und in 173 m Höhe über der Straße ein Kreuz befinden.

Den wertvollsten sakralen Kunstgegenstand finden Gläubige im Wat-Trimitr-Tempel in Bangkok (Thailand); den goldenen Buddha, der aus dem 15. Jh. stammt. Er ist 3,04 m hoch und wiegt schätzungsweise 5,5 t. Beim Preis von 203 Pfund (603 DM) je Feinunze im März 1991 betrug der Goldwert 20,2 Mio. Pfund (60 Mio. DM). Das Gold unter dem Mörtelputz wurde erst im Jahr 1954 entdeckt.

Der gegenwärtige Papst Johannes Paul II. (Karol Wojtyla, * 18. Mai 1920 in Wadowice bei Krakau, Polen), der am 16. Oktober 1978 gewählt wurde, ist der erste nichtitalienische Papst seit Adrian VI. aus den Niederlanden, der am 31. August 1522 gekrönt wurde. Seit Johannes Paul II. zum Papst gewählt wurde, hat der 264. Stellvertreter Christi auf Erden bis Mitte Februar 1992 auf insgesamt 54 apostolischen Visiten Länder in aller Welt besucht.

Aus Deutschland kamen fünf Päpste: Der erste deutsche Papst war Gregor V. (996–99), vorher Brun von Kärnten. Er wurde von Kaiser Otto III. eingesetzt. Die anderen vier wurden alle von dem Salierkaiser Heinrich III. (1017–66, seit 1039 Kaiser) eingesetzt. Sie amtierten nacheinander elf Jahre lang: Klemens II. 1046/47, Damasus II. im Jahr 1048, Leo IX. 1049–54 und Viktor II. 1056/57.

Die längste Papstwahl dauerte 31 Monate. Ohne *habemus papam* (»Wir haben einen Papst«) erklären zu können, wurden die Kardinäle vom Bürgermeister von Viterbo (Italien) zu einer Entscheidung gezwungen, indem er ihnen nichts als Wasser und Brot vorsetzte und ihnen das Dach über dem Kopf wegnahm. Daraufhin wählten sie am 1. September 1271 den Erzbischof von Lüttich, Teobaldi Visconti (ca. 1210–76), zum Papst (Gregor X.).

Singen: Reverend Acharya Prem Bhikshuji († 18. April 1970) stimmte am 1. August 1964 in Jamnagar (Indien) den *Akhand Rama-Dhoon* an. Noch im Mai 1992 setzten Gläubige den Gesang fort.

Die größte Pilgerschar gab es bei den Hindu-Festlichkeiten von Kumbh-mela in Allahabad, Uttar Pradesh (Indien). Dort, wo die Yamunal Dschamma und die »unsichtbare« Saraswathi in den Ganges fließen, versammelten sich am 6. Februar 1989 schätzungsweise 15 Mio. Wallfahrer.

GESELLSCHAFTSSPIELE

DAME

Ursprünge: Dame, in Nordamerika als Checkers bekannt, ist älter als Schach. Es wurde im 2. Jahrtausend v. Chr. in Ägypten

Der Papst mit der längsten Lebensdauer: Zwar ist es möglich, daß der hl. Agatho im 6./7. Jh. länger lebte, doch gesicherte Daten existieren für Leo XIII., der am 2. März 1810 geboren wurde und am 20. Juni 1903 im Alter von 93 Jahren und 140 Tagen starb. Er wurde am 20. Februar 1878 zum Papst gewählt und stand damit über 25 Jahre an der Spitze der katholischen Kirche. Leo XIII. erwarb dem Papsttum großes Ansehen, während seines Pontifikats nahmen zahlreiche Länder diplomatische Beziehungen mit dem Vatikan auf.

Skat unter Wasser spielte ein Leipziger Trio im September 1991. Über 30 Std. hielten es die Hobbytaucher im 5,2 m hohen Tauchturm aus.

gespielt. Das früheste Buch über das Spiel schrieb 1547 Antonio Torquemada aus Valencia (Spanien).

Die meisten Weltmeistertitel hat der Amerikaner Walter Hellman (1916–75) geholt. Er war zwischen 1948 und 75 insgesamt achtmal der Beste.

Jüngster und später auch ältester Titelträger zu sein, dieses Kunststück schaffte der Amerikaner Asa A. Long (* 20. August 1904). Als er am 23. Oktober 1922 in Boston seine erste US-Meisterschaft gewann, war Long 18 Jahre und 64 Tage alt. Als er am 21. Juli 1984 in Tupelo, Mississippi, seinen 6. Titel holte, war er 79 Jahre und 334 Tage alt.

Die meisten Simultanspiele schaffte Charles Walker, der am 25. Januar 1992 in der International Checkers Hall of Fame in Petal, Mississippi (USA), gegen 229 Gegner spielte und dabei 222mal siegte, ein Spiel mit Remis beendete und eines verlor. Der Amerikaner Newell W. Banks (* 10. Oktober 1887) hatte 1933 in Chikago von 140 Partien 133 gewonnen und 7 remis gespielt. Spielzeit: 145 Min. Banks brauchte also im Schnitt für einen Zug gerade 1 Sek. Im Jahr 1947 trat Banks 45 Tage hintereinander mit verbundenen Augen gegen wechselnde Gegner an und spielte täglich 4 Std. jeweils 6 Simultanpartien. Ergebnis: 1331 Siege, 54 Unentschieden und nur 2 Niederlagen.
172 Spiele absolvierte nacheinander Nate Cohen aus Portland, Maine (USA), am 26. Juli 1981 in 4 Std. gegen wechselnde Gegner – ohne Niederlage und ohne Unentschieden.

Das längste Spiel dauerte 1958 zwischen Dr. Marion Tinsley (USA) und dem Briten Derek Oldbury 7:30 Std. Im Wettbewerb ist die vorgeschriebene Spielrate nicht weniger als 30 Züge pro Std., wobei das durchschnittliche Spiel etwa 90 Min. dauert.

DOMINO

Ursprünge: Das Nationalmuseum in Bagdad (Irak) besitzt Gegenstände aus Ur, genannt Dominos, die um 2450 v. Chr. hergestellt wurden. Das Spiel war bis etwa 1750 in Europa unbekannt. Ursprünglich erforderte es 148 Steine, in Europa werden nur 28 verwendet.

Dominosteinsturz: Am 27. Januar 1984 fielen nicht nur in genau 12:57,3 Min. 281 581 Dominosteine, sondern auch gleich der bisherige Einzelrekord im Dominostein-Umsturz. Der Bildtechniker Klaus Friedrich (* 1962) hatte 31 Tage hindurch täglich 10 Std. lang am Aufbau seines farbenprächtigen Kunstwerks gearbeitet. Ort des Geschehens war eine Lagerhalle der BIG-Spielwarenfabrik in Fürth (Bayern).
Mit 1 500 000 Dominosteinen stellten 30 niederländische Studenten von den Technischen Universitäten Delft, Eindhoven und Twente Symbole aller Mitgliedsstaaten der Europäischen Gemeinschaft dar. Am 2. Januar 1988 fielen in Minimundus von Rosmalen 1 380 650 Steine zum neuen Dominosteinsturz-Rekord in Kettenreaktion um.

SCHACH

Ursprünge: Der Name Schach ist abgeleitet vom persischen Wort Shah (König oder Herrscher). Der erste Hinweis kommt vom mittelpersischen Karnamak (etwa 590–620 n. Chr.). Im Dezember 1972 wurden von UdSSR-Archäologen bei Ausgrabungen in der Usbekischen Sowjetrepublik zwei Elfenbeinschachfiguren gefunden, die sich auf 200 n. Chr. datieren lassen. Um 1050 wurde das Schachspiel in dem höfischen Abenteuerroman *Ruodlieb* erstmals erwähnt.

Das erste Schachlehrbuch in deutscher Sprache erschien 1616, geschrieben von Herzog August d. Jüngeren von Braunschweig unter dem Pseudonym Gustavus Selenus. Der erste deutsche Schachverein ist 1819 in Hamburg gegründet worden.
Der älteste Schachverein der Schweiz ist die Schachgesellschaft Zürich 1809.
Die Fédération Internationale des Echecs wurde 1924 gegründet.

Der erste Wettkampf auf deutschem Boden fand am 21. September 1476 in Heidelberg zwischen der Heidelberger Gesellschaft des Schaffzabelspiels und den Nördlinger Schachfreunden statt. Ein Jahr später wurde in Nürnberg das erste deutsche Turnier veranstaltet.

Erster offizieller Weltmeister wurde 1886 der aus Prag stammende Wilhelm Steinitz, der mit 12,5:7,5 Punkten Johannes Hermann Zukertort bezwang.

Der jüngste Weltmeister aller Zeiten ist Gari Kasparow (* 13. April 1963, GUS), der am 9. November 1985 mit 22 Jahren und 210 Tagen sich zum erstenmal den Titel holte. Maja Tschiburdanidze (* 17. Januar 1961, GUS) holte sich mit 17 Jahren den Titel bei den Frauen.

Der älteste Weltmeister war Wilhelm Steinitz (Österreich, später USA; 1836–1900), der am 26. Mai 1894 mit 58 Jahren und zehn Tagen seinen Titel an Dr. Emanuel Lasker verlor.

Am längsten im Besitz einer Weltmeisterschaft, nämlich 26 Jahre und 337 Tage, von 1894 bis 1921, war der Deutsche Dr. Emanuel Lasker (1868–1941). Die Weltmeisterschaft bei den

Marathon-Rekorde

Doppelkopf: 144 Std., Marcus Engler, Michael Blankenhagen, Carsten Wilden, Alexander Lassalle, Marl (Nordrhein-Westfalen) 7.–13. April 1984.
Flipper: 163 Std., Kraftwerker Hans-Jürgen Agunte (* 1950), Kerpen Blatzheim (Nordrhein-Westfalen) , 18.–25. Juni 1990.
Jass: 133 Std., Christian Flückiger, Eveline Gysi, Reto Lorandi, Armin Nagel, Basel (Schweiz), 27. September–3. Oktober 1987.
Kicker: 93:45 Std., Jürgen Brixle (* 1963) und Christian Gold (* 1972), Lauingen (Bayern), 15.–18. April 1990.
83:48 Std., Jürgen Brixle, Christian Gold, Markus Kapfer, Stephan Gruber, Auwaldgaststätte, Lauingen (Bayern), 8.–11. April 1991.
Mensch ärgere dich nicht: 121:02 Std., Sejad Catic, Ulrich Droste, Dirk Lorger, Stefan Will, Lübbecke (Nordrhein-Westfalen), 26. April – 1. Mai 1988.
Mensch ärgere dich nicht unter Wasser: 40:06 Std., Waldemar Foit, Karl Mayer, Thomas Tonn, Peter Zepmeisel, Ingolstadt (Bayern), 13.–15. März 1992.
Schach: 200 Std., Roger Long und Graham Groft, Bristol (GB), 11.–19. Mai 1984.
170 Std., Georg Dörflinger und Roland Henkel, Stuttgart (Baden-Württemberg), 31. März – 7. April 1984 – deutscher Rekord.
Schafkopf: 145 Std., Günter Engler, Kurt Marschner, Klaus Vogt, Jürgen Windecker, Haßloch (Baden-Württemberg), 22.–28. Juni 1986.
Skat: 192 Std., Robert Knauer, Jürgen Schmieder, Michael Haffke, Essen (Nordrhein-Westfalen), 4.–12. Januar 1988.
Skat unter Wasser: 30:36 Std., Peter Liebmann, Roberg Menge, Axel Weißbach, Sportforum Leipzig (Sachsen), 28./29. September 1991.
Tarock: 81 Std., Dieter Marakovics, Josef Bucking, Alfred Petzl, Erich Macher, Haus der Postgewerkschaft, Wien (Österreich), 15.–18. September 1989.
Tipp-Kick: 92:10 Std., Mike Bludau (* 1970) und Jan Didjurgeit (* 1971), Ratzeburg, 19.–23. Juni 1991.

Auf Tauchstation im Ingolstädter Hallenbad gingen für 40:06 Std. vier Taucher, um unter Wasser Mensch ärgere dich nicht zu spielen.

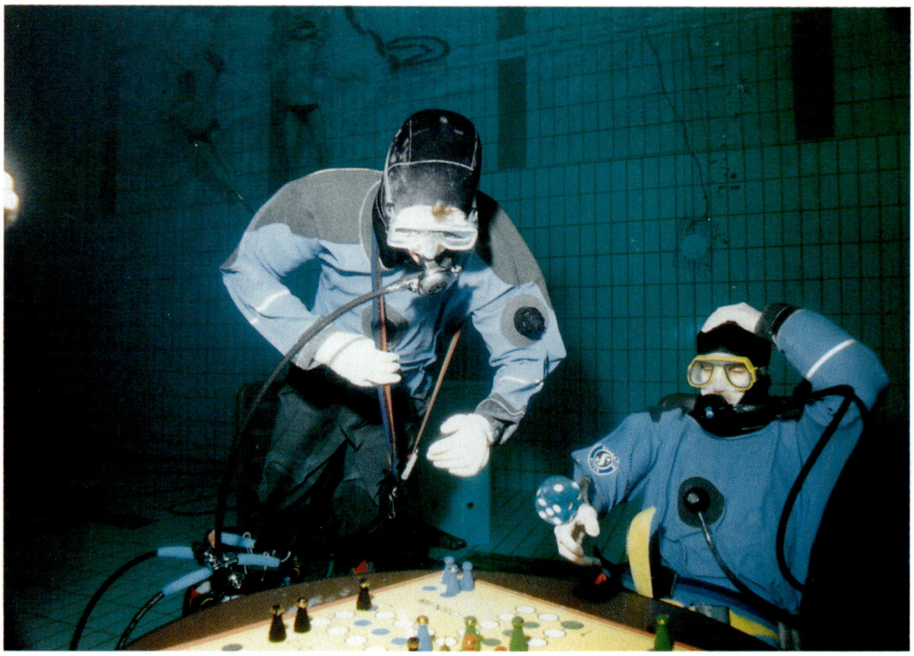

Frauen hielt die in Rußland geborene Britin Vera Menchik-Stevenson (1906–44) 17 Jahre lang, von 1927 bis zu ihrem Tod.

Als erfolgreichster Großmeister aller Zeiten gilt nach dem offiziell übernommenen Elo-System der Russe Gari Kasparow. Seine Bewertungszahl lautet 2800 (Ende 1989).
Bei den Frauen hat die Ungarin Judit Polgar (* 23. Juli 1976) eine Bewertungszahl von derzeit 2540 Punkten erreicht. Sie hatte bereits einen Spitzenwert von 2555.

Die wenigsten Verlustpartien eines Weltmeisters waren die 34 Niederlagen von José Raúl Capablanca (Kuba; 1888–1942), die dieser (bei 571 gespielten Partien) in seiner Laufbahn als Erwachsener von 1909 bis 39 hinnehmen mußte. Vom 10. Februar 1916 bis zum 21. März 1924 blieb er in 63 Partien hintereinander ungeschlagen und hielt den Weltmeistertitel von 1921 bis 27.

Die längste Turnierpartie ging über 269 Züge. In einem Turnier in Belgrad (Jugoslawien) spielten Ivan Nikolic und Goran Arsovic am 17. Februar 1989 ihre Partie 20:15 Std. lang.

Erfolgreichste Nation bei der Mannschafts-Weltmeisterschaft (Schach-Olympiade) ist die UdSSR. Die Männer gewannen die Biennale zwischen 1952 und 90 18mal. Der Damentitel, 1957 ins Leben gerufen, ging bis 1986 elfmal an die UdSSR.

Rekordhalter im Blitzschach ist Ralf Langer (* 1966) aus Westerkappeln im Münsterland. Vom 7. bis 10. Oktober 1985 spielte er 530 Partien in genau 62 Std. ohne Schlaf und machte dabei 22 000 Züge. Seine Erfolgsquote lag bei 59 Prozent.

Das größte Blitzschachturnier der Welt fand am 10./11. Februar 1990 in Dresden (Sachsen) statt. In 24 Std. spielten 304 Teilnehmer aus sieben Ländern insgesamt 15 711 Partien. Jeder Spieler hatte 102 oder 106 Partien mit fünf Minuten Bedenkzeit zu spielen. Sieger wurde Günther Beikert aus Mannheim (Baden-Württemberg) mit 23,5 Punkten aus 31 Finalpartien.

Der Rekord für die meisten Partien hintereinander ist 663, gespielt am 5./6. Oktober 1984 in 32:30 Std. in Porz (Nordrhein-Westfalen) von Vlastimil Hort (ČSFR, später Bundesrepublik Deutschland). Er spielte gegen 60 bis 120 Gegner gleichzeitig, beendete über 80 Prozent der Partien siegreich und brachte es auf durchschnittlich 30 Züge pro Partie. Hort hält auch den Rekord für die meisten Simultanpartien, 201 während insgesamt 550 Partien hintereinander, von denen er am 23./24. April 1977 in Seltjarnes (Island) nur zehn verlor.

Simultanschach-Turnier: Zug um Zug setzten 15 Spieler der Schachfreunde Buxtehude e. V. ihre Figuren auf 105 Brettern. Am 22. Juni 1991 spielte auf einer Tischlänge von 80 m gleichzeitig jeder seine 14 Partien. Fünf Stunden lang dauerte dieses Rekord-Turnier-Simultanspiel rund um die Schachbretter in der Buxtehuder Fußgängerzone.

Das größte Schachturnier der Welt, das Hamburger Jugend-Schachturnier »Rechtes Alsterufer« gegen »Linkes Alsterufer«, stellte im 30. Jahr seines Bestehens einen neuen Rekord auf. Am 24. Februar 1988 saßen sich 3616 Spielerinnen und Spieler beim königlichen Spiel im Congress Centrum Hamburg gegenüber – unter ihnen Bundespräsident Richard von Weizsäcker als mitspielender Ehrengast. Schüler aus 161 Hamburger Schulen nahmen an dem Traditionsturnier teil. Sie setzten an 1808 Brettern 57 856 Schachfiguren in Bewegung: 28 928 Bauern, 7232 Springer, 7232 Läufer, 7232 Türme, 3612 Damen und 3612 Könige.

SCRABBLE®

Ursprünge: Das Kreuzworträtselspiel wurde 1931 von Alfred Butts erfunden, 1948 von James Brunot weiterentwickelt und als Scrabble Cross Word Game zur Handelsmarke gemacht.

Das höchste Ergebnis bei einem offiziellen Turnier- oder Ligaspiel erreichte mit 1049 Punkten Phil Appleby (* 1957) im Juni 1989.

Die höchste Punktzahl, nämlich 392, in einem einzigen Zug erreichte Dr. Saladin Karl Khoshnaw aus Manchester (GB) im April 1982. (Gewertet werden nur Spiele bei offiziellen Wettbewerben.)

In Großbritannien werden seit 1971 **Meisterschaften** ausgetragen. Rekordmeister ist Philip Nelkon (* 21. Juli 1956) der bisher dreimal gewonnen hat (1978, 1981, 1990, 1992).

GLÜCKSSPIELE

Den höchsten Spielgewinn durfte der Amerikaner Mike Wittkowski einstreichen: Nach einer Mitteilung vom 3. September 1984 kassierte er 40 Mio. Dollar (damals ca. 149 Mio. DM). Wittkowski und Familie hatten bei der Staatslotterie von Illinois 35 Dollar eingesetzt. Die sechs Richtigen garantieren dem Gewinner 20 Jahre lang jährlich 2 Mio. Dollar.

Größtes Casino. Das Trump Taj Mahal in Atlantic City, New Jersey (USA), das am 2. April 1990 eröffnet wurde, hat eine Casinofläche von 11 100 m^2. Der 42 Stockwerke hohe Prunkbau mit 1250 Zimmern wurde in 8 Jahren für rund 1,7 Mrd. DM erbaut. 3000 einarmige Banditen und 167 Spieltische warten auf Besucher.

Die größte Spielbank Deutschlands ist die von den Westdeutschen Spielbanken betriebene Spielbank Hohensyburg, Dortmund, mit 1 027 845 Besuchern im Jahr 1987.
Das Casino Baden-Baden folgt an zweiter Stelle der 32 konzessionierten Spielbanken. Es gilt als älteste Spielbank der Welt. Die erste urkundliche Erwähnung für konzessioniertes Glücksspiel stammt aus dem Jahr 1748. Rund eine halbe Mio. Gäste besuchen diese Spielbank alljährlich. Zugleich ist das Casino die einzige Spielbank Europas mit einem goldenen Tisch, an dem mit echten Gold- und Silberjetons gespielt wird. Der höchste Einzelgewinn – Verlust für die Spielbank – war fast 3 Mio. DM.

Die kleinste Spielbank Deutschlands, die ganzjährig geöffnet ist, ist die Spielbank Westerland auf Sylt. Den größten Verlust erlitt die Spielbank Westerland am 28. Juli 1979 mit 111 000 DM.

Die größte und älteste Spielbank Österreichs ist die von Baden bei Wien. Jeden Abend wird sie im Durchschnitt von ca. 700 Gästen besucht. Insgesamt gibt es in Österreich elf Spielcasinos. Die Betriebe wurden 1989 von insgesamt 2,25 Mio. Gästen besucht, die an 729 Spielautomaten, über 80 Roulette-Tischen und 52 gebogenen Tischen für Black Jack ihr Glück versuchten.
In der Schweiz sind Spielbanken und Glücksspielcasinos nicht zugelassen.

Das größte bespielbare Roulette-Tableau der Welt wurde vom 23. bis 25. August 1990 im Kurgarten Bad Dürkheim (Rheinland-Pfalz) aufgebaut. Der Roulette-Tisch bestand aus einem Rasenbeet von 47 × 17 m. Die voll funktionsfähige Roulette-Maschine hatte einen Durchmesser von 5,67 m, die drehende Scheibe war auf einer abgeschnittenen LKW-Achse gelagert. Die Zahlen auf dem Tableau waren aus mehr als 10 000 Glühbirnen hergestellt, so daß auch bei Nacht mit den Jetons von 38–58 cm Durchmesser gespielt werden konnte. An drei Abenden hintereinander konnte von jeweils 11 ausgewählten Gästen auf diesem Tableau Roulette gespielt werden.

Als größter Spielautomat der Welt (oder einarmiger Bandit) galt Super Bertha (15,71 m^3) im Four Queens Casino, Las Vegas (USA).
Im Januar 1984 wurde zur Eröffnung der Internationalen Fachmesse Unterhaltungs- und Warenautomaten (IMA) in Frankfurt Big Merkur präsentiert. Der Riesenspielautomat (3,5 m hoch, 2,4 m breit und 1 m tief) wiegt 1,3 t. Lehrlinge der Firma Gauselmann-Spielgeräte aus Espelkamp (Nordrhein-Westfalen) haben ihn in vier Monaten konstruiert.

Den größten Gewinn an einem einarmigen Banditen erzielte Delores Adams (60), die am 31. März 1992 im Harrah's Reno Casino-Hotel, Nevada (USA), um 9 346 876,45 Dollar (ca. 15,4 Mio. DM) reicher wurde.

Älteste Lotteriegesellschaft in Deutschland ist wahrscheinlich die Hamburger Klassenlotterie, die es bereits im Jahr 1612 gab.

Fußball-Toto: Die höchste Gewinnsumme zahlte Littlewoods Pools an einen unbekannten Mann und eine Frau aus Manchester (GB), die beide jeweils am 4. April 1992 1 338 825 Pfund (3,818 Mio. DM) gewonnen haben. Littlewoods zahlte in derselben Woche mit 3 942 828 Pfund (11,245 Mio. DM) die höchste Gewinnsumme aus, die jemals in einer Woche erzielt wurde.

Der bisher höchste Lotteriegewinn in Deutschland in Höhe von 2 Mio. DM entfiel am 6. März 1981 auf ein Los der Nordwestdeutschen Klassenlotterie.

Erster Rekordgewinner unter den deutschen Tippern ist seit März 1982 ein niedersächsischer Starkstromelektriker. Im »Spiel 77« erreichte er die Quote von 3 555 555,40 DM.
Seit dem 1. Juni 1985 kennt das samstägliche **Lottoglück** keine Grenzen mehr. Bis zu diesem Termin gab es bei »6 aus 49« eine Gewinnhöchstgrenze von maximal 3 Mio. DM.
Durch die Schaffung eines Jackpots entfällt diese Höchstgrenze nun. Die neuen Supergewinne entstehen, wenn es in einem Spiel keine Hauptgewinner gibt und der nicht ausgeschüttete Gewinn in der nächsten Spielrunde zusätzlich ausgeschüttet wird.
Ein 42jähriger Bauingenieur aus Berlin-Neukölln gewann 9 677 777 DM mit 7 Richtigen im Spiel 77 in der zweiten Veranstaltung der Deutschen Klassenlotterie Berlin vom 11. Januar 1992. Der Riesengewinn kam durch einen Super-Jackpot zustande, der im Laufe der letzten Wochen angewachsen war. Der größte Lottogewinn, der von einer Spielgemeinschaft erzielt wurde, ging an eine Tippgemeinschaft im bayerischen Voralpenland. Für einen Einsatz von 43,75 DM erhielt sie 16 415 049,20 DM.
Das neu eingeführte Lottosystem bescherte auch der österreichischen Lotto-Toto-Gesellschaft in Wien einen neuen Multi-Millionär in der sechsten Runde im Lotto »6 aus 45« am 11. Februar 1990. Ein 36jähriger Kärntner Bankangestellter und Familienvater aus Klagenfurt kassierte mit 59 360 531 Schilling den höchsten Einzelgewinn, der je in diesem Glücksspiel erzielt wurde.
Im Schweizer Zahlenlotto gab es im Oktober 1987 mit 4,451 717 Mio. sfr. den höchsten Einzelgewinn, der je erzielt wurde.

Pferdewetten: Den höchsten Buchmacherkurs erzielte mit 1 670 759:1 der Brite George Rhodes. Er durfte damit am 30. September 1984 von der William Hill Organisation – mit einem zehnprozentigen Bonus und abzüglich Steuern – 86 056,42 Pfund (ca. 320 400 DM) in Empfang nehmen.

Die höchste Wettsumme kassierten bisher zwei Briten in den USA: Anthony A. Speelman und Nicholas John Cowan verblieb am 19. April 1987 in Santa Anita (Kalifornien) nach Abzug von 406 768 Dollar Steuern immer noch ein Gewinn von 1 627 084,40 Dollar (ca. 2,96 Mio. DM).

Rennprognosen: Der einzige Fall, bei dem ein Pferdesport-Journalist die zehn Gewinner von zehn Rennen richtig vorausgesagt hat, passierte am 28. Juli 1974 im Delaware Park von Wilmington (USA). Den richtigen Riecher hatte Charles Lamb von den *Baltimore News American* bewiesen.

Die weltgrößte Buchmacherfirma ist Ladbrokes (GB) mit einem Wettumsatz von 2,107 Mrd. Pfund (6,6 Mrd. DM) im Jahr 1988 und der größten Kette von Buchmacherläden; am 1. September 1990 waren es 1986 in Großbritannien und Irland sowie weitere 991 in Belgien und den Niederlanden.

KARTENSPIELE

Die seltensten Spielkarten sind die Lebender-Heiligen-Karten, die im 17. Jh. von der Familie Bowies herausgegeben wurden und wovon ein Spiel etwa 2000 Pfund (5940 DM) wert ist. Eine im Jahr 1786 vom Historiker Edward Gibbon als Schuldzettel für 320 Pfund unterschriebene Karo-7-Karte erzielte auf einer Auktion 500 Pfund (1485 DM).

Als radikalster Kartenspiel-Verlierer erwies sich im April 1980 der 32jährige indische Bauer Gopala Reddy. Nachdem er seine letzten 100 Rupien (24 DM) verloren hatte, pilgerte er zum Grab seines Vaters, schwor, nie mehr Spielkarten anzurühren, und schnitt sich, um nicht rückfällig zu werden, mit einem Dolch die rechte Hand ab.

Größter Kartenfächer: Nicht geschlagen geben wollte sich der Mathematikstudent Ralf Laue (*1968) aus Leipzig (Sachsen) durch den größten Kartenfächer seines Reutlinger Konkurrenten Georgios Stefanidis. Am 6. April 1991 schaffte er es in Zürich, gleich 310 Karten in einer Hand zu halten – sechs mehr als der jetzt entthronte Rekordhalter aus Baden-Württemberg.

BRIDGE

Ursprünge: Bridge – eine Verstümmelung von *Biritch* – soll levantinischen Ursprungs sein, da ähnliche Spiele dort in den frühen 70er Jahren des vorigen Jahrhunderts gespielt wurden. Das British Museum besitzt ein Schriftstück von 1886 mit dem Titel *Biritch or Russian Whist.*

Auktionsbridge (höchster Bieter nennt den Trumpf) wurde 1902 erfunden. Das Kontraktprinzip, das in mehreren Spielen enthalten ist, wurde am 1. November 1925 von Harold Vanderbilt (USA) während einer Karibikreise an Bord der *SS Finland* in das Bridge eingeführt. Im September 1930 wurde es nach dem Herausforderungsspiel USA gegen Großbritannien zu einer weltweiten Manie.

Die meisten Weltmeisterschaften (Bermuda Bowl) wurden von Italiens Blauem Team (Squadra Azzura) dreizehnmal gewonnen, und zwar in den Jahren 1957–59, 1961–63, 1965–67, 1969, 1973–75 und ebenfalls die Olympischen Spiele 1964, 1968 und 1972 – aber auch dreizehnmal von den USA, in den Jahren 1950–51, 1953–54, 1970–71, 1976–77, 1979, 1981, 1983, 1985 und 1987. Giorgio Belladonna (* 1923) gehörte all diesen Siegermannschaften an. 1971 wurde eine neue Weltrangliste eingeführt, die auf Meisterpunkten basiert.
Die meisten Weltmeisterschaften bei den Damen (Venedig-Preis) gewannen die USA: 1974, 1976, 1978, 1987, 1989 und 1991 sowie dreimal – 1976, 1980 und 1984 – in der Mannschafts-Olympiade.

Führender Spieler der Welt war nach der jüngsten Rangliste der World Bridge Federation, die auf sogenannten Meisterpunkten der letzten zehn Jahre basiert, der Amerikaner Robert Hamman aus Dallas (Texas) mit 597 und bei den Damen die Engländerin Sandra Landy mit 284 Punkten.
Der beste Spieler aller Zeiten ist der Italiener Giorgio Belladonna mit 1821 $^1/_4$ Punkten. Bei den Damen führt Jacqui Mitchell aus den USA mit 347 Punkten die Weltrangliste an.

Perfektes Spiel: Die mathematischen Chancen gegen die Ausgabe von 13 Karten einer Reihe stehen 158 753 389 899:1, während die Chance, eine »perfekte Hand« mit allen 13 Pik-Karten zu erhalten, 635 013 559 599:1 steht. Die Chancen, daß jeder der vier Spieler eine komplette Folge (eine perfekte Ausgabe) erhält, stehen 2 235 197 406 895 366 368 301 559 999:1.

Am größten Bridgeturnier, der Epson World Bridge Championship am 7. Juni 1991, nahmen fast 90 000 Spieler teil, die in Spielsälen in 95 Ländern die gleichen Blätter spielten.

SCHAFKOPF

Ursprünge: Das alte deutsche Kartenspiel wurde nach dem früheren Brauch, die Gewinne durch Kreidestriche kenntlich zu machen, die zusammen einen Schafkopf bildeten, so bezeichnet. Es wird als Doppel-Schafkopf oder Doppelkopf mit zwei 32-Skat-Spielen gespielt, aus denen man die Siebenen, Achten und Neunen entfernt.

SKAT

Ursprünge: Skat entstand um 1810 aus dem erzgebirgischen Kartenspiel Schafkopf in der Stadt Altenburg, Thüringen, in der 1899 der Deutsche Skatverband gegründet wurde.

Es gibt für das 32-Blatt-Spiel für jede Hand beim Mischen 512 240 Kombinationen. Die Zahl möglicher Verteilungen der Karten auf drei Spieler vor Aufnehmen des Skats beträgt nahezu 3 Billiarden: 2 753 294 408 504 640. ■

Ein Spielkasino – kein Mississippi-Dampfer – auf dem Boulevard der Spielerstadt Las Vegas.

HOLIDAY CASINO
Holiday Inn
ENTRANCE
ENTRANCE
HOLIDAY CASINO
Keep Smilin America
DICK CONTINO
GALLEY
BUFFET
ALL YOU CAN EAT
BREAKFAST $3.49
LUNCH $3.99
DINNER $4.49
$2.49
PED XING

TOPLEISTUNGEN, SPASSREKORDE

30 Jahre lang hält Don Kellner die Faszination des Fallschirmspringens in Bann. Am 13. September 1991 kam er zu seinem 16 000. Absprung im freien Fall. Die Mehrzahl der Sprünge fand in Hazleton, Pennsylvania (USA), statt

GEWERBE, DIENSTLEISTUNGEN

Apotheken: Die größte Apothekenkette der Welt ist die britische Firma Boots The Chemists mit 1050 Einzelhandelsgeschäften. Das Unternehmen wurde von Jesse Boot (1850–1931) gegründet, dem späteren Ersten Baron Trent. Die älteste Apotheke Europas soll ein im Jahr 1400 in Lilivia, Gerona (Spanien), gegründetes Geschäft sein. Sie ist seit etwa 50 Jahren nicht mehr in Betrieb und wird jetzt als Museum unterhalten. Die Löwen-Apotheke in Trier (Rheinland-Pfalz) scheint jedoch wesentlich älter zu sein; sie soll schon 1241 existiert haben.

Die älteste Apotheke Österreichs dürfte die Winter-Apotheke in Innsbruck (Tirol) sein, die 1500 gegründet wurde und sich noch heute Alte Hofapotheke nennt.
Die älteste Apotheke der Schweiz soll die Weinmarkt-Apotheke in Luzern sein. Einer ihrer ersten Besitzer war Konrad Klausner (1480 bis 1553), doch ist das Geschäft selbst wohl älter.

Die Pharmacie Brun in Genf behauptet, schon 1453 gegründet worden zu sein.

Das größte Pharmazieunternehmen der Welt ist Johnson & Johnson in New Brunswick, New Jersey (USA). 1991 hatte es 82 700 Mitarbeiter, die einen Umsatz von 12,4 Mrd. Dollar (21 Mrd. DM) erzielten. Das Firmenvermögen im selben Jahr wird mit 10,5 Mrd. Dollar (17,8 Mrd. DM) beziffert.

Die größte Drogeriekette der Welt ist die Rite Aid Corporation mit Sitz in Shiremanstown, Pennsylvania (USA), die 1989 in den Vereinigten Staaten 2353 Filialen betrieb. Die Walgreen Co. in Deerfield, Illinois (USA), hat zwar weniger Filialen, erzielte mit 5,3 Mrd. Dollar (10 Mrd. DM) 1989 jedoch höhere Umsätze.

Für die umsatzstärksten Chemiekonzerne der Welt sind nach dem Rekordjahr 1989 die fetten Jahre fürs erste vorbei. Im Ergebnis-Vergleich der Großen Drei führte 1991 die Hoechst AG Frankfurt/Main mit 47,186 Mrd. DM und 179 332 Mitarbeitern vor der BASF AG, Ludwigshafen, mit 46,626 Mrd. DM bei 130 328 Mitarbeitern und der Bayer AG, Leverkusen, die auf 42,401 Mrd. DM und 166 325 Mitarbeiter kam. Bei diesen drei »IG-Farben-Nachfolgern« mußten 1991 die Belegschaften abspecken. Die ertragreichste Sparte blieben die Produkte des Sektors Pharma bei Bayer und Hoechst, Kunststoffe und Fasern bei BASF. Angesichts des Sparkurses werden neue Fertigungen wegen der teuren Umweltauflagen im Ausland aufgebaut, Standortopfer gibt es für die Entwicklung in den neuen Bundesländern. Im Vergleich zu anderen Spitzenunternehmen der deutschen Wirtschaft ist die Ertragslage der Großchemie jedoch gut.

Die Basler Pharma-Industrie meldet für 1991 eine überdurchschnittliche Umsatz- und Gewinnentwicklung. Ciba-Geigy, der größte Schweizer Chemiekonzern, erzielte dank des Pharmageschäfts einen Gesamtumsatz von gut 21 Mrd. sfr, der Konzerngewinn stieg um 24 Prozent. Sandoz, die Nummer zwei, verbesserte seinen Gewinn um 15 Prozent, und Roche erzielte im Konzernumsatz 19 Prozent, allein im Pharmasektor 23 Prozent mehr Zuwachs. Die Basler Chemie-Riesen gehören zu den zwölf größten der Welt.

Das größte Bestattungsunternehmen der Welt ist SCI (Service Corporation International) in Houston, Texas (USA), mit 551 Leichenhallen und 126 Friedhöfen. 1989 betrug der Jahresumsatz in dem krisensicheren Unternehmen 519 Mio. Dollar (908 Mio. DM).

Die Buchhandlung mit den meisten Titeln und den längsten Regalen (insgesamt 48 km) ist W. & G. Foyle, London (GB). Die Firma wurde 1904 in einem kleinen Laden in Islington gegründet und hat heute ihren Sitz in Nr. 113–119 Charing Cross Road. Das Geschäft ist 7044 m² groß.
Mit einer Verkaufsfläche von 14 330 m² ist jedoch die Fa. Barnes & Noble Bookstore in der Fifth Avenue, New York (USA), der geräumigste Buchladen der Welt. Seine Regallänge: 20,71 km.

Der weltgrößte Fahrradproduzent ist Hero Cycles in Ludhiana (Indien), 1956 von den Gebrüdern Munjal gegründet. 1989 stellte die Firma 2 936 073 Fahrräder her.
In China rollen nach Schätzungen 210 Mio. Fahrräder.

Das weltgrößte Fish-and-Chip-Restaurant erfreut in White Cross, West Yorkshire (GB), jährlich 1 Mio. zufriedene Gäste. Harry Ramsden's 140 Mitarbeiter servieren ihnen 213 t Fisch und 356 t Kartoffeln. Am 30. Oktober 1988 feierte das Haus das 60jährige Bestehen – zum Jubiläum wurden zwischen 11 Uhr 30 und 22 Uhr 10 182 Portionen fish and chips zu Preisen von 1928 serviert.

Das Fotogeschäft mit der größten Verkaufsfläche ist das Foto-Zentrum von Jessop of Leicester Ltd. in Leicester (GB), das im Juni 1979 eröffnete; heute hat es eine Verkaufsfläche von 2508 m^2.

Soft-Drinks: Laut *Fortune* vom April 1991 steht Pepsico mit Sitz in Purchase, New York (USA), mit einem Umsatz von 19,7 Mrd. Dollar (33,4 Mrd. DM) im Jahr 1991 an der Spitze der 500 größten Getränkehersteller. Die Coca-Cola Company mit Sitz in Atlanta, Georgia (USA), brachte es auf 11,6 Mrd. Dollar (19,67 Mrd. DM). Der beliebteste Soft-Dring der Welt bleibt jedoch Coca-Cola. 1991 wurden weltweit täglich über 492 Mio. Flaschen Coca-Cola verkauft, was einen Weltmarktanteil von schätzungsweise 46 Prozent ausmacht.

Größter Herrenausstatter – ausschließlich Herrenanzüge und dazugehörige Accessoires – ist Menswear in Glasgow (GB), wöchentlich werden mehr als 2000 Anzüge an den Mann gebracht. Das Geschäft an der Howard Street hat auf einer Fläche von 2600 m^2 stets mindestens 14 000 Anzüge anprobebereit.

Größter deutscher Bekleidungshersteller ist der Adidas-Konzern, Herzogenaurach (Bayern). Mit einem Umsatz von 3,353 Mrd. DM hält der deutsche Sportartikelhersteller Rang 2 im westeuropäischen Vergleich.

Die größten Hochregallager: Das größte Versandzentrum für Papier-, Büro- und Schreibwaren, seit 1985 in Berlin-Spandau, hat eine Gesamtfläche von 72 700 m^2. Allein 10 800 m^2 nimmt das 42 m hohe Hochregallager ein. Die Herlitz AG, Berlin, hat darin 110 000 Lagerplätze für Pool-Paletten untergebracht. Diese werden vollautomatisch von 25 Regalförderfahrzeugen und 16 Etagen-Förderern bewegt.

Mit einer Lagerkapazität für 70 Mio. Bücher hat die Vereinigte Verlagsauslieferung GmbH (VVA) in Gütersloh/Westfalen auf einer 10 000-m^2-Fläche nur noch 14 prozessorrechnergesteuerte Lagerkräne zwischen 140 m langen und 35 m hohen Hochregalen im Einsatz. Sie befördern täglich maximal 4000 t Bücher im größten Buchlager der Welt.

Die größten deutschen Kaffeeröster sind in einem ständigen Kampf um die Gunst der Verbraucher. Exakte Daten lassen sich aufgrund verschiedener Statistiken und Marktschwankungen nicht nennen.
Im Wettstreit liegen die Jacobs-Suchard-Gruppe, Bremen, und die Tchibo Frisch-Röst-Kaffee GmbH, Hamburg. Durch die Übernahme der Marken Kaffee HAG und Onko erhöhte Jacobs im ersten Halbjahr 1991 seinen Marktanteil auf 27,2 Prozent und steigerte seinen Umsatz auf über 2 Mrd. DM. Tchibo baute seinen Marktanteil mit 21,5 Prozent (wertmäßig 24 Prozent) leicht aus und verfügt jetzt in den neuen Bundesländern über 2900 Depots sowie über 44 eigene Filialen.
Die Eduscho GmbH & Co. KG, Bremen, steigerte den Kaffeeabsatz um 2 Prozent und kam auf gut 1,2 Mrd. DM, mengenmäßig mit 16 und wertmäßig mit 17 Prozent in den alten Bundesländern. In den neuen Bundesländern verfügt der drittgrößte deutsche Kaffeeröster über 3600 Depots und 10 eigene Filialen.

Auf dem deutschen Getränkemarkt wurden 1988 mehr als 69,12 Mrd. DM umgesetzt. Der – rein rechnerische – Verbrauch pro Kopf betrug 673,2 l. Den höchsten Zuwachs gab es bei den Mineralwässern und Erfrischungsgetränken.

Die weltgrößte Mineralwasserfirma ist Source Perrier bei Nimes (Frankreich) mit einer Jahresproduktion von über 2,5 Mrd. Flaschen, von denen 800 Mio. Flaschen von Perrier stammen. In Frankreich werden rund 77 l Mineralwasser pro Kopf im Jahr getrunken. Den höchsten statistischen Durchschnittsverbrauch von Mineralwasser erzielen jedoch die Italiener: Sie kommen jährlich auf 105 l pro Kopf.

Der weltgrößte Hersteller von Papier, Zellfaser- und Holzprodukten ist International Paper in Purchase, New York (USA), mit einem Umsatz von 12,9 Mrd. Dollar (22,6 Mrd. DM) 1990. Das Unternehmen hat 69 000 Mitarbeiter. Die zehn größten Papierunternehmen in Europa haben ihren Anteil an der westeuropäischen Produktion von 15 auf 32 Prozent verdoppelt. In der deutschen Papierwirtschaft führte 1991 die PWA Grafische Papiere GmbH Raubling (Bayern) mit 4 395 Mio. DM Umsatz und 13 151 Mitarbeitern vor Stora/Feldmühle mit 3989 Mio. DM und 9018 Mitarbeitern. Insgesamt brachte es die deutsche Papierfabrikation 1991 auf 12,8 Mio. t Druck- und Pressepapiere sowie Papier, Pappe und Kartons für Verpackungszwecke.

Das weltgrößte Schallplattengeschäft eröffnete die Firma HMV am 24. Oktober 1986 in der Oxford Street 150 in London. Die Ladenfläche ist 3407,9 m^2 groß.

Die größte Schokoladenfabrik wurde von der Hershey Chocolate USA in Hershey, Pennsylvania (USA), in den Jahren 1903–05 erbaut. Sie hat jetzt eine Grundfläche von 185 800 m^2.

Größtes Teehandelshaus Deutschlands und gleichzeitig größter Kräuterteebeutelhersteller ist die Firmengruppe Teekanne GmbH (gegründet 1882) in Düsseldorf. Nach dem Zusammenschluß von Teekanne und der inzwischen in Teehaus GmbH umbenannten Tochtergesellschaft in Radebeul bei Dresden (Sachsen) setzte die Gruppe 1990/91 (31. März) 382 Mio. DM um. Im ersten Halbjahr 1991 wurde ein Marktanteil von 51 Prozent erreicht – bei Schwarztee 53, bei Kräuter- und Früchtetee 54 Prozent.

WIRTSCHAFTSWAREN

Größte und kleinste Objekte erscheinen immer wieder als Rekordmeldung. Im *Guinness Buch der Rekorde* werden nur jene Meldungen berücksichtigt, die über tatsächlich nutzbare Produkte erfolgen.

Der größte Abfallbehälter der Welt wurde von der Firma Natsales aus Durban (Südafrika) für die »Woche des Vereins ›Erhaltet Durban schön‹«, die vom 16. bis 22. September 1991 stattfand, hergestellt. Der 6,01 m hohe Fiberglasbehälter mit einem Fassungsvermögen von 43 507 l ist ein vergrößertes Exemplar des von Natsales produzierten Standardmodells.

Das Hauptwerk der Bayer AG in Leverkusen umfaßt 600 Gebäude auf einer Grundfläche von 3,4 km^2, links im Bild die 31 Stockwerke hohe Hauptverwaltung – eine der größten geschlossenen Produktionsstätten.

Die größte getöpferte Vase trägt den Namen *Cleopatra* und ist, einschließlich eines 1,4 m hohen Deckels, 5,345 m hoch. Sie wurde im Juni 1991 bei Faiarte Ceramics in Rustenburg (Südafrika) von Joao Ramos Moraes getöpfert.

Das größte edelsteinbesetzte Ei ist 70 cm hoch und wurde aus 16,8 kg Gold, besetzt mit 20 000 rosa Diamanten, gefertigt. Der Londoner Juwelier Paul Kutchinsky hat das Argyle Library-Ei entworfen, sechs britische Handwerker benötigten 7000 Arbeitsstunden, um es anzufertigen. Am 30. April 1990 wurde es präsentiert, bevor es als Ausstellungsstück ins Victoria and Albert Museum in London gelangte.

Die kleinste Eintrittskarte maß 3×7×1 mm und galt für die Asiatisch-Pazifische Ausstellung Fukuoka '89 in Fukuoka (Japan). Sie bestand aus Keramik, auf der gerade noch 85–280 Mikron kleine Buchstaben Platz hatten.

Mit der größten Eintrittskarte (70×100 cm) hatte der Drucker Detlef Müller (* 1962) aus Essen (Nordrhein-Westfalen) zu seiner 14. Privaten Kennenlernfete für Leute, die Lust haben, andere kennenzulernen, geladen. 670 Gäste kamen am 20. Oktober 1990 zu seiner Party in einem Fitness-Center in Altenessen.

Die kleinste Espressomaschine baute der Wiener Ingenieur Gerhard Lehner (* 1936) in 227 Arbeitsstunden. Im Februar 1991 präsentierte er seine Miniaturmaschine (120×145×120 mm, 1300 g), im Maßstab 1:5 aus Messing. Heißwasserboiler mit 100 ml Inhalt, Wasserstandsanzeiger sowie ein Kesseldruckmanometer sind neben Heißwasserzapfhahn vorhanden und liefern köstlichen Espresso.

Die kleinste elektrische Glühbirne ist bei einem Durchmesser von 0,5 mm 3 mm lang und wird von der Firma Hamai Electric Lamp Co., Tokio, hergestellt.

Das größte Messer mußten vier kräftige Männer im Februar 1989 führen, um ein 70-kg-Brot und einen 51-kg-Leberkäse durchzuschneiden. Die Solinger Messerfabrik Franz Güde hat das 3,12 m lange und 54 kg schwere Schneidegerät hergestellt. Die 1,9 m lange Klinge besteht aus rostfreiem Messerstahl mit einer Härte von 54 Rockwell. Der Griff ist massiv aus hochwertigem Bubingaholz gefertigt.

Das größte Vielzweck-Messer hat der St. Galler Messerschmied Hans Alfred Meister (* 1936) in über 750 Arbeitsstunden aus exakt 314 Teilen zusammengesetzt. Im Mai 1991 konnte das 4,55 kg schwere Schweizer Taschenmesser vorgestellt werden: Es ist 25×120×295 mm groß, seine Teile – vom Angelhaken bis zur Zementkelle – ersetzen eine gut sortierte Werkstatt. Die Schalen bestehen aus echtem Perlmutt am Stück – eine Rarität.

Die größte Pfeffermühle hat der Maschinenschlosser Ernst-Otto Simon (* 1943) aus Mirantiholz gedrechselt. Sie ist 4,25 m lang, ihr größter Durchmesser ist 13 cm, ihr kleinster 8,5 cm. Selbstverständlich ist die Riesen-Pfeffermühle mit einem Mahlwerk ausgestattet und somit voll funktionsfähig; seit 1990 gibt sie den Mahlzeiten von Ernst-Otto Simon in Denklingen (Nordrhein-Westfalen) die nötige Würze.

Einen Taschenrechner im Mini-Format mit den Abmessungen einer Eurocheque-Karte liefert Casio Computer Co. GmbH, Deutschland. Mit 0,8 mm Stärke ist das Gerät *SL-800*, das in Tokio 1984 entwickelt wurde, der flachste Rechner der Welt. Er arbeitet mit Solarzellen und entspricht einer Kreditkarte mit neuester Folientechnologie aller Tastenkomponenten.

Die ersten Telefonkarten wurden im Januar 1976 in Rom (Italien) herausgebracht. Die teuersten sind die frühesten japanischen Telefonkarten, für die im Januar 1992 bereits 28 000 Pfund (knapp 80 000 DM) gezahlt wurden.

Die größte Waschmaschine, der »Kittel-Jumbo«, sorgt in Berlin dafür, daß die Mietwäsche Stegemann KG in einem Arbeitsgang 500 Kleidungsstücke reinigen kann. Das Riesenprunkstück der Berliner Wäscherei macht täglich 10–12 t Hotelwäsche und Berufskleidung frisch.

Feuerwerk

Riesenfeuerschrift: Seit 1980 brennt jeweils am 1. August (Schweizer Nationalfeiertag) eine Fackelschrift ERIZ mit einem Schweizerkreuz an den Hängen des Hohgant (Kanton Bern). 10–15 Erizer Bürger bringen 220 Fackeln und das Brennmaterial aus dem Tal hinauf und errichten die Riesenfeuerschrift: 105 m hoch sind die Buchstaben, 160 m das Kreuz; Schrift und Kreuz sind insgesamt 295 m lang.

Ein gigantisches Feuerspektakel schuf der Wiener Allroundkünstler André Heller (* 1946) am 7. Juli 1984. Rund 500 000 Berliner Zuschauer erlebten 40 Min. lang sein ca. 1,5 Mio. DM teures »Feuertheater mit der Klangwolke« auf dem Platz der Republik. 40 000 Raketen (25 t Feuerwerkskörper) schossen in die Luft, während »Klangwolken« aus einer 60 000-W-Anlage das Reichstagsgebäude beschallten: Ein pyromanischer Traum erfüllte sich. Brennende Lichtkaskaden illuminierten von 80 m hohen Stahlgerüsten aus eine 20 000 m^2 große Fläche am Himmel mit Symbolen.

Das größte Feuerwerk aller Zeiten war *Universe I (Teil 2)*. Es wurde am 15. Juli 1988 bei dem Toyasee-Fest in Hokkaido (Japan) abgebrannt. Die 700-kg-Feuerwerkspatrone hatte

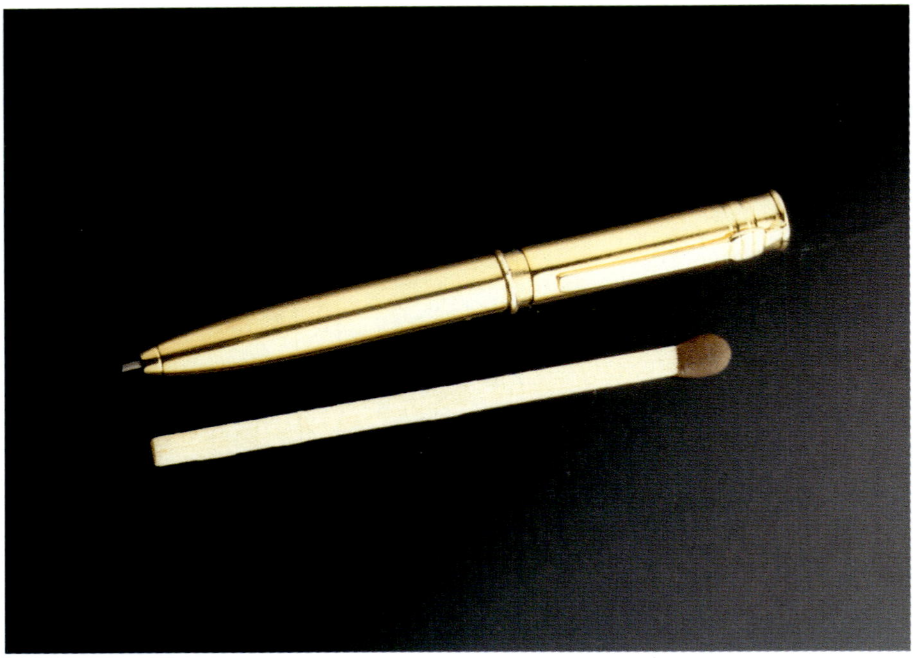

Dieser kleinst-mechanisch-funktionierende Drehbleistift ist nur 46 mm lang bei einem Durchmesser von 4 mm. Der Clip ist funktionsgerecht gestaltet und kann in eine Visitenkarte eingehängt werden. Die 35 mm kurze Mine reicht für mehrere DIN A 4-Seiten. IMCO - J. Michaelis GmbH & Co. KG Stuttgart stellt den Winzling aus Messing poliert und goldplatiert her.

einen Durchmesser von 139 cm. Nach der Zündung entfaltete sich am Himmel ein Lichterspiel von 1200 m Durchmesser.

Die größte Knallfroschanordnung wurde vom Tourismusbüro von Johore, dem United Malaysian Youth Movement und Yap Seng Hock geschaffen und am 20. Februar 1988 im Pelangi Garden in Johore Bahru, Johore (Malaysia), gezündet. Es dauerte 9:27 Std., bis die 5723,3 m lange Anordnung, die aus 3 338 777 Knallfröschen mit zusammen 666 kg Schießpulver bestand, den letzten Knall von sich gegeben hatte.

Möbel

Die längste Bank steht seit dem 24. August 1989 in der Kanalstadt Rendsburg am nördlichen Ufer des Nord-Ostsee-Kanals. Mit 501,53 m bietet das festmontierte (aus 282 Stück Stahlbetonfertigteilen als Bankfußstützen) hölzerne Möbelstück Platz für 1594 Besetzer. So viele Kinder saßen dicht gedrängt nebeneinander bei der Rekordbesetzung am 16. März 1990. Die überdimensionale Sitzprobe glückte an einem sonnigen Vormittag am Fuß der Böschung.

Das größte Sofa, das serienmäßig hergestellt wird, ist mit einer Länge von 3,74 m das Augustus-Rex-Sofa der britischen Firma Dodge & Son in Sherborne, Dorset (GB). Der Endverbraucherpreis beläuft sich derzeit auf 1850 Pfund (5276 DM), plus 25 m Bezugsstoff.
Im April 1990 wurde ein 6,63 m langes mit Jacquard-Webstoff bezogenes Sofa mit einem Schätzwert von 8000 Pfund (18 400 DM) als Spezialanfertigung von der Firma Mountain View Interiors in Collingwood (Kanada) hergestellt.
Ein Sofa aus schwarzem Wildleder, eine Sonderanfertigung des Londoner Unternehmens Kingcome Sofas für einen einzelnen Kunden, ist 4,77 m lang.

Das längste und absurdeste Ledersofa der Welt, auf dem bis zu 200 Leute sitzen können, hat der Schweizer Sitzmöbelhersteller deSede ausgeliefert. Das 102 m lange cognacfarbene Monstrum besteht aus 426 Einzelelementen, die alle durch Reißverschlüsse miteinander verbunden sind und die im Möbelgeschäft zusammengerechnet fast 500 000 sfr kosten würden. Auftraggeber des Ledersofas, für das 250 Tierhäute verarbeitet wurden, ist der Sultan von Oman am Arabischen Meer. Dazu noch einige Daten: Lederverbrauch 1250 m^2; Arbeitszeit 1278 Std.; Reißverschlüsse 1108 m.

Das schwerste Bett ist ein 2,9×3 m großes Wasserbett, seit 1977 im Besitz von Milan Vacek, Cañon Country (USA). Das thermostatisch erwärmte Wasser allein wiegt 1907 kg.

Das größte Möbelscharnier fertigten zehn Lehrlinge der Grass AG Möbelbeschläge aus Höchst (Österreich). In je 100 Arbeitsstunden stellten sie 1989 sechs Großmodelle des Snap-On-Beschlags im Maßstab 5:1 in Handarbeit her. Die Riesenbänder werden auf Messen als Vorführobjekte bei Kundenbesuchen gezeigt.

Porzellan, Glas, Keramik

Den größten Kronleuchter der Welt hat im November 1988 die Firma Kookje Lighting Co. in Seoul (Südkorea) fertiggestellt. Er ist 12 m hoch, 10,67 t schwer, hat 700 Glühbirnen und schmückt den Lichtschacht dreier Stockwerke eines Kaufhauses in Seoul.

Rekorde im Glasblasen: Die Fa. Borken-Glas aus Borken (Westfalen) spezialisiert sich auf größte mundgeblasene Glasgefäße. 1981 entstand ein Glasrundgefäß (120×70 cm); 1982 ein Glasrechteckgefäß (105×66×55 cm); 1983 ein quadratisches Glasgefäß mit einem Fassungsvermögen von 216 l (70 kg schwer, 60×60×60 cm) und 1984 eine 129 l fassende 31 kg schwere, 118 cm hohe Supermammutflasche mit 51 cm Durchmesser.

Das dünnste Glas – Typ D263 – besitzt eine minimale Dicke von 0,035 mm und eine maximale Dicke von 0,055 mm. Es wird von der Deutsche Spezialglas AG in Grünenplan hergestellt und für elektronische und medizinische Geräte verwendet.

Das größte Glas der Welt wurde 1989 von der Firma Schott, Glaswerke Mainz, im Auftrag für die Schwartauer Werke GmbH & Co., Bad Schwartau (Schleswig-Holstein), hergestellt. Das Riesenglas hat eine Höhe von 1,54 m, einen Durchmesser von 0,972 m, besitzt ein Glasgewicht von 98 kg und eine Wanddicke von 6 mm. Auf der Anuga 1989 in Köln wurde das Konfitürenglas erstmals präsentiert und von dem Marmeladenhersteller mit 1054 kg Konfitüre gefüllt. Das entspricht 2342 handelsüblichen 450-g-Gläsern. Jetzt steht das Jumboglas in Bad Schwartau.

Riesen-Kristallkugel: Die wohl größte Kristallkugel zu Meditationszwecken fertigten die Schott-Glaswerke aus Mainz für die Schri-Aurobindo-Gesellschaft in Auroville (Indien). Nachdem mehrere Glashersteller im In- und Ausland den Auftrag als unlösbar ablehnten, machte sich Schott an die Arbeit und stellte aus optischem Glas eine 1100 kg schwere Kristallkugel mit einem Durchmesser von 70 cm her. Als Novum bezeichnete das Unternehmen die Größenordnung, die gewünschte Form als Kugel und die Weiterbearbeitung mit modernster, selbstentwickelter Technik.
In etwa 15 Arbeitsstunden wurde die 240 000 DM teure Kugel gegossen (Beginn 29. April 1987). Am 30. September wurde die Kugel an die Firma Zeiss, Oberkochen, zur zweimonatigen Endbearbeitung ausgeliefert. Am 14. Juni 1988 waren die Arbeiten abgeschlossen. Allein das Auskühlen der Kristallkugel nahm fünf Monate in Anspruch.

Die größte getöpferte Vase ist (einschließlich eines Deckels von 1,4 m Höhe) 5,345 m hoch und wiegt 600 kg. Sie wurde am 1. Juni 1991 bei Faiarte Ceramics in Rustenburg (Südafrika) fertiggestellt. Der chinesische Keramikexperte Chingwah Lee aus San Franzisko, Kalifornien (USA), soll im August 1978 eine einzigartige, 99 cm hohe K'ang-Hsi-Vase auf 60 Mio. Dollar (damals 120 Mio DM) geschätzt haben.

Der größte Kachelofen der Welt heizt seit Juni 1986 ein komplettes Verkaufshaus für Geschenkartikel mit 750 m^3 umbautem Raum. Aus 1100 Kachelteilen hat die Kago-Kaminfabrik in Postbauer bei Nürnberg den 2,7 m hohen und 12 m langen Ofen mit einer Heizleistung von 80 kW gebaut.

Schreibzeug

Der teuerste Schreibstift ist der Madison-Kugelschreiber *5003.002 Caran D'Ache* aus massivem 18karätigen Gold mit eingelegten weißen Diamanten mit einem Gesamtgewicht von 6,35 Karat, der exklusiv von Jakar International in London (GB) vertrieben wird. Der empfohlene Verkaufspreis beträgt derzeit, einschließlich Mehrwertsteuer, 24 995 Pfund (71 286 DM).

Der teuerste Füllfederhalter ist der Montblanc *Meisterstück* aus 18karätigem Gold mit Platinfeder, der von Montblanc in Hamburg im April 1987 für ca. 10 000 DM angeboten wurde. Ein japanischer Sammler zahlte im Februar 1988 1,3 Mio. frs (400 000 DM) für die *Anémone*, einen von Réden (Frankreich) angefertigten Füllfederhalter. Er war besetzt mit 600 wertvollen Steinen, u. a. Smaragde, Amethyste, Rubine, Saphire und Onyx. Erfahrene Handwerker brauchten über ein Jahr zur Fertigstellung des schreibenden Schmuckstücks.

Der am weitesten verbreitete Schreibstift ist der *BiC Crystal*, von dem die BiC-Gruppe weltweit täglich 14 Mio. Stück produziert. Allein in Großbritannien werden täglich 600 000 verkauft, mit denen man eine Linie von 1,5 Mio. km ziehen könnte – 37mal um die Erde oder alternativ einmal zum Mond und zurück.

Mit dem größten Kugelschreiber kann Dieter Salzgeber (* 1933) aus Mannheim (Baden-Württemberg) schreiben. Der aus Holz im Maßstab 10:1 gefertigte Riesenkuli ist 132 cm lang, 8,5 kg schwer, hat einen Durchmesser von 12,5 cm und natürlich eine Spezialmine.

Schuhe und Taschen

Die größten Schuhe – in Konfektion und in Kleinserie – für die größten Füße fertigen die Brüder Peter (* 1956) und Georg Wessels (* 1952) aus Vreden/Westfalen. Bei ihnen gibt es Übergrößen bis zur Größe 69 (englisches Maß 29,5, US-Größe 42). Diese Größe benötigte der riesenwüchsige Harley Davidson aus Avon Park, Florida (USA). Eines der übergroßen Paare kostet ca. 350 DM.

Die teuersten, im Handel erhältlichen Schuhe für normale Füße sind mit Nerz gefütterte Golfschuhe mit 18karätigen Goldverzierungen und Spikes mit Rubinspitzen, die von der Firma Stylo Matchmakers International Ltd. in Northampton (GB) angefertigt werden. Man darf nicht auf kleinem Fuß leben, wenn man sich ein Paar für 16 846 Dollar (31 867 DM) leistet (Preis in den USA).

Das größte historische Miniaturschuhmuseum hat der ehemalige Schuhindustriemeister Richard Fenchel (* 1913) aus Butzbach (Hessen) in 50jähriger Hobbyarbeit aufgebaut. Das kostete weit über 20 000 Arbeitsstunden. Nach historischen Vorbildern, über selbstgeschnitzte Leisten und unter Verwendung zeitgerechter Materialien, entstanden vom Urschuh des Neandertalers bis zum Vereidigungs-Turnschuh eines Ministers in maßstabgerechter 1:3-Verkleinerung über 1000 naturgetreue Schuhnachbildungen in 280 Schaukästen in seinem Wohnhaus.

Die teuerste Brieftasche der Welt ist eine diamantenbesetzte Krokodilhaut-Kreation mit Platinecken, hergestellt von Louis Quatorze, Paris, und Mikimoto, Tokio, sie wurde im September 1984 zum Preis von 56 000 Pfund (208 000 DM) angeboten.

Spielzeug

Der größte Spiele- und Spielwarenhersteller der Welt ist Hasbro Bradley Inc. in Pawtucket, Rhode Island (USA). Hasbro Bradley deckt weltweit den Spielzeugmarkt mit einem breiten Sortiment ab. Von Spielen, Puzzles, Jungen- und Mädchenspielzeug und Plüschartikeln ist alles zu haben. Das Umsatzvolumen betrug Ende 1988 insgesamt 1,35 Mrd. Dollar (2,24 Mrd. DM).

Größter Spielzeuganbieter in Deutschland ist der dänische Spielwarenhersteller Lego. Die Tochtergesellschaft Lego GmbH im schleswig-holsteinischen Hohenwestedt bringt es mit den quaderförmigen Kunststoffsteinen auf einen Umsatz von 300 Mio. DM (Ende 1990).

Das größte Spielwarengeschäft ist Hamleys of Regent Street Ltd., London (GB), das 1760 in Holborn gegründet und 1901 in die Regent Street verlegt wurde. Die Verkaufsfläche auf sechs Etagen ist 4180 m^2 groß, und in der Vorweihnachtszeit werden über 400 Mitarbeiter beschäftigt.

Das größte Knallbonbon, das auch funktionierte, war 45,72 m lang und hatte einen Durchmesser von 3,04 m. Das von Ray Price, einem Spieler der International Rugby League, im Auftrag von Markson Sparks! in Neusüdwales (Australien) hergestellte Riesending wurde am 9. November 1991 auf dem Parkplatz der Wesfield Shopping Town in Chatswood, Sydney (Australien), gezündet.

Mosaikspiele (Puzzles): Die ersten Mosaikspiele hat der Brite John Spilsbury (1739–69) um 1762 in London hergestellt.

Das größte Puzzle der Welt besteht zwar nur aus 2250 Teilen, bedeckt dafür aber eine Fläche von 1050 m^2. Das von J. N. Nichols (Vimto) plc in Manchester (GB) angeregte und von Studenten des Polytechnikums von Manchester entworfene und gebaute Puzzle wurde am 19. März 1991 zusammengesetzt.

Das umfangreichste Puzzle aus 204 484 Einzelteilen wurde vom 25. Mai bis 1. Juni 1991 von Schülern der Gravenvoorder Schule in Almelo (NL) angefertigt. Zusammengesetzt mißt es 96,25 m^2. Sonderanfertigungen von Stave-Puzzles, hergestellt von Steve Richardson aus Nor-

Die größte Decke wurde auf dem Flughafen Gatwick ausgebreitet. Sie war aus Wolle im Wert von 57 000 DM gewebt worden und wog 1,5 t. Sie wurde anschließend in über 1450 kleinere Decken aufgeteilt, die in Länder der dritten Welt geschickt wurden.

Aus Anlaß der 700-Jahr-Feier der Schweiz und 1250 Jahre Gemeinde Zell stellten 1050 Gemeindemitglieder aus Zell mit roten und weißen Schirmen die Schweizer Nationalflagge dar.

wich, Vermont (USA), aus 2640 Teilen bestehend, kosteten im Juni 1992 14 346 DM.

Das kleinste Holz-Puzzle mit den Abmessungen 52×55 mm besteht aus 156 Teilen. Die Best Matic Sondermaschinen GmbH aus Bad Nauheim (Hessen) stellt es seit September 1988 her. Es wird mit einem Wasserstrahl von 0,12 mm Durchmesser und einem Wasserdruck von 3200 bar geschnitten.

Ein Wasserpuzzle war die Attraktion in Rogner's Margaretenbad in Wien. Aus 99 bemalten Styroporteilen setzte eine Fünfermannschaft ein 14 m^2 großes Puzzle in nur 8:43 Min. zusammen. Von über 100 gestarteten Teams war das Quintett Palme am 28. Februar 1991 das schnellste im Zusammenbau des schwimmenden Drachen-Puzzles *Margarete.*

Riesen-Schaukelpferd: 1989 feierte die Gemeinde Goldach (Schweiz) das 1200-Jahr-Jubiläum. Für das Jugendfest stellten verschiedene Firmen des Ortes ein 2500 kg schweres, 8,5 m langes, 5,53 m hohes und 1,85 m breites Schaukelpferd aus Lärchenholz her. Es kann von einem Kind leicht in Bewegung gebracht werden, aber auch eine ganze Schulklasse findet darauf Platz.

Das Plüschtier mit den meisten Beinen war 1988 gleich dreimal unterwegs. Der pinkfarbene Riesenschmusefüßer mit seiner Knubbelnase, kugelrunden Augen und einem Wollschal um den Hals hat 1500 Beine. Das 76,2 m lange und 136,8 kg schwere Plüschtier wurde von Commonwealth Toy and Novelty Co. Inc., New York, hergestellt.
Der Tausendfüßer Wurli entstand zur 135-Jahrfeier des Niederösterreichischen Landeskindergartens in Neunkirchen am 9. September 1988. Das handgestrickte Wollungeheuer ist 238,7 m lang – ein bunter Wollschlauch, der mit Stoffresten aller Art gefüllt ist, an dem 1000 gestrickte Wollfüße angenäht worden sind.

Der höchste Lego-Turm wurde am 22. und 23. Februar 1992 von den Einwohnern von Auckland (Neuseeland) errichtet. Er war 19,9 m hoch und bestand aus 248 756 Legosteinen.

Riesenkaleidoskop: Ihren eigenen Rekord gebrochen hat die Kaleidoskop Company (Andrea Wittig, Tom und Holger Danneberg, Michael Rentzos) aus Groß Thondorf (Niedersachsen) mit einem 4,65 m langen Kaleidoskop, das einen Durchmesser von 1,15 m hat.
Sicherlich nicht nur zur Freude der Kleinen soll das Riesending im neugegründeten Museum für Kinder und Jugendliche »Kaleidoskop« in Frankfurt ausgestellt werden.

Textilien

Der feinste Nylonfaden mißt 6 Denier, wird für Strümpfe hergestellt und wurde im Februar 1956 auf der Nylonmesse in London vorgestellt. Das feinste normalerweise erhältliche Nylon mißt 9 Denier. Zum Vergleich: ein menschliches Haar mißt im Durchschnitt 50 Denier.

Das älteste Gewebe der Welt wurde in Schicht VIA in Catal Hüyük (Türkei) entdeckt und mit Hilfe der C-14-Methode als aus dem Jahr 5900 v. Chr. stammend datiert.

Teuerster Kleiderstoff ist Vicuña-Tuch, das von der Firma Fujii Keori in Osaka (Japan) verarbeitet wird. Im Januar 1988 kostete der Meter ungefähr 14 250 DM. Der teuerste Stoff für Abendkleidung ist bei Alan Hershman in der Londoner Duke Street zu haben. Meterpreis: 850 Pfund (2524 DM). Obwohl 155 000 Metallplättchen je Quadratmeter des handgenähten Stoffes befestigt sind, wiegt er ca. 200 g.

Die teuerste Kleidung – schneeweiße EVA-Raumanzüge für den Aufenthalt außerhalb von Raumfahrzeugen konstruiert und seit 1982 von den Besatzungen des *Space Shuttle* getragen – kosten 3,4 Mio. Dollar (5,76 Mio. DM) pro Stück.

Das teuerste Tuch ist Shatoosh oder Shatusa, das aus dem braungrauen Kehlhaar der Indischen Ziege gewirkt wird. Es ist feiner und teurer als Vicuña. Bei Neiman-Marcus in Dallas (USA) kostete der Yard (91,4 cm) 1000 Dollar.

Die größte handgewebte Decke der Welt wurde 1991 von den Freunden des St. Catherine's Hospice in Crawley, West Sussex (GB), hergestellt. Sie maß 45,11×77,42 m, was einem Flächeninhalt von 3492,4 m^2 entspricht.

Das längste Tischtuch der Welt ist 457,8 m lang, 1,37 m breit und wurde am 17. Oktober 1990 von Artex International in Highland, Illinois (USA), angefertigt.

Den längsten Brautschleier trugen 80 Volksschulkinder aus Gunskirchen (Oberösterreich) bei der 8. Welser Hochzeitsausstellung am 29. Februar 1992. Zwei Schneiderinnen des Brautmodenfachgeschäfts Hänsel und Gretel in Gunskirchen hatten in 20 Std. den 157 m langen und 3 m breiten Rekordschleier gefertigt.

Das größte von Hand bemalte Seidentuch zeigt auf 7,5×7 m Pflanzen, Blumen und Tiermotive des Landes. Der Designer Willy Genenger (* 1923) aus Mönchengladbach (Nordrhein-Westfalen) hat es in 890 Arbeitsstunden bis zum November 1989 auf Rouge Seide Nr. 05 aufgemalt in Aquarell- und Gutta-Technik zugunsten der Kinder-Krebshilfe. Erstmals vorgestellt wurde es am 13. November 1989 in Mönchengladbachs Kaiser-Friedrich-Halle. Genenger zeigt das Kunstwerk vor allem auf Modeschauen.

Teuerstes Kleid: Ein von Helene Gainville kreiertes Brautkleid mit Edelsteinen von Alexander Reza soll exakt 7 301 587,20 Dollar (12 379 841 DM) wert sein. Das Kleid ist mit platingefaßten Diamanten besetzt und wurde am 23. März 1989 in Paris vorgeführt.

Der längste Laufsteg bot am 22. Juni 1990 Aktuelles aus der Welt der Mode. 30 Fachgeschäfte aus Feldkirch (Österreich) präsentierten auf einer 480,5 m langen Bühne durch drei Straßen der mittelalterlichen Innenstadt ihre Open-Air-Modenschau mit 100 Akteuren und drei Conférenciers.

Der längste Reißverschluß wurde für die Ummantelung von Seekabeln von RIRI aus Mendrisio (Schweiz) im Januar 1985 gefertigt. Das 632,45 m lange Kunststoffband hat 119 007 Nylonzähne.

Fahnen, Flaggen

Die größte Flagge der Welt wurde am 9. April 1989 zur Eröffnung eines Arbeitersportfestes in der Taiwanesischen Stadt Kaohsiung gestiftet. Die Flagge der Volksrepublik China ist 126×84 m groß und wiegt 820 kg.

Größte lebende Nationalflagge: Die 700-Jahr-Feier in der Schweiz nutzten auch 1050 Gemeindemitglieder aus Zell im Kanton Zürich, um 1250 Jahre ihrer Gemeinde würdig zu begehen. Am 8. September 1991 stellten sich die Zeller Eidgenossen mit roten und weißen Schirmen auf das Fußballfeld in Rikon auf und bildeten die »größte lebende Nationalflagge«.

Teppiche

Der prächtigste Teppich, der jemals hergestellt wurde, war der Frühlingsteppich von Khusraw, der für den Audienzsaal des Sassanidenpalastes in Ktesiphon (Irak) gewirkt wurde. Er war etwa 650 m^2 groß, aus Silber- und Goldfäden geknüpft und mit Smaragden besetzt. Er wurde im Jahr 635 v. Chr. von plünderndem Militär als Beute zerschnitten und muß, nach dem überlieferten Verkaufspreis der Stücke zu urteilen, ursprünglich etwa 100 Mio. Pfund Sterling (297 Mio. DM) gekostet haben.

Der am feinsten geknüpfte Teppich, von dem man weiß, besitzt 576 Knoten/cm^2. Er wurde von fünf Frauen, die unter 3000 Teppichknüpferinnen ausgewählt worden waren, in fünfjähriger Arbeit für Ozipek Halicilik in Hereke (Türkei) hergestellt und als *Hereke Treasure* im März 1988 an die Firma Gandhara Carpet Japan Ltd. in Tokio (Japan) verkauft.

Der älteste bekannte Teppich ist ein 1,8 m^2 großer Sisalteppich mit Noppenknoten aus dem 3.–4. Jh. v. Chr. Er wurde 1947 von dem russischen Archäologen Sergej Iwanowitsch Rudenko im Pazyryk-Tal in Südsibirien entdeckt. Der Teppich ist heute in der Eremitage von St. Petersburg ausgestellt.

Der größte aller alten Teppiche soll der goldverzierte Seidenteppich Hashims (743 n.Chr.) aus dem Abbasiden-Kalifat in Bagdad (Irak) gewesen sein. Angeblich war er 54,86× 91,44 m groß.

Der längste rote Teppich schlängelte sich Ende März 1991 von der Eingangshalle des Wiesbadener Kurhauses durch die Straßen und Platanen-Allee der hessischen Stadt bis zum Rathaus. Der Aktionskünstler Peter von Zschinsky aus Waldems (Hessen) hatte einen 2 m breiten knallroten Läufer von 1397,46 m Länge von der Firma Tarkett Pegulan AG fertigen und auslegen lassen. Zusammengerollt hat der Rekordteppich einen Durchmesser von über 20 m.

Einen Strickteppich aus dickstem Material stellten der Biotechniker D. Harald Alke und seine Frau aus 26 mm starkem geflochtenen Nylonseil her. Mit zwei Besenstielen von je 22 mm Durchmesser und 140 cm Länge strickten sie aus 100 m weißem Seil und 16 m rotem Seil einen 26 kg schweren Teppich von 85×132 cm Größe.

Wandteppiche

Die ältesten Exemplare von Wandteppichen sind drei Stücke, die in der Gruft des ägyptischen Pharaos Thutmosis IV. gefunden wurden und aus der Zeit zwischen 1483 und 1411 v. Chr. stammen.

Der größte in einem Stück gewebte Wandteppich ist *Christus auf seinem Thron*, 22×12 m groß, der von Graham Sutherland (1903–80) für die Kathedrale in Coventry (GB) entworfen wurde. Er kostete 10 500 Pfund (damals 118 000 DM), wiegt 760 kg und wurde am 1. März 1962 feierlich bei einem Gottesdienst an einer Kathedralenwand befestigt.

Die längste Stickarbeit ist der berühmte Bayeux-Wandbehang *Telle du Conquest, dite tapisserie de la reine Mathilde*; er ist 49,5 cm breit und 70,4 m lang, beschreibt 72 Szenen aus der Zeit von 1064 bis 66 und wurde vermutlich um 1086 in Canterbury, in der Grafschaft Kent (GB), hergestellt.

Dieser rote, rund 1400 m lange Teppich des Künstlers Peter von Zschinsky lud ab 28. März 1991 in Wiesbaden zum Lustwandeln ein – offensichtlich mit Erfolg.

Der mit 103 m längste Wandteppich der Welt, der im Schloß von Angers in Westfrankreich aufbewahrt wird, hat nach einer Restaurierung seine über 600 Jahre alten Originalfarben preisgegeben.
Der aus der Tapisserie-Metropole Brügge stammende Wandteppich war 1370 im Auftrag der Grafen von Anjou angefertigt worden und befindet sich seit 1954 in einem eigens erstellten Gebäude innerhalb der Schloßanlage. Als bei der Restaurierung das rückwärtige Futter abgenommen wurde, entdeckte man die ursprünglichen Farben an der Rückseite, die im Kontrast zu den verblichenen Tönen der Vorderseite standen.

Der größte Bildteppich, die Tapisserie *Welttheater*, hängt im Rumänischen Nationaltheater, Bukarest. Dieser in einem Stück gewirkte Bildteppich (7,5×22,5 m) entstand zwischen 1963 und 73 in der Gobelintechnik des 18. Jh.s und zeigt in symbolischer Form wichtige Motive aus berühmten Theaterstücken. Der von den beiden rumänischen Künstlern Serban Gabrea und Florin Ciubotaru gearbeitete Teppich wurde am 20. März 1979 erstmals der Öffentlichkeit präsentiert.

GENUSSMITTEL

Ein Festessen in 6768 m Höhe – auch dies ist ein Rekord. Aufgestellt haben ihn neun Bergsteiger aus Sydney (Australien) am 28. Juni 1989 auf dem Huascaran in Peru. Zu ihrer Kletterausrüstung hatten auch ein Eßtisch, Stühle, Wein und ein dreigängiges Menü gehört. Auf dem Gipfel angekommen, schlüpften die neun Australier in Ballanzüge, banden sich Krawatten um, setzten sich Hüte auf und dann zu Tisch. Ihr Mahl wurde nur etwas durch die Tatsache getrübt, daß der Wein inzwischen gefroren war.

Flambieren. In der Aula der Tourismusschule Bischofshofen (Schweiz) brannte es – allerdings gewollt. Fünf Köche waren angetreten, um an fünf Flambierstationen 550 Gerichte gleichzeitig zu flambieren. Unter dem Jubel der 700 Gäste gelang es Christian Fischhofer, Ernst Grießer, Alexander Rieder, Gerhard Zottl (alle Fachlehrer im Bereich Küche und Service) sowie dem Demonstrationskoch Eduard Schmid exakt 550 Schweinemedaillons *Eduard* mit Champignons mindestens 55 Sek. gleichzeitig zu flambieren.

Teuerstes Lebensmittel ist spanischer Safran, der aus den Staubfäden oder Blütennarben des Echten Safrans, eines Krokusses, gewonnen wird. Im Londoner Kaufhaus Harrods kosten 100 g 244 Pfund (etwa 739 DM).

Lebensmittel

Fleisch- und Wurstwaren

Beefburger: 2001 kg schwer, 36 m^2 groß, Metzgerei »Slager 2001«, Brüssel (Belgien), 26. März 1983.
Bratspieß: 324,9 m lang, George Psarias vom Olive Tree Greek Restaurant in Leeds (GB), 26. August 1990.

Alles fertig für den Rekordversuch im Flambieren: 55 Sekunden lang mußten 550 Flambierfeuer zur gleichen Zeit brennen.

Bratwurst: 1715 m lang, 1073,6 kg schwer, Metzgermeister Marcel Kraus (* 1962), Thalwil (Schweiz), 29. August 1991.
(Nach original Thüringer Rezeptur): 1638 m. Fleischermeister Karl-Heinz Siebert, Erfurt (Thüringen), 22. Juni 1991.
Fleischkäs: 2525 kg, 20×1,4×0,2 m, Hans-Otto Bahr, Gelsenkirchen Buer (Nordrhein-Westfalen), 28. Juli 1990.
Fleischpastete: 9030 kg, Denby Dale, West Yorkshire (GB), 3. September 1988.
Fleischspieß: 80 m lang, 810 kg Nackenkoteletts, »Feine Metzgerei« Rattingen, Bochum, 7. Januar 1984.
Fleischwurst: 1111 m lang, 1166 kg schwer, Volkstanzgruppe Röllshausen e.V., Röllshausen, 14. Juli 1991.
Grillen: 9576 kg Rindfleisch, Sertoma Club Barbecue, New Port Richey, Florida (USA), 7.–9. März 1986.
9131 kg Schweinefleisch, Iowa State Fairgrounds, Des Moines, Iowa (USA), 21. Juni 1988. 35 072 Besucher nahmen daran teil.
Grillrollbraten: 60,5 m, 418,9 kg Fleisch, Metzgermeister Ueli Lüthi, Wangen (Schweiz), 13. Juli 1986.
Gyros: 1700 kg Fleisch, Jeki und Sabahat Gecer aus Würselen
(Nordrhein-Westfalen), in der Eissporthalle Aachen, 7. Juli 1991.
Hähnchenspieß: 157,29 m lang, 1500 Brathähnchen, Festwirte Hans und Gerd Atz auf dem Cannstatter Wasen, Stuttgart, 28. September 1988.
Hamburger: 2503 kg, Outgamie County Fairgrounds, Seymour, Wisconsin (USA), 5. August 1989.
Kebab: 630 m lang, Namibian Children's Home (Kinderheim), Windhoek (Namibia), 21. September 1991.
Kebab (Döner): 211,4 kg Kalbfleisch, 0,8 m hoch, 0,7 m breit, Arsen Cam, Dreher, Baden, Aargau (Schweiz), 24. August 1991.
Kesselgulasch: 650 kg, 1625 Portionen, Minigolfsportfreunde Brilon, e. V., Hans Starke, Brilon (Sauerland), 6. August 1988.
Kochschinken: 313 kg, 110×110×45 cm, Firma Emil Tengelmann, Heilbronn, Tengelmann-Markt Leimen-St. Ilgen (Baden-Württemberg), 27. Juni 1990.
Leberwurst: 630 m, Verkehrsverein e. V. Ludwigshafen und Fleischerinnung Vorderpfalz, Ludwigshafen, 8. November 1986.
Mortadella: 4,17 m lang, 1,4 m Umfang, 616 kg schwer, 49 Std. Kochzeit, Cactus S.A. Supermarkt, Cactus Howald (Luxemburg), 18.–20. Oktober 1989.
Paella: 3700 kg Reis, 3000 kg Fleisch, 1500 kg Miesmuscheln, je 700 kg Bohnen und Pfeffer, 200 kg Knoblauch, 400 l Öl, Josep Gruges »Pepitu«, Playa de Aro, Gerona (Spanien), 25. August 1987.
Pinkelwurst: 1176 m lang, Firma Karl Könecke, Fleischwarenfabrik GmbH & Co. KG, Hotel am Stadtpark, Delmenhorst (Niedersachsen), 19. Januar 1991.
Salami: 19,5 m lang, 60 cm Umfang, 630 kg schwer, Metzgerei Willy Adler, Ottobrunn (Bayern), 24. Juni 1989.

Auf dem Domplatz zu Erfurt bot Metzgermeister Karl-Heinz Siebert in persona die längste aller bisherigen Historie mit 1638 m Ausmaß von ihm gefertigte heißbegehrte Thüringer Bratwurst dem erstaunten Publikum zur Köstigung dar.

2361 m lang, 500 kg Frischgewicht, BIG-Handels-Gesellschaft mbH, Stuttgart, 5. Mai 1990.
Spießbraten: 81,6 m lang, 768 kg Fleisch, Team des Seehotels Weingärtner, Firma Wolf Geräte GmbH, Bosen (Saarland), 28. August 1990.
Schweinesulz: 2172 kg schwer, 10 m lang (1600 kg Schweine-Kopffleisch von 900 Schweinen), Fleischermeister Herbert Hütthaler, Vöcklabruck (Oberösterreich), 24. Oktober 1989.
Schwartenmagen: 22,8 m lang, Durchmesser 33 cm, 1974,5 kg schwer, Kurhessische Fleischwarenfabrik im Auftrag der Firma HA WE GE Handels- und Warengesellschaft Fulda (Hessen), fertiggestellt am 28. August 1991, angeschnitten am 5. September 1991.
Steak: 6,15×4,2 m, 713 kg Fleisch, Fleisch-Wurst- und Party-Service Willy Adler, Ottobrunn (Bayern), im Reitstadion München-Riem anläßlich des Deutschen Schlagerderbys von Radio Arabella München, 25. Mai 1991.
Wiener Schnitzel: 5×3 m, 450 kg Fleisch, 2200 Eier, Mehl, Brösel, 1000 l Öl, Karl Pesendorfer, Lenzing (Österreich), 7. September 1987.
Würstchen: 21,12 km lang, in 15:33 Std., Keith Boxley, Wombourne/Wolverhampton (GB), 18./19. Juni 1988.
Zwiebelwurst: 6749,94 m lang, 6000 kg Schweinefleisch, Schlachterei Lohmeier, Hamburg, 28./29. April 1983.
Der längste Grill war mit 493,94 m eine Rost-Konstruktion, die am 8. Mai 1988 im spanischen Lerida errichtet worden ist. Auf dem Riesen-Grill, installiert von der Federacio de Colles de Lleida, wurden 207 000 Schnecken gegart.
Die größte Party wurde am 30./31. Mai 1979, anläßlich des internationalen Jahres des Kindes, im Hyde Park von London gefeiert. Partygäste waren 160 000 Kinder und Großbritanniens königliche Familie.

Backwaren

Brotlaibe: 1064 m langes Rosca-Brot, Hyatt Regency Hotel, Guadalajara (Mexiko), 6. Januar 1991.
565,1 m lang, Entente Kockelscheuer ASBL, Bettemburg, Kockelscheuer (Luxemburg), 16. August 1987.
Kastenbrot: 3×1,25×1,1 m, 1435 kg, Sasko, Johannesburg (Südafrika), 18. März 1988.
Krabbenbrot: 8,13×3,09 = 25,12 m², 390 kg Brotteig, 160 kg Krabben, Klinik Sonneneck, Wyk auf Föhr/Karl Wessel GmbH, Gelsenkirchen, auf dem Platz vor der Kurverwaltung in Wyk auf Föhr, 18. August 1991.
Sandwich: 1230 m lang, 1250 kg Brot, belegt mit 240 kg Salami, 120 kg Essiggurken, 40 kg Tomaten, 50 kg Trauben, 100 kg Cornichons, 90 kg Gurken, 100 kg Linea Margarine, Metzgermeister Daniel Meier und Georg Fischer mit 120 Helferinnen und Helfern, Bäretswil, Zürich (Schweiz), 21. September 1991.
Torten: schwerste: 58,08 t, davon 7,35 t Eis, Bäckerei Earth Grains, Fort Payne, Alabama (USA), 18. Oktober 1989; höchste 30,85 m hoch, 100 Schichten, Beth Cornell und Helfer, Shiawassee, Michigan (USA), 5. August 1990.
Geburtstagstorte: 16,33 m hoch, 33 Stockwerke, 3764 kg, Franzi Kühn vom Hotel Grüner Baum, Badgastein (Salzburger Land), zum 93. Geburtstag von Luis Trenker am 4. Oktober 1985.
Apfelcremeschnitte: 767,2 m lang, 629,1 kg Äpfel, 460,3 kg Vanillecreme, 38,4 kg Blätterteig, Genossenschaft MIGROS, Winterthur, 29. März 1992.
Apfelkuchen: 126,3 m², 1000 Eier, 500 kg Mehl, 500 kg Äpfel, Bäckermeister Harald Gerdes, Steinkirchen (Landkreis Stade), 9. September 1990.

Diese größte Torte wog 58,08 t, allein 7,35 t waren Eiscreme. Sie hatte die Form von Alabama und wurde anläßlich des 1000jährigen Bestehens der Kleinstadt Ford Payne, Alabama (USA), gebacken.

Apfelstrudel: 835,21 m lang, 800 kg Apfelfüllung, 800 kg Blätterteig, Migros Wynecenter, Buchs (Aargau) und Iowa Regionalbäckerei in Gränichen, 1. Oktober 1988.
Baumkuchen: 55,9 m hoch, 985 kg schwer, Bäcker- und Konditormeister Horst Wilhelm, Grünstadt/Weinstraße (Rheinland-Pfalz), 3. Juni 1989.
Biskuitrolle: 528 m lang, 7920 Eier, 28 kg Zucker, 316 kg Mehl, 110 kg Marmelade, Ebiswalder Messekirtag, Ebiswalde (Österreich), 9. Juni 1990.
Brezel: 310 kg, 8 m lang, 3,35 m breit, Bäckerei Stefan Frischmann, Neusiedl am See, Burgenland (Österreich), 4. Oktober 1985.
Christstollen: 354,72 m lang, 1500 kg schwer, 17736 Stück zum Verkauf, Bäckerinnung Ingolstadt im Auftrag des Bekleidungshauses Wöhrl und Radio IN, Fußgängerzone Ingolstadt (Bayern), 5. Dezember 1991.
Cremeschnitte: 891,53 m, Jean Claude Kühner, Rolf Bumann, Daniel Wollschläger, Basel (Schweiz), 6. September 1986.
Erdbeerkuchen: 130,1 m², 1,8 t Erdbeeren, 4600 Eier, 450 l Tortenguß, Konditorei-Team der Mövenpick-Restaurants am Flughafen Hannover unter Leitung von Stefan Wehr (* 1961), Hannover, 26. April 1992.
Faschingskrapfen: 320 kg schwer, 4,85 m Umfang, 1,6 m Durchmesser, Richard Hartner, St. Pölten (Niederösterreich), 6. März 1984.
Frankfurter Kranz: 178,19 m, Bäcker- und Konditormeister Wolfgang Störkel im Nordwest Zentrum, Frankfurt, 4. Oktober 1986.
Fruchtschnitte: 638 m lang, 20 Mitgliedsbetriebe der Konditoren-Innung für das Saarland, Kurpark von Weiskirchen, Konditorentag, 1. Oktober 1989.
Guglhupf: 3200 kg schwer, 2,03 m hoch, 2,8 m Durchmesser, Gerhard Remy assistiert von N. Dronhofer und H. J. Krawczyk im Auftrag von Dr. Oetker, Frankfurt, 18. Februar 1989.
Hefezopf: 371,44 m lang, 510 kg Mehl, 1120 Eier, 102 kg Rosinen, 187 l Wasser, Bäckermeister Heinz Bernauer, Schopfheim (Baden-Württemberg), 15. September 1991.
Himbeerschnitte: 412,3 m lang, 360 kg Himbeeren, Postverein St. Gallen (Schweiz), 26. August 1987.
Kirschtorte: 6350 kg schwer, 2245 kg Kirschen, 4,36 m Durchmesser, 61 cm hoch, Charlevoix, Michigan (USA), 15. Mai 1976.
Lebkuchen: 242,31 m lang, 55 cm breit (134,48 m²), Bäckermeister Rudolf Renner und Karl Kronmüller, Schwäbisch Hall (Baden-Württemberg), 3. Dezember 1988.
Nußstriezel: 200 m lang, 270 kg Nußfüllung, 180 kg Mehl, 90 l Wasser, 25 kg Fondant, Bäckerei Lohner und Super 2000 Koblenz, Koblenz-Lützel, 29. April 1989.
Pflaumenkuchen: 127,5 m², 2050 kg Zwetschgen, 620 kg Hefeteig, 720 Eier, Bäcker- und Konditormeister Herbert Holderied, Lindenberg (Allgäu), 9. Juli 1989.
Schaumrolle: 402 m lang, Richard Aumeier, Neuhofen/Krems (Österreich), 10. August 1985.
Vollkornbiskuitherz: 5,4×5,2 m, 2171,2 kg, Bäckermeister Erich Petershans, Ludwigsburg, 25. Mai 1987.
Zwiebelkuchen: 250×0,6 m, Küchenbrigade von Josef Winkler, Hotel Langener Hof, Langen bei Frankfurt/Main, 15. August 1987.

Mehl- und Eierspeisen

Kartoffelreibekuchen: 9 m², 820 kg, Freiwillige Feuerwehr Kausen (Westerwald), 9. August 1987.
Kärntner Käsnudel: 492 kg, 2,8×1,03 m, Küchenbrigade (12 Köche) des Romantik Hotel Post, Villach (Kärnten), 25. August 1987.
Lasagne: 1637,3 kg, 15,2 × 1,5 m, Andreano Rossi, Royal Dublin Society Spring Show, Dublin (Irland), 11. Mai 1990.
Nudel: 1020 m lang, 40 Stränge (rot, gelb, grün, braun), Bernd Zaun mit fünf Köchen des Restaurants Weißes Häus'l in 24 Stunden, Ludwigshafen (Baden-Württemberg), 7. September 1991.
Omelette: 123 m², Pfanne 12,52 m Durchmesser, Lehrpersonal und Schüler der Sonderschule von Opwijk (Belgien), 10. Juni 1990.
Pfannkuchen: 12,55 m Durchmesser, 3 cm dick, 2,68 t schwer, gebacken und gewendet in Bloemfontein (Südafrika), 7. März 1992
Rührei: 12600 Eier, 12×1 m große, 8 cm tiefe

Spezialpfanne, Huber & Huber Gesellschaft m.b.H., Wien, auf dem Parkplatz neben dem Stadtsaal in Waidhofen an der Thaya (Niederösterreich), 16. November 1991.
Ham & Eggs: 700 kg, 10 080 Eier, 61 kg Schinkenspeck, 60 l Speiseöl, 16,24 m^2 große Pfanne, sechs Köche der Löwa Wertkauf Warenhandels GmbH, Ternitz (Niederösterreich), 10. Oktober 1987.
Tiroler Knödel: 739 kg, 1,2 m Durchmesser, Hotelier- und Gastwirtjugend Grödental (Südtirol), 4. Oktober 1987.
Pizza: 37,4 m Durchmesser, Norwood (Südafrika), 8. Dezember 1990.
Spiegelei: 3,5 m Durchmesser, 3500 Eier, Gsundi-Klub, Kerns (Schweiz), 25. Juni 1989.
Salat: 2671 kg, 250 l Salatdressing, Schüssel: 6 m Durchmesser, 5935 l Fassungsvermögen, Wirte-Vereinigung Uhldingen-Mühlhofen (Bodensee), 22. August 1987.

Schokolade und Süßspeisen

Die erste Tafel Schokolade stellte der Schweizer François-Louis Cailler 1819 in Vevey, Kanton Waadt (Schweiz), maschinell her. Vorher konnte man nur flüssige Schokolade per Hand zu langen »Würsten« rollen.
Schokoladentafel: 10×5×0,73 m, Lehrlinge der Patissier- und Konditoren-Innung Barcelona (Spanien), November 1985.
14×5,2 m, Hans-Jürgen Roos und Konditoren-Innung Pfalz, Bad Dürkheim, 11. Juni 1988.
Schokoladenhexenhaus: 2,5 m hoch, 2,6 m breit, 1,9 m lang, Peter Lopp, Rottweil, Weihnachten 1983.
Gummibärchen: 72 kg, 1 m hoch, Carsten Meier und der Abiturjahrgang '87 des Gymnasiums Nordenham, 13. Juni 1987.
Knusperhäuschen: 2,5 m hoch, 3 m lang, 0,78 m tief, aus Eischnee, Nüssen, Kuvertüre, Zucker, Ferenc Ziegenhain in Zusammenarbeit mit Stefan Etzel, Arabella Congress Hotel, Frankfurt/Main, 4. Dezember 1991.

Das größte Schokoladen-Modell zeigte ein traditionelles spanisches Segelschiff und wog 4000 kg. Das 13 x 8,5 x 2,5 m große Schokoladenschiff war im Februar 1991 auf der Internationalen Nahrungsmittelmesse in Barcelona ausgestellt.

Lutscher: 1007,3 kg, Stephen Spring und James Alexandrou von Lolly Pops/Johnson's Confectionery, Darling Harbour (Australien), 18./19. August 1990.
Mohrenkopf: 83 kg, 1,1 m hoch, 1 m Durchmesser, 560 Eiklar, 42 kg Zucker, 11 kg Schokolade, Adolf Lunzer, Gols (Österreich), 23. März 1986.
Mozartkugel: 1000 kg schwer, 1,3 m Durchmesser, Reber Spezialitäten, Karstadt-Filiale Dortmund, 27. Oktober 1988.
Mozarttaler: 1,5 m Durchmesser, 270 kg, Chefpatissier A. Rust und Küchenchef J. Illinger vom Salzburger Sheraton Hotel (Österreich), 20. September 1985.
Marzipanbrot: 151 m lang, 1500 kg schwer, Firma Zentis, Aachen, 5. Dezember 1984.
Osterei: 7,1 m hoch, 4755 schwer, Cadbury Red Tulip, Ringwood (Australien), 9. April 1992.
Eistorte: 2,95 m hoch, 2,02 m Durchmesser, 2,8 t schwer, Eismann Tiefkühl- Heim- und Gastroservice, Gruga-Halle Essen, 7. Januar 1989.
Eis-Büfett: 402,8 m lang, 10 000 Besucher, Köcheclub Lippstadt e. V., Bad Waldliesborn (Münsterland), 27. August 1983.
Eis am Stiel: 3211 kg, Lehrpersonal und Studenten der Lawrence University, Appleton, Wisconsin (USA), 17. Februar 1990.
Pudding: 2300 kg schwer, 1900 l Milch, 200 kg Puddingpulver, 200 kg Zucker, Leopold Kössl vom Restaurant Batzenhäusl, Kufstein, Tirol (Österreich), 27. Mai 1989.
Bananensplit: 7,32 km lang, Bewohner von Selinsgrove, Pennsylvania (USA), 30. April 1988.
Erdbeerschüssel: 2191,7 kg, Erdbeerfest auf Walt Furlongs Farm, New Ross (Irland), 9. Juli 1989.
Tiramisu: 42,9 m^2, 300 kg Mascarpone, 5280 Eier, Molkerei Steinfelden und Konditorei Köller, Wiener Neustadt (Österreich), 27. Juni 1987.
Zuckerwatte: 4,2 m lang, 60 cm Durchmesser, Adolf Lunzer, Gols (Österreich), 24. März 1986.
Größte Süßigkeit war eine 1850 kg schwere Marzipanschokolade, die vom 11. bis 13. Mai 1990 auf dem internationalen Ven-Markt von Diemen (Niederlande) hergestellt wurde.

Gewürze

Das teuerste Gewürz ist wilder Ginseng (Wurzel der *Panax quinquefolius*) aus dem chinesischen Bergland Chan Pak. Im November 1977 soll er in Hongkong für 821 Dollar/g (1806 DM) gehandelt worden sein. Dem Ginseng werden aphrodisische Eigenschaften zugeschrieben.
Das schärfste Gewürz ist nach vorherrschender Ansicht Habanero aus der Gattung *Capsicum*, das hauptsächlich in der Karibik und im mexikanischen Yucatán vorkommt. Ein Gramm (getrocknet) verwandelt 200 kg fade Sauce nachweislich in ein brennendes Gemisch.

Getränke

Cocktail: 5080 l Gin, Zitronen- und Orangensaft, Bananenlikör und Grenadine (*EL 1992*), Puerto Marina, Benalmádena Costa (Spanien), 4. August 1991.
Erdbeerbowle: 1500 l, 9 Zentner Erdbeeren, 50 kg Zucker, 900 Flaschen Wein, 250 Flaschen Sekt, Stadt Oberkirch (Renchtal an der badischen Weinstraße), 23. Juni 1984.
Feuerzangenbowle: 1555 l, 1017 l Rotwein, 366 Flaschen Pott 54-Rum, 220 l Orangensaft, 1146 Gewürznelken, 2 Zuckerhüte à 64,5 kg/86 cm hoch (von Südzucker Waghäusel), Wenzel und Patricia Cerveny, Forsthaus St. Huber-

Die größte Brauerei ist Coors Brewing Co. in Golden, Colorado (USA). Das Foto zeigt einen Angestellten, der die Abfüllung der Dosen überwacht.

tus, Ebersberger Forst bei München, 10. Dezember 1988.

G'spritzter: 1200 l Grüner Veltliner, 1150 l Sodawasser in einem 2465 l fassenden Behälter, Werbegemeinschaft Zistersdorf aktiv, Zistersdorf (Niederösterreich), 17. September 1989.

Milchshake: 7160,8 l Schoko-Shake, Smith Dairy Products Co., Orrvielle, Ohio (USA), 20. Oktober 1989.

Mostkrug: 2,4 m hoch, 4,55 m Umfang, gefüllt mit 2650 l Apfelsaft, Hans Nobel und Molkerei Möhl, Arboner Seenachtfest, Arbon (Schweiz), 8. Juli 1989.

Die größte Lokalrunde gab Paul Deer am 14. Juli 1982, als er bei U-Zoo & Co. in Atlanta, Georgia (USA), für 1501 Menschen einen Drink spendierte.

Wein

Die älteste Flasche Wein, die auf einer Auktion versteigert wurde, war ein Imperial Tokay aus dem Jahr 1646. Sie wurde von John A. Chunko aus Princeton, New Yersey (USA), und Jay Walker aus Ridgefield, Connecticut (USA), am 16. November 1984 bei Sotheby's in Genf (Schweiz) für 1250 sfr erworben.

Teuerste Flasche Wein ist ein roter Château Lafite des Jahrgangs 1787, die der Amerikaner Christopher Forbes am 5. Dezember 1985 bei Christie's in London für 105 000 Pfund (ca. 400 000 DM) ersteigerte. Daß der Preis dermaßen in die Höhe kletterte, lag nicht nur am Wein: Die Flasche war mit den Initialen von Thomas Jefferson (1743–1826) versehen, dem dritten Präsidenten der USA. Im November 1986 löste sich der vom Ausstellungslicht ausgetrocknete Korken, so daß der Wein heute untrinkbar ist.
Eine kleinere Flasche vom Château Margaux und vom Jahrgang 1784, die gleichfalls Thomas Jeffersons Initialen *Th J* trägt, hat Cristie's am 26. Juni 1987 auf der Vinexpo in Bordeaux (Frankreich) für 60 000 DM verkauft.

Teuerstes Glas Wein war das erste Glas des Beaujolais Nouveau 1991, das dem kanadischen Restaurant- und Weinbar-Besitzer Joseph Neshoda 1700 kanadische Dollar (2375 DM) wert war. Er ersteigerte es am 21. November 1991 auf einer Auktion in Toronto.

Die älteste Champagnerfirma ist Ruinart Père et Fils (Frankreich), die 1729 gegründet wurde.

Die älteste noch bestehende deutsche Sektkellerei ist die 1826 in Esslingen bei Stuttgart von Georg Christian Kessler gegründete Sektkellerei G. C. Kessler u. Co.

Sektsäule: Die höchste erfolgreich gefüllte Säule bestand aus 23 Sektgläsern. Den Prickelrekord erreichten Carl Grover und Peter Sellars am 19. April 1983 in Richmond (Australien).

Champagner-Kaskade: Mit 10 404 langstieligen Champagnergläsern baute Pascal Leclerc am 18. Juni 1984 im Biltmore Hotel von Los Angeles (USA) einen Springbrunnen besonderer Art: Er türmte sie in 44 Stockwerken pyramidenförmig übereinander (Höhe: 7,52 m) und füllte sie dann von oben nach unten mit Champagner.

Bier

Das stärkste Bier der Welt, gemessen am Alkohol- wie am Stammwürzegehalt – und zugleich das teuerste –, ist Samichlaus-Bier aus der Züricher Brauerei Hürlimann AG (Schweiz). Die 0,25-l-Flasche wird für 8,60 sfr angeboten. Bei 20 °C hat das Samichlaus-Bier, dunkel, 14,81 Vol. Prozent Alkohol und eine Stammwürze von 28,72 Prozent.
Roger & Out, seit Juli 1985 gebraut im Frog & Parrot in Sheffield (GB) nach einem Rezept von W. R. Nowill und G. B. Spencer, hat einen Alkoholgehalt von 16,9 Volumenprozent.
Einen noch gehaltvolleren Trunk hat Braumeister Rudolf J. Kasper von Vetters Alt-Heidelberger Brauhaus Silvester 1987 kredenzt. Mit seinem »Vetter 33« bot er ein Starkbier als Hausmarke mit einer Stammwürze, die zwischen 33,19 Gewichts- und 37,91 Volumenprozent lag.

Die älteste Brauerei ist die im Jahr 1040 gegründete Brauerei von Weihenstephan in Freising bei München. Heute ist sie Bayerische Staatsbrauerei. Um den Rang der zweitältesten Brauerei können die Klosterbrauerei Weltenburg, Weltenburg b. Kelheim (Niederbayern), und das Herzoglich Bayerische Brauhaus Tegernsee, Tegernsee (Bayern), streiten – beide wurden um 1050 gegründet.

Das weltgrößte Brauereiunternehmen ist die Anheuser-Busch Inc. mit Sitz in St. Louis, Missouri (USA), zu der 12 Brauereien in den USA gehören. Das Unternehmen verkaufte 1991 10,08 Mrd. l Bier und erzielte damit den größten Jahresausstoß, der jemals von einem Brauereiunternehmen erreicht wurde. Die Anheuser-Busch-Brauerei in St. Louis bedeckt eine Fläche von 40,5 ha und hat eine Jahreskapazität von 1,53 Mrd. l.
Die größte einzelne Brauerei ist Coors Brewing Company in Golden, Colorado (USA), die 2,29 Mrd. l im Jahr 1991 ausstieß.

Die größte deutsche Getränkegruppe ist die Brau und Brunnen AG, Berlin und Dortmund, mit einem Gruppenumsatz von 7,05 Mio. hl Bier für

Eine Whiskyflaschen-Sammlung besitzt Claive Vidiz, der Präsident des brasilianischen Whiskysammler-Verbandes, der in seinem speziell für diesen Zweck errichteten Museumsgebäude 2025 original abgefüllte Flaschen Scotch aufbewahrt.

1991 und einem Gesamtumsatz von 1,6 Mrd. DM. Der Getränkeriese hat seinen Absatz von alkoholfreien Getränken auf 5,4 Mio. hl erhöht.

Die Biertradition der Schweiz geht bis auf das Jahr 640 n. Chr. zurück. In der Lebensgeschichte des Mönches Columban aus dem Kloster St. Gallen wird erwähnt, daß bei Festanlässen um diese Zeit dort bereits Bier gebraut und getrunken wurde. Ein Klosterplan von St. Gallen von 820 zeigt mehrere Brauerei-Anlagen. Heute existiert in St. Gallen jedoch keine Klosterbrauerei mehr. Die ältesten Brauereien der Schweiz, die noch produzieren, stammen aus der Zeit um 1670–80. Es sind die Brauerei Schloß Reichenbach in Zollikofen (Kanton Bern), die jetzt zu einer größeren Firmengruppe gehört, und die Brauerei Eichhof in Luzern, deren erste Braustätte 1668 entstanden ist. In der Schweiz produzieren 35 Braustätten Bier. 31 gehören dem Schweizerischen Bierbrauerverein an.
Die größte Brauerei-Gruppe der Schweiz ist die Feldschlößchen-Gruppe in Rheinfelden (Kanton Aargau).
Die kleinste Brauerei der Schweiz ist die Brauerei Wäfler/Rothenburg mit 331 hl Ausstoß.
Die schwächsten Biere werden in der Schweiz von mehreren Brauereien mit einem Stammwürzegehalt bis zehn Prozent und einem Alkoholgehalt von etwa 2,25 Vol.-Prozenten gebraut.

Die größte Auswahl an Biersorten bietet der Biermarkt von Bruno Maruhn in Darmstadt-Eberstadt (Hessen). 1250 Biersorten aus 68 Ländern hat der Antialkoholiker und Milchtrinker Maruhn in seinem Angebot, darunter zwei Biersorten aus der Volksrepublik China. Außerdem betreibt er mit 290 Sorten Mineral- und Heilwasser einen der umfangreichsten Märkte dieser Art.

Chefin über 1236 Sorten Gerstensaft aus 63 Ländern ist die gelernte Hauswirtschafterin Maria Boeven (* 1961) aus Würselen/Aachen. In ihrer Bier- und Weinbrand-Ecke kommt der Sammler von ausgefallenen Bierflaschen voll auf seine Kosten. Die Bierkönigin selbst trinkt aber lieber Saft. Antialkoholiker versorgt Maria Boeven mit einem 293 Sorten umfassenden Mineralwasser-Angebot.
2500 Biersorten aus aller Welt bieten der ehemalige Tankwart Günter Pohlenz (* 1944) und seine Ehefrau Ellen (* 1941) in ihrem Kiosk im Belgischen Viertel von Köln an. Ihr Kiosk ist über die Grenzen Kölns bekannt – selbst aus dem Ausland reisen durstige Kunden an, um sich mit zum Teil exotischen Bieren einzudecken.

Das teuerste deutsche Bier, der Abts Trunk der Klosterbrauerei Irsee im Allgäu, wird in handgearbeiteten salzglasierten Steingutflaschen monatelang gelagert. Es hat eine garantierte Stammwürze von über 22 Prozent und kostet 0,5 l (1 l) 23 DM (33 DM).

Bierflaschen-Sortensammlung: Peter Broeker (* 1943) aus Geesthacht (Schleswig-Holstein) hat aus 98 Ländern mit 1518 verschiedenen Brauereien eine Sortensammlung von 6971 Bierflaschen zusammengetragen. Der Auslandsanteil beträgt 35,34 Prozent. Aufeinandergestapelt ergäben sie eine Turmhöhe von 1567 m. Alle Flaschen sind noch original abgefüllt. (Stand: März 1992). Die Bierflaschensammlung des Amerikaners Ted Shuler aus Germantown, Tennessee, umfaßt 2774 verschiedene Bierflaschen aus 101 Ländern (Stand: Mai 1992).
Auch der EDV-Operator Klaus Hofmacher (* 1940) trägt in seinem Biermuseum in Bergheim verschiedene Bierflaschen zusammen. Bis April 1991 hat er es auf 5589 Flaschenbiere aus 88 Ländern gebracht, darunter alle Kölschsorten, alle belgischen und holländischen Trappisten- und Klosterbiere.

Bierdosen gibt es seit einem Markttest, den Krueger Beer aus Newark, New Jersey (USA), 1935 in Richmond, Virginia (USA), durchführte. Die größte Sammlung besitzt John F. Ahrens aus Mount Laurel, New Jersey (USA), der annähernd 15 000 Dosen angehäuft hat.
Eine Rosalie-Pilsner-Dose erzielte im April 1981 in den USA einen Preis von 6000 Dollar (13 000 DM). Eine Sammlung, bestehend aus 2502 noch verschlossenen Flaschen und Dosen aus 103 Ländern, wurde am 23. März 1990 vom australischen Downer Club ACT für 25 000 australische Dollar erworben.

Spirituosen

Die älteste Cognacbrennerei ist Augier Frères & Co. (Frankreich). Sie besteht seit 1643.

Der weltgrößte Spirituosenhersteller ist United Distillers, das Spirituosenunternehmen von Guinness plc, das jährlich 53,6 Mio. Kartons seiner Hausmarken verkauft. Es ist außerdem mit einem Gewinn von 749 Mio. Pfund (2,136 Mrd. DM) im Jahr 1991 der ertragreichste Spirituosenhersteller. Der größte Hersteller und Abfüller von Scotch-Whisky ist das Shieldhall-Werk von United Distillers, dem Spirituosenunternehmen von Guinness in Glasgow mit einer Abfüllkapazität von schätzungsweise 144 Mio. Flaschen Scotch pro Jahr, das entspricht annähernd 109 Mio. l, die überwiegend exportiert werden. Die weltweit am besten verkauften Scotch- und Gin-Marken, Johnnie Walker Red Label und Gordon's, sind Erzeugnisse von United Distillers.
Die Old Bushmills Distillery in Country Antrim (Nordirland), die ihre Lizenz im Jahr 1608 erhielt, nimmt für sich in Anspruch, seit dem Jahr 1276 zu produzieren.

Die teuerste Spirituose ist der Springbank 1919 Malt Whisky, der von Fortnum & Mason in London (GB) für 6750 Pfund pro Flasche (19 251 DM, inklusive Mehrwertsteuer) angeboten wird.

Die größte bekannte Sammlung von Spirituosen in einer Bar hat mit 2969 verschiedenen Sorten (April 1992) Ian Boasman im Bistro French in Preston, Lancashire (GB), zusammengestellt.

Flaschen

Die leichteste Bierflasche fertigt seit 1969 die Glasfabrik Heye-Glas Obernkirchen (Niedersachsen). Diese »Paderborner Flasche« wiegt nur 135 g. Seit 1969 wurden 767,4 Mio. Stück dieser 0,33-l-Recyclingflasche geliefert (Juni 1990).

Die kleinste Bierflasche mit Bügelverschluß stellte die Gasthaus Brauerei Wädi-Brau Huus am 24. Februar 1992 in Wädenswil (Schweiz) vor. Die Miniflasche ist 11,5 cm hoch, hat einen Durchmesser von 4 cm und 40 ml Fassungsvermögen.

Die kleinsten Spirituosenflaschen auf dem Markt sind die 1,3 ml fassenden und 5 cm hohen

Fläschchen von White Horse Scotch Whisky. Ein 5,3×4,8×3,4 cm großer Mini-Kasten mit 12 Fläschen kostet in Großbritannien 8 Pfund (etwa 23 DM).
Die kleinste Bierflasche enthält 10 ml Guinness-Bier. Die Mini-Flasche ist mit einem Kronenkorken verschlossen.

Die größte Sammlung von Whiskyflaschen besitzt mit 4900 verschiedenen Edward Giaccone in seiner Whiskyteca in Salo am Gardasee (Italien).

Rund um Getränke

Der längste Stammtisch entstand am 21. Juli 1990 in Linz (Österreich) anläßlich des 1. Linzer Stammtischfestes im Rahmen der Feierlichkeiten »500 Jahre Landeshauptstadt«. 20 000 Besucher aus sechs europäischen Ländern saßen an einer 3200 m langen Tafel. Die gastronomische Versorgung übernahmen 30 Linzer Wirte.

Die längste Saftbar wurde am 9. Juni 1991 in Westerland auf Sylt aufgestellt. 2200 l Saft wurden in 11 000 eigens für das Ereignis angefertigten Gläsern verkauft. Wegen des schlechten Wetters mußten die Gläser mit Klebeband auf der 671 m langen Bar befestigt werden. Veranstalter des Spektakels war der Hotel- und Gaststättenverband Sylt e. V., Ortsverband Westerland.

Den längsten Heurigentisch konnten über 2500 Bewohner und Besucher von Gossam (Niederösterreich) am 26. August 1989 bewundern. Aus Fichtenholz hatten bis zum alljährlichen Dorffest die Tischlerei Josef Höchtl und die Dorfgemeinschaft Gossam, Grimsing und Schallemmersdorf die 60 m lange originalgetreue Nachbildung eines Heurigentisches in zwei Monaten Arbeit gefertigt und gleich auch noch die dazugehörigen ebensolangen Bänke hergestellt. Das 4 cm starke (bzw. 3,5 cm) Holz war in voller Länge verleimt, in einem Stück gearbeitet.

Dauermixer: Die Ischgl/Silvretta Skiarena (Österreich) lockte beim 2. Frühlingsschneefest mit einer Cocktailparty. Die beiden Kärntner Profi-Barkeeper Bernd und Klaus Steinbauer traten zum Dauer-Cocktailmixen zwischen dem 20. und 22. April 1990 an. Am Ende hatte Bernd (* 1958) aus Klagenfurt mit 4044 Cocktails in 50 Std. in Nase vorn.

Den größten Apfelweinkrug fertigten zehn Mitglieder der Karnevalsgesellschaft Wohlgemut Wehr e. V. (Rheinland-Pfalz) in 80 Arbeitsstunden. Der 3,05 m hohe steinerne Krug hat einen Durchmesser von 2 m und faßt 4500 l. Seit Februar 1989 wird er auf Weinfesten präsentiert.

Eine Riesen-Milchkanne von 9 m Höhe dient als Tank für 100 000 l Rohmilch in Charalambides Dairies, Nikosia (Zypern). Konstruiert wurde sie von der Firma Alfa-Laval, Glinde. Die Kühlung der Milch erfolgt mittels Eiswasser. Die Milchkanne hat einen Innendurchmesser von 3,75 m (außen 3,9 m).

Eine voll funktionsfähige **Riesenkaffeemühle** ergänzt seit 1988 die über 500 Kaffeemühlen umfassende Sammlung von Otto Dobbelstein aus Duisburg. Nachdem die Funktionsfähigkeit der 1,2×1,2×2,2 m großen und 470 kg schweren Mühle unter Beweis gestellt war, erhielt sie einen Ehrenplatz an einer Außenwand des Cafés Dobbelstein.

Hatschi!
Eine kreisrunde Schnupftabakmaschine erfreute die Besucher eines Restaurants mit bayrischen Spezialitäten, nicht etwa in Südbayern, sondern auf der Insel Sardinien. Dort hat Hans-Dieter Fellmann (* 1955) zum zehnjährigen Jubiläum seines Bierra-Ristorante Zum Löweneck in Quartu, nahe der Inselhauptstadt Cagliari, seine Rekord-Schnupftabakmaschine von 140 cm Durchmesser vorgestellt. Gleich 13 Nasensportler gleichzeitig testeten am 22. April 1990 erfolgreich den Schnupf-Mechanismus mit einem erlösenden Hatschi!

Tabakwaren

Die längste und die kürzeste Zigarette: Die längste Zigarette war die 27,9 cm lange *Head Plays*, die 1930, um Steuer zu sparen, in den USA in Fünferpackungen verkauft wurde. Die kürzeste war die *Lilliput*, 31,7 mm lang, 3 mm im Durchmesser (1956 in Großbritannien).

Das größte Absatzstellennetz der Welt unterhält die Tobaccoland Großhandelsgesellschaft mbH in Mönchengladbach (Nordrhein-Westfalen) mit 90 000 Zigarettenautomaten in der Bundesrepublik Deutschland. Täglich versorgen sich daraus ca. 590 000 Raucher mit Zigaretten. Das entspricht einem jährlichen Absatzvolumen von über 3,2 Mrd. Stück.

Die größte Zigarettensammlung besitzt der Arzt Robert E. Kaufman, New York City (USA). Im April 1991 hatte er 8390 verschiedene Zigaretten mit 46 verschiedenen Mundstücken gesammelt. Die Zigaretten stammen aus 173 Ländern, die älteste gehört zur Marke *Lone Jack* und wurde um 1885 in den USA hergestellt.

Die älteste noch existierende Zigarettenpackung ist ein finnisches *Petit-Canon*-25er-Päckchen, 1860 von Tollander & Klärich hergestellt. Es befindet sich in der Ventegodt-Sammlung. Die seltenste ist ein Päckchen, das zur 700-Jahr-Feier von Lettland (1901) hergestellt wurde. Diese Verpackung der Marke *Riga* gilt als weltweites Einzelstück. Sie stammt ebenfalls aus der Ventegodt-Sammlung.

Die größte private Sammlung von Zigarettenpackungen besitzt Claudio Rebecchi aus Modena (Italien), der von 1962 an bis zum März 1992 insgesamt 100 282 Packungen aus 251 Ländern und Territorien zusammengebracht hat.

Das älteste Zigarettenbild ist, soweit bekannt, *Vanity Fair*, das im Jahr 1876 von der New Yorker Firma Wm S. Kimball & Co. herausgebracht wurde.

Die größte Sammlung von Zigarettenbildern besitzt Edward Wharton-Tigar (* 1913) in London, der in rund 45 000 Serien über 1 Mio. Bilder zusammengetragen hat.

Die größte Sammlung von Zigarettenpapier-Heftchen nennt Peter Emmens aus Kenley, Surrey (GB), sein eigen. Seine Kollektion umfaßt 2366 Heftchen für Selberdreher.

Rekordhalter im Rauchringeblasen wurde im August 1979 in der Schweiz der in Weinheim (Baden-Württemberg) lebende Däne Jan Formann aus Kopenhagen: Ihm glückten 355 Ringe von einem Zug aus der Zigarette.

Die größte im Handel erhältliche Zigarre ist die 35,5 cm lange *Valdez Emperador*, die im mexikanischen San Andrés Tuxtla (Veracruz) in der Fábrica de Puros Santa Clara hergestellt und exklusiv von Tabacos San Andrés vertrieben wird.

Die größte Zigarrenringesammlung trägt Alfred Manthe (* 1918) aus Langen (Hessen) seit 1966 zusammen. Der Bauchbindenkönig ist stolzer Besitzer von 201 914 Zigarrenringen aus aller Welt (Stand vom 1. Juli 1992).

Die teuerste handelsübliche Zigarre ist die 29,2 cm lange *Don Miguel Cervantes*, die in England für 15 Pfund (ca. 44 DM) verkauft wird.

Schnupftabak: Die längste Schnupftabakmaschine testeten bei den 3. Schweizer Schnupfmeisterschaften 48 Schnupfer gleichzeitig auf dem Dorfplatz von Reckingen/Wallis. Am 18. Juni 1989 war es soweit: Nach 500 Arbeitsstunden präsentierten drei Mitglieder des Schnupfclubs Hohbachschnupfer eine 15,84 m lange und 0,65 m breite Eigenkonstruktion (200 kg schwer). Ausgelöst durch eine Zündschnur fiel ein Hammer nach dem anderen (im Domino-Effekt), und das braune Pulver schoß den Nasensportlern innerhalb von ca. fünf Min. buchstäblich in die Nase.

Die kleinste vollautomatische Schnupftabakschleuder dürfte der Goldschmied Bernhard Burger (* 1958) aus Burgstall (Südtirol) gefertigt haben. Die 53 g leichte Dose aus 800er Silber ist 22 mm hoch und 38 mm im Durchmesser.

Schnupftabakgläser, -dosen und -behälter sammelt seit 47 Jahren der Altbürgermeister von Regen Alois Reitbauer (* 1916). Die insgesamt 1600 Schmuckstücke sind zum Teil im Museum Fressendes Haus und in seinem Privathaus zu bewundern. Der Gesamtwert der Sammlung beläuft sich auf ca. 80 000 DM.

Zündholzschachteletiketten: Das älteste Etikett unumstrittener Herkunft ist das von Samuel Jones aus dem Jahr 1830. Die prächtigste Sammlung (ohne Zündholzheftchen und Werbe-Etiketten) umfaßt 280 000 Exemplare, zusammengetragen von Robert Jones in Indianapolis (USA).
Die größte Sammlung von Zündholzschachteletiketten umfaßt 712 118 Exemplare (einschließlich Werbe-Etiketten) aus 150 Ländern. Zusammengetragen hat sie Teiichi Yoshizawa (* 1904) aus Chiba-Ken (Japan), der diesem Hobby seit 1925 frönt.

Das größte Feuerzeug entstand im Sommer 1983 aus Sammler-Platznot in Bad Dürrenberg (Sachsen). Der Mechanikermeister Rolf Jarschel (* 1924) konnte seine riesige Feuerzeugsammlung nur noch als Säule stapeln: Das ergab ein voll funktions- und wachstumsfähiges RFZ (Riesenfeuerzeug). Am 5. März 1985 wies es die stattliche Höhe von 2,265 m auf und bestand aus 922 Einwegfeuerzeugen. Inzwischen hat das Prachtstück eine Höhe von 2,43 m erreicht, 1279 Feuerzeuge wurden verarbeitet.

Das kleinste Feuerzeug (8,54×7,85 mm) fertigte ebenfalls der Feuerzeugsammler Rolf Jarschel aus Messing ohne Edelmetallauflage. Es zündet durch Reiben auf der Feilenhiebfläche durch Benzin (Februar 1990).

Die größte Feuerzeugsammlung hat Frans Van der Heyden aus Vlijmen (NL): 41 552 verschiedene Feuerzeuge bis Mai 1992.

Der Fotograf Carl-Joachim Diringshoff (* 1944) aus Hamburg sammelte seit 1980 29 135 verschiedene Feuerzeuge. Seine Sammlung besteht zu 98 Prozent aus Werbefeuerzeugen und zu 2 Prozent aus Benzin- oder Gasfeuerzeugen sowie Raritäten aus aller Wel. (Stand Juni 1992).

Sein Herz an historische Feuerzeuge verloren hat der Energieanlagenelektroniker und Kaufmann Hubertus Schmudde (* 1961) aus Castrop-Rauxel. Seine Sammlung umfaßte im Juli 1987 bereits 6035 Exemplare. Das älteste ist ein Nachbau einer Döbereiner Zündmaschine von 1823.

Tabakwaren-Steuerzeichen: Die seit 1906 zur Entrichtung der Tabaksteuer und zur Überwachung des Handels mit Tabakerzeugnissen eingeführten Steuerstreifen und -marken sammelt der Diplom-Psychologe Herbert Niemeyer (* 1956) aus Bodenfelde-Wahmbeck (Weserbergland). Einschließlich der in- und ausländischen Im- und Exportbanderolen hat er es von 1977 bis zum 23. März 1990 auf 6223 verschiedene Steuerzeichen gebracht.

TOPLEISTUNGEN

SAMMELLEIDENSCHAFT

Im Vergleich zu der unendlich großen Anzahl möglicher Sammelobjekte können wir nur eine geringe Zahl von Rekorden berücksichtigen, die Gegenstände betreffen, die erwiesenermaßen auf ein breiteres Interesse treffen.
Eine Sammlung wird eher Berücksichtigung finden, wenn sie einerseits auf privater Basis über einen längeren Zeitraum angelegt und uns andererseits von einem eingeführten, anerkannten Verband oder Verein gemeldet wurde, da dieser den besseren Überblick darüber besitzt, ob eine Rekordmarke erreicht wurde oder nicht.

Ansichtskarten: Rekordsammlungen können angesichts fehlender exakter Vergleichszahlen im In- und Ausland nicht mehr berücksichtigt werden.

Postkarten: Deltiologie gilt – nach dem Sammeln von Briefmarken und Münzen – als drittgrößtes Sammlerhobby. Die ersten Karten gab es 1869 in Österreich.

Airlines: 5000 Abzeichen, Uniformteile, Pilots Wings, Flugpläne, Aufkleber, Literatur etc., Hèctor R. Cabezas (* 1935), Frankfurt/Main (Hessen).

Aufkleber: 51 044 Sticker aus 150 Ländern, Robert Elhardt (* 1975), Siegen.
71 759 Sticker aus über 130 Ländern, Klaus Philipp (* 1945), Hannover.

Autogramme: 174 287 Unterschriften, Günter Dürrschmidt (* 1959), München.

Bierdeckel: 137 200 Filze aus 156 Ländern, Leo Pisker, Wien (Österreich).

Bieretiketten: 353 500 Etiketten, Jan Solberg, Oslo (Norwegen).

Blitze: 30 Blitzröhren, Richard Riediger (* 1934), Übach-Palenberg (bei Aachen).

Eierbecher: 2426 Stück, vom Eierbecher für Gänseeier bis zum Mini-Becher für Vogeleier, Hedwig Egger (* 1943), Ferlach (Österreich).

Elefanten: 1462 Stück, Annegret (* 1941) und Josef Reinhard (* 1950), Würselen (Nordrhein-Westfalen).

Eulen: 5786 Eulen, Waltraud Stuhlmacher (* 1928), Itzehoe.

Faschingsorden: 8482 Orden auf 203 Tafeln, Georg Papendick (* 1908), Bad Reichenhall.

Flaschenöffner: 5712 Öffner, Hans-Hermann Wilkens (* 1949), Hamburg.

Auf den Hund gekommen

Über 20 000 Exponate sind in Berlins Hundemuseum vereint. Seit 1982 präsentieren Margarete (* 1922) und Gerhard Laske (* 1921) aus Berlin-Brandenburg in sieben Räumen ihre Hunde aus Plüsch und Keramik, auf Kacheln und Münzen, aus Holz und Glas. Es gibt Hunde ausgestopft, als Skelett, auf Wandteppichen, als Poster, ja selbst auf Spazierstöcken, Zigarrenbinden und Schmuckstücken – und natürlich eine Hundebibliothek mit über 600 Büchern. Über Jahre hat das Ehepaar Laske Hunde gezüchtet, die Vierbeiner haben ihr Leben bestimmt, das Weißenseer Museum für ihre Hunde mußten sie einfach einrichten.

Gartenzwerge: 850 Stück, Elfriede und Hansjoachim Gubisch, Dresden (Sachsen).
Giraffen: 2000 Figuren und über 100 verschiedene Postkarten, Giraffen-Museum Heinz J. Preuß (* 1943), Dortmund (Nordrhein-Westfalen).
Glocken: 1475 Glocken, Klaus Hettinger (* 1939), Heimsheim (Baden-Württemberg).
Kaffeerahmdeckel: 4050 verschiedene Motive in über 170 Serien aus 10 Ländern und zwei Kontinenten, Bernhard Schmid (* 1975), Ueken (Schweiz).
Kalender: 47 372 verschiedene Kalender in Spielkartenformat aus 102 Ländern und 13 sonstigen Gebieten, Kerstin Marten, Berlin.
Kaugummipäckchen: 1712 Päckchen mit 10 614 Streifen aus 64 Ländern, Thomas (* 1962) und Volker (* 1966) Martins, Freiburg.

Frösche – Frösche – Frösche
Als sich Rolf E. Rindlisbacher und Elfie Hiss-Dinten kennenlernten, wählten sie den Kosenamen »Fröschli« füreinander. Da war es naheliegend, sich gegenseitig mit Fröschen jeder Art zu beschenken. Im Laufe der Jahre wurden es derart viele, daß sie beschlossen, ein Froschmuseum in Basel zu eröffnen. Schon nach zwei Jahren wurde das Frosch-Domizil zu eng, so daß das Froschmuseum nach Münchenstein (Schweiz) umziehen mußte. Auf rund 70 m^2 präsentiert das Sammlerpaar seit April 1991 über 5500 Frösche in allen Formen, Farben und Größen. Vom Schirmständer, Nachttischlampen, Zahnbürsten bis zu Ostereiern ist alles zu sehen, was die beiden in jahrelanger Sammlertätigkeit überall auf der Welt zusammengekauft haben. In der Sparte »Ethnografische Frösche« sind auch wertvolle Exemplare aus Südamerika und Indonesien zu bewundern.

Kerzen: 686 Kerzen, Sabine Hoffmann (* 1962), Hamburg.
KFZ-Kennzeichen: 574 Kennzeichen, Bernd Zeine (* 1936), Lörrach (Baden-Württemberg).
Kronenkorken: 70 930 aus 171 Ländern, Helge Friholm (* 1910), Søborg (Dänemark).
65 695 aus 170 Ländern, Günter Offermann (* 1948), Hamburg.
Kugelschreiber: 15 618 Stück aus 40 Ländern, Artur Schlaps, Ludwigsburg (Baden-Württemberg).
Künstlerfotos: 4 Mio. Fotos, Josef (Pepi) Treitl (* 1921), Wien (Österreich).
Luftkrankheitsbeutel: 1364 Tüten von 319 Fluggesellschaften, Niek K. Vermeulen (* 1936), Wormer (Niederlande).
Miniaturflaschen: 9601 Scotch- und 323 verschiedene Guinness-Flaschen, David L. Maund, Upham Hampshire (GB).
31 804, George E. Terren, Southboro, Massachusetts (USA).
Miniaturtschakos: 58 selbsthergestellte Modelle (7×7×10 cm), Arno Hörmann (* 1931), Hamburg.
Mützen: 913 Dienstmützen aus 100 Ländern (616 Polizei-, 297 Militärmützen), Otfried Müller (* 1931), Mainz.
Nachttöpfe: 9200, Manfred Klauda (* 1936), München.
Orangenpapiere: 24 370 Einwickelpapiere, Hans Peter Weber (* 1914), Zumikon (Schweiz).
Ostereier: 18 000 aus der ganzen Welt, Eduard Polak (* 1921), Wien (Österreich).
Osterhasen: 1287 Stück, erstes Osterhasen-Museum der Welt, Manfred Klauda (* 1936), München.
Plastik- und Papiertragetaschen: 60 000 Tüten, Heinz Schmidt-Bachem, Düren (Nordrhein-Westfalen).

Seit vielen Jahren ist der Däne Helge Friholm unschlagbar mit seiner Kronenkorken-Sammlung: Jetzt sind es bereits 70 930 verschiedene Verschlüsse aus 171 Ländern.

Radiergummis: 8044 Stück aus 288 Ländern, Petra Engels (* 1971), Viersen (Nordrhein-Westfalen).
Raumfahrt-Sammlung: 25 000 Zeitungsartikel, 15 000 Briefmarken, 3000 Fotodokumente, 200 Medaillen und Plaketten, 30 Schautafeln, 75 Modelle, Gerhard Micksch (* 1930), Berlin.
Raumfahrtmodelle: 152 selbstgebaute Modelle, Maßstab 1:144, Tasillo Römisch, Mittweida (Sachsen).
Rekorde: 65 Bücher, Daten über 8000 Weltrekorde, Zeitungsartikel, Ralf Laue (* 1968), Leipzig (Sachsen).
Sand: 1614 Sande aus aller Welt, Heinrich Uhlendorf (* 1920), Frankfurt/Main.
Schlüsselanhänger: 20 058 Anhänger, Manfred Zahn (* 1951), Köln.
Schweine: 7000 Artikel zum Thema Schwein, darunter 3000 Schweine im Museum, 1000 Schweine in einer Wanderausstellung, 500 Exponate zum Rahmen und 2500 Postkarten, Erika Wilhelmer, Bad Wimpfen (Baden-Württemberg).
Teddybären: über 2500 Bären, Florentine C. Wagner (* 1948), Berlin.
Teebeutel-Anhänger: 3204 Stück, Student Felix Rotter (* 1973), Wuppertal (Nordrhein-Westfalen).
Wappen: 40 000 Wappenentwürfe, ca. 1000 Wappenbücher und 2000 Siegel, Kurt Schweder (* 1924), Essen (Nordrhein-Westfalen).
Weinetiketten: 40 146 Stück, Hermann Lageder, Reichenburg (Schweiz).

Er wartet immer auf Post

Der Friedrichshafener Sammler Manfred Beck (* 1942) ist konsequent: Fotos, Bilder, nicht signierte Unikate, Bücher werden sofort zurückgesandt. Seit 1975 trägt der Junggeselle hartnäckig und zielstrebig Wappen (4900 sind es bereits) und Exponate (über 6200) zusammen, besonderes Kennzeichen: alle sind handsigniert. Der städtische Angestellte bittet alle, die Rang und Namen haben in Politik, Wirtschaft und im öffentlichen Leben, um ein Unikat. Und alle, alle schicken: eine handsignierte Schreibmaschine in hebräischer Schrift, einen Diplomatenkoffer vom österreichischen Außenminister Alois Mock, ein versilbertes Feuerzeug von Helmut Schmidt, eine LP von Herbert von Karajan, ein Original-Zuglaufschild des Transsibirien-Expreß ... und ein umgestaltetes Wachhäuschen der Bundeswehr. Im Visier hat er noch Papst Johannes Paul II. und Michail Gorbatschow. Eins fehlt ihm auch noch: ein eigenes Museum für seine handsignierten Objekte. Sie sind schon heute für spätere Generationen Zeitzeugen wie Produkte von großer Bedeutung.

Weinprobiergläser: 3 190 Gläser aus 10 Ländern, Thomas Darmstadt (* 1966), Bodenheim (Rheinland-Pfalz).
Weizenbiergläser: 3 002 Gläser aus 900 Brauereien, Walter Geißler (* 1955), Nürnberg.
Witze: etwa 1 000 000 Witze in Büchern, Heften, auf Schallplatten und Kassetten, Toni Maschek (* 1920), Wittlich (Rheinland-Pfalz).
Zauberkästen: 560 Exemplare, der älteste von 1840, Wittus Witt (* 1949), Krefeld.
Zollstöcke: 6174 Stück, Günter Uhlig, Wiedensahl (Landkreis Schaumburg).

GESCHWINDIGKEITS-REKORDE

Höchstgeschwindigkeiten

Der Geschwindigkeitsrekord zu Lande wurde mit 1190,377 km/h am 17. Dezember 1979 aufgestellt. Stan Barrett (USA) steuerte das *Budweiser Rocket*, ein dreirädriges Gefährt mit Raketenantrieb, auf der Edward Luftwaffenbasis, Kalifornien. Die Rekordgeschwindigkeit liegt knapp über der Schallgrenze (s.a. S. 221).
Der offizielle Geschwindigkeitsrekord zu Lande beträgt 1019,467 km/h und wurde am 4. Oktober 1983 von Richard Noble in der Black-Rock-Wüste in Nord-Nevada (USA) aufgestellt. Sein Fahrzeug, der düsenangetriebene *Thrust 2,* wurde von John Ackroyd entworfen.

Der Geschwindigkeitsrekord einer Frau zu Lande wurde mit 843,323 km/h von Kitty Hambleton (USA) in dem 48 000 PS (35 200 kW) starken dreirädrigen *Motivator* mit Raketenantrieb S. M. 1 am 6. Dezember 1976 in der Alvardwüste von Oregon (USA) aufgestellt. Ihr offizieller Rekord über die Strecke in beiden Richtungen betrug 825,126 km/h, und sie dürfte gelegentlich 965 km/h erreicht haben.

Die höchste Geschwindigkeit zu Wasser – 555,9 km/h – wurde von Kenneth Peter Warby (* 1939) am 20. November 1977 auf dem Blowe-

Die Berlinerin Kerstin Marten sammelt seit 1978 Taschenkalender in Spielkartenformat.

Sprintstars

Carl Lewis lief den Weltrekord über 100 m im August 1991. Wie hätte das Rennen ausgesehen, wenn er gegen andere Athleten gelaufen wäre, die ebenfalls einen Weltrekord über diese Distanz aufgestellt haben?
Lewis lief die 100 m in 9,86 Sek. Wenn Florence Griffith-Joyner ihren Weltrekord im selben Rennen aufgestellt hätte, wäre sie bei 94 m gewesen, als Lewis die Ziellinie überlief, und hätte ihrerseits fast 3 m vor dem Weltrekordler von vor 100 Jahren gelegen. Owen Morse, der beim Laufen jonglieren kann, hätte weitere 7 m zurückgelegen.
Der Niederländer Roy Luiking, der den Rekord auf Stelzen hält, hätte noch 25 m vor sich gehabt, wäre aber noch vor Ferdie Ato Adoboe, dem Rekordhalter im Rückwärtslaufen, ins Ziel gekommen. Mit Schneeschuhen zu laufen ist natürlich weitaus schwieriger (und hätte zudem eine andere Bahnbeschaffenheit erfordert), trotzdem hätte Jeremy Badeau nur einen geringen Rückstand auf Adoboe gehabt. Jemand, der auf Händen läuft, hätte mit den anderen selbstverständlich nicht mithalten können (und kommt nicht einmal innerhalb unseres Schaubildes ins Ziel), aber Shin Don Mok aus Südkorea hätte immerhin bereits ein Viertel der Strecke bewältigt gehabt.
Carl Lewis wäre der eindeutige Sieger dieses ungleichen Rennens gewesen, aber in Wirklichkeit sind sie alle Sieger, jeder in seiner Disziplin.

ring-Stausee in Neusüdwales (Australien) in seinem Gleitboot der Offenen Klasse *Spirit of Australia* erzielt. Der offizielle Weltrekord für Geschwindigkeit zu Wasser liegt bei 514,43 km/h. Er wurde ebenfalls von Kenneth Warby auf dem Blowering-Stausee am 8. Oktober 1978 aufgestellt.

Die offizielle Höchstgeschwindigkeit eines propellergetriebenen Bootes liegt bei 368,54 km/h. Erzielt hat sie der Amerikaner Eddie Hill am 5. September 1982 bei Chowchilla, Kalifornien (USA), mit seinem Superrenner *The Texan.*

Drag-Racing-Rekorde (aus dem Stand über eine Strecke von 440 Yards [402 m] gefahren): Die schnellste Zeit mit einem Dragster mit Kolbenmotor schaffte am 22. März 1992 in Gainesville, Florida (USA), mit 4,801 Sek. Eddie Hill. Die höchste Endgeschwindigkeit von 485,52 km/h erreichte Kenny Bernstein am 20. März 1992 an gleicher Stelle. Am selben Tag erzielten dort Scott Geoffrion in einem *Dodge Daytona* mit 7,139 Sek. die schnellste Zeit und Warren Johnson in einem *Oldsmobile Cutlass* mit 312,94 km/h die höchste Endgeschwindigkeit mit Serienautos. Mit dem Motorrad fuhr John Myers am 11. Oktober 1991 in Dallas, Texas (USA), mit 7,615 Sek. die schnellste Zeit, und die höchste Endgeschwindigkeit erreichte am 6. März 1992 in Houston, Texas (USA), Byron Hines mit 285,71 km/h.

Superleistungen

Die Zahl der angeführten Topleistungen, die ausschließlich auf ihrer Dauer basieren, soll weiterhin schrittweise verringert werden; Marathonrekorde in neuen »Disziplinen« werden nicht mehr aufgenommen. Wer also einen Marathonrekord brechen oder neu aufstellen will, sollte sich rechtzeitig mit uns in Verbindung setzen, um zu klären, ob die Kategorie auch künftig noch geführt wird.

Badewannenrennen: Die Rekordzeit bei einem Badewannen-Rennen über die »klassische« Distanz von 36 Meilen (57,9 km) liegt bei 1:22:27 Std. Erzielt hat sie der Australier Greg Mutton am 8. November 1987 beim Grafton Jacaranda Festival in Neusüdwales. Die Badewannen-Gefährte dürfen höchstens 1,9 m lang sein und 6-PS-(4,5-kW-)Motoren haben.

Bettenrennen: Die Rekordzeit für das alljährlich ausgetragene Bettenrennen von Knaresborough (GB), ins Leben gerufen 1966, ist 12:09 Min. für den 3,27 km langen Kurs, der den Fluß Nidd quert. Die Bestmarke schaffte das Vibroplant-Team am 9. Juni 1990. Das Chew-Valley-Lake-Rennen wird erst seit 1977 ausgetragen. Die Rekordzeit von 50 Min. über den 16,1 km langen Kurs schafften die Westbury Harriers, ein drei Mann starkes Bettenteam.

Den Rekord im Briefmarkentrennen (dem Auseinanderreißen von ganzen Briefmarkenbögen) stellte bei der 5. Internationalen Briefmarkenmesse in der Gruga-Halle in Essen Martin Struth (* 1947) aus Niederwerth (Nordrhein-Westfalen) auf. Am 31. Mai 1984 schaffte er 5380 Briefmarken (5 Dpf, Deutsche Dauerserie, Industrie und Technik) in 15 Min.

Im **Briefmarkenkleben** wurde die Schweizerin Sonja Stillhard (* 1940) aus Tobel beim 1. Internationalen Philatelistentreffen vom 19. bis 21. November 1982 in Unterägeri (Kanton Zug) mit 888 bereits gerissenen Briefmarken auf C6-Umschlägen in 30 Min. Rekordhalterin.
Innerhalb von 4 Min. hat am 26. September 1990 der Schotte John Kenmuir aus Hamilton, Strathclyde (GB), 393 Briefmarken aufgeklebt. Der Rekord gelang in den BBC-Fernsehstudios und wurde in der Show *Rekordbrecher* gezeigt.

Einfädeln: Man nehme eine Nadel Nr. 13 und einen Baumwollfaden und fädle 2 Std. lang ein. Wenn man dann 11 796mal eingefädelt hat, wie das Sujay Kumar Mallick aus Bhopal in Indien am 5. April 1992 geglückt ist, hat man einen neuen Rekord aufgestellt.

Eisstapeleien: 539 Eiskugeln à 16 ml in den Sorten Banane, Blaubeer und Azzura schichtete Gianni Mucignat (* 1961) aus Wallenhorst (Niedersachsen) am 21. März 1989 im Eiscafé Adria auf eine normale Waffeltüte. In 14 Min. stand der 60 cm hohe und ca. 17 kg schwere Eisturm.

Eskimorollen: Der österreichische Stadtamt-Angestellte Manfred Niedermüller (* 1965) aus Braunau stellte gleich zwei neue Rekorde auf: Am 21. Juni 1986 schaffte er mit seinem Kajak in exakt 60 Sek. 33 Eskimorollen mit Paddel, und am 27. Juni 1986 erreichte er ohne Paddel sogar 35 Rollen, ebenfalls in nur einer Minute. Beide Rekorde erzielte er im Freizeitzentrum Braunau am Inn. Eine um so beachtlichere Leistung, da Niedermüller in seiner Kindheit durch einen Unfall den linken Arm verlor.

Schnellster Fensterputzer ist der Amerikaner Keith Witt aus Amarillo, Texas (USA), der am 31. Januar 1992 mit einem 30 cm langen Scheiben-

wischer und 9 l Wasser drei 107,9×119,4 cm große Bürofenster in 10,13 Sek. schaffte. Der Rekord wurde während einer Tagung des internationalen Fensterputzerverbandes in San Antonio, Texas (USA), aufgestellt.
Eilig hatte es auch der Fensterputzer Mladen Seric (* 1965) aus Zeil am Main (Bayern) am 30. August 1991. Die Fensterfronten des Haßfurter Möbel- und Einrichtungsgeschäfts mit 23 Scheiben (169,56 m^2) hat er mit Schwamm und Abzieher gleich 30mal gereinigt. Nach 7:22:42 Std. waren die insgesamt 5086,80 m^2 durch den Putzteufel so blitzsauber wie noch nie. Die schnellste Runde gab es mit 10:50 Min.

Am schnellsten Gitarre spielen konnte bisher Peter Prestel aus Ismaning (Bayern). Am 2. September 1990 erzeugte er ohne irgendwelche Hilfsmittel auf einer sechssaitigen Gitarre 8600 Töne in einer Minute – bei einer Aufzeichnung für die Südwest-3-Sendung *Nimm's Dritte.*

Nudelherstellung: Mark Pi formte am 25. März 1992 bei der Thomas/SYSCO-Nahrungsmittelausstellung in Columbus, Ohio (USA), in 54,8 Sek. aus einem einzigen Teigball 4096 Nudelfäden. Das ergibt eine Geschwindigkeit von über 74 Nudeln/s.

Zahlen-Rekordler ist Michail Schestow, der am 17. Oktober 1991 in Frederiksberg (Dänemark) 5 Min. brauchte, um die Zahlenkolonne 1 bis 785 – mit Abstand und gegliedert – zu tippen.
Les Stewart aus Mudjimba Beach in Queensland (Australien) hatte bis zum 27. Februar 1992 die Zahlen 1 bis 730000 in Wörtern auf 14500 Quartblätter getippt. Sein Ziel: »Millionär« zu werden.

Schnellster Schreiber am Personalcomputer (PC) ist Gregory Arakelian aus Herndon, Virginia (USA), mit 158 Wörtern/min (darunter zwei Fehler). Er schaffte diesen Rekord am 24. September 1991 im Semifinale des Key Tronic World Invitational Type-Off, einem Wettbewerb mit ungefähr 10000 Teilnehmern aus aller Welt. Die Bestmarke wurde bei einem 3-Minuten-Test gemessen.

Die Höchstgeschwindigkeiten im Maschinenschreiben werden so berechnet, daß für jeden Tippfehler zehn Wörter als Strafe von der Gesamtwortzahl abgezogen werden.
Rekorde auf einer mechanischen Schreibmaschine sind über 5 Min. eine Nettogeschwindigkeit von 176 Wörtern/min (Carole Forristall Waldschlager Bechen am 2. April 1959 in Dixon/USA) und über 1 Std. 147 Wörter/min (Albert Tangora aus den USA am 22. Oktober 1923 auf einer Underwood Standard).

Der offizielle Stundenrekord auf einer elektrischen Schreibmaschine ist 9316 Wörter (40 Fehler) auf einer IBM-Maschine. Das entspricht einer Nettogeschwindigkeit von 149 Wörtern/min. Diese Leistung vollbrachte Margaret Hamma (jetzt Dilmore) in Brooklyn (USA) am 20. Juni 1941.
Bei einem offiziellen Test im Jahr 1956 erreichte Stella Pajunas (jetzt Garnard) 216 Wörter/min auf einer IBM-Maschine.

Rückwärtsschreiben: Bei einer Gewerbeschau in Groß-Gerau (Hessen) verbesserte der Stenosekretär Jens Seiler (* 1966) aus Groß-Gerau am 4. Oktober 1987 seinen eigenen Rekord auf jetzt 626 Anschläge/min. Einen Text mit 701 Anschlägen schrieb er in nur 1:07 Min. rückwärts ab.

Rollerfahren: Der 24-Std.-Rekord für Kinderrollerfahren mit einer 25köpfigen Mannschaft steht bei 540,93 km, aufgestellt am 22./23. März 1980 von einer Gruppe der Wimmera Young Farmers in Victoria (Australien).

Schon 1985 legte der Soldat Andreas Ziebe (* 1965) mit einem luftbereiften Kinderroller 269,2 km in 24 Std. zurück. Das jedoch reichte dem eifrigen Rollerfahrer offenbar nicht, und so überbot er seinen eigenen Rekord am 13./14. Juni 1986 auf einem 50-km-Rundkurs im Kreis Wildeshausen (bei Bremen) mit 303 km. Für seinen Rekord erteilte ihm die Bundeswehr Sonderurlaub.

Die Schnellsten auf Schneeschuhen sind nach den offiziellen Rekorden der IASSRF (**I**nternationale **A**mateur-**S**chnee**S**chuh-**R**enn-**F**öderation) Nick Akers aus Edmonton, Alberta (Kanada), der am 3. Februar 1991 die Meile (1,609 km) in 5:56,7 Min. zurücklegte, und Jeremy Badeau aus Canaseraga, New York (USA), der am 31. Mai 1991 für 100 m 14,07 Sek. benötigte.

Schneidern: Die größte Geschwindigkeit, mit der ein dreiteiliger Anzug vom Schaf bis zum Kleidungsstück angefertigt wurde, beträgt 1:34:33 Std. Am 24. Juni 1982 starteten 65 Mitglieder des Melbourne College of Textiles in Pascoe Vale, Victoria (Australien), den Versuch. Das

Der schnellste Dragster ist der *Budweiser King* des Amerikaners Kenny Bernstein, der mit ihm am 20. März 1992 in Gainesville, Florida (USA), am Ende der Viertelmeile (402,25 m) eine Geschwindigkeit von 485,52 km/h erreichte und damit als erster Mensch die Schallmauer von 300 Meilen/Std. (482,7 km/h) durchbrach.

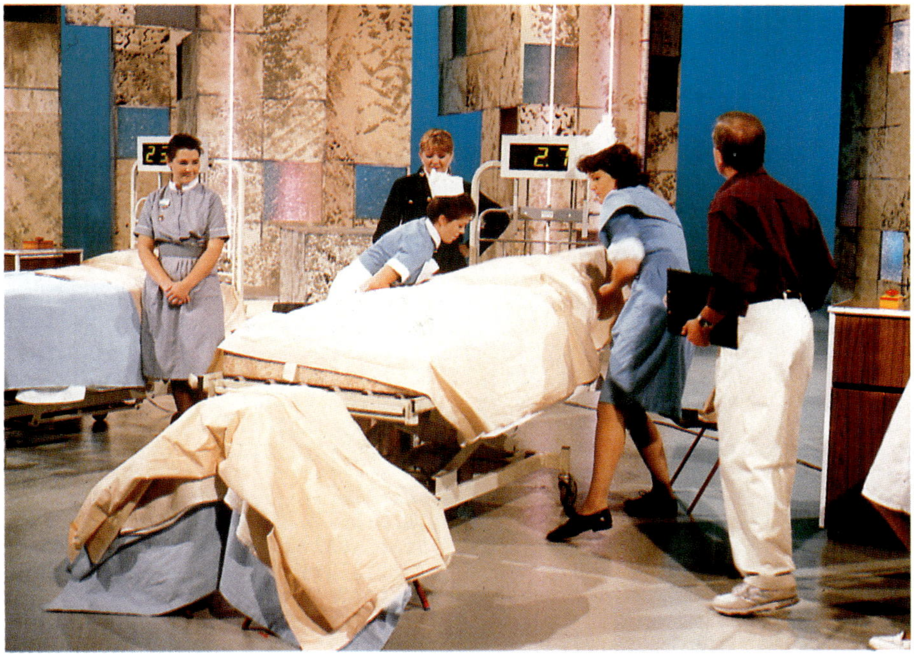

Zu zweit ein Bett in 17,3 Sek. zu machen – diesen Rekord schafften die Krankenschwestern Sharon Stringer und Michelle Benkel vom Royal Masonic Hospital in London am 19. September 1990. Roy Castle, der im BBC-Fernsehen durch die Sendung *Rekordbrecher* führt, beobachtet die Topleistung.

Mit schnellem Strich zeichnete Prominentenmaler Gero Hilliger das Porträt seines Modells in nur 9,4 Sek.

Einfangen und Schafscheren dauerte 2:21 Min., der Rest der Zeit wurde für das Streichen und Krempeln der Wolle, für das Weben, Zuschneiden und Nähen benötigt.

Da hatte es die Österreicherin Lotte Meisl aus Graz (Steiermark) bei ihrem Rekordversuch im Kleidernähen einfacher. Am 8. November 1987 kam die »flotte Lotte« auf 1:52 Min. Ihr Kimonokleid war bei der Sammler- und Kuriositätenmesse auf dem Grazer Messegelände in dieser Rekordzeit fertig und wurde sofort vorgeführt.

Schubkarrenrennen: Der Streckenrekord über eine Meile (1,609 km) ist 4:48,51 Min. und wurde von Piet Pitzer und Jaco Erasmus von der Transvalia High School in Vanderbijlpark (Südafrika) am 3. Oktober 1987 aufgestellt.
Im Rahmen der 800-Jahr-Feier in Wadersloh (Kreis Soest) stellte Reinhold Winkel (* 1953) zusammen mit Franz-Bernhard Meyer (* 1956) erneut einen Rekord im Schubkarrenschieben über 15 km auf. Am 14. Mai 1988 schob sich das Lippstädter Team in 1:02:08 Std. gegenseitig über die Strecke und wechselte sich nach jeweils 500 m ab.

Skateboard: Seit 1966 werden in unregelmäßigem Abstand »Weltmeisterschaften« ausgetragen. David Frank (damals 25) kam am 11./12. August 1985 auf eine Marathonleistung von 435,3 km in 36:43:40 Std.

Der schnellste Skateboardfahrer ist Roger Hickey (32), der am 15. März 1990 auf einer Strecke bei Los Angeles, Kalifornien (USA), in Bauchlage 126,12 km/h und am 3. Juli 1990 in San Demas, Kalifornien, im Stand 89,2 km/h erreichte.
Der Hochsprungrekord ist 1,67 m, erzielt am 14. September 1982 von Trevor Baxter (* 1962) aus Burgess Hill (GB). 17 Fässer (5,18 m) übersprang Tony Alva (damals 19) am 25. September 1977 bei den 4. US-Meisterschaften in Signal Hill, Kalifornien.
Einen Weitsprungrekord mit dem Skateboard erzielte der Student Kurt Schönwald (* 1960) aus Bonn am 9. Juni 1984 während des Bonner »Familienfestes« im Rheinauenpark. Im 3. Versuch stand er (nach Weiten von jeweils 5 m und 5,2 m) die Weite von 5,7 m.
Einen Dauerrekord mit dem Skateboard stellte Christian Rosset (* 1962) aus La Chaux-de-Fonds (Schweiz) mit 28:00:03,5 Std. am 1./2. Dezember 1984 in Schaffhausen auf. Auf der kreisrunden Bühne (3 m Durchmesser) eines Kabaretts fuhr er unermüdlich im Uhrzeigersinn.

Stricken: Die produktivste Handstrickerin aller Zeiten ist Gwen Matthewman aus Featherstone (GB). Am 29. September 1980 schaffte sie bei einem Test in Leeds 111 Maschen/min. Der einzige Professor für Stricken – ein Japaner – hat ihre Technik im Film festgehalten.

Treppenlaufen: Der 100-Stockwerke-Rekord fürs Treppensteigen wurde am 26. Juni 1978 von

Dennis W. Martz im Detroit Plaza Hotel, Detroit (USA), mit 11:23,8 Min. aufgestellt.
50mal ist am 3. März 1991 Russell Gill die Stufen des Rhodes State Office Tower in Columbus, Ohio (USA), hinaufgelaufen (abwärts ging's im Aufzug). Er brauchte dazu 10:32:24 Std. Gill bewältigte dabei 41 750 Stufen oder eine vertikale Distanz von 7778,5 m.
Das höchste freistehende Gebäude der Welt, den CN Tower in Toronto (Kanada), hat Brendan Keenoy in Rekordzeit erklommen. Er brauchte am 29. Oktober 1989 für die 1760 Stufen (senkrechte Höhe: 342 m) 7:52 Min.
Das höchste Hotel der Welt, das Westin Stamford Hotel in Singapur, hat 1336 Stufen. Die schaffte mit 6:55 Min. Balvinder Singh beim 3. Vertikal-Marathon am 4. Juni 1989 in Rekordzeit.
Scott Elliott rannte die 1575 Stufen des Empire State Building in New York City am 13. Februar 1990 in 10:47 Min. – aufwärts, versteht sich.

Schnellzeichner, Showzeichner, Porträtkarikaturist ist der Berliner Gero Hilliger (* 1943). Am 27. März 1992 unterbot er mit 9,4 Sek. in *Guten Morgen, Deutschland* (RTL plus) den bisherigen Rekord mit dem schnellsten Porträt eines ihm zuvor Unbekannten des Münchener Karikaturisten Dieter Hanitzsch von 13 Sek. aus dem Jahr 1983.

ARTISTIK

Bierkistenklettern: Zu einem 9,65 m hohen Turm stapelte der Brite Philip Bruce 38 Bierkästen und kraxelte dann hinauf. Den Rekord schaffte er am 26. August 1991 in Sowerby Bridge (GB).

Eierlaufen: 42,195 km weit lief am 23. April 1990 Dale Lyons aus Meriden, West Midlands (GB), mit einem rohen Ei auf einem Teelöffel beim London Marathon mit. Er brauchte dazu 3:47 Std.

Himmel und Hölle: Die größte Anzahl von Himmel-und-Hölle-Spielen, in 24 Std. erfolgreich abgeschlossen, ist 307. Den Rekord erhüpfte Ashrita Furman aus Jamaica, New York (USA), am 5./6. April 1991 in Zürich (Schweiz).

Gehen – auf Händen: Die längste auf Händen zurückgelegte Strecke brachte der Österreicher Johann Hurlinger hinter sich, der im Jahr 1900 in 55 zehnstündigen Tagesetappen mit einer Durchschnittsgeschwindigkeit von 2,54 km/h im Jahr 1900 die 1400 km lange Strecke von Wien nach Paris auf diese Weise zurücklegte. Shin Don-mok aus Südkorea schaffte am 14. November 1986 im Toda-Sportzentrum von Saitama (Japan) einen Handstandsprint über 50 m in 17,44 Sek. Eine Vierer-Staffel (David Lutterman, Brendan Price, Philip Savage und Danny Scannel) kam am 15. März 1987 in Knoxville, Tennessee (USA), über eine Meile (1,6 km) nach 24:48 Min. ins Ziel.

Hula-Hoop: 81 Reifen hat Chico Johnson (* 1939) am 18. September 1983 in einer BBC-Fernsehsendung – zwischen Schulter und Hüfte – zum Kreiseln gebracht. Die Hula-Hoop-Reifen müssen mindestens dreimal rundum geschwungen werden.

Hüpfstockrekorde halten Gary Stewart aus Huntington Beach, Kalifornien (USA), der am 25./26. Mai 1992 177 737 Sprünge absolvierte, und Ashrita Furman aus Jamaica, New York (USA), der am 25. Mai 1991 in Seoul (Südkorea) mit 24,125 km, die er in 5:33 Std. zurücklegte, einen Weitenrekord aufstellte.

Traktorreifen-Hula-Hoop

Gleich 72mal routierte ein 24 kg schwerer, fast 1 m großer Hinterreifen eines Traktors um die Hüften des sechsmaligen Österreichischen Meisters im Ringen, Roman Schedler (* 1957) aus Hörbranz, Vorarlberg. Bei der 43. Dornbirner Messe stellte der Ex-Spitzensportler diese Leistung innerhalb von 24 Sek. auf – das entspricht drei Umdrehungen pro Sekunde! Möglich wurde dieses Hula-Hoop mit einem fabrikneuen Traktorreifen durch ein zehnwöchiges Aufbautraining. Nur ein hochtrainierter Körper hält bei dieser Umdrehungszahl den Druck auf die Hüften aus.

Kriechen (bei dieser Art der Fortbewegung muß ein Knie ununterbrochen Bodenhaftung haben): Aus freien Stücken und ohne jede Pause waren bisher die Briten Peter McKinlay und John Murrie am längsten auf Kriechspur: Am 28./29. März 1992 legten sie auf einer Leichtathletikanlage in Falkirk 115 Runden oder 50,6 km zurück.
1400 km, von Aligarh nach Jamma, kroch der Inder Jagdish Chander, weil er seine Lieblingsgöttin Mata gnädig stimmen wollte. Chanders Pilgerreise auf Knien dauerte 15 Monate, am 9. März 1985 hatte er sein Ziel erreicht.

Den Rekord im Balancieren auf einem Fuß hält Shri N. Ravi aus Sathyamangalam (Indien), der am 17./18. April 1982 genau 34 Std. durchstand. Der freie Fuß darf nicht auf dem Standfuß abgestützt werden, ebenso ist es verboten, irgendwelche Stützen oder Balancehilfen einzusetzen.

Golfballbalancieren: Lang Martin balancierte am 9. Februar 1980 sieben Golfbälle übereinander – ohne Klebstoff. Den Rekord stellte er in Charlotte, North Carolina (USA), auf.

Mit dem Medizinball (3 kg schwer) jongliert der Schweizer Paul Sahli (* 1948) aus Winznau einfach meisterlich. Am 21. März 1992 verbesserte der Mechaniker seinen eigenen Rekord in 38:28 Min. in Göppingen (Baden-Württemberg) auf 4564 Ballberührungen – ohne daß der Ball den Boden berührt hat. Auch mit dem Tennisball erreicht der Amateursportler Paul Sahli immer bessere Leistungen. In Balzers (Liechtenstein) erzielte er am 15. Mai 1989 mit dem 75 g schweren Ball einen neuen Jonglierrekord: 10 125mal jonglierte er ihn mit den Füßen in 1:21:41 Std.

Milchkastenblancieren. 25 Milchkästen 10,3 Sek. lang auf seinem Kinn zu balancieren – dieses Kunststück brachte Terry Cole aus London (GB) am 28. Juli 1991 auf der Londoner Isle of Dogs fertig.

Seinen eigenen Rekord im Balancieren von Fruchtsaftkästen auf dem Kinn überbot Willi Lüsgen (* 1952) aus Erftstadt-Liblar (Nordrhein-Westfalen) am 16. Mai 1987. Er balancierte 20 aufeinandergestapelte Kästen 17 Sek. lang auf seinem Kinn.

Der Wiener John Gloser (* 1959) balancierte am 4. September 1985 in der Ottakringer Brauerei gleich 22 leere Bierkisten (Gesamthöhe 5,4 m, 39,1 kg schwer) 5 Sek. lang auf dem Kinn.

Tennisbälle balanciert der Tennislehrer Ali Soysal (* 1943) aus Fuldatal bei Kassel. Am 9. Juni 1985 schaffte er beim 4. Kasseler Stadtfest einen neuen Rekord: 29 Tennisbälle in einer Hand.

Zigarrenkistenbalancieren: 213 nicht präparierte Zigarrenkisten balancierte der Amerikaner Bruce Block 9,2 Sek. lang auf seinem Kinn. Dieses Kunststück gelang ihm am 5. November 1990 in der Ausstellung *Guinness World of Records* in London.

Jo-Jo: Das Spiel stammt wahrscheinlich von den Philippinen, der Name bedeutet »Komm, komm«. Als Freizeitspiel wurde Jo-Jo im Jahr 1926 große Mode. Populär gemacht hatte es Donald F. Duncan aus Chikago (USA). Eddy Mc-

Sensationsdarsteller Hans Moretti garantiert Nervenkitzel bei der Entfesselung am brennenden Hanfseil. Um 4,81 Sek. verbesserte er seinen Rekord.

Donald aus Toronto (Kanada) hält gleich zwei Jo-Jo-Rekorde: Die Bestmarke über 1 Std. stellte er am 14. Juli 1990 in Cavendish (Kanada) mit 8437 Schleifen (Loopings) auf, und in Boston (USA) schaffte er am 14. Oktober 1990 in 3 Std. 21 663 Schleifen.

Stelzenlaufen: Schnellster Stelzenläufer ist, soweit bekannt, der Japaner Masaharu Tatsushiro. Er schaffte am 30. März 1980 in Tokio auf 30,48 cm hohen Stelzen 100 m in 14,15 Sek.
Schnellster Langstrecken-Stelzer war M. Garisoain aus Bayonne (Frankreich). Er hatte im Jahr 1892 für die 8 km von Bayonne nach Biarritz 42 Min. gebraucht und dabei eine Durchschnittsgeschwindigkeit von 11,42 km erreicht.
Die längste Strecke auf Stelzen bewältigte der Amerikaner Joe Bowen vom 20. Februar bis 26. Juli 1980. Da stelzte er 4804 km weit, von Los Angeles in Kalifornien nach Bowen in Kentucky.
Der Franzose Sylvain Dornon war im Jahr 1891 von Paris (über Wilna) nach Moskau gestelzt. Er brauchte für die 2945 km 50 Tage oder nach einer anderen Quelle 58 Tage. Wie dem auch sei, Bowens Strecke war länger, Dornon war auf jeden Fall schneller.
Sehr hohe Stelzen sind auch sehr gefährlich. 25 Schritte auf ihnen gelten schon als meisterlich. Die höchsten Stelzen, die je gebaut wurden, maßen vom Boden bis zum Fußtritt 12,36 m. Auf die wagte sich Eddy Wolf (»Steady Eddy«) aus Loyal, Wisconsin (USA), am 9. März 1986 im Traumland-Park von Yokohama (Japan). Er schaffte 27 Schritte, ohne das Sicherheitsgeländer aus Draht zu berühren. Wolfs Aluminiumstelzen waren jeweils 25 kg schwer. Die schwersten Stelzen wogen jeweils 25,4 kg und waren alles in allem 7,31 m hoch. Joe Long (eigentlich: Kenneth Caesar), mit der Erfahrung von fünf Knochenbrüchen ausgestattet, ließ sich davon nicht abschrecken und zeigte am 8. Dezember 1978 am Londoner Fernsehzentrum der BBC, daß sich auch auf solchen Riesenstelzen einige Schritte tun lassen.

Auf Riesenstelzen (1,5 m Bodenfreiheit) gelang dem Schweizer Jean-Marc Zahno aus Düdingen (Kanton Freiburg) am 8. September 1981 die Erstbesteigung der 2186 m hohen Kaiseregg (Schwarzsee). In 2:30 Std. war der höchste Punkt erreicht.

Springen: Der höchste regelmäßig stattfindende Turmsprung wird von professionellen Klippenspringern vom La-Quebrada-Felsen in Acapulco (Mexiko) aus einer Höhe von 26,7 m gewagt. Anführer des exklusiven Klubs von 27 Turmspringern, Club de Clavadistas, ist Raul Garcia (* 1928), der mehr als 35 000 Kopfsprünge gesund überstanden hat. Der 6,4 m breite Sockel des Felsens erfordert einen Weitsprung von 8,2 m. Das Wasser ist 3,65 m tief.

Als erste Frau wagte Barbara Winters (* 1953) am 7. Dezember 1976 den Kopfsprung von den Klippen.

Sprung in die Tiefe: Der Weltrekord, vom Sprungbrett ins Wasser aus 53,9 m Höhe, wurde am 30. August 1987 von Olivier Favre (Schweiz) in Villers-le-Lac (Frankreich) aufgestellt.
Der Rekord für Frauen ist 36,8 m, am 6. April 1985 von Lucy Wardle (USA) im Ozean Park von Hongkong ersprungen.

Den tiefsten Sprung in ein Luftkissen wagte der amerikanische Stuntman Dan Koko. Am 13. August 1984 hüpfte er vom Vegas World Hotel and Casino und fiel 99,36 m tief. Seine Fallgeschwindigkeit betrug kurz vor dem Aufprall 141 km/h.
Kitty O'Neill sprang am 9. Dezember 1979 in 54,8 m Höhe aus einem Helikopter über Devonshire Downs, Kalifornien (USA), für einen Fernsehstunt auf ein Luftkissen von 9,14×18,28 m.

Drahtseilakte: Steve McPeak (* 1945) aus Las Vegas bestieg das Kabel der Zugspitzbahn mit einem Höhenunterschied von 705 m in drei Etappen am 24./25./28. Juni 1981 in insgesamt 5:04 Std. Das höchste Gefälle auf der 2282 m langen Strecke ist über 30 Grad. Das Kabel hat einen Durchmesser von 46,6 mm.
Den größten Höhenunterschied auf einem Drahtseil, nämlich 1008 m, bewältigte der Franzose Michel Menin über den Angelwasserfällen in Venezuela. Er vollbrachte sein Kunststück gleich zweimal: am 1. und am 2. März 1988.

Den Dauerrekord im Leben **auf einem Seil** stellte der Franzose Henri Rochatain (* 1926) auf, als er vom 28. März bis zum 29. September 1973 185 Tage auf einem 120 m langen Seil 25 m über einem Supermarkt in Saint Etienne (Frankreich) verbrachte. Seine Fähigkeit, auf dem Seil zu schlafen, versetzt die Ärzte immer noch in Erstaunen. Er ging ca. 500 km auf dem Seil spazieren, um sich in guter Form zu halten.
Ashley Brophy aus Neilborough (Australien) legte auf einem 45 m langen und in 10 m Höhe gespannten Drahtseil 11,57 km zurück. Die Rekordleistung wurde am 1. November 1985 in 3:30 Std. beim Grand Prix in Adelaide erzielt.

Bester Selbstflieger im künstlichen Luftstrom wurde bei den Flieg-Selbst-Meisterschaften in Speyer am 14. Oktober 1989 der Kraftfahrzeugmechaniker Ralf Müller (* 1959) aus Linnich (Nordrhein-Westfalen). Nur mit einem Fledermaus-Overall als Hilfsmittel hielt er sich 48:10 Min. schwerelos im Luftstrom. Die Flughöhe lag zwischen 5 und 7 m. Bei dieser von den Gummiwerken Fulda gesponserten Sportart wird der Luftstrom von einem 12-Zylinder-Motor mit zwei Turboladern, einem Hubraum von 19 200 cm^3 und einer Leistung von 650 PS sowie von einem Vier-Blatt-Propeller mit 260 cm Durchmesser und 100 kg Schubleistung erzeugt. Die Strömungsgeschwindigkeit beträgt dabei 180 km/h.

Tragflächenfliegen: Roy Castle, der Moderator der BBC-Fernsehsendung *Rekordbrecher*, flog am 2. August 1990 3:23 Std. auf der Tragfläche eines Flugzeugs vom Typ *Boeing Stearman* mit. Die Maschine startete in Gatwick (GB) und landete in Le Bourget bei Paris.

Einen Abseilrekord von 1029 m stellten Wilmer Pérez und Luis Aulestia auf, als sie am 24. August 1989 in 1:15 Std. die Angel Wasserfälle in Venezuela herunterkletterten.
Die größte Höhendifferenz beim Abstieg von einem Gebäude, 446,5 m, überwanden zwei Gruppen von jeweils 12 Angehörigen der Royal Marines aus Großbritannien und der Kanadischen Schule für Rettungsmannschaften. Alle

Mimik, Pantomimik, Humor und Show bietet der Schweizer Musik-Clown Werelli.

24 Personen seilten sich am 1. Juli 1992 an zwei Seilen vom Space Deck des CN Towers in Toronto (Kanada) ab, wobei die beiden ersten exakt zum gleichen Zeitpunkt das Straßenniveau erreichten.
Einen Mannschaftsrekord stellten zehn Angehörige der 63. Airborne Squadron aus Aldershot, Hampshire (GB), auf, die am 14. September 1992 in 8 Std. eine Höhendifferenz von insgesamt 44,65 km überwanden, indem sie sich 1674mal vom Alexander House in Swindon, Wiltshire (GB), abseilten.

Abenteuerklettern: Daniel Goodwin aus Kalifornien kletterte im August 1986 an der Fassade des 555,33 m hohen CN Tower in Toronto (Kanada) hoch – ohne technische Hilfe und ohne Sicherheitsvorkehrungen. Eine so hohe senkrechte Wand hatte vor ihm noch niemand bestiegen.
Am 21. Juli 1980 bestiegen Jean-Claude Droyer (* 1946) aus Paris und Pierre Puiseux (* 1953) aus Pau (Frankreich) ohne mechanische Hilfsmittel den 300 m hohen Eiffelturm auf der Außenseite. Führ-Kraxler Jean-Claude war in 2:18:15 Std. oben.

Menschliche Pyramide: 12 (in drei »Etagen«) auf einem einzigen Untermann. Gewicht 771 kg. Unten stand Tahar Davis von der Hassani-Truppe, Birmingham (GB), 17. Dezember 1979.
Eine Menschenpyramide bewegte der Kraftfahrer Werner Mostbeck (* 1943) aus Eckental bei Nürnberg am 19. April 1986. Als Untermann der im rotweißgestreiften Nostalgielook auftretenden Akrobatengruppe Artos trug er fünf Männer (Gesamtgewicht 311 kg) 19 m weit auf seinen Schultern.

Schnellentfesseln: Erneut vollführte Hans Moretti (Hans Cewe, * 1928) aus Dillingen (Saarland) seine spektakuläre Bestleistung im Schnellentfesseln in Großrosseln (Saarland). Am 15. August 1990 hing er an einem benzingetränkten brennenden Hanfseil unter einem Helikopter in 350 m Höhe und befreite sich in nur 31,39 Sek. aus der Fesselung durch eine 30 m lange Stahlkette mit 3 cm langen und 1,5 cm breiten Gliedern, mehr als 100 Stahl-Schnappschlössern und drei Paar Fuß- sowie 16 Paar Polizeihandschellen. Zusätzlich waren seine Augen mit Watte, Heftpflaster und Augenbinde verdeckt. Eine Nachahmung dieses lebensgefährlichen Kunststücks ist nicht zu empfehlen!

Als Bauchredner begeistert Peter Moreno alias Peter Rohrmayr (* 1965) aus Aindling (Bayern), ein gelernter Restaurateur und Stukkateur, sein Publikum mit Bauchstimmen. Am 14. Oktober 1988 machte er gleichzeitig 8 Personen (2 Damen und 6 Herren) bei dem Geburtstagsfest der *Mainzer Rhein-Zeitung* zu lebenden Bauchrednerpuppen.

Musik-Clownereien: In Hochstimmung versetzt der Schweizer Werner Luginbühl (* 1950) aus Krattigen sein Publikum, wenn er in seinem Unterhaltungsprogramm gleichzeitig auf zwei Alphörnern bläst. Als international bekannter Musik-Clown Werelli spielt er nicht weniger gekonnt seine Melodien mit drei Trompeten zugleich. Dieses Kunststück gelang ihm erstmals am 9. Oktober 1991 im Kulturpalast Dresden (Sachsen).

Massenhypnose: Don Alfredo (Manfred Knoke, * 1950) aus Unterthingau (Allgäu) hypnotisierte in der Zeit vom 27. Juli bis 1. August 1987 insgesamt 1811 Personen im Bochumer Einkaufszentrum Drehscheibe und verbesserte seinen Rekord von 1986 um 56 »Schläfer«.
In der Gelsenkirchener Eishalle stellte Don Alfredo am 12. Juni 1988 zum drittenmal einen Massenhypnose-Rekord auf. Diesmal schlug er gleich richtig zu und überbot seinen eigenen Rekord um 180 Personen und schickte 638 Schlafwillige auf einen Schlag ins Land der Träume.

Wendigster und vielseitigster Zauberer ist Eldon D. Wigton (alias Dr. Eldooni). In Kilbourne, Ohio (USA), führte er am 1. März 1990 in 2 Min. sensationelle 118 verschiedene Tricks durch.

Stemmrekorde: Mit der Beinpreßmaschine schafften Walter Köberl (* 1963) und Hans Hinterleitner (* 1959) auf dem Flugplatz Seitenstetten, Bezirk Amstetten (Oberösterreich), das höchste Stemmgewicht. Das Duo drückte am 27. Juni 1990 gleich elf Personen nebst Schlitten und seinen Ketten mit einem Gesamtgewicht von 1194,1 kg in die Höhe.

Der Kraftsportler Rainer Griebl (* 1946) aus Gerbrunn (Bayern) vom Schwimmverein 05 Würzburg stemmte einen *Trabi* mit seinen Insassen mit seinen Beinen nach oben. Im Würzburger Congress Centrum hielt er vier Sek. lang ein Rekordgewicht von 662,6 kg am 24. April 1990 24 cm hoch.
Ein Gesamtgewicht von 748 kg stemmte der Sportlehrer Wolfgang Bücken (* 1954) aus Würselen (Nordrhein-Westfalen). 15 Sek. lang hielt der Kraftsportler einen *Nissan Micra* (695 kg) und eine 53 kg schwere Fahrerin am 25. Mai 1991 im Aachener Autohaus Huppertz in Brusthöhe hoch.

Kraftakte: Der schlagfertige Schmied Werner Zägel (* 1954) aus Wemmetsweiler (Saarland) schlug mit reiner Muskelkraft ein 10 mm starkes kaltes Vierkanteisen mit 27 Hammerschlägen in 11,37 Sek. rotglühend. Mit seinem Kraftakt vom 8. Juli 1989 unterbot er seinen eigenen Rekord, der bei 31 Hammerschlägen in 14,47 Sek. lag, im *Telemagazin* des Saarländischen Rundfunks.

Eisenbiegen mit reiner Körperkraft ohne technische Hilfsmittel, das schafft Horst Alldag (* 1934). Den stärksten Mann Hannovers schreckt auch gehärteter Baustahl nicht. Seit über 15 Jahren werden 8–12 mm starke Eisenstangen krummgebogen. Anläßlich der Berliner Funkausstellung schaffte er es am 5. September 1983, 10 mm starken Baustahl (III b) von 250 mm Länge in nur 7,5 Sek. zu einem »U« zu biegen.

Nägelbiegen: Der Luxemburger Artist Georges Christen (* 1962) bog am 18. März 1989 im Casino 2000 in Bad Mondorf (Luxemburg) 368 eiserne Nägel (von 21 cm Länge und 7 mm Durchmesser) in 60 Min. in V- bzw. U-Form um.

Ziehen mit Zähnen: Bei der *Guinness-Spectacular*-Fernsehshow in Los Angeles (USA) am 7. April 1979 hinderte John Massis (Wilfried Oscar Morbée, 1940–88) aus Oostakker (Belgien), lediglich mit Hilfe einer Trensenzäumung, einen Hubschrauber am Aufsteigen.
Auf dem Güterbahnhof von Luxemburg erzielte Georges Christen (* 1963) am 18. August 1985 einen neuen Rekord im Ziehen mit den Zähnen. Ganze 200 m zog er einen 20,36 t schweren Güterwaggon über die Schienen. Gezeigt wurde diese Leistung in der Sendung *Weltrekord* von RTL plus. Nur mit der Kraft seiner Zähne hinderte er im August 1987 eine *Cessna 152* am Start. Der Pilot startete durch, konnte mit den 110 PS des Sportflugzeugs aber nicht aufsteigen.

Fingerhakelrekord: Einen LKW mit einem Gesamtgewicht von 13142 kg (einschließlich sechs Paletten Bier und den Fahrern) zog der Tischler Josef Kern (* 1961) aus Haigermoos (Oberösterreich) zum Auftakt des Oktoberfests in St. Pantaleon in 10,09 Sek. mit einem Finger 3 m weit.

Flugzeugziehen: Der Brite Dave Gauder (damals 31) aus Streatham übte erneut, Verkehrsflugzeuge zu ziehen. Am 11. Juni 1987 zog der Gewichtheber eigenhändig eine 100 t schwere *Concorde* 12,19 m weit auf dem Rollfeld des Londoner Flughafens Heathrow.

Ein komplettes Kinderkarussell hob der Kraftsportler Rainer Griebl für 20 Sek. in die Höhe, damit es ununterbrochen gedreht werden konnte. Der Weltmeister im Kraftdreikampf ließ am 20. Juli 1991 im Würzburger Heuchelhof das mit 10 Kindern besetzte Karussell (Gesamtgewicht 479,1 kg) allein durch Muskelkraft schweben.

Im Rollschuhhoch-Weitsprung überspringt Jürgen Köhler nicht nur Hindernisse bis zu 3 m Höhe, er macht auch vor mehreren hintereinander stehenden Autos keinen Halt.

Der einstige Olympiateilnehmer (1960 Turmspringen und 64 Bantamgewicht/Ringen) und Sportlehrer Peter Werner (* 1940 – seit 14 Jahren querschnittgelähmt) zog am 17. April 1992 beim Take Off '92 auf dem Flughafen Berlin-Schönefeld drei miteinander verbundene einmotorige Sportmaschinen vom Typ *Z-42 (Zlin)* 10 m weit, allein mit seiner Armkraft. In 4:02,02 Min. gelang ihm der ca. 3 t schwere Schlepp mit seinem Rollstuhl.

Halterekord: Ein 11-kg-Gewicht hielt Horst Alldag am 27. November 1986 in Hannover 73 Sek. lang mit ausgestrecktem Arm absolut waagerecht. Damit schlug der Meister im Eisenbiegen den Goldmedaillengewinner von Los Angeles im Gewichtheben, Karl-Heinz Radschinsky, um 2 Sek.
Noch besser konnte es Jörg Führing (* 1961) aus Gevelsberg (Nordrhein-Westfalen). Am 4. Juni 1989 hielt er die 11 kg noch 10 Sek. länger am gestreckten Arm.
Eine neue Bravourleistung gelang dem Eisenbieger Horst Alldag im September 1990. Gleich zehnmal stemmte der Hannoveraner einen 250 kg schweren Eisenturm aus übereinandergestapelten Ringen 20 Sek. lang in die Höhe, dabei hob er die oberste stählerne Scheibe nur mit den Fingerkuppen an.

Steintragen: Russell Bradley aus Worcester (GB) trug am 28. Januar 1991 Ziegel im Gesamtgewicht von 207 kg eine Leiter mit der vorgeschriebenen Mindestlänge von 3,65 m hinauf. Das Tragegestell wog 43 kg.
Wolfgang Aigner (* 1959) aus Innsbruck wollte es am 14. Oktober 1988 wissen: Gleich zweimal wuchtete der Fitneßstudiobesitzer sein 15 kg schweres Tragegestell 18 Sprossen einer 3,86 m hohen Leiter hoch, in je 1:25 Min. beladen mit zunächst 55 Ziegelsteinen im Gesamtgewicht von 244,1 kg und dann mit 61 Ziegelsteinen mit einem Gewicht von 270,9 kg.

Ziegelstemmen: Russell Bradley aus Worcester (GB) hob am 17. November 1990 30 Ziegelsteine, die lose nebeneinander lagen, mit gespreizten Armen von einem Tisch hoch bis auf Brusthöhe, wo er sie für 2 Sek. hielt. Am selben Tag hob Russell Bradley das größte Gewicht von Ziegeln, als er 26 weitaus schwerere Steine mit einem Gesamtgewicht von 86 kg hob und erneut 2 Sek. hielt.

Ziegeltragen: 99,37 km weit trug am 16. Juli 1985 Reg Morris aus Walsall (GB) einen 4,08 kg schweren Ziegelstein; der Stein wird mit der Handöffnung nach unten ohne Handschuhe gehalten.

Der weibliche Rekord für einen Ziegel von 4,422 kg ist 36,2 km, aufgestellt am 28. April 1986 von Wendy Morris aus Walsall, West Midlands (GB).

Rollschuh-Akrobatik: Mit 70 km/h hob der Hennefer Jürgen Günter Köhler (* 1967) am 22. August 1990 von der Rampe ab und sprang 3 m hoch und rund 18 m weit vor der laufenden Fernsehkamera – auf Rollschuhen! Die ZDF-Jugendsendung *Pfiff* präsentierte einen neuen Rekord, eine 50-PS-*Honda* hatte dem tollkühnen Rollerskate-Fan zuvor über 50 m die erforderliche Startgeschwindigkeit gegeben. Köhler begann mit zwölf Jahren, auf acht Rollen abzuheben, und steigerte seine Rollschuh-Akrobatik von Jahr zu Jahr. Mal springt er über einen Kleinbus, mal macht er einen Satz über drei bis vier nebeneinander geparkte Personenwagen. Der Sensationsdarsteller vom German Wings Stunt Team ist bisher stets mit heiler Haut davongekommen, ein paar Abschürfungen und Prellungen nicht gezählt.

Den weitesten Sprung auf Schlittschuhen schaffte Yvon Jolin, der am 25. Januar 1981 in Terrebonne, Quebec (Kanada), 8,97 m weit über 18 Fässer sprang. Den Rekord bei den Frauen hält Janet Hainstock, die am 15. März 1980 in Wyandotte, Michigan (USA), auf 11 Fässer oder 6,2 m kam.

Radartistik: Am 30. Juni 1988 kletterten 19 Mitglieder des Jaso Sport Clubs auf ein einziges Rad und fuhren 200 m weit: ein neuer Weltrekord aus Semarang, Zentral-Java (Indonesien)!

Motorradartistik: 7:00:13 Std. fuhr der Schausteller und Steilwandartist Martin Enrico Blume (* 1963) aus Berlin am 18. April 1983 in einer Steilwand. Auf seiner *Yamaha XS 400* schaffte er über 12 000 Runden (292 km) mit einer Durchschnittsgeschwindigkeit von 45 km/h.
Einen Weltrekord stellte der Stuttgarter Peter (Pit) Lengner (* 1953) mit einem Mini-Motorrad am 28. Juni 1984 auf. Erstmalig fuhr er in einer 1,7 m hohen **Steilwand** (Durchmesser 5 m) 27 Sek. mit seinem 70 cm langen Motorrad (35 cm³) mit einer Geschwindigkeit von 60 km/h. Das geschah in Chris Howlands Sendung *Höchstleistungen aus dem Guinness Buch der Rekorde.*
Der elffache österreichische Trialmeister Joe Wallmann (* 1948) aus Laakirchen überquerte mit seinem serienmäßigen *Fantic-200*-Trialmotorrad einen 3,2 m hohen Autobus (Marke

Geschafft! Der Rollstuhlfahrer Peter Werner zog drei durch dicke Abschleppseile miteinander verbundene Sportflugzeuge hinter sich her über die Rollbahn des Flughafens Berlin-Schönefeld.

Steyr). Dieser **Motorrad-»Ritt«** gelang am 8. September 1984 in Laakirchen (Oberösterreich).

Motorrad-Weitsprung: Den längsten Satz tat bisher Todd Seeley mit 74,98 m. Er schaffte den Rekordsprung am 28. Februar 1988 in Tampa, Florida (USA).

UNTERWEGS

Die am weitesten gereisten Menschen der Welt sind Parke G. Thompson aus Akron in Ohio (USA), Giorgio Ricatto aus Turin (Italien) und John Clouse aus Evansville, Indiana (USA). Alle drei haben alle Ende 1991 existierenden souveränen Staaten und bis auf jeweils eine Ausnahme auch alle nichtsouveränen und andere Territorien besucht. Thompson und Ricatto waren noch nicht auf den Heard und McDonald Islands, einer Inselgruppe im südlichen Indischen Ozean; Clouse hat noch die Canton und Enderbury Islands im Pazifischen Ozean vor sich.

Das am weitesten gereiste Ehepaar sind Dr. Robert und Carmen Becker aus East Northport in New York (USA), die bis auf den Irak alle souveränen Staaten und mit acht Ausnahmen auch alle nichtsouveränen Territorien gesehen haben.

Erdumrundung per Bahn: Mit den schnellsten Zügen reiste der Düsseldorfer Medienproduzent Dirk Tillen (* 1940) um die Erde. 26 Tage, 21:27 Std. war er vom 9. Mai bis 5. Juni 1990 unterwegs und unterbot seinen eigenen Rekord aus dem Jahr 1988 um 4:18 Std. Die 43 000 km lange Reise begann im Hamburger Hauptbahnhof und führte mit dem *Ost-West-Express*, der *Transsibirischen Eisenbahn*, dem *Indian Pacific*, dem *California Zephyr*, dem *Broadway Limited*, dem *Süd-Express* der französischen Eisenbahn und der Deutschen Bundesbahn nach 645:27 Std. zum Live-Auftritt in der ARD-Fernsehsendung *Die Goldene 1* in Hamburg.

In der Luft

Der erste Mensch auf dem Mond war der US-Astronaut Neil Armstrong (* 1930), der zusammen mit Edwin Aldrin (* 1930) von der Raumrakete *Apollo 11* im Juli 1969 in eine Umlaufbahn um den Mond gebracht wurde und am 21. Juli 1969 um 2 Uhr 56 von der Mondfähre *Eagle* aus im *Meer der Ruhe* den Staubboden des Mondes betrat.

Die größte Höhe, die **je eine Frau** erreichte, ist 340 km. Das gelang Swetlana Savitskaya (* 1948) aus der UdSSR mit der *Sojus T7*, die am 19. August 1982 gestartet war.

Die größte Höhe erreichte die Mannschaft des später verunglückten *Apollo 13*, als das Raumschiff sich am 15. April 1970 um 1 Uhr 21 im Apocynthion (das heißt am entferntesten Punkt), 254 km über der Mondoberfläche und 400 187 km über der Erdoberfläche, befand. Die Besatzung bestand aus: Kapitän James Arthur Lovell jr., (* 1928), Fred Wallace Haise jr. (* 1933) und John L. Swigert jr. (1931–82).

Einsamster Mensch: Am weitesten, nämlich 3596,4 km, war Alfred M. Worden von seinen Mitmenschen entfernt. Er war der Pilot der Kommandoeinheit bei der US-*Apollo-15*-Expedition zum Mond, vom 30. Juli bis 1. August 1971. David Scott und James Irwin erkundeten gemeinsam die Oberfläche an der Hadley Base.

Die meisten Luftballons wurden am 27. September 1986 im Public Square von Cleveland, Ohio (USA), gen Himmel geschickt: 1 429 643 Stück.

Die längste Strecke, die ein Spielzeugballon bisher zurücklegte, betrug 16 090 km. Der damals elfjährige Justin Fiore hatte am 19. April 1982 in Dobbs Ferry, New York (USA), den mit Helium gefüllten Ballon auf die Reise geschickt, in Wagga Wagga in Australien kam er wieder herunter.
Anläßlich des Straßenfestes Große Bruchstraße in Viersen (Nordrhein-Westfalen) ließ der Schüler Bernd Siemes (* 1977) aus Mönchengladbach am 30. August 1987 einen Luftballon mit angehängter Karte aufsteigen. Gefunden wurde der gasgefüllte Ballon am 15. September 1987 in Neu Delhi (Indien), zurückgeschickt wurde die Karte im Dezember 1987. Das dürfte eine der längsten Strecken sein, die ein solcher Luftballon je zurückgelegt hat. Das Wetteramt bestätigte, daß der Flug aufgrund der Wetterverhältnisse durchaus möglich war.

Auf festem Boden

Marathon-Wanderungen: Der erste Mensch, der den Erdball umrundet hat, war der Amerikaner George Matthew Schilling. Er war vom 3. August 1897 bis 1904 unterwegs. Allerdings gibt es keine Daten über seinen Gewaltmarsch. Belegt ist dagegen, daß Schillings Landsmann David Kunst (* 1939) rund um die Welt gewandert ist – vom 20. Juni 1970 bis zum 5. Oktober 1974. Der Argentinier Tomas Carlos Pereira (* 1942) war zehn Jahre lang auf der Walz (6. April 1968–8. April 1978) und wanderte dabei 48 000 km quer durch alle 5 Kontinente. Steven Newman aus Bethel, Ohio (USA), war vier Jahre lang (1. April 1983–1. April 1987) unterwegs, stiefelte durch fünf Kontinente und 20 Länder und legte 36 200 km zurück.
George Meegan (* 1952) aus Rainham in England wanderte 30 431 km von Usuaia, dem Südzipfel Südamerikas, zur Prudhoe Bay in Nordalaska. Er durchquerte damit erstmals Nord- und Südamerika und die westliche Hemisphäre. Meegan brauchte für seine Wanderung 2426 Tage (26. Januar 1977–18. September 1983).

Der am weitesten gereiste Anhalter ist vermutlich Stephan Schlei aus Ratingen bei Düsseldorf (Nordrhein-Westfalen). Er ist seit 1960, nach eigenen Angaben, 613 578 km getrampt.

Anhalter-Mitnehmen: Dieter Wesch (* 1951) hat ein außergewöhnliches Hobby: er sammelt Anhalter. Seit dem 2. Januar 1976 nimmt der Chemielaborant aus Mannheim bei seinen Fahrten Anhalter mit. Der Fahrpeis: ein Eintrag in das Auto-Gästebuch. Bis zum 3. März 1992 brachte er es auf 8778 Anhalter aus 27 Nationen, 498 967 Kilometer und 23 Gästebücher.

Wanderungen: Ab dem 50. Lebensjahr hat der Grazer Hofrat a. D. Dr. Ernst Pammer (* 1911) seine Vorliebe für Wanderungen und Bergtouren entdeckt und bis in sein 80. Lebensjahr hinein 57000 km bewältigt. Der rüstige »Wanderbursch« – wie ihn die heimische Presse etikettierte – bestieg allein 204 Berggipfel zwischen 2000 und 4800 m bei seinem Hochgebirgs-Rekordprogramm.

Dauerbergsteigen: Der Steiermärker Kraftfahrer August Glettler (* 1935) aus Deutschfeistritz bei Graz brachte es vom 1. Januar bis zum 31. Dezember 1991 auf 737 Besteigungen des Schartnerkogels (931 m). Vom Start an seinem Heimatort auf 400 m Höhe bewältigt er dabei jeweils eine Höhendifferenz von 531 m auf einer Streckenlänge von 8,5 km. Seine Gesamtleistung liegt jetzt bei 6264 Strecken- und 391,347 Höhenkilometer.

Die längste Wüstenwanderung, 508 km durch das Tal des Todes (Death Valley), Kalifornien (USA), schaffte der Schweizer Peter »Risi« Eggimann in acht Tagen und 13 Std. Der Abenteurer lief vom 16. bis 24. Mai 1981 zu Fuß durch den größten »Backofen« der Welt.
In ein neues Abenteuer stürzte sich Peter Eggimann am 17. Juni 1987. Er rannte in 14 Tagen, 19:55 Std. durch die Hitzehölle rund um den Grand Cañon, insgesamt 800 Meilen weit. Den Höhepunkt – die Durchquerung des Grand Cañon – erledigte Eggimann in nur einem Tag. Die Tagesetappen betrugen rund 80 km.

Gebirgsradtour: Elf Dolomitenpässe, 7500 Höhenmeter und 330 km in 15 Std. schaffte Helmut Meraner (* 1966) auf seiner Tagestour am 31. Juli 1990. Dabei bezwang der Hobbyradler aus Köngen (Baden-Württemberg) in Eppan (Südtirol) Paß um Paß und verbesserte den Rekord seines Vates Sepp aus dem Vorjahr um 300 Höhenmeter, 20 km und einen Paß.

Auf rohen Hühnereiern geht Volkmar Koch (* 1943) aus Mettmann (Nordrhein-Westfalen). Koch, der 80 kg schwer ist, hat sich dazu aus Gummischeiben, Holz und den Rollschuhen seines Sohnes »Spezialschuhe« gebastelt, die pro Fuß drei Hühnereier aufnehmen – 30 Eierschritte schafft der Eierläufer. Am besten eignen sich Eier der Güteklasse A und der Gewichtsklasse 3. Bei anderen ist die Schale zu dünn.

1496 m Höhenunterschied bewältigte der Südtiroler Harry Telfser mit seinem Skate-Bike.

Parke G. Thompson am Südpol. Er gehört mit zwei anderen Weltenbummlern zu den meistgereisten Menschen der Welt.

Hochradfahrten: Eine Friedensfahrt von Trier nach Rom und zurück unternahm Georg Konder (* 1941) aus Trier vom 25. Mai bis 16. Juni 1987 in 22 Tagesetappen. Höhepunkt der 1650-km-Fahrt war eine Papst-Audienz in Rom. Die strapaziöse Reise führte durch Deutschland, Frankreich, Italien und die Schweiz.
Der Trierer Hochradfahrer Matthias Konder (*1964) steigerte seinen Rekord im 1000-m-Schnellfahren. Am 20. März 1987 benötigte er im Autobahntunnel St. Gallen (Schweiz) für diese Distanz nur noch 2:02 Min.

Zur Brandenburger Tor-Tour war das Trierer Hochrad-Team am 2. August 1991 in Weimar (Thüringen) aufgebrochen und erreichte mit seinen Hochrädern im Nostalgie-Look Berlin am 6. August. Nach 310 km Kopfsteinplaster waren Matthias und Georg Konder, Peter Ruland und Lutz Jaschhof als Gastfahrer aus Weimar pünktlich zur Feier des 200. Geburtstags am Brandenburger Tor.

Mit einem 24-Std.-Rekord auf dem Hochrad stockte Georg Konder sein Rekordkonto auf. Am 21./22. März 1986 erreichte er im Trierer Moselstadion 360 km in exakt 24 Std.

Skate-Bike-Fahren: Mit seinem Fahrrad ohne Lenkstange startete der Student Harry Telfser (* 1972) aus Schlanders (Italien) am 7. September 1991. Freihändig fuhr er die 48 Kehren der 19 km langen Paßstraße von Gomagoi (1260 m üNN) zum Stilfser Joch (2756 m üNN) hinauf. Nach 2:20 Std. waren 1496 m Höhenunterschied bewältigt. Bei der Talfahrt half die Rücktrittbremse des Skate-Bikes.

Rollschuhlaufen: Ein Langstrecken-Abenteuer auf Rollschuhen überstand der Höchberger Peter Bögelein (* 1961) vom 1. Juni bis 16. September 1986. Genau 108 Tage war der Fernmeldetechniker auf seinen Rollerskates unterwegs, rollte bei seinen jeweils 80-km-Tagesetappen durch acht europäische Länder, überquerte zweimal die Alpen – höchster Punkt war mit 2509 m das Timmelsjoch – und schaffte mit 8596 Rollkilometern einen neuen Rekord.

Auf Tretrollerfahrt gingen vom 29. Juli bis 9. August 1983 Hagen Neumann aus Ottendorf-Okrilla (Sachsen) und Jörgen Krahl aus Berlin. Zwischen Schmilka (Grenzübergang zur ČSFR) und Budapest (Ungarn) legten Sie 660 km mit ihren Rollern zurück, ohne andere Fortbewegungsmittel in Anspruch genommen zu haben.

Rollstuhlfahren: Der Kanadier Rick Hansen (* 1957), der seit einem Verkehrsunfall im Jahr 1973 von den Hüften abwärts gelähmt ist, legte auf einer Rollstuhl-Reise 40074,06 km zurück. Seine Tour dauerte vom 21. März 1985 bis zum 22. Mai 1987 und führte ihn durch vier Kontinente und 34 Länder.

Zur Tour de Luxemburg im Rollstuhl startete am 10. September 1988 eine Staffel von 20 Rollstuhlfahrern aus sechs Nationen. In 9:10:22 Std. hatten die Fahrer die 103,4 km lange Strecke vom nördlichsten Punkt des Großherzogtums beim Grenzposten Huldange-Forge bis zur südlichsten Grenze des Landes in Rumelage durchfahren. 85 Streckenabschnitte unterschiedlicher Länge und Schwierigkeitsgrade waren zu bewältigen.

Tandemfahrt: Zu Lande und zu Wasser kann man das »Fimatritt« bewegen, nötig sind lediglich 16 starke Beine. In 400 Arbeitsstunden baute der technische Angestellte Josef Maier (* 1950) mit Freunden ein Achtertandem, dessen Name sich aus den Initialen seiner Erbauer zusammensetzt. Am 29./30. September 1985 setzten acht Trampler das 4,87 m lange, 1,5 m breite und 460 kg schwere Gefährt in Bewegung und fuhren 24 Std. nonstop genau 206 km. Ihre Reise führte von Cochem an der Mosel nach Wuppertal, der Heimatstadt der »Radler«. Nachdem sie die Wassertauglichkeit des Achtertandems unter Beweis gestellt hatten, gelang ihnen am 14. September 1986 auf dem Hamburger Jungfernstieg ein Sprintrekord mit 36,41 Sek. für 500 m – allerdings auf festem Boden.

Mit diesem Riesentandem ging es von Hauenstein (Pfalz) schon durch Burgund und das Elsaß, die Schweiz und Bayern, durch den Thüringer Wald und nach Berlin.

Mit einem 13sitzigen Tandem (7,4 m lang, 1,8 m breit) geht die Breitensportlergruppe des Turnvereins Hauenstein (Rheinland-Pfalz) auf Langstreckenfahrt. Erbaut hat das Riesenvehikel mit 950 kg Leergewicht und 10-Gang-Schaltung der KFZ-Meister Lothar Debnar (* 1950). Das Tandem erreicht 80 km/h Höchstgeschwindigkeit und schaffte auf drei Tortur-Touren 1988-90 insgesamt 1955 Strampelkilometer im In- und Ausland.

Die längste Skischulklasse gab es beim Internationalen Frühlings-Schneefest in Ischgl-Samnaun am 23. April 1989. Insgesamt 780 Skiläufer- und läuferinnen fuhren in einer geschlossenen Kette vom Idjoch (2760 m) zur Idalpe (2300 m) ab. Die 2,2 km lange Strecke der Silvretta-Skiarena kurvten sie – jeder mit einem Luftballon – zu Tal.

Trockenrudern: Die größte Strecke, die jemand mit einem Landrudergerät zurücklegte, schaffte Rob Bryant aus Fort Worth, Texas (USA) mit 5278,5 km, als er quer durch die USA »ruderte«. Er startete am 2. April 1990 in Los Angeles (Kalifornien) und erreichte Washington DC am 30. Juli.

Im Wasser

Die größte Tauchtiefe im Meer wurde in der sogenannten Challengertiefe des Marianengrabens, 400 km südwestlich von Guam im Stillen Ozean, aufgestellt; der in der Schweiz gebaute Bathyskaph *Trieste* der US-Marine, bemannt mit Dr. Jacques Piccard (* 1914 in der Schweiz) und Leutnant Donald Walsh, US-Marine, erreichte am 23. Januar 1960 um 13 Uhr 10 eine Tiefe von 10 916 m. Der Wasserdruck betrug 1183 kp/cm^2, die Temperatur 3° C. Das Untertauchen bis zum Meeresboden erforderte 4:48 Std., das Auftauchen 3:17 Std.

Der Rekord für das äußerst gefährliche Tiefseetauchen mit angehaltenem Atem ist eine Tiefe von 107 m, am 3. Oktober 1989 von der Italienerin Angela Bandini vor Elba erreicht. Sie blieb 2:46 Min. unter Wasser.

Den Tauchrekord mit Gasmischungen als Tauchsimulation in einer Trockenkammer stellten mit 685,8 m Stephen Porter, Len Whitlock und Erik Kramer am 3. Februar 1981 am Duke University Medical Center in Durham, North Carolina (USA), auf. Der Versuch auf einer Ebene von 2,4 m Durchmesser dauerte 43 Tage.
Arnaud de Nechaud de Feral hielt sich vom 9. Oktober bis 21. Dezember 1989 im Rahmen der *Hydra-IX*-Operation in Marseilles 73 Tage in einer Überdruckkammer auf, in der eine Tauchtiefe von 300 m simuliert wurde. Er atmete »Hydrox«, eine Mischung aus Wasserstoff und Sauerstoff.

Die tiefste Unterwasser-Rettungsaktion betraf das U-Boot *Pisces III*, in dem Roger R. Chapman und Roger Mallinson 76 Std. lang eingeschlossen waren, nachdem es 240 km südöstlich von Cork (Irland) am 29. August 1973 gesunken war. Das U-Boot wurde aus 480 m Tiefe vom Kabelschiff *John Cabot* am 1. September gehoben. An der Rettung waren außerdem *Pisces V, Pisces II* und das ferngelenkte US-Rettungsschiff *C. U. R. V.* beteiligt.

Die größte Tiefe, aus der ein Mensch sich ohne Hilfe befreien konnte, war 68,6 m. In dieser Tiefe gelang es Richard A. Slater am 28. September 1970 vor Catalina Island, Kalifornien (USA), aus dem gerammten Tauchboot *Nekton Beta* zu entkommen.
Aus einer Tiefe von 183 m retteten sich Norman Cooke und Hamish Jones am 22. Juli 1987 während eines Marinemanövers an die Meeresoberfläche. Cooke und Jones, die ihr Abenteuer vor Bergen (Norwegen) vom U-Boot HMS *Otus* aus gestartet hatten, trugen normale Taucheranzüge, in die Schwimmwesten eingearbeitet waren. Während des Aufstiegs wurden die beiden mit Luft versorgt, die von den Schwimmwesten in eine Art »Kapuze« strömte.

Bergung aus größter Tiefe: Ein Hubschrauber, der in den Pazifischen Ozean gestürzt war, wurde am 27. Februar 1992 aus einer Tiefe von 5258 m erfolgreich geborgen. Dies haben die Crew des US-Schiffes *Salvor* und Mitarbeiter der Firma Eastport International vollbracht, um den Behörden eine Untersuchung des Unfalls zu ermöglichen. Bei dem Absturz waren fünf Menschen getötet worden.

Der Tiefenrekord im Bergungstauchen gelang zwölf Tauchern unter der Führung des ehemaligen britischen Marineoffiziers Michael Stewart vom 17. September bis zum 7. Oktober 1981 in der Barentssee, einem Teil des Nordpolarmeers, vor Nordnorwegen. Dort lag in einer Tiefe von 244,7 m das Wrack des Kreuzers *Edinburgh*, der am 2. Mai 1942 gesunken war. In dem Kreuzer lagen 460 Goldbarren. Diese Goldbarren wurden alle geborgen – bis heute der einzige Fall, in dem ein versunkener Schatz zu 100 Prozent wieder ans Tageslicht befördert werden konnte. Die zwölf Taucher waren von der 1446 t großen *Stephaniturm* jeweils paarweise in einer Taucherglocke zum Wrack des Kreuzers hinabgeglitten. Der erste Schatztaucher, der das Gold berührte, war John Rossier.

Höhentauchen: Im 4940 m hoch gelegenen Himalaja-See Donag-Tsho (Nepal) tauchten am 4. März 1989 die Briten Frank B. Mee, Dr. John Leach und Dr. Andy McLean. Sie erreichten eine Tauchtiefe von 28 m (Wassertemperatur: –28° C). Zuvor hatten sie sich allerdings durch eine 1,50 m dicke Eisschicht arbeiten müssen.

Überleben in Seenot: 175 Tage lang trieben die Fischer Tabwai Mikaie und Arenta Tebeitabu von der Insel Nikunau (Kiribati) auf See, ehe sie gerettet wurden. Sie waren am 17. November 1991 in einem 4 m großen offenen Dingi auf Fang gegangen und kurz nach dem Auslaufen von einem Wirbelsturm überrascht worden. Am 14. Mai 1992 wurden sie, an Land gespült, in Westsamoa gefunden – 1900 km von ihrem Heimathafen entfernt. Ein dritter Mann, der mit an Bord war, ist wenige Tage vor der Rettung gestorben.

Kap-Hoorn-Umschwimmen: Eine fast unglaubliche Geschichte brachte der ehemalige Kapitän und jetzige Versicherungskaufmann Dietrich Freiherr von Blomberg (* 1955) von seiner letzten Südamerikareise mit: Er umschwamm den seemännischen Prüfstein am Ende der Welt – Kap Hoorn. In ca. 10 Min. bewältigte er die etwa 500 m lange Strecke mit starker Strömung und riesigen Wellenbergen bei einer Wassertemperatur von nur 10 bis 12° C am 26. Dezember 1986. Allerdings hatte er – wie von Einheimischen bestätigt – das für Kap Hoorn seit Menschengedenken beste Wetter.

Wildwasserschwimmen: Ausgerüstet mit einem 7 mm starken Neoprene-Anzug und Schwimmweste, bezwang Manfred Kraus (* 1956) aus Rottenburg (Baden-Württemberg) in 72 Stunden reiner Schwimmzeit die 424 km des Colorado im Grand Cañon. Der tollkühne »Crazy Kraus« verteilte sein Wildwasserabenteuer durch 167 Stromschnellen auf 14 Tage im Sommer 1988.

Die schnellste Bodenseedurchquerung gelang dem 24jährigen Informatikstudenten Manfred Köder (* 1965) aus Friedrichshafen. Am 18. August 1989 kraulte er nonstop von der Vorarlberger Landeshauptstadt Bregenz bis zum Konstanzer Einhorn. Die rund 50 km lange Strecke bewältigte er in 13:46 Std.

Donau-Floßfahrt: Zur längsten Floßfahrt auf der schiffbaren Donau von Ulm (Stromkilometer 2586) bis Sulina am Schwarzen Meer benötigten

Dr. Peter Bernhart (* 1940) und sein Sohn Jakob (* 1977) aus Hög (Bayern) mit wechselnder weiterer Zwei-Personen-Besetzung fünf Etappen 1984, 1986–89. Dann waren mit dem selbstgebauten Floß *Wellgunde* 2586 km zurückgelegt. Weitere 81 km kamen durch die Stromauffahrt durch die Deltakanäle nach der Hafenstadt Izmail (ehemalige UdSSR) hinzu. Insgesamt waren Vater und Sohn 116 Tage auf ihrem 5,6 m langen und 2,5 m breiten Eigenbau unterwegs.

Kajak-Rekordleistung: Pünktlich um 15 Uhr 30 am 5. Juni 1988 verkündeten Olivier Plein, Stefan Laux und Andreas Döring stolz: »Wir haben es geschafft!« Exakt 24 Std. waren die drei Sportler mit ihren Kajaks auf dem Rhein unterwegs und stellten damit einen neuen Rekord mit 247,6 erreichten Kilometern auf. Start war Rhein-km 409,1 (Brühl/Schwetzingen), Ziel Rhein-km 656,7 (Bonn).

Schlauchbootfahrten unternimmt Lebrecht Knipping (* 1915) aus Altena (Nordrhein-Westfalen) seit 1958. Sein Fahrtenrevier sind die Adria, die Ägäis und das Schwarze Meer ebenso wie die amerikanischen Binnenseen zwischen den USA und der kanadischen Provinz Ontario. 59395 Seemeilen hatte er bis November 1990 in 3759:30 Std. auf seinen abenteuerlichen Seetörns mit seinem Wiking-Schlauchboot zurückgelegt. Der Fahrensmann aus dem Sauerland hat mit seinen Langstreckentouren das Schlauchboot schlechthin hoffähig und in der Presse des In- und Auslands immer wieder Schlagzeilen gemacht.

Schlepp-Rekord: Ein Ruder-Achter des See-Clubs Luzern lieferte am 27. September 1987 dem Passagierraddampfer *Schiller* einen denkwürdigen Kampf auf dem Vierwaldstättersee. Den neun Ruderern des Stammtisch-Achters gelang es, das 320 BRT schwere Oldtimer-Dampfschiff, das mit blockierter Maschine schwamm, in drei Min. 30 m weit zu ziehen. Das ungewöhnliche Spektakel war Höhepunkt der ZDF-Sendung *Wetten dass . . .?*

Wasserski einmal anders, geboten vom Ersten Deutschen Wasserski Show Team aus Nordwalde (Nordrhein-Westfalen), gab es vor 20 Mio. Zuschauern in der ZDF-Sendung *Wetten dass...?* Am 29. Juni 1991 bildeten sechs Wasserski-Läufer(innen) und zwei Flaggenläufer eine Drei-Etagen-Pyramide in Xanten am Niederrhein, 70 Sek. lang stand die von einem Hubschrauber gezogene Pyramide.

Gehen auf dem Wasser: Mehr als 575 km ist Fritz Weber vom 1. September bis 15. Oktober 1983 auf dem Main gewandelt. Er benutzte bei seiner Flußwanderung zwischen Bayreuth und Mainz übergroße Schwimmschuhe.
Eine Wasserwanderung über den Atlantischen Ozean hat 1988 Rémy Bricka aus Paris unternommen. Am 2. April war er in Teneriffa auf seinen 4,2 m langen Wasserski losgezogen, nach 5636 km kam er am 31. Mai in Trinidad an.

Polarforschung

Erste am Nordpol: Die Arktisforscher Dr. Frederick Albert Cook (1865–1940) und Fregattenkapitän (später Vizeadmiral) Robert Edwin Peary (1856–1920) erhoben beide den Anspruch, den Nordpol erreicht zu haben, doch mangelt es in beiden Fällen an eindeutigen Beweisen, und jüngste Nachforschungen haben zu widersprüchlichen Schlußfolgerungen geführt . . .
Wally Herberts Nordpolexpedition von 1968/69 erzielte auf äußerst günstigem Packeis als besten Tagesdurchschnitt 37 km in 15 Std. Cook hat nach eigenen Angaben an zwei Tagen jeweils 42 km bewältigt; Peary will an acht aufeinanderfolgenden Tagen sogar durchschnittlich 61 km geschafft haben, eine Leistung, die viele Glaziologen bezweifeln.

Die ersten Menschen, die tatsächlich am Nordpol standen – genau auf dem Breitengrad 90° 00'00" N (± 300 m) –, waren die Russen Pavel Afanasjewitsch Geordijenko, Pavel Kononowitsch Senko, Michail Michailowitsch Somov und Michail Jemeljenowitsch Ostrekin. Sie erreichten am 23. April 1948 mit dem Flugzeug den Nordpol.

Die ersten Menschen, die den Nordpol auf Skiern erreicht haben, waren sieben Mitglieder einer russischen Expedition unter Leitung von Dimitri Schparo. Sie waren 1500 km und 77 Tage unterwegs und hatten ihr Ziel am 31. Mai 1979 erreicht.

Geprüft und bestätigt sind folgende Nordpol-Eroberungen: Der Amerikaner Ralph Plaistedt, begleitet von Walter Pederson, Gerald Pitzel und Jean Luc Bombardier, erreichte am 19. April 1968 um 15 Uhr nach einer 42tägigen Fahrt in vier Motorschlitten den Pol. Ihre Ankunft wurde 18 Std. später von einem Flugzeug des meteorologischen Dienstes der amerikanischen Luftwaffe bestätigt. (Der Meeresboden ist 4087 m unter dem Nordpol.) Auf dem Luftweg verließen sie den Pol.
Naomi Uemura (1941–84), der japanische Forscher und Bergsteiger, erreichte als erster im Alleingang am 1. Mai 1978 um 4 Uhr 45 (Weltzeit) über das nördliche Eiskap den Nordpol. Seit seinem Aufbruch am 7. März von Kap Edward auf Ellesmere Island (Nordkanada) hatte er mit sei-

4940 m hoch liegt der Himalaja-See Donag-Tsho (Nepal), in dem drei Engländer am 4. März 1989 eine Tauchtiefe von 28 m erreicht haben. Vier Enten, welche die Taucher begleitet haben, waren lebende Maskottchen.

Beton schwimmt!

Mit einem Faltboot aus Beton wartete ein Studententeam der Technischen Universität München auf. Torsten Gönner, Carsten Dingethal und Sebastian Plica vom Lehrstuhl für Massivbau fertigten aus Betonspanten und einer darüber gezogenen, von einem Seil unter Spannung gehaltenen, nur 2 mm dünnen Außenhaut aus einem Glasfasergewebe mit darauf aufgespritztem Zementmörtel ihr Faltbot *Salmiak*. Die ausgefallene Konstruktion wurde am 3. Juni 1990 zusammengebaut und nahm am Tag darauf ohne Probelauf an der 3. Deutschen Betonkanu-Regatta, die auf dem Kuhmühlenteich in Hamburg ausgetragen wurde, teil. Mit »lobender Erwähnung« schaffte das erste Faltboot aus Beton seine Jungfernfahrt bei strömendem Regen.

nem von 17 Hunden gezogenen Schlitten *Aurora* 725 km zurückgelegt. Sein Tagesdurchschnitt war um 13 km. Er kehrte auf dem Luftweg zurück.

Der erste Mensch, der den Nordpol allein und auch ohne Hunde erreichte, war Dr. Jean-Louis Etienne. Er brauchte dazu 63 Tage, ehe er am 11. Mai 1986 am Ziel anlangte. Fukashi Kazami aus Tokio traf am 20. April 1987 auf einem 250 cm^3 starken Motorrad am Nordpol ein. Er war am 8. März auf Ward Hunt Island im Norden Kanadas aufgebrochen und 44 Tage lang unterwegs. Beide verließen den Nordpol mit dem Flugzeug.

Die erste Frau, die den Nordpol betrat, war Fran Phipps, die Frau des kanadischen Buschpiloten Weldy Phipps, am 5. April 1971. Ihr folgten Galina Alexandrowna Lastowskaja (* 1941) und Lilia Wladislawowna Minina (* 1959), die zur Besatzung des sowjetischen Eisbrechers mit Atomantrieb *Arktika* gehörten, der den Pol am 17. August 1977 erreichte.

Wettstreit um den Südpol: Die ersten Schiffe, die den südlichen Polarkreis (66° 33' S) überquerten, waren die *Resolution* (462 BRT) unter dem britischen Kapitän James Cook (1728–79) mit 139 Mann Besatzung sowie die *Adventure* (336 BRT) unter Tobias Furneaux am 17. Januar 1773 auf 39° O. Der erste Mensch, von dem bekannt ist, daß er das Schelfeis der Antarktis gesichtet hat, war Thaddeus Thadderich Bellingshausen, der am 27. Januar 1820 mit dem Segelschiff *Wostok*, begleitet von der *Mirnyy* in russischem Auftrag so weit südlich kam. Drei Tage später, am 30. Januar 1820, erblickten William Smith (1790–1847) und Edward Bransfield von Bord der Brigg *Williams* aus die Berge von Trinity Land.

Der Südpol (2779 m über dem Meeresspiegel) wurde erstmals erreicht am 14. Dezember 1911 um 11 Uhr von einer norwegischen Expedition unter der Leitung von Roald Amundsen (1872–1928) – und vier Wochen vor dem Briten F. Scott – nach einem 53tägigen Marsch mit Hundeschlitten von der Walfischbai aus, bis wohin sie mit dem Forschungsschiff *Fram* vorgedrungen waren. Spätere Berechnungen ergaben, daß Olav Olavson Bjaaland und Helmer Hanssen den exakten Pol um etwa 400–600 m verpaßt hatten. Die weiteren Teilnehmer der Expedition waren Sverre H. Hassell († 1928) und Oskar Wisting († 1936).

Die erste Frau, die den Südpolarkontinent betrat, war am 20. Februar 1935 Karoline Mikkelsen. Auf dem Südpol selbst stand die erste Frau am 11. November 1969; an diesem Tag trafen dort die Amerikanerinnen Lois Jones, Eileen McSaveney, Jean Pearson und Terry Lee Tickhill sowie Kay Lindsay (Australien) und Pam Young (Neuseeland) auf dem Luftweg ein.

Die ersten Menschen, die beide Pole gesehen haben, waren Roald E. Amundsen und Oskar Wisting. Am 14. Dezember 1911 hatten sie den Südpol erreicht, am 12. Mai 1926 flogen sie an Bord des Luftschiffs *Norse* über den Nordpol.

Der erste Mensch, der an beiden Polen war, ist der Amerikaner Dr. Albert Paddock Crary. Den Nordpol erreichte er am 3. Mai 1952 mit einem Flugzeug vom Typ *Dakota* und den Südpol am 12. Februar 1961 während einer wissenschaftlichen Expedition quer durch die Antarktis von der McMurdo-Station aus.

Der erste Mensch, der beide Pole zu Fuß erreichte, war der Brite Robert Swan (* 1956). Zuerst hatte er eine Drei-Mann-Expedition geleitet, die auf Scotts Spuren wandelte und am 11. Januar 1986 am Südpol ankam. Drei Jahre später führte Swan sieben weitere Eiswanderer zum Nordpol, am 14. Mai 1989 waren sie am Ziel.

Die erste Überquerung des arktischen Meereises gelang der britischen Transarktis-Expedition, die am 21. Februar 1968 Point Barrow (Alaska) verließ und 464 Tage später, am 29. Mai 1969, am Archipel der Sieben Inseln nordöstlich von Spitzbergen eintraf. Sie hatte eine Entfernung von 4699 km zu Fuß und mit Schlitten sowie 1100 km auf Treibeis zurückgelegt (die Entfernung in gerader Linie beträgt 2674 km). Leiter der Gruppe war Wally Herbert. Ihr gehörten ferner an: Major Ken Hedges, Allan Gill, der Gletscherforscher Dr. Roy Koerner und 40 Eskimohunde.
Die einzige Überquerung innerhalb einer Jahreszeit gelang Fiennes und Burton (s. u.) von Alert über den Nordpol zur Grönlandsee in offenen Schneemobilen. Beide Expeditionen erreichten den Nordpol und kehrten auf dem Landweg zurück.

Schlauchboot-Abenteuer und Mammut-Törns liebt der Fahrensmann Lebrecht Knipping – hier im Kanal von Korinth.

Die erste Landüberquerung des antarktischen Kontinents wurde am 2. März 1958 um 13 Uhr 47 nach einem 99tägigen Marsch über 3473 km vollendet. Die 12köpfige Forschergruppe, geleitet von dem Briten Sir Vivian Fuchs (* 1908), war am 24. November 1957 an der Shackleton-Basis aufgebrochen und über den Pol zur Scott-Basis gelangt.

Die 4185 km lange Strecke quer durch die Antarktis wurde von den Teilnehmern der Transglobe-Expedition (1980–82) vom 26. Oktober 1980 bis 11. Januar 1981 in 66 Tagen absolviert. Am 23. Dezember 1980 wurde dabei der Südpol überquert. Die Drei-Mann-Gruppe auf Schneemobilen bestand aus Sir Ranulph Fiennes (* 1944), Oliver Shepard und Charles Burton.

Erste Erdumkreisung über die Pole: Sir Ranulph Fiennes und Charles Burton von der Transglobe-Expedition brachen am 2. September 1979 südlich von Greenwich (GB) auf und reisten entlang dem Nullmeridian über den Südpol (15. Dezember 1980) und den Nordpol (10. April 1982) und kamen am 29. August 1982 nach 56 000 km Fahrt wieder in Greenwich an.

Die längste polare Schlittenfahrt, die jemals unternommen wurde, war die von Wally Herbert und seiner drei Begleiter, die 5825 km auf arktischem Eis zurücklegten. Die längste Schlittenfahrt, die ohne jede Hilfe von außen auskam, führte vom 18. Juni bis zum 5. September 1934 über 1738 km in West-Ost-Richtung durch Grönland. Die Gruppe, die mit 49 Schlittenhunden unterwegs war, bestand aus drei britischen Offizieren: M. Lindsay (später Sir Martin Lindsay of Dowhill, 1905–81), Arthur S. T. Godfrey (gefallen 1942) und Andrew N. C. Croft.

Die längste antarktische Schlittenfahrt war die der Internationalen Antarktis-Expedition (sechs Teilnehmer), die zwischen dem 7. November 1989 (Patriot Hills) und dem 3. März 1990 (Mirnyy) in 117 Tagen gut 3700 km zurücklegte. Die Expedition hatte zwar bereits am 27. Juli 1989 in Seal Nunataks begonnen, aber die Schlittenhunde waren von Patriot Hills aus nach Südamerika geflogen worden, um sich dort für eine Weile zu erholen, bevor sie wieder in die Antarktis gebracht wurden. Die Expedition wurde während ihrer gesamten Dauer über eine Luftbrücke unterstützt.

FREIZEITSPORT

DRACHENFLIEGEN

Den Absprung aus der höchsten Höhe schaffte John Bird am 29. August 1982: Der Drachenflieger war in einer Höhe von 11 887,2 m aus einem Heißluftballon gestartet. Bird landete in Edmonton, Alberta (Kanada), 80,4 km von der Stelle entfernt, an der er mit dem Ballon aufgestiegen war.

Den leichtesten Motorgleitschirm mit einem Gewicht von 21,6 kg benutzte Günter Bomm (* 1950) aus Backnang (Baden-Württemberg). Mit dem Antriebsgerät von 16 kg auf dem Rücken erlebte er seine Flugpremiere am 8. August 1987. Das leichteste manntragende Flugzeug erlaubt es dem Piloten, vom ebenen Boden aus mit dem Gleitschirm zu starten.

Mit seinem Motordrachen entdeckte auch Zoltan Ovari – hier über Thailand – bei seinem Langzeitrekord die grenzenlose Freiheit über der Erde.

Zur ersten Ärmelkanal-Überquerung mit dem Motorgleitschirm startete der Augsburger Fotojournalist Achim Mende (* 1963) am 19. Oktober 1988 in Cap Blanc Nez (bei Calais). Nach 1:36 Std. Flugzeit war die Strecke von 39 km bewältigt und Abbotscliff zwischen Folkestone und Dover erreicht.

Die weiteste Strecke flog der Schweizer Urs Harri, der am 15. Januar 1992 in Namibia 229,7 km zurücklegte. Den Höhenrekord hält Sepp Gschwendtner, der am 17. Dezember 1989 eine Höhe von 3100 m erreichte.

Einen Langzeitrekord mit 291:47 Std. stellte der Student der Zahnmedizin Zoltan Ovari (* 1964) aus Augsburg zwischen dem 25. Juni 1989 und dem 31. August 1990 mit seinem Motordrachen auf. Er flog das gewichtskraftgesteuerte Ultraleichtflugzeug vom Typ *UPM-Omega* von Donaueschingen (Baden-Württemberg) bis nach Adelaide (Australien) über 19 Länder 20563 km lang.

Den längsten Streckenflug mit einem nur 79 kg schweren Ultraleichtflugzeug schaffte Manfred Reiter (* 1961) aus Moosburg (Niederbayern) in nur 12:09 Std. Die 596 km lange Strecke von Landshut nach Berlin-Schönefeld bewätligte der Wachmann am 31. August/1. September 1991 durchweg liegend in einem am Fluggerät befestigten Campingschlafsack. Zum Nachtanken des mit einem 22-PS-Motor angetriebenen Flugdrachens mußte er einmal zwischenlanden.

Paragleiten: Ein Höhenrekord gelang dem Hutmachermeister Alexander Reiter (*1969) aus Bad Aussee (Österreich) am 27. Februar 1992. In 3545 m Höhe klinkte er seinen Paragleiter nach 28 Min. Aufstiegszeit von einem Heißluftballon aus und landete nach 22 Min. Gleitflug wieder am Startplatz über St. Wolfgang (Salzkammergut).

LEIBESÜBUNGEN

Die meisten Klimmzüge schaffte der Koreaner Lee Chin Yong (* 15. August 1925) mit 370. Er vollbrachte seinen Kraftakt am 14. Mai 1988 im Backyon Gymnasium, Seoul (Südkorea).

Die meisten Kniebeugen: Der Kriminalbeamte Jean-Luis Royet (* 1946) aus Limburg (Lahn) stellte am 29. Juni 1988 einen neuen Rekord im Kniebeugen auf. In genau 90 Min. ging er 4497mal in die Knie. Damit ist es ihm gelungen, die alte Bestmarke um stolze 353 Kniebeugen zu überbieten.

Die meisten Liegestütze in 24 Std. schaffte der Engländer Paddy Doyle mit 37350 Liegestützen – demonstriert am 1./2. Mai 1989 in Holiday Inn in Birmingham, West Midlands.

Auf 31250 Dauerliegestütze brachte es der Schriftsetzer Rolf Heck (* 1947) aus Rastatt (Baden-Württemberg) am 10./11. März 1990 bei einem Rekordversuch im Rheinpark in Germersheim (Rheinland-Pfalz).

Liegestütze in 30 Min.: Der Schriftsetzer Rolf Heck (*1947) aus Rastatt schaffte am 13. September 1991 2332 Liegestütze.

Die meisten einarmigen Liegestütze in 30 Min. führte der Masseur Helmut Müller (* 1959) aus Würzburg mit 810 am 6. Februar 1988 aus. Am 16. November 1991 gelangen ihm 96 Liegestütze in 60 Sek.

Die meisten Handstandstützen in 1 Std. zeigte am 18. Mai 1986 mit 1985 Chung Kwun Ying aus Hongkong in der Government City Hall.

Die meisten Bauchaufzüge in 24 Std. mit 60405 erbrachte der Amerikaner Louis Scripa jr. am 5./6. August 1985 in Sacramento, Kalifornien.

Rolle vorwärts: 8341 oder 19,67 km schaffte Ashrita Furman in 10:30 Std. von Lexington nach Charleston, Massachusetts (USA), am 30. April 1986.

Die meisten Purzelbäume schlug Mike Braun (* 13. Juni 1966) aus Bergen im Rems-Murr-Kreis (Baden-Württemberg) am 23. Juli 1985. Er brachte es im Waiblinger Stadion auf 8834 Purzelbäume in 7:46 Std. und legte dabei eine Strecke von 16,737 km zurück.

Der Japaner Shigeru Iwasaki (* 1960) legte am 30. März 1980 in Tokio die 50 m per **Rückwärts-Rollen** in 10,8 Sek. zurück.

Riesenumschwünge: Zehn Turner der Turngemeinde Rottweil-Altstadt (Baden-Württemberg) zeigten am 6. Juli 1991 beim Gauturnfest 1991 Riesenfelgen am laufenden Band. In 30 Min. turnten sie 1171 Riesenumschwünge (vorwärts und rückwärts am Reck).

TANZEN

Die größte Tanzveranstaltung war eine »Mondschein-Serenade«, zu der am 20. Juli 1984 in Buffalo, New York (USA), das Glenn-Miller-Orchester unter freiem Himmel aufspielte und an der sich etwa 25000 Menschen beteiligten.

Die erfolgreichsten Gesellschaftstanz-Professionals der Welt sind Bill und Bobbie Irvine (GB), die zwischen 1960 und 1972 13 Weltmeisterschaften gewannen.

Im Helikopterdrehen stellte der Schüler Niels Robitzky (* 1969) aus Eutin mit 61 Umdrehungen einen neuen Rekord auf. Mit viel Schwung übertraf der Akrobatikkünstler am 16. April 1987 in der Diskothek Kolm 7 in Eckernförde alle bisherigen Rekorde.

Im Cha-Cha-Cha-Formationstanz stellten 1086 Tänzerinnen und Tänzer in der Ulmer Donauhalle am 2. Dezember 1989 einen neuen Rekord auf. Die Tanzschule Moldering aus Ulm (Baden-Württemberg) hatte die 543 Paare zum Cha-Cha-Cha-Welttanzprogramm vereint.

Disko-Swing-Formation: Zur Musik von *Black or white* von Michael Jackson tanzten am 10. April 1992 in der St. Jakob Sporthalle Basel (Schweiz) 249 Paare synchron – jeweils viermal Tap-Grundschritte mit sieben Figuren.

Limbo: Nur 15,25 cm lagen zwischen dem Boden und der brennenden Stange, unter der sich am 2. März 1991 in Kent, Washington (USA), Dennis Walston durchschlängelte – niedriger hat es noch kein(e) Limbo-Tänzer(in) geschafft. Unterboten wurde dieser Rekord nur mit Hilfe von Rollschuhen: Er steht bei 13,33 cm. Erzielt wurde er erstmals am 22. Januar 1984 von Denise Culp aus Rock Hill (USA).
Erster Titelträger bei den offiziellen Weltmeisterschaften im Limbotanz war Junior J. Renaud (* 7. Juni 1954) aus Australien. Premiere dieses Wettbewerbs war am 19. Februar 1974 in Port of Spain (Trinidad und Tobago).

Polonaise: Europas größte Tageszeitung *Bild* rief – und 130000 Berlinerinnen und Berliner kamen am 10. Juli 1988 zum Kurfürstendamm, um die längste Polonaise der Welt zu bilden. Der Rekord diente einem guten Zweck. Vom Erlös der Teilnahme-Buttons wurde im Rahmen der Verkehrsaktion »Ein Herz für Kinder« (von *Bild* 1977 ins Leben gerufen) an einer besonders verkehrsreichen Kreuzung in Berlin eine Ampelanlage zur Sicherheit der Kinder gebaut.

Eine Rock-'n'-Roll-Formation tanzten am 7. Oktober 1989 die »Rock-Bambinos« der Tanzschule Bäulke in der Kongreßhalle Gießen (Hessen). 458 Kinder zwischen sechs und 13 Jahren tanzten sechs Min. lang zu Bill Haley's *Rock*

Anläßlich der 150jährigen Erstbesteigung des Großvenedigers, des dritthöchsten Gipfels Österreichs, trug der Kitzbüheler Curling-Club am 23. September 1991 einen Curling-Stein samt Besen auf 3674 m Höhe.

around the Clock und Chubby Checker's *Let's twist again*. Damit holte sich die Kinder-Formation den Rekord mit einer Show für krebskranke Kinder (Kinder tanzen für Kinder).
Die Rock-'n'-Roll-Tanzprofessionals Irene (* 1957) und Hansjörg (* 1958) Scheicher aus Vöcklabruck (Österreich) schafften in Innsbruck am 28. Dezember 1989 gleich 38mal hintereinander Schulterkugeln. Bei dieser Tanzfigur darf die Partnerin den Boden nicht berühren.

Steptanz: Schnellster Steptänzer war bisher Stephen Gare aus Sutton Coldfield (GB). Im Grand Hotel von Birmingham schaffte er am 28. März 1990 eine Quote von 32 Step-Tönen pro Sek. Ausdauerndster Steptänzer ist der Brite Roy Castle. In der Londoner Dauerausstellung »Guinness-Welt der Rekorde« brachte es Castle am 31. Oktober/1. November 1985 auf 1 Mio. Step-Töne (Zeit: 23:44 Std.).
Zum bisher größten gemeinsamen Auftritt versammelten sich am 12. August 1990 vor dem Kaufhaus Macy's in New York 5271 Steptänzer.

Walzer: 506 Personen tanzten bei 44°C im Schatten gemeinsam den Schneewalzer in einem 24×13 m großen und 140 cm tiefen Swimmingpool. Das Tanzvergnügen fand am 24. August 1988 im Robinson Club Pamfilya (Türkei) statt und vereinte große und kleine Feriengäste.

Die längste Wiener-Walzer-Formation bildeten 182 Paare auf einer Strecke von 252,5 m in der Fußgängerzone von Bad Kreuznach (Rheinland-Pfalz). Zum Ersten Internationalen Welttanztag am 5. November 1988 tanzten nach einem Kommando der Tanzschule Daub-Volk alle Teilnehmer nach den Klängen des *Aquamarin*-Walzers von Günther Noris im Dreivierteltakt.

VOLKSSPORT

Zum längsten Lauf startete am 6. April 1988 der Hobby-Jogger Alexander Hans-Hermann Parzella (33) aus Wolbeck (Münster). 100 Tage später traf er am 14. August 1988 mittags um 12 Uhr 15 auf dem Prinzipalmarkt in Münster wieder ein und hatte auf seiner Gewalttour quer durch Europa genau 9004,25 km durchlaufen. Parzellas Ziel ist nach wie vor: einmal die Erde im Dauerlauf zu umrunden.

Deutsches Sportabzeichen: Absoluter Rekordhalter ist der Bremer Walter Herrlau (* 1909), der bis 1988 56mal die Bedingungen erfüllte. Er lief die 100 m in 18,4 Sek. und schaffte im Weitsprung aus dem Stand 1,80 m. Außerdem kam der pensionierte Schulleiter im 200-m-Schwimmen auf 5:04 Min., im 100-m-Schwimmen auf 2:01 Min. und im 1000-m-Schwimmen auf 27:00 Min. Bei den Frauen führt die Berlinerin Anne-Lies Hoffmann (* 1914), die als erste und einzige Frau in Deutschland 50mal (bis 1991) die Bedingungen für das Deutsche Sportabzeichen für Frauen erfüllt hat.
In Rekordzeit von 19:19,7 Min. schaffte der Postbeamte Franz-Josef Scherer (* 1937) aus Brechen-Oberbrechen (Hessen) am 6. Juli 1990 sein Sportabzeichen in Gold. In allen fünf Disziplinen (Lauf-Sprint, Weitsprung, Kugelstoßen, 3000-m-Lauf, 200-m-Schwimmen) erkämpfte sich der Leichtathlet diesen Blitzrekord in Gold auf der Sportanlage Weiherfloß in Hünfelden, Ortsteil Kirberg.

Volksläufer: In fast 25 Jahren hat der gelernte Melker Wilhelm Szesniak (* 1916) aus Böklund/Schleswig auf Volksläufen im In- und Ausland über 86 000 km erlaufen (ohne Trainingskilometer). Seit er 1967 mit einem Volkslauf in Leck seine Karriere begonnen hat, erhielt er weit über 3000 Urkunden und Medaillen. Sein Wunsch: noch 100 000 km zu erreichen!
3 515 Medaillen und Auszeichnungen hat sich Paul Eppel (* 1918) aus Ludwigshafen/Rhein seit 1962 in allen fünf Erdteilen erlaufen, erwandert und erschwommen. Über 77 720 km im Wettkampf hat er dabei zurückgelegt (ohne Trainingskilometer!).

Deutschlands Langstreckenläufer Nr. 1 ist der Gebäudereiniger Walter Bähre (* 1940) aus Emmerthal/Hameln (Niedersachsen). In 73 Tagen lief er mit dem 6-kg-Rucksack auf dem Rücken an den Grenzen des vereinigten Deutschlands entlang und bewältigte im Herbst 1990 5270 km.

SPASSREKORDE

Applaudieren: Der Dauerrekord (160mal In-die-Hände-Schlagen pro Min., hörbar bis 110 m weit) ist 58:09 Std., erzielt vom 12. bis 15. Februar 1988 von V. Jeyaraman aus Tamil Nadu (Indien). Damit wurde der bisherige Rekord um 4:09 Std. für ununterbrochenes Beifallklatschen überboten.

Bahrentragen: Ausdauerndste Krankenträger waren zwei Vier-Mann-Teams der in Lahr (Baden-Württemberg) stationierten 4. Kanadischen Feldambulanz, die vom 7. bis 9. April 1992 eine Bahre mit einem 63,5 kg schweren »Körper« 250,4 km weit trugen und dafür 46:25 Std. benötigten.

Aus 162 000 Bierdeckeln entstand in Bocholt diese Bierdeckelburg-Anlage.

Flaschen-Orchester

Eine ungewöhnliche Form mündlicher Übereinstimmung präsentierte das Flaschen-Orchester Brighton – Terry Garoghan und Peter Miller – am 21. Mai 1991 auf dem Internationalen Festival von Brighton (GB). Es spielte auf 444 Miniaturflaschen der Ginmarke Gordon's ein munteres Medley. Es hatte 18 Std. gedauert, um die Flaschen zu stimmen, und es brauchte ungefähr das Zehnfache der normalen Atemfrequenz (90 Atemzüge/min), um ihnen die gewünschten Töne zu entlocken. Eine Alkoholvergiftung war nicht zu befürchten, denn die Flaschen waren mit Wasser gefüllt.

Der Rekord für Jugendgruppen (unter 20 Jahre) über acht Std. ist 67,62 km von acht Schülern der Henry Meoles School in Moreton (GB) am 13. Juli 1980.

Ballontraube: Am 27. Juni 1991 schuf der Schausteller Georg Lütteke zum Sommersend in Münster (Westfalen) eine 23 m hohe Riesentraube mit einem Durchmesser von 5 m aus 5050 Luftballons.

Einen Bierdeckelturm von 9,7 m Höhe bauten Robert Carbanje, Michael Overbeck, Andreas Schulte, Rolf Schwung und Peter Wolsing aus Bocholt (Nordrhein-Westfalen) im Sportzentrum Rhede am 31. Dezember 1988 auf. Für den 2,6 m im Durchmesser starken Turmbau benötigten sie 42 432 Bierfilze.

Eine Bierdeckelburg entstand in der Zeit vom 26. Juli bis zum 4. August 1991 in der Euregio-Sporthalle in Bocholt (Nordrhein-Westfalen) aus 162 000 Bierdeckeln, die die Privatbrauerei Diebels, Issum, dem Burgbauteam '91 um den Tischler Peter Wolsing (* 1968) zur Verfügung gestellt hatte. In dieser relativ kurzen Bauzeit wurde eine imposante Burganlage hochgezogen: 12,4 m lang, 6,4 m breit, 2 m hoch. Neben den Ecktürmen prangte im Innenraum der Anlage ein 4 m hoher Turm mit einem Durchmesser von 2,5 m.

Bierkistenstapeln: Die »Hochstapler« aus Ahaus-Wüllen (Westfalen) holten sich am 14. Juli 1991 den Rekord mit einer Turmhöhe von 31,92 zurück. Die Mitarbeiter der Firma Stöteler Baumdienst und Hubsteigervermietung erhöhten mit 112 Bierkisten den alten Turmbau um 45 cm bei einer Standdauer von 3,34 Sek.

Das kleinste Buddelschiff hat der Hamburger Frank Jester (* 1968) aus einem Zahnstocher als Schiffsrumpf, mit einem Telefonbuchseitenschnipsel als Segel, dem ein Haar mit Haarspray als Mast aufgeklebt wurde, gebastelt und in einer 1,2 mm kleinen Mikroglühlampe von 0,65 mm Durchmesser versteckt. Das 0,44 mm hohe Modell war am 14. August 1989 fertiggestellt.

Das weltgrößte Buddelschiff in der größten mundgeblasenen Flasche hat Johnny H. Reinert (* 1929) aus Herne (Nordrhein-Westfalen) gebaut. Das Modell des Walfängers *Lagoda* ist 68,2 cm lang, 43 cm hoch, 11 cm breit und Mittelpunkt eines Walfang-Panoramas in einer 129-l-Ballonflasche, die von Glasmachern der Firma Borken-Glas am 24. September 1984 hergestellt wurde.

Menschendomino: Hand in Hand nahmen am 24. Juli 1987 506 Gäste des Robinson Clubs Lyttos Beach auf Kreta mit den Rücken zum Swimmingpool Aufstellung, um sich nacheinander im Dominoverfahren ins Wasser fallen zu lassen.

Meter um Meter wuchs der Lattenturm im oberbayerischen Schönberg zu neuer Rekordhöhe von 20,1 m.

Nach 2:20,44 Min. war der Riesenspaß vorbei, und alles tummelte sich im feuchten Element.

Den höchsten Domino-Turm auf einem einzigen Stein baute David Coburn aus Miami, Florida (USA), am 19. August 1988: Sein Turm war 291 Dominosteine hoch.

Eine Pyramide aus 210 479 **Getränkedosen** wurde am 4. November 1985 zur Feier des internationalen Jahres der Jugend auf dem Maizuru Playground in Nagoya (Japan) innerhalb von 28 Std. errichtet.

Einen Dosenturm aus 20 627 leeren Alu-Dosen bauten Gernot Spitzenstätter (* 1967), Dieter Steneck (* 1956) und die Kinder des MK-Jugendzentrums Innsbruck in 4 Std. am 10. Juni 1989 auf dem Innsbrucker Landhausplatz. Die 77 Stockwerke erreichten eine Gesamthöhe von 10,54 m.

Drachensteigen (alle Rekorde sind von der Fachzeitschrift *Kite Lines* bestätigt).

Der längste tatsächlich geflogene Drachen war 1034,45 m lang. Er wurde am 18. November 1990 in Nimes (Frankreich) von Michel Trouillet und einer Schar von Helfern gebaut und in die Luft gebracht.

Der bisher größte Drachen hatte eine Fläche von 553 m^2. Ein niederländisches Team ließ ihn erstmals am 8. August 1981 am Strand von Scheveningen steigen.

Der Höhenrekord für einen Solo-Drachen steht bei 3801 m und wurde schon am 28. Februar 1898 aufgestellt. Diesen Drachen hatten Henry Helm Clayton und A. E. Sweetland bei der Blue Hill-Wetterwarte in Milton, Massachusetts (USA), steigen lassen.

Die größte Anzahl von Drachen, die an einer einzigen Leine flogen, waren 11 284, am 18. Oktober 1990 in Sakurajima (Japan) von Sadao Harada und zahlreichen Helfern in die Luft gebracht.

Die Höchstgeschwindigkeit liegt bisher bei 193 km/h, erreicht von einem Drachen, den Pete DiGiacomo am 22. September 1989 in Ocean City, Maryland (USA), steigen ließ.

Der bisher größte Auftrieb erfaßte mit 330,21 kg einen Drachen, den G. William Tyrrell jr. am 23. September 1984 in Ocean City, Maryland (USA), steigen ließ.

Eierwerfen: Die längste belegte Entfernung für das Werfen eines rohen Hühnereies, ohne es zu zerbrechen, ist 96,6 m. Dieser Rekord gelang Risto Antikainen und Jyrki Korhonen in Siilinjaroi (Finnland) am 6. September 1982.

Rückwärts-Fahrradfahren: Der Musikstudent Christian Patzig (* 1963) übertraf sich selbst, indem er am 21. März 1987 rückwärts auf seinem Fahrrad sitzend, in 5:08 Std. die Strecke von 60,45 km geigespielend zurücklegte. Ort des Geschehens: ein Teilstreckenstück der Autobahn St. Gallen (Schweiz), das noch nicht für den normalen Verkehr freigegeben war. Anmerkung von Christian Patzig: »Die Akustik im Rosebergtunnel war besonders gut.«

Nonstop rückwärts fährt auch Johann Plattner (* 1964) aus Aidenbach (Landkreis Passau) mit dem Fahrrad und spielt dabei Akkordeon. Am 11. Juli 1987 schaffte der Mechaniker eine Strecke von 70,9 km in 4:15 Std.

Faschingszahl 11: Faschingsauftakt am 11. 11. um 11 Uhr 11 wurde in den Räumen des Casinos Velden, Kärnten (Österreich), mit 11 111 Faschingskrapfen gefeiert. Sie waren nicht nur mit Marmelade, auch mit 111 Casino-Jetons und 111 Eintrittskarten für Faschingssitzungen gefüllt. Dekoriert war mit 1111 Luftballons, ausgeschenkt wurden 1111 Pago-Getränke – 1111 weitere wurden an ein Kinderheim verschenkt –, 111 Hochriegl-Sekt, 1111 Villacher Bier. Für die Ordnung sorgten 111 Gendarmeriebeamte.

Feuerwehrpumpen: Die größte Wassermenge, die bisher ein achtköpfiges Team an der Handfeuerspritze in einem 80-Std.-Einsatz »verpumpt« hat, waren 124 624 Liter. Diesen Rekord schaffte die Grampian Fire Brigade vom 17. bis 20. August 1989 in Aberdeen (Schottland).

Den größten Flaschenöffner, mit dem man 21 Flaschen zur gleichen Zeit öffnen kann, stellte der Spaßmacher und Maschinenbauingenieur Rolf Becker (* 1947) aus Halle (Sachsen-Anhalt) im Steintor-Varieté vor. Der erstaunten Presse zeigte Drehorgel-Rolf am 27. März 1991, daß sich mit diesem Öffner sogar sein Wunder*trabi*, mit dem er 1990 durch die USA unter dem Motto »Von Halle nach Hollywood« fuhr, anheben läßt. Die Maße des Öffners: 1,5×2,5 m, 35 kg schwer.

Das Einschulungsfoto mit den meisten Kindern entstand am 25. August 1990 in Gifhorn (Niedersachsen). 534 Erstklässer kamen mit ihrer Schultüte zum Fototermin auf den Gifhorner Schloßhof.

Im Dauerfunken glückte dem Lackierer Claus-Jürgen Bork (* 1962) aus Göttingen ein neuer Rekord mit 144 Std. Vom 12. bis 18. November 1989 war der Hobbyfunker in seiner Station auf Lambda 1 im Clubraum des Lambda-Funk-Clubs Göttingen in Lenglern auf Sendung. Damit überbot er den jüngsten Rekord eines Schweizers um 4:40 Std. Im April 1989 hatte der Aarburger SBB-Rangiergruppenführer Hans-Peter Berner 139:20 Std. Dauerfunken durchgestanden.
Im Mannschafts-Dauerfunken erreichten sieben CB-Funker vom Funkdienst Bisingen (Baden-Württemberg) 91:15 Std. Vom 27. bis 31. März 1986 waren die im Landkreis Rottweil und Zollernalb verteilten Stationen von Bärbel und Jens Reichert, Karlheinz Neith, Alexander Reichert, Wolfgang Holp, Hartmut Stengel und Dirk Baur in Aktion.

Riesen-Gästeliste: Um die Feierlichkeiten zum 1100jährigen Jubiläum des 3489-Seelen-Dorfes Lippramsdorf (jetzt Haltern, Nordrhein-Westfalen) im Jahr 1989 zu finanzieren, schaffte die Interessengemeinschaft Handwerk, Handel und Gewerbe Haltern-Lippramsdorf eine 8,47 m lange, 1,2 m breite und 25 kg schwere lederne Gästekarte. Verbunden mit einer Spende für die 1100-Jahr-Feier konnte sich jeder in dieser Gästekarte verewigen. Die wohl prominentesten der 2956 Unterschriften sind die von Bundespräsident Richard von Weizsäcker, Bundeskanzler Helmut Kohl und Ministerpräsident Johannes Rau. Der Spendenerlös betrug im Zeitraum von September 1988 bis Juni 1989 20074 DM. Jetzt wird die riesige Gästekarte im Offenbacher Leder-Museum ausgestellt.

Die bisher größte Glückwunschkarte der Welt haben sieben Mitarbeiter von Oceanway PTA aus Jacksonville, Florida (USA), fabriziert. Sie war 11,35×16,69 m groß und wurde am 21. April 1989 von der US-Post dem Adressaten, Oceanway Seventh Grade Center, zugestellt.

Die meisten Grußkarten erhielt Craig Shergold (* 1979) aus Carshalton, Surrey (GB). Er bekam, während er sich aufgrund eines Krebsleidens einer Chemotherapie unterzog, bis zum Mai 1991, als seine Mutter darum bat, keine mehr zu schicken, insgesamt 33 Mio. Karten mit Besserungswünschen. Craigs Zustand hat sich nach einer erfolgreichen fünfstündigen Operation, die der Neurochirurg Neil Kassel im März 1991 in der Virginia University in Charlottesville, Virginia (USA), durchführte, erheblich verbessert.

Diese größte Weihnachtskerze ist alljährlich in der Burgenstadt Schlitz zu bewundern.

Computerspiel-Marathon

Daß sein Rekord aus dem Jahr 1990 von 103:02 Std. überboten wurde, wollte Andreas Bauer (* 1971) aus Ehningen (Baden-Württemberg) nicht kampflos auf sich sitzen lassen und beschloß, den vom Schüler Jörg Kopmann (* 1970) aus Uelzen (Niedersachsen) auf 120 Std. geschraubten Rekord erneut zu überbieten. Seine Ankündigung wiederum führte zu einem direkten Wettkampf gegeneinander. Im Kieler Maritim Hotel wurde den beiden Kontrahenten eigens eine Suite zur Verfügung gestellt, um die wenigen erlaubten Pausen möglichst angenehm verbringen zu können; um das leibliche Wohl der Spieler kümmerte sich rund um die Uhr das Hotelpersonal – es konnte also nichts schiefgehen. Die Firma SOFTWARE 2000 hatte alles bestens vorbereitet und stellte auch die Spiele zur Verfügung. Am 11. Mai 1991 um 15 Uhr ging es dann endlich los. Nach knapp vier Tagen schied Andreas Bauer aus und stellte sich seinem »Gegner« als Hilfe und Zeuge zur Verfügung. Nach 107 ununterbrochenem Spiel legte Jörg Kopmann die erste Pause ein, um danach »fit wie ein Turnschuh« seinen Rekord auf 166 Std. zu erhöhen. Am 18. Mai 1991 war es geschafft! Jörgs Kommentar: »Jetzt reicht's aber erst einmal!«.

Haarschneiden unter Wasser übte der Hildesheimer Friseurmeister Hans-Joachim Huth (* 1946) am 7. Februar 1990. In 28 m Tiefe wurden dem geduldigen Modell in 15 Min. bei einem Umgebungsdruck von 3,8 bar die Haare mit einer Titanschere geschnitten – auf der Kommandobrücke des 1981 vor der Insel Male (Malediven) im Indischen Ozean gesunkenen Schiffes *Maledives Victory*.

Haarspalten: Die Bestleistung im Haarspalten erzielte der frühere Radrennfahrer und Handwerker Alfred West (1901–85), dem es achtmal gelungen ist, ein Menschenhaar 17mal in 18 Teile zu spalten.

Einen unbefestigten Holzturm aus 2720 Nadelholzleisten (90×50×2000 mm) baute der Sportverein SV 86 Schönberg (Bayern) einen achteckigen Turm von 20,1 m Höhe am 26./27. Juli 1991.

Der größte Internationale Jugendwettbewerb wird alljährlich von 25000 genossenschaftlichen Banken in Europa und Kanada ausgerichtet. Kinder und Jugendliche im Alter von 6 bis 18 Jahren werden aufgefordert, ein Bild zu malen und an einem Quiz teilzunehmen. In einigen Ländern wird zusätzlich ein Foto- bzw. Aufsatz- oder Reportagewettbewerb zum jeweiligen Thema angeboten. Themen bei den bisherigen 22 Internationalen Wettbewerben waren u.a. Musik, Natur, Sport, Energie, Berufe, Umweltschutz, Hobby, Tierschutz, Technik und Kreativität. Zum Wettbewerb 1992 unter dem Motto »Sport – Freude am Leben« wurden allein in der Bundesrepublik Deutschland bei den Veranstaltern (Volksbanken und Raiffeisenbanken) mehr als 600000 Malarbeiten und

800000 Quizlösungen eingereicht. 1993 wird der Internationale Jugendwettbewerb zum 23. Mal durchgeführt. Er steht unter dem Motto »Sonne ist Leben«.

Kammblasen boten 214 sächsische Friseure am 9. Februar 1992 in der Chemnitzer Stadthalle bei der 40. Folge der Fernsehshow *Wennschon – dennschon*. Gemeinsam bliesen sie die Ouvertüre des *Babier von Sevilla* auf mit Seidenpapier bestückten Kämmen unter Leitung des Freiberger Kapellmeisters Wolfgang Dorschner.

Ein-Mann-Kapelle: 108 verschiedene Instrumente (19 Melodie- und 89 Schlaginstrumente) gleichzeitig zu spielen, gelang dem Briten Rory Blackwell am 29. Mai 1989 in Dawlish, Devonshire (GB). Mit dem linken Fuß bediente er dabei den senkrechten Doppelschlegel, mit dem rechten den 22zackigen Schlegel für drei horizontale Reihen von Schlaginstrumenten. Sein Horngebläse setzte er mit einem zwölf Ventile starken Blasebalg in Gang. Blackwell weist noch einen weiteren Rekord auf: Am 27. Mai 1985 spielte er, gleichfalls in Dawlish, 314 Instrumente in 1:23.07 Min.

Eine Musik- und Computermüllmaschine baute der Musikclown Schrotti (alias Udo Scharnitzki, * 1951) aus ausgedienten Gegenständen aus Industrie und Haushalt in zweijähriger Arbeit. Mit diesem ungewöhnlichen Musikinstrument sorgt der Düsseldorfer bei Straßen- und Betriebsfesten für gute Laune. Das Wunderwerk ist 4,1 m lang, 2,87 m hoch, 1,35 m breit und wiegt 640 kg.

Karussellfahren: Die größte auf einem Karussell zurückgelegte Strecke schafften 14 Rummel-Fans mit 3962 km vom 21. September bis 7. Oktober 1990 auf der Kirmes von Meridan, Mississippi (USA).

Das freistehende Kartenhaus mit den meisten Etagen, nämlich 75, baute vom 18. bis 20. April 1992 Bryan Berg aus Spirit Lake, Iowa (USA). Das aus Standardspielkarten errichtete Bauwerk war 4,42 m hoch.

Seinen eigenen Rekord im **Zerreißen von Kartenspielen** überbot Georges Christen (* 1963) bei einem »Week-End des Records« im belgischen Pepinster am 4. Juni 1989. 120 handelsübliche Spielkarten wurden auf einmal zerrissen.

Auf dem besten Weg zu einem Kinderparadies zu werden ist der österreichische Erholungsort St. Johann (Salzburger Land). »Rolli«, der **größte Kaugummiautomat** der Welt, kam bei den Kindern großartig an. Der 2×2 m große Automat faßt 6000975 Kaugummis = 10 t! Ein schier unerschöpflicher Reichtum.

Kaugummiblasen: Am 1. November 1987 hatte es Thomas Barro (* 1965) aus Ehingen im Alb-Donau-Kreis geschafft: Nach zweijährigem Üben blies er einen Kaugummiballon mit einem Durchmesser von 57 cm. Weltrekord!

Die größte »Kerze«: Eingehüllt mit 1000 m^2 rotem Fahnenstoff präsentierte sich 1991 erstmalig der 36 m hohe Hinterturm in der mittelalterlichen Burgenstadt Schlitz (Hessen). Die Interessengemeinschaft des Schlitzer Handels und Gewerbes e.V. (IG Kaufladen) hatte das Wahrzeichen der Stadt kurzerhand auf der Turmspitze noch mit der Nachbildung einer Kerzenflamme um weitere 5,73 m erhöht und mit einer Glühbirnenkette bestückt. Diese größte Weihnachtskerze wird künftig ab der Vorweihnachtszeit bis Anfang Januar jährlich leuchten.

Kinderwagenschieben: Die größte Strecke im 24-Std.-Kinderwagenschieben schafften mit 563,62 km 60 Mitglieder der Ostflandern-Gruppe von Amnesty International am 15. Oktober 1988 in Lede (Belgien). Ein zehnköpfiges Team der Royal Marines School of Music in Deal (GB) schaffte mit einem erwachsenen »Baby« im Wagen am 22./23. November 1990 437,2 km in 24 Std.

Im Krankenbett-Dauerschieben erreichten die vier 12–15jährigen Schüler Christian Hamm, Heiko Dotterweich, Thorsten Bruckelmeier und Andreas Krauß vom Jugendrotkreuz Zweibrücken-Stadt in 24:30 Std. 136 km. Mit ihrem rollenden Krankenbett schafften sie diese Leistung trotz Dauerregens auf der Rennwiese Zweibrücken am 21./22. April 1989.

Kronenkorken-Pyramide: Eine Pyramide aus 362194 Kronkorken errichtete vom 17. bis 22 November 1990 in Tschernigow (Ukraine) eine elfköpfige Gruppe unter Leitung von Jewgeni Lepetschow.

Küssen: Alfred A. E. Wolfram aus New Brighton, Minnesota (USA), küßte am 15. September 1990 beim Minnesota Renaissance Festival in 8 Std. 8001 Frauen – in 3,6 Sek. jeweils eine.
Im Unterwasser-Küssen stellten Toshiaki Shirai und Yukiko Nagata am 2. April 1980 den Rekord mit 2:18 Min. auf.

Lenkdrachen: Der längste Schlepp mit einem Lenkdrachengespann gelang Reenhard Gerdes (* 1959) aus Nordhorn am 17. Juni 1987. Auf dem dänischen Fanø-Strand legte er bei einer Windstärke von 6–7 auf Schuhsohlen mit einem Lenkdrachengespann 10,2 km zurück.

In Formation flogen 207 Lenkdrachen am 31. März 1991 über Fuerteventura. Michael Werner aus Oldenburg (Niedersachsen) und Henrik Niggemeyer aus Swisttal (Nordrhein-Westfalen) hatten die Drachen im Meter-Abstand durch jeweils drei Schnüre miteinander verbunden und so ein 260 m langes Fluggerät gebaut. 30 Personen halfen beim Start, ein Auto und sechs Personen beim Flug und den beiden geglückten Loopings des Drachen.

Liegestütze auf rohen Eiern übt der Skilehrer und Karatetrainer Johann Schneider (* 1957) aus Alpbach (Tirol) seit 1986. Am 6. September 1991 steigerte er seinen Rekord bei der Berliner Funkausstellung von 93 auf 99 Liegestütze. Sie müssen mit gespreizten Fingern und Daumen gemacht, der Kontakt zwischen Hand/Fingern und Unterlagen gemieden und die beiden Eier müssen vertikal gehalten werden.

Den größten geschlossenen Menschenkreis bildeten am 23. Oktober 1982 im Komazawa-Stadion von Tokio 10323 Mitarbeiter der Nissan-Motorenwerke. Die Japaner führten dabei vor, wie man auch ohne Stuhl sitzen kann: Sie gingen halb in die Hocke und ließen sich auf den Oberschenkeln des Hintermannes nieder.

Milchflaschenbalancieren: 98,2 km weit lief Ashrita Furman am 23. Mai 1992 in Jamaica, New York (USA), mit einer Milchflasche auf dem Kopf – mehr hat bisher noch niemand geschafft. Furman brauchte für die Rekordstrecke 15:02 Std.

Miniaturschrift: Nach einem Bericht aus dem Jahr 1926 hat Alfred McEwen die 56-Wörter-Version des Vaterunsers mit einem Diamantstift auf ein nur 0,04×0,02 mm großes Glasplättchen geschrieben. McEwen war für seine Schriftexperimente mit dem Storchenschnabel bekannt. Surendra Apharya aus Jaipur (Indien) schrieb am 20. August 1990 Namen von Ländern und Städten mit insgesamt 249 Schriftzeichen auf ein menschliches Haar. Im Dezember 1990 brachte er Zitate aus Nehru-Reden mit 10056 Schriftzeichen auf einer indischen Briefmarke unter, die 19,69×17,82 mm maß, und am 19. Mai 1991 schließlich schrieb er 1749 Schriftzeichen auf ein Reiskorn (Namen von Ländern, Städten und Regionen).
Pan Xixing aus Wuxi (China) schaffte es im März 1990, das Sprichwort »Eine wahre Freundschaft lernt man wie eine gute Gesundheit oft erst

***I come from Alabama* spielten beim Empfang zur Internationalen Musikmesse in Frankfurt am Main mehrfach die 617 Gäste auf ihren kleinen Mundharmonikas.**

dann zu schätzen, wenn man sie verloren hat« (79 Schriftzeichen) zweimal auf ein menschliches Haar zu schreiben.

Ein Mundharmonika-Konzert gaben 617 Gäste bei der Internationalen Musikmesse Frankfurt/Main am 11. März 1992. Gemeinsam spielten die Schausteller auf Hohner-Miniatur-Mundharmonikas das Lied *I come from Alabama.*

Die meisten freiwilligen Müllsammler (an einem Ort und einem Tag) kamen am 6. Oktober 1991 im neuseeländischen Wellington zusammen: 19924 Bürger beteiligten sich an der Säuberungsaktion.

Münzenbalancieren: Auf dem Tisch lag flach eine Münze. Auf diese Münze wurde hochkant eine andere Münze gestellt. Und auf dieser Münze stapelte Chaim Schda aus Kiriat Moskien in Israel am 30. Juli 1989 eine Pyramide aus 847 weiteren Münzen auf.
Der höchste Münzstapel auf der Kante einer Münze bestand aus 253 indischen Ein-Rupie-Münzen auf der Querseite einer hochkant stehenden Fünf-Rupien-Münze. Der erfolgreiche Hochstapler war am 3. Mai 1991 Dipak Syal aus Yamuna Nagar (Indien), dem am 1. Mai 1991 ein weiteres Kunststück gelang: Er balancierte zehn Ein-Rupie-Münzen und zehn Paise-Münzen abwechselnd vertikal und horizontal in einer einzigen Säule.

Die längste Murmelbahn bauten Andreas Bauer (* 1971) aus Ehningen und seine fünf Helfer am 25. August 1991 in Aidlingen (Baden-Württemberg). Aus ca. 700 Röhren von durchschnittlich 1 m Länge und einem Durchmesser von 6 cm entstand in sechsstündiger Arbeit eine 655 m lange Murmelbahn. Beim Testdurchlauf benötigte die Murmel 5:18 Min., um diese Distanz zu durchrollen.

Der längste Musikmarsch führte am 9. Mai 1992 die Showband Marum aus Assen bei Marum (Niederlande) über eine Strecke von 75,2 km. Die ganze Strecke schafften aber nur 52 von 60 angetretenen Marschmusikern – in 13:50 Std.

Der größte Nußknacker entstand in Nordwalde (Nordrhein-Westfalen). Am 17. Dezember 1989 konnten sechs Jugendliche des Evangelischen Jugendhilfszentrums ihre 3,45 m hohe Figur nach 600 Std. Bauzeit präsentieren. Sie hatten ein normales buntbemaltes Männchen im Verhältnis 1:10 kopiert und ihren stattlichen Nußknacker in Zusammenarbeit mit einem Schreiner und einem Maler gestaltet.

Pfeifen: Am lautesten pfeifen kann der Engländer Roy Lomas. In den BBC-Aufnahmestudios in Manchester brachte er es am 19. Dezember 1983 auf eine Lautstärke von 122,5 Dezibel.

Einen Riesenpurzelbaum schlugen 750 Kinder, Jugendliche und deren Betreuer am 2. Juli 1989 auf dem Sportgelände des Schulzentrums Greene (Südniedersachsen). Alle Teilnehmer des Turnkreises Northeim-Einbeck hielten sich an den Händen, vollzogen auf ein Kommando gleichzeitig eine Rolle vorwärts, ohne einander dabei loszulassen, standen wieder auf und hatten einen neuen Rekord geschafft.

Dauerstehen auf dem Rad: Zur Funkausstellung '85 in Berlin gab es einen neuen Rekord von Udo Tiedemann (* 1946) aus Hannover. Am 31. August/1. September 1985 stand er 27:29 Std. auf seinem Fahrrad. Beendet wurde der Rekord in der Fernsehsendung *Weltrekord* von RTL plus, moderiert von Oliver Spiecker.

Um die Wette gejodelt

Zu einem Wettbewerb vor laufender Kamera sollten sie in der Fernsehshow *Wennschon – dennschon* (MDR) am 9. Februar 1992 in Chemnitz antreten. Peter Hinnen (*1949) aus Zürich, der bereits am 28. September 1991 in der TV-Sendung *Supertreffer* (Schweizer Fernsehen DRS) mit 20 Jodel-Tönen in einer Sekunde neuer Jodelkönig geworden war, und der bisherige Rekordhalter, Thomas Scholl (*1949) aus München, den er mit einem Jodel-Ton geschlagen hatte. Doch beim ersten Zusammentreffen der beiden Schnelljodler gab es für die Zuschauer in der Stadthalle und vor den Bildschirmen zwar viele Jodelarien, einzeln und im Duo, und so eine unverhoffte Unterhaltungsdarbietung, aber zunächst keinen neuen Rekord. Weder der Moderator der Sendung, Hans-Joachim Wolfram, noch die Guinness-Redaktion konnten sich anhand der Auswertungen, der Mitschnitte und der Expertisen darauf verständigen, ob es wirklich einen neuen Rekord mit 22 Jodelschlägen für Peter Hinnen gab.

Radiosendung: Eine Dauerrundfunksendung gestaltete Hajo Wilken (* 1971) aus Emden (Niedersachsen) im Studio des Krankenhausfunks RADIO RUDI. Vom 29. Dezember 1991 bis zum 1. Januar 1992 unterhielt er in 70 Std. mit Wortbeiträgen und Musiktiteln im ständigen Wechsel.

Die größte Rätsche (Ratsche, Knarre) führten die Guggemusig Leuädrööner beim Fasnachtsumzug in Winterthur (Schweiz) am 4. März 1990 mit. Peter Keller hat das Lärminstrument mit seinen 5 m Länge, 2 m Breite und 1,4 m Höhe konstruiert und aus Holz, Stahlröhren, Mofarädern sowie Schrauben gebaut.

Rätselraten: Im erfolgreichsten Quiz wurden 34532 Fragen richtig beantwortet. Bei dem vom 12. bis 17. April 1990 in Shrewsbury, Shrapshire (GB), organisierten Quiz war der Endstand 17064 Punkte für Team A und 17468 Punkte für Team B.

Reise nach Jerusalem: Das bisher größte Spiel wurde am 5. August 1989 an der anglo-chinesischen Schule von Singapur mit 8238 Teilnehmern gestartet. Am Ende saß nur noch Xu Chong Wei auf einem Stuhl.

Rolltreppenfahren: Die Rekordstrecke auf zwei Rolltreppen, eine abwärts, die andere aufwärts, schafften mit 214,34 km David Beattie und Adrian Simons im Top Shop in der Londoner Oxford Street. Beide brachten es vom 17. bis 21. Juli 1989 auf 7032 Umläufe.

Der längste handgestrickte Schal entstand mit 1250 m Länge in Dornbirn, Bundesland Vorarlberg (Österreich). Vom 26. September 1987 bis zum 26. März 1988 waren 149 Damen und ein Herr vom Strickfieber umgarnt. Das Wollfachgeschäft Ursula Fitschka Zur Stricknadel mußte für den 24 cm breiten Schal 132 kg Wolle liefern.

Der größte Scheck war (in seinen Ausmaßen) einer im Format 20,12×8,54 m. Er lautete auf 11000 Pfund (31372 DM) und wurde am 13. Dezember 1991 von Horrell's Dairies Ltd. aus Peterborough, Cambridgeshire (GB), dem Peterborough Macmillan Cancer Care Appeal überreicht.

Größter Schreihals, zumindest in Großbritannien, war lange Zeit Ben Johnson aus Fowey in Cornwall. Elfmal gewann er zwischen 1939 und 1973 den traditionellen Wettbewerb der britischen Marktschreier. 1980 ging in Cricklade mit Henrietta Sargent erstmals eine Frau als Siegerin hervor. Als man ihr mitteilte, daß sie 31 Mitbewerber aus dem Feld geschrien hatte, meinte Henrietta Sargent: »Ich bin sprachlos.«

Die größten Seifenblasen der Welt produziert der Schweizer Eisenplastiker Iwan Pestalozzi aus Binz bei Maur (Kanton Zürich). Mit seiner selbstkonstruierten Seifenblasenmaschine erzeugt er über 3 m lange und bis zu 90 cm breite runde oder ovale Rekordblasen.
Die längste Seifenblase gelang dem Amerikaner David Stein aus New York (USA) am 6. Juni 1988 mit einer Länge von 15,2 m. Stein benutzte dazu nur einen einfachen Stabring, Flüssigseife und Wasser.
Mit Menschen in Seifenblasen wartet der vietnamesische Artist Fan-Yang (* 1962) aus Lausanne (Schweiz) auf. Erstmalig entstanden am 27. September 1991 im Kölner Maritim Hotel mit Hilfe eines 65 cm großen Ringes, einem 1 m großen runden Tablett und einer Lauge aus vier verschiedenen Seifen schillernd luftige Gebilde von über 2,3 m Umfang, die in seiner Show sogar seine Assistentin umhüllen.

Spuck-Rekorde aus dem Kirschendorf Langenthal (Weserbergland) bei Kassel. Bei den 6. Nordhessen-Meisterschaften im Kirschkern-Weitspucken holte sich vor steigenden Zuschauer- und Teilnehmerzahlen am 25. August 1990 Mario Fröbich (* 1968) aus Duisburg mit 25,63 m den neuen Weitenrekord und übertraf den bisherigen Sieger um ganze 7 cm. Im Damen-Einzel verbesserte Simone Potsch (* 1970) aus Trendelburg-Langenthal ihren alten Rekord von 20,3 m aus dem Jahr 1987 auf jetzt 25,05 m. Gleich 12,95 m flog der Pflaumenkern am 17. September 1989 bei der 4. Weltmeisterschaft im Pflaumenkern-Weitspucken in Mechernich-Lückerath. Rekordspucker war erneut der Betriebsschlosser Josef Mertens (* 1941) aus Mechernich-Bescheid (Nordrhein-Westfalen).
Bester Wassermelonenkern-Spucker war bisher der Armerikaner Lee Wheelis. Er schaffte am 24. Juni 1989 in Luling (Texas) 20,96 m.

Der größte »Stern« leuchtet alljährlich vom 1. Dezember bis Anfang Januar im historischen Zentrum der Fuggerstadt Sterzing, Südtirol (Italien). Weihnachten 1991 wurde der vierzackige vom Zwölferturm ausgehende Weihnachtsstern mit einem maximalen Durchmesser von 21 m montiert und mit 1200 Lampen im Abstand von 50 cm auf 600 m Stahlseil versehen.

Streichholz-Stapelei: Gleich 1340 Streichhölzer türmte der Berliner Mathematikstudent Martin Läuter (* 1969) am 16. April 1989 in Leipzig auf dem Hals einer Champagner-Flasche. Fein säuberlich – natürlich nicht geklebt, wurden die Streichhölzer in 104 Schichten auf 22 cm Höhe gestapelt.

Einen Streichholzturm von 2,5 m Höhe, bestehend aus 79800 Hölzchen (alle selbstverständlich nicht verklebt) baute der Tischlerlehrling Theodor Mayr (* 1967) aus Windischgarsten (Österreich) in 230 Arbeitsstunden. Am 31. August 1984 wurde der freistehende Turm in Gegenwart von elf Zeugen umgeworfen.

Eine Riesen-Strickliesel entstand aus einem 120 Jahre alten Fichtenstamm in Oberstdorf (Allgäu). In gut 500 Arbeitsstunden verwandelte Günther Thaumiller den Stamm in eine »Rundstrickmaschine«. Bei 8 m Wurzelsockel mißt die überdimensionale Strickhilfe 7 m. Das Strickmaterial wird in luftiger Höhe in einem Arbeitskorb gestrickt, läuft dann durch einen Schacht im Stamm und kommt als gestricktes Produkt von beispielsweise 200 mm Durchmesser bei verwendeter 20-mm-Materialstärke heraus.

Der längste menschliche Tausendfüßer, der (mit eng zusammengebundenen Knöcheln) 112 m zurücklegte, bestand am 24. Juli 1991 aus 1287 Gästen des Feriendorfs Hafnersee Sotour Austria in Keutschach (Österreich). Während des komplizierten Marschs kam nicht ein einziger Beteiligter zu Fall.

Im **Telefonbuch-Zerreißen** holte sich der niederösterreichische Herkules Franz Bierbaum (*1946) aus Preßbaum bei der Kraftsportzeit beim Sattlerwirt in Ebbs/Tirol am 19. März 1986 seinen Weltrekord zurück. Der Grazer Championcatcher Otto Wanz hatte es kurz zuvor auf 35 Sek. gebracht, der Postbeamte Bierbaum zerriß in nur 34:23 Sek. 20 (rund 1000 Seiten starke) *Amtliche Wiener Telefonbücher* Jahrgang 1984/85.
Der Sägearbeiter Franz Maderecker (* 1958) aus der Marktgemeinde Straßweilchen (Land Salzburg) zerriß am 8. Dezember 1984 in 23 Sek. 20 Telefonbücher des Bundeslandes Tirol, Ausgabe 1983/84 mit je 675 Seiten, »zur Gänze am Buchrücken mit der Hand«.

Transparent: Im Rahmen der 700-Jahr-Feiern entstand in der Schweiz ein 1434 m langes Transparent, an dem alle Kantone beteiligt waren. Zum Christustag '91 am 26. Mai 1991 wurde das in 15000 Arbeitsstunden gefertigte Transparent von 340 Personen in Bern präsentiert. Das Thema des Christustages '91 hatte die Organisatoren auf die Idee zu einem Rekordtransparent gebracht: »Transparent sein – Beziehung leben«.

Zum Dauerunterricht traten 20 Schülerinnen und Schüler des Mathematik-Leistungskurses vom Gymnasium Vogelsang aus Solingen (Nordrhein-Westfalen) vom 28. Februar bis 3. März 1986 an. 18 angehende Abiturienten kamen zusammen mit ihrem Mathematiklehrer auf 73:15 Std.

Verbesserungsvorschläge: Ergiebigsten Gebrauch vom betrieblichen Vorschlagswesen machte John Drayton (1907–87) aus Newport, Gwent (GB) – alle zum Nutzen der britischen Eisenbahn. Im Jahr 1924 hatte er seinen ersten Vorschlag eingereicht, bis August 1987 überschwemmte er die Eisenbahner mit sage und schreibe 31400 Anregungen. Mehr als 100 wurden in die Tat umgesetzt. 1983, zum 60jährigen »Jubiläum«, hatte es bei John Drayton geläutet: die britische Eisenbahn verehrte ihm als Dank eine Glockenuhr.

Der Berliner Diplom-Verwaltungswirt Matthias Dickert (* 1966) reicht seit Februar 1990 Verbesserungsvorschläge bei der Bundesversicherungsanstalt für Angestellte ein, 101mal bis März 1991. Fünf seiner Vorschläge wurden bereits vom Prüfungs- und Bewertungsausschuß für das Vorschlagwesen befürwortet und prämiert.

Weintraubenweitwurf: Eine von James Deady geworfene Weintraube schnappte Paul J. Tavilla am 27. Mai 1991 in East Boston, Massachusetts (USA), mit dem Mund, nachdem sie 99,82 m Flugstrecke zurückgelegt hatte.

Weitwurf: Die weiteste Strecke, die ein träger Gegenstand, der schwerer ist als Luft, geworfen wurde, beträgt 383,13 m. Der Rekordwurf gelang Scott Zimmermann am 8. Juli 1986 in Fort Funstorn, Kalifornien (USA), mit einem Wurfring.

Zigarettenschachteldomino: Nach 418tägiger Sammelei reichten die Zigarettenschachteln für einen Rekordversuch. 25555 leere Zigarettenschachteln wurden hintereinander aufgestellt, Kernstück des Kunstwerks war ein Flächenbild des Frankenwappens aus ca. 5000 Schachteln und des Wappens von Sand am Main aus ca. 3500 Schachteln. Am 23. Februar 1992 um 13 Uhr 45 war es endlich so weit – die erste Packung wurde angetippt und in 4:40 Min. stürzten 25555 in langer und mühevoller Arbeit aufgestellte Zigarettenschachteln um. Ein kurzes Vergnügen für die zehn Erbauer um Initiator Patrik Nastvogel (* 1974) aus Sand am Main (Hessen).

Zigarettenschachtelturm: Im Pfarrheim von Gars am Inn (Bayern) türmten sich 8682 leere Marlboro-Schachteln zu einem 6,45 m hohen Turm am 18. Januar 1988. In 15 Arbeitsstunden hatten Robert Otter (* 1968) und Walter Eder (* 1967) auf einer Fläche von 100×75 cm den freistehenden Turm (nichts war geklebt oder befestigt) errichtet – zwei Jahre hindurch hatte ganz Gars die nötigen Schachteln gesammelt.

Zum Zündholzabbrennen steckten 60 Wiehagener Einwohner in ca. 24 Std. insgesamt 317 646 Streichhölzer zu dem Satz IN ACTION 1989 WIEHAGEN auf einer Gesamtlänge von 75,63 m zusammen. Am 6. September 1989 brannten die riesigen Buchstaben auf einer Bühne dieses Stadtteils von Hückeswagen (Nordrhein-Westfalen) in 27:41 Min. lichterloh. ■

Funkelnde Gebilde aus Luft und Licht zaubert der Seifenblasenkünstler Fan-Yang.

STICHWORTREGISTER

L

M

N

EIN RETTUNGSPLAN FÜR DIE UMWELT

Anläßlich des Umweltgipfels, der im Juni 1992 in Rio de Janeiro (Brasilien) stattfand, wurden mehrere Konzepte zur Lösung der dringendsten Umweltprobleme vorgelegt. In Anlehnung an den 1947 von dem damaligen amerikanischen Außenminister George Marshall initiierten Plan zum Wiederaufbau Europas schlägt der US-Senator und Kandidat der Demokraten für das Amt des Vizepräsidenten Albert Gore einen »Marshall-Plan« für die Rettung der Umwelt vor. Fünf Ziele stehen dabei im Mittelpunkt:

KONTROLLE DES BEVÖLKERUNGSWACHSTUMS: In den Entwicklungsländern muß ein Übergang von hohen Geburts- und Sterberaten zu einem stabilen Gleichgewicht von niedrigen Geburts- und Sterberaten stattfinden. In den meisten Industrienationen ist dieser Zustand bereits erreicht oder strebt seiner Vollendung zu. ENTWICKLUNG UMWELTVERTRÄGLICHER TECHNOLOGIEN: Dies betrifft vor allem den Bereich der Energieerzeugung und -nutzung. Produktionstechniken, die den Treibhauseffekt verstärken, sei es durch den Ausstoß von Kohlendioxid und Schadstoffen oder durch das übermäßige Freisetzen von Abwärme, müssen drastisch eingeschränkt werden. Umdenken muß man auch im Transportwesen, der Landwirtschaft, im Hochbau und in der industriellen Produktion allgemein. Ziel bleibt der wirtschaftliche Fortschritt ohne die Gefährdung der Umwelt. Die neuen Technologien müssen den Ländern der Dritten Welt zugänglich gemacht werden, die sich im Gegenzug dazu verpflichten, alle Maßnahmen des globalen »Marshall-Plans« einzuhalten. NEUE ÖKONOMISCHE GRUNDSÄTZE: Es müssen Kriterien erarbeitet werden, die eine rechtzeitige Abschätzung der ökologischen Folgen wirtschaftlicher Prozesse ermöglichen. Das muß auf kleiner Ebene (Individuen, Unternehmen, Gemeinden) ebenso geschehen wie bei Entscheidungen in nationalem Rahmen. So sollte zukünftig das Bruttosozialprodukt Kosten und Nutzen für die Umwelt einschließen. INTERNATIONALE UMWELTVEREINBARUNGEN: Die besten Maßnahmen bleiben wirkungslos, wenn man sie nicht konsequent durchsetzen kann. Dafür müssen spezifische Mechanismen entwickelt werden, die schon mit der kollektiven Planung beginnen. Anreize muß es ebenso geben wie Strafen bei der Nichteinhaltung der Verpflichtungen. Die Vereinbarungen müssen natürlich Rücksicht auf die großen Unterschiede zwischen den Industriestaaten und den Entwicklungsländern nehmen. UMWELTERZIEHUNG DER WELTBEVÖLKERUNG: Ein wichtiger Punkt für die Zukunft wird die Erziehung der Menschheit in Umweltfragen sein. Forschungs- und Beobachtungsprogramme, die Umweltveränderungen erfassen, sollten auf breiter Basis erfolgen und Schüler und Studenten einbinden. Ziel aller Bemühungen muß es sein, ein neues und verantwortungsvolles Verhältnis zwischen der Menschheit und ihrem Lebensraum zu schaffen.

Für den Ozonabbau in der Atmosphäre und die Verstärkung des Trei hauseffekts sind auch die Auswurfprodukte von Vulkanen wie zum Beispiel des Pinatubo auf den Philippinen verantwortlich. Diese Aufnahme wurde aus der Raumfähre *Columbia* Anfang Juli 1992 gemac